国家职业技能标准汇编

(2021年版)

人力资源社会保障部职业能力建设司 编

中国劳动社会保障出版社

图书在版编目(CIP)数据

国家职业技能标准汇编：2021年版/人力资源社会保障部职业能力建设司编. -- 北京：中国劳动社会保障出版社，2022

ISBN 978-7-5167-5662-1

Ⅰ.①国… Ⅱ.①人… Ⅲ.①职业-技术等级标准-汇编-中国 Ⅳ.①F249.23-65

中国版本图书馆CIP数据核字(2022)第191386号

中国劳动社会保障出版社出版发行

(北京市惠新东街1号 邮政编码：100029)

*

北京市艺辉印刷有限公司印刷装订 新华书店经销
787毫米×1092毫米 16开本 60.25印张 1426千字
2022年11月第1版 2022年11月第1次印刷
定价：308.00元

营销中心电话：400-606-6496
出版社网址：http://www.class.com.cn

版权专有 侵权必究

如有印装差错，请与本社联系调换：(010) 81211666
我社将与版权执法机关配合，大力打击盗印、销售和使用盗版图书活动，敬请广大读者协助举报，经查实将给予举报者奖励。
举报电话：(010) 64954652

前 言

国家职业技能标准是实施职业资格评价和职业技能等级认定的基础,是国家基本职业培训包制定的依据,是规范从业者的从业行为和引导职业教育培训方向的重要参考。

为了深入贯彻党的十九大关于"大规模开展职业技能培训""建设知识型、技能型、创新型劳动者大军"的要求,贯彻人力资源社会保障部《关于改革完善技能人才评价制度的意见》,积极做好教育培训和评价考核的基础资源建设工作,充分发挥国家职业技能标准在技能人才队伍建设中的引领作用,积极适应社会发展和科技进步的客观需要,大力培育工匠精神和弘扬精益求精的敬业风气,人力资源社会保障部职业能力建设司委托中国劳动社会保障出版社将2021年颁布的最新国家职业技能标准编辑成《国家职业技能标准汇编(2021年版)》。

《国家职业技能标准汇编(2021年版)》收录了我国社会生产服务和生活服务人员、生产制造及有关人员共38个职业(工种)的国家职业技能标准。每个国家职业技能标准均包括职业概况、基本要求、工作要求和权重表等方面的内容,对各职业的职业功能、工作内容、技能要求和相关知识要求作了明确规定。所收录的标准遵循了《国家职业技能标准编制技术规程(2018年版)》的有关要求,保证了各职业技能标准体例的规范化,体现了"以职业活动为导向、以职业能力为核心"的特点,符合职业培训、技能等级认定和就业工作的需要。《国家职业技能标准汇编(2021年版)》一书具有广泛的应用领域,它为各级职业技能等级认定机构及职业教育培训机构、职业院校等开展职业教育培训和职业技能等级认定工作提供了重要依据,对加快技能人才培养、提高劳动者素质具有重要的实际意义,同时也为加强职业教育培训与就业相结合、促进就业提供了基础和条件。

尽管我们为全书标准收录的权威性、准确性和科学性付出了艰苦的努力,但是由于时间仓促,书中难免存在疏漏,恳请广大读者提出宝贵意见。

人力资源社会保障部职业能力建设司

目 录

1. 人力资源社会保障部办公厅　交通运输部办公厅关于颁布城市轨道交通服务员等2个国家职业技能标准的通知 ……………………………………………… （1）
   - 1.1　城市轨道交通服务员国家职业技能标准 ………………………………… （2）
   - 1.2　船闸及升船机运管员国家职业技能标准 ………………………………… （30）
2. 人力资源社会保障部办公厅　工业和信息化部办公厅关于颁布区块链应用操作员国家职业技能标准的通知 ……………………………………………………… （82）
   - 2.1　区块链应用操作员国家职业技能标准 …………………………………… （83）
3. 人力资源社会保障部办公厅　国家文物局办公室关于颁布文物修复师国家职业技能标准的通知 ……………………………………………………………… （94）
   - 3.1　文物修复师国家职业技能标准 …………………………………………… （95）
4. 人力资源社会保障部办公厅　自然资源部办公厅关于颁布无人机测绘操控员国家职业技能标准的通知 …………………………………………………… （232）
   - 4.1　无人机测绘操控员国家职业技能标准 …………………………………… （233）
5. 人力资源社会保障部办公厅　中央网信办秘书局　国家广播电视总局办公厅关于颁布互联网营销师国家职业技能标准的通知 ………………………… （247）
   - 5.1　互联网营销师国家职业技能标准 ………………………………………… （248）
6. 人力资源社会保障部办公厅　中央网信办秘书局　工业和信息化部办公厅公安部办公厅关于颁布信息安全测试员国家职业技能标准的通知 ………… （264）
   - 6.1　信息安全测试员（渗透测试员）国家职业技能标准 …………………… （265）
7. 人力资源社会保障部办公厅　工业和信息化部办公厅关于颁布呼叫中心服务员等6个国家职业技能标准的通知 …………………………………………… （277）
   - 7.1　呼叫中心服务员国家职业技能标准 ……………………………………… （278）
   - 7.2　人工智能训练师国家职业技能标准 ……………………………………… （288）
   - 7.3　电气电子产品环保检测员国家职业技能标准 …………………………… （298）
   - 7.4　多工序数控机床操作调整工国家职业技能标准 ………………………… （315）
   - 7.5　电子专用设备装调工国家职业技能标准 ………………………………… （336）
   - 7.6　光纤光缆制造工国家职业技能标准 ……………………………………… （350）
8. 人力资源社会保障部办公厅　民政部办公厅关于颁布殡仪服务员等5个国家职业技能标准的通知 …………………………………………………………… （402）
   - 8.1　殡仪服务员国家职业技能标准 …………………………………………… （403）
   - 8.2　遗体防腐整容师国家职业技能标准 ……………………………………… （424）
   - 8.3　遗体火化师国家职业技能标准 …………………………………………… （448）

8.4	公墓管理员国家职业技能标准 ……………………………………………………	(467)
8.5	社群健康助理员国家职业技能标准 …………………………………………………	(494)

9. **人力资源社会保障部办公厅　住房和城乡建设部办公厅关于颁布燃气供应服务员等 2 个国家职业技能标准的通知** ……………………………………………………… (514)

9.1	燃气供应服务员国家职业技能标准 …………………………………………………	(515)
9.2	燃气储运工国家职业技能标准 ………………………………………………………	(529)

10. **人力资源社会保障部办公厅关于颁布网约配送员等 18 个国家职业技能标准的通知** …………………………………………………………………………………… (614)

10.1	网约配送员国家职业技能标准 ……………………………………………………	(616)
10.2	建筑信息模型技术员国家职业技能标准 …………………………………………	(630)
10.3	鉴定估价师（机动车鉴定评估师）国家职业技能标准 …………………………	(659)
10.4	信用管理师国家职业技能标准 ……………………………………………………	(675)
10.5	婴幼儿发展引导员国家职业技能标准 ……………………………………………	(695)
10.6	保育师国家职业技能标准 …………………………………………………………	(711)
10.7	裁缝国家职业技能标准 ……………………………………………………………	(729)
10.8	计算机维修工国家职业技能标准 …………………………………………………	(741)
10.9	办公设备维修工国家职业技能标准 ………………………………………………	(767)
10.10	公共营养师国家职业技能标准 ……………………………………………………	(800)
10.11	出生缺陷防控咨询师国家职业技能标准 …………………………………………	(814)
10.12	公共场所卫生管理员国家职业技能标准 …………………………………………	(836)
10.13	无人机驾驶员国家职业技能标准 …………………………………………………	(847)
10.14	裁剪工国家职业技能标准 …………………………………………………………	(879)
10.15	缝纫工国家职业技能标准 …………………………………………………………	(890)
10.16	铆工国家职业技能标准 ……………………………………………………………	(906)
10.17	缝制机械装配调试工国家职业技能标准 …………………………………………	(920)
10.18	无人机装调检修工国家职业技能标准 ……………………………………………	(933)

附录 1	职业分类索引 ………………………………………………………………………	(952)
附录 2	职业名称拼音索引 …………………………………………………………………	(955)

人力资源社会保障部办公厅 交通运输部办公厅关于颁布城市轨道交通服务员等2个国家职业技能标准的通知

(人社厅发〔2021〕6号)

各省、自治区、直辖市及新疆生产建设兵团人力资源社会保障厅(局)、交通运输厅(局、委):

根据《中华人民共和国劳动法》有关规定,人力资源社会保障部、交通运输部共同制定了城市轨道交通服务员等2个国家职业技能标准,现予颁布施行。

附件:2个国家职业技能标准目录

人力资源社会保障部办公厅　交通运输部办公厅

2021年1月15日

附件

2个国家职业技能标准目录

序号	职业编码	职业名称
1	4-02-01-07	城市轨道交通服务员
2	6-30-04-03	船闸及升船机运管员

城市轨道交通服务员国家职业技能标准

（2021 年版）

1. 职业概况

1.1 职业名称

城市轨道交通服务员[①]

1.2 职业编码

4-02-01-07

1.3 职业定义

从事城市轨道交通车站安全、行车、机电设备运行等工作的人员。

1.4 职业技能等级

城市轨道交通站务员共设三个等级，分别为：五级/初级工、四级/中级工、三级/高级工；城市轨道交通行车值班员共设五个等级，分别为：五级/初级工、四级/中级工、三级/高级工、二级/技师、一级/高级技师。

1.5 职业环境条件

室内、外，常温。

1.6 职业能力特征

具有较强的逻辑思维、分析判断能力；具有较强的空间感和形体感知觉；具有良好的沟通能力；心理素质好；情绪控制能力良好；有较好的语言（普通话）和文字表达、理解能力；听力、视力及辨色力良好；肢体灵活，动作协调性好，反应能力良好。

1.7 普遍受教育程度

高中毕业（或同等学力）。

1.8 培训参考学时

城市轨道交通站务员：五级/初级工 120 标准学时，四级/中级工 80 标准学时，三级/高

---

① 本职业包含城市轨道交通站务员、城市轨道交通行车值班员两个工种。

级工 80 标准学时。

城市轨道交通行车值班员：五级/初级工 120 标准学时，四级/中级工 80 标准学时，三级/高级工 80 标准学时，二级/技师 60 标准学时，一级/高级技师 60 标准学时。

1.9　职业技能鉴定要求

1.9.1　申报条件

具备以下条件之一者，可申报五级/初级工：

（1）累计从事本职业或相关职业①工作 1 年（含）以上。

（2）本职业或相关职业学徒期满。

具备以下条件之一者，可申报四级/中级工：

（1）取得本职业或相关职业五级/初级工职业资格证书（技能等级证书）后，累计从事本职业或相关职业工作 4 年（含）以上。

（2）累计从事本职业或相关职业工作 6 年（含）以上。

（3）取得技工学校本专业或相关专业②毕业证书（含尚未取得毕业证书的在校应届毕业生）后，累计从事本职业或相关职业工作 5 年（含）以上；或取得经评估论证、以中级技能为培养目标的中等及以上职业学校本专业或相关专业③毕业证书（含尚未取得毕业证书的在校应届毕业生）后，累计从事本职业或相关职业工作 5 年（含）以上。

具备以下条件之一者，可申报三级/高级工：

（1）取得本职业或相关职业四级/中级工职业资格证书（技能等级证书）后，累计从事本职业或相关职业工作 5 年（含）以上。

（2）取得本职业或相关职业四级/中级工职业资格证书（技能等级证书），并具有高级技工学校、技师学院毕业证书（含尚未取得毕业证书的在校应届毕业生）后，累计从事本职业或相关职业工作 4 年（含）以上；或取得本职业或相关职业四级/中级工职业资格证书（技能等级证书），并具有经评估论证、以高级技能为培养目标的高等职业学校本专业或相关专业④毕业证书（含尚未取得毕业证书的在校应届毕业生）后，累计从事本职业或相关职业工作 4 年（含）以上。

（3）取得本职业或相关职业四级/中级工职业资格证书（技能等级证书），并具有大专及以上本专业或相关专业毕业证书（含尚未取得毕业证书的在校应届毕业生）后，累计从事本职业或相关职业工作 2 年（含）以上；或具有本科及以上本专业或相关专业⑤毕业证书（含尚未取得毕业证书的在校应届毕业生）后，累计从事本职业或相关职业工作 1 年（含）以上。

具备以下条件之一者，可申报二级/技师：

---

①　相关职业：轨道列车司机、铁路列车乘务员、铁路车站客运服务员、轨道交通调度员、轨道交通通信工、轨道交通信号工、铁路车站行车作业员、铁路车站调车作业员、机车调度值班员等，下同。

②　相关专业：交通客运服务、铁道运输管理、铁路客运服务、城市轨道交通运输与管理、交通运输安全检查等专业。

③　相关专业：城市轨道交通运营管理、城市轨道交通信号、铁道运输管理、铁道信号等专业。

④　相关专业：城市轨道交通运营管理、铁道交通运营管理、高速铁路客运乘务等专业。

⑤　相关专业：交通运输、轨道交通信号与控制、交通管理等专业。

（1）取得本职业或相关职业三级/高级工职业资格证书（技能等级证书）后，累计从事本职业或相关职业工作4年（含）以上。

（2）取得本职业或相关职业三级/高级工职业资格证书（技能等级证书）的高级技工学校、技师学院毕业生，累计从事本职业或相关职业工作3年（含）以上；或取得本职业或相关职业预备技师证书的技师学院毕业生，累计从事本职业或相关职业工作2年（含）以上。

具备以下条件者，可申报一级/高级技师：

取得本职业或相关职业二级/技师职业资格证书（技能等级证书）后，累计从事本职业或相关职业工作4年（含）以上。

1.9.2 鉴定方式

分为理论知识考试、技能考核以及综合评审。理论知识考试以笔试、机考等方式为主，主要考核从业人员从事本职业应掌握的基本要求和相关知识要求；技能考核主要采用现场操作、模拟操作等方式进行，主要考核从业人员从事本职业应具备的技能水平；综合评审主要针对技师和高级技师，通常采取审阅申报材料、答辩等方式进行全面评议和审查。

理论知识考试、技能考核和综合评审均实行百分制，成绩皆达60分（含）以上者为合格。

1.9.3 监考人员、考评人员与考生配比

理论知识考试中的监考人员与考生配比不低于1∶15，且每个考场不少于2名监考人员；技能考核中的考评人员与考生配比不低于1∶10，且考评人员为3人（含）以上单数；综合评审委员为3人（含）以上单数。

1.9.4 鉴定时间

理论知识考试时间不少于90 min，技能考核时间不少于30 min，综合评审时间不少于15 min。

1.9.5 鉴定场所设备

理论知识考试在标准教室、计算机教室进行；技能考核在实训基地、演练场或作业现场进行。场地条件及各种设备、工具、材料等应满足实际操作需要，并符合环境保护、劳动保护、安全和消防等各项要求。

2. 基本要求

2.1 职业道德

2.1.1 职业道德基本知识

2.1.2 职业守则

（1）遵纪守法，爱岗敬业。
（2）严守规章，规范操作。

(3) 爱护设备，安全生产。
(4) 文明作业，团结协作。
(5) 钻研业务，开拓创新。

2.2 基础知识

2.2.1 行车知识

(1) 行车组织规则和作业标准等知识。
(2) 行车线路线网构架基础知识。

2.2.2 票务服务相关知识

(1) 票务设备结构及功能等知识。
(2) 服务设备相关知识。
(3) 人员服务基础知识。

2.2.3 轨道线路和站台门等相关设备基础知识

(1) 轨道线路组成基础知识。
(2) 站台门类型及操作基础知识。
(3) 车站相关机电设备基础知识。

2.2.4 车辆、通信、供电相关知识

(1) 车辆结构、组成和功能基础知识。
(2) 城市轨道交通通信信号基础知识。
(3) 供电系统组成基础知识。

2.2.5 安全生产和环境保护基础知识

(1) 消防安全知识。
(2) 用电安全知识。
(3) 行车安全知识。
(4) 公共安全防范知识。
(5) 突发事件应急处置知识。
(6) 交通安全知识。
(7) 车站运作相关知识。
(8) 环境、职业健康安全管理体系相关知识。
(9) 劳动防护相关知识。

2.2.6 相关法律、法规和规章知识

(1)《中华人民共和国劳动法》相关知识。
(2)《中华人民共和国消防法》相关知识。

(3)《中华人民共和国安全生产法》相关知识。

(4)《中华人民共和国反恐怖主义法》相关知识。

(5)《中华人民共和国民法典》相关知识。

(6)《城市轨道交通消防安全管理》（XF/T 579—2005）相关知识。

(7)《城市轨道交通运营管理规范》（GB/T 30012—2013）相关知识。

(8)《城市轨道交通客运服务》（GB/T 22486—2008）相关知识。

(9)《城市轨道交通技术规范》（GB 50490—2009）相关知识。

(10)《城市轨道交通运营管理规定》（中华人民共和国交通运输部令2018年第8号）相关知识。

(11)《城市轨道交通行车组织管理办法》（交运规〔2019〕14号）相关知识。

(12)《城市轨道交通客运组织与服务管理办法》（交运规〔2019〕15号）相关知识。

(13)《国家城市轨道交通运营突发事件应急预案》（国办函〔2015〕32号）相关知识。

3. 工作要求

本标准对城市轨道交通站务员五级/初级工、四级/中级工、三级/高级工，城市轨道交通行车值班员五级/初级工、四级/中级工、三级/高级工、二级/技师、一级/高级技师的技能要求和相关知识要求依次递进，高级别涵盖低级别的要求。

3.1 城市轨道交通站务员

3.1.1 五级/初级工

职业功能	工作内容	技能要求	相关知识要求
1.行车组织与施工组织	1.1 站台接岗	1.1.1 能携带备品接岗 1.1.2 能识别站台区域设备状态 1.1.3 能按要求完成工作交接流程	1.1.1 行车组织规则相关要求 1.1.2 行车备品管理相关要求
	1.2 站台列车接发	1.2.1 能确认列车进站状态 1.2.2 能确认列车离站状态 1.2.3 能在紧急情况下按压紧急停车按钮，及时汇报 1.2.4 能执行列车终点站清客	1.2.1 站台接发列车程序及相关规定 1.2.2 紧急停车按钮使用规定 1.2.3 行车组织规则相关要求 1.2.4 清客作业程序及相关规定
	1.3 站台安全监控	1.3.1 能巡视站台，维持站台候乘秩序 1.3.2 能组织乘客有序上下车 1.3.3 能识别乘客候乘期间的异常情况，及时汇报 1.3.4 能识别站台门状态，做好端门管理	乘车守则相关规定

续表

职业功能	工作内容	技能要求	相关知识要求
2. 客运与服务	2.1 服务秩序维护	2.1.1 能维护车站属地管理范围内的服务环境 2.1.2 能根据乘车守则要求维护乘客出行秩序 2.1.3 能识别服务秩序异常情况并及时汇报和做好防护 2.1.4 能判断服务设备状态	2.1.1 属地管理相关规定 2.1.2 车站环境卫生管理相关要求 2.1.3 乘车守则相关规定 2.1.4 服务设备设施管理相关规定
	2.2 乘客事务处理	2.2.1 能按照服务标准开展工作 2.2.2 能指引乘客进出站 2.2.3 能指引乘客购票 2.2.4 能引导乘客使用自助设备 2.2.5 能对乘客投诉进行及时汇报,安抚乘客	2.2.1 人员服务标准相关规定 2.2.2 自助服务设备设施相关知识 2.2.3 乘客投诉处理原则
	2.3 客运组织	2.3.1 能在岗位范围内有序引导乘客进站 2.3.2 能在岗位范围内有序引导乘客出站 2.3.3 能根据客流变化及时采取相应的疏导措施 2.3.4 能在岗位范围内有序引导乘客换乘	2.3.1 客流组织相关规定 2.3.2 客流控制相关措施与要求 2.3.3 客运备品使用相关要求
3. 票务运作	3.1 购票引导	能根据乘客需求处理简单事务;无法处置时,能引导乘客寻求相应人员处理	3.1.1 自助购票设备使用相关规定 3.1.2 车站票务岗位分工相关知识
	3.2 闸机引导	3.2.1 能引导乘客使用闸机进出 3.2.2 能根据闸机代码及车票种类,引导乘客前往客服中心处理业务	自动售检票设备结构及功能相关知识
	3.3 票务事务引导	3.3.1 能根据乘客乘车凭证的种类及需求,引导乘客前往客服中心处理相关事务 3.3.2 能在应急情况下,解释票务处理规定,引导乘客处理车票事务	车票处理的相关要求

续表

职业功能	工作内容	技能要求	相关知识要求
4.应急情况处理	4.1 环境变化应急处理	4.1.1 能及时发现火情并汇报信息 4.1.2 能按火灾应急处理程序进行自我防护、疏散乘客 4.1.3 能有效进行初期火灾处置	4.1.1 消防自我防护相关要求 4.1.2 消防备品使用相关要求 4.1.3 初期火灾灭火方法
	4.2 设备故障应急处理	4.2.1 能根据预案疏散乘客 4.2.2 能在停运情况下，对乘客做好解释工作，拦截乘客进站	各类应急预案乘客疏散相关要求
	4.3 乘客事务应急处理	4.3.1 能在处理相关乘客事务时疏散围观乘客 4.3.2 能在公交接驳时，对乘客做好解释工作，疏导客流 4.3.3 能在扶梯客伤等紧急情况下按压紧急停梯按钮，及时汇报	4.3.1 相关乘客事务处理程序及相关规定 4.3.2 公交接驳处理程序及相关要求

3.1.2 四级/中级工

职业功能	工作内容	技能要求	相关知识要求
1.行车组织与施工组织	1.1 站台接岗	1.1.1 能检查站台行车设备设施及行车备品状态 1.1.2 能识别轨道线路基本设备状态	1.1.1 行车组织规则相关要求 1.1.2 行车备品管理相关要求
	1.2 站台列车接发	1.2.1 能判断列车进站、出站状态 1.2.2 能判断危及行车安全的情况，并按压紧急停车按钮，及时汇报 1.2.3 能执行车站临时清客	1.2.1 站台接发列车程序及相关规定 1.2.2 紧急停车按钮使用规定 1.2.3 清客作业程序及相关规定 1.2.4 行车组织规则相关要求
	1.3 站台安全监控	1.3.1 能识别站台门状态 1.3.2 能处理列车车门/站台门夹人夹物的情况 1.3.3 能对单个站台门无法开/关故障现象做出判断并简单处理 1.3.4 能完成车门故障情况下的相关工作	1.3.1 车门/站台门结构及功能 1.3.2 车门/站台门夹人夹物处理程序及相关要求 1.3.3 站台门故障处理程序及相关要求 1.3.4 车门故障处理程序及相关要求

续表

职业功能	工作内容	技能要求	相关知识要求
1. 行车组织与施工组织	1.4 非正常情况下的行车组织	1.4.1 能运用常用手信号引导列车进站，确认站台安全 1.4.2 能使用标准行车用语实施行车安全联控 1.4.3 能按照手摇道岔操作步骤进行操作，并进行安全确认	1.4.1 手信号显示相关规定 1.4.2 行车安全联控相关规定 1.4.3 手摇道岔操作程序及相关要求
2. 客运与服务	2.1 服务秩序维护	2.1.1 能根据属地管理要求巡视岗位范围内的设备、环境、乘客动向等情况 2.1.2 能在设备故障报修时描述故障类型 2.1.3 能判断服务环境状态 2.1.4 能判断乘客异常情况	2.1.1 属地管理相关规定 2.1.2 服务设备设施管理相关规定 2.1.3 车站环境卫生管理相关要求 2.1.4 乘车守则相关规定
	2.2 乘客事务处理	2.2.1 能接受乘客问询、建议，并提供解决方案 2.2.2 能关注特殊乘客需求，并为乘客提供相应帮助 2.2.3 能操作车站常用服务设备设施为乘客提供服务 2.2.4 能对乘客投诉进行初期处理	2.2.1 人员服务标准相关规定 2.2.2 岗位工作标准相关规定 2.2.3 服务设备设施管理相关规定 2.2.4 乘客事务处理相关规定 2.2.5 乘客投诉处理相关要求
	2.3 客运组织	2.3.1 能在客运组织关键地点引导乘客有序进站 2.3.2 能在客运组织关键地点引导乘客有序出站 2.3.3 能根据大客流组织预案完成客流控制前的场地布置工作	2.3.1 客流组织相关规定 2.3.2 客流控制相关措施与要求
	2.4 服务应急处理	2.4.1 能在紧急情况下对乘客进行紧急疏散 2.4.2 能在出现乘客伤亡事件时对受影响乘客进行简单处理、汇报信息、寻找并挽留目击证人 2.4.3 能在出现危及客运服务安全的情况时及时隔离现场	2.4.1 乘客疏散相关规定 2.4.2 乘客伤亡事件处理程序及相关规定 2.4.3 信息汇报相关要求 2.4.4 证据收集相关要求 2.4.5 现场隔离相关要求

续表

职业功能	工作内容	技能要求	相关知识要求
3. 票务运作	3.1 车票业务办理	3.1.1 能在售票前确认现金、车票、票务备品、报表等准确无误 3.1.2 能确认客服中心设备状态 3.1.3 能兑零、售票、充值、退票、处理异常票卡等 3.1.4 能在售票结束后准确清点现金、车票、发票，归还票务钥匙和备品，核对业务凭证 3.1.5 能准确填写配票、结账、乘客事务相关的票务报表（含纸质报表）	3.1.1 售票岗作业程序及相关规定 3.1.2 售票、充值、退票等相关规定 3.1.3 票务备品使用相关规定 3.1.4 报表填写相关规定
	3.2 售检票设备运行保障	3.2.1 能识别自动售检票设备常见故障，并汇报故障类型 3.2.2 能完成闸机票箱更换操作	自动售检票设备功能及操作相关要求
	3.3 现金、票据及钥匙备品管理	3.3.1 能保管现金、交接票据 3.3.2 能识别假钞 3.3.3 能保管、使用票务钥匙 3.3.4 能使用票务备品	3.3.1 现金管理相关规定 3.3.2 车票管理相关规定 3.3.3 假钞识别方法 3.3.4 票务钥匙管理相关规定 3.3.5 票务备品管理相关规定
	3.4 乘客票务事务处理	3.4.1 能判断乘客乘车凭证的有效性，并根据证件性质做出指引、处理 3.4.2 能根据不同的情况对持各类车票的乘客进行指引，并对票务事务进行处理	3.4.1 乘客票务事务处理相关要求 3.4.2 车票处理相关要求
4. 应急情况处理	4.1 环境变化应急处理	4.1.1 能按火灾应急处理程序进行自我防护、疏散乘客、及时汇报、检查电梯是否困人等火灾应急处理 4.1.2 能使用消防备品进行灭火 4.1.3 能在特殊气象及自然灾害条件下进行疏散乘客、协作抢险等应急处理	4.1.1 消防自我防护相关要求 4.1.2 消防备品使用相关要求 4.1.3 初期火灾灭火方法 4.1.4 特殊气象及自然灾害条件下乘客疏散相关要求
	4.2 设备故障应急处理	4.2.1 能对故障设备进行安全防护 4.2.2 能根据预案引导乘客或疏散乘客 4.2.3 能在停运情况下，对乘客做好解释工作，摆放告示，拦截乘客进站	4.2.1 设备故障防护相关要求 4.2.2 各类应急预案乘客疏散相关要求 4.2.3 应急信息发布相关要求

续表

职业功能	工作内容	技能要求	相关知识要求
4.应急情况处理	4.3 乘客事务应急处理	4.3.1 能在发生相关乘客事务时，了解现场情况，及时汇报，疏散围观乘客 4.3.2 能在公交接驳时，对乘客做好解释工作，指引、疏导、控制客流 4.3.3 能在组织乘客区间疏散时，在站台接应乘客，引导乘客疏散	4.3.1 相关乘客事务处理程序及相关规定 4.3.2 公交接驳处理程序及相关要求 4.3.3 乘客区间疏散应急处理程序及相关要求

3.1.3 三级/高级工

职业功能	工作内容	技能要求	相关知识要求
1.行车组织与施工组织	1.1 站台安全监控	1.1.1 能巡视站台，发现站台安全风险 1.1.2 能处理乘客物品掉落轨道的情况 1.1.3 能对各类站台门故障进行初期处理（包括站台门破碎、破裂等）	1.1.1 行车组织规则相关要求 1.1.2 站台作业程序及相关规定 1.1.3 乘客物品掉落轨道处理相关要求 1.1.4 站台门故障处理程序及相关要求 1.1.5 站台门故障防护要求
	1.2 非正常情况下的行车组织	1.2.1 能在不同情况下按规定显示手信号 1.2.2 能在降级行车组织情况下，完成站台发车作业程序 1.2.3 能组织车站临时清客 1.2.4 能完成人工排列进路时的安全确认工作 1.2.5 能根据调度命令，完成区间疏散或其他处置工作 1.2.6 能完成非正常情况下行车组织相关凭证的核对及交付工作	1.2.1 手信号显示相关规定 1.2.2 降级行车组织发车条件及相关规定 1.2.3 临时清客处理程序及相关规定 1.2.4 人工排列进路程序及相关规定 1.2.5 行车组织规则相关要求
	1.3 施工组织	1.3.1 能判断施工现场安全防护是否符合安全要求 1.3.2 能识别现场施工安全风险 1.3.3 能对车站负责的施工作业进行现场管控 1.3.4 能对轨行区端头门进出人员卡控管理	施工管理相关规定

续表

职业功能	工作内容	技能要求	相关知识要求
2.客运与服务	2.1 服务设备设施管理	2.1.1 能识别车站服务设备设施及服务用品状态 2.1.2 能操作车站各类服务设备设施为乘客提供服务 2.1.3 能处理服务设备简单故障	2.1.1 服务设备设施管理相关规定 2.1.2 服务设备设施功能及操作程序
	2.2 乘客事务处理	2.2.1 能按指引处理因设备故障、人员服务、乘客违规等引起的乘客事务 2.2.2 能针对列车晚点等造成乘客情绪过激的情况，安抚乘客情绪，采取措施进行初步处理 2.2.3 能判断乘客事务类别，对不能现场解决的乘客事务进行汇报	2.2.1 乘客事务处理相关规定 2.2.2 乘客投诉处理相关要求 2.2.3 乘客事务信息汇报相关要求
	2.3 客运组织	2.3.1 能识别客流组织关键点，组织车站客流控制、安全疏导乘客 2.3.2 能根据客流控制的启动条件和流程，完成客流控制准备工作 2.3.3 能在客流控制过程中与其他区域进行联控	2.3.1 客流组织相关规定 2.3.2 客流控制相关措施与要求
	2.4 服务应急处理	2.4.1 能在紧急情况下，组织区域内的乘客疏散工作，并与其他区域进行联控 2.4.2 能对乘客进出站、候车、乘车过程中突发疾病等特殊情况进行简单救治处理及伤亡处理 2.4.3 能对需要收集证据的情况，做好现场证据收集 2.4.4 能对需要挽留证人的情况，接洽证人，做好证人信息收集	2.4.1 乘客疏散相关规定 2.4.2 乘客伤亡事件处理程序及相关规定 2.4.3 现场隔离相关要求 2.4.4 证据收集相关要求 2.4.5 证人接洽相关要求 2.4.6 信息汇报相关要求
3.票务运作	3.1 售检票设备运行保障	3.1.1 能对自动售票机进行补充单程票、找零现金、回收单程票、钱箱、结账列印的操作 3.1.2 能处理售票机和检票机卡币、卡票等故障	3.1.1 自动售票机补充单程票、找零现金、回收单程票、钱箱、结账列印的操作程序 3.1.2 自动售检票设备的监控、查询操作规程及相关要求 3.1.3 自动售检票设备常见故障类别及原因分析相关知识 3.1.4 闸机紧急释放操作规定及相关知识

续表

职业功能	工作内容	技能要求	相关知识要求
3. 票务运作	3.2 现金、票据及钥匙备品管理	3.2.1 能完成售票员相关票务工作 3.2.2 能填写、核对与售票员相关的票务报表及台账 3.2.3 能完成现金、车票和发票的保管、结算工作 3.2.4 能正确保管、使用、交接票务钥匙	3.2.1 票务报表填写、审核相关规定 3.2.2 现金管理相关规定 3.2.3 车票管理相关规定 3.2.4 票务钥匙管理相关规定 3.2.5 专用通道使用管理规定
	3.3 乘客票务事务处理	3.3.1 能处理乘客票务事务 3.3.2 能处理应急情况下的票务事务	3.3.1 乘客票务事务处理相关规定 3.3.2 应急情况下票务事务处理相关规定
4. 应急情况处理	4.1 环境变化应急处理	4.1.1 能按消防要求进行自我防护 4.1.2 能按火灾相关应急处理程序疏散乘客、汇报信息 4.1.3 能识别特殊气象及自然灾害,能提前准备抢险物资并正确使用 4.1.4 能按特殊气象及自然灾害应急处理程序进行疏散乘客、汇报信息、组织抢险等应急处理	4.1.1 火灾应急处理程序及相关要求 4.1.2 特殊气象及自然灾害应急处理程序及相关要求 4.1.3 消防自我防护相关要求 4.1.4 应急信息汇报相关要求 4.1.5 抢险物资管理及使用相关规定
	4.2 设备故障应急处理	4.2.1 能按站台门故障应急处理程序要求进行故障门查找、安全防护、引导乘客等应急处理 4.2.2 能按信号设备故障应急处理程序要求进行手摇道岔、进路确认等应急处理 4.2.3 能按接触网（轨）停电应急处理程序要求进行疏散乘客、执行停运等应急处理 4.2.4 能按大面积停电应急处理程序要求进行疏散乘客、执行乘客停运等应急处理 4.2.5 能按电梯故障应急处理程序要求进行故障确认、安全防护、引导乘客等应急处理	4.2.1 站台门故障应急处理程序及相关要求 4.2.2 信号设备故障应急处理程序及相关要求 4.2.3 接触网（轨）有异物处理程序及相关要求 4.2.4 接触网（轨）停电应急处理程序及相关要求 4.2.5 大面积停电应急处理程序及相关要求 4.2.6 电梯故障应急处理程序及相关要求 4.2.7 各类设备故障防护相关要求 4.2.8 各类应急预案乘客疏散相关要求 4.2.9 各类应急情况下信息发布要求

续表

职业功能	工作内容	技能要求	相关知识要求
4.应急情况处理	4.3 乘客事务应急处理	4.3.1 能在发生相关乘客事务时，保护现场、收集证据、汇报信息 4.3.2 能在启动公交接驳时，与公交司机办理公交接驳有关手续 4.3.3 能在组织乘客区间疏散时，携带备品，判断疏散区域，引导乘客疏散	4.3.1 相关乘客事务处理程序及相关规定 4.3.2 公交接驳处理程序及相关要求 4.3.3 公交接驳与司机交接手续办理要求 4.3.4 乘客区间疏散应急处理程序及相关要求

3.2 城市轨道交通行车值班员

3.2.1 五级/初级工

职业功能	工作内容	技能要求	相关知识要求
1.行车组织与施工组织	1.1 行车工作交接	1.1.1 能办理行车备品、钥匙、工作记录交接 1.1.2 能登录各类行车管理系统、车站联锁设备系统，充分做好预备工作 1.1.3 能填写行车台账，记录行车重点工作	1.1.1 行车工作交接相关规定 1.1.2 联锁工作站及各类行车管理系统登录/退出操作要求及相关规定 1.1.3 行车日志填写相关要求
	1.2 正常情况下的行车组织	1.2.1 能办理正常情况下的行车作业 1.2.2 能接收行车组织相关的调度命令并执行 1.2.3 能根据运营时刻表判断列车运行准点情况	1.2.1 行车组织相关规定 1.2.2 调度命令执行相关规定 1.2.3 运营时刻表相关知识
	1.3 车站控制室内设备监控及操作	1.3.1 能运用各类通信设备完成信息传递 1.3.2 能识别防灾报警系统报警信息，并识别报警方位 1.3.3 能识别综合后备盘、综合监控系统、环境与设备监控系统、乘客信息系统、门禁系统等运作状态	1.3.1 通信设备操作相关规定 1.3.2 防灾报警系统操作相关规定 1.3.3 综合后备盘操作相关规定 1.3.4 综合监控系统操作相关规定 1.3.5 环境与设备监控系统操作相关规定 1.3.6 乘客信息系统操作相关规定 1.3.7 门禁系统操作相关规定

续表

职业功能	工作内容	技能要求	相关知识要求
1.行车组织与施工组织	1.4 站台安全监控	1.4.1 能与站台岗、列车司机进行行车安全联控 1.4.2 能通过电视监控系统监控站台安全状态 1.4.3 能在紧急情况下采取有效措施停、扣列车	1.4.1 行车安全联控相关规定 1.4.2 电视监控系统操作相关规定 1.4.3 紧急停、扣列车相关规定
	1.5 非正常情况下行车组织	1.5.1 能根据行调命令完成降级行车组织 1.5.2 能按行车组织要求完成报点工作	1.5.1 降级行车组织规定 1.5.2 车站报点相关规定
	1.6 施工组织	1.6.1 能核实施工条件 1.6.2 能办理施工请销点手续 1.6.3 能确认施工防护设置、撤除情况	施工管理相关规定
2.客运与服务	2.1 设备设施报修	2.1.1 能了解设备设施故障情况，记录故障信息 2.1.2 能根据指引进行故障报修	2.1.1 设备设施归口管理相关规定 2.1.2 设备设施故障报修相关规定
	2.2 乘客事务处理	2.2.1 能根据规定或现有资源，解决乘客事务 2.2.2 能记录并汇报乘客事务信息	2.2.1 乘客事务处理相关规定 2.2.2 乘客事务信息汇报相关要求
	2.3 客运组织	2.3.1 能执行客流控制相关命令 2.3.2 能汇报不同类型的客流控制信息 2.3.3 能根据客流组织、客流控制需要选择广播，引导乘客进出站、上下车	2.3.1 客流组织相关规定 2.3.2 客流控制相关措施与要求 2.3.3 客流控制乘客信息发布相关要求 2.3.4 客流控制信息汇报相关要求
	2.4 服务应急处理	2.4.1 能识别服务应急信息，记录并汇报 2.4.2 能根据应急情况类别选择广播并引导乘客 2.4.3 能传达上级指挥机构下达的应急处理指挥要求	2.4.1 乘客伤亡事件处理程序及相关规定 2.4.2 乘客伤亡事件信息收集及汇报相关规定 2.4.3 应急服务信息发布要求

续表

职业功能	工作内容	技能要求	相关知识要求
3. 票务运作	3.1 售检票设备运行保障	3.1.1 能使用车站计算机监控、查询自动售检票设备状态 3.1.2 能在应急情况下操作闸机紧急释放	3.1.1 车站计算机管理相关规定及操作要求 3.1.2 闸机紧急释放的条件及操作要求
	3.2 售检票设备大面积故障处理	3.2.1 能在售检票设备大面积故障的情况下收集信息并上报 3.2.2 能通知专业人员处理故障，并利用广播引导乘客	3.2.1 售检票设备大面积故障处理程序及相关规定 3.2.2 售检票设备大面积故障情况下信息汇报相关规定
4. 应急情况处理	4.1 环境变化应急处理	4.1.1 能检查并使用微型消防站装备 4.1.2 能按火灾相关应急处理程序要求进行拨打紧急电话、汇报信息、执行相关设备火灾模式、利用广播疏散乘客等应急处理 4.1.3 能按特殊气象及自然灾害应急处理程序要求进行信息汇报、利用广播疏散乘客等应急处理	4.1.1 火灾应急处理程序及相关要求 4.1.2 特殊气象及自然灾害应急处理程序及相关要求 4.1.3 各类应急预案信息汇报程序及相关要求 4.1.4 各类应急预案服务信息发布相关要求
	4.2 设备故障应急处理	4.2.1 能按站台门故障应急处理程序要求进行信息汇报、通知专业人员处理故障、利用广播引导乘客等应急处理 4.2.2 能按信号设备故障应急处理程序要求进行信息汇报，执行相关应急处理指令 4.2.3 能按接触网（轨）停电应急处理程序要求进行信息汇报、通知专业人员处理故障、播放停运广播等应急处理 4.2.4 能按大面积停电应急处理程序要求进行信息汇报、通知专业人员处理故障、播放停运广播等应急处理 4.2.5 能按电梯故障应急处理程序要求进行信息汇报、通知专业人员处理故障、引导乘客等应急处理	4.2.1 站台门故障应急处理程序及相关要求 4.2.2 信号设备故障应急处理程序及相关要求 4.2.3 接触网（轨）有异物处理程序及相关要求 4.2.4 接触网（轨）停电应急处理程序及相关要求 4.2.5 大面积停电应急处理程序及相关要求 4.2.6 电梯故障应急处理程序及相关要求 4.2.7 各类设备故障抢修相关要求 4.2.8 各类应急预案服务信息发布相关要求 4.2.9 各类应急情况信息汇报相关要求

续表

职业功能	工作内容	技能要求	相关知识要求
4. 应急情况处理	4.3 乘客事务应急处理	4.3.1 能在发生相关乘客事务时,按信息汇报程序报公安机关处理 4.3.2 能在启动公交接驳时进行信息汇报 4.3.3 能在乘客区间疏散时与现场人员、调度、司机、邻站进行联控,进行信息收发及传达	4.3.1 相关乘客事务处理程序及相关规定 4.3.2 公交接驳处理程序及相关要求 4.3.3 乘客区间疏散应急处理程序及相关要求

3.2.2 四级/中级工

职业功能	工作内容	技能要求	相关知识要求
1. 行车组织与施工组织	1.1 正常情况下的行车组织	1.1.1 能办理列车出入车场作业手续 1.1.2 能办理列车过线作业手续 1.1.3 能办理调车作业手续 1.1.4 能接收并执行行车组织相关的调度命令 1.1.5 能根据运营时刻表和车站联锁设备系统判断列车运行状态	1.1.1 列车出入车场相关规定 1.1.2 列车过线相关规定 1.1.3 调车作业相关规定 1.1.4 行车组织相关规定 1.1.5 调度命令执行相关规定
	1.2 车站控制室内设备监控及操作	1.2.1 能对车站联锁设备进行监控 1.2.2 能在行调指令下操作车站联锁设备 1.2.3 能判断防灾报警系统报警信息并执行设备操作 1.2.4 能根据季节与环境判断环境与设备监控系统运行模式	1.2.1 联锁工作站操作相关规定 1.2.2 防灾报警系统操作相关规定 1.2.3 环境与设备监控系统操作相关规定 1.2.4 就地控制盘操作相关规定 1.2.5 综合后备盘操作相关规定 1.2.6 门禁系统操作相关规定
	1.3 非正常情况下行车组织	1.3.1 能根据实际情况判断降级行车条件 1.3.2 能识别非正常情况下行车组织的安全风险点并采取防范措施	1.3.1 降级行车组织相关规定 1.3.2 非正常情况下行车组织的安全风险点及防范措施相关要求
	1.4 施工组织	1.4.1 能办理临时抢修施工请销点手续 1.4.2 能处理施工办理过程中出现的异常情况	施工管理相关规定

续表

职业功能	工作内容	技能要求	相关知识要求
2. 客运与服务	2.1 设备设施报修	2.1.1 能判断设备故障归属并进行故障报修 2.1.2 能跟进设备报修进度，确认故障修复情况，核销报修记录	2.1.1 设备设施归口管理相关规定 2.1.2 设备设施故障报修相关规定
	2.2 乘客事务处理与跟进	2.2.1 能处理乘客事务，记录信息，按处理程序汇报信息 2.2.2 能跟进乘客事务处理结果并做好信息交接	2.2.1 乘客事务信息汇报相关要求 2.2.2 乘客事务处理相关规定
	2.3 客运组织	2.3.1 能通过车站计算机系统获取客流数据，预计客流情况 2.3.2 能在客流组织过程中与各区域负责人进行信息反馈，掌握车站整体客流组织情况 2.3.3 能在车站预制广播无法满足客流组织需求的情况下，进行人工广播引导乘客进出站	2.3.1 客流组织相关规定 2.3.2 客流控制相关措施与要求 2.3.3 客流控制乘客信息发布相关要求 2.3.4 客流控制信息汇报相关要求
	2.4 服务应急处理	2.4.1 能收集与整理服务应急信息，按信息汇报程序进行汇报 2.4.2 能在车站预制广播无法满足服务应急处理需求的情况下，进行人工广播引导乘客 2.4.3 能在服务应急处理过程中，根据需要进行现场沟通	2.4.1 乘客伤亡事件处理程序及相关规定 2.4.2 乘客伤亡事件信息收集及汇报相关规定
3. 票务运作	3.1 售检票设备运行保障	3.1.1 能使用车站计算机监控、查询自动售检票设备状态，预估设备运行情况 3.1.2 能在应急情况下操作闸机紧急释放	3.1.1 车站计算机管理相关规定及操作要求 3.1.2 闸机紧急释放的条件及操作要求
	3.2 票务安全监督	3.2.1 能识别常见票务违规操作情况 3.2.2 能处理各类常见账实不符的情况 3.2.3 能识别票务安全监督的关键点并采取防控措施	3.2.1 票务运作相关规定 3.2.2 票务违章相关定义 3.2.3 票务安全关键风险点

续表

职业功能	工作内容	技能要求	相关知识要求
3. 票务运作	3.3 售检票设备大面积故障处理	3.3.1 能准确核实售检票设备大面积故障的类型及影响范围、程度 3.3.2 能在售检票设备大面积故障情况下，通报故障信息，传达车站各岗位相应票务事务处理要求 3.3.3 能通知专业人员处理故障，利用广播引导乘客	3.3.1 售检票设备大面积故障处理程序及相关规定 3.3.2 售检票设备大面积故障情况下信息汇报相关规定
4. 应急情况处理	4.1 环境变化应急处理	4.1.1 能检查并使用各类消防装备设施 4.1.2 能按火灾相关应急处理程序要求进行信息收发及传达，协调各岗位联动 4.1.3 能按特殊气象及自然灾害应急处理程序要求进行信息收发及传达，协调各岗位人员参与抢险 4.1.4 能根据各种情况进行信息收集与汇报	4.1.1 火灾应急处理程序及相关要求 4.1.2 特殊气象及自然灾害应急处理程序及相关要求 4.1.3 各类应急预案信息汇报程序及相关要求 4.1.4 各类应急预案服务信息发布相关要求
	4.2 设备故障应急处理	4.2.1 能按站台门故障应急处理程序要求进行信息收发及传达，协调各岗位人员引导乘客 4.2.2 能按信号设备故障应急处理程序要求进行信息收发及传达、通知专业人员处理故障、降级行车组织等应急处理 4.2.3 能按接触网（轨）停电应急处理程序要求进行信息收发及传达，通知专业人员处理故障，协调各岗位人员引导乘客 4.2.4 能按大面积停电应急处理程序要求进行信息收发及传达，通知专业人员处理故障，协调各岗位人员引导乘客 4.2.5 能按电梯故障应急处理程序要求进行信息收发及传达，通知专业人员处理故障，协调各岗位人员引导乘客	4.2.1 站台门故障应急处理程序及相关要求 4.2.2 信号设备故障应急处理程序及相关要求 4.2.3 接触网（轨）有异物处理程序及相关要求 4.2.4 接触网（轨）停电应急处理程序及相关要求 4.2.5 大面积停电应急处理程序及相关要求 4.2.6 电梯故障应急处理程序及相关要求 4.2.7 各类设备故障抢修相关要求 4.2.8 各类应急预案服务信息发布相关要求 4.2.9 各类应急信息汇报相关要求

续表

职业功能	工作内容	技能要求	相关知识要求
4.应急情况处理	4.3 乘客事务应急处理	4.3.1 能在发生相关乘客事务时，准确收集信息，按信息汇报程序对外进行信息汇报，传达指令 4.3.2 能在启动公交接驳时进行信息收发及传达，跟进公交接驳进度 4.3.3 能在乘客区间疏散时与现场人员、调度、司机、邻站进行联控，进行信息收发及传达，协调各岗位人员引导乘客	4.3.1 相关乘客事务处理程序及相关规定 4.3.2 公交接驳处理程序及相关要求 4.3.3 乘客区间疏散应急处理程序及相关要求

3.2.3 三级/高级工

职业功能	工作内容	技能要求	相关知识要求
1.行车组织与施工组织	1.1 运营前检查	1.1.1 能在运营前核实线路出清情况、试验站台门，检查联锁站及设备站信号设备状态 1.1.2 能按要求的模式监控相关环控设备状态 1.1.3 能按要求检查并确认车站所有客运相关设备设施	1.1.1 行车组织规则相关要求 1.1.2 运营前检查相关规定 1.1.3 环控系统运行模式相关要求
	1.2 非正常情况下的行车组织	1.2.1 能对联锁工作站的操作进行双确认 1.2.2 能在故障情况下组织、指导降级行车 1.2.3 能组织完成人工排列进路	1.2.1 联锁设备操作相关规定 1.2.2 降级行车组织相关规定 1.2.3 人工排列进路程序及相关规定
	1.3 施工组织	1.3.1 能对各类施工安全关键点采取防控措施 1.3.2 能现场确认"影响正线、辅助线行车"类施工的请销点 1.3.3 能安排"影响正线、辅助线行车，不开行工程列车、电客车，且需车站配合"类施工护送进场、过程监控、设备恢复、现场出清等工作	施工管理相关规定

续表

职业功能	工作内容	技能要求	相关知识要求
2.客运与服务	2.1 乘客服务标准及服务设备设施监控	2.1.1 能识别员工在语言、形体、着装等方面是否符合服务标准，并予以纠正 2.1.2 能识别站内服务工作中的不足并予以纠正 2.1.3 能掌握服务设备设施管理要求	2.1.1 人员服务标准相关规定 2.1.2 岗位工作标准相关规定 2.1.3 服务设备设施管理相关规定
	2.2 乘客事务处理与回复	2.2.1 能处理乘客投诉 2.2.2 能对需要回复乘客的事务进行回复	2.2.1 乘客事务处理相关规定 2.2.2 乘客投诉处理相关规定
	2.3 客运组织	2.3.1 能根据现场客流情况，启动相应客流组织预案 2.3.2 能根据车站客流特点，识别客流组织关键点，合理安排人员组织现场客流，指挥客流控制 2.3.3 能根据现场运能情况，提出支援需求	2.3.1 客流组织相关规定 2.3.2 客流控制相关措施与要求 2.3.3 客流控制启动条件及相关规定 2.3.4 客流组织关键点及相关注意事项 2.3.5 车站支援相关规定
	2.4 服务应急处理	2.4.1 能在紧急情况下，指挥现场乘客疏散工作 2.4.2 能在出现乘客伤亡事件时，组织对乘客的救治工作，组织现场隔离工作 2.4.3 能在处理乘客事务时有效保留证据，做好证据收集与整理，记录相关情况，保留相关资料，并做好后续处理 2.4.4 能在出现危及客运服务安全的情况时，了解情况，控制现场 2.4.5 能在出现媒体采访时，与媒体进行基本对接，并收集信息及时汇报	2.4.1 乘客疏散相关规定 2.4.2 乘客伤亡事件处理程序及相关规定 2.4.3 现场隔离相关要求 2.4.4 证据收集相关要求 2.4.5 信息汇报相关要求 2.4.6 证人接洽相关要求 2.4.7 媒体应对相关要求

续表

职业功能	工作内容	技能要求	相关知识要求
3.票务运作	3.1 票务安全监督	3.1.1 能指挥、确认、监督车站票务工作人员的各项票务工作 3.1.2 能核查并纠正站内票务工作人员的操作 3.1.3 能确认现金、车票、发票、票务钥匙和备品的账实情况 3.1.4 能调查车站票务违章情况	3.1.1 车站票务运作程序及相关管理规定 3.1.2 现金、车票、发票、票务钥匙、备品管理相关规定 3.1.3 票务违章相关定义 3.1.4 票务稽查相关规定 3.1.5 票务安全关键风险点
	3.2 售检票设备大面积故障处理	3.2.1 能根据故障情况启动相应预案 3.2.2 能按售检票设备大面积故障处理程序要求进行乘客疏导、指导票务事务处理	3.2.1 售检票设备大面积故障应急处理程序及相关规定 3.2.2 售检票设备大面积故障乘客票务事务处理相关规定
4.应急情况处理	4.1 环境变化应急处理	4.1.1 能按火灾相关应急处理程序要求进行自我防护、判断火情，安排人员协调资源，组织灭火、疏散乘客、员工撤离等应急处理 4.1.2 能按特殊气象及自然灾害应急处理程序要求进行险情判断，安排人员协调资源，指挥抢险、疏散乘客等应急处理 4.1.3 能对整体情况进行安全卡控，对发展情况进行预判	4.1.1 火灾应急处理程序及相关要求 4.1.2 特殊气象及自然灾害应急处理程序及相关要求 4.1.3 抢险指挥相关要求
	4.2 设备故障应急处理	4.2.1 能按站台门故障应急处理程序要求进行故障情况及影响范围判断、安排人员协调资源配合设备抢修、引导乘客等应急处理 4.2.2 能按信号设备故障应急处理程序要求进行降级行车组织，安排人员进行手摇道岔、接发列车、疏导客流等应急处理 4.2.3 能按接触网（轨）停电应急处理程序要求进行停运组织、安排人员疏散乘客等应急处理 4.2.4 能按大面积停电应急处理程序要求进行停运组织、安排人员疏散乘客等应急处理 4.2.5 能按电梯故障应急处理程序要求进行安全防护、安排人员引导乘客等应急处理 4.2.6 能对整体情况进行安全卡控，对发展情况进行预判	4.2.1 站台门故障应急处理程序及相关要求 4.2.2 信号设备故障应急处理程序及相关要求 4.2.3 接触网（轨）有异物处理程序及相关要求 4.2.4 接触网（轨）停电应急处理程序及相关要求 4.2.5 大面积停电应急处理程序及相关要求 4.2.6 电梯故障应急处理程序及相关要求 4.2.7 各类设备故障抢修相关规定

续表

职业功能	工作内容	技能要求	相关知识要求
4.应急情况处理	4.3 乘客事务应急处理	4.3.1 能在发生相关乘客事务时，安排人员协调资源控制现场，防止影响扩大，协助公安机关处理现场 4.3.2 能在启动公交接驳时进行资源协调、安排人员疏导客流、引导乘客搭乘接驳车等应急处理 4.3.3 能在乘客区间疏散时与车站控制室、调度、司机、邻站进行联控，安排人员组织乘客疏散 4.3.4 能对整体情况进行安全卡控，对发展情况进行预判	4.3.1 相关乘客事务处理程序及相关规定 4.3.2 公交接驳处理程序及相关要求 4.3.3 乘客区间疏散应急处理程序及相关要求
5.车站运作	5.1 车站生产信息统筹处理	5.1.1 能处理车站信息、邮件、文件的收发与存档 5.1.2 能处理生产信息记录、汇总、汇报及交接 5.1.3 能对检查问题进行调查、整改与回复	5.1.1 生产信息汇报流程及相关要求 5.1.2 公文写作基础知识
5.车站运作	5.2 班组管理	5.2.1 能对班组成员进行技能评估与指导 5.2.2 能对班组成员进行排班等人员安排 5.2.3 能组织车站业务会议	5.2.1 作业纪律、劳动纪律、员工技能相关要求 5.2.2 出勤、加班管理和各类假期审批程序及相关规定 5.2.3 班组管理相关知识
5.车站运作	5.3 技术传承	5.3.1 能开展车站业务指导、师徒带教培训 5.3.2 能组织业务演练 5.3.3 能填写培训台账 5.3.4 能在作业中发现存在问题并制定有效整改措施	5.3.1 培训教学的基本方法，培训计划的编制与落实 5.3.2 员工培训管理及评估 5.3.3 应急演练组织要求 5.3.4 安全档案管理相关要求 5.3.5 城市轨道交通行业作业标准、流程

3.2.4 二级/技师

职业功能	工作内容	技能要求	相关知识要求
1. 车站运作	1.1 生产计划制订与落实	1.1.1 能根据生产目标制订车站工作计划，并跟进实施情况 1.1.2 能统计各业务模块的生产数据，分析生产状况，发现问题，制定防范措施 1.1.3 能对业务模块的工作进行小结、汇报	1.1.1 工作计划制订方法及要求 1.1.2 生产数据统计分析方法与要求 1.1.3 工作小结写作要求
	1.2 车站人员管理	1.2.1 能细化车站级各类管理规定 1.2.2 能审核车站员工绩效结果 1.2.3 能审核车站考勤记录	1.2.1 人员管理相关知识 1.2.2 员工绩效管理相关规定 1.2.3 员工考勤管理相关规定
2. 生产质量监督与指导	2.1 行车与施工生产质量监督与指导	2.1.1 能根据本站情况细化车站行车、施工作业标准和岗位作业流程 2.1.2 能检查行车、施工作业标准执行情况，排查安全隐患，制定整改措施 2.1.3 能在本站发生行车、施工安全事件时，指挥现场处理，事后能调查情况，分析原因，落实整改措施	2.1.1 行车、施工相关业务知识 2.1.2 行车、施工作业流程编写方法与要求 2.1.3 突发应急事件处理相关规定 2.1.4 事故事件调查相关规定 2.1.5 分析报告写作要求
	2.2 客运与服务生产质量监督与指导	2.2.1 能细化车站服务标准及岗位作业流程 2.2.2 能检查客运与服务作业标准执行情况，提升员工服务意识，制订服务优化方案 2.2.3 能在出现疑难乘客事务时，调查情况、请示汇报、沟通协调、寻求解决方案 2.2.4 能在出现紧急情况人员不足时，根据车站实际情况调动本站资源	2.2.1 客运与服务相关业务知识 2.2.2 客运与服务作业流程编写方法与要求 2.2.3 特殊乘客事务审批程序及相关规定 2.2.4 支援申请条件与相关程序
	2.3 票务运作生产质量监督与指导	2.3.1 能细化车站票务运作标准及岗位作业流程 2.3.2 能检查票务作业标准执行情况，稽查票务违章行为，强化票务安全意识 2.3.3 能在出现特殊票务事务时，调查情况、请示汇报、沟通协调、寻求解决方案	2.3.1 票务运作相关业务知识 2.3.2 票务运作作业流程编写方法与要求 2.3.3 票务稽查相关规定 2.3.4 特殊票务事务审批程序及相关规定

续表

职业功能	工作内容	技能要求	相关知识要求
2.生产质量监督与指导	2.4 消防、应急安全管理与指导	2.4.1 能根据国家相关法规要求，建立消防档案并更新 2.4.2 能根据国家、行业、企业等上行规章制度要求，细化车站各类应急预案 2.4.3 能自查车站消防安全状况，协助消防部门检查，杜绝消防隐患 2.4.4 能组织消防培训与应急演练，提升全员消防、应急安全意识及消防、应急处理能力 2.4.5 能在本站发生消防、应急事件时，指挥现场处理，事后能调查情况、分析原因、落实整改措施	2.4.1 消防、应急相关的法律法规、行业规定 2.4.2 各类消防、应急预案相关规定 2.4.3 演练组织要求及相关规定 2.4.4 事故事件调查相关规定
3.技术革新与传承	3.1 生产技术革新	3.1.1 能根据车站行车、施工安全相关数据，分析安全工作状况，提出行车、施工作业程序优化建议 3.1.2 能根据车站客运服务相关数据、周边环境特点，分析客流趋势，优化车站服务措施及客运组织预案 3.1.3 能根据车站票务运作相关数据、票务收入特点，分析客流趋势，优化票务作业程序 3.1.4 能根据相关应急事件案例情况，分析安全风险点，优化各项应急处理预案	3.1.1 规章制度制订相关要求 3.1.2 预案编写相关要求
	3.2 技术传承	3.2.1 能制订员工培训计划 3.2.2 能管理员工培训档案 3.2.3 能基于生产任务，提炼胜任任务的相关知识与技能要求 3.2.4 能编写培训教案，进行培训质量评估	3.2.1 培训管理相关知识 3.2.2 培训计划制订方法 3.2.3 培训档案管理要求 3.2.4 教案编写方法 3.2.5 试题编写方法

3.2.5 一级/高级技师

职业功能	工作内容	技能要求	相关知识要求
1. 车站运作	1.1 生产计划目标制定及监督	1.1.1 能根据生产要求制定车站生产计划目标，审核生产计划，并监督实施情况 1.1.2 能通过分析各业务模块生产状况，对发现的隐患制定相关治理措施并监督实施 1.1.3 能对车站整体工作进行小结、汇报	1.1.1 计划管理相关方法及要求 1.1.2 生产数据统计分析方法与要求 1.1.3 工作小结写作要求
	1.2 车站人员管理	1.2.1 能制定车站级各类管理规定 1.2.2 能统计员工绩效情况，分析员工工作状态，采取有效措施，提升员工整体绩效水平	1.2.1 人员管理相关知识 1.2.2 员工绩效管理相关知识
	1.3 车站外联沟通	1.3.1 能组织车站与周边单位进行业务协作 1.3.2 能根据生产需要，进行对外、对上沟通协调 1.3.3 能对车站上一级组织或相关维修单位提出合理意见和建议	1.3.1 车站属地管理相关规定 1.3.2 生产信息管理相关规定
2. 生产质量监督与指导	2.1 行车与施工生产质量分析与管控	2.1.1 能组织行车、施工作业专项检查，分析安全隐患，制定管控措施 2.1.2 能对历史行车、施工安全事件进行分析，发现问题，优化作业标准与流程，完善相关规章制度 2.1.3 能在本站发生行车、施工安全事件时，指挥现场处理，事后能调查情况、分析原因、编写分析报告、监督整改情况	2.1.1 行车与施工相关业务知识 2.1.2 统计分析基本知识 2.1.3 规章制度编写相关规定 2.1.4 事故事件调查相关规定 2.1.5 分析报告写作要求
	2.2 客运与服务生产质量分析与管控	2.2.1 能进行客运组织专项分析，寻找运作优化关键点，制定管控措施 2.2.2 能组织服务专项检查，寻找服务质量提升关键点，开展质量提升专题研究 2.2.3 能对历史客运、服务安全事件进行分析，发现问题，优化作业标准与流程，完善相关规章制度 2.2.4 能在出现紧急情况人员不足时，根据车站实际情况申请外部支援	2.2.1 客运与服务相关业务知识 2.2.2 统计分析基本知识 2.2.3 规章制度编写相关规定

续表

职业功能	工作内容	技能要求	相关知识要求
2. 生产质量监督与指导	2.3 票务运作生产质量分析与管控	2.3.1 能组织票务专项检查，分析票务安全隐患，制定管控措施 2.3.2 能对历史票务违规违章事件进行分析，发现问题，优化作业标准与流程，完善相关规章制度 2.3.3 能在出现特殊票务事务时，及时了解情况，沟通协调，提供解决方案	2.3.1 票务运作相关业务知识 2.3.2 统计分析基本知识 2.3.3 规章制度编写相关规定
	2.4 消防、应急生产质量分析与管控	2.4.1 能根据国家相关法律法规要求，开展车站消防管理 2.4.2 能组织车站级消防专项检查，分析消防隐患，制定管控措施 2.4.3 能对历史消防安全事件进行分析，发现问题，优化应急预案，完善相关规章制度 2.4.4 能在本站发生消防、应急事件时，指挥现场处理，事后能调查情况、分析原因、编写分析报告、监督整改情况	2.4.1 消防、应急相关业务知识 2.4.2 统计分析基本知识 2.4.3 规章制度编写相关规定 2.4.4 消防、应急相关的法律法规、行业规定
3. 技术革新与传承	3.1 生产技术革新	3.1.1 能开展重点项目、隐患整治、质量提升等专题研究 3.1.2 能开展创新项目研究	3.1.1 开展专题研究相关要求 3.1.2 开展创新项目研究相关要求
	3.2 技术传承	3.2.1 能制定人才培养标准 3.2.2 能开发专业培训课程 3.2.3 能编写专业培训教材 3.2.4 能研究跨岗位技能融合，开展综合人才培训	3.2.1 培训管理相关知识 3.2.2 课程开发相关知识 3.2.3 教材编写相关知识 3.2.4 综合人才发展趋势

4. 权重表

4.1 城市轨道交通站务员

4.1.1 理论知识权重表

项目	技能等级	五级/初级工（%）	四级/中级工（%）	三级/高级工（%）
基本要求	职业道德	10	5	5
	基础知识	15	15	10
相关知识要求	行车组织与施工组织	20	20	25
	客运与服务	20	25	25
	票务运作	25	20	15
	应急情况处理	10	15	20
合计		100	100	100

4.1.2 技能要求权重表

项目	技能等级	五级/初级工（%）	四级/中级工（%）	三级/高级工（%）
技能要求	行车组织与施工组织	20	20	20
	客运与服务	30	25	25
	票务运作	20	25	25
	应急情况处理	30	30	30
合计		100	100	100

4.2 城市轨道交通行车值班员

4.2.1 理论知识权重表

项目	技能等级	五级/初级工（%）	四级/中级工（%）	三级/高级工（%）	二级/技师（%）	一级/高级技师（%）
基本要求	职业道德	5	5	5	5	5
	基础知识	10	10	5	5	5

续表

项目	技能等级	五级/初级工(%)	四级/中级工(%)	三级/高级工(%)	二级/技师(%)	一级/高级技师(%)
相关知识要求	行车组织与施工组织	40	40	20	—	—
	客运与服务	10	10	15	—	—
	票务运作	5	5	15	—	—
	应急情况处理	30	30	30	—	—
	车站运作	—	—	10	30	30
	生产质量监督与指导	—	—	—	40	40
	技术革新与传承	—	—	—	20	20
	合计	100	100	100	100	100

4.2.2 技能要求权重表

项目	技能等级	五级/初级工(%)	四级/中级工(%)	三级/高级工(%)	二级/技师(%)	一级/高级技师(%)
技能要求	行车组织与施工组织	30	30	20	—	—
	客运与服务	10	10	15	—	—
	票务运作	10	10	15	—	—
	应急情况处理	50	50	30	—	—
	车站运作	—	—	20	30	30
	生产质量监督与指导	—	—	—	40	40
	技术革新与传承	—	—	—	30	30
	合计	100	100	100	100	100

船闸及升船机运管员国家职业技能标准

（2021年版）

1. 职业概况

1.1 职业名称

船闸及升船机运管员①

1.2 职业编码

6-30-04-03

1.3 职业定义

从事船闸及升船机机电和附属设备操作、维护、修理，船闸及升船机水工建筑物观测、维护，船舶通过船闸或升船机调度指挥的人员。

1.4 职业技能等级

本职业共设五个等级，分别为：五级/初级工、四级/中级工、三级/高级工、二级/技师、一级/高级技师。

1.5 职业环境条件

室内、外，常温。

1.6 职业能力特征

具有一般智力水平、表达能力、空间感和动作协调性；手指和手臂灵活性好；有一定计算能力；应具有正常色觉和听觉。

1.7 普通受教育程度

高中毕业（或同等学力）。

1.8 培训参考学时

船闸及升船机运行员：五级/初级工120标准学时，四级/中级工120标准学时，三级/高级工120标准学时，二级/技师90标准学时，一级/高级技师90标准学时。

---

① 本职业包含船闸及升船机运行员、船闸及升船机调度员、船闸及升船机水工员3个工种。

船闸及升船机调度员：五级/初级工 120 标准学时，四级/中级工 120 标准学时，三级/高级工 120 标准学时，二级/技师 90 标准学时，一级/高级技师 90 标准学时。

船闸及升船机水工员：五级/初级工 120 标准学时，四级/中级工 120 标准学时，三级/高级工 120 标准学时，二级/技师 90 标准学时，一级/高级技师 90 标准学时。

1.9 职业技能鉴定要求

1.9.1 申报条件

具备以下条件之一者，可申报五级/初级工：

（1）累计从事本职业或相关职业[①]工作 1 年（含）以上。

（2）本职业或相关职业学徒期满。

具备以下条件之一者，可申报四级/中级工：

（1）取得本职业或相关职业五级/初级工职业资格证书（技能等级证书）后，累计从事本职业或相关职业工作 4 年（含）以上。

（2）累计从事本职业或相关职业工作 6 年（含）以上。

（3）取得技工学校本专业或相关专业[②]毕业证书（含尚未取得毕业证书的在校应届毕业生）；或取得经评估论证、以中级技能为培养目标的中等及以上职业学校本专业或相关专业[③]毕业证书（含尚未取得毕业证书的在校应届毕业生）。

具备以下条件之一者，可申报三级/高级工：

（1）取得本职业或相关职业四级/中级工职业资格证书（技能等级证书）后，累计从事本职业或相关职业工作 5 年（含）以上。

（2）取得本职业或相关职业四级/中级工职业资格证书（技能等级证书），并具有高级技工学校、技师学院毕业证书（含尚未取得毕业证书的在校应届毕业生）；或取得本职业或相关职业四级/中级工职业资格证书（技能等级证书），并具有经评估论证、以高级技能为培养目标的高等职业学校本专业或相关专业[④]毕业证书（含尚未取得毕业证书的在校应届毕业生）。

---

① 相关职业：电工、钳工、发电集控值班员、电气值班员、变配电运行值班员、水力发电运行值班员、设备点检工、水工闸门运行工、水工建筑物维护检修工、水工监测工、水工混凝土维修工、水工土石维修工、水文勘测工、工程测量员、航标工等，下同。

② 本专业或相关专业：机械设备维修、机械设备装配与自动控制、机电设备安装与维修、电气自动化设备安装与维修、变配电设备运行与维护、工业自动化仪器仪表装配与维护、电子技术应用、水利水电工程施工、发电厂及变电站电气设备安装与检修、供用电技术、计算机应用与维修、计算机网络应用、计算机信息管理、船舶驾驶、现代物流、水运业务、航海技术、海事管理、港口与航道施工、水利水电工程施工、水文与水资源勘测等。

③ 本专业或相关专业：机电技术应用、机电设备安装与维修、工业自动化仪表及应用、电气运行与控制、电气技术应用、水电厂机电设备安装与运行、水电站运行与管理、计算机应用、电子与信息技术、港口机械运行与维护、船舶驾驶、水路运输管理、工程测量、水利水电工程施工、地图制图与地理信息系统、水文与水资源勘测等。

④ 本专业或相关专业：自动化类、机电设备类、电力技术类、计算机类、电子信息类、水利工程与管理类、水利水电设备类、航海技术、海事管理、水运管理、港口业务管理、港口物流设备与自动控制、港口工程技术、航道工程技术等。

(3) 具有大专及以上本专业或相关专业①毕业证书,并取得本职业或相关职业四级/中级工职业资格证书(技能等级证书)后,累计从事本职业或相关职业工作 2 年(含)以上。

具备以下条件之一者,可申报二级/技师:

(1) 取得本职业或相关职业三级/高级工职业资格证书(技能等级证书)后,累计从事本职业或相关职业工作 4 年(含)以上。

(2) 取得本职业或相关职业三级/高级工职业资格证书(技能等级证书)的高级技工学校、技师学院毕业生,累计从事本职业或相关职业工作 3 年(含)以上;或取得本职业或相关职业预备技师证书的技师学院毕业生,累计从事本职业或相关职业工作 2 年(含)以上。

具备以下条件者,可申报一级/高级技师:

取得本职业或相关职业二级/技师职业资格证书(技能等级证书)后,累计从事本职业或相关职业工作 4 年(含)以上。

1.9.2　鉴定方式

分为理论知识考试、技能考核及综合评审。理论知识考试以笔试、机考等方式为主,主要考核从业人员从事本职业应掌握的基本要求和相关知识要求;技能考核主要采用现场操作、模拟操作等方式进行,主要考核从业人员从事本职业应具备的技能水平;综合评审主要针对二级/技师和一级/高级技师,通常采取审阅申报材料、答辩等方式进行全面评议和审查。

理论知识考试、技能考核和综合评审均实行百分制,成绩皆达 60 分(含)以上者为合格。职业标准中标注"★"的为涉及安全生产或操作的关键技能,如考生在技能考核中违反操作规程或未达到该项技能要求的,则技能考核成绩为不合格。

1.9.3　监考人员、考评人员与考生配比

理论知识考试中的监考人员与考生配比不低于 1∶15,且每个考场不少于 2 名监考人员;技能考核中的考评人员与考生配比不低于 1∶3,且考评人员为 3 人(含)以上单数;综合评审委员为 3 人(含)以上单数。

1.9.4　鉴定时间

理论知识考试时间不少于 90 min;技能考核时间:五级/初级工不少于 60 min,四级/中级工不少于 80 min,三级/高级工、二级/技师、一级/高级技师不少于 100 min;综合评审时

---

① 本专业或相关专业:电气自动化技术、工业过程自动化技术、计算机应用技术、计算机系统与维护、智能监控技术应用、机电一体化技术、机电设备维修与管理、电机与电器技术、机械制造与自动化、液压与气动技术、水利机电设备运行与管理、电力系统自动化技术、航海技术、港口机械与自动控制、港口电气技术、港口与航道工程技术、港口与航运管理、港口物流管理、水路运输与海事管理、水文与水资源工程、水利工程、水利水电建筑工程、港口航道与治河工程、水务管理、物流管理、物流信息技术、机械工程、机械设计制造及其自动化、过程装备与控制工程、机械电子工程、电气工程及其自动化、电气工程与智能控制、自动化、计算机科学与技术、交通运输、交通工程、交通管理、航海技术、海事管理、交通运输规划与管理、港口航道与海岸工程、水利水电工程、水文与水资源工程、环境工程、测绘工程、遥感科学与技术、地理信息系统与地图学等。

间不少于 30 min。

1.9.5 鉴定场所设备

（1）理论知识考试

理论知识考试在标准教室进行。

（2）技能考核

船闸及升船机运行员：应在通风条件良好、光线充足、安全设施完善的场所或船闸及升船机现场进行，且具有必备的模拟操作设备和工具。

船闸及升船机调度员：应在通航现场环境仿真实验室、船闸及升船机通航现场或通航指挥场所进行。

船闸及升船机水工员：应在通风条件良好、光线充足、安全设施完善的场所或船闸及升船机现场进行，且具有必备的模拟操作设备和工具。

2. 基本要求

2.1 职业道德

2.1.1 职业道德基本知识

2.1.2 职业守则

（1）遵守国家法律、法规和有关规定。
（2）爱岗敬业，忠于职守，诚实守信。
（3）认真负责，注重行业形象，廉洁自律。
（4）刻苦学习，钻研业务，奉献社会。
（5）谦虚谨慎，团结协作，主动配合。
（6）严格执行标准规范，质量意识强。
（7）严格执行作业规程，安全意识强。
（8）重视文明生产，环保意识强。

2.2 基础知识

2.2.1 船闸及升船机运行员

2.2.1.1 电气基本知识

（1）电力拖动自动控制基本知识。
（2）电工基本知识。
（3）电气识图基本知识。
（4）安全用电知识。

2.2.1.2 机械基本知识

（1）机械识图基本知识。
（2）液压传动基本知识。

(3) 机械传动基本知识。

(4) 常用润滑油（脂）、液压油基本知识。

2.2.1.3 船闸及升船机基本知识

(1) 船闸及升船机构成与主要参数。

(2) 船闸及升船机运行工艺流程。

(3) 工作闸门及其启闭机主要构造与工作原理。

(4) 工作阀门及其启闭机主要构造与工作原理。

(5) 升船机驱动机构、安全机构等各机构主要构造及工作原理。

(6) 承船厢及其工作门启闭机主要构造与工作原理。

(7) 辅助设备主要构造与工作原理。

2.2.1.4 船闸及升船机电气设备与控制装置知识

(1) 船闸及升船机电气设备构成与工作原理。

(2) 船闸及升船机常用传感器工作原理与主要参数。

(3) 船闸及升船机常用电气执行元件工作原理与主要参数。

2.2.1.5 航运、通航管理基本知识

(1) 与内河通航相关的水文、气象基本知识。

(2) 船舶及其航行的基本知识。

(3) 内河通航安全基本知识。

(4) 船舶通过船闸及升船机的工作流程。

(5) 通航调度的基本原则和组织流程。

(6) 船闸及升船机排挡指挥基本知识。

(7) 船舶航行信号、船闸运行信号方面的知识。

2.2.1.6 计算机信息技术及应用基本知识

(1) 计算机监控系统组成与工作原理。

(2) 计算机操作和应用基本知识。

(3) 船闸及升船机通航管理信息技术基本知识。

(4) 视频监控系统、广播系统、船岸无线通信基本知识。

(5) 工业控制网络系统及网络安全基本知识。

2.2.1.7 安全生产与环境保护知识

(1) 安全风险分级管控和隐患排查治理双重预防机制知识。

(2) 船闸及升船机运行作业安全操作知识。

(3) 消防安全基本知识。

(4) 劳动安全防护及急救基本知识。

(5) 船闸及升船机运行与维护环保知识。

(6) 危险品船过闸调度指挥及安全监护知识。

(7) 船舶违章识别及处理知识。

(8) 海损事故应急处置基本知识。

(9) 环境保护基本知识。

2.2.1.8 质量管理知识

(1)质量管理基本知识。

(2)枢纽通航服务质量管理的性质与特点。

2.2.1.9 相关法律、法规知识

(1)《中华人民共和国航道法》相关知识。

(2)《中华人民共和国劳动法》相关知识。

(3)《中华人民共和国安全生产法》相关知识。

(4)《中华人民共和国消防法》相关知识。

(5)《中华人民共和国网络安全法》相关知识。

(6)《中华人民共和国环境保护法》相关知识。

(7)《中华人民共和国内河交通安全管理条例》相关知识。

(8)《通航建筑物运行管理办法》相关知识。

(9)《船舶载运危险货物安全监督管理规定》相关知识。

2.2.1.10 相关标准、规范、规程知识

(1)《船闸总体设计规范》(JTJ 305)相关知识。

(2)《升船机设计规范》(GB 51177)相关知识。

(3)《钢丝绳卷扬提升式垂直升船机》(JB/T 12215)相关知识。

(4)《船闸输水系统设计规范》(JTJ 306)相关知识。

(5)《船闸水工建筑物设计规范》(JTJ 307)相关知识。

(6)《船闸闸阀门设计规范》(JTJ 308)相关知识。

(7)《船闸启闭机设计规范》(JTJ 309)相关知识。

(8)《船闸电气设计规范》(JTJ 310)相关知识。

(9)《通航建筑物维护技术规范》(JTS 320—2)相关知识。

(10)《船闸检修技术规程》(JTS 320—3)相关知识。

(11)《船闸调试技术规程》(JTS 320—4)相关知识。

(12)《船闸工程施工规范》(JTS 218)相关知识。

(13)《航运枢纽安全检测与评估技术规范》(JTS 304—2)相关知识。

2.2.2 船闸及升船机调度员

2.2.2.1 通航环境基本知识

(1)水文基本知识。

(2)气象基本知识。

2.2.2.2 船舶基本知识

(1)船舶分类知识。

(2)船舶结构知识。

(3)船舶驾引操作基本知识。

(4)船舶灯光信号显示基本知识。

(5)船舶航行、锚泊、作业基本知识。

(6)船舶基础数据库基本知识。

2.2.2.3 航道基本知识
(1) 航道的基本概念。
(2) 航标的基本知识。
(3) 航道通航等级的划分及内河通航标准。
(4) 航道船舶通行信号揭示基本知识。
(5) 航道通航条件基本知识。

2.2.2.4 水运货物分类基本知识
(1) 水运货物分类。
(2) 内河水运普通货物及危险货物运输基本知识。

2.2.2.5 通航建筑物的基本知识
(1) 通航建筑物及配套通航设施的功能。
(2) 通航建筑物及配套通航设施（引航道、靠船墩、导航墙和锚地等）的布置及应用相关的技术参数。
(3) 船闸及升船机运行原理。
(4) 船闸及升船机通航设计技术参数。

2.2.2.6 通航调度知识
(1) 船舶编解队作业基本知识。
(2) 船舶通过船闸及升船机的工作流程。
(3) 通航调度的基本原则和组织流程。
(4) 通航调度水域划分基本知识。
(5) 通航调度作业计划编制的基本知识。
(6) 调度作业计划变更及现场调整的基本知识。
(7) 船闸及升船机排挡指挥基本知识。
(8) 船闸及升船机通航信号揭示基本知识。

2.2.2.7 通航安全基本知识
(1) 船舶通行信号及联络基本知识。
(2) 船舶内河避碰规则基本知识。
(3) 船岸通信基本知识。
(4) 违章船舶处理基本知识。

2.2.2.8 交通运输管理基本知识
(1) 交通运输组织基本知识。
(2) 船舶运输管理基本知识。
(3) 现代物流管理基本知识。

2.2.2.9 交通运输经济基本知识
(1) 交通规费管理基本知识。
(2) 交通运输统计基本知识。
(3) 航运经济基本知识。

2.2.2.10 计算机信息技术及应用基本知识
(1) 计算机操作和应用基本知识。

(2) 通航调度指挥信息系统基本知识。
(3) 通航调度指挥信息系统维护基本知识。
(4) 视频监控系统、广播系统及通信系统基本知识。
(5) 计算机网络安全基本知识。

2.2.2.11 质量管理知识

(1) 质量管理基本知识。
(2) 枢纽通航服务质量管理的性质与特点。

2.2.2.12 安全生产与环境保护知识

(1) 安全风险分级管控和隐患排查治理双重预防机制知识。
(2) 通航调度规程。
(3) 消防安全基本知识。
(4) 劳动安全防护及急救基本知识。
(5) 危险品船通过船闸及升船机的调度指挥、安全监护知识。
(6) 海损事故的应急处置基本知识。
(7) 恶劣天气的应急处置基本知识。
(8) 水域污染的应急处置基本知识。
(9) 环境保护基本知识。

2.2.2.13 相关法律、法规知识

(1)《中华人民共和国航道法》相关知识。
(2)《中华人民共和国劳动法》相关知识。
(3)《中华人民共和国安全生产法》相关知识。
(4)《中华人民共和国消防法》相关知识。
(5)《中华人民共和国港口法》相关知识。
(6)《通航建筑物运行管理办法》相关知识。
(7)《中华人民共和国内河交通安全管理条例》相关知识。
(8)《中华人民共和国船舶登记条例》相关知识。
(9)《国内水路运输管理条例》相关知识。
(10)《中华人民共和国船舶安全检查规则》相关知识。
(11)《国内水路运输管理规定》相关知识。
(12)《船舶载运危险货物安全监督管理规定》相关知识。

2.2.2.14 相关标准、规范、规程知识

(1)《船闸总体设计规范》(JTJ 305) 相关知识。
(2)《升船机设计规范》(GB 51177) 相关知识。
(3)《内河通航标准》(GB 50139) 相关知识。
(4)《内河过闸运输船舶标准船型主尺度系列》(GB 38030) 相关知识。
(5)《通航建筑物运行方案编制导则》(JTS 123) 相关知识。
(6)《船闸调试技术规程》(JTS 320—4) 相关知识。

2.2.3 船闸及升船机水工员

2.2.3.1 水工建筑物基本知识
（1）水力学基本知识。
（2）结构力学基本知识。
（3）土力学基本知识。
（4）钢筋混凝土结构基本知识。
（5）建筑材料基本知识。
（6）水工制图基本知识。
（7）水工建筑物结构基本知识。
（8）水工建筑物巡视检查基本知识。
（9）水工建筑物缺陷处理基本知识。
（10）水工建筑物地质基本知识。
（11）引航道及护坡检查与维护基本知识。

2.2.3.2 安全监测基本知识
（1）工程测量学基本知识。
（2）水工建筑物安全监测仪器与设备基本知识。
（3）水工建筑物安全监测自动化基本知识。
（4）水工建筑物安全监测资料整编基本知识。
（5）水工建筑物安全监测分析基本知识。
（6）内河航道测量基本知识。

2.2.3.3 船闸及升船机基本知识
（1）船闸及升船机构成及主要参数。
（2）船闸及升船机水力学基本知识。
（3）船闸及升船机结构基本知识。
（4）船闸及升船机运行工艺流程。
（5）船闸及升船机引航道基本知识。

2.2.3.4 环境、通航管理基本知识
（1）水文、气象基本知识。
（2）船闸及升船机通航管理基本知识。

2.2.3.5 计算机信息技术及应用基本知识
（1）计算机操作和应用基本知识。
（2）水工监测自动化信息技术基本知识。
（3）计算机网络安全基本知识。

2.2.3.6 安全生产与环境保护知识
（1）安全风险分级管控和隐患排查治理双重预防机制知识。
（2）船闸及升船机运行作业安全操作规程。
（3）消防安全基本知识。
（4）劳动安全防护及急救基本知识。

(5) 危险品船过闸安全监护基本知识。
(6) 环境保护基本知识。

2.2.3.7 质量管理知识
(1) 质量管理基本知识。
(2) 枢纽通航服务质量管理的性质与特点。

2.2.3.8 相关法律、法规知识
(1) 《中华人民共和国航道法》相关知识。
(2) 《中华人民共和国劳动法》相关知识。
(3) 《中华人民共和国安全生产法》相关知识。
(4) 《中华人民共和国消防法》相关知识。
(5) 《中华人民共和国水法》相关知识。
(6) 《中华人民共和国防洪法》相关知识。
(7) 《中华人民共和国环境保护法》相关知识。
(8) 《中华人民共和国测绘法》相关知识。
(9) 《中华人民共和国网络安全法》相关知识。
(10) 《水库大坝安全管理条例》相关知识。
(11) 《中华人民共和国防汛条例》相关知识。
(12) 《通航建筑物运行管理办法》相关知识。

2.2.3.9 相关标准、规范、规程知识
(1) 《船闸总体设计规范》（JTJ 305）相关知识。
(2) 《升船机设计规范》（GB 51177）相关知识。
(3) 《通航建筑物维护技术规范》（JTS 320—2）相关知识。
(4) 《船闸工程施工规范》（JTS 218）相关知识。
(5) 《船闸检修技术规程》（JTS 320—3）相关知识。
(6) 《船闸调试技术规程》（JTS 320—4）相关知识。
(7) 《船闸水工建筑物设计规范》（JTJ 307）相关知识。
(8) 《航运枢纽安全检测与评估技术规范》（JTS 304—2）相关知识。
(9) 《水运工程测量规范》（JTS 131）相关知识。
(10) 《水电站大坝运行安全评价导则》（DL/T 5313）相关知识。
(11) 《水工混凝土建筑物缺陷检测和评估技术规程》（DL/T 5251）相关知识。
(12) 《混凝土坝安全监测技术规范》（DL/T 5178）相关知识。
(13) 《土石坝安全监测技术规范》（DL/T 5259）相关知识。
(14) 《大坝安全监测自动化技术规范》（DL/T 5211）相关知识。
(15) 《大坝安全监测系统运行维护规程》（DL/T 1558）相关知识。
(16) 《土石坝安全监测资料整编规程》（DL/T 5256）相关知识。
(17) 《混凝土坝安全监测资料整编规程》（DL/T 5209）相关知识。

3. 工作要求

本标准对五级/初级工、四级/中级工、三级/高级工、二级/技师、一级/高级技师的技能要求和相关知识要求依次递进，高级别涵盖低级别的要求。

3.1 船闸及升船机运行员

3.1.1 五级/初级工

职业功能	工作内容	技能要求	相关知识要求
1.调度计划执行	1.1 调度计划确认	1.1.1 能使用设备、信息系统接收和确认调度计划 1.1.2 能确认待航船舶实际船位和到达指定待航位置时间 1.1.3 能核对待航船舶身份、尺度及装载信息 1.1.4 能识别船舶通航的声号、旗语等信息 1.1.5 能识别和确认通航条件	1.1.1 编制、接收调度计划的设备和信息系统的操作方法 1.1.2 船闸及升船机通航作业计划信息编制规则与船舶排挡知识 1.1.3 待航船舶船位确认方法 1.1.4 船岸通信设备使用方法 1.1.5 待航船舶适航信息确认方法 1.1.6 视频监控系统使用方法 1.1.7 船舶通过船闸及升船机的声号、旗语信息的含义 1.1.8 船舶适航条件
	1.2 船舶预排挡	1.2.1 能进行排挡尺寸计算和排挡图复核 1.2.2 能根据船舶航行态势优化调整排挡方案 1.2.3 能指挥船舶在引航道内靠船墩等靠泊点等待进入闸室（承船厢）	1.2.1 船闸及升船机船舶排挡方法 1.2.2 排挡图的调整原则和方法 1.2.3 指挥船舶等待通过船闸（升船机）要点
	1.3 指挥船舶进入闸室（承船厢）	1.3.1 能依据排挡图指挥普通船舶进入闸室（承船厢） 1.3.2 能依据排挡图指挥普通船舶在闸室（承船厢）内准确靠泊和正确系缆 1.3.3 能进行普通船舶进闸室（承船厢）过程的常规安全监视 1.3.4 能依据作业计划和排挡图，指挥特种船舶、危险品船进入闸室（承船厢）安全靠泊 1.3.5 能进行特种船舶和危险品船进闸室（承船厢）的安全监视 1.3.6 能进行船闸输水过程的安全监视	1.3.1 船舶进闸室（承船厢）的指挥方法和要点 1.3.2 船舶在闸室（承船厢）靠泊指挥要点 1.3.3 船舶进闸室（承船厢）过程的常规安全监视要点 1.3.4 危险品船排挡指挥要点 1.3.5 特种船舶和危险品船进闸室（承船厢）的安全监视要点 1.3.6 广播指挥系统使用方法 1.3.7 船闸输水过程的安全监视要点

续表

职业功能	工作内容	技能要求	相关知识要求
1.调度计划执行	1.4 指挥船舶移泊或驶出闸室（承船厢）	1.4.1 能指挥船舶驶出闸室（承船厢）或移泊（多级船闸） 1.4.2 能进行普通船舶出闸室（承船厢）或移泊（多级船闸）的常规安全监视 1.4.3 能进行特种船舶或危险品船出闸室（承船厢）或移泊（多级船闸）的常规安全监视	1.4.1 船舶安全驶出闸室（承船厢）或移泊（多级船闸）指挥要点 1.4.2 特种船舶或危险品船安全出闸室（承船厢）或移泊（多级船闸）指挥要点
	1.5 船舶违章处置	1.5.1 能识别船舶进闸室（承船厢）过程的常见违章行为 1.5.2 能处置船舶进闸室（承船厢）过程的常见违章行为 1.5.3 能识别船舶出闸室（承船厢）过程的常见违章行为 1.5.4 能处置船舶出闸室（承船厢）过程的常见违章行为	1.5.1 船舶进闸室（承船厢）过程的常见违章行为识别及处置方法 1.5.2 船舶出闸室（承船厢）过程的常见违章行为识别及处置方法
	1.6 调度计划执行作业数据收集与信息填报	1.6.1 能收集船舶通过船闸及升船机运行数据 1.6.2 能填报船闸及升船机运行作业信息 1.6.3 能编制船闸及升船机运行数据班报或日报报表	1.6.1 船舶通过船闸及升船机运行数据采集方法 1.6.2 船闸及升船机运行作业信息填报要点 1.6.3 船闸及升船机运行数据班报或日报报表编制方法
2.自动运行操作	2.1 自动运行设备操作	2.1.1 能依照指令选择和设置多级船闸或升船机自动控制设备自动运行方式 2.1.2 能进行船闸或升船机自动控制设备自动运行方式的选择和设置 2.1.3★能进行船闸或升船机自动控制设备自动运行程序的启动与停机操作	2.1.1 船闸及升船机运行工艺流程 2.1.2 船闸及升船机自动运行操作方法和要点

续表

职业功能	工作内容	技能要求	相关知识要求
2.自动运行操作	2.2 自动运行设备检视	2.2.1 能复核设备启动条件 2.2.2 能使用视频监控设备监视船闸工作闸阀门及启闭设备或升船机工作闸门、启闭设备及其各机构（系统）的运行状态 2.2.3 能进行设备运行过程中闸室或承船厢内船舶安全状态的监视与监听 2.2.4 能确认设备发出"出闸室（承船厢）"信号 2.2.5 能进行自动运行程序结束后的设备检视 2.2.6 能收集和识别自动控制设备运行数据和信息	2.2.1 船闸及升船机视频监控设备操作方法 2.2.2 船闸及升船机运行过程中的船舶安全监视要点 2.2.3 船闸及升船机设备运行数据和信息的收集、记录方法
3.手动运行操作	3.1 远程分步操作	3.1.1 能进行远程分步操作方式选择和参数设置 3.1.2 能通过自动控制设备完成现场运行条件确认 3.1.3★能进行单级船闸工作闸门、工作阀门等启闭的远程分步手动操作；或能在他人监护和指导下，进行多级船闸工作闸门、工作阀门等启闭的远程分步手动操作；或能在他人监护和指导下，进行升船机闸首门、船厢门等启闭的远程分步手动操作	3.1.1 单级船闸远程分步手动操作方法和安全操作要点 3.1.2 多级船闸远程分布手动操作方法与监护要点 3.1.3 升船机远程分步手动操作方法和监护要点
	3.2 现地分步操作	3.2.1 能选择现地分步操作方式 3.2.2 能现场确认运行条件及闭锁关系 3.2.3★能进行单级船闸工作闸门、工作阀门等启闭的现地分步手动操作；或能在他人监护和指导下，进行多级船闸工作闸门、工作阀门以及防撞装置等启闭的现地分步手动操作；或能在他人监护和指导下，进行升船机闸首门、船厢门等启闭的现地分步手动操作	3.2.1 单级船闸工作闸门、工作阀门等启闭的现地分步手动操作方法 3.2.2 多级船闸工作闸门、工作阀门以及防撞装置等启闭的现地分步手动操作方法和监护要点 3.2.3 升船机闸首门、船厢门等启闭的现地分步手动操作方法和监护要点

续表

职业功能	工作内容	技能要求	相关知识要求
4. 安全应急操作	4.1 船闸远程应急操作	4.1.1 能识别船闸或升船机运行常见的紧急状态 4.1.2★能进行船闸的紧急停机和紧急关阀操作，或能进行升船机的紧急停机操作	4.1.1 船闸及升船机运行常见紧急状态 4.1.2 船闸及升船机运行紧急操作要点
	4.2 消防设备操作	4.2.1 能识别船闸火灾险情并报警 4.2.2 能启动消防设备 4.2.3 能使用常用消防器材	4.2.1 消防安全管理规程 4.2.2 消防设备操作方法 4.2.3 常用消防器材使用方法
5. 运行交接	5.1 排挡作业任务交接	5.1.1 能进行本班次排挡作业任务和信息的移交 5.1.2 能进行前班次排挡作业任务和信息的接收、复核	排挡作业任务和信息的交接要点
	5.2 设备操作任务交接	5.2.1 能进行本班次设备操作任务和信息的移交 5.2.2 能进行前班次设备操作任务和信息的接收、复核	设备操作任务和信息的交接要点

3.1.2 四级/中级工

职业功能	工作内容	技能要求	相关知识要求
1. 调度计划执行	1.1 船舶预排挡	1.1.1 能进行复杂气象条件下的船舶待航指挥 1.1.2 能在航道不畅或突发险情情况下，指挥船舶安全待航	1.1.1 复杂气象条件下的船舶待航指挥要点 1.1.2 航道不畅情况下的船舶安全待航指挥要点
	1.2 指挥船舶进入闸室（承船厢）	1.2.1 能进行复杂气象条件下的船舶进入闸室（承船厢）指挥 1.2.2 能在航道不畅或突发险情情况下，指挥船舶在闸室（承船厢）内安全靠泊	1.2.1 复杂气象条件下船舶进入闸室（承船厢）指挥要点 1.2.2 航道不畅或突发险情情况下，船舶在闸室（承船厢）内安全靠泊指挥要点
	1.3 指挥船舶移泊或驶出闸室（承船厢）	1.3.1 能进行复杂气象条件下的船舶移泊或驶出闸室（承船厢）指挥 1.3.2 能在航道不畅或突发险情情况下，指挥船舶安全移泊或驶出闸室（承船厢）	1.3.1 复杂气象条件下的船舶移泊或驶出闸室（承船厢）指挥要点 1.3.2 航道不畅或突发险情情况下，船舶安全移泊或驶出闸室（承船厢）指挥要点

续表

职业功能	工作内容	技能要求	相关知识要求
1. 调度计划执行	1.4 船舶违章处置	1.4.1 能识别船舶进闸室（承船厢）过程的严重违章行为 1.4.2 能配合处置船舶进闸室（承船厢）过程的严重违章行为 1.4.3 能识别船舶出闸室（承船厢）过程的严重违章行为 1.4.4 能配合处置船舶出闸室（承船厢）过程的严重违章行为	1.4.1 船舶进闸室（承船厢）过程的严重违章行为识别及处置方法 1.4.2 船舶出闸室（承船厢）过程的严重违章行为识别及处置方法
	1.5 运行周报或月报报表编制	1.5.1 能复核船闸及升船机运行班报或日报报表数据 1.5.2 能编制船闸及升船机运行周报或月报报表	1.5.1 船闸及升船机运行班报或日报数据复核方法 1.5.2 船闸及升船机运行周报或月报报表编制方法
2. 自动运行操作	2.1 自动运行设备操作	2.1.1 能根据通航条件确定多级船闸或升船机自动控制设备运行方式 2.1.2 能收集和识别自动控制设备复杂故障信息 2.1.3 能依照指令进行船闸或升船机检修性远程操作 2.1.4 能依照指令进行升船机闸首工作门门位调整操作 2.1.5 能依照指令进行船闸或升船机异常情况下运行状态的恢复操作 2.1.6 能依照指令进行多级船闸的换向操作	2.1.1 船闸及升船机运行工艺流程 2.1.2 船闸及升船机自动运行操作方法和要点 2.1.3 多级船闸运行状态调整方法和要点 2.1.4 船闸及升船机运行初始状态调整方法和要点 2.1.5 多级船闸换向运行操作方法和要点
	2.2 自动运行设备检视	2.2.1 能进行复杂运行状态下的闸室（承船厢）内船舶安全状态的监视和监听 2.2.2 能进行复杂运行状态下的设备检视	2.2.1 复杂运行状态下的闸室（承船厢）内船舶安全状态的监视和监听要点 2.2.2 复杂运行状态下的设备检视要点

续表

职业功能	工作内容	技能要求	相关知识要求
3. 手动运行操作	3.1 远程分步操作	3.1.1★能进行多级船闸工作闸门启闭的远程分步手动操作，或能进行升船机闸首门启闭的远程分步手动操作，或能进行单级船闸工作闸门检修性启闭的远程分步手动操作 3.1.2★能进行多级船闸工作阀门启闭的远程分步手动操作，或能进行升船机船厢门等设备启闭的远程分步手动操作，或能进行单级船闸工作阀门检修性启闭的远程分步手动操作	3.1.1 多级船闸工作闸门启闭的远程分步手动操作方法 3.1.2 升船机闸首门启闭的远程分步手动操作方法 3.1.3 单级船闸工作闸门启闭的检修性远程分步手动操作方法 3.1.4 多级船闸工作阀门启闭的远程分步手动操作方法 3.1.5 升船机船厢门等设备启闭的远程分步手动操作方法 3.1.6 单级船闸工作阀门启闭的检修性远程分步手动操作方法
	3.2 现地分步操作	3.2.1★能进行多级船闸工作闸门启闭的现地分步手动操作，或能配合进行单级船闸工作闸门检修性启闭的现地分步手动操作，或能进行升船机闸首门启闭的现地分步手动操作 3.2.2★能进行多级船闸工作阀门以及防撞装置启闭的现地分步手动操作，或能配合进行单级船闸工作阀门检修性启闭的现地分步手动操作，或能进行升船机船厢门等设备启闭的现地分步手动操作	3.2.1 多级船闸工作闸门启闭的现地分步手动操作方法 3.2.2 单级船闸工作闸门现地检修性启闭的配合辅助操作方法和要点 3.2.3 升船机闸首门启闭的现地分步手动操作方法 3.2.4 多级船闸工作阀门以及防撞装置启闭的现地分步手动操作方法 3.2.5 单级船闸工作阀门检修性启闭配合的配合辅助操作方法和要点 3.2.6 升船机船厢门等启闭的现地分步手动操作方法
4. 安全应急操作	4.1 紧急停机恢复运行	4.1.1 能按照指令退出船闸及升船机紧急操作运行状态 4.1.2 能按照规定的流程进行远程分步手动恢复运行 4.1.3 能按照规定的流程进行现地分步手动恢复运行	4.1.1 船闸紧急中断运行后的恢复运行方法与流程 4.1.2 升船机紧急中断运行后的恢复运行方法与流程
	4.2 复航操作	4.2.1 能按照规定的流程调整船闸及升船机初始运行状态 4.2.2 能设置复航运行参数	4.2.1 船闸初始运行条件 4.2.2 船闸初始运行状态的调整方法 4.2.3 升船机初始运行条件 4.2.4 升船机初始运行状态的调整方法

续表

职业功能	工作内容	技能要求	相关知识要求
5.检修操作	5.1 集中自动控制设备的掉电与上电操作	5.1.1 能完成船闸及升船机集中自动控制设备的掉电与上电操作 5.1.2 能记录集中自动控制设备掉电前设备运行参数 5.1.3 能重新设置集中自动控制设备上电后设备运行参数	5.1.1 船闸集中自动控制设备掉电和上电操作方法 5.1.2 升船机集中自动控制设备掉电和上电操作方法
	5.2 现地自动控制设备的掉电与上电操作	5.2.1 能完成船闸及升船机现地自动控制设备的掉电与上电操作 5.2.2 能记录现地自动控制设备掉电前设备运行参数 5.2.3 能重新设置现地自动控制设备上电后设备运行参数	5.2.1 船闸现地自动控制设备掉电和上电操作方法 5.2.2 升船机现地自动控制设备掉电和上电操作方法
	5.3 排水设备操作	5.3.1 能根据初始条件，确认泵类设备能否投入运行 5.3.2★ 能启动和检视泵类设备 5.3.3 能发现和处置泵类设备运行过程中的异常情况及故障	5.3.1 泵类设备运行条件 5.3.2 泵类设备运行操作方法 5.3.3 泵类设备常见故障及其处置方法
6.设备巡检与保养	6.1 集中控制设备巡检与保养	6.1.1 能完成集中控制设备供电仪表、信号指示及指令器件等常规运行情况的巡检 6.1.2 能完成集中视频监控设备供电仪表、图像画质、监控内容及录像内容等常规运行情况的巡检 6.1.3 能完成广播指挥系统供电仪表、播音音质等常规运行情况的巡检 6.1.4 能完成运行信息系统的硬件设备与软件功能的日常巡检 6.1.5 能进行集中控制设备的例行保养	6.1.1 集中控制设备常规巡检要点 6.1.2 集中视频监控设备常规巡检要点 6.1.3 广播指挥系统常规巡检要点 6.1.4 运行信息系统常规巡检要点 6.1.5 集中控制设备例行保养方法
	6.2 现地启闭机设备巡检与保养	6.2.1 能完成现地控制设备供电仪表、信号指示、指令器件、限位装置、开度仪、执行器件及操作面板等运行情况的巡检 6.2.2 能完成现地启闭机设备运行情况的巡检 6.2.3 能完成防撞设备运行情况的巡检 6.2.4 能进行现地控制设备的例行保养	6.2.1 现地控制设备巡检要点 6.2.2 现地启闭机设备巡检要点 6.2.3 防撞设备巡检要点 6.2.4 现地控制设备例行保养方法

续表

职业功能	工作内容	技能要求	相关知识要求
6. 设备巡检与保养	6.3 机械设备巡检与保养	6.3.1 能完成船闸及升船机工作闸门启闭运转及其封水情况的巡检 6.3.2 能完成船闸工作阀门启闭运转及其封水情况的巡检 6.3.3 能完成船闸闸室（或升船机承船厢）内系泊装置的巡检 6.3.4 能完成升船机船厢驱动（提升）、平衡重系统等设备运行情况的巡检 6.3.5 能进行启闭机械设备的例行保养	6.3.1 船闸工作闸门运行巡检要点 6.3.2 升船机工作闸门运行巡检要点 6.3.3 浮式系船柱运行巡检要点 6.3.4 升船机承船厢提升系统运行巡检要点 6.3.5 启闭机械设备例行保养方法
7. 设备故障诊断与排除	7.1 自动控制设备故障辨识	7.1.1 能辨识船闸或升船机自动控制设备故障信息的含义与属性 7.1.2 能完成故障信息的确认、记录与报告	7.1.1 船闸、升船机故障信息编码规则 7.1.2 船闸、升船机自动控制设备故障信息处置方法
	7.2 简单运行故障处置	7.2.1 能配合进行集中控制设备简单运行故障的处置 7.2.2 能配合进行现地启闭机设备简单运行故障的处置 7.2.3 能进行检修排水系统简单故障的诊断与排除	7.2.1 集中控制设备简单运行故障的诊断与处置方法 7.2.2 现地启闭机设备简单运行故障的诊断与处置方法 7.2.3 检修排水系统简单故障的诊断与排除方法

3.1.3 三级/高级工

职业功能	工作内容	技能要求	相关知识要求
1. 自动运行操作	1.1 多级船闸换级操作	1.1.1 能进行多级船闸运行级数转换参数设置 1.1.2 能进行多级船闸运行级数转换操作	多级船闸运行级数转换操作方法和要点
	1.2 多级船闸换向操作	能组织与指挥多级船闸运行方向的转换操作	多级船闸运行方向转换操作组织与指挥方法
	1.3 升船机异常情况下运行状态调整恢复	1.3.1 能进行升船机闸首工作门门位调整操作 1.3.2★能进行升船机异常情况下运行状态的恢复操作	1.3.1 升船机闸首工作门门位调整操作方法 1.3.2 升船机异常情况下运行状态调整与恢复方法

续表

职业功能	工作内容	技能要求	相关知识要求
1. 自动运行操作	1.4 单级船闸异常情况下运行状态调整恢复	1.4.1 能识别单级船闸异常运行情况和启动应急装置 1.4.2★能将单级船闸从异常状态恢复到正常运行状态	1.4.1 单级船闸异常运行情况识别和应急装置启动方法 1.4.2 单级船闸异常状态调整和恢复方法
2. 安全应急操作	2.1 运行中的应急状态处置	2.1.1 能判断船闸及升船机的特殊气况、特殊水位应急状态 2.1.2 能配合进行特殊气况、特殊水位应急状态的处置	船闸及升船机特殊气况、特殊水位应急状态处置方法
	2.2 复杂运行状态操作	2.2.1 能进行闸室内出险情况下的特殊操作 2.2.2 能进行升船机承船厢漏水的安全操作 2.2.3 能配合进行多级船闸中断输水过程后的恢复操作	2.2.1 闸室出险时的特殊操作方法 2.2.2 升船机承船厢漏水的安全操作方法 2.2.3 多级船闸输水中断工况的恢复性操作的辅助配合要点
3. 检修操作	3.1 复杂检修操作	3.1.1 能进行特殊检修工艺的参数或控制信号设置 3.1.2 能进行特殊检修工艺的设备操作	特殊检修工艺的设备操作方法
	3.2 检修排充水操作	3.2.1 能配合进行多级船闸的检修排水操作 3.2.2 能配合进行多级船闸排干检修后的闸室水位调节操作 3.2.3 能配合进行升船机承船厢的检修排水操作 3.2.4 能配合进行升船机承船厢排干检修后的复航调水操作	3.2.1 多级船闸检修排水操作方法 3.2.2 多级船闸排干检修后的闸室水位调节方法 3.2.3 升船机承船厢检修排水操作方法 3.2.4 升船机承船厢排干检修后的复航调水方法
4. 设备巡检与保养	4.1 集中控制设备巡检与保养	4.1.1 能完成集中控制设备精密点检与定期保养 4.1.2 能完成视频监控设备精密点检与定期保养 4.1.3 能完成广播指挥系统精密点检与定期保养	4.1.1 集中控制设备精密点检与定期保养方法 4.1.2 视频监控设备精密点检与定期保养方法 4.1.3 广播指挥系统精密点检与定期保养方法

续表

职业功能	工作内容	技能要求	相关知识要求
4. 设备巡检与保养	4.2 现地启闭机设备巡检与保养	4.2.1 能完成现地控制设备精密点检与定期保养 4.2.2 能完成现地启闭机设备精密点检与定期保养 4.2.3 能完成防撞设备精密点检与定期保养	4.2.1 现地控制设备精密点检与定期保养方法 4.2.2 现地启闭机设备精密点检与定期保养方法 4.2.3 防撞设备精密点检与定期保养方法
	4.3 机械设备巡检与保养	4.3.1 能完成船闸及升船机工作闸门精密点检与定期保养 4.3.2 能完成船闸阀门精密点检与定期保养 4.3.3 能完成升船机承船厢驱动系统的精密点检与定期保养	4.3.1 船闸工作闸门精密点检与定期保养方法 4.3.2 升船机工作闸门精密点检与定期保养方法 4.3.3 升船机承船厢驱动系统精密点检与定期保养方法
5. 设备故障诊断与排除	5.1 集中控制设备故障诊断与排除	5.1.1 能进行集中控制设备复杂故障的诊断与处置 5.1.2 能使用集中控制备用设备恢复集中控制运行状态	5.1.1 集中控制设备复杂故障诊断方法 5.1.2 集中控制备用设备切换方法
	5.2 现地启闭机设备故障诊断与排除	5.2.1 能进行现地控制设备复杂故障的诊断与处置 5.2.2 能进行现地备用设备的切换 5.2.3 能进行设备限位开关故障和开度仪故障的应急处置，确保船闸运行不中断 5.2.4 能进行水位计故障的应急处置 5.2.5 能排除现地启闭机设备简单故障	5.2.1 现地控制设备复杂故障诊断方法 5.2.2 现地备用设备切换方法 5.2.3 设备限位开关与开度仪常见故障处置方法 5.2.4 水位计故障应急处置方法 5.2.5 现地启闭机设备简单故障排除方法
	5.3 检修排水系统故障诊断与排除	能进行检修排水系统复杂故障的诊断与排除	检修排水系统复杂故障诊断与排除方法

49

3.1.4 二级/技师

职业功能	工作内容	技能要求	相关知识要求
1. 自动运行操作	1.1 多级船闸换级操作	能组织与指挥多级船闸运行级数的转换操作	多级船闸运行级数转换操作组织与指挥方法
	1.2 升船机异常情况下运行状态调整恢复	1.2.1 能组织与指挥升船机闸首工作门门位调整操作 1.2.2 能组织与指挥升船机异常情况下运行状态的恢复操作	1.2.1 升船机闸首工作门门位调整作业的组织与指挥方法 1.2.2 升船机异常情况下运行状态调整与恢复作业的组织与指挥方法
2. 安全应急操作	2.1 运行中的应急状态处置	2.1.1 能辨识船闸及升船机运行应急状态的等级 2.1.2★能启动船闸及升船机运行应急专项处置预案 2.1.3 能组织应急状态下的初期处置	船闸及升船机运行应急专项处置预案
	2.2 复杂运行状态操作	能组织进行多级船闸中断输水过程后的恢复操作	多级船闸输水中断工况的恢复性操作方法
3. 检修操作	3.1 复杂检修操作	能在船闸运行状态下进行设备的检修投切和操作	船闸运行不间断情况下的设备检修投切和操作的方法、要点
	3.2 检修排充水操作	3.2.1★能组织和指挥多级船闸或升船机承船厢的检修排水操作 3.2.2 能组织和指挥多级船闸排干检修后的复航调水操作，或能组织和指挥升船机承船厢排干检修后的复航充水操作	3.2.1 多级船闸检修排水操作、升船机承船厢的检修排水操作的方法 3.2.2 多级船闸排干检修后的复航调水作业、升船机承船厢排干检修后的复航充水作业的操作方法
4. 设备巡检与保养	4.1 集中控制设备巡检与保养	4.1.1 能进行集中控制设备通信网络运行工况的巡检 4.1.2 能进行集中控制备用设备的定期切换 4.1.3 能进行视频监控设备应急备用通道的切换	4.1.1 集中控制设备通信网络运行工况的巡检要点 4.1.2 集中控制备用设备的定期切换方法 4.1.3 视频监控设备应急备用通道的切换方法

续表

职业功能	工作内容	技能要求	相关知识要求
4. 设备巡检与保养	4.2 现地启闭机设备巡检与保养	4.2.1 能完成电气保护装置检查与维护 4.2.2 能完成水位计的信号率定 4.2.3 能完成可编程序控制器的检查与维护 4.2.4 能完成变频控制器的检查与维护 4.2.5 能完成液压启闭机设备运行参数的率定	4.2.1 电气保护装置检查与维护要点 4.2.2 水位检测装置检查与维护要点 4.2.3 可编程序控制器的检查与维护要点 4.2.4 变频控制器的检查与维护要点 4.2.5 液压启闭机设备检查与维护要点
	4.3 检修排水系统等辅助设备巡检与保养	4.3.1 能完成检修排水系统水位检测参数整定 4.3.2 能完成电动机调速驱动装置的检查与保养 4.3.3 能完成电动机启动装置的检查与保养	4.3.1 检修排水系统水位检测参数整定方法 4.3.2 电动机调速驱动装置参数设置及保护值整定方法 4.3.3 电动机启动装置参数设置及保护值整定方法
5. 设备故障诊断与排除	5.1 集中控制设备故障诊断与排除	5.1.1 能进行集中控制设备疑难故障的诊断与处置 5.1.2 能使用应急手段进行集中控制运行	集中控制设备故障诊断与排除方法
	5.2 现地启闭机设备故障诊断与排除	5.2.1 能排除现地控制设备疑难故障 5.2.2 能排除现地液压启闭机设备复杂故障 5.2.3 能使用应急手段操作现地启闭机设备	5.2.1 现地控制设备疑难故障诊断方法 5.2.2 现地液压启闭机设备复杂故障排除方法 5.2.3 现地启闭机设备应急运转操作方法
6. 技术指导与培训	6.1 技术指导	6.1.1 能编制船闸或升船机的巡检、操作、保养方案，能编写工作报告 6.1.2 能向船闸或升船机巡检、操作、保养、故障处理人员提出技术要求和安全注意事项 6.1.3 能检查、检测巡检、保养、故障处理质量 6.1.4 能组织船闸或升船机巡检、保养、故障处理	6.1.1 船闸、升船机巡检、操作、保养方案及工作报告编制方法 6.1.2 船闸、升船机巡检、保养、故障处理技术要求 6.1.3 船闸、升船机巡检、保养、故障处理质量检查方法及规定

续表

职业功能	工作内容	技能要求	相关知识要求
6.技术指导与培训	6.2 培训	6.2.1 能讲授船闸及升船机运行员基础专业技术知识 6.2.2 能指导三级/高级工及以下级别人员在船闸或升船机的巡检、操作、保养和故障处理中的实际操作	6.2.1 船闸、升船机运行员专业技术知识 6.2.2 职业技术培训的基本方法

3.1.5 一级/高级技师

职业功能	工作内容	技能要求	相关知识要求
1.安全应急操作	1.1 运行中的应急状态处置	能组织开展应急预案演练	船闸、升船机应急预案演练方法
	1.2 复杂运行状态操作	能组织开展多级船闸输水中断工况的恢复性操作技能演练	多级船闸输水中断工况的恢复性操作技能演练方法
2.检修操作	2.1 集中控制设备检修与调试	★能进行船闸或升船机集中控制设备检修与调试	船闸、升船机集中控制设备检修与调试方法
	2.2 现地控制设备检修与调试	2.2.1★能进行船闸或升船机现地控制设备检修与调试 2.2.2 能进行船闸或升船机启闭机调试	2.2.1 船闸、升船机现地控制设备检修与调试方法 2.2.2 船闸、升船机启闭机调试方法
3.设备故障诊断与排除	3.1 集中控制设备故障诊断与排除	能排查集中控制系统设备缺陷	集中控制系统设备缺陷排查方法
	3.2 现地启闭机设备故障诊断与排除	3.2.1 能排查现地控制系统设备缺陷 3.2.2 能配合排查液压启闭机设备疑难故障	3.2.1 现地控制系统设备缺陷排查方法 3.2.2 液压启闭机设备故障诊断技巧

续表

职业功能	工作内容	技能要求	相关知识要求
4.技术指导与培训	4.1 技术指导	4.1.1 能编制或修订运行安全操作规程和应急预案 4.1.2 能审核船闸或升船机的巡检、操作、保养方案及工作报告 4.1.3 能编制运行操作注意事项，编写故障处理报告 4.1.4 能编写设备运行作业指导书 4.1.5 能编写设备运行分析报告，并提出重大安全隐患的处理意见	4.1.1 运行安全操作规程、应急预案编写方法 4.1.2 设备运行作业指导书的编制方法 4.1.3 设备运行分析报告的编制方法
	4.2 培训	4.2.1 能编写培训讲义 4.2.2 能指导二级/技师及以下级别人员在船闸或升船机的巡检、操作、保养、故障处理中的实际操作	4.2.1 职业技术培训讲义的编写方法 4.2.2 职业技术培训的方法与技巧

3.2 船闸及升船机调度员

3.2.1 五级/初级工

职业功能	工作内容	技能要求	相关知识要求
1.揭示通行信号	1.1 船舶航行信号辨识	1.1.1 能辨识船舶航行信号（灯号、声号、旗号） 1.1.2 能辨识船闸及升船机通行信号	1.1.1 船舶航行信号基本知识 1.1.2 船闸及升船机通行信号知识
	1.2 船舶通行信号揭示	1.2.1 能根据船舶航行态势判断现场通航情况 1.2.2 能根据现场通航需要准确揭示船舶通行信号	1.2.1 船舶内河避碰规则 1.2.2 船舶通行信号揭示操作流程
	1.3 船舶通行工作记录台账填写	1.3.1 能填写船舶通行记录台账 1.3.2 能分类、统计船舶通航流量	1.3.1 通航调度值班记录台账填写规范与要求 1.3.2 通航调度业务统计填写要求

续表

职业功能	工作内容	技能要求	相关知识要求
2.采集发送及维护船舶基础信息	2.1 船舶基础信息来源及辨识	2.1.1 能辨识船舶基础信息来源 2.1.2 能辨识船舶基础信息内容	2.1.1 船舶基础信息的来源 2.1.2 船舶基础信息的辨识方法
	2.2 船舶基础信息采集	2.2.1 能辨识船舶基础信息的采集范围 2.2.2 能采集已辨识船舶基础信息	2.2.1 船舶基础信息的采集范围 2.2.2 船舶基础信息的采集方法
	2.3 船舶基础信息录入及传送	2.3.1 能按要求将采集信息录入系统 2.3.2 能将采集信息传送到需求单位	2.3.1 船舶基础信息的录入方法 2.3.2 船舶基础信息的报送流程
3.受理船舶申报	3.1 申报船舶通过船闸及升船机计划信息采集	3.1.1 能根据通航调度需求采集申报船舶计划信息 3.1.2 能核对船舶申报信息	船舶通过船闸及升船机通航调度信息采集与核对要点
	3.2 申报船舶计划信息登记录入	3.2.1 能登记申报船舶通过船闸及升船机计划信息 3.2.2 能录入或传送申报船舶通过船闸及升船机计划信息 3.2.3 能进行手持移动终端通航服务应用软件操作 3.2.4 能填写申报受理值班工作记录	3.2.1 申报船舶通过船闸及升船机计划登记业务流程 3.2.2 申报船舶计划信息的采集与传送工作流程 3.2.3 手持移动终端通航服务应用软件操作方法
4.通航环境信息采集发布及船岸通信联络	4.1 通航环境信息采集	4.1.1 能辨识通航环境信息 4.1.2 能对辨识信息进行采集	4.1.1 通航环境信息辨识方法 4.1.2 通航环境信息采集方法
	4.2 通航环境信息录入	4.2.1 能按要求将采集信息录入系统 4.2.2 能将采集信息传递到需求单位	4.2.1 通航环境信息录入方法 4.2.2 通航环境信息报送流程
	4.3 船岸通信联络设备的使用	4.3.1 能操作使用船岸通信联络设备 4.3.2 能与通信联络对象进行工作沟通	船岸通信联络设备操作方法

续表

职业功能	工作内容	技能要求	相关知识要求
5. 执行调度计划	5.1 船舶排挡指挥	5.1.1 能进行排挡尺寸计算和排挡图复核 5.1.2 能根据船舶航行动态优化调整排挡方案 5.1.3 能指挥船舶在引航道内靠船墩等靠泊点等待进入闸室（承船厢）	5.1.1 船闸及升船机船舶排挡方法 5.1.2 排挡图的调整原则和方法 5.1.3 指挥船舶等待通过船闸（升船机）要点
	5.2 单线单级船闸（升船机）一般船舶的发航组织	5.2.1 能组织一般船舶调度发航流程 5.2.2 能操作一般船舶调度发航，将船舶调度指挥到待闸水域待闸	5.2.1 一般船舶调度发航组织流程 5.2.2 一般船舶调度发航组织要点
	5.3 通航现场通航秩序控制	5.3.1 能合理控制靠船墩、导航墙停泊船舶数量 5.3.2 能协助做好现场通航秩序的维护工作 5.3.3 能对已发航船舶进行全程跟踪	5.3.1 靠船墩、导航墙现场通航调度组织要点 5.3.2 船闸及升船机现场通航秩序控制要点 5.3.3 船舶跟踪监视工作要点
	5.4 通航调度运行记录填写及运行实绩统计	5.4.1 能填写通航调度运行记录 5.4.2 能统计及填报当班调度运行实绩报表	5.4.1 通航调度运行记录填写规范 5.4.2 通航调度当班调度运行实绩统计报表填报说明
6. 编制发布调度作业计划	6.1 船舶申报通过船闸及升船机计划信息汇总分析	6.1.1 能采集单线单级船闸及升船机船舶申报计划信息 6.1.2 能汇总分类单线单级船闸及升船机申报计划信息 6.1.3 能开展单线单级船闸及升船机船舶申报需求分析并确定计划重点	6.1.1 单线单级船闸及升船机通航信息的收集汇总工作流程 6.1.2 单线单级船闸及升船机通航调度重点计划确定要点
	6.2 通航环境汇总分析	6.2.1 能分析单线单级船闸及升船机通航边界条件 6.2.2 能分析单线单级船闸运行工况和运行方式 6.2.3 能分析单线单级船闸及升船机作业计划进度	6.2.1 单线单级船闸及升船机通航调度技术规程 6.2.2 单线单级船闸及升船机通航环境分析要点

续表

职业功能	工作内容	技能要求	相关知识要求
6. 编制发布调度作业计划	6.3 单线单级船闸及升船机通航调度作业计划编制	6.3.1 能编制单线单级船闸及升船机通航调度框架作业计划 6.3.2 能编制单线单级船闸及升船机通航调度作业计划 6.3.3★能检查单线单级船闸及升船机通航调度作业计划的安全性和合理性	6.3.1 单线单级船闸及升船机通航调度作业计划编制流程 6.3.2 单线单级船闸及升船机通航调度作业计划的检查要点
	6.4 单线单级船闸（升船机）通航调度作业计划发布	6.4.1 能根据不同用户需求，发布单线单级船闸及升船机不同内容的通航调度作业计划 6.4.2 能填写单线单级船闸及升船机通航调度作业计划发布记录台账	6.4.1 单线单级船闸及升船机通航调度作业计划发布规范 6.4.2 单线单级船闸及升船机通航调度作业计划发布记录台账填写说明
7. 操作通航调度指挥系统	7.1 通航调度数据信息采集录入	7.1.1 能采集船舶通航调度数据 7.1.2 能录入通航调度数据信息	7.1.1 船舶通过船闸及升船机通航调度信息采集方法 7.1.2 通航调度基础数据库系统数据录入填写方法
	7.2 通航调度运行计划传递与实绩数据填写保存	7.2.1 能传递通航调度运行计划 7.2.2 能填写并保存通航调度运行实绩数据	7.2.1 通航调度运行计划传递流程 7.2.2 通航调度运行数据填写与实绩填写保存规范
8. 征收通行规费	8.1 交通规费征收信息采集与征收规费	8.1.1 能采集船舶交通规费计算信息 8.1.2 能征收交通规费	8.1.1 现行水路主要规费的基本政策规定 8.1.2 交通规费征收工作基本程序
	8.2 填制征收凭证与征收台账	8.2.1 能核对和结报当班票据数 8.2.2 能统计和汇总规费	8.2.1 交通规费票证管理方法 8.2.2 交通规费汇总与统计要点

3.2.2 四级/中级工

职业功能	工作内容	技能要求	相关知识要求
1. 揭示通行信号	1.1 船舶通航航标信号标示识别	1.1.1 能辨识航标导向 1.1.2 能辨识船舶航行会让点、横驶区等交通管制区的具体位置	航道通航标志的含义与识别方法
	1.2 船舶航行轨迹判断	1.2.1 能判断辖区航行船舶的具体位置 1.2.2 能根据船舶航行轨迹判断船舶航行是否正常	1.2.1 信号台工作人员船舶通行信号揭示参照物 1.2.2 船舶航行轨迹辨识方法
2. 采集发送及维护船舶基础信息	2.1 船舶基础信息汇总	2.1.1 能汇总采集信息 2.1.2 能形成采集信息汇总表	船舶基础信息汇总方法
	2.2 船舶基础信息审核	2.2.1 能完成采集信息的核对、审核 2.2.2 能完成审核信息的传送	船舶基础信息审核要点
3. 受理船舶申报	3.1 船舶申报通过船闸及升船机计划信息汇总整理	3.1.1 能整理船舶申报计划登记台账并汇总形成统计报表 3.1.2 能分类统计申报计划登记台账并形成专项统计报表	3.1.1 船舶申报计划统计台账填写要求 3.1.2 船舶申报计划统计报表编制要求
	3.2 船舶申报计划信息传递(发送)	3.2.1 能传送船舶申报计划登记台账 3.2.2 能开展船舶申报计划受理工作台账任意时段的统计工作	3.2.1 船舶申报计划受理信息传递流程 3.2.2 船舶申报计划受理统计查询操作方法
4. 通航环境信息采集发布及船岸通信联络	4.1 通航环境信息的分类及判断	4.1.1 能将所采集的通航环境信息进行分类 4.1.2★能根据所采集信息判断通航环境是否满足运行条件	4.1.1 通航环境信息的分类方法 4.1.2 枢纽通航建筑物设计运行技术参数
	4.2 船岸通信联络设备的工作状况判断	能根据船岸通信联络设备工作原理,判断设备工作运行状况	船岸通信联络设备的使用方法

续表

职业功能	工作内容	技能要求	相关知识要求
5. 执行调度计划	5.1 通航边界条件信息采集与通航条件判断	5.1.1 能采集通航边界条件信息（水情、气象等） 5.1.2 能根据现场采集的环境信息判断是否满足通航运行规程	5.1.1 船闸及升船机通航环境信息采集方法 5.1.2 船闸及升船机通航调度规程
	5.2 船舶排挡指挥	5.2.1 能根据抵达引航道、靠船墩或导航墙船舶数量、时间及位置动态调整排挡图 5.2.2 能指挥危险品船及特种船舶在引航道内靠船墩等靠泊点等待进入闸室（承船厢）	5.2.1 排挡图的调整原则和方法 5.2.2 危险品船及特种船舶等待通过船闸（升船机）排挡指挥要点
	5.3 多线单级船闸（升船机）船舶的发航组织	5.3.1 能操作多线单级船闸（升船机）一般船舶调度发航 5.3.2 能组织多线单级船闸（升船机）危险品船及特殊船舶的调度发航，将船舶调度指挥到待闸水域待闸	5.3.1 多线单级船闸（升船机）一般船舶调度发航组织流程 5.3.2 危险品船及特种船舶调度发航组织要点
	5.4 通航现场通航秩序控制及通航安全管理	5.4.1 能根据多线单级船闸（升船机）运行工况，将船舶组织到待闸点并控制靠船墩、导航墙停泊船舶数量 5.4.2 能驾驭多线单级船闸（升船机）现场通航组织局面，协助做好现场通航的维护工作 5.4.3 能对已发航船舶进行全程跟踪，及时发现船舶危及通航安全的违规违章行为 5.4.4★能辨识火情并报警	5.4.1 多线单级船闸（升船机）现场通航秩序控制要点 5.4.2 多线单级船闸（升船机）现场通航调度组织要点 5.4.3 船舶跟踪监视要点 5.4.4 船舶违章违规处理方法 5.4.5 船闸及升船机火警信息的辨识和报警
6. 编制发布调度作业计划	6.1 船舶申报通过船闸及升船机计划信息汇总分析	6.1.1 能采集多线单级船闸及升船机船舶申报计划信息 6.1.2 能汇总分类多线单级船闸及升船机申报计划信息 6.1.3 能开展多线单级船闸及升船机船舶申报需求分析并确定计划重点	6.1.1 多线单级船闸及升船机通航信息的收集汇总方法 6.1.2 多线单级船闸及升船机通航调度重点计划确定方法

续表

职业功能	工作内容	技能要求	相关知识要求
6. 编制发布调度作业计划	6.2 通航环境汇总分析	6.2.1 能分析多线单级船闸及升船机通航边界条件 6.2.2 能分析多线单级船闸运行工况和运行方式 6.2.3 能分析多线单级船闸及升船机调度作业计划进度	6.2.1 多线单级船闸及升船机通航调度技术规程 6.2.2 多线单级船闸及升船机通航环境分析要点
	6.3 通航调度作业计划编制	6.3.1 能编制多线单级船闸及升船机调度框架作业计划 6.3.2 能编制多线单级船闸及升船机调度作业计划 6.3.3★能检查多线单级船闸及升船机调度作业计划的安全性和合理性	6.3.1 多线单级船闸及升船机调度作业计划编制流程 6.3.2 多线单级船闸及升船机调度作业计划的检查要点
	6.4 通航调度作业计划发布	6.4.1 能根据不同用户需求，发布多线单级船闸及升船机不同内容的调度作业计划 6.4.2 能填写多线单级船闸及升船机调度作业计划发布记录台账	6.4.1 多线单级船闸及升船机通航调度作业计划发布规范 6.4.2 多线单级船闸及升船机通航调度作业计划发布记录台账填写方法
7. 操作通航调度指挥系统	7.1 通航调度指挥系统功能模块切换	7.1.1 能操作通航调度指挥各子系统模块 7.1.2 能根据运行需要切换功能模块	7.1.1 通航调度指挥系统功能模块及其用途 7.1.2 通航调度指挥系统操作方法
	7.2 系统设备日常维护	7.2.1 能开展日常维护保养 7.2.2 能填写系统设备运行日志	7.2.1 通航调度指挥系统日常维护要点 7.2.2 通航调度指挥系统设备运行日志填写要点
8. 征收通行规费	8.1 规费上缴申报	8.1.1 能汇总记账凭证（含电子账户） 8.1.2 能完成规费上缴网上申报	8.1.1 交通规费缴存工作流程 8.1.2 交通规费票证上缴方法
	8.2 规费缴存	8.2.1 能完成账证核对 8.2.2 能完成规费缴存	8.2.1 交通规费缴存管理要点 8.2.2 交通规费费源管理要点

3.2.3 三级/高级工

职业功能	工作内容	技能要求	相关知识要求
1. 揭示通行信号	1.1 船舶违规航行纠正	1.1.1 能根据船舶航行轨迹，纠正违规航行船舶 1.1.2 能按照规定上报违规船舶信息 1.1.3 能填写违规船舶记录台账	1.1.1 违规船舶的调查和处理工作流程 1.1.2 船舶内河避碰规则基本知识
	1.2 复杂通航环境下通航交通信号揭示	1.2.1 能在大风大雾等不良气候条件下进行船舶通行信号揭示 1.2.2★能在应急通航指挥条件下进行船舶通行信号揭示	1.2.1 船舶通行信号揭示操作方法 1.2.2 应急通航条件下船舶通行信号揭示要点
2. 采集发送及维护船舶基础信息	2.1 船舶基础信息修订	2.1.1 能采集船舶修订基础信息 2.1.2 能审核船舶修订基础信息 2.1.3 能完成基础信息修订	通航调度系统基础信息修订工作流程
	2.2 船舶基础信息备份清理	2.2.1 能备份清理前的船舶基础信息 2.2.2 能定期清理船舶基础信息	2.2.1 船舶基础信息管理要点 2.2.2 船舶基础信息清理工作流程
3. 通航环境信息采集发布及船岸通信联络	3.1 船岸通信联络设备日常维护	3.1.1 能根据船岸通信联络设备的使用状况选择维护方法 3.1.2 能根据船岸通信联络设备的使用状况进行日常维护保养	船岸通信联络设备维护保养方法
	3.2 船岸信息服务系统及设备的使用与日常维护	3.2.1 能根据船岸信息服务系统及设备的使用情况进行日常维护保养 3.2.2 能在系统及设备故障时判断故障的类别	3.2.1 船岸信息服务系统及设备使用保养方法 3.2.2 船岸信息服务系统及设备故障的识别与判断方法
4. 执行调度计划	4.1 多线多级船闸及升船机调度组织	能根据多线多级船闸及升船机的运行进度及通航边界条件组织船舶发航	多线多级船闸及升船机调度组织要点

续表

职业功能	工作内容	技能要求	相关知识要求
4. 执行调度计划	4.2 船闸及升船机停复航调度组织	4.2.1 能根据通航管理部门需要开展船闸及升船机停复航的调度组织 4.2.2 能根据通航现场情况组织船舶发航	4.2.1 船闸及升船机停复航船舶调度组织要点 4.2.2 船闸及升船机运行组织要点
	4.3 通航环境变化时调度指挥	4.3.1 能根据采集到的通航环境信息判断通航边界条件是否满足通航要求 4.3.2★能根据通航环境变化采取调度指挥措施并下达调度指令	4.3.1 船闸及升船机通航调度指挥规程 4.3.2 通航环境发生变化时通航调度指挥组织流程
	4.4 危险品船及特种船舶过坝现场通航秩序控制及通航安全管理	4.4.1 能按照危险品船及特种船舶过坝通航安全管理规定控制船闸运行进度 4.4.2 能协助现场维护单位做好危险品船及特种船舶过坝通航秩序的维护 4.4.3 能做好危险品船过闸现场管控 4.4.4★能根据火险程度启动相应等级的应急预案	4.4.1 危险品船及特种船舶过坝通航安全管理规定 4.4.2 危险品船及特种船舶过坝通航调度组织要点 4.4.3 危险品船过闸现场管控工作要点 4.4.4 船闸及升船机闸室（承船厢）火险应急处置工作流程
5. 编制发布调度作业计划	5.1 船舶申报通过船闸及升船机计划信息汇总分析	5.1.1 能采集多线多级船闸船舶申报计划信息 5.1.2 能汇总分类多线多级船闸船舶申报计划信息 5.1.3 能开展多线多级船闸船舶申报需求分析并确定计划重点	5.1.1 多线多级船闸通航信息的收集汇总方法 5.1.2 多线多级船闸通航调度重点计划确定方法
	5.2 船闸通航环境汇总分析	5.2.1 能分析多线多级船闸通航边界条件 5.2.2 能分析多线多级船闸运行工况和运行方式 5.2.3 能分析多线多级船闸作业计划进度	5.2.1 多线多级船闸通航调度技术规程 5.2.2 多线多级船闸通航环境分析要点
	5.3 船闸通航调度作业计划编制	5.3.1 能编制多线多级船闸调度框架作业计划 5.3.2 能编制多线多级船闸调度作业计划 5.3.3★能检查多线多级船闸调度作业计划的安全性和合理性	5.3.1 多线多级船闸调度作业计划编制流程 5.3.2 多线多级船闸调度作业计划的检查审核要点

续表

职业功能	工作内容	技能要求	相关知识要求
5.编制发布调度作业计划	5.4 船闸通航调度作业计划发布	5.4.1 能根据多线多级船闸不同用户需求,发布不同内容的调度作业计划 5.4.2 能填写多线多级船闸调度作业计划发布记录台账	5.4.1 多线多级船闸通航调度作业计划发布工作流程 5.4.2 多线多级船闸通航调度作业计划发布记录台账填写规范
6.通航统计分析	6.1 通航固定统计报表编制	6.1.1 能采集通航统计日报、周报及月报数据信息 6.1.2 能编制通航统计日报、周报及月报 6.1.3 能完成固定统计报表的报送与登记	6.1.1 通航固定统计报表的数据采集与编制方法 6.1.2 固定统计报表报送工作流程
6.通航统计分析	6.2 通航抽样统计报表编制	6.2.1 能根据需要采集抽样统计数据信息 6.2.2 能编制抽样统计报表 6.2.3 能完成抽样统计报表报送与登记	6.2.1 抽样统计报表的信息采集与编制方法 6.2.2 抽样统计报表报送工作流程
7.操作通航调度指挥系统	7.1 通航调度指挥系统故障识别	7.1.1 能描述系统故障现象 7.1.2 能根据系统故障现象描述,判断系统故障类型	通航调度指挥系统常见故障与辨识方法
7.操作通航调度指挥系统	7.2 通航调度指挥系统故障诊断	7.2.1 能诊断系统故障 7.2.2★能根据系统故障的类型采取应急措施	7.2.1 通航调度指挥系统常见故障与诊断方法 7.2.2 通航调度指挥系统故障应急处置方法

3.2.4 二级/技师

职业功能	工作内容	技能要求	相关知识要求
1. 采集发送及维护船舶基础信息	1.1 船舶基础信息库管理系统更新	1.1.1 能动态更新船舶基础信息库 1.1.2 能完成更新后的船舶基础信息库上线测试及运行维护	船舶基础信息库管理系统更新方法
	1.2 船舶基础信息库管理系统软件维护	1.2.1 能对基础信息库的软件升级提出需求 1.2.2 能对升级后的基础信息库管理系统软件进行维护	船舶基础信息库管理系统软件维护方法
2. 执行调度计划	2.1 梯级船闸（升船机）联合调度船舶发航组织	2.1.1 能根据通航边界条件及船舶航行态势判断发航组织是否满足运行要求 2.1.2 能开展梯级联合调度运行船舶的发航组织	梯级船闸及升船机联合运行调度组织要点
	2.2 应急通航调度指挥	2.2.1 能在通航环境突变情况下开展通航调度组织 2.2.2 能在辖区水域发生险情事故时开展调度组织 2.2.3 能根据现场通航管理部门需要开展应急调度组织	2.2.1 应急通航调度组织工作流程 2.2.2 辖区水域险情事故应急管控办法
	2.3 应急通航调度内部协调	2.3.1 能根据现场突发情况组织协调现场通航管理单位联合行动 2.3.2 能根据现场应急需要及时进行应急调度组织和协调 2.3.3 能协调和处理在实施应急调度过程中出现的困难和问题	应急通航调度内部组织与协调要点
	2.4 现场通航调度组织协调及通航安全管理	2.4.1 能根据应急现场管控需要及时启动应急通航方案 2.4.2 能根据应急水域情况及抵达待闸锚地、待闸水域船舶数量预判未来一定时间通航状况，并采取有效管控措施	2.4.1 应急通航方案相关知识 2.4.2 通航调度协调与应急处置流程

续表

职业功能	工作内容	技能要求	相关知识要求
3. 编制发布调度作业计划	3.1 梯级船闸及升船机调度作业计划编制	3.1.1 能采集梯级枢纽船闸、升船机船舶数据，编制调度作业计划 3.1.2 能根据船舶过坝需求和船闸及升船机运行工况，计算每座船闸及升船机开闸（厢）次数、闸（厢）次间隔时间及相互之间衔接的时间 3.1.3 能根据船舶过坝需求、船闸及升船机的运行工况，编制梯级枢纽船闸及升船机调度作业计划	3.1.1 梯级枢纽船闸及升船机计划编制规则 3.1.2 梯级枢纽船闸及升船机计划编制的操作要点
	3.2 复杂通航环境下船闸及升船机作业计划编制	3.2.1 能根据通航环境（大风、大雾、雾霾、潮汐、流量水位突变等）变化调整调度作业计划 3.2.2 能编制复杂通航条件（大风、大雾、雾霾、潮汐、流量水位突变等）下船闸及升船机运行作业计划	3.2.1 复杂通航条件下通航调度作业计划应急调整要点 3.2.2 复杂通航条件（大风、大雾、雾霾、潮汐、流量水位突变等）下船闸及升船机运行作业计划编制方法
	3.3 梯级船闸及升船机调度作业计划的检查与审核	3.3.1★能检查梯级船闸及升船机调度作业计划的安全性、合理性 3.3.2 能审核并发布梯级船闸及升船机调度作业计划	通航调度作业计划的检查与审核方法
4. 通航统计分析	4.1 统计报表编制	4.1.1 能完成通航月报的编制 4.1.2 能完成通航季报的编制	4.1.1 通航月报编制方法 4.1.2 通航季报编制方法
	4.2 统计数据分析	4.2.1 能分析固定统计报表 4.2.2 能分析抽样统计报表	通航调度统计报表分析方法
	4.3 统计分析材料撰写	4.3.1 能撰写固定格式统计分析材料 4.3.2 能撰写深度统计分析材料	4.3.1 通航调度统计分析方法 4.3.2 交通运输统计分析要点
5. 技术指导	5.1 通航调度业务流程编写	5.1.1 能编写船舶发航、排挡业务流程 5.1.2 能编写通航调度作业计划编制流程 5.1.3 能编写应急通航调度业务流程 5.1.4 能编写调度指挥系统操作工艺卡	5.1.1 通航调度业务流程编制要点 5.1.2 通航调度技术规程

续表

职业功能	工作内容	技能要求	相关知识要求
5. 技术指导	5.2 通航调度组织方案编写	5.2.1 能编写船闸及升船机停复航调度组织方案 5.2.2 能根据不同时段的运行特点编写不同的调度组织方案	5.2.1 船闸及升船机停复航调度组织要点 5.2.2 通航调度组织方案编写方法
	5.3 应急通航调度方案编写	5.3.1 能根据现场通航突发情况，编写应急通航调度指挥方案 5.3.2 能提前编写应急通航调度指挥预案	应急通航调度指挥方案编写方法
6. 培训	6.1 通航调度业务培训讲义编写	6.1.1 能编写船舶通航调度组织培训讲义 6.1.2 能编写通航调度指挥系统培训讲义 6.1.3 能编写船舶通行信号揭示讲义	6.1.1 职工培训讲义编写方法 6.1.2 通航调度组织的原理与方法 6.1.3 通航调度指挥系统技术原理及操作方法 6.1.4 内河避碰规则与船舶通行信号揭示操作要点
	6.2 通航调度业务考核	6.2.1 能参与编写通航调度组织教材并对三级/高级工及以下级别人员开展业务培训 6.2.2 能考核三级/高级工及以下级别人员业务技能	6.2.1 通航调度业务技能考核工作流程 6.2.2 职业技术培训的基本方法
	6.3 通航调度全面质量管理的技术指导	6.3.1 能带领班组开展质量控制小组活动 6.3.2 能制定通航调度全面质量管理计划、方针、目标，开展全面质量管理活动	6.3.1 质量控制小组活动的内容 6.3.2 交通运输企业全面质量管理技术指导要点

3.2.5 一级/高级技师

职业功能	工作内容	技能要求	相关知识要求
1. 执行调度计划	1.1 复杂通航环境下的多线多级梯级船闸（升船机）梯级联合调度船舶发航组织	1.1.1 能根据通航边界条件及船舶航行态势判断发航组织是否满足运行要求 1.1.2 能开展复杂通航环境下梯级联合调度运行船舶的发航组织	复杂通航环境下梯级船闸及升船机联合运行调度组织要点

续表

职业功能	工作内容	技能要求	相关知识要求
1. 执行调度计划	1.2 船闸及升船机试航测试通航调度组织	1.2.1 能辨识通航边界条件是否满足试航测试要求 1.2.2 能根据试航测试要求按时调度组织试航测试船舶到指定水域	1.2.1 船舶试航测试通航调度组织要点 1.2.2 通航调度现场通航运行节奏控制要点
	1.3 应急通航调度外部协调	1.3.1 能在复杂情况下有效管理应急现场的通航秩序 1.3.2 能根据现场应急需要组织参与现场通航管理外部单位的协调，并开展联合行动 1.3.3 能协调和处理在实施应急调度过程中出现的困难和问题	1.3.1 应急通航调度组织工作流程 1.3.2 应急通航调度外部协调要点
2. 编制发布调度作业计划	2.1 一线船闸及升船机停航检修时的梯级枢纽联合调度作业计划的编制	2.1.1 能根据通航环境和船闸通过能力的变化，计算单级船闸及升船机运行次数、闸次间隔时间及梯级之间衔接时间 2.1.2 能根据船舶过坝预期的交通流特征，计算多级船闸换向运行时间 2.1.3 能根据船闸及升船机通过能力的变化，编制多级船闸及升船机联合匹配运行计划	2.1.1 一线船闸及升船机停航检修时，梯级枢纽联合调度作业计划编制要点 2.1.2 多级船闸换向运行调度作业计划编制要点 2.1.3 多级船闸及升船机匹配运行调度作业计划编制要点
	2.2 船闸及升船机试航测试及警卫任务通航调度作业计划编制	2.2.1 能根据试航测试要求选取参试船舶 2.2.2 能根据试航测试要求编制发布试航测试计划 2.2.3 能编制警卫任务调度作业计划	2.2.1 船舶试航测试代表船型选取办法 2.2.2 船舶试航测试计划编制要点 2.2.3 警卫任务船舶过闸计划编制要点
	2.3 特殊调度作业计划的检查与审核	2.3.1 能检查特殊调度作业计划 2.3.2 能审核特殊调度作业计划 2.3.3 能发布特殊调度作业计划	2.3.1 特殊调度作业计划的检查与审核方法 2.3.2 特殊调度作业计划发布工作流程
3. 通航统计分析	3.1 统计年报的编制	3.1.1 能采集通航统计年报数据信息 3.1.2 能编制通航统计年报 3.1.3 能报送通航统计报表	3.1.1 通航调度统计报表数据采集方法 3.1.2 通航调度统计报表的编制与报送要点

续表

职业功能	工作内容	技能要求	相关知识要求
3. 通航统计分析	3.2 专项统计分析	3.2.1 能根据统计分析要求完成专项统计信息采集及统计报表的编制 3.2.2 能按要求完成统计分析材料的撰写并上报	3.2.1 通航调度数据专项统计分析方法 3.2.2 交通运输统计分析要点
	3.3 通航形势预判预测	3.3.1 能根据通航数据统计预判预测未来通航形势 3.3.2 能根据预判预测提出应对措施和建议	交通运输企业管理概论
4. 技术指导	4.1 现场通航调度业务流程优化	4.1.1 能指出现场通航调度业务流程缺陷 4.1.2 能提出现场通航调度业务流程缺陷消除建议	4.1.1 通航调度业务流程优化 4.1.2 交通运输企业管理知识
	4.2 通航调度协调组织	4.2.1 能开展船闸及升船机拥堵期船舶疏散组织协调工作 4.2.2 能在水利枢纽泄洪、冲砂情况下开展船闸及升船机运行组织协调工作	通航调度组织协调要点
5. 培训	5.1 通航调度业务培训教材编写	5.1.1 能编写通航调度指挥系统培训教材并对二级/技师及以下级别人员开展系统操作培训 5.1.2 能编写通航调度组织教材并对二级/技师及以下级别人员开展业务培训 5.1.3 能考核二级/技师及以下级别人员业务技能	5.1.1 通航调度指挥系统简介 5.1.2 通航调度业务技能考核要点 5.1.3 职业技术培训的方法和技巧
	5.2 通航调度业务科研课题研究	5.2.1 能编写技术报告 5.2.2 能组织开展科研课题研究	专业技术报告编写要点

3.3 船闸及升船机水工员

3.3.1 五级/初级工

职业功能	工作内容	技能要求	相关知识要求
1. 水工建筑物巡检	1.1 水工主体结构辅助检查	1.1.1 能发现结构块间结构表面破损、错动等缺陷 1.1.2 能发现水工主体结构表面裂缝缺陷 1.1.3 能发现水工主体结构表面渗漏缺陷 1.1.4 能发现闸室及承船厢系泊设施缺陷	1.1.1 水工建筑物巡检规定 1.1.2 水工建筑物表面缺陷检查方法 1.1.3 船闸闸室及升船机承船厢系泊设施检查方法
	1.2 靠船及导航建筑物辅助检查	1.2.1 能发现靠船及导航建筑物破损缺陷 1.2.2 能发现靠船及导航建筑物裂缝缺陷 1.2.3 能发现靠船及导航建筑物系泊设施缺陷	1.2.1 靠船及导航建筑物缺陷检查方法 1.2.2 靠船及导航建筑物系泊设施检查方法
	1.3 附属建筑物辅助巡检	1.3.1 能发现各类机房、运行操作间及变（配）电所等附属建筑物室内渗漏缺陷 1.3.2 能发现各类机房、运行操作间及变（配）电所等附属建筑物室内裂缝缺陷 1.3.3 能发现各类机房、运行操作间及变（配）电所等附属建筑物室内装饰缺陷 1.3.4 能发现各类机房、运行操作间及变（配）电所等附属建筑物室外表面破损与裂缝缺陷	1.3.1 机房、运行操作间及变（配）电所等附属建筑物缺陷检查方法 1.3.2 机房、运行操作间及变（配）电所等附属建筑物设施功能与防护要点 1.3.3 电气、机械安全运行规定 1.3.4 机房、运行操作间及变（配）电所等附属建筑物装饰缺陷检查方法
	1.4 巡检记录填写	能根据检查情况，按规定填写各部位巡检记录、巡检综述	水工建筑物巡检记录规定

续表

职业功能	工作内容	技能要求	相关知识要求
2. 水工建筑物维护	2.1 辅助表面破损修理	2.1.1 能使用工器具拌制混凝土表面破损修补材料 2.1.2 能使用工器具实施混凝土表面破损修补	2.1.1 破损修补材料拌制方法 2.1.2 水工修理工器具、机械使用方法
	2.2 辅助表面裂缝处理	能使用工器具拌制混凝土表面裂缝修补材料	2.2.1 裂缝修补材料拌制方法 2.2.2 水工修理工器具使用方法
3. 水工建筑物安全监测	3.1 仪器基本操作及数据采集	能操作水工建筑物温度及应力应变监测仪器并采集数据	水工建筑物安全监测仪器仪表使用方法
	3.2 现场记录	能使用专用记录工具或表格现场记录温度及应力应变监测数据	水工建筑物温度及应力应变监测现场记录规定

3.3.2 四级/中级工

职业功能	工作内容	技能要求	相关知识要求
1. 水工建筑物巡检	1.1 水工主体结构检查	1.1.1 能发现结构块间结构不均匀沉陷 1.1.2 能检查水工主体结构表面破损缺陷并测量破损区域数据 1.1.3 能检查水工主体结构表面裂缝缺陷并测量裂缝长度、宽度 1.1.4 能检查水工主体结构的结构缝或伸缩缝渗漏缺陷，测定渗漏量 1.1.5 能检查水工主体结构排水孔（管、网）的工作性态，测量排水量	1.1.1 水工建筑物主体结构表面缺陷检查与测量方法 1.1.2 水工建筑物主体结构及其技术特征 1.1.3 水工建筑物主体结构渗漏量测量及水质检查方法

续表

职业功能	工作内容	技能要求	相关知识要求
1. 水工建筑物巡检	1.2 基础检查	1.2.1 能检查基础结构块体间不均匀沉陷 1.2.2 能检查基础部位表面破损、挤压、松动及鼓出等缺陷并测量破损区域数据 1.2.3 能检查廊道及基础部位表面裂缝并测量裂缝长度、宽度 1.2.4 能检查廊道及基础部位渗漏缺陷，测定渗漏量 1.2.5 能检查基础部位溶蚀与侵蚀缺陷 1.2.6 能检查基础结构防渗排水设施的工作性态，测量排水量	1.2.1 水工建筑物基础缺陷检查与测量方法 1.2.2 水工建筑物基础结构及其技术特征 1.2.3 水工建筑物基础结构渗漏量测量及水质检查方法
	1.3 靠船及导航建筑物设施检查	1.3.1 能检查靠船及导航建筑物破损缺陷并测量破损区域数据 1.3.2 能发现靠船及导航建筑物裂缝缺陷并测量裂缝长度、宽度	1.3.1 靠船及导航建筑物结构与技术特征 1.3.2 靠船及导航建筑物缺陷检查与测量方法
	1.4 附属建筑物巡检	1.4.1 能检查各类机房、运行操作间及变（配）电所等附属建筑物室内渗漏情况 1.4.2 能检查各类机房、运行操作间及变（配）电所等附属建筑物室内裂缝情况 1.4.3 能检查各类机房、运行操作间及变（配）电所等附属建筑物室内装饰缺陷情况 1.4.4 能检查各类机房、运行操作间及变（配）电所等附属建筑物室外表面破损、裂缝情况	1.4.1 附属建筑物结构与技术特征 1.4.2 附属建筑物结构缺陷检查与测量方法 1.4.3 附属建筑物室内装饰技术特征 1.4.4 附属建筑物室内装饰缺陷检查与测量方法
2. 水工建筑物维护	2.1 表面破损常规修理	2.1.1 能计算修理面积或体积 2.1.2 能实施修补基面处理 2.1.3 能实施修理区域养护工作	2.1.1 小型水工修理机具使用方法与机械安全操作要点 2.1.2 水工结构表面破损修补方法 2.1.3 水工修补材料基本性能

续表

职业功能	工作内容	技能要求	相关知识要求
2. 水工建筑物维护	2.2 渗漏辅助处理	2.2.1★能根据设计处理方案放样灌浆孔位 2.2.2能测量灌浆造孔角度、深度及直径	2.2.1 放样灌浆孔位方法与技术要点 2.2.2 放样灌浆孔位安全防护知识
	2.3 表面裂缝处理	2.3.1★能实施喷涂法施工工艺 2.3.2能实施表面粘贴法施工工艺	2.3.1 水工结构表面裂缝处理方法 2.3.2 表面裂缝修补机械操作方法与安全防护要点 2.3.3 常用水工修补材料及其技术性能
	2.4 附属建筑物常规缺陷处理	2.4.1 能修理机房、运行操作间及变（配）电所等附属建筑物室内装饰面 2.4.2 能修理机房、运行操作间及变（配）电所等附属建筑物顶部渗漏 2.4.3 能修理机房、运行操作间及变（配）电所等附属建筑物内、外表面裂缝	2.4.1 附属建筑物室内装饰面修理方法 2.4.2 附属建筑物顶部渗漏修理方法 2.4.3 附属建筑物缺陷处理安全防护要点 2.4.4 附属建筑物内、外表面裂缝修理方法 2.4.5 机房、运行操作间设备保护要点
3. 水工建筑物安全监测	3.1 仪器操作及数据采集	3.1.1★能操作水工建筑物变形监测各类仪器仪表并采集数据 3.1.2 能操作测量仪器仪表监测渗流压力和渗流量	3.1.1 水工建筑物变形监测仪器操作方法 3.1.2 水工建筑物渗流渗压监测仪器操作方法
	3.2 现场记录	能使用专用记录工具或表格现场记录监测数据	水工建筑物变形及渗流渗压监测现场记录规定
4. 引航道维护	4.1 护坡检查	4.1.1 能发现护坡表面塌陷、隆起缺陷 4.1.2 能发现护坡崩塌缺陷 4.1.3 能发现护坡结构缝破损缺陷 4.1.4 能发现护坡排水设施损坏缺陷	4.1.1 水利工程护坡护岸缺陷检测方法 4.1.2 护坡常见缺陷及处理方法
	4.2 引航道测量	4.2.1★能操作水下地形测量仪器并采集数据 4.2.2 能测量引航道表面流速流态	4.2.1 水下地形测量仪器使用方法 4.2.2 引航道表面流速流态测量方法

3.3.3 三级/高级工

职业功能	工作内容	技能要求	相关知识要求
1. 水工建筑物安全监测	1.1 安全监测数据处理	1.1.1 能处理水工建筑物安全监测数据 1.1.2 能初步判断监测数据的准确性和可靠性	1.1.1 水工建筑物安全监测数据处理方法 1.1.2 监测数据的检查方法
	1.2 人工监测设施维护	1.2.1 能发现人工监测设施故障 1.2.2 能分析人工监测设施故障类型及原因 1.2.3 能处理人工监测设施故障	1.2.1 人工监测设施故障判断方法 1.2.2 人工监测设施故障分析方法 1.2.3 人工监测设施故障处理方法
2. 引航道维护	2.1 护坡维护	2.1.1 能计算、统计护坡损坏工程量 2.1.2 能实施护坡表面缺陷修理工艺 2.1.3 能实施护坡排水设施损坏修理工艺	2.1.1 护坡损坏工程量的计算与统计方法 2.1.2 护坡表面缺陷修理工艺与操作要点 2.1.3 护坡排水设施损坏修理工艺与操作要点
	2.2 引航道维护测量	2.2.1 能处理引航道水下地形测量数据，绘制地形图，初步判断测绘成果的准确性和可靠性 2.2.2 能处理引航道表面流速流向测量数据，初步判断测量数据的准确性和可靠性	2.2.1 引航道水下地形测量数据处理与检查方法 2.2.2 引航道水下地形图绘制要点 2.2.3 引航道表面流速流向测量数据处理与检查方法
	2.3 引航道疏浚	2.3.1 能计算引航道清淤工程量 2.3.2 能提出引航道清淤方案 2.3.3 能验算引航道清淤量并评估清淤效果	2.3.1 引航道清淤工程量计算方法 2.3.2 引航道清淤的典型方案与操作要点 2.3.3 引航道清淤量验算统计与清淤效果评估方法

续表

职业功能	工作内容	技能要求	相关知识要求
3. 水工建筑物专项检查	3.1 水力学检查	3.1.1 能观察、记录充泄水时闸室流态情况 3.1.2 能观察、测量闸室充泄水超灌、超泄情况 3.1.3 能观察、记录闸室充泄水时阀门段声振、空化及空蚀情况	3.1.1 船闸水力学基本知识与闸室流态观察、记录要点 3.1.2 闸室充泄水超灌、超泄情况的观察、测量要点 3.1.3 闸室充泄水时阀门段声振、空化及空蚀情况的观察、记录要点
	3.2 闸室排干检查	3.2.1 能检查闸室消能设施和结构的损坏情况 3.2.2 能检查输水廊道水工结构的损坏情况 3.2.3 能检查上下闸首水工结构的损坏情况 3.2.4 能检查闸室辅助运行水工设施的损坏情况	3.2.1 闸室消能设施和结构损坏情况的检查要点 3.2.2 输水廊道水工结构损坏情况的检查要点 3.2.3 上下闸首水工结构损坏情况的检查要点 3.2.4 闸室辅助运行水工设施损坏情况的检查要点
	3.3 年度详查	3.3.1 能检查上下游挡水面、闸室墙结构的破损、渗漏及裂缝等缺陷 3.3.2 能检查基础部位、闸面结构的破损、渗漏及裂缝等缺陷 3.3.3 能检查附属建筑物破损、渗漏及裂缝等缺陷 3.3.4★能操作小型水下检查设备检查建筑物水下缺陷	3.3.1 上下游挡水面、闸室墙结构缺陷详细检查要点 3.3.2 基础部位、闸面结构缺陷详细检查要点 3.3.3 附属建筑物缺陷详细检查要点 3.3.4 小型水下检查设备使用方法与安全操作要点
	3.4 检查报告编写	3.4.1 能素描裂缝示意图 3.4.2 能利用计算机绘制水工结构图 3.4.3 能按规范编写检查报告	3.4.1 裂缝示意图素描方法 3.4.2 计算机绘图软件的使用方法 3.4.3 水工建筑物专项检查报告编写要点
4. 水工建筑物修理	4.1 表面破损修理	4.1.1 能根据修补面积或体积计算各种修补材料的用量 4.1.2 能加工并使用表面破损修补材料 4.1.3★能按工艺要求实施修理	4.1.1 表面破损修补材料用量测算方法 4.1.2 表面破损修补材料加工与使用方法 4.1.3 表面破损修补工艺与要点点

续表

职业功能	工作内容	技能要求	相关知识要求
4.水工建筑物修理	4.2 渗漏处理	4.2.1★能按要求实施灌浆造孔 4.2.2 能按规范实施裂缝渗漏处理工艺	4.2.1 中大型水工建筑物检修机械设备使用方法与安全操作要点 4.2.2 水工建筑物渗漏处理工艺 4.2.3 水工建筑物渗漏修补材料加工与使用方法
	4.3 结构裂缝处理	4.3.1 能实施充填法裂缝修补工艺 4.3.2★能实施灌浆法裂缝修补工艺	4.3.1 充填法裂缝修补工艺与操作要点 4.3.2 灌浆法裂缝修补工艺与操作要点 4.3.3 水工建筑物裂缝修补材料加工与使用方法
	4.4 导航及靠船建筑物相关设施修理	4.4.1 能实施导航、靠船建筑物系泊装置修理 4.4.2 能实施导航、靠船建筑物附属设施缺陷修理	4.4.1 导航、靠船建筑物系泊装置的结构技术特征与修理方法 4.4.2 导航、靠船建筑物附属设施缺陷修理要点
	4.5 附属建筑物缺陷处理	4.5.1 能实施运行机房、操作间、变（配）电所结构缝渗漏处理工艺 4.5.2 能实施附属建筑物裂缝处理工艺	4.5.1 附属建筑物结构缝渗漏处理工艺与操作方法 4.5.2 附属建筑物裂缝处理工艺与操作方法

3.3.4 二级/技师

职业功能	工作内容	技能要求	相关知识要求
1.水工建筑物安全监测	1.1 监测自动化系统维护	1.1.1 能判断监测自动化系统各类故障 1.1.2 能分析监测自动化系统各类故障的原因 1.1.3 能处理监测自动化系统各类故障 1.1.4 能提出监测自动化系统更新改造建议	1.1.1 监测自动化系统故障判断方法 1.1.2 监测自动化系统故障分析方法 1.1.3 监测自动化系统故障处理方法 1.1.4 监测自动化系统设计要点

续表

职业功能	工作内容	技能要求	相关知识要求
1. 水工建筑物安全监测	1.2 监测自动化系统操作	1.2.1 能使用专用软件采集监测自动化系统数据 1.2.2 能在监测设施现场使用专用软件采集监测自动化系统数据	监测自动化系统软件使用方法
	1.3 监测数据处理	1.3.1 能操作计算机使用专用软件计算监测数据 1.3.2 能检验、分析监测数据的准确性 1.3.3 能编写监测数据报表 1.3.4 能发现异常监测数据	1.3.1 监测数据计算软件使用方法 1.3.2 监测数据准确性检验分析方法 1.3.3 监测数据报表编写规定 1.3.4 监测数据异常的判断方法
	1.4 监测资料年度整编	1.4.1 能操作计算机编制年度监测数据报表 1.4.2 能整编年度监测数据分析报告	1.4.1 监测数据报表编制方法 1.4.2 年度监测数据分析报告编写规定
2. 水工建筑物修理	2.1 表面破损修理	2.1.1 能分析水工建筑物表面破损原因，提出处理方案 2.1.2 能实施表面破损修理并检验工程质量	2.1.1 混凝土表面破损缺陷处理方法 2.1.2 混凝土施工质量检测方法
	2.2 结构缝渗漏处理	2.2.1 能分析结构缝渗漏原因，提出处理方案 2.2.2 能实施结构缝渗漏、基础及绕坝渗漏等处理工艺并检验工程质量	2.2.1 结构缝渗漏缺陷处理方法 2.2.2 结构缝渗漏、基础及绕坝渗漏等处理及检测方法
	2.3 结构裂缝处理	2.3.1 能分析裂缝产生原因，提出处理方案 2.3.2 能实施裂缝灌浆处理工艺并检验工程质量	2.3.1 水工建筑物裂缝处理方法 2.3.2 水工建筑物裂缝处理检测方法
	2.4 水下修理	2.4.1★ 能使用水下检测设备实施水工建筑物水下检查 2.4.2 能按要求制作加工水下修理材料 2.4.3 能使用水下修理工程监控装置 2.4.4 能检验水下修理施工质量	2.4.1 水下检测设备操作方法 2.4.2 水下修理材料制作加工方法 2.4.3 水下修理工程监控装置操作方法 2.4.4 水下修理施工质量检验要点

续表

职业功能	工作内容	技能要求	相关知识要求
3. 技术指导与培训	3.1 技术指导	3.1.1 能编制船闸及升船机水工建筑物的巡检、维护、监测、分析技术方案和报告 3.1.2 能对船闸及升船机水工建筑物巡检、维护、监测、故障缺陷处理等工作提出技术要求和安全注意事项 3.1.3 能组织船闸及升船机水工建筑物巡检、监测、修理工作 3.1.4 能检查、检测、评价水工建筑物巡检、维护、故障缺陷处理质量	3.1.1 船闸及升船机水工建筑物巡检、维护、监测、分析技术方案及报告编制方法 3.1.2 船闸及升船机水工建筑物巡检、维护、监测、故障缺陷处理技术要点 3.1.3 船闸及升船机水工建筑物巡检、维护、监测、故障缺陷处理质量检查方法及规定
	3.2 培训	3.2.1 能讲授船闸及升船机水工员基础专业技术知识 3.2.2 能指导三级/高级工及以下级别人员在船闸及升船机水工建筑物的巡检、监测、维护和故障缺陷处理中的实际操作	3.2.1 船闸及升船机水工员基础专业技术知识 3.2.2 职业技术培训的基本方法

3.3.5 一级/高级技师

职业功能	工作内容	技能要求	相关知识要求
1. 水工建筑物运行状态分析	1.1 水工建筑物缺陷处理	1.1.1 能分析大规模结构缝渗漏、重大裂缝等缺陷的成因 1.1.2 能提出大规模结构缝渗漏、重大裂缝等缺陷的处理方案 1.1.3 能提出水工建筑物专项修理或大修项目的修理方案	1.1.1 大规模结构缝渗漏、重大裂缝等缺陷成因分析方法 1.1.2 大规模结构缝渗漏、重大裂缝等缺陷的处理要点 1.1.3 水工建筑物专项修理或大修技术要点
	1.2 水工建筑物运行分析	1.2.1 能分析水工建筑物运行性态 1.2.2 能提出水工建筑物缺陷的处理意见或建议 1.2.3 能编写水工建筑物运行分析报告	1.2.1 水工建筑物运行性态分析要点 1.2.2 水工建筑物缺陷的处理方法 1.2.3 水工建筑物运行分析报告编写要点

续表

职业功能	工作内容	技能要求	相关知识要求
1. 水工建筑物运行状态分析	1.3 重大安全隐患分析	1.3.1 能分析水工建筑物存在重大安全隐患的原因 1.3.2 能分析水工建筑物重大安全隐患的危害 1.3.3 能提出水工建筑物重大安全隐患的处理建议	1.3.1 水工建筑物重大安全隐患分析方法 1.3.2 水工建筑物重大安全隐患危害分析要点 1.3.3 水工建筑物重大安全隐患处理要点
2. 水工建筑物安全监测综合分析	2.1 监测设施评估	2.1.1 能按技术规范（规程）要求现场采集评估所需的人工监测设施的技术数据 2.1.2 能按技术规范（规程）要求测定采集所需的监测自动化系统设施的技术数据 2.1.3 能按技术规范（规程）要求处理采集的技术数据 2.1.4 能按技术规范（规程）要求编写安全监测设施评估报告	2.1.1 评估所需的人工监测设施技术数据的采集方法 2.1.2 评估所需的监测自动化系统设施技术数据采集方法 2.1.3 采集的技术数据处理方法 2.1.4 安全监测设施评估报告编写要点
	2.2 监测资料分析	2.2.1 能判断各类监测设施的监测数据异常值 2.2.2 能利用计算机统计各类监测数据的特征值 2.2.3 能利用计算机绘制各类监测数据的过程线、分布线及相关线 2.2.4 能编写监测资料分析报告	2.2.1 各类监测设施监测数据异常的判断方法 2.2.2 各类监测数据特征值的统计方法 2.2.3 计算机绘制各类监测数据的过程线、分布线及相关线的方法 2.2.4 监测资料分析报告的编写要点
3. 技术指导与培训	3.1 技术指导	3.1.1 能编制或修订水工建筑物管理规程和应急预案 3.1.2 能审核船闸及升船机水工建筑物的巡检、维护、故障缺陷处理方案及工作报告 3.1.3 能推广应用新设备、新技术、新材料及新工艺	3.1.1 船闸及升船机水工建筑物管理规程、应急预案编写方法 3.1.2 水工建筑物的巡检、维护、故障缺陷处理方案及工作报告审核要点 3.1.3 新设备、新技术、新材料及新工艺推广应用方法

续表

职业功能	工作内容	技能要求	相关知识要求
3. 技术指导与培训	3.2 培训	3.2.1 能编写培训讲义 3.2.2 能指导二级/技师及以下级别人员在船闸及升船机水工建筑物巡检、操作、维护、故障缺陷处理中的实际操作	3.2.1 职业培训讲义的编写方法 3.2.2 职业技术培训的方法与技巧

4. 权重表

4.1 船闸及升船机运行员

4.1.1 理论知识权重表

项目		技能等级	五级/初级工（%）	四级/中级工（%）	三级/高级工（%）	二级/技师（%）	一级/高级技师（%）
基本要求	职业道德		5	5	5	5	5
	基础知识		25	20	15	10	10
相关知识要求	调度计划执行		15	10	—	—	—
	自动运行操作		20	10	10	5	—
	手动运行操作		15	10	—	—	—
	安全应急操作		15	10	15	10	10
	运行交接		5	—	—	—	—
	检修操作		—	10	15	10	10
	设备巡检与保养		—	15	20	15	—
	设备故障诊断与排除		—	10	20	20	30
	技术指导与培训		—	—	—	25	35
合计			100	100	100	100	100

4.1.2 技能要求权重表

项目		技能等级	五级/初级工（%）	四级/中级工（%）	三级/高级工（%）	二级/技师（%）	一级/高级技师（%）
技能要求	调度计划执行		20	10	—	—	—
	自动运行操作		30	15	10	5	—
	手动运行操作		25	15	—	—	—
	安全应急操作		20	10	10	10	10
	运行交接		5	—	—	—	—
	检修操作		—	15	20	15	15
	设备巡检与保养		—	25	30	15	—
	设备故障诊断与排除		—	10	30	30	35
	技术指导与培训		—	—	—	25	40
合计			100	100	100	100	100

4.2 船闸及升船机调度员

4.2.1 理论知识权重表

项目		技能等级	五级/初级工（%）	四级/中级工（%）	三级/高级工（%）	二级/技师（%）	一级/高级技师（%）
基本要求	职业道德		5	5	5	5	5
	基础知识		25	20	15	10	5
相关知识要求	揭示通行信号		10	10	5	—	—
	采集发送及维护船舶基础信息		10	5	5	5	—
	受理船舶申报		10	10	—	—	—
	通航环境信息采集发布及船岸通信联络		10	5	5	—	—
	执行调度计划		5	15	20	15	10
	编制发布调度作业计划		5	15	25	15	10
	通航统计分析		—	—	10	20	25
	操作通航调度指挥系统		10	10	10	—	—
	征收通行规费		10	5	—	—	—
	技术指导		—	—	—	15	20
	培训		—	—	—	15	25
合计			100	100	100	100	100

4.2.2 技能要求权重表

项目	技能等级	五级/初级工(%)	四级/中级工(%)	三级/高级工(%)	二级/技师(%)	一级/高级技师(%)
技能要求	揭示通行信号	15	15	10	—	—
	采集发送及维护船舶基础信息	15	10	10	5	—
	受理船舶申报	15	10	—	—	—
	通航环境信息采集发布及船岸通信联络	15	10	10	—	—
	执行调度计划	5	15	20	25	15
	编制发布调度作业计划	5	15	20	25	15
	通航统计分析	—	—	15	20	30
	操作通航调度指挥系统	15	15	15	—	—
	征收通行规费	15	10	—	—	—
	技术指导	—	—	—	10	15
	培训	—	—	—	15	25
合计		100	100	100	100	100

4.3 船闸及升船机水工员

4.3.1 理论知识权重表

项目	技能等级	五级/初级工(%)	四级/中级工(%)	三级/高级工(%)	二级/技师(%)	一级/高级技师(%)
基本要求	职业道德	5	5	5	5	5
	基础知识	25	20	15	10	10
相关知识	水工建筑物巡检	30	20	—	—	—
	水工建筑物维护	20	25	—	—	—
	水工建筑物安全监测	20	20	20	30	—
	引航道维护	—	10	10	—	—
	水工建筑物专项检查	—	—	25	—	—
	水工建筑物修理	—	—	25	30	—
	水工建筑物运行状态分析	—	—	—	—	30
	水工建筑物安全监测综合分析	—	—	—	—	25
	技术指导与培训	—	—	—	25	30
合计		100	100	100	100	100

4.3.2 技能要求权重表

项目	技能等级	五级/初级工（%）	四级/中级工（%）	三级/高级工（%）	二级/技师（%）	一级/高级技师（%）
技能要求	水工建筑物巡检	40	25	—	—	—
	水工建筑物维护	30	30	—	—	—
	水工建筑物安全监测	30	25	25	40	—
	引航道维护	—	20	20	—	—
	水工建筑物专项检查	—	—	25	—	—
	水工建筑物修理	—	—	30	40	—
	水工建筑物运行状态分析	—	—	—	—	35
	水工建筑物安全监测综合分析	—	—	—	—	35
	技术指导与培训	—	—	—	20	30
	合计	100	100	100	100	100

人力资源社会保障部办公厅 工业和信息化部办公厅关于颁布区块链应用操作员国家职业技能标准的通知

(人社厅发〔2021〕37号)

各省、自治区、直辖市及新疆生产建设兵团人力资源社会保障厅（局）、工业和信息化主管部门，各省、自治区、直辖市通信管理局：

根据《中华人民共和国劳动法》有关规定，人力资源社会保障部、工业和信息化部共同制定了区块链应用操作员国家职业技能标准，现予颁布施行。

附件：区块链应用操作员国家职业技能标准目录

人力资源社会保障部办公厅　工业和信息化部办公厅

2021年5月19日

附件

区块链应用操作员国家职业技能标准目录

序号	职业编码	职业名称
1	4-04-05-06	区块链应用操作员

区块链应用操作员国家职业技能标准

（2021 年版）

1. 职业概况

1.1 职业名称

区块链应用操作员

1.2 职业编码

4—04—05—06

1.3 职业定义

运用区块链技术及工具，从事政务、金融、医疗、教育、养老等场景系统应用操作的人员。

1.4 职业技能等级

本职业共设四个等级，分别为：四级/中级工、三级/高级工、二级/技师、一级/高级技师。

1.5 职业环境条件

室内、常温。

1.6 职业能力特征

具有学习、理解、沟通、分析、判断和解决问题的能力。

1.7 普通受教育程度

高中毕业（或同等学力）。

1.8 培训参考学时

四级/中级工 80 标准学时，三级/高级工 60 标准学时，二级/技师 50 标准学时，一级/高级技师 30 标准学时。

1.9 职业技能鉴定要求

1.9.1 申报条件

具备以下条件之一者，可申报四级/中级工：

(1) 取得相关职业[①]五级/初级工职业资格证书（技能等级证书）后，累计从事本职业或相关职业工作4年（含）以上。

(2) 累计从事本职业或相关职业工作6年（含）以上。

(3) 取得技工学校本专业或相关专业[②]毕业证书（含尚未取得毕业证书的在校应届毕业生）；或取得经评估论证、以中级技能为培养目标的中等及以上职业学校本专业或相关专业[③]毕业证书（含尚未取得毕业证书的在校应届毕业生）。

具备以下条件之一者，可申报三级/高级工：

(1) 取得本职业或相关职业四级/中级工职业资格证书（技能等级证书）后，累计从事本职业或相关职业工作5年（含）以上。

(2) 取得本职业或相关职业四级/中级工职业资格证书（技能等级证书），并具有高级技工学校、技师学院毕业证书（含尚未取得毕业证书的在校应届毕业生）；或取得本职业或相关职业四级/中级工职业资格证书（技能等级证书），并具有经评估论证、以高级技能为培养目标的高等职业学校本专业或相关专业毕业证书（含尚未取得毕业证书的在校应届毕业生）。

(3) 具有大专及以上本专业或相关专业毕业证书，并取得本职业或相关职业四级/中级工职业资格证书（技能等级证书）后，累计从事本职业或相关职业工作2年（含）以上。

具备以下条件之一者，可申报二级/技师：

(1) 取得本职业或相关职业三级/高级工职业资格证书（技能等级证书）后，累计从事本职业或相关职业工作4年（含）以上。

(2) 取得本职业或相关职业三级/高级工职业资格证书（技能等级证书）的高级技工学校、技师学院毕业生，累计从事本职业或相关职业工作3年（含）以上；或取得本职业或相关职业预备技师证书的技师学院毕业生，累计从事本职业或相关职业工作2年（含）以上。

具备以下条件者，可申报一级/高级技师：

取得本职业或相关职业二级/技师职业资格证书（技能等级证书）后，累计从事本职业或相关职业工作4年（含）以上。

[①] 相关职业：信息通信网络运行管理员、网络与信息安全管理员、信息通信信息化系统管理员、信息安全测试员、计算机程序设计员、计算机软件测试员、计算机软件工程技术人员、计算机网络工程技术人员、云计算工程技术人员、区块链工程技术人员等，下同。

[②] 本专业或相关专业：电工电子类、信息类、财经商贸类等。

[③] 本专业或相关专业：中等职业学校专业目录中加工制造类、信息技术类、财经商贸类等专业，高等职业学校专业目录中装备制造大类、电子信息大类、财经商贸大类等专业，普通高等学校本科专业目录中自动化类、电子信息类、计算机类、金融学类、经济与贸易类等专业，下同。

1.9.2 鉴定方式

分为理论知识考试、技能考核以及综合评审。理论知识考试以笔试、机考等方式为主，主要考核从业人员从事本职业应掌握的基本要求和相关知识要求；技能考核主要采用现场操作、模拟操作等方式进行，主要考核从业人员从事本职业应具备的技能水平；综合评审主要针对技师和高级技师，通常采取审阅申报材料、答辩等方式进行全面评议和审查。

理论知识考试、技能考核和综合评审均实行百分制，成绩皆达60分（含）以上者为合格。

1.9.3 监考人员、考评人员与考生配比

理论知识考试中的监考人员与考生配比不低于1∶15，且每个考场不少于2名监考人员；技能考核中的考评人员与考生配比不低于1∶10，且考评人员为3人（含）以上单数；综合评审委员为5人（含）以上单数。

1.9.4 鉴定时间

理论知识考试时间不少于90 min，技能考核时间不少于90 min，综合评审时间不少于20 min。

1.9.5 鉴定场所设备

理论知识考试在标准教室或计算机教室进行；技能考核根据工作要求，在配备区块链相关的计算机硬件和软件，且能实现网络通信的场所进行。

2. 基本要求

2.1 职业道德

2.1.1 职业道德基本知识

2.1.2 职业守则

（1）遵纪守法，严于律己。
（2）爱岗敬业，忠于职守。
（3）保守秘密，严守规程。
（4）持续学习，积极进取。
（5）团结协作，开拓创新。

2.2 基础知识

2.2.1 计算机基础知识

（1）计算机、网络原理与应用。
（2）云平台与数据库概述。

(3) 互联网与信息化发展概述。

2.2.2 区块链基础知识

(1) 区块链发展概述。
(2) 密码学技术与应用。
(3) 分布式系统技术与应用。
(4) 区块链常用技术框架。
(5) 区块链应用系统结构。
(6) 区块链应用系统价值分析。

2.2.3 区块链应用操作常用知识

(1) 文档写作的一般要求。
(2) 区块链中英文专业术语。
(3) 区块链相关政策、行业规范。

2.2.4 相关法律、法规知识

(1)《中华人民共和国劳动法》相关知识。
(2)《中华人民共和国劳动合同法》相关知识。
(3)《中华人民共和国网络安全法》相关知识。
(4)《中华人民共和国密码法》相关知识。
(5) 其他相关行业法律、法规。

3. 工作要求

本标准对四级/中级工、三级/高级工、二级/技师、一级/高级技师的技能要求和相关知识要求依次递进，高级别涵盖低级别的要求。

3.1 四级/中级工

职业功能	工作内容	技能要求	相关知识要求
1. 区块链应用设计	1.1 用户调研	1.1.1 能根据目标用户的需求完成访谈记录 1.1.2 能完成调查问卷的记录和统计	1.1.1 用户调研方法 1.1.2 调查问卷记录和统计方法
	1.2 方案执行	1.2.1 能理解需求调研计划并执行 1.2.2 能归集区块链应用模块方案资料	1.2.1 需求调研计划执行方法 1.2.2 方案资料归集方法

续表

职业功能	工作内容	技能要求	相关知识要求
1. 区块链应用设计	1.3 文档管理	1.3.1 能整理和归纳各类文档 1.3.2 能维护和更新各类文档	1.3.1 整理和归纳文档的方法 1.3.2 维护和更新文档的方法
2. 区块链测试	2.1 测试设计	2.1.1 能分析测试文档 2.1.2 能描述测试任务内容与边界	2.1.1 测试文档分析方法 2.1.2 测试任务的要素
	2.2 测试环境搭建	2.2.1 能安装测试工具 2.2.2 能搭建区块链节点的测试环境	2.2.1 软件测试工具操作方法 2.2.2 区块链节点测试环境的搭建流程
	2.3 软件测试	2.3.1 能完成功能相关的测试操作 2.3.2 能运用测试工具或自动化测试脚本完成测试 2.3.3 能填写测试报告	2.3.1 功能测试操作方法 2.3.2 测试工具使用方法 2.3.3 测试报告填写方法
3. 区块链应用操作	3.1 账户创建和管理	3.1.1 能创建区块链账户并保障密钥安全 3.1.2 能使用数字证书管理用户权限 3.1.3 能验证用户身份	3.1.1 密钥创建和保存方法 3.1.2 数字证书操作方法 3.1.3 用户身份验证方法
	3.2 应用接入	3.2.1 能通过客户端或用户图形接口接入区块链应用 3.2.2 能通过脚本执行接入区块链应用 3.2.3 能通过命令行界面配置工具接入区块链应用	3.2.1 操作系统使用方法 3.2.2 命令行指令使用方法
	3.3 应用操作问题收集	3.3.1 能发现、识别操作中的问题 3.3.2 能收集、分类和反馈操作中的问题并编制文档	3.3.1 应用操作问题分类方法 3.3.2 问题文档编制方法

续表

职业功能	工作内容	技能要求	相关知识要求
4. 区块链运维	4.1 系统环境搭建	4.1.1 能安装区块链系统所需软硬件环境 4.1.2 能设置软硬件环境变量和参数	4.1.1 区块链系统安装方法 4.1.2 区块链系统环境要求
	4.2 系统配置	4.2.1 能设置区块链系统节点通信方式 4.2.2 能设置区块链系统与客户端的通信方式 4.2.3 能设置区块链的存储方式、存储位置	4.2.1 区块链系统节点通信方式 4.2.2 区块链系统客户服务通信方式 4.2.3 区块链数据存储设置方式

3.2 三级/高级工

职业功能	工作内容	技能要求	相关知识要求
1. 区块链应用设计	1.1 需求调研	1.1.1 能编写需求调研计划表 1.1.2 能设计用户调研问卷 1.1.3 能编写需求调研报告	1.1.1 调研计划流程 1.1.2 用户调研问卷设计方法 1.1.3 调研报告框架模型
	1.2 方案设计	1.2.1 能确定应用场景的功能并制作功能结构图 1.2.2 能绘制和描述业务流程图 1.2.3 能绘制和描述数据流程图	1.2.1 应用场景相关知识 1.2.2 流程图软件使用方法 1.2.3 流程图要素
	1.3 文档管理	1.3.1 能编写项目文档 1.3.2 能完成项目文档控制	1.3.1 项目文档编写规范 1.3.2 项目文档控制规范
2. 区块链测试	2.1 测试设计	2.1.1 能设计测试项和测试指标 2.1.2 能根据测试要求设计测试用例	2.1.1 测试项和测试指标的编制方法 2.1.2 测试用例的编制要求
	2.2 测试环境搭建	2.2.1 能搭建区块链系统和应用的测试环境 2.2.2 能配置自动化测试工具	2.2.1 区块链系统和应用测试环境搭建方法 2.2.2 自动化测试工具配置方法

续表

职业功能	工作内容	技能要求	相关知识要求
2. 区块链测试	2.3 软件测试	2.3.1 能根据测试计划进行单元测试 2.3.2 能根据测试计划进行集成测试 2.3.3 能根据测试计划进行系统测试 2.3.4 能分析测试结果并完成测试报告	2.3.1 软件单元测试方法 2.3.2 软件集成测试方法 2.3.3 软件系统测试方法 2.3.4 测试结果分析方法 2.3.5 测试报告编制要求
3. 区块链应用操作	3.1 应用监控	3.1.1 能监测区块链应用的数据指标 3.1.2 能监控指标数据、生成数据报表并归档	3.1.1 区块链应用数据指标项 3.1.2 区块链应用指标监控方法
	3.2 应用业务操作	3.2.1 能查询区块链关键信息 3.2.2 能提交操作请求到区块链网络	区块链关键信息查询方法
4. 区块链运维	4.1 应用部署	4.1.1 能根据部署文档完成区块链应用部署 4.1.2 能编译、部署、调用和管理智能合约	4.1.1 区块链应用部署方法 4.1.2 智能合约编译、部署、调用和管理方法
	4.2 系统维护	4.2.1 能安装和配置区块链管理工具 4.2.2 能配置区块链系统访问权限 4.2.3 能管理区块链日志	4.2.1 区块链管理工具安装和配置方法 4.2.2 区块链日志管理方法
	4.3 系统监控	4.3.1 能使用监控工具检查区块链系统运行状态 4.3.2 能检查区块链节点、客户端等连接和网络运行状态	4.3.1 区块链监控工具使用方法 4.3.2 区块链连接和网络运行状态检查方法

3.3 二级/技师

职业功能	工作内容	技能要求	相关知识要求
1. 区块链应用设计	1.1 需求分析	1.1.1 能编写市场分析报告 1.1.2 能编写产品分析报告	1.1.1 市场分析方法 1.1.2 产品分析方法 1.1.3 市场与产品分析报告撰写方法
	1.2 方案设计	1.2.1 能设计应用原型 1.2.2 能编写应用需求文档 1.2.3 能编写项目排期表	1.2.1 原型软件使用方法 1.2.2 需求文档编写方法 1.2.3 项目排期表编写方法
	1.3 文档管理	1.3.1 能编制标准化软件文档模板和写作规范 1.3.2 能建立标准化软件文档管理体系	1.3.1 软件文档编制规范 1.3.2 软件文档国家标准
2. 区块链测试	2.1 测试设计	2.1.1 能编制测试计划 2.1.2 能编制测试方案 2.1.3 能完成测试用例审核	2.1.1 测试计划编制方法 2.1.2 测试方案编制方法 2.1.3 测试用例审核规范
	2.2 测试管理	2.2.1 能完成测试任务的分解和优化 2.2.2 能评审测试报告 2.2.3 能完成软件测试评审	2.2.1 测试报告评审方法 2.2.2 软件测试评审规范
3. 区块链应用操作	3.1 应用管理	3.1.1 能配置区块链应用 3.1.2 能完成身份管理、权限管理、安全管理、数据保密和审计	3.1.1 区块链数据隐私保护机制 3.1.2 区块链权限控制知识
	3.2 应用操作问题处理	3.2.1 能使用平台监控工具评估问题的影响程度和范围 3.2.2 能使用脚本、编程语言、日志分析等工具进行故障排查并找到问题原因 3.2.3 能解决应用操作问题	3.2.1 平台监控工具使用方法 3.2.2 脚本语言使用方法 3.2.3 应用操作问题处理方法
4. 区块链运维	4.1 应用部署	4.1.1 能编译部署区块链系统和应用 4.1.2 能编写应用部署文档	4.1.1 区块链系统和应用编译部署方法 4.1.2 应用部署文档编写方法

续表

职业功能	工作内容	技能要求	相关知识要求
4. 区块链运维	4.2 系统维护	4.2.1 能配置区块参数并设置区块链账本及数据存储策略 4.2.2 能完成群组及节点管理 4.2.3 能实施业务连续性和灾备方案 4.2.4 能实施系统运行优化方案	4.2.1 区块参数配置方法 4.2.2 账本及数据存储策略 4.2.3 群组及节点管理方法 4.2.4 业务连续性和灾备方案实施方法 4.2.5 系统运行优化方案实施方法
	4.3 系统监控	4.3.1 能监控区块链系统并分析日志 4.3.2 能监控共识状态 4.3.3 能监控区块链事务执行状况 4.3.4 能监控业务数据合规性	4.3.1 区块链系统日志分析方法 4.3.2 分布式共识监控方法 4.3.3 区块链业务数据合规性监控方法
5. 培训与指导	5.1 培训	5.1.1 能编制区块链应用操作培训方案 5.1.2 能完成区块链应用操作培训	5.1.1 培训方案编制方法 5.1.2 培训规范与流程 5.1.3 教学方法相关知识
	5.2 指导	5.2.1 能对三级/高级工及以下级别人员进行技术指导 5.2.2 能组织技术问题专题分析,并形成文档	5.2.1 技术指导规范 5.2.2 案例教学法 5.2.3 案例编写方法

3.4 一级/高级技师

职业功能	工作内容	技能要求	相关知识要求
1. 区块链应用设计	1.1 协作开发管理	1.1.1 能在各类协作平台发布和更新版本需求 1.1.2 能处理区块链应用开发中的异常情况 1.1.3 能组织区块链应用方案的技术评审	1.1.1 协作平台使用方法 1.1.2 异常情况应对方法 1.1.3 技术评审流程
	1.2 文档管理	1.2.1 能开展建档培训和指导 1.2.2 能建立文档质量评估体系	1.2.1 建档培训和指导方法 1.2.2 文档质量评估方法

续表

职业功能	工作内容	技能要求	相关知识要求
2. 区块链测试	2.1 测试设计	2.1.1 能审改测试计划 2.1.2 能审改测试方案	2.1.1 测试计划审改要求 2.1.2 测试方案审改要求
	2.2 测试管理	2.2.1 能建立测试管理体系 2.2.2 能调配测试资源和控制测试进度 2.2.3 能制定测试流程的持续改进措施	2.2.1 测试管理体系方法 2.2.2 测试流程改进方法
3. 区块链应用操作	3.1 应用安全和风险管理	3.1.1 能根据应用需求及相关法律法规制定安全策略并评估安全风险 3.1.2 能实施安全控制策略 3.1.3 能评价并调整安全控制策略	3.1.1 区块链安全漏洞知识 3.1.2 区块链安全及控制策略
	3.2 应用操作问题管理	3.2.1 能设计应用故障的应急处理流程和规范 3.2.2 能完成平台问题跟踪与管理	3.2.1 区块链常见故障应急处理流程 3.2.2 平台问题管理流程
4. 区块链运维	4.1 运维系统设计	4.1.1 能审核应用部署文档 4.1.2 能编制区块链业务连续性和灾备方案 4.1.3 能编制区块链系统运行优化方案 4.1.4 能制定版本发布策略	4.1.1 区块链业务连续性和灾备要求 4.1.2 区块链系统运行优化方案编制方法 4.1.3 版本发布策略
	4.2 运维制度设计	4.2.1 能制定系统权限管理方法 4.2.2 能制定运行维护策略 4.2.3 能编制运行维护审计报告 4.2.4 能制定业务数据合规制度	4.2.1 区块链治理要求 4.2.2 区块链运行维护策略管理 4.2.3 运行维护审计报告编制方法 4.2.4 业务数据合规制度
5. 培训与指导	5.1 培训	5.1.1 能审定培训方案 5.1.2 能编写培训教材 5.1.3 能编写区块链应用操作手册	5.1.1 培训教材编写方法 5.1.2 操作手册编写方法
	5.2 指导	5.2.1 能编制技术指导规范 5.2.2 能评估培训学习效果	5.2.1 技术指导规范编制方法 5.2.2 培训学习效果评估方法

4. 权重表

4.1 理论知识权重表

项目	技能等级	四级/中级工（%）	三级/高级工（%）	二级/技师（%）	一级/高级技师（%）
基本要求	职业道德	5	5	5	5
	基础知识	20	15	5	5
相关知识要求	区块链应用设计	10	15	15	15
	区块链测试	15	20	15	15
	区块链应用操作	30	25	25	25
	区块链运维	20	20	25	25
	培训与指导	—	—	10	10
	合计	100	100	100	100

4.2 技能要求权重表

项目	技能等级	四级/中级工（%）	三级/高级工（%）	二级/技师（%）	一级/高级技师（%）
技能要求	区块链应用设计	15	15	20	25
	区块链测试	20	25	15	15
	区块链应用操作	40	35	30	25
	区块链运维	25	25	25	25
	培训与指导	—	—	10	10
	合计	100	100	100	100

人力资源社会保障部办公厅
国家文物局办公室关于颁布文物修复师国家职业技能标准的通知

(人社厅发〔2021〕73号)

各省、自治区、直辖市及新疆生产建设兵团人力资源社会保障厅（局）、文物局（文化和旅游厅/局）：

根据《中华人民共和国劳动法》有关规定，人力资源社会保障部、国家文物局共同制定了文物修复师国家职业技能标准，现予颁布施行。

附件：文物修复师国家职业技能标准目录

人力资源社会保障部办公厅　国家文物局办公室
2021年9月30日

附件

文物修复师国家职业技能标准目录

序号	职业编码	职业名称
1	4-13-03-02	文物修复师

文物修复师国家职业技能标准

（2021 年版）

1. 职业概况

1.1 职业名称

文物修复师①

1.2 职业编码

4-13-03-02

1.3 职业定义

从事文物本体历史、艺术与科学价值研判，保存状况分析，并进行加固、清洗、补全、表面封护等工作的人员。

1.4 职业技能等级

本职业分为五个等级，分别为：五级/初级工、四级/中级工、三级/高级工、二级/技师、一级/高级技师。

1.5 职业环境条件

室内、外，常温。

1.6 职业能力特征

手指、手臂灵活，体力充沛，动作协调；具备一定的学习能力、计算能力、判断能力、研发能力；有较强的辨色及觉察细部特征的能力；具有一定的绘画或雕塑基础及空间感；具备一定的表达、沟通能力。

1.7 普通受教育程度

初中毕业（或相当文化程度）。

1.8 培训参考学时

五级/初级工不少于 160 标准学时，四级/中级工不少于 140 标准学时，三级/高级工不

---

① 本职业十三个职业方向的具体描述见职业标准附录。

少于 120 标准学时，二级/技师不少于 100 标准学时，一级/高级技师不少于 80 标准学时。

1.9 职业技能鉴定要求

1.9.1 申报条件

具备以下条件之一者，可申报五级/初级工：
（1）累计从事本职业或相关职业[①]工作 1 年（含）以上。
（2）本职业或相关职业学徒期满。

具备以下条件之一者，可申报四级/中级工：
（1）取得本职业或相关职业五级/初级工职业资格证书（技能等级证书）后，累计从事本职业或相关职业工作 4 年（含）以上。
（2）累计从事本职业或相关职业工作 6 年（含）以上。
（3）取得技工学校本专业或相关专业[②]毕业证书（含尚未取得毕业证书的在校应届毕业生）；或取得经评估论证、以中级技能为培养目标的中等及以上职业学校本专业或相关专业毕业证书（含尚未取得毕业证书的在校应届毕业生）。

具备以下条件之一者，可申报三级/高级工：
（1）取得本职业或相关职业四级/中级工职业资格证书（技能等级证书）后，累计从事本职业或相关职业工作 5 年（含）以上。
（2）累计从事本职业或相关职业工作 15 年（含）以上。
（3）取得本职业或相关职业四级/中级工职业资格证书（技能等级证书），并具有高级技工学校、技师学院毕业证书（含尚未取得毕业证书的在校应届毕业生）；或取得本职业或相关职业四级/中级工职业资格证书（技能等级证书），并具有经评估论证、以高级技能为培养目标的高等职业学校本专业或相关专业毕业证书（含尚未取得毕业证书的在校应届毕业生）。
（4）具有大专及以上本专业或相关专业毕业证书，并取得本职业或相关职业四级/中级工职业资格证书（技能等级证书）后，累计从事本职业或相关职业工作 2 年（含）以上。

具备以下条件之一者，可申报二级/技师：
（1）取得本职业或相关职业三级/高级工职业资格证书（技能等级证书）后，累计从事本职业或相关职业工作 4 年（含）以上。
（2）累计从事本职业或相关职业工作 20 年（含）以上。
（3）取得本职业或相关职业三级/高级工职业资格证书（技能等级证书）的高级技工学校、技师学院毕业生，累计从事本职业或相关职业工作 3 年（含）以上；或取得本职业或

[①] 相关职业：考古专业人员、文物藏品专业人员、可移动文物保护专业人员、不可移动文物保护专业人员、考古探掘工、古建筑琉璃工、古建筑修建人员、历史学研究人员、工程技术人员、档案专业人员、服装裁剪和洗染织补人员、纺织品和服装裁剪缝纫人员、工艺美术品制作人员等，下同。

[②] 相关专业：文物修复与保护，文物保护技术，文物展示利用技术，文物考古技术，文物与博物馆学，文化遗产，历史学，考古学，地质学，生物科学，科学技术史，材料科学与工程，建筑学，测绘科学与技术，风景园林，图书馆学，档案学，信息与计算科学，应用物理学，应用化学，化学生物学，防灾减灾科学与工程，材料化学，土木工程，土木、水利与交通工程，测绘工程，化学工程与工艺，地质工程，勘查技术与工程，服装设计与工艺教育，丝绸设计与工程，木材科学与工程，家具设计与工程，历史建筑保护工程，应用生物科学，雕塑，陶瓷艺术设计等，下同。

相关职业预备技师证书的技师学院毕业生，累计从事本职业或相关职业工作 2 年（含）以上。

具备以下条件之一者，可申报一级/高级技师：

（1）取得本职业或相关职业二级/技师职业资格证书（技能等级证书）后，累计从事本职业或相关职业工作 4 年（含）以上。

（2）累计从事本职业或相关职业工作 25 年（含）以上。

1.9.2 鉴定方式

分为理论知识考试、技能考核以及综合评审。理论知识考试以笔试、机考等方式为主，主要考核从业人员从事本职业应掌握的基本要求和相关知识要求；技能考核主要采用现场操作、模拟操作等方式进行，主要考核从业人员从事本职业应具备的技能水平；综合评审主要针对技师和高级技师，通常采取审阅申报材料、答辩等方式进行全面评议和审查。

理论知识考试、技能考核和综合评审均实行百分制，成绩皆达 60 分（含）以上者为合格。

1.9.3 监考人员、考评人员与考生配比

理论知识考试中的监考人员与考生配比不低于 1∶5，且每个考场不少于 2 名监考人员；技能考核中的考评人员与考生配比为 2∶1，且考评人员为 3 人（含）以上单数；综合评审委员为 3 人（含）以上单数。

1.9.4 鉴定时间

理论知识考试时间不少于 90 min，技能考核时间不少于 120 min，综合评审时间不少于 30 min。

1.9.5 鉴定场所设备

理论知识考试考场不小于 40 m^2，备有 20 套以上桌椅，单人单行单列，有良好的照明、通风环境。技能考核场所应具有良好的采光、通风条件，现场实操场地配备保护棚以及 5 套以上文物修复师各职业方向专用操作台、工具和设备等。

2. 基本要求

2.1 职业道德

2.1.1 职业道德基本知识

2.1.2 职业守则

（1）遵纪守法，不以物惑。

（2）道德当身，心存敬畏。

（3）实事求是，谋定后动。

（4）爱岗敬业，精益求精。
（5）钻研业务，科技创新。

2.2 基础知识

2.2.1 文物修复师基础知识

（1）文物保护基础知识。
（2）文物分析技术常识。
（3）预防性保护常识。
（4）相关化学基础知识。
（5）调查分析统计知识。
（6）美术、绘画、雕塑知识。
（7）静物摄影、摄像基础知识。
（8）绘图基础知识。
（9）办公软件基础知识。

2.2.1.1 壁画彩塑文物修复师基础知识

（1）古代壁画史基础知识。
（2）雕塑史基础知识。
（3）古代壁画制作知识。
（4）古代彩塑制作相关知识。
（5）壁画彩塑颜料知识。
（6）壁画彩塑病害成因知识。
（7）壁画彩塑专用工具操作知识。
（8）壁画彩塑修复材料种类、性能及使用基础知识。
（9）壁画彩塑修复工艺及操作知识。
（10）壁画彩塑试验操作知识。
（11）壁画彩塑包装、运输相关知识。
（12）壁画彩塑保存环境相关知识。

2.2.1.2 纺织品文物修复师基础知识

（1）纺织材料基础知识。
（2）纺织品形制类别基础知识。
（3）织物基本组织知识。
（4）服饰裁剪基础知识。
（5）织物染整工艺知识。
（6）纺织品清洁基础知识。
（7）手工缝纫基础知识。

2.2.1.3 金属文物修复师基础知识

（1）金属文物制作工艺基础知识。
（2）金属文物修复基本程序。

(3) 金属文物背景资料整理相关知识。
(4) 金属文物病害相关知识。
(5) 常用修复材料使用方法。
(6) 常用工具设备使用方法。

2.2.1.4　石质文物修复师基础知识
(1) 岩石类型与性质基础知识。
(2) 岩石风化及破坏基础知识。
(3) 石质文物制作工具基础知识。
(4) 石质文物制作工艺基础知识。
(5) 保护材料种类、性质及使用基础知识。
(6) 文物病害分类及图示知识。

2.2.1.5　陶瓷文物修复师基础知识
(1) 陶瓷文物定义、分类及基本原则。
(2) 陶瓷制作历史、现状及发展。
(3) 陶瓷工艺基础知识。
(4) 陶瓷保护修复历史知识。
(5) 陶瓷保护修复技术知识。

2.2.1.6　纸张书画文物修复师基础知识
(1) 中国古代书画基础知识。
(2) 纸张书画装裱基础知识。
(3) 纸张书画材料基础知识。
(4) 纸张书画保护基础知识。

2.2.1.7　出土（水）竹木漆器文物修复师基础知识
(1) 出土（水）竹木漆器文物保护概论。
(2) 不同时期的出土（水）竹木漆器主要种类及制作工艺。
(3) 出土（水）竹木漆器文物修复原则与基本流程。
(4) 出土（水）竹木漆器文物修复木工和漆工设备使用常识。
(5) 出土（水）竹木漆器文物保存条件与环境控制知识。

2.2.1.8　土遗址文物修复师基础知识
(1) 土遗址常见类型、建筑工艺及建造材料。
(2) 土遗址病害类型、特征及成因。
(3) 土遗址测绘知识。
(4) 土工试验基础知识。
(5) 材料试验基础知识。
(6) 现场试验基础知识。
(7) 修复设备工具使用基础知识。
(8) 修复材料基础知识。
(9) 稳定性加固工艺知识。
(10) 表面修复加固工艺知识。

2.2.1.9 木作文物修复师基础知识

(1) 古建筑保护技术知识。
(2) 文物建筑常用木材的树种和材性基本知识。
(3) 文物建筑基本知识。
(4) 木材的名称、规格、用途。
(5) 木作常用工具的名称、用途，常见病虫害。

2.2.1.10 泥瓦作文物修复师基础知识

(1) 古建筑保护技术知识。
(2) 文物建筑常见墙体、屋面、地面的基本形式。
(3) 砖、瓦、灰等材料的名称、规格、用途。
(4) 泥瓦作常用工具的名称、用途。

2.2.1.11 油漆作文物修复师基础知识

(1) 古建筑保护技术知识。
(2) 文物建筑油漆作基本知识。
(3) 油漆作材料的名称、规格、用途。
(4) 油漆作常用工具的名称、用途。

2.2.1.12 石作文物修复师基础知识

(1) 古建筑保护技术知识。
(2) 常用石材基础知识。
(3) 文物建筑石构件部位名称。
(4) 石作常用工具的名称、用途。

2.2.1.13 彩画作文物修复师基础知识

(1) 古建筑保护技术知识。
(2) 传统建筑彩画艺术史常识。
(3) 中国彩画修缮工艺技术理论知识。
(4) 彩画材料、颜料基本知识。

2.2.2 安全生产与环境保护知识

(1) 文物保存、搬运及保护修复安全操作规程。
(2) 消防安全相关知识。
(3) 个人职业安全防护知识。
(4) 环境保护相关知识。

2.2.3 相关法律、法规知识

(1)《中华人民共和国文物保护法》相关知识。
(2)《中华人民共和国劳动合同法》相关知识。
(3)《中华人民共和国劳动法》相关知识。
(4)《中华人民共和国环境保护法》相关知识。
(5)《中华人民共和国文物保护法实施条例》相关知识。

(6)《中国文物古迹保护准则》相关知识。

3. 工作要求

本标准对五级/初级工、四级/中级工、三级/高级工、二级/技师、一级/高级技师的技能要求和相关知识要求依次递进，高级别涵盖低级别的要求。

3.1 壁画彩塑文物修复师

3.1.1 五级/初级工

职业功能	工作内容	技能要求	相关知识要求
1. 现状调查	1.1 基本信息调查	1.1.1 能使用常规测量工具测量壁画彩塑尺寸 1.1.2 能使用文字和图像记录壁画彩塑表面颜料及颜色组成	1.1.1 常规测量工具使用方法 1.1.2 颜料知识
	1.2 病害调查	1.2.1 能根据古代壁画病害与图示规范识别壁画本体上现存的病害 1.2.2 能参照古代壁画病害与图示规范识别彩塑本体上现存的病害 1.2.3 能使用病害专业术语记录壁画本体病害 1.2.4 能使用病害专业术语记录彩塑本体病害	1.2.1《古代壁画病害与图示》（GB/T 30237） 1.2.2《古代壁画现状调查规范》（WW/T 0006）
	1.3 手工绘制病害图	1.3.1 能使用数码相机拍摄正射影像图 1.3.2 能将摄影图片转换为底图 1.3.3 能根据壁画病害与图示标准在底图上标识病害	《古代壁画病害与图示》（GB/T 30237）
	1.4 制作材料调查	1.4.1 能识别古代壁画类型及制作材料 1.4.2 能识别古代彩塑制作材料	古代壁画价值、壁画制作材料与工艺知识
	1.5 壁画彩塑结构调查	1.5.1 能根据断面处识别壁画结构和层位 1.5.2 能根据断面处识别彩塑结构和层位组成	1.5.1 壁画结构知识 1.5.2 彩塑结构知识

续表

职业功能	工作内容	技能要求	相关知识要求
2.修复材料制备与工具设备选用维护	2.1 修复材料配制	2.1.1 能识别修复材料 2.1.2 能按照方案要求配制修复材料	2.1.1 修复材料基础知识 2.1.2 常用工具、量具的使用方法 2.1.3 不同溶液的配制知识和方法
	2.2 修复工具和设备维护	2.2.1 能对修复工具进行维护 2.2.2 能对修复设备进行维护	2.2.1 修复工具维护方法和知识 2.2.2 修复设备维护方法和知识
	2.3 修复工具选用	2.3.1 能根据修复病害特征需要选用修复工具 2.3.2 能使用修复工具治理病害	2.3.1 壁画彩塑修复专用工具的特点 2.3.2 修复工具使用方法
3.本体修复	3.1 操作平台搭设	3.1.1 能搭建现场操作平台 3.1.2 能完成安全防护网的搭设	现场操作平台搭设及安全防护知识
	3.2 本体除尘	3.2.1 能清除地仗完整壁画表面的灰尘 3.2.2 能清除地仗完整彩塑表面的灰尘	壁画彩塑表面灰尘的清除方法
	3.3 泥渍覆盖去除	3.3.1 能清除地仗完整壁画表面的泥渍覆盖层 3.3.2 能清除地仗完整彩塑表面的泥渍覆盖层	壁画彩塑表面泥渍覆盖层的清除方法
	3.4 壁画背部清理	3.4.1 能使用修复工具清理壁画背部 3.4.2 能对壁画背部进行加固处理	3.4.1 壁画背部清理注意事项 3.4.2 壁画背部加固方法
	3.5 新支撑体制备	3.5.1 能使用切割工具切割支撑板材、支撑架 3.5.2 能使用修复材料制作支撑体隔离层	3.5.1 支撑板材切割注意事项 3.5.2 隔离层制作知识

续表

职业功能	工作内容	技能要求	相关知识要求
3.本体修复	3.6 地仗加固	3.6.1 能对地仗结构稳定的壁画彩塑的脱落部位进行地仗修补、补塑、加固 3.6.2 能对地仗结构稳定的壁画彩塑的边沿破损部位进行地仗修补、补塑、加固	3.6.1 壁画地仗修补的方法 3.6.2 彩塑脱落部位补塑要点
4.档案记录	4.1 修复信息记录	4.1.1 能记录病害修复过程中使用的修复工具 4.1.2 能记录病害修复过程中使用的修复材料 4.1.3 能记录病害修复的步骤和工艺 4.1.4 能使用温湿度计、照度计测量记录修复/施工环境的温湿度、光照度	4.1.1 温湿度计、照度计的使用方法与注意事项 4.1.2 《可移动文物病害评估技术规程 馆藏壁画类文物》（WW/T 0061）
	4.2 电子档案制作	4.2.1 能使用计算机办公软件录入修复信息记录 4.2.2 能使用计算机软件在施工展开图中标出修复位置及范围，并完成电子归档	施工日志记录要求
	4.3 修复资料管理	4.3.1 能根据《文物保护工程文件归档整理规范》合作收集管理修复资料 4.3.2 能根据文物保护竣工验收要求补充资料	《古代壁画保护修复档案规范》（GB/T 30235）

3.1.2 四级/中级工

职业功能	工作内容	技能要求	相关知识要求
1. 现状调查	1.1 本体病害调查	1.1.1 能使用病害术语描述本体现存病害特征 1.1.2 能使用常规仪器观察壁画彩塑病害程度 1.1.3 能利用相机正光、侧光拍摄技术多方位记录收集壁画彩塑照片	1.1.1 观察学知识、形态分布学知识 1.1.2 壁画病害术语知识 1.1.3 彩塑病害术语知识 1.1.4 正光、侧光拍摄技术要点，如病害照片的分辨率、范围、角度、灯光等 1.1.5 壁画彩塑病害影像记录的技术要求
	1.2 计算机绘制病害图	1.2.1 能使用病害图例绘制计算机病害图 1.2.2 能根据计算机绘图软件统计病害面积	1.2.1 病害图绘制知识 1.2.2 计算机绘图软件知识
	1.3 制作材料调查	1.3.1 能使用常规仪器观察并识别壁画材料 1.3.2 能使用常规仪器观察并识别彩塑材料	1.3.1 放大镜、小型便携式显微镜的使用和观察方法 1.3.2 壁画彩塑制作材料相关知识
	1.4 制作工艺调查	1.4.1 能使用常规仪器观察并判断壁画的结构和制作过程 1.4.2 能使用常规仪器观察并判断彩塑的结构和制作过程	1.4.1 壁画彩塑制作工艺知识 1.4.2 常规仪器使用方法和知识
	1.5 修复史调查	1.5.1 能搜集、查阅壁画彩塑修复使用材料、工艺、处理方法的历史档案资料 1.5.2 能整理分析壁画彩塑相关的修复史资料	1.5.1 壁画彩塑修复历史调查与搜集方法 1.5.2 档案、文献查阅方法

续表

职业功能	工作内容	技能要求	相关知识要求
2.修复材料制备与工具设备选用维护	2.1 修复材料配制	2.1.1 能检验已配制修复材料是否达到设计要求 2.1.2 能根据现场实际情况调整配制比例	修复材料配制要点
	2.2 修复工具制作	2.2.1 能根据壁画彩塑修复工作需要，制作注射器、修复刀、修复铲和修复锯等 2.2.2 能对现有设备进行改进优化	修复工具的选用与制作技术要领
3.本体修复	3.1 预加固处理	3.1.1 能对支撑体稳定的壁画彩塑进行预加固工作 3.1.2 能采用化学加固方法增强壁画彩塑本体强度	预加固方法知识
	3.2 安全防护	3.2.1 能对有失稳壁画进行临时支撑 3.2.2 能对有失稳彩塑进行临时支撑	安全防护要点
	3.3 起甲病害修复	3.3.1 能对地仗完整的壁画彩塑的颜料层龟裂、起甲病害进行疏通、软化处理 3.3.2 能对地仗完整的壁画彩塑的颜料层龟裂、起甲病害进行加固、回贴	3.3.1 壁画彩塑修复操作要点和方法 3.3.2 壁画彩塑修复程序的要求和工艺知识 3.3.3 壁画彩塑起甲病害修复方法
	3.4 彩塑加固	3.4.1 能完成彩塑肢体松动部位加固修复 3.4.2 能完成彩塑肢体残损部位加固修复	彩塑结构稳定性及加固知识
	3.5 地仗脱落加固修补	3.5.1 能对脱落面积较大但支撑体稳定的壁画地仗脱落处进行加固修补 3.5.2 能对支撑体稳定的壁画边沿破损处进行加固填补 3.5.3 能根据分析需求进行地仗取样工作	3.5.1 地仗修补注意事项 3.5.2《古代壁画地仗层可溶盐分析的取样与测定》（WW/T 0032）

续表

职业功能	工作内容	技能要求	相关知识要求
3. 本体修复	3.6 历史加固剔除	3.6.1 能对壁画历史加固进行剔除 3.6.2 能对彩塑历史加固进行剔除	历史边沿加固剔除要点及注意事项
	3.7 脱盐处理	3.7.1 能对地仗完整的壁画酥碱病害进行加固及支顶脱盐处理 3.7.2 能对地仗完整的彩塑酥碱病害进行加固及支顶脱盐处理	3.7.1 酥碱病害修复工艺 3.7.2 脱盐工艺及要点
	3.8 新支撑体安装	3.8.1 能采用粘接方式完成新支撑体的安装 3.8.2 能采用机械固定方式完成新支撑体的安装	3.8.1 壁画支撑体材质选择及制作要点 3.8.2 壁画表面地仗处理要求
	3.9 壁画表面附着物去除	3.9.1 能使用物理化学方法去除壁画表面附着的贴纸、贴布 3.9.2 能使用溶剂去除壁画表面的黏合剂	去除残留物的物理化学方法
4. 档案记录	4.1 修复信息记录	4.1.1 能根据修复实际情况记录施工/修复日志 4.1.2 能使用相机拍摄现场工作照片，记录整理归档	4.1.1 施工/修复日志填写要求 4.1.2 摄影记录要求
	4.2 电子档案制作	4.2.1 能使用计算机办公软件记录和绘制修复图 4.2.2 能使用计算机绘图软件完成壁画彩塑测绘图（平面图、立面图、剖面图）绘制 4.2.3 能使用计算机软件统计病害面积	4.2.1 测绘图绘制要求 4.2.2 计算机绘图软件基础知识 4.2.3 病害图绘制要求
	4.3 档案资料管理	4.3.1 能根据《文物保护工程文件归档整理规范》收集管理档案资料 4.3.2 能根据文物保护竣工验收要求核查资料完整性，完善并补齐资料	4.3.1 《文物保护工程文件归档整理规范》（WW/T 0024） 4.3.2 文物保护竣工验收要求

续表

职业功能	工作内容	技能要求	相关知识要求
5. 试验操作	5.1 除尘现场修复试验	5.1.1 能根据设计方案对壁画彩塑表面降尘进行除尘试验 5.1.2 能用文字和图像描述试验区域降尘病害特征，并拍摄记录修复前后及修复过程照片	除尘的主要方法和注意要点
	5.2 泥渍清除修复试验	5.2.1 能根据设计方案要求选择试验区域 5.2.2 能根据设计方案进行泥渍病害的修复试验 5.2.3 能用文字和图像描述试验区域泥渍病害特征，进行修复前及修复过程拍照，并对试验过程中使用材料、工艺、现象和结果进行记录	5.2.1 泥渍病害程度的分级判断 5.2.2 泥渍病害清除方法和清除技术要求 5.2.3 泥渍病害清除效果要求
	5.3 污染物清除现场修复试验	5.3.1 能根据设计方案要求选择污染物试验区域 5.3.2 能根据设计方案进行污染物病害修复试验 5.3.3 能用文字和图像描述试验区域污染物病害特征，进行修复前后及修复过程拍照，并记录试验过程中使用去污材料、去污方法、工艺、现象和结果	5.3.1 污染物病害程度的判断和分级 5.3.2 污染物清除的主要方法和常规材料知识 5.3.3 污染物清除效果要求

3.1.3 三级/高级工

职业功能	工作内容	技能要求	相关知识要求
1. 现状调查	1.1 病害调查	1.1.1 能根据病害分布判断起甲、空鼓、酥碱、污染等病害范围、特征、数量（面积或长度）、程度 1.1.2 能归纳总结病害分布特点和规律 1.1.3 能编制病害调查报告	1.1.1 病害调查报告编制知识 1.1.2 古代壁画保护方案编制知识
	1.2 制作材料调查	1.2.1 能使用工具完成样品的采集 1.2.2 能合作编写制作材料调查报告	样品采集的方法和知识

续表

职业功能	工作内容	技能要求	相关知识要求
1. 现状调查	1.3 制作工艺调查	1.3.1 能汇总工艺调查结果 1.3.2 能合作编写制作工艺调查报告	资料整理汇总方法
	1.4 修复史调查	1.4.1 能根据壁画彩塑表面状况，结合修复历史档案文献查阅结果，核对历史修复痕迹 1.4.2 能合作编写修复史调查报告	1.4.1 修复史相关知识 1.4.2 修复材料和修复工艺发展史
2. 修复材料制备与工具设备选用维护	2.1 修复材料选用与制备	2.1.1 能根据不同地仗/胎体色泽、强度配制地仗修复材料 2.1.2 能针对壁画彩塑表面油渍、动物排泄物、霉斑污染制备清除材料	2.1.1 污染物清除材料知识 2.1.2 溶剂、表面活性剂知识 2.1.3 修复材料选择及制备要点 2.1.4 修复材料使用原则
	2.2 设备选用与维护	2.2.1 能操作吸尘器、空压机、切割机、微型钻等常用设备对壁画彩塑进行修复 2.2.2 能维护常用设备	2.2.1 设备选用与维护方法 2.2.2 吸尘器、空压机等常用设备操作规范
	2.3 工具制作与改进	2.3.1 能根据壁画彩塑修复的需要改进支顶架、支顶枪、支顶板等修复工具，达到力度可调，提高可控性 2.3.2 能根据壁画彩塑形状制作异形支撑体	2.3.1 工具改进技术要领 2.3.2 支顶架、支顶板选材与制作技术要领
3. 本体修复	3.1 表面污染物去除	3.1.1 能使用化学试剂或生物材料去除壁画彩塑表面霉斑 3.1.2 能使用清洗材料对壁画表层上的油渍污染进行清理 3.1.3 能对壁画彩塑表层上的动物排泄物进行清理 3.1.4 能对壁画彩塑表层上的水渍污染物进行去除修复	3.1.1 污渍去除工艺和注意事项 3.1.2 烟熏去除工艺和注意事项 3.1.3 动物排泄物去除工艺和注意事项
	3.2 起甲病害壁画修复	3.2.1 能对起甲病害壁画进行加固、回贴 3.2.2 能对起甲病害彩塑进行加固、回贴	3.2.1 起甲病害修复工艺 3.2.2 起甲病害壁画修复操作要点

续表

职业功能	工作内容	技能要求	相关知识要求
3.本体修复	3.3 疱疹病害壁画修复	3.3.1 能使用修复工具对地仗完整的疱疹病害壁画进行修复 3.3.2 能使用脱盐材料对疱疹修复部位进行脱盐处理	3.3.1 疱疹病害修复工艺 3.3.2 修复工具使用方法 3.3.3 脱盐材料使用方法
	3.4 酥碱病害壁画修复	3.4.1 能使用修复工具对酥碱病害壁画彩塑进行加固 3.4.2 能使用脱盐材料对酥碱修复部位进行脱盐处理	酥碱病害修复工艺
	3.5 空鼓病害壁画加固	3.5.1 能对地仗完整未出现错位、开裂的空鼓病害壁画进行灌浆加固、回贴 3.5.2 能使用脱盐材料对空鼓修复部位进行脱盐处理	3.5.1 空鼓病害修复工艺及要点 3.5.2 脱盐工艺及要点
	3.6 粉化病害壁画修复	3.6.1 能使用黏合剂对粉化病害壁画进行加固处理 3.6.2 能使用黏合剂对粉化病害彩塑进行加固处理	粉化病害修复操作要点
	3.7 盐霜处理	3.7.1 能使用物理方法去除壁画彩塑的盐霜 3.7.2 能使用黏合剂对脱盐部位进行加固处理	《古代壁画脱盐技术规范》（WW/T 0031）
	3.8 地仗加固	3.8.1 能对地仗存在裂缝的空鼓壁画进行灌浆加固、回贴 3.8.2 能对壁画彩塑裂隙进行加固填补	空鼓壁画防护及修复要点
	3.9 微生物病害修复	3.9.1 能使用物理和化学方法对微生物进行灭活处理 3.9.2 能使用生物化学试剂清除微生物污染物	微生物病害修复方法和注意事项
	3.10 彩塑加固修补	3.10.1 能对彩塑肢体断裂、残损进行加固 3.10.2 能对彩塑肢体断裂、残损进行修补	彩塑修复工艺和要点

续表

职业功能	工作内容	技能要求	相关知识要求
4.档案记录	4.1 修复信息记录	4.1.1 能根据施工内容发现修复记录中存在的问题，并及时纠正 4.1.2 能根据施工内容对保护修复档案中的文字资料、图纸资料、图像资料进行校正	4.1.1 古代壁画保护修复档案规范 4.1.2 施工图纸绘制要求
	4.2 电子档案制作与管理	4.2.1 能使用计算机、扫描仪等对修复过程形成的资料进行数字化处理，制作电子档案 4.2.2 能使用计算机、数据库管理电子档案	4.2.1 工程档案整理编辑要求 4.2.2 计算机操作知识 4.2.3 数字化处理技术
	4.3 竣工报告编制	4.3.1 能根据工程档案规范要求，收集、整理、分析施工过程中形成的文字、试验数据、影像资料 4.3.2 能按照工程验收要求，合作编写竣工报告	4.3.1 工程修复难点 4.3.2 竣工报告编写知识
5.试验操作	5.1 盐霜、微生物、钙质结核病害现场修复试验	5.1.1 能根据设计方案要求选择盐霜、微生物、钙质结核病害试验区域 5.1.2 能根据设计方案进行盐霜、微生物、钙质结核病害的修复试验 5.1.3 能用文字和图像描述试验区域盐霜、微生物、钙质结核病害，进行修复前后及修复过程拍照，并记录试验过程中使用材料、工艺、现象和结果	5.1.1 盐霜、钙质结核病害的修复方法和技术要求 5.1.2 微生物病害灭活知识和清除方法
	5.2 地仗加固现场修复试验	5.2.1 能根据设计方案要求选择地仗加固试验区域 5.2.2 能根据设计方案进行地仗加固修复试验 5.2.3 能用文字和图像描述地仗加固试验区域病害，进行修复前后及修复过程拍照，并对试验过程中使用材料、工艺、现象和结果进行记录	5.2.1 地仗层病害类型和病害特点 5.2.2 地仗层病害加固方法和注意事项

3.1.4 二级/技师

职业功能	工作内容	技能要求	相关知识要求
1.现状调查	1.1 病害调查	1.1.1 能依据现状调查的文字信息、图像信息对壁画彩塑现存状况进行评估 1.1.2 能使用监测设备对壁画彩塑病害进行持续性监测，判断病害的活动性 1.1.3 能根据壁画彩塑现状调查的文字资料、图片信息，结合现场实际勘察，对病害进行风险评估 1.1.4 能审核病害调查报告	1.1.1 壁画彩塑病害影响因素 1.1.2 壁画彩塑现存状况分析要点 1.1.3 活动性病害调查技术要领 1.1.4 病害风险性评估知识 1.1.5 壁画彩塑病害监测技术
	1.2 制作材料调查	1.2.1 能决定样品调查取样位置 1.2.2 能完成制作材料调查报告	1.2.1 化学分析仪器知识 1.2.2 调查报告编写知识
	1.3 制作工艺调查	1.3.1 能总结制作工艺的独特性 1.3.2 能完成制作工艺调查报告	壁画彩塑制作工艺特点知识
	1.4 修复史调查	1.4.1 能对历史修复进行评估 1.4.2 能完成修复史报告	档案编制与资料调查知识
2.修复材料制备与工具设备选用维护	2.1 修复材料选用与配制	2.1.1 根据不同工艺或修复程序选用修复材料 2.1.2 根据不同工艺或修复程序配制修复材料	2.1.1 修复材料使用原则 2.1.2 修复材料选择及制备要点 2.1.3 溶剂、表面活性剂知识 2.1.4 污染物清除材料知识
	2.2 修复设备操作与改造	2.2.1 能根据修复需要改造现有修复设备 2.2.2 能操作内窥镜、超景深显微系统、蒸汽保护笔、超声波清洗仪、激光清洗机等设备对壁画进行观察、修复	2.2.1 设备选用与维护知识 2.2.2 内窥镜、超景深显微系统、蒸汽保护笔、超声波清洗仪、激光清洗机的操作规范
	2.3 修复工具设计与制作	2.3.1 能根据修复需要设计制作修复工具 2.3.2 能根据异形壁画或变形彩塑修复需要制作支顶架、支顶板	2.3.1 工具改进的技术要领 2.3.2 异形支顶架、支顶板选材与制作技术要领

续表

职业功能	工作内容	技能要求	相关知识要求
3.本体修复	3.1 酥碱壁画修复	3.1.1 能对地仗酥碱且空鼓的壁画进行加固、灌浆、归位 3.1.2 能对地仗酥碱、颜料层起甲且空鼓的壁画进行加固归位 3.1.3 能对地仗酥碱且颜料层起甲的壁画进行加固归位	壁画多种复合病害修复方法、要点和注意事项
	3.2 空鼓壁画加固	3.2.1 能对地仗空鼓且开裂、错位的壁画进行加固回贴、整形修复 3.2.2 能对地仗空鼓且支撑体不稳定的壁画进行加固回贴 3.2.3 能使用锚杆锚固空鼓壁画	复杂壁画空鼓病害修复加固方法、要点和注意事项
	3.3 碎片拼接	3.3.1 能对壁画碎片进行拼接 3.3.2 能对彩塑碎片或碎块进行拼接	3.3.1 壁画碎片拼接要点 3.3.2 彩塑碎片、碎块拼接要点
	3.4 彩塑脱落修复	3.4.1 能使用工具和修复材料对彩塑脱落的部位进行归位加固 3.4.2 能依据彩塑历史信息对彩塑残损、脱落部位进行修补	3.4.1 彩塑修复工艺和注意事项 3.4.2 彩塑补塑要点
	3.5 彩塑糟朽骨架修复	3.5.1 能使用工具和材料对彩塑糟朽骨架进行加固 3.5.2 能使用工具和材料对彩塑糟朽骨架进行更换	糟朽骨架更换知识要点
	3.6 壁画揭取搬迁归安	3.6.1 能使用工具揭取壁画 3.6.2 能使用工具和材料搬迁壁画 3.6.3 能对揭取搬迁的壁画进行归安	3.6.1 壁画揭取、回贴工艺及注意事项 3.6.2 壁画搬迁操作要点 3.6.3 壁画运输包装技术要求
	3.7 本体协色	3.7.1 能根据画面整体效果对补做的地仗层表面进行协色处理 3.7.2 能根据文物修复保护原则对协色部位进行可识别处理	3.7.1 美术绘画知识 3.7.2 保护修复原则

续表

职业功能	工作内容	技能要求	相关知识要求
4.档案记录	4.1 修复档案编写	4.1.1 能根据施工内容和竣工验收要求综合分析现有档案资料 4.1.2 能根据施工内容和竣工验收要求完成修复档案整理汇编	古代壁画保护修复档案编写规范及要求
	4.2 竣工报告编写	4.2.1 能根据施工内容和竣工验收要求综合分析现有修复项目中存在的重点、难点问题 4.2.2 能根据施工内容和竣工验收要求完成修复竣工报告的编写	壁画保护修复档案规范
	4.3 竣工图纸审核	4.3.1 能根据施工实际情况综合分析现有竣工图 4.3.2 能按照竣工验收要求审核竣工图	4.3.1 壁画彩塑竣工图验收要点 4.3.2 保护修复工程竣工图绘制规范
5.试验操作	5.1 起甲、酥碱、疱疹、粉化、空鼓病害现场修复试验	5.1.1 能根据设计方案要求选择起甲、酥碱、疱疹、粉化、空鼓病害试验区域 5.1.2 能根据设计方案进行起甲、酥碱、疱疹、粉化、空鼓病害的修复试验 5.1.3 能用文字和图像描述起甲、酥碱、疱疹、粉化、空鼓病害，并完成修复试验报告	5.1.1 起甲、酥碱、疱疹、粉化、空鼓病害试验区域的选择要点 5.1.2 起甲、酥碱、疱疹、粉化、空鼓病害修复工艺和技术要求 5.1.3 起甲、酥碱、疱疹、粉化、空鼓病害修复效果要求
	5.2 碎片拼接、木骨架加固现场修复试验	5.2.1 能根据设计方案要求选择碎片拼接、木骨架加固试验区域 5.2.2 能根据设计方案进行碎片拼接、木骨架加固病害的修复试验 5.2.3 能用文字和图像描述试验区域病害，并完成碎片拼接、木骨架加固现场修复试验报告	5.2.1 碎片拼接、木骨架加固试验区域的选择要点 5.2.2 碎片拼接、木骨架加固修复工艺和技术要点 5.2.3 碎片拼接、木骨架加固修复效果要求
	5.3 揭取试验	5.3.1 能根据设计方案要求选择揭取试验区域 5.3.2 能根据设计方案进行揭取试验 5.3.3 能完成揭取试验报告	5.3.1 揭取试验区域的选择要点 5.3.2 揭取的主要方法和操作要点

续表

职业功能	工作内容	技能要求	相关知识要求
5. 试验操作	5.4 单一病害修复试验效果评估	5.4.1 能根据设计方案和试验结果评估修复效果 5.4.2 能根据设计方案和试验结果验证设计方案材料的适用性 5.4.3 能根据设计方案和试验结果验证设计方案中修复工艺的实操性	5.4.1 修复效果评估方法和知识 5.4.2 设计方案要求
	5.5 单一病害修复工艺优化	5.5.1 能根据修复试验中实际操作情况分析修复工艺的特点 5.5.2 能根据修复试验中存在的问题对单一病害的修复工艺进行优化	修复工艺的科学性和合理性判断
6. 技术管理与培训	6.1 技术管理	6.1.1 能根据施工现场实际情况编制现场管理制度 6.1.2 能根据施工现场具体情况和工程实施组织方案实施现场管理	6.1.1 文物保护工程管理知识 6.1.2 文物保护工程技术知识
	6.2 技术培训	6.2.1 能按照三级/高级工及以下级别人员业务要求编写技能培训计划与方案 6.2.2 能按照技能培训计划和方案对三级/高级工及以下级别人员进行技术培训示范	6.2.1 技能培训计划编写知识 6.2.2 技能培训方案编写知识

3.1.5 一级/高级技师

职业功能	工作内容	技能要求	相关知识要求
1. 现状调查	1.1 病害调查	1.1.1 能审订本体现状调查报告 1.1.2 能控制本体现状调查的流程和内容	1.1.1 现状调查报告主体结构和重点内容 1.1.2 病害调查流程控制与管理知识
	1.2 制作材料调查	1.2.1 能审订制作材料调查报告 1.2.2 能控制制作材料调查的流程和内容	1.2.1 制作材料调查报告主体结构和主要组成 1.2.2 制作材料调查流程控制与管理知识

续表

职业功能	工作内容	技能要求	相关知识要求
1. 现状调查	1.3 制作工艺调查	1.3.1 能审订制作工艺调查报告 1.3.2 能控制制作工艺调查的流程和内容	1.3.1 制作工艺梳理和总结知识 1.3.2 制作工艺调查流程控制与管理知识
	1.4 修复史调查	1.4.1 能审订修复史调查报告 1.4.2 能控制修复史调查的流程和内容	1.4.1 修复材料、工艺和方法梳理总结要点 1.4.2 修复史调查流程控制与管理知识
2. 修复材料制备与工具设备选用维护	2.1 修复材料质量控制与评估	2.1.1 能对修复材料质量进行控制 2.1.2 能对修复材料配制过程进行质量控制	2.1.1 修复材料质量评价知识 2.1.2 修复材料操作流程控制
	2.2 修复设备性能评价	2.2.1 能对修复设备适用性进行控制 2.2.2 能对修复设备有效性进行控制	修复设备性能评价知识
	2.3 修复工具性能评价	2.3.1 能对修复工具适用性进行控制 2.3.2 能对修复工具有效性进行控制	修复工具性能评价知识
3. 本体修复	3.1 叠加病害修复	3.1.1 能使用修复工具和材料进行多种病害共存的壁画病害修复 3.1.2 能使用修复工具和材料进行多种病害共存的彩塑病害修复 3.1.3 能对叠加病害修复的工艺进行优化 3.1.4 能用文字和图像描述试验区域病害,进行修复前后及修复过程拍照,并对试验过程中使用材料、工艺、现象和结果进行记录	3.1.1 病害修复工艺科学性、合理性分析知识 3.1.2 新材料应用和工艺优化知识
	3.2 修复效果评估	3.2.1 能对壁画彩塑整体修复效果进行评估 3.2.2 能对评估中发现的问题提出解决方案	3.2.1 评估程序要求 3.2.2 评估技术方法

续表

职业功能	工作内容	技能要求	相关知识要求
3.本体修复	3.3 预防性保护	3.3.1 能对壁画彩塑赋存环境提出要求 3.3.2 能对壁画彩塑的维护提出建议	预防性保护知识
4.档案记录	4.1 修复档案审订	4.1.1 能审订修复档案内容、格式、完整性 4.1.2 能根据审订结果提出修改意见	修复档案规范知识
	4.2 竣工报告审订	4.2.1 能审订修复竣工报告内容、格式、完整性 4.2.2 能根据竣工报告审订结果提出修改意见	竣工报告组成及结构知识
	4.3 竣工图纸审订	4.3.1 能审订竣工图纸内容、格式、完整性 4.3.2 能根据审订结果提出修改意见	竣工图绘制规范知识
5.试验操作	5.1 叠加病害现场修复试验	5.1.1 能根据设计方案要求选择叠加病害的试验区域 5.1.2 能根据设计方案进行叠加病害的修复试验	5.1.1 叠加病害试验区域的选择要点 5.1.2 设计方案要求
	5.2 叠加病害修复试验效果评估	5.2.1 能根据设计方案和试验结果评估修复效果 5.2.2 能根据设计方案和试验结果验证设计方案材料的适用性 5.2.3 能根据设计方案和试验结果验证设计方案中修复工艺的实操性	叠加病害修复效果评估方法和知识
	5.3 叠加病害修复工艺优化	5.3.1 能根据修复试验中实际操作情况分析修复工艺的特点 5.3.2 能根据修复试验中存在的问题对叠加病害的修复工艺进行优化	叠加病害修复工艺和技术要点

续表

职业功能	工作内容	技能要求	相关知识要求
6. 技术管理与培训	6.1 技术文件编制培训	6.1.1 能根据文物保护工程要求和经验，撰写关于如何编制以下技术文件的培训讲义：壁画彩塑修复工程竣工报告、现状评估报告、施工方案、施工组织管理方案 6.1.2 能根据培训讲义对二级/技师及以下级别人员进行培训	6.1.1 壁画彩塑修复工程分析 6.1.2 施工组织设计文件编制规程 6.1.3 保护修复工程竣工报告编写规范
	6.2 管理技术培训	6.2.1 能根据文物保护工程管理要求和工程管理经验，编写壁画彩塑修复工程管理讲义 6.2.2 能根据文物保护工程管理要求和培训讲义，讲授壁画彩塑工程管理经验和知识	6.2.1 文物保护工程管理知识 6.2.2 文物保护工程管理培训讲义的编写要点
	6.3 修复技术培训	6.3.1 能根据文物保护工程修复要求和经验，编写修复培训讲义 6.3.2 能根据文物保护工程修复要求和经验对二级/技师及以下级别人员进行修复技术培训	6.3.1 文物保护工程修复要求 6.3.2 文物保护修复技术培训讲义的编写要点
7. 技术创新与交流	7.1 技术创新	7.1.1 能通过试验研究和保护修复实践对设备提出改进意见 7.1.2 能通过试验研究和保护修复实践对工艺提出改进意见 7.1.3 能通过试验研究和保护修复实践对修复工具及材料提出改进意见	壁画彩塑保护修复的综合性知识
	7.2 技术交流	7.2.1 能通过交流评价修复项目中设备、工具、材料、工艺的优劣 7.2.2 能通过交流推广新设备、新技术、新工艺	修复经验知识

3.2 纺织品文物修复师

3.2.1 五级/初级工

职业功能	工作内容	技能要求	相关知识要求
1.现状调查	1.1 基本信息调查	1.1.1 能使用软尺等测量工具测量平面纺织品文物尺寸 1.1.2 能使用影像器材拍摄纺织品文物整体影像	1.1.1 平面纺织品文物测量方法与注意事项 1.1.2 摄影、摄像基础知识
	1.2 病害调查	1.2.1 能识别纺织品文物病害 1.2.2 能识读纺织品文物病害图	《馆藏丝织品病害与图示》（WW/T 0013）
	1.3 工艺材料调查	1.3.1 能区分天然纤维与化学纤维 1.3.2 能识别丝、毛、棉、麻等纺织品文物纤维	1.3.1 天然纤维与化学纤维特征及鉴别方法 1.3.2《纺织纤维鉴别试验方法 第3部分：显微镜法》（FZ/T 01057.3）
2.修复材料制备与工具设备选用维护	2.1 修复材料选用与处理	2.1.1 能对纺织品文物背衬织物进行平整处理 2.1.2 能对修复辅助材料进行预处理	2.1.1 纺织品文物平整方法 2.1.2 辅助材料缝纫、熨烫方法与注意事项
	2.2 工具制作选用与设备维护	2.2.1 能制作竹签、支撑物、缓冲物等工具 2.2.2 能根据修复工艺准备缝针、剪刀、镊子、毛刷、竹签等工具	2.2.1 纺织品文物保护修复工具制作方法 2.2.2 纺织品文物保护修复基础工具使用方法
3.本体修复	3.1 本体除尘	3.1.1 能使用毛刷等工具去除无糟朽纺织品文物表面灰尘 3.1.2 能使用除尘设备去除无糟朽纺织品文物表面灰尘	3.1.1 小工具除尘方法与注意事项 3.1.2 设备除尘方法与注意事项
	3.2 本体清洁	3.2.1 能使用棉签、竹签等工具以物理方法去除纺织品文物表面附着污染物 3.2.2 能使用棉签等工具配合清洗剂去除纺织品文物表面污染物	3.2.1 纺织品文物物理清洁方法与注意事项 3.2.2 清洗剂基础知识

续表

职业功能	工作内容	技能要求	相关知识要求
3. 本体修复	3.3 本体加固	3.3.1 能将纺织品文物残片转移至背衬上，调整至正确形状和位置 3.3.2 能用多种针法加工纺织品文物修复材料	3.3.1 纺织品文物移动、复位方法与注意事项 3.3.2 跑针、回针、钉针、缭针、锁边针、鱼骨针、铺针等技术方法
4. 档案记录	4.1 修复信息记录	4.1.1 能记录纺织品文物保护修复基本信息 4.1.2 能记录纺织品文物保护修复步骤 4.1.3 能拍摄修复过程工作照	4.1.1 纺织品文物保护修复基本信息记录方法 4.1.2 纺织品文物保护修复流程和要求 4.1.3《馆藏丝织品保护修复档案记录规范》（WW/T 0015）
	4.2 修复报告编制	4.2.1 能根据纺织品文物保护修复结项验收要求补充本人记录资料 4.2.2 能影印项目不同阶段评审意见并收集对应的修改资料	纺织品文物保护修复结项要求

3.2.2 四级/中级工

职业功能	工作内容	技能要求	相关知识要求
1. 现状调查	1.1 基本信息调查	1.1.1 能用测量工具测量立体纺织品文物的尺寸 1.1.2 能用影像器材拍摄细节 1.1.3 能辨识并记录纺织品文物的历史修复痕迹 1.1.4 能记录纺织品文物保存修复环境温湿度	1.1.1 立体纺织品文物测量方法与注意事项 1.1.2 影像器材微距拍摄知识 1.1.3 纺织品文物修复痕迹识别方法 1.1.4 温湿度记录仪使用方法
	1.2 病害调查	1.2.1 能按1:1比例手绘病害图 1.2.2 能绘制电子病害图	病害图绘制方法
	1.3 工艺材料调查	1.3.1 能鉴别平纹、斜纹和缎纹组织结构 1.3.2 能描述与记录纺织品文物颜色 1.3.3 能用仪器观察并测量织物密度、纱线捻度、捻向和投影宽度 1.3.4 能辨识并记录织、染、印、绘等工艺	1.3.1 平纹、斜纹和缎纹组织基础知识 1.3.2 颜色描述记录方法 1.3.3 色卡、色度仪等使用方法 1.3.4 织物观察、测量方法 1.3.5 纺织品织、染、印、绘等工艺特征与辨识方法

续表

职业功能	工作内容	技能要求	相关知识要求
2.修复材料制备与工具设备选用维护	2.1 修复材料选用与处理	2.1.1 能筛选平面纺织品文物的背衬织物 2.1.2 能根据纺织品文物特点和保存状态选择缝线	2.1.1 纺织品文物背衬织物选用方法 2.1.2 纺织品文物缝线选用方法
	2.2 工具制作选用与设备维护	2.2.1 能选用、加工压重物 2.2.2 能维护、保养常用小工具	2.2.1 纺织品文物压重物加工方法 2.2.2 常用小工具维护、保养方法
3.本体修复	3.1 本体揭展	3.1.1 能对粘连纺织品文物进行回潮处理 3.1.2 能使用竹签、镊子等工具揭展粘连纺织品文物	3.1.1 粘连纺织品文物回潮方法与注意事项 3.1.2 粘连纺织品文物揭展方法与注意事项
	3.2 本体除尘	3.2.1 能用综合方法去除无糟朽纺织品文物表面灰尘 3.2.2 能用综合方法去除无糟朽纺织品文物深层灰尘	3.2.1 纺织品文物综合除尘方法与注意事项 3.2.2 纺织品文物表面灰尘去除方法
	3.3 本体清洗	3.3.1 能用多种方法进行清洗试验 3.3.2 能清洗无糟朽纺织品文物	3.3.1 纺织品文物清洗试验方法与注意事项 3.3.2 纺织品文物常用清洗剂使用方法与注意事项
	3.4 本体平整	3.4.1 能回潮无糟朽纺织品文物 3.4.2 能矫形无糟朽纺织品文物 3.4.3 能固形无糟朽纺织品文物	3.4.1 无糟朽纺织品文物回潮方法与注意事项 3.4.2 无糟朽纺织品文物矫形方法与注意事项 3.4.3 无糟朽纺织品文物固形方法与注意事项
	3.5 本体加固	3.5.1 能将单片无糟朽纺织品文物固定在背衬织物上 3.5.2 能拆卸并复原纺织品文物缝线	3.5.1 纺织品文物加固方法与注意事项 3.5.2 纺织品文物缝线拆卸、复原方法与注意事项

续表

职业功能	工作内容	技能要求	相关知识要求
4. 档案记录	4.1 修复信息记录	4.1.1 能根据修复实际情况记录纺织品文物保护修复日志 4.1.2 能拍摄纺织品文物保护修复过程中文物整体及局部的照片，记录整理归档	4.1.1 纺织品文物保护修复日志填写要求 4.1.2 摄影记录要求
	4.2 修复报告编制	4.2.1 能规范填写纺织品文物保护修复过程中新发现的病害和重要的文物信息 4.2.2 能完成纺织品文物保护修复项目自评估	纺织品文物保护修复项目自评估要求

3.2.3 三级/高级工

职业功能	工作内容	技能要求	相关知识要求
1. 现状调查	1.1 基本信息调查	1.1.1 能辨识并记录纺织品文物历史修复工艺 1.1.2 能采集并统计评估保存与修复环境数据	1.1.1 纺织品文物修复痕迹识别方法 1.1.2 纺织品文物保存与修复环境数据采集、统计评估方法 1.1.3 《博物馆照明设计规范》（GB/T 23863） 1.1.4 《馆藏文物保存环境质量检测技术规范》（WW/T 0016）
	1.2 病害调查	1.2.1 能对纺织品文物病害进行统计 1.2.2 能对纺织品文物病害进行取样	1.2.1 《可移动文物病害评估技术规程 丝织品类文物》（WW/T 0059） 1.2.2 纺织品文物病害取样方法与注意事项
	1.3 工艺材料调查	1.3.1 能使用显微镜鉴别重组织、绒组织和罗组织等织物 1.3.2 能采用综合方法鉴别纺织品纤维 1.3.3 能辨识并记录纺织品文物的刺绣、编结等工艺 1.3.4 能辨别纺织品文物的形制并绘制形制图	1.3.1 重组织、绒组织和罗组织基本知识 1.3.2 纤维形貌显微观察方法 1.3.3 《纺织纤维鉴别试验方法》（FZ/T 01057） 1.3.4 纺织品刺绣、编结工艺特征 1.3.5 常见古代织物纹样和形制图绘制方法

续表

职业功能	工作内容	技能要求	相关知识要求
2.修复材料制备与工具设备选用维护	2.1 修复材料选用与处理	2.1.1 能筛选立体纺织品文物的背衬织物和衬垫材料 2.1.2 能筛选纺织品文物包覆材料	2.1.1 纺织品文物背衬织物和衬垫材料选用方法 2.1.2 纺织品文物包覆材料选用方法
	2.2 工具制作选用与设备维护	2.2.1 能对调湿设备进行日常维护 2.2.2 能对除尘设备进行日常维护	2.2.1 调湿设备维护方法与注意事项 2.2.2 除尘设备维护方法与注意事项
3.本体修复	3.1 本体揭展	3.1.1 能回潮板结纺织品文物 3.1.2 能揭展板结纺织品文物	3.1.1 板结纺织品文物回潮方法与注意事项 3.1.2 板结纺织品文物揭展方法与注意事项
	3.2 本体除尘	3.2.1 能用综合方法去除糟朽纺织品文物表面灰尘 3.2.2 能用综合方法去除糟朽纺织品文物深层灰尘	3.2.1 去除糟朽纺织品文物表面灰尘方法与注意事项 3.2.2 去除糟朽纺织品文物深层灰尘方法与注意事项
	3.3 本体清洗	3.3.1 能根据试验结果配制清洗溶液 3.3.2 能清洗糟朽纺织品文物	3.3.1 糟朽纺织品文物清洗方法与注意事项 3.3.2 纺织品文物清洗溶液配制方法
	3.4 本体平整	3.4.1 能回潮糟朽纺织品文物 3.4.2 能矫形糟朽纺织品文物	3.4.1 糟朽纺织品文物回潮方法与注意事项 3.4.2 糟朽纺织品文物矫形方法与注意事项
	3.5 本体加固	3.5.1 能将多片无糟朽纺织品文物拼合、固定在背衬织物上 3.5.2 能将包覆材料与纺织品文物缝合	3.5.1 纺织品文物拼合、加固方法与注意事项 3.5.2 包覆材料与纺织品文物缝合方法与注意事项

续表

职业功能	工作内容	技能要求	相关知识要求
4. 档案记录	4.1 修复信息记录	4.1.1 能根据修复实际情况，核查纺织品文物保护修复日志并修改 4.1.2 能核查影像资料并及时补拍归档 4.1.3 能绘制修复后纺织品文物裁剪图、形制图、纹样图	4.1.1 纺织品文物保护修复日志核查要求 4.1.2 影像资料核查要求 4.1.3 纺织品文物裁剪图、形制图、纹样图绘制方法
	4.2 修复报告编制	4.2.1 能编写纺织品文物预防性保护建议 4.2.2 能编写纺织品文物保护修复报告	4.2.1 纺织品文物预防性保护知识 4.2.2 纺织品文物保护修复报告编写要求

3.2.4 二级/技师

职业功能	工作内容	技能要求	相关知识要求
1. 现状调查	1.1 基本信息调查	1.1.1 能评估历史修复材料现状 1.1.2 能分析环境因素对纺织品文物保存的影响	1.1.1 纺织品文物保护修复材料识别 1.1.2 纺织品文物保护修复材料评估方法 1.1.3 纺织品文物保存环境知识 1.1.4 温湿度和空气质量调控设备使用知识 1.1.5 温湿度和空气质量调控材料使用知识 1.1.6 光照设备使用知识
	1.2 病害调查	1.2.1 能综合评估纺织品文物病害 1.2.2 能指导三级/高级工及以下级别人员开展纺织品文物病害调查工作	纺织品文物病害综合评估方法
	1.3 工艺材料调查	1.3.1 能根据纹样等织物特征，拼对复原残片 1.3.2 能复原缺失纺织品文物的纹样、形制并绘图	1.3.1 纺织品文物形制复原方法 1.3.2 纺织品文物纹样复原方法

续表

职业功能	工作内容	技能要求	相关知识要求
2.修复材料制备与工具设备选用维护	2.1 修复材料选用与处理	2.1.1 能对缝线进行染色 2.1.2 能对背衬织物进行染色	2.1.1 染料使用方法 2.1.2 染整工艺技术
	2.2 工具制作选用与设备维护	2.2.1 能设计支撑模具 2.2.2 能制作支撑模具	纺织品文物支撑模具设计方法与制作要求
3.本体修复	3.1 本体清洗	3.1.1 能清洗无糟朽纺织品文物与其他材质的复合文物 3.1.2 能评估纺织品文物清洗技术可行性和效果	3.1.1 无糟朽纺织品文物与其他材质的复合文物清洗方法与注意事项 3.1.2 污染物清洗效果评估方法
	3.2 本体平整	3.2.1 能对糟朽纺织品文物进行固形 3.2.2 能对纺织品文物平整技术进行技术改进	糟朽纺织品文物固形方法与注意事项
	3.3 本体加固	3.3.1 能将糟朽纺织品文物固定在背衬织物上 3.3.2 能确定背衬织物尺寸、布局并安置到位	3.3.1 糟朽纺织品文物加固方法与注意事项 3.3.2 背衬织物设计方法
4.技术管理与培训	4.1 设计方案编制	4.1.1 能编制纺织品文物保护修复方案 4.1.2 能编制纺织品文物保护修复经费预算	4.1.1 《馆藏丝织品保护修复方案编写规范》（WW/T 0014） 4.1.2 纺织品文物保护修复经费预算要求
	4.2 项目管理	4.2.1 能对纺织品文物保护修复项目流程进行管理 4.2.2 能参与部分纺织品文物保护修复标准的起草和修订	4.2.1 纺织品文物保护修复项目流程管理知识 4.2.2 标准编制规程
	4.3 技术培训	4.3.1 能编制培训计划与方案 4.3.2 能进行纺织品文物保护修复实操教学	实操教学要求

3.2.5 一级/高级技师

职业功能	工作内容	技能要求	相关知识要求
1.现状调查	1.1 基本信息调查	1.1.1 能核定基本信息调查结果 1.1.2 能进行纺织品文物价值评估	1.1.1 博物馆藏品保管办法 1.1.2 纺织品文物价值评估要求与方法
	1.2 病害调查	1.2.1 能进行病害机理分析 1.2.2 能审定病害评估结果	1.2.1 病害机理分析知识 1.2.2 纺织品文物材质特性
2.本体修复	2.1 本体清洗	2.1.1 能清洗糟朽纺织品文物与其他材质的复合文物 2.1.2 能进行纺织品文物清洗技术创新	糟朽纺织品文物与其他材质的复合文物清洗方法与注意事项
	2.2 本体平整	2.2.1 能根据纺织品文物保存状况对平整效果进行评估 2.2.2 能对纺织品文物平整技术进行创新	纺织品文物平整效果评估方法
	2.3 本体加固	2.3.1 能解决纺织品文物加固技术及工艺难题 2.3.2 能对纺织品文物保护修复加固方法和效果进行评估	纺织品文物加固效果评估方法
3.技术管理与培训	3.1 设计方案编制	3.1.1 能独立编写纺织品文物保护修复方案 3.1.2 能指导二级/技师及以下级别人员编写纺织品文物保护修复方案	3.1.1 纺织品文物保护修复方案编制规范 3.1.2 纺织品文物保护修复项目申报相关法规知识
	3.2 项目管理	3.2.1 能指导二级/技师及以下级别人员对纺织品文物进行保护修复 3.2.2 能对纺织品文物保护修复质量进行评估 3.2.3 能提出纺织品文物保护修复方法的改进措施	3.2.1 纺织品文物保护修复技术管理知识 3.2.2 纺织品文物保护修复质量评估方法
	3.3 技术培训	3.3.1 能参与编写纺织品文物保护修复培训讲义、教材 3.3.2 能制订纺织品文物保护修复培训计划 3.3.3 能编写纺织品文物保护修复培训教案 3.3.4 能对纺织品文物保护修复进行理论和实践教学指导	3.3.1 培训计划编写知识 3.3.2 培训课程设计知识 3.3.3 理论与实践教学要求 3.3.4 讲义、教程编制要求

续表

职业功能	工作内容	技能要求	相关知识要求
4. 技术创新与交流	4.1 方案审核	4.1.1 能审核纺织品文物保护修复方案 4.1.2 能审核纺织品文物保护修复经费预算	4.1.1 纺织品文物保护修复方案审核要求 4.1.2 纺织品文物保护修复经费预算审核要求
	4.2 综合管理与技术推广	4.2.1 能对纺织品文物保护修复项目进行综合管理 4.2.2 能推广所研发的新设备、新技术、新工艺等	4.2.1 纺织品文物保护修复项目综合管理知识 4.2.2 新设备、新技术、新工艺推广方法

3.3 金属文物修复师

3.3.1 五级/初级工

职业功能	工作内容	技能要求	相关知识要求
1. 现状调查	1.1 基本信息调查	1.1.1 能正确提取、摆放各类金属文物 1.1.2 能用直尺、卡尺等工具测量、记录文物尺寸 1.1.3 能用电子秤、天平等仪器称量并记录文物质量 1.1.4 能识别文物器型名称	1.1.1 金属文物安全搬运、摆放方法 1.1.2 常用量具使用方法 1.1.3 金属文物器型分类
	1.2 病害调查	1.2.1 能识别文物病害类型 1.2.2 能识读文物病害图 1.2.3 能手绘病害示意图	1.2.1 《馆藏青铜质和铁质文物病害与图示》(GB/T 30686) 1.2.2 尺寸测量及面积计算方法
2. 修复材料制备与工具设备选用维护	2.1 修复材料制备	2.1.1 能配制清洗、粘接修复材料 2.1.2 能正确使用、清洗玻璃仪器	2.1.1 玻璃仪器使用方法 2.1.2 化学试剂配制方法
	2.2 工具制作选用与设备维护	2.2.1 能使用吸尘器等除尘设备对金属文物进行清洁 2.2.2 能制作简单工具,如竹刀、调胶刀等 2.2.3 能正确使用消防器具	2.2.1 金属文物修复常用工具制作与使用方法 2.2.2 《文物系统博物馆风险等级和安全防护级别的规定》(GA 27)

续表

职业功能	工作内容	技能要求	相关知识要求
3. 本体修复	3.1 本体除尘	3.1.1 能使用毛刷、棉签等工具清除稳定文物表面附着的积尘 3.1.2 能使用吸尘器清除稳定文物表面附着的积尘	3.1.1 毛刷在金属文物除尘中的使用方法和注意事项 3.1.2 吸尘器在金属文物除尘中的使用方法和注意事项
	3.2 本体清洗	3.2.1 能使用竹木工具去除文物表面土垢 3.2.2 能清除疏松附着物和油污	3.2.1 金属文物附着物的物理清洗方法 3.2.2 金属文物疏松附着物的化学清洗方法
	3.3 本体拼接	3.3.1 能根据残片特征辨别残片归属 3.3.2 能完成金属文物残片的拼对并标记	3.3.1 金属文物断口表面特征识别与分类方法 3.3.2 金属文物拼对方法及注意事项
4. 档案记录	4.1 修复信息记录	4.1.1 能记录不同病害修复过程中使用的修复工具 4.1.2 能记录不同病害修复过程中使用的修复材料 4.1.3 能记录不同病害修复的步骤和工艺 4.1.4 能拍摄修复过程工作照	4.1.1 《馆藏金属文物保护修复记录规范》（GB/T 30687）第4章 保护修复记录文本内容 4.1.2 工作照拍摄注意事项
	4.2 修复报告编制	4.2.1 能根据文物保护修复结项验收要求补充本人记录资料 4.2.2 能影印项目不同阶段评审意见并收集对应的修改资料	4.2.1 《馆藏金属文物保护修复记录规范》（GB/T 30687）第5章 保护修复档案记录形式 4.2.2 文物保护修复结项要求

3.3.2 四级/中级工

职业功能	工作内容	技能要求	相关知识要求
1. 现状调查	1.1 基本信息调查	1.1.1 能进行金属文物相关背景资料整理 1.1.2 能使用相机、摄像机等设备记录文物保存现状	1.1.1 文献检索及整理方法 1.1.2 相机、摄像机使用方法与注意事项
	1.2 病害调查	1.2.1 能绘制电子病害图 1.2.2 能使用手术刀、镊子等工具采集文物样品	1.2.1 电子病害图绘制知识 1.2.2 文物取样方法与注意事项

续表

职业功能	工作内容	技能要求	相关知识要求
1.现状调查	1.3 工艺调查	1.3.1 能识别金属文物材质 1.3.2 能识别金属文物常见制作工艺	1.3.1 青铜、铁、金银、铅锡等材质种类与识别方法 1.3.2 铸造、锻打、锤揲等制作工艺特征与识别方法
	1.4 修复史调查	1.4.1 能使用放大镜辨识金属文物修复痕迹 1.4.2 能使用紫外线荧光灯辨识金属文物粘接、作色区域	修复痕迹的特征与识别方法
	1.5 环境调查	1.5.1 能使用温湿度计测量保护修复现场与保存环境温湿度数据 1.5.2 能使用便携式环境监测仪采集保存环境数据	1.5.1 温湿度计的使用方法与注意事项 1.5.2 便携式环境监测仪使用方法与注意事项
2.修复材料制备与工具设备选用维护	2.1 修复材料制备	2.1.1 能根据文物残缺部位选择适用的补配材料 2.1.2 能配制焊接用焊锡、助焊剂	2.1.1 青铜器文物补配材料分类与使用方法 2.1.2 焊锡、助焊剂配制方法与注意事项
	2.2 工具制作选用与设备维护	2.2.1 能制作和维护金属文物修复补色常用工具 2.2.2 能选用材质、大小、形状合适的物体放置或支撑文物本体 2.2.3 能检查工具、设备的状况，排除安全隐患	2.2.1 补色工具制作与使用方法 2.2.2 文物摆放安全知识 2.2.3 安全用电知识 2.2.4 工具、设备的安全使用注意事项
3.本体修复	3.1 本体除尘	3.1.1 能用综合方法清除具有鎏金、镶嵌等装饰工艺金属文物表面附着的积尘 3.1.2 能用综合方法清除具有彩绘、螺钿等装饰工艺金属文物表面附着的积尘	金属文物综合除尘方法与注意事项
	3.2 本体清洗	3.2.1 能使用手术刀去除层状堆积和表面硬结物 3.2.2 能使用电动工具去除层状堆积和表面硬结物	3.2.1 手术刀清理除锈方法与注意事项 3.2.2 电动工具清理除锈方法与注意事项

续表

职业功能	工作内容	技能要求	相关知识要求
3. 本体修复	3.3 本体粘（焊）接	3.3.1 能完成文物残片拼对、粘（焊）接操作 3.3.2 能用锉焊口焊接工艺焊接文物	3.3.1 破碎文物的拼对方法 3.3.2 青铜器焊接、粘接方法与注意事项 3.3.3 青铜器锉焊口方法与注意事项 3.3.4 青铜器镀锡焊接方法与注意事项 3.3.5 金银器焊接方法与注意事项 3.3.6 金属文物胶粘剂使用方法与注意事项
	3.4 本体补配	3.4.1 能塑形补配较小面积残缺 3.4.2 能用钣金工艺补配较小面积残缺	3.4.1 塑形方法 3.4.2 铜片锤打成型方法与注意事项
	3.5 本体缓蚀与封护	3.5.1 能配制金属文物缓蚀剂 3.5.2 能配制金属文物封护剂	3.5.1 金属文物缓蚀剂配制方法与注意事项 3.5.2 金属文物封护剂配制方法与注意事项
4. 档案记录	4.1 修复信息记录	4.1.1 能根据修复实际情况记录修复日志 4.1.2 能拍摄修复过程中文物整体及局部的照片，记录整理归档	4.1.1 《馆藏金属文物保护修复记录规范》（GB/T 30687）第6章 书写要求、第7章 保护修复记录的存档要求 4.1.2 摄影记录要求
	4.2 修复报告编制	4.2.1 能记录修复过程中新发现的病害和重要的文物信息 4.2.2 能完成项目自评估	4.2.1 修复报告编写要求 4.2.2 修复项目自评估要求

3.3.3 三级/高级工

职业功能	工作内容	技能要求	相关知识要求
1. 现状调查	1.1 病害调查	1.1.1 能对病害进行统计 1.1.2 能完成本体材料现状评估	《可移动文物病害评估技术规程 金属类文物》（WW/T 0058）第6章 文物信息收集、第7章 病害识别

续表

职业功能	工作内容	技能要求	相关知识要求
1. 现状调查	1.2 工艺调查	1.2.1 能辨识鎏金、贴金、泥金等金属文物表面装饰工艺 1.2.2 能使用视频显微镜对金属文物纹饰、铭文制作工艺进行分析鉴别	1.2.1 鎏金、贴金、泥金等金属表面装饰工艺方法与特征 1.2.2 金属文物纹饰、铭文制作方法与特征
	1.3 修复史调查	1.3.1 能辨识金属文物原有修复部位的修复工艺 1.3.2 能选用相应的分析检测设备对原有修复部位修复工艺进行分析检测	金属文物修复工艺的识别方法
2. 修复材料制备与设备工具选用维护	2.1 修复材料制备	2.1.1 能配制加固剂、封护剂等溶液 2.1.2 能制作脱盐纸浆	2.1.1 加固剂、封护剂制备与使用方法 2.1.2 脱盐纸浆的制备方法与要求
	2.2 工具制作选用与设备维护	2.2.1 能制作整形用铅锤、铅砧等工具 2.2.2 能维护喷笔、喷枪等补色工具	2.2.1 整形工具制作与使用方法 2.2.2 喷笔、喷枪的使用方法和注意事项
3. 本体修复	3.1 本体加固	3.1.1 能对金属文物表面附着的纺织品、席纹、彩绘等痕迹进行（预）加固 3.1.2 能对腐蚀、矿化严重的文物本体进行（预）加固	3.1.1 金属文物常用加固剂的配制及使用方法 3.1.2《室外铁质文物缓蚀工艺规范》（WW/T 0074）
	3.2 本体清洗（脱盐）	3.2.1 能使用化学试剂去除表面硬结物 3.2.2 能用物理方法去除层状堆积和表面硬结物 3.2.3 能去除老化修复材料 3.2.4 能对金属文物有害锈进行稳定性处理 3.2.5 能对金属文物进行脱盐处理	3.2.1 化学试剂称量操作方法与注意事项 3.2.2 化学试剂的配制方法与注意事项 3.2.3 有害锈鉴别与稳定性处理方法 3.2.4 纸浆贴敷脱盐方法与注意事项 3.2.5 超声波震荡浸泡脱盐方法与注意事项

续表

职业功能	工作内容	技能要求	相关知识要求
3. 本体修复	3.3 本体粘（焊）接	3.3.1 能用钻孔加芯粘（焊）接、撬压焊接、扭压焊接工艺完成金属文物的拼对、粘（焊）接 3.3.2 能制作支撑物完成金属文物连接处理	3.3.1 金属文物粘接方法与注意事项 3.3.2 钻孔加芯工艺方法与注意事项 3.3.3 青铜器撬压焊接、扭压焊接方法与注意事项 3.3.4 支撑物制作方法
	3.4 本体整形	3.4.1 能用扭、压、顶撑等技术进行整形处理 3.4.2 能使用模压法对金属文物进行整形处理	3.4.1 青铜器整形方法与注意事项 3.4.2 金银器加工整形方法与注意事项
	3.5 本体补配与补色	3.5.1 能用翻模技术进行补配 3.5.2 能用钣金、锤揲等技术补配较大面积的残缺 3.5.3 能对树脂补配区域进行补色处理 3.5.4 能用化学方法对金属补配区域进行协色处理	3.5.1 翻模补配工艺方法与注意事项 3.5.2 铜片、金银等金属补配锤揲成型方法与注意事项 3.5.3 色彩搭配与调色方法 3.5.4 化学腐蚀方法与注意事项
	3.6 本体缓蚀与封护	3.6.1 能在通风橱中对金属文物进行缓蚀处理 3.6.2 能封护金属文物	3.6.1 金属文物缓蚀剂使用方法与注意事项 3.6.2 金属文物封护剂使用方法与注意事项 3.6.3 《室外铁质文物封护工艺规范》（WW/T 0041）
4. 档案记录	4.1 修复信息记录	4.1.1 能根据修复实际情况核查修复日志并修改 4.1.2 能核查影像资料并及时补拍归档	4.1.1 修复日志核查要求 4.1.2 影像资料核查要求
	4.2 修复报告编制	4.2.1 能编写预防性保护建议 4.2.2 能编写修复报告	4.2.1 预防性保护知识 4.2.2 《馆藏文物预防性保护方案编写规范》（WW/T 0066） 4.2.3 《馆藏文物保存环境控制 甲醛吸附材料》（WW/T 0067） 4.2.4 《馆藏文物保存环境控制 调湿材料》（WW/T 0068） 4.2.5 《馆藏文物防震规范》（WW/T 0069）

3.3.4 二级/技师

职业功能	工作内容	技能要求	相关知识要求
1.现状调查	1.1 病害调查	1.1.1 能通过X射线探伤照片判定金属文物存在的隐性病害 1.1.2 能进行病害评估	1.1.1 X射线探伤照片识读方法 1.1.2《可移动文物病害评估技术规程 金属类文物》（WW/T 0058）第8章 病害性质判定、第9章 文物病害评估
	1.2 工艺调查	1.2.1 能使用便携X射线荧光光谱仪判定金属文物材质 1.2.2 能辨识工艺缺陷	1.2.1 便携X射线荧光光谱仪使用方法与注意事项 1.2.2 X射线照片、CT照片的识读方法与注意事项 1.2.3 文物分析检测数据的识读方法与注意事项
	1.3 修复史调查	1.3.1 能辨识旧有修复材料及其老化情况 1.3.2 能使用便携X射线荧光光谱仪分析原有修复材料	金属文物保护修复材料识别及老化评估方法与注意事项
	1.4 环境调查	1.4.1 能综合各类检测数据分析环境因素对金属文物保存的不利影响，并提出改善措施 1.4.2 能提出预防性保护建议	环境因素对金属文物的作用方式及调控技术和方法
2.修复材料制备与设备工具选用维护	2.1 修复材料制备	2.1.1 能筛选和配制金属文物缓蚀剂、封护剂 2.1.2 能配制倍半碳酸钠等金属文物稳定性处理试剂	2.1.1 金属文物缓蚀剂复配方法及筛选方法 2.1.2 金属文物封护剂复配方法及筛选方法
	2.2 工具制作选用与设备维护	2.2.1 能维护便携X射线荧光光谱仪 2.2.2 能维护电导率仪	2.2.1 便携X射线荧光光谱仪使用方法和维护注意事项 2.2.2 电导率仪使用方法和维护注意事项

续表

职业功能	工作内容	技能要求	相关知识要求
3. 本体修复	3.1 本体清洗（脱盐）	3.1.1 能去除复合材质金属文物表面层状堆积和表面硬结物 3.1.2 能对复合材质金属文物不稳定锈蚀产物进行清洗及稳定性处理	3.1.1 复合材质金属文物清洗方法与注意事项 3.1.2 复合材质金属文物不稳定锈蚀处理方法与注意事项
	3.2 本体粘（焊）接	3.2.1 能完成复合金属文物的拼对 3.2.2 能完成复合金属文物粘（焊）接处理	复合金属文物粘（焊）接方法与注意事项
	3.3 本体整形	3.3.1 能运用加温整形技术对金属文物进行整形处理 3.3.2 能设计、制作整形器具，并对金属文物进行整形处理	3.3.1 加温整形方法与注意事项 3.3.2 整形工具设计与制作方法
	3.4 本体补配与补色	3.4.1 能对复合金属文物进行综合补配 3.4.2 能制作合金材质补配铸件并补配 3.4.3 能进行单一材质文物补色处理	3.4.1 复合金属文物补配方法与常用材料 3.4.2 合金铸件补配金属文物制作方法与注意事项 3.4.3 金属文物锈蚀产物形貌特征及常用补色方法 3.4.4 金属文物常用补色材料及使用方法
	3.5 本体缓蚀与封护	3.5.1 能对缓蚀效果进行评价 3.5.2 能对封护效果进行评价	3.5.1 金属缓蚀剂缓蚀效果评价要求 3.5.2 金属封护剂涂覆评价要求
4. 技术管理与培训	4.1 设计方案编制	4.1.1 能编制保护修复方案 4.1.2 能编制预算	4.1.1 《馆藏金属文物保护修复方案编写规范》（WW/T 0009） 4.1.2 文物修复经费预算要求
	4.2 项目管理	4.2.1 能对金属文物修复项目流程进行管理 4.2.2 能对金属文物保护修复项目资金使用进行管理	4.2.1 保护修复项目流程管理知识 4.2.2 金属文物保护修复项目资金使用要求
	4.3 技术培训	4.3.1 能编制培训计划与方案 4.3.2 能进行金属文物保护修复实操教学	4.3.1 培训计划与方案编制要求 4.3.2 实操教学要求

3.3.5 一级/高级技师

职业功能	工作内容	技能要求	相关知识要求
1. 现状调查	1.1 病害调查	1.1.1 能进行病害机理分析 1.1.2 能审定病害评估结果	影响金属文物腐蚀因素与分析方法
	1.2 工艺调查	1.2.1 能分析复合金属文物制作工艺 1.2.2 能组织开展文物制作工艺调查	复合金属文物制作方法与分类
2. 修复材料制备与设备工具选用维护	2.1 修复材料制备	2.1.1 能制备和使用错金银、鎏金等复合金属文物所用修复材料 2.1.2 能选择和制备金属与有机质复合文物所用修复材料	错金银、鎏金等复合金属文物修复材料的制备、使用方法与注意事项
	2.2 工具制作选用与设备维护	2.2.1 能组织工具、设备及使用工艺的改造 2.2.2 能组织工具、设备及使用工艺的研发	工具、设备及使用工艺的改造与研发知识
3. 本体修复	3.1 本体清洗（脱盐）	3.1.1 能对金属与有机质复合文物进行清洗（脱盐） 3.1.2 能评估清洗效果	金属与有机质复合文物清洗（脱盐）方法与注意事项
	3.2 本体粘（焊）接	3.2.1 能对金属与有机质复合文物进行回贴、粘接 3.2.2 能对金属与有机质复合文物进行稳定性处理	3.2.1 金属与有机质复合文物回贴、粘接方法与注意事项 3.2.2 金属与有机质复合文物稳定性处理方法与注意事项
	3.3 本体补配与补色	3.3.1 能对带有纹饰的金属文物补配部位錾刻花纹 3.3.2 能复原处理鎏金、贴金、泥金、描金、彩（漆）绘等表面装饰	3.3.1 金属文物纹饰錾刻方法 3.3.2 金属文物表面装饰工艺复原方法与注意事项
4. 技术管理与培训	4.1 方案编制	4.1.1 能审核修复方案 4.1.2 能审核经费预算	4.1.1 金属文物保护修复方案审核要求 4.1.2 文物修复经费预算审核要求

续表

职业功能	工作内容	技能要求	相关知识要求
4.技术管理与培训	4.2 项目管理	4.2.1 能对金属文物保护修复项目技术实施进行管理 4.2.2 能参与部分文物修复标准的起草和修订	4.2.1 金属文物保护修复项目技术实施管理知识 4.2.2 文物修复标准编制规程
	4.3 技术培训	4.3.1 能进行金属文物保护修复理论教学 4.3.2 能参与编写修复培训讲义、教材	4.3.1 理论教学要求 4.3.2 讲义、教材编写要求
5.技术创新与交流	5.1 技术创新	5.1.1 能结合新技术对金属文物保护修复技术进行改进和创新 5.1.2 能结合新材料对金属文物保护修复技术进行改进和创新	5.1.1 金属文物保护修复新技术应用要求及注意事项 5.1.2 金属文物保护修复新材料应用要求及注意事项
	5.2 技术交流	5.2.1 能总结保护修复技术要点和心得，并进行实操演示 5.2.2 能推广保护修复新设备、新材料、新工艺等	5.2.1 金属文物保护修复技术要点 5.2.2 金属文物保护修复新设备、新材料、新工艺使用方法及注意事项

3.4 石质文物修复师

3.4.1 五级/初级工

职业功能	工作内容	技能要求	相关知识要求
1.现状调查	1.1 基本信息调查	1.1.1 能收集整理文物历史信息 1.1.2 能测量记录文物类型、尺寸等基本信息 1.1.3 能用照相、摄像设备采集、记录文物现状影像，并分类归档	1.1.1 照相机、摄像机使用方法 1.1.2 计算机图像处理软件使用知识
	1.2 病害调查	1.2.1 能识别石质文物病害类型 1.2.2 能用照相、摄像设备采集、记录文物病害，并分类归档 1.2.3 能结合病害图判定石质文物表面污染物类别、性质及分布	1.2.1 石质文物病害类型及特征 1.2.2 计算机图文处理软件使用知识

续表

职业功能	工作内容	技能要求	相关知识要求
2.本体修复	2.1 除尘	2.1.1 能根据文物表面状况选择除尘工具和方法 2.1.2 能使用工具清除文物表面浮尘	2.1.1 除尘工具使用方法 2.1.2 除尘劳动防护知识
	2.2 清洗	2.2.1 能使用刷子、棉签、竹签及手术刀等工具清除表面污染物 2.2.2 能使用超声波、气动及电动等工具清除表面污染物	2.2.1 刷子、棉签、竹签及手术刀等工具的使用方法 2.2.2 超声波、气动及电动等工具的使用方法
	2.3 加固	2.3.1 能粘接加固小型块石 2.3.2 能完成裂隙封堵加固	2.3.1 常用粘接材料及其使用方法 2.3.2 常用裂隙封堵材料及其使用方法
3.档案记录	3.1 修复信息记录	3.1.1 能完成文献资料电子化处理 3.1.2 能采用仪器记录现场温湿度等环境数据	3.1.1 《馆藏砖石文物保护修复记录规范》（GB/T 33289） 3.1.2 温湿度仪等设备的使用方法
	3.2 档案管理	3.2.1 能完成纸质资料的编录归档 3.2.2 能完成电子档案的存储、查询和整理	文物档案分类知识

3.4.2 四级/中级工

职业功能	工作内容	技能要求	相关知识要求
1.现状调查	1.1 基本信息调查	1.1.1 能识读考古资料与图件 1.1.2 能收集文物保存环境资料 1.1.3 能开展文物赋存环境调查	1.1.1 石质文物考古常识 1.1.2 文物赋存环境常识
	1.2 病害调查	1.2.1 能测量并手绘病害图 1.2.2 能使用专业术语描述病害特征	1.2.1 石质文物病害类型及特征 1.2.2 《馆藏砖石文物病害与图示》（GB/T 30688） 1.2.3 绘图基本知识

续表

职业功能	工作内容	技能要求	相关知识要求
1.现状调查	1.3 样品采集	1.3.1 能按规程完成采样操作 1.3.2 能完成样品的描述和编录	1.3.1《石质文物保护工程勘察规范》(WW/T 0063) 1.3.2 采样工具及方法 1.3.3 样品编录方法
2.修复材料制备与工具设备选用维护	2.1 修复工具设备使用	2.1.1 能使用常用修复工具 2.1.2 能操作常用修复设备	修复工具设备操作方法
	2.2 修复工具设备维护	2.2.1 能维护常用修复工具 2.2.2 能维护常用修复设备	2.2.1 修复工具保养知识 2.2.2 修复设备维护知识
3.本体修复	3.1 清洗	3.1.1 能使用溶剂法、贴敷法等化学方法清除表层污染物 3.1.2 能完成清洗试验,优化清洗方法 3.1.3 能去除植物病害	3.1.1 溶剂法、贴敷法等操作知识 3.1.2 石质文物化学清洗材料、方法和适用条件 3.1.3 石质文物植物病害知识
	3.2 脱盐	3.2.1 能通过机械方法清除表面积盐 3.2.2 能使用脱脂棉、纸浆等完成脱盐	脱盐材料和方法
	3.3 加固	3.3.1 能根据文物表面状况,细化表层渗透加固方案 3.3.2 能使用滴注、喷涂等方法完成表层渗透加固	3.3.1 石质文物表层加固原理及工艺 3.3.2 石质文物表层渗透加固材料、工具和方法 3.3.3《砖石质文物吸水性能测定 表面毛细吸收曲线法》(WW/T 0065)
	3.4 粘接	3.4.1 能粘接文物断裂块石 3.4.2 能粘接开裂岩体	3.4.1 石质文物粘接加固材料知识 3.4.2 石质文物粘接加固工艺及技术要求

续表

职业功能	工作内容	技能要求	相关知识要求
3.本体修复	3.5 补全	3.5.1 能通过填补方法对缺失进行补全操作 3.5.2 能对结构性缺失进行补全操作 3.5.3 能使用传统及现代材料封堵处理裂缝	3.5.1 石质文物补全原则、材料与方法 3.5.2 裂缝封堵材料与工艺
	3.6 封护	3.6.1 能配制封护试剂 3.6.2 能通过涂敷、喷淋等方法完成封护操作	3.6.1 封护试剂配制及操作知识 3.6.2 封护工具使用方法
4.档案记录	4.1 修复信息记录	4.1.1 能编写修复日志 4.1.2 能采用影像设备完成修复过程的信息记录	修复日志概念与编写规范
	4.2 档案编制	4.2.1 能完成图纸会审工作 4.2.2 能分类收集整理施工过程资料 4.2.3 能按标准完成资料整理装订	4.2.1 图纸会审的程序、内容 4.2.2 施工档案管理知识 4.2.3 施工档案整理与装订规范 4.2.4《文物保护工程文件归档整理规范》（WW/T 0024）中"6.工程文件的立卷"的要求

3.4.3 三级/高级工

职业功能	工作内容	技能要求	相关知识要求
1.现状调查	1.1 病害调查	1.1.1 能识别石质文物材质类型 1.1.2 能判定石质文物病害类型 1.1.3 能使用计算机辅助绘图软件绘制病害图	1.1.1 岩石分类基础知识 1.1.2 CAD绘图软件操作方法
	1.2 工艺调查	1.2.1 能辨识石质文物类型及造型特征 1.2.2 能辨识石质文物的工艺和结构特点	1.2.1 石质文物分类知识 1.2.2 石质文物工艺知识

续表

职业功能	工作内容	技能要求	相关知识要求
2.修复材料制备与工具设备选用维护	2.1 材料配制	2.1.1 能安全储存与管理材料 2.1.2 能按要求配制修复材料 2.1.3 能计算原材料用量	2.1.1 石质文物常用修复材料的种类、特性及储存知识 2.1.2 石质文物常用修复材料配制要求 2.1.3 材料密度、质量、体积换算知识
	2.2 修复器具制作与改进	2.2.1 能设计和制作专用修复工具 2.2.2 能设计和制作专用防护装置	2.2.1 石质文物专用修复工具 2.2.2 专用防护装置的设计常识
3.本体修复	3.1 清洗	3.1.1 能使用喷砂机、蒸汽清洗机等设备清除污染物 3.1.2 能运用综合方法抑制与清除微生物病害	3.1.1 喷砂机、蒸汽清洗机的工作原理及操作知识 3.1.2 微生物病害及防治知识
	3.2 脱盐	3.2.1 能细化脱盐工艺 3.2.2 能使用电导率仪检测脱盐效果，控制脱盐程度	3.2.1 电导率与盐含量换算 3.2.2 盐的种类与破坏知识 3.2.3 电导率仪使用方法
	3.3 预加固	3.3.1 能完成石质文物表面彩绘预加固处理 3.3.2 能完成石质文物松动块体预加固处理	3.3.1 石质文物彩绘及地仗知识 3.3.2 石质文物预加固的方法及适用条件
	3.4 加固	3.4.1 能完成裂隙封闭、灌浆管埋设、灌浆等裂隙灌浆操作 3.4.2 能使用工具设备完成钻孔、灌浆和锚固操作	3.4.1 裂隙封堵和灌浆材料的性质和使用方法 3.4.2 岩石硬度及钻具基本知识 3.4.3 岩石锚固设备基本操作
	3.5 粘接	3.5.1 能配制粘接材料 3.5.2 能完成起翘表层粘接归位	3.5.1 石质文物粘接加固材料的特性及配制方法 3.5.2 石质文物粘接加固工艺及技术要求

续表

职业功能	工作内容	技能要求	相关知识要求
3.本体修复	3.6 补全	3.6.1 能通过塑形、翻模、雕刻等方法完成补配 3.6.2 能对彩绘石质文物进行必要的补色处理 3.6.3 能对补全部位进行协调处理	3.6.1 打磨、塑形、翻模的基本知识 3.6.2 石质文物粘接材料基本知识 3.6.3 颜料调色基本知识 3.6.4 协调处理基本方法
	3.7 封护	3.7.1 能根据文物现状，确定封护处理范围和程度 3.7.2 能根据设计方案，通过试验确定封护施工工艺流程	封护效果检测分析技术
4.档案记录	4.1 修复详图与流程编制	4.1.1 能绘制局部施工大样图 4.1.2 能编制局部施工流程说明	4.1.1 大样图绘制方法 4.1.2 施工流程说明编制方法
	4.2 修复信息记录	4.2.1 能填写隐蔽工程验收记录 4.2.2 能完成分部分项验收记录	建筑工程关于隐蔽工程和分部分项工程验收的基本知识

3.4.4 二级/技师

职业功能	工作内容	技能要求	相关知识要求
1.现状调查	1.1 现场检测	1.1.1 能使用环境检测设备采集环境数据 1.1.2 能使用检测设备采集岩石性能数据	1.1.1 环境检测设备使用方法 1.1.2 岩石检测设备使用方法
	1.2 修复史调查	1.2.1 能辨识石质文物历史修复痕迹 1.2.2 能记录历次修复过程	1.2.1 历史修复工艺、材料常识 1.2.2 历史修复记录方法
2.修复材料制备与工具设备选用维护	2.1 材料配制与使用	2.1.1 能通过检测报告判定修复材料 2.1.2 能通过材料试验配制材料，并优化施工工艺 2.1.3 能评估材料的修复效果	2.1.1 石质文物修复材料检测评估方法 2.1.2 石质文物修复材料配制方法 2.1.3 回弹仪、超声波、电法、卡斯特瓶等常用检测手段
	2.2 检测分析仪器使用与维护	2.2.1 能使用两种以上石质文物检测分析仪器 2.2.2 能维护两种以上石质文物检测分析仪器	2.2.1 检测分析仪器操作规程 2.2.2 检测分析仪器维护方法

续表

职业功能	工作内容	技能要求	相关知识要求
3. 本体修复	3.1 清洗	3.1.1 能使用激光清洗设备清除文物表面污染物 3.1.2 能实施彩绘石质文物表面污染物清洗操作 3.1.3 能评估清洗效果，提出改进措施及建议	3.1.1 石质文物表面清洗常用方法及技术要求 3.1.2 激光清洗原理及操作知识 3.1.3 彩绘颜料的清洗方法 3.1.4 石质文物清洗效果评估方法
	3.2 预加固	3.2.1 能对石质文物粉末状、鳞片状、空鼓、起翘等脆弱表面进行预加固处理 3.2.2 能对结构失稳部位进行临时支撑	3.2.1 石质文物病害分类知识 3.2.2 石质文物常用加固剂的配制及使用方法 3.2.3 石质文物结构支撑方法
	3.3 加固	3.3.1 能使用整体浸泡渗透方法完成加固操作 3.3.2 能完成彩绘石质文物表面加固	3.3.1 浸泡渗透加固原理、方法和设备 3.3.2 彩绘石质文物的加固知识 3.3.3 岩石加固效果评估方法
	3.4 粘接	3.4.1 能完成断裂岩体的锚固、归位粘接与固定 3.4.2 能完成碎裂文物的拼对、锚固与粘接	3.4.1 石质文物粘接加固材料知识 3.4.2 石质文物粘接加固方法及效果评估
4. 档案记录	4.1 施工组织	4.1.1 能完成施工技术交底 4.1.2 能编写施工组织报告	4.1.1 施工工艺流程基本知识 4.1.2 施工组织报告的内容、要求与编制方法
	4.2 档案编制	4.2.1 能合作绘制修复竣工图纸 4.2.2 能合作编制修复竣工报告	竣工报告格式、内容与要求知识
5. 技术管理与培训	5.1 质量管理	5.1.1 能根据要求检查现场施工质量 5.1.2 能指导三级/高级工及以下级别人员进行质量控制活动	5.1.1 施工质量检验基本知识 5.1.2 质量控制活动相关知识

续表

职业功能	工作内容	技能要求	相关知识要求
5. 技术管理和培训	5.2 项目管理	5.2.1 能编制技术管理计划 5.2.2 能根据设计方案要求细化施工计划，并对机械、材料和人员进行合理调配	5.2.1 施工计划编制方法 5.2.2 施工人员管理、材料管理和机械管理知识
	5.3 技术培训	5.3.1 能对三级/高级工及以下级别人员进行技能指导 5.3.2 能编制技能培训讲义	5.3.1 技能培训方法 5.3.2 技能培训讲义编制要求

3.4.5 一级/高级技师

职业功能	工作内容	技能要求	相关知识要求
1. 现状调查	1.1 调查报告编写	1.1.1 能根据调查信息和数据编写现状调查报告 1.1.2 能根据现状调查细化修复工艺	1.1.1 现状调查报告编写技术要求 1.1.2 修复工艺常识
	1.2 病害评估	能根据调查与监测结果进行保护工程风险预测	1.2.1《可移动文物病害评估技术规程 石质文物》（WW/T 0062） 1.2.2 保护工程风险预测评估 1.2.3 监测报告编制要点
2. 本体修复	2.1 清洗	2.1.1 能评估清洗效果，控制清洗程度 2.1.2 能根据设计方案，编制清洗施工方案	2.1.1 石质文物表面清洗方法 2.1.2 石质文物清洗效果评估方法
	2.2 预加固	2.2.1 能评估预加固效果 2.2.2 能根据设计方案和文物病害现状，通过试验确定预加固操作方案	石质文物预加固效果评估技术
3. 档案记录	3.1 资料审核	3.1.1 能审核修复材料进场合格资料 3.1.2 能审核工程流程报告资料 3.1.3 能参与完成修复工程的现场验收工作	3.1.1 石质文物修复材料种类、性能等知识 3.1.2 工程竣工、验收等管理知识 3.1.3 工程管理知识

续表

职业功能	工作内容	技能要求	相关知识要求
3. 档案记录	3.2 报告审核	3.2.1 能审核病害现状调查报告 3.2.2 能审核现场试验报告、修复报告 3.2.3 能审核工程竣工报告	3.2.1 调查报告编制要求 3.2.2 工程竣工报告编制要求
4. 技术管理与培训	4.1 技术管理	4.1.1 能管理项目施工全过程 4.1.2 能根据现场情况调整施工计划，优化施工方案 4.1.3 能提出并实施生产效率改进计划	4.1.1 施工项目管理基础知识 4.1.2 施工方案编制方法 4.1.3 生产效率优化知识
	4.2 技术培训	4.2.1 能对二级/技师及以下级别人员进行理论和实际操作培训 4.2.2 能编写培训计划和培训大纲	培训计划和培训大纲编写方法
5. 技术创新与交流	5.1 技术创新	5.1.1 能应用并推广石质文物修复新工艺、新材料和新设备 5.1.2 能完成仪器设备改造 5.1.3 能提出石质文物修复技术革新方案，解决技术难题	5.1.1 石质文物修复新工艺、新材料和新设备知识 5.1.2 石质文物修复仪器设备改造方法 5.1.3 技术革新方案编制方法
	5.2 技术交流	5.2.1 能组织技术人员进行主题和专项技术学习与交流 5.2.2 能总结文物修复经验，编写技术报告	5.2.1 专业学术会议组织与管理方法 5.2.2 文献查阅与写作方法

3.5 陶瓷文物修复师

3.5.1 五级/初级工

职业功能	工作内容	技能要求	相关知识要求
1. 现状调查	1.1 基本信息调查	1.1.1 能记录名称、登录号、年代、来源、质地、尺寸、出土时间、出土地点、收藏时间、收藏地点、存放方式 1.1.2 能记录文物来源地的保存环境信息 1.1.3 能使用工具测量陶瓷文物尺寸、质量	1.1.1 文物信息及记录要求 1.1.2 长度及质量测量工具的使用方法 1.1.3 保存环境信息记录要求

续表

职业功能	工作内容	技能要求	相关知识要求
1.现状调查	1.2 病害调查	1.2.1 能目测识别陶瓷文物病害类型 1.2.2 能记录病害基本信息 1.2.3 能手绘病害示意图	1.2.1《可移动文物病害评估技术规程 陶质文物》（WW/T 0056） 1.2.2《陶质彩绘文物病害与图示》（WW/T 0021）
2.修复材料制备与工具设备选用维护	2.1 材料制备	2.1.1 能配制常用清洗溶液 2.1.2 能配制常用加固溶液 2.1.3 能准备脱盐材料	2.1.1 常用清洗溶液性能及制备知识 2.1.2 常用加固溶液性能及制备知识 2.1.3 常用脱盐材料性能知识
	2.2 工具制作选用与设备维护	2.2.1 能自制棉签、涂刷笔、竹刀、牛角刀等 2.2.2 能对修复工具和设备进行清洗、除锈、干燥等保养	2.2.1 简单工具制作方法 2.2.2 常用工具保养知识 2.2.3 常用设备保养知识
3.本体修复	3.1 试验与准备	3.1.1 能进行单一方法清洗试验并进行效果评估 3.1.2 能完成酥粉病害加固试验并进行效果评估	3.1.1 单一方法清洗试验方法与要求 3.1.2 酥粉病害加固试验方法与要求
	3.2 清洗脱盐	3.2.1 能使用毛刷、洗耳球等工具进行表面除尘 3.2.2 能使用棉签、手术刀等工具对稳定本体进行附着物的物理清除	3.2.1 清洗工具使用方法及注意事项 3.2.2 附着物物理清洗方法及注意事项
	3.3 加固粘接	3.3.1 能使用低黏度胶带对残片预拼对并做标识 3.3.2 能使用加固剂对酥粉、剥釉等病害进行加固	3.3.1 残片拼对方法及注意事项 3.3.2 文物标识方法及注意事项 3.3.3 酥粉病害加固方法及注意事项
	3.4 补配	3.4.1 能使用石膏等材料对残缺面积小的陶器进行补配 3.4.2 能使用砂纸、刀片等工具对补配部位进行简单修整	3.4.1 石膏使用方法及注意事项 3.4.2 陶器补配方法及注意事项 3.4.3 修整方法及注意事项

续表

职业功能	工作内容	技能要求	相关知识要求
3.本体修复	3.5 作色补绘	3.5.1 能使用毛笔对陶器补缺部位进行作色 3.5.2 能使用毛笔对陶器小面积补配部位进行简单纹饰绘制	3.5.1 平涂作色技法及注意事项 3.5.2 陶器手绘技法及注意事项
4.档案记录	4.1 修复信息记录	4.1.1 能记录不同类型病害修复过程中使用的修复工具 4.1.2 能记录不同类型病害修复过程中使用的修复材料 4.1.3 能记录不同病害修复的步骤和工艺 4.1.4 能测量、记录修复过程中的温湿度、光照度 4.1.5 能拍摄修复过程工作照	4.1.1 《可移动文物病害评估技术规程 瓷器类文物》（WW/T 0057） 4.1.2 温湿度计、照度计的使用方法与注意事项 4.1.3 工作照拍摄注意事项
	4.2 修复报告编制	4.2.1 能根据文物保护修复结项验收要求补充本人记录资料 4.2.2 能影印项目不同阶段评审意见并收集对应的修改资料	4.2.1 《陶质彩绘文物保护修复方案编写规范》（WW/T 0022） 4.2.2 文物保护修复结项要求

3.5.2 四级/中级工

职业功能	工作内容	技能要求	相关知识要求
1.现状调查	1.1 基本信息调查	1.1.1 能描述并记录器型特点 1.1.2 能描述并记录装饰内容 1.1.3 能描述并记录制作工艺 1.1.4 能记录文物保存和修复环境数据并描述包装形式	1.1.1 陶瓷工艺基本知识 1.1.2 环境数据记录要求
	1.2 病害调查	1.2.1 能使用放大镜或便携显微镜观察病害类型及形态 1.2.2 能运用专业术语对病害进行描述 1.2.3 能绘制电子病害图	1.2.1 放大镜、便携显微镜的使用方法 1.2.2 电子病害图绘制知识

续表

职业功能	工作内容	技能要求	相关知识要求
2.修复材料制备与工具设备选用维护	2.1 材料制备	2.1.1 能配制粘接材料 2.1.2 能准备制模材料 2.1.3 能配制补配材料	2.1.1 常用粘接材料性能知识 2.1.2 常用制模材料性能知识 2.1.3 常用补配材料性能及其调色知识
	2.2 工具制作选用与设备维护	2.2.1 能选用材质、大小、形状合适的物体放置或支撑文物本体 2.2.2 能检查工具、设备的状况,排除安全隐患	2.2.1 文物摆放安全知识 2.2.2 安全用电知识 2.2.3 工具、设备的安全使用注意事项
3.本体修复	3.1 试验与准备	3.1.1 能用多种物理清洗方法进行对比试验并做效果评估 3.1.2 能进行断面加固试验并做效果评估	3.1.1 物理清洗试验方法与要求 3.1.2 断面加固试验方法与要求
	3.2 清洗脱盐	3.2.1 能对陶器进行除霉防霉处理 3.2.2 能使用超声波清洗仪、蒸汽清洗仪等电动、气动小型设备清除本体附着物 3.2.3 能用物理、化学等方法拆解、清除陶瓷器老化修复材料 3.2.4 能用浸泡法脱盐	3.2.1 清洗设备使用方法及注意事项 3.2.2 加温设备使用方法及注意事项 3.2.3 浸泡脱盐方法及注意事项
	3.3 加固粘接	3.3.1 能对陶瓷残片断面进行加固 3.3.2 能粘接陶瓷残片数量为5片以下的小型陶瓷器	3.3.1 断面加固方法及注意事项 3.3.2 小型陶瓷器简单粘接技术及注意事项
	3.4 补配	3.4.1 能使用石膏等材料对残缺面积较大的陶瓷器进行补配 3.4.2 能使用树脂、石粉等材料对残缺面积较小的瓷器进行补配 3.4.3 能使用砂纸、刀片等工具对补配部位进行精细修整	3.4.1 石膏补配方法及注意事项 3.4.2 树脂补配方法及注意事项
	3.5 作色补绘	3.5.1 能使用毛笔、喷笔等工具对单色釉瓷器补配部位进行均匀作色 3.5.2 能对陶器小面积补配部位进行复杂纹饰绘制	3.5.1 作色技法及注意事项 3.5.2 喷笔使用方法及注意事项

续表

职业功能	工作内容	技能要求	相关知识要求
4. 档案记录	4.1 修复信息记录	4.1.1 能根据修复实际情况记录修复日志 4.1.2 能拍摄修复过程中文物整体及局部的照片，记录整理归档	4.1.1《陶质彩绘文物保护修复档案记录规范》（WW/T 0023） 4.1.2 修复日志填写要求 4.1.3 摄影记录要求
	4.2 修复报告编制	4.2.1 能记录修复过程中新发现的病害和重要的文物信息 4.2.2 能完成项目自评估	4.2.1 修复报告编写要求 4.2.2《文物保护项目评估规范》（WW/T 0070）

3.5.3 三级/高级工

职业功能	工作内容	技能要求	相关知识要求
1. 现状调查	1.1 基本信息调查	1.1.1 能用放大镜或显微镜观察器物材质特征 1.1.2 能识别和描述保护、修复痕迹，辨识老化修复材料并查找修复历史信息 1.1.3 能使用照相、摄像设备对文物信息进行采集 1.1.4 能使用温湿度计、照度计等仪器监测文物修复、保存环境	1.1.1 显微镜的使用方法 1.1.2 陶瓷修复传统工艺 1.1.3 温湿度计、照度计等环境设备使用知识与要求
	1.2 病害调查	1.2.1 能对病害进行统计 1.2.2 能使用显微拍摄设备记录病害细节特征	1.2.1 病害统计知识 1.2.2 显微拍摄知识
2. 修复材料制备与工具设备选用维护	2.1 材料制备	2.1.1 能配制作色材料 2.1.2 能配制补绘材料	2.1.1 常用作色材料性能及其调色知识 2.1.2 常用补绘材料性能及发色原理
	2.2 工具制作选用与设备维护	2.2.1 能制作临时支护装置 2.2.2 能制作处理异形补配与打磨等的特殊工具	2.2.1 支护装置制作要求 2.2.2 异形工具、打磨工具制作知识

续表

职业功能	工作内容	技能要求	相关知识要求
3. 本体修复	3.1 试验与准备	3.1.1 能进行化学清洗试验并做效果评估 3.1.2 能进行多种粘接材料联合使用试验并做效果评估	3.1.1 化学清洗试验方法与要求 3.1.2 粘接试验方法与要求
	3.2 清洗脱盐	3.2.1 能用物理方法清除不稳定病害 3.2.2 能用化学方法清除不稳定病害 3.2.3 能使用贴敷法脱盐	3.2.1 不稳定病害物理清除方法及注意事项 3.2.2 不稳定病害化学清除方法及注意事项 3.2.3 贴敷脱盐方法及注意事项
	3.3 加固粘接	3.3.1 能加固彩绘陶起翘、脱落的彩绘层 3.3.2 能粘接碎片数量为10片以下的小型陶瓷器 3.3.3 能粘接碎片数量为5片以下的大型陶瓷器	3.3.1 彩绘陶起翘、脱落的彩绘层加固技术及注意事项 3.3.2 小型陶瓷器复杂粘接技术及注意事项 3.3.3 大型陶瓷器简单粘接技术及注意事项
	3.4 补配	3.4.1 能使用多种补配材料和方法对残缺情况复杂的陶瓷器进行翻模补配 3.4.2 能使用多种打磨工具对补配部分进行精细修整	3.4.1 补配材料使用方法及注意事项 3.4.2 翻模技术及注意事项
	3.5 作色补绘	3.5.1 能使用毛笔、喷笔对单色釉瓷器补配部分进行渐变作色 3.5.2 能绘制陶器大面积补配部分的纹饰	3.5.1 毛笔渐变作色技法及注意事项 3.5.2 喷笔单色瓷器渐变作色技法及注意事项
4. 档案记录	4.1 修复信息记录	4.1.1 能根据修复实际情况核查并修改修复日志 4.1.2 能核查影像资料并及时补拍、归档	4.1.1 修复日志核查要求 4.1.2 影像资料核查要求
	4.2 修复报告编制	4.2.1 能编写预防性保护建议 4.2.2 能编写修复报告	4.2.1 预防性保护知识 4.2.2 修复报告编写要求

3.5.4 二级/技师

职业功能	工作内容	技能要求	相关知识要求
1. 现状调查	1.1 基本信息调查	1.1.1 能使用取样工具对附着物进行取样 1.1.2 能使用便携仪器检测本体材料成分、色度等 1.1.3 能使用便携仪器检测附着物成分 1.1.4 能收集、评估文物修复，保存环境数据	1.1.1 附着物取样方法 1.1.2 便携 X 荧光、色差仪等仪器的使用方法 1.1.3 环境数据分析与评估知识
	1.2 病害调查	1.2.1 能判定病害性质 1.2.2 能进行病害评估	1.2.1 陶瓷文物病害稳定性评估知识 1.2.2 陶瓷文物病害风险评估知识
2. 修复材料制备与工具设备选用维护	2.1 材料制备	2.1.1 能制订材料使用方案 2.1.2 能总结、分析修复材料使用缺陷	2.1.1 修复材料使用方法及注意事项 2.1.2 修复材料性能评价知识
	2.2 工具制作选用与设备维护	2.2.1 能收集整理工具、设备使用缺陷 2.2.2 能总结分析工具、设备使用缺陷	2.2.1 修复工具、设备使用方法及注意事项 2.2.2 修复工具、设备性能评价知识
3. 本体修复	3.1 试验与准备	3.1.1 能进行综合清洗方法试验并做效果评估 3.1.2 能进行薄胎陶瓷粘接试验并做效果评估	3.1.1 综合清洗试验方法与要求 3.1.2 薄胎陶瓷粘接试验方法与要求
	3.2 清洗脱盐	3.2.1 能用综合方法清洗病害稳定的彩绘陶 3.2.2 能用综合方法清洗冲线、裂隙、硬结物等	3.2.1 病害稳定的彩绘陶清洗方法及注意事项 3.2.2 冲线、裂隙、硬结物等清洗方法及注意事项

续表

职业功能	工作内容	技能要求	相关知识要求
3. 本体修复	3.3 加固粘接	3.3.1 能粘接10片以上的陶瓷器残片 3.3.2 能粘接5片以下的薄胎陶瓷器残片	3.3.1 复杂情况粘接技术及注意事项 3.3.2 薄胎陶瓷器粘接方法及注意事项
	3.4 补配	3.4.1 能对雕塑类陶瓷器缺失部分进行有依据的塑形补配 3.4.2 能补配刻、划、剔花等工艺的陶瓷器纹饰缺失部分	3.4.1 塑形技术及注意事项 3.4.2 刻、划、剔花等补配技术及注意事项
	3.5 作色补绘	3.5.1 能对窑变釉、花釉瓷器补配部分进行渐变作色 3.5.2 能补绘瓷器彩绘纹饰	3.5.1 窑变釉、花釉瓷器渐变作色技法及注意事项 3.5.2 瓷器彩绘纹饰补绘技法及注意事项
4. 技术管理与培训	4.1 设计方案编制	4.1.1 能编制保护修复方案 4.1.2 能编制预算	文物修复经费预算要求
	4.2 项目管理	4.2.1 能对陶瓷文物修复项目流程进行管理 4.2.2 能对陶瓷文物保护修复项目资金使用进行管理	4.2.1 保护修复项目流程管理知识 4.2.2 陶瓷文物保护修复项目资金使用要求
	4.3 技术培训	4.3.1 能编制培训计划与方案 4.3.2 能进行陶瓷器保护修复实操教学	4.3.1 培训计划与方案编制要求 4.3.2 实操教学要求

3.5.5 一级/高级技师

职业功能	工作内容	技能要求	相关知识要求
1. 本体修复	1.1 试验与准备	1.1.1 能进行开片瓷器清洗试验并做效果评估 1.1.2 能进行辅助构件固定粘接试验并做效果评估	1.1.1 开片瓷器清洗试验方法与要求 1.1.2 辅助构件固定粘接试验方法与要求
	1.2 清洗脱盐	1.2.1 能用综合方法清洗病害不稳定的彩绘陶 1.2.2 能用综合方法清洗开片瓷器	1.2.1 病害不稳定的彩绘陶清洗方法及注意事项 1.2.2 开片瓷器清洗方法及注意事项

续表

职业功能	工作内容	技能要求	相关知识要求
1.本体修复	1.3 加固粘接	1.3.1 能粘接5片以上的薄胎陶瓷器残片 1.3.2 能制作、使用辅助构件，加固粘接大型陶瓷器	辅助构件制作、使用方法及注意事项
	1.4 补配	1.4.1 能组织采用3D打印等新技术进行补配 1.4.2 能组织开展缺失部件的复制	1.4.1 3D打印技术及注意事项 1.4.2 陶瓷复制工艺及注意事项
	1.5 作色补绘	1.5.1 能补绘开片纹瓷器 1.5.2 能补绘刻、划、剔花等工艺的瓷器纹饰	1.5.1 开片纹补绘技法及注意事项 1.5.2 刻、划、剔花等纹饰瓷器补绘技法及注意事项
2.技术管理与培训	2.1 方案编制	2.1.1 能审核修复方案 2.1.2 能审核经费预算	2.1.1 陶瓷文物保护修复方案审核要求 2.1.2 文物修复经费预算审核要求
	2.2 项目管理	2.2.1 能对陶瓷文物保护修复项目技术实施进行管理 2.2.2 能参与部分文物修复标准的起草和修订	2.2.1 陶瓷文物保护修复项目技术实施管理知识 2.2.2 文物修复标准编制规程
	2.3 技术培训	2.3.1 能进行陶瓷器保护修复理论教学 2.3.2 能参与编制修复培训讲义、教材	2.3.1 理论教学要求 2.3.2 讲义、教材编制要求
3.技术创新与交流	3.1 技术创新	3.1.1 能组织修复材料性能的改进与研发 3.1.2 能组织修复工具、设备的改造与研发	3.1.1 陶瓷文物修复材料的性能改进与研发知识 3.1.2 陶瓷文物修复工具、设备的改造与研发知识
	3.2 技术交流	3.2.1 能交流修复经验与心得 3.2.2 能推广所改进与研发的新设备、新技术、新工艺等	3.2.1 修复技能分析知识 3.2.2 推广所改进与研发的新设备、新技术、新工艺知识

3.6 纸张书画文物修复师

3.6.1 五级/初级工

职业功能	工作内容	技能要求	相关知识要求
1.现状调查	1.1 基本信息调查	1.1.1 能收集整理文物相关历史信息 1.1.2 能测量记录文物类型、尺寸等基本信息 1.1.3 能使用相机等设备采集、记录文物现状影像，并分类归档	1.1.1 纸张书画文物画芯、镶料的测量方法 1.1.2 相机、摄像机的使用方法 1.1.3 计算机操作基本知识
	1.2 病害调查	1.2.1 能识别纸张书画文物本体的病害类型 1.2.2 能运用专业术语描述并记录病害特征	1.2.1 纸张书画文物病害种类的知识 1.2.2 判断纸张书画文物病害种类的方法
	1.3 本体材料调查	1.3.1 能识别纸本画芯帘纹的方向 1.3.2 能识别绢本画芯的经纬方向和密度	1.3.1 纸本书画材质的基本知识 1.3.2 绢本书画材质的基本知识
	1.4 环境调查	1.4.1 能使用温湿度计测量室内温湿度 1.4.2 能使用照度计测量室内光照强度	1.4.1 温湿度计使用和温湿度记录方法 1.4.2 照度计的使用和照度记录方法
2.修复材料制备与工具设备选用维护	2.1 修复材料制备	2.1.1 能制作淀粉浆糊 2.1.2 能制作面粉浆糊	2.1.1 淀粉浆糊的制作和保存知识 2.1.2 面粉浆糊的制作和保存知识
	2.2 设备使用与维护	2.2.1 能使用常用装裱修复工具 2.2.2 能调节修复场所的温湿度 2.2.3 能清洁和修整裱画墙	2.2.1 打浆机、吹风机、电钻、锯杆机、压平机的使用方法 2.2.2 空调、除湿机、加湿器的使用方法 2.2.3 裱画墙的维护方法
	2.3 工具使用与制作	2.3.1 能对棕刷和排笔进行加工处理 2.3.2 能制作针锥、竹起子等工具 2.3.3 能使用裁纸刀、针锥、排笔、棕刷、竹起子、砑石、剪刀、喷雾器等修复工具	2.3.1 纸张书画文物修复常用工具使用方法 2.3.2 纸张书画文物常用工具的制作方法

续表

职业功能	工作内容	技能要求	相关知识要求
3.整体修复	3.1 整体（本体）除尘	3.1.1 能使用毛笔、排笔等工具清除纸张书画文物表面的灰尘 3.1.2 能使用专用吸尘器清除纸张书画文物表面灰尘	3.1.1 纸张书画文物表面灰尘的去除方法 3.1.2 专用吸尘器的使用方法
	3.2 本体装裱	3.2.1 能装裱镜片 3.2.2 能装裱一色裱立轴	3.2.1 镜片装裱的方法 3.2.2 立轴装裱的方法
4.档案记录	4.1 装裱信息记录	4.1.1 能记录修复过程 4.1.2 能撰写修复日志	纸张书画文物装裱修复流程
	4.2 电子档案制作	4.2.1 能使用各类电子软件记录装裱内容 4.2.2 能使用电子设备储存装裱过程的图片、视频资料	《馆藏纸质文物保护修复档案记录规范》（WW/T 0027）

3.6.2 四级/中级工

职业功能	工作内容	技能要求	相关知识要求
1.现状调查	1.1 基本信息调查	1.1.1 能识别装裱的形制与品式 1.1.2 能对绫、绢、锦等材料进行文字记录和图像采集	1.1.1 书画装裱形制与品式知识 1.1.2 绫、绢、锦等的图案知识
	1.2 病害调查	1.2.1 能手工绘制病害图 1.2.2 能使用软件绘制纸张书画文物病害图 1.2.3 能使用专业术语描述病害特征	1.2.1 《馆藏纸质文物病害分类与图示》（WW/T 0026） 1.2.2 绘图基本知识
	1.3 本体材料调查	1.3.1 能识别纸本书画文物的主要材质类别 1.3.2 能识别绢本书画文物的主要材质类别	1.3.1 纸本书画材质鉴别的基本知识 1.3.2 绢本书画材质鉴别的基本知识
	1.4 整体工艺调查	1.4.1 能辨识并记录装裱工艺 1.4.2 能绘制品式图	1.4.1 传统纸张书画形制的知识 1.4.2 品式图的绘制方法

续表

职业功能	工作内容	技能要求	相关知识要求
1. 现状调查	1.5 修复史调查	1.5.1 能识别并记录历史修复痕迹 1.5.2 能识别并记录纸张书画文物曾做过的接笔和全色	修复痕迹的识别方法
	1.6 环境调查	1.6.1 能对修复场所的温湿度进行规范记录 1.6.2 能测量并记录修复场所的空气质量	1.6.1 温湿度测量设备的使用方法 1.6.2 空气质量检测设备的使用方法
2. 修复材料制备与工具设备选用维护	2.1 修复材料选用与处理	2.1.1 能选择稀薄绢或化纤纸对纸本画在揭画芯时进行加固 2.1.2 能选择水油纸或化纤纸对绢本画在揭画芯时进行加固	水油纸、化纤纸、稀薄绢的加固方法
	2.2 设备使用与维护	2.2.1 能使用清洗槽清洗纸张书画文物 2.2.2 能使用色度仪测试纸张书画文物颜色 2.2.3 能使用拷贝台进行隐补、贴折条等操作	2.2.1 清洗槽的使用方法 2.2.2 色度仪的使用方法 2.2.3 拷贝台的使用方法
	2.3 工具使用与制作	2.3.1 能使用放大镜观察书画文物表面状况 2.3.2 能根据要求磨制马蹄刀 2.3.3 能使用锯子、锉刀手工制作地杆、榫头	2.3.1 放大镜的使用方法 2.3.2 马蹄刀的磨制方法 2.3.3 常用工具的制作与使用方法
3. 整体修复	3.1 整体清洗	3.1.1 能根据文物材质、病害情况选择清洗方式 3.1.2 能使用浸泡、淋洗等方法在清洗槽、裱台上清洗 3.1.3 能针对典型污染物种类选择清洗剂 3.1.4 能使用棉签和水、酒精等溶剂进行局部清洗	3.1.1 纸张书画文物表面清理方法 3.1.2 纸张书画文物的清洗方法 3.1.3 纸张书画文物清洗剂的类型和使用方法

续表

职业功能	工作内容	技能要求	相关知识要求
3. 整体修复	3.2 本体修复	3.2.1 能对破损本体进行拼对、复原及平整处理 3.2.2 能使用揭、搓、捻的手法揭除覆褙纸 3.2.3 能使用揭、搓、捻的手法揭除命纸 3.2.4 能修刮残缺处边缘 3.2.5 能选择与本体材质相近的补纸并补全 3.2.6 能选择和染制合适的命纸 3.2.7 能对托制完成的本体背面局部或整体打胶矾水 3.2.8 能进行全色处理 3.2.9 能对本体折痕进行贴折条加固处理	3.2.1 残破纸张书画文物拼对、复原、平整方法 3.2.2 纸张书画文物覆褙纸和命纸揭除的知识和方法 3.2.3 残破纸张书画文物的平整粘贴方法 3.2.4 明胶、明矾的配比知识 3.2.5 绘画基础知识 3.2.6 纸张书画文物加固断折的方法
	3.3 本体装裱	3.3.1 能装裱蝴蝶装册页和推蓬装册页 3.3.2 能装裱扇面 3.3.3 能对托料进行染色处理	3.3.1 画芯颜色、厚薄与选择命纸的知识 3.3.2 册页、扇面的装裱知识 3.3.3 绫绢染制的知识
4. 档案记录	4.1 修复信息记录	4.1.1 能准确记录修复过程关键步骤及使用的材料 4.1.2 能采集修复过程中关键步骤的图像、视频资料	4.1.1 纸张书画文物修复规范记录知识 4.1.2 文物摄影、摄像技术
	4.2 电子档案制作	4.2.1 能使用电子软件记录修复过程中的文字资料 4.2.2 能使用电子设备采集图像、影像资料	—
	4.3 修复报告编制	4.3.1 能参与编写纸张书画文物修复报告中的文字部分 4.3.2 能参与编写纸张书画文物修复报告中的图像、影像部分	纸张书画文物修复报告编写方法

3.6.3 三级/高级工

职业功能	工作内容	技能要求	相关知识要求
1.现状调查	1.1 病害调查	1.1.1 能综合评估纸张书画文物的病害 1.1.2 能根据文物病害程度提出修复意见	1.1.1 纸张书画病害评估方法 1.1.2 各类病害对纸张书画文物的影响作用知识
	1.2 本体材料调查	1.2.1 能识别书画文物特殊类别材质，如缂丝、刺绣、唐卡等 1.2.2 能使用拷贝台、放大镜、显微镜等工具和设备调查本体的材质和保存状态	1.2.1 文物材质的知识 1.2.2 拷贝台、放大镜、显微镜的操作方法
	1.3 整体工艺调查	1.3.1 能根据残损纸张书画文物确认原有形制品式 1.3.2 能根据整体残损和历史价值，确定原裱的去留	1.3.1 传统书画装裱历史的知识 1.3.2 传统书画装裱工艺与形制品式的对应关系
	1.4 修复史调查	1.4.1 能辨识历史修复所使用的材料及其老化程度 1.4.2 能使用拷贝台调查修复工艺	1.4.1 纸张书画文物保护修复材料识别及老化评估方法 1.4.2 拷贝台使用方法
	1.5 环境调查	1.5.1 能对修复场所的光源进行评估 1.5.2 能对纸张书画文物保存环境进行综合评估	1.5.1 预防性保护的相关知识 1.5.2 保存环境的评估方法
2.修复材料制备与工具设备选用维护	2.1 修复材料使用与处理	2.1.1 能对补纸进行染色 2.1.2 能对补绢进行染色	2.1.1 色彩学的基本知识 2.1.2 染色基础知识
	2.2 设备使用与维护	2.2.1 能指导四级/中级工及以下级别人员进行裱台的维护 2.2.2 能指导四级/中级工及以下级别人员进行裱画墙的维护 2.2.3 能使用裁纸机	2.2.1 裱台的维护知识 2.2.2 裱画墙的维护知识 2.2.3 裁纸机的使用方法
	2.3 工具使用与制作	2.3.1 能指导四级/中级工及以下级别人员正确使用与加工常用工具 2.3.2 能按照砑装要求加工砑石	2.3.1 制作与使用常用工具的方法 2.3.2 选择和加工砑石的常识

续表

职业功能	工作内容	技能要求	相关知识要求
3. 整体修复	3.1 整体清洗	3.1.1 能对纸张书画文物进行综合清洗 3.1.2 能进行返铅处理 3.1.3 能加固写印色料	3.1.1 纸张书画文物复杂病害的清洗方法 3.1.2 双氧水的使用方法 3.1.3 写印色料的加固方法
	3.2 本体修复	3.2.1 能根据绢本本体的材质选择经纬密度、色泽相近的补绢,并对齐经纬方向进行补全 3.2.2 能在有依据的前提下对笔墨缺损处进行接笔处理并做全色处理 3.2.3 能对特殊纸张,如笺纸等进行配补	3.2.1 补绢选择及处理的知识 3.2.2 纸张书画文物绘画技法 3.2.3 绘画染料的知识 3.2.4 古代常见加工纸的制作工艺
	3.3 本体装裱	3.3.1 能进行挖镶处理 3.3.2 能装裱横批 3.3.3 能装裱包边手卷和转边手卷 3.3.4 能装裱通景屏	3.3.1 横批的装裱知识 3.3.2 月牙杆的制作知识 3.3.3 通景屏装裱的知识
4. 档案记录	4.1 修复信息记录	4.1.1 能规范记录保护修复日志 4.1.2 能使用计算机软件绘制形制图	纸张书画文物修复日志记录规范
	4.2 电子档案制作	4.2.1 能对保护修复中的文字进行记录、归档整理 4.2.2 能对保护修复中的图片、影像资料进行加工处理	纸张书画文物保护修复档案记录规范
	4.3 修复报告编制	4.3.1 能独立评估保护修复效果 4.3.2 能独立编写保护修复报告	纸张书画文物保护修复报告的撰写规范

3.6.4 二级/技师

职业功能	工作内容	技能要求	相关知识要求
1. 现状调查	1.1 病害调查	1.1.1 能指导文物病害调查工作 1.1.2 能总结和评估纸张书画文物病害调查工作	1.1.1 纸张书画病害统计的知识 1.1.2 纸张书画文物病害统计与评估的知识

续表

职业功能	工作内容	技能要求	相关知识要求
1. 现状调查	1.2 本体材料调查	1.2.1 能识读纤维分析检测结果 1.2.2 能识读常规颜料的仪器分析检测结果	1.2.1 纤维分析检测的知识 1.2.2 颜料分析检测的原理
	1.3 整体工艺调查	1.3.1 能辨识并记录特殊纸本书画文物的工艺特征 1.3.2 能辨识并记录特殊绢本书画文物的工艺特征	1.3.1 中国传统特殊纸张的鉴别知识 1.3.2 中国传统特殊绢、绫、锦的鉴别知识
	1.4 修复史调查	1.4.1 能分析历史修复工艺 1.4.2 能评估历史修复的合理性并确定补纸、补绢的去留	纸张书画文物保护修复材料识别及老化状态评估
	1.5 环境调查	1.5.1 能识读修复环境检测报告 1.5.2 能评估修复环境影响因素	文物保存环境学的知识
2. 修复材料制备与工具设备选用维护	2.1 修复材料使用与处理	2.1.1 能选择符合文物保护要求的修复材料 2.1.2 能对修复用补绢进行全色处理	2.1.1 古代常见写印色料的种类与染色方法 2.1.2《馆藏文物包装材料 无酸纸质材料》(WW/T 0077) 2.1.3 绢本书画补材全色方法
	2.2 设备使用与维护	2.2.1 能使用低压清洗台 2.2.2 能使用视频显微镜	2.2.1 低压清洗台的使用方法 2.2.2 视频显微镜的操作知识
	2.3 工具使用与制作	2.3.1 能根据工作需要设计定制修复工具 2.3.2 能根据工作需要改进现有工具	2.3.1 纸张书画文物修复工具使用特点和基本知识 2.3.2 纸张书画文物修复工具的设计与改进知识
3. 整体修复	3.1 本体装裱	3.1.1 能装裱撞边手卷 3.1.2 能装裱经折装册页 3.1.3 能装裱大型、拼接纸张书画文物	3.1.1 撞边手卷的装裱知识 3.1.2 经折装册页的装裱知识 3.1.3 书画装裱技巧的综合运用方法
	3.2 整体清洗	3.2.1 能清洗残破、糟朽本体 3.2.2 能清洗重彩书画	3.2.1 残破、脆弱纸张书画文物的清洗方法 3.2.2 重彩纸张书画文物的清洗方法

续表

职业功能	工作内容	技能要求	相关知识要求
3. 整体修复	3.3 本体修复	3.3.1 能对需要保留命纸的本体进行复位处理 3.3.2 能处理分层夹宣 3.3.3 能修复破损严重的各类糟朽纸张书画文物 3.3.4 能对材质特殊、缺损严重的本体进行全色接笔	3.3.1 绢本书画画芯保留命纸的处理方法 3.3.2 破损严重的纸张书画文物的修复方法 3.3.3 材质特殊、缺损严重的纸张书画文物的修复方法 3.3.4 古书画全色接笔的方法
4. 档案记录	4.1 修复信息记录	4.1.1 能对修复记录进行总结、优化、审核 4.1.2 能指导三级/高级工及以下级别人员完成修复信息记录	纸张书画文物修复分析、总结、整理知识
	4.2 电子档案制作	能对电子档案进行总结和优化	—
	4.3 修复报告编制	4.3.1 能对已完成的修复报告进行总结和优化 4.3.2 能指导学员制作修复报告	纸张书画文物保护修复档案的编制、归类、总结知识
5. 技术管理与培训	5.1 设计方案编制	5.1.1 能独立完成信息采集工作 5.1.2 能主持完成修复设计方案	5.1.1 文物保护修复方案编制规范 5.1.2 文物保护经费预算标准
	5.2 项目管理	5.2.1 能对纸张书画文物修复工艺流程进行管理 5.2.2 能撰写技术报告、技术论文	研究报告和技术论文的撰写方法
	5.3 技术培训	5.3.1 能进行纸张书画文物保护修复的理论和操作技能培训 5.3.2 能撰写技能培训讲义	5.3.1 培训需求信息收集和分析方法 5.3.2 技能培训讲义的开发方法

3.6.5 一级/高级技师

职业功能	工作内容	技能要求	相关知识要求
1. 整体修复	1.1 整体清洗	1.1.1 能对各类纸张书画文物的清洗效果进行评估 1.1.2 能对各类纸张书画文物的清洗进行指导	1.1.1 清洗效果评估知识 1.1.2 分析与预防知识

续表

职业功能	工作内容	技能要求	相关知识要求
1. 整体修复	1.2 本体修复	1.2.1 能揭展固结、粘连本体 1.2.2 能综合评估本体修复效果 1.2.3 能对修复中出现的复杂疑难问题提出解决方法	1.2.1 固结纸张书画的揭展方法 1.2.2 纸张书画文物修复效果的评估方法
	1.3 本体装裱	1.3.1 能对复杂装裱形制纸张书画文物进行指导 1.3.2 能对复杂装裱形制纸张书画文物进行评估	1.3.1 纸张书画文物装裱和修复的综合知识 1.3.2 传统装裱形制的相关文献记载
2. 技术管理与培训	2.1 设计方案编制	2.1.1 能指导纸张书画文物修复方案的编制 2.1.2 能审核纸张书画文物修复方案	2.1.1 规章与规范的制定原则、程序与方法 2.1.2《馆藏纸质文物保护修复方案编写规范》（WW/T 0025）
	2.2 项目管理	2.2.1 能管理纸张书画修复项目 2.2.2 能根据实际调整修复计划，优化修复方案 2.2.3 能对纸张书画修复质量进行检查与评定	2.2.1 纸张书画文物保护修复标准 2.2.2 纸张书画文物修复质量评判标准
	2.3 技术培训	2.3.1 能编制培训计划和培训大纲 2.3.2 能进行理论和实践相关内容的授课 2.3.3 能撰写修复项目的立项报告和结项报告	培训计划和培训大纲的编制方法
3. 技术创新与交流	3.1 技术创新	能应用新材料、新工艺、新设备	新材料、新工艺、新设备的相关信息
	3.2 技术交流	3.2.1 能组织开展技术交流 3.2.2 能撰写技术论文	3.2.1 技术交流基本要求 3.2.2 撰写技术论文的相关知识

3.7 出土（水）竹木漆器文物修复师

3.7.1 五级/初级工

职业功能	工作内容	技能要求	相关知识要求
1.现状调查	1.1 基本信息调查	1.1.1 能使用直尺、卡尺等测量出土（水）竹木漆器文物的尺寸 1.1.2 能使用电子秤、天平等测量出土（水）竹木漆器文物的质量 1.1.3 能使用计算机录入出土（水）竹木漆器文物基本信息 1.1.4 能使用拍摄器材拍摄出土（水）竹木漆器文物的照片	1.1.1 文物尺寸测量方法 1.1.2 文物质量测量方法 1.1.3《馆藏文物登录规范》（WW/T 0017）
	1.2 病害调查	1.2.1 能识别出土（水）竹木漆器文物病害类型 1.2.2 能描述出土（水）竹木漆器文物病害及特征	《馆藏出土竹木漆器类文物病害分类与图示》（WW/T 0003）
	1.3 材料调查	1.3.1 能区别漆器的木胎与陶胎 1.3.2 能区别竹材与木材	1.3.1 木材基本知识 1.3.2 出土（水）竹木漆器文物材质鉴别方法
2.修复材料制备与工具设备选用维护	2.1 修复材料选用与处理	2.1.1 能正确使用出土（水）竹木漆器文物清洗材料 2.1.2 能配制出土（水）竹木漆器文物清洗溶液	2.1.1 出土（水）竹木漆器文物清洗材料性质 2.1.2 出土（水）竹木漆器文物清洗溶液配制方法
	2.2 设备工具选用与维护	2.2.1 能选用毛刷、排笔、竹签等工具用于出土（水）竹木漆器文物除尘及清洗 2.2.2 能选用不同规格吸尘器用于出土（水）竹木漆器文物除尘	2.2.1 常用除尘、清洗工具使用方法 2.2.2 文物专用吸尘器使用方法
3.本体修复	3.1 本体除尘	3.1.1 能使用毛刷、排笔等清洁工具去除出土（水）竹木漆器文物表面灰尘 3.1.2 能使用文物专用吸尘器吸除出土（水）竹木漆器文物表面灰尘 3.1.3 能使用无酸纸、塑料薄膜等材料制作出土（水）竹木漆器文物防尘包装	3.1.1 出土（水）竹木漆器文物表面除尘方法 3.1.2 出土（水）竹木漆器文物包装方法 3.1.3《文物运输包装规范》（GB/T 23862） 3.1.4《馆藏文物包装材料 无酸纸质材料》（WW/T 0077）

续表

职业功能	工作内容	技能要求	相关知识要求
3.本体修复	3.2 本体清洗	3.2.1 能识别出土（水）竹木漆器文物污染物类型 3.2.2 能选用出土（水）竹木漆器文物清洗方式 3.2.3 能使用棉签、毛刷、试纸、比色卡进行局部清洗试验 3.2.4 能使用乙醇、丙酮等清洗材料去除出土（水）竹木漆器文物表面污染物 3.2.5 能使用竹签、角刀等工具剥离出土（水）竹木漆器文物表面污染物	3.2.1 出土（水）竹木漆器文物污染物类型 3.2.2 出土（水）竹木漆器文物清洗材料性质 3.2.3 出土（水）竹木漆器文物清洗方法
	3.3 本体加固	3.3.1 能拼对断裂的出土（水）竹木漆器文物 3.3.2 能使用生漆、动植物胶粘接出土（水）竹木漆器文物胎体	3.3.1 出土（水）竹木漆器文物器型种类 3.3.2 生漆、动植物胶性质 3.3.3 生漆、动植物胶使用方法
4.档案记录与报告编制	4.1 修复信息记录	4.1.1 能记录出土（水）竹木漆器文物保护修复基本信息 4.1.2 能完成出土（水）竹木漆器文物保护修复日志	4.1.1《馆藏出土竹木漆器文物类保护修复档案记录规范》（WW/T 0011） 4.1.2 出土（水）竹木漆器文物保护知识
	4.2 电子档案制作	4.2.1 能使用计算机录入出土（水）竹木漆器文物保护修复信息 4.2.2 能使用计算机录入出土（水）竹木漆器文物保护修复日志	—

3.7.2 四级/中级工

职业功能	工作内容	技能要求	相关知识要求
1.现状调查	1.1 基本信息调查	1.1.1 能手绘和使用绘图软件绘制出土（水）竹木漆器文物图形 1.1.2 能使用体视显微镜观察出土（水）竹木漆器文物表面形貌	1.1.1 出土（水）竹木漆器文物器型种类 1.1.2 计算机绘图软件使用方法 1.1.3 体视显微镜使用方法

续表

职业功能	工作内容	技能要求	相关知识要求
1.现状调查	1.2 病害调查	1.2.1 能使用计算机绘制出土（水）竹木漆器文物病害图 1.2.2 能使用测色仪测量出土（水）竹木漆器文物色度	测色仪使用方法
	1.3 环境调查	1.3.1 能使用温湿度计检测出土（水）竹木漆器文物保存环境的温湿度 1.3.2 能使用照度计检测出土（水）竹木漆器文物保存环境的光照度	1.3.1《博物馆照明设计规范》（GB/T 23863） 1.3.2 温湿度计使用方法 1.3.3 照度计使用方法
2.修复材料制备与工具设备选用维护	2.1 修复材料选用与处理	2.1.1 能选用出土（水）竹木漆器文物胎体修复材料 2.1.2 能选用出土（水）竹木漆器文物漆灰层修复材料	2.1.1 出土（水）竹木漆器文物胎体修复材料性质 2.1.2 出土（水）竹木漆器文物漆灰层修复材料性质
	2.2 设备工具选用与维护	2.2.1 能选用木工加工设备工具进行出土（水）竹木漆器文物胎体补配 2.2.2 能选用漆工加工设备工具进行漆器文物漆灰层补配 2.2.3 能维护木工、漆工加工设备工具	2.2.1 木工加工设备工具使用方法 2.2.2 漆工加工设备工具使用方法
3.本体修复	3.1 本体清洗	3.1.1 能正确选用清洗材料去除顽固污染物 3.1.2 能使用色度仪测量清洗前后出土（水）竹木漆器文物色度变化	色度仪使用方法
	3.2 本体粘接	3.2.1 能使用生漆、动植物胶拼对粘接出土（水）竹木漆器文物胎体 3.2.2 能使用生漆、动植物胶拼对粘接出土（水）竹木漆器文物漆灰层	—
	3.3 本体补配	3.3.1 能使用竹木工工具制作出土（水）竹木漆器文物胎体残缺部分 3.3.2 能使用漆工工具补配漆器文物漆灰层	3.3.1 木工工具使用方法 3.3.2 漆工工具使用方法

续表

职业功能	工作内容	技能要求	相关知识要求
4. 档案记录与报告编制	4.1 修复信息记录	4.1.1 能记录修复过程中使用的材料及工艺 4.1.2 能采集修复过程影像	—
	4.2 电子档案制作	4.2.1 能编辑处理出土（水）竹木漆器文物修复过程影像 4.2.2 能制作出土（水）竹木漆器文物修复电子档案	计算机绘图软件使用方法

3.7.3 三级/高级工

职业功能	工作内容	技能要求	相关知识要求
1. 现状调查	1.1 病害调查	1.1.1 能对出土（水）竹木漆器文物病害做出综合评估 1.1.2 能测量出土（水）竹木漆器文物含水率、干缩率	1.1.1《可移动文物病害评估技术规程 竹木漆器类文物》（WW/T 0060） 1.1.2 各类病害对出土（水）竹木漆器文物的影响及分析知识 1.1.3《出土竹木漆器类文物含水率测定 失重法》（WW/T 0086）
	1.2 本体工艺及历次修复调查	1.2.1 能识别并记录出土（水）竹木漆器文物制作工艺 1.2.2 能识别并记录出土（水）竹木漆器文物历次修复痕迹	1.2.1 出土（水）竹木漆器文物制作工艺 1.2.2 出土（水）竹木漆器文物修复工艺
	1.3 环境调查	1.3.1 能对出土（水）竹木漆器文物保存环境指标进行检测和记录 1.3.2 能掌握出土（水）竹木漆器文物保存环境要求	1.3.1《馆藏文物保存环境质量检测技术规范》（WW/T 0016） 1.3.2《馆藏文物保存环境控制 甲醛吸附材料》（WW/T 0067） 1.3.3《馆藏文物保存环境控制 调湿材料》（WW/T 0068） 1.3.4《馆藏文物防震规范》（WW/T 0069） 1.3.5《博物馆建筑设计规范》（JGJ 66）

续表

职业功能	工作内容	技能要求	相关知识要求
2. 修复材料制备与工具设备选用维护	2.1 修复材料选用	2.1.1 能选用丙三醇、聚乙二醇等材料用于漆膜软化 2.1.2 能选用色漆用于漆膜层补配	2.1.1 漆膜软化材料性质 2.1.2 色漆性质
	2.2 设备工具选用维护	2.2.1 能选用制漆设备工具精制生漆 2.2.2 能选用矫形设备工具用于出土（水）竹木漆器文物矫形 2.2.3 能选用热风枪、恒温恒湿箱等设备工具用于漆器文物漆膜软化	2.2.1 制漆设备工具使用方法 2.2.2 矫形设备工具使用方法 2.2.3 漆膜软化设备工具使用方法
3. 本体修复	3.1 本体矫形	3.1.1 能使用矫形设备工具对出土（水）竹木漆器文物矫形 3.1.2 能使用石膏、硅胶等制作出土（水）竹木漆器文物定形模具 3.1.3 能使用定形模具对干燥过程中的出土（水）竹木漆器文物定形	3.1.1 出土（水）竹木漆器文物矫形方法 3.1.2 出土（水）竹木漆器文物定形模具制作方法 3.1.3 出土（水）竹木漆器文物定形模具使用方法
	3.2 本体粘接	3.2.1 能配制漆膜软化试剂 3.2.2 能使用漆膜软化试剂和设备软化漆器文物漆膜 3.2.3 能使用生漆、动植物胶拼对粘接漆器文物漆膜	3.2.1 漆膜软化试剂配制方法 3.2.2 漆膜软化操作方法
	3.3 本体补配	3.3.1 能精制生漆 3.3.2 能调制色漆用于漆器文物漆膜补配 3.3.3 能使用漆工工具及设备补配漆器文物漆膜 3.3.4 能使用竹木工工具及设备补配竹木质文物	3.3.1 生漆性质 3.3.2 生漆精制方法 3.3.3 色漆调制方法 3.3.4 髹漆方法 3.3.5 竹编方法
4. 档案记录与报告编制	4.1 修复信息记录	4.1.1 能记录出土（水）竹木漆器文物保护修复信息 4.1.2 能完成出土（水）竹木漆器文物保护修复档案	—
	4.2 修复报告编写	4.2.1 能评估出土（水）竹木漆器文物保护修复效果 4.2.2 能编制出土（水）竹木漆器文物保护修复报告	《馆藏出土竹木漆器类文物保护修复方案编写规范》（WW/T 0008）

3.7.4 二级/技师

职业功能	工作内容	技能要求	相关知识要求
1. 修复材料制备与工具设备选用维护	1.1 修复材料选用	1.1.1 能选用脱盐材料用于出土（水）竹木漆器文物脱盐 1.1.2 能选用脱色材料用于出土（水）竹木漆器文物脱色 1.1.3 能选用脱水材料用于出土（水）竹木漆器文物脱水	1.1.1 出土（水）竹木漆器文物脱盐材料性质 1.1.2 出土（水）竹木漆器文物脱色材料性质 1.1.3 出土（水）竹木漆器文物脱水材料性质
	1.2 设备工具选用与维护	1.2.1 能选用脱盐设备用于出土（水）竹木漆器文物脱盐 1.2.2 能选用脱色设备用于出土（水）竹木漆器文物脱色 1.2.3 能选用脱水设备用于出土（水）竹木漆器文物脱水 1.2.4 能维护脱盐、脱色、脱水设备	1.2.1 出土（水）竹木漆器文物脱盐设备使用方法 1.2.2 出土（水）竹木漆器文物脱色设备使用方法 1.2.3 出土（水）竹木漆器文物脱水设备使用方法
2. 本体修复	2.1 本体脱盐	2.1.1 能配制脱盐溶液用于出土（水）竹木漆器文物脱盐 2.1.2 能使用脱盐方法开展出土（水）竹木漆器文物脱盐	2.1.1 出土（水）竹木漆器文物脱盐溶液配制方法 2.1.2 出土（水）竹木漆器文物脱盐方法
	2.2 本体脱色	2.2.1 能配制脱色溶液用于竹、木器文物脱色 2.2.2 能使用脱色方法开展竹、木器文物脱色	2.2.1 出土（水）竹木漆器文物脱色溶液配制方法 2.2.2 出土（水）竹木漆器文物脱色方法
	2.3 本体脱水	2.3.1 能配制脱水溶液用于出土（水）竹木漆器文物脱水 2.3.2 能使用脱水方法开展出土（水）竹木漆器文物脱水	2.3.1 出土（水）竹木漆器文物脱水溶液配制方法 2.3.2 出土（水）竹木漆器文物脱水方法
	2.4 本体补配	2.4.1 能配制彩绘材料用于出土（水）竹木漆器文物纹饰绘制 2.4.2 能补配出土（水）竹木漆器文物残缺纹饰	2.4.1 出土（水）竹木漆器文物彩绘材料配制方法 2.4.2 出土（水）竹木漆器文物彩绘工艺

续表

职业功能	工作内容	技能要求	相关知识要求
3. 档案记录与报告编制	3.1 修复档案记录	3.1.1 能审核出土（水）竹木漆器文物保护修复档案 3.1.2 能指导出土（水）竹木漆器文物保护修复档案编制	出土（水）竹木漆器文物保护知识
	3.2 修复报告编制	3.2.1 能审核出土（水）竹木漆器文物保护修复报告 3.2.2 能指导出土（水）竹木漆器文物保护修复报告编制	《馆藏文物预防性保护方案编写规范》（WW/T 0066）
4. 技术管理与培训	4.1 方案编制	4.1.1 能完成出土（水）竹木漆器文物保护修复方案编制 4.1.2 能组织协调出土（水）竹木漆器文物保护修复方案编制工作	—
	4.2 技术培训	4.2.1 能进行出土（水）竹木漆器文物保护修复理论知识授课 4.2.2 能进行出土（水）竹木漆器文物修复操作技能培训	出土（水）竹木漆器文物保护修复知识

3.7.5 一级/高级技师

职业功能	工作内容	技能要求	相关知识要求
1. 本体修复	1.1 本体补配	1.1.1 能使用髹漆工具和竹木工工具补配雕镂类出土（水）竹木漆器文物 1.1.2 能使用髹漆工具和竹木工工具补配镶嵌类出土（水）竹木漆器文物 1.1.3 能使用髹漆工具补配戗划类漆器文物 1.1.4 能使用髹漆工具补配堆起类漆器文物 1.1.5 能使用髹漆工具补配罩明类漆器文物	1.1.1 雕镂类竹木漆器制作工艺 1.1.2 镶嵌类竹木漆器制作工艺 1.1.3 戗划类漆器制作工艺 1.1.4 堆起类漆器制作工艺 1.1.5 罩明类漆器制作工艺 1.1.6 竹木工工具、髹漆工具等传统工具的制作及使用

续表

职业功能	工作内容	技能要求	相关知识要求
1.本体修复	1.2 本体随色	1.2.1 能使用矿植物颜料、动植物胶、生漆等材料用于出土（水）竹木漆器文物随色 1.2.2 能使用笔刷、砂纸等工具用于出土（水）竹木漆器文物随色部位的光泽和肌理调整	1.2.1 色彩原理 1.2.2 随色方法
2.技术管理与培训	2.1 方案编制	2.1.1 能指导出土（水）竹木漆器文物保护修复方案编制 2.1.2 能审核出土（水）竹木漆器文物保护修复方案	—
	2.2 项目管理	2.2.1 能指导出土（水）竹木漆器文物保护修复工作 2.2.2 能检查与评定出土（水）竹木漆器保护修复质量	2.2.1 项目质量管理要求 2.2.2 出土（水）竹木漆器文物保护修复操作规程
	2.3 技术培训	2.3.1 能制订出土（水）竹木漆器文物培训计划 2.3.2 能编写出土（水）竹木漆器文物培训教材	2.3.1 培训课程开发方法 2.3.2 出土（水）竹木漆器文物保护修复知识
3.技术创新与交流	3.1 技术创新	3.1.1 能通过试验研究改进出土（水）竹木漆器文物修复设备工具、材料和工艺 3.1.2 能将新设备工具、新材料、新工艺应用于出土（水）竹木漆器文物保护修复	3.1.1 新设备、新材料、新工艺信息 3.1.2 新设备、新材料、新工艺在出土（水）竹木漆器文物保护修复中的应用信息
	3.2 技术交流	3.2.1 能撰写科研项目立项与结项报告 3.2.2 能主持或参与科研项目研究开发 3.2.3 能开展学术交流和撰写技术论文	3.2.1 科研项目立项报告的基本内容及申报程序 3.2.2 科研项目结项报告撰写 3.2.3 科研项目管理要求

3.8 土遗址文物修复师

3.8.1 五级/初级工

职业功能	工作内容	技能要求	相关知识要求
1. 现状调查	1.1 基本信息调查	1.1.1 能判断土遗址基本类型 1.1.2 能使用定位工具确定遗址基本方位、核心区的经纬度及高程 1.1.3 能使用常用测量工具测量遗址基本尺寸	1.1.1 土遗址的分类方法 1.1.2 常用测量工具的使用方法
	1.2 病害调查	1.2.1 能识别并用专业术语描述土遗址的主要病害 1.2.2 能填写土遗址病害信息记录表 1.2.3 能拍摄土遗址病害照片	1.2.1《土遗址保护工程勘察规范》（WW/T 0040）条款3、6.4.5 及附录A 1.2.2 土遗址常见病害类型、特征
	1.3 建造材料调查	1.3.1 能识别土遗址建造材料类型 1.3.2 能识别土遗址建造材料构成	土质学及材料学基础知识
2. 修复材料制备与工具设施选用维护	2.1 修复工具及设施准备	2.1.1 能根据修复内容准备相关保护修复工具 2.1.2 能完成简单脚手架及遮阳网的搭设	2.1.1 土遗址专用工具使用要求 2.1.2 脚手架、遮阳网的搭设及安全防护要求
	2.2 修复材料制备	2.2.1 能识别土遗址保护修复材料 2.2.2 能准备修复加固原材料	2.2.1 常用工具、量具的使用方法 2.2.2 灌浆材料的制备要求
3. 本体修复	3.1 临时支护	3.1.1 能完成文物本体的临时支护 3.1.2 能搭设临时保护设施	土遗址稳定性加固的要求
	3.2 表面防护处理	3.2.1 能完成表面清理 3.2.2 能完成表面拉毛处理	土遗址表面处理要求
4. 试验操作	4.1 前期准备	4.1.1 能完成原状土样、扰动土样的取样 4.1.2 能准备试验扰动土样 4.1.3 能制备试验原状土样	《土工试验方法标准》（GB/T 50123）条款1、2、3、4

续表

职业功能	工作内容	技能要求	相关知识要求
4. 试验操作	4.2 试验测试	4.2.1 能做土密度、含水量、颗粒分析室内试验 4.2.2 能使用基本试验操作工具	《土遗址保护试验技术规范》（WW/T 0039）条款 3、4.1、4.2、4.4
5. 档案记录	5.1 修复信息记录	5.1.1 能填写施工日志 5.1.2 能记录修复现场温度、湿度、光照度、风速	5.1.1 施工日志记录相关知识 5.1.2 温湿度计、照度计使用方法
	5.2 电子档案制作	5.2.1 能完成文字资料的归档 5.2.2 能完成图像资料的归档	《文物保护工程文件归档整理规范》（WW/T 0024）条款 3、5.1、5.2.10

3.8.2 四级/中级工

职业功能	工作内容	技能要求	相关知识要求
1. 现状调查	1.1 病害调查	1.1.1 能绘制土遗址的平面图、立面图及剖面图 1.1.2 能使用绘图软件绘制遗址病害图，统计病害工程量 1.1.3 能使用计算机图像处理软件对土遗址整体照片进行分区编辑，并能进行照片变形、拼接等处理	1.1.1 《土遗址保护工程勘察规范》（WW/T 0040）条款 6.4.2、6.4.3、6.4.4 1.1.2 病害统计要求
	1.2 建造材料及工艺调查	1.2.1 能识别土遗址的结构 1.2.2 能识别土遗址的不同建造工艺	1.2.1 土质学、土力学及材料学基础知识 1.2.2 土遗址建造工艺及结构知识
	1.3 修复史调查	1.3.1 能搜集、查阅土遗址历史档案资料 1.3.2 能根据土遗址表面状况拍摄修复痕迹	土遗址历史调查与搜集方法
	1.4 环境调查	1.4.1 能收集土遗址所处区域的地质、气候、水文环境资料 1.4.2 能收集环境污染方面的资料	1.4.1 环境调查方法及要求 1.4.2 工程地质条件

续表

职业功能	工作内容	技能要求	相关知识要求
2. 修复材料制备与工具设备选用维护	2.1 工具选用与制作	2.1.1 能选用适合处理不同病害的修复工具 2.1.2 能使用常用修复工具进行裂隙等病害的修复	土遗址专用工具使用方法
	2.2 设备选用与维护	2.2.1 能安装修复设备 2.2.2 能调试修复设备	修复设备安装、调试及维护方法
	2.3 修复材料选用与制备	2.3.1 能截取并制作锚杆 2.3.2 能拌制泥浆、配制灌浆材料	2.3.1 锚杆锚固方法及操作要点 2.3.2 土遗址修复材料特点 2.3.3 溶液配制方法 2.3.4 灌浆材料制备方法
3. 本体修复	3.1 表面防护处理	3.1.1 能用灰浆或草泥完成土遗址剥落部位的修补加固 3.1.2 能完成喷、渗的表面防护处理	土遗址表面防护处理方法
	3.2 砌补加固	3.2.1 能对土遗址小于 1 m² 悬空部位进行支顶加固 3.2.2 能对土遗址进行土坯砌补加固	3.2.1 支顶加固操作要点和注意事项 3.2.2 土遗址夯补砌筑加固工艺
	3.3 裂缝及冲沟加固	3.3.1 能对土遗址宽度小于 0.5 cm 的裂缝进行灌浆或修补堵塞 3.3.2 能对冲沟部位进行整治	3.3.1 裂隙灌浆加固工艺 3.3.2 冲沟整治加固工艺
	3.4 环境治理	3.4.1 能按照设计要求对遗址体根部进行排水处理 3.4.2 能根据设计要求对遗址周边环境进行整治	排水及环境整治要求及方法
4. 试验操作	4.1 模拟试块制作	4.1.1 能完成试验样品的制作 4.1.2 能完成试验样品的养护	《土工试验方法标准》(GB/T 50123) 条款 4.3、4.4
	4.2 性能测试	4.2.1 能完成修复材料（草泥、灰浆等）抗拉强度测试试验 4.2.2 能完成修复材料（草泥、灰浆等）抗压强度测试试验	《土工试验方法标准》(GB/T 50123) 条款 20

续表

职业功能	工作内容	技能要求	相关知识要求
5.档案记录	5.1 修复信息记录	5.1.1 能完成修复过程影像资料的记录 5.1.2 能填写施工档案（修复档案）	文物保护工程文件归档整理相关知识
	5.2 电子档案制作	5.2.1 能通过计算机办公软件记录和绘制修复图 5.2.2 能通过计算机图像处理软件对土遗址的整体照片、分区照片进行编辑	制图要求

3.8.3 三级/高级工

职业功能	工作内容	技能要求	相关知识要求
1.现状调查	1.1 病害调查	1.1.1 能完成土遗址历史图片类资料的收集与整理 1.1.2 能拍摄病害特征照片 1.1.3 能使用计算机软件对土遗址照片资料进行分类、整理及归档	1.1.1 《文物保护工程文件归档整理规范》（WW/T 0024）条款 6.1、6.2、6.3、6.4 1.1.2 《文物保护工程文件归档整理规范》（WW/T 0024）条款 5.2.11
	1.2 建造材料及工艺调查	1.2.1 能拍摄土遗址建造材料、建造工艺特征照片 1.2.2 能手绘或用绘图软件绘制建造工艺图 1.2.3 能用专业术语描述完整的建造工艺 1.2.4 能使用计算机软件对土遗址建造材料、建造工艺特征照片进行分类、整理及归档	1.2.1 工程制图要求 1.2.2 土遗址制作工艺及结构知识
	1.3 修复史调查	1.3.1 能根据土遗址表面状况记录修复痕迹 1.3.2 能整理土遗址历史档案资料	1.3.1 土遗址历史调查、搜集方法及记录方法 1.3.2 历史档案资料整理相关知识
	1.4 环境调查	1.4.1 能调查土遗址所处区域的地质、气候、水文环境资料 1.4.2 能调查环境污染方面的资料	1.4.1 环境调查方法及要点 1.4.2 工程地质条件

续表

职业功能	工作内容	技能要求	相关知识要求
2. 修复材料制备与工具设备选用维护	2.1 工具使用与制作	2.1.1 能改进修复工具 2.1.2 能使用改进后的工具	土遗址修复工具技术参数要求
	2.2 设备使用与维护	2.2.1 能操作钻机、空压机、喷雾器等修复设备 2.2.2 能维护修复设备	2.2.1 修复设备操作要领 2.2.2 修复设备维护方法
	2.3 修复材料选用与制备	2.3.1 能配制修补材料 2.3.2 能配制随色材料	2.3.1 修补材料配制要点 2.3.2 随色材料配制要点
3. 本体修复	3.1 安全防护	3.1.1 能对修复设备安全性进行现场检查与评估 3.1.2 能对临时支顶防护的安全性进行现场检查与评估	3.1.1 设备仪器性能、管理要点 3.1.2 安全防护要求
	3.2 图纸识别	3.2.1 能识读施工图中病害的类型及范围 3.2.2 能识读施工图中加固措施的工艺流程及做法	工程制图要求
	3.3 表面加固	3.3.1 能完成遗址表面风化病害加固 3.3.2 能完成雨蚀病害加固	3.3.1 土的工程性质知识 3.3.2 材料性能知识
	3.4 裂缝灌浆加固	3.4.1 能完成裂缝充填注浆加固 3.4.2 能完成裂缝表面封护	灌浆材料性能及加固工艺
	3.5 锚固	3.5.1 能用土钉对土遗址开裂病害进行锚固 3.5.2 能用常规锚杆对土遗址裂缝病害进行锚固与封护	土遗址锚固技术
	3.6 夯补砌筑	3.6.1 能用夯补技术对土遗址进行夯土修补 3.6.2 能用砌筑技术对土遗址进行修补	夯补和砌筑工艺要求

续表

职业功能	工作内容	技能要求	相关知识要求
4. 试验操作	4.1 室内试验	4.1.1 能完成土的物理性质试验 4.1.2 能完成土的化学性质、水理性质试验	《土遗址保护试验技术规范》（WW/T 0039）条款 5.1
	4.2 现场试验	4.2.1 能完成防风化现场试验 4.2.2 能完成现场颜色对比试验	色差、色度知识
5. 档案记录	5.1 修复信息记录	5.1.1 能编辑整理保护修复档案文字资料 5.1.2 能编辑整理保护修复档案图纸资料、图像资料	《文物保护工程文件归档整理规范》（WW/T 0024）条款 5、6
	5.2 电子档案制作	5.2.1 能绘制修复图纸 5.2.2 能完成保护修复档案的整理及归档	—

3.8.4 二级/技师

职业功能	工作内容	技能要求	相关知识要求
1. 现状调查	1.1 病害调查	1.1.1 能根据遗址环境及病害特征分析土遗址病害成因 1.1.2 能依据现状调查的文字信息及图像信息分析总结土遗址的保存现状	1.1.1《岩土工程勘察规范》（GB 50021）条款 3.3、5 1.1.2《干燥环境土遗址保护加固设计规范》（GB/T 36747）条款 4.1 1.1.3《土遗址保护工程勘察规范》（WW/T 0040）条款 5.2、6.3、6.4.1
	1.2 建造材料及工艺调查	1.2.1 能对建造材料及工艺调查结果进行总结 1.2.2 能对建造材料及工艺调查结果进行分析与评估	土遗址建造工艺
	1.3 修复史调查	1.3.1 能对修复史调查结果进行总结 1.3.2 能对修复史调查结果进行分析与评估	遗址修复史调查和分析评估知识
	1.4 环境调查	1.4.1 能完成环境调查结果的总结 1.4.2 能完成环境调查结果的分析与评估	1.4.1 环境调查与评估 1.4.2 工程地质条件

续表

职业功能	工作内容	技能要求	相关知识要求
2. 本体修复	2.1 脱盐	2.1.1 能按设计要求完成土遗址脱盐处理 2.1.2 能按设计要求完成土遗址酥碱病害修复治理	2.1.1 土遗址脱盐工艺 2.1.2 土遗址酥碱病害加固工艺
	2.2 锚固	2.2.1 能完成预应力锚杆的锚固与封护 2.2.2 能完成预应力锚索的锚固与封护	锚固加固技术
3. 试验操作	3.1 室内试验	3.1.1 能完成测试试样力学性质试验 3.1.2 能完成试验结果的分析总结	《土工试验方法标准》（GB/T 50123）条款10、19、21
	3.2 现场试验	3.2.1 能完成加固措施的工艺试验 3.2.2 能完成材料的现场适应性试验	《土遗址保护试验技术规范》（WW/T 0039）条款6、7、8、9、10、11
4. 档案记录	4.1 修复信息记录	4.1.1 能审校保护修复档案文字资料 4.1.2 能审校保护修复档案图纸资料、图像资料	审校文字资料、图纸资料、图像资料知识
	4.2 修复报告编制	4.2.1 能审校修复图纸 4.2.2 能编写保护修复报告	《干燥环境土遗址保护加固设计规范》（GB/T 36747）条款7
5. 技术管理与培训	5.1 施工方案编制	5.1.1 能编制分部分项工程的施工方案 5.1.2 能校核分部分项工程的施工方案	《干燥环境土遗址保护加固设计规范》（GB/T 36747）条款5、6
	5.2 项目管理	5.2.1 能进行分部分项工程的现场管理 5.2.2 能撰写分部分项工程的技术总结报告	5.2.1 文物保护工程管理知识 5.2.2 文物保护工程技术知识
	5.3 技术培训	5.3.1 能编写土遗址修复技能培训大纲和教案 5.3.2 能对三级/高级工及以下级别人员进行修复操作示范	5.3.1 技能培训大纲编写知识 5.3.2 技能培训课程开发知识

3.8.5 一级/高级技师

职业功能	工作内容	技能要求	相关知识要求
1. 现状调查	1.1 病害调查	1.1.1 能分析判断土遗址保存现状 1.1.2 能判断病害发展趋势	病害成因及机理
	1.2 风险性评估	1.2.1 能进行多种病害综合作用风险评估 1.2.2 能评估赋存环境变化对遗址的破坏风险	预防性保护理念
2. 本体修复	2.1 修复加固	2.1.1 能修复加固土遗址掏蚀和粉化共存病害 2.1.2 能修复加固土遗址片状剥蚀、酥碱和粉化共存病害 2.1.3 能修复加固土遗址酥碱、掏蚀和粉化等多种共存病害 2.1.4 能修复加固威胁土遗址稳定的病害，包括大范围坍塌开裂、环境地势危险区段的遗址加固 2.1.5 能解决保护修复技术中的疑难问题	《土遗址保护工程勘察规范》（WW/T 0040）条款 6.4.7
	2.2 土遗址生物（微生物）病害防治	2.2.1 能修复加固土遗址动物病害，如白蚁、黄蜂、地鼠病害 2.2.2 能修复加固土遗址微生物病害，如苔藓、霉菌等	土遗址生物病害的防治方法
	2.3 修复效果评价	2.3.1 能对修复加固质量进行评价 2.3.2 能对修复加固技术进行评价	《文物保护项目评估规范》（WW/T 0070）
3. 试验操作	3.1 试验结果评价	3.1.1 能对室内试验结果进行评价 3.1.2 能对现场试验结果进行分析与评价	《土遗址保护工程勘察规范》（WW/T 0040）条款 6.6
	3.2 修复工艺优化与创新	3.2.1 能完成灌浆、夯补工具的优化与创新试验 3.2.2 能完成土遗址修复加固措施的工艺优化与创新试验	材料、工具改进方法和知识

续表

职业功能	工作内容	技能要求	相关知识要求
4. 档案记录	4.1 审核修复档案	4.1.1 能审核保护修复档案文字资料 4.1.2 能审核保护修复档案图纸资料、图像资料	施工文档整理知识
	4.2 验收修复档案	4.2.2 能对保护修复档案进行验收 4.2.2 能完成保护修复档案的评价	《文物保护工程文件归档整理规范》（WW/T 0024）条款 5、6、7
5. 技术管理与培训	5.1 施工方案编制	5.1.1 能指导编制分部分项工程的施工方案 5.1.2 能审核分部分项工程的施工方案	施工组织管理知识
	5.2 项目管理	5.2.1 能根据病害特点调整优化修复方案 5.2.2 能根据现场修复情况对修复效果进行评定	文物保护工程管理知识
	5.3 技术培训	5.3.1 能对二级/技师及以下级别人员进行技能培训 5.3.2 能讲授保护修复技术和修复经验 5.3.3 能编制技能培训计划	5.3.1 文物保护修复要求 5.3.2 培训计划编写方法
6. 技术创新与交流	6.1 技术创新	6.1.1 能结合现场需求、通过试验研究改进修复设备 6.1.2 能结合现场需求、通过试验研究改进修复工艺	土遗址保护加固综合性知识
	6.2 技术交流	6.2.1 能评价修复项目中材料、工艺的优劣 6.2.2 能推广新设备、新技术、新工艺	材料性能试验相关知识

3.9 木作文物修复师

3.9.1 五级/初级工

职业功能	工作内容	技能要求	相关知识要求
1. 现状调查	1.1 基本信息调查	1.1.1 能识别主要木作构件、部件 1.1.2 能测量柱、梁、椽等较规则形状构件的尺寸并记录 1.1.3 能识别主要木材病虫害	1.1.1 木作构件、部件名称 1.1.2 建筑测量知识 1.1.3 木材病虫害知识
	1.2 残损和病害调查	1.2.1 能识别木作残损和病害的类型和表象 1.2.2 能对柱、梁、椽类构件的残损和病害情况进行文字记录	1.2.1 残损和病害的基本知识 1.2.2 柱、梁、椽等构件的残损和病害记录要求
	1.3 材料调查	1.3.1 能识别松木、杉木等木作常用木材属种 1.3.2 能根据木构件的纹路、颜色、气味等判断木材的属种	1.3.1 《文物建筑维修基本材料 木材》（WW/T 0051） 1.3.2 木材属性相关知识 1.3.3 文物建筑常用木材的识别知识
2. 修复材料制备与工具设备选用维护	2.1 材料使用与制备	2.1.1 能使用木工工具加工木材规格料 2.1.2 能正确码放、保存木材规格料 2.1.3 能使用骨胶、乳胶等黏结剂对柱、梁、枋、檩等构件进行剔补、粘接	2.1.1 木材规格料的尺寸规格 2.1.2 木材规格料的保存方法 2.1.3 骨胶、乳胶等黏结剂的性能和适用范围
	2.2 工具使用与制作	2.2.1 能制作、安装斧把、凿把等 2.2.2 能用粗磨石开刃，能用细磨石磨斧刃、凿刃 2.2.3 能用铁、藤、牛皮绳等盘凿箍 2.2.4 能使用刨、锯、凿、铲、斧等木工工具	2.2.1 斧把、锤把、凿把等的制作、安装方法 2.2.2 安全生产、安全生产防护常识 2.2.3 木作工具刃部磨制方法 2.2.4 盘凿箍的方法 2.2.5 刨、锯、凿、铲、斧等的使用方法

续表

职业功能	工作内容	技能要求	相关知识要求
3. 本体修复	3.1 图纸识读	3.1.1 能识别木作线型符号和文字标注 3.1.2 能识读施工图纸上门、窗等简单标识	3.1.1 木作线型符号和文字的含义 3.1.2 门、窗施工图纸的识读知识
	3.2 样板制作	3.2.1 能对柱、檩等简单木构件放样 3.2.2 能对放好线的样板进行加工	3.2.1 木结构基础知识 3.2.2 柱、檩构件划线、样板制作方法
	3.3 加工制作及安装	3.3.1 能制作、安装以一马三枪、正搭正交芯屉为代表的风门、槅扇、槛窗等 3.3.2 能制作、安装正身部位的椽望、连檐等构件	3.3.1 木作操作基本知识 3.3.2 木作加工安装的一般流程和要求 3.3.3 木作榫卯的制作方法和连接知识 3.3.4 一马三枪、正搭正交等芯屉的制作方法
	3.4 门、窗修复	3.4.1 能对残损缺失的门、窗构件进行剔补、补配 3.4.2 能整体修复以一马三枪、正搭正交芯屉为代表的风门、槛窗、槅扇等	3.4.1 木作修复基本知识 3.4.2 风门、槛窗、槅扇等修复方法
4. 档案记录	4.1 记录归档	4.1.1 能记录局部修复过程 4.1.2 能将修复过程的记录文字整理为电子文件资料	4.1.1 修复过程记录要求 4.1.2 电子文档的整理方法
	4.2 资料编制	能编写局部修复工作日志	修复日志的编写要求

3.9.2 四级/中级工

职业功能	工作内容	技能要求	相关知识要求
1. 现状调查	1.1 基本信息调查	1.1.1 能识别文物建筑的构造 1.1.2 能测量斗栱、门、窗等较复杂形体构件、部件的尺寸并进行记录	1.1.1 文物建筑的常用榫卯知识 1.1.2 文物建筑测量方法
	1.2 残损和病害调查	1.2.1 能归纳木作残损和病害的类型、表象、致因 1.2.2 能对斗栱、门、窗等构件、部件的残损和病害情况进行文字记录	1.2.1 残损和病害的检测报告识读 1.2.2 斗栱、门、窗等部件的残损和病害记录要点

续表

职业功能	工作内容	技能要求	相关知识要求
1.现状调查	1.3 工艺调查	1.3.1 能识别木作工具 1.3.2 能识别柱、梁、椽等较规则形状构件的工艺特点	1.3.1 木作工具的种类和用途 1.3.2 斗栱、柱、梁、椽等构件的制作步骤
	1.4 修复史调查	1.4.1 能识别文物修复的可辨识性处理方法 1.4.2 能识别已修复构件的部位 1.4.3 能统计已修复构件、部件的数量	1.4.1 文物修复的原则 1.4.2 文物修复痕迹的表象 1.4.3 文物修复设计和施工的文件
2.修复材料制备与工具设备选用维护	2.1 工具使用与制作	2.1.1 能制作大、二、小锯 2.1.2 能制作大、二、小刨 2.1.3 能使用各种线刨、槽刨，起各种线槽 2.1.4 能用料拨拨料	2.1.1 大、二、小锯的制作方法 2.1.2 大、二、小刨的制作方法 2.1.3 线刨、槽刨的使用方法 2.1.4 料拨的使用方法
	2.2 修复材料的使用与制备	2.2.1 能进行枋、檩、椽等类构件的选材 2.2.2 能根据不同部位的枋、檩、椽等类构件进行制备	2.2.1 木构件选材的国家标准 2.2.2 枋、檩、椽等类构件的选料要求 2.2.3 不同部位的枋、檩、椽等类构件的选料要求
3.本体修复	3.1 图纸识读	3.1.1 能识读抬梁式、穿斗式梁架等一般施工图 3.1.2 能识读图纸尺寸标注等内容	3.1.1 抬梁式、穿斗式梁架施工图的识读方法 3.1.2 建筑制图知识
	3.2 样板制作	3.2.1 能对山花板、博风板等异形构件放样 3.2.2 能对放好线的样板进行加工	3.2.1 山花板、博风板等异形构件的构造知识 3.2.2 山花板、博风板等异形构件的拼接方法
	3.3 加工制作及安装	3.3.1 能制作并安装以步步锦、双交四椀等芯屉为代表的风门、槛窗、槅扇等 3.3.2 能制作枋、檩等类构件	3.3.1 木作的加工制作方法 3.3.2 步步锦、双交四椀等芯屉的风门、槛窗、槅扇等的制作方法

续表

职业功能	工作内容	技能要求	相关知识要求
3.本体修复	3.4 门、窗修复与柱子墩接	3.4.1 能修复以步步锦、双交四椀等芯屉为代表的风门、槛窗、槅扇等 3.4.2 能进行柱子的墩接	3.4.1 木作修复基本原则 3.4.2 步步锦、双交四椀等芯屉的风门、槛窗、槅扇等的修复方法 3.4.3 柱子墩接的方法
4.档案记录	4.1 记录归档	4.1.1 能将修复记录过程的文字、电子资料、修复工作日志进行整理、归档 4.1.2 能拍摄修复过程照片	4.1.1 修复文件档案的整理归档要求 4.1.2 影像采集设备的使用方法
	4.2 资料编制	能编写完整的修复工作日志	—

3.9.3 三级/高级工

职业功能	工作内容	技能要求	相关知识要求
1.现状调查	1.1 残损和病害调查	1.1.1 能复核残损和病害的类型、数量、程度 1.1.2 能根据残损和病害提出修复建议	1.1.1 残损和病害的检测报告识读 1.1.2 斗栱、门、窗等构件、部件的残损和病害修复措施
	1.2 构部件安全性能调查	1.2.1 能进行构件、部件安全性能初步评估 1.2.2 能对构件、部件的安全情况进行文字记录，并配示意图	1.2.1 构件、部件安全稳定状态识别 1.2.2 构件、部件非安全稳定状态表象
	1.3 工艺调查	能识别斗栱、门、窗等较复杂形体构件、部件的工艺特点	斗栱、门、窗等构件、部件的制作步骤
	1.4 修复史调查	1.4.1 能识别已修复构件、部件的修复工艺 1.4.2 能汇总已修复构件、部件的数量和修复方法	1.4.1 文物修复的成效评价原则和方法 1.4.2 文物修复设计和施工的文件

续表

职业功能	工作内容	技能要求	相关知识要求
2.修复材料制备与工具设备选用维护	2.1 工具使用与制作	2.1.1 能制作以单双皮条线、两柱香线、大小盖凹面为代表的起线刨 2.1.2 能制作钢丝锯、锛子 2.1.3 能使用锛子锛砍原木 2.1.4 能使用钢丝锯锯板材 2.1.5 能用磨石磨起线刨刃和锛刃 2.1.6 能用锵子锵钢丝锯条	2.1.1 起线刨、钢丝锯、锛子的制作方法 2.1.2 锛子的使用方法 2.1.3 钢丝锯的使用方法 2.1.4 起线刨刃、锛刃的磨制方法 2.1.5 钢丝锯锯条锵制方法
	2.2 修复材料使用与制备	2.2.1 能进行门、窗等的配料 2.2.2 能进行柱、梁等类构件的选料	2.2.1 门、窗等的配料要求 2.2.2 柱、梁等类构件的选料要求
3.本体修复	3.1 施工图识读	3.1.1 能识读正身和柱头部位的斗栱施工图 3.1.2 能识读翼角部位的施工图	3.1.1 正身和柱头部位斗栱的构造知识 3.1.2 翼角部位的构造知识
	3.2 样板制作	3.2.1 能进行以正搭正交、正搭斜交、三交六椀为代表的槅扇、芯屉放样 3.2.2 能进行以异形花罩、毗卢帽为代表的装修放样 3.2.3 能对放好线的样板进行加工	3.2.1 正搭正交、正搭斜交等装修形式的内部构造 3.2.2 装修纹样的纹饰内涵和表现手法
	3.3 加工制作及安装	3.3.1 能制作、安装以三交六椀、冰裂纹为代表的芯屉的风门、槛窗、槅扇等 3.3.2 能制作、安装以一斗三升、一斗二升为代表的斗栱 3.3.3 能制作、安装正交角梁、窝角梁等 3.3.4 能制作、安装抬梁式、穿斗式的硬山、悬山梁架	3.3.1 三交六椀、冰裂纹芯屉的风门、槛窗、槅扇的制作方法 3.3.2 斗栱规矩、构造、比例及制作的基本知识 3.3.3 抬梁式、穿斗式梁架的制作方法
	3.4 手工雕刻	3.4.1 能描绘几何图案纹样 3.4.2 能进行平面几何图案的雕刻	3.4.1 传统图案纹样的寓意和特点 3.4.2 木雕基本手法

续表

职业功能	工作内容	技能要求	相关知识要求
3. 本体修复	3.5 工料计算	3.5.1 能进行门、窗等装修工料的计算 3.5.2 能进行硬山、悬山梁架的木构件工料计算	3.5.1 工料数量统计方法 3.5.2 工料计算知识
	3.6 大木加固	3.6.1 能根据整体木构架残损现状进行加固支撑和支顶戗杆 3.6.2 能进行大木构件的抗震加固	3.6.1 木结构抗震和力学基础知识 3.6.2 木结构抗震整体加固施工方法
4. 档案记录	4.1 记录归档	4.1.1 能对修复记录文字、影像资料进行整理、总结 4.1.2 能审核修复记录	4.1.1 记录档案资料的整理方法 4.1.2 修复记录的审核要求
	4.2 资料编制	能编写修复工艺技术流程	—

3.9.4 二级/技师

职业功能	工作内容	技能要求	相关知识要求
1. 现状调查	1.1 残损和病害调查	1.1.1 能分析残损和病害的原因 1.1.2 能提出残损和病害的专项修复意见 1.1.3 能编写现状调查报告	1.1.1 残损和病害检测报告结论与建议的甄别 1.1.2 残损和病害的修复原则与措施 1.1.3 现状调查报告编写方法
	1.2 工艺调查	1.2.1 能根据历史信息和木构件的材料、工艺特征，初判其时代和价值 1.2.2 能识别木作的工艺特点	1.2.1 木作工艺的时代特征和价值内涵 1.2.2 木作的制作与安装方法
	1.3 修复史调查	1.3.1 能鉴别已修复构件、部件的添加材料 1.3.2 能检查已修复构件、部件的安全稳定程度	1.3.1 木构件安全稳定性知识 1.3.2 文物修复实施方案

续表

职业功能	工作内容	技能要求	相关知识要求
2.修复材料制备与工具设备选用维护	2.1 工具使用与制作	2.1.1 能制作总丈杆、分丈杆 2.1.2 能使用线坠、水平仪等测量工具进行现场测量 2.1.3 能制作斜刀、大/小圆刀、正/反口刀、大/小扁铲、大/小斜凿等雕刻工具	2.1.1 丈杆排放方法 2.1.2 线坠、水平仪等测量工具的使用方法 2.1.3 木作雕刻刀制作方法
	2.2 修复材料使用与制备	2.2.1 能进行楠木、柏木等特殊木材的选料 2.2.2 能进行梁架、斗栱、翼角等的配料	2.2.1 楠木、柏木的材料性能、力学性能 2.2.2 梁架、斗栱、翼角等的配料要求
3.本体修复	3.1 样板制作	3.1.1 能进行斗栱放样 3.1.2 能进行翼角部位放样 3.1.3 能对放好线的样板进行加工	3.1.1 斗栱和翼角部位的规矩、构造、比例关系 3.1.2 斗栱和翼角部位与其他相连构件、部件的构造关系
	3.2 加工制作及安装	3.2.1 能制作、安装斗栱 3.2.2 能制作、安装翼角 3.2.3 能制作、安装六角、翼角椽、八角翼角椽等 3.2.4 能制作、安装以歇山、庑殿、攒尖等为代表的建筑梁架	3.2.1 斗栱的制作、安装方法 3.2.2 翼角的制作、安装方法 3.2.3 歇山、庑殿、攒尖等梁架的制作、安装方法
	3.3 手工雕刻	3.3.1 能描绘图案纹样 3.3.2 能进行裙板、绦环板上以云盘线、如意线等为代表的一般手工雕刻	3.3.1 木雕基本手法 3.3.2 云盘线、如意线等雕刻方法
	3.4 铁活加固	3.4.1 能进行大木构件的局部铁活加固 3.4.2 能进行整体梁架修复的铁活加固	3.4.1 柱、梁、檩等构件的加固铁活名称和功能 3.4.2 整体梁架修复的铁活加固方法
4.档案记录	4.1 记录归档	能审核档案资料	—
	4.2 资料编制	能编写修复报告	—

续表

职业功能	工作内容	技能要求	相关知识要求
5.技术管理与培训	5.1 实施方案编制	5.1.1 能独立编制木作修复实施方案 5.1.2 能绘制节点详图	5.1.1 方案编制原则和方法 5.1.2 节点构造和绘制方法
	5.2 项目管理	5.2.1 能对翼角、翘飞、角梁、斗栱等木构件的工料进行计算 5.2.2 能按照方案组织施工 5.2.3 能合理调配和其他工种的衔接	5.2.1 木作工料的构成和费用计算方法 5.2.2 施工管理知识 5.2.3 木作特殊部位和难做节点的处理方法 5.2.4 泥瓦作、石作、油漆作、彩画作的工艺常识
	5.3 技术培训	5.3.1 能在施工现场进行实际操作指导 5.3.2 能收集和分析培训需求信息 5.3.3 能按计划开展培训	5.3.1 木作及其修复理论 5.3.2 木作及其修复操作的程序和质量要求 5.3.3 培训需求信息收集和分析

3.9.5 一级/高级技师

职业功能	工作内容	技能要求	相关知识要求
1.现状调查	1.1 病害和残损调查	1.1.1 能分析判断残损和病害的发展趋势 1.1.2 能提出残损和病害的综合修复建议	1.1.1 残损和病害发展趋势的分析方法 1.1.2 残损和病害修复原则与措施
	1.2 修复史调查	能综合分析历次修复状况并提出修复措施	修复史信息收集与分析方法
2.本体修复	2.1 样板制作	2.1.1 能制作雀替、圆雕花板、冰裂纹芯屉等装修样板 2.1.2 能绘制木作工程中的节点、构件的大样图	2.1.1 雀替、圆雕花板、冰裂纹芯屉等放样板的制作方法 2.1.2 木作节点图和大样图的绘制方法
	2.2 加工制作及安装	2.2.1 能制作、安装圆形、多边形藻井 2.2.2 能制作、安装复合型建筑木构架	2.2.1 圆形、多边形藻井的制作、安装方法 2.2.2 复合型建筑的制作、安装方法

续表

职业功能	工作内容	技能要求	相关知识要求
2. 本体修复	2.3 手工雕刻	2.3.1 能描拓纹样图案 2.3.2 能进行三浮云、荷叶墩、垂花头、牌楼花板、雀替花牙子等木雕的制作	2.3.1 纹样图案的吉祥寓意和时代特征 2.3.2 木雕技法
	2.4 校正梁架	2.4.1 能对梁架局部进行打牮拨正和托梁换柱 2.4.2 能对梁架整体进行校正纠偏	2.4.1 打牮拨正和托梁换柱的操作步骤及要求 2.4.2 整体梁架构造知识
3. 技术管理与培训	3.1 审核实施方案	3.1.1 能审核修复实施方案和修复报告 3.1.2 能绘制修复施工图	3.1.1 修复方案评判依据 3.1.2 修复图纸绘制方法
	3.2 项目管理	3.2.1 能编写木作工程施工组织计划 3.2.2 能审核工料计划表并提出优化建议	3.2.1 木作施工技术规程 3.2.2 工料定额计算方法
	3.3 技术培训	3.3.1 能进行实际操作指导，传授修复技术 3.3.2 能编写木作技能培训讲义	3.3.1 培训内容选择依据 3.3.2 讲义编写方法
4. 技术创新与交流	4.1 技术创新	能在木构件、部件修复过程中评估、判断新材料、新工艺、新技术、新设备的适用性	4.1.1 木作施工技术难点的措施处理方法 4.1.2 木作新材料、新工艺、新技术、新设备的相关知识
	4.2 技术交流	4.2.1 能在专业学术会议上进行技术交流 4.2.2 能撰写专项技术论文	4.2.1 专业学术交流的基本要求 4.2.2 撰写论文的相关知识

3.10 泥瓦作文物修复师

3.10.1 五级/初级工

职业功能	工作内容	技能要求	相关知识要求
1. 现状调查	1.1 基本信息调查	能按类型测量并记录砖、瓦的尺寸	1.1.1 砖、瓦尺寸类型常识 1.1.2 砖、瓦尺寸测量记录方法
	1.2 病害调查	能识别屋面、墙体、地面的常见病害	屋面、墙体、地面常见病害形式
	1.3 本体材料调查	1.3.1 能识别砖、瓦、灰的基本种类 1.3.2 能识别砖、瓦的基本造型	1.3.1 砖、瓦、灰的基本种类知识 1.3.2 砖、瓦的基本造型知识
2. 修复材料制备与工具设备选用维护	2.1 工具使用与制作	2.1.1 能使用瓦刀、灰板、抹子、尺板、砍斧等工具 2.1.2 能校对砍砖用制子 2.1.3 能清理灰板、抹子的灰迹	2.1.1 泥瓦作常用工具的使用方法 2.1.2 制子校对方法 2.1.3 灰板、抹子的灰迹清理方法
	2.2 修复材料使用与制备	2.2.1 能进行丝缝墙、淌白墙的砖料加工制作 2.2.2 能进行生石灰浆、老浆灰、素灰、夹垄灰、青浆等简单灰浆的调配	2.2.1 丝缝墙、淌白墙的砖料加工方法 2.2.2 生石灰浆、老浆灰、素灰、夹垄灰、青浆的调配方法
3. 本体修复	3.1 屋面苫背、宽瓦	3.1.1 能进行墙帽苫背、金刚墙苫小背、瓦墙帽瓦等一般屋面的苫背 3.1.2 能进行望板勾板缝与苫抹护板灰 3.1.3 能进行屋面清垄	3.1.1 泥瓦作苫背、宽瓦工艺 3.1.2 文物建筑屋面、墙体构造知识
	3.2 墙体砌筑	3.2.1 能进行糙砖墙、碎砖墙等简单墙体的砌筑 3.2.2 能用纸筋灰、砂子灰、月白灰、红麻刀灰进行抹灰	3.2.1 糙砖墙、碎砖墙砌筑方法 3.2.2 纸筋灰、砂子灰、月白灰、红麻刀灰抹灰做法
	3.3 地面铺墁	3.3.1 能用方砖或城砖铺墁十字缝地面 3.3.2 能进行三合土地面的夯筑	3.3.1 十字缝地面铺墁做法 3.3.2 三合土地面夯筑方法

续表

职业功能	工作内容	技能要求	相关知识要求
4. 档案记录	4.1 记录归档	4.1.1 能记录局部修复过程 4.1.2 能将修复过程的记录文字整理成电子文件资料	4.1.1 修复过程记录要求 4.1.2 电子文档整理方法
	4.2 资料编制	能编写局部修复工作日志	修复日志编写方法

3.10.2　四级/中级工

职业功能	工作内容	技能要求	相关知识要求
1. 现状调查	1.1 基本信息调查	1.1.1 能识别砖、瓦、灰等材料的种类 1.1.2 能识别砖、瓦、灰等材料的规格	砖、瓦、灰等材料的种类和规格知识
	1.2 病害调查	能认知屋面、墙体、地面的病害类型	屋面、墙体、地面常见病害类型知识
	1.3 本体材料调查	能判断砖、瓦、灰的质量优劣	砖、瓦、灰的种类及质量要求
2. 修复材料制备与工具设备选用维护	2.1 工具使用与制作	2.1.1 能制作抹灰用灰板、抹子、尺板、木敲手 2.1.2 能使用担子板（靠尺）、水平尺、线坠进行测量	2.1.1 灰板、抹子、尺板和木敲手的制作方法 2.1.2 担子板（靠尺）、水平尺、线坠等工具的使用方法 2.1.3 安全生产常识、安全生产防护知识
	2.2 修复材料使用与制备	2.2.1 能进行干摆墙砖、墁地陡板砖、方砖、柳叶砖等一般砖料的加工制作 2.2.2 能进行月白灰、包金土浆、中麻刀灰等一般灰浆的调配	2.2.1 一般砖料的加工方法 2.2.2 九浆十八灰的调配方法
3. 本体修复	3.1 样板制作	能制作砍砖制子	砍砖制子的制作方法
	3.2 屋面苫背、宽瓦	3.2.1 能进行卷棚硬山等一般屋面的宽瓦 3.2.2 能进行屋面的查补整修	3.2.1 硬山屋面的构造 3.2.2 卷棚硬山宽瓦方法 3.2.3 屋面查补整修方法

续表

职业功能	工作内容	技能要求	相关知识要求
3. 本体修复	3.3 墙体砌筑	3.3.1 能进行硬山墀头、干摆墙、丝缝墙、淌白墙或空斗墙、冰盘檐、真假硬顶墙帽等一般墙体的砌筑 3.3.2 能发糙砖平券或木梳背券 3.3.3 能进行墙体下碱的剔补	3.3.1 墙体墀头的构造做法 3.3.2 砖券的构造做法 3.3.3 淌白墙及空斗墙的砌筑方法 3.3.4 冰盘檐、真假硬顶墙帽的砌筑方法 3.3.5 墙体下碱的剔补方法
	3.4 地面铺墁	3.4.1 能进行陡板地面、柳叶地面、方砖地面细墁等一般地面铺墁 3.4.2 能进行糙墁地面整修	3.4.1 泥瓦作地面细墁做法 3.4.2 糙墁地面的整修方法
4. 档案记录	4.1 记录归档	4.1.1 能将修复记录过程的文字、电子资料、修复工作日志整理归档 4.1.2 能拍摄修复过程照片	4.1.1 修复文件档案的整理归档要求 4.1.2 影像采集设备的使用方法
	4.2 资料编制	能编写完整的修复工作日志	《文物建筑工程资料管理规程（试行）》相关知识

3.10.3 三级/高级工

职业功能	工作内容	技能要求	相关知识要求
1. 现状调查	1.1 病害调查	能根据屋面、墙体、地面病害类型初步判断成因	屋面、墙体、地面病害成因知识
	1.2 本体材料调查	1.2.1 能识别砖、瓦的时代特征 1.2.2 能识别砖、瓦的历史信息	砖、瓦材料的各历史时期的时代特征
	1.3 本体工艺调查	1.3.1 能识别屋面、墙体、地面的基本工艺做法 1.3.2 能识别历次修复区域与范围	屋面、墙体、地面的一般工艺做法

续表

职业功能	工作内容	技能要求	相关知识要求
2. 修复材料制备与工具设备选用维护	2.1 工具使用与制作	能制作錾子、煞刀、墩锤、阳阴角抿子、扁子、刃子	錾子、煞刀、墩锤、阳阴角抿子、扁子、刃子等工具制作方法
	2.2 修复材料使用与制备	2.2.1 能进行油灰、黑矾水等复杂灰浆的调制 2.2.2 能进行砖檐砖、脊料砖、异形砖等复杂砖料的加工	2.2.1 油灰、黑矾水的特性、用途、调制方法 2.2.2 砖檐砖、脊料砖、异形砖的砍磨方法
3. 本体修复	3.1 图纸识读	能识读地面、墙体、屋面修复施工图纸	泥瓦作施工图纸的识读方法
	3.2 样板制作	能制作弧形树池子牙子砖、八字砖、砖头砖、混砖、枭砖、炉口砖等一般的样板	各类异形砖样板制作规制
	3.3 屋面苫背、宽瓦	3.3.1 能进行小式攒尖屋顶、圆亭、歇山、硬山、过垄脊等复杂屋面的宽瓦 3.3.2 能进行屋面捉节加垄	3.3.1 各类屋面宽瓦做法 3.3.2 屋面捉节加垄工艺技术
	3.4 墙体砌筑	3.4.1 能进行龟背墀头等复杂墙体的砌筑 3.4.2 能进行鸡嗉檐、披水檐、菱角檐、砖瓦檐、道僧帽、宝顶盒、馒头顶、兀脊顶、鹰不落顶等复杂墙体的砌筑 3.4.3 能进行残损抹灰墙面的修补	3.4.1 龟背墀头砌筑方法 3.4.2 砌筑工艺方法 3.4.3 抹灰墙面修补方法
	3.5 地面铺墁	3.5.1 能进行城砖斜柳叶、人字纹、条砖斜墁、八方锦地面、甬路三五交叉龟背锦、一封书、褥子面、方砖甬路、条砖海墁等复杂地面的铺墁 3.5.2 能铺装卵石路（石子路） 3.5.3 能整修细墁地面	3.5.1 各类地面铺墁做法 3.5.2 各种地面形式排砖方法 3.5.3 卵石路（石子路）铺装做法 3.5.4 细墁地面整修方法

续表

职业功能	工作内容	技能要求	相关知识要求
4. 档案记录	4.1 记录归档	4.1.1 能对修复记录文字、影像资料进行整理与总结 4.1.2 能审核修复记录	4.1.1 记录档案资料整理方法 4.1.2 修复记录审核要求
	4.2 资料编制	能编写修复工艺技术流程	修复工艺技术流程编写方法

3.10.4 二级/技师

职业功能	工作内容	技能要求	相关知识要求
1. 现状调查	1.1 病害调查	1.1.1 能分析瓦面、墙体、地面病害的成因 1.1.2 能分析瓦面、墙体、地面病害的影响因素	瓦面、墙体、地面病害的影响因素
	1.2 本体工艺调查	1.2.1 能识别琉璃瓦面、布瓦瓦面、青灰背、月白灰背、锡背、焦砟背等屋面工艺做法特征 1.2.2 能识别各种墙体、地面的工艺做法 1.2.3 能识别已修复构件的修复工艺	1.2.1 屋面、墙体、地面的工艺做法知识 1.2.2 《文物建筑维修基本材料 青瓦》（WW/T 0050） 1.2.3 《清代官式建筑修缮材料 琉璃瓦》（WW/T 0073） 1.2.4 《文物建筑维修基本材料 青砖》（WW/T 0049）
2. 修复材料制备与工具设备选用维护	2.1 工具使用与制作	2.1.1 能制作砖雕雕刻刀 2.1.2 能使用雕刻刀进行砖料雕刻 2.1.3 能用磨刀石对砖雕雕刻刀磨刃	2.1.1 雕刻刀制作方法 2.1.2 雕刻刀磨刃方法
	2.2 修复材料使用与制备	2.2.1 能进行天盘、天混、面筋条圭角、耳子砖、砖斗拱、三岔头等复杂砖料的加工 2.2.2 能进行影壁、须弥座、匾额、透风等复杂砖雕的制作	2.2.1 各种砖料制备方法 2.2.1 砖雕图案知识 2.2.3 砖雕制作方法

续表

职业功能	工作内容	技能要求	相关知识要求
3. 本体修复	3.1 补配修复样板制作	能制作镐楔砖、须弥座、博缝头、马蹄磉、线枋子等复杂的补配修复样板	各类补配修复样板制作方法
	3.2 屋面苫背、宽瓦	3.2.1 能进行多层十字歇山顶等复杂屋面形式的宽瓦、挑脊 3.2.2 能进行残损掉釉琉璃构件修复	3.2.1 多层十字歇山顶等复杂屋面形式的宽瓦、挑脊方法 3.2.2 残损掉釉琉璃构件修复方法
	3.3 墙体砌筑	3.3.1 能进行细作垛头或墀头、漏窗、装饰线等复杂墙体的砌筑 3.3.2 能进行异形砖券的细作砌筑	3.3.1 异形砌体、琉璃砌体及特殊砌体的做法 3.3.2 异形砖券的细作砌筑方法
	3.4 地面铺墁	能进行金砖地面挖补、修整	金砖地面挖补、修整方法
4. 档案记录	4.1 记录归档	能审核修复档案资料	修复档案资料评判标准
	4.2 资料编制	能编写修复报告	—
5. 技术管理与培训	5.1 方案编制	5.1.1 能编制修复实施方案 5.1.2 能绘制分部分项修复节点图	5.1.1 修复实施方案的编制原则与方法 5.1.2 节点图绘制方法
	5.2 项目管理	5.2.1 能进行修复工料计算 5.2.2 能按照修复实施方案组织施工 5.2.3 能与木作、石作、油漆作、彩画作进行基本的实操工序交接与合作	5.2.1 工料构成及费用计算方法 5.2.2 施工管理知识 5.2.3 特殊部位及难节点处理方法 5.2.4 木作、石作、油漆作、彩画作等专业基本知识
	5.3 技术培训	5.3.1 能对三级/高级工及以下级别人员进行理论指导 5.3.2 能在施工现场对三级/高级工及以下级别人员进行实际操作指导 5.3.3 能收集和分析培训需求信息 5.3.4 能按照培训计划进行培训工作	培训需求信息收集和分析要求

3.10.5 一级/高级技师

职业功能	工作内容	技能要求	相关知识要求
1. 现状调查	1.1 病害调查	能编制现状调查报告	现状调查报告编制方法
	1.2 本体工艺调查	1.2.1 能根据历史信息和砖、瓦等材料、工艺特征判断其时代和价值 1.2.2 能识别已修复区域的安全稳定程度	屋面、墙体、地面的安全稳定判定原则
2. 本体修复	2.1 屋面苫背、宽瓦	2.1.1 能进行屋面的局部揭瓦 2.1.2 能进行残损脊饰件的修复 2.1.3 能进行屋面脊饰件灰塑的修复	2.1.1 屋面局部揭瓦方法 2.1.2 残损脊饰件的修复方法 2.1.3 屋面脊饰件灰塑的修复方法
	2.2 墙体砌筑	能进行影壁、砖雕等墙体的修复与加固	砖雕类墙体的修复方法
	2.3 地面铺墁	2.3.1 能进行卵石路（石子地）的放样 2.3.2 能进行异形地面的排砖 2.3.3 能进行残损卵石路（石子地）的局部修补	2.3.1 卵石路（石子地）的放样方法 2.3.2 异形地面的排砖方法
3. 技术管理与培训	3.1 方案编制	3.1.1 能审核并评价修复实施方案 3.1.2 能绘制修复施工图 3.1.3 能审核修复报告	3.1.1 修复实施方案的评判标准 3.1.2 修复施工图的绘制方法 3.1.3 修复报告的评判标准
	3.2 项目管理	3.2.1 能审核修复的施工图 3.2.2 能编制修复竣工报告	3.2.1 泥瓦作施工测量的基本知识 3.2.2 文物建筑保护相关规定
	3.3 技术培训	3.3.1 能对二级/技师及以下级别人员进行实际操作指导 3.3.2 能对二级/技师及以下级别人员进行理论指导 3.3.3 能根据业务需求制订培训计划和方案 3.3.4 能讲授文物修复原理和修复技术 3.3.5 能编写文物修复培训讲义	3.3.1 培训内容的选择依据 3.3.2 培训计划的主要内容 3.3.3 培训讲义的编写方法

续表

职业功能	工作内容	技能要求	相关知识要求
4. 技术创新与交流	4.1 技术创新	能在泥瓦作修缮过程中对新工艺、新材料、新设备进行研发和创新	新工艺、新材料、新设备的相关信息及研发方法
	4.2 技术交流	4.2.1 能在专业学术会议上进行技术交流 4.2.2 能撰写专项技术论文	4.2.1 专业研究的基本方法 4.2.2 撰写论文的相关知识

3.11 油漆作文物修复师

3.11.1 五级/初级工

职业功能	工作内容	技能要求	相关知识要求
1. 现状调查	1.1 基本信息调查	1.1.1 能测量地仗病害的面积及深度 1.1.2 能拍摄油漆层的整体与局部照片 1.1.3 能在现场手工绘制简单油漆分层示意图	1.1.1 地仗测量方法 1.1.2 油漆测量方法
	1.2 病害调查	1.2.1 能识别地仗的病害类型 1.2.2 能识别油皮的病害类型 1.2.3 能识别贴饰的病害类型 1.2.4 能识别涂刷面层的病害类型	1.2.1 地仗的病害形式分类 1.2.2 油皮的病害形式分类 1.2.3 贴饰的病害形式分类 1.2.4 涂刷面层的病害形式分类
	1.3 本体材料调查	1.3.1 能识别油料的基本类型 1.3.2 能识别灰料的基本类型 1.3.3 能识别贴饰的基本类型 1.3.4 能识别浆料的基本类型	1.3.1 油料的基本分类 1.3.2 灰料的基本分类 1.3.3 贴饰的基本分类 1.3.4 浆料的基本分类
2. 修复材料制备与工具设备选用维护	2.1 修复材料使用与制备	2.1.1 能打油满，调制血料腻子、大白腻子 2.1.2 能梳麻、弹麻 2.1.3 能调配各种规格砖灰	2.1.1 材料调配方法及注意事项 2.1.2 梳麻、弹麻操作方法 2.1.3 砖灰的调配及存放条件
	2.2 工具使用与制作	2.2.1 能正确使用挠子、斧子、铁板、刷子、板子等传统工具 2.2.2 能制作麻梳子	2.2.1 传统工具使用方法 2.2.2 油漆作工具基本维护保养方法 2.2.3 麻梳子制作方法

续表

职业功能	工作内容	技能要求	相关知识要求
3.本体修复	3.1 做地仗	3.1.1 能进行地仗木基层处理 3.1.2 能进行地仗木基层砍净挠白、撕缝、楦缝、下竹钉的工艺操作 3.1.3 能进行地仗木基层防腐涂刷的工艺操作 3.1.4 能进行地仗木基层汁油浆的工艺操作	3.1.1 地仗木基层处理方法 3.1.2 地仗木基层处理质量要求 3.1.3 地仗木基层防腐处理工艺
	3.2 油皮涂饰	3.2.1 能进行头道油和二道油的工艺操作 3.2.2 能进行椽望头道油涂刷操作	油皮分级操作工艺
	3.3 灰浆涂刷	3.3.1 能进行清理基层、找补腻子、攒磨腻子的基底处理操作 3.3.2 能进行包金土浆、灰浆、红浆、白浆的涂刷 3.3.3 能进行成品保护操作	3.3.1 基底处理操作工艺 3.3.2 灰浆涂刷操作工艺 3.3.3 成品保护方法
	3.4 修复操作	3.4.1 能进行第一道油漆残损修复 3.4.2 能进行单皮灰破损地仗残损修复 3.4.3 能进行修复过程中的防护和成品保护操作	3.4.1 油漆作修复基本知识 3.4.2 地仗、油漆操作工艺及质量要求 3.4.3 《古建筑彩画保护修复技术要求》（WW/T 0037） 3.4.4 修复过程中的防护和成品保护规范
4.档案记录	4.1 记录归档	4.1.1 能记录局部修复过程 4.1.2 能将修复过程记录文字整理为电子文件资料	4.1.1 修复过程记录要求 4.1.2 电子文档整理方法
	4.2 资料编制	能编写局部修复工作日志	修复日志编写方法

3.11.2 四级/中级工

职业功能	工作内容	技能要求	相关知识要求
1. 现状调查	1.1 基本信息调查	1.1.1 能使用取型器、尺子测量框线和门窗线的尺寸 1.1.2 能识别框线和门窗线的类型	1.1.1 油漆或地仗异形结构的形状套取方法及测绘知识 1.1.2 框线和门窗线的类型与特征
	1.2 病害调查	1.2.1 能分析地仗的病害类型并记录病害信息 1.2.2 能分析油皮的病害类型并记录病害信息	1.2.1 地仗病害类型 1.2.2 油皮病害类型
	1.3 本体材料调查	1.3.1 能判断油料的质量优劣 1.3.2 能判断灰料的质量优劣	1.3.1 油料质量判定知识 1.3.2 灰料质量判定知识
	1.4 本体工艺调查	1.4.1 能识别单皮灰、一麻五灰、油皮的工艺做法 1.4.2 能绘制和标注工艺分布图纸	1.4.1 材料调制方法及工艺 1.4.2 建筑图纸绘制或标注规范
	1.5 修复史调查	1.5.1 能识别历次修复的区域 1.5.2 能记录并拍摄修复痕迹	1.5.1 修复痕迹调查方法 1.5.2 文物信息记录方法
2. 修复材料制备与工具设备选用维护	2.1 修复材料使用与制备	2.1.1 能调配常用颜料光油 2.1.2 能调配单皮灰地仗灰料 2.1.3 能调配广红浆	2.1.1 颜料光油的调配方法 2.1.2 地仗灰料的调配方法和适用范围 2.1.3 广红浆调配方法
	2.2 工具使用与制作	2.2.1 能正确使用金夹子、麻轧子、油栓等传统工具 2.2.2 能根据修复对象制作合适规格的油栓、麻轧子、板子、金夹子	油漆作工具制作方法
3. 本体修复	3.1 做地仗	3.1.1 能制作各类地仗 3.1.2 能进行地仗钻生的工艺操作	3.1.1 地仗的制作方法、工艺要求及质量标准 3.1.2 地仗钻生的工艺要求及质量标准

续表

职业功能	工作内容	技能要求	相关知识要求
3. 本体修复	3.2 油皮涂饰	3.2.1 能进行打底工艺操作 3.2.2 能进行罩面工艺操作 3.2.3 能进行搓油工艺操作	3.2.1 打底工艺要求及质量标准 3.2.2 罩面工艺要求及质量标准 3.2.3 搓油工艺要求及质量标准
	3.3 灰浆涂刷	3.3.1 能确认调配灰浆的材料 3.3.2 能调配粉刷用灰浆	3.3.1 各种涂料的性能、使用部位及调配方法 3.3.2 灰浆配比及配制工艺
	3.4 修复操作	3.4.1 能进行一麻五灰、一布四灰地仗的残损修复 3.4.2 能进行柱子、槛框油漆残损的修复 3.4.3 能进行一般的贴金工艺修复	3.4.1 油漆作工艺操作流程及质量要求 3.4.2 油漆作常见质量通病的预防及处理方法
4. 档案记录	4.1 记录归档	4.1.1 能整理、归档修复记录过程的文字、电子资料、修复工作日志 4.1.2 能拍摄修复过程照片	4.1.1 修复文件档案的整理归档要求 4.1.2 影像采集设备的使用方法
	4.2 资料编制	能编写完整的修复工作日志	修复工艺技术流程的编写方法

3.11.3 三级/高级工

职业功能	工作内容	技能要求	相关知识要求
1. 现状调查	1.1 病害调查	1.1.1 能根据地仗病害类型初步判断成因 1.1.2 能根据油漆病害类型初步判断成因	1.1.1 地仗的病害成因知识 1.1.2 油漆的病害成因知识
	1.2 本体材料调查	1.2.1 能根据历史信息、地仗的材料和工艺做法、上覆彩画等识别其时代特征 1.2.2 能根据历史信息、油漆的材料和工艺做法、上覆彩画等识别其时代特征	1.2.1 地仗材料的各时代特征 1.2.2 油漆材料、彩画的各时代特征

续表

职业功能	工作内容	技能要求	相关知识要求
1. 现状调查	1.3 本体工艺调查	1.3.1 能识别一布一麻六灰地仗的工艺做法 1.3.2 能识别油、漆、贴金等的工艺做法	1.3.1 地仗的工艺做法 1.3.2 油、漆、贴金的工艺做法
	1.4 修复史调查	1.4.1 能识别已修复构件（地仗或油漆）的修复工艺 1.4.2 能识别已修复构件的材料构成 1.4.3 能查阅、搜索修复档案	1.4.1 修复地仗和油漆的工艺方法 1.4.2 各时期修复材料特征 1.4.3 修复历史调查与搜集方法
2. 修复材料制备与工具设备选用维护	2.1 修复材料使用与制备	2.1.1 能根据颜色需求调配相应颜料光油 2.1.2 能配制一麻五灰、二步六灰的地仗材料 2.1.3 能熬制灰油 2.1.4 能配制金浆、打金沫、打净满 2.1.5 能配制粘接材料	2.1.1 颜料光油的调配方法 2.1.2 一麻五灰、二步六灰的地仗材料调配方法 2.1.3 灰油熬制方法 2.1.4 金浆配制方法 2.1.5 打金沫、打净满的操作方法和注意事项 2.1.6 粘接材料的种类、效果和配制方法
	2.2 工具使用与制作	2.2.1 能制作各种类型竹轧子 2.2.2 能用牛角刀进行压光操作	2.2.1 竹轧子制作方法 2.2.2 牛角刀使用方法
3. 本体修复	3.1 做地仗	3.1.1 能进行地仗轧线工艺操作 3.1.2 能梳理地仗操作流程 3.1.3 能处理地仗基底的各种瑕疵 3.1.4 能处理地仗操作中的工艺问题	3.1.1 旧地仗处理操作技法 3.1.2 轧线操作技法 3.1.3 地仗操作流程 3.1.4 防腐材料识别 3.1.5 防腐处理工艺
	3.2 油皮涂饰	3.2.1 能进行油皮的贴金、扫金、湮金、烫蜡工艺操作 3.2.2 能进行三油一光工艺操作 3.2.3 能梳理油皮操作流程	3.2.1 贴金、扫金、湮金、烫蜡的工艺要求 3.2.2 三油一光的工艺要求 3.2.3 油皮操作流程
	3.3 修复操作	3.3.1 能对带雕刻的残损部位进行地仗、油漆、扫金、贴金修复 3.3.2 能进行残损线口的修复、旧地仗清理、回帖、找补、随色 3.3.3 能梳理修复操作流程	3.3.1 线口修复方法 3.3.2 带雕刻的油漆修复方法 3.3.3 旧地仗回帖方法 3.3.4 传统工具使用方法 3.3.5 修复操作流程

续表

职业功能	工作内容	技能要求	相关知识要求
4. 档案记录	4.1 记录归档	4.1.1 能对修复记录文字、影像资料进行整理、总结 4.1.2 能审核修复记录	4.1.1 记录档案资料的整理方法 4.1.2 修复记录的审核要求
	4.2 资料编制	能编写修复工艺技术流程	修复工艺技术流程的编写方法

3.11.4 二级/技师

职业功能	工作内容	技能要求	相关知识要求
1. 现状调查	1.1 病害调查	1.1.1 能分析地仗病害对文物本体产生的影响 1.1.2 能分析油皮病害对文物本体产生的影响 1.1.3 能判断地仗基底的稳定程度 1.1.4 能编写病害报告和修复处理方案	1.1.1 地仗的病害影响 1.1.2 油皮的病害影响 1.1.3 检测工具的使用方法 1.1.4 检测报告的编写方法与解读方法 1.1.5 病害修复方法与修复处理方案的编写方法
	1.2 本体工艺调查	1.2.1 能识别地仗材料的时代特征，并编写调查报告 1.2.2 能识别油漆材料的时代特征，并编写调查报告	1.2.1 地仗不同时期的材料和工艺做法 1.2.2 油漆不同时期的材料和工艺做法 1.2.3 调查报告编写方法
	1.3 修复史调查	1.3.1 能确认修复对象的材料及安全稳定程度 1.3.2 能对修复史调查结果进行总结归纳	1.3.1 地仗和油漆的安全评估方法 1.3.2 资料汇总和文物记录文件编制规范
2. 修复材料制备与工具设备选用维护	2.1 修复材料使用与制备	2.1.1 能熬制光油、金胶油 2.1.2 能发制血料 2.1.3 能制备漆 2.1.4 能选用和配制清理、回帖等修复材料	2.1.1 熬制光油的配比、工艺及注意事项 2.1.2 血料发制方法 2.1.3 漆的制备方法 2.1.4 修复材料的性能、效果及配制方法
	2.2 工具使用与制作	2.2.1 能修整和使用竹轧子 2.2.2 能制作和使用羊毛漆推光刷 2.2.3 能制作扫金用安金笔	2.2.1 竹轧子修整和使用方法 2.2.2 羊毛刷制作和使用方法 2.2.3 安金笔制作方法

续表

职业功能	工作内容	技能要求	相关知识要求
3. 本体修复	3.1 油漆涂饰	3.1.1 能进行油漆高等级木材的着色及烫蜡 3.1.2 能进行光油颜色的调配 3.1.3 能根据气候条件确定油漆作各道工艺的实施时间节点	3.1.1 油漆高等级木材的着色及烫蜡工艺 3.1.2 光油颜色调配知识 3.1.3 油漆作各道工艺实施的气候要求
	3.2 带雕刻的油漆操作	能进行带雕刻部位的扫青、扫绿、做字工艺操作	3.2.1 带雕刻区域的扫青、扫绿、做字做法工艺 3.2.2 带雕刻的修复条件与技术要求
	3.3 修复操作	3.3.1 能进行油漆各层残损部位的修复 3.3.2 能进行油漆中的补金、扫金、泥金残损部位的修复 3.3.3 能判定修复质量及效果 3.3.4 能处理修复材料与旧材料的衔接	3.3.1 漆片修复方法 3.3.2 贴金、补金、扫金、泥金修复方法 3.3.3 修复材料与旧材料的衔接方法
4. 档案记录	4.1 记录归档	能审核修复档案资料	修复档案资料评判标准
	4.2 资料编制	能编写修复报告	修复报告编写方法
5. 技术管理与培训	5.1 修复方案编制	5.1.1 能编制油漆作文物修复方案 5.1.2 能根据现状以及调查报告修订修复方案	5.1.1 方案编制原则与方法 5.1.2 文物建筑修缮施工组织设计编制规程
	5.2 项目管理	5.2.1 能进行油漆修复的工料计算 5.2.2 能按照修复施工方案组织实施专项施工 5.2.3 能与相关专业进行实操工序衔接	5.2.1 油漆工料构成计算方法 5.2.2 专项施工管理知识 5.2.3 油漆特殊部位及复杂节点处理方法
	5.3 技术培训	5.3.1 能对三级/高级工及以下级别人员进行理论指导 5.3.2 能在施工现场对三级/高级工及以下级别人员进行实际操作指导 5.3.3 能收集和分析培训需求信息 5.3.4 能按照培训计划进行培训工作	培训需求信息收集和分析要求

3.11.5 一级/高级技师

职业功能	工作内容	技能要求	相关知识要求
1. 现状调查	1.1 判定现状调查文件的真实性	能审核现状调查文件资料和图纸内容，并结合分项修复方案对综合方案进行评估	识读文物建筑保护项目分项修复方案
	1.2 判定现状调查文件的准确性	能根据评估结果调整、修改现状调查文件	文物现状调查文件编制规程
2. 本体修复	2.1 带雕刻的油漆操作	2.1.1 能进行带复杂雕刻的油漆工艺操作，并根据木材质地进行清水、堆灰制作 2.1.2 能进行"黑推磨漆"油漆工艺操作	2.1.1 清水、堆灰制作工艺操作方法 2.1.2 "黑推磨漆"工艺操作方法
	2.2 修复操作	2.2.1 能进行残损带雕刻文字的拓字、刻字、堆字以及木胎字的修复 2.2.2 能进行"黑推磨漆"油漆修复	2.2.1 残损带雕刻文字的修复工艺 2.2.2 刮漆工艺 2.2.3 "黑推磨漆"工艺的颜色调配
3. 技术管理与培训	3.1 方案编制	3.1.1 能撰写修复报告并总结修复工序及工艺流程 3.1.2 能审核修复报告	文物修复相关法律、法规
	3.2 项目管理	3.2.1 能提出油漆作修复质量深度要求 3.2.2 能评定油漆作修复方案可行性 3.2.3 能对质量、进度进行控制	3.2.1 油漆作修复技术 3.2.2 文物建筑保护相关规定 3.2.3 修复操作质量、进度控制要点
	3.3 技术培训	3.3.1 能在施工现场对二级/技师及以下级别人员进行实际操作指导 3.3.2 能对二级/技师及以下级别修复师进行理论指导 3.3.3 能根据业务需求制订培训计划和方案 3.3.4 能讲授文物修复原理和修复技术 3.3.5 能编写文物修复培训讲义	3.3.1 培训内容选择依据 3.3.2 培训计划主要内容 3.3.3 培训讲义编写方法

续表

职业功能	工作内容	技能要求	相关知识要求
4. 技术创新与交流	4.1 技术创新	4.1.1 在允许范围内,能按要求对油漆作修复过程提出新材料、新工艺、新技术、新设备并进行创新研发 4.1.2 能对新材料、新工艺、新技术、新设备进行试验和应用	4.1.1 油漆作修复技术难点的处理措施 4.1.2 油漆作修复过程中新材料、新工艺、新技术、新设备的相关信息
	4.2 技术交流	4.2.1 能进行油漆作修复技术交流和技术推广 4.2.2 能撰写专业技术论文	4.2.1 技术交流的基本要求 4.2.2 专业技术论文的撰写方法

3.12 石作文物修复师

3.12.1 五级/初级工

职业功能	工作内容	技能要求	相关知识要求
1. 现状调查	1.1 基本信息调查	1.1.1 能测量石构件的尺寸 1.1.2 能做现状记录	石构件的测量基本方法
	1.2 病害调查	1.2.1 能认知石构件的常见病害 1.2.2 能在高级修复师指导下现场辨认病害类型	1.2.1 石构件的常见病害 1.2.2《可移动文物病害评估技术规程 石质文物》(WW/T 0062)
	1.3 本体材料调查	1.3.1 能识别常见石材的基本类型 1.3.2 能熟知常见石材产地	常见石材的分类
2. 修复材料制备与工具设备选用维护	2.1 材料使用与制备	2.1.1 能使用錾子、扁子、锤子、斧子等工具 2.1.2 能使用墨斗弹线	石作工具的使用方法
	2.2 工具使用与制作	2.2.1 能选择适配平面铺装的石材 2.2.2 能选用墙体砌筑的材料	常见石材的选配知识

续表

职业功能	工作内容	技能要求	相关知识要求
3.本体修复	3.1 石构件加工制作	3.1.1 能按线进行打荒、刷道、剁斧等工艺操作 3.1.2 能砌筑块石墙体	3.1.1 石构件传统加工的基本要领 3.1.2 石构件表面加工的基本质量要求
	3.2 石构件安装	3.2.1 能进行平面残损石构件的拆卸 3.2.2 能进行平面石构件的安装	3.2.1 石构件基本类型 3.2.2 平面石构件的安装施工方法 3.2.3 平面石构件施工现场放线、抄平基本知识
	3.3 石构件整理、遴选	能进行平面石构件清理	平面石构件的清理方法
	3.4 修复操作	能进行平面石构件非结构裂缝的修复	平面石构件修复基本知识、原则
4.档案记录	4.1 记录归档	4.1.1 能记录局部修复过程 4.1.2 能将修复过程记录文字整理为电子文档	4.1.1 修复过程记录要求 4.1.2 电子文档的整理方法
	4.2 资料编制	能编写局部修复工作日志	局部修复工作日志的编写方法

3.12.2 四级/中级工

职业功能	工作内容	技能要求	相关知识要求
1.现状调查	1.1 基本信息调查	1.1.1 能识别文物建筑常用的四大类石材 1.1.2 能判定文物建筑常用石材的性能	1.1.1《文物建筑维修基本材料 石材》（WW/T 0052） 1.1.2 常用石材产地知识
	1.2 病害调查	1.2.1 能识别石构件的典型病害类型 1.2.2 能辨识设计方案中的病害图	《馆藏砖石文物病害与图示》（GB/T 30688）
	1.3 本体材料调查	1.3.1 能识别原有构件与后配构件 1.3.2 能查找石构件上的文字信息	维修技术方案中相关内容

续表

职业功能	工作内容	技能要求	相关知识要求
1. 现状调查	1.4 本体工艺调查	1.4.1 能识别石构件刷道、剁斧等基础加工工艺 1.4.2 能判断石构件连接方式	文物建筑瓦石营造中刷道、剁斧知识
2. 修复材料制备与工具设备选用维护	2.1 修复材料使用与制备	2.1.1 能从四大类石材中选用文物建筑常用石材 2.1.2 能选择适配两面、立体构件的石材 2.1.3 能核计榫卯尺寸	2.1.1 四大类石材相关知识 2.1.2 文物建筑瓦石营造中材料使用知识
	2.2 工具使用与制作	2.2.1 能根据石材特性选用适合工具 2.2.2 能根据工艺特征选用适合工具	石材加工工具使用方法
3. 本体修复	3.1 石构件加工制作	3.1.1 能修复素面石构件 3.1.2 能进行线刻构件的放线 3.1.3 能进行线刻石构件的加工制作	石构件加工技法
	3.2 石构件安装	3.2.1 能进行台明、须弥座等构件的拆卸 3.2.2 能进行台明、须弥座等构件的安装	3.2.1 台明、须弥座等构件的安装施工方法 3.2.2 石构件安装操作中平尺、弯尺、卷尺及平水管的使用方法 3.2.3 传统灰浆使用知识
	3.3 石构件整理、遴选	能对雕刻类石构件进行整理、遴选	雕刻类石构件的清理方法
	3.4 修复操作	3.4.1 能对位移的石构件进行归安 3.4.2 能对开裂的石构件进行粘接	3.4.1 石构件修复基本知识、原则 3.4.2 石构件施工的操作规程及质量标准 3.4.3 石构件粘接方法

续表

职业功能	工作内容	技能要求	相关知识要求
4. 档案记录	4.1 记录归档	4.1.1 能对修复过程中的文字记录、电子资料、修复工作日志进行整理、归档 4.1.2 能对修复过程进行影像采集	4.1.1 修复文件档案的整理、归档要求 4.1.2 影像采集设备的使用方法
	4.2 资料编制	能编写完整的修复工作日志	修复工作日志的编写方法

3.12.3 三级/高级工

职业功能	工作内容	技能要求	相关知识要求
1. 现状调查	1.1 病害调查	1.1.1 能根据石构件病害类型初步判断原因 1.1.2 能现场相互对应设计方案中的病害类型	石构件的病害成因
	1.2 本体材料调查	1.2.1 能识别石构件的时代特征 1.2.2 能识别石构件的历史信息	1.2.1 不同区域石构件的材料特征 1.2.2 文物建筑年代鉴定相关知识
	1.3 本体工艺调查	1.3.1 能识别石构件雕刻加工工艺 1.3.2 能分析地域特征 1.3.3 能查明特殊构造连接方式	1.3.1 不同区域石构件的工艺特征 1.3.2 文物建筑瓦石营造中的雕刻相关知识
	1.4 历次维修调查	1.4.1 能识别历次维修的范围 1.4.2 能识别历次维修的内容	《石质文物保护工程勘察规范》（WW/T 0063）
2. 修复材料制备与工具设备选用维护	2.1 修复材料使用与制备	2.1.1 能选择修复的适配石材 2.1.2 能选择适配雕刻的石材 2.1.3 能选择修复的适配灰浆	传统灰浆的调制方法
	2.2 工具使用与制作	2.2.1 能修整錾子、扁子、锤子、斧子等工具 2.2.2 能修整雕刻工具	錾子、扁子、锤子、斧子等工具的修整方法

续表

职业功能	工作内容	技能要求	相关知识要求
3. 本体修复	3.1 石构件加工制作	3.1.1 能进行浅浮雕构件的放样 3.1.2 能进行浅浮雕石构件的加工制作 3.1.3 能补配常规石构件的榫卯	3.1.1 石构件比例关系及制作基本知识 3.1.2 石构件的标准加工要求
	3.2 石构件安装	3.2.1 能进行立体构件拆卸 3.2.2 能进行立体构件安装	3.2.1 石构件安装保护措施相关知识 3.2.2 立体构件安装相关知识
	3.3 石构件整理、遴选	3.3.1 对原有石构件进行整理、分类 3.3.2 能对原有石构件进行甄别、利用	3.3.1 石构件分类知识 3.3.2 文物建筑修缮加固维修技术
	3.4 修复操作	3.4.1 能进行素面残缺的石构件修复 3.4.2 能对沉降的石构件进行归安	素面残缺的石构件修复知识
4. 档案记录	4.1 记录归档	4.1.1 能对修复记录文字、影像资料进行整理、总结 4.1.2 能审核修复记录	4.1.1 记录档案资料的整理方法 4.1.2 修复记录的审核要求
	4.2 资料编制	能编写修复工艺技术流程	修复工艺技术流程的编写方法

3.12.4　二级/技师

职业功能	工作内容	技能要求	相关知识要求
1. 现状调查	1.1 病害调查	1.1.1 能分析石构件病害产生原因 1.1.2 能判断石构件病害发展趋势	石构件病害影响的相关知识
	1.2 本体工艺调查	1.2.1 能辨识结构较为复杂的石牌坊、石塔等建筑的构造特征 1.2.2 能辨识结构较为复杂的石牌坊、石塔等建筑的工艺特点	1.2.1 石牌坊、石塔等结构较为复杂建筑的工艺特征知识 1.2.2 文物建筑瓦石营造中工艺相关知识
	1.3 本体材料调查	1.3.1 能根据石构件的历史信息，初步判断其时代 1.3.2 能根据石构件的历史信息，初步判断其价值	1.3.1 文物建筑瓦石营造中材料相关知识 1.3.2 文物建筑史基本常识
	1.4 历次维修调查	1.4.1 能辨识历次维修的材料 1.4.2 能辨识历次维修的牢固度	—

续表

职业功能	工作内容	技能要求	相关知识要求
2. 修复材料制备与工具设备选用维护	2.1 修复材料使用与制备	2.1.1 能调制不同工艺要求的灰浆 2.1.2 能识别选用石材的缺陷	传统灰浆的调制方法
	2.2 工具使用与制作	2.2.1 能提出特需工具的制作要求 2.2.2 能修整传统吊装工具	2.2.1 特需工具的特点及相关工艺 2.2.2 传统吊装工具的基本原理
3. 本体修复	3.1 石构件加工制作	3.1.1 能制作修复高浮雕石构件、榫接构件 3.1.2 能补配石构件的特殊榫卯	3.1.1 高浮雕制作工艺 3.1.2 榫卯知识
	3.2 石构件安装	3.2.1 能进行整体构架的拆卸 3.2.2 能进行整体构架的安装	整体构架各构件加工、安装施工工艺
	3.3 现场实施工艺流程方案编制	能编制单项实施工艺流程方案	3.3.1 施工组织设计编制方法 3.3.2 文物建筑工艺流程
	3.4 修复操作	3.4.1 能对走闪的石构件进行归安 3.4.2 能对残损或缺失的构件进行修复、替换 3.4.3 能进行浮雕刻构件裂隙的修复	3.4.1 归安石构件的工艺程序及要求 3.4.2 石构件修复知识 3.4.3 浮雕刻构件粘接方法
4. 档案记录	4.1 记录归档	能审核修复档案资料	修复档案资料的评判标准
	4.2 资料编制	能编写修复报告	4.2.1 修复报告编制要求 4.2.2《馆藏砖石文物保护修复记录规范》（GB/T 33289）

续表

职业功能	工作内容	技能要求	相关知识要求
5. 技术管理与培训	5.1 技术管理	5.1.1 能进行石构件修复的工料计算 5.1.2 能按照修复施工方案组织实施 5.1.3 能与相关专业进行实操工序衔接	5.1.1 石构件工料构成计算方法 5.1.2 专项施工管理知识 5.1.3 石构件特殊部位及复杂节点处理方法
	5.2 技术培训	5.2.1 能对三级/高级工及以下级别人员进行理论指导 5.2.2 能在施工现场对三级/高级工及以下级别人员进行实际操作指导 5.2.3 能收集和分析培训需求信息 5.2.4 能按照培训计划进行培训工作	培训需求信息收集和分析要求

3.12.5 一级/高级技师

职业功能	工作内容	技能要求	相关知识要求
1. 现状调查	1.1 病害调查	1.1.1 能确认和完善设计方案中的各种病害 1.1.2 能分析石构件病害产生原因及影响因素	文物建筑修缮技术知识
	1.2 本体材料调查	能根据石构件材料、工艺特征的历史信息，准确判断其制作年代及产地	文物建筑修缮技术知识
	1.3 本体工艺调查	能总结工艺特征	文物建筑瓦石营造技术
	1.4 历次维修调查	1.4.1 能判断历次维修不当的范围 1.4.2 能判断历次维修不当的内容	文物建筑年代鉴定知识

续表

职业功能	工作内容	技能要求	相关知识要求
2. 修复材料制备与工具设备选用维护	2.1 修复材料使用与制备	2.1.1 能调制用于灌浆的灰浆 2.1.2 能选用加固适配的铁件	2.1.1 灌浆灰浆的调制方法 2.1.2《文物建筑修缮工程操作规程 第1部分：瓦石作》（DB11/T 889.1）
	2.2 工具使用与制作	2.2.1 能创新制作特需加工工具 2.2.2 能改良传统工具	特需加工工具的制作方法
3. 本体修复	3.1 石构件加工制作	3.1.1 能修复纹饰复杂的透雕构件 3.1.2 能修复残损圆雕构件	透雕、圆雕构件制作工艺
	3.2 石构件安装	能进行整体构架拨正	石结构构架相关知识
	3.3 修复操作	3.3.1 能进行透雕构件的修补、粘接 3.3.2 能进行断裂石构件暗埋销件的操作	3.3.1 透雕构件粘接方法 3.3.2《古建筑砖石结构维修与加固技术规范》（GB/T 39056）
	3.4 现场实施方案编制	3.4.1 能制定整体修复实施工艺、操作流程 3.4.2 能编制实施工艺方案	3.4.1 施工组织设计编制方法 3.4.2 文物建筑修缮技术
4. 技术管理与培训	4.1 技术管理	能针对石构件加固修复技术措施方案，提出合理化建议	石构件修复系统知识
	4.2 技术培训	4.2.1 能在施工现场对二级/技师及以下级别人员进行实际操作指导 4.2.2 能对二级/技师及以下级别人员进行理论指导 4.2.3 能根据业务需求编制培训计划和方案 4.2.4 能讲授文物修复技术	4.2.1 培训计划编制方法 4.2.2 培训要点

续表

职业功能	工作内容	技能要求	相关知识要求
5.技术创新与交流	5.1 技术创新	能在石构件修复过程中评估并判断新材料、新工艺、新技术、新设备的适用性	5.1.1 石构件施工技术难点的措施处理方法 5.1.2 石构件新材料、新工艺、新技术、新设备的相关知识
	5.2 技术交流	5.2.1 能在专业学术会议上进行技术交流 5.2.2 能撰写专项技术论文	5.2.1 专业研究的基本方法 5.2.2 专项技术论文的撰写方法

3.13 彩画作文物修复师

3.13.1 五级/初级工

职业功能	工作内容	技能要求	相关知识要求
1.现状调查	1.1 基本信息调查	1.1.1 能识别彩画的绘制部位 1.1.2 能识别绘制彩画部位构件名称 1.1.3 能测量彩画构件的基本尺寸	1.1.1 彩画基本术语 1.1.2 文物建筑主要构件名称 1.1.3 度量工具使用方法
	1.2 病害调查	能识别彩画病害主要种类	彩画的病害知识
	1.3 本体材料调查	能识别彩画主要颜色	彩画颜色的基本知识
2.修复材料制备与工具设备选用维护	2.1 工具使用与制作	2.1.1 能识别绘制彩画的传统工具 2.1.2 能使用和维修各种彩画工具	彩画传统工具及其使用、维修方法
	2.2 材料使用与制备	2.2.1 能辨识主要彩画材料、颜料 2.2.2 能区分颜料是否有毒并能安全使用 2.2.3 能进行彩画颜色标号	2.2.1 有毒材料的安全使用知识 2.2.2 彩画颜色标号知识与方法
3.本体修复	3.1 基层处理	能进行彩画基层处理操作	彩画基层处理知识
	3.2 彩画绘制	3.2.1 能扎谱子、拍谱子 3.2.2 能刷大色、包黄胶	彩画的基本操作

续表

职业功能	工作内容	技能要求	相关知识要求
4. 档案记录	4.1 记录归档	4.1.1 能记录调查、局部修复过程 4.1.2 能将调查、局部修复过程的记录文字整理成电子文档	4.1.1 局部修复过程记录要求 4.1.2 电子文档的整理方法
	4.2 资料编制	能编写局部修复工作日志	局部修复工作日志的编写方法

3.13.2 四级/中级工

职业功能	工作内容	技能要求	相关知识要求
1. 现状调查	1.1 基本信息调查	1.1.1 能识别彩画类别 1.1.2 能识别彩画的主要纹饰特征	不同地域彩画的纹饰特点
	1.2 病害调查	1.2.1 能识别彩画病害种类 1.2.2 能辨识彩画基底的病害	彩画基底病害知识
	1.3 本体材料调查	1.3.1 能识别彩画主要材料的类别 1.3.2 能识别彩画主要颜料的类别	1.3.1 彩画材料分类知识 1.3.2 彩画颜料分类知识
	1.4 本体工艺调查	1.4.1 能识别彩画基底的基本工艺 1.4.2 能识别彩画的基本工艺	1.4.1 彩画基底工艺基本知识 1.4.2 彩画工艺基本做法
	1.5 修复史调查	1.5.1 能识别已修复彩画构件的名称 1.5.2 能识别并记录已修复彩画的部位、名称	彩画原状调查和修复史调查知识
2. 修复材料制备与工具设备选用维护	2.1 工具使用与制作	2.1.1 能根据彩画修复的需要识别和使用不同的工具 2.1.2 能制作彩画修复需要的一般工具	2.1.1 彩画传统工具的使用方法 2.1.2 彩画传统工具的制作方法
	2.2 材料使用与制备	2.2.1 能调制彩画大、小色 2.2.2 能调配沥粉材料 2.2.3 能按传统方法熬制胶水 2.2.4 能辨识彩画主要材料、颜料的性质和用途	2.2.1 彩画颜料的调配方法 2.2.2 沥粉材料的调配方法 2.2.3 彩画主要材料、颜料的性质和用途

续表

职业功能	工作内容	技能要求	相关知识要求
3. 本体修复	3.1 起谱子	3.1.1 能看懂简单彩画纹样 3.1.2 能起简单的彩画谱子	3.1.1 简单识图知识 3.1.2 彩画谱子基本知识
	3.2 彩画绘制	3.2.1 能沥大粉、拉大黑、拉大粉 3.2.2 能刷大、小色 3.2.3 能按照谱子进行简单的局部纹饰绘制	3.2.1 沥粉、刷色知识 3.2.2 彩画纹饰基本工艺及操作知识，简单识图知识
	3.3 彩画贴金	3.3.1 能打金胶 3.3.2 能进行小、点面贴金	彩画贴金工艺
	3.4 修复操作	3.4.1 能识别和绘制彩画病害图示符号 3.4.2 能按照传统方法对残损部位完成拓描	3.4.1 《古代建筑彩画病害与图示》（WW/T 0030） 3.4.2 彩画谱子拓描知识
4. 档案记录	4.1 记录归档	4.1.1 能将修复过程中的文字记录、电子资料、修复工作日志进行整理、归档 4.1.2 能对修复过程进行影像采集	4.1.1 修复文件档案的整理、归档要求 4.1.2 影像采集设备的使用方法
	4.2 资料编制	能编写完整的修复工作日志	修复工作日志的编写方法

3.13.3 三级/高级工

职业功能	工作内容	技能要求	相关知识要求
1. 现状调查	1.1 病害调查	1.1.1 能完整进行各种彩画病害调查、描述及记录 1.1.2 能对病害样本准确取样	1.1.1 调查、描述及记录方法 1.1.2 彩画的残损、病害知识 1.1.3 病害调查取样知识
	1.2 本体材料调查	1.2.1 能识别彩画成品使用的材料类别 1.2.2 能识别彩画成品使用的颜料类别	—
	1.3 本体工艺调查	1.3.1 能识别彩画基底的工艺 1.3.2 能识别彩画的工艺	1.3.1 基底工艺知识 1.3.2 彩画工艺的做法
	1.4 修复史调查	能完整记录已修复部位的现存状态	调查、记录方法

续表

职业功能	工作内容	技能要求	相关知识要求
2. 修复材料制备与工具设备选用维护	2.1 工具使用与制作	能制作并使用彩画修复工具	彩画修复传统工具的制作和使用方法
	2.2 材料使用与制备	2.2.1 能辨识各种彩画材料、颜料 2.2.2 能制作各色标样板 2.2.3 能调配各种颜料、制备各种胶料 2.2.4 能进行彩画修复的工料计算	2.2.1 彩画材料、颜料知识 2.2.2 彩画颜料、胶料调制方法 2.2.3 工料计算方法
3. 本体修复	3.1 起谱子	能根据修复的需要起彩画谱子	彩画谱子知识
	3.2 彩画绘制	3.2.1 能鉴别基底质量对新绘彩画质量的影响 3.2.2 能进行号色、各种纹饰沥粉 3.2.3 能进行彩画工艺的操作和彩画纹饰的绘制	3.2.1 彩画基底基本做法及质量验收知识 3.2.2 彩画纹饰的归类知识 3.2.3 传统彩画绘制知识
	3.3 彩画贴金	能进行各种彩画贴金操作	彩画贴金方法
	3.4 修复操作	3.4.1 能进行彩画表面清污除尘处理 3.4.2 能进行彩画软化、回帖、加固	3.4.1 彩画作修复基本知识、原则 3.4.2 彩画制作工艺技术及质量要求
4. 档案记录	4.1 记录归档	4.1.1 能对修复记录文字、影像资料进行整理、总结 4.1.2 能审核修复记录	4.1.1 记录档案资料的整理方法 4.1.2 修复记录的审核要求
	4.2 资料编制	能编写修复工艺技术流程	修复工艺技术流程的编写方法

3.13.4 二级/技师

职业功能	工作内容	技能要求	相关知识要求
1. 现状调查	1.1 病害调查	1.1.1 能根据病害类型分析残损原因 1.1.2 能判断病害对彩画的影响	彩画残损成因相关知识
	1.2 本体工艺调查	能根据历史信息和彩画的材料、颜料、纹饰判断其时代及工艺特征	彩画工艺特征相关知识
	1.3 修复史调查	能根据史料、档案、现状识别已修复部位的现存状态	不同历史时期、不同地域的彩画基本知识
2. 修复材料制备与工具设备选用维护	2.1 工具使用与制作	能指导三级/高级工及以下级别人员制作、使用各种彩画修复工具	—
	2.2 修复材料使用与制备	2.2.1 能指导各色标样板的制作 2.2.2 能检查、认定各色标样板的质量 2.2.3 能鉴别各种材料、颜料的质量和颜料之间的化学反应	颜料的基本化学性质
3. 本体修复	3.1 起谱子	能解决在起、拍、套谱子过程中遇到的疑难问题	构件变形与谱子的比例关系
	3.2 彩画绘制	3.2.1 能绘制各种复杂彩绘纹饰 3.2.2 能绘制白活 3.2.3 能完整绘制从业地区不同时代、不同种类的彩画	3.2.1 彩画的时代特征、特点、工艺流程、操作技法 3.2.2 绘画知识
	3.3 彩画小样绘制	能绘制各类彩画小样	彩画小样的绘制方法
	3.4 彩画修复操作	3.4.1 能进行彩画随色工艺操作 3.4.2 能进行彩画补绘工艺操作 3.4.3 能进行彩画重绘工艺操作	文物建筑彩画保护与修复原则
4. 档案记录	4.1 记录归档	能审核修复档案资料	修复档案资料的评判标准
	4.2 资料编制	能编写修复报告	修复报告的编写方法

续表

职业功能	工作内容	技能要求	相关知识要求
5. 技术管理与培训	5.1 设计方案编制	能编制彩画修复工程施工方案	彩画修复工程施工方案的编制原则与方法
	5.2 项目管理	5.2.1 能编制彩画修复工料计划 5.2.2 能按照施工方案组织实施 5.2.3 能协调不同工种交叉作业	5.2.1 彩画修复工料计划基本知识 5.2.2 彩画施工管理知识
	5.3 技术培训	5.3.1 能对三级/高级工及以下级别人员进行彩画理论和实际操作培训 5.3.2 能按照培训计划组织培训	培训需求信息收集和分析总结

3.13.5 一级/高级技师

职业功能	工作内容	技能要求	相关知识要求
1. 现状调查	1.1 病害调查	1.1.1 能核定彩画病害调查成果 1.1.2 能评估病害对彩画影响的程度	彩画病害评估知识、方法
	1.2 本体工艺调查	能根据调查成果总结、核定工艺的时代特征	调查、统计、分析方法
	1.3 修复史调查	能根据修复史调查成果分析历次修复对彩画的影响	彩画的发展演变进程
2. 本体修复	2.1 起谱子	2.1.1 能对各类彩画谱子的绘制进行指导 2.1.2 能审定各类彩画谱子	2.1.1 不同时代、地域彩画纹饰的特征 2.1.2 不同时代、地域彩画的演变关系
	2.2 彩画绘制	2.2.1 能对各类彩画工艺进行指导 2.2.2 能解决彩画绘制中的疑难问题 2.2.3 能对完成的彩画进行质量自评	2.2.1 彩画理论知识、工艺技法 2.2.2 彩画验收相关知识 2.2.3 补绘及随色处理方法
	2.3 彩画小样绘制	2.3.1 能确定、指导绘制彩画小样 2.3.2 能鉴定彩画小样质量	彩画小样绘制方法及认定

续表

职业功能	工作内容	技能要求	相关知识要求
2.本体修复	2.4 彩画临摹	2.4.1 能进行文物彩画的临摹、仿制 2.4.2 能指导文物彩画的临摹、仿制	文物彩画临摹、仿制方法
3.技术管理与培训	3.1 方案编制	能审核彩画修复实施方案	修复实施方案的审定
	3.2 修复成果评价	能总结分析修复成果	修复方案成果的评价
	3.3 项目管理	3.3.1 能细化彩画修复施工图 3.3.2 能沟通彩画修复施工的工艺和技术	3.3.1 识图与制图相关知识 3.3.2 有效沟通相关知识
	3.4 技术培训	3.4.1 能进行实际操作指导 3.4.2 能进行彩画理论指导 3.4.3 能根据业务需求编制培训计划和方案	3.4.1 彩画保护实际操作技术和传授方法 3.4.2 培训计划和方案编制方法
4.技术创新与交流	4.1 技术创新	4.1.1 能在允许范围内,对彩画修复过程提出新材料、新工艺、新技术、新设备要求,并进行创新研发 4.1.2 能对新材料、新工艺、新技术、新设备进行试验和应用	4.1.1 彩画修复技术难点的处理措施 4.1.2 彩画修复过程中新材料、新工艺、新技术、新设备的相关信息
	4.2 技术交流	4.2.1 能进行彩画修复技术交流和技术推广 4.2.2 能撰写专业技术论文	4.2.1 技术交流的基本要求 4.2.2 专业技术论文的撰写方法

4. 权重表

4.1 壁画彩塑文物修复师

4.1.1 理论知识权重表

项目		技能等级	五级/初级工(%)	四级/中级工(%)	三级/高级工(%)	二级/技师(%)	一级/高级技师(%)
基本要求		职业道德	5	5	5	5	5
		基础知识	35	25	15	10	5
相关知识要求		现状调查	30	30	15	10	5
		修复材料制备与工具设备选用维护	20	20	15	10	5
		本体修复	5	10	35	35	30
		档案记录	5	5	10	15	5
		试验操作	—	5	5	5	5
		技术管理与培训	—	—	—	10	20
		技术创新与交流	—	—	—	—	20
		合计	100	100	100	100	100

4.1.2 技能要求权重表

项目		技能等级	五级/初级工(%)	四级/中级工(%)	三级/高级工(%)	二级/技师(%)	一级/高级技师(%)
技能要求		现状调查	35	30	15	10	5
		修复材料制备与工具设备选用维护	35	30	15	10	5
		本体修复	15	20	40	40	40
		档案记录	15	15	20	15	5
		试验操作	—	5	10	15	5
		技术管理与培训	—	—	—	10	20
		技术创新与交流	—	—	—	—	20
		合计	100	100	100	100	100

4.2 纺织品文物修复师

4.2.1 理论知识权重表

项目	技能等级	五级/初级工（%）	四级/中级工（%）	三级/高级工（%）	二级/技师（%）	一级/高级技师（%）
基本要求	职业道德	5	5	5	5	5
	基础知识	25	20	15	10	5
相关知识要求	现状调查	15	15	10	10	5
	修复材料制备与工具设备选用维护	20	15	15	10	—
	本体修复	30	40	45	45	35
	档案记录	5	5	10	—	—
	技术管理与培训	—	—	—	20	25
	技术创新与交流	—	—	—	—	25
合计		100	100	100	100	100

4.2.2 技能要求权重表

项目	技能等级	五级/初级工（%）	四级/中级工（%）	三级/高级工（%）	二级/技师（%）	一级/高级技师（%）
技能要求	现状调查	20	15	10	10	5
	修复材料制备与工具设备选用维护	20	15	10	10	—
	本体修复	50	60	65	60	55
	档案记录	10	10	15	—	—
	技术管理与培训	—	—	—	20	25
	技术创新与交流	—	—	—	—	15
合计		100	100	100	100	100

4.3 金属文物修复师

4.3.1 理论知识权重表

项目	技能等级	五级/初级工（%）	四级/中级工（%）	三级/高级工（%）	二级/技师（%）	一级/高级技师（%）
基本要求	职业道德	5	5	5	5	5
	基础知识	25	20	15	5	5
相关知识要求	现状调查	15	15	10	5	5
	修复材料制备与工具设备选用维护	15	15	15	10	5
	本体修复	35	40	45	40	35
	档案记录	5	5	10	20	—
	技术管理与培训	—	—	—	15	25
	技术创新与交流	—	—	—	—	20
合计		100	100	100	100	100

4.3.2 技能要求权重表

项目	技能等级	五级/初级工（%）	四级/中级工（%）	三级/高级工（%）	二级/技师（%）	一级/高级技师（%）
技能要求	现状调查	20	15	10	5	5
	修复材料制备与工具设备选用维护	20	15	10	10	5
	本体修复	50	60	65	60	55
	档案记录	10	10	15	10	—
	技术管理与培训	—	—	—	15	20
	技术创新与交流	—	—	—	—	15
合计		100	100	100	100	100

4.4 石质文物修复师

4.4.1 理论知识权重表

项目	技能等级	五级/初级工（%）	四级/中级工（%）	三级/高级工（%）	二级/技师（%）	一级/高级技师（%）
基本要求	职业道德	5	5	5	5	5
	基础知识	30	20	15	10	5
相关知识要求	现状调查	25	20	20	10	5
	修复材料制备与工具设备选用维护	—	10	10	10	—
	本体修复	30	35	40	35	40
	档案记录	10	10	10	15	10
	技术管理与培训	—	—	—	15	20
	技术创新与交流	—	—	—	—	15
合计		100	100	100	100	100

4.4.2 技能要求权重表

项目	技能等级	五级/初级工（%）	四级/中级工（%）	三级/高级工（%）	二级/技师（%）	一级/高级技师（%）
技能要求	现状调查	25	20	10	5	5
	修复材料制备与工具设备选用维护	—	15	20	15	—
	本体修复	50	55	60	50	50
	档案记录	25	10	10	20	15
	技术管理与培训	—	—	—	10	20
	技术创新与交流	—	—	—	—	10
合计		100	100	100	100	100

4.5 陶瓷文物修复师

4.5.1 理论知识权重表

项目		技能等级	五级/初级工（%）	四级/中级工（%）	三级/高级工（%）	二级/技师（%）	一级/高级技师（%）
基本要求	职业道德		5	5	5	5	5
	基础知识		25	15	10	5	—
相关知识要求	现状调查		25	30	30	20	—
	修复材料制备与工具设备选用维护		15	10	5	5	—
	本体修复		25	30	40	50	50
	档案记录		5	10	10	—	—
	技术管理与培训		—	—	—	15	20
	技术创新与交流		—	—	—	—	25
合计			100	100	100	100	100

4.5.2 技能要求权重表

项目		技能等级	五级/初级工（%）	四级/中级工（%）	三级/高级工（%）	二级/技师（%）	一级/高级技师（%）
技能要求	现状调查		10	30	20	10	—
	修复材料制备与工具设备选用维护		20	10	10	5	—
	本体修复		50	50	50	60	60
	档案记录		20	10	20	—	—
	技术管理与培训		—	—	—	25	30
	技术创新与交流		—	—	—	—	10
合计			100	100	100	100	100

4.6 纸张书画文物修复师

4.6.1 理论知识权重表

项目		技能等级	五级/初级工（%）	四级/中级工（%）	三级/高级工（%）	二级/技师（%）	一级/高级技师（%）
基本要求		职业道德	5	5	5	5	5
		基础知识	20	20	15	5	5
相关知识要求		现状调查	15	10	15	10	—
		修复材料制备与工具设备选用维护	20	15	10	10	—
		整体修复	35	40	40	50	40
		档案记录	5	10	15	10	—
		技术管理与培训	—	—	—	10	30
		技术创新与交流	—	—	—	—	20
		合计	100	100	100	100	100

4.6.2 技能要求权重表

项目		技能等级	五级/初级工（%）	四级/中级工（%）	三级/高级工（%）	二级/技师（%）	一级/高级技师（%）
技能要求		现状调查	20	15	15	10	—
		修复材料制备与工具设备选用维护	25	20	15	10	—
		整体修复	50	55	60	60	60
		档案记录	5	10	10	10	—
		技术管理与培训	—	—	—	10	30
		技术创新与交流	—	—	—	—	10
		合计	100	100	100	100	100

4.7 出土（水）竹木漆器文物修复师

4.7.1 理论知识权重表

项目	技能等级	五级/初级工（%）	四级/中级工（%）	三级/高级工（%）	二级/技师（%）	一级/高级技师（%）
基本要求	职业道德	5	5	5	5	5
	基础知识	25	20	15	5	5
相关知识要求	现状调查	20	15	10	—	—
	修复材料制备与工具设备选用维护	25	25	20	20	—
	本体修复	20	30	40	50	55
	档案记录与报告编制	5	5	10	5	—
	技术管理与培训	—	—	—	15	20
	技术创新与交流	—	—	—	—	15
合计		100	100	100	100	100

4.7.2 技能要求权重表

项目	技能等级	五级/初级工（%）	四级/中级工（%）	三级/高级工（%）	二级/技师（%）	一级/高级技师（%）
技能要求	现状调查	30	25	10	—	—
	修复材料制备与工具设备选用维护	35	30	25	15	—
	本体修复	25	35	50	60	70
	档案记录与报告编制	10	10	15	5	—
	技术管理与培训	—	—	—	20	20
	技术创新与交流	—	—	—	—	10
合计		100	100	100	100	100

4.8 土遗址文物修复师

4.8.1 理论知识权重表

项目	技能等级	五级/初级工(%)	四级/中级工(%)	三级/高级工(%)	二级/技师(%)	一级/高级技师(%)
基本要求	职业道德	5	5	5	5	5
	基础知识	30	20	15	10	5
相关知识要求	现状调查	25	20	15	10	5
	修复材料制备与工具设备选用维护	20	15	10	—	—
	本体修复	10	25	35	40	40
	试验操作	5	5	10	15	5
	档案记录	5	10	10	10	5
	技术管理与培训	—	—	—	10	25
	技术创新与交流	—	—	—	—	10
	合计	100	100	100	100	100

4.8.2 技能要求权重表

项目	技能等级	五级/初级工(%)	四级/中级工(%)	三级/高级工(%)	二级/技师(%)	一级/高级技师(%)
技能要求	现状调查	35	30	15	10	10
	修复材料制备与工具设备选用维护	30	20	15	—	—
	本体修复	15	25	40	45	40
	试验操作	5	10	10	20	5
	档案记录	15	15	20	15	5
	技术管理与培训	—	—	—	10	25
	技术创新与交流	—	—	—	—	15
	合计	100	100	100	100	100

4.9 木作文物修复师

4.9.1 理论知识权重表

项目	技能等级	五级/初级工(%)	四级/中级工(%)	三级/高级工(%)	二级/技师(%)	一级/高级技师(%)
基本要求	职业道德	5	5	5	5	5
	基础知识	25	20	20	10	5
相关知识要求	现状调查	15	15	10	10	5
	修复材料制备与工具设备选用维护	15	15	15	10	—
	本体修复	35	40	40	45	50
	档案记录	5	5	10	10	—
	技术管理与培训	—	—	—	10	20
	技术创新与交流	—	—	—	—	15
合计		100	100	100	100	100

4.9.2 技能要求权重表

项目	技能等级	五级/初级工(%)	四级/中级工(%)	三级/高级工(%)	二级/技师(%)	一级/高级技师(%)
技能要求	现状调查	15	15	10	10	5
	修复材料制备与工具设备选用维护	15	15	10	10	—
	本体修复	60	60	65	60	60
	档案记录	10	10	15	10	—
	技术管理与培训	—	—	—	10	20
	技术创新与交流	—	—	—	—	15
合计		100	100	100	100	100

4.10 泥瓦作文物修复师

4.10.1 理论知识权重表

项目	技能等级	五级/初级工（%）	四级/中级工（%）	三级/高级工（%）	二级/技师（%）	一级/高级技师（%）
基本要求	职业道德	5	5	5	5	5
	基础知识	25	20	20	10	10
相关知识要求	现状调查	15	15	10	10	10
	修复材料制备与工具设备选用维护	15	15	15	10	—
	本体修复	35	40	40	45	45
	档案记录	5	5	10	10	—
	技术管理与培训	—	—	—	10	20
	技术创新与交流	—	—	—	—	10
	合计	100	100	100	100	100

4.10.2 技能要求权重表

项目	技能等级	五级/初级工（%）	四级/中级工（%）	三级/高级工（%）	二级/技师（%）	一级/高级技师（%）
技能要求	现状调查	15	15	10	10	10
	修复材料制备与工具设备选用维护	15	15	10	10	—
	本体修复	60	60	65	65	65
	档案记录	10	10	15	10	—
	技术管理与培训	—	—	—	5	15
	技术创新与交流	—	—	—	—	10
	合计	100	100	100	100	100

4.11 油漆作文物修复师

4.11.1 理论知识权重表

项目		技能等级	五级/初级工（%）	四级/中级工（%）	三级/高级工（%）	二级/技师（%）	一级/高级技师（%）
基本要求	职业道德		10	5	5	5	5
	基础知识		25	20	20	10	5
相关知识要求	现状调查		10	20	20	10	10
	修复材料制备与工具设备选用维护		15	15	15	10	—
	本体修复		35	35	30	45	45
	档案记录		5	5	10	10	—
	技术管理与培训		—	—	—	10	15
	技术创新与交流		—	—	—	—	20
合计			100	100	100	100	100

4.11.2 技能要求权重表

项目		技能等级	五级/初级工（%）	四级/中级工（%）	三级/高级工（%）	二级/技师（%）	一级/高级技师（%）
技能要求	现状调查		25	25	25	10	10
	修复材料制备与工具设备选用维护		15	15	10	10	—
	本体修复		50	50	50	55	55
	档案记录		10	10	15	15	—
	技术管理与培训		—	—	—	10	15
	技术创新与交流		—	—	—	—	20
合计			100	100	100	100	100

4.12 石作文物修复师

4.12.1 理论知识权重表

项目	技能等级	五级/初级工（%）	四级/中级工（%）	三级/高级工（%）	二级/技师（%）	一级/高级技师（%）
基本要求	职业道德	5	5	5	5	5
	基础知识	25	20	20	10	5
相关知识要求	现状调查	10	10	10	10	5
	修复材料制备与工具设备选用维护	15	15	10	10	10
	本体修复	40	45	45	40	40
	档案记录	5	5	10	10	—
	技术管理与培训	—	—	—	15	20
	技术创新与交流	—	—	—	—	15
合计		100	100	100	100	100

4.12.2 技能要求权重表

项目	技能等级	五级/初级工（%）	四级/中级工（%）	三级/高级工（%）	二级/技师（%）	一级/高级技师（%）
技能要求	现状调查	15	15	10	10	10
	修复材料制备与工具设备选用维护	15	15	15	10	10
	本体修复	60	60	65	60	60
	档案记录	10	10	10	10	—
	技术管理与培训	—	—	—	10	10
	技术创新与交流	—	—	—	—	10
合计		100	100	100	100	100

4.13 彩画作文物修复师

4.13.1 理论知识权重表

项目		技能等级	五级/初级工(%)	四级/中级工(%)	三级/高级工(%)	二级/技师(%)	一级/高级技师(%)
基本要求		职业道德	5	5	5	5	5
		基础知识	25	20	20	10	5
相关知识要求		现状调查	15	15	10	10	5
		修复材料制备与工具设备选用维护	15	15	15	10	—
		本体修复	35	40	40	45	45
		档案记录	5	5	10	10	5
		技术管理与培训	—	—	—	10	25
		技术创新与交流	—	—	—	—	15
		合计	100	100	100	100	100

4.13.2 技能要求权重表

项目		技能等级	五级/初级工(%)	四级/中级工(%)	三级/高级工(%)	二级/技师(%)	一级/高级技师(%)
技能要求		现状调查	15	15	10	10	5
		修复材料制备与工具设备选用维护	15	15	10	10	—
		本体修复	60	60	65	60	60
		档案记录	10	10	15	10	—
		技术管理与培训	—	—	—	10	20
		技术创新与交流	—	—	—	—	15
		合计	100	100	100	100	100

5. 职业标准附录

5.1 壁画彩塑文物修复师职业方向

从事壁画彩塑文物现状调查、档案记录，并进行清除、加固、回贴、粘接、脱盐、修补、协色等修复工作的人员。

5.2 纺织品文物修复师职业方向

从事纺织品文物现状调查、档案记录，并进行揭展、清理、平整、加固等修复工作的人员。

5.3 金属文物修复师职业方向

从事金属文物现状调查、档案记录，并进行清洗、除锈、加固、拼接、整形、脱盐、连接、补配、作色、缓蚀、封护等修复工作的人员。

5.4 石质文物修复师职业方向

从事石质文物现状调查、档案记录，并进行清洗、加固、粘接、补全、封护等修复工作的人员。

5.5 陶瓷文物修复师职业方向

从事陶瓷文物现状调查、档案记录，并进行清洗、脱盐、加固、粘接、补配、作色、补绘等修复工作的人员。

5.6 纸张书画文物修复师职业方向

从事纸张书画文物现状调查、档案记录，并进行清洗、拼对、揭心、补洞、托心、贴条、全色、接笔等修复工作的人员。

5.7 出土（水）竹木漆器文物修复师职业方向

从事出土（水）竹木漆器文物现状调查、档案记录，并进行加固、清洗、补全、表面封护等修复工作的人员。

5.8 土遗址文物修复师职业方向

从事土遗址文物现状调查、工程档案记录，并运用夯补、砌筑、灌浆、锚固、表面加固等技术进行土遗址保护加固的工作人员。

5.9 木作文物修复师职业方向

运用调查、整理、补配、墩接、榫缝、归安、校正、加固、修整、制作、安装等方法，对木结构的文物建筑和文物建筑中的木质构（部）件进行修复的工作人员。

5.10 泥瓦作文物修复师职业方向

运用调查、整理、补配、校正、加固、归安、修复、铺墁、砌筑、苫瓦等方法,对文物建筑中的墙体、屋面、地面进行修复的工作人员。

5.11 油漆作文物修复师职业方向

运用调查、清理、修补、加固、回贴、涂刷、贴饰等方法,对文物建筑中的油漆层进行修复工作的人员。

5.12 石作文物修复师职业方向

运用调查、整理、补配、校正、加固、归安、修复、砌筑、制作、安装等方法,对石结构的文物建筑和文物建筑中的石构件进行修复工作的人员。

5.13 彩画作文物修复师职业方向

运用专业材料、颜料,以除尘、清污、软化、回贴、加固、封护、绘制等方法,对文物建筑中的彩画进行修复的工作人员。

人力资源社会保障部办公厅 自然资源部办公厅关于颁布无人机测绘操控员国家职业技能标准的通知

（人社厅发〔2021〕76号）

各省、自治区、直辖市及新疆生产建设兵团人力资源社会保障厅（局）、自然资源主管部门：

根据《中华人民共和国劳动法》有关规定，人力资源社会保障部、自然资源部共同制定了无人机测绘操控员国家职业技能标准，现予颁布施行。

附件：无人机测绘操控员国家职业技能标准目录

人力资源社会保障部办公厅　自然资源部办公厅

2021年10月13日

附件

无人机测绘操控员国家职业技能标准目录

序号	职业编码	职业名称
1	4-08-03-07	无人机测绘操控员 L

无人机测绘操控员国家职业技能标准

（2021年版）

1. 职业概况

1.1 职业名称

无人机测绘操控员

1.2 职业编码

4-08-03-07

1.3 职业定义

使用地面监控系统，操控无人飞行器搭载的航摄仪、传感器及其他设备，进行地表数据采集和影像预处理的人员。

1.4 职业技能等级

本职业共设五个等级，分别为：五级/初级工、四级/中级工、三级/高级工、二级/技师、一级/高级技师。

1.5 职业环境条件

室内、外，适合无人机飞行的环境条件。

1.6 职业能力特征

具备一般智力，一定的表达能力和计算能力；形体知觉、色觉、空间感正常；手指、手臂灵活，动作协调。

1.7 普通受教育程度

高中毕业（或同等学力）。

1.8 培训参考学时

五级/初级工40标准学时，四级/中级工40标准学时，三级/高级工40标准学时，二级/技师80标准学时，一级/高级技师80标准学时。

1.9 职业技能鉴定要求

1.9.1 申报条件

具备以下条件之一者,可申报五级/初级工:
(1) 累计从事本职业或相关职业①工作1年(含)以上。
(2) 本职业或相关职业学徒期满。

具备以下条件之一者,可申报四级/中级工:
(1) 取得本职业或相关职业五级/初级工职业资格证书(技能等级证书)后,累计从事本职业或相关职业工作4年(含)以上。
(2) 累计从事本职业或相关职业工作6年(含)以上。
(3) 取得技工学校本专业②或相关专业③毕业证书(含尚未取得毕业证书的在校应届毕业生);或取得经评估论证、以中级技能为培养目标的中等及以上职业学校本专业或相关专业毕业证书(含尚未取得毕业证书的在校应届毕业生)。

具备以下条件之一者,可申报三级/高级工:
(1) 取得本职业或相关职业四级/中级工职业资格证书(技能等级证书)后,累计从事本职业或相关职业工作5年(含)以上。
(2) 取得本职业或相关职业四级/中级工职业资格证书(技能等级证书),并具有高级技工学校、技师学院毕业证书(含尚未取得毕业证书的在校应届毕业生);或取得本职业或相关职业四级/中级工职业资格证书(技能等级证书),并具有经评估论证、以高级技能为培养目标的高等职业学校本专业或相关专业毕业证书(含尚未取得毕业证书的在校应届毕业生)。
(3) 具有大专及以上本专业或相关专业毕业证书,并取得本职业或相关职业四级/中级工职业资格证书(技能等级证书)后,累计从事本职业或相关职业工作2年(含)以上。

具备以下条件之一者,可申报二级/技师:
(1) 取得本职业或相关职业三级/高级工职业资格证书(技能等级证书)后,累计从事本职业或相关职业工作4年(含)以上。
(2) 取得本职业或相关职业三级/高级工职业资格证书(技能等级证书)的高级技工学校、技师学院毕业生,累计从事本职业或相关职业工作3年(含)以上;或取得本职业或相关职业预备技师证书的技师学院毕业生,累计从事本职业或相关职业工作2年(含)以上。

具备以下条件者,可申报一级/高级技师:

---

① 相关职业:大地测量员、摄影测量员、地图绘制员、工程测量员、海洋测绘员、地理信息采集员、地理信息处理员、地理信息应用作业员等,下同。
② 本专业:测绘工程、地理信息、地图制图、摄影测量、遥感、大地测量、工程测量、地籍测绘、土地管理、矿山测量、导航工程、地理国情监测等,下同。
③ 相关专业:地理、地质、工程勘察、资源勘查、土木、建筑、规划、市政、水利、电力、道桥、工民建、海洋、计算机、软件、电子、信息、通信、物联网、统计、生态、环境、农林等,以及其他能够提供其在校期间所学专业开设测绘专业必修课程证明的专业,下同。

取得本职业或相关职业二级/技师职业资格证书（技能等级证书）后，累计从事本职业或相关职业工作4年（含）以上。

1.9.2 鉴定方式

分为理论知识考试、技能考核以及综合评审。理论知识考试以闭卷笔试、机考等方式为主，主要考核从业人员从事本职业应掌握的基本要求和相关知识要求；技能考核主要采用现场操作、模拟操作等方式进行，主要考核从业人员从事本职业应具备的技能水平；综合评审主要针对二级/技师和一级/高级技师，通常采取审阅申报材料、答辩等方式进行全面评议和审查。

理论知识考试、技能考核和综合评审均实行百分制，成绩皆达60分（含）以上者为合格。

1.9.3 监考人员、考评人员与考生配比

理论知识考试中的监考人员与考生配比不低于1∶15，且每个考场不少于2名监考人员；技能考核中的考评人员与考生配比不低于1∶5，且考评人员为3人（含）以上单数；综合评审委员为3人（含）以上单数。

1.9.4 鉴定时间

理论知识考试时间不少于120 min，技能考核时间不少于60 min，综合评审时间不少于30 min。

1.9.5 鉴定场所设备

理论知识考试在标准教室或计算机机房进行；技能考核在合法空域内，具有被测实体的、配备测量仪器并有安全保障的技能考核场地进行。

2. 基本要求

2.1 职业道德

2.1.1 职业道德基本知识

2.1.2 职业守则

（1）遵守法律、法规和有关规定。

（2）爱岗敬业，忠于职守，忠诚奉献，弘扬劳模精神和工匠精神。

（3）认真负责，精益求精，严于律己，吃苦耐劳。

（4）刻苦学习，勤奋钻研，努力提高思想和科学文化素质。

（5）谦虚谨慎，团结协作，主动配合。

（6）严格执行规范，保证成果质量，爱护仪器设备。

（7）重视安全环保，坚持文明生产。

2.2 基础知识

2.2.1 测量基础知识

(1) 地面点定位知识。
(2) 平面、高程测量知识。
(3) 测量数据处理知识。
(4) 测量仪器设备知识。
(5) 地形图及其测绘知识。
(6) 测绘航空摄影知识。
(7) 摄影测量与遥感知识。
(8) 无人机基本知识。

2.2.2 计算机基础知识

(1) 计算机操作基础知识。
(2) 测量相关软件使用知识。

2.2.3 安全生产与环境保护知识

(1) 野外安全生产知识。
(2) 气象知识。
(3) 地理知识。
(4) 仪器设备安全操作及维护知识。
(5) 资料保管保密知识。
(6) 空域申请相关知识。
(7) 应急处置知识。
(8) 军事保护及涉密禁区知识。

2.2.4 相关法律、法规知识

(1) 《中华人民共和国劳动法》相关知识。
(2) 《中华人民共和国测绘法》相关知识。
(3) 《中华人民共和国民用航空法》相关知识。
(4) 《民用无人驾驶航空器系统空中交通管理办法》相关知识。
(5) 《民用无人驾驶航空器经营性飞行活动管理办法（暂行）》相关知识。
(6) 《民用无人驾驶航空器系统分类及分级》相关知识。
(7) 本行业其他有关法律、法规及技术标准基本知识。

3. 工作要求

本《标准》对五级/初级工、四级/中级工、三级/高级工、二级/技师、一级/高级技师的技能要求和相关知识要求依次递进，高级别涵盖低级别的要求。

技能鉴定时，无人机起飞重量按以下要求选用：五级/初级工，无人机起飞重量≤15 kg；四级/中级工，15 kg<无人机起飞重量≤50 kg；三级/高级工，50 kg<无人机起飞重量≤100 kg；二级/技师，100 kg<无人机起飞重量≤150 kg；一级/高级技师，无人机起飞重量>150 kg。

3.1 五级/初级工

职业功能	工作内容	技能要求	相关知识要求
1. 准备	1.1 电动旋翼无人机起降场地选择	1.1.1 能获取测区的地形地貌资料 1.1.2 能根据任务要求及测区实地情况，选择安全起降的场地	1.1.1 地形图使用知识 1.1.2 电动旋翼无人机安全起降基础知识
	1.2 电动旋翼无人机组装	1.2.1 能根据测区与任务情况选择合适的电动旋翼无人机 1.2.2 能组装电动旋翼无人机	1.2.1 电动旋翼无人机螺旋桨、电动机、电子调速器、电池基础知识 1.2.2 电动旋翼无人机结构及安装知识
2. 电动旋翼无人机航空摄影	2.1 航摄仪等传感器安装、调试	2.1.1 能安装航摄仪等传感器，保障设备安全 2.1.2 能根据指定要求，设置航摄仪等传感器参数	2.1.1 载荷安装知识 2.1.2 航摄仪等传感器参数设置知识
	2.2 地面站操作	2.2.1 能保证地面站链路数据正常 2.2.2 能连接飞行设备	2.2.1 地面站数据通信基础知识 2.2.2 监控程序操作基础知识
	2.3 电动旋翼无人机飞行	2.3.1 能使用遥控器连接飞行设备，保障电动机正常工作、链路数据正常 2.3.2 能操控飞行设备，能通过通用应急操作进行飞行应急处置 2.3.3 能安全完成飞行任务	2.3.1 电动旋翼无人机数据通信相关知识 2.3.2 电动旋翼无人机操控相关知识 2.3.3 电动旋翼无人机安全飞行及通用应急操作知识

续表

职业功能	工作内容	技能要求	相关知识要求
3.航摄数据检查整理与预处理	3.1 数据检查	3.1.1 能对飞行质量进行现场快速评判 3.1.2 能对影像质量进行现场快速评判	3.1.1 飞行质量检查相关知识 3.1.2 影像质量检查相关知识
	3.2 数据预处理	3.2.1 能按照作业规范要求整理相片空间位置姿态数据 3.2.2 能按照作业规范要求整理获取的影像数据	3.2.1 相片空间位置姿态数据知识 3.2.2 影像数据整理知识
4.仪器设备维护	4.1 飞行平台维护	4.1.1 能定期对无人机机体配件进行维护 4.1.2 能合理存放电池	4.1.1 无人机机体配件维护相关知识 4.1.2 电池存放相关知识
	4.2 地面站维护	4.2.1 能定期对地面站进行维护 4.2.2 能升级地面站软件	4.2.1 地面站维护相关知识 4.2.2 地面站软件相关知识

3.2 四级/中级工

职业功能	工作内容	技能要求	相关知识要求
1.准备	1.1 电动复合翼、电动固定翼无人机起降场地选择	1.1.1 能根据测区的互联网卫星影像资料预选交通便利的起降场地 1.1.2 能根据任务要求及测区实地情况选择最佳起降场地 1.1.3 能快速处置飞行起降场地内可能的安全隐患，并能对不可清除的安全隐患做好安全防范预案	1.1.1 影像判读特征及方法 1.1.2 电动复合翼、电动固定翼无人机安全起飞着陆的知识
	1.2 电动复合翼、电动固定翼无人机组装	1.2.1 能根据测区与任务情况选择合适的电动复合翼、电动固定翼无人机螺旋桨、电动机、电池 1.2.2 能组装电动复合翼、电动固定翼无人机	1.2.1 电动复合翼、电动固定翼无人机螺旋桨、电动机、电池的基本知识 1.2.2 电动复合翼、电动固定翼无人机构成知识
	1.3 航线设计	1.3.1 能选择合适的航摄仪等传感器 1.3.2 能根据航摄设计要求对一般地区进行航线设计	1.3.1 航摄仪等传感器的类型、型号、参数 1.3.2 航摄参数计算知识 1.3.3 航线敷设知识

续表

职业功能	工作内容	技能要求	相关知识要求
2. 电动复合翼、电动固定翼无人机航空摄影	2.1 弹射、回收装置架设	2.1.1 能架设弹射、回收装置 2.1.2 能折叠与安装降落伞（回收为伞降）	2.1.1 弹射、回收装置相关知识 2.1.2 降落伞回收、安装相关知识
	2.2 地面站操作	2.2.1 能操控地面站通信、导航和监视程序，并能正确操作应急飞行程序 2.2.2 能安全释放、回收飞行设备（采用全自主弹射、伞降或扑地）	2.2.1 电动复合翼、电动固定翼无人机应急处置相关知识 2.2.2 无人机释放和回收相关知识
	2.3 电动复合翼、电动固定翼无人机飞行	2.3.1 能使用遥控器连接电动复合翼、电动固定翼无人机，保障各服务器正常工作，飞行设备链路数据正常 2.3.2 能操控电动复合翼、电动固定翼无人机，并能正确操作应急飞行程序，处置飞行突发状况 2.3.3 能安全完成电动复合翼、电动固定翼无人机飞行任务	2.3.1 电动复合翼、电动固定翼无人机数据通信相关知识 2.3.2 电动复合翼、电动固定翼无人机操控相关知识 2.3.3 空中交通管制（空域）相关知识
3. 航摄数据检查整理与预处理	3.1 数据检查整理	3.1.1 能检查飞行质量，根据现场飞行状态及时调整方案，保证飞行质量 3.1.2 能检查不同条件下的影像质量，现场调整设置合适的传感器参数 3.1.3 能按照航摄数据整理要求及规范进行数据资料检查及规范性整理	3.1.1 飞行质量检查相关知识 3.1.2 影像质量检查相关知识 3.1.3 航摄数据整理要求及规范
	3.2 数据预处理	3.2.1 能利用图像处理软件对航摄数据进行简单增强等预处理 3.2.2 能进行影像快速拼接	3.2.1 航摄数据增强处理相关知识 3.2.2 快速拼接软件相关知识
4. 仪器设备维护	4.1 飞行平台维护	4.1.1 能定期对动力系统进行维护 4.1.2 能定期保养电池	4.1.1 动力系统维护相关知识 4.1.2 电池保养相关知识
	4.2 弹射及回收设备维护	4.2.1 能定期对弹射设备进行维护 4.2.2 能定期对回收设备进行维护	4.2.1 弹射设备维护相关知识 4.2.2 回收设备维护相关知识

3.3 三级/高级工

职业功能	工作内容	技能要求	相关知识要求
1. 准备	1.1 航飞空域申请与航飞前系统检查	1.1.1 能结合任务情况，根据民用航空飞行相关法律法规，进行空域申请与空管通信 1.1.2 能对无人机及相关设备进行系统检查	1.1.1 空域申请与空管通信知识 1.1.2 油电混合旋翼、固定翼、复合翼无人机，以及油动旋翼、固定翼无人机系统检查知识
	1.2 像控点布设	1.2.1 能进行像控点布设 1.2.2 能对布设的像控点进行优化调整	1.2.1 航空摄影测量作业规范 1.2.2 像控点布设相关知识
	1.3 油电混合旋翼、固定翼、复合翼无人机，以及油动旋翼、固定翼无人机组装	1.3.1 能根据测区与任务情况选择合适的油电混合旋翼、固定翼、复合翼无人机，油动旋翼、固定翼无人机螺旋桨、发动机 1.3.2 能组装油电混合旋翼、固定翼、复合翼无人机，油动旋翼、固定翼无人机	1.3.1 纯油动和油电混合发动机基础知识 1.3.2 油电混合旋翼、固定翼、复合翼无人机，油动旋翼、固定翼无人机结构知识
	1.4 航线设计	1.4.1 能进行地形复杂测区的航区划分、正常航线及构架航线设计 1.4.2 能根据测区与任务情况进行航线优化 1.4.3 能规划应急航线	1.4.1 航区划分、构架航线敷设相关知识 1.4.2 航摄航线优化相关知识
2. 油电混合、油动无人机航空摄影	2.1 地面站操作	2.1.1 能调整飞行控制参数 2.1.2 能调试自驾仪、各类传感器等设备	2.1.1 自驾仪飞行控制相关知识 2.1.2 各类传感器设备相关知识

续表

职业功能	工作内容	技能要求	相关知识要求
2. 油电混合、油动无人机航空摄影	2.2 油电混合旋翼、固定翼、复合翼无人机，以及油动旋翼、固定翼无人机飞行	2.2.1 能使用遥控器连接油电混合旋翼、固定翼、复合翼无人机，以及油动旋翼、固定翼无人机，保障各服务器及飞行设备链路数据正常 2.2.2 能操控油电混合旋翼、固定翼、复合翼无人机，以及油动旋翼、固定翼无人机，并能正确处置各种突发状况 2.2.3 能判断飞行气象条件 2.2.4 能完成固定翼无人机滑起、滑降操作 2.2.5 能安全完成油电混合旋翼、固定翼、复合翼无人机，以及油动旋翼、固定翼无人机飞行任务	2.2.1 无人机数据通信知识 2.2.2 油电混合旋翼、固定翼、复合翼无人机，以及油动旋翼、固定翼无人机操控相关知识 2.2.3 无人机气动布局基础知识和飞行原理 2.2.4 航空气象相关知识
3. 航摄数据检查整理与预处理	3.1 数据整理成果质量检查	3.1.1 能对像控点测量资料进行质量检查 3.1.2 能对航摄数据整理成果进行质量检查	3.1.1 像控点测量相关知识 3.1.2 航摄数据质量检查知识
	3.2 数据预处理	3.2.1 能对航摄数据进行更有利于后期处理的均色、融合等预处理 3.2.2 能对快速拼接影像进行效果增强	航摄数据均色、融合处理等相关知识
4. 仪器设备维护	4.1 飞行平台维护	4.1.1 能定期对电气系统进行维护 4.1.2 能对飞行平台进行维修	4.1.1 电气系统维护相关知识 4.1.2 无人机维修相关知识
	4.2 飞行平台优化	4.2.1 能对飞行平台进行优化 4.2.2 能对飞行平台进行优化调试	4.2.1 无人机材料相关知识 4.2.2 无人机结构相关知识

3.4 二级/技师

职业功能	工作内容	技能要求	相关知识要求
1. 方案设计	1.1 工作方案设计	1.1.1 能理解项目设计书，明确项目任务 1.1.2 能根据项目特点编制无人机测绘操控实施工作方案 1.1.3 能进行像控点布设方案设计及优化调整 1.1.4 能编制项目质量及工作计划	1.1.1 无人机测绘航空摄影相关规范 1.1.2 像控点布设方案设计及优化调整相关知识 1.1.3 测绘航空摄影实施工作方案编制相关知识
	1.2 技术方案编制	1.2.1 能根据项目特点编制测绘航空摄影技术方案 1.2.2 能编写航摄设计书 1.2.3 能编制作业流程和编写作业指导书	1.2.1 测绘航空摄影项目技术方案编制知识 1.2.2 测绘航空摄影项目作业流程编制和作业指导书编写相关知识
2. 组织实施	2.1 组织项目开展	2.1.1 能组织开展旋翼无人机航空摄影 2.1.2 能组织开展固定翼无人机航空摄影	2.1.1 无人机测绘项目管理相关知识 2.1.2 无人机作业安全相关知识
	2.2 指导项目实施	2.2.1 能指导解决无人机航空摄影的技术难点 2.2.2 能对项目的进度、质量、成本进行控制管理 2.2.3 能与各方沟通协调生产实施	2.2.1 无人机测绘项目组织管理相关知识 2.2.2 无人机测绘航空摄影质量控制相关知识
3. 固定翼无人机航空摄影	3.1 地面站操作	3.1.1 能判断自驾仪故障原因 3.1.2 能解决地面站软件设置错误导致的问题	3.1.1 自驾仪相关知识 3.1.2 地面站软件相关知识
	3.2 固定翼无人机调试、飞行	3.2.1 能对固定翼无人机的滑起滑降进行试飞与调试 3.2.2 能对新飞行平台进行试飞与调试	3.2.1 固定翼无人机滑起滑降试飞与调试相关知识 3.2.2 新飞行平台试飞与调试相关知识

续表

职业功能	工作内容	技能要求	相关知识要求
4. 技术与质量管理	4.1 质量管理	4.1.1 能撰写航测技术设计书 4.1.2 能撰写航测技术总结 4.1.3 能撰写航摄成果检查报告	4.1.1 测绘技术设计书与总结编写要求 4.1.2 无人机测绘成果质量评定检查相关知识
	4.2 指导与培训	4.2.1 能根据项目特点与难点对本职业三级/高级工及以下级别人员进行具体技术指导 4.2.2 能根据培训计划与内容进行技术培训授课	4.2.1 学术论文及报告编撰相关知识 4.2.2 职业技能培训相关知识

3.5 一级/高级技师

职业功能	工作内容	技能要求	相关知识要求
1. 方案设计	1.1 技术方案设计优化	1.1.1 能对技术设计方案进行优化 1.1.2 能对技术实施方案进行优化	1.1.1 技术设计方案优化相关知识 1.1.2 技术实施方案优化相关知识
	1.2 作业方案审核	1.2.1 能对技术方案及作业流程进行审核 1.2.2 能对数据存储与管理方案进行审核	作业方案审核相关知识
2. 固定翼无人机航空摄影	2.1 地面站操作	2.1.1 能合理布置多个移动监控站，确保飞行安全 2.1.2 能配置多机作业和异地起降作业	2.1.1 多个移动监控站数据通信知识 2.1.2 多机作业和异地起降相关知识
	2.2 固定翼无人机调试、飞行	2.2.1 能对固定翼无人机进行空中飞行试飞调试 2.2.2 能为新型无人机提供试飞参数	无人机飞控系统相关知识

续表

职业功能	工作内容	技能要求	相关知识要求
3. 成果检查与审核	3.1 成果检查	3.1.1 能对无人机航摄相关成果进行检查 3.1.2 能根据各类成果资料检查情况编写检查报告	3.1.1 航摄相关成果检查知识 3.1.2 检查报告编写要求
	3.2 成果审核	3.2.1 能对工作报告、技术总结等成果进行审核 3.2.2 能对质检报告等成果进行审核	测绘项目成果审核相关知识
4. 技术与质量管理	4.1 质量控制	4.1.1 能监督质量体系在无人机测绘项目中的实施 4.1.2 能把控无人机测绘操控质量关键点	质量监督相关知识
	4.2 指导与培训	4.2.1 能编写无人机测绘操控培训辅导材料 4.2.2 能对各级无人机测绘操控员进行现场技术培训 4.2.3 能解决无人机测绘操控作业中遇到的疑难问题	4.2.1 学术论文及报告编撰相关知识 4.2.2 技能培训辅导教材编写相关知识
	4.3 新技术推广与应用	4.3.1 能对新技术、新标准的应用开展试验，制订计划并组织实施 4.3.2 能对新仪器、新设备、新软件的性能进行基本测试 4.3.3 能编写测试报告	4.3.1 试验报告编制基本要求和内容 4.3.2 试验开展基本步骤和要求 4.3.3 仪器、设备、软件测试的基本条件、方法和步骤

4. 权重表

4.1 理论知识权重表

项目		技能等级	五级/初级工（%）	四级/中级工（%）	三级/高级工（%）	二级/技师（%）	一级/高级技师（%）
基本要求		职业道德	5	5	5	5	5
		基础知识	15	15	15	15	15
相关知识要求		准备	15	15	15	—	—
		方案设计	—	—	—	15	15
		组织实施	—	—	—	15	—
		电动旋翼无人机航空摄影	35	—	—	—	—
		电动复合翼、电动固定翼无人机航空摄影	—	35	—	—	—
		油电混合、油动无人机航空摄影	—	—	35	—	—
		固定翼无人机航空摄影	—	—	—	25	25
		航摄数据检查整理与预处理	20	20	20	—	—
		成果检查与审核	—	—	—	—	15
		技术与质量管理	—	—	—	25	25
		仪器设备维护	10	10	10	—	—
合计			100	100	100	100	100

4.2 技能要求权重表

项目		技能等级	五级/初级工（%）	四级/中级工（%）	三级/高级工（%）	二级/技师（%）	一级/高级技师（%）
技能要求		准备	20	20	15	—	—
		方案设计	—	—	—	25	20
		组织实施	—	—	—	20	—
		电动旋翼无人机航空摄影	30	—	—	—	—
		电动复合翼、电动固定翼无人机航空摄影	—	45	—	—	—
		油电混合、油动无人机航空摄影	—	—	50	—	—
		固定翼无人机航空摄影	—	—	—	25	25
		航摄数据检查整理与预处理	35	20	25	—	—

续表

项目		技能等级	五级/初级工（%）	四级/中级工（%）	三级/高级工（%）	二级/技师（%）	一级/高级技师（%）
技能要求		成果检查与审核	—	—	—	—	25
		技术与质量管理	—	—	—	30	30
		仪器设备维护	15	15	10	—	—
	合计		100	100	100	100	100

人力资源社会保障部办公厅　中央网信办秘书局国家广播电视总局办公厅关于颁布互联网营销师国家职业技能标准的通知

（人社厅发〔2021〕79号）

各省、自治区、直辖市人力资源社会保障厅（局）、网信办、广播电视局，新疆生产建设兵团人力资源社会保障局、网信办、文化体育广电和旅游局：

根据《中华人民共和国劳动法》有关规定，人力资源社会保障部、中央网信办、国家广播电视总局共同制定了互联网营销师国家职业技能标准，现予颁布施行。

附件：互联网营销师国家职业技能标准目录

人力资源社会保障部办公厅　中央网信办秘书局
国家广播电视总局办公厅
2021年10月15日

附件

互联网营销师国家职业技能标准目录

序号	职业编码	职业名称
1	4-01-02-07	互联网营销师

互联网营销师国家职业技能标准

（2021 年版）

1. 职业概况

1.1 职业名称

互联网营销师[①]

1.2 职业编码

4-01-06-02[②]

1.3 职业定义

在数字化信息平台上，运用网络的交互性与传播公信力，对企业产品进行营销推广的人员。

1.4 职业技能等级

本职业共设五个等级，分别为：五级/初级工、四级/中级工、三级/高级工、二级/技师、一级/高级技师。

选品员、直播销售员、视频创推员三个工种设五个等级，分别为：五级/初级工、四级/中级工、三级/高级工、二级/技师、一级/高级技师。

平台管理员设三个等级，分别为：五级/初级工、四级/中级工、三级/高级工。

1.5 职业环境条件

室内、外，具有稳定的网络或移动信号。

1.6 职业能力特征

具有较强的学习、理解、分析、计算及判断能力，具有一定的空间感、色觉正常、语言表达正常，手指、手臂灵活，形体动作协调性好。

1.7 普通受教育程度

初中毕业（或相当文化程度）。

---

① 本职业分为选品员、直播销售员、视频创推员、平台管理员四个工种。
② 依据《中华人民共和国职业分类大典（2022 年版）》调整。

1.8 培训参考学时

五级/初级工不少于 120 标准学时，四级/中级工不少于 104 标准学时，三级/高级工不少于 88 标准学时，二级/技师、一级/高级技师不少于 72 标准学时。

1.9 职业技能鉴定要求

1.9.1 申报条件

具备以下条件之一者，可申报五级/初级工：
（1）累计从事本职业或相关职业①1 年（含）以上。
（2）经本职业或相关职业五级/初级工正规培训达规定标准学时，并取得结业证书。
（3）本职业或相关职业学徒期满。

具备以下条件之一者，可申报四级/中级工：
（1）取得本职业或相关职业五级/初级工职业资格证书（技能等级证书）后，累计从事本职业或相关职业工作 3 年（含）以上。
（2）累计从事本职业或相关职业工作 4 年（含）以上。
（3）累计从事本职业或相关职业工作 2 年（含）以上，经本职业四级/中级工正规培训达规定标准学时，并取得结业证书。
（4）取得技工学校本专业或相关专业②毕业证书（含尚未取得毕业证书的在校应届毕业生）；或取得经评估论证、以中级技能为培养目标的中等及以上职业学校本专业或相关专业毕业证书（含尚未取得毕业证书的在校应届毕业生）。

具备以下条件之一者，可申报三级/高级工：
（1）取得本职业或相关职业四级/中级工职业资格证书（技能等级证书）后，累计从事本职业或相关职业工作 3 年（含）以上，经本职业三级/高级工正规培训达规定标准学时，并取得结业证书。
（2）取得本职业或相关职业四级/中级工职业资格证书（技能等级证书）后，累计从事本职业或相关职业工作 4 年（含）以上。
（3）取得本职业或相关职业四级/中级工职业资格证书（技能等级证书），并具有高级

---

① 相关职业：电子商务师、营销员、市场营销专业人员、商务策划专业人员、广告设计师、品牌专业人员、文化经纪人、播音员、讲解员、节目主持人、数字媒体艺术专业人员、网络编辑、摊商、经济与代理专业人员、管理咨询专业人员、数据分析处理工程技术人员、装饰美工、印前处理和制作员、制图员、商业摄影师、演出监督、陈列展览设计人员、导游、会展策划专业人员、会展设计师等，下同。

② 本专业或相关专业：市场营销、市场营销教育、电子商务、电子商务及法律、跨境电子商务、工商管理、计算机动漫与游戏制作、客户信息服务、网站建设与管理、广播影视节目制作、播音与节目主持、影像与影视技术、戏剧表演、动漫游戏、网页平面设计、数字影像技术、工艺美术、国际贸易实务、国际经济与贸易、国际商务、经济信息管理、商务经济与代理、市场营销、广告策划与营销、移动商务、网络营销、艺术设计、广告设计与制作、产品艺术设计、公共艺术设计、包装艺术设计、工艺美术品设计、动漫设计、游戏设计、人物形象设计、表演艺术、文化创意策划、数字媒体艺术设计、新媒体艺术、广播电视编导、播音与主持艺术、动画、网络与新媒体、戏剧影视导演、时尚传播、广告学、影视技术、影视摄影与制作、摄影、录音艺术、音乐表演、舞蹈表演、戏剧影视文学、表演、戏剧影视美术设计、美术学、绘画、包装设计、产品设计、视觉传达设计、环境设计、数字媒体艺术、艺术设计学、公共艺术、文化产业管理、导游服务、会展服务与管理、会展策划与管理、旅游管理、会展经济与管理等，下同。

技工学校、技师学院毕业证书（含尚未取得毕业证书的在校应届毕业生）；或取得本职业或相关职业四级/中级工职业资格证书（技能等级证书），并具有经评估论证、以高级技能为培养目标的高等职业学校本专业或相关专业毕业证书（含尚未取得毕业证书的在校应届毕业生）。

（4）具有大专及以上本专业或相关专业毕业证书，并取得本职业或相关职业四级/中级工职业资格证书（技能等级证书）后，累计从事本职业或相关职业工作2年（含）以上。

具备以下条件之一者，可申报二级/技师：

（1）取得本职业或相关职业三级/高级工职业资格证书（技能等级证书）后，累计从事本职业或相关职业工作3年（含）以上，经本职业二级/技师正规培训达规定标准学时，并取得结业证书。

（2）取得本职业三级/高级工职业资格证书（技能等级证书）后，累计从事本职业或相关职业工作4年（含）以上。

（3）取得本职业或相关职业三级/高级工职业资格证书（技能等级证书）的高级技工学校、技师学院毕业生，累计从事本职业或相关职业工作3年（含）以上；或取得本职业或相关职业预备技师证书的技师学院毕业生，累计从事本职业或相关职业工作2年（含）以上。

具备以下条件之一者，可申报一级/高级技师：

（1）取得本职业或相关职业二级/技师职业资格证书（技能等级证书）后，累计从事本职业或相关职业工作3年（含）以上，经本职业一级/高级技师正规培训达规定标准学时，并取得结业证书。

（2）取得本职业或相关职业二级/技师职业资格证书（技能等级证书）后，累计从事本职业或相关职业工作4年（含）以上。

1.9.2 鉴定方式

分为理论知识考试、技能考核以及综合评审。理论知识考试以笔试、机考等方式为主，主要考核从业人员从事本职业应掌握的基本要求和相关知识要求；技能考核主要采用现场操作、模拟操作等方式进行，主要考核从业人员从事本职业应具备的技能水平；综合评审主要针对技师和高级技师，采取审阅申报材料、答辩等方式进行全面评议和审查。

理论知识考试、技能考核和综合评审均实行百分制，成绩皆达60分（含）以上者为合格。

1.9.3 监考人员、考评人员与考生配比

理论知识考试中的监考人员与考生配比不低于1∶15，且每个考场不少于2名监考人员；技能操作考核考评员与考生的配比为1∶5，考评人员为3人（含）以上单数；综合评审委员为3人（含）以上单数。

1.9.4 鉴定时间

理论知识考试时间不少于90 min，技能操作考核时间不少于90 min，综合评审时间不少于30 min。

1.9.5 鉴定场所设备

理论知识考试在标准教室或计算机机房进行，技能考核在工作现场或具备网络环境、智能电子设备等考核条件的其他场所进行。

2. 基本要求

2.1 职业道德

2.1.1 职业道德基本知识

2.1.2 职业守则

（1）遵纪守法，诚实守信。

（2）恪尽职守，勇于创新。

（3）钻研业务，团队协作。

（4）严控质量，服务热情。

2.2 基础知识

2.2.1 计算机及网络应用知识

（1）计算机及移动设备操作相关知识。

（2）网络应用相关知识。

2.2.2 营销基础知识

（1）营销学基本概念。

（2）互联网营销定义和分类。

（3）互联网营销传播特点。

（4）互联网营销策略及主要方法。

2.2.3 传播内容制作基础知识

（1）摄影、录像拍摄基础知识。

（2）图片、视频编辑制作基础知识。

（3）视听语言表达基础知识。

（4）新媒体应用知识。

2.2.4 产品基础知识

（1）产品分类知识。

（2）产品质量知识。

（3）特殊产品宣传知识。

2.2.5 安全基础知识

（1）网络信息安全知识。
（2）设备操作安全知识。
（3）场地环境安全知识。

2.2.6 相关法律、法规知识

（1）《中华人民共和国劳动法》相关知识。
（2）《中华人民共和国民法典》相关知识。
（3）《中华人民共和国劳动合同法》相关知识。
（4）《中华人民共和国网络安全法》相关知识。
（5）《中华人民共和国广告法》相关知识。
（6）《中华人民共和国商标法》相关知识。
（7）《中华人民共和国产品质量法》相关知识。
（8）《中华人民共和国消费者权益保护法》相关知识。
（9）《中华人民共和国反不正当竞争法》相关知识。
（10）《中华人民共和国价格法》相关知识。
（11）《中华人民共和国电子商务法》相关知识。
（12）《中华人民共和国知识产权法》相关知识。
（13）《中华人民共和国食品安全法》相关知识。
（14）《互联网直播服务管理规定》相关知识。
（15）《关于加强网络直播营销活动监管的指导意见》相关知识。
（16）《网络交易监督管理办法》相关知识。
（17）《互联网信息服务管理办法》相关知识。
（18）《互联网新闻信息服务管理规定》相关知识。
（19）《网络信息内容生态治理规定》相关知识。
（20）《互联网新闻信息服务单位内容管理从业人员管理办法》相关知识。
（21）《互联网直播营销管理办法》相关知识。
（22）《互联网用户公众账号信息服务管理规定》相关知识。

3. 工作要求

本标准对五级/初级工、四级/中级工、三级/高级工、二级/技师、一级/高级技师的技能要求和相关知识依次递进，高级别涵盖低级别的要求。

本职业包含选品员、直播销售员、视频创推员和平台管理员四个方向，分别以 A、B、C、D 标示。各工种单独考核项在表中用 A、B、C、D 标示，未标示的为共同考核项。

3.1 五级/初级工

选品员考核第1、2、3项职业功能,直播销售员考核第1、4、7项职业功能,视频创推员考核第1、5、7项职业功能,平台管理员考核第1、6、7项职业功能。

职业功能	工作内容	技能要求	相关知识要求
1. 工作准备	1.1 宣传准备	1.1.1 能收集产品图文素材(ABC) 1.1.2 能使用网络搜索工具核实、整理产品素材信息 1.1.3 能发布产品图文信息预告 1.1.4 能收集相关网络舆情风险信息	1.1.1 产品图文素材收集方法 1.1.2 网络搜索工具使用方法 1.1.3 产品图文信息发布技巧
	1.2 设备、软件和材料准备	1.2.1 能连接硬件设备(BCD) 1.2.2 能下载安装直播软件(ABD) 1.2.3 能下载安装视频平台软件(C) 1.2.4 能按照直播计划准备直播样品(A) 1.2.5 能根据直播计划选择道具、场地(BD)	1.2.1 硬件安装调试方法 1.2.2 软件下载安装方法 1.2.3 直播样品收集方法 1.2.4 道具、场地选择方法
	1.3 风险评估	1.3.1 能提出断网、断电等故障的解决方法 1.3.2 能判断营销过程中法律、法规风险	1.3.1 断网、断电故障的解决方法 1.3.2 营销过程中法律、法规风险的判断方法
2. 产品信息收集	2.1 市场调研	2.1.1 能收集和汇总营销产品相关信息 2.1.2 能收集和汇总产品营销方案的相关信息	2.1.1 产品销售信息收集和汇总方法 2.1.2 产品营销方案收集和汇总方法
	2.2 样品收集	2.2.1 能选择销售产品的样品 2.2.2 能跟踪和查询样品寄送进度 2.2.3 能记录样品到达时的状态信息	2.2.1 样品选择方法 2.2.2 物流信息查询方法 2.2.3 样品到达状态的记录方法

续表

职业功能	工作内容	技能要求	相关知识要求
3. 产品确定及规划	3.1 样品试用及比对分析	3.1.1 能试用样品 3.1.2 能比对分析产品信息与样品的差异点	3.1.1 样品试用注意事项 3.1.2 产品信息与样品的比对方法
	3.2 营销卖点分析	3.2.1 能汇总产品的优缺点 3.2.2 能根据产品特点编写产品介绍	3.2.1 产品优缺点汇总方法 3.2.2 产品介绍的编写方法
	3.3 商谈合作方式	3.3.1 能商议产品的报价 3.3.2 能与商家签订合作协议	3.3.1 产品报价商议方法 3.3.2 合作协议的主要内容和签订方法
4. 直播营销	4.1 直播预演	4.1.1 能将产品特性整理成直播脚本 4.1.2 能根据脚本和方案进行直播彩排	4.1.1 直播脚本编写方法 4.1.2 直播彩排方案制定方法
	4.2 直播销售	4.2.1 能介绍销售产品的特性及卖点 4.2.2 能对销售产品进行展示 4.2.3 能引导用户下单	4.2.1 产品特性及卖点的介绍技巧 4.2.2 销售产品的展示方法 4.2.3 引导用户下单的技巧
5. 视频创推	5.1 视频制作	5.1.1 能根据脚本使用手机软件拍摄产品 5.1.2 能在拍摄过程中呈现产品的特征 5.1.3 能在社交平台上保存拍摄的视频	5.1.1 使用手机软件进行拍摄的方法 5.1.2 产品特征呈现技巧 5.1.3 视频保存方法
	5.2 视频推广	5.2.1 能按照平台要求上传视频 5.2.2 能按照平台要求发布视频 5.2.3 能通过社交工具等方式推广视频	5.2.1 视频上传及发布方法 5.2.2 视频热词设立技巧 5.2.3 社交工具推广功能的使用方法

续表

职业功能	工作内容	技能要求	相关知识要求
6. 技术支持与互动管理	6.1 技术支持	6.1.1 能测试网络环境 6.1.2 能测试直播设备 6.1.3 能发布产品链接	6.1.1 网络环境测试方法 6.1.2 直播设备测试方法 6.1.3 产品链接设置与发布方法
	6.2 互动管理	6.2.1 能使用评论、回复等功能与用户进行沟通 6.2.2 能使用后台功能管理评论	6.2.1 与用户沟通的原则及要求 6.2.2 后台管理的操作方法
7. 售后与复盘	7.1 售后	7.1.1 能查询产品的发货进度 7.1.2 能处理用户反馈的问题	7.1.1 发货进度查询方法 7.1.2 投诉问题的处理方法
	7.2 复盘	7.2.1 能采集营销数据 7.2.2 能统计营销数据	7.2.1 数据采集方法 7.2.2 统计软件使用方法

3.2 四级/中级工

选品员考核第1、2、3项职业功能，直播销售员考核第1、4、7项职业功能，视频创推员考核第1、5、7项职业功能，平台管理员考核第1、6、7项职业功能。

职业功能	工作内容	技能要求	相关知识要求
1. 工作准备	1.1 宣传准备	1.1.1 能制订产品素材收集计划（A） 1.1.2 能制作产品专属宣传素材（ABC） 1.1.3 能执行跨平台宣传计划（BCD） 1.1.4 能制定宣传数据监控方案（D） 1.1.5 能运用工具对素材进行转码（D） 1.1.6 能汇总统计相关网络舆情风险信息	1.1.1 素材收集计划的制订方法 1.1.2 数据监控方案的主要内容 1.1.3 音视频转码的方法

续表

职业功能	工作内容	技能要求	相关知识要求
1. 工作准备	1.2 设备、软件和材料准备	1.2.1 能盘点样品库（A） 1.2.2 能制订样品（道具）搭配计划（ABC） 1.2.3 能制定出镜者形象方案（BC） 1.2.4 能根据销售需求选择硬件设备（D） 1.2.5 能完成多种设备的搭建与联调（D）	1.2.1 样品库的盘点方法 1.2.2 样品（道具）的搭配方法 1.2.3 出镜者形象方案的制定方法 1.2.4 硬件设备的选择方法 1.2.5 设备搭建与联调的方法
	1.3 风险评估	1.3.1 能评估团队协作风险 1.3.2 能制订并执行风险应对计划	1.3.1 团队协作风险的评估方法 1.3.2 风险应对计划的制订方法
2. 产品信息收集	2.1 市场调研	2.1.1 能收集产品的溯源信息 2.1.2 能根据产品进行用户调研 2.1.3 能对竞品进行调研	2.1.1 产品溯源方法 2.1.2 产品及用户调研方法
	2.2 调研结果分析	2.2.1 能对采集到的信息进行分类 2.2.2 能对采集到的信息进行比对	2.2.1 信息分类方法 2.2.2 信息比对的方法
	2.3 样品收集	2.3.1 能根据营销方案提出样品的具体要求 2.3.2 能对收到的样品进行分类管理并制订试用计划	2.3.1 样品要求的提出方法 2.3.2 样品分类管理的方法 2.3.3 样品试用计划的制订方法
3. 产品确定及规划	3.1 样品试用及比对分析	3.1.1 能比对样品试用后效果与产品描述之间的差异 3.1.2 能比对产品在不同平台间的价格并进行分析	3.1.1 样品体验方法 3.1.2 平台搜索技巧
	3.2 确定营销卖点	3.2.1 能结合自身营销定位选择合适的产品 3.2.2 能结合自身营销定位编写产品的营销话术	3.2.1 营销定位的方法 3.2.2 产品营销话术的编写方法
	3.3 确定合作方式	3.3.1 能根据产品特性提出合作建议 3.3.2 能设计合作方式的结算方案	3.3.1 合作建议的主要内容 3.3.2 结算方案的设计方法

续表

职业功能	工作内容	技能要求	相关知识要求
4. 直播营销	4.1 直播预演	4.1.1 能编写团队协作的直播脚本 4.1.2 能根据直播脚本测试营销流程	4.1.1 团队协作的直播脚本编写要求 4.1.2 营销流程的测试方法
	4.2 直播销售	4.2.1 能使用营销话术介绍产品特点 4.2.2 能介绍平台优惠及产品折扣信息	4.2.1 营销话术的表达技巧 4.2.2 平台优惠及产品折扣的介绍方法
5. 视频创推	5.1 视频制作	5.1.1 能制定拍摄方案 5.1.2 能对拍摄素材进行分类管理 5.1.3 能对素材进行剪辑并导出	5.1.1 拍摄方案的制定方法 5.1.2 拍摄素材的管理方法 5.1.3 素材剪辑的方法
	5.2 视频推广	5.2.1 能收集整理互联网推广渠道 5.2.2 能用推广工具增加视频观看、互动等指标	5.2.1 互联网推广渠道的收集方法 5.2.2 推广工具的使用方法
6. 技术支持与互动管理	6.1 技术支持	6.1.1 能根据直播计划整理设备清单 6.1.2 能排除现场设备故障 6.1.3 能在直播界面配置功能 6.1.4 能将企业提供的产品素材上传至直播间	6.1.1 设备选择的要求 6.1.2 设备故障的排除方法 6.1.3 直播间功能配置的方法 6.1.4 产品素材的上传方法
	6.2 互动管理	6.2.1 能制定互动管理规则 6.2.2 能建立互动常见问题库	6.2.1 互动管理规则的制定方法 6.2.2 问题库的建立方法
7. 售后与复盘	7.1 售后	7.1.1 能分析和汇总异常数据 7.1.2 能建立售后标准工作流程	7.1.1 异常数据的分析和汇总方法 7.1.2 售后标准工作流程的主要内容
	7.2 复盘	7.2.1 能对售前预测数据进行复核 7.2.2 能通过复盘提出营销方案的优化建议	7.2.1 数据复核方法 7.2.2 营销方案优化方法

3.3 三级/高级工

选品员考核第1、2、3项职业功能,直播销售员考核第1、4、7项职业功能,视频创推员考核第1、5、7项职业功能,平台管理员考核第1、6、7项职业功能。

职业功能	工作内容	技能要求	相关知识要求
1. 工作准备	1.1 宣传准备	1.1.1 能建立第三方宣传供应商资源库 1.1.2 能计算预热投入产出比 1.1.3 能协调、引流资源并扩大宣传渠道（ABC） 1.1.4 能分析研判相关网络舆情风险信息	1.1.1 第三方宣传供应商资源库的建立方法 1.1.2 投入产出比的测算方法 1.1.3 网络舆情风险的研判方法
	1.2 设备、软件和材料准备	1.2.1 能建立样品出入库管理制度（A） 1.2.2 能根据营销计划采购硬件设备（BCD） 1.2.3 能制订道具采购计划（ABC） 1.2.4 能制定设备状态检测标准（D）	1.2.1 出入库管理制度的建立办法 1.2.2 设备采购要求 1.2.3 道具采购要求 1.2.4 设备状态检测方法
	1.3 风险评估	1.3.1 能制定风险管理奖惩制度 1.3.2 能评估风险防控方案的时效性	1.3.1 风险管理奖惩制度的主要内容 1.3.2 风险防控方案的评估方法
2. 产品信息收集	2.1 市场信息管理	2.1.1 能定期跟踪并整理产品销售数据 2.1.2 能维护供应商管理系统 2.1.3 能维护产品价格跟踪系统	2.1.1 产品销售数据的整理方法 2.1.2 供应商管理系统维护方法 2.1.3 产品价格跟踪系统维护方法
	2.2 市场信息分析	2.2.1 能依据调研信息做出产品选择 2.2.2 能分析产品价格设置的合理性	2.2.1 产品选择方法 2.2.2 价格分析方法

续表

职业功能	工作内容	技能要求	相关知识要求
3. 产品确定及规划	3.1 竞品比对	3.1.1 能比对产品与竞品之间的价格差异 3.1.2 能比对产品与竞品之间的功能差异	3.1.1 产品和竞品价格的比对方法 3.1.2 产品与竞品功能的比对方法
	3.2 确定合作方式	3.2.1 能根据企业需求制定产品营销方案 3.2.2 能判定不同营销方式的合作风险	3.2.1 营销方案的编写方法 3.2.2 风险预判方法
4. 直播营销	4.1 直播预演	4.1.1 能组织团队进行直播预演 4.1.2 能根据预演效果调整营销方案	4.1.1 团队配合技巧 4.1.2 营销方案的调整方法
	4.2 直播销售	4.2.1 能对个人情绪进行控制管理 4.2.2 能调动直播间气氛 4.2.3 能根据用户反馈实时调整直播策略	4.2.1 个人情绪管控技巧 4.2.2 直播间气氛调动技巧 4.2.3 直播策略的调整原则
5. 视频创推	5.1 视频制作	5.1.1 能提炼产品的关键标签及卖点 5.1.2 能结合产品卖点设计视频创意方案 5.1.3 能运用多种拍摄手法展示产品特性 5.1.4 能对素材进行包装	5.1.1 产品关键标签提炼的技巧 5.1.2 视频创意方案的设计方法 5.1.3 专业拍摄设备的使用方法 5.1.4 素材包装的方法
	5.2 视频推广	5.2.1 能确定投放对象 5.2.2 能筛选并确认流量资源 5.2.3 能使用数据监控工具实时监控推广效果	5.2.1 投放对象的选择要求 5.2.2 流量资源的筛选要求 5.2.3 数据监控工具的使用方法
6. 技术支持与互动管理	6.1 技术支持	6.1.1 能提供互动特效的制作方案 6.1.2 能查看动态网络舆论监控数据 6.1.3 能提供产品实时数据	6.1.1 互动特效的制作方法及方案编制方法 6.1.2 舆论数据的查看方法 6.1.3 实时数据的提供方法
	6.2 运维管理	6.2.1 能制定现场设备管理方案 6.2.2 能制定现场技术团队协作规则	6.2.1 设备管理的要求及方案编制方法 6.2.2 协作规则的编写方法

续表

职业功能	工作内容	技能要求	相关知识要求
7. 售后与复盘	7.1 售后	7.1.1 能使用智能交互系统回复用户信息 7.1.2 能撰写售后工作报告	7.1.1 智能交互系统的使用方法 7.1.2 售后工作报告主要内容和撰写技巧
	7.2 复盘	7.2.1 能制定数据维度和分析标准 7.2.2 能制定数据采集操作流程	7.2.1 数据维度和分析标准的制定方法 7.2.2 数据采集操作流程的制定方法

3.4 二级/技师

选品员考核第1、4、5项职业功能，直播销售员考核第2、4、5项职业功能，视频创推员考核第3、4、5项职业功能。

职业功能	工作内容	技能要求	相关知识要求
1. 产品确定及规划	1.1 产品分析	1.1.1 能参照产品标准组织产品检验 1.1.2 能跟踪产品发展趋势 1.1.3 能分析产品转化率的变化因素 1.1.4 能针对相关网络舆情风险信息提出解决方案	1.1.1 产品检验流程知识 1.1.2 产品跟踪方法 1.1.3 产品转化率分析方法 1.1.4 网络舆情风险的解决方法
	1.2 选品策划	1.2.1 能根据主题活动设计选品方案 1.2.2 能监控选品规划的执行进度	1.2.1 选品方案制定方法 1.2.2 选品规划执行监控方法
2. 直播营销	2.1 营销策划	2.1.1 能制定主题直播间搭建方案 2.1.2 能制定个人品牌方案	2.1.1 直播间搭建方法及技巧 2.1.2 个人品牌塑造方法
	2.2 直播规划	2.2.1 能制定直播销售周期目标 2.2.2 能建立规范的直播销售流程	2.2.1 直播销售目标制定方法 2.2.2 直播销售流程
3. 视频创推	3.1 视频制作	3.1.1 能制定视频创作规划 3.1.2 能制定视频制作的流程	3.1.1 视频创作规划制定方法 3.1.2 视频制作流程的制定方法
	3.2 视频推广	3.2.1 能制造及传播热点话题 3.2.2 能分析投放效果数据 3.2.3 能编制投放预算	3.2.1 话题制造的技巧 3.2.2 投放效果数据分析方法 3.2.3 预算编制方法

续表

职业功能	工作内容	技能要求	相关知识要求
4. 团队管理	4.1 团队架构设置	4.1.1 能制定团队考核标准 4.1.2 能解决跨部门协作的问题	4.1.1 考核标准设计方法 4.1.2 协作沟通技巧
	4.2 团队文化建设	4.2.1 能建立员工的评价体系 4.2.2 能建立员工互评机制	4.2.1 评价体系建立方法 4.2.2 互评机制建立方法
5. 培训指导	5.1 培训	5.1.1 能制订培训计划 5.1.2 能编写培训讲义 5.1.3 能讲授专业基础知识和技能要求	5.1.1 培训计划的编写方法 5.1.2 培训讲义编写方法 5.1.3 培训教学与组织技巧
	5.2 指导	5.2.1 能指导三级/高级工及以下级别人员工作 5.2.2 能制定培训指导规范	5.2.1 专业技能指导方法 5.2.2 培训指导规范编写方法

3.5 一级/高级技师

选品员考核第 1、4、5 项职业功能，直播销售员考核第 2、4、5 项职业功能，视频创推员考核第 3、4、5 项职业功能。

职业功能	工作内容	技能要求	相关知识要求
1. 产品确定及规划	1.1 产品分析	1.1.1 能预判热销产品 1.1.2 能根据复购率预判产品销量 1.1.3 能建立产品信息数据库 1.1.4 能组织实施相关网络舆情风险预防工作	1.1.1 销售统计方法 1.1.2 复购率的计算方法 1.1.3 产品信息数据库的建立方法 1.1.4 网络舆情风险的预防方法
	1.2 选品策划	1.2.1 能建立自有供应链渠道 1.2.2 能与相关企业共同开发新产品	1.2.1 供应链渠道的建立方法 1.2.2 产品开发的相关要求
2. 直播营销	2.1 营销计划	2.1.1 能制订多媒介传播计划 2.1.2 能对营销效果进行评估	2.1.1 多媒介传播的方法 2.1.2 营销效果的评估方法
	2.2 直播规划	2.2.1 能制定直播用户管理方案 2.2.2 能制订提升用户购买率的计划	2.2.1 用户管理的方法 2.2.2 提升购买率的方法

续表

职业功能	工作内容	技能要求	相关知识要求
3. 视频创推	3.1 视频内容	3.1.1 能建立视频矩阵 3.1.2 能孵化视频账号	3.1.1 视频矩阵的建立方法 3.1.2 视频账号孵化方法
	3.2 视频推广	3.2.1 能依据数据变化情况监控传播路径 3.2.2 能制订视频推广计划	3.2.1 传播路径监控的方法 3.2.2 视频推广计划的制订方法
4. 团队管理	4.1 团队架构设置	4.1.1 能根据业务需求搭建团队 4.1.2 能根据业务方向调整团队分工	4.1.1 团队架构的搭建方法 4.1.2 团队分工的调整方法
	4.2 团队文化建设	4.2.1 能建立团队文化理念 4.2.2 能制定团队管理规范	4.2.1 文化理念建立方法 4.2.2 管理规范制定方法
5. 培训指导	5.1 培训	5.1.1 能组织开展培训教学工作 5.1.2 能建立培训考评体系	5.1.1 开展培训教学工作的要求与技巧 5.1.2 培训考评体系的建立方法
	5.2 指导	5.2.1 能指导二级/技师及以下级别人员工作 5.2.2 能评估培训效果	5.2.1 专业技能指导的考评方法 5.2.2 培训效果评估方法

4. 权重表

4.1 理论知识权重表

项目		技能等级	五级/初级工（%）				四级/中级工（%）				三级/高级工（%）				二级/技师（%）				一级/高级技师（%）			
			A	B	C	D	A	B	C	D	A	B	C	D	A	B	C	A	B	C
基本要求		职业道德	5				5				5				5			5		
		基础知识	25				15				15				5			5		
相关知识要求		工作准备		10				10				10				—			—	
		产品信息收集		30		—		35		—		35		—						
		产品确定及规划		30		—		35		—		35		—		40		—	40	—

续表

项目	技能等级	五级/初级工（%）				四级/中级工（%）				三级/高级工（%）				二级/技师（%）			一级/高级技师（%）		
		A	B	C	D	A	B	C	D	A	B	C	D	A	B	C	A	B	C
相关知识要求	直播营销	—	40	—	—	—	45	—	—	—	45	—	—	—	40	—	—	40	—
	视频创推	—	—	40	—	—	—	45	—	—	—	45	—	—	—	40	—	—	40
	技术支持与互动管理	—	—	—	30	—	—	—	35	—	—	—	35	—	—	—	—	—	—
	售后与复盘	—	20	20	30	—	25	25	35	—	25	25	35	—	—	—	—	—	—
	团队管理	—	—	—	—	—	—	—	—	—	—	—	—	25			25		
	培训指导	—	—	—	—	—	—	—	—	—	—	—	—	25			25		
合计		100				100				100				100			100		

注：A（选品员）、B（直播销售员）、C（视频创推员）、D（平台管理员）代表四个工种。

4.2 技能要求权重表

项目	技能等级	五级/初级工（%）				四级/中级工（%）				三级/高级工（%）				二级/技师（%）			一级/高级技师（%）		
		A	B	C	D	A	B	C	D	A	B	C	D	A	B	C	A	B	C
技能要求	工作准备	30				25				20				—			—		
	产品信息收集	30	—			25	—			25	—			—			—		
	产品确定及规划	40	—			50	—			55	—			50	—		50	—	
	直播营销	—	50	—	—	—	55	—	—	—	60	—	—	—	50	—	—	50	—
	视频创推	—	—	50	—	—	—	55	—	—	—	60	—	—	—	50	—	—	50
	技术支持与互动管理	—	—	—	40	—	—	—	50	—	—	—	55	—	—	—	—	—	—
	售后与复盘	—	20	20	30	—	20	20	25	—	20	20	25	—	—	—	—	—	—
	团队管理	—	—	—	—	—	—	—	—	—	—	—	—	25			25		
	培训指导	—	—	—	—	—	—	—	—	—	—	—	—	25			25		
合计		100				100				100				100			100		

注：A（选品员）、B（直播销售员）、C（视频创推员）、D（平台管理员）代表四个工种。

人力资源社会保障部办公厅　中央网信办秘书局
工业和信息化部办公厅　公安部办公厅
关于颁布信息安全测试员
国家职业技能标准的通知

（人社厅发〔2021〕80号）

各省、自治区、直辖市及新疆生产建设兵团人力资源社会保障厅（局）、网信办、工业和信息化主管部门、通信管理局、公安厅（局）：

根据《中华人民共和国劳动法》有关规定，人力资源社会保障部、中央网信办、工业和信息化部、公安部共同制定了信息安全测试员国家职业技能标准，现予颁布施行。

附件：信息安全测试员国家职业技能标准目录

人力资源社会保障部办公厅　中央网信办秘书局
工业和信息化部办公厅　公安部办公厅
2021年10月19日

附件

信息安全测试员国家职业技能标准目录

序号	职业编码	职业名称
1	4-04-04-04	信息安全测试员

信息安全测试员（渗透测试员）国家职业技能标准

（2021 年版）

1. 职业概况

1.1 职业名称

信息安全测试员[①]（渗透测试员）

1.2 职业编码

4-04-04-04

1.3 职业定义

通过对评测目标的网络和系统进行渗透测试，发现安全问题并提出改进建议，使网络和系统免受恶意攻击的人员。

1.4 职业技能等级

本职业渗透测试员工种共设四个等级，分别为：四级/中级工、三级/高级工、二级/技师、一级/高级技师。

1.5 职业环境条件

室内、常温。

1.6 职业能力特征

具有一定的学习、观察、推理、判断、表达、计算能力，具有分析问题、独立工作、沟通交往、协调合作能力，心理健康。

1.7 普通受教育程度

高中毕业（或同等学力）。

1.8 培训参考学时

四级/中级工、三级/高级工不少于 160 标准学时，二级/技师不少于 120 标准学时，一级/高级技师不少于 80 标准学时。

---

① 本职业仅针对渗透测试员工种。

1.9 职业技能鉴定要求

1.9.1 申报条件

具备以下条件之一者，可申报四级/中级工：

（1）取得相关职业①五级/初级工职业资格证书（技能等级证书）后，累计从事本职业或相关职业工作3年（含）以上。

（2）累计从事本职业或相关职业工作5年（含）以上。

（3）取得技工学校本专业或相关专业②毕业证书（含尚未取得毕业证书的在校应届毕业生）；或取得经评估论证、以中级技能为培养目标的中等及以上职业学校本专业或相关专业③毕业证书（含尚未取得毕业证书的在校应届毕业生）。

具备以下条件之一者，可申报三级/高级工：

（1）取得本职业或相关职业四级/中级工职业资格证书（技能等级证书）后，累计从事本职业或相关职业工作4年（含）以上。

（2）取得本职业或相关职业四级/中级工职业资格证书（技能等级证书），并具有高级技工学校、技师学院毕业证书（含尚未取得毕业证书的在校应届毕业生）；或取得本职业或相关职业四级/中级工职业资格证书（技能等级证书），并具有经评估论证、以高级技能为培养目标的高等职业学校本专业或相关专业④毕业证书（含尚未取得毕业证书的在校应届毕业生）。

（3）具有大专及以上本专业或相关专业⑤毕业证书，并取得本职业或相关职业四级/中级工职业资格证书（技能等级证书）后，累计从事本职业或相关职业工作2年（含）以上。

具备以下条件之一者，可申报二级/技师：

（1）取得本职业或相关职业三级/高级工职业资格证书（技能等级证书）后，累计从事

---

① 相关职业：网络与信息安全管理员、信息安全工程技术人员、通信工程技术人员、计算机硬件工程技术人员、计算机软件工程技术人员、计算机网络工程技术人员、信息系统分析工程技术人员、信息通信网络运行管理员、信息通信信息化系统管理员、计算机程序设计员、计算机软件测试员等，下同。

② 相关专业（技工学校）：计算机网络应用、计算机程序设计、计算机应用与维修、计算机信息管理、通信网络应用、通信运营服务、网络安防系统安装与维护、物联网应用技术、网络与信息安全、云计算技术应用、工业互联网技术应用、人工智能技术应用、数字媒体技术应用等信息类专业。

③ 相关专业（中等职业学校）：电子信息技术、物联网技术应用、电子技术应用、电子材料与元器件制造、电子电器应用与维修、服务机器人装配与维护、计算机应用、计算机网络技术、软件与信息服务、数字媒体技术应用、大数据技术应用、移动应用技术与服务、网络信息安全、网络安防系统安装与维护、网站建设与管理、计算机平面设计、计算机与数码维修、现代通信技术应用、通信系统工程安装与维护、通信运营服务等电子与信息类专业。

④ 相关专业（高等职业学校）：电子信息工程技术、物联网应用技术、应用电子技术、电子产品制造技术、电子产品检测技术、移动互联应用技术、汽车智能技术、智能产品开发与应用、智能光电技术应用、光电显示技术、计算机应用技术、计算机网络技术、软件技术、数字媒体技术、大数据技术、云计算技术应用、信息安全技术应用、虚拟现实技术应用、人工智能技术应用、嵌入式技术应用、工业互联网技术、区块链技术应用、移动应用开发、工业软件开发技术、动漫制作技术、密码技术应用、现代通信技术、现代移动通信技术、通信软件技术、卫星通信与导航技术、通信工程设计与监理、通信系统运行管理、智能互联网络技术、网络规划与优化技术、电信服务与管理等电子与信息类专业。

⑤ 相关专业（普通高等学校）：信息安全、计算机科学与技术、软件工程、网络工程、物联网工程、数字媒体技术、智能科学与技术、空间信息与数字技术、电子与计算机工程、数据科学与大数据技术、网络空间安全、新媒体技术、保密技术、服务科学与工程、虚拟现实技术、区块链工程、网络安全与执法等计算机类、电子信息类专业。

本职业或相关职业工作 4 年（含）以上。

（2）取得本职业或相关职业三级/高级工职业资格证书（技能等级证书）的高级技工学校、技师学院毕业生，累计从事本职业或相关职业工作 3 年（含）以上；或取得本职业或相关职业预备技师证书的技师学院毕业生，累计从事本职业或相关职业工作 2 年（含）以上。

具备以下条件者，可申报一级/高级技师：

取得本职业或相关职业二级/技师职业资格证书（技能等级证书）后，累计从事本职业或相关职业工作 4 年（含）以上。

1.9.2 鉴定方式

鉴定方式分为理论知识考试、技能考核以及综合评审。理论知识考试以笔试、机考等方式为主，主要考核从业人员从事本职业应掌握的基本要求和相关知识要求；技能考核主要采用现场操作、模拟操作等方式进行，主要考核从业人员从事本职业应具备的技能水平；综合评审主要针对技师和高级技师，通常采取审阅申报材料、答辩等方式进行全面评议和审查。

理论知识考试、技能考核和综合评审均实行百分制，成绩皆达 60 分（含）以上者为合格。

1.9.3 监考人员、考评人员与考生配比

理论知识考试中的监考人员与考生配比为 1∶15，且每个考场不少于 2 名监考人员；技能考核中的考评人员与考生配比不低于 1∶5，且考评人员为 3 名（含）以上单数；综合评审委员为 3 人（含）以上单数。

1.9.4 鉴定时间

理论知识考试时间不少于 90 min，技能考核时间不少于 120 min，综合评审时间不少于 20 min。

1.9.5 鉴定场所设备

理论知识考试在标准教室进行；技能考核在具有必备的网络环境、软硬件资源，安全设施完善的场所进行。

2. 基本要求

2.1 职业道德

2.1.1 职业道德基本知识

2.1.2 职业守则

（1）遵纪守法，保密合规。
（2）廉洁自律，不谋私利。

(3) 牢记职责，爱岗敬业。

(4) 客观严谨，公平公正。

(5) 流程规范，操作安全。

(6) 认真负责，团结协作。

(7) 挑战自我，勇于创新。

2.2 基础知识

2.2.1 计算机基础知识

(1) 操作系统知识。

(2) 硬件使用基本知识。

(3) 常用软件知识。

(4) 数据库知识。

(5) 计算机网络知识。

2.2.2 网络安全知识

(1) 网络安全基本概念。

(2) 网络攻防基础知识。

(3) 密码学基础知识。

(4) WEB 安全知识。

(5) 网络协议安全知识。

(6) 中间件安全知识。

(7) 社会工程学基本知识。

(8) 安全审计技术。

(9) 反恶意软件与入侵检测技术。

(10) 备份与恢复技术。

(11) 云计算基础知识。

2.2.3 工作常用知识

(1) 应用文写作的一般要求。

(2) 网络安全专业英语基本词汇。

(3) 数据统计分析基本方法。

2.2.4 相关法律、法规及标准知识

(1)《中华人民共和国刑法》相关知识。

(2)《中华人民共和国治安管理处罚法》相关知识。

(3)《中华人民共和国民法典》相关知识。

(4)《中华人民共和国劳动法》相关知识。

(5)《中华人民共和国劳动合同法》相关知识。

(6)《中华人民共和国网络安全法》相关知识。
(7)《中华人民共和国密码法》相关知识。
(8)《中华人民共和国数据安全法》相关知识。
(9)《中华人民共和国个人信息保护法》相关知识。
(10)《网络安全审查办法》相关知识。
(11)《信息安全技术　网络安全漏洞管理规定》相关知识。
(12)《网络产品安全漏洞管理规定》相关知识。
(13)《关键信息基础设施安全保护条例》相关知识。
(14)网络安全技术标准的相关知识。
(15)其他网络安全相关法律法规、政策相关知识。

3. 工作要求

本标准对四级/中级工、三级/高级工、二级/技师、一级/高级技师的技能要求和相关知识要求依次递进，高级别涵盖低级别的要求。

3.1 四级/中级工

职业功能	工作内容	技能要求	相关知识要求
1. 安全研究	1.1 漏洞信息研究	1.1.1 能查阅公开的安全漏洞（以下简称漏洞）报告，梳理漏洞分析报告 1.1.2 能检索已公开的漏洞验证程序 1.1.3 能标记测试结果的漏洞等级	1.1.1 主流漏洞信息共享平台或漏洞库的使用方法 1.1.2 漏洞报告梳理方法 1.1.3 主流漏洞信息共享平台或漏洞库的漏洞原理 1.1.4 已公开漏洞验证程序检索方法 1.1.5 漏洞等级定义方法
	1.2 漏洞工具研究	1.2.1 能检索已披露漏洞的测试方法、工具 1.2.2 能搭建漏洞测试与测试工具所需的运行环境	1.2.1 漏洞测试环境搭建方法 1.2.2 漏洞触发原理
2. 脆弱性测试	2.1 测试准备	2.1.1 能根据测试对象类型确定测试工具 2.1.2 能根据授权文件确定测试对象边界 2.1.3 能使用信息收集工具完成信息收集工作	2.1.1 域名的基本概念 2.1.2 信息收集方法 2.1.3 信息收集工具使用方法

续表

职业功能	工作内容	技能要求	相关知识要求
2. 脆弱性测试	2.2 测试实施	2.2.1 能配置、使用渗透测试工具完成测试 2.2.2 能确认扫描工作执行的工作状态 2.2.3 能配置、使用安全压力测试工具完成测试	2.2.1 渗透测试工具配置方法 2.2.2 渗透测试工具使用方法 2.2.3 扫描工作状态确认方法 2.2.4 安全压力测试工具配置方法 2.2.5 安全压力测试工具使用方法
3. 渗透测试	3.1 测试数据评估	3.1.1 能区分测试过程中所产生的数据类型 3.1.2 能评估测试所产生数据对信息系统的影响	3.1.1 系统、应用日志等常见数据类型及其区分方法 3.1.2 应用系统功能、业务流程 3.1.3 渗透测试操作影响评估方法
	3.2 测试管理	3.2.1 能根据测试工作流程确定使用测试工具的类型 3.2.2 能根据标准测试项选择测试方案	3.2.1 渗透测试工具确认方法 3.2.2 测试方案选择方法
4. 修复防护	4.1 测试数据整理	4.1.1 能根据模板整理测试获得的数据 4.1.2 能根据测试报告模板整理相关的测试记录	4.1.1 测试数据归档方法 4.1.2 测试记录整理方法
	4.2 漏洞修复测试	4.2.1 能根据测试工具输出的测试结果验证漏洞 4.2.2 能借助漏洞测试工具验证漏洞修复效果	4.2.1 漏洞测试工具使用方法 4.2.2 漏洞验证方法 4.2.3 漏洞修复验证方法

3.2 三级/高级工

职业功能	工作内容	技能要求	相关知识要求
1. 安全研究	1.1 漏洞信息研究	1.1.1 能收集已公开的高危漏洞信息进行漏洞分析，编写漏洞复现报告 1.1.2 能评估已公开漏洞的危害、影响范围，提交漏洞评估报告	1.1.1 主流漏洞信息共享平台或漏洞库的体系知识 1.1.2 漏洞复现报告编写方法 1.1.3 漏洞危害评估方法 1.1.4 漏洞评估报告编写方法

续表

职业功能	工作内容	技能要求	相关知识要求
1. 安全研究	1.2 漏洞工具研究	1.2.1 能验证已披露漏洞测试工具的有效性 1.2.2 能根据已有的漏洞代码片段编写漏洞触发代码	1.2.1 已披露漏洞测试工具的使用方法 1.2.2 漏洞触发代码编写方法
2. 脆弱性测试	2.1 信息收集	2.1.1 能使用信息收集工具结合人工完成信息收集工作 2.1.2 能梳理、分析信息收集结果	2.1.1 多维度数据关联梳理方法 2.1.2 多维度数据关联分析方法
	2.2 测试实施	2.2.1 能通过资产风险寻找测试突破口 2.2.2 能根据给定测试项人工实施漏洞测试工作 2.2.3 能根据目标系统实际情况制定安全压力测试策略，确定测试指标	2.2.1 渗透测试实施流程 2.2.2 人工渗透方法 2.2.3 安全压力测试实施方法
3. 渗透测试	3.1 测试准备	3.1.1 能错峰进行渗透测试 3.1.2 能评估所使用测试手段对系统运行的影响	3.1.1 系统业务负载判断方法 3.1.2 漏洞测试对系统运行的影响
	3.2 环境恢复	3.2.1 能确定环境恢复的内容 3.2.2 能提出对环境恢复的建议	3.2.1 数据文件查找方法 3.2.2 日志文件分析方法
	3.3 测试管理	3.3.1 能根据测试对象确定测试流程 3.3.2 能根据日志文件判断对应的行为 3.3.3 能根据测试工作实施过程中的异常情况，发现不规范的操作或失误	3.3.1 渗透测试实施方法 3.3.2 测试异常情况判断方法 3.3.3 测试异常应急处置方法
4. 修复防护	4.1 测试报告编制	4.1.1 能梳理测试过程中获取的数据 4.1.2 能根据测试结果编写测试报告	4.1.1 测试数据处理方法 4.1.2 测试报告编制方法
	4.2 漏洞修复测试	4.2.1 能根据测试项目及测试结果给出修复建议 4.2.2 能根据测试报告验证漏洞修复效果	4.2.1 漏洞的分析方法 4.2.2 漏洞验证工具使用方法 4.2.3 漏洞修复方法

3.3 二级/技师

职业功能	工作内容	技能要求	相关知识要求
1. 安全研究	1.1 漏洞信息研究	1.1.1 能根据已公开的高危漏洞信息编写漏洞利用流程报告 1.1.2 能根据已公开的漏洞信息提出解决方法	1.1.1 漏洞利用流程报告编写方法 1.1.2 漏洞攻击原理，漏洞防护、绕过原理
	1.2 漏洞工具研究	1.2.1 能优化已公开的漏洞测试工具 1.2.2 能集成开发漏洞验证程序用于测试工作	1.2.1 漏洞测试工具原理 1.2.2 漏洞验证程序集成开发方法
	1.3 漏洞发掘	1.3.1 能在有目标系统源码的基础上进行漏洞挖掘 1.3.2 能使用代码审计的方式测试目标漏洞	1.3.1 常见应用漏洞挖掘方法 1.3.2 代码审计方法
2. 脆弱性测试	2.1 信息收集	2.1.1 能使用人工方式及技术手段获取测试目标信息 2.1.2 能根据测试对象的业务逻辑绘制业务数据流图	2.1.1 社交工具、搜索引擎的使用方法 2.1.2 社会工程学概念及实施方法 2.1.3 业务逻辑流程、业务数据流图绘制方法
	2.2 测试实施	2.2.1 能根据误报信息优化测试工具的使用策略 2.2.2 能根据业务逻辑测试业务逻辑漏洞 2.2.3 能编写安全压力测试实施方案，并对目标进行安全压力测试 2.2.4 能对安全压力测试数据进行分析，编写安全压力测试报告	2.2.1 测试工具使用策略优化方法 2.2.2 系统调用逻辑、业务逻辑交互方式 2.2.3 业务逻辑漏洞测试思路 2.2.4 安全压力测试实施方案编写方法 2.2.5 安全压力测试数据分析方法 2.2.6 安全压力测试报告编写方法

续表

职业功能	工作内容	技能要求	相关知识要求
3. 渗透测试	3.1 漏洞利用	3.1.1 能运用多漏洞联合方式进行测试 3.1.2 能完整记录漏洞利用过程 3.1.3 能测试安全防御机制 3.1.4 能制定测试路径	3.1.1 漏洞关联分析方法 3.1.2 漏洞利用过程记录方法 3.1.3 安全设备检测机制原理 3.1.4 安全防御机制测试方法 3.1.5 测试路径分析方法
	3.2 环境恢复	3.2.1 能确认测试对象相关数据及资料的恢复方法 3.2.2 能进行环境恢复 3.2.3 能确认环境恢复结果	3.2.1 测试数据确认要求 3.2.2 环境恢复要求 3.2.3 环境恢复结果确认方法
	3.3 测试管理	3.3.1 能实施测试工作中的风险规避措施及应急预案 3.3.2 能在实施过程中进行风险管控 3.3.3 能编写安全测试计划 3.3.4 能编写安全测试技术指南	3.3.1 测试操作异常识别方法 3.3.2 测试操作异常处理方法 3.3.3 信息系统风险管控要求 3.3.4 测试实施计划编写要求 3.3.5 测试技术指南编写要求
4. 修复防护	4.1 测试报告编制	4.1.1 能讲解测试过程 4.1.2 能编写测试报告模板 4.1.3 能审定测试报告	4.1.1 测试过程要点 4.1.2 测试报告模板编写方法
	4.2 漏洞修复建议确认	4.2.1 能确认修复建议的可行性 4.2.2 能确认漏洞修复效果验证结论	4.2.1 通用型漏洞修复原理 4.2.2 业务逻辑漏洞原理、修复方法
5. 培训与指导	5.1 技术培训	5.1.1 能制订培训工作计划 5.1.2 能编制和实施培训方案 5.1.3 能编写本职业培训教材、讲义、课件 5.1.4 能对本职业三级/高级工及以下级别人员进行技术培训	5.1.1 本职业技能与理论知识 5.1.2 培训工作计划的制订要求和方法 5.1.3 培训方案编制、实施的要求和方法 5.1.4 培训教材、讲义、课件的编写要求 5.1.5 教学教法知识

续表

职业功能	工作内容	技能要求	相关知识要求
5.培训与指导	5.2 技术指导	5.2.1 能对本职业三级/高级工及以下级别人员进行技术指导 5.2.2 能对本职业三级/高级工及以下级别人员的技能水平进行考核	5.2.1 技术指导的要求和方法 5.2.2 技能、理论知识水平考核的要求和方法 5.2.3 技能、理论知识水平考核的内容

3.4 一级/高级技师

职业功能	工作内容	技能要求	相关知识要求
1.安全研究	1.1 漏洞信息研究	1.1.1 能研究漏洞影响范围，编写漏洞预警报告 1.1.2 能判断漏洞的补丁或临时解决方案对漏洞防范的有效性	1.1.1 漏洞预警发布要求 1.1.2 漏洞防护方法 1.1.3 漏洞预警报告编写方法
	1.2 漏洞工具研究	1.2.1 能分析漏洞信息并编写漏洞触发代码 1.2.2 能根据漏洞触发代码编写漏洞测试工具	1.2.1 漏洞信息分析方法 1.2.2 漏洞测试工具编写方法
	1.3 漏洞发掘	1.3.1 能发现未知漏洞 1.3.2 能对发现的未知漏洞进行评估，编写漏洞说明材料	1.3.1 未知漏洞发现与分析方法 1.3.2 漏洞说明文件编写方法
2.脆弱性测试	2.1 信息收集	2.1.1 能编写信息收集工具 2.1.2 能更新迭代信息收集工具	2.1.1 信息收集工具编写方法 2.1.2 信息收集工具迭代方法
	2.2 测试实施	2.2.1 能结合测试场景制定测试工具的使用策略 2.2.2 能根据项目需要编写定制化测试工具 2.2.3 能根据安全压力测试结果给出针对性的系统优化方案	2.2.1 代码审计原理 2.2.2 测试工具编写方法 2.2.3 系统性能优化方法
3.渗透测试	3.1 隐患处置	3.1.1 能发现系统内隐藏的恶意软件 3.1.2 能对系统内隐藏的恶意软件进行分析、处置或溯源	3.1.1 恶意软件发现方法 3.1.2 恶意软件分析处置方法 3.1.3 恶意软件溯源方法

续表

职业功能	工作内容	技能要求	相关知识要求
3. 渗透测试	3.2 测试管理	3.2.1 能评估信息系统异常情况类型和影响等指标 3.2.2 能编制测试工作应急预案，解决异常问题 3.2.3 能审定、优化安全测试技术指南 3.2.4 能审定、优化实施计划	3.2.1 测试异常情况区分方法 3.2.2 测试异常处理方法 3.2.3 安全事件影响等级的评估方法 3.2.4 应急预案编制方法 3.2.5 安全测试方法、原理 3.2.6 技术指南、实施计划审定方法
4. 修复防护	4.1 测试报告编制	4.1.1 能优化测试报告 4.1.2 能审定、优化测试报告模板	4.1.1 测试报告优化方法 4.1.2 测试报告模板审定、优化方法
	4.2 系统修复建议	4.2.1 能对测试对象进行安全评价 4.2.2 能对测试对象提出安全优化建议	4.2.1 安全防护、安全检测标准 4.2.2 系统整体架构 4.2.3 系统安全优化方法
5. 培训与指导	5.1 技术培训	5.1.1 能对培训需求进行分析 5.1.2 能编制培训规划 5.1.3 能组织编写本职业培训教材、讲义、教案	5.1.1 培训需求分析的要求和方法 5.1.2 培训规划编制的要求 5.1.3 培训预算与决算的审核方法
	5.2 技术指导	5.2.1 能对本职业二级/技师及以下级别人员进行技术指导 5.2.2 能对本职业二级/技师及以下级别人员的技能水平进行考核 5.2.3 能组织开展技术革新活动	5.2.1 操作经验和技能总结方法 5.2.2 技能水平考核的知识 5.2.3 技术革新的方法

4. 权重表

4.1 理论知识权重表

项目		技能等级	四级/中级工(%)	三级/高级工(%)	二级/技师(%)	一级/高级技师(%)
基本要求	职业道德		5	5	5	5
	基础知识		20	10	5	5
相关知识要求	安全研究		25	20	20	25
	脆弱性测试		25	30	25	25
	渗透测试		20	30	25	20
	修复防护		5	5	10	10
	培训与指导		—	—	10	10
合计			100	100	100	100

4.2 技能要求权重表

项目		技能等级	四级/中级工(%)	三级/高级工(%)	二级/技师(%)	一级/高级技师(%)
技能要求	安全研究		30	30	25	30
	脆弱性测试		30	30	25	25
	渗透测试		20	30	25	20
	修复防护		20	10	10	10
	培训与指导		—	—	15	15
合计			100	100	100	100

人力资源社会保障部办公厅 工业和信息化部办公厅关于颁布呼叫中心服务员等 6 个国家职业技能标准的通知

(人社厅发〔2021〕81 号)

各省、自治区、直辖市及新疆生产建设兵团人力资源社会保障厅（局）、工业和信息化主管部门、通信管理局：

根据《中华人民共和国劳动法》有关规定，人力资源社会保障部、工业和信息化部共同制定了呼叫中心服务员等 6 个国家职业技能标准，现予颁布施行。原相应国家职业技能标准同时废止。

附件：6 个国家职业技能标准目录

人力资源社会保障部办公厅　工业和信息化部办公厅
2021 年 10 月 21 日

附件

6 个国家职业技能标准目录

序号	职业编码	职业名称
1	4-04-05-03	呼叫中心服务员
2	4-04-05-05	人工智能训练师
3	4-08-05-07	电气电子产品环保检测员 L
4	6-18-01-07	多工序数控机床操作调整工
5	6-21-04-01	电子专用设备装调工
6	6-24-03-02	光纤光缆制造工

呼叫中心服务员国家职业技能标准

（2021 年版）

1. 职业概况

1.1 职业名称

呼叫中心服务员

1.2 职业编码

4-04-05-03

1.3 职业定义

从事信息查询、业务咨询和受理、投诉处理、客户回访及话务管理等工作的人员。

1.4 职业技能等级

本职业共设三个等级，分别为：五级/初级工、四级/中级工、三级/高级工。

1.5 职业环境条件

室内，常温。

1.6 职业能力特征

具备倾听、沟通、理解、判断、语言表达能力，思维敏捷，口齿清晰，普通话标准；具有基础的计算能力。

1.7 普通受教育程度

高中毕业（或同等学力）。

1.8 培训参考学时

五级/初级工 56 标准学时，四级/中级工 90 标准学时，三级/高级工 40 标准学时。

1.9 职业技能鉴定要求

1.9.1 申报条件

具备以下条件之一者，可申报五级/初级工：

(1) 累计从事本职业或相关职业①工作1年（含）以上。
(2) 本职业或相关职业学徒期满。

具备以下条件之一者，可申报四级/中级工：

(1) 取得本职业或相关职业五级/初级工职业资格证书（技能等级证书）后，累计从事本职业或相关职业工作4年（含）以上。
(2) 累计从事本职业或相关职业工作6年（含）以上。
(3) 取得技工学校本专业②或相关专业③毕业证书（含尚未取得毕业证书的在校应届毕业生）；或取得经评估论证、以中级技能为培养目标的中等及以上职业学校本专业或相关专业毕业证书（含尚未取得毕业证书的在校应届毕业生）。

具备以下条件之一者，可申报三级/高级工：

(1) 取得本职业或相关职业四级/中级工职业资格证书（技能等级证书）后，累计从事本职业或相关职业工作5年（含）以上。
(2) 取得本职业或相关职业四级/中级工职业资格证书（技能等级证书），并具有高级技工学校、技师学院毕业证书（含尚未取得毕业证书的在校应届毕业生）；或取得本职业或相关职业四级/中级工职业资格证书（技能等级证书），并具有经评估论证、以高级技能为培养目标的高等职业学校本专业或相关专业毕业证书（含尚未取得毕业证书的在校应届毕业生）。
(3) 具有大专及以上本专业或相关专业毕业证书，并取得本职业或相关职业四级/中级工职业资格证书（技能等级证书）后，累计从事本职业或相关职业工作2年（含）以上。

1.9.2 鉴定方式

分为理论知识考试和技能考核。

理论知识考试以笔试、机考等方式为主，主要考核从业人员从事本职业应掌握的基本要求和相关知识要求；技能考核主要采用现场操作、模拟操作等方式进行，主要考核从业人员从事本职业应具备的技能水平。

理论知识考试、技能考核均实行百分制，成绩皆达60分（含）以上者为合格。

1.9.3 监考人员、考评人员与考生配比

理论知识考试中的监考人员与考生配比不低于1∶15，且每个考场不少于2名监考人员；技能考核中的考评人员与考生配比不低于1∶5，且考评人员为3人（含）以上单数。

1.9.4 鉴定时间

理论知识考试时间不少于60 min，技能考核时间不少于30 min。

1.9.5 鉴定场所设备

理论知识考试在标准教室或计算机机房进行，技能考核在标准多媒体教室或具备呼叫中

---

① 相关职业：电子商务师、营销员、商品营业员等销售类职业和人工智能训练师等信息技术服务类职业等，下同。
② 本专业：客户信息服务、呼叫中心服务与管理，下同。
③ 相关专业：客户服务、电子商务、计算机技术、信息技术、市场营销、网络营销、国际贸易、物流等，下同。

心系统及相关模拟设施的实训中心进行。

2. 基本要求

2.1 职业道德

2.1.1 职业道德基本知识

2.1.2 职业守则

(1) 文明礼貌，遵纪守法。
(2) 诚实守信，操作规范。
(3) 爱岗敬业，开拓创新。
(4) 谦虚谨慎，团结协作。
(5) 以客为先，服务至上。

2.2 基础知识

2.2.1 计算机基础知识

(1) 计算机配置及软件安装基础知识。
(2) 办公软件操作基础知识。
(3) 计算机网络运行基础知识。

2.2.2 语文基础知识

(1) 汉语拼音基础知识。
(2) 词、句、语法基础知识。
(3) 写作基础知识。

2.2.3 客户服务中心基本知识

(1) 客户服务中心分类基础知识。
(2) 岗位职责基础知识。
(3) 标准服务用语基础知识。
(4) 客户服务礼仪基础知识。
(5) 电话营销基础知识。
(6) 客户服务沟通技巧基础知识。
(7) 客户服务情绪管理基础知识。

2.2.4 安全生产知识

(1) 客户服务系统安全操作规程、办公系统设备安全使用常识。
(2) 职业病防范措施。
(3) 消防器材使用常识。

(4) 客户信息以及安全保密知识。

2.2.5 相关法律、法规知识

(1)《中华人民共和国劳动法》相关知识。
(2)《中华人民共和国电信条例》相关知识。
(3)《中华人民共和国消费者权益保护法》相关知识。
(4)《中华人民共和国电子商务法》相关知识。
(5)《中华人民共和国广告法》相关知识。
(6)《中华人民共和国网络安全法》相关知识。
(7)《中华人民共和国民法典》相关知识。

3. 工作要求

本标准对五级/初级工、四级/中级工、三级/高级工的技能要求和相关知识要求依次递进，高级别涵盖低级别的要求。

3.1 五级/初级工

职业功能	工作内容	技能要求	相关知识要求
1. 服务应答处理	1.1 语音类应答	1.1.1 能使用标准普通话受理客户咨询 1.1.2 能使用服务用语受理客户咨询 1.1.3 能通过倾听客户的表述理解客户咨询，并给予回应 1.1.4 能按业务步骤与客户沟通	1.1.1 语音常识 1.1.2 倾听与沟通基本知识
	1.2 文字类应答	1.2.1 能运用文字类即时沟通工具并使用中文受理客户咨询 1.2.2 能使用传真、电子邮件、在线文字沟通工具等非语音沟通方式回复或联系客户	1.2.1 汉字输入法 1.2.2 电子邮件的规范格式 1.2.3 文字类即时沟通工具使用方法
	1.3 信息记录	1.3.1 能使用计算机录入汉字〔录入速度不低于每分钟50个汉字（含标点符号），准确率95%以上〕 1.3.2 能按照业务操作规则记录客户有关信息（语句通顺，能记录有效信息，信息错字率低于1%）	各类业务信息记录填写规范

续表

职业功能	工作内容	技能要求	相关知识要求
2. 业务受理与处理	2.1 一般业务受理	2.1.1 能使用系统检索客户信息，受理客户咨询 2.1.2 能根据客户需求办理售前、售中或售后类业务 2.1.3 能按规范要求受理客户的投诉与建议 2.1.4 能根据业务类型在系统中进行问题分类 2.1.5 能根据客户需求发送对应信息 2.1.6 能根据业务规定对复杂业务和多语种业务咨询进行转派 2.1.7 能按照业务受理规则回访客户 2.1.8 能根据业务规定转接满意度调查系统，邀请客户进行满意度调查	2.1.1 行业基本知识 2.1.2 业务办理流程 2.1.3 业务权限规则 2.1.4 投诉与建议受理流程 2.1.5 回访客户规则与流程
	2.2 销售业务受理	2.2.1 能利用提问技巧与客户沟通，获取客户需求 2.2.2 能结合客户实际需求，运用营销方法为客户提供服务方案，完成销售 2.2.3 能根据企业要求收集、挖掘客户需求，为企业制定营销策略提供依据	2.2.1 营销知识 2.2.2 销售基本方法
3. 信息记录与处理	3.1 办公软件应用	3.1.1 能操作计算机应用程序 3.1.2 能使用即时通信类工具解答客户咨询 3.1.3 能使用文字处理类软件编辑、处理文档	3.1.1 即时通信类工具使用方法 3.1.2 文字处理类软件使用方法
	3.2 客服系统应用	3.2.1 能使用呼叫中心的硬件设备接听或拨打电话 3.2.2 能使用客服系统完成应答及其他业务操作	3.2.1 座席工作设备使用规范 3.2.2 客服系统使用方法

3.2 四级/中级工

职业功能	工作内容	技能要求	相关知识要求
1. 服务应答处理	1.1 语音类应答	1.1.1 能根据业务场景与客户进行沟通 1.1.2 能使用应答技巧处理投诉类问题	客户语音投诉的处理流程
	1.2 文字类应答	1.2.1 能根据业务场景运用文字类即时通信工具受理客户升级咨询 1.2.2 能使用电子邮件、在线文字沟通工具等非语音沟通方式处理投诉类问题	客户文字投诉的处理流程
	1.3 视频类应答	1.3.1 能使用视频类即时通信工具受理客户咨询 1.3.2 能使用视频类即时通信工具帮助客户完成导购、售后、认证等视频类服务	1.3.1 视频类即时通信工具使用方法 1.3.2 视频类服务操作规范
2. 业务受理与处理	2.1 一般业务受理	2.1.1 能发现并纠正业务受理过程中出现的差错 2.1.2 能主动为客户提供个性化服务	2.1.1 业务种类和处理方法 2.1.2 行业服务流程规范
	2.2 客户关怀	2.2.1 能区分客户类型，采用对应的受理方法进行业务处理 2.2.2 能使用话术调适客户情绪	2.2.1 客户类型识别与受理方法 2.2.2 客户情绪调适方法
	2.3 转派业务处理	2.3.1 能使用系统受理转派客户的咨询，并对处理结果进行反馈 2.3.2 能处理五级/初级工转派的客户投诉	2.3.1 客户投诉处理方法 2.3.2 投诉场景下客户激烈情绪的调适方法
	2.4 风险与危机事件处理	2.4.1 能在处理五级/初级工转派的客户投诉事件中，识别高级风险或危机事件 2.4.2 能对高级风险或危机事件进行预处理，包括安抚客户、记录信息，并将事件向上升级	2.4.1 风险与危机事件定级标准 2.4.2 风险与危机事件预处理规则

续表

职业功能	工作内容	技能要求	相关知识要求
2. 业务受理与处理	2.5 问题分析处理	2.5.1 能分析工作中的问题并提出改进建议 2.5.2 能分析访问或回访记录并提出改进建议	回访客户规则及流程
3. 信息记录与处理	3.1 办公软件应用	3.1.1 能使用搜索引擎获取所需信息 3.1.2 能使用电子表格类软件对数据进行编辑、整理、汇总,并制作不同类型的统计图表	3.1.1 计算机网络应用基础知识 3.1.2 电子表格类软件的使用方法
	3.2 客服系统应用	3.2.1 能对客服系统的知识库进行整理、更新 3.2.2 能使用客服系统的后台管理系统功能对五级/初级工的工作进行监控与管理	后台管理系统使用方法
4. 业务运营	4.1 业务指导	4.1.1 能对五级/初级工的工作进行指导 4.1.2 能发现五级/初级工在客户服务过程中出现的新问题并汇报	4.1.1 相关业务操作规范 4.1.2 五级/初级工岗位人员工作指导方法
	4.2 业务支撑	4.2.1 能进行业务总结和分享 4.2.2 能根据质量评估方案,配合质检、培训团队进行服务质量改进	企业内部沟通基本方法

3.3 三级/高级工

职业功能	工作内容	技能要求	相关知识要求
1. 服务应答处理	1.1 文字类应答	1.1.1 能使用群组工具受理客户咨询 1.1.2 能一对多处理客户的共性需求问题	1.1.1 常见群组工具使用方法 1.1.2 一对多客户咨询应答规范

续表

职业功能	工作内容	技能要求	相关知识要求
1. 服务应答处理	1.2 视频类应答	1.2.1 能使用互联网直播工具传达服务内容 1.2.2 能使用直播沟通技巧与客户互动	1.2.1 互联网直播工具使用方法 1.2.2 直播场景下的客户沟通互动技巧
2. 业务受理与处理	2.1 转派业务处理	2.1.1 能受理系统转派的重要客户咨询或回访 2.1.2 能处理四级/中级工转派的客户投诉 2.1.3 能按照业务操作权限调整、受理多种业务类型	2.1.1 客户类型分析方法 2.1.2 复杂业务处理方法
	2.2 客户关怀	2.2.1 能满足客户基本需求，并向客户推荐其他适合的解决方案 2.2.2 能满足客户基本需求，并为客户提供额外帮助与服务，提升客户体验	客户体验管理方法
	2.3 风险与危机事件处理	2.3.1 能处理中低级风险与危机事件，并合理使用灰度授权降低影响 2.3.2 能识别并受理高级风险与危机事件，转派给专项处理部门 2.3.3 能发现并分析焦点、热点业务问题，提出预警机制以及解决方案	2.3.1 公共关系常识 2.3.2 舆情信息与分析方法 2.3.3 灰度授权使用规则
	2.4 问题分析处理	2.4.1 能分析升级投诉业务受理难点，并对疑难客户的投诉进行回访 2.4.2 能整理高频、高难度的咨询热点或服务难点，并能分析原因，撰写分析报告	2.4.1 疑难客户问题分析方法 2.4.2 疑难客户回访技巧 2.4.3 问题归类与分析方法
3. 信息记录与处理	3.1 办公软件应用	3.1.1 能使用客户关系管理系统进行数据统计与分析 3.1.2 能使用演示文稿类软件制作演示文稿	3.1.1 客户关系管理系统使用方法 3.1.2 演示文稿类软件使用方法

续表

职业功能	工作内容	技能要求	相关知识要求
3. 信息记录与处理	3.2 客服系统应用	3.2.1 能对客服系统问题进行信息收集与反馈 3.2.2 能对客服系统提出改进建议	客服系统应用操作方法
4. 数据筛选与数据分析	4.1 数据筛选	4.1.1 能使用客服系统对数据信息进行筛选 4.1.2 能使用客服系统对数据信息进行汇总分类 4.1.3 能使用客服系统对数据信息进行核实、确认	4.1.1 数据输入与修改方法 4.1.2 数据检索方法
	4.2 数据分析	4.2.1 能对各类业务统计信息进行数据分析，并撰写报告 4.2.2 能根据客户满意度调查结果进行统计分析，并撰写报告 4.2.3 能根据分析结果发现业务受理中的问题，并提出改进建议	4.2.1 统计分析常识 4.2.2 报告撰写方法
5. 业务运营	5.1 业务指导	5.1.1 能对四级/中级工及以下级别人员业务受理过程中出现的问题进行指导 5.1.2 能根据服务规范对服务质量进行评估 5.1.3 能分析服务质量中出现的偏差，并提出改进建议 5.1.4 能梳理客户业务规则，设计对应话术并辅导四级/中级工及以下级别人员使用	5.1.1 服务质量标准 5.1.2 常规业务话术编写规范与方法
	5.2 业务支撑	5.2.1 能按计划落实客户回访 5.2.2 能组织人员实施运营计划 5.2.3 能跟踪和评估组织实施结果	5.2.1 教练式管理方法 5.2.2 团队合作意识培养方法 5.2.3 员工激励机制

4. 权重表

4.1 理论知识权重表

项目		技能等级	五级/初级工（%）	四级/中级工（%）	三级/高级工（%）
基本要求	职业道德		5	5	5
	基础知识		15	10	10
相关知识要求	服务应答处理		30	15	5
	业务受理与处理		30	30	30
	信息记录与处理		20	20	15
	数据筛选与数据分析		—	—	15
	业务运营		—	20	20
合计			100	100	100

4.2 技能要求权重表

项目		技能等级	五级/初级工（%）	四级/中级工（%）	三级/高级工（%）
技能要求	服务应答处理		35	20	5
	业务受理与处理		35	40	35
	信息记录与处理		30	20	15
	数据筛选与数据分析		—	—	15
	业务运营		—	20	30
合计			100	100	100

人工智能训练师国家职业技能标准

（2021年版）

1. 职业概况

1.1 职业名称

人工智能训练师

1.2 职业编码

4—04—05—05

1.3 职业定义

使用智能训练软件，在人工智能产品实际使用过程中进行数据库管理、算法参数设置、人机交互设计、性能测试跟踪及其他辅助作业的人员。

本职业包含数据标注员、人工智能算法测试员两个工种。

1.4 职业技能等级

本职业共设五个等级，分别为：五级/初级工、四级/中级工、三级/高级工、二级/技师、一级/高级技师。

1.5 职业环境条件

室内，常温。

1.6 职业能力特征

具有一定的学习能力、表达能力、计算能力，空间感、色觉正常。

1.7 普通受教育程度

初中毕业（或相当文化程度）。

1.8 培训参考学时

五级/初级工60标准学时，四级/中级工50标准学时，三级/高级工40标准学时，二级/技师40标准学时，一级/高级技师30标准学时。

1.9 职业技能鉴定要求

1.9.1 申报条件

具备以下条件之一者,可申报五级/初级工:
(1) 累计从事本职业或相关职业[①]工作1年(含)以上。
(2) 本职业或相关职业学徒期满。

具备以下条件之一者,可申报四级/中级工:
(1) 取得本职业或相关职业五级/初级工职业资格证书(技能等级证书)后,累计从事本职业或相关职业工作3年(含)以上。
(2) 累计从事本职业或相关职业工作4年(含)以上。
(3) 取得技工学校本专业或相关专业[②]毕业证书(含尚未取得毕业证书的在校应届毕业生);或取得经评估论证、以中级技能为培养目标的中等及以上职业学校本专业或相关专业[③]毕业证书(含尚未取得毕业证书的在校应届毕业生)。

具备以下条件之一者,可申报三级/高级工:
(1) 取得本职业或相关职业四级/中级工职业资格证书(技能等级证书)后,累计从事本职业或相关职业工作3年(含)以上。
(2) 取得本职业或相关职业四级/中级工职业资格证书(技能等级证书),并具有高级技工学校、技师学院毕业证书(含尚未取得毕业证书的在校应届毕业生);或取得本职业或相关职业四级/中级工职业资格证书(技能等级证书),并具有经评估论证、以高级技能为培养目标的高等职业学校本专业或相关专业毕业证书(含尚未取得毕业证书的在校应届毕业生)。
(3) 具有大专及以上本专业或相关专业毕业证书,累计从事本职业或相关职业工作3年(含)以上。

具备以下条件之一者,可申报二级/技师:
(1) 取得本职业或相关职业三级/高级工职业资格证书(技能等级证书)后,累计从事本职业或相关职业工作4年(含)以上。
(2) 取得本职业或相关职业三级/高级工职业资格证书(技能等级证书)的高级技工学校、技师学院毕业生,累计从事本职业或相关职业工作3年(含)以上;或取得本职业或相关职业预备技师证书的技师学院毕业生,累计从事本职业或相关职业工作2年(含)以上。

具备以下条件者,可申报一级/高级技师:
取得本职业或相关职业二级/技师职业资格证书(技能等级证书)后,累计从事本职业或相关职业工作4年(含)以上。

[①] 相关职业:人工智能工程技术人员、呼叫中心服务员、电子商务师等职业,下同。
[②] 相关专业:电工电子类、信息类等专业,下同。
[③] 相关专业:电子与信息大类、医学卫生大类、装备制造大类、教育与体育大类等专业,下同。

1.9.2 鉴定方式

分为理论知识考试、技能考核以及综合评审。理论知识考试以笔试、机考等方式为主，主要考核从业人员从事本职业应掌握的基本要求和相关知识要求；技能考核主要采用现场操作、模拟操作等方式进行，主要考核从业人员从事本职业应具备的技能水平；综合评审主要针对技师和高级技师，通常采取审阅申报材料、答辩等方式进行全面评议和审查。

理论知识考试、技能考核和综合评审均实行百分制，成绩皆达 60 分（含）以上者为合格。

1.9.3 监考人员、考评人员与考生配比

理论知识考试中的监考人员与考生配比不低于 1∶15，且每个考场不少于 2 名监考人员；技能考核中的考评人员与考生配比不低于 1∶3，且考评人员为 3 人（含）以上单数；综合评审委员为 3 人（含）以上单数。

1.9.4 鉴定时间

理论知识考试时间不少于 90 min，技能考核时间不少于 120 min，综合评审时间不少于 30 min。

1.9.5 鉴定场所设备

理论知识考试在标准教室进行，技能考核在具有计算机网络环境的实验室进行，综合评审在标准教室或会议室进行。

2. 基本要求

2.1 职业道德

2.1.1 职业道德基本知识

2.1.2 职业守则

（1）诚实公正，严谨求是。

（2）遵纪守法，恪尽职守。

（3）勤勉好学，追求卓越。

2.2 基础知识

2.2.1 通用知识

（1）计算机操作知识。

（2）常用办公软件使用知识。

2.2.2 相关法律、法规知识

（1）《中华人民共和国劳动法》相关知识。
（2）《中华人民共和国劳动合同法》相关知识。
（3）《中华人民共和国网络安全法》相关知识。
（4）《中华人民共和国知识产权法》相关知识。

3. 工作要求

本标准对五级/初级工、四级/中级工、三级/高级工、二级/技师、一级/高级技师的技能要求和相关知识要求依次递进，高级别涵盖低级别的要求。

3.1 五级/初级工

职业功能	工作内容	技能要求	相关知识要求
1. 数据采集和处理	1.1 业务数据采集	1.1.1 能利用设备、工具等完成原始业务数据采集 1.1.2 能完成数据库内业务数据采集	1.1.1 业务背景知识 1.1.2 数据采集工具使用知识 1.1.3 数据库内业务数据采集方法
	1.2 业务数据处理	1.2.1 能根据数据处理要求完成业务数据整理归类 1.2.2 能根据数据处理要求完成业务数据汇总	1.2.1 业务数据整理规范和方法 1.2.2 业务数据汇总规范和方法
2. 数据标注	2.1 原始数据清洗与标注	2.1.1 能根据标注规范和要求，完成文本、视觉、语音数据清洗 2.1.2 能根据标注规范和要求，完成文本、视觉、语音数据标注	2.1.1 数据清洗工具使用知识 2.1.2 数据标注工具使用知识
	2.2 标注后数据分类与统计	2.2.1 能利用分类工具对标注后数据进行分类 2.2.2 能利用统计工具对标注后数据进行统计	2.2.1 数据分类工具使用知识 2.2.2 数据统计工具使用知识
3. 智能系统运维	3.1 智能系统基础操作	3.1.1 能开启智能系统 3.1.2 能简单使用智能系统	3.1.1 智能系统基础知识 3.1.2 智能系统使用知识
	3.2 智能系统维护	3.2.1 能记录智能系统功能应用情况 3.2.2 能记录智能系统应用数据情况	智能系统维护知识

3.2 四级/中级工

职业功能	工作内容	技能要求	相关知识要求
1. 数据采集和处理	1.1 业务数据质量检测	1.1.1 能对预处理后的业务数据进行审核 1.1.2 能结合人工智能技术要求梳理业务数据采集规范 1.1.3 能结合人工智能技术要求梳理业务数据处理规范	1.1.1 业务数据质量要求和标准 1.1.2 业务数据采集规范和方法 1.1.3 业务数据处理规范和方法
	1.2 数据处理方法优化	1.2.1 能对业务数据采集流程提出优化建议 1.2.2 能对业务数据处理流程提出优化建议	1.2.1 数据采集知识 1.2.2 数据处理知识
2. 数据标注	2.1 数据归类和定义	2.1.1 能运用工具,对杂乱数据进行分析,输出内在关联及特征 2.1.2 能根据数据内在关联和特征进行数据归类 2.1.3 能根据数据内在关联和特征进行数据定义	2.1.1 数据归类工具知识 2.1.2 数据归类方法 2.1.3 数据定义知识
	2.2 标注数据审核	2.2.1 能完成标注数据准确性和完整性审核,输出审核报告 2.2.2 能对审核过程中发现的错误进行纠正 2.2.3 能根据审核结果完成数据筛选	2.2.1 数据审核标准和方法 2.2.2 数据审核工具使用知识
3. 智能系统运维	3.1 智能系统维护	3.1.1 能维护智能系统所需知识库 3.1.2 能维护智能系统所需数据 3.1.3 能为单一智能产品找到合适的应用场景 3.1.4 能将智能系统在真实应用场景中部署实施	3.1.1 知识库整理方法 3.1.2 数据整理方法 3.1.3 智能产品应用方法 3.1.4 智能系统部署方法
	3.2 智能系统优化	3.2.1 能利用分析工具进行数据分析,输出分析报告 3.2.2 能根据数据分析结论对智能产品的单一功能提出优化需求	3.2.1 数据拆解基础方法 3.2.2 数据分析基础方法 3.2.3 数据分析工具使用方法

3.3 三级/高级工

职业功能	工作内容	技能要求	相关知识要求
1. 业务分析	1.1 业务流程设计	1.1.1 能结合人工智能技术要求和业务特征，设计整套业务数据采集流程 1.1.2 能结合人工智能技术要求和业务特征，设计整套业务数据处理流程 1.1.3 能结合人工智能技术要求和业务特征，设计整套业务数据审核流程	1.1.1 业务数据相关流程设计工具知识 1.1.2 业务数据相关流程设计知识
	1.2 业务模块效果优化	1.2.1 能结合业务知识识别业务流程中单一模块的问题 1.2.2 能结合人工智能技术设计业务模块优化方案并推动实施	1.2.1 业务模块分析方法 1.2.2 业务模块优化方法
2. 智能训练	2.1 数据处理规范制定	2.1.1 能结合人工智能技术要求和业务特征，设计数据清洗和标注流程 2.1.2 能结合人工智能技术要求和业务特征，制定数据清洗和标注规范	2.1.1 智能训练数据处理工具原理和应用方法 2.1.2 智能训练数据处理知识
	2.2 算法测试	2.2.1 能维护日常训练集与测试集 2.2.2 能使用工具对算法进行训练 2.2.3 能使用测试工具对人工智能产品的使用进行测试 2.2.4 能对测试结果进行分析，编写测试报告 2.2.5 能运用工具，分析算法中错误案例产生的原因并进行纠正	2.2.1 算法训练工具基础原理和应用方法 2.2.2 人工智能测试工具使用方法
3. 智能系统设计	3.1 智能系统监控和优化	3.1.1 能对单一智能产品使用的数据进行全面分析，输出分析报告 3.1.2 能对单一智能产品提出优化需求 3.1.3 能为单一智能产品的应用设计智能解决方案	3.1.1 数据拆解高阶方法 3.1.2 数据分析高阶方法 3.1.3 单一产品智能解决方案的设计方法

续表

职业功能	工作内容	技能要求	相关知识要求
3. 智能系统设计	3.2 人机交互流程设计	3.2.1 能通过数据分析，找到单一场景下人工和智能交互的最优方式 3.2.2 能通过数据分析，设计单一场景下人工和智能交互的最优流程	3.2.1 人机交互流程设计知识 3.2.2 人机交互流程设计工具相关知识
4. 培训与指导	4.1 培训	4.1.1 能编写初级培训讲义 4.1.2 能对四级/中级工及以下级别人员开展知识和技术培训	4.1.1 培训讲义编写知识 4.1.2 培训教学知识
	4.2 指导	4.2.1 能指导四级/中级工及以下级别人员解决数据采集、处理问题 4.2.2 能指导四级/中级工及以下级别人员解决数据标注问题	4.2.1 实践教学方法 4.2.2 技术指导方法

3.4 二级/技师

职业功能	工作内容	技能要求	相关知识要求
1. 业务分析	1.1 业务框架与流程设计	1.1.1 能综合业务流程及重难点，结合人工智能技术构建合理的业务框架 1.1.2 能综合业务流程及重难点，结合人工智能技术构建合理的业务流程	1.1.1 业务框架构建知识 1.1.2 业务流程构建知识
	1.2 业务场景挖掘	1.2.1 能在业务中挖掘智能系统应用的潜在机会点及隐藏价值 1.2.2 能结合人工智能技术对新业务场景提出解决方案	1.2.1 业务分析知识 1.2.2 人工智能解决方案知识
2. 智能训练	2.1 算法测试	2.1.1 能结合业务特征构建算法的高质量训练集，并成为算法的核心竞争力 2.1.2 能结合业务特征构建算法的黄金测试集，并作为算法上线前的质量保障 2.1.3 能结合业务特性设计合理的测试方案	2.1.1 人工智能算法基础知识 2.1.2 算法训练工具和测试工具的原理和应用方法

续表

职业功能	工作内容	技能要求	相关知识要求
2. 智能训练	2.2 智能训练流程优化	2.2.1 能根据日常算法模型的训练结果提出训练产品优化需求并推动实施 2.2.2 能根据日常算法模型的训练结果对训练参数和过程进行调优,以适应业务场景需求	2.2.1 算法训练工具设计和优化方法 2.2.2 算法训练方法的优化方法
3. 智能系统设计	3.1 智能产品应用解决方案设计	3.1.1 能在某一业务领域中设计包含多个智能产品的解决方案并推动实施 3.1.2 能基于某一业务领域情况,结合多个智能产品设计新的全链路智能应用流程	3.1.1 业务领域知识 3.1.2 多个智能产品解决方案的设计方法
	3.2 产品功能设计以及实现	3.2.1 能将解决方案转化成产品功能需求 3.2.2 能将产品功能需求转化为具体的设计和实现方案,并达成项目目标	3.2.1 产品需求梳理方法 3.2.2 项目管理知识
4. 培训与指导	4.1 培训	4.1.1 能编制培训计划 4.1.2 能对三级/高级工及以下级别人员开展知识和技术培训	4.1.1 培训计划编制知识 4.1.2 进阶培训教学知识
	4.2 指导	4.2.1 能编制业务指导方案 4.2.2 能对三级/高级工及以下级别人员培训学习效果进行评估	4.2.1 业务指导方案编制方法 4.2.2 培训学习效果评估方法

3.5 一级/高级技师

职业功能	工作内容	技能要求	相关知识要求
1. 业务分析	1.1 业务设计	1.1.1 能根据复杂业务场景和跨业务单元场景的深入理解搭建业务分析框架 1.1.2 能结合人工智能技术为所负责的业务线提出具有前瞻性的业务发展规划建议	1.1.1 业务指标定义知识 1.1.2 业务指标管理方法 1.1.3 业务发展规划设计方法

续表

职业功能	工作内容	技能要求	相关知识要求
1. 业务分析	1.2 业务创新	1.2.1 能利用人工智能技术重构现有业务流程，提升业务在行业领域的竞争力 1.2.2 能结合先进的人工智能技术，在业务流程中发现创新点并整合推动业务创新	1.2.1 人工智能技术相关知识 1.2.2 流程设计创新方法
2. 智能训练	2.1 算法测试	2.1.1 能根据算法的前瞻性制定智能训练的整体产品能力矩阵 2.1.2 能根据算法的前瞻性制定训练平台的整体迭代优化方案 2.1.3 能制定训练集以及测试集的标准	2.1.1 智能训练工具高阶原理和应用方法 2.1.2 智能训练技巧和方法 2.1.3 人工智能算法高阶知识
	2.2 智能训练流程优化与产品化	2.2.1 能对复杂的智能系统进行完整的测试和训练并编写报告 2.2.2 能结合人工智能技术对智能训练的完整体系提出优化方向，并推动训练流程和方法的更新	2.2.1 人工智能技术创新方法 2.2.2 智能训练产品原理和方案优化设计方法
3. 智能系统设计	3.1 智能产品应用解决方案设计	3.1.1 能在复杂业务领域中设计包含多个智能产品的解决方案并推动实施 3.1.2 能跨多业务领域设计智能产品应用方案，解决业务问题	3.1.1 智能行业和业务知识 3.1.2 跨多业务领域智能产品应用解决方案设计方法
	3.2 平台化推广	3.2.1 能将方法论沉淀，应用于智能算法或知识体系 3.2.2 能独立统筹并推动项目进行，推动多个智能产品的一系列运营，实现项目目标	3.2.1 项目管理方法 3.2.2 产品运营方法
4. 培训与指导	4.1 培训	4.1.1 能构建培训体系 4.1.2 能对二级/技师及以下级别人员开展管理方法培训	4.1.1 培训体系构建方法 4.1.2 管理培训知识
	4.2 指导	4.2.1 能制定业务指导策略体系 4.2.2 能对二级/技师及以下级别人员进行业务指导	4.2.1 业务指导策略体系制定方法 4.2.2 人工智能训练前沿理论知识

4. 权重表

4.1 理论知识权重表

项目	技能等级	五级/初级工（%）	四级/中级工（%）	三级/高级工（%）	二级/技师（%）	一级/高级技师（%）
基本要求	职业道德	5	5	5	5	5
	基础知识	15	15	10	10	5
相关知识要求	数据采集和处理	20	20	—	—	—
	数据标注	50	40	—	—	—
	智能系统运维	10	20	—	—	—
	业务分析	—	—	20	20	20
	智能训练	—	—	30	25	25
	智能系统设计	—	—	30	35	40
	培训与指导	—	—	5	5	5
合计		100	100	100	100	100

4.2 技能要求权重表

项目	技能等级	五级/初级工（%）	四级/中级工（%）	三级/高级工（%）	二级/技师（%）	一级/高级技师（%）
技能要求	数据采集和处理	30	30	—	—	—
	数据标注	60	50	—	—	—
	智能系统运维	10	20	—	—	—
	业务分析	—	—	25	25	25
	智能训练	—	—	35	30	30
	智能系统设计	—	—	35	40	40
	培训与指导	—	—	5	5	5
合计		100	100	100	100	100

电气电子产品环保检测员国家职业技能标准

（2021 年版）

1. 职业概况

1.1 职业名称

电气电子产品环保检测员

1.2 职业编码

4-08-05-07

1.3 职业定义

从事电气电子产品的整机、元器件、材料等环保检验、检测、监测、分析及数据处理，并利用检测结果改进产品环保设计、生产工艺、供应链环保溯源管理，以及环保检测新方法开发的技术及管理服务人员。

1.4 职业技能等级

本职业共设五个等级，分别为：五级/初级工、四级/中级工、三级/高级工、二级/技师、一级/高级技师。

1.5 职业环境条件

室内，常温。

1.6 职业能力特征

具有分析、判断、计算及动手操作能力，嗅觉、色觉、听觉正常。

1.7 普通受教育程度

初中毕业（或相当文化程度）。

1.8 培训参考学时

五级/初级工 120 标准学时，四级/中级工 100 标准学时，三级/高级工 80 标准学时，二级/技师 60 标准学时，一级/高级技师 60 标准学时。

1.9 职业技能鉴定要求

1.9.1 申报条件

具备以下条件之一者，可申报五级/初级工：

（1）累计从事本职业或相关职业①工作1年（含）以上。

（2）本职业或相关职业学徒期满。

具备以下条件之一者，可申报四级/中级工：

（1）取得本职业或相关职业五级/初级工职业资格证书（技能等级证书）后，累计从事本职业或相关职业工作2年（含）以上。

（2）累计从事本职业或相关职业工作4年（含）以上。

（3）取得技工学校本专业或相关专业②毕业证书（含尚未取得毕业证书的在校应届毕业生）；或取得经评估论证、以中级技能为培养目标的中等及以上职业学校本专业或相关专业毕业证书（含尚未取得毕业证书的在校应届毕业生）。

（4）具有大专及以上本专业或相关专业毕业证书（含尚未取得毕业证书的在校应届毕业生）。

具备以下条件之一者，可申报三级/高级工：

（1）取得本职业或相关职业四级/中级工职业资格证书（技能等级证书）后，累计从事本职业或相关职业工作4年（含）以上。

（2）取得本职业或相关职业四级/中级工职业资格证书（技能等级证书），并具有高级技工学校、技师学院毕业证书（含尚未取得毕业证书的在校应届毕业生）；或取得本职业或相关职业四级/中级工职业资格证书（技能等级证书），并具有经评估论证、以高级技能为培养目标的高等职业学校本专业或相关专业毕业证书（含尚未取得毕业证书的在校应届毕业生）。

（3）具有大专及以上本专业或相关专业毕业证书，并取得本职业或相关职业四级/中级工职业资格证书（技能等级证书）后，累计从事本职业或相关职业工作2年（含）以上；或累计从事本职业或相关职业工作4年（含）以上。

（4）具有大学本科本专业或相关专业毕业证书，累计从事本职业或相关职业工作3年（含）以上。

（5）具有大学研究生及以上本专业或相关专业毕业证书，累计从事本职业或相关职业工作2年（含）以上。

---

① 相关职业：化工工程技术人员，机械工程技术人员，电子工程技术人员，信息和通信工程技术人员，电气工程技术人员，电力工程技术人员，环境保护工程技术人员，安全工程技术人员，标准化、计量、质量和认证认可工程技术人员，管理（工业）工程技术人员，检验检疫工程技术人员，工业（产品）设计工程技术人员，轻工工程技术人员，测绘服务人员，检验、检测和计量服务人员，环境监测服务人员，其他技术辅助服务人员，环境治理服务人员，化学原料和化学制品制造人员，化学纤维制造人员，橡胶和塑料制品制造人员，电气机械和器材制造人员，计算机、通信和其他电子设备制造人员，仪器仪表制造人员，废弃资源综合利用人员，检验试验人员，其他生产制造及有关人员等，下同。

② 相关专业：化工、材料、环境科学与工程、电气电子工程、理化分析、自然保护与环境生态、物理学、化学、电子科学与技术、测绘科学与技术、环境科学与工程、仪器科学与技术、材料科学与工程、信息与通信工程、电气工程、化学工程与技术、轻工技术与工程、安全科学与工程等，下同。

具备以下条件之一者，可申报二级/技师：

（1）取得本职业或相关职业三级/高级工职业资格证书（技能等级证书）后，累计从事本职业或相关职业工作4年（含）以上。

（2）取得本职业或相关职业三级/高级工职业资格证书（技能等级证书）的高级技工学校、技师学院毕业生，累计从事本职业或相关职业工作3年（含）以上；或取得本职业或相关职业预备技师证书的技师学院毕业生，累计从事本职业或相关职业工作2年（含）以上。

（3）取得本职业或相关职业三级/高级工职业资格证书（技能等级证书），且具有大专本专业或相关专业毕业证书，累计从事本职业或相关职业工作5年（含）以上。

（4）取得本职业或相关职业三级/高级工职业资格证书（技能等级证书），且具有大学本科本专业或相关专业毕业证书，累计从事本职业或相关职业工作4年（含）以上。

（5）取得本职业或相关职业三级/高级工职业资格证书（技能等级证书），且具有大学研究生本专业或相关专业毕业证书，累计从事本职业或相关职业工作3年（含）以上。

具备以下条件者，可申报一级/高级技师：

（1）取得本职业或相关职业二级/技师职业资格证书（技能等级证书）后，累计从事本职业或相关职业工作4年（含）以上。

（2）取得本职业或相关职业二级/技师职业资格证书（技能等级证书），且具有大专本专业或相关专业毕业证书，累计从事本职业或相关职业工作8年（含）以上。

（3）取得本职业或相关职业二级/技师职业资格证书（技能等级证书），且具有大学本科本专业或相关专业毕业证书，累计从事本职业或相关职业工作7年（含）以上。

（4）取得本职业或相关职业二级/技师职业资格证书（技能等级证书），且具有大学研究生及以上本专业或相关专业毕业证书，累计从事本职业或相关职业工作6年（含）以上。

1.9.2 鉴定方式

分为理论知识考试、技能考核以及综合评审。理论知识考试以笔试、机考等方式为主，主要考核从业人员从事本职业应掌握的基本要求和相关知识要求；技能考核主要采用现场操作、模拟操作等方式进行，主要考核从业人员从事本职业应具备的技能水平；综合评审主要针对技师和高级技师，通常采取审阅申报材料、答辩等方式进行全面评议和审查。

理论知识考试、技能考核和综合评审均实行百分制，成绩皆达60分（含）以上者为合格。

1.9.3 监考人员、考评人员与考生配比

理论知识考试中的监考人员与考生配比不低于1∶15，且每个考场不低于2名监考人员；技能考核中的考评人员与考生配比不低于1∶5，且考评人员为3人（含）以上单数；综合评审委员为3人（含）以上单数。

1.9.4 鉴定时间

理论知识考试时间不少于90 min；技能考核时间：五级/初级工不少于45 min，四级/中

级工不少于 60 min，三级/高级工不少于 60 min，二级/技师不少于 45 min，一级/高级技师不少于 45 min；综合评审时间不少于 30 min。

1.9.5 鉴定场所设备

理论知识考试在具备考核条件的标准教室、会议室等场地进行。技能考核在具备必要检测仪器设备的实验场所进行。实验场所的环境条件、仪器设备设施、试剂、标准物质、工具及待测样品等应能满足评价项目需求。技能考核所需的各种仪器设备必须校准合格，且在校准有效期内。综合评审以现场或远程方式进行。

2. 基本要求

2.1 职业道德

2.1.1 职业道德基本知识

2.1.2 职业守则

（1）注重安全，严格管控。
（2）爱岗敬业，恪尽职守。
（3）诚信守法，客观公正。
（4）执行标准，合规操作。
（5）精益求精，勇于创新。

2.2 基础知识

2.2.1 理论基础知识

（1）计量、标准化及合格评定基础知识。
（2）分析化学基础知识。
（3）环保基础知识。
（4）电气电子产品结构基础知识。
（5）消防应急基础知识。
（6）安全操作基础知识。

2.2.2 电气电子产品化学物质管理基础知识

（1）化学物质存在形态、保存和使用基础知识。
（2）材料限用物质风险评估基础知识。

2.2.3 电气电子产品环保检测设备基础知识

（1）X 射线荧光光谱仪（简称 XRF）基础知识。
（2）电感耦合等离子体发射光谱仪（简称 ICP-OES）基础知识。
（3）电感耦合等离子体质谱仪（简称 ICP-MS）基础知识。

(4) 原子吸收光谱仪（简称 AAS）基础知识。

(5) 气相色谱质谱联用仪（简称 GC-MS）基础知识。

(6) 紫外/可见分光光度计（简称 UV-Vis）基础知识。

(7) 离子色谱仪（简称 IC）基础知识。

(8) 原子荧光光谱仪（简称 AFS）基础知识。

(9) 高效液相色谱仪（简称 HPLC）基础知识。

(10) 热裂解/热脱附气相色谱质谱联用仪（简称 Py-TD-GC-MS）基础知识。

(11) 其他检测设备基础知识。

2.2.4 电气电子产品环保检测分析方法基础知识

(1) 电气电子产品环保检测方法的适用范围、定义及术语基础知识。

(2) 禁限用化学物质检测方法及分析流程基础知识。

2.2.5 相关法律、法规知识

(1)《中华人民共和国劳动法》相关知识。

(2)《中华人民共和国质量法》相关知识。

(3)《中华人民共和国计量法》相关知识。

(4)《中华人民共和国环境保护法》相关知识。

(5)《中华人民共和国清洁生产促进法》相关知识。

(6)《中华人民共和国循环经济促进法》相关知识。

(7)《中华人民共和国固体废物污染环境防治法》相关知识。

(8)《电器电子产品有害物质限制使用管理办法》相关知识。

3. 工作要求

本标准对五级/初级工、四级/中级工、三级/高级工、二级/技师、一级/高级技师的技能要求和相关知识要求依次递进，高级别涵盖低级别要求。

3.1 五级/初级工

职业功能	工作内容	技能要求	相关知识要求
1. 样品准备及处理	1.1 抽样	1.1.1 能按样品抽样规范、规程或标准进行抽样 1.1.2 能填写样品标签和记录样品信息 1.1.3 能根据样品特性运送样品	1.1.1 样品的抽样方法 1.1.2 抽样器具的分类及使用方法 1.1.3 样品标签填写要求 1.1.4 样品的运送方式

续表

职业功能	工作内容	技能要求	相关知识要求
1. 样品准备及处理	1.2 样品接收和管理	1.2.1 能按接收规范、规程或标准进行样品确认 1.2.2 能填写样品登记表和记录样品信息 1.2.3 能对样品进行分类 1.2.4 能对样品进行保存	1.2.1 样品的接收要求 1.2.2 样品登记表填写要求 1.2.3 样品的分类要求 1.2.4 样品的保存要求
	1.3 检测后样品处理	1.3.1 能对检测后样品进行分类 1.3.2 能对检测后样品进行标识	1.3.1 检测后样品分类要求 1.3.2 检测后样品标识要求
2. 样品检测	2.1 试剂配制	2.1.1 能识别、选用化学药品和试剂 2.1.2 能按操作规程选用量器和容器 2.1.3 能选用天平进行称量 2.1.4 能配制及保存试剂	2.1.1 常用化学药品和试剂的类别、分级、安全使用和应急处置方法 2.1.2 常用器皿的使用和洗涤方法 2.1.3 天平的使用方法 2.1.4 试剂配制及保存方法 2.1.5 实验室用水要求
	2.2 检测	2.2.1 能按操作规程使用 XRF 对样品进行金属元素快速检测 2.2.2 能按操作规程使用 XRF 对样品进行溴元素快速检测	2.2.1 XRF 对金属元素筛测方法 2.2.2 XRF 对溴元素筛测方法
3. 结果记录及数据处理	3.1 原始数据读取	3.1.1 能从容量瓶、游标卡尺、移液枪等量具、容器中读取原始数据 3.1.2 能从 XRF 等仪器设备中读取原始数据	3.1.1 量具、容器等仪器原始数据读取方法 3.1.2 XRF 等仪器设备原始数据读取方法
	3.2 原始数据记录	3.2.1 能按有效数字运算规则记录原始数据 3.2.2 能按操作规程填写原始数据记录表	3.2.1 有效数字的修约要求 3.2.2 原始数据记录表的填写要求

续表

职业功能	工作内容	技能要求	相关知识要求
4. 实验室管理及仪器设备维护	4.1 实验室安全管理	4.1.1 能对实验场所废弃物进行分类及保管 4.1.2 能按防护用品管理规定使用个人防护用具 4.1.3 能按消防安全管理规定使用安全防护设施及消防器材 4.1.4 能按实验场所安全管理规定使用水、电、气 4.1.5 能按实验室化学品安全管理要求存放和使用化学品	4.1.1 实验场所环境管理要求 4.1.2 废弃物分类及保管处理方法 4.1.3 个人防护用具使用方法及要求 4.1.4 安全防护设施、消防器材使用方法 4.1.5 水、电、气安全使用方法 4.1.6 实验室化学品安全管理要求
	4.2 仪器设备维护	4.2.1 能建立仪器设备档案 4.2.2 能对样品拆分工具、天平、烘箱、量具、仪器设备等进行日常维护 4.2.3 能填写样品拆分工具、天平、烘箱、量具、仪器设备等的维护记录	4.2.1 仪器设备档案的要求 4.2.2 样品拆分工具、天平、烘箱、量具、仪器设备等的日常维护方法 4.2.3 样品拆分工具、天平、烘箱、量具、仪器设备等维护记录填写规则

3.2 四级/中级工

职业功能	工作内容	技能要求	相关知识要求
1. 样品准备及处理	1.1 制定抽样方案	1.1.1 能按标准选择抽样方法 1.1.2 能按标准、技术规范制定抽样方案	1.1.1 随机抽样方法 1.1.2 选择性抽样方法 1.1.3 特殊目的性抽样方法 1.1.4 抽样方案制定要求
	1.2 制定取样方案	1.2.1 能按实际样品及拆分标准制定拆分方案 1.2.2 能按实际需求及操作规程制定取样方案	1.2.1 样品拆分要求 1.2.2 均质材料判定方法
	1.3 样品制备	1.3.1 能对检测单元是否满足要求进行确认 1.3.2 能按标准要求对样品进行拆分 1.3.3 能按标准要求对拆分出的检测单元进行分类和记录 1.3.4 能按规范、规程或标准要求保存检测单元	1.3.1 检测单元判别要求 1.3.2 样品拆分方法 1.3.3 检测单元的分类要求 1.3.4 检测单元的保存要求

续表

职业功能	工作内容	技能要求	相关知识要求
1.样品准备及处理	1.4 检测后样品处理	1.4.1 能按实验室样品管理规范保存留存样品 1.4.2 能按实验室样品管理规范对送检样品进行退还处理	1.4.1 实验室留存样品的保存要求 1.4.2 实验室样品检测后的管理要求
2.样品检测	2.1 标准溶液配制	2.1.1 能按规范、规程或标准配制元素标准溶液 2.1.2 能对元素标准溶液的标签进行标识 2.1.3 能按要求对元素标准溶液进行保存	2.1.1 元素标准溶液的配制方法 2.1.2 元素标准溶液的标签标识要求 2.1.3 元素标准溶液的保存要求
2.样品检测	2.2 检测	2.2.1 能按检测方法建立校准曲线 2.2.2 能按操作规程使用IC对样品进行卤素快速检测 2.2.3 能按操作规程使用UV-Vis对金属样品防腐镀层进行六价铬比色法检测 2.2.4 能按操作规程使用UV-Vis对聚合物和电子件样品进行六价铬比色法检测	2.2.1 校准曲线建立方法 2.2.2 使用IC对样品中卤素进行快速检测的方法 2.2.3 使用UV-Vis对金属样品防腐镀层中六价铬进行检测的方法（比色法） 2.2.4 使用UV-Vis对聚合物和电子件样品中六价铬进行比色法检测的方法
3.结果记录及数据处理	3.1 数据计算	3.1.1 能按检测方法要求计算检测结果 3.1.2 能按标准计算检测结果的精密度 3.1.3 能按标准计算检测结果的准确度	3.1.1 检测结果的计算方法 3.1.2 精密度的计算方法 3.1.3 准确度的计算方法
3.结果记录及数据处理	3.2 数据分析	3.2.1 能运用数理统计方法分析校准曲线的线性关系 3.2.2 能对限用物质符合性评价边界值误差范围外的检测结果做出分析判断	3.2.1 数理统计分析方法 3.2.2 限用物质限值的分析判定要求 3.2.3 误差的定义与计算要求

续表

职业功能	工作内容	技能要求	相关知识要求
4. 实验室管理及仪器设备维护	4.1 实验室安全管理	4.1.1 能按危险化学品管理规定对危险化学品进行登记和分类管理 4.1.2 能按危险化学品管理规定使用危险化学品并记录 4.1.3 能按危险化学品管理规定存放危险化学品 4.1.4 能按危险化学品管理规定对危险化学品进行核查、报告	4.1.1 危险化学品的登记、分类要求 4.1.2 危险化学品的使用要求 4.1.3 危险化学品的存放要求 4.1.4 危险化学品的核查、报告要求
	4.2 仪器设备维护	4.2.1 能对 XRF 进行日常维护 4.2.2 能对 IC 进行日常维护 4.2.3 能对 UV-Vis 进行日常维护	4.2.1 XRF 的日常维护方法 4.2.2 IC 的日常维护方法 4.2.3 UV-Vis 的日常维护方法

3.3 三级/高级工

职业功能	工作内容	技能要求	相关知识要求
1. 样品准备及处理	1.1 样品前处理	1.1.1 能按标准对计算机、印制电路板等复杂样品进行拆分 1.1.2 能按样品类别及规范、规程或标准选择干灰化法、湿消解法、微波消解法、高压灌法和衍生化法等对样品进行提取、浓缩、净化等前处理操作 1.1.3 能识别出法规应用例外 1.1.4 能识别出高风险材料	1.1.1 复杂样品拆分方法 1.1.2 索氏萃取器、均质器、加热器、固相萃取仪、氮吹仪、马弗炉、电热板、微波消解仪、消解炉等样品前处理设备的使用方法 1.1.3 法规应用例外清单及识别方法 1.1.4 高风险材料清单及识别方法
	1.2 检测后废液处置	1.2.1 能对检测后无机废液进行分类存储 1.2.2 能对检测后有机废液进行分类存储	1.2.1 无机废液处置要求和方法 1.2.2 有机废液处置要求和方法
2. 样品检测	2.1 标准溶液配制	2.1.1 能按规程、规范或标准配制目标元素标准溶液 2.1.2 能按规程、规范或标准配制目标有机化合物标准溶液	2.1.1 元素标准溶液配制方法 2.1.2 有机化合物标准溶液配制方法

续表

职业功能	工作内容	技能要求	相关知识要求
2. 样品检测	2.2 检测	2.2.1 能按规程、规范或标准使用AAS/AFS对样品进行重金属元素含量检测 2.2.2 能按规程、规范或标准使用ICP-OES对样品进行重金属元素含量检测 2.2.3 能按规程、规范或标准使用ICP-MS对样品进行重金属元素含量检测 2.2.4 能按规程、规范或标准使用GC-MS对样品进行有机化合物含量检测 2.2.5 能按规程、规范或标准使用HPLC对样品进行阻燃剂有机化合物含量检测 2.2.6 能按规程、规范或标准使用Py-TD-GC-MS对样品进行邻苯二甲酸酯有机化合物含量检测	2.2.1 使用AAS/AFS对样品进行重金属元素含量检测方法 2.2.2 使用ICP-OES对样品进行重金属元素含量检测方法 2.2.3 使用ICP-MS对样品进行重金属元素含量检测方法 2.2.4 使用GC-MS对样品进行有机化合物含量检测方法 2.2.5 使用HPLC对样品进行阻燃剂有机化合物含量检测方法 2.2.6 使用Py-TD-GC-MS对样品进行邻苯二甲酸酯有机化合物含量检测方法
3. 结果记录及数据处理	3.1 数据计算	3.1.1 能进行方法检出限的计算和验证 3.1.2 能进行方法定量限的计算和验证	3.1.1 检出限计算方法 3.1.2 检出限试验方法 3.1.3 定量限计算方法 3.1.4 定量限试验方法
	3.2 数据分析	3.2.1 能对检测结果进行不确定度分析 3.2.2 能对检测不合格数据进行原因分析	3.2.1 检测结果不确定度分析方法 3.2.2 检测结果不合格数据分析方法
4. 实验室管理及仪器设备维护	4.1 实验室安全管理	4.1.1 能按使用规则辨识、搬运、使用及储存合格气体钢瓶 4.1.2 能按操作程序检查加热设备的温度控制装置、过电流保护装置、自动断路开关以及金属外壳接地装置	4.1.1 实验室气瓶安全使用规则 4.1.2 加热设备安全使用方法

续表

职业功能	工作内容	技能要求	相关知识要求
4. 实验室管理及仪器设备维护	4.2 仪器设备维护	4.2.1 能对 GC-MS 进行日常维护 4.2.2 能对 HPLC 进行日常维护 4.2.3 能对 AAS/AFS 进行日常维护 4.2.4 能对 ICP-OES 进行日常维护 4.2.5 能对 ICP-MS 进行日常维护 4.2.6 能对 Py-TD-GC-MS 进行日常维护	4.2.1 GC-MS 的日常维护方法 4.2.2 HPLC 的日常维护方法 4.2.3 AAS/AFS 的日常维护方法 4.2.4 ICP-OES 的日常维护方法 4.2.5 ICP-MS 的日常维护方法 4.2.6 Py-TD-GC-MS 的日常维护方法
5. 技术文件编制与技术管理	5.1 技术文件编制	5.1.1 能编制样品登记表 5.1.2 能编制原始记录表 5.1.3 能编制检测报告 5.1.4 能编制仪器设备操作和维护规程 5.1.5 能编制作业指导书	5.1.1 技术文件要求 5.1.2 技术文件编制方法
	5.2 技术管理	5.2.1 能实施质量控制计划 5.2.2 能实施仪器设备、标准物质的期间核查计划	5.2.1 质量控制要求 5.2.2 仪器设备、标准物质期间核查实施要求

3.4 二级/技师

职业功能	工作内容	技能要求	相关知识要求
1. 样品检测	1.1 分析条件优化设置	1.1.1 能按操作规程对 AAS/AFS/ICP-OES/ICP-MS 等仪器进行调试 1.1.2 能按操作规程对 GC-MS/Py-TD-GC-MS/HPLC 等仪器进行调试 1.1.3 能根据目标检测物属性对仪器检测条件进行优化	1.1.1 火焰原子化器、石墨原子化器、ICP 的选择和调试知识 1.1.2 色谱柱、检测器的选择和调试方法 1.1.3 程序升温、梯度洗脱等条件的优化方法
	1.2 检测	1.2.1 能解决检测过程中遇到的如油墨六价铬检测、十溴二苯醚遇光分解等复杂技术问题 1.2.2 能对新检测设备和新检测方法进行验证或确认	1.2.1 检测过程中复杂技术问题改善与解决方法 1.2.2 新检测设备和新检测方法验证或确认注意事项

续表

职业功能	工作内容	技能要求	相关知识要求
2. 结果记录及数据处理	2.1 数据处理	2.1.1 能对限用物质符合性评价边界值误差范围内的检测结果做出符合性判断 2.1.2 能根据检测数据分析结果制定检测方法改进方案	2.1.1 数据分析处理方法 2.1.2 检测方法开发要求
	2.2 数据应用	2.2.1 能根据不合格样品原因分析结果，对生产工艺及供应链环保溯源管理提出改善建议 2.2.2 能根据检测分析结果制定生产工艺及供应链环保溯源改进方案	2.2.1 生产工艺要求 2.2.2 供应链环保管理要求
3. 实验室管理及仪器设备维护	3.1 实验室安全管理	3.1.1 能建立实验室安全管理制度 3.1.2 能实施实验室安全管理制度	3.1.1 实验室安全管理制度要求 3.1.2 实验室安全管理制度实施方法
	3.2 仪器设备维护与管理	3.2.1 能制定仪器期间核查方案 3.2.2 能判断 GC-MS/HPLC/AAS/AFS/ICP-MS/ICP-OES/Py-TD-GC-MS 等仪器设备产生故障的原因 3.2.3 能制定设备校准、维护保养方案 3.2.4 能制定标准物质、硝酸、盐酸、丙酮、甲苯等关键消耗品验收规范，并实施验收与评价	3.2.1 仪器期间核查的相关知识 3.2.2 GC-MS/HPLC/AAS/AFS/ICP-MS/ICP-OES/Py-TD-GC-MS 等仪器设备日常维修方法 3.2.3 设备校准及维护保养知识 3.2.4 关键消耗品的验收规范及识别、判断、验收、评价方法
4. 技术文件编制与技术管理	4.1 技术文件的审核	4.1.1 能审核检测方法的验证和确认方案 4.1.2 能编制实验技术总结报告 4.1.3 能审核作业指导书	4.1.1 检测方法的验证和确认要求 4.1.2 实验技术总结要求 4.1.3 作业指导书要求
	4.2 技术管理	4.2.1 能编制实验室内部质量控制计划，并监督实施 4.2.2 能编制仪器设备、标准物质期间核查规程及期间核查计划，并监督实施 4.2.3 能编制人员监督和人员能力监控工作计划，并实施	4.2.1 实验室内部质量控制要求 4.2.2 实验室内比对及要求 4.2.3 期间核查要求 4.2.4 人员监督和人员能力监控工作要求

续表

职业功能	工作内容	技能要求	相关知识要求
4.技术文件编制与技术管理	4.3 技术开发	4.3.1 能执行新检测方法标准的验证 4.3.2 能执行新开发检测方法的确认方案 4.3.3 能执行标准方法偏离的确认方案 4.3.4 能对新开发方法进行性能评估	4.3.1 新检测方法标准的验证要求 4.3.2 新开发检测方法要求 4.3.3 标准方法偏离要求 4.3.4 数理统计方法
5.培训与指导	5.1 培训	5.1.1 能编制三级/高级工及以下级别人员的培训讲义 5.1.2 能培训三级/高级工及以下级别人员 5.1.3 能对三级/高级工以下级别人员的能力进行评价，并编制人员技术档案	5.1.1 讲义的编制方法 5.1.2 技能培训技巧 5.1.3 技术人员评价方法 5.1.4 人员技术档案编制方法
	5.2 指导	5.2.1 能指导三级/高级工及以下级别人员的检测操作 5.2.2 能指导三级/高级工及以下级别人员对仪器设备进行维护	5.2.1 检测全过程要求 5.2.2 仪器设备的工作原理及基本结构 5.2.3 影响检测结果的关键点

3.5 一级/高级技师

职业功能	工作内容	技能要求	相关知识要求
1.样品检测	1.1 测试条件设置	1.1.1 能按测试要求选择合适的仪器设备 1.1.2 能按测试方案设定仪器设备参数	1.1.1 电气电子产品环保检测仪器设备的原理 1.1.2 仪器设备参数设置方法
	1.2 检测	1.2.1 能按能力验证或比对试验要求完成盲样测试 1.2.2 能处理并解决谱线分析干扰、三价铬与六价铬转化、金属镀层退镀及优化检测方案的制定等较高难度检验技术问题	1.2.1 能力验证和比对试验相关标准与要求 1.2.2 样品检测过程中复杂技术问题解决方法

续表

职业功能	工作内容	技能要求	相关知识要求
2. 结果记录及数据处理	2.1 结果计算	2.1.1 能运用数理统计方法判断校准曲线的线性关系 2.1.2 能运用数理统计方法计算检测结果的精密度	2.1.1 数据统计分析方法 2.1.2 精密度计算方法
	2.2 数据处理	2.2.1 能根据检测数据分析结果制定产品环保设计改进方案 2.2.2 能根据检测数据分析结果制定检测方法改进方案	2.2.1 产品环保设计概念与方法 2.2.2 检测方法开发要求
3. 实验室管理及仪器设备维护	3.1 实验室设计与规划	3.1.1 能按检测业务需求进行实验室设计与规划 3.1.2 能根据实验室计量认证和审查认可要求,审核相关的程序文件和作业指导书	3.1.1 实验室规划布局要求 3.1.2 实验室认可要求
	3.2 仪器设备配置	3.2.1 能根据新的检测项目需求进行仪器设备评估 3.2.2 能根据市场及业务需求制定仪器设备配置的近期计划和长远规划	3.2.1 仪器设备规格与应用要求 3.2.2 产能评估方法
4. 技术文件编制与技术管理	4.1 技术管理	4.1.1 能编制实验室外部质量控制计划并监督实施 4.1.2 能对检测全过程进行质量控制 4.1.3 能对质量控制结果进行判断	4.1.1 实验室之间的比对、能力验证、测量审核等要求 4.1.2 实验室外部质量控制要求 4.1.3 实验室外部质量控制方法
	4.2 技术开发	4.2.1 能按检测业务需求选择国际标准、国家标准、行业标准、团体标准,或由知名技术组织或有关科技文献或期刊中公布的检测方法 4.2.2 能评估所选方法,并验证结果与标准方法的一致性,如有偏离需做出技术判断	4.2.1 检测方法的选择方法 4.2.2 检测方法验证程序方法 4.2.3 检测方法确认程序方法 4.2.4 数理统计方法

续表

职业功能	工作内容	技能要求	相关知识要求
4.技术文件编制与技术管理	4.2 技术开发	4.2.3 能对非标准方法、实验室制定的方法、超出预定范围使用的标准方法或其他修改的标准方法进行方法确认 4.2.4 能评估被确认方法的有效性和适宜性	
5.培训与指导	5.1 培训	5.1.1 能编制培训计划 5.1.2 能编制本专业培训教材 5.1.3 能培训二级/技师及以下级别人员 5.1.4 能对二级/技师及以下级别人员的能力进行评价，并审核人员技术档案	5.1.1 项目管理要求 5.1.2 培训教材的编制方法 5.1.3 培训计划的编制方法 5.1.4 人员技术档案审核方法
	5.2 指导	5.2.1 能指导二级/技师及以下级别人员的检测操作 5.2.2 能指导二级/技师及以下级别人员对仪器设备进行维护	5.2.1 GC-MS/HPLC/AAS/AFS/ICP-MS/ICP-OES/Py-TD-GC-MS 等仪器设备检测过程中技术问题的解决方法 5.2.2 GC-MS/HPLC/AAS/AFS/ICP-MS/ICP-OES/Py-TD-GC-MS 等仪器设备维护过程中技术问题的解决方法

4. 权重表

4.1 理论知识权重表

项目		技能等级	五级/初级工（％）	四级/中级工（％）	三级/高级工（％）	二级/技师（％）	一级/高级技师（％）
基本要求	职业道德		5	5	5	5	5
	基础知识		25	20	15	10	5

续表

项目	技能等级	五级/初级工(%)	四级/中级工(%)	三级/高级工(%)	二级/技师(%)	一级/高级技师(%)
相关知识要求	样品准备及处理	15	10	5	—	—
	样品检测	40	40	40	30	30
	结果记录及数据处理	10	15	15	20	—
	实验室管理及仪器设备维护	5	10	10	10	10
	技术文件编制与技术管理	—	—	10	15	25
	培训与指导	—	—	—	10	25
	合计	100	100	100	100	100

4.2 技能要求权重表

项目	技能等级	五级/初级工(%)	四级/中级工(%)	三级/高级工(%)	二级/技师(%)	一级/高级技师(%)
技能要求	样品准备及处理	25	20	15	—	—
	样品检测	50	45	40	30	45
	结果记录及数据处理	15	20	20	25	—
	实验室管理及仪器设备维护	10	15	15	15	5
	技术文件编制与技术管理	—	—	10	20	30
	培训与指导	—	—	—	10	20
	合计	100	100	100	100	100

5. 职业标准附录

名称(英文缩写)	英文全称	中文全称
XRF	X-Ray Fluorescence Spectrometry	X射线荧光光谱仪
ICP-OES	Inductively Coupled Plasma Optical Emission Spectrometry	电感耦合等离子体发射光谱仪
ICP-MS	Inductively Coupled Plasma Mass Spectrometry	电感耦合等离子体质谱仪
AAS	Atomic Absorption Spectroscopy	原子吸收光谱仪

续表

名称 （英文缩写）	英文全称	中文全称
AFS	Atomic Fluorescence Spectroscopy	原子荧光光谱仪
GC-MS	Gas Chromatography-Mass Spectrometry	气相色谱质谱联用仪
HPLC	High Performance Liquid Chromatography	高效液相色谱仪
UV-Vis	Ultraviolet and Visible Spectrophotometry	紫外/可见分光光度计
IC	Ion Chromatography	离子色谱仪
Py-TD-GC-MS	Pyrolyzer/Thermal Desorption Gas Chromatography-Mass Spectrometry	热裂解/热脱附气相色谱质谱联用仪

多工序数控机床操作调整工国家职业技能标准

（2021 年版）

1. 职业概况

1.1 职业名称

多工序数控机床操作调整工

1.2 职业编码

6-18-01-07

1.3 职业定义

操作数控机加生产线、数控组合机床、复合机床和加工中心等，进行工件切削加工的人员。

1.4 职业技能等级

本职业共设四个等级，分别为：四级/中级工、三级/高级工、二级/技师、一级/高级技师。

1.5 职业环境条件

室内，常温。

1.6 职业能力特征

具有较强的学习、表达、计算、操作和逻辑思维能力，具有一定的空间感，形体知觉及色觉正常，手指、手臂灵活，动作协调性强。

1.7 普通受教育程度

高中毕业（或同等学力）。

1.8 培训参考学时

四级/中级工 420 标准学时，三级/高级工 360 标准学时，二级/技师 320 标准学时，一级/高级技师 260 标准学时。

1.9 职业技能鉴定要求

1.9.1 申报条件

具备以下条件之一者，可申报四级/中级工：

(1) 取得相关职业①五级/初级工职业资格证书（技能等级证书）后，累计从事本职业或相关职业工作4年（含）以上，经本职业四级/中级工正规培训达规定标准学时数，并取得结业证书。

(2) 累计从事本职业或相关职业工作6年（含）以上。

(3) 取得技工学校本专业或相关专业②毕业证书（含尚未取得毕业证书的在校应届毕业生）；或取得经评估论证、以中级技能为培养目标的中等及以上职业学校本专业或相关专业毕业证书（含尚未取得毕业证书的在校应届毕业生）。

具备以下条件之一者，可申报三级/高级工：

(1) 取得本职业或相关职业四级/中级工职业资格证书（技能等级证书）后，累计从事本职业或相关职业工作5年（含）以上，经本职业三级/高级工正规培训达规定标准学时数，并取得结业证书。

(2) 取得本职业或相关职业四级/中级工职业资格证书（技能等级证书），并具有高级技工学校、技师学院毕业证书（含尚未取得毕业证书的在校应届毕业生）；或取得本职业或相关职业四级/中级工职业资格证书（技能等级证书），并具有经评估论证、以高级技能为培养目标的高等职业学校本专业或相关专业毕业证书（含尚未取得毕业证书的在校应届毕业生）。

(3) 具有大专及以上本专业或相关专业毕业证书，并取得本职业或相关职业四级/中级工职业资格证书（技能等级证书）后，累计从事本职业或相关职业工作2年（含）以上。

具备以下条件之一者，可申报二级/技师：

(1) 取得本职业或相关职业三级/高级工职业资格证书（技能等级证书）后，累计从事本职业或相关职业工作4年（含）以上，经本职业二级/技师正规培训达规定标准学时数，并取得结业证书。

(2) 取得本职业或相关职业三级/高级工职业资格证书（技能等级证书）的高级技工学校、技师学院毕业生，累计从事本职业或相关职业工作3年（含）以上；或取得本职业或相关职业预备技师证书的技师学院毕业生，累计从事本职业或相关职业工作2年（含）以上。

具备以下条件者，可申报一级/高级技师：

取得本职业或相关职业二级/技师职业资格证书（技能等级证书）后，累计从事本职业或相关职业工作4年（含）以上，经本职业一级/高级技师正规培训达规定标准学时数，并取得结业证书。

---

① 相关职业：车工、铣工、加工中心操作工、组合机床操作工、数控程序员等，下同。
② 本专业或相关专业：加工制造类、机电设备类、机械类、电气类、自动化类等专业，下同。

1.9.2 鉴定方式

分为理论知识考试、技能考核以及综合评审。理论知识考试以笔试、机考等方式为主，主要考核从业人员从事本职业应掌握的基本要求和相关知识要求；技能考核主要采用现场操作、模拟操作等方式进行，主要考核从业人员从事本职业应具备的技能水平；综合评审主要针对技师和高级技师，通常采取审阅申报材料、答辩等方式进行全面评议和审查。

理论知识考试、技能考核和综合评审均实行百分制，成绩皆达 60 分（含）以上者为合格。

1.9.3 监考人员、考评人员与考生配比

理论知识考试中的监考人员与考生配比不低于 1∶15，且每个考场不少于 2 名监考人员；技能考核中的考评人员与考生配比不低于 1∶5，且考评人员为 3 人（含）以上单数；综合评审委员为 3 人（含）以上单数。

1.9.4 鉴定时间

理论知识考试时间不少于 90 min，技能考核时间不少于 240 min，综合评审时间不少于 30 min。

1.9.5 鉴定场所设备

理论知识考试在标准教室或机房进行，技能考核在实训场所或生产作业现场进行。技能考核的场所、设备、工具、材料、仪器仪表、软件等应满足考核需求，并符合环境保护、劳动保护、安全和消防等各项要求。

2. 基本要求

2.1 职业道德

2.1.1 职业道德基本知识

2.1.2 职业守则

（1）遵纪守法，技能报国。
（2）恪尽职守，敬业爱岗。
（3）严守章程，规范操作。
（4）团队协作，开拓创新。
（5）爱护环境，文明生产。

2.2 基础知识

2.2.1 基础理论知识

（1）机械识图、制图知识。

（2）公差配合与测量知识。
（3）工程材料及金属热处理知识。
（4）计算机基础及计算机绘图、自动编程知识。
（5）专业英语基础知识。
（6）公式曲线与基点、节点计算知识。

2.2.2 机械加工基础知识

（1）常用设备知识（分类、用途、基本结构及维护保养方法）。
（2）常用金属切削加工知识。
（3）机械制造工艺知识。
（4）设备润滑液和冷却液的使用知识。
（5）工具、夹具、量具的使用与维护知识。

2.2.3 工业控制基础知识

（1）电气控制技术及应用知识。
（2）液压、气动技术及应用知识。
（3）可编程控制技术知识。
（4）工业机器人编程与操作知识。
（5）传感器原理及应用知识。
（6）工业互联网知识。

2.2.4 安全文明生产与环境保护知识

（1）职业安全与现场文明生产知识。
（2）安全操作与劳动保护知识。
（3）安全用电知识。
（4）环境保护知识。

2.2.5 质量管理知识

（1）全面质量管理基础知识。
（2）质量方针及岗位质量管理要求。
（3）岗位质量保证措施与责任。

2.2.6 相关法律、法规知识

（1）《中华人民共和国劳动法》相关知识。
（2）《中华人民共和国劳动合同法》相关知识。
（3）《中华人民共和国安全生产法》相关知识。
（4）《中华人民共和国环境保护法》相关知识。
（5）《中华人民共和国专利法》相关知识。

3. 工作要求

本标准对四级/中级工、三级/高级工、二级/技师、一级/高级技师的技能要求和相关知识要求依次递进，高级别涵盖低级别的要求。

3.1 四级/中级工

职业功能	工作内容	技能要求	相关知识要求
1. 工艺文件执行与调整	1.1 数控加工工艺执行与调整	1.1.1 能按数控加工程序单选择加工设备，确定加工内容 1.1.2 能分析工艺文件中的加工精度要求 1.1.3 能按技术文件要求，检查毛坯料是否合格 1.1.4 能执行工艺文件提供的加工参数 1.1.5 能读懂中等复杂程度（如凸轮、壳体、支架等）的零件图 1.1.6 能绘制有沟槽、台阶、斜面、曲面的简单零件图 1.1.7 能执行车、铣、钻、镗、磨等多工序加工工艺路线 1.1.8 能编制单机加工零件的数控加工工艺	1.1.1 数控加工程序单内容及用途 1.1.2 形状公差、位置公差种类与定义 1.1.3 毛坯类型及尺寸确定方法 1.1.4 机械加工工艺参数确定方法 1.1.5 零件图识图、绘图方法 1.1.6 数控加工工艺内容与过程 1.1.7 数控机加生产线工艺特点
	1.2 数控机床加工程序执行与调整	1.2.1 能识别、判断数控加工程序的标志与标注 1.2.2 能利用数控机床校验功能校验数控加工程序 1.2.3 能手工编制面、孔等要素的加工程序 1.2.4 能识别、查找程序中的字符、中间程序段、刀具信息等相关指令 1.2.5 能用自动编程软件编制二维平面加工程序	1.2.1 数控程序代码及结构 1.2.2 数控加工程序校验方法 1.2.3 手工编程方法 1.2.4 数控机床在机程序编辑功能 1.2.5 二维平面自动编程加工策略

续表

职业功能	工作内容	技能要求	相关知识要求
2. 数控机床操作与调整	2.1 数控机床操作	2.1.1 能识读数控机床型号，确定加工应用特性 2.1.2 能判别数控机床各运动轴及方向 2.1.3 能使用数控机床操作面板上的常用功能 2.1.4 能按机床操作规范开机、热机 2.1.5 能传输数控机床加工程序 2.1.6 能使用机内对刀装置获取加工数据 2.1.7 能操作数控机床完成零件的试切加工 2.1.8 能查阅数控机床操作说明书	2.1.1 数控机床类别、参数及功能 2.1.2 数控机床加工相关坐标系知识 2.1.3 数控机床基本操作方法 2.1.4 数控机床安全操作方法 2.1.5 数控机床加工程序传输方法 2.1.6 数控机床常用对刀工具及对刀方法 2.1.7 数控加生产线单机试切操作方法
	2.2 数控机床调整	2.2.1 能检查数控机床开机前的电源、气源、油位及工作环境 2.2.2 能检查数控机床电器柜空冷系统工作状态 2.2.3 能检查数控机床液压系统工作状态 2.2.4 能检查数控机床主轴冷却系统工作状态 2.2.5 能更换与加注数控机床润滑液、液压油 2.2.6 能识读报警信息，查阅资料并解除报警 2.2.7 能完成数控机床的日常维护与保养	2.2.1 数控机床工作及环境要求 2.2.2 数控机床电器柜空冷系统工作原理 2.2.3 数控机床液压系统工作原理 2.2.4 数控机床主轴冷却系统工作原理 2.2.5 数控机床润滑系统工作原理 2.2.6 数控机床报警参数 2.2.7 数控机床日常维护、保养方法
3. 夹具使用与调整	3.1 夹具选用与安装	3.1.1 能识读夹具零件图、装配图 3.1.2 能按工艺文件选用通用夹具 3.1.3 能选用通用夹具安装所需标准件、紧固件、辅助件等 3.1.4 能按零件加工工艺要求，确定夹具安装位置 3.1.5 能按夹具使用精度要求安装通用夹具	3.1.1 夹具零件图、装配图识读方法 3.1.2 数控机床通用夹具装夹特点 3.1.3 通用夹具安装方法 3.1.4 通用夹具定位精度检测方法 3.1.5 通用夹具安装工具、量具及辅具应用方法

续表

职业功能	工作内容	技能要求	相关知识要求
3. 夹具使用与调整	3.2 夹具调整	3.2.1 能分析与调整通用夹具定位误差 3.2.2 能按夹紧要求调整夹紧力 3.2.3 能调整气动、液压等夹具的行程范围	3.2.1 零件定位与夹紧方法 3.2.2 机床夹具夹紧装置调整方法 3.2.3 气动、液压等夹具调整方法
	3.3 零件装夹	3.3.1 能识读装夹方案中夹具与零件的定位基准及定位要求 3.3.2 能检查、清理定位面,满足定位要求 3.3.3 能使用通用夹具装夹零件 3.3.4 能在机床上校核零件装夹精度	3.3.1 基准选用原则 3.3.2 常用定位元件特点 3.3.3 夹紧力确定方法 3.3.4 零件装夹精度校核方法
4. 数控加工刀具操作与调整	4.1 刀具选择	4.1.1 能识别常用刀具材料与参数 4.1.2 能按刀具卡选择刀具 4.1.3 能使用刀具管理系统调用指定刀具	4.1.1 常用刀具的材料、种类、结构与用途 4.1.2 数控加工刀具选用与刀具卡编制方法 4.1.3 典型刀具管理系统工作原理
	4.2 刀具安装	4.2.1 能按刀具类型选择刀架、刀盘、刀柄、夹头等刀具安装工具 4.2.2 能按加工要求确定刀具安装参数 4.2.3 能检查与排除刀具与零件、夹具等的干涉 4.2.4 能将刀具加载到机床刀具管理系统	4.2.1 刀架、刀盘、刀柄、夹头等刀具安装工具使用方法 4.2.2 刀具安装参数确定方法 4.2.3 刀具安装干涉现象及排除方法 4.2.4 刀具管理系统操作与维护
	4.3 刀具调整	4.3.1 能按切削效果调整刀具安装刚度 4.3.2 能按使用状况调整刀具工作角度 4.3.3 能根据刀具的磨损形式与阶段进行刀具调整 4.3.4 能使用刃磨工具修磨刀具	4.3.1 金属切削加工基本原理 4.3.2 刀具几何角度定义与调整方法 4.3.3 刀具磨损形式与阶段 4.3.4 刀具修磨方法

续表

职业功能	工作内容	技能要求	相关知识要求
5. 数控加工质量检测与调整	5.1 数控加工质量检测	5.1.1 能使用千分尺、卡尺、量表类量具 5.1.2 能检测零件平面、内孔的尺寸、形状误差、位置误差、表面粗糙度 5.1.3 能用螺纹量具对单线螺纹进行检测 5.1.4 能运行在线检测程序，进行零件在线检测 5.1.5 能查看、读取在线检测数据	5.1.1 千分尺、卡尺、量表类量具工作原理 5.1.2 零件平面、内孔的尺寸、形状公差、位置公差、表面粗糙度检测 5.1.3 螺纹主要参数和分类 5.1.4 螺纹加工质量检测方法 5.1.5 在线检测方法
	5.2 数控加工质量调整	5.2.1 能分析零件平面、内孔加工精度，并进行精度调整 5.2.2 能分析零件平面、内孔的形状误差、位置误差、表面粗糙度，并进行精度调整 5.2.3 能按在线检测数据进行刀具磨损误差补偿 5.2.4 能对零件平面、内孔加工质量进行分析，并填写质量技术文件	5.2.1 影响零件平面、内孔加工精度的因素 5.2.2 影响螺纹加工质量的因素 5.2.3 在线检测数据误差补偿方法 5.2.4 质量技术文件填写方法

3.2 三级/高级工

职业功能	工作内容	技能要求	相关知识要求
1. 工艺文件执行与调整	1.1 数控加工工艺执行与调整	1.1.1 能按工艺文件确定多工序零件的加工工序 1.1.2 能优化工步，提高零件加工质量与加工效率 1.1.3 能确定车、铣、钻、镗、磨等多工序加工余量及切削用量参数 1.1.4 能读懂复杂零件（如叶轮、箱体等）的零件图 1.1.5 能编制多工序零件的数控加工工艺	1.1.1 机械加工工艺路线确定方法 1.1.2 设计基准与工艺基准知识 1.1.3 零件加工余量及切削用量参数的确定方法 1.1.4 复杂零件识图方法 1.1.5 数控加工工序尺寸精度控制方法

续表

职业功能	工作内容	技能要求	相关知识要求
1. 工艺文件执行与调整	1.2 数控机床加工程序执行与调整	1.2.1 能在程序中添加辅助指令，并完善、验证加工 1.2.2 能添加、修改程序结束坐标，使运动部件停止在指定位置 1.2.3 能用自动编程软件编制中等加工难度程序 1.2.4 能用多轴加工仿真软件进行程序校验，并分析加工结果	1.2.1 计算机建模功能及应用知识 1.2.2 自动编程软件基本操作方法 1.2.3 自动编程软件加工策略 1.2.4 多轴加工仿真软件操作方法
2. 数控机床操作与调整	2.1 数控机床操作	2.1.1 能采用间接对刀方法获得零件的加工坐标参数 2.1.2 能编辑与重设刀具管理系统的刀具信息 2.1.3 能完成复杂零件（如薄壁类、箱体类等）的首件试切 2.1.4 能按实际加工状况调整机床加工状态	2.1.1 数控机床间接对刀方法 2.1.2 数控机床刀具信息重设方法 2.1.3 切削力对零件加工变形的影响 2.1.4 切削速度、切削温度对加工质量的影响
	2.2 数控机床调整	2.2.1 能设置数控机床程序传输端口参数 2.2.2 能设置网络连接服务器（计算机）、数控系统端 IP（网际互连协议）、网关等网络参数 2.2.3 能根据加工方式、材料、刀具选用冷却方式及冷却介质 2.2.4 能进行机床工作环境维护	2.2.1 串口、并口通信知识 2.2.2 数控机床程序传输参数设置方法 2.2.3 工业互联网基础知识 2.2.4 数控加工冷却方式及冷却介质选用方法 2.2.5 数控机床工作环境维护方法
3. 夹具使用与调整	3.1 夹具选用与安装	3.1.1 能按零件的装夹要求选用及安装多工位夹具 3.1.2 能更换、改进夹具安装所需的标准件、紧固件、辅助件等 3.1.3 能处置夹具安装定位精度问题 3.1.4 能选择、安装工位转换夹具（如机械手、托盘等）	3.1.1 多工位夹具的典型结构及使用方法 3.1.2 机床夹具及定位元件结构 3.1.3 定位元件定位精度检测方法 3.1.4 机械手、托盘等夹具的类型及特点

续表

职业功能	工作内容	技能要求	相关知识要求
3. 夹具使用与调整	3.2 夹具调整	3.2.1 能调整多工位夹具，保证零件的多工位转换装夹精度 3.2.2 能按零件装夹要求设定自动夹具的夹紧动作顺序 3.2.3 能发现、调整夹具功能性故障	3.2.1 夹具分度装置一般形式 3.2.2 常用自动夹具种类及应用方法 3.2.3 机床专用夹具故障分析与排除方法
	3.3 零件装夹	3.3.1 能使用多工位夹具装夹零件 3.3.2 能使用辅助支撑提高零件装夹质量 3.3.3 能装夹易变形零件	3.3.1 多工位夹具装夹方法 3.3.2 辅助支撑应用方法 3.3.3 减小零件夹紧变形的措施
4. 数控加工刀具操作与调整	4.1 刀具选择	4.1.1 能按多工序加工要求选用刀具 4.1.2 能按加工材料选择刀具 4.1.3 能实际加工条件优先选择高速度、高精度切削的新型刀具	4.1.1 金属切削刀具分类、特点及选用 4.1.2 材料切削加工性能对刀具选择的要求 4.1.3 新型刀具材料及性能特点
	4.2 刀具安装	4.2.1 能按工序、工步要求安装多工序加工的刀具 4.2.2 能选择、使用适合切削速度要求的工具系统安装刀具 4.2.3 能按多轴加工避让要求选用刀柄	4.2.1 多工序加工刀具安装步骤 4.2.2 刀具安装注意事项 4.2.3 数控刀柄标准、规格及应用特点
	4.3 刀具调整	4.3.1 能按加工要求预调刀具 4.3.2 能按加工现象调整刀具的安装 4.3.3 能解决因刀具原因导致的零件精度超差问题 4.3.4 能手工修磨切削刀具	4.3.1 常用预调刀具类型及调整方法 4.3.2 刀具安装对零件加工质量的影响 4.3.3 刀具几何角度对零件加工变形的影响 4.3.4 常用切削刀具手工修磨方法

续表

职业功能	工作内容	技能要求	相关知识要求
5.数控加工质量检测与调整	5.1 数控加工质量检测	5.1.1 能对薄壁、复合斜面、复合轴类零件的尺寸、形状误差、位置误差、表面粗糙度进行检测 5.1.2 能对零件孔系尺寸、形状误差、位置误差、表面粗糙度进行检测 5.1.3 能对蜗杆、齿轮进行加工质量检测 5.1.4 能设置刀具磨损与破损超值报警数据 5.1.5 能进行在线检量装置（测头）的安装与标定 5.1.6 能运行检测程序进行在线检测装置（测头）的精度校准 5.1.7 能使用专用软件离线编写在线检测程序 5.1.8 能识读三坐标检测报告	5.1.1 薄壁、复合类零件质量检测方法 5.1.2 零件孔系质量检测方法 5.1.3 蜗杆、齿轮质量参数及检测方法 5.1.4 刀具磨损与破损超值报警设置方法 5.1.5 在线检量装置（测头）的安装与标定方法 5.1.6 在线检测装置（测头）的精度校准方法 5.1.7 在线检测程序离线编写方法 5.1.8 三坐标检测报告识读方法
	5.2 数控加工质量调整	5.2.1 能分析薄壁、复合斜面、复合轴类零件加工精度，并进行精度调整 5.2.2 能分析零件孔系加工精度，并进行精度调整 5.2.3 能分析蜗杆、齿轮加工精度，并进行精度调整 5.2.4 能根据在线检测数据分析零件超差原因，并提出改进建议 5.2.5 能分析三坐标检测报告，并提出改进建议	5.2.1 薄壁、复合类零件质量误差分析及降低误差的措施 5.2.2 零件孔系加工质量误差分析及提高加工精度的工艺措施 5.2.3 蜗杆、齿轮加工质量的工艺改进措施 5.2.4 在线检测误差分析及检测精度提高措施 5.2.5 三坐标检测结果分析方法
6.数控机加生产线操作与调整	6.1 物料输送系统操作与调整	6.1.1 能设置物料输送系统的常规运行参数 6.1.2 能设置物料输送系统的常规环境参数 6.1.3 能对物料输送系统进行手动操作调整 6.1.4 能对物料输送系统的使用程序进行备份与恢复	6.1.1 物料输送系统运行模式应用特点及调整方法 6.1.2 物料输送系统环境参数设置方法 6.1.3 物料输送系统程序选择、加载，以及单步、连续等方式运行程序的操作方法 6.1.4 物料输送系统程序、参数等数据的备份与恢复方法

续表

职业功能	工作内容	技能要求	相关知识要求
6.数控机加生产线操作与调整	6.2 生产管控系统操作与调整	6.2.1 能完成生产管控软件的启动运行与服务开启 6.2.2 能用生产管控软件进行生产任务的添加与管理 6.2.3 能用生产管控软件进行手动排产或自动排产	6.2.1 生产管控软件启动运行与服务开启方法 6.2.2 生产管控软件生产任务添加与管理方法 6.2.3 生产管控软件手动排产、自动排产应用方法
	6.3 数控机加生产线设备操作与调整	6.3.1 能使用可视化操作设备实现整体生产线的运行 6.3.2 能按要求使用安全防护设备 6.3.3 能按要求停止与关闭设备	6.3.1 可视化操作设备的使用方法与整体生产线运行操作方法 6.3.2 安全防护设备使用方式与复位方法 6.3.3 数控机加生产线设备的停止与关闭方法
7.培训与管理	7.1 理论培训	7.1.1 能编写四级/中级工理论培训教案 7.1.2 能讲授本专业基础理论知识	7.1.1 理论培训教案编写方法 7.1.2 基础理论知识教学方法
	7.2 技能指导	7.2.1 能编写四级/中级工技能培训教案 7.2.2 能指导四级/中级工的实际操作	7.2.1 技能培训教案编写方法 7.2.2 技能训练项目实施方法

3.3 二级/技师

职业功能	工作内容	技能要求	相关知识要求
1.工艺文件执行与调整	1.1 数控加工工艺执行与调整	1.1.1 能按工艺文件、设备等实际情况提出工艺流程调整建议 1.1.2 能按工艺文件和加工实际状况编制生产流程,并组织多工序零件生产 1.1.3 能编制与调整车、铣、钻、镗、磨等多工序工艺	1.1.1 数控加工工艺流程分析方法 1.1.2 数控加工多工序工艺衔接方案合理性分析方法与改进措施 1.1.3 车、铣、钻、镗、磨等多工序工艺编制与调整方法

续表

职业功能	工作内容	技能要求	相关知识要求
1. 工艺文件执行与调整	1.2 数控机床加工程序执行与调整	1.2.1 能对程序进行检测，并对干涉情况提出解决方案 1.2.2 能修改、完善工艺文件中的技术参数 1.2.3 能编制零件的多工序加工程序 1.2.4 能按生产情况提出调整加工程序单等生产指导性文件方案	1.2.1 刀具轨迹设计及优化方法 1.2.2 自动编程后置处理文件替换、调用方法 1.2.3 零件多工序加工程序编制方法 1.2.4 生产指导性文件调整流程
2. 数控机床操作与调整	2.1 数控机床操作	2.1.1 能根据切削过程中的切屑状态、异常振动等，判断影响零件加工精度的因素，并提出改进方案 2.1.2 能按生产需要提出数控机床功能二次开发需求 2.1.3 能协调、操作多种数控机床，完成综合类零件（如复杂箱体、泵体、曲轴连杆等）的试切工作	2.1.1 切屑类型及控制 2.1.2 影响零件加工精度的主要因素 2.1.3 数控机床功能二次开发 2.1.4 数控组合机床、复合机床类型及特点
	2.2 数控机床调整	2.2.1 能根据零件加工质量的规律性变化判断数控机床机械故障 2.2.2 能按报警信息判断机床液压、气动系统常见故障，并提出故障排除方案 2.2.3 能检测数控机床运动部件重复定位精度、反向间隙，并进行反向间隙调整 2.2.4 能根据数控机床故障现象提出机床、系统及辅助装置检修方案 2.2.5 能主持新进、维修后数控机床的验收技术工作	2.2.1 数控机床故障简单诊断方法 2.2.2 数控机床精度对零件加工质量的影响 2.2.3 数控机床精度检测及相关参数调整方法 2.2.4 通过梯形图判断机床故障的基本方法 2.2.5 数控机床验收方法
3. 夹具使用与调整	3.1 夹具选用与安装	3.1.1 能按工艺文件要求选用新型夹具（如零点夹具、并联夹具等） 3.1.2 能按实际加工情况提出多工位夹具设计方案 3.1.3 能解决在夹具安装过程中出现的对刀、定位等问题	3.1.1 新型夹具结构及特点 3.1.2 电动、电磁、真空吸附等夹具的工作原理 3.1.3 机床夹具中对刀元件类型及安装要求

续表

职业功能	工作内容	技能要求	相关知识要求
3. 夹具使用与调整	3.2 夹具调整	3.2.1 能按实际加工需求调整夹具，提高装夹精度 3.2.2 能按易变形零件的装夹要求调整夹具夹紧装置 3.2.3 能调整数控机加生产线自动夹具工步转换动作	3.2.1 组合夹具、成组夹具特点 3.2.2 组合夹具非标定位元件设计方法 3.2.3 数控机加生产线夹具特点
	3.3 零件装夹	3.3.1 能按工艺文件要求使用组合夹具、成组夹具装夹零件 3.3.2 能按零件质量要求分析装夹误差，并提出夹具改进方案 3.3.3 能使用新型夹具装夹零件	3.3.1 组合夹具、成组夹具配重计算方法 3.3.2 夹具定位误差分析与计算方法 3.3.3 新型夹具应用方法
4. 数控加工刀具操作与调整	4.1 刀具选择	4.1.1 能根据生产要求确定备用刀具种类及数量 4.1.2 能按零件加工质量更换刀具 4.1.3 能按零件加工要求选择专用（成形）刀具	4.1.1 备用刀具种类及数量确定方法 4.1.2 刀具磨损对加工质量的影响 4.1.3 专用刀具特点及材料
	4.2 刀具安装	4.2.1 能使用提高生产效率的新型刀柄 4.2.2 能安装多主轴同步工作刀具 4.2.3 能安装新型刀具	4.2.1 新型刀柄工作原理及特点 4.2.2 多主轴同步工作刀具安装要求 4.2.3 新型刀具安装方法
	4.3 刀具调整	4.3.1 能按生产要求提出优化刀具管理方案 4.3.2 能按加工异常现象（如材料硬度变化、刀具磨损等）判断刀具失效原因，并提出改进方案 4.3.3 能按零件加工质量判断刀具性能，并提出改进方案	4.3.1 刀具管理系统功能和基本要求 4.3.2 刀具失效原因 4.3.3 导致零件加工质量超差的刀具因素

续表

职业功能	工作内容	技能要求	相关知识要求
5. 数控加工质量检测与调整	5.1 数控加工质量检测	5.1.1 能按各工序、工艺制度，进行生产质量跟踪 5.1.2 能按零件检测要求改进、设计专用量具、检具 5.1.3 能检测异形螺纹、非常规齿轮和变齿厚蜗杆的加工质量 5.1.4 能制订及实施三坐标测量装夹与检测方案 5.1.5 能进行三坐标测量机常规操作 5.1.6 能选用、安装及校核三坐标测量机测头 5.1.7 能制订及实施零件在线检测方案 5.1.8 能手工编写在线检测装置（测头）的校准程序与零件检测程序	5.1.1 复杂箱体、泵体、曲轴连杆等综合类零件加工质量检测方法 5.1.2 专用量具、检具设计制造与应用 5.1.3 异形螺纹、非常规齿轮和变齿厚蜗杆加工质量检测方法 5.1.4 三坐标测量装夹与检测方案制订方法 5.1.5 三坐标测量机工作原理及基本操作 5.1.6 零件在线检测方案制订与实施方法 5.1.7 在线检测程序手工编写方法
	5.2 数控加工质量调整	5.2.1 能分析工序对产品质量的影响，并根据检测数据调整工艺参数 5.2.2 能分析复杂箱体、泵体、曲轴连杆等综合类零件的加工超差原因，并进行精度调整 5.2.3 能分析异形螺纹、非常规齿轮和变齿厚蜗杆的加工超差原因，并进行精度调整 5.2.4 能分析难加工材料、易变形结构加工缺陷产生的原因，并提出调整方案 5.2.5 能根据在线自动检测数据分析零件加工质量，并提出质量缺陷预防措施及消除方法	5.2.1 工序加工质量分析方法 5.2.2 综合类零件质量误差分析及减少误差措施 5.2.3 异形螺纹、非常规齿轮和变齿厚蜗杆误差分析及减少误差措施 5.2.4 难加工材料、易变形结构产品质量工艺改进措施 5.2.5 在线自动检测与数据统计分析方法
6. 数控机加生产线操作与调整	6.1 物料输送系统操作与调整	6.1.1 能标定与选择物料输送系统的坐标系 6.1.2 能对物料输送系统进行坐标获取 6.1.3 能对物料输送系统的简单外围设备进行控制操作 6.1.4 能使用物料输送系统完成上下料应用示教编程	6.1.1 物料输送系统不同坐标系标定方法及应用 6.1.2 物料输送系统程序创建及修改方法 6.1.3 传感器、电磁阀等的参数设置方法 6.1.4 工艺流程调整对应程序调整方法

续表

职业功能	工作内容	技能要求	相关知识要求
6. 数控机加生产线操作与调整	6.2 生产管控系统操作与调整	6.2.1 能用生产管控软件完成加工产品的清单分解 6.2.2 能用生产管控软件完成加工产品的工艺配置 6.2.3 能用生产管控软件分析任务数据，合理调整排产	6.2.1 加工产品的清单分解方法 6.2.2 加工产品的工艺配置要求与方法 6.2.3 任务数据分析与调整排产方法
	6.3 数控机加生产线设备操作与调整	6.3.1 能通过上位机进行整体流程的监控与常规性程序修改 6.3.2 能使用无线识别技术进行生产过程的追踪 6.3.3 能通过计算机编程进行上位机及外围设备的程序上传与下载	6.3.1 上位机程序的监控与编程基础知识 6.3.2 无线识别技术的原理与应用知识 6.3.3 上位机程序及外围设备的程序上传与下载方法
7. 培训与管理	7.1 培训指导	7.1.1 能指导三级/高级工及以下级别人员的实际操作 7.1.2 能编写三级/高级工及以下级别人员的培训大纲 7.1.3 能讲授本专业技术理论知识	7.1.1 指导操作的基本要求和基本方法 7.1.2 培训大纲编写方法 7.1.3 培训教学基本方法
	7.2 管理创新	7.2.1 能在本职工作中贯彻各项质量标准 7.2.2 能应用质量管理知识实施操作过程的质量分析与控制 7.2.3 能协助部门领导进行生产计划、调度及人员的创新管理	7.2.1 质量标准内容 7.2.2 质量分析与控制方法 7.2.3 创新管理内容与实施方法

3.4 一级/高级技师

职业功能	工作内容	技能要求	相关知识要求
1. 工艺文件执行与调整	1.1 数控加工工艺执行与调整	1.1.1 能按零件工艺要求提供改进、设计多工序生产设备配置方案 1.1.2 能综合应用多种增减材加工工艺知识优化零件多工序加工工艺，并指导实施 1.1.3 能编写多工序生产设备的改造与研发技术资料	1.1.1 生产过程准备内容 1.1.2 特种加工原理及应用方法 1.1.3 数控加工工艺优化方法

续表

职业功能	工作内容	技能要求	相关知识要求
1. 工艺文件执行与调整	1.2 数控机床加工程序执行与调整	1.2.1 能对多工序零件加工程序进行综合验证、评估 1.2.2 能系统指导、优化数控机加生产线加工程序 1.2.3 能指导专用数控机床的后置处理修改、开发工作	1.2.1 自动编程软件工序文件生成与编辑方法 1.2.2 自动编程软件程序后置处理方法
2. 数控机床操作与调整	2.1 数控机床操作	2.1.1 能分析对刀误差,优化、指导对刀方案实施 2.1.2 能评估加工程序中的加工参数,并指导修改 2.1.3 能提出组合数控机床结构改造的优化方案	2.1.1 对刀误差计算方法 2.1.2 经济加工精度参数评估与修改方法 2.1.3 组合数控机床结构改造方法
	2.2 数控机床调整	2.2.1 能制订数控机床故障检修方案 2.2.2 能评估、验收数控机床新开发功能 2.2.3 能设置、调整数控机床新开发功能参数 2.2.4 能查阅相关英语技术资料 2.2.5 能连线数控设备,设置网络化管理地址及通信等参数	2.2.1 数控机床精度检验项目及要求 2.2.2 数控机床新开发功能评估与验收方法 2.2.3 数控机床功能性宏程序 2.2.4 数控技术专业英语基础 2.2.5 数控机床外部网络连接与调试方法
3. 夹具使用与调整	3.1 夹具选用与安装	3.1.1 能按工艺要求优化不规则零件的夹具选用与安装 3.1.2 能提出新产品系列夹具设计的参考方案 3.1.3 能改进、完善新产品的配套夹具	3.1.1 随行夹具性能要求 3.1.2 机床夹具设计原则 3.1.3 机床夹具结构设计及现代机床夹具发展方向
	3.2 夹具调整	3.2.1 能按多工序、柔性化生产的要求调整多功能夹具 3.2.2 能按零件加工要求优化多工位转换装置 3.2.3 能按多工序加工要求调整新型夹具	3.2.1 多功能夹具误差分析及消减方法 3.2.2 自动夹具动力系统工作原理 3.2.3 新型夹具种类及工作原理

续表

职业功能	工作内容	技能要求	相关知识要求
3. 夹具使用与调整	3.3 零件装夹	3.3.1 能按工艺文件要求，使用组合夹具装夹异形零件 3.2.2 能判断、处置工序衔接造成的装夹精度降低问题 3.3.3 能按零件加工质量分析结果优化零件装夹	3.3.1 机床夹具精度确定方法 3.3.2 夹具定位误差计算方法 3.3.3 "假废品"产生的原因
4. 数控加工刀具操作与调整	4.1 刀具选择	4.1.1 能选用、推广新型刀具 4.1.2 能按零件加工要求提出特殊刀具的参数要求，并推荐实施工艺 4.1.3 能利用理论模型、仿真等手段论证刀具应用指标	4.1.1 刀具新材料、新技术 4.1.2 非标刀具设计基础 4.1.3 计算机仿真分析软件应用知识
	4.2 刀具安装	4.2.1 能分析刀具失效的安装原因，并提出改进措施 4.2.2 能按加工需要安装特殊刀具（如挤压、流体、激光等刀具） 4.2.3 能优化刀具安装形式及辅助装置	4.2.1 消减刀具失效影响的应对措施 4.2.2 刀具涂层工艺 4.2.3 数控刀具工具系统对刀具安装精度的影响
	4.3 刀具调整	4.3.1 能根据产品质量要求综合评估刀具成本 4.3.2 能预判刀损并调整工艺，避免生产质量事故 4.3.3 能按刀具使用寿命计算并设置相关参数	4.3.1 刀具成本预算方法 4.3.2 切削加工去除总量与去除率计算方法 4.3.3 刀具使用寿命
5. 数控加工质量检测与调整	5.1 数控加工质量检测	5.1.1 能使用常用量仪对零件加工质量进行综合检测 5.1.2 能按加工设备运行状况，判断对零件加工质量的影响 5.1.3 能进行空间曲面体的三坐标检测与检测数据统计分析 5.1.4 能进行在线检量装置（测头）与主机系统的连接及参数设置 5.1.5 能制订、组织实施高精度复杂零件的在线检测方案	5.1.1 常用量仪的结构、原理及应用方法 5.1.2 生产设备与检测设备的运行状况对产品加工、检测质量的影响因素 5.1.3 曲面体三坐标检测方法 5.1.4 零件在主要工序生产过程中产生质量缺陷的原因及预防方法

续表

职业功能	工作内容	技能要求	相关知识要求
5. 数控加工质量检测与调整	5.2 数控加工质量调整	5.2.1 能对零件质量检测数据进行综合分析与质量评估 5.2.2 能根据加工条件预判可能产生的变形位置、变形趋势及变形量，并提出预防措施 5.2.3 能按空间曲面体的三坐标检测数据综合分析加工质量，并提出精度提高方案 5.2.4 能拟订试制零件的质检方案，并对检测结果进行分析 5.2.5 能分析产品质量缺陷原因，改进各工序工艺操作规范	5.2.1 通过工艺调整提高零件加工精度的策略 5.2.2 切削加工中零件与工艺系统产生变形的因素及预防措施 5.2.3 曲面体三坐标检测数据分析及精度提高措施 5.2.4 加工质量检测数据统计与分析方法 5.2.5 计算机质量数据库对产品质量控制的作用
6. 数控机加生产线操作与调整	6.1 物料输送系统操作与调整	6.1.1 能配置物料输送系统常用设备的通信参数 6.1.2 能对物料输送系统的驱动器进行参数配置与调试 6.1.3 能校正物料输送控制运动轴的零点 6.1.4 能通过调试完成物料输送系统与上位机的交互通信	6.1.1 物料输送系统数字量、模拟量等扩展模块的基本配置方法 6.1.2 物料输送系统驱动器参数配置与调试方法 6.1.3 物料输送系统不同轴的零点校正方法 6.1.4 物料输送系统通信方式与应用方法
	6.2 生产管控系统操作与调整	6.2.1 能用生产管控软件采集并监控原料、设备、生产数据 6.2.2 能用生产管控软件进行产品的鉴别、区分及返修处理 6.2.3 能在生产管控软件中完成对下层设备的参数配置，实现设备的互联互通	6.2.1 生产管控系统中原料、设备、生产数据采集及监控方法 6.2.2 生产管控系统中产品鉴别、区分及返修处理方法 6.2.3 生产管控软件中下层设备常用参数配置方法
	6.3 数控机加生产线设备操作与调整	6.3.1 能按工艺要求编写上位机程序 6.3.2 能按工艺要求编写可视化操作设备人机交互界面程序 6.3.3 能对数控机加生产线进行虚拟流程的仿真设计	6.3.1 上位机程序编写方法 6.3.2 可视化操作设备人机交互界面编程方法 6.3.3 虚拟仿真软件场景设计与应用

续表

职业功能	工作内容	技能要求	相关知识要求
7. 培训与管理	7.1 培训指导	7.1.1 能对二级/技师及以下级别人员进行实际操作培训 7.1.2 能对二级/技师及以下级别人员进行专业理论培训 7.1.3 能编制培训讲义	7.1.1 培训教学基本方法 7.1.2 培训讲义编制方法
	7.2 管理创新	7.2.1 能组织进行质量攻关 7.2.2 能提出零件质量评审方案 7.2.3 能组织实施技术改造和创新，撰写本专业技术论文	7.2.1 质量攻关组织方法 7.2.2 零件质量评审方案撰写方法 7.2.3 专业技术论文撰写方法

4. 权重表

4.1 理论知识权重表

项目		技能等级	四级/中级工（%）	三级/高级工（%）	二级/技师（%）	一级/高级技师（%）
基本要求	职业道德		5	5	5	5
	基础知识		20	15	10	10
相关知识要求	工艺文件执行与调整		10	10	15	20
	数控机床操作与调整		20	15	10	5
	夹具使用与调整		20	15	10	5
	数控加工刀具操作与调整		15	15	10	5
	数控加工质量检测与调整		10	10	15	15
	数控机加生产线操作与调整		—	10	15	20
	培训与管理		—	5	10	15
合计			100	100	100	100

4.2 技能要求权重表

项目	技能等级	四级/中级工(%)	三级/高级工(%)	二级/技师(%)	一级/高级技师(%)
技能要求	工艺文件执行与调整	10	15	20	20
	数控机床操作与调整	30	20	15	10
	夹具使用与调整	25	20	15	10
	数控加工刀具操作与调整	20	15	10	10
	数控加工质量检测与调整	15	15	20	20
	数控机加生产线操作与调整	—	10	15	20
	培训与管理	—	5	5	10
合计		100	100	100	100

电子专用设备装调工国家职业技能标准

（2021 年版）

1. 职业概况

1.1 职业名称

电子专用设备装调工

1.2 职业编码

6-21-04-01

1.3 职业定义

使用真空镀膜机、键合机等设备、仪器仪表和工具，装配、调试电子产品专用工艺设备和测试设备的人员。

1.4 职业技能等级

本职业共设五个等级，分别为：五级/初级工、四级/中级工、三级/高级工、二级/技师、一级/高级技师。

1.5 职业环境条件

室内，常温。

1.6 职业能力特征

具有一定的学习理解能力、判断推理能力、交流表达能力和准确运用数字进行运算的计算能力；具有根据视觉信息协调眼、手、足及其他部位，迅速、准确、协调地做出反应，完成既定操作的能力；无色盲。

1.7 普通受教育程度

初中毕业（或相当文化程度）。

1.8 培训参考学时

五级/初级工 300 标准学时，四级/中级工 260 标准学时，三级/高级工 220 标准学时，二级/技师 180 标准学时，一级/高级技师 180 标准学时。

1.9 职业技能鉴定要求

1.9.1 申报条件

具备以下条件之一者，可申报五级/初级工：

（1）经本职业五级/初级工正规培训达规定标准学时数，并取得结业证书。

（2）累计从事本职业工作1年（含）以上。

（3）本职业学徒期满。

具备以下条件之一者，可申报四级/中级工：

（1）取得本职业五级/初级工职业资格证书（技能等级证书）后，累计从事本职业工作4年（含）以上，经本职业四级/中级工正规培训达规定标准学时数，并取得结业证书。

（2）累计从事本职业工作6年（含）以上。

（3）取得技工学校本专业或相关专业①毕业证书（含尚未取得毕业证书的在校应届毕业生）；或取得经评估论证、以中级技能为培养目标的中等及以上职业学校本专业或相关专业毕业证书（含尚未取得毕业证书的在校应届毕业生）。

具备以下条件之一者，可申报三级/高级工：

（1）取得本职业四级/中级工职业资格证书（技能等级证书）后，累计从事本职业工作5年（含）以上，经本职业三级/高级工正规培训达规定标准学时数，并取得结业证书。

（2）取得本职业四级/中级工职业资格证书（技能等级证书），并具有高级技工学校、技师学院毕业证书（含尚未取得毕业证书的在校应届毕业生）；或取得本职业四级/中级工职业资格证书（技能等级证书），并具有经评估论证、以高级技能为培养目标的高等职业学校本专业或相关专业毕业证书（含尚未取得毕业证书的在校应届毕业生）。

（3）具有大专及以上本专业或相关专业毕业证书，并取得本职业四级/中级工职业资格证书（技能等级证书）后，累计从事本职业工作2年（含）以上。

具备以下条件之一者，可申报二级/技师：

（1）取得本职业三级/高级工职业资格证书（技能等级证书）后，累计从事本职业工作4年（含）以上，经本职业二级/技师正规培训达规定标准学时数，并取得结业证书。

（2）取得本职业三级/高级工职业资格证书（技能等级证书）的高级技工学校、技师学院毕业生，累计从事本职业工作3年（含）以上；或取得本职业预备技师证书的技师学院毕业生，累计从事本职业工作2年（含）以上。

具备以下条件者，可申报一级/高级技师：

取得本职业二级/技师职业资格证书（技能等级证书）后，累计从事本职业工作4年（含）以上，经本职业一级/高级技师正规培训达规定标准学时数，并取得结业证书。

1.9.2 鉴定方式

分为理论知识考试、技能考核以及综合评审。理论知识考试以笔试、机考等方式为主，

---

① 相关专业：智能设备运行与维护、机电一体化技术、电气自动化技术、工业机器人技术、工业互联网技术、机电技术应用、电气设备运行与控制、电子技术应用、服务机器人装配与维护、电子电器应用与维修、电子信息技术、电子信息工程技术、电子科学与技术、通信工程等，下同。

主要考核从业人员从事本职业应掌握的基本要求和相关知识要求；技能考核主要采用现场操作、模拟操作等方式进行，主要考核从业人员从事本职业应具备的技能水平；综合评审主要针对技师和高级技师，通常采取审阅申报材料、答辩等方式进行全面评议和审查。

理论知识考试、技能考核和综合评审均实行百分制，成绩皆达 60 分（含）以上者为合格。

1.9.3 监考人员、考评人员与考生配比

理论知识考试中的监考人员与考生配比不低于 1∶15，且每个考场不少于 2 名监考人员；技能考核中的考评人员与考生配比不低于 1∶5，且考评人员为 3 人（含）以上单数；综合评审委员为 5 人（含）以上单数。

1.9.4 鉴定时间

理论知识考试时间不少于 90 min；技能考核时间：五级/初级工不少于 150 min，四级/中级工不少于 150 min，三级/高级工不少于 180 min，二级/技师不少于 240 min，一级/高级技师不少于 240 min；综合评审时间不少于 30 min。

1.9.5 鉴定场所设备

理论知识考试在标准教室进行；技能考核在实训场所或生产作业现场进行，技能考核的场所、设备、工具、材料、仪器仪表、软件等应满足考核需求，并符合环境保护、劳动保护、安全和消防等各项要求；综合评审在配备多媒体设备的室内或工作场所进行。

2. 基本要求

2.1 职业道德

2.1.1 职业道德基本知识

2.1.2 职业守则

（1）遵章守法，爱岗敬业。
（2）精益求精，勇于创新。
（3）爱护设备，安全操作。
（4）遵守规程，执行工艺。
（5）保护环境，文明生产。

2.2 基础知识

2.2.1 电子专用设备装调基础知识

（1）电子元器件基础知识。
（2）机电元件基础知识。
（3）常用工具知识。

(4) 常用仪器仪表知识。
(5) 常用材料基础知识。
(6) 电路基础知识。
(7) 电磁基础知识。
(8) 机械基础知识。
(9) 自动控制基础知识。
(10) 装配调试工艺。
(11) 电子专用设备检测与质量要求。

2.2.2 安全生产与环境保护知识

(1) 安全与文明生产基础知识。
(2) 质量管理基础知识。
(3) 环境保护基础知识。

2.2.3 相关法律、法规知识

(1) 《中华人民共和国劳动法》相关知识。
(2) 《中华人民共和国劳动合同法》相关知识。
(3) 《中华人民共和国安全生产法》相关知识。
(4) 《中华人民共和国产品质量法》相关知识。
(5) 《中华人民共和国环境保护法》相关知识。

3. 工作要求

本标准对五级/初级工、四级/中级工、三级/高级工、二级/技师、一级/高级技师的技能要求和相关知识要求依次递进,高级别涵盖低级别的要求。

3.1 五级/初级工

职业功能	工作内容	技能要求	相关知识要求
1.作业准备	1.1 作业环境准备	1.1.1 能按规定穿戴工作服和劳动保护用品 1.1.2 能整理检查作业环境	1.1.1 劳动保护用品使用规定 1.1.2 常规工序作业规范 1.1.3 静电防护措施
	1.2 工艺准备	1.2.1 能按功能单元作业要求准备电路图、接线图、装配图等工艺文件 1.2.2 能按工艺文件要求准备相应记录表格	1.2.1 作业文件管理制度 1.2.2 工艺记录填写要求

续表

职业功能	工作内容	技能要求	相关知识要求
2. 装配作业	2.1 作业器材、装配工具选用	2.1.1 能按功能单元工艺文件要求合理选用作业器材 2.1.2 能按功能单元工艺文件要求合理选用装配工具	2.1.1 常用器材参数、功能及装配方法 2.1.2 常用装配工具用途及使用方法
	2.2 识图及电路板装配	2.2.1 能读懂作业电路图,识别常用器材的图形符号、文字符号 2.2.2 能根据接线图、装配图在电路板上进行元器件装配	2.2.1 常用低压电器图形符号、文字符号国家标准 2.2.2 常用电子元器件图形符号、文字符号国家标准 2.2.3 电路板装配要求
3. 质量控制	3.1 外观检验	3.1.1 能对作业器材进行外观质量检验 3.1.2 能对作业完成的电路板进行外观质量检验	3.1.1 常用器材外观检验要求 3.1.2 电路板检验要求
	3.2 不合格品管理	3.2.1 能填写不合格品记录及器材更换单 3.2.2 能简单分析外观质量不合格的原因	不合格品管理规定

3.2 四级/中级工

职业功能	工作内容	技能要求	相关知识要求
1. 作业准备	1.1 作业前安全检查	1.1.1 能进行作业前水、电、气常规检查 1.1.2 能准备备品、备件	1.1.1 设备安全操作规程 1.1.2 器材领取管理规定
	1.2 装配调试作业准备	1.2.1 能按功能单元装配调试要求准备电路图、功能单元接线图 1.2.2 能按工艺文件要求合理选用功能单元调试仪器仪表	1.2.1 工艺文件表达方法及各种符号含义 1.2.2 功能单元调试仪器仪表使用方法
2. 装配作业	2.1 控制柜装配	2.1.1 能使用液压、电动工具进行电路板装配 2.1.2 能将电路板装配进控制柜并进行电气连接	2.1.1 液压、电动工具使用方法 2.1.2 控制柜装配工艺要求

续表

职业功能	工作内容		技能要求	相关知识要求
2. 装配作业	2.2 测量系统建立		2.2.1 能合理选用测量系统装配工具 2.2.2 能按工艺文件要求将功能单元和测量仪器仪表连接成测量系统	2.2.1 常用装配工具用途和使用方法 2.2.2 系统装配工艺要求
3. 调试作业	二选一	低压电器类检测调试 3.1 参数测量和变频器调试	3.1.1 能安装设备水电 3.1.2 能测量电压、电流等参数 3.1.3 能识别变频器操作面板、电源输入端、电源输出端、电源控制端 3.1.4 能根据用电设备要求、参照变频器使用手册设置变频器参数，并能识别变频器故障类型	3.1.1 设备水电安装要求 3.1.2 万用表使用方法 3.1.3 变频器工作原理、使用方法 3.1.4 变频器故障类型
		3.2 可编程控制器电路调试	3.2.1 能根据可编程控制器控制电路接线图连接可编程控制器及其外围线路 3.2.2 能使用编程软件下载程序到可编程控制器 3.2.3 能使用可编程控制器的基本指令编写、修改正反转循环控制等基本控制电路的控制程序	3.2.1 可编程控制器结构、特点 3.2.2 可编程控制器输入、输出端接线规则 3.2.3 可编程控制器编程软件基本功能、使用规范 3.2.4 可编程控制器编程指令
		3.3 产品安全检查	3.3.1 能判断功能单元供电电压的安全性 3.3.2 能分辨功能单元安全防护的合理性 3.3.3 能用绝缘测试仪和耐压测试仪测量绝缘电阻和漏电流	3.3.1 电气安全性能防护措施 3.3.2 绝缘测试仪和耐压测试仪使用方法
		电子模组类检测调试 3.4 功能调试	3.4.1 能通过硬件、软件检查功能单元技术指标的符合度 3.4.2 能发现并排除功能单元的简单故障	3.4.1 功能单元技术要求 3.4.2 功能单元简单故障类型
		3.5 指标调试	3.5.1 能对功能单元的静态参数进行设置或调整 3.5.2 能使用仪器仪表对功能单元的各项指标逐项进行测试和调整	3.5.1 相关功能单元工作原理 3.5.2 电子产品一般调试方法

续表

职业功能	工作内容	技能要求	相关知识要求
4. 质量控制	4.1 装配质量检查	4.1.1 能检查功能单元装配的不规范处，并记录反馈 4.1.2 能发现功能单元装配的不正确处，并记录反馈	4.1.1 功能单元质量检查方法 4.1.2 一般装配质量要求
	4.2 连接质量检查	4.2.1 能检查出焊接或冷压连接不合格处，并记录反馈 4.2.2 能用万用表或蜂鸣器检查出电气连接的不正确处，并记录反馈	4.2.1 不合格焊接或冷压连接判断方法 4.2.2 电气连接检查方法

3.3 三级/高级工

职业功能	工作内容	技能要求	相关知识要求
1. 作业准备	1.1 识读工艺文件	1.1.1 能根据整机装配要求准备接线图、电路原理图 1.1.2 能识读整机调试工艺文件	整机作业工艺文件要求
	1.2 装配调试作业准备	1.2.1 能按工艺文件要求合理选用整机调试仪器仪表 1.2.2 能按工艺文件要求合理地将整机测量仪器仪表连接成系统	1.2.1 常用整机调试仪器仪表用途及使用方法 1.2.2 常用整机测量仪器仪表使用方法
2. 装配作业	2.1 整机装配作业	2.1.1 能按整机结构确定装配顺序 2.1.2 能将功能单元装配成合格整机	2.1.1 整机结构 2.1.2 整机装配方法
	2.2 调试系统建立	2.2.1 能按整机技术指标建立仪器仪表测量系统 2.2.2 能按整机功能建立输入输出测试系统	2.2.1 整机技术指标及功能说明书 2.2.2 测量仪器仪表选择及使用方法
3. 调试作业	二选一 低压电器类检测调试	3.1 参数测量及分析	3.1.1 能根据整机参数选择合适的测试工位 3.1.2 能对整机参数进行设定、测量及计算 3.1.3 能对整机参数进行分析及记录	3.1.1 整机参数规格书 3.1.2 整机参数设定、测量及计算方法 3.1.3 整机参数分析及记录方法

续表

职业功能	工作内容		技能要求	相关知识要求
3. 调试作业	二选一	低压电器类检测调试 3.2 编程及调试	3.2.1 能简单编程并完成预调试 3.2.2 能完成整机专用部件的调试工作 3.2.3 能分析整机故障原因并记录反馈	3.2.1 整机编程方法 3.2.2 专用部件调试方法 3.2.3 整机故障类型
		3.3 产品安全检查	3.3.1 能检查整机安全防护的符合性 3.3.2 能检查整机漏电和绝缘性能	电气设备安全防护要求
		电子模组类检测调试 3.4 功能调试	3.4.1 能检查电源分系统电压、电流等参数的符合性 3.4.2 能检查监控、保护系统功能要求的符合性，并能通过调试达到要求 3.4.3 能对整机音频、视频及射频信号通路进行检查调试，并能发现和排除故障 3.4.4 能发现并排除功能单元的复杂故障	3.4.1 电源分系统使用要求 3.4.2 监控、保护系统操作规程 3.4.3 信号通路检查调试方法及故障类型 3.4.4 功能单元复杂故障排除方法
		3.5 指标调试	3.5.1 能按工艺文件的规定使用仪器仪表及计算机对整机性能指标逐项进行调试 3.5.2 能发现并排除功能单元互连时出现的故障 3.5.3 能根据整机要求调校各功能单元	3.5.1 整机指标要求 3.5.2 功能单元互连故障排除方法 3.5.3 整机调校要求
4. 质量控制	4.1 装配质量检查		4.1.1 能全面检查功能单元的装配质量并记录反馈 4.1.2 能发现功能单元装配不正确处，能进行返工并记录反馈	4.1.1 功能单元装配质量检查方法及记录要求 4.1.2 功能单元装配质量要求 4.1.3 功能单元返工要求
	4.2 连接质量检查		4.2.1 能判断焊接或冷压连接是否合格，能进行返工并记录反馈 4.2.2 能用万用表或蜂鸣器检查出电气连接的不正确处，能进行返工并记录反馈	4.2.1 不合格焊接或冷压连接判断方法 4.2.2 电气连接检查方法及返工要求

3.4 二级/技师

职业功能	工作内容		技能要求	相关知识要求
1. 作业准备	1.1 资料准备		1.1.1 能根据设计文件编制一般工艺文件 1.1.2 能根据工艺文件实施作业分配	1.1.1 设计文件要求和工艺文件编制规则 1.1.2 作业分配计算方法
	1.2 生产准备		1.2.1 能根据整机功能要求选用整机调试仪器仪表及必要的附件、转接件 1.2.2 能根据整机功能要求设计全套调试系统	1.2.1 安全接地和屏蔽接地要求 1.2.2 整机基础工作原理
2. 系统联调	二选一	低压电器类检测调试		
			2.1 触摸屏系统编程: 2.1.1 能设置触摸屏与可编程控制器之间的通信参数 2.1.2 能编辑和修改触摸屏组态画面 2.1.3 能判断、排除触摸屏功能故障	2.1.1 可编程控制器特殊功能模块参数设置方法 2.1.2 常用触摸屏软件使用方法 2.1.3 可编程控制器与触摸屏之间的通信规约
			2.2 工控系统调试: 2.2.1 能编辑和修改工控软件的组态画面 2.2.2 能设置工控软件与可编程控制器之间的通信参数	2.2.1 工控软件使用方法 2.2.2 工控软件与可编程控制器之间的通信规约
		电子模组类检测调试	2.3 硬件更换调试: 2.3.1 能更换整流模块 2.3.2 能调试射频功率模块	2.3.1 整流模块接线方法 2.3.2 射频功率模块调试方法
			2.4 产品安全检查: 2.4.1 能对整机系统安全性能进行全面检查 2.4.2 能对整机系统安全防护、漏电、绝缘不符合处提出改进意见	电子设备安全要求
			2.5 功能调试: 2.5.1 能发现整机系统中电源、监控、保护等分系统的不合适处，并提出改进建议 2.5.2 能对整机主信号通路的正常工作进行调校 2.5.3 能加载数字器件并进行功能符合性检查	2.5.1 分系统连接要求 2.5.2 逻辑分析仪使用方法

续表

职业功能	工作内容		技能要求	相关知识要求
2. 系统联调	二选一 电子模组类检测调试	2.6 指标调试	2.6.1 能用仪器仪表、计算机对整机各项指标进行调校和测试 2.6.2 能发现并排除整机故障	2.6.1 整机技术要求 2.6.2 整机调校和测试要求 2.6.3 整机故障类型及排除方法
		2.7 调试结果计算与报告编写	2.7.1 能计算并记录整机调试结果 2.7.2 能编写整机调试报告	2.7.1 整机指标计算方法 2.7.2 整机调试报告编写方法
3. 质量控制	3.1 不合格品的分析		3.1.1 能对装调工艺的规范性进行检查,并提出改进措施 3.1.2 能对装调过程中出现的批量不合格品进行分析,并提出整改措施	3.1.1 装调工艺规程 3.1.2 不合格品质量分析与控制方法
	3.2 质量诊断		3.2.1 能分析装调全过程质量波动产生的原因 3.2.2 能提出质量波动控制方案	3.2.1 装调全过程质量波动因素及控制措施 3.2.2 质量管理工具
4. 技术革新	4.1 工艺优化		4.1.1 能根据整机装调质量优化工艺规范 4.1.2 能针对新设备提出工艺优化方案	工艺管理方法
	4.2 设备改进		能对整机运行中存在的缺陷进行分析、调查,并提出改进措施	4.2.1 整机运行技术要求、质量要求、检查方法 4.2.2 整机运行常见故障诊断方法及对策
	4.3 新器件应用		4.3.1 能组织进行新器件的测试及应用 4.3.2 能调整测试及应用方案	4.3.1 新器件技术参数 4.3.2 新器件测试及应用方法

续表

职业功能	工作内容	技能要求	相关知识要求
5. 培训指导与技术管理	5.1 培训指导	5.1.1 能对本职业三级/高级工及以下级别人员进行理论培训 5.1.2 能对本职业三级/高级工及以下级别人员进行操作技能指导	5.1.1 培训教学方法 5.1.2 操作教程
	5.2 技术管理	5.2.1 能对整机进行维护 5.2.2 能对整机进行检修 5.2.3 能编写整机大修、中修方案	5.2.1 整机维护方法 5.2.2 整机检修方法 5.2.3 整机大修、中修方案编写方法

3.5 一级/高级技师

职业功能	工作内容		技能要求	相关知识要求
1. 系统联调	二选一 低压电器类检测调试	1.1 工业控制网络系统调试	1.1.1 能分析自动化系统的工业以太网结构 1.1.2 能根据要求选用通信设备、器件 1.1.3 能选用数据传输介质，对网络进行布线、连接 1.1.4 能对工业控制网络上的各节点进行组态、参数配置	1.1.1 工业控制网络通信拓扑结构 1.1.2 设备级网络通信硬件配置方法 1.1.3 现场总线标准 1.1.4 工业以太网应用方法
		1.2 控制系统调试	1.2.1 能根据控制系统需要，选用合适的可编程控制器及其模块 1.2.2 能调试由可编程控制器、触摸屏、传感器、变频器、执行部件组成的多功能控制系统 1.2.3 能设置可编程控制器之间、可编程控制器与其他智能设备之间的通信参数	1.2.1 可编程控制器应用方法 1.2.2 控制系统调试方法 1.2.3 通信协议及参数设置方法
	电子模组类检测调试	1.3 产品安全检查	1.3.1 能编写大型设备系统或复杂整机安全检查要求 1.3.2 能实施大型设备系统或复杂整机安全检查	安全检查规程

续表

职业功能	工作内容		技能要求	相关知识要求
1. 系统联调	二选一 电子模组类检测调试	1.4 功能调试	1.4.1 能实施大型设备系统或复杂整机电源、监控、保护、冷却等分系统和主信号通路的功能调校 1.4.2 能解决功能单元调试、整机功能联调时出现的问题	1.4.1 大型设备系统或复杂整机技术要求和工作原理 1.4.2 系统监测接口和相关设备间通信接口物理层协议 1.4.3 信号处理理论和技术
		1.5 指标调试	1.5.1 能对大型设备系统或复杂整机各项指标进行调校和测试 1.5.2 能解决大型设备系统或复杂整机指标调试时的技术问题	1.5.1 大型设备系统或复杂整机技术要求 1.5.2 大型设备系统或复杂整机相关连接特性
		1.6 调试分析报告编写	能编写功能单元、复杂整机或大型设备系统的调试分析报告	调试分析报告编写方法
2. 质量控制	2.1 不合格品的分析		2.1.1 能对复杂整机或大型设备系统装调过程中的工艺规范性进行分析,并提出改进措施 2.1.2 能对复杂整机或大型设备系统装调过程中出现的不合格品进行分析,并提出整改措施 2.1.3 能对复杂整机或大型设备系统进行质量检测	2.1.1 复杂整机或大型设备系统装调工艺规程 2.1.2 复杂整机或大型设备系统质量控制要求、检查方法 2.1.3 复杂整机或大型设备系统质量检测方法
	2.2 质量诊断		2.2.1 能分析复杂整机或大型设备系统装调全过程质量波动产生的原因 2.2.2 能提出复杂整机或大型设备系统质量波动控制方案	2.2.1 装调全过程质量波动因素及控制措施 2.2.2 质量控制工具
3. 技术革新	3.1 设备及工艺流程改进		3.1.1 能对现有复杂整机或大型设备系统状况进行诊断,并提出改进方案 3.1.2 能实施复杂整机或大型设备系统改造,并进行总结 3.1.3 能对现有工艺流程进行评估,并提出改进措施	3.1.1 设备工作原理 3.1.2 技术改造报告编制方法 3.1.3 工艺流程制定要求

续表

职业功能	工作内容	技能要求	相关知识要求
3.技术革新	3.2 电气自动控制系统分析	3.2.1 能分析工业自动控制系统的运行机理 3.2.2 能按控制要求绘制电气自动控制系统原理图 3.2.3 能对电气自动控制系统提出技术改进方案	3.2.1 自动控制工作原理 3.2.2 自动控制系统性能指标
4.培训指导与技术管理	4.1 培训指导	4.1.1 能制定培训方案 4.1.2 能对本职业二级/技师及以下级别人员进行理论及技能培训	4.1.1 培训教学方法 4.1.2 操作教程
	4.2 技术管理	4.2.1 能对复杂整机或大型设备系统进行维护 4.2.2 能对复杂整机或大型设备系统进行检修 4.2.3 能编写复杂整机或大型设备系统大修、中修方案	4.2.1 系统维护方法 4.2.2 系统检修方法 4.2.3 系统大修、中修方案编写方法

4. 权重表

4.1 理论知识权重表

项目		技能等级	五级/初级工(%)	四级/中级工(%)	三级/高级工(%)	二级/技师(%)	一级/高级技师(%)
基本要求	职业道德		5	5	5	5	5
	基础知识		20	15	10	5	5
相关知识要求	作业准备		20	15	10	5	—
	装配作业		30	15	15	—	—
	调试作业		—	25	30	—	—
	系统联调		—	—	—	30	30
	质量控制		25	25	30	30	30
	技术革新		—	—	—	15	20
	培训指导与技术管理		—	—	—	10	10
合计			100	100	100	100	100

4.2 技能要求权重表

项目	技能等级	五级/初级工（%）	四级/中级工（%）	三级/高级工（%）	二级/技师（%）	一级/高级技师（%）
技能要求	作业准备	30	25	20	10	—
	装配作业	55	15	15	—	—
	调试作业	—	40	45	—	—
	系统联调	—	—	—	40	45
	质量控制	15	20	20	20	20
	技术革新	—	—	—	15	20
	培训指导与技术管理	—	—	—	15	15
合计		100	100	100	100	100

光纤光缆制造工国家职业技能标准

（2021年版）

1. 职业概况

1.1 职业名称

光纤光缆制造工[①]

1.2 职业编码

6-24-03-02

1.3 职业定义

操作光纤、光缆制造专用设备，制造预制棒、光纤光缆和光器件的人员。

1.4 职业技能等级

本职业共设五个等级，分别为：五级/初级工、四级/中级工、三级/高级工、二级/技师、一级/高级技师。其中，光纤筛选工设三个等级，分别为：五级/初级工、四级/中级工、三级/高级工；光缆成缆工设四个等级，分别为：五级/初级工、四级/中级工、三级/高级工、二级/技师。

1.5 职业环境条件

室内，恒温、恒湿、洁净的环境（光纤），高温或常温、有一定噪声的环境（光缆）。

1.6 职业能力特征

具有一定的学习和计算能力；具有一定的空间感、形体知觉和色觉；手指、手臂灵活，动作协调。

1.7 普通受教育程度

初中毕业（或相当文化程度）。

1.8 培训参考学时

五级/初级工600标准学时，四级/中级工640标准学时，三级/高级工640标准学时，

[①] 本职业包含但不限于下列工种：光纤拉制工、光纤筛选工、光纤检测工、光纤着色并带工、光纤套塑工、光缆成缆工、光缆护套工。

二级/技师 620 标准学时，一级/高级技师 620 标准学时。

1.9 职业技能鉴定要求

1.9.1 申报条件

具备以下条件之一者，可申报五级/初级工：
(1) 累计从事本职业或相关职业①工作 1 年（含）以上。
(2) 本职业或相关职业学徒期满。

具备以下条件之一者，可申报四级/中级工：
(1) 取得本职业或相关职业五级/初级工职业资格证书（技能等级证书）后，累计从事本职业或相关职业工作 2 年（含）以上。
(2) 累计从事本职业或相关职业工作 4 年（含）以上。
(3) 取得技工学校本专业或相关专业②毕业证书（含尚未取得毕业证书的在校应届毕业生）；或取得经评估论证、以中级技能为培养目标的中等及以上职业学校本专业或相关专业毕业证书（含尚未取得毕业证书的在校应届毕业生）。

具备以下条件之一者，可申报三级/高级工：
(1) 取得本职业或相关职业四级/中级工职业资格证书（技能等级证书）后，累计从事本职业或相关职业工作 3 年（含）以上。
(2) 取得本职业或相关职业四级/中级工职业资格证书（技能等级证书），并具有高级技工学校、技师学院毕业证书（含尚未取得毕业证书的在校应届毕业生）；或取得本职业或相关职业四级/中级工职业资格证书（技能等级证书），并具有经评估论证、以高级技能为培养目标的高等职业学校本专业或相关专业毕业证书（含尚未取得毕业证书的在校应届毕业生）。
(3) 具有大专及以上本专业或相关专业毕业证书，并取得本职业或相关职业四级/中级工职业资格证书（技能等级证书）后，累计从事本职业或相关职业工作 2 年（含）以上。

具备以下条件之一者，可申报二级/技师：
(1) 取得本职业或相关职业三级/高级工职业资格证书（技能等级证书）后，累计从事本职业或相关职业工作 4 年（含）以上。
(2) 取得本职业或相关职业三级/高级工职业资格证书（技能等级证书）的高级技工学校、技师学院毕业生，累计从事本职业或相关职业工作 3 年（含）以上；或取得本职业或相关职业预备技师证书的技师学院毕业生，累计从事本职业或相关职业工作 2 年（含）以上。

具备以下条件者，可申报一级/高级技师：
取得本职业或相关职业二级/技师职业资格证书（技能等级证书）后，累计从事本职业

---
① 相关职业：电线电缆制造工、绝缘制品制造工、塑料制品成型制作工等，下同。
② 相关专业：材料工程技术、化工分析与检验、高分子材料加工工艺、机械设备维修、材料成型与控制技术、机械设备装配与自动控制等，下同。

或相关职业工作4年（含）以上。

1.9.2 鉴定方式

分为理论知识考试、技能考核以及综合评审。理论知识考试以笔试、机考等方式为主，主要考核从业人员从事本职业应掌握的基本要求和相关知识要求；技能考核主要采用现场操作、模拟操作等方式进行，主要考核从业人员从事本职业应具备的技能水平；综合评审主要针对技师和高级技师，通常采取审阅申报材料、答辩等方式进行全面评议和审查。

理论知识考试、技能考核和综合评审均实行百分制，成绩皆达60分（含）以上者为合格。

1.9.3 监考人员、考评人员与考生配比

理论知识考试中的监考人员与考生配比不低于1∶15，且每个考场不少于2名监考人员；技能考核中的考评人员与考生配比不低于1∶5，且考评人员为3人（含）以上单数；综合评审委员为3人（含）以上单数。

1.9.4 鉴定时间

理论知识考试时间不少于90 min，技能考核时间不少于60 min，综合评审时间不少于30 min。

1.9.5 鉴定场所设备

理论知识考试在标准教室进行；技能考核在工厂生产现场、实验室或实训室进行，应按各工种、等级的考核要求配备相应的设备、工具和材料。

2. 基本要求

2.1 职业道德

2.1.1 职业道德基本知识

2.1.2 职业守则

（1）爱岗敬业、诚实守信，自觉履行各项职责。
（2）严谨细致、专注负责，严格执行各项规程。
（3）团结协作、主动配合，确保完成工作目标。
（4）注重学习、不断创新，着力提高业务水平。
（5）着装整洁、注重修养，保持环境清洁有序。
（6）遵章守纪、保障安全，做到安全文明生产。

2.2 基础知识

2.2.1 光纤基本理论知识

（1）光纤制品生产工艺流程。

(2) 光纤传输基础知识。
(3) 通信系统理论知识。
(4) 光纤产品的型号和用途。
(5) 计算机操作系统和相关应用软件基础知识。
(6) 高分子材料知识。
(7) 热传导理论知识。

2.2.2 光缆基本理论知识

(1) 光缆的基本结构和分类。
(2) 光缆原材料的性能、检测方法及验收标准。
(3) 光缆产品的型号、性能和用途。
(4) 光缆产品的质量标准和检测方法。
(5) 能耗定额、产量定额的计算。
(6) 光缆制造的基本工艺流程和工艺参数。
(7) 光缆制造的作业规程和质量关键点控制。
(8) 光缆工装及模具的选配和调整。
(9) 光缆辅助材料及辅助设备的作业控制要点。
(10) 光缆产品质量缺陷的识别、防控及处理措施。
(11) 光缆在线检测知识。
(12) 光缆包装与标签知识。

2.2.3 光纤设备基础知识

(1) 常用电子元器件基础知识。
(2) 工业以太网和控制网基础知识。
(3) 电路学知识。
(4) 现代管理工具知识。
(5) 检修管理知识。
(6) 收线机等旋转设备轴承维护知识。
(7) 收线机联轴器种类及应用知识。
(8) 机械传动原理。

2.2.4 光缆设备基础知识

(1) 光缆设备的分类及性能特点。
(2) 光缆设备的组成、结构以及传动系统、控制系统、物料输送系统。
(3) 光缆设备操作基础知识及系统运行故障的识别和排除。
(4) 光缆设备的维护保养基础知识。

2.2.5 安全生产和环境保护知识

(1) 劳动保护基础知识。

(2) 职业病危害及防护知识。
(3) 安全用电、防火知识。
(4) 环境保护相关知识。
(5) 危险源与环境因素识别知识。
(6) 制造场地环境知识。

2.2.6 质量知识

(1) 质量管理体系基础知识。
(2) 岗位质量要求与保证措施。

2.2.7 相关法律、法规知识

(1)《中华人民共和国劳动法》相关知识。
(2)《中华人民共和国劳动合同法》相关知识。
(3)《中华人民共和国安全生产法》相关知识。
(4)《中华人民共和国产品质量法》相关知识。
(5)《中华人民共和国知识产权法》相关知识。
(6)《中华人民共和国环境保护法》相关知识。

3. 工作要求

本标准对五级/初级工、四级/中级工、三级/高级工、二级/技师、一级/高级技师的技能要求和相关知识要求依次递进，高级别涵盖低级别的要求。

3.1 五级/初级工

3.1.1 光纤拉制工

职业功能	工作内容	技能要求	相关知识要求
1. 工艺环境处置	1.1 进入洁净区前的准备	1.1.1 能识别厂房洁净区与非洁净区及其标志 1.1.2 能识别净化工作服与非净化工作服 1.1.3 能按规定着装及穿戴净化防护用品 1.1.4 能按规定风淋后进入相应的洁净区	1.1.1 净化对光纤工艺的影响 1.1.2 穿戴净化防护用品的目的 1.1.3 净化工作服的穿着规定 1.1.4 进入洁净区的要求 1.1.5 洁净区管理规定

续表

职业功能	工作内容	技能要求	相关知识要求
1. 工艺环境处置	1.2 洁净环境维护	1.2.1 能对工作面以及洁净区的地面、墙壁等进行清洁 1.2.2 能对净化场所是否有异味和不明液体做出判断 1.2.3 能对发现的无法处置的问题进行上报	1.2.1 洁净区主要颗粒物的来源 1.2.2 洁净区工作须知 1.2.3 粉尘、异味、振动、光照等因素对工艺的影响 1.2.4 技术安全要求须知
2. 生产准备	2.1 材料准备	2.1.1 能识别预制棒外观、包装是否存在异常情况 2.1.2 能熟练准备光纤换产期间、生产期间所使用的洁净纸、洁净手套、耐高温手套等辅助用品	2.1.1 预制棒外观及包装检查规范 2.1.2 预制棒换产所需工具的使用方法
	2.2 工装模具准备	2.2.1 能对光纤涂覆模具进行装卸 2.2.2 能进行光纤涂覆模具的清洁作业	2.2.1 光纤涂覆模具装卸方法 2.2.2 超声波清洗机使用规范
	2.3 拉丝辅助操作	2.3.1 能进行拉丝生产线的5S维护工作 2.3.2 能对拉丝生产线的循环使用件进行更换	2.3.1 光纤生产结束后的作业流程和方法 2.3.2 拉丝生产线洁净度维护方法
3. 光纤生产	3.1 挂棒操作	3.1.1 能卸下预制棒剩余部分 3.1.2 能将卸下的预制棒剩余部分归类、放置在规定位置 3.1.3 能根据预制棒类型选择作业工具 3.1.4 能准备并装配挂棒所需的防护工具	3.1.1 卸棒作业方法 3.1.2 预制棒剩余部分归类及放置方法 3.1.3 挂棒操作流程 3.1.4 安全防护知识
	3.2 坠头操作	3.2.1 能进行光纤坠头操作 3.2.2 能根据光纤直径、存在气泡数量判断坠头作业是否结束 3.2.3 能准备并装配坠头所需的防护工具 3.2.4 能准备坠头作业工具并掌握其使用方法	3.2.1 光纤坠头操作方法 3.2.2 高温作业流程及安全防护方法

续表

职业功能	工作内容	技能要求	相关知识要求
3. 光纤生产	3.3 模具安装	3.3.1 能完成从模座内取出模具的操作 3.3.2 能对模具进行放置和保存	3.3.1 模具取用方法 3.3.2 模具保存方法
	3.4 穿模操作	3.4.1 能识别工艺参数对穿模因素的影响 3.4.2 能识别光纤穿模前后所处位置是否正常	3.4.1 工艺参数对光纤指标影响的相关知识 3.4.2 光纤位置检查方法
	3.5 换盘操作	3.5.1 能按要求装卸收线盘具 3.5.2 能检查收线盘具外观状态	3.5.1 收线盘具装卸作业方法 3.5.2 收线盘具外观判定标准
	3.6 点检与记录	能按要求对光纤产成品的信息进行记录	3.6.1 产成品信息读取方法 3.6.2 产成品信息记录方法
4. 设备操作	4.1 设备设置	4.1.1 能识别生产线控制界面各设置项的设定值 4.1.2 能在控制界面中对拉丝炉功率、进棒速度等基本参数进行设置	4.1.1 生产线控制界面说明 4.1.2 生产线控制界面操作方法
	4.2 设备维护	4.2.1 能准备拉制设备维护过程中所需的工具 4.2.2 能识别测量仪器并按要求进行清洁 4.2.3 能识别拉丝炉中石墨件、石英件等部件 4.2.4 能更换 UV（ultraviolet ray，紫外线）固化灯内的石英中心管、密封卡套、密封圈、抽风接头装置	4.2.1 拉制设备维护作业方法 4.2.2 测量仪器使用方法
5. 质量控制	产品异常状态判断	5.1.1 能判断光纤参数是否正常 5.1.2 能根据光纤检测设备工作参数变化识别光纤生产过程中是否有缺陷产生	5.1.1 光纤参数检测标准 5.1.2 光纤检测设备工作原理

3.1.2 光纤筛选工

职业功能	工作内容	技能要求	相关知识要求
1. 工艺环境处置	1.1 进入洁净区前的准备	1.1.1 能识别厂房洁净区与非洁净区及其标志 1.1.2 能识别净化工作服与非净化工作服 1.1.3 能按规定着装及穿戴净化防护用品 1.1.4 能按规定风淋后进入相应的洁净区	1.1.1 净化对光纤工艺的影响 1.1.2 穿戴净化防护用品的目的 1.1.3 净化工作服的穿着规定 1.1.4 进入洁净区的要求 1.1.5 洁净区管理规定
	1.2 洁净环境维护	1.2.1 能对工作面以及洁净区的地面、墙壁等进行清洁 1.2.2 能对净化场所是否有异味和不明液体做出判断 1.2.3 能对发现的无法处置的问题进行上报	1.2.1 洁净区主要颗粒物的来源 1.2.2 洁净区工作须知 1.2.3 粉尘、异味、振动、光照等因素对工艺的影响 1.2.4 技术安全要求须知
2. 生产准备	2.1 识读工艺文件	2.1.1 能识别光纤产品和原材料的型号、规格 2.1.2 能识读工艺参数，按工艺正确选用原材料	2.1.1 光纤产品和原材料型号、规格的表示方法 2.1.2 筛选复绕机等设备的操作规程
	2.2 设备的检查	2.2.1 能进行筛选复绕机的开机操作 2.2.2 能检查主设备、辅助设备的完好性 2.2.3 能检查所需工具的完好性	2.2.1 设备启停知识 2.2.2 设备结构 2.2.3 工具的使用、保养知识
3. 材料配制	配料准备	3.1.1 能判别原材料是否满足技术要求 3.1.2 能检查原材料质量，发现问题能及时反馈	3.1.1 光纤外观检测方法 3.1.2 原材料外观检测方法
4. 工艺参数确定	4.1 计算、选择工艺参数	4.1.1 能读取工艺参数 4.1.2 能设置工艺参数	4.1.1 光纤产品工艺要求 4.1.2 光纤产品工艺参数设置规范
	4.2 调整工艺参数	4.2.1 能根据生产要求调整工艺参数 4.2.2 能根据光纤产品质量要求调整工艺参数	4.2.1 生产要求和设备操作要求 4.2.2 光纤产品质量要求

续表

职业功能	工作内容	技能要求	相关知识要求
5. 设备操作	5.1 使用盘具	5.1.1 能按工艺文件要求选用盘具 5.1.2 能进行上下盘操作	5.1.1 工艺文件要求和盘具知识 5.1.2 上下盘操作的安全注意事项
	5.2 放线和排线	5.2.1 能按工艺操作要求进行穿线、放线 5.2.2 能使用排线装置进行排线	5.2.1 穿线、放线作业方法 5.2.2 排线操作规定
	5.3 使用设备	5.3.1 能独立开机,生产各项指标满足工艺要求的光纤产品 5.3.2 能按工艺文件要求设置速度、长度等基本工艺参数	5.3.1 主设备使用知识 5.3.2 辅助设备使用知识
	5.4 设备运行监控	5.4.1 能识读控制仪表、监控设备的显示数值,保证设备正常运行 5.4.2 能识别筛选复绕机运行过程中出现的排线不良等异常现象	筛选复绕机运行状态判定方法
6. 质量控制	6.1 检测	能检查光纤产品外观质量,并能发现光纤表面缺陷	缺陷识别方法
	6.2 断点处理与缺陷切除	6.2.1 能准确识别断点,并能按工艺文件要求对出现断点后的剩余光纤进行正确的处理 6.2.2 能识读上游工序的缺陷切除指令,并能按工艺文件要求准确执行	6.2.1 断点的类型及处理方法 6.2.2 缺陷位置确定及切除方法

3.1.3 光纤检测工

职业功能	工作内容	技能要求	相关知识要求
1. 工艺环境处置	1.1 进入洁净区前的准备	1.1.1 能识别厂房洁净区与非洁净区及其标志 1.1.2 能识别净化工作服与非净化工作服 1.1.3 能按规定着装及穿戴净化防护用品 1.1.4 能按规定风淋后进入相应的洁净区	1.1.1 净化对光纤工艺的影响 1.1.2 穿戴净化防护用品的目的 1.1.3 净化工作服的穿着规定 1.1.4 进入洁净区的要求 1.1.5 洁净区管理规定

续表

职业功能	工作内容	技能要求	相关知识要求
1. 工艺环境处置	1.2 洁净环境维护	1.2.1 能对工作面以及洁净区的地面、墙壁等进行清洁 1.2.2 能对净化场所是否有异味和不明液体做出判断 1.2.3 能对发现的无法处置的问题进行上报	1.2.1 洁净区主要颗粒物的来源 1.2.2 洁净区工作须知 1.2.3 粉尘、异味、振动、光照等因素对工艺的影响 1.2.4 技术安全要求须知
2. 生产准备	2.1 仪器仪表准备	2.1.1 能提前准备好酒精、洁净纸等耗材 2.1.2 能检查仪器仪表状态是否完好 2.1.3 能使用各类仪器仪表	2.1.1 检测工序作业要求 2.1.2 仪器仪表检查和使用方法
	2.2 样品准备	2.2.1 能识别光纤产品的类别和代码 2.2.2 能确认光纤产品外观正常、编码等信息准确	2.2.1 光纤产品命名方法及代码的含义 2.2.2 光纤产品外观判定方法 2.2.3 光纤编码规则
3. 样品检测	3.1 制样	能根据测试需求对样品光纤进行制样	3.1.1 光纤产品制样方法 3.1.2 光纤产品测试项清单
	3.2 样品测试	3.2.1 能根据测试需求选择仪器仪表的对应程序 3.2.2 能测量光纤产品的传输性能参数 3.2.3 能测量光纤产品的几何尺寸参数 3.2.4 能测量光纤产品的光学参数	3.2.1 仪器仪表操作方法 3.2.2 光纤产品测试方法
4. 检测结果分析	检测数据统计	4.1.1 能记录检测结果 4.1.2 能对异常数据进行验证测试	4.1.1 检测记录的填写要求 4.1.2 数据修约规则

3.1.4 光纤着色并带工

职业功能	工作内容	技能要求	相关知识要求
1. 生产准备	1.1 设备开机检查	1.1.1 能按要求对着色或并带设备关键部位进行清洁 1.1.2 能检查主设备、辅助设备和仪器的完好性 1.1.3 能检查所需工具、量具的完好性	1.1.1 着色或并带设备关键部位的清洁方法 1.1.2 着色或并带设备结构 1.1.3 工具和量具的使用、保养知识
	1.2 材料准备	1.2.1 能识别并正确领取各类着色或并带用原辅材料 1.2.2 能正确记录着色或并带用原辅材料的种类、规格、批次	1.2.1 着色或并带用原辅材料规格及领用规程 1.2.2 着色或并带用原辅材料领用及记录要求
	1.3 工装模具准备	能按着色或并带技术要求和工艺文件要求领取工装模具	工装模具的领取要求
2. 设备操作	2.1 生产操作过程	2.1.1 能按要求完成着色或并带工序的操作 2.1.2 能按要求进行着色或并带用原辅材料的更换	着色或并带工序操作规程
	2.2 设备运行监控	能识读控制仪表、监控设备的显示数值，保证着色或并带设备正常运行	着色或并带设备主机界面参数的识读方法
3. 工艺控制	3.1 工艺过程控制	能识读着色或并带工艺文件	着色或并带工艺文件的识读方法
	3.2 工艺参数调节	能根据工艺要求设定工艺参数	工艺参数知识
4. 质量控制	4.1 检测	能按要求检查着色后光纤在固化、外观或光纤带在尺寸、剥离、固化等方面的质量	着色或并带产品外观、尺寸、结构要求
	4.2 分析不合格品产生原因	能依据着色或并带标准要求及测试数据判定产品质量	着色或并带产品质量的判定方法

3.1.5 光纤套塑工

职业功能	工作内容	技能要求	相关知识要求
1. 生产准备	1.1 设备开机检查	1.1.1 能按要求对套塑设备关键部位进行清洁 1.1.2 能检查主设备、辅助设备和仪器的完好性 1.1.3 能检查所需工具、量具的完好性	1.1.1 套塑设备关键部位的清洁方法 1.1.2 套塑设备和仪器知识 1.1.3 工具和量具的使用、保养知识
	1.2 材料准备	1.2.1 能识别并正确领取各类套塑用原辅材料 1.2.2 能正确记录套塑用原辅材料的种类、规格、批次	1.2.1 套塑用原辅材料规格及领用规程 1.2.2 套塑用原辅材料领用及记录要求
	1.3 工装模具准备	能按套塑技术要求和工艺文件要求领取工装模具	工装模具的领取要求
2. 设备操作	2.1 生产过程控制	2.1.1 能按要求进行光纤和收线盘具的上下盘操作 2.1.2 能按要求进行套塑用原辅材料的更换 2.1.3 能按要求进行穿线、引线、收线等操作	上下盘安全操作知识
	2.2 设备运行监控	能识读控制仪表、监控设备的显示数值，保证套塑设备正常运行	2.2.1 挤塑机温控原理及挤塑量控制 2.2.2 牵引运行、收放线运行及张力控制知识
3. 工艺控制	3.1 工艺过程控制	能识读套塑工艺文件	套塑工艺文件的识读方法
	3.2 工艺参数调节	能根据工艺要求设定工艺参数	工艺参数知识
4. 质量控制	4.1 检测	能检查光缆产品的结构、尺寸以及在剥离、余长、外观等方面的质量	光缆产品外观、尺寸、结构要求
	4.2 分析不合格品产生原因	能依据套塑标准要求及测试数据判定光缆产品质量	光缆产品质量的判定方法

3.1.6 光缆成缆工

职业功能	工作内容	技能要求	相关知识要求
1. 生产准备	1.1 设备开机检查	1.1.1 能按要求对成缆设备的关键位置进行清洁 1.1.2 能对成缆设备的基础生产参数进行核对	1.1.1 成缆设备关键部位的清洁方法 1.1.2 成缆设备参数核对要求
	1.2 材料准备	1.2.1 能识别并正确领取各类成缆用原辅材料 1.2.2 能记录成缆用原辅材料的种类、规格、批次	1.2.1 成缆用原辅材料规格及领用规程 1.2.2 成缆用原辅材料领用及记录要求
	1.3 工装模具准备	能按成缆技术要求和工艺文件要求领取工装模具	工装模具的领取要求
2. 设备操作	2.1 生产过程控制	2.1.1 能判别成缆设备简单问题 2.1.2 能进行常规结构光缆的生产	2.1.1 设备一级保养知识 2.1.2 常规结构光缆的生产方法和要求
	2.2 设备运行监控	能识读控制仪表、监控设备的显示数值，保证成缆设备正常运行	成缆设备主机界面参数的识读方法
3. 工艺控制	3.1 工艺过程控制	3.1.1 能识读成缆工艺文件 3.1.2 能设置常规的成缆工艺参数	光缆产品技术要求和成缆工艺文件的识读方法
	3.2 工艺参数调节	能根据光缆产品结构、尺寸微调工艺参数	工艺参数微调方法
4. 质量控制	检测	能检查光缆产品的结构、外观以及扎纱节距、扎纱宽度、绞合节距等质量指标	4.1.1 光缆产品的结构和外观质量要求 4.1.2 扎纱节距、扎纱宽度和绞合节距的测量方法

3.1.7 光缆护套工

职业功能	工作内容	技能要求	相关知识要求
1. 生产准备	1.1 设备开机检查	1.1.1 能按要求对护套设备关键部位进行清洁 1.1.2 能检查主设备、辅助设备和仪器的完好性 1.1.3 能检查所需工具、量具的完好性	1.1.1 护套设备关键部位的清洁方法 1.1.2 工具和量具的使用、保养知识

续表

职业功能	工作内容	技能要求	相关知识要求
1. 生产准备	1.2 材料准备	1.2.1 能识别并正确领取各类护套用原辅材料 1.2.2 能正确记录护套用原辅材料的种类、规格、批次	1.2.1 护套用原辅材料规格及领用规程 1.2.2 护套用原辅材料领用及记录要求
	1.3 工装模具准备	能按护套技术要求和工艺文件要求领取相应的工装模具	工装模具的领取要求
2. 设备操作	2.1 生产操作过程	2.1.1 能按要求进行缆芯和收线盘具的上下盘操作 2.1.2 能按要求进行护套用原辅料的更换 2.1.3 能按要求进行成品的上盘、印字操作	2.1.1 上下盘安全操作知识 2.1.2 设备操作规程
	2.2 设备运行监控	能识读控制仪表、监控设备的显示数值,保证护套设备正常运行	护套设备的使用方法
3. 工艺控制	3.1 工艺过程控制	能识读护套技术要求和工艺文件	护套技术要求和工艺文件的识读方法
	3.2 工艺参数调节	能根据工艺要求设定工艺参数	工艺参数知识
4. 质量控制	4.1 检测	能检查光缆产品的结构、尺寸、外观质量、印字质量和渗水情况	光缆产品的结构和外观质量要求
	4.2 分析不合格品产生原因	能依据护套标准要求及测试数据判定光缆产品质量	光缆产品质量的判定方法

3.2 四级/中级工

3.2.1 光纤拉制工

职业功能	工作内容	技能要求	相关知识要求
1. 生产准备	1.1 材料准备	1.1.1 能在挂棒前根据所生产的光纤类型准备预制棒 1.1.2 能检查、确认并上报现场预制棒的预存数量 1.1.3 能识别涂料的型号、规格	1.1.1 预制棒命名及分类方法 1.1.2 预制棒准备规程 1.1.3 涂料命名及分类方法

续表

职业功能	工作内容	技能要求	相关知识要求
1.生产准备	1.2 工艺参数检查	1.2.1 能检查拉丝炉气体流量是否满足工艺要求 1.2.2 能检查拉丝炉循环水流量、温度等参数是否满足工艺要求	1.2.1 气体工艺参数及设定要求 1.2.2 拉丝炉工艺参数及设定要求
	1.3 工装模具准备	1.3.1 能根据光纤类型选择光纤涂覆模具 1.3.2 能判定光纤涂覆模具表面是否存在划痕、磕伤等可造成该模具无法正常使用的异常情况 1.3.3 能使用显微镜或其他检测仪器对光纤涂覆模具内的清洁度进行观察与确认 1.3.4 能对光纤涂覆模具内的涂料或其他杂物进行清洁	1.3.1 光纤涂覆模具选择方法 1.3.2 光纤涂覆模具状态判定方法 1.3.3 检测仪器使用方法 1.3.4 光纤涂覆模具清洁方法
	1.4 拉丝辅助操作	能对与光纤接触的零部件状态进行确认	1.4.1 拉丝塔零部件状态的判定方法 1.4.2 拉丝塔零部件结构
2.光纤生产	2.1 挂棒操作	2.1.1 能根据预制棒的参数选择石英件、石墨件等部件的规格 2.1.2 能将预制棒水平且稳定地固定在挂棒平台中 2.1.3 能进行判断、调整，使预制棒在拉丝炉内处于中心位置	2.1.1 部件规格的选择方法 2.1.2 挂棒作业方法
	2.2 模具安装	2.2.1 能使用洁净纸或其他辅材将模座内清洁干净 2.2.2 能将光纤涂覆模具正确地安装在模座内 2.2.3 能按周期对光纤涂覆模具密封圈进行更换	2.2.1 模座清洁作业方法 2.2.2 光纤涂覆模具安装方法
	2.3 穿模操作	2.3.1 能在光纤穿模前分析光纤直径与模具孔径之间的关联性 2.3.2 能完成将光纤穿过涂覆模具的操作 2.3.3 能识别穿模过程中光纤状态出现的异常情况 2.3.4 能识别穿模动作完成后光纤状态出现的异常情况	2.3.1 光纤穿模作业方法 2.3.2 光纤生产状态点检方法

续表

职业功能	工作内容	技能要求	相关知识要求
2. 光纤生产	2.4 换盘操作	2.4.1 能对收线盘具几何尺寸进行测量 2.4.2 能根据收线机类型选择收线盘具 2.4.3 能使收线盘具处于正常运转状态 2.4.4 能处理换盘过程中发生的异常情况	2.4.1 收线盘具选用方法 2.4.2 收线盘具使用方法 2.4.3 几何尺寸测量方法
	2.5 点检与记录	2.5.1 能对光纤生产过程进行点检 2.5.2 能向技术、设备等方面的负责人员反馈异常情况 2.5.3 能按要求对光纤产成品的信息进行确认及修正	2.5.1 生产过程参数点检方法 2.5.2 点检记录方法 2.5.3 点检工艺要求
3. 设备操作	3.1 设备设置	3.1.1 能对控制界面中所有参数进行设置 3.1.2 能判定控制界面中各参数的设定值是否满足工艺要求	3.1.1 拉丝控制程序 3.1.2 生产工艺参数要求
	3.2 设备维护	3.2.1 能发现并上报光纤生产过程中出现的速度不稳定等问题 3.2.2 能对拉丝炉清洁度进行维护 3.2.3 能对石墨件、石英件等部件进行维护 3.2.4 能对拉丝炉进行拆装作业 3.2.5 能对测量仪器故障进行排查	3.2.1 光纤拉丝原理 3.2.2 拉丝炉清洁方法 3.2.3 部件维护方法 3.2.4 拉丝炉拆装作业方法
4. 质量控制	4.1 产品异常状态判断	4.1.1 能在光纤检测数据出现异常值时及时反馈 4.1.2 能在光纤生产过程中进行缺陷切除 4.1.3 能判断光纤涂覆层的固化程度是否符合要求	4.1.1 光纤产品检测规范 4.1.2 光纤外观及参数要求
	4.2 产品参数控制	能在光纤出现异常情况时按规定进行止损	4.2.1 不合格品分类方法 4.2.2 不合格品止损方法

3.2.2 光纤筛选工

职业功能	工作内容	技能要求	相关知识要求
1.生产准备	1.1 识读工艺文件	1.1.1 能解读光纤产品制造过程中的工艺原理 1.1.2 能指出工艺流程中的难点和关键点	1.1.1 光纤产品制造工艺流程 1.1.2 工艺流程分析
	1.2 设备的检查	1.2.1 能进行筛选复绕设备的日常保养 1.2.2 能发现筛选复绕设备启动后的隐患，并提出解决措施	1.2.1 筛选复绕设备保养知识 1.2.2 筛选复绕设备运行原理
2.材料配制	配料准备	2.1.1 能按工艺文件要求选用原材料、光纤产品 2.1.2 能识别原材料、光纤产品的质量问题，并及时采取止损措施	2.1.1 原材料、光纤产品选用方法 2.1.1 原材料、光纤产品的异常处理方法
3.工艺参数确定	3.1 计算、选择工艺参数	3.1.1 能分析工艺参数与光纤产品状态之间的关联性 3.1.2 能根据原材料和筛选复绕设备状况选择最佳工艺参数值	3.1.1 光纤产品状态分析 3.1.2 产能估算方法
	3.2 调整工艺参数	3.2.1 能根据生产需求和光纤产品质量要求综合调整工艺参数 3.2.2 能对筛选复绕过程中出现异常情况的原因进行分析	3.2.1 光纤产品质量风险识别 3.2.2 光纤产品质量风险分析
4.设备操作	4.1 使用盘具	4.1.1 能检查盘具是否完好 4.1.2 能对上下盘操作过程中出现的异常情况进行及时反馈	4.1.1 盘具外观检验规范 4.1.2 盘具选用原则
	4.2 放线和排线	4.2.1 能判定排线装置的初始位置是否正常 4.2.2 能识别穿线和放线过程中出现的异常现象	4.2.1 排线装置位置判定方法 4.2.2 穿线和放线质量判定方法
	4.3 使用设备	4.3.1 能按工艺文件要求设置工艺参数 4.3.2 能按工艺文件要求确定、调整工艺参数，并确定其可靠性	4.3.1 筛选复绕机参数的调整方法 4.3.2 工艺可靠性判定标准

续表

职业功能	工作内容	技能要求	相关知识要求
4. 设备操作	4.4 设备运行监控	4.4.1 能识别主设备、辅助设备运行过程中出现的抖动、异响等异常现象，并做到及时反馈 4.4.2 能识读、记录控制仪表、监控设备的显示数值，并保证设备正常运行，在出现异常情况时能做到及时反馈 4.4.3 能识别筛选复绕机运行过程中出现的排线不良等异常现象，并做到及时反馈	4.4.1 主设备、辅助设备的操作规程 4.4.2 光纤排线外观要求
5. 质量控制	5.1 检测	能检查光纤产品外观质量，并能判定光纤表面缺陷	5.1.1 光纤产品外观分类规范 5.1.2 光纤产品外观分析工具及应用 5.1.3 缺陷判定标准
	5.2 断点处理与缺陷切除	5.2.1 能主动收集断点，并进行标记 5.2.2 能区别判定断点产生原因为设备异常或本纤异常	5.2.1 断点的收集方法 5.2.2 断点的分析方法
	5.3 不合格品处置	5.3.1 能判断不合格品 5.3.2 能按要求对不合格品进行处理 5.3.3 能按工艺要求对不合格品进行返工	5.3.1 不合格品控制规定 5.3.2 不合格品处理规范

3.2.3 光纤检测工

职业功能	工作内容	技能要求	相关知识要求
1. 生产准备	1.1 仪器仪表准备	1.1.1 能对仪器仪表稳定性进行判断 1.1.2 能根据测试需求选择对应的仪器仪表	1.1.1 仪器仪表稳定性判断方法 1.1.2 仪器仪表功能
	1.2 样品准备	1.2.1 能判断不同光纤产品的衰减参数、几何参数等是否处于合格范围 1.2.2 能对光纤产品外观的异常信息进行及时反馈	1.2.1 光纤产品检验规范 1.2.2 光纤产品异常信息判定规则

续表

职业功能	工作内容	技能要求	相关知识要求
2.样品检测	2.1 样品测试	2.1.1 能对光纤产品的传输性能参数进行判断 2.1.2 能对光纤产品的几何尺寸参数进行判断 2.1.3 能对光纤产品的光学参数进行判断	2.1.1 光纤产品检测信息读取方法 2.1.2 光学参数检验标准
	2.2 设备运行监控	2.2.1 能识别主设备、辅助设备运行过程中出现的异常现象，并做到及时反馈 2.2.2 能识别测试过程中温度、湿度等环境因素的异常情况，并做到及时反馈	2.2.1 设备监控仪表的状态判定方法 2.2.2 环境信息读取方法
3.检测结果分析	检测数据统计	3.1.1 能对基础性能数据进行统计 3.1.2 能对性能数据进行日常分析	3.1.1 均值、最大值或最小值等的统计方法 3.1.2 标准偏差、变异系数的计算方法

3.2.4 光纤着色并带工

职业功能	工作内容	技能要求	相关知识要求
1.生产准备	1.1 设备开机检查	能判别着色或并带设备常见故障	着色或并带设备故障原因分析
	1.2 材料准备	1.2.1 能检查着色或并带用原辅材料规格是否满足生产要求 1.2.2 能检查着色或并带用原辅材料外观质量	1.2.1 着色或并带用原辅材料规格及生产要求 1.2.2 着色或并带用原辅材料检查方法
	1.3 工装模具准备	能对着色或并带工装模具的关键尺寸进行检查和测量	着色或并带工装模具的检查和测量方法

续表

职业功能	工作内容	技能要求	相关知识要求
2. 设备操作	2.1 生产操作过程	2.1.1 能按着色或并带设备操作规程进行相关操作 2.1.2 能进行着色或并带工装模具的装卸和调整 2.1.3 能对排线质量进行控制 2.1.4 能对着色或并带模具进行清理和检查	2.1.1 着色或并带设备操作规程 2.1.2 着色或并带工装模具的调整方法
	2.2 设备运行监控	能对着色或并带设备进行检查和协作保养	着色或并带设备检查规范
3. 工艺控制	3.1 工艺过程控制	能识别着色或并带工序的关键工艺参数	着色或并带产品关键工艺参数识别方法
	3.2 工艺参数调节	能根据着色或并带产品的检测结果，对工艺参数进行微调	着色或并带工艺参数调节方法
4. 质量控制	4.1 检测	能进行着色或并带产品的自检互检	着色或并带产品检验规范
	4.2 分析不合格品产生原因	能按工艺要求对不合格品进行返工	不合格品处理规范

3.2.5 光纤套塑工

职业功能	工作内容	技能要求	相关知识要求
1. 生产准备	1.1 设备开机检查	能判别套塑设备常见故障	套塑设备故障原因分析
	1.2 材料准备	1.2.1 能检查套塑用原辅材料规格是否满足生产要求 1.2.2 能检查套塑用原辅材料外观质量	1.2.1 套塑用原辅材料规格及生产要求 1.2.2 套塑用原辅材料检查方法
	1.3 工装模具准备	能对套塑工装模具的关键尺寸进行检查和测量	套塑工装模具的检查和测量方法

续表

职业功能	工作内容	技能要求	相关知识要求
2. 设备操作	2.1 生产过程控制	2.1.1 能按套塑设备操作规程进行相关操作 2.1.2 能进行套塑工装模具的装卸以及壁厚、同心度的调整	2.1.1 套塑设备操作规程 2.1.2 套塑工装模具的安装、拆卸以及壁厚、同心度的调整方法
	2.2 设备运行监控	能识别套塑设备运行中张力、温度、速度、充油压力、充油饱和度等参数是否正常	套塑设备检查规范
3. 工艺控制	3.1 工艺过程控制	能识别套塑工序的关键工艺参数	光缆产品关键工艺参数识别方法
	3.2 工艺参数调节	能根据光缆产品剥离松紧度、余长、充油饱和度、外径等的实际情况对工艺参数进行微调	光缆产品关键工艺参数的调节方法
4. 质量控制	4.1 检测	能进行光缆产品的自检互检	光缆产品检验规范
	4.2 分析不合格品产生原因	能按工艺要求对不合格品进行返工	不合格品处理规范

3.2.6 光缆成缆工

职业功能	工作内容	技能要求	相关知识要求
1. 生产准备	1.1 设备开机检查	1.1.1 能判别成缆设备常见故障 1.1.2 能对成缆设备的基础生产参数进行设定	1.1.1 成缆设备故障原因分析 1.1.2 成缆设备参数设定要求
	1.2 材料准备	1.2.1 能检查成缆用原辅材料是否满足生产要求 1.2.2 能检查成缆用原辅材料外观质量	成缆用原辅材料检查方法
	1.3 工装模具准备	能对成缆工装模具的关键尺寸进行检查和测量	成缆工装模具的检查和测量方法
2. 设备操作	2.1 生产过程控制	2.1.1 能判别并解决一般装备问题 2.1.2 能进行特殊结构光缆的生产 2.1.3 能对设定的参数进行检查	2.1.1 一般装备问题处理方法 2.1.2 特殊结构光缆的生产方法 2.1.3 成缆操作规程

续表

职业功能	工作内容	技能要求	相关知识要求
2.设备操作	2.2 设备运行监控	能识别成缆设备在运行时其主机界面参数是否正常	成缆设备主机界面参数确认方法
3.工艺控制	3.1 工艺过程控制	3.1.1 能根据成缆设备配置和光缆产品结构设置相应的工艺参数 3.1.2 能根据光缆产品生产情况,对工艺参数进行变更	特殊结构参数设置和变更方法
	3.2 工艺参数调节	能根据检测结果对工艺参数进行调节	成缆工艺参数调节知识
4.质量控制	检测	能进行光缆产品自检,并对简单问题进行处理	光缆产品检验规范

3.2.7 光缆护套工

职业功能	工作内容	技能要求	相关知识要求
1.生产准备	1.1 设备开机检查	能判别护套设备常见故障	护套设备故障原因分析知识
	1.2 材料准备	1.2.1 能检查护套用原辅材料规格是否满足生产要求 1.2.2 能检查护套用原辅材料外观质量	1.2.1 护套用原辅材料规格及生产要求 1.2.2 护套用原辅材料检查方法
	1.3 工装模具准备	能对护套工装模具的关键尺寸进行检查和测量	护套工装模具的检查和测量方法
2.设备操作	2.1 生产操作过程	2.1.1 能按护套设备操作规程进行相关操作 2.1.2 能使用各种辅助设备 2.1.3 能进行护套工装模具的装卸以及壁厚、同心度的调整 2.1.4 能调节复合带的轧纹深度和复合带穿过纵包成型模具后的成型效果	2.1.1 护套设备操作规程 2.1.2 护套工装模具的安装、拆卸以及壁厚、同心度的调整方法

续表

职业功能	工作内容	技能要求	相关知识要求
2. 设备操作	2.2 设备运行监控	2.2.1 能识别护套设备运行中张力、温度、充油压力等参数是否正常 2.2.2 能定期对抽真空装置内部、纵包装置表面的油污、杂物进行清理	2.2.1 护套设备检查规范 2.2.2 护套设备各部件的清理方法
3. 工艺控制	3.1 工艺过程控制	3.1.1 能识别工艺控制要点 3.1.2 能识别关键工艺参数	3.1.1 光缆护套工艺知识 3.1.2 光缆护套产品知识
	3.2 工艺参数调节	能根据检测结果对工艺参数进行微调	工艺原理
4. 质量控制	4.1 检测	能进行光缆产品的自检互检	光缆产品检验规范
	4.2 分析不合格品产生原因	能按工艺要求对不合格品进行返工	不合格品处理规范

3.3 三级/高级工

3.3.1 光纤拉制工

职业功能	工作内容	技能要求	相关知识要求
1. 生产准备	1.1 材料准备	1.1.1 能对预制棒普通外观异常进行处理 1.1.2 能识别预制棒检测单给出的最大直径、直径最大公差等参数,并判断是否满足拉丝炉生产工艺要求	1.1.1 预制棒外观异常处理方法 1.1.2 预制棒尺寸对拉丝工艺的影响
	1.2 工艺参数检查	1.2.1 能检查并判断整条拉丝生产线气体流量是否满足工艺要求 1.2.2 能检查并判断拉丝炉功率、生产速度等参数是否满足工艺要求	1.2.1 气体测量方法 1.2.2 拉丝炉功率与生产速度的匹配关系
	1.3 工装模具准备	1.3.1 能对光纤涂覆模具的老化部件进行处理 1.3.2 能识读光纤涂覆模具结构设计图	1.3.1 光纤涂覆模具结构 1.3.2 老化部件判定标准
	1.4 拉丝辅助操作	能对与光纤接触的状态异常零部件进行维护	1.4.1 拉丝塔零部件维护方法 1.4.2 拉丝塔零部件分类

续表

职业功能	工作内容	技能要求	相关知识要求
2. 光纤生产	2.1 挂棒操作	2.1.1 能分析预制棒在拉丝炉内偏离中心位置的原因 2.1.2 能根据预制棒参数和拉丝炉结构对进棒长度等参数进行设置	2.1.1 预制棒位置判定方法 2.1.2 预制棒结构对拉丝过程的影响
	2.2 坠头操作	2.2.1 能根据光纤流速对拉丝炉功率、预制棒进棒长度等工艺参数进行调整 2.2.2 能对光纤坠头过程中所出现的异常情况进行处理	2.2.1 光纤坠头形成原理 2.2.2 光纤坠头速度调整方法
	2.3 模具安装	2.3.1 能对模具安装过程中出现的安装不顺畅、无法有效安装到位等异常情况进行处理 2.3.2 能按要求判定密封圈的状态并进行更换	2.3.1 模具维护要求 2.3.2 模具修复方法
	2.4 穿模操作	2.4.1 能处理穿模过程中光纤状态出现的异常情况 2.4.2 能处理穿模后光纤状态出现的异常情况	2.4.1 光纤异常情况的识别方法 2.4.2 光纤异常情况的处理方法
3. 设备操作	设备维护	3.1.1 能按作业要求对拉丝炉石墨件、石英件等部件进行装配 3.1.2 能分析光纤生产过程中出现的速度不稳定等问题与光纤产品性能之间的关系	3.1.1 拉丝炉装配方法 3.1.2 石墨件基础知识 3.1.3 石英件基础知识
4. 质量控制	4.1 产品异常状态判断	4.1.1 能判定各类光纤产品的检测数据是否满足要求 4.1.2 能判别主要工艺参数对光纤产品质量的影响 4.1.3 能在检测设备工作参数有异常时，根据光纤外观对缺陷进行确认 4.1.4 能对光纤涂覆层固化不足等异常现象进行原因分析	4.1.1 光纤产品质量规范 4.1.2 缺陷观察方法及要求 4.1.3 光纤涂覆工艺
	4.2 产品参数控制	4.2.1 能根据检验结果对工艺进行调整 4.2.2 能根据后道工序所出现的光纤异常情况对工艺参数进行调整	光纤制造各工序知识

3.3.2 光纤筛选工

职业功能	工作内容	技能要求	相关知识要求
1. 生产准备	1.1 识读工艺文件	1.1.1 能对光纤产品制造过程进行分析 1.1.2 能指出工艺过程中的难点和关键点,并制定应对措施 1.1.3 能指导生产操作人员掌握生产工艺要点	1.1.1 光纤产品工艺设计原理 1.1.2 工艺流程异常处理方法
	1.2 设备的检查	1.2.1 能对筛选复绕设备中的机械装置、电气线路、管道阀门等结构进行全面检查 1.2.2 能发现筛选复绕设备启动后的隐患,并采取有效措施排除隐患 1.2.3 能对所需工具提出改进建议并实施	1.2.1 筛选复绕设备机械结构与运转系统基础原理 1.2.2 筛选复绕设备电气控制基础知识
2. 材料配制	配料分析	2.1.1 能对原材料、光纤产品的技术要求及工艺原理进行分析 2.1.2 能识别原材料、光纤产品的质量问题,能采取止损措施,并对异常点的产生原因进行分析	2.1.1 原材料、光纤产品工艺知识 2.1.2 原材料、光纤产品质量判定规范
3. 工艺参数确定	3.1 计算、选择工艺参数	3.1.1 能根据工艺原理和工艺流程选用相应的工艺参数 3.1.2 能对工艺参数和规程进行优化	3.1.1 筛选机稼动率提升方法 3.1.2 光纤产品工艺参数计算方法
	3.2 调整工艺参数	3.2.1 能对工艺参数和工艺流程进行优化 3.2.2 能解决操作中的各种关键技术问题,并落实改进措施	3.2.1 光纤产品性能参数调整方法 3.2.2 关键工艺改进方法
4. 设备操作	4.1 使用盘具	4.1.1 能按工艺文件要求选用盘具,在出现异常盘具时能制定处理措施 4.1.2 能对上下盘操作过程中出现的常规异常情况进行原材料及机体结构分析	4.1.1 异常盘具处理方法 4.1.2 盘具结构

续表

职业功能	工作内容	技能要求	相关知识要求
4. 设备操作	4.2 放线和排线	4.2.1 能调整排线装置初始位置 4.2.2 能分析穿线和放线过程中出现异常现象的原因	4.2.1 排线装置位置调整方法 4.2.2 放线和收线装置结构
	4.3 使用设备	4.3.1 能生产高要求光纤产品，其各项指标应满足工艺要求 4.3.2 能分析筛选复绕设备工艺参数与光纤产品性能之间的关联性	4.3.1 光纤产品设计原理 4.3.2 各等级光纤产品生产工艺
	4.4 设备运行监控	4.4.1 能协助调试筛选复绕机，并跟踪运行过程中排线不良等异常现象的改善效果 4.4.2 能对控制仪表、监控设备工作原理进行分析	4.4.1 光纤排线不良的改善方法 4.4.2 控制仪表、监控设备工作原理
5. 质量控制	5.1 检测	能检查光纤产品外观质量，并分析光纤表面缺陷	光纤产品外观判定标准
	5.2 断点处理与缺陷切除	能对设备异常引起的断点进行分析，并提出对应的改善措施	5.2.1 光纤强度定义 5.2.2 光纤强度改善方法
	5.3 不合格品处置	5.3.1 能分析不合格品产生原因 5.3.2 能针对不合格品产生原因提出改善建议	5.3.1 不合格品分类规范 5.3.2 不合格品分析工具及应用
	5.4 解决产品质量问题	5.4.1 能解决新产品试制中的质量问题 5.4.2 能参与疑难质量问题产生原因的分析，并提出相应的改进措施	5.4.1 新产品管理方法 5.4.2 六西格玛管理方法
6. 技术培训和管理	6.1 技术管理	6.1.1 能针对操作人员工作负荷问题提出建议，并制订解决方案 6.1.2 能进行工艺操作类软件的维护、验证及部分管理工作	6.1.1 员工工作量评估方法 6.1.2 软件维护方法
	6.2 培训与指导	6.2.1 能组织对四级/中级工及以下级别人员进行制造工艺学理论的培训 6.2.2 能编制工艺培训讲义和考核试题	6.2.1 现场培训的方式、方法 6.2.2 工艺培训讲义编写方法

3.3.3 光纤检测工

职业功能	工作内容	技能要求	相关知识要求
1. 生产准备	1.1 仪器仪表准备	1.1.1 能对仪器仪表故障进行排查 1.1.2 能判别不同仪器仪表的测试量程是否满足要求	1.1.1 仪器仪表故障排查方法 1.1.2 仪器仪表选用方法
	1.2 样品准备	能对外观异常光纤产品进行处理	1.2.1 光纤产品外观要求 1.2.2 外观异常光纤产品的处理方法
2. 样品检测	2.1 样品测试	2.1.1 能对传输性能参数异常的光纤产品进行处理 2.1.2 能对几何尺寸参数异常的光纤产品进行处理 2.1.3 能对光学参数异常的光纤产品进行处理	2.1.1 传输性能参数异常处理方法 2.1.2 几何尺寸参数控制标准 2.1.3 几何尺寸参数异常处理方法 2.1.4 光学参数异常处理方法
	2.2 设备运行监控	能识别主设备、辅助设备在运行过程中出现的异常现象，并及时处理	2.2.1 主设备异常现象判定方法 2.2.2 辅助设备异常现象判定方法
3. 检测结果分析	检测数据统计	3.1.1 能按质量管理规范要求对测试结果进行质量统计 3.1.2 能根据数据处理结果判断光纤产品存在的主要问题 3.1.3 能编制非常规光纤产品检验报告	3.1.1 质量统计与分析方法 3.1.2 光纤产品的关键性能指标 3.1.3 非常规光纤产品检验报告的相关规定

3.3.4 光纤着色并带工

职业功能	工作内容	技能要求	相关知识要求
1. 生产准备	1.1 设备开机检查	能识别着色或并带设备常见隐患	着色或并带设备自主点检作业标准
	1.2 材料准备	能按规定要求对质量异常的着色或并带用原辅材料进行处理	着色或并带用原辅材料质量异常的处理方法
	1.3 工装模具准备	1.3.1 能按着色或并带配模方法对基本产品进行配模 1.3.2 能对着色或并带工装模具进行保养	1.3.1 着色或并带工装模具的种类、结构和选配方法 1.3.2 着色或并带工装模具的保养方法

续表

职业功能	工作内容	技能要求	相关知识要求
2. 设备操作	2.1 生产操作过程	2.1.1 能熟练操作着色或并带设备 2.1.2 能编制着色或并带设备的操作文件	着色或并带设备操作方法
	2.2 设备运行监控	能识别着色或并带设备故障，并按要求采取应对措施	着色或并带设备故障的识别及处理方法
3. 工艺控制	3.1 工艺过程控制	能对着色或并带工序的关键工艺参数进行改进	着色或并带产品性能和工艺参数的关联性
	3.2 工艺参数调节	能解决简单工艺问题	工艺问题解决方法
4. 质量控制	4.1 检测	能对着色或并带产品的性能指标进行测试	测量工具使用方法
	4.2 分析不合格品产生原因	能分析不合格品产生原因	不合格品产生原因分析方法

3.3.5 光纤套塑工

职业功能	工作内容	技能要求	相关知识要求
1. 生产准备	1.1 设备开机检查	能识别套塑设备常见隐患	套塑设备自主点检作业标准
	1.2 材料准备	能按规定要求对质量异常的套塑用原辅材料进行处理	套塑用原辅材料质量异常的处理方法
	1.3 工装模具准备	1.3.1 能按套塑配模方法对基本产品进行配模 1.3.2 能对套塑工装模具进行保养	1.3.1 套塑工装模具的种类、结构和选配方法 1.3.2 套塑工装模具的保养方法
2. 设备操作	2.1 生产过程控制	2.1.1 能熟练操作套塑设备 2.1.2 能编制套塑设备的操作文件	套塑设备操作方法
	2.2 设备运行监控	能识别套塑设备常见故障，并按要求采取应对措施	套塑设备常见故障的识别及处理方法

续表

职业功能	工作内容	技能要求	相关知识要求
3. 工艺控制	3.1 工艺过程控制	能对套塑工序的关键工艺参数进行改进	光缆产品性能和工艺参数的关联性
	3.2 工艺参数调节	能解决简单工艺问题	工艺问题解决方法
4. 质量控制	4.1 检测	能使用测量工具进行测试	测量工具使用方法
	4.2 分析不合格品产生原因	能分析不合格品产生原因	不合格品产生原因分析方法

3.3.6 光缆成缆工

职业功能	工作内容	技能要求	相关知识要求
1. 生产准备	1.1 设备开机检查	1.1.1 能识别成缆设备隐患 1.1.2 能对成缆设备的基础生产参数进行调整	1.1.1 成缆设备检查规范 1.1.2 成缆设备参数调整方法
	1.2 材料准备	1.2.1 能对新结构材料的选择提出建议 1.2.2 能按规定要求对质量异常的成缆用原辅材料进行处理	1.2.1 成缆用原辅材料选用方法 1.2.2 不合格成缆用原辅材料的处理方法
	1.3 工装模具准备	能根据光缆产品型号选配模具	模具选配方法
2. 设备操作	2.1 生产过程控制	2.1.1 能解决设备运行中出现的常见问题 2.1.2 能进行所有结构光缆产品的生产 2.1.3 能根据生产情况合理调整相关参数	2.1.1 张力不稳定原因分析方法 2.1.2 成缆设备操作方法
	2.2 设备运行监控	能识别成缆设备故障，并按要求进行维修	成缆设备常见故障排除方法
3. 工艺控制	3.1 工艺过程控制	3.1.1 能解读工艺参数和设备参数之间的关联性 3.1.2 能根据成缆设备状况计算工艺参数的最佳值	3.1.1 常规工艺参数设计知识 3.1.2 工艺参数的选择方法

续表

职业功能	工作内容	技能要求	相关知识要求
3. 工艺控制	3.2 工艺参数调节	能针对光缆产品性能异常进行合理的工艺调整	光缆产品性能异常分析方法
4. 质量控制	4.1 检测	4.1.1 能根据OTDR（optical time domain reflectometry，光时域反射法）原理进行测试 4.1.2 能对测试数据进行分析	测试和数据分析方法
	4.2 分析不合格品产生原因	能按工艺要求对不合格品进行返工	不合格品处理规范

3.3.7 光缆护套工

职业功能	工作内容	技能要求	相关知识要求
1. 生产准备	1.1 设备开机检查	能识别护套设备常见隐患	护套设备自主点检作业标准
	1.2 材料准备	1.2.1 能对废料进行称重并分类放置 1.2.2 能按规定要求对质量异常的护套用原辅材料进行处理	1.2.1 废料的处理方法 1.2.2 不合格护套用原辅材料的处理方法
	1.3 工装模具准备	1.3.1 能按护套配模方法对基本产品进行配模 1.3.2 能对护套工装模具进行清洁和保养	1.3.1 护套工装模具的种类、结构和选配方法 1.3.2 护套工装模具的保养知识
2. 设备操作	2.1 生产操作过程	2.1.1 能操作不同型号护套设备 2.1.2 能安装各种异形结构产品的工装模具，并调整同心度 2.1.3 能分析生产过程中的异常现象并采取措施排除	2.1.1 护套设备操作规程 2.1.2 异形结构产品工装模具同心度的调整方法 2.1.3 生产异常处理流程
	2.2 设备运行监控	2.2.1 能判别护套设备故障，并按要求采取应急措施 2.2.2 能在护套设备出现异常的情况下采取抢救措施，并能降低产品损失	2.2.1 护套设备工作原理 2.2.2 护套设备操作规程

续表

职业功能	工作内容	技能要求	相关知识要求
3. 工艺控制	3.1 工艺过程控制	3.1.1 能对关键工艺参数进行改进 3.1.2 能对产品瑕疵进行修复处理	工艺参数的选择方法
	3.2 工艺参数调节	能解决简单工艺问题	工艺问题解决方法
4. 质量控制	4.1 检测	能使用测量工具进行测试	测量工具使用方法
	4.2 分析不合格品产生原因	能分析不合格品产生原因	不合格品产生原因分析方法

3.4 二级/技师

3.4.1 光纤拉制工

职业功能	工作内容	技能要求	相关知识要求
1. 生产准备	1.1 材料准备	1.1.1 能根据生产线停机时间选择对应长度的预制棒 1.1.2 能识别预制棒、涂料是否在有效期内	1.1.1 预制棒拉丝消耗量计算方法 1.1.2 原辅材料性能知识
	1.2 工艺参数检查	1.2.1 能检查并调节拉丝炉气体流量，使其满足工艺要求 1.2.2 能对拉丝炉中气体出现的异常情况进行分析	1.2.1 拉丝炉气体流量调整方法 1.2.2 拉丝炉工作原理
	1.3 工装模具准备	1.3.1 能使用显微镜或其他检测仪器对光纤涂覆模具的同心度进行观察与确认 1.3.2 能对光纤涂覆模具各结构部件的状态进行判定	1.3.1 光纤涂覆模具同心度知识 1.3.2 光纤涂覆模具调节方法
2. 光纤生产	2.1 挂棒操作	能对生产现场所有类型的拉丝炉进行挂棒操作	预制棒类型与拉丝炉匹配规则
	2.2 模具安装	2.2.1 能处理模具无法从模座内顺畅取出等异常情况 2.2.2 能检查模具平台的水平位置	2.2.1 模具专用工具使用方法 2.2.2 模具平台检查方法及要求

续表

职业功能	工作内容	技能要求	相关知识要求
3.设备操作	3.1 设备设置	3.1.1 能分析控制界面各参数与光纤性能参数之间的关联性 3.1.2 能对控制界面参数的准确性进行评估	3.1.1 生产工艺对光纤产品质量的影响 3.1.2 生产工艺参数检验要求
	3.2 设备维护	3.2.1 能对石墨件、石英件的状态和完整性等特性进行判断 3.2.2 能对光纤生产过程中出现的速度不稳定等问题的原因进行分析 3.2.3 能对导轮、皮带、水管、气管等部件的状态进行判定 3.2.4 能对测量仪器内部参数进行调整	3.2.1 石墨件的判定方法 3.2.2 石英件的判定方法 3.2.3 拉丝塔部件状态判定方法
4.质量控制	产品异常状态判断	4.1.1 能对大盘外观状态进行判断,并在出现异常情况时进行反馈 4.1.2 能对光纤涂覆层固化不足等异常现象进行问题聚焦并处理	4.1.1 大盘异常反馈机制 4.1.2 光纤涂覆原理
5.技术培训和管理	5.1 技术管理	5.1.1 能对现场耗材成本进行有效规划 5.1.2 能进行新材料、新工艺、新设备的应用试验 5.1.3 能结合实际工作提出质量管理改进措施 5.1.4 能进行检测设备的功能性检查	5.1.1 原辅材料用量评估方法 5.1.2 新产品检验方法 5.1.3 工艺改进方法
	5.2 培训与指导	5.2.1 能编制拉制工序作业指导书 5.2.2 能编制产品手册、生产设备构成说明文件 5.2.3 能结合生产现场实际情况指导三级/高级工及以下级别人员开展相关技术工作	5.2.1 拉制工序作业指导书编制方法 5.2.2 产品手册编制要求

3.4.2 光纤检测工

职业功能	工作内容	技能要求	相关知识要求
1. 生产准备	1.1 仪器仪表准备	1.1.1 能对仪器仪表故障进行排除 1.1.2 能根据测试标准设置相关参数	1.1.1 仪器仪表故障排除方法 1.1.2 仪器仪表测试参数设置方法
	1.2 样品准备	能对外观异常光纤产品的处理结果进行确认	1.2.1 异常光纤产品的分类 1.2.2 异常光纤产品处理结果的确认方法
2. 样品检测	2.1 样品测试	2.1.1 能对传输性能参数异常的光纤产品进行机理分析 2.1.2 能对几何尺寸参数异常的光纤产品进行机理分析 2.1.3 能对光学参数异常的光纤产品进行机理分析	2.1.1 异常光纤产品机理分析 2.1.2 异常光纤产品处理方法
	2.2 设备运行监控	能识别主设备、辅助设备运行过程中出现的异常现象，并进行原因分析	2.2.1 设备监控仪表异常结果分析方法 2.2.2 设备监控仪表异常现象处理方法
3. 检测结果分析	3.1 检测数据统计	3.1.1 能对光纤产品质量性能参数进行统计分析 3.1.2 能依据数据统计分析结果指导生产 3.1.3 能撰写检测报告	3.1.1 光纤产品质量性能参数统计分析方法 3.1.2 光纤产品性能与生产工艺参数的相关性 3.1.3 检测报告撰写方法
	3.2 检测结果判定	3.2.1 能对测试人员的检测过程进行检查 3.2.2 能对测试人员的检测质量进行监控	3.2.1 检测过程监督方法 3.2.2 检测质量监控方法
4. 技术培训和管理	4.1 技术管理	4.1.1 能编制检测工序作业指导书 4.1.2 能进行新材料、新工艺、新设备、新方法的应用试验 4.1.3 能进行检测设备的功能性检查和期间核查 4.1.4 能制定职业健康防护措施 4.1.5 能结合工作实际提出质量管理改进措施	4.1.1 检测工序作业指导书的编制方法 4.1.2 光纤产品新材料、新工艺、新设备、新方法相关知识 4.1.3 职业健康防护知识与职业健康安全体系知识 4.1.4 质量管理体系知识

续表

职业功能	工作内容	技能要求	相关知识要求
4. 技术培训和管理	4.2 培训与指导	4.2.1 能结合生产现场实际情况指导三级/高级工及以下级别人员开展相关技术工作 4.2.2 能编写培训计划和教案，对三级/高级工及以下级别人员开展全面的技能培训	4.2.1 现场培训的方式、方法 4.2.2 培训计划和教案的编写方法

3.4.3 光纤着色并带工

职业功能	工作内容	技能要求	相关知识要求
1. 生产准备	1.1 设备开机检查	能识别着色和并带设备常见隐患并有效排除	着色和并带设备机械传动和电气线路知识
	1.2 材料准备	能协助质量部制订异常原辅材料的处理方案	各类原辅材料的选用原则及质量检测方法
	1.3 工装模具准备	1.3.1 能指导三级/高级工及以下级别人员对着色和并带模具进行调整、使用及保养 1.3.2 能指导三级/高级工及以下级别人员进行着色和并带模具的检测及装配	1.3.1 配模原理及方法 1.3.2 工装模具图的绘制知识
2. 设备操作	2.1 生产操作过程	2.1.1 能编制着色和并带设备的操作文件并指导生产 2.1.2 能指导和培训三级/高级工及以下级别人员操作着色和并带设备	2.1.1 着色和并带设备安全操作知识 2.1.2 着色和并带设备操作的培训方法
	2.2 设备运行监控	2.2.1 能分析着色和并带设备故障原因，并提出长效改善措施 2.2.2 能对着色和并带设备进行运行监控，并对故障进行提前预防	2.2.1 着色和并带设备工作原理及故障处理方法 2.2.2 着色和并带设备故障预防方法
3. 工艺控制	3.1 工艺过程控制	3.1.1 能按着色和并带产品质量要求、设备状况等选择合适的工艺路线 3.1.2 能初步分析、处理着色和并带产品质量问题	3.1.1 产品工艺设计方法 3.1.2 质量问题分析方法

续表

职业功能	工作内容	技能要求	相关知识要求
3. 工艺控制	3.2 工艺参数调节	能根据产品要求调试着色和并带工艺参数并编制工艺文件，能指导产品生产	工艺文件编制要求
4. 质量控制	4.1 检测	能对测试数据进行分析	测试数据分析方法
	4.2 分析不合格品产生原因	4.2.1 能指导三级/高级工及以下级别人员对不合格品产生原因进行分析 4.2.2 能针对不合格品产生原因提出改善建议	不合格品产生原因分析及改进方法
5. 技术培训和管理	5.1 技术管理	5.1.1 能编制着色和并带工序作业指导书 5.1.2 能进行新材料、新工艺、新设备的调试 5.1.3 能对制定着色和并带工序技术要求及工艺文件提出建议	5.1.1 着色和并带工序作业指导书编制方法 5.1.2 着色和并带工序新材料、新工艺及新设备知识
	5.2 培训	5.2.1 能编写培训计划和教案，并结合生产指导三级/高级工及以下级别人员开展全面的技能培训 5.2.2 能撰写技术总结报告	5.2.1 培训计划、教案的编写方法和现场培训的方式、方法 5.2.2 技术总结报告撰写方法

3.4.4 光纤套塑工

职业功能	工作内容	技能要求	相关知识要求
1. 生产准备	1.1 设备开机检查	能识别套塑设备常见隐患并有效排除	套塑设备机械传动和电气线路知识
	1.2 材料准备	1.2.1 能协助质量部制订异常原辅材料的处理方案 1.2.2 能进行材料工艺实验	1.2.1 各类原辅材料的选用原则及质量检测方法 1.2.2 材料性能测试知识

续表

职业功能	工作内容	技能要求	相关知识要求
1. 生产准备	1.3 工装模具准备	1.3.1 能根据产品结构和尺寸进行配模 1.3.2 能识读工装图 1.3.3 能指导三级/高级工及以下级别人员对套塑模具进行调整、使用和保养 1.3.4 能指导三级/高级工及以下级别人员进行套塑模具的检测和装配	1.3.1 配模原理及方法 1.3.2 工装图的识读方法
2. 设备操作	2.1 生产过程控制	2.1.1 能编制关键套塑设备的操作文件 2.1.2 能指导和培训三级/高级工及以下级别人员操作套塑设备	2.1.1 套塑设备工作原理 2.1.2 套塑设备操作的培训方法
	2.2 设备运行监控	能针对套塑设备故障提出长效改善措施	套塑设备故障分析方法
3. 工艺控制	3.1 工艺过程控制	能按产品质量要求、设备状况等选择合适的工艺路线	套塑设备功能与工艺参数设计
	3.2 工艺参数调节	能根据产品要求调试工艺参数、编制工艺文件,并指导产品生产	工艺文件的编制要求
4. 质量控制	4.1 检测	能对测试数据进行分析	测试数据分析方法
	4.2 分析不合格品产生原因	4.2.1 能针对不合格品产生原因提出改善建议 4.2.2 能指导三级/高级工及以下级别人员掌握不合格品产生原因的分析方法	不合格品产生原因分析方法和改善建议
5. 技术培训和管理	5.1 技术管理	5.1.1 能编制套塑工序作业指导书 5.1.2 能进行新材料、新工艺、新设备的调试	5.1.1 套塑工序作业指导书编制方法 5.1.2 套塑工序新材料、新工艺及新设备知识
	5.2 培训	5.2.1 能编写培训计划和教案,并对三级/高级工及以下级别人员开展套塑技能培训 5.2.2 能撰写技术总结报告	5.2.1 培训计划和教案的编写方法 5.2.2 技术总结报告撰写方法

3.4.5 光缆成缆工

职业功能	工作内容	技能要求	相关知识要求
1. 生产准备	1.1 设备开机检查	1.1.1 能指导三级/高级工及以下级别人员排查成缆设备故障并有效排除 1.1.2 能对成缆设备基础生产参数提出优化方案	成缆设备二级保养知识
	1.2 材料准备	1.2.1 能总结经验并指导三级/高级工及以下级别人员操作 1.2.2 能指导三级/高级工及以下级别人员对成缆用原辅材料进行自检 1.2.3 能指导三级/高级工及以下级别人员进行新结构工艺调试	1.2.1 成缆检测标准 1.2.2 生产工艺与光缆产品相关性知识
2. 设备操作	2.1 生产过程控制	2.1.1 能分析故障原因并进行处理 2.1.2 能指导三级/高级工及以下级别人员生产不同规格的光缆产品 2.1.3 能指导三级/高级工及以下级别人员操作成缆设备	2.1.1 成缆设备工作原理及故障处理方法 2.1.2 光缆产品生产过程中异常情况的处理方法
	2.2 设备运行监控	2.2.1 能针对成缆设备故障提出长效改善措施 2.2.2 能对成缆设备运行监控故障进行预防	2.2.1 成缆设备疑难故障排除方法 2.2.2 成缆设备故障预防方法
3. 工艺控制	3.1 工艺过程控制	3.1.1 能根据工艺方法计算常规结构的工艺参数 3.1.2 能对现有光缆产品工艺参数提出改善建议	3.1.1 工艺参数计算和设计知识 3.1.2 工艺难点解决方法
	3.2 工艺参数调节	能针对工艺文件中光缆产品制造的工艺难点制定应对措施	工艺难点解决方法
4. 质量控制	4.1 检测	4.1.1 能指导三级/高级工及以下级别人员进行光缆产品的自检互检并解决出现的问题 4.1.2 能对测试数据进行分析	4.1.1 光缆产品的结构和外观质量要求 4.1.2 测试数据分析方法

续表

职业功能	工作内容	技能要求	相关知识要求
4.质量控制	4.2 分析不合格品产生原因	4.2.1 能对不合格品产生原因进行全面分析 4.2.2 能针对不合格品产生原因提出建议	不合格品产生原因分析方法
5.技术培训和管理	5.1 技术管理	5.1.1 能编制成缆工序操作规程 5.1.2 能进行新材料、新工艺、新设备的工艺调试 5.1.3 能结合工作实际提出质量管理改进措施	5.1.1 成缆工序操作规程编制方法 5.1.2 成缆产品工艺设计、工装配模知识 5.1.3 质量管理体系相关知识
	5.2 培训	5.2.1 能编写培训计划和教案，并对三级/高级工及以下级别人员开展成缆技能培训 5.2.2 能撰写技术总结报告	5.2.1 培训计划和教案的编写方法 5.2.2 技术总结报告撰写方法

3.4.6 光缆护套工

职业功能	工作内容	技能要求	相关知识要求
1.生产准备	1.1 设备开机检查	1.1.1 能识别护套设备常见隐患并有效排除 1.1.2 能对护套设备的使用状态进行测评	1.1.1 护套设备机械传动和电气线路基础知识 1.1.2 护套设备测评知识
	1.2 材料准备	能协助质量部制订异常原辅材料的处理方案	各类原辅材料的选用原则及质量检测方法
	1.3 工装模具准备	1.3.1 能识读工装图 1.3.2 能指导三级/高级工及以下级别人员对护套模具进行调整、使用和保养 1.3.3 能指导三级/高级工及以下级别人员对护套模具进行检测和装配	1.3.1 工装图的识读方法 1.3.2 配模原理及方法

续表

职业功能	工作内容	技能要求	相关知识要求
2.设备操作	2.1 生产操作过程	2.1.1 能编制关键护套设备的操作文件 2.1.2 能在生产线的重要部分进行示范操作、讲解 2.1.3 能独立处理和解决技术或设备难题，并指导三级/高级工及以下级别人员处理异常情况 2.1.4 能指导和培训三级/高级工及以下级别人员操作护套设备	2.1.1 护套设备工作原理 2.1.2 护套设备操作方法
	2.2 设备运行监控	能分析护套设备故障原因，并提出有针对性的长效改善措施	护套设备故障处理方法
3.工艺控制	3.1 工艺过程控制	能按光缆产品质量要求、设备状况等选择合适的工艺路线	工艺参数设计知识
	3.2 工艺参数调节	3.2.1 能根据光缆产品要求编制工艺文件，并指导光缆产品生产 3.2.2 能根据光缆产品要求调整工艺参数，维持生产作业的稳定性	工艺文件的编制要求
4.质量控制	4.1 检测	能对测试数据进行分析	测试数据分析方法
	4.2 分析不合格品产生原因	4.2.1 能指导三级/高级工及以下级别人员掌握不合格品产生原因的分析方法 4.2.2 能针对不合格品产生原因提出整改建议	不合格品整改措施
5.技术培训和管理	5.1 技术管理	5.1.1 能编制护套工序作业指导书 5.1.2 能进行护套工序新材料、新工艺、新设备的调试 5.1.3 能对制定护套工序技术要求及工艺文件提出建议	5.1.1 护套工序作业指导书编制方法 5.1.2 护套工序新材料、新工艺及新设备知识
	5.2 培训	5.2.1 能编写培训计划和教案，并对三级/高级工及以下级别人员开展护套技能培训 5.2.2 能撰写技术总结报告	5.2.1 培训计划和教案的编写方法 5.2.2 技术总结报告撰写方法

3.5 一级/高级技师

3.5.1 光纤拉制工

职业功能	工作内容	技能要求	相关知识要求
1. 生产准备	1.1 材料准备	1.1.1 能分析预制棒外观异常信息对光纤生产过程中工艺参数的影响 1.1.2 能区分采用不同规格涂料、预制棒等原辅材料时的生产工艺差异	1.1.1 预制棒外观与光纤生产过程中工艺参数的关联性 1.1.2 光纤生产工艺原理
	1.2 工艺参数检查	1.2.1 能检查并调节整条拉丝生产线气体流量，使其满足工艺要求 1.2.2 能对拉丝生产线气体异常情况进行分析，并提出预防及改善措施	1.2.1 拉丝炉内气体种类 1.2.2 拉丝炉内各气体作用
	1.3 工装模具准备	1.3.1 能使用相关工具对光纤涂覆模具同心度进行调整 1.3.2 能对光纤涂覆模具出现的堵模、螺钉滑牙等异常情况进行处理	1.3.1 光纤涂覆模具修复方法 1.3.2 光纤涂覆模具修复工具的种类
	1.4 拉丝辅助操作	能对与光纤接触的状态异常的零部件进行更换	1.4.1 设备零部件更换方法 1.4.2 设备维修工具选用方法
2. 光纤生产	模具安装	能协助相关专业人员对模具平台的水平度和同心度进行调整	2.1.1 模具平台水平度调整要求 2.1.2 模具平台同心度调整方法
3. 设备操作	3.1 设备设置	3.1.1 能对控制界面所显示的异常参数进行处理 3.1.2 能对控制系统内部元器件的参数进行调整	3.1.1 控制界面异常参数的处理方法 3.1.2 元器件参数设定要求
	3.2 设备维护	3.2.1 能解决光纤生产过程中出现的速度不稳定等问题 3.2.2 能对拉丝生产线内导轮、皮带、气管等部件进行维护、更换等操作	3.2.1 拉丝速度影响因素分析 3.2.2 拉丝塔塔架气路维修知识 3.2.3 拉丝塔塔架水路维修知识

续表

职业功能	工作内容	技能要求	相关知识要求
4. 质量控制	产品异常状态判断	4.1.1 能在光纤产品检测数据出现异常时进行原因分析 4.1.2 能使用显微镜等相关设备对缺陷真实性进行判断 4.1.3 能识别光纤各类外观问题，并提出对应的解决方案 4.1.4 能对缺陷产生的根本原因进行分析，并对其进行验证以及制订解决方案	4.1.1 显微镜使用方法 4.1.2 缺陷产生与判定知识 4.1.3 质量管理体系相关知识
5. 技术培训和管理	5.1 技术管理	5.1.1 能针对操作人员工作负荷问题提出建议，并制订解决方案 5.1.2 能进行工艺操作类软件的维护、验证及部分管理工作	5.1.1 员工工作量评估方法 5.1.2 软件维护方法
	5.2 培训与指导	5.2.1 能运用六西格玛、精益生产等管理方法，并对二级/技师及以下级别人员进行培训和考核 5.2.2 能对二级/技师及以下级别人员进行各类光纤性能特点、各类光纤应用场景、各机型设备部件组成和工作原理的培训	5.2.1 生产管理理念 5.2.2 沟通与培训技巧

3.5.2 光纤检测工

职业功能	工作内容	技能要求	相关知识要求
1. 生产准备	1.1 仪器仪表准备	1.1.1 能对仪器仪表产生的故障进行原理性分析 1.1.2 能分析仪器仪表设置参数与测试数据之间的关联性	1.1.1 仪器仪表测试运行原理 1.1.2 仪器仪表测试参数影响因素
	1.2 样品准备	能分析光纤产品外观异常的原因	1.2.1 光纤生产流程 1.2.2 光纤产品外观异常原因分析方法
2. 样品检测	2.1 样品测试	2.1.1 能对新型组分的光纤产品进行参数测试 2.1.2 能对新型组分的光纤产品进行成分分析	2.1.1 无机物成分分析方法 2.1.2 光纤产品组分知识

续表

职业功能	工作内容	技能要求	相关知识要求
2. 样品检测	2.2 设备运行监控	2.2.1 能解决仪器测量过程中的干扰问题 2.2.2 能识别主设备、辅助设备运行过程中出现的异常现象，并提出改善方案	2.2.1 仪器干扰原因及排查方法 2.2.2 设备监控仪表异常现象处理方法
3. 检测结果分析	3.1 检测数据统计	3.1.1 能对不同光纤产品的各项性能检测数据进行统计分析 3.1.2 能审核统计分析报告	3.1.1 光纤产品性能知识 3.1.2 统计分析报告写作方法
	3.2 检测结果判定	3.2.1 能组织开展技术改进实验，并针对实验结果提出改进建议 3.2.2 能对工装模具的整体使用情况进行督查 3.2.3 能对检测过程中设备、人员造成的误差进行测量系统分析	3.2.1 技术、设备改进要求 3.2.2 计量相关法律、法规要求 3.2.3 测量系统不确定度分析方法
4. 技术培训和管理	4.1 技术管理	4.1.1 能组织、协调新产品的生产质量监控、性能验证 4.1.2 能编写光纤检验安全操作规程 4.1.3 能撰写技术总结报告 4.1.4 能编写质量管理文件	4.1.1 新产品开发规程 4.1.2 有关光纤检验的安全环保知识 4.1.3 技术总结报告的特点及写作方法 4.1.4 质量管理文件编写要求
	4.2 培训	4.2.1 能进行新方法、新技术的推广应用、培训及专题讲座 4.2.2 能依据国标、行标等相关标准，针对具体产品编写适合实验室使用的检验标准	4.2.1 新方法、新技术发展动态 4.2.2 国内外相关标准知识

3.5.3 光纤着色并带工

职业功能	工作内容	技能要求	相关知识要求
1. 生产准备	1.1 设备开机检查	能指导二级/技师及以下级别人员识别着色和并带设备常见隐患并有效排除	1.1.1 着色和并带设备隐患识别及排除方法 1.1.2 生产现场管理知识

续表

职业功能	工作内容	技能要求	相关知识要求
1. 生产准备	1.2 材料准备	1.2.1 能对着色和并带用原辅材料的选择提出持续改进建议 1.2.2 能指导二级/技师及以下级别人员进行着色和并带用原辅材料工艺实验	1.2.1 着色和并带用原辅材料性能知识 1.2.2 着色和并带用原辅材料工艺实验知识
	1.3 工装模具准备	1.3.1 能总结着色和并带配模经验，并对配模操作流程进行优化 1.3.2 能制定着色和并带工装模具选用原则 1.3.3 能解决着色和并带模具在使用、保养、报废过程中出现的问题	1.3.1 配模尺寸要求 1.3.2 模具选用计算方法 1.3.3 异常模具处理规范
2. 设备操作	2.1 生产操作过程	能优化着色和并带设备操作流程	2.1.1 着色和并带设备机械传动、电气自动化知识 2.1.2 生产管理知识和生产安全知识
	2.2 设备运行监控	2.2.1 能对着色和并带设备的自动化运行监控系统提出合理化建议 2.2.2 能指导二级/技师及以下级别人员进行着色和并带设备故障的分析和预防	2.2.1 着色和并带设备运行监控知识 2.2.2 着色和并带设备故障预防知识
3. 工艺控制	3.1 工艺过程控制	3.1.1 能对着色和并带工艺参数进行优化 3.1.2 能指导二级/技师及以下级别人员对着色和并带工艺参数进行设定和选择	原材料、产品性能与关键点控制原理
	3.2 工艺参数调节	能提出着色和并带产品制造过程中的工艺难点，并制定应对措施	工艺难点解决方法
4. 质量控制	分析不合格品产生原因	4.1.1 能解决新产品试制中的质量问题 4.1.2 能主导疑难质量问题产生原因的分析工作，并提出相应的改进措施	4.1.1 光纤产品质量问题的鉴别和分析方法 4.1.2 不合格品产生原因的分析和处理程序

续表

职业功能	工作内容	技能要求	相关知识要求
5. 技术培训和管理	5.1 技术管理	5.1.1 能编制着色和并带工序的生产组织管理方案和工作实施细则 5.1.2 能结合工作实际提出质量管理改进措施	生产管理、项目管理相关知识
	5.2 培训	5.2.1 能进行新方法、新技术的推广应用、培训及专题讲座 5.2.2 能编写二级/技师培训教案，并对二级/技师及以下级别人员进行培训	5.2.1 新方法、新技术发展动态 5.2.2 职业培训相关要求及培训教案编写方法

3.5.4 光纤套塑工

职业功能	工作内容	技能要求	相关知识要求
1. 生产准备	1.1 设备开机检查	1.1.1 能对套塑设备故障进行原理性分析 1.1.2 能指导二级/技师及以下级别人员识别套塑设备常见隐患并有效排除	套塑设备机械传动和电气线路知识
	1.2 材料准备	1.2.1 能对套塑用原辅材料的选择提出持续改进建议 1.2.2 能指导二级/技师及以下级别人员进行套塑用原辅材料工艺实验	1.2.1 套塑用原辅材料性能知识 1.2.2 套塑用原辅材料工艺实验知识
	1.3 工装模具准备	1.3.1 能总结套塑配模经验，并对配模操作流程进行优化 1.3.2 能制定充油、套塑工装模具的选用原则 1.3.3 能识读复杂的工装图，并能绘制工装图 1.3.4 能分析螺杆的种类、长径比、压缩比对塑料塑化程度的影响	1.3.1 套塑模具的拉伸比及拉伸平衡知识 1.3.2 套塑模具选用方法 1.3.3 工装图的绘制知识 1.3.4 螺杆相关知识，如螺杆的分段以及螺槽深度、压缩比、螺距、螺纹升角、螺纹线数、螺棱宽度、螺槽宽度
2. 设备操作	2.1 生产过程控制	2.1.1 能编制整套套塑设备的操作规程 2.1.2 能提出套塑设备操作的合理化建议	生产管理知识和生产安全知识

续表

职业功能	工作内容	技能要求	相关知识要求
2. 设备操作	2.2 设备运行监控	2.2.1 能对套塑设备的自动化运行监控系统提出合理化建议 2.2.2 能对套塑设备运行监控故障进行预防	2.2.1 套塑设备运行监控知识 2.2.2 套塑设备故障预防知识
3. 工艺控制	3.1 工艺过程控制	能对套塑工艺参数进行优化	产品性能指标知识
	3.2 工艺参数调节	能提出产品制造过程中的工艺难点，并制定应对措施	工艺难点解决方法
4. 质量控制	分析不合格品产生原因	4.1.1 能解决新产品试制中的质量问题 4.1.2 能主导疑难质量问题产生原因的分析工作，并提出相应的改进措施	4.1.1 光缆产品质量问题的鉴别和分析方法 4.1.2 不合格品产生原因的分析和处理程序
5. 技术培训和管理	5.1 技术管理	5.1.1 能编制套塑工序的生产组织管理方案和工作实施细则 5.1.2 能结合工作实际提出质量管理改进措施	生产管理、项目管理相关知识
	5.2 培训	5.2.1 能进行新方法、新技术的推广应用、培训及专题讲座 5.2.2 能编写二级/技师培训教案，并对二级/技师及以下级别人员进行培训	5.2.1 新方法、新技术发展动态 5.2.2 职业培训相关要求及培训教案编写方法

3.5.5 光缆护套工

职业功能	工作内容	技能要求	相关知识要求
1. 生产准备	1.1 设备开机检查	能指导二级/技师及以下级别人员识别护套设备常见隐患并有效排除	护套设备完好性判别方法
	1.2 材料准备	1.2.1 能对护套用原辅材料的选择提出持续改进建议 1.2.2 能指导二级/技师及以下级别人员进行护套用原辅材料工艺实验	1.2.1 护套用原辅材料性能知识 1.2.2 护套用原辅材料工艺实验知识

续表

职业功能	工作内容	技能要求	相关知识要求
1. 生产准备	1.3 工装模具准备	1.3.1 能总结护套配模经验，并对配模操作流程进行优化 1.3.2 能制定纵包、挤塑工装模具选用原则 1.3.3 能识读复杂的工装图，并能绘制工装图	1.3.1 配模知识 1.3.2 护套模具选用方法 1.3.3 工装图的绘制知识
2. 设备操作	2.1 生产操作过程	2.1.1 能编制整套护套设备的操作规程 2.1.2 能提出护套设备操作的合理化建议	2.1.1 护套设备机械、电气相关知识 2.1.2 生产管理知识和生产安全知识
	2.2 设备运行监控	2.2.1 能对护套设备的自动化运行监控系统提出合理化建议 2.2.2 能对护套设备运行监控故障进行预防 2.2.3 能指导二级/技师及以下级别人员进行护套设备故障的原因分析和预防	2.2.1 护套设备运行监控知识 2.2.2 护套设备故障预防知识
3. 工艺控制	3.1 工艺过程控制	3.1.1 能对护套工艺参数进行优化 3.1.2 能指导二级/技师及以下级别人员对工艺参数进行设定和选择	3.1.1 光缆护套工艺学 3.1.2 光缆产品工艺知识
	3.2 工艺参数调节	能提出产品制造过程中的工艺难点，并制定应对措施	工艺难点解决方法
4. 质量控制	分析不合格品产生原因	4.1.1 能解决新产品试制中的质量问题 4.1.2 能主导疑难质量问题产生原因的分析工作，并提出相应的改进措施	4.1.1 光缆产品质量问题的鉴别和分析方法 4.1.2 不合格品产生原因的分析和处理程序
5. 技术培训和管理	5.1 技术管理	5.1.1 能编制护套工序的生产组织管理方案和工作实施细则 5.1.2 能结合工作实际提出质量管理改进措施	生产管理、项目管理相关知识

续表

职业功能	工作内容	技能要求	相关知识要求
5.技术培训和管理	5.2 培训	5.2.1 能进行新方法、新技术的推广应用、培训及专题讲座 5.2.2 能编写二级/技师培训教案，并对二级/技师及以下级别人员进行培训	5.2.1 新方法、新技术发展动态 5.2.2 职业培训相关要求及培训教案编写方法

4. 权重表

4.1 理论知识权重表

4.1.1 光纤拉制工

项目		技能等级	五级/初级工（%）	四级/中级工（%）	三级/高级工（%）	二级/技师（%）	一级/高级技师（%）
基本要求		职业道德	5	5	5	5	5
		基础知识	25	25	20	10	10
相关知识要求		工艺环境处置	5	—	—	—	—
		生产准备	20	20	15	10	5
		光纤生产	25	20	20	15	5
		设备操作	10	15	20	20	25
		质量控制	10	15	20	20	25
		技术培训和管理	—	—	—	20	25
合计			100	100	100	100	100

4.1.2 光纤筛选工

项目		技能等级	五级/初级工（%）	四级/中级工（%）	三级/高级工（%）
基本要求		职业道德	5	5	5
		基础知识	25	20	10
相关知识要求		工艺环境处置	5	—	—
		生产准备	15	15	10
		材料配制	15	20	10

续表

项目		技能等级	五级/初级工（%）	四级/中级工（%）	三级/高级工（%）
相关知识要求		工艺参数确定	10	15	20
		设备操作	20	15	10
		质量控制	5	10	20
		技术培训和管理	—	—	15
		合计	100	100	100

4.1.3 光纤检测工

项目		技能等级	五级/初级工（%）	四级/中级工（%）	三级/高级工（%）	二级/技师（%）	一级/高级技师（%）
基本要求		职业道德	5	5	5	5	5
		基础知识	25	25	20	10	10
相关知识要求		工艺环境处置	5	—	—	—	—
		生产准备	20	20	15	10	5
		样品检测	25	20	20	15	15
		检测结果分析	20	30	40	40	40
		技术培训和管理	—	—	—	20	25
		合计	100	100	100	100	100

4.1.4 光纤着色并带工

项目		技能等级	五级/初级工（%）	四级/中级工（%）	三级/高级工（%）	二级/技师（%）	一级/高级技师（%）
基本要求		职业道德	5	5	5	5	5
		基础知识	25	25	20	10	10
相关知识要求		生产准备	25	20	15	10	5
		设备操作	25	20	20	15	5
		工艺控制	10	15	20	20	25
		质量控制	10	15	20	20	25
		技术培训和管理	—	—	—	20	25
		合计	100	100	100	100	100

4.1.5 光纤套塑工

项目	技能等级	五级/初级工(%)	四级/中级工(%)	三级/高级工(%)	二级/技师(%)	一级/高级技师(%)
基本要求	职业道德	5	5	5	5	5
	基础知识	25	25	20	10	10
相关知识要求	生产准备	25	20	15	10	5
	设备操作	25	20	20	15	5
	工艺控制	10	15	20	20	25
	质量控制	10	15	20	20	25
	技术培训和管理	—	—	—	20	25
	合计	100	100	100	100	100

4.1.6 光缆成缆工

项目	技能等级	五级/初级工(%)	四级/中级工(%)	三级/高级工(%)	二级/技师(%)
基本要求	职业道德	5	5	5	5
	基础知识	25	25	20	10
相关知识要求	生产准备	25	20	15	10
	设备操作	25	20	20	15
	工艺控制	10	15	20	20
	质量控制	10	15	20	20
	技术培训和管理	—	—	—	20
	合计	100	100	100	100

4.1.7 光缆护套工

项目	技能等级	五级/初级工(%)	四级/中级工(%)	三级/高级工(%)	二级/技师(%)	一级/高级技师(%)
基本要求	职业道德	5	5	5	5	5
	基础知识	25	25	20	10	10

续表

项目	技能等级	五级/初级工(%)	四级/中级工(%)	三级/高级工(%)	二级/技师(%)	一级/高级技师(%)
相关知识要求	生产准备	25	20	15	10	5
	设备操作	25	20	20	15	5
	工艺控制	10	15	20	20	25
	质量控制	10	15	20	20	25
	技术培训和管理	—	—	—	20	25
	合计	100	100	100	100	100

4.2 技能要求权重表

4.2.1 光纤拉制工

项目	技能等级	五级/初级工(%)	四级/中级工(%)	三级/高级工(%)	二级/技师(%)	一级/高级技师(%)
技能要求	工艺环境处置	15	—	—	—	—
	生产准备	30	30	25	15	10
	光纤生产	30	30	25	15	10
	设备操作	15	25	25	25	25
	质量控制	10	15	25	25	30
	技术培训和管理	—	—	—	20	25
	合计	100	100	100	100	100

4.2.2 光纤筛选工

项目	技能等级	五级/初级工(%)	四级/中级工(%)	三级/高级工(%)
技能要求	工艺环境处置	15	—	—
	生产准备	30	30	15
	材料配制	25	25	15
	工艺参数确定	10	15	20
	设备操作	15	15	10

续表

项目	技能等级	五级/初级工(%)	四级/中级工(%)	三级/高级工(%)
技能要求	质量控制	5	15	20
	技术培训和管理	—	—	20
	合计	100	100	100

4.2.3 光纤检测工

项目	技能等级	五级/初级工(%)	四级/中级工(%)	三级/高级工(%)	二级/技师(%)	一级/高级技师(%)
技能要求	工艺环境处置	15	—	—	—	—
	生产准备	35	35	30	20	15
	样品检测	25	25	25	15	15
	检测结果分析	25	40	45	45	45
	技术培训和管理	—	—	—	20	25
	合计	100	100	100	100	100

4.2.4 光纤着色并带工

项目	技能等级	五级/初级工(%)	四级/中级工(%)	三级/高级工(%)	二级/技师(%)	一级/高级技师(%)
技能要求	生产准备	30	30	20	10	5
	设备操作	40	30	25	15	10
	工艺控制	15	20	30	30	30
	质量控制	15	20	25	30	35
	技术培训和管理	—	—	—	15	20
	合计	100	100	100	100	100

4.2.5 光纤套塑工

项目	技能等级	五级/初级工(%)	四级/中级工(%)	三级/高级工(%)	二级/技师(%)	一级/高级技师(%)
技能要求	生产准备	30	30	20	10	5
	设备操作	40	30	25	15	10
	工艺控制	15	20	30	30	30
	质量控制	15	20	25	30	35
	技术培训和管理	—	—	—	15	20
	合计	100	100	100	100	100

4.2.6 光缆成缆工

项目	技能等级	五级/初级工(%)	四级/中级工(%)	三级/高级工(%)	二级/技师(%)
技能要求	生产准备	30	30	20	10
	设备操作	40	30	25	15
	工艺控制	15	20	30	30
	质量控制	15	20	25	30
	技术培训和管理	—	—	—	15
	合计	100	100	100	100

4.2.7 光缆护套工

项目	技能等级	五级/初级工(%)	四级/中级工(%)	三级/高级工(%)	二级/技师(%)	一级/高级技师(%)
技能要求	生产准备	30	30	20	10	5
	设备操作	40	30	25	15	10
	工艺控制	15	20	30	30	30
	质量控制	15	20	25	30	35
	技术培训和管理	—	—	—	15	20
	合计	100	100	100	100	100

人力资源社会保障部办公厅 民政部办公厅关于颁布殡仪服务员等 5 个国家职业技能标准的通知

(人社厅发〔2021〕82号)

各省、自治区、直辖市及新疆生产建设兵团人力资源社会保障厅（局）、民政厅（局）：

根据《中华人民共和国劳动法》有关规定，人力资源社会保障部、民政部共同制定了殡仪服务员等 5 个国家职业技能标准，现予颁布施行。原相应国家职业技能标准同时废止。

附件：5 个国家职业技能标准目录

人力资源社会保障部办公厅　民政部办公厅
2021 年 10 月 15 日

附件

5 个国家职业技能标准目录

序号	职业编码	职业名称
1	4-10-06-01	殡仪服务员
2	4-10-06-02	遗体防腐整容师
3	4-10-06-03	遗体火化师
4	4-10-06-04	公墓管理员
5	4-14-01-04	社群健康助理员

殡仪服务员国家职业技能标准

（2021 年版）

1. 职业概况

1.1 职业名称

殡仪服务员[①]

1.2 职业编码

4-10-06-01

1.3 职业定义

从事追悼、告别场所布置，接待、引导家属和宾客，组织治丧活动等殡仪服务工作的人员。

1.4 职业技能等级

本职业共设五个等级，分别为：五级/初级工、四级/中级工、三级/高级工、二级/技师、一级/高级技师。其中：五级/初级工、四级/中级工、三级/高级工分殡葬礼仪师、遗体接运工两个工种，二级/技师、一级/高级技师不分工种。

1.5 职业环境条件

室内、外，常温。

1.6 职业能力特征

具有一定的学习、语言文字表达、沟通协调、观察、分析、判断能力，眼、手、足及肢体动作灵活；视觉、嗅觉、听觉正常；身心健康。

1.7 普通受教育程度

初中毕业（或相当文化程度）。

1.8 培训参考学时

五级/初级工不少于 200 标准学时，四级/中级工不少于 180 标准学时，三级/高级工不

[①] 本职业包含但不限于下列工种：殡葬礼仪师、遗体接运工。

少于 160 标准学时，二级/技师不少于 140 标准学时，一级/高级技师不少于 120 标准学时。

1.9 职业技能鉴定要求

1.9.1 申报条件

具备以下条件之一者，可申报五级/初级工：
(1) 累计从事本职业①或相关职业②工作 1 年（含）以上。
(2) 本职业或相关职业学徒期满。

具备以下条件之一者，可申报四级/中级工：
(1) 取得本职业或相关职业五级/初级工职业资格证书（技能等级证书）后，累计从事本职业或相关职业工作 4 年（含）以上。
(2) 累计从事本职业或相关职业工作 6 年（含）以上。
(3) 取得技工学校相关专业③毕业证书（含尚未取得毕业证书的在校应届毕业生）；或取得经评估论证、以中级技能为培养目标的中等及以上职业学校本专业④或相关专业⑤毕业证书（含尚未取得毕业证书的在校应届毕业生）。

具备以下条件之一者，可申报三级/高级工：
(1) 取得本职业或相关职业四级/中级工职业资格证书（技能等级证书）后，累计从事本职业或相关职业工作 5 年（含）以上。
(2) 取得本职业或相关职业四级/中级工职业资格证书（技能等级证书），并具有高级技工学校、技师学院毕业证书（含尚未取得毕业证书的在校应届毕业生）；或取得本职业或相关职业四级/中级工职业资格证书（技能等级证书），并具有经评估论证、以高级技能为培养目标的高等职业学校本专业或相关专业毕业证书（含尚未取得毕业证书的在校应届毕业生）。
(3) 具有大专及以上本专业或相关专业毕业证书，并取得本职业或相关职业四级/中级工职业资格证书（技能等级证书）后，累计从事本职业或相关职业工作 2 年（含）以上。

具备以下条件之一者，可申报二级/技师：
(1) 取得本职业或相关职业三级/高级工职业资格证书（技能等级证书）后，累计从事本职业或相关职业工作 4 年（含）以上。
(2) 取得本职业或相关职业三级/高级工职业资格证书（技能等级证书）的高级技工学校、技师学院毕业生，累计从事本职业或相关职业工作 3 年（含）以上；或取得本职业或相关职业预备技师证书的技师学院毕业生，累计从事本职业或相关职业工作 2 年（含）以上。
(3) 取得相关专业助理工程师等初级专业技术职称后，在服务一线从事技能工作 3 年（含）以上。

---

① 本职业：殡仪服务员（含原遗体接运工），下同。
② 相关职业：公墓管理员、遗体防腐整容师、遗体火化师，下同。
③ 技工学校相关专业：汽车驾驶、家政服务、老年服务与管理、护理，下同。
④ 本专业：殡葬服务与管理，下同。
⑤ 相关专业：中职，殡葬服务与管理、民政服务、社会工作事务；高职专科，现代殡葬技术与管理、陵园服务与管理、殡葬设备维护技术、民政服务与管理；高职本科，社会工作、民政管理，下同。

（4）取得相关系列（专业）中级专业技术职称及以上。

具备以下条件之一者，可申报一级/高级技师：

（1）取得本职业或相关职业二级/技师职业资格证书（技能等级证书）后，累计从事本职业或相关职业工作4年（含）以上。

（2）取得相关系列（专业）中级专业技术职称后，在服务一线从事技能工作3年（含）以上。

（3）取得相关系列（专业）副高级专业技术职称及以上。

1.9.2 鉴定方式

分为理论知识考试、技能考核和综合评审。理论知识考试以笔试、机考等方式为主；技能考核主要采用现场操作、模拟操作等方式进行；综合评审主要针对技师和高级技师，采取审阅申报材料、答辩等方式进行全面评议和审查。

理论知识考试、技能考核和综合评审均实行百分制，成绩皆达60分（含）以上者为合格。职业标准中标注"★"的为涉及安全生产或操作的关键技能，如考生在技能考核中违反操作规程或未达到该技能要求的，则技能考核成绩为不合格。

1.9.3 监考人员、考评人员与考生配比

理论知识考试中的监考人员与考生配比不低于1∶15，且每个考场不少于2名监考人员；技能考核中的考评人员与考生配比为1∶5，且考评人员为3人（含）以上单数；综合评审委员为3人（含）以上单数。

1.9.4 鉴定时间

各等级理论知识考试时间不少于60 min，技能考核时间不少于60 min，综合评审时间不少于20 min。

1.9.5 鉴定场所设备

理论知识考试在标准教室或计算机机房进行。技能考核在专业实操考核场地或殡仪服务场所进行，各技能考核场所考核工位不少于3个，配备必需的设备、用具和相关材料。综合评审在配备多媒体设备的室内或工作现场进行。

2. 基本要求

2.1 职业道德

2.1.1 职业道德基本知识

2.1.2 职业守则

（1）敬畏生命。

（2）慎终追远。

（3）善事逝者。
（4）慰藉生者。

2.2 基础知识

2.2.1 殡仪服务基础知识

（1）殡葬改革和殡葬礼俗常识。
（2）殡仪服务内容和常用殡葬文书知识。
（3）殡葬文化和生命文化相关知识。

2.2.2 死亡学基本常识

（1）死亡的概念及类型。
（2）假死现象产生的原因及其识别。
（3）遗体的定义与分类。

2.2.3 服务礼仪知识

（1）接待客户礼仪。
（2）人际交往技巧。
（3）殡葬服务用语和忌语。
（4）我国主要殡葬风俗。

2.2.4 殡葬心理

（1）公众及客户殡葬心理。
（2）殡葬消费心理。
（3）心理抚慰常识。

2.2.5 殡仪设施、设备及用品

（1）殡仪服务设施、设备的分类与管理。
（2）殡仪服务用品的分类、用途及销售。

2.2.6 卫生消毒与安全防护知识

（1）公共场所消毒和个人卫生防护知识。
（2）公共卫生事件防控知识。
（3）殡仪设备、设施消毒清洁知识。
（4）安全用电常识。
（5）安全保卫基础知识。
（6）消防基础知识。
（7）交通运输安全知识。

2.2.7 计算机使用常识

（1）计算机操作常识。
（2）互联网应用常识。
（3）网络社交平台操作常识。

2.2.8 相关法律、法规及标准知识

（1）《中华人民共和国劳动法》相关知识。
（2）《中华人民共和国民法典》相关知识。
（3）《中华人民共和国消费者权益保护法》相关知识。
（4）《中华人民共和国传染病防治法》相关知识。
（5）《中华人民共和国道路交通安全法》相关知识。
（6）《中华人民共和国消防法》相关知识。
（7）《中华人民共和国环境保护法》相关知识。
（8）《殡葬管理条例》相关知识。
（9）殡葬领域标准相关知识。

3. 工作要求

本标准对五级/初级工、四级/中级工、三级/高级工、二级/技师、一级/高级技师的技能要求和相关知识要求依次递进，高级别涵盖低级别的要求。

3.1 五级/初级工

3.1.1 殡葬礼仪师

职业功能	工作内容	技能要求	相关知识要求
1. 接待洽谈	1.1 工作准备	1.1.1 能按要求着装，仪容仪表干净、整洁 1.1.2 能对工作环境和相关用品进行准备和整理 1.1.3 能掌握业务预定情况	1.1.1 服务礼仪规范 1.1.2 环境清理方法
	1.2 接待客户	1.2.1 能使用规范用语接待客户 1.2.2 能向客户提供业务流程咨询 1.2.3 能了解客户的基本情况、核对相关证明和信息，并填写单据	1.2.1 咨询洽谈的基本方法 1.2.2 人际沟通技巧

续表

职业功能	工作内容	技能要求	相关知识要求
1. 接待洽谈	1.3 业务洽谈	1.3.1 能向客户介绍殡仪服务项目和殡葬用品，并回答相关问题 1.3.2 能向客户提供称谓关系和站位排序建议 1.3.3 能判断客户需求，并与客户签订服务合同（协议） 1.3.4 能与相关服务部门进行业务交接	1.3.1 沟通洽谈基本方法 1.3.2 合同（协议）签订方法和注意事项
2. 治丧服务	2.1 引导服务	2.1.1 能使用防护用品做好个人防护工作 2.1.2 能核对相关信息，并按照业务预定要求做好准备工作 2.1.3 能向客户介绍引导服务流程，确认需求和服务内容，引导客户完成正常遗体（遗骸）的治丧服务 2.1.4 能采集服务相关信息，并填写单据 2.1.5 能协调各方服务资源，并做好与其他部门的业务交接工作	2.1.1 沟通、协调技巧和方法 2.1.2 卫生防护用品使用方法
	2.2 文书服务	2.2.1 能向客户介绍规范性殡葬文书样本（模板） 2.2.2 能根据样本（模板）为客户提供讣告编写服务 2.2.3 能按照客户提供的内容书写（打印）挽联、挽幛	2.2.1 规范性殡葬文书写作方法 2.2.2 挽联和挽幛书写（打印）方法
	2.3 悼念服务	2.3.1 能向客户介绍告别（追悼）仪式流程 2.3.2 能协助客户布置告别（追悼）仪式场地 2.3.3 能引导客户举行告别（追悼）仪式★	2.3.1 告别（追悼）仪式流程和内容 2.3.2 告别（追悼）仪式场地布置方法

续表

职业功能	工作内容	技能要求	相关知识要求
3. 用品销售	3.1 用品介绍	3.1.1 能向客户介绍常规殡葬用品的材质、规格和功能 3.1.2 能向客户介绍常用仪式场地布置用品的功能、材质	3.1.1 殡葬用品知识 3.1.2 仪式场地布置用品知识
	3.2 货款结算	3.2.1 能核对收费项目和金额 3.2.2 能填写相关单据，并引导客户进行款项结算	3.2.1 票据填写技巧 3.2.2 票据保管方法
4. 运营管理	4.1 信息处理	4.1.1 能填写工作日志，做好记录 4.1.2 能保护客户相关信息和隐私安全	4.1.1 档案填写方法 4.1.2 档案和信息保管方法
	4.2 安全管理	4.2.1 能对服务设备、设施进行消毒和清洁 4.2.2 能对遗物进行消毒和清洁 4.2.3 能对服务设备、设施进行日常安全检查和简单维护	4.2.1 安全防护用品使用方法 4.2.2 消毒流程和方法

3.1.2 遗体接运工

职业功能	工作内容	技能要求	相关知识要求
1. 接待洽谈	1.1 工作准备	1.1.1 能按要求着装，仪容仪表干净、整洁 1.1.2 能对工作环境和相关用品进行准备和整理 1.1.3 能掌握业务预定情况	1.1.1 服务设备、设施使用和检查方法 1.1.2 环境清理方法
	1.2 接待客户	1.2.1 能使用规范用语接待客户 1.2.2 能向客户提供业务流程咨询 1.2.3 能了解客户的基本情况、核对相关证明和信息，并填写单据	1.2.1 咨询洽谈的基本方法 1.2.2 人际沟通技巧

续表

职业功能	工作内容	技能要求	相关知识要求
1. 接待洽谈	1.3 业务办理	1.3.1 能向客户介绍正常遗体（遗骸）接运服务项目和殡葬用品，并回答相关问题 1.3.2 能核对业务信息，办理接运手续 1.3.3 能按照业务预定要求准备相关器具 1.3.4 能规划接运路线	1.3.1 接运服务和殡葬用品的种类、性能、特点 1.3.2 接运路线规划方法
2. 殡殓服务	2.1 收殓服务	2.1.1 能与客户核对相关信息 2.1.2 能向客户介绍收殓服务的程序和内容 2.1.3 能使用相关器具收殓遗体（遗骸）★ 2.1.4 能做好遗物的确认、交接工作	2.1.1 遗体（遗骸）入殓方法 2.1.2 入殓器具使用方法
	2.2 更衣服务	2.2.1 能使用防护用品做好个人防护工作 2.2.2 能对遗体进行消毒与清洁 2.2.3 能为正常遗体脱穿衣物	2.2.1 卫生防护用品使用方法 2.2.2 遗体消毒流程和清洁方法 2.2.3 遗体更衣流程和方法
	2.3 起灵服务	2.3.1 能向客户介绍起灵的程序和内容 2.3.2 能配合有关人员做好起灵准备工作 2.3.3 能主持起灵仪式	2.3.1 起灵仪式流程和服务内容 2.3.2 起灵仪式主持技巧
3. 接运服务	3.1 勘验检查	3.1.1 能核验死亡证明 3.1.2 能了解客户的基本情况，核对相关信息，填写单据	3.1.1 死亡证明种类 3.1.2 死亡证明核验方法

续表

职业功能	工作内容	技能要求	相关知识要求
3. 接运服务	3.2 遗体运送	3.2.1 能对所运送的遗体（遗骸）进行固定保护 3.2.2 能使用相关设备运送遗体（遗骸） 3.2.3 能在遗体（遗骸）运送过程中保护相关隐私 3.2.4 能与相关部门完成遗体（遗骸）运送手续的交接工作 3.2.5 能完成遗体（遗骸）的保存工作	3.2.1 遗体（遗骸）接运流程和方法 3.2.2 沟通和交接技巧
4. 运营管理	4.1 信息处理	4.1.1 能填写工作日志，做好记录 4.1.2 能保护客户相关信息和隐私安全	4.1.1 档案填写方法 4.1.2 档案和信息保管方法
	4.2 安全管理	4.2.1 能对服务设备、设施进行消毒和清洁 4.2.2 能对遗物进行消毒和清洁 4.2.3 能对服务设备、设施进行日常安全检查和简单维护	4.2.1 安全防护用品使用方法 4.2.2 消毒流程和方法

3.2 四级/中级工

3.2.1 殡葬礼仪师

职业功能	工作内容	技能要求	相关知识要求
1. 接待洽谈	1.1 接待客户	1.1.1 能判断客户消费类型 1.1.2 能了解客户消费心理特征	1.1.1 消费心理区分方法 1.1.2 消费类型判断方法
	1.2 业务洽谈	1.2.1 能向客户介绍殡仪服务项目的文化内涵 1.2.2 能向客户宣传殡葬政策，引导客户理性消费 1.2.3 能应对洽谈中的一般冲突	1.2.1 殡葬服务项目的文化内涵 1.2.2 殡葬政策相关知识 1.2.3 业务洽谈技巧

续表

职业功能	工作内容	技能要求	相关知识要求
2. 治丧服务	2.1 引导服务	2.1.1 能引导客户完成特殊遗体（遗骸）的治丧服务 2.1.2 能对客户进行悲伤抚慰 2.1.3 能使用相关设备对服务过程进行视频采集	2.1.1 治丧服务流程 2.1.2 悲伤抚慰方法 2.1.3 视频采集设备使用方法
	2.2 文书服务	2.2.1 能按照客户要求撰写讣告、悼词和答谢词 2.2.2 能按照逝者生平撰写挽联 2.2.3 能撰写告别（追悼、追思）仪式主持词	2.2.1 讣告、悼词和答谢词写作方法 2.2.2 告别（追悼、追思）仪式流程拟定方法
	2.3 悼念服务	2.3.1 能向客户介绍告别（追悼、追思）仪式流程和内容 2.3.2 能布置告别（追悼、追思）仪式场地 2.3.3 能主持告别（追悼、追思）仪式★	2.3.1 告别（追悼、追思）主持技巧 2.3.2 告别（追悼、追思）仪式场地布置方法
3. 用品销售	3.1 用品介绍	3.1.1 能向客户介绍各类殡葬用品的材质、功能、文化内涵、使用方法 3.1.2 能按照客户需求推荐殡葬用品，提出合理购买方案，并引导客户理性消费	3.1.1 殡葬用品材质分类和使用方法 3.1.2 殡葬用品销售方法
	3.2 货款结算	3.2.1 能办理现金、信用卡、支票和网络支付等方式的收款结算业务 3.2.2 能对假钞进行识别 3.2.3 能进行账目填写、核对	3.2.1 收银程序和方法 3.2.2 假钞识别方法 3.2.3 账目管理相关知识
4. 运营管理	4.1 信息处理	4.1.1 能使用计算机收集、整理和保管殡葬档案 4.1.2 能对客户进行服务满意度调查 4.1.3 能同相关部门完成数据的传输与交换	4.1.1 档案资料收集知识 4.1.2 档案资料整理方法 4.1.3 计算机档案资料著录方法

续表

职业功能	工作内容	技能要求	相关知识要求
4.运营管理	4.2 安全管理	4.2.1 能对工作场所和服务设备进行安保、消防、运维等安全项目巡查 4.2.2 能对接触特殊遗体（遗骸）的设备、设施进行消毒和清洁	4.2.1 安全检查流程和方法 4.2.2 特殊设备、设施消毒和清洁方法

3.2.2 遗体接运工

职业功能	工作内容	技能要求	相关知识要求
1.接待洽谈	1.1 接待客户	1.1.1 能判断客户消费类型 1.1.2 能了解客户消费心理特征	1.1.1 殡葬消费类型 1.1.2 殡葬客户心理类型
	1.2 业务办理	1.2.1 能向客户介绍特殊遗体（遗骸）接运服务项目和殡葬用品，并回答相关问题 1.2.2 能向客户宣传殡葬政策，引导客户理性消费 1.2.3 能制定遗体（遗骸）收殓接运方案	1.2.1 特殊遗体（遗骸）接运服务项目和殡葬用品的种类、性能、特点 1.2.2 遗体（遗骸）收殓方案撰写方法
2.殡殓服务	2.1 收殓服务	2.1.1 能向客户介绍特殊遗体（遗骸）的入殓服务程序和内容，确定价格并向客户说明收费依据 2.1.2 能使用相关器具收殓特殊遗体（遗骸）★ 2.1.3 能使用相关设备对服务过程进行视频采集	2.1.1 特殊遗体（遗骸）入殓方法 2.1.2 特殊入殓器具使用方法 2.1.3 视频采集设备使用方法
	2.2 更衣服务	2.2.1 能向客户介绍特殊遗体更衣流程和服务内容，确定价格并向客户说明收费依据 2.2.2 能对特殊遗体进行消毒与清洁 2.2.3 能为特殊遗体脱穿衣物	2.2.1 特殊遗体更衣流程和方法 2.2.2 特殊遗体消毒和清洁方法
	2.3 吊唁服务	2.3.1 能向客户提供符合地区殡葬习俗的家庭灵堂布置方案 2.3.2 能向客户介绍吊唁流程和方法	2.3.1 家庭灵堂布置方法 2.3.2 吊唁流程相关知识

续表

职业功能	工作内容	技能要求	相关知识要求
3. 接运服务	3.1 勘验检查	3.1.1 能与客户共同识别遗体（遗骸），对遗体（遗骸）状况进行检查，并进行确认 3.1.2 能清理、登记现场遗物并做好交接 3.1.3 能对随葬（随行）用品进行检查，识别危险物品	3.1.1 遗体（遗骸）识别方法 3.1.2 物品整理清点方法
	3.2 遗体运送	3.2.1 能对所运送的特殊遗体（遗骸）进行固定保护 3.2.2 能使用相关设备运送特殊遗体（遗骸） 3.2.3 能与相关部门完成特殊遗体（遗骸）运送手续的交接工作	3.2.1 特殊遗体（遗骸）接运方法 3.2.2 手续交接和信息传达方法
4. 运营管理	4.1 信息处理	4.1.1 能使用计算机收集、整理和保管殡葬档案 4.1.2 能对客户进行服务满意度调查 4.1.3 能同相关部门完成数据的传输与交换	4.1.1 档案资料收集知识 4.1.2 档案资料整理方法 4.1.3 计算机档案资料著录方法
	4.2 安全管理	4.2.1 能对工作场所和服务设备进行安保、消防、运维等安全项目巡查 4.2.2 能对接触特殊遗体（遗骸）的设备、设施进行消毒和清洁	4.2.1 安全检查流程和方法 4.2.2 特殊设备、设施消毒和清洁方法

3.3 三级/高级工

3.3.1 殡葬礼仪师

职业功能	工作内容	技能要求	相关知识要求
1. 接待洽谈	1.1 接待客户	1.1.1 能对客户进行心理疏导 1.1.2 能接待、处理客户投诉，并提出改进措施 1.1.3 能按照客户的不同心理类型和需求提出服务建议	1.1.1 心理疏导方法 1.1.2 客户投诉处理的方式和方法 1.1.3 客户心理类型分析方法

续表

职业功能	工作内容	技能要求	相关知识要求
1. 接待洽谈	1.2 业务洽谈	1.2.1 能向客户介绍个性化服务，并回答相关问题，确定价格并向客户说明收费依据 1.2.2 能按照客户需求制定个性化服务方案 1.2.3 能突破洽谈僵局，完成预定工作	1.2.1 个性化需求类型与特点 1.2.2 突破洽谈僵局方式方法
2. 治丧服务	2.1 文书服务	2.1.1 能按照逝者生平撰写悼词 2.1.2 能按客户要求撰写祭文 2.1.3 能撰写安葬（放）祭奠仪式主持词 2.1.4 能使用样本（模板）制作生命（影音）纪念册	2.1.1 生平和祭文写作方法 2.1.2 生命（影音）纪念册制作方法
	2.2 悼念服务	2.2.1 能向客户介绍安葬（放）祭奠仪式流程和内容 2.2.2 能按照客户需求，布置安葬（放）祭奠仪式场地 2.2.3 能主持安葬（放）祭奠仪式★ 2.2.4 能组织完成殡葬仪式中的常规礼仪仪仗服务	2.2.1 安葬（放）仪式场地布置方法 2.2.2 安葬（放）仪式主持技巧 2.2.3 常规礼仪仪仗服务技巧
3. 用品销售	3.1 用品介绍	3.1.1 能按照客户的需求介绍个性化殡葬用品，解答相关问题，确定价格并向客户说明收费依据 3.1.2 能通过网络进行在线咨询和销售	3.1.1 殡葬消费心理判断方法 3.1.2 计算机和网络销售终端使用方法
	3.2 用品制作	3.2.1 能鉴别殡葬用品的质量 3.2.2 能对殡葬用品进行进销存管理 3.2.3 能制作殡葬花篮、花圈 3.2.4 能对遗体接运设备进行装饰	3.2.1 殡葬用品鉴别方法 3.2.2 进销存管理方法 3.2.3 殡葬花篮、花圈制作方法 3.2.4 遗体接运设备的装饰方法

续表

职业功能	工作内容	技能要求	相关知识要求
4. 运营管理	4.1 班组管理	4.1.1 能对采集的信息数据进行分析整理，提出服务改进措施和优化建议 4.1.2 能按照工作任务合理安排分工，对相关人员进行调整和调度，提升工作效率	4.1.1 数据分析软件使用方法 4.1.2 业务相关图表制作技巧
	4.2 安全管理	4.2.1 能识别并预判服务过程和设备、设施的安保、消防、运维、信息等安全风险和隐患 4.2.2 能制定安全隐患整改方案，并监督落实	4.2.1 重点部位安全检查流程和方法 4.2.2 安全隐患整改方案撰写方法

3.3.2 遗体接运工

职业功能	工作内容	技能要求	相关知识要求
1. 接待洽谈	1.1 接待客户	1.1.1 能对客户进行心理疏导 1.1.2 能接待、处理客户投诉，并提出改进措施 1.1.3 能按照客户的不同心理类型和需求提出服务建议	1.1.1 心理疏导方法 1.1.2 客户投诉处理的方式和方法 1.1.3 客户心理类型分析方法
	1.2 业务办理	1.2.1 能向客户介绍遗体（遗骸）异地运输服务项目和殡葬用品，回答相关问题，确定价格并向客户说明收费依据 1.2.2 能制定特殊遗体（遗骸）收殓接运方案	1.2.1 异地运输洽谈技巧 1.2.2 国际间遗体（遗骸）运送相关知识
2. 殡殓服务	2.1 收殓服务	2.1.1 能向客户介绍遗体（遗骸）异地运输的入殓服务程序和内容，确定价格并向客户说明收费依据 2.1.2 能按照遗体（遗骸）异地运输要求，使用相关器具收殓遗体（遗骸）★	2.1.1 异地接运遗体（遗骸）流程和方法 2.1.2 接运价格确定方法和介绍技巧

续表

职业功能	工作内容	技能要求	相关知识要求
2. 殡殓服务	2.2 守灵服务	2.2.1 能向客户介绍守灵服务的流程和内容 2.2.2 能向客户提供守灵厅布置方案 2.2.3 能组织完成殡葬仪式中的常规礼仪仪仗服务	2.2.1 守灵仪式主持技巧 2.2.2 常规礼仪仪仗服务技巧
3. 接运服务	3.1 勘验检查	3.1.1 能与客户共同识别需异地运输的遗体（遗骸），并对遗体（遗骸）状况进行检查 3.1.2 能对遗体（遗骸）异地运输随行物品进行整理、登记，并做好交接 3.1.3 能核对遗体（遗骸）异地运输证明材料	3.1.1 遗体（遗骸）识别方法 3.1.2 国际间遗体（遗骸）运送相关知识
	3.2 遗体运送	3.2.1 能完成重大突发事件遗体（遗骸）接运工作 3.2.2 能与相关部门完成遗体（遗骸）异地运输手续的交接工作	3.2.1 遗体接运流程和方法 3.2.2 异地接运遗体（遗骸）流程和方法 3.2.3 国际间遗体（遗骸）运送相关知识
4. 运营管理	4.1 班组管理	4.1.1 能对采集的信息数据进行分析整理，提出服务改进措施和优化建议 4.1.2 能按照工作任务合理安排分工，对相关人员进行调整和调度，提升工作效率	4.1.1 数据分析软件使用方法 4.1.2 业务相关图表制作技巧
	4.2 安全管理	4.2.1 能识别并预判服务过程和设备、设施的安保、消防、运维、信息等安全风险和隐患 4.2.2 能制定安全隐患整改方案，并监督落实	4.2.1 重点部位安全检查流程和方法 4.2.2 安全隐患整改方案撰写方法

3.4 二级/技师

职业功能	工作内容	技能要求	相关知识要求
1. 接待洽谈	1.1 接待客户	1.1.1 能协调解决客户间纠纷 1.1.2 能处理纠纷事件的善后工作 1.1.3 能协调不同客户群体间各方关系	1.1.1 协调技巧 1.1.2 客户心理分析方法
	1.2 业务洽谈	1.2.1 能发现并满足客户的潜在需求 1.2.2 能解答客户提出的疑难问题 1.2.3 能制定殡葬服务合同（协议）	1.2.1 客户需求分析方法 1.2.2 殡葬服务合同（协议）制定方法
2. 治丧服务	2.1 文书服务	2.1.1 能撰写公祭仪式相关文书 2.1.2 能按照逝者生平制作生命（影音）纪念册 2.1.3 能制定个性化殡葬仪式策划方案	2.1.1 多媒体运用技巧 2.1.2 公祭仪式策划撰写方法
	2.2 悼念服务	2.2.1 能主持公祭仪式★ 2.2.2 能主持个性化殡葬仪式★ 2.2.3 能组织完成殡葬仪式中的个性化礼仪仪仗服务	2.2.1 公祭和个性化仪式主持技巧 2.2.2 个性化礼仪仪仗服务技巧
	2.3 用品制作	2.3.1 能按照客户需求，制作个性化花艺造型殡葬用品 2.3.2 能按照客户需求，布置个性化殡葬仪式场地 2.3.3 能组织完成公祭仪式现场的布置、搭建工作	2.3.1 花材养护与花艺设计方法 2.3.2 常用殡葬用品制作方法 2.3.3 服务现场搭建技术和方法
3. 运营管理	3.1 品牌建设	3.1.1 能按照市场需求开发新的殡葬产品与服务 3.1.2 能制订本单位的品牌建设计划，并推动实施 3.1.3 能完成工作快讯、服务资讯的撰写发布工作 3.1.4 能利用多媒体平台组织开展线上殡葬（生命）文化、政策、法规等宣传推广活动	3.1.1 市场调研方法 3.1.2 品牌设计与营销技巧 3.1.3 常用社交平台（软件）使用方法

续表

职业功能	工作内容	技能要求	相关知识要求
3. 运营管理	3.2 安全管理	3.2.1 能检查仪式现场布置、搭建质量，进行风险评估，排除安全隐患 3.2.2 能处理工作过程中的突发事件，并按相关应急预案妥善处置	3.2.1 安全检查流程 3.2.2 突发事件处置方法
4. 培训指导	4.1 人员培训	4.1.1 能制订业务培训计划 4.1.2 能对五级/初级工、四级/中级工、三级/高级工殡仪服务员进行理论培训	4.1.1 培训计划制订方法 4.1.2 理论知识培训（讲述）技巧
	4.2 技术指导	4.2.1 能对五级/初级工、四级/中级工、三级/高级工殡仪服务员进行技术指导 4.2.2 能撰写工作（技术）总结	4.2.1 技能操作指导方法 4.2.2 总结材料写作方法

3.5 一级/高级技师

职业功能	工作内容	技能要求	相关知识要求
1. 治丧服务	1.1 文书服务	1.1.1 能撰写个性化殡葬文书 1.1.2 能制定网络祭奠服务策划方案 1.1.3 能制定重大突发事件相关治丧活动服务策划方案	1.1.1 个性化殡葬文书写作方法 1.1.2 网络祭奠和重大突发事件相关治丧活动服务策划方案写作技巧
	1.2 悼念服务	1.2.1 能主持网络祭奠仪式★ 1.2.2 能组织完成重大突发事件相关治丧活动服务★	1.2.1 网络祭奠仪式主持技巧 1.2.2 网络祭奠仪式礼仪服务技巧 1.2.3 重大突发事件相关治丧活动服务技巧
	1.3 用品制作	1.3.1 能利用多种材料和设备布置个性化殡葬仪式场地 1.3.2 能组织完成重大突发事件相关治丧活动场地的布置、搭建工作	1.3.1 布艺和灯艺设计方法 1.3.2 个性化殡葬用品制作方法 1.3.3 重大突发事件相关治丧活动服务现场搭建技术和方法

续表

职业功能	工作内容	技能要求	相关知识要求
2. 运营管理	2.1 品牌建设	2.1.1 能按照工作实际提出数字化运行管理需求方案，并配合完成开发与创新 2.1.2 能完成理论文章、广告文案的撰写发布工作 2.1.3 能组织开展线下殡葬（生命）文化、政策、法规等的宣传推广活动 2.1.4 能完成视觉识别、文宣资料的设计制作	2.1.1 品牌设计与营销方法 2.1.2 常用图文编辑软件使用方法
	2.2 安全管理	2.2.1 能制定安全管理制度和应急预案 2.2.2 能协调各部门处理各类突发事件	2.2.1 安全管理制度制定方法 2.2.2 突发事件处置技巧
3. 培训指导	3.1 人员培训	3.1.1 能编写培训讲义和考核材料 3.1.2 能对二级/技师殡仪服务员进行理论培训和考核	3.1.1 培训讲义编写方法 3.1.2 考核材料（试题）编制方法
	3.2 技术指导	3.2.1 能对二级/技师殡仪服务员进行技术指导和考核 3.2.2 能对从业人员进行心理疏导	3.2.1 技术指导的要点和技巧 3.2.2 心理疏导方法

4. 权重表

4.1 殡葬礼仪师

4.1.1 理论知识权重表

项目		技能等级	五级/初级工（%）	四级/中级工（%）	三级/高级工（%）
基本要求		职业道德	5	5	5
		基础知识	30	25	20

续表

项目	技能等级	五级/初级工(%)	四级/中级工(%)	三级/高级工(%)
相关知识要求	接待洽谈	20	20	20
	治丧服务	20	25	30
	用品销售	15	15	15
	运营管理	10	10	10
合计		100	100	100

4.1.2 技能要求权重表

项目	技能等级	五级/初级工(%)	四级/中级工(%)	三级/高级工(%)
技能要求	接待洽谈	30	25	20
	治丧服务	30	35	40
	用品销售	20	20	25
	运营管理	20	20	15
合计		100	100	100

4.2 遗体接运工

4.2.1 理论知识权重表

项目	技能等级	五级/初级工(%)	四级/中级工(%)	三级/高级工(%)
基本要求	职业道德	5	5	5
	基础知识	30	25	20
相关知识要求	接待洽谈	20	20	20
	殡殓服务	20	25	30
	接运服务	15	15	15
	运营管理	10	10	10
合计		100	100	100

4.2.2 技能要求权重表

项目	技能等级	五级/初级工（%）	四级/中级工（%）	三级/高级工（%）
技能要求	接待洽谈	30	25	20
	殡殓服务	30	35	40
	接运服务	20	20	25
	运营管理	20	20	15
	合计	100	100	100

4.3 殡仪服务员

4.3.1 理论知识权重表

项目	技能等级	二级/技师（%）	一级/高级技师（%）
基本要求	职业道德	5	5
	基础知识	15	10
相关知识要求	接待洽谈	20	—
	治丧服务	25	35
	运营管理	20	30
	培训指导	15	20
	合计	100	100

4.3.2 技能要求权重表

项目	技能等级	二级/技师（%）	一级/高级技师（%）
技能要求	接待洽谈	20	—
	治丧服务	30	40
	运营管理	30	35
	培训指导	20	25
	合计	100	100

5. 附录

5.1 名词解释

5.1.1 正常遗体（遗骸）

自然病亡遗体（遗骸）。

5.1.2 特殊遗体（遗骸）

非正常死亡、高度腐败、婴幼儿等的遗体（遗骸）。

5.1.3 异地运输

国内外各地间遗体（遗骸）的运输。

5.1.4 礼仪仪仗服务

仪式过程中工作人员通过仪仗行进、手势指引等形体动作为逝者和客户所提供的礼仪服务。

5.1.5 重大突发事件

《中华人民共和国突发事件应对法》规定的特别重大、重大的自然灾害、事故灾难、公共卫生事件和社会安全事件。

5.2 参考文献

（1）《殡葬服务、设施、用品分类与代码》（GB/T 19632—2005）。
（2）《殡葬术语》（GB/T 23287—2009）。
（3）《殡葬服务从业人员资质条件》（GB/T 24441—2009）。
（4）《殡葬服务术语》（MZ/T 017—2011）。
（5）《殡仪接待服务》（MZ/T 018—2011）。
（6）《殡葬服务项目分类》（MZ/T 046—2013）。
（7）《殡葬服务满意度评价》（MZ/T 048—2013）。
（8）《殡仪场所消毒技术规范》（MZ/T 103—2017）。

遗体防腐整容师国家职业技能标准

（2021 年版）

1. 职业概况

1.1 职业名称

遗体防腐整容师①

1.2 职业编码

4-10-06-02

1.3 职业定义

从事遗体防腐与整容工作的人员。

1.4 职业技能等级

本职业共设五个等级，分别为：五级/初级工、四级/中级工、三级/高级工、二级/技师、一级/高级技师。其中：五级/初级工、四级/中级工、三级/高级工分为遗体防腐师、遗体整容师两个工种，二级/技师、一级/高级技师不分工种。

1.5 职业环境条件

室内，常温。

1.6 职业能力特征

具有一定的学习、动手、计算、观察、分析、判断、语言表达和人际沟通能力，身心健康，视觉、嗅觉、听觉、触觉正常。

1.7 普通受教育程度

高中毕业（或同等学力）。

1.8 培训参考学时

五级/初级工 200 标准学时，四级/中级工 180 标准学时，三级/高级工 160 标准学时，二级/技师 140 标准学时，一级/高级技师 120 标准学时。

---

① 本职业包含但不限于下列工种：遗体防腐师、遗体整容师。

1.9 职业技能鉴定要求

1.9.1 申报条件

具备以下条件之一者,可申报五级/初级工:

(1) 累计从事本职业①或相关职业②工作 1 年(含)以上。

(2) 本职业或相关职业学徒期满。

具备以下条件之一者,可申报四级/中级工:

(1) 取得本职业或相关职业五级/初级工职业资格证书(技能等级证书)后,累计从事本职业或相关职业工作 4 年(含)以上。

(2) 累计从事本职业或相关职业工作 6 年(含)以上。

(3) 取得技工学校本专业③或相关专业④毕业证书(含尚未取得毕业证书的在校应届毕业生);或取得经评估论证、以中级技能为培养目标的中等及以上职业学校本专业或相关专业毕业证书(含尚未取得毕业证书的在校应届毕业生)。

具备以下条件之一者,可申报三级/高级工:

(1) 取得本职业或相关职业四级/中级工职业资格证书(技能等级证书)后,累计从事本职业或相关职业工作 5 年(含)以上。

(2) 取得本职业或相关职业四级/中级工职业资格证书(技能等级证书),并具有高级技工学校、技师学院毕业证书(含尚未取得毕业证书的在校应届毕业生);或取得本职业或相关职业四级/中级工职业资格证书(技能等级证书),并具有经评估论证、以高级技能为培养目标的高等职业学校本专业或相关专业毕业证书(含尚未取得毕业证书的在校应届毕业生)。

(3) 具有大专及以上本专业或相关专业毕业证书,并取得本职业或相关职业四级/中级工职业资格证书(技能等级证书)后,累计从事本职业或相关职业工作 2 年(含)以上。

具备以下条件之一者,可申报二级/技师:

(1) 取得本职业或相关职业三级/高级工职业资格证书(技能等级证书)后,累计从事本职业或相关职业工作 4 年(含)以上。

(2) 取得本职业或相关职业三级/高级工职业资格证书(技能等级证书)的高级技工学校、技师学院毕业生,累计从事本职业或相关职业工作 3 年(含)以上;或取得本职业或相关职业预备技师证书的技师学院毕业生,累计从事本职业或相关职业工作 2 年(含)以上。

(3) 取得相关专业助理工程师等初级专业技术职称后,并在服务一线从事技能工作 3 年(含)以上。

(4) 取得相关系列(专业)中级及以上职称。

---

① 本职业:遗体防腐整容师(含原遗体防腐师、遗体整容师,下同)。
② 相关职业:殡仪服务员、公墓管理员、遗体火化师、化妆师、美发师,下同。
③ 本专业:殡葬服务与管理,下同。
④ 相关专业:中职,民政服务、社会工作事务;高职专科,现代殡葬技术与管理、殡葬设备维护技术、陵园服务与管理、民政服务与管理、公共事务管理;高职本科,民政管理,下同。

具备以下条件之一者，可申报一级/高级技师：

（1）取得本职业或相关职业二级/技师职业资格证书（技能等级证书）后，累计从事本职业或相关职业工作 4 年（含）以上。

（2）取得相关系列（专业）中级职称后，并在服务一线从事技能工作 3 年（含）以上。

（3）取得相关系列（专业）副高级及以上职称。

1.9.2 鉴定方式

分为理论知识考试、技能考核以及综合评审。理论知识考试以笔试、机考等方式为主，主要考核从业人员从事本职业应掌握的基本要求和相关知识要求；技能考核主要采用现场操作、模拟操作等方式进行，主要考核从业人员从事本职业应具备的技能水平；综合评审主要针对技师和高级技师，通常采取审阅申报材料、答辩等方式进行全面评议和审查。

理论知识考试、技能考核和综合评审均实行百分制，成绩皆达 60 分（含）以上者为合格。本《标准》中标注"★"的为关键技能，如考生在技能考核中未达到该技能要求，则技能考核成绩为不合格。

1.9.3 监考人员、考评人员与考生配比

理论知识考试中的监考人员与考生配比不低于 1∶15，且每个考场不少于 2 名监考人员；技能考核中的考评人员与考生配比不低于 1∶5，且考评人员为 3 人（含）以上单数；综合评审委员为 3 人（含）以上单数。

1.9.4 鉴定时间

理论知识考试时间不少于 90 min，技能操作考核时间不少于 120 min，综合评审时间不少于 20 min。

1.9.5 鉴定场所设备

理论知识考试在标准教室或机房进行，技能考核在标准遗体防腐整容室或可满足操作要求的其他室内场地进行。各技能考核场所考核工位不得少于 3 个，并配备必需的设备、用具和相关材料。

2. 基本要求

2.1 职业道德

2.1.1 职业道德基本知识

2.1.2 职业守则

（1）文明操作，善待逝者。

（2）创新技能，整理遗容。

（3）服务敬业，尊重隐私。

(4) 培育人才，传承技艺。

2.2 基础知识

2.2.1 死亡学基础知识

(1) 死亡的概念与过程。
(2) 死亡的分类与分析。
(3) 死后的变化与客观因素。

2.2.2 人体结构基础知识

(1) 标准姿势与方位术语。
(2) 人体解剖结构与机能。
(3) 人体整体与局部比例关系。

2.2.3 遗体防腐基础知识

(1) 遗体防腐的概念与定义。
(2) 国内外遗体防腐技术的历史与发展现状。
(3) 遗体防腐方法概述与分类。
(4) 防腐液与防腐器械基础知识。

2.2.4 遗体整容基础知识

(1) 遗体整容的概念与定义。
(2) 遗体整容的作用及范围。
(3) 遗体整容方法概述与分类。
(4) 遗体整容的器械与材料。

2.2.5 遗体清洁消毒与更衣基础知识

(1) 遗体服饰的演变。
(2) 遗体清洁消毒的目的与流程。
(3) 遗体更衣的方法与技巧。

2.2.6 遗体化妆基础知识

(1) 遗体化妆的定义及分类。
(2) 遗体化妆的工具和材料。

2.2.7 环保、安全、卫生防护基础知识

(1) 传染病预防与个人安全防护。
(2) 职业伤害应急处理知识。
(3) 化学制剂安全保管及使用知识。

(4) 工作环境卫生消毒规范及方法。
(5) 器械工具使用与消毒方法。
(6) 污染废弃物的无害化处理。
(7) 遗体防腐整容操作安全规范。
(8) 安全用电知识及防火常识。

2.2.8 相关法律、法规及标准知识

(1)《中华人民共和国劳动法》相关知识。
(2)《中华人民共和国民法典》相关知识。
(3)《中华人民共和国传染病防治法》相关知识。
(4)《中华人民共和国环境保护法》相关知识。
(5)《中华人民共和国突发事件应对法》相关知识。
(6)《殡葬管理条例》相关知识。
(7)《公共场所卫生管理条例》相关知识。
(8)《消毒管理办法》相关知识。
(9) 殡葬领域国家和行业标准相关知识。

3. 工作要求

本标准对五级/初级工、四级/中级工、三级/高级工、二级/技师、一级/高级技师的技能要求和相关知识要求依次递进，高级别涵盖低级别的要求。

3.1 五级/初级工

3.1.1 遗体防腐师

职业功能	工作内容	技能要求	相关知识要求
1. 安全防护	1.1 卫生防护	1.1.1★能按风险等级实施个人防护 1.1.2 能独立完成个人清洁消毒	1.1.1 防护用品使用知识 1.1.2 个人清洁消毒程序
	1.2 应急救护	1.2.1 能使用急救用品进行外伤处理 1.2.2 能使用急救用品进行化学损伤急救 1.2.3 能对触电人员实施急救 1.2.4 能采取保护措施搬运受伤人员	1.2.1 外伤处理方法 1.2.2 化学损伤急救方法 1.2.3 触电急救方法 1.2.4 搬运受伤人员方法

续表

职业功能	工作内容	技能要求	相关知识要求
2. 防腐准备	2.1 遗体识别	2.1.1 能识别正常死亡遗体 2.1.2 能根据遗体现象判断遗体质量	2.1.1 正常死亡遗体的识别知识 2.1.2 遗体质量判断方法
	2.2 信息记录	2.2.1 能核对遗体基本信息 2.2.2 能运用图文标注记录遗体现象	2.2.1 遗体信息核对操作方法 2.2.2 遗体现象知识
	2.3 物料准备	2.3.1 能检查防腐物料功能 2.3.2 能按防腐程序将防腐物料分类准备	2.3.1 防腐物料检查方法 2.3.2 防腐物料的分类
3. 防腐操作	3.1 清洗消毒	3.1.1 能完成遗体清洗操作 3.1.2 能用消毒剂对遗体进行消毒	3.1.1 遗体清洗操作方法 3.1.2 常用消毒剂的使用方法
	3.2 尸僵缓解	3.2.1 能判断尸僵现象与缓解时间 3.2.2 能人工干预缓解尸僵	3.2.1 尸僵现象知识 3.2.2 尸僵缓解方法
	3.3 低温防腐	3.3.1 能根据防腐要求调节冷藏设备温度 3.3.2 能检查冷藏设备工作状态 3.3.3 能完成冷藏设备中遗体的取放操作 3.3.4 能完成冷藏遗体解冻操作	3.3.1 冷藏设备调试方法 3.3.2 冷藏设备检查相关知识 3.3.3 遗体取放操作方法 3.3.4 遗体解冻操作方法
4. 消毒处理	4.1 器具消毒	4.1.1 能完成消毒剂选用并确定剂量 4.1.2 能完成防腐器具消毒处理	4.1.1 消毒剂选用原则 4.1.2 防腐器具消毒相关知识
	4.2 设备消毒	4.2.1 能按卫生要求对操作设备进行清洁 4.2.2 能按污染等级对操作设备进行消毒	4.2.1 设备清洁卫生相关知识 4.2.2 设备消毒规程

3.1.2 遗体整容师

职业功能	工作内容	技能要求	相关知识要求
1. 安全防护	1.1 卫生防护	1.1.1★能按风险等级实施个人防护 1.1.2 能独立完成个人清洁消毒	1.1.1 防护用品使用知识 1.1.2 个人清洁消毒程序
	1.2 应急救护	1.2.1 能使用急救用品进行外伤处理 1.2.2 能使用急救用品进行化学损伤急救 1.2.3 能对触电人员实施急救 1.2.4 能采取保护措施搬运受伤人员	1.2.1 外伤处理方法 1.2.2 化学损伤急救方法 1.2.3 触电急救方法 1.2.4 搬运受伤人员方法
2. 整容准备	2.1 遗体识别	2.1.1 能识别正常死亡遗体 2.1.2 能识别遗体遗物并分类保存	2.1.1 正常死亡遗体的识别知识 2.1.2 遗物保存要求
	2.2 信息记录	2.2.1 能运用图文标注记录遗体损伤 2.2.2 能用计算机建立遗体整容档案	2.2.1 遗体损伤相关知识 2.2.2 整容档案相关知识
	2.3 工具准备	2.3.1 能检查整容工具功能完好 2.3.2 能按整容程序将工具分类准备	2.3.1 整容工具检查程序 2.3.2 整容工具的分类
3. 清洁更衣	3.1 清洗消毒	3.1.1 能为遗体进行表面清洗 3.1.2 能用消毒剂对遗体进行消毒	3.1.1 遗体清洗知识 3.1.2 常用消毒剂的使用方法
	3.2 遗体更衣	3.2.1 能按照传统习俗为遗体穿戴服装 3.2.2 能按照客户要求为遗体穿戴配饰	3.2.1 遗体更衣操作方法 3.2.2 遗体穿戴配饰相关知识

续表

职业功能	工作内容	技能要求	相关知识要求
4. 整容整形	4.1 眼部闭合	4.1.1 能完成遗体眼部清洁 4.1.2 能按摩遗体眼部缓解尸僵 4.1.3 能使遗体闭合眼睑	4.1.1 眼部清洁操作方法 4.1.2 眼部按摩操作方法 4.1.3 遗体眼部闭合操作方法
	4.2 口部闭合	4.2.1 能为遗体安装假牙 4.2.2 能按摩缓解遗体口部尸僵 4.2.3 能用辅助工具或物品闭合遗体口部 4.2.4 能复位脱臼下颌闭合遗体口部	4.2.1 假牙安装操作方法 4.2.2 口部按摩操作方法 4.2.3 遗体口部闭合操作方法 4.2.4 下颌复位操作方法
5. 美容化妆	5.1 面部剃须	5.1.1 能剃除遗体面部胡须 5.1.2 能使用和保养剃须工具	5.1.1 遗体剃须操作方法 5.1.2 剃须工具使用和保养方法
	5.2 发型制作	5.2.1 能为遗体梳理常规男女发式 5.2.2 能为遗体佩戴假发	5.2.1 头发梳理工具相关知识 5.2.2 假发佩戴相关知识
	5.3 面部化妆	5.3.1 能在化妆前清洁遗体面部 5.3.2 能用5种纯色颜料调配常用遗体化妆用色 5.3.3 能按照化妆程序完成遗体面部化妆	5.3.1 遗体面部清洁相关知识 5.3.2 遗体化妆色彩相关知识 5.3.3 遗体面部化妆相关知识
6. 消毒处理	6.1 器具消毒	6.1.1 能完成消毒剂选用并确定剂量 6.1.2 能完成防腐器械消毒处理	6.1.1 消毒剂选用原则 6.1.2 防腐器具消毒相关知识
	6.2 设备消毒	6.2.1 能按卫生要求对操作设备进行清洁 6.2.2 能按污染等级对操作设备进行消毒	6.2.1 设备清洁卫生相关知识 6.2.2 设备消毒规程

3.2 四级/中级工

3.2.1 遗体防腐师

职业功能	工作内容	技能要求	相关知识要求
1. 安全防护	1.1 设备维保	1.1.1 能检查防腐设备工作状态 1.1.2 能排查防腐设备简单故障 1.1.3 能更换防腐设备替换件 1.1.4 能根据检查结果做好记录	1.1.1 防腐设备机械结构相关知识 1.1.2 防腐设备故障排查相关知识 1.1.3 防腐设备维护保养相关知识 1.1.4 设备检查及记录相关知识
	1.2 环境查验	1.2.1 能判断操作环境内的污染源 1.2.2 能判断换气系统运行状态 1.2.3 能检测遗体存放环境温湿度 1.2.4 能监测废液排放总量	1.2.1 环境污染相关知识 1.2.2 换气系统相关知识 1.2.3 测量环境温湿度相关知识 1.2.4 废液排放标准相关知识
2. 防腐准备	2.1 遗体识别	2.1.1 能识别非正常死亡遗体 2.1.2 能分析遗体现象客观因素	2.1.1 非正常死亡遗体识别知识 2.1.2 遗体现象的成因
	2.2 方案制定	2.2.1 能制定注射防腐方案 2.2.2 能制定操作工具列表	2.2.1 注射防腐方案制定相关知识 2.2.2 操作工具相关知识
	2.3 药液使用	2.3.1 能判断防腐液类型与作用 2.3.2 能用辅助工具取用防腐液	2.3.1 防腐液相关知识 2.3.2 防腐液取用操作方法
3. 防腐操作	3.1 积液引流	3.1.1 能判断遗体胸腹腔积液 3.1.2 能运行引流设备排除遗体积液	3.1.1 积液判断相关知识 3.1.2 积液引流设备相关知识
	3.2 表面防腐	3.2.1★能对遗体进行表面防腐 3.2.2 能根据防腐效果调整表面防腐剂浓度与剂量	3.2.1 遗体表面防腐操作方法 3.2.2 遗体表面防腐剂相关知识

续表

职业功能	工作内容	技能要求	相关知识要求
3. 防腐操作	3.3 四腔灌注	3.3.1★能对遗体颅、口、胸、腹四腔灌注防腐液 3.3.2 能用多点方式为遗体注射防腐液并控制流速 3.3.3 能用黏合剂封闭注射点	3.3.1 人体体腔结构相关知识 3.3.2 防腐液灌注操作方法 3.3.3 注射点封闭操作方法
4. 消毒处理	4.1 废液处理	4.1.1 能稀释并收集防腐废液 4.1.2 能将防腐废液消毒处理 4.1.3 能将防腐废液固化处理	4.1.1 防腐废液收集操作方法 4.1.2 防腐废液消毒操作方法 4.1.3 防腐废液固化操作方法
	4.2 环境消毒	4.2.1 能按卫生要求清洁工作场所 4.2.2 能按污染等级消毒工作场所	4.2.1 场所清洁卫生操作方法 4.2.2 场所消毒规程

3.2.2 遗体整容师

职业功能	工作内容	技能要求	相关知识要求
1. 安全防护	1.1 设备维保	1.1.1 能检查整容设备工作状态 1.1.2 能排查整容设备简单故障 1.1.3 能更换整容设备替换件 1.1.4 能根据检查结果做好记录	1.1.1 整容设备机械结构相关知识 1.1.2 整容设备故障排查相关知识 1.1.3 整容设备维护保养相关知识 1.1.4 设备检查及记录相关知识
	1.2 环境查验	1.2.1 能判断操作环境内的污染源 1.2.2 能判断换气系统运行状态 1.2.3 能检测遗体存放环境温湿度 1.2.4 能监测废液排放总量	1.2.1 环境污染相关知识 1.2.2 换气系统相关知识 1.2.3 测量环境温湿度相关知识 1.2.4 废液排放标准相关知识
2. 整容准备	2.1 遗体识别	2.1.1 能测量遗体获取有效数据 2.1.2 能根据损伤程度预判复原效果	2.1.1 人体测量及量具使用相关知识 2.1.2 人体形态结构相关知识
	2.2 辅材准备	2.2.1 能根据整容方案准备辅材 2.2.2 能检查整容材料功能完好	2.2.1 整容辅材相关知识 2.2.2 检查整容材料的程序

续表

职业功能	工作内容	技能要求	相关知识要求
3.清洁更衣	3.1 清洁消毒	3.1.1 能用药棉将遗体孔道进行填塞处理 3.1.2 能用化学药剂对非正常死亡遗体进行清洗消毒	3.1.1 遗体孔道填塞操作相关知识 3.1.2 非正常死亡遗体清洗消毒相关知识
	3.2 遗体更衣	3.2.1 能运用人体支点完成遗体移动 3.2.2 能为非正常死亡遗体更衣 3.2.3 能按照相应习俗完成遗体入殓	3.2.1 人体工程力学相关知识 3.2.2 非正常死亡遗体更衣相关知识 3.2.3 遗体入殓习俗相关知识
4.整容整形	4.1 创缘闭合	4.1.1 能清理遗体创口渗血、渗液 4.1.2 能用6种缝合技法使遗体创缘闭合 4.1.3 能用黏合剂闭合遗体创缘 4.1.4 能用缝合技法将遗体断离肢体连接 4.1.5★能用缝合、黏合、包扎等综合方法处理遗体开放性创口	4.1.1 创口清理操作方法 4.1.2 组织缝合操作方法 4.1.3 黏合剂相关知识 4.1.4 断离肢体缝合操作方法 4.1.5 开放性创口处理相关知识
	4.2 面部填充	4.2.1 能用2种方法填充遗体面颊 4.2.2 能判断遗体面部填充效果	4.2.1 遗体面部填充操作方法 4.2.2 面部的结构相关知识
	4.3 皮肤修复	4.3.1 能用辅材修复遗体缺损皮肤 4.3.2 能用自体组织移植修复遗体缺损皮肤	4.3.1 辅材修补皮肤操作方法 4.3.2 皮肤组织的结构相关知识
5.美容化妆	5.1 发型制作	5.1.1 能使用理发工具为遗体修剪常规发型 5.1.2 能为遗体进行染发	5.1.1 遗体发型修剪程序 5.1.2 遗体染发操作程序及方法
	5.2 面部化妆	5.2.1 能调配特殊遗体化妆用的3种复色 5.2.2★能根据年龄与肤色为遗体面部化妆 5.2.3 能用化妆技法修饰遗体面部	5.2.1 复色调配相关知识 5.2.2 定向化妆相关知识 5.2.3 遗体面部修饰相关知识

续表

职业功能	工作内容	技能要求	相关知识要求
6. 消毒处理	6.1 废液处理	6.1.1 能稀释并收集防腐废液 6.1.2 能将防腐废液消毒处理 6.1.3 能将防腐废液固化处理	6.1.1 防腐废液收集操作方法 6.1.2 防腐废液消毒操作方法 6.1.3 防腐废液固化操作方法
	6.2 环境消毒	6.2.1 能按卫生要求清洁工作场所 6.2.2 能按污染等级消毒工作场所	6.2.1 场所清洁卫生操作方法 6.2.2 场所消毒规程

3.3 三级/高级工

3.3.1 遗体防腐师

职业功能	工作内容	技能要求	相关知识要求
1. 安全防护	1.1 物料管理	1.1.1 能按要求分类保管危险化学品 1.1.2 能定期检查保管物资情况并记录	1.1.1 危险化学品保管相关知识 1.1.2 物资保管检查相关知识
	1.2 环境评测	1.2.1 能评测防腐操作室环境 1.2.2 能评测物资存放环境 1.2.3 能判断危险化学品存放环境情况	1.2.1 防腐操作室环境评测相关知识 1.2.2 物资存放环境评测相关知识 1.2.3 危险化学品存放环境相关知识
2. 防腐准备	2.1 遗体识别	2.1.1 能根据医学死亡证明识别遗体传染性疾病的类别、危险级别 2.1.2 能判断传染病遗体存放区域及设备是否符合卫生安全要求 2.1.3 能判断传染性危险标识是否完好	2.1.1 传染病环境防护知识 2.1.2 传染病医学代码及传染性危险标识相关知识
	2.2 方案制定	2.2.1 能制定灌注防腐方案 2.2.2 能设计防腐操作程序	2.2.1 灌注防腐方案制定相关知识 2.2.2 防腐操作程序设计的相关知识

续表

职业功能	工作内容	技能要求	相关知识要求
2. 防腐准备	2.3 药剂配置	2.3.1 能使用配比公式计算防腐液中各类化学药剂配制比例、浓度、剂量 2.3.2 能配制复合型遗体防腐液	2.3.1 防腐液配比计算公式相关知识 2.3.2 复合型遗体防腐液配制相关知识
3. 防腐操作	3.1 静脉引流	3.1.1 ★能用手术刀分离遗体组织并显露2处静脉血管，且切口平整，切口长度<5 cm，组织剥离清晰，静脉暴露明显 3.1.2 能用器具为遗体进行静脉引流 3.1.3 能排除遗体血管中血栓及其他阻塞物 3.1.4 能处理遗体静脉破损突发情况	3.1.1 静脉血管解剖结构相关知识 3.1.2 静脉引流操作相关知识 3.1.3 血液成分及组成结构相关知识 3.1.4 引流应急处置相关知识 3.1.5 人体血管循环系统相关知识
	3.2 动脉灌注	3.2.1 能使用防腐设备为遗体进行动脉注射 3.2.2 能为遗体制作简易临时输液装置 3.2.3 ★能用手术刀分离遗体组织并显露2处动脉血管，且切口平整，切口长度<5 cm，组织剥离清晰，动脉暴露明显 3.2.4 能判断防腐液输液情况，并通过调节输液方式、压力、流速控制输液量及效果 3.2.5 能判断遗体动脉是否外漏 3.2.6 能紧急处理防腐过程中漏液状况 3.2.7 能判断防腐效果，并能采取补救措施	3.2.1 防腐设备操作流程相关知识 3.2.2 输液压力与流速作用相关知识 3.2.3 动脉血管解剖相关知识 3.2.4 防腐液作用原理知识 3.2.5 动脉注射应急处置相关知识 3.2.6 防腐质量的检查及补救相关知识
	3.3 心脏灌注	3.3.1 能根据保存期限、遗体质量，选择防腐液、防腐器具 3.3.2 能用穿刺针为遗体进行心脏、主动脉弓灌注 3.3.3 能判断防腐效果，并能采取补救措施	3.3.1 防腐液与防腐器具相关知识 3.3.2 心脏和主动脉的结构相关知识 3.3.3 心脏和主动脉弓灌注相关知识

续表

职业功能	工作内容	技能要求	相关知识要求
3. 防腐操作	3.4 皮肤护理	3.4.1 能运用物理或化学方式为遗体皮肤进行补水保湿处理 3.4.2 能去除遗体皮肤角质层 3.4.3 能对遗体体表皮革样化进行软化处理 3.4.4 能运用化学药剂改变遗体皮肤颜色	3.4.1 遗体皮肤补水保湿护理操作相关知识 3.4.2 皮肤角质层护理相关知识 3.4.3 体表皮革样化处理相关知识 3.4.4 改变遗体皮肤颜色相关知识
4. 消毒处理	4.1 固体废物处理	4.1.1 能将固体废物进行消毒处理 4.1.2 能将固体废物进行减量收集、密封存放	4.1.1 固体废物消毒杀菌操作方法 4.1.2 固体废物分类收集操作方法 4.1.3 固体废物密封存放操作方法
	4.2 药品处理	4.2.1 能判断化学品危险级别 4.2.2 能将过期防腐化学品进行无害化处理	4.2.1 危险化学品相关知识 4.2.2 过期防腐化学品无害化处理操作方法

3.3.2 遗体整容师

职业功能	工作内容	技能要求	相关知识要求
1. 安全防护	1.1 物料管理	1.1.1 能按要求分类保管化学药剂 1.1.2 能定期检查保管物资情况并记录	1.1.1 化学药剂保存相关知识 1.1.2 物资保管检查相关知识
	1.2 环境评测	1.2.1 能评测整容操作室环境 1.2.2 能评测物资存放环境 1.2.3 能判断危险化学品存放环境情况	1.2.1 整容操作室环境评测相关知识 1.2.2 物资存放环境评测相关知识 1.2.3 危险化学品存放环境相关知识

续表

职业功能	工作内容	技能要求	相关知识要求
2. 整容准备	2.1 照片处理	2.1.1 能修饰调整照片清晰度 2.1.2 能将参考照片裁剪成标准尺寸 2.1.3 能对参考照片进行色彩光影处理	2.1.1 平面图形软件相关知识 2.1.2 照片图形结构相关知识 2.1.3 照片色彩光影相关知识
	2.2 方案制定	2.2.1 能制定遗体的整容方案 2.2.2 能依据遗体损伤结果评估整容耗时、所需材料及综合效果 2.2.3 能撰写遗体整容案例报告	2.2.1 整容方案制定相关知识 2.2.2 整容效果评估相关知识 2.2.3 案例分析报告撰写相关知识
3. 整容整形	3.1 骨骼整形	3.1.1 能复位遗体错位骨骼 3.1.2 能固定遗体损伤骨骼 3.1.3 能用耗材重塑遗体骨骼 3.1.4 能为遗体植入骨骼替代物 3.1.5 能用耗材为遗体制作体外固定	3.1.1 骨骼复位操作方法 3.1.2 骨骼固定操作方法 3.1.3 骨骼重塑操作方法 3.1.4 骨骼植入操作方法 3.1.5 体外固定制作相关知识
	3.2 组织整形	3.2.1★ 能使用填充物改善遗体组织形态 3.2.2 能缝合遗体断裂肌肉组织 3.2.3 能复原遗体皮下肌肉组织并固定 3.2.4 能对遗体肿瘤、脓疮等进行皮下切除 3.2.5 能对遗体缺损组织进行自体移植	3.2.1 组织填充流程相关知识 3.2.2 肌肉缝合相关知识 3.2.3 皮下肌肉组织复原与固定操作相关知识 3.2.4 肿瘤、脓疮等皮下切除操作相关知识 3.2.5 自体移植相关知识
4. 美容化妆	4.1 发型设计	4.1.1 能根据年龄及脸型为遗体进行造型修剪 4.1.2 能为遗体烫发造型 4.1.3 能使用吹风机为遗体进行造型固定	4.1.1 发型设计相关知识 4.1.2 烫发梳理相关知识 4.1.3 吹风定型相关知识

续表

职业功能	工作内容	技能要求	相关知识要求
4. 美容化妆	4.2 面部化妆	4.2.1 能为遗体修剪与粘贴假睫毛 4.2.2 能为遗体修剪调整眉形与色调 4.2.3★能用化妆技法为遗体遮盖面部创伤 4.2.4 能通过化妆明暗效果为遗体调整面部立体感	4.2.1 假睫毛制作修剪相关知识 4.2.2 眉形修剪调整相关知识 4.2.3 面部创伤化妆相关知识 4.2.4 面部比例及特征相关知识
5. 消毒处理	5.1 固体废物处理	5.1.1 能将固体废物进行消毒处理 5.1.2 能将固体废物进行减量收集、密封存放	5.1.1 固体废物消毒杀菌操作方法 5.1.2 固体废物分类收集操作方法 5.1.3 固体废物密封存放操作方法
	5.2 药品处理	5.2.1 能判断化学品危险级别 5.2.2 能将过期整容化学品进行无害化处理	5.2.1 危害化学品相关知识 5.2.2 过期整容化学品无害化处理操作方法

3.4 二级/技师

职业功能	工作内容	技能要求	相关知识要求
1. 接待洽谈	1.1 客户接待	1.1.1 能规范着装接待客户 1.1.2 能倾听客户意见与建议 1.1.3 能分析客户防腐整容诉求 1.1.4 能抚慰客户悲伤情绪	1.1.1 规范着装的要求 1.1.2 倾听的技巧 1.1.3 客户诉求分析相关知识 1.1.4 心理抚慰相关知识
	1.2 项目洽谈	1.2.1 能介绍防腐整容服务内容及流程 1.2.2 能核算特殊防腐整容服务收费 1.2.3 能引导家属签订防腐整容服务授权委托书 1.2.4 能掌握防腐整容服务中的细节要求	1.2.1 防腐整容服务的内容及流程 1.2.2 防腐整容收费相关知识 1.2.3 防腐整容服务授权委托书相关知识 1.2.4 防腐整容服务中的细节要求

续表

职业功能	工作内容	技能要求	相关知识要求
2. 防腐操作	2.1 综合防腐	2.1.1★能制定综合防腐技术方案并组织实施 2.1.2 能对高度腐败遗体进行综合防腐 2.1.3 能运用综合防腐技术保存遗体器官 2.1.4 能分析遗体皮肤变色原因并还原肤色	2.1.1 综合防腐方案制定相关知识 2.1.2 药剂防腐保存相关知识 2.1.3 遗体皮肤组织漂白染色原理 2.1.4 遗体皮肤组织变色原因
	2.2 效果查验	2.2.1 能查验和评估遗体防腐操作过程 2.2.2 能测量遗体皮肤含水量及pH值 2.2.3 能根据体表特征判断防腐效果	2.2.1 防腐过程查验及评估相关知识 2.2.2 皮肤含水量及pH值相关知识 2.2.3 防腐效果判断相关知识
3. 整容整形	3.1 器官重塑	3.1.1 能使用工具完成遗体器官重塑 3.1.2 能使用塑形材料塑造肢体 3.1.3★能在45 min内完成1个遗体面部器官重塑 3.1.4 能安装重塑器官和肢体	3.1.1 雕塑材料和工具相关知识 3.1.2 雕塑基本原理与操作方法 3.1.3 快速塑形操作方法 3.1.4 器官和局部肢体安装操作步骤
	3.2 遗体整形	3.2.1 能为肢体损伤遗体进行整形 3.2.2 能为牵缩肢体遗体进行整形 3.2.3 能为因肌肉萎缩造成的四肢弯曲（畸形）遗体进行整形	3.2.1 肢体损伤遗体整形操作方法 3.2.2 牵缩肢体遗体整形操作方法 3.2.3 四肢弯曲（畸形）遗体整形操作方法
	3.3 毛发制作	3.3.1 能判断毛发替代物形状、色泽、材质 3.3.2 能用真发或替代物编织假发或发片 3.3.3 能用替代物在头部模型上植入眉毛与头发	3.3.1 毛发结构相关知识 3.3.2 假发与发片编织操作方法 3.3.3 眉毛与头发植入操作方法

续表

职业功能	工作内容	技能要求	相关知识要求
4. 技术管理	4.1 物料管理	4.1.1 能根据遗体防腐整容方案，制订防腐所需物品、工具的选购计划 4.1.2 能制定物料用品管理制度	4.1.1 物料选购计划相关知识 4.1.2 物料用品管理知识
	4.2 服务管理	4.2.1 能实施防腐整容服务质量管理 4.2.2 能应用防腐整容新技术和新方法	4.2.1 遗体防腐整容服务质量管理相关知识 4.2.2 防腐整容技术创新相关知识
	4.3 档案管理	4.3.1 能建立遗体防腐整容档案 4.3.2 能统计分析档案并编制培训案例	4.3.1 档案管理方法及流程 4.3.2 数据统计分析方法
5. 培训指导	5.1 理论培训	5.1.1 能编写防腐整容职业培训计划，编写培训教案 5.1.2 能对三级/高级工及以下级别人员进行防腐整容理论知识培训	5.1.1 培训计划的制定方法 5.1.2 培训教案的编写方法 5.1.3 培训的基本方法及要求
	5.2 技术指导	5.2.1 能对三级/高级工及以下级别人员进行防腐整容技术技能的培训 5.2.2 能传授防腐整容的经验及参与技术攻关 5.2.3 能撰写遗体防腐整容技术总结	5.2.1 防腐整容经验的总结方法 5.2.2 组织实施教学的总结方法

3.5 一级/高级技师

职业功能	工作内容	技能要求	相关知识要求
1. 接待洽谈	1.1 咨询洽谈	1.1.1 能完成防腐整容业务咨询 1.1.2 能解答防腐整容技术问题	1.1.1 业务咨询相关知识 1.1.2 沟通的技巧
	1.2 组织协调	1.2.1 能组建技术援助团队 1.2.2 能筹备防腐整容应急物料 1.2.3 能处理、救援突发安全事故	1.2.1 突发事件应对相关知识 1.2.2 物料筹备相关知识 1.2.3 突发安全事故处理相关知识

续表

职业功能	工作内容	技能要求	相关知识要求
2. 防腐操作	2.1 综合防腐	2.1.1★能制定群体遇难遗体防腐保存方案 2.1.2 能用复合型防腐液快速保存遇难遗体 2.1.3 能控制高腐遗体环境污染	2.1.1 遇难遗体防腐方案制定方法 2.1.2 复合型防腐液使用方法 2.1.3 遗体环境污染控制相关知识
	2.2 评估管理	2.2.1 能制定综合防腐技术评估方案 2.2.2 能评估防腐操作实施过程 2.2.3 能撰写防腐方案评估报告	2.2.1 制定防腐技术评估方案的方法 2.2.2 评估防腐操作实施过程的方法 2.2.3 撰写防腐评估报告的方法
3. 整容整形	3.1 器官重塑	3.1.1 能分析头部结构细节 3.1.2 能制作遗体头部塑形支架 3.1.3★能按照片重塑完整人像 3.1.4 能完成头面部特征精雕	3.1.1 头部几何结构与比例分析知识 3.1.2 塑形工具与材料相关知识 3.1.3 头颅重塑方法 3.1.4 细节精雕方法
	3.2 遗体整形	3.2.1 能判断分析遗体躯干畸形原因 3.2.2 对躯干畸形遗体进行修复	3.2.1 分析遗体躯干畸形原因的方法 3.2.2 躯干畸形遗体修复方法及步骤
	3.3 模型制造	3.3.1 能设计模具与模型结构 3.3.2 能制作仿真人体模型 3.3.3 能修整模具与模型 3.3.4 能对模型纹理进行细节处理 3.3.5 能为模型进行固定与着色	3.3.1 模具与模型结构设计知识 3.3.2 人体模型制作方法 3.3.3 模具与模型修正操作方法 3.3.4 模型表面处理操作方法 3.3.5 模型固定与着色操作方法
	3.4 数字制作	3.4.1 能运用计算机三维软件制作数字人像 3.4.2 能运用增材堆积方式进行遗体修复	3.4.1 数字制作三维人像操作方法 3.4.2 增材制造工艺操作方法

续表

职业功能	工作内容	技能要求	相关知识要求
4. 技术管理	4.1 质量管理	4.1.1 能制定遗体防腐整容技术规程 4.1.2 能控制遗体防腐整容工序质量 4.1.3 能评价遗体防腐整容工作质量	4.1.1 防腐整容技术规程制定方法 4.1.2 防腐整容工序质量控制方法 4.1.3 防腐整容工作质量评价方法
	4.2 技术创新	4.2.1 能创新遗体防腐整容技术 4.2.2 能实施遗体防腐整容技术实验 4.2.3 能组织遗体防腐整容技术交流	4.2.1 防腐整容技术创新实施方法 4.2.2 防腐整容技术实验实施方法 4.2.3 防腐整容技术交流实施方法
5. 培训指导	5.1 理论培训	5.1.1 能分析二级/技师及以下级别人员培训需求 5.1.2 能编写二级/技师及以下级别人员培训教案 5.1.3 能实施二级/技师及以下级别人员培训教学	二级/技师及以下级别人员需求分析方法
	5.2 培训管理	5.2.1 能评价培训方案，并提出改进建议 5.2.2 能担任技能提升讲师及实施技能等级认定	5.2.1 评价培训管理知识 5.2.2 职业技能等级认定知识

4. 权重表

4.1 理论知识权重表

项目		技能等级	五级/初级工（%）		四级/中级工（%）		三级/高级工（%）		二级/技师（%）	一级/高级技师（%）
			遗体防腐师	遗体整容师	遗体防腐师	遗体整容师	遗体防腐师	遗体整容师		
基本要求		职业道德	5	5	5	5	5	5	5	5
		基础知识	20	15	15	10	10	5	15	10

续表

项目 \ 技能等级		五级/初级工(%) 遗体防腐师	五级/初级工(%) 遗体整容师	四级/中级工(%) 遗体防腐师	四级/中级工(%) 遗体整容师	三级/高级工(%) 遗体防腐师	三级/高级工(%) 遗体整容师	二级/技师(%)	一级/高级技师(%)
相关知识要求	安全防护	20	10	15	10	10	—	—	—
	接待洽谈	—	—	—	—	—	—	10	15
	防腐准备	20	—	25	—	30	—	—	—
	防腐操作	20	—	25	—	30	—	20	20
	整容准备	—	10	—	10	—	10	—	—
	清洁更衣	—	20	—	15	—	10	—	—
	整容整形	—	20	—	25	—	30	25	20
	美容化妆	—	10	—	15	—	20	—	—
	消毒处理	15	10	15	10	15	10	—	—
	技术管理	—	—	—	—	—	—	15	15
	培训指导	—	—	—	—	—	—	10	15
合计		100	100	100	100	100	100	100	100

4.2 技能要求权重表

项目 \ 技能等级		五级/初级工(%) 遗体防腐师	五级/初级工(%) 遗体整容师	四级/中级工(%) 遗体防腐师	四级/中级工(%) 遗体整容师	三级/高级工(%) 遗体防腐师	三级/高级工(%) 遗体整容师	二级/技师(%)	一级/高级技师(%)
技能要求	安全防护	20		15		15	10	—	—
	接待洽谈	—	—	—	—	—	—	15	15
	防腐准备	30	—	35	—	35	—	—	—
	防腐操作	30	—	30	—	35	—	25	20
	整容准备	—	15	—	10	—	5	—	—
	清洁更衣	—	20	—	15	—	10	—	—
	整容整形	—	10	—	20	—	30	25	20
	美容化妆	—	15	—	25	—	30		

续表

项目	技能等级	五级/初级工（%）		四级/中级工（%）		三级/高级工（%）		二级/技师（%）	一级/高级技师（%）
		遗体防腐师	遗体整容师	遗体防腐师	遗体整容师	遗体防腐师	遗体整容师		
技能要求	消毒处理	20	20	15	15	—	—	—	—
	技术管理	—	—	—	—	—	—	20	25
	培训指导	—	—	—	—	—	—	15	20
合计		100	100	100	100	100	100	100	100

5. 附录

5.1

遗体、遗骸 reliquiae, remains, cadaver
尸体 body, remains, cadaver
人死后的躯体。
（来源：GB/T 23287—2009，2.16）

5.2

遗物 relique, relic, hangover
死者留下来的物品。
（来源：GB/T 23287—2009，2.18）

5.3

遗体防腐师 remains embalmment master
通过医学手段，用化学防腐药剂和防腐器械对遗体进行防腐、保存的人员。
（来源：GB/T 23287—2009，4.3）

5.4

遗体整容师 remains hairdressing master
使用化妆品、药品和器具，从事遗体整容、整形、化妆和美发的人员。
（来源：GB/T 23287—2009，4.4）

5.5

遗体消毒 remains disinfection
杀灭或清除遗体表面致病微生物的处理。

(来源：GB/T 23287—2009，4.9)

5.6

遗体防腐 remains embalmment
抑制或减少微生物在遗体中的繁衍，延缓遗体自溶、腐败。
(来源：GB/T 23287—2009，4.10)

5.7

遗体防腐技术 remains embalmment technology
防止遗体自溶与腐败所采用的基本处理方法与技能。
(来源：GB/T 23287—2009，5.24)

5.8

动脉防腐 artery embalmment
把化学药物注射进遗体血管，穿过毛细血管到达组织细胞以实现消毒、防腐和恢复遗体组织的一种防腐方法。
(来源：GB/T 23287—2009，5.25)

5.9

灌注防腐 perfusion embalmment
将防腐液注入遗体体内的一种防腐方法。
(来源：GB/T 23287—2009，5.26)

5.10

腔防腐 celiac embalmment
将防腐液注入遗体体腔内的一种防腐方法。
(来源：GB/T 23287—2009，5.27)

5.11

遗体防腐液 embalmment liquid
防止遗体腐烂的药剂。
(来源：GB/T 23287—2009，5.28)

5.12

遗体整容 remains hairdressing
对遗体进行整理、修饰、修补、美化等的统称。
(来源：GB/T 23287—2009，4.11)

5.13

遗体整形 remains face lifting
对变形或破损的遗体进行修复。
（来源：GB/T 23287—2009，4.12）

5.14

遗体化妆 remains face-painting
对遗体的面容进行修饰和美化。
（来源：GB/T 23287—2009，4.13）

遗体火化师国家职业技能标准

（2021 年版）

1. 职业概况

1.1 职业名称

遗体火化师

1.2 职业编码

4-10-06-03

1.3 职业定义

从事遗体、遗骸火化及骨灰处理等殡葬服务工作的人员。

1.4 职业技能等级

本职业共设五个等级，分别为：五级/初级工、四级/中级工、三级/高级工、二级/技师、一级/高级技师。

1.5 职业环境条件

室内，部分季节高温，环境空气含有一定颗粒物。

1.6 职业能力特征

手指、手臂灵活，动作协调，颜色辨别力强，具有一定的观察、判断、分析和沟通能力。

1.7 普通受教育程度

高中毕业（或同等学力）。

1.8 培训参考学时

五级/初级工 200 标准学时，四级/中级工 180 标准学时，三级/高级工 160 标准学时，二级/技师 140 标准学时，一级/高级技师 120 标准学时。

1.9 职业技能鉴定要求

1.9.1 申报条件

具备以下条件之一者，可申报五级/初级工：

(1) 累计从事本职业或相关职业①工作1年（含）以上。

(2) 本职业或相关职业学徒期满。

具备以下条件之一者，可申报四级/中级工：

(1) 取得本职业或相关职业五级/初级工职业资格证书（技能等级证书）后，累计从事本职业或相关职业工作4年（含）以上。

(2) 累计从事本职业或相关职业工作6年（含）以上。

(3) 取得技工学校相关专业②毕业证书（含尚未取得毕业证书的在校应届毕业生）；或取得经评估论证、以中级技能为培养目标的中等及以上职业学校本专业③或相关专业④毕业证书（含尚未取得毕业证书的在校应届毕业生）。

具备以下条件之一者，可申报三级/高级工：

(1) 取得本职业或相关职业四级/中级工职业资格证书（技能等级证书）后，累计从事本职业或相关职业工作5年（含）以上。

(2) 取得本职业或相关职业四级/中级工职业资格证书（技能等级证书），并具有高级技工学校、技师学院相关专业毕业证书（含尚未取得毕业证书的在校应届毕业生）；或取得本职业或相关职业四级/中级工职业资格证书（技能等级证书），并具有经评估论证、以高级技能为培养目标的高等职业学校本专业或相关专业毕业证书（含尚未取得毕业证书的在校应届毕业生）。

(3) 具有高等职业学校本专业或相关专业毕业证书，并取得本职业或相关职业四级/中级工职业资格证书（技能等级证书）后，累计从事本职业或相关职业工作2年（含）以上。

具备以下条件之一者，可申报二级/技师：

(1) 取得本职业或相关职业三级/高级工职业资格证书（技能等级证书）后，累计从事本职业或相关职业工作4年（含）以上。

(2) 取得本职业或相关职业三级/高级工职业资格证书（技能等级证书）的高级技工学校、技师学院相关专业毕业生，累计从事本职业或相关职业工作3年（含）以上；或取得相关职业预备技师证书的技师学院毕业生，累计从事本职业或相关职业工作2年（含）以上。

(3) 取得相关专业助理工程师等初级专业技术职称后，并在服务一线从事技能工作3年（含）以上。

(4) 取得相关系列（专业）中级及以上专业技术职称。

---

① 相关职业：殡仪服务员、公墓管理员、遗体防腐整容师，下同。
② 相关专业：技工学校，机电一体化技术、机械设备维修、电气自动化设备安装与维修，下同。
③ 本专业：中职，殡葬服务与管理；高职专科，现代殡葬技术与管理，下同。
④ 相关专业：中职，民政服务、社会工作事务；高职专科，陵园服务与管理、民政服务与管理、机电一体化等；高职本科，社会工作、民政管理，下同。

具备以下条件之一者，可申报一级/高级技师：

（1）取得本职业或相关职业二级/技师职业资格证书（技能等级证书）后，累计从事本职业或相关职业工作4年（含）以上。

（2）取得相关系列（专业）中级专业技术职称后，并在服务一线从事技能工作3年（含）以上。

（3）取得相关系列（专业）副高级及以上专业技术职称。

1.9.2 鉴定方式

分为理论知识考试、技能考核和综合评审。理论知识考试以笔试、机考等方式为主，主要考核从业人员从事本职业应掌握的基本要求和相关知识要求；技能考核主要采用现场操作、模拟操作等方式进行，主要考核从业人员从事本职业应具备的技能水平；综合评审主要针对技师和高级技师，通常采取审阅申报材料、答辩等方式进行全面评议和审查。

理论知识考试、技能考核和综合评审均实行百分制，成绩皆达60分（含）以上者为合格。职业标准中标注"★"的为涉及安全操作的关键技能，如果考生在技能考核中未达到该技能要求的，则技能考核成绩为不合格。

1.9.3 监考人员、考评人员与考生配比

理论知识考试中的监考人员与考生配比不低于1∶15，且每个考场不少于2名监考人员；技能考核中的考评人员与考生配比为1∶5，且考评人员为3人（含）以上单数；综合评审委员为3人（含）以上单数。

1.9.4 鉴定时间

五级/初级工、四级/中级工、三级/高级工理论知识考试时间不少于90 min，二级/技师、一级/高级技师理论知识考试时间不少于120 min；五级/初级工、四级/中级工、三级/高级工技能考核时间不少于90 min，二级/技师、一级/高级技师技能考核时间不少于120 min；综合评审时间不少于20 min。

1.9.5 鉴定场所设备

理论知识考试在标准教室或线上进行，技能考核在标准实操教室或具备技能考核条件的火化车间进行。

2. 基本要求

2.1 职业道德

2.1.1 职业道德基本知识

2.1.2 职业守则

（1）文明操作，注重安全。

(2) 勇于创新，勤奋钻研。
(3) 节能减排，保护环境。
(4) 尊重生命，慎终追远。

2.2 基础知识

2.2.1 服务礼仪知识

(1) 接待客户礼仪。
(2) 人际交往技巧。
(3) 殡葬服务用语和忌语。
(4) 我国主要殡葬习俗和礼仪。
(5) 个人礼仪规范。

2.2.2 殡葬心理知识

(1) 公众及客户殡葬心理。
(2) 殡葬消费心理。
(3) 心理抚慰常识。

2.2.3 遗体火化原理

(1) 遗体火化的概念。
(2) 遗体、遗骸及随葬品的组成。
(3) 遗体、遗骸及随葬品燃烧原理。
(4) 火化燃料的种类与特性。

2.2.4 火化机基本知识

(1) 火化机简介。
(2) 火化机操作。
(3) 火化机维护与管理。

2.2.5 火化烟气净化基本知识

(1) 遗体、遗骸火化产生的污染物种类及危害。
(2) 遗体、遗骸火化污染物净化原理。
(3) 烟气净化设备知识。

2.2.6 遗体火化延伸服务概述

(1) 火化前炉前服务。
(2) 火化后纳骨服务。

2.2.7 相关法律、法规及标准知识

（1）《中华人民共和国劳动法》相关知识。
（2）《中华人民共和国民法典》相关知识。
（3）《中华人民共和国大气污染防治法》相关知识。
（4）《中华人民共和国传染病防治法》相关知识。
（5）《中华人民共和国消防法》相关知识。
（6）《殡葬管理条例》相关知识。
（7）殡葬领域标准相关知识。

3. 工作要求

本标准对五级/初级工、四级/中级工、三级/高级工、二级/技师、一级/高级技师的技能要求和相关知识要求依次递进，高级别涵盖低级别的要求。

3.1 五级/初级工

职业功能	工作内容	技能要求	相关知识要求
1. 火化准备	1.1 设备检查	1.1.1 能正确穿戴个人防护用品 1.1.2 能完成火化机总电源及各控制开关的状态检查 1.1.3 能完成供风管路、燃料管路阀门状态检查 1.1.4 能完成火化机各传动机构初始位置的检查 1.1.5 能完成烟气净化设备状态的检查 1.1.6 能完成常用辅助工具的检查 1.1.7★能完成安全报警系统运行状态检查	1.1.1 个人防护用品穿戴知识 1.1.2 火化机电源使用方法 1.1.3 火化机开机前的检查方法 1.1.4 火化机燃料管路阀门检查方法 1.1.5 火化机烟气净化设备检查方法 1.1.6 火化机及其辅助工具的使用方法 1.1.7 安全报警系统运行状态检查方法
	1.2 烟气净化设备启动	1.2.1 能启动火化机的引风机 1.2.2 能启动烟气净化设备 1.2.3 能判断烟气净化设备是否开启正常	1.2.1 引风机的使用知识 1.2.2 火化机污染物危害及无害化处理方法 1.2.3 火化机烟气净化设备启动方法
	1.3 设备预热	1.3.1 能启动火化机的鼓风机 1.3.2 能启动自动燃烧器点火 1.3.3 能完成燃烧室预热操作	1.3.1 鼓风机的使用知识 1.3.2 燃烧器的使用知识 1.3.3 燃烧室预热知识

续表

职业功能	工作内容	技能要求	相关知识要求
2. 遗体入炉	2.1 遗体接收	2.1.1 能完成遗体及火化单据的接收 2.1.2 能完成遗体火化手续的核对	2.1.1 火化单据接收规定 2.1.2 遗体确认知识
	2.2 入炉操作	2.2.1 能使用遗体搬运车将遗体移运到进尸指定位置 2.2.2 能操作火化机炉门的开关 2.2.3 能操作进尸车输送遗体入炉	2.2.1 遗体搬运车的使用知识 2.2.2 火化机的操作知识 2.2.3 进尸车的使用知识
3. 遗体火化	3.1 火化点火	3.1.1 能完成燃烧器点火前的检查准备工作 3.1.2 能完成遗体火化的正常点火操作 3.1.3★能在燃烧器点火失败时切断燃料供应 3.1.4 能正确调节点火时火化机炉膛负压	3.1.1 燃烧器点火的条件 3.1.2 燃烧器启动与关闭 3.1.3 燃烧器点火失败的处理方法 3.1.4 点火时火化机炉膛负压调节方法
	3.2 过程控制	3.2.1 能完成主燃室、再燃室的供风控制 3.2.2 能根据仪表显示数据判断遗体火化进程 3.2.3 能对火化机的燃烧状态进行常规调整 3.2.4 能完成燃烧器停止工作的相关操作 3.2.5 能根据火化工况进行炉膛负压调节 3.2.6 能判断烟气净化设备是否运行正常	3.2.1 火化机供风系统控制方法 3.2.2 燃烧器火焰调节方法 3.2.3 燃烧器关闭方法 3.2.4 火化机炉门操作方法 3.2.5 火化机炉膛负压调节方法 3.2.6 烟气净化设备运行知识
4. 骨灰处理	4.1 骨灰收集	4.1.1 能使用辅助工具收集骨灰 4.1.2 能进行骨灰冷却操作	4.1.1 辅助工具收集骨灰知识 4.1.2 骨灰冷却操作要点
	4.2 骨灰整理	4.2.1 能进行骨灰筛选操作 4.2.2 能进行骨灰分拣操作 4.2.3 能正确处理常见火化遗留物 4.2.4 能使用骨灰整理机整理骨灰	4.2.1 骨灰的筛选方法 4.2.2 骨灰的分拣方法 4.2.3 常见火化遗留物知识 4.2.4 骨灰整理机使用方法
	4.3 骨灰装殓	4.3.1 能使用拣灰工具进行骨灰装殓 4.3.2 能完成骨灰交接	4.3.1 火化辅助工具使用方法 4.3.2 火化记录单据内容

3.2 四级/中级工

职业功能	工作内容	技能要求	相关知识要求
1. 火化准备	1.1 设备检查	1.1.1 能完成火化机的常规检查 1.1.2 能完成火化机燃料状态检查 1.1.3 能完成火化机温度仪表和压力仪表检查	1.1.1 火化机常规检查的内容和方法 1.1.2 火化机燃料使用规定 1.1.3 火化机仪表检查知识
	1.2 设备预热	1.2.1★能完成燃油燃烧器手动点火 1.2.2 能进行空炉时燃烧器的火焰调节 1.2.3 能根据仪表读数判断火化机工作状态	1.2.1 燃烧器手动点火知识 1.2.2 空炉时燃烧器火焰调节知识 1.2.3 火化机工作状态判断方法
2. 遗体入炉	2.1 遗体接收	2.1.1★能完成非正常死亡遗体、遗骸及火化单据核对 2.1.2 能完成遗体信息录入 2.1.3 能有效处理家属个性化服务需求	2.1.1 非正常死亡遗体、遗骸的火化单据内容 2.1.2 非正常死亡遗体、遗骸的记录内容 2.1.3 家属个性化服务知识
	2.2 炉前服务	2.2.1 能指导、组织参加人员安全将遗体转移到台车炕面 2.2.2 能提醒并要求参加人员遵循相关要求及禁忌 2.2.3 能主持炉前告别	2.2.1 遗体搬运知识 2.2.2 组织参加人员炉前送别的方法 2.2.3 司仪主持知识
	2.3 入炉操作	2.3.1 能操作自动进尸车将遗体、遗骸输送入炉 2.3.2 能在出现故障时手动将遗体、遗骸输送入炉 2.3.3 能检查炉门的密封状况	2.3.1 自动进尸车的使用方法 2.3.2 手动进尸车的使用方法 2.3.3 炉门密封状况的检查方法
3. 遗体火化	3.1 火化点火	3.1.1 能调整燃烧器的燃烧状态 3.1.2 能根据遗体不同情况确定点火时间	3.1.1 燃烧器火焰调节知识 3.1.2 确定点火时间的方法

续表

职业功能	工作内容	技能要求	相关知识要求
3. 遗体火化	3.2 过程控制	3.2.1 能调整火化机主燃室负压 3.2.2 能根据烟气监控器判断烟气排放情况 3.2.3 能调节主燃室、再燃室的助燃风 3.2.4 能通过观察炉内燃烧情况判断遗体火化进度 3.2.5 能通过观察判断火化是否完成 3.2.6 能完成燃烧器和风机的停机操作 3.2.7 能判断烟气净化设备出现的故障，并启动应急方案完成遗体火化	3.2.1 主燃室负压调节方法 3.2.2 主燃室、再燃室助燃风的调节方法 3.2.3 风机的操作方法 3.2.4 判断烟气黑度的方法 3.2.5 判断遗体火化进度的方法 3.2.6 火化结束的判断方法 3.2.7 烟气净化设备故障应急方案
4. 骨灰处理	4.1 骨灰收集	4.1.1 能完成台车型火化机骨灰的出灰 4.1.2 能对骨灰进行常规整理	4.1.1 台车型火化机骨灰出灰知识 4.1.2 骨灰的常规收集方法
	4.2 引导服务	4.2.1 能主持完成火化后的纳骨服务 4.2.2 能引导、组织参加人员安全拣拾骨灰 4.2.3 能指导参加人员分拣装殓骨灰 4.2.4 能提醒并要求参加人员遵循相关要求及禁忌	4.2.1 火化后的纳骨服务主持知识 4.2.2 引导、组织参加人员拣拾骨灰的方法 4.2.3 指导参加人员分拣装殓骨灰的方法 4.2.4 拣拾骨灰相关要求及禁忌
	4.3 骨灰装殓	4.3.1 能分拣骨灰中的异物 4.3.2 能完成骨灰装殓 4.3.3 能完成火化记录及单据整理 4.3.4 能完成和家属核对交接骨灰	4.3.1 特殊骨灰的处理知识 4.3.2 骨灰装殓知识 4.3.3 火化记录及单据的整理规定 4.3.4 骨灰核对交接规定

续表

职业功能	工作内容	技能要求	相关知识要求
5.保养维修	5.1 设备检查	5.1.1 能完成火化机电气系统的常规检查 5.1.2 能完成对火化机供风及燃料管路的常规检查和保养 5.1.3 能按操作程序停止火化机运行 5.1.4 能完成烟囱、烟气净化系统等的常规检查 5.1.5 能完成设备保养的记录	5.1.1 火化机电气设备的检查知识 5.1.2 火化机管路检查知识 5.1.3 火化机日常停机保养知识 5.1.4 烟气净化设备的检查常识 5.1.5 设备保养记录的内容
	5.2 设备维修	5.2.1 能定期对火化设备进行消毒处理 5.2.2 能完成对火化设备的保洁操作 5.2.3 能完成火化辅助用具的整理及工作场所的清扫 5.2.4 能完成烟气净化设备的保洁操作 5.2.5 能完成设备维修的记录	5.2.1 火化设备的消毒知识 5.2.2 火化车间卫生要求 5.2.3 火化用具保养知识 5.2.4 烟气净化设备的保洁知识 5.2.5 设备维修记录的内容

3.3 三级/高级工

职业功能	工作内容	技能要求	相关知识要求
1.火化准备	1.1 设备检查	1.1.1 能完成火化设备的全面检查 1.1.2 能处理仪表一般性显示异常 1.1.3 能完成新装火化机的运行准备工作 1.1.4 能判断并处置燃气报警系统误动作	1.1.1 常用火化机及辅助设备的结构和使用知识 1.1.2 火化机主要参数的设定知识 1.1.3 新装火化炉的烘炉和试烧知识 1.1.4 燃气报警系统知识
	1.2 设备预热	1.2.1 能完成再燃室的预热操作 1.2.2 能进行再燃室温度控制 1.2.3 能完成火化机控制系统参数的设定	1.2.1 再燃室预热操作知识 1.2.2 仪表的设定知识 1.2.3 设备应急故障处理方法

续表

职业功能	工作内容	技能要求	相关知识要求
2. 遗体入炉	2.1 遗体接收	2.1.1 能做好接收患传染病死亡遗体时的相关防护、消毒工作 2.1.2★能制定患传染病死亡遗体的火化方案 2.1.3 能正确接收患传染病死亡遗体	2.1.1 患传染病死亡遗体防疫知识 2.1.2 患传染病死亡遗体的处理方法 2.1.3 患传染病死亡遗体的火化单据确认规定
	2.2 入炉操作	2.2.1 能操作常用火化机输送遗体入炉 2.2.2 能完成患传染病死亡遗体入炉操作 2.2.3 能处理患传染病死亡遗体入炉时入炉系统的一般故障	2.2.1 火化机入炉系统操作知识 2.2.2 火化机机械结构知识 2.2.3 火化机维修知识
3. 遗体火化	3.1 火化点火	3.1.1 能完成各种类型的火化机火化点火 3.1.2★能在燃烧器点火失灵时完成人工点火 3.1.3 能调节燃烧器的空燃比配合 3.1.4 能调节燃气燃烧器的火焰	3.1.1 燃烧器点火失灵的原因 3.1.2 燃烧器人工点火知识 3.1.3 燃烧器空燃比的调整方法 3.1.4 燃气燃烧器的调整方法
	3.2 过程控制	3.2.1 能根据烟气监控器调整烟气排放 3.2.2 能通过观察仪器和仪表判断遗体火化进度 3.2.3 能调整火化机至最佳燃烧状态 3.2.4 能判断患传染病死亡遗体火化结束时机 3.2.5 能完成常用火化机电气控制系统的关停操作	3.2.1 火化机燃烧状态的调节方法 3.2.2 使用仪器和仪表的相关知识 3.2.3 调整火化机至最佳燃烧状态的方法 3.2.4 患传染病死亡遗体火化结束的判断方法 3.2.5 常用火化机电气控制系统关停操作的方法
4. 骨灰处理	4.1 骨灰收集	4.1.1 能判断患传染病死亡遗体的骨灰出灰时机 4.1.2 能完成患传染病死亡遗体的骨灰出灰操作	4.1.1 人体骨骼基本结构相关知识 4.1.2 特殊骨灰的出灰知识

续表

职业功能	工作内容	技能要求	相关知识要求
4.骨灰处理	4.2 骨灰装殓	4.2.1 能对骨灰进行防腐杀菌处理 4.2.2 能发现并妥善处理骨灰的异常情况 4.2.3 能对骨灰中致病菌进行消毒	4.2.1 骨灰的安全处理知识 4.2.2 骨灰非正常情况的判断和处理知识 4.2.3 骨灰致病菌的物理、化学消毒知识
5.保养维修	5.1 设备保养	5.1.1 能完成设备一般机械零部件的更换 5.1.2 能完成炉体和烟道的定期清灰 5.1.3 能根据使用要求定期对设备各运动部件加注润滑油、润滑脂 5.1.4 能完成烟气净化设备的一般保养	5.1.1 火化机及辅助设备保养知识 5.1.2 烟道清灰的方法 5.1.3 润滑油、润滑脂使用知识 5.1.4 烟气净化设备的保养知识
	5.2 设备维修	5.2.1 能判断火化机及辅助设备一般故障的原因 5.2.2 能完成行程开关的检查和更换 5.2.3 能完成电气过载保护和过热保护装置的定期检查和更换 5.2.4 能判断烟气净化设备一般故障	5.2.1 火化机及辅助设备发生故障的原因和维修知识 5.2.2 行程开关检查和更换的相关知识 5.2.3 电气过载保护和过热保护装置的定期检查和更换的相关知识 5.2.4 烟气净化设备故障判断知识

3.4 二级/技师

职业功能	工作内容	技能要求	相关知识要求
1.遗体入炉	1.1 遗体接收	1.1.1 能完成特殊遗体火化手续的审核 1.1.2★能制定特殊遗体的火化方案	1.1.1 特殊遗体火化手续审核知识 1.1.2 特殊遗体火化知识
	1.2 入炉操作	1.2.1 能处理进尸系统突发故障 1.2.2 能完成高温炉膛的遗体手动入炉操作 1.2.3 能完成特殊遗体入炉操作	1.2.1 进尸系统突发故障的判断与处理知识 1.2.2 高温炉膛手动进尸处理知识 1.2.3 特殊遗体的入炉操作知识

续表

职业功能	工作内容	技能要求	相关知识要求
2. 遗体火化	2.1 火化点火	2.1.1 能判断特殊遗体的点火时机 2.1.2 能完成特殊遗体火化时的点火操作	2.1.1 特殊遗体点火时机知识 2.1.2 特殊遗体的点火知识
	2.2 过程控制	2.2.1 ★能完成火化机突然停电、断电、断燃料、机械故障等问题的应急处理 2.2.2 能完成特殊遗体的火化过程操作 2.2.3 能解决连续火化造成火化机过热的问题 2.2.4 能完成台车型火化机的冷却操作 2.2.5 能制定火化机节能操作规程	2.2.1 火化机及辅助设备发生故障的原因和维修知识 2.2.2 特殊遗体的火化操作知识 2.2.3 火化机炉温过高处理知识 2.2.4 台车型火化机的冷却系统操作知识 2.2.5 火化机节能操作知识
3. 骨灰处理	3.1 骨灰收集	3.1.1 能判断特殊遗体的骨灰出灰时机 3.1.2 能完成特殊遗体的骨灰出灰操作	3.1.1 特殊遗体骨灰状况判断方法 3.1.2 特殊遗体的骨灰出灰方法
	3.2 骨灰装殓	3.2.1 能完成特殊遗体骨灰的分拣 3.2.2 能完成特殊遗体骨灰的装殓	3.2.1 特殊遗体骨灰的分拣知识 3.2.2 特殊遗体骨灰的装殓知识
4. 保养维修	4.1 设备保养	4.1.1 能完成各种火化机的维护与保养 4.1.2 能制定火化设备的使用保养规程 4.1.3 能完成烟气净化设备的正常保养	4.1.1 各种火化机的养护知识 4.1.2 火化设备使用保养规程的制定方法 4.1.3 烟气净化设备耗材知识

续表

职业功能	工作内容	技能要求	相关知识要求
4. 保养维修	4.2 设备维修	4.2.1 能组织进行火化设备的中修 4.2.2 能完成火化设备的故障的诊断 4.2.3 能进行较大零部件的选型和更换 4.2.4 能对现运行设备的不足之处提出改进措施 4.2.5 能维修火化机电控装置中较复杂的故障 4.2.6 能排除火化机常见机械故障 4.2.7 能诊断烟气净化设备的故障原因	4.2.1 火化设备中修知识 4.2.2 机械加工相关知识 4.2.3 电工电器维修相关知识 4.2.4 烟气净化设备故障原因知识
5. 培训管理	5.1 培训指导	5.1.1 能对三级/高级工及以下级别人员进行基本理论知识的培训 5.1.2 能对三级/高级工及以下级别人员进行基本操作技能指导 5.1.3 能指导三级/高级工及以下级别人员进行火化设备一般故障处理 5.1.4 能对三级/高级工及以下级别人员炉前服务、纳骨服务进行培训指导 5.1.5 能完成培训教案的编写	5.1.1 三级/高级工及以下级别人员理论知识培训知识 5.1.2 三级/高级工及以下级别人员技能指导要点 5.1.3 指导三级/高级工及以下级别人员判断与处理一般故障的方法 5.1.4 培训教案的编写知识 5.1.5 炉前、纳骨礼仪服务知识
	5.2 业务管理	5.2.1 能根据工作需要确定各火化岗位的职责 5.2.2 能检查交接班火化记录	5.2.1 岗位责任的制定 5.2.2 火化记录管理规定
	5.3 安全管理	5.3.1 能制定设备的防雨,油、水管路的防冻措施 5.3.2 能制定电源管理规定 5.3.3 能制定仪表控制参数的调整方案 5.3.4 能制定燃气火化机安全管理规定及措施 5.3.5 能制定烟气净化设备安全管理规定及措施 5.3.6 能制定火化车间的安全、防火、防盗规定	5.3.1 火化间安全管理规定 5.3.2 燃气火化机安全管理知识 5.3.3 烟气净化设备安全管理知识 5.3.4 消防安全相关知识

3.5 一级/高级技师

职业功能	工作内容	技能要求	相关知识要求
1. 遗体火化	1.1 火化点火	1.1.1 能处理燃烧器点火失灵故障 1.1.2 能提出解决燃烧室爆燃的技术方法	1.1.1 燃烧器点火失灵故障处理知识 1.1.2 爆燃的产生原因和解决知识
	1.2 过程控制	1.2.1 能根据火化机工作情况调整各种燃烧器的空燃比 1.2.2 能按照环保无害化要求调整火化机至最佳燃烧状态 1.2.3 能处理火化过程中的突发事件 1.2.4 能制定火化机节能操作方案	1.2.1 火化设备各种燃烧器的空燃比调整知识 1.2.2 火化过程中的突发事件的处理规定 1.2.3 火化机节能途径与方法 1.2.4 火化机环保无害化的技术要求
2. 骨灰处理	2.1 骨灰收集	2.1.1 能进行各种骨灰的出灰操作 2.1.2 能制定各种骨灰出灰的操作规程	2.1.1 各种骨灰出灰的相关知识 2.1.2 当地骨灰处置的风俗文化知识
	2.2 骨灰装殓	2.2.1 能进行各种骨灰的分拣和装殓操作 2.2.2 能制定各种骨灰的分拣和装殓操作规程	2.2.1 各种骨灰的分拣与装殓知识 2.2.2 制定骨灰装殓规程的知识
3. 保养维修	3.1 设备保养	3.1.1 能完成火化机及辅助设备的各种保养 3.1.2 能对烟气处理设备的选用提出合理化建议 3.1.3 能对火化机及辅助设备制订保养计划	3.1.1 火化机及辅助设备的各种保养知识 3.1.2 多种烟气处理设备的工作原理 3.1.3 制订设备保养计划的知识
	3.2 设备维修	3.2.1 能制订设备大修计划及大修方案 3.2.2 能组织设备大修方案的实施 3.2.3 能调试、试烧大修后的火化机，并能进行质量检查和验收 3.2.4 能对烟气处理设备在使用中的不足之处提出改进意见	3.2.1 机械和电气相关知识 3.2.2 火化机的安装调试、质量检查和验收知识 3.2.3 火化机大修相关知识 3.2.4 多种烟气处理设备的工作原理及优缺点

续表

职业功能	工作内容	技能要求	相关知识要求
4. 培训管理	4.1 培训指导	4.1.1 能指导二级/技师级别人员对设备进行保养和维修 4.1.2 能编写培训教案 4.1.3 能指导二级/技师级别人员进行火化技能操作 4.1.4 能参与编写或修订相关标准和技能竞赛方案，并参与组织实施	4.1.1 二级/技师级别人员技术指导方法 4.1.2 培训计划和大纲的编写方法 4.1.3 技能竞赛知识
	4.2 业务管理	4.2.1 能在火化车间对等待火化的遗体进行管理 4.2.2 能进行设备管理 4.2.3 能进行工作记录管理 4.2.4 能在火化车间对未取走的骨灰进行管理	4.2.1 殡仪馆岗位管理规定 4.2.2 殡仪馆遗体管理规定 4.2.3 殡仪馆火化设备管理规定 4.2.4 殡仪馆骨灰管理规定
	4.3 安全管理	4.3.1 能制定火化车间防汛管理规定 4.3.2 能制定工作场所安全管理规定 4.3.3 能制定人身安全防护管理规定	4.3.1 殡仪馆安全管理规定 4.3.2 火化机及辅助设备安全保管知识
5. 业务创新	5.1 服务创新	5.1.1 能根据新理念和新标准提出火化服务项目的创新和改进方案 5.1.2 能根据新工艺和新规范提出火化机服务项目的创新和改进方案	5.1.1 火化服务新理念和新标准知识 5.1.2 火化服务新工艺和新规范知识
	5.2 技术创新	5.2.1 能对火化机及相关设备中不合理处提出技术改进方案并组织实施 5.2.2 能运用新技术、新工艺、新材料对现有设备进行改进和提高	5.2.1 火化新技术相关知识 5.2.2 火化新工艺相关知识 5.2.3 火化新材料相关知识

4. 权重表

4.1 理论知识权重表

项目		技能等级	五级/初级工（%）	四级/中级工（%）	三级/高级工（%）	二级/技师（%）	一级/高级技师（%）
基本要求	职业道德		5	5	5	5	5
	基础知识		30	25	20	20	20
相关知识要求	火化准备		10	10	10	—	—
	遗体入炉		10	10	10	10	—
	遗体火化		30	30	30	20	15
	骨灰处理		15	10	10	10	5
	保养维修		—	10	15	20	25
	培训管理		—	—	—	15	15
	业务创新		—	—	—	—	15
合计			100	100	100	100	100

4.2 技能要求权重表

项目		技能等级	五级/初级工（%）	四级/中级工（%）	三级/高级工（%）	二级/技师（%）	一级/高级技师（%）
技能要求	火化准备		20	20	10	—	—
	遗体入炉		20	15	10	5	—
	遗体火化		40	40	50	45	35
	骨灰处理		20	15	15	15	5
	保养维修		—	10	15	20	25
	培训管理		—	—	—	15	20
	业务创新		—	—	—	—	15
合计			100	100	100	100	100

5. 附录

5.1 专业术语

5.1.1

殡葬　funeral and interment
殡仪悼念和安葬逝者活动的统称。
（来源：GB/T 23287—2009，2.1，有修改）

5.1.2

服务　service
为满足客户的需要，供方和顾客之间接触的活动以及供方内部活动所产生的结果，包括供方为顾客提供人员劳务活动完成的结果，供方为顾客提供通过人员对实物付出劳务活动完成的结果，供方为顾客提供实物使用活动完成的结果。
（来源：GB/T 15624.1—2003，3.1）

5.1.3

殡葬服务机构　funeral and interment service organization
殡葬服务单位　funeral and interment service organization
经行政许可，开展殡葬服务活动的社会组织，为服务的供方。
（来源：GB/T 23287—2009，3.4，有修改）

5.1.4

遗体火化师　cremator
从事遗体、遗骸火化及骨灰处理等殡葬服务工作的人员。

5.1.5

殡葬服务对象　funeral and interment service target
开展殡葬活动所提供专项服务的受方。

5.1.6

治丧人　customer
丧事承办人　funeral undertake
顾客　customer
客户　customer
委托殡葬服务机构办理丧葬事宜的组织或个人。

5.1.7

火化机　cremator

火化炉　cremator

提供热能焚化遗体的成套装置，按提供的热能途径不同，可分为燃油式火化机、燃煤式火化机、燃气式火化机、特能式火化机。

5.1.8

遗体　corpse

尸体　corpse

逝者的躯体。

5.1.9

遗骸　carcass

逝者的骸骨。

5.1.10

遗体火化服务　corpse cremation service

使用火化机对遗体进行焚化的服务。

5.1.11

遗骸火化服务　carcass cremation service

使用火化机对遗骸进行焚化的服务。

5.1.12

骨灰　ashes

遗体火化后所遗留下的灰烬。

5.1.13

捡灰服务　ashes pickup service

遗体火化后由家属或家属委托代理人亲自捡取骨灰装入容器的服务。

5.1.14

领灰服务　ashes collection service

遗体火化后殡葬火化单位为丧事承办人提供领取骨灰的服务。

5.1.15

骨灰暂存服务　temporary ashes deposit service

遗体火化后殡仪馆或火葬场为丧事承办人提供骨灰暂时或约定期限存放的服务。

5.1.16

无主骨灰处理 ownerless ashes service
按照规定程序及方式处置逾期无人认领的骨灰。

5.2 参考文献

(1)《火葬场大气污染物排放标准》(GB 13801—2015)。
(2)《火葬场卫生防护距离标准》(GB 18081—2000)。
(3)《殡仪场所致病菌安全限值》(GB 19053—2003)。
(4)《燃油式火化机通用技术条件》(GB/T 19054—2003)。
(5)《殡葬服务、设施、用品分类与代码》(GB/T 19632—2005)。
(6)《殡葬术语》(GB/T 23287—2009)。
(7)《城镇燃气设计规范(2020年版)》(GB 50028—2006)。
(8)《殡葬服务术语》(MZ/T 017—2011)。
(9)《遗体火化服务》(MZ/T 021—2011)。
(10)《平板火化机捡灰服务》(MZ/T 099—2017)。
(11)《燃油式平板火化机及辅机运行规程》(MZ/T 100—2017)。
(12)《火化机烟气净化设备通用技术条件》(MZ/T 101—2017)。
(13)《殡仪场所消毒技术规范》(MZ/T 103—2017)。
(14)《火化残余物处理处置要求》(MZ/T 104—2017)。
(15)《火化随葬品使用要求》(MZ/T 105—2017)。
(16)《火葬场二噁英类污染物减排技术导则》(MZ/T 106—2017)。
(17)《遗体火化大气污染物监测技术规范》(MZ/T 107—2017)。
(18)《燃气式火化机通用技术条件》(MZ/T 142—2019)。

公墓管理员国家职业技能标准

（2021 年版）

1. 职业概况

1.1 职业名称

公墓管理员[①]

1.2 职业编码

4-10-06-04

1.3 职业定义

从事公共墓园和墓地维护管理、墓穴施工，并提供骨灰寄存、安葬和祭奠等殡葬服务工作的人员。

1.4 职业技能等级

本职业共设五个等级，分别为：五级/初级工、四级/中级工、三级/高级工、二级/技师、一级/高级技师。其中：五级/初级工、四级/中级工、三级/高级工分墓地管理员、骨灰管理员 2 个工种，二级/技师、一级/高级技师不分工种。

1.5 职业环境条件

室内、外，常温。

1.6 职业能力特征

具有一定的学习、动手、计算、观察、分析、判断、语言和文字表达以及人际沟通能力；身心健康，视觉、嗅觉、听觉正常。

1.7 普通受教育程度

初中毕业（或相当文化程度）。

1.8 培训参考学时

五级/初级工 200 标准学时，四级/中级工 180 标准学时，三级/高级工 160 标准学时，

---

① 本职业包含但不限于下列工种：墓地管理员、骨灰管理员。

二级/技师140标准学时，一级/高级技师120标准学时。

1.9 职业技能鉴定要求

1.9.1 申报条件

具备以下条件之一者，可申报五级/初级工：
（1）累计从事本职业①或相关职业②工作1年（含）以上。
（2）本职业或相关职业学徒期满。

具备以下条件之一者，可申报四级/中级工：
（1）取得本职业或相关职业五级/初级工职业资格证书（技能等级证书）后，累计从事本职业或相关职业工作4年（含）以上。
（2）累计从事本职业或相关职业工作6年（含）以上。
（3）取得技工学校相关专业③毕业证书（含尚未取得毕业证书的在校应届毕业生）；或取得经评估论证、以中级技能为培养目标的中等（含）以上职业学校本专业④或相关专业⑤毕业证书（含尚未取得毕业证书的在校应届毕业生）。

具备以下条件之一者，可申报三级/高级工：
（1）取得本职业或相关职业四级/中级工职业资格证书（技能等级证书）后，累计从事本职业或相关职业工作5年（含）以上。
（2）取得本职业或相关职业四级/中级工职业资格证书（技能等级证书），并具有高级技工学校、技师学院相关专业毕业证书（含尚未取得毕业证书的在校应届毕业生）；或取得本职业或相关职业四级/中级工职业资格证书（技能等级证书），并具有经评估论证、以高级技能为培养目标的高等职业学校本专业或相关专业毕业证书（含尚未取得毕业证书的在校应届毕业生）。
（3）具有大专（含）以上本专业或相关专业毕业证书，并取得本职业或相关职业四级/中级工职业资格证书（技能等级证书）后，累计从事本职业或相关职业工作2年（含）以上。

具备以下条件之一者，可申报二级/技师：
（1）取得本职业或相关职业三级/高级工职业资格证书（技能等级证书）后，累计从事本职业或相关职业工作4年（含）以上。
（2）取得本职业或相关职业三级/高级工职业资格证书（技能等级证书）的高级技工学校、技师学院相关专业毕业生，累计从事本职业或相关职业工作3年（含）以上；或取得本职业或相关职业预备技师证书的技师学院毕业生，累计从事本职业或相关职业工作2年（含）以上。

---

① 本职业：公墓管理员（含原墓地管理员），下同。
② 相关职业：殡仪服务员、园林绿化工、草坪园艺师、盆景工、假山工、插花花艺师，下同。
③ 相关专业：技工学校，园林技术、物业管理、环境艺术设计、计算机网络应用、石材工艺，下同。
④ 本专业：中职，殡葬服务与管理；高职专科，陵园服务与管理，下同。
⑤ 相关专业：中职，民政服务、社会工作事务、园林技术；高职专科，现代殡葬技术与管理、殡葬设备维护技术、民政服务与管理、公共事业管理、园林技术；高职本科，社会工作、民政管理、园林工程，下同。

(3) 取得相关专业助理工程师等初级专业技术职称后，并在服务一线从事技能工作 3 年（含）以上。

(4) 取得相关系列（专业）中级专业技术职称（含）以上。

具备以下条件之一者，可申报一级/高级技师：

(1) 取得本职业或相关职业二级/技师职业资格证书后，累计从事本职业或相关职业工作 4 年（含）以上。

(2) 取得相关系列（专业）中级专业技术职称后，并在服务一线从事技能工作 3 年（含）以上。

(3) 取得相关系列（专业）副高级专业技术职称（含）以上。

1.9.2 鉴定方式

分为理论知识考试、技能考核以及综合评审。理论知识考试以笔试、机考等方式为主，主要考核从业人员从事本职业应掌握的基本要求和相关知识要求；技能考核主要采用现场操作、模拟操作等方式进行，主要考核从业人员从事本职业应具备的技能水平；综合评审主要针对技师和高级技师，通常采取审阅申报材料、答辩等方式进行全面评议和审查。

理论知识考试、技能考核和综合评审均实行百分制，成绩皆达 60 分（含）以上者为合格。职业标准中标注"★"的为关键技能，如考生在技能考核中未达到该技能要求的，则技能考核成绩为不合格。

1.9.3 监考人员、考评人员与考生配比

理论知识考试中的监考人员与考生配比不低于 1∶15，且每个考场不少于 2 名监考人员；技能考核中的考评人员与考生配比 1∶5，且考评人员为 3 人（含）以上单数；综合评审委员为 3 人（含）以上单数。

1.9.4 鉴定时间

理论知识考试时间不少于 90 min，技能考核时间不少于 90 min，综合评审时间不少于 20 min。

1.9.5 鉴定场所设备

理论知识考试在标准教室或计算机机房进行；技能考核在专业实操考核教室、公墓业务或骨灰寄存场所进行，各技能考核场所考核工位不少于 3 个，配备必需的设备、用具和相关材料。

2. 基本要求

2.1 职业道德

2.1.1 职业道德基本知识

2.1.2 职业守则

(1) 解客户难,热忱勤勉。
(2) 做惠民事,生态节俭。
(3) 怀敬畏心,事死如生。
(4) 行文明礼,慎终追远。

2.2 基础知识

2.2.1 殡葬改革基本知识

(1) 殡葬事业发展概况。
(2) 殡葬的社会功能与作用。
(3) 殡葬管理的方针和基本任务。
(4) 殡葬改革的主要政策和基本经验。

2.2.2 公墓管理基本知识

(1) 墓葬制度的形成与发展。
(2) 公墓管理的基本原则和主要内容。
(3) 公墓管理规范与服务质量标准。
(4) 建墓主要材料及其使用特点。
(5) 公墓主要园林植物特性及其养护要点。
(6) 公墓档案建设与管理知识。

2.2.3 骨灰管理基本知识

(1) 骨灰寄存和安放知识。
(2) 骨灰保管和查验知识。
(3) 骨灰安葬和防护知识。
(4) 骨灰祭奠和档案知识。

2.2.4 接待咨询基本知识

(1) 接待客户常识。
(2) 咨询洽谈知识。
(3) 服务引导常识。

(4) 悲伤辅导知识。

2.2.5 殡葬礼仪基本知识

(1) 传统葬祭礼仪知识。
(2) 主要民族和宗教信仰者葬祭礼仪。
(3) 现代安葬礼仪知识。
(4) 现代祭奠礼仪知识。

2.2.6 公墓安全防护常识

(1) 公墓防火常识。
(2) 公墓防盗常识。
(3) 公墓卫生防疫常识。

2.2.7 生命教育基本知识

(1) 殡葬文化策划与传播知识。
(2) 网络祭奠与计算机应用知识。
(3) 人文殡葬内涵。
(4) 生命教育要点。

2.2.8 相关法律、法规及标准知识

(1)《中华人民共和国劳动法》相关知识。
(2)《中华人民共和国民法典》相关知识。
(3)《中华人民共和国消费者权益保护法》相关知识。
(4)《中华人民共和国传染病防治法》相关知识。
(5)《中华人民共和国突发事件应对法》相关知识。
(6)《中华人民共和国消防法》相关知识。
(7)《中华人民共和国环境保护法》相关知识。
(8)《殡葬管理条例》相关知识。
(9) 殡葬领域国家和行业标准相关知识。

3. 工作要求

本标准对公墓管理员五级/初级工、四级/中级工、三级/高级工、二级/技师、一级/高级技师的技能要求和相关知识要求依次递进，高级别涵盖低级别的要求。

3.1 五级/初级工

3.1.1 墓地管理员

职业功能	工作内容	技能要求	相关知识要求
1. 接待引导	1.1 接洽咨询	1.1.1 能根据岗位需求做好自身工作准备 1.1.2 能根据岗位需求做好工作环境准备 1.1.3 能根据岗位需求做好岗前设备用品准备 1.1.4 能使用行业用语及规范行为接待客户 1.1.5 能介绍墓地概况 1.1.6 能通过询问了解客户的基本需求	1.1.1 墓地管理员服饰、仪容、仪表要求 1.1.2 岗位工作环境准备要求 1.1.3 岗前设备用品准备要点 1.1.4 殡葬行业文明用语和规范行为要求 1.1.5 墓地基本情况 1.1.6 咨询沟通的基本方法
	1.2 引导订墓	1.2.1 能审核客户订墓资格 1.2.2 能向客户介绍样品墓主体文化及墓型特点 1.2.3 能根据客户需求引导客户选择合适的墓型与墓位 1.2.4 能与客户签订墓位相关服务协议 1.2.5 能宣传节地生态安葬相关内容	1.2.1 订墓资格审核要求 1.2.2 样品墓主体文化及墓型知识 1.2.3 引导订墓的技巧 1.2.4 墓位相关服务协议的签订方法及注意事项 1.2.5 节地生态安葬相关要求
2. 安葬服务	2.1 安葬准备	2.1.1 能核验安葬业务信息 2.1.2 能做好安葬工作准备	2.1.1 安葬业务信息核验方法 2.1.2 安葬准备工作要求
	2.2 葬礼服务	2.2.1 能介绍基本安葬礼仪 2.2.2★能主持基本安葬仪式	2.2.1 安葬基本礼仪知识 2.2.2 基本安葬仪式的流程与主持方法
	2.3 安葬施工	2.3.1 能在安葬过程中进行开穴和封穴 2.3.2 能按照施工规定安装墓体附属物件	2.3.1 开穴与封穴施工注意事项 2.3.2 墓体附属物件的安装方法

续表

职业功能	工作内容	技能要求	相关知识要求
3. 祭奠服务	3.1 祭奠引导	3.1.1 能介绍墓地祭奠的程序和内容 3.1.2 能说明墓地祭奠的要求 3.1.3 能介绍网络祭奠业务	3.1.1 墓地祭奠有关知识 3.1.2 墓地祭奠的要求 3.1.3 网络祭奠方法
	3.2 祭礼服务	3.2.1 能布置祭奠礼仪场地 3.2.2 能主持基本祭奠礼仪 3.2.3 能开展代客祭扫礼仪服务	3.2.1 祭奠场地的环境布置 3.2.2 墓地祭奠礼仪的主持方法 3.2.3 代客祭扫礼仪服务的内容和要求
4. 维护管理	4.1 墓地维护	4.1.1 能对墓区基本设施进行日常维护 4.1.2 能按规定处理客户提出的墓体日常维护事宜 4.1.3 能对墓区配套设施进行日常维护	4.1.1 墓区基本设施日常维护的内容和方法 4.1.2 墓体构造与建墓材料养护特性 4.1.3 墓区配套设施的日常维护内容和方法
	4.2 技术管理	4.2.1 能运用计算机软件办理日常业务 4.2.2 能进行墓地环境保洁 4.2.3 能对墓区园林植物进行日常管理 4.2.4 能按照消防要求使用消防器材 4.2.5 能排查墓区的安全隐患	4.2.1 计算机软件的操作方法 4.2.2 墓地环境保洁的方法 4.2.3 墓区园林植物日常管理的内容和方法 4.2.4 常用消防器材的使用方法 4.2.5 墓区安全隐患排查方法
	4.3 档案管理	4.3.1 能进行墓地业务档案资料的收集 4.3.2 能进行墓地业务档案卷内文件的整理 4.3.3 能对墓地业务档案资料进行安全保管	4.3.1 墓地业务档案资料收集的内容 4.3.2 墓地业务档案卷内文件的整理方法 4.3.3 墓地业务档案资料安全保管方法

3.1.2 骨灰管理员

职业功能	工作内容	技能要求	相关知识要求
1. 接待洽谈	1.1 接待客户	1.1.1 能根据岗位需求做好自身工作准备 1.1.2 能根据岗位需求明确岗位职责与任务 1.1.3 能根据岗位需求检查完善服务设施设备 1.1.4 能根据岗位需求做好岗前工作环境及工作用品准备 1.1.5 能使用行业用语及规范行为开展服务 1.1.6 能通过接待咨询了解客户的基本需求	1.1.1 骨灰管理员服饰、仪容、仪表要求 1.1.2 岗位职责与任务清单 1.1.3 服务设施设备使用方法 1.1.4 工作环境以及相关用品的准备要求 1.1.5 殡葬行业文明用语和规范行为要求 1.1.6 接待咨询的基本方法
	1.2 业务洽谈	1.2.1 能介绍骨灰管理服务项目 1.2.2 能介绍骨灰寄存、祭奠等相关殡葬用品 1.2.3 能与客户签订骨灰管理服务协议 1.2.4 能宣传节地生态安葬相关内容	1.2.1 骨灰管理项目内容 1.2.2 殡葬用品种类、性能和特点 1.2.3 骨灰管理服务协议签订方法及注意事项 1.2.4 节地生态安葬相关要求
2. 寄存保管	2.1 业务办理	2.1.1 能对骨灰进行查验并核对相关手续 2.1.2 能检查骨灰盒质量并进行登记和标识 2.1.3 能办理骨灰寄存、续存相关业务 2.1.4 能运用计算机软件办理骨灰寄存业务	2.1.1 骨灰查验方法和接收程序 2.1.2 骨灰盒质量查验方法 2.1.3 骨灰寄存、续存等相关业务办理流程及方法 2.1.4 计算机软件办理骨灰寄存业务流程
	2.2 骨灰保管	2.2.1 能对骨灰寄存场所进行清洁消毒 2.2.2★ 能为客户安全保管骨灰 2.2.3 能指导客户安放、领取骨灰 2.2.4 能完成骨灰安放、领取的核对工作	2.2.1 骨灰寄存场所清洁消毒方法 2.2.2 骨灰安全保管要求 2.2.3 骨灰安放、领取注意事项 2.2.4 骨灰安放、领取的核对内容

续表

职业功能	工作内容	技能要求	相关知识要求
3. 祭奠服务	3.1 祭奠引导	3.1.1 能引导客户了解骨灰祭奠的程序和内容 3.1.2 能引导客户了解骨灰祭奠的要求 3.1.3 能向客户介绍网络祭奠业务	3.1.1 骨灰祭奠的程序要求 3.1.2 骨灰祭奠的内容要点 3.1.3 网络祭奠要求
	3.2 祭礼服务	3.2.1 能做好祭奠仪式的准备工作 3.2.2 能主持骨灰基本祭奠仪式 3.2.3 能开展代客祭扫礼仪服务	3.2.1 骨灰祭奠仪式准备工作要求 3.2.2 骨灰基本祭奠仪式主持技巧 3.2.3 代客祭扫礼仪服务要求
4. 维护管理	4.1 安全管理	4.1.1 能使用消防设备器材 4.1.2 能对消防设备进行维护 4.1.3 能排查骨灰寄存场所安全隐患	4.1.1 消防设备器材使用方法 4.1.2 消防设备维护方法 4.1.3 骨灰寄存场所安全隐患排查方法
	4.2 档案管理	4.2.1 能收集骨灰业务档案资料 4.2.2 能对骨灰业务档案资料进行整理 4.2.3 能利用计算机为客户办理骨灰业务档案查询业务 4.2.4 能保护客户骨灰业务档案隐私 4.2.5 能进行骨灰业务档案安全保管	4.2.1 骨灰业务档案资料收集的内容 4.2.2 骨灰业务档案卷内文件的整理方法 4.2.3 计算机查询骨灰业务档案的操作流程 4.2.4 骨灰业务档案隐私保护注意事项 4.2.5 骨灰业务档案安全保管方法

3.2 四级/中级工

3.2.1 墓地管理员

职业功能	工作内容	技能要求	相关知识要求
1. 接待引导	1.1 接待客户	1.1.1 能通过洽谈沟通了解客户消费类型 1.1.2 能根据客户消费心理和消费类型提出订葬建议 1.1.3 能对客户进行悲伤辅导	1.1.1 殡葬消费类型 1.1.2 殡葬消费心理 1.1.3 悲伤辅导方法

续表

职业功能	工作内容	技能要求	相关知识要求
1. 接待引导	1.2 引导订墓	1.2.1 能介绍墓区环境景观 1.2.2 能介绍本地区优良传统殡葬文化 1.2.3 能设置样品墓展示区	1.2.1 墓区环境景观的相关知识 1.2.2 传统殡葬文化相关知识 1.2.3 样品墓展示规则
2. 安葬服务	2.1 安葬引导	2.1.1 能办理墓地合葬业务 2.1.2 能介绍随葬品的寓意及摆放位置 2.1.3 能提出安葬礼仪程序的建议 2.1.4 能介绍墓碑文撰写的程序和内容 2.1.5 能介绍本地区主要民族的安葬礼仪	2.1.1 墓地合葬业务流程 2.1.2 常用随葬品及其使用方法 2.1.3 常用安葬礼仪的相关知识 2.1.4 墓碑文撰写要求 2.1.5 本地区主要民族安葬礼仪知识
	2.2 葬礼服务	2.2.1 能制定个性化安葬礼仪方案 2.2.2 能按照客户个性化需求布置安葬礼仪场地 2.2.3★能主持个性化安葬礼仪	2.2.1 个性化安葬礼仪方案的制定方法 2.2.2 个性化安葬礼仪场地布置要求 2.2.3 个性化安葬礼仪的主持方法
3. 祭奠服务	3.1 祭奠引导	3.1.1 能根据客户需求介绍祭奠服务的相关内容 3.1.2 能根据客户需求提出祭奠程序与内容的建议	3.1.1 祭奠服务的相关知识 3.1.2 不同类型客户的祭奠需求
	3.2 祭礼服务	3.2.1 能制定个性化祭奠仪式方案 3.2.2 能布置个性化祭奠礼仪场地 3.2.3 能主持个性化祭奠仪式 3.2.4 能提供远程祭奠礼仪服务	3.2.1 个性化祭奠仪式方案的制定方法 3.2.2 个性化祭奠礼仪场地的布置要求 3.2.3 个性化祭奠仪式的主持方法 3.2.4 远程祭奠礼仪服务的内容和要求

续表

职业功能	工作内容	技能要求	相关知识要求
4. 维护管理	4.1 墓地维护	4.1.1 能识别墓体基本结构图 4.1.2 能对墓料进行外形尺寸验收 4.1.3 能对墓进行稳固性检查和加固处理 4.1.4 能检查并评定墓的受损程度及等级 4.1.5 能指导修复墓的受损部分	4.1.1 墓体基本结构图的类别 4.1.2 墓料验收方法 4.1.3 墓的稳固性检查和加固处理方法 4.1.4 墓的受损程度及等级评定方法 4.1.5 墓材表层维护处理方法
	4.2 技术管理	4.2.1 能制定墓区环境保洁方案 4.2.2 能对墓区常见植物病虫害进行监测 4.2.3 能及时处理业务突发事件	4.2.1 墓区环境保洁方案的主要内容 4.2.2 墓区常见植物病虫害监测的技术要求 4.2.3 处理业务突发事件的技能
	4.3 档案管理	4.3.1 能对墓地业务档案进行立卷归档 4.3.2 能划分墓地业务档案资料保管期限 4.3.3 能利用计算机查调业务档案资料	4.3.1 墓地业务档案立卷归档方法 4.3.2 墓地业务档案资料保管期限要求 4.3.3 计算机查调业务档案资料方法

3.2.2 骨灰管理员

职业功能	工作内容	技能要求	相关知识要求
1. 接待洽谈	1.1 接待客户	1.1.1 能通过观察和交谈判断客户消费类型 1.1.2 能掌握客户消费心理特征 1.1.3 能根据客户的不同心理提出骨灰管理建议	1.1.1 殡葬消费类型 1.1.2 殡葬消费心理特征 1.1.3 骨灰管理要求

续表

职业功能	工作内容	技能要求	相关知识要求
1. 接待洽谈	1.2 业务洽谈	1.2.1 能向客户介绍骨灰管理内容与特点 1.2.2 能向客户介绍骨灰寄存格位类别 1.2.3 能向客户提出骨灰寄存、祭奠等殡葬用品的使用建议 1.2.4 能布置殡葬用品展示区	1.2.1 骨灰管理内容要点 1.2.2 骨灰寄存格位类别知识 1.2.3 骨灰寄存、祭奠等殡葬用品的使用方法 1.2.4 殡葬用品展示区布置要求
2. 寄存保管	2.1 业务办理	2.1.1 能向客户介绍多样性的骨灰寄存形式 2.1.2★能按规定处置无人认领的骨灰 2.1.3 能利用计算机远程为客户办理骨灰续存业务	2.1.1 骨灰寄存形式和种类 2.1.2 无人认领的骨灰处置注意事项 2.1.3 远程骨灰续存业务办理流程
	2.2 骨灰保管	2.2.1 能对寄存骨灰进行定期核查 2.2.2 能对骨灰的保管条件进行查验和改进	2.2.1 骨灰寄存日常维护方法 2.2.2 骨灰保管条件查验和改进方法
3. 祭奠服务	3.1 祭奠引导	3.1.1 能按规定引导无骨灰寄存证的客户完成祭奠活动 3.1.2 能开展网络祭奠相关服务	3.1.1 无骨灰寄存证情况下的祭奠要求 3.1.2 网络祭奠相关服务操作流程
	3.2 祭礼服务	3.2.1 能提供骨灰祭奠的基本文书服务 3.2.2 能布置骨灰祭奠场所 3.2.3 能提供远程祭奠礼仪服务	3.2.1 骨灰祭奠文书服务内容 3.2.2 骨灰祭奠场所布置方法 3.2.3 远程祭奠礼仪服务要求
4. 维护管理	4.1 安全管理	4.1.1 能对服务设备、用具进行维护 4.1.2 能对安全疏散设施进行管理	4.1.1 服务设备、用具维护方法 4.1.2 安全疏散设施管理规定
	4.2 档案管理	4.2.1 能对骨灰业务档案进行立卷归档 4.2.2 能划分骨灰业务档案资料保管期限	4.2.1 骨灰业务档案立卷归档的要求与方法 4.2.2 骨灰业务档案资料保管期限划分方法

3.3 三级/高级工

3.3.1 墓地管理员

职业功能	工作内容	技能要求	相关知识要求
1. 接待引导	1.1 接洽客户	1.1.1 能提供订墓后续咨询服务 1.1.2 能处理客户投诉	1.1.1 订墓后续咨询服务要求 1.1.2 处理客户投诉的方法
	1.2 引导订墓	1.2.1 能了解客户的心态并引导订墓 1.2.2 能解决订墓过程中出现的业务纠纷 1.2.3 能宣传文化名人墓地	1.2.1 客户心态与消费的关系 1.2.2 业务纠纷解决的方法 1.2.3 文化名人墓地在公墓文化建设中的意义
2. 安葬服务	2.1 安葬引导	2.1.1 能制定墓葬随葬品的使用方案 2.1.2 能介绍生态安葬的流程和内容 2.1.3 能介绍并办理迁葬业务	2.1.1 客户类型与随葬品选择 2.1.2 生态安葬的基本流程和内容 2.1.3 迁葬的基本流程和内容
	2.2 葬礼服务	2.2.1 能制定生态安葬礼仪方案 2.2.2 能布置生态安葬礼仪场地 2.2.3 能主持生态安葬礼仪	2.2.1 生态安葬礼仪方案制定方法 2.2.2 生态安葬礼仪场地布置方法 2.2.3 生态安葬礼仪的主持方法
3. 祭奠服务	3.1 祭奠引导	3.1.1 能制定生态文明祭奠礼仪方案 3.1.2 能制定网络祭奠相关服务方案	3.1.1 生态文明祭奠方式的内容 3.1.2 网络祭奠服务的内容
	3.2 祭礼服务	3.2.1 能主持生态文明祭奠礼仪 3.2.2 能开展网络祭奠服务 3.2.3 能根据客户需求撰写祭文	3.2.1 生态文明祭奠礼仪的主持方法 3.2.2 网络祭奠服务要求 3.2.3 祭文撰写规范与要求
4. 维护管理	4.1 墓地维护	4.1.1 能识别墓区基本规划图 4.1.2 能对墓材进行质量验收 4.1.3★能进行墓体安全监测 4.1.4 能进行墓体维护管理	4.1.1 墓区规划图的类型 4.1.2 墓材质量验收的内容 4.1.3 墓体安全监测的方法 4.1.4 墓体维护管理的内容

续表

职业功能	工作内容	技能要求	相关知识要求
4. 维护管理	4.2 技术管理	4.2.1 能拟订墓区应急预案 4.2.2 能制定业务安全管理办法和工作程序 4.2.3 能进行墓地业务数据的统计分析	4.2.1 墓区应急预案的相关知识 4.2.2 业务安全防范和设施管理规定 4.2.3 墓地业务数据的统计分析知识
	4.3 档案管理	4.3.1 能进行墓地业务档案的登记 4.3.2 能进行墓地业务资料档案价值的鉴定 4.3.3 能对墓地业务档案资料进行数字化开发利用	4.3.1 墓地业务档案登记的相关知识 4.3.2 墓地业务资料档案价值鉴定原则 4.3.3 墓地业务档案资料数字化开发利用方法

3.3.2 骨灰管理员

职业功能	工作内容	技能要求	相关知识要求
1. 接待洽谈	1.1 接待客户	1.1.1 能对客户进行悲伤辅导 1.1.2 能解答客户骨灰管理个性化需求问题	1.1.1 悲伤辅导方法 1.1.2 骨灰管理个性化需求类型与特点
	1.2 业务洽谈	1.2.1 能根据客户建议改进服务措施 1.2.2 能根据客户需求制定特殊性寄存方案 1.2.3 能化解洽谈僵局 1.2.4 能处理客户投诉	1.2.1 服务措施改进方法 1.2.2 特殊性寄存方案制定方法及注意事项 1.2.3 化解业务洽谈僵局方法 1.2.4 客户投诉处理方法
2. 寄存保管	2.1 业务办理	2.1.1 能对骨灰寄存状况进行检查评价 2.1.2 能对过期存放骨灰拟订处置方案 2.1.3 能按规定保管无人认领的骨灰 2.1.4 能帮助客户选择骨灰寄存格位	2.1.1 骨灰寄存状况检查评价方法 2.1.2 过期存放骨灰的处置流程和注意事项 2.1.3 无人认领骨灰保管方法 2.1.4 骨灰寄存格位的类别

续表

职业功能	工作内容	技能要求	相关知识要求
2. 寄存保管	2.2 骨灰保管	2.2.1 能对骨灰寄存场所设施设备与骨灰盒进行清点、查验、整理 2.2.2 能制定骨灰保管防火、防盗实施方案	2.2.1 设施设备与骨灰盒清点、查验、整理的内容和流程 2.2.2 骨灰保管防火、防盗的有关要求
3. 祭奠服务	3.1 引导服务	3.1.1 能拟定网络祭奠相关服务方案 3.1.2 能引导客户举行个性化骨灰祭奠仪式 3.1.3 能指导客户举行家庭追思会	3.1.1 网络祭奠业务操作流程 3.1.2 个性化骨灰祭奠仪式种类、流程 3.1.3 家庭追思会流程
	3.2 祭礼服务	3.2.1 能制定个性化骨灰祭奠仪式策划书 3.2.2 能提供骨灰祭奠的特殊文书服务 3.2.3 能针对个性化骨灰祭奠仪式服务进行场所布置 3.2.4 能主持个性化骨灰祭奠仪式	3.2.1 个性化骨灰祭奠仪式策划书制定方法 3.2.2 骨灰祭奠特殊文书服务种类 3.2.3 祭奠仪式场地布置方法 3.2.4 骨灰祭奠礼仪主持技巧
4. 维护管理	4.1 安全管理	4.1.1★能监测服务设施设备的安全隐患 4.1.2 能制定工作环境安全隐患排查方案	4.1.1 设施设备安全隐患监测知识 4.1.2 工作环境安全隐患排查方法
	4.2 档案管理	4.2.1 能应用骨灰寄存档案开展专项服务 4.2.2 能研究骨灰业务档案的信息内容并开发其利用价值 4.2.3 能开展骨灰业务档案检查工作 4.2.4 能对不规范骨灰业务档案提出整改意见	4.2.1 骨灰寄存档案专项服务内容 4.2.2 骨灰业务档案开发利用的途径 4.2.3 骨灰业务档案检查内容和方法 4.2.4 骨灰业务档案规范化要求

3.4 二级/技师

职业功能	工作内容	技能要求	相关知识要求
1. 安葬服务	1.1 方案制定	1.1.1 能制定安葬服务和骨灰存取操作规程 1.1.2 能利用生态环保材料制定并实施墓体装饰方案	1.1.1 安葬服务和骨灰存取操作规程制定规则 1.1.2 墓体装饰相关知识
	1.2 葬礼服务	1.2.1 能主持共合葬、迁葬特殊安葬仪式 1.2.2 能策划并主持骨灰塔葬、壁葬特殊骨灰安放仪式	1.2.1 特殊安葬仪式主持技巧 1.2.2 骨灰特殊安放仪式方法
2. 祭奠服务	2.1 方案制定	2.1.1 能制定祭奠管理规定 2.1.2 能制定生态祭奠方案 2.1.3 能拟定高峰祭扫消防应急预案	2.1.1 祭奠管理规定的主要内容 2.1.2 生态祭奠方案的主要内容 2.1.3 高峰祭扫消防应急预案制定要求
	2.2 祭礼服务	2.2.1 能主持家祭、生态葬公祭祭奠仪式 2.2.2 能指导开展综合祭奠服务	2.2.1 家祭、生态葬公祭祭奠仪式主持技巧 2.2.2 综合祭奠服务技巧
3. 维护管理	3.1 墓地维护	3.1.1 能根据公共突发事件应急响应等级制定专项防控方案 3.1.2 能根据施工图指导和组织墓区维护工程施工 3.1.3 能对树葬、花葬、草坪葬区进行生态修复 3.1.4 能利用常用软件编排墓园宣传材料	3.1.1 公共突发事件应急响应专项防控方案制定要求 3.1.2 墓区现场施工管理相关知识 3.1.3 树葬、花葬、草坪葬区生态修复方法 3.1.4 平面与视频设计软件操作方法
	3.2 骨灰保管	3.2.1 能利用档案专用软件建立骨灰保管业务档案 3.2.2 能使用计算机处理骨灰保管信息	3.2.1 档案专用软件的使用与档案信息化建设相关知识 3.2.2 计算机处理骨灰保管信息的方法

续表

职业功能	工作内容	技能要求	相关知识要求
3. 维护管理	3.3 技术管理	3.3.1 能制定公墓园林植物生态管理方案 3.3.2 能进行公墓园林植物生态养护 3.3.3 能拟订公墓环境管理体系并进行测评 3.3.4 能设计生态葬墓区	3.3.1 公墓园林植物生态管理内容 3.3.2 公墓园林植物生态养护要点 3.3.3 公墓环境管理体系的构成 3.3.4 生态葬墓区设计要求
4. 生命教育	4.1 活动开展	4.1.1 能按社会工作个案工作要求开展个性化悲伤辅导 4.1.2 能编撰殡葬文化宣传讲解材料 4.1.3 能进行殡葬文化宣传讲解 4.1.4★能主持生命教育公益活动	4.1.1 社会工作个案工作方法 4.1.2 殡葬文化宣传材料编撰要点 4.1.3 殡葬文化宣传讲解方法 4.1.4 生命教育公益活动主持技巧
	4.2 项目开发	4.2.1 能利用网络祭奠系统开发网络生命教育园地 4.2.2 能拟订并实施人文纪念陈列室布设方案 4.2.3 能利用逝者生前音像、文字等资料制作人生纪念电子视频	4.2.1 网络生命教育园地开发方法 4.2.2 人文纪念陈列室布设要点 4.2.3 人生纪念电子视频制作技巧
5. 培训指导	5.1 理论培训	5.1.1 能制订五级/初级工、四级/中级工和三级/高级工墓地管理员和骨灰管理员培训计划 5.1.2 能对五级/初级工、四级/中级工和三级/高级工墓地管理员和骨灰管理员进行理论培训	5.1.1 五级/初级工、四级/中级工和三级/高级工墓地管理员和骨灰管理员培训计划制订方法 5.1.2 五级/初级工、四级/中级工和三级/高级工墓地管理员和骨灰管理员理论培训要求
	5.2 技术指导	5.2.1 能撰写五级/初级工、四级/中级工和三级/高级工墓地管理员和骨灰管理员技术指导材料 5.2.2 能对五级/初级工、四级/中级工和三级/高级工墓地管理员和骨灰管理员进行技术指导	5.2.1 五级/初级工、四级/中级工和三级/高级工墓地管理员和骨灰管理员技术指导材料撰写要求 5.2.2 对五级/初级工、四级/中级工和三级/高级工墓地管理员和骨灰管理员进行技术指导的方法

3.5 一级/高级技师

职业功能	工作内容	技能要求	相关知识要求
1. 安葬服务	1.1 方案制定	1.1.1 能审定安葬服务和骨灰存取操作规程 1.1.2 能设计并制作殡葬改革宣传册 1.1.3 能按照客户要求进行艺术墓方案设计	1.1.1 安葬服务和骨灰存取操作规程审定规则 1.1.2 殡葬改革宣传册设计要点 1.1.3 艺术墓方案设计要点
	1.2 葬礼服务	1.2.1 能主持衣冠葬、家庭合葬仪式 1.2.2 能策划并主持骨灰撒散、海葬、树葬、花葬等不保留骨灰的生态葬仪式	1.2.1 衣冠葬、家庭合葬仪式主持技巧 1.2.2 不保留骨灰生态葬仪式的主持技巧
2. 祭奠服务	2.1 方案制定	2.1.1 能审定祭奠管理规定 2.1.2 能制定生态祭奠方案 2.1.3 能拟订清明节祭奠服务总体方案	2.1.1 祭奠管理规定的审定规则 2.1.2 生态祭奠方案制定要求 2.1.3 清明节祭奠服务总体方案策划要求
	2.2 祭礼服务	2.2.1 能主持特殊祭奠仪式 2.2.2 能主持开展网络祭奠服务	2.2.1 特殊祭奠仪式主持技巧 2.2.2 网络祭奠服务要求
3. 维护管理	3.1 墓地维护	3.1.1 能识别墓区平面规划设计图并对墓区平面工程进行维护 3.1.2 能针对客户特殊需求策划服务项目 3.1.3 能根据客户需求进行墓位个性化景观设计	3.1.1 平面工程设计图的识别与平面工程维护管理 3.1.2 墓地经营服务项目的要求 3.1.3 墓位个性化景观设计方法
	3.2 骨灰保管	3.2.1 能按规定对无主骨灰进行生态化处置 3.2.2 能拟订并组织实施骨灰现代化管理方案	3.2.1 骨灰生态化处置方法 3.2.2 骨灰现代化管理方案制定要点

续表

职业功能	工作内容	技能要求	相关知识要求
3. 维护管理	3.3 技术管理	3.3.1 能拟订墓地管理业务方案 3.3.2 能拟订骨灰管理业务规范 3.3.3 能编制阶段性公墓业务管理报告 3.3.4 能拟订公墓开发和生态建设规划 3.3.5 能根据公共突发事件应急响应等级拟订总体防控方案	3.3.1 墓地管理业务方案拟定要点 3.3.2 骨灰管理业务规范拟订要点 3.3.3 公墓业务管理报告编制要点 3.3.4 公墓开发和生态建设规划拟订方法 3.3.5 公共突发事件应急响应总体防控方案策划要求
4. 生命教育	4.1 活动开展	4.1.1 能利用档案开展生命文化展览活动 4.1.2★能主持开展公益性生命纪念活动 4.1.3 能利用档案资料撰写生命教育材料	4.1.1 生命文化展览活动策划要求 4.1.2 生命纪念活动主持技巧 4.1.3 生命教育材料撰写方法
	4.2 项目开发	4.2.1 能利用档案资料开发家谱、个人传记、人生回忆录 4.2.2 能组织开展生命文化研究活动	4.2.1 家谱、个人传记、人生回忆录开发技巧 4.2.2 生命文化活动研究技能
5. 培训指导	5.1 理论培训	5.1.1 能制订二级/技师公墓管理员培训计划 5.1.2 能对二级/技师公墓管理员进行理论培训	5.1.1 二级/技师公墓管理员培训计划制订方法 5.1.2 二级/技师公墓管理员理论培训要求
	5.2 技术指导	5.2.1 能制订二级/技师公墓管理员技术指导计划 5.2.2 能对二级/技师公墓管理员进行技术指导	5.2.1 二级/技师公墓管理员技术指导计划制订方法 5.2.2 二级/技师公墓管理员技术指导要求

4. 权重表

4.1 墓地管理员

4.1.1 理论知识权重表

项目	技能等级	五级/初级工（%）	四级/中级工（%）	三级/高级工（%）
基本要求	职业道德	5	5	5
	基础知识	20	15	10
相关知识要求	接待引导	20	20	15
	安葬服务	20	25	25
	祭奠服务	20	20	25
	维护管理	15	15	20
	合计	100	100	100

4.1.2 技能要求权重表

项目	技能等级	五级/初级工（%）	四级/中级工（%）	三级/高级工（%）
技能要求	接待引导	25	20	15
	安葬服务	30	30	30
	祭奠服务	20	25	30
	维护管理	25	25	25
	合计	100	100	100

4.2 骨灰管理员

4.2.1 理论知识权重表

项目	技能等级	五级/初级工（%）	四级/中级工（%）	三级/高级工（%）
基本要求	职业道德	5	5	5
	基础知识	20	15	10

续表

项目	技能等级	五级/初级工（%）	四级/中级工（%）	三级/高级工（%）
相关知识要求	接待洽谈	15	20	20
	寄存保管	20	20	20
	祭奠服务	20	20	25
	维护管理	20	20	20
	合计	100	100	100

4.2.2 技能要求权重表

项目	技能等级	五级/初级工（%）	四级/中级工（%）	三级/高级工（%）
技能要求	接待洽谈	20	20	15
	寄存保管	35	30	30
	祭奠服务	25	25	30
	维护管理	20	25	25
	合计	100	100	100

4.3 公墓管理员

4.3.1 理论知识权重表

项目	技能等级	二级/技师（%）	一级/高级技师（%）
基本要求	职业道德	5	5
	基础知识	5	5
相关知识要求	安葬服务	25	20
	祭奠服务	20	15
	维护管理	15	15
	生命教育	15	20
	培训指导	15	20
	合计	100	100

4.3.2 技能要求权重表

项目	技能等级	二级/技师（%）	一级/高级技师（%）
技能要求	安葬服务	20	15
	祭奠服务	20	20
	维护管理	20	15
	生命教育	20	25
	培训指导	20	25
	合计	100	100

5. 附录

5.1 专业术语

5.1.1

公墓 public cemetery

公共墓地。

公众安葬遗体、遗骸、骨灰和生命晶石的墓地。

［来源：GB/T 23287—2009，8.9，有修改］

5.1.2

墓地 cemetery

埋葬遗体、遗骸、骨灰和生命晶石的场所。

［来源：GB/T 23287—2009，3.10，有修改］

5.1.3

遗体 corpse

尸体 corpse

逝者的躯体。

［来源：MZ/T 017—2011，3.4.2］

5.1.4

遗骸 carcass

逝者的骸骨。

［来源：MZ/T 017—2011，3.4.3］

5.1.5

骨灰 bone ash

遗体火化后骨骼的残留物。

[来源：GB/T 23287—2009，3.19]

5.1.6

生命晶石 life spar

骨灰超高温熔融冷却后形成的晶状物。

注：骨灰深加工成生命晶石属于骨灰减量化和无害化的处理过程。

5.1.7

墓地管理员 cemetery manager

从事墓地维护管理，提供安葬、祭奠专项服务的人员。

注：墓地管理员为公墓管理员职业的工种之一。

5.1.8

骨灰管理员 ashes manager

从事骨灰寄存、安放与管理，提供有关祭奠服务的人员。

注：骨灰管理员为公墓管理员职业的工种之一。

5.1.9

安葬 interment

下葬 interment

人们对逝者遗体的各种处理过程和最终处置方法。

[来源：MZ/T 017—2011，3.1.2]

5.1.10

安葬设施 burial facilities

用以集中安葬遗体或骨灰的场所。主要包括：经营性公墓、骨灰堂、骨灰塔陵园、城市公益性公墓、农村公益性墓地、农村集中安葬点等。

[来源：MZ/T 134—2019，3.1]

5.1.11

节地生态安葬 land-saving and ecological burial

指以节约资源、保护环境为价值导向，采用树葬、海葬、深埋、格位存放等不占或少占土地、少耗资源、少使用不可降解材料的方式安葬骨灰或遗体，使安葬活动更好地促进人与自然和谐发展。主要包括以下节地生态安葬方式：骨灰立体安葬、骨灰节地型墓位安葬、骨灰植树（花、草等）安葬、不保留骨灰安葬、遗体节地型墓位安葬、遗体深埋不设墓碑安葬和其他形式节地生态安葬。

[来源：MZ/T 134—2019，3.2]

5.1.12

祭奠 memorial

为逝者举行的悼念活动。

5.1.13

网络祭奠 network memorial

云祭奠 network memorial

利用互联网平台开展的祭奠活动。

注：网络祭奠具有跨越时空、低碳环保、文明便捷等特点。

5.2 职业沿革

5.2.1 列入工种目录

1989 年，根据劳动部《关于印发〈关于修订工人技术等级标准工作的意见〉的通知》的要求，在《中华人民共和国工人技术等级标准》第三次修订工作中，民政部组织人员拟定了"墓地管理员"工种，经劳动部审核列入《中华人民共和国工种分类目录》，明确其名称、工种编码和工种定义。

（1）工种名称：墓地管理员。

（2）工种编码：01-005。

（3）工种定义：指导墓碑和墓体的建筑，从事墓地管理及服务。

5.2.2 制定等级标准

1993 年 11 月，民政部制定工人技术等级标准领导小组组织人员制定了《中华人民共和国工人技术等级标准 民政》，墓地管理员作为民政行业 8 个特有工种之一明确了其工种定义、适用范围、等级线、学徒期、知识要求和技能要求。

（1）工种名称：墓地管理员。

（2）工种定义：墓地管理及各项服务。

（3）适用范围：殡葬行业墓地。

（4）等级线：初、中。

（5）学徒期：半年。

5.2.3 列入分类大典

依据《中华人民共和国劳动法》"国家确定职业分类，对规定的职业制定职业技能标准，实行职业资格证书制度"的规定，1995 年，劳动和社会保障部、国家质量监督检验检疫总局、国家统计局联合组织编制了首部《中华人民共和国职业分类大典》。经过社会各界上千名专家长达 4 年的艰苦努力，1999 年 5 月首部《中华人民共和国职业分类大典》正式颁布。

在首部《中华人民共和国职业分类大典》中，"殡葬服务人员"小类属于第四大类（商业、服务业人员）的第七中类（社会服务和居民生活服务人员），下设6个细类，墓地管理员职业（特有职业）列入其中，并给出了职业编码和职业定义。

（1）职业名称：墓地管理员。
（2）职业编码：4-07-14-06。
（3）职业定义：从事建墓、安排葬礼等墓地管理及服务的人员。

5.2.4 制定国家职业标准

2006年，劳动和社会保障部委托民政部职业技能鉴定指导中心组织有关专家制定了《墓地管理员国家职业标准》，经劳动和社会保障部、民政部批准发布实施。标准明确了职业定义和职业等级等。

（1）职业名称：墓地管理员。
（2）职业定义：从事墓地维护管理，提供安葬、祭奠服务的人员。
（3）职业等级：共设四个等级，分别为五级墓地管理员、四级墓地管理员、三级墓地管理员和二级墓地管理员。

5.2.5 再列入分类大典

2015年，人力资源社会保障部、国家质量监督检验检疫总局、国家统计局牵头组成国家职业分类大典修订工作委员会，对1999年版《中华人民共和国职业分类大典》进行修订，2015年7月颁布了2015年版《中华人民共和国职业分类大典》。

在2015年版《中华人民共和国职业分类大典》中，"殡葬服务人员"小类属于第四大类（社会生产服务和生活服务人员）的第十中类（居民服务人员），下设4个职业，其中包括公墓管理员。

（1）职业名称：公墓管理员（包括墓地管理员和骨灰管理员两个工种）。
（2）职业编码：4-10-06-04。
（3）职业定义：从事公共墓园和墓地维护管理、墓穴施工，并提供骨灰寄存、安葬和祭奠等殡葬服务工作的人员。
（4）主要工作任务：
——为客户提供建墓所用建筑材料的品种、用途、性能和价格的咨询服务；
——为客户提供建墓服务；
——根据本地区主要民族和宗教信仰者埋葬遗体或骨灰的方法和礼俗，提供葬礼和祭奠服务；
——遵照碑文内容、格式、写法，提供立碑服务；
——建立和管理墓地业务档案；
——管理维护墓地园区，进行环境绿化和美化；
——接待服务对象，检查、核对火化证明等材料；
——办理骨灰收取、寄存、安放和保管等手续，调节骨灰寄存场所条件，保管骨灰；
——实施骨灰撒散、海葬、花葬、树葬、草坪葬等多样化、生态化处理工作；
——进行骨灰寄存和安放场所防火、防盗及有关安全工作；

——负责骨灰祭奠、登记管理,收集逝者音像和文字资料,建立骨灰管理档案,做好日常管理;

——利用骨灰存放设施等资源,进行死亡和殡葬文化等生命教育。

5.3 参考文献

(1)《殡葬服务、设施、用品分类与代码》(GB/T 19632—2005)。

(2)《殡葬术语》(GB/T 23287—2009)。

(3)《木质骨灰盒通用技术条件》(GB/T 23288—2009)。

(4)《殡葬服务从业人员资质条件》(GB/T 24441—2009)。

(5)《殡葬服务术语》(MZ/T 017—2011)。

(6)《殡仪接待服务》(MZ/T 018—2011)。

(7)《骨灰寄存服务》(MZ/T 022—2011)。

(8)《骨灰撒海服务》(MZ/T 023—2011)。

(9)《公墓业务接待》(MZ/T 034—2012)。

(10)《墓体制作服务》(MZ/T 035—2012)。

(11)《公墓安葬服务》(MZ/T 036—2012)。

(12)《公墓维护服务》(MZ/T 037—2012)。

(13)《公墓祭扫服务》(MZ/T 038—2012)。

(14)《殡葬服务项目分类》(MZ/T 046—2013)。

(15)《殡葬代理机构服务规范》(MZ/T 047—2013)。

(16)《殡葬服务满意度评价》(MZ/T 048—2013)。

(17)《殡葬管理服务信息系统基本数据规范》(MZ/T 098—2017)。

(18)《安葬随葬品使用要求》(MZ/T 102—2017)。

(19)《殡仪场所消毒技术规范》(MZ/T 103—2017)。

(20)《火化残余物处理处置要求》(MZ/T 104—2017)。

(21)《火化随葬品使用要求》(MZ/T 105—2017)。

(22)《节地生态安葬基本评价规范》(MZ/T 134—2019)。

(23)《突发事件遇难人员遗体处置技术规范》(MZ/T 138—2019)。

(24)《殡仪场所致病菌检测技术规范》(MZ/T 140—2019)。

(25)《殡葬管理服务信息系统数据共享和交换规范》(MZ/T 141—2019)。

(26)《殡葬服务公共平台基本要求》(MZ/T 143—2019)。

(27)《殡葬服务机构安全管理指南》(MZ/T 144—2019)。

(28)《殡葬服务机构业务档案管理规范》(MZ/T 145—2019)。

(29)《殡仪馆建筑设计规范》(JGJ 124—1999)。

(30)《公墓和骨灰寄存建筑设计规范》(JGJ/T 397—2016)。

(31)《天然花岗石墓碑石》(JC/T 972—2005)。

(32)《入出境棺柩消毒处理规程》(SN/T 1212—2003)。

(33)《入出境尸体、棺柩、骸骨卫生检疫查验规程》(SN/T 1320—2010)。

(34)《入出境尸体和骸骨卫生处理规程》(SN/T 1334—2003)。

（35）《中华人民共和国职业工种分类目录》。
（36）《中华人民共和国工人技术等级标准 民政》。
（37）《墓地管理员国家职业标准（2006年版）》。
（38）《殡仪服务员国家职业标准（2006年版）》。
（39）《殡仪馆建设标准》（建标181—2017）。
（40）《城市公益性公墓建设标准》（建标182—2017）。
（41）《公墓管理暂行办法》（民事发〔1992〕24号）。
（42）《关于进一步深化殡葬改革促进殡葬事业科学发展的指导意见》（民发〔2009〕170号）。
（43）《殡葬服务单位业务档案管理办法》（民发〔2010〕164号）。
（44）《关于推行节地生态安葬的指导意见》（民发〔2016〕21号）。
（45）《关于进一步推动殡葬改革促进殡葬事业发展的指导意见》（民发〔2018〕5号）。

社群健康助理员国家职业技能标准

（2021 年版）

1. 职业概况

1.1 职业名称

社群健康助理员

1.2 职业编码

4-14-04-04[①]

1.3 职业定义

运用卫生健康及互联网知识技能，从事社群健康档案管理、宣教培训，就诊和保健咨询、代理、陪护及公共卫生事件事务处理的人员。

1.4 职业技能等级

本职业共设三个等级，分别为：四级/中级工、三级/高级工、二级/技师。

1.5 职业环境条件

室内、外，常温。

1.6 职业能力特征

身体健康，心智健全，具有一定的观察、学习、理解能力；具有语言表达能力；色觉、听觉正常；四肢灵活，动作协调。

1.7 普通受教育程度

高中毕业（或同等学力）。

1.8 培训参考学时

四级/中级工不少于 120 标准学时，三级/高级工不少于 80 标准学时，二级/技师不少于 80 标准学时。

[①] 依据《中华人民共和国职业分类大典（2022 年版）》调整。

1.9 职业技能鉴定要求

1.9.1 申报条件

具备以下条件之一者，可申报四级/中级工：

（1）取得相关职业①五级/初级工职业资格证书（技能等级证书）后，累计从事本职业或相关职业工作 4 年（含）以上。

（2）累计从事本职业或相关职业工作 6 年（含）以上。

（3）取得技工学校本专业或相关专业②毕业证书（含尚未取得毕业证书的在校应届毕业生）；或取得经评估论证、以中级技能为培养目标的中等及以上职业学校本专业或相关专业毕业证书（含尚未取得毕业证书的在校应届毕业生）。

具备以下条件之一者，可申报三级/高级工：

（1）取得本职业或相关职业四级/中级工职业资格证书（技能等级证书）后，累计从事本职业或相关职业工作 5 年（含）以上。

（2）取得本职业或相关职业四级/中级工职业资格证书（技能等级证书），并具有高级技工学校、技师学院毕业证书（含尚未取得毕业证书的在校应届毕业生）；或取得本职业或相关职业四级/中级工职业资格证书（技能等级证书），并具有经评估论证、以高级技能为培养目标的高等职业学校本专业或相关专业毕业证书（含尚未取得毕业证书的在校应届毕业生）。

（3）具有大专及以上本专业或相关专业毕业证书，并取得本职业或相关职业四级/中级工职业资格证书（技能等级证书）后，累计从事本职业或相关职业工作 2 年（含）以上。

具备以下条件之一者，可申报二级/技师：

（1）取得本职业或相关职业三级/高级工职业资格证书（技能等级证书）后，累计从事本职业或相关职业工作 4 年（含）以上。

（2）取得本职业或相关职业三级/高级工职业资格证书（技能等级证书）的高级技工学

---

① 相关职业：医疗临床辅助服务员、公共营养师、生殖健康咨询师、计算机程序设计员和计算机软件测试员等，下同。

② 本专业或相关专业：技校：护理、公共营养保健、家政服务、休闲体育服务、老年服务与管理、健康服务与管理、康复保健、健康与社会照护、健康指导与管理等服务类专业，食品加工与检验、食品营养与卫生、食品质量与安全等轻工类专业，药品服务与管理、药品营销等医药类专业；中职院校：护理、营养与保健、康复技术、中医护理、中医养生保健、中医康复技术、康复辅助器具技术及应用、生殖健康管理、卫生信息管理等医药卫生大类专业，现代家政服务与管理、智慧健康养老服务、老年人服务与管理、社会福利事业管理、社会保障事务等公共管理与服务大类专业，软件与信息服务、数字媒体技术应用、计算机应用等电子与信息大类专业，客户信息服务等财经商贸大类专业；高职高专院校：卫生信息管理、公共卫生管理、预防医学、卫生检验与检疫技术、护理、康复治疗技术、中医康复技术、健康管理、中医养生保健、健康大数据管理与服务等医药卫生大类专业，社会工作、公益慈善事业管理、社区管理与服务、网络舆情监测、智慧健康养老服务与管理、现代家政服务与管理、社区康复等公共管理与服务大类专业，食品质量与安全、食品营养与健康、药品经营与管理、保健食品质量与管理等食品药品与粮食大类专业，计算机应用技术、信息安全技术应用、数字媒体技术等电子与信息大类专业，休闲服务与管理等旅游大类专业；职业本科：食品营养与健康、食品质量与安全、药事服务与管理等食品药品与粮食大类专业，护理、公共卫生管理、健康管理、医养照护与管理等医药卫生大类专业，现代家政管理、智慧健康养老管理等公共管理与服务大类专业；普通高校：基础医学、预防医学、卫生监督、食品卫生与营养学、妇幼保健医学、康复治疗学、护理学等医学类专业，教育康复学、卫生教育、运动康复等教育学类专业，计算机科学与技术、数字媒体技术等工学类专业，下同。

校、技师学院毕业生，累计从事本职业或相关职业工作 3 年（含）以上；或取得本职业或相关职业预备技师证书的技师学院毕业生，累计从事本职业或相关职业工作 2 年（含）以上。

1.9.2 鉴定方式

分为理论知识考试、技能考核以及综合评审。理论知识考试以笔试、机考等方式为主，主要考核从业人员从事本职业应该掌握的基本要求和相关知识要求；技能考核主要采用现场操作、模拟操作和方案演讲等方式进行，主要考核从业人员从事本职业应具备的技能水平；综合评审主要针对技师，通常采取情景模拟、案例分析、答辩等方式进行全面评议和审查。

理论知识考试、技能考核和综合评审均实行百分制，成绩皆达 60 分（含）以上者为合格。

1.9.3 监考人员、考评人员与考生配比

理论知识考试中的监考人员与考生配比不低于 1∶15，且每个考场不少于 2 名监考人员；技能考核中的考评人员与考生配比不低于 1∶15，且考评人员为 3 人（含）以上单数；综合评审委员为 5 人（含）以上单数。

1.9.4 鉴定时间

理论知识考试时间不少于 90 min，技能考核时间不少于 60 min，综合评审时间不少于 15 min。

1.9.5 鉴定场所设备

理论知识考试在标准教室进行；技能考核应配备实操考核所需的场地和教具，室内卫生、通风良好，光线充足，设施设备齐全；综合评审在小型会议室进行。

2. 基本要求

2.1 职业道德

2.1.1 职业道德基本知识

2.1.2 职业守则

（1）爱国守法，诚信友善。
（2）爱岗敬业，热情周到。
（3）服务社群，呵护健康。
（4）预防为主，规范实施。

2.2 基础知识

2.2.1 职业概论

(1) 社群的概念与范畴。
(2) 职业的定义与特点。
(3) 职业的工作任务与要求。
(4) 职业的工作场景及岗位。

2.2.2 计算机、互联网与信息技术知识

(1) 计算机基本知识
1) 计算机操作系统的组成。
2) 文件的管理与应用。
3) 多媒体计算机技术的应用。
4) 存储器与其他外部设备的应用。
(2) 互联网基本知识
1) 非即时沟通工具的应用。
2) 即时社交工具的运营。
3) 搜索引擎的应用。
4) IP网络基础知识的应用。
5) 常见网络设备及配置的应用。
(3) 信息技术基本知识
1) 信息获取技术的应用。
2) 信息加工与表达技术的应用。
3) 信息传播方法与技术的应用。
4) 信息资源的管理。
5) 信息安全的概念。

2.2.3 卫生健康知识

(1) 卫生健康基本知识
1) 卫生健康的概念。
2) 中国公民健康素养知识。
3) 公民的健康权益与责任。
(2) 医学基本知识
1) 人体的结构与系统功能。
2) 疾病的概念与发展过程。
3) 药物学的基本知识。
4) 常见慢性病与多发病的概念。
5) 流行病的概念。

(3) 寻医问药基本知识

1) 医疗机构与医疗服务的概念。
2) 就医的流程及注意事项。
3) 处方药与非处方药的概念。
4) 社会基本医疗保险的内容。

(4) 公共卫生基本知识

1) 公共卫生的概念。
2) 公共卫生的基本内容与要求。
3) 国家基本公共卫生服务的内容。

(5) 预防保健基本知识

1) 预防保健的概念。
2) 常见预防保健的内容与方法。
3) 预防保健的注意事项。

(6) 急救基本知识

1) 急救的概念。
2) 院前急救的基本技能。
3) 急诊的流程及注意事项。

2.2.4 健康管理与健康促进知识

(1) 健康管理与健康促进基本知识

1) 健康管理的概念。
2) 健康促进的概念。
3) 健康管理与健康促进的基本内容与方法。

(2) 心理精神健康基本知识

1) 心理精神健康的概念。
2) 心理问题与心理疾病的内容。
3) 心理精神健康的干预。

(3) 营养食品卫生基本知识

1) 营养食品卫生的概念。
2) 食物的营养价值。
3) 常见的食品污染与食品安全问题。

(4) 中医养生基本知识

1) 中医养生的概念。
2) 中医养生的基本原则。
3) 中医养生的常用方法。

(5) 运动健康基本知识

1) 运动健康的概念。
2) 运动健康的基本原则与方法。
3) 运动健康的安全与防护。

(6) 健康中国基本知识

1) 健康中国的概念。

2) 健康中国建设的主要目标与任务。

3) 健康中国行动的基本知识。

2.2.5 相关法律、法规知识

(1)《中华人民共和国劳动法》相关知识。

(2)《中华人民共和国传染病防治法》相关知识。

(3)《突发公共卫生事件应急条例》相关知识。

(4)《中华人民共和国职业病防治法》相关知识。

(5)《中华人民共和国基本医疗卫生与健康促进法》相关知识。

3. 工作要求

本标准对四级/中级工、三级/高级工、二级/技师的技能要求和相关知识要求依次递进，高级别涵盖低级别的要求。

3.1 四级/中级工

职业功能	工作内容	技能要求	相关知识要求
1. 健康档案管理	1.1 健康档案建立	1.1.1 能采集健康档案个人基本信息及健康风险因素信息 1.1.2 能建立居民健康档案封面和个人基本信息表 1.1.3 能将个人基本信息及健康风险因素信息导（录）入电子健康档案	1.1.1 健康档案管理服务内容、流程 1.1.2 健康档案个人基本信息及健康风险因素信息要点 1.1.3 电子健康档案导（录）入方法 1.1.4 个人隐私保护与信息安全原则
	1.2 健康档案使用	1.2.1 能按照规程调取与归还健康档案 1.2.2 能对个人基本信息表和健康风险因素调查表的信息进行分类与汇总 1.2.3 能应用健康档案所载资料为社群成员或其家属提示健康异常信息，建立并保持联系	1.2.1 健康档案调取与归还方法 1.2.2 信息分类与汇总的原则与方法 1.2.3 社群成员联系与沟通技巧
	1.3 健康档案维护	1.3.1 能依据规定将健康档案各组成部分整理成卷 1.3.2 能补充、更新健康档案相关信息和资料	1.3.1 健康档案组成基本知识 1.3.2 健康档案补充与更新的内容与方法

续表

职业功能	工作内容	技能要求	相关知识要求
2. 健康科普教育	2.1 健康知识宣教	2.1.1 能宣传健康素养基本知识 2.1.2 能宣传公共卫生基本知识 2.1.3 能更新卫生健康宣教内容	2.1.1 健康素养基本知识 2.1.2 多媒体使用基本知识
	2.2 健康信息收集处理	2.2.1 能收集、分类健康教育资料和师资信息 2.2.2 能整理社群内开展健康教育活动的资料 2.2.3 能对社群健康教育资料进行数字化处理	2.2.1 信息检索的工具与方法 2.2.2 数字化工具基本操作方法 2.2.3 资料归档、分类统计方法
	2.3 健康科普活动实施	2.3.1 能使用健康教育相关软件 2.3.2 能使用社群工具传播健康知识 2.3.3 能在社群中开展线上、线下的健康科普活动	2.3.1 健康教育相关软件的使用基本常识 2.3.2 新媒体、社群工具基本知识 2.3.3 数字化教育平台的操作方法 2.3.4 健康科普活动的组织方法和流程
3. 健康咨询	3.1 健康咨询需求获取	3.1.1 能通过问卷、面谈、电话和互联网途径，识别和确定咨询者 3.1.2 能根据相关信息辨析咨询者的健康咨询需求 3.1.3 能依据咨询者的年龄、性别、文化程度等条件选择不同的健康咨询技巧和方法	3.1.1 信息收集、分析方法 3.1.2 健康咨询的基本要求 3.1.3 健康咨询技巧和方法
	3.2 健康咨询实施	3.2.1 能就合理膳食、适量运动、戒烟限酒问题提供健康咨询建议 3.2.2 能对食品、饮水、环境等公共卫生问题提供健康咨询建议	3.2.1 健康咨询建议提供的基本原则与方法 3.2.2 健康生活方式的主要内容和管理方法 3.2.3 常见公共卫生问题及处理方法
	3.3 健康咨询跟踪管理	3.3.1 能记录咨询服务内容要点 3.3.2 能对咨询服务资料进行分类归档并妥善保存	3.3.1 咨询服务内容记录要点 3.3.2 咨询服务资料分类原则与保存要求

续表

职业功能	工作内容	技能要求	相关知识要求
4. 就诊协助	4.1 导诊服务	4.1.1 能了解就诊病情与需求并确认预约信息 4.1.2 能查询医疗、体检机构专科信息、医师及技师专长、科室情况、出诊时间表 4.1.3 能通过网站、电话、公众号及医院 App、现场窗口的方式指导、协助完成首次预约或二次预约挂号、取消预约及失约处理 4.1.4 能指导就诊前的常规准备工作	4.1.1 协调沟通技巧 4.1.2 就诊目的、内容、基本流程及要求 4.1.3 医疗机构基本分类 4.1.4 医疗信息查询基本知识
	4.2 陪诊服务	4.2.1 能安排门诊就诊、健康体检的行程,并规划出行路线 4.2.2 能根据门诊就诊或远程就诊、健康体检的基本流程和要求协助完成就诊活动 4.2.3 能在就诊过程中协助陈述病情、回答就诊中的问题并转述就诊方案 4.2.4 能按照医院相关要求协助完成住院手续、转院手续的办理	4.2.1 医疗机构就诊、健康体检的基本流程 4.2.2 出行路线规划的方法与原则 4.2.3 医院客户端常规功能模块的操作流程 4.2.4 住院、转院基本流程
	4.3 健康访视	4.3.1 能了解社群群体或个人基本情况 4.3.2 能明确访视目的和时间,做好探访计划和准备,开展线上或实地访视工作 4.3.3 能编写访视记录,反馈访视结果	4.3.1 访视基本礼仪 4.3.2 访视沟通基本方法与技巧 4.3.3 访视人群分类及其心理、生理基本特征 4.3.4 访视记录编写方法
5. 健康促进协助	5.1 生活方式健康促进	5.1.1 能收集、登记群体或个人的一般情况、体格检查、医学检验结果等信息 5.1.2 能监测、分类、汇总慢性非传染性疾病信息 5.1.3 能评估营养状况、运动体能、心理状况、生活习惯	5.1.1 档案查询和数据整理方法 5.1.2 慢性非传染性疾病的种类及基本特征 5.1.3 营养状况、运动体能、心理状况、生活习惯的评估要点

续表

职业功能	工作内容	技能要求	相关知识要求
5.健康促进协助	5.2 职业健康促进	5.2.1 能协助建立健全职业卫生档案 5.2.2 能协助监测工作场所中常见职业病危害因素 5.2.3 能协助监控、维护监测系统，使之处于正常工作状态 5.2.4 能协助上报不符合国家职业卫生标准和卫生要求的职业病危害因素	5.2.1 职业卫生档案建立规则和要点 5.2.2 常见职业病危害因素的识别和监测要点 5.2.3 职业健康相关监测系统的监控、维护规程
	5.3 环境健康促进	5.3.1 能协助监测、预警日常接触的水、空气、土壤环境危害信息 5.3.2 能协助监测室内环境污染的风险因素，并给出指导意见 5.3.3 能协助上报常见道路交通伤害、社会环境危险及影响环境健康的风险因素	5.3.1 水、空气、土壤环境危害信息的定义和监测阈值 5.3.2 室内环境污染的风险因素 5.3.3 常见道路交通伤害、社会环境危险及影响环境健康的风险因素
6.公共卫生事务协助	6.1 公共卫生防疫	6.1.1 能根据环境需求选择消毒方法及相应消毒剂 6.1.2 能根据消毒要求选择相应的消毒方法和工具 6.1.3 能使用消毒工具进行物理和化学消毒 6.1.4 能根据不同消毒方法指导采用正确的自我防护措施	6.1.1 消毒、清洁与灭菌的概念和区别 6.1.2 常用物理和化学消毒方法 6.1.3 消毒工具的种类和选择 6.1.4 常用消毒剂的种类与使用方法 6.1.5 消毒工作时的自我防护知识
	6.2 公共卫生事件服务	6.2.1 能调查、统计和上报公共卫生事件服务对象的生活保障需求 6.2.2 能为社群群体或个人配送生活、防疫物资，并提供临时看护服务 6.2.3 能根据环境收集并记录安全风险因素数据 6.2.4 能开展并监督公共卫生设施的日常维护	6.2.1 公共卫生事件应急处置期常见的生活保障问题 6.2.2 公共卫生事件应急处置期生活物资的供给与发放 6.2.3 公共卫生事件应急处置期特殊人群的甄别和特殊生活需求的供给

续表

职业功能	工作内容	技能要求	相关知识要求
6. 公共卫生事务协助	6.3 食品安全服务	6.3.1 能提供食品安全信息查询与咨询服务 6.3.2 能提供食品安全自我防护与救助服务 6.3.3 能识别常见食品安全风险,并提供预防服务	6.3.1 食品安全信息查询和数据整理方法 6.3.2 含天然毒素食品基本知识 6.3.3 常见食品安全风险及处置基本知识
	6.4 意外伤害服务	6.4.1 能提供常见意外伤害信息查询与咨询服务 6.4.2 能提供常见意外伤害自我防护与救助服务 6.4.3 能识别常见意外伤害风险,并提供预防服务	6.4.1 常见意外伤害信息查询和数据整理方法 6.4.2 常见意外伤害基本知识 6.4.3 常见意外伤害风险及处置基本知识

3.2 三级/高级工

职业功能	工作内容	技能要求	相关知识要求
1. 健康档案管理	1.1 健康档案建立	1.1.1 能识别并纠正健康档案内容不全、信息不实等问题 1.1.2 能协助制作、发放居民健康档案信息卡或居民健康卡	健康档案建立常见问题
	1.2 健康档案使用	1.2.1 能统计、分析个人基本信息表、居民健康档案信息卡及健康风险因素信息,评估群体和个人健康状况、健康风险因素及变化趋势 1.2.2 能依据健康评估结果调整完善健康教育、健康咨询等服务策略和内容 1.2.3 能识别群体和个人的常见慢性病和职业病,并提供适宜的跟踪提醒服务	1.2.1 信息统计与分析的基本原则和方法 1.2.2 群体和个人健康状况、健康风险因素及变化趋势评估的基本方法及结果应用 1.2.3 常见慢性病与职业病
	1.3 健康档案维护	1.3.1 能登记、分类社群成员健康档案 1.3.2 能按照规定保存健康档案 1.3.3 能解决电子健康档案使用中的常见问题	1.3.1 健康档案登记、分类方法 1.3.2 健康档案保存规定 1.3.3 电子健康档案使用中的常见问题及对策

续表

职业功能	工作内容	技能要求	相关知识要求
2. 健康科普教育	2.1 健康知识宣教	2.1.1 能开展基本医疗卫生相关法律、法规及医疗保险知识宣传 2.1.2 能对0~6岁儿童或其监护人、青少年、妇女、老年人、残疾人等群体开展健康生活方式和可干预危险因素的健康教育 2.1.3 能针对慢性非传染性疾病开展健康教育 2.1.4 能对常见食品、药品、化妆品、保健品的标签和说明书以及常见医疗器械的使用方法开展专项宣传教育	2.1.1 国家及地方健康教育相关政策法规和医疗保险基本知识 2.1.2 特殊群体健康教育与防护知识 2.1.3 慢性病基本知识 2.1.4 常见食品、药品、化妆品、保健品基本知识
	2.2 健康信息传播	2.2.1 能了解和评估社群的特点与需求，策划宣传活动 2.2.2 能掌握策划宣传活动的基本要点与步骤 2.2.3 能制作适合互联网及新媒体传播的宣传教育图文和短视频	2.2.1 活动策划基本知识 2.2.2 策划方案编写原则和要求 2.2.3 互联网、新媒体工具常用方法 2.2.4 宣传教育需求调研基本知识
	2.3 健康科普活动实施	2.3.1 能协助社区卫生服务中心（站）及健康教育培训机构开展健康科普活动 2.3.2 能开展公共卫生事件预防、应对基本知识的科普与宣传 2.3.3 能落实健康科普活动实施的场地与设备	2.3.1 公共卫生事件预防、应对常识 2.3.2 健康科普活动场地与设备要求
3. 健康咨询	3.1 健康咨询需求获取	3.1.1 能根据咨询者的健康咨询需求，确定咨询主题及边界 3.1.2 能对超范围的咨询事项给出处置建议	3.1.1 健康咨询主题及边界确定的原则与方法 3.1.2 超范围咨询事项处置原则

续表

职业功能	工作内容	技能要求	相关知识要求
3. 健康咨询	3.2 健康咨询实施	3.2.1 能就健康养老、心理健康、健康保险问题提供咨询建议 3.2.2 能对卫生健康与养老服务相关政策法规和国内商业健康保险产品提供咨询建议 3.2.3 能就疾病家族史、体重超标和不良生活行为等健康危险因素提供咨询建议	3.2.1 健康养老、心理健康、健康保险的常见问题与处理方法 3.2.2 卫生健康与养老服务相关政策法规和国内商业健康保险产品概况 3.2.3 健康危险因素的主要内容和常规处理方法
	3.3 健康咨询跟踪管理	3.3.1 能制定并落实咨询跟踪、随访方案 3.3.2 能根据随访实施情况补充、完善咨询意见和建议 3.3.3 能根据咨询者需要收集相关资料,形成健康咨询专题报告 3.3.4 能通过调查及收集健康资料,形成健康咨询手册	3.3.1 咨询随访方案制定的原则和要点 3.3.2 健康咨询专题报告的编写要点 3.3.3 健康咨询手册的编制方法
4. 就诊协助	4.1 导诊服务	4.1.1 能准确查询、收集医疗保健信息、就诊须知、药品信息、治疗项目信息及关键医疗器械信息 4.1.2 能提供就诊前的咨询,推荐就诊科室、医师或技师 4.1.3 能协助完成预约转诊 4.1.4 能协调二次就诊服务,协助整理所需资料	4.1.1 常用医疗器械、药品信息 4.1.2 一般疾病分科分类规则 4.1.3 就诊前准备工作的目的、内容及方法 4.1.4 预约转诊基本流程及要求
	4.2 陪诊服务	4.2.1 能协助整理既往健康信息资料,并完成诊前咨询与沟通 4.2.2 能掌握预检分诊基本常识,初步判断就诊科室 4.2.3 能完成诊后材料收集工作,形成陪诊服务记录 4.2.4 能提醒客户执行、遵从医嘱 4.2.5 能对就诊、体检、陪护过程中的意外事件做出合理处置	4.2.1 预检分诊常识 4.2.2 诊后材料的收集、分类和整理方法 4.2.3 医嘱的定义、分类、执行基本原则与流程 4.2.4 就诊、体检、陪护过程中常见意外事件的处置对策

续表

职业功能	工作内容	技能要求	相关知识要求
4.就诊协助	4.3 健康访视	4.3.1 能协助医师完成健康管理服务访视工作 4.3.2 能依据访问过程记录并绘制访视对象的动态信息表 4.3.3 能分析访视对象的健康信息,形成阶段探访报告	4.3.1 心理行为分析基本知识 4.3.2 回访记录和探访报告的编制要点与技巧
5.健康促进协助	5.1 生活方式健康促进	5.1.1 能指导合理膳食、有效运动、情绪管理 5.1.2 能推广戒烟限酒等良好生活习惯 5.1.3 能协助儿童早期发展服务进农村、社区、家庭,实施妇幼健康促进行动	5.1.1 生活习惯的意义、基本内容和方法 5.1.2 儿童早期发展、妇幼健康促进的意义、基本内容和方法
	5.2 职业健康促进	5.2.1 能指导常规劳动防护用品的使用、管理和维护 5.2.2 能协助开展现场急救和急性危害的应急处置 5.2.3 能提供职业健康检查、职业病就诊和康复等协助	5.2.1 常规劳动防护用品的使用、管理和维护知识 5.2.2 急救基本知识及急性危害应急处置方法 5.2.3 职业病防治相关的法律、法规知识
	5.3 环境健康促进	5.3.1 能协助指导社群建立和执行健康公约、健康守则等行为规范 5.3.2 能协助分析常见环境污染与疾病的关系,并进行健康风险预警,提出防护干预措施	5.3.1 健康公约和健康守则的意义、基本内容和方法 5.3.2 常见环境污染与疾病的关系
6.公共卫生事务协助	6.1 公共卫生风险监控	6.1.1 能使用流行病、慢性病、地方病调查表采集居民信息 6.1.2 能评估社群公共卫生风险 6.1.3 能协助针对公共卫生风险实施干预 6.1.4 能识别和上报潜在的环境卫生健康风险因素	6.1.1 公共卫生风险的定义、类别及干预手段 6.1.2 流行病、慢性病、地方病调查表基本知识 6.1.3 各类环境卫生健康风险上报和处置流程

续表

职业功能	工作内容	技能要求	相关知识要求
6. 公共卫生事务协助	6.2 公共卫生事件服务	6.2.1 能根据计划实施物资的储备与库存管理,并进行防疫物资的采购和处置 6.2.2 能利用计算机软件制作和上报物资统计表 6.2.3 能协助识别特殊需求人群并制定服务方案	6.2.1 各类应急突发卫生情况下的防疫物资管理规定 6.2.2 防疫物资库存管理与注意事项
	6.3 食品安全服务	6.3.1 能提供专项和季节性食品的安全信息查询 6.3.2 能识别专项和季节性食品安全风险并提供防护服务	6.3.1 季节性食品安全基本知识 6.3.2 专项和季节性食品安全风险基本知识
	6.4 意外伤害服务	6.4.1 能识别不同场所的意外伤害风险,并提供防护服务 6.4.2 能参与制定重点人群(幼儿、老人)意外伤害的预防措施	6.4.1 意外伤害风险的概念 6.4.2 风险防护的基本知识
7. 培训、指导与研究	7.1 社群健康指导	7.1.1 能根据社群健康状况及需求进行分类指导 7.1.2 能对社群中所发布的健康信息安全进行评估指导 7.1.3 能对四级/中级工进行指导	7.1.1 分类指导的原则和方法 7.1.2 评估指导的方法 7.1.3 信息安全基本知识
	7.2 社群健康培训	7.2.1 能编制社群群体和个人的健康培训计划 7.2.2 能编制四级/中级工职业技能培训计划 7.2.3 能对四级/中级工进行培训	7.2.1 培训的基本方法 7.2.2 培训计划的编制方法 7.2.3 组织实施教学的方法

3.3 二级/技师

职业功能	工作内容	技能要求	相关知识要求
1. 健康档案管理	1.1 健康档案建立	1.1.1 能依据社群成员名册确定健康档案管理服务对象及重点人群 1.1.2 能编制并组织实施健康档案建立的工作计划	1.1.1 健康档案管理服务基本要求 1.1.2 健康档案建立的难点与对策 1.1.3 健康档案建档率

续表

职业功能	工作内容	技能要求	相关知识要求
1.健康档案管理	1.2 健康档案使用	1.2.1 能依据社群健康档案使用情况识别公共卫生健康风险相关信息，并上报重要风险信息 1.2.2 能应用健康档案所载资料编写社群健康状况分析报告 1.2.3 能评估健康档案的使用成效并提出改进建议	1.2.1 公共卫生健康风险信息识别与报告方法 1.2.2 社群健康状况分析基本方法 1.2.3 健康档案使用率
	1.3 健康档案维护	1.3.1 能识别并处理健康档案分类、归还、保存过程中出现的问题 1.3.2 能发现并处理健康档案残缺、丢失事件	1.3.1 健康档案维护常见问题与对策 1.3.2 健康档案缺失处理原则与方法
2.健康科普教育	2.1 健康知识宣教	2.1.1 能普及中医药健康文化，传播中医养生保健知识 2.1.2 能开展突发公共卫生事件应急处置、防灾减灾、家庭急救健康教育 2.1.3 能分析社群健康宣教需求，制作网络课程	2.1.1 传统中医药健康文化基本知识 2.1.2 应急处置、防灾减灾、家庭急救的基本知识 2.1.3 网络课程制作基本方法和技术
	2.2 健康宣教活动策划	2.2.1 能分析健康宣教活动数据，形成分析报告 2.2.2 能对健康宣教活动方案及效果进行评价 2.2.3 能掌握健康课件共享方式，分析传播效果	2.2.1 数据统计分析基本知识 2.2.2 分析报告编写的原则、方法和技巧 2.2.3 宣教活动效果评价基本知识
	2.3 健康宣教培训组织	2.3.1 能甄别教育培训材料，管理健康教育培训团队 2.3.2 能整理、分析教育培训反馈的信息，评估教育培训效果 2.3.3 能优化线上、线下传播方式和内容呈现	2.3.1 活动组织、实施的基本方法和原则 2.3.2 教育培训的方法和技巧 2.3.3 评价的工具和使用方法

续表

职业功能	工作内容	技能要求	相关知识要求
3. 健康咨询	3.1 健康咨询需求获取	3.1.1 能发现咨询者潜在的咨询需求 3.1.2 能根据健康维护理论与实践，开发咨询需求 3.1.3 能依据不同的咨询需求，通过问卷、交谈、走访等调研方法开展健康咨询服务	3.1.1 咨询需求开发策略 3.1.2 健康咨询项目设计要点
	3.2 健康咨询实施	3.2.1 能依据健康体检报告提供解读服务和健康促进建议 3.2.2 能就科学就医、合理用药、康复护理问题提供咨询建议 3.2.3 能就健康体检、保健用品、运动健身、中医养生、健康养老、慢性病健康管理提供咨询建议 3.2.4 能遴选、推荐医疗服务和非医疗健康服务的产品和机构	3.2.1 健康体检常规项目及其参考值范围、临床意义 3.2.2 保健养生基本知识 3.2.3 慢性病健康管理基本知识 3.2.4 医疗服务和非医疗健康服务基本知识
	3.3 健康咨询跟踪管理	3.3.1 能收集各类健康资料信息和数据，构建健康咨询资料数据库 3.3.2 能撰写健康咨询服务质量及成效评估报告	3.3.1 健康咨询资料数据库基本要求 3.3.2 健康咨询服务质量及成效评估报告撰写方法
4. 就诊协助	4.1 就诊服务管理	4.1.1 能依据挂号原则，编写挂号指导手册 4.1.2 能制定就诊陪护过程中突发事件的处理预案，对服务活动的风险进行监测与预警 4.1.3 能与医疗、保健、体检机构进行联系与互动 4.1.4 能协助管理常用非处方药	4.1.1 疾病分类及科室服务内容常识 4.1.2 突发事件的分级标准、处理原则、处理流程、监测与预警基本知识 4.1.3 非处方药管理原则
	4.2 服务产品规划与开发	4.2.1 能开展就诊协助服务的市场调研工作 4.2.2 能提供就医、体检、保健、养生项目规划服务 4.2.3 能开发与健康服务产品相关的延伸服务	4.2.1 市场调研的技巧 4.2.2 就诊协助服务产品开发基本知识

509

续表

职业功能	工作内容	技能要求	相关知识要求
5. 健康促进协助	5.1 生活方式健康促进	5.1.1 能引导社群成员更新健康观念、健康生活理念 5.1.2 能协助识别慢性非传染性疾病高危人群，并引导就医 5.1.3 能协助促进保护妇女儿童健康权益服务	5.1.1 健康中国行动的基本内容 5.1.2 妇女儿童健康权益基本知识
	5.2 职业健康促进	5.2.1 能协助促进"三健行动"（健康小屋、健康食堂、健康行动）的推广落实 5.2.2 能协助推动职工疗休养服务 5.2.3 能协助促进健康服务进企业、机关、学校、社区，优化职工健康环境	5.2.1 "三健行动"（健康小屋、健康食堂、健康行动）的意义、内容和方法 5.2.2 职工疗休养服务基本知识
	5.3 环境健康促进	5.3.1 能协助指导企业、医院、学校、大型商场、文体娱乐场所改良水、空气、土壤环境 5.3.2 能协助企业、医院、学校、大型商场、文体娱乐场所防灾抗灾及处理突发事件	5.3.1 水、空气、土壤环境改良的知识与方法 5.3.2 防灾抗灾及应对突发事件的意义、基本内容和方法
6. 公共卫生事务协助	6.1 爱国卫生运动	6.1.1 能协助制定并实施公共设施防护和处置方案 6.1.2 能协助监督公共场所的环境卫生 6.1.3 能协助评估病媒生物的危险程度	6.1.1 环境卫生与健康的关系 6.1.2 公共场所的概念和卫生要求 6.1.3 病媒生物与健康的关系
	6.2 公共卫生安全预警	6.2.1 能利用互联网手段协助进行公共卫生舆情、职业安全的监控 6.2.2 能利用互联网工具协助监查群体或个人健康 6.2.3 能利用互联网资源和平台对公共卫生事件可能的影响进行预判，并协助制定相应的防控措施	6.2.1 舆情监控的手段和措施 6.2.2 社群健康调查表制作方法 6.2.3 互联网社交工作的常用软件及使用方法

续表

职业功能	工作内容	技能要求	相关知识要求
6. 公共卫生事务协助	6.3 食品安全防护	6.3.1 能协助甄别食品安全风险并制定预防措施 6.3.2 能协助制定群体性食品安全的处置方案	6.3.1 食品安全风险预案编写基本知识 6.3.2 群体性食品安全处置基本知识
	6.4 意外伤害预防救助	6.4.1 能协助甄别意外伤害风险并制定急救处置方案 6.4.2 能指导极端环境意外伤害的预防	6.4.1 意外伤害的急救处置基本知识 6.4.2 极端环境意外伤害基本知识
7. 培训、指导与研究	7.1 社群健康指导	7.1.1 能对社群健康状况进行综合评估 7.1.2 能针对不同社群的健康需求进行专题指导 7.1.3 能对社群健康指导成效进行评估 7.1.4 能对三级/高级工进行指导	7.1.1 综合评估的方法 7.1.2 社群健康的行为及影响
	7.2 社群健康培训	7.2.1 能针对社群健康需求组织开展社群健康课堂或专题培训 7.2.2 能评价社群健康培训方案及效果 7.2.3 能督导三级/高级工及以下级别人员的培训	7.2.1 培训的内容及流程 7.2.2 培训计划的编制与培训方法的选择 7.2.3 课程设计与组织的基本要素
	7.3 社群健康研究	7.3.1 能利用互联网技术对社群健康状况进行分析 7.3.2 能参与制定社群健康促进规划 7.3.3 能撰写社群健康状况研究报告 7.3.4 能结合健康档案、信息、工具平台开展研究工作 7.3.5 能针对社群健康运行与运营体系、制度、流程开展研究工作	7.3.1 社群健康的分析方法 7.3.2 社群健康规划相关知识 7.3.3 社群健康的评价方法 7.3.4 研究报告撰写的格式、内容和方法 7.3.5 行业发展的动态与政策信息

4. 权重表

4.1 理论知识权重表

项目	技能等级	四级/中级工（%）	三级/高级工（%）	二级/技师（%）
基本要求	职业道德	5	5	5
	基础知识	20	10	5
相关知识要求	健康档案管理	10	10	10
	健康科普教育	10	15	15
	健康咨询	10	15	20
	就诊协助	20	15	10
	健康促进协助	10	15	15
	公共卫生事务协助	15	10	10
	培训、指导与研究	—	5	10
合计		100	100	100

4.2 技能要求权重表

项目	技能等级	四级/中级工（%）	三级/高级工（%）	二级/技师（%）
技能要求	健康档案管理	10	10	10
	健康科普教育	15	10	10
	健康咨询	15	20	20
	就诊协助	25	20	20
	健康促进协助	15	15	15
	公共卫生事务协助	20	20	15
	培训、指导与研究	—	5	10
合计		100	100	100

5. 职业标准附录

5.1 社群

社群是指根据成员自身特定目的或共同需求,而聚集在一起的实体组织或虚拟群体。

5.2 职业特点

社群健康助理员是具备一定卫生健康和互联网知识与技能,能为社群成员提供管理服务和协助服务的复合型人才。其职业特点是:

(1) 兼有卫生健康领域和互联网领域的知识与技能。
(2) 以维护社群个人和群体健康为职业目标。
(3) 以助医、助防、助促、助康、助弱(老幼)等为手段。
(4) 以协助社群个人和群体处理健康相关事务为主要任务。

5.3 工作场景

(1) 组织工作场景:乡村、城镇、楼宇、企业、校园等生活社区或功能社区。
(2) 虚拟群体工作场景:第三方服务平台或以社交工具为支撑而组建的以"健康"为共同需求的"群"。
(3) 以上两种形态相互融合的工作场景。

人力资源社会保障部办公厅 住房和城乡建设部办公厅关于颁布燃气供应服务员等2个国家职业技能标准的通知

(人社厅发〔2021〕88号)

各省、自治区人力资源社会保障厅、住房和城乡建设厅，直辖市人力资源社会保障局、住房和城乡建设（管）委，新疆生产建设兵团人力资源社会保障局、住房和城乡建设局：

根据《中华人民共和国劳动法》有关规定，人力资源社会保障部、住房和城乡建设部共同制定了燃气供应服务员等2个国家职业技能标准，现予颁布施行。

附件：2个国家职业技能标准目录

人力资源社会保障部办公厅　住房和城乡建设部办公厅
2021年11月12日

附件

2个国家职业技能标准目录

序号	职业编码	职业名称
1	4-11-02-00	燃气供应服务员
2	6-28-02-01	燃气储运工

燃气供应服务员国家职业技能标准

（2021年版）

1. 职业概况

1.1 职业名称

燃气供应服务员[①]

1.2 职业编码

4-11-02-00

1.3 职业定义

从事燃气[②]供应用户服务与用气安全指导工作的人员。

1.4 职业技能等级

本职业共设四个等级，分别为：五级/初级工、四级/中级工、三级/高级工、二级/技师。

1.5 职业环境条件

室内、外。

1.6 职业能力特征

手指、手臂灵活，动作协调，嗅觉、视力正常，无色盲；具有一般智力水平的学习能力、语言沟通能力，一定的分析推理、判断和运算能力。

1.7 普通受教育程度

初中毕业（或相当文化程度）。

1.8 职业技能鉴定要求

1.8.1 申报条件

具备以下条件之一者，可申报五级/初级工：

[①] 本职业分为管道燃气客服员、瓶装气客服员两个工种。
[②] 燃气是指供城市、乡镇、农村用于生活、生产，且符合城镇燃气质量标准的气体燃料。

(1) 累计从事本职业或相关职业①工作1年（含）以上。

(2) 本职业或相关职业学徒期满。

具备以下条件之一者，可申报四级/中级工：

(1) 取得本职业或相关职业五级/初级工职业资格证书（技能等级证书）后，累计从事本职业或相关职业工作4年（含）以上。

(2) 累计从事本职业或相关职业工作6年（含）以上。

(3) 取得技工学校本专业②或相关专业③毕业证书（含尚未取得毕业证书的在校应届毕业生）；或取得经评估论证、以中级技能为培养目标的中等及以上职业学校本专业或相关专业毕业证书（含尚未取得毕业证书的在校应届毕业生）。

具备以下条件之一者，可申报三级/高级工：

(1) 取得本职业或相关职业四级/中级工职业资格证书（技能等级证书）后，累计从事本职业或相关职业工作5年（含）以上。

(2) 取得本职业或相关职业四级/中级工职业资格证书（技能等级证书），并具有高级技工学校、技师学院毕业证书（含尚未取得毕业证书的在校应届毕业生）；或取得本职业或相关职业四级/中级工职业资格证书（技能等级证书），并具有经评估论证、以高级技能为培养目标的高等职业学校本专业或相关专业毕业证书（含尚未取得毕业证书的在校应届毕业生）。

(3) 具有大专及以上本专业或相关专业毕业证书，并取得本职业或相关职业四级/中级工职业资格证书（技能等级证书）后，累计从事本职业或相关职业工作2年（含）以上。

具备以下条件之一者，可申报二级/技师：

(1) 取得本职业或相关职业三级/高级工职业资格证书（技能等级证书）后，累计从事本职业或相关职业工作4年（含）以上。

(2) 取得本职业或相关职业三级/高级工职业资格证书（技能等级证书）的高级技工学校、技师学院毕业生，累计从事本职业或相关职业工作3年（含）以上；或取得本职业或相关职业预备技师证书的技师学院毕业生，累计从事本职业或相关职业工作2年（含）以上。

1.8.2 鉴定方式

分为理论知识考试、技能考核以及综合评审。理论知识考试以笔试、机考等方式为主，主要考核从业人员从事本职业应掌握的基本要求和相关知识要求；技能考核主要采用现场操作、模拟操作等方式进行，主要考核从业人员从事本职业应具备的技能水平；综合评审主要针对技师，通常采取审阅申报材料、答辩等方式进行全面评议和审查。

理论知识考试、技能考核和综合评审均实行百分制，成绩皆达60分（含）以上者为合格。

---

① 相关职业：燃气储运工、水供应服务人员、电供应服务人员，下同。

② 本专业：城市燃气输配与应用，下同。

③ 相关专业：给排水工程施工与运行、供热通风与空调施工运行、供热通风与空调工程技术、建筑设备工程技术、建筑环境与设备工程、化工仪表及自动化，下同。

1.8.3 监考人员、考评人员与考生配比

理论知识考试中的监考人员与考生配比不低于 1∶15，且每个考场不少于 2 名监考人员；技能考核中的考评人员与考生配比不低于 1∶10，且考评人员为 3 人（含）以上单数；综合评审委员为 3 人（含）以上单数。

1.8.4 鉴定时间

理论知识考试时间不少于 90 min，技能考核时间不少于 40 min，综合评审时间不少于 30 min。

1.8.5 鉴定场所设备

理论知识考试在标准教室进行，教室须具有能够覆盖全部考生范围的监控设备。技能考核场所须能安排 5 个以上工位，安装能够覆盖所有工位的监控设备，具有符合国家标准或其他规定的燃气供应服务实际工作所需的设备和设施。

2. 基本要求

2.1 职业道德

2.1.1 职业道德基本知识

2.1.2 职业守则

(1) 爱岗敬业，履行职责。
(2) 遵章守法，规范作业。
(3) 钻研技术，勇于创新。
(4) 安全生产，行为文明。
(5) 谦虚谨慎，团结协作。
(6) 严守质量，践行环保。

2.2 基础知识

2.2.1 城镇燃气基本知识

(1) 城镇燃气的分类、组成和特性。
(2) 城镇燃气的供气质量基本要求和供用气基本规律。
(3) 城镇燃气输配系统的分类与构成。
(4) 城镇燃气用户结构与燃气燃烧应用常识。

2.2.2 燃气安全生产知识

(1) 燃气防火、防爆。
(2) 燃气中毒和窒息的预防与急救方法。

(3) 生产劳动中的个体防护。

2.2.3 城镇燃气供应知识

(1) 燃气供应系统分类与用途。
(2) 燃气供应辅助设备设施的类型与用途。
(3) 燃气供应常用容器的分类与管理。

2.2.4 燃气计量知识

(1) 常用的燃气计量单位及换算。
(2) 主要燃气计量器具的类型及用途。

2.2.5 服务礼仪知识

(1) 职业形象的基本要求。
(2) 服务语言的基本要求。
(3) 服务形体动作的基本要求。

2.2.6 生态与环保知识

(1) 清洁能源知识。
(2) 燃气泄漏和放散控制与生态环境保护。

2.2.7 相关法律、法规知识

(1)《中华人民共和国劳动法》关于从业人员权利与义务的规定。
(2)《中华人民共和国劳动合同法》关于用人单位与从业人员订立劳动合同的具体要求。
(3)《中华人民共和国安全生产法》关于从业人员安全生产权利与义务的规定。
(4)《城镇燃气管理条例》的制定目的、对燃气经营者的责任规定和对从业人员的相关要求。

3. 工作要求

本标准对五级/初级工、四级/中级工、三级/高级工、二级/技师的技能要求和相关知识要求依次递进，高级别涵盖低级别的要求。

五级/初级工、四级工/中级工的职业功能共4项。其职业功能考核由3项组成，其中管道燃气客服员考核第1、2、3项，瓶装气客服员考核第1、3、4项。

三级/高级工、二级工/技师的职业功能共5项。其职业功能考核由4项组成，其中管道燃气客服员考核第1、2、3、5项，瓶装气客服员考核第1、3、4、5项。

3.1 五级/初级工

职业功能	工作内容	技能要求	相关知识要求
1. 供气服务	1.1 用气咨询服务	1.1.1 能识别居民用户用气咨询需求，提供服务建议 1.1.2 能引导居民用户按照流程办理用气常规业务	1.1.1 居民用户用气咨询的问题类型及相关服务建议要点 1.1.2 居民用户用气常规业务的主要内容和办理流程
	1.2 用气业务办理	1.2.1 能识别居民用户业务需求并引导办理相应用气业务 1.2.2 能受理居民用户用气申请、服务预约、燃气设施报修 1.2.3 能操作服务信息系统办理常规居民燃气业务	1.2.1 居民用户用气申请、服务预约、燃气设施报修等常规业务的定义和办理要点 1.2.2 居民用户用气申请、服务预约、燃气设施报修等常规业务必备的用户资料 1.2.3 服务信息系统中居民用户用气申请、服务预约、燃气设施报修等业务办理的记载事项
	1.3 投诉受理与回访	1.3.1 能记录用户提出的投诉和需求 1.3.2 能回访用户，记录用户对服务过程的评价和建议	1.3.1 用户投诉受理方法和工作指引 1.3.2 用户回访一般方法和注意事项
2. 销气核算	2.1 用户用气量抄读	2.1.1 能识读居民用户的燃气表读数 2.1.2 能使用抄表设备，记录居民用户表数和居民用户信息	2.1.1 居民用户燃气表正常运转状态的识别方法 2.1.2 居民用户抄表设备操作规程、居民用户抄表记录要求及方法、居民用户信息采集要求
	2.2 用户燃气费用结算	2.2.1 能根据计费标准计算居民用户燃气费用，开具、发放收费凭证 2.2.2 能指导居民用户按缴费方式付费 2.2.3 能解答居民用户燃气表读数和收费标准的咨询	2.2.1 居民用户燃气收费标准和计算方法，收费凭证开具、发放要求 2.2.2 居民用户燃气费用缴费种类和方式 2.2.3 居民用户燃气表读数和收费标准相关知识

续表

职业功能	工作内容	技能要求	相关知识要求
3. 用气安全指导	3.1 燃气用户用气安全检查	3.1.1 能使用检漏仪、检漏液、压力计检查居民用户燃气设施 3.1.2 能识别家用台式和嵌入式燃气灶具及燃气快速热水器燃烧异常焰型 3.1.3 能确定居民用户燃气设施泄漏部位并进行初步处置 3.1.4 能识别家用燃气安防设施	3.1.1 检漏仪、检漏液、压力计的使用方法 3.1.2 家用台式和嵌入式燃气灶具及燃气快速热水器的类型和异常焰型特征 3.1.3 居民用户燃气设施泄漏基本处置方法 3.1.4 家用燃气安防设施的名称及作用
	3.2 用气安全知识宣传	3.2.1 能告知居民用户燃气设施的安全检查结果 3.2.2 能讲解《燃气安全使用手册》的知识要点 3.2.3 能讲解家用台式和嵌入式燃气灶具及燃气快速热水器的选择和使用方法	3.2.1 居民用户燃气设施的安全检查结果告知方法 3.2.2 《燃气安全使用手册》的基本内容 3.2.3 家用台式和嵌入式燃气灶具及燃气快速热水器的气源适用性、选择和使用方法
4. 送气开通服务	4.1 上门送气	4.1.1 能进行燃气气瓶①外观、泄漏检查，使用称重设备计量瓶装燃气的重量 4.1.2 能运送燃气气瓶到指定用气地点 4.1.3 能判定送气现场是否具备用气条件	4.1.1 燃气气瓶外观、泄漏检查方法，称重设备类型、功能和瓶装气计量方法 4.1.2 运送瓶装燃气的工作流程、信息管理和方法 4.1.3 瓶装燃气用气条件识别方法
	4.2 用气设施连接与调试	4.2.1 能识别家用台式和嵌入式燃气灶具及燃气快速热水器的气源适配性标识 4.2.2 能识别居民用户调压器种类及用途 4.2.3 能连接家用台式和嵌入式燃气灶具及燃气快速热水器和燃气气瓶 4.2.4 能调试家用台式和嵌入式燃气灶具及燃气快速热水器达到正常用气状态	4.2.1 家用台式和嵌入式燃气灶具及燃气快速热水器气源适配性标识的识别方法 4.2.2 居民用户调压器的种类和用途 4.2.3 家用台式和嵌入式燃气灶具及燃气快速热水器和燃气气瓶连接的操作流程 4.2.4 家用台式和嵌入式燃气灶具及燃气快速热水器调试方法

① 燃气气瓶是指充装液化天然气、液化石油气等燃气的气瓶。

3.2 四级/中级工

职业功能	工作内容	技能要求	相关知识要求
1. 供气服务	1.1 用气咨询服务	1.1.1 能解答居民用户对供气服务、销气核算、用气安全指导、送气开通服务的咨询 1.1.2 能解答居民用户家用台式和嵌入式燃气灶具及燃气快速热水器故障的咨询 1.1.3 能解答居民用户有关服务信息查询的咨询	1.1.1 居民用户供气服务、销气核算、用气安全指导、送气开通服务常见问题类型和解决方法 1.1.2 居民用户家用台式和嵌入式燃气灶具及燃气快速热水器的故障类型和原因 1.1.3 燃气供应服务中居民用户信息查询渠道和主要查询操作方法
	1.2 用气业务办理	1.2.1 能进行居民用户用气申请业务的容缺受理 1.2.2 能统计居民用户用气业务数据	1.2.1 居民用户用气申请业务的容缺受理条件和方法 1.2.2 居民用户用气业务数据统计方法
	1.3 投诉处理与用户回访	1.3.1 能处理居民用户的用气投诉 1.3.2 能处理用户回访中用户提出的问题和服务建议	1.3.1 居民用户投诉处理基本流程 1.3.2 用户回访的典型问题规范应答内容、程序及要求
2. 销气核算	2.1 用户用气量抄读	2.1.1 能识别居民用户燃气表读数的异常情况 2.1.2 能识别居民用户的用气规律，发现用气异常情况 2.1.3 能识读商业类、公共服务类、工业类用户燃气表，统计分析用户分类燃气数据 2.1.4 能统计用户燃气消费数据	2.1.1 燃气表常见异常情况及判断燃气表读数异常的方法 2.1.2 居民用户用气规律基本知识、用气异常情况类型 2.1.3 商业类、公共服务类、工业类用户燃气表正常运转状态的识别方法 2.1.4 用户燃气消费情况的分类和统计要点
	2.2 用户燃气费用结算	2.2.1 能办理居民用户燃气费用补缴和退费 2.2.2 能处理居民用户燃气表读数和费用结算的问题 2.2.3 能根据商业类、公共服务类、工业类用户燃气表读数计算燃气费用，开具、发放收费凭证 2.2.4 能统计用户燃气费用回收数据	2.2.1 居民用户补缴和退费的要点 2.2.2 居民用户燃气表读数和费用结算问题的类型及产生原因 2.2.3 商业类、公共服务类、工业类用户燃气表读数核算标准和开具收费凭证方法 2.2.4 燃气费用回收数据的统计方法

续表

职业功能	工作内容	技能要求	相关知识要求
3. 用气安全指导	3.1 燃气用户用气安全检查	3.1.1 能识别商业类、公共服务类用户的燃气设施安全隐患 3.1.2 能识别商业类、公共服务类用户燃气燃烧器具的使用情况 3.1.3 能统计各类燃气安全隐患检查数据 3.1.4 能识别商业类、公共服务类燃气安防设施	3.1.1 商业类、公共服务类用户的燃气设施安全隐患类型和检查方法 3.1.2 商业类、公共服务类用户燃气燃烧器具的使用情况识别方法 3.1.3 燃气安全隐患类别和分类统计方法 3.1.4 商业类、公共服务类燃气安防设施的名称及作用
	3.2 用气安全知识宣传	3.2.1 能告知商业类、公共服务类用户燃气设施安全隐患 3.2.2 能提出商业类、公共服务类用户的安全用气建议 3.2.3 能进行符合用户特点的燃气安全宣传 3.2.4 能执行安全宣传活动计划，收集用户对安全宣传的建议	3.2.1 商业类、公共服务类用户燃气设施安全隐患告知方法 3.2.2 基于商业类、公共服务类用户用气环境的安全用气建议 3.2.3 不同用户适用的安全宣传方法和选择标准 3.2.4 安全宣传活动计划要点，安全宣传建议和意见采集方式
4. 送气开通服务	4.1 上门送气	4.1.1 能分拣不合格的燃气气瓶 4.1.2 能识别用户用气周期异常状况	4.1.1 不合格燃气气瓶的辨别方法 4.1.2 用户用气周期异常状况类型及识别方法
	4.2 用气设施连接与调试	4.2.1 能识别商业类、公共服务类用户燃气燃烧器的气源匹配性 4.2.2 能连接商业类、公共服务类用户用气设施和燃气气瓶 4.2.3 能调试商业类、公共服务类用户用气设施达到正常用气状态	4.2.1 商业类、公共服务类用户用气设施类型和使用说明 4.2.2 商业类、公共服务类用户用气设施和燃气气瓶连接的操作流程 4.2.3 商业类、公共服务类用户用气设施调试方法

3.3 三级/高级工

职业功能	工作内容	技能要求	相关知识要求
1. 供气服务	1.1 用气咨询解答	1.1.1 能编制商业类、公共服务类、工业类用户的供气服务方案 1.1.2 能解答商业类、公共服务类、工业类用户燃气燃烧器具的故障咨询 1.1.3 能搜集、归纳用户用气问题类型，提供规范性解答	1.1.1 商业类、公共服务类、工业类用户供气服务方案的编制方法 1.1.2 商业类、公共服务类、工业类用户燃气燃烧器具故障的类型、原因 1.1.3 用户用气问题类型和规范性解答建议
	1.2 用气业务办理	1.2.1 能受理商业类、公共服务类、工业类用户用气申请业务 1.2.2 能分析用气业务数据，编制业务报表	1.2.1 商业类、公共服务类、工业类用户开户、通气预约、报修等业务的办理流程 1.2.2 用气业务数据的统计、分析方法
	1.3 投诉处理与用户回访	1.3.1 能处理用户关于燃气费用、用气疑难问题的投诉 1.3.2 能分析用户回访情况，提出服务改进工作建议	1.3.1 处理用户燃气费用、用气疑难问题投诉的方法和案例分析 1.3.2 燃气服务改进的工作方法
2. 销气核算	2.1 用户用气量抄读	2.1.1 能识别居民类、商业类、公共服务类、工业类用户用气异常情况 2.1.2 能识别抄表流程问题，提出优化方案 2.1.3 能使用服务（抄表）信息系统进行抄表计量	2.1.1 居民类、商业类、公共服务类、工业类用户燃气计量的异常情况类型和原因 2.1.2 识别抄表流程问题和优化抄表流程的方法 2.1.3 服务（抄表）信息系统基本要素及抄表计量管理工作要点
	2.2 用户燃气费用结算	2.2.1 能运用不同方式解决燃气费用回收问题 2.2.2 能处理商业类、公共服务类、工业类用户燃气费用疑难纠纷	2.2.1 燃气费用回收基本方式和流程 2.2.2 商业类、公共服务类、工业类用户燃气费用疑难纠纷问题和一般处理方式

续表

职业功能	工作内容	技能要求	相关知识要求
3. 用气安全指导	3.1 燃气用户用气安全检查	3.1.1 能识别工业类用户燃气设施安全隐患 3.1.2 能编制用户安全检查计划 3.1.3 能提出用户现场燃气安全隐患整改方案	3.1.1 工业类用户燃气设施安全隐患基本类型和检查方法 3.1.2 制订或调整年度用户安全检查计划的工作方法 3.1.3 安全隐患整改方案的制订方法和实施隐患整改的工作流程
	3.2 用气安全知识宣传	3.2.1 能告知工业类用户燃气设施安全隐患 3.2.2 能编制安全用气宣传活动方案 3.2.3 能编制用户安全用气宣传资料文案 3.2.4 能为公众集中讲授安全用气知识	3.2.1 工业类用户燃气设施安全隐患告知方法和要点 3.2.2 安全用气宣传活动方案编制方法 3.2.3 用户安全用气宣传文案基本要素 3.2.4 向公众讲授安全用气知识的方法
4. 送气开通服务	4.1 用气设施连接与调试	4.1.1 能识别工业类用户燃气燃烧器的气源匹配性和燃气气瓶用量的异常情况 4.1.2 能编制用气设施连接作业指导书 4.1.3 能提出瓶装燃气销售管理系统优化建议	4.1.1 识别工业类用户燃气燃烧器的气源匹配性的要点，以及燃气气瓶用量的异常情况类型和原因 4.1.2 用气设施连接作业指导书编制要点 4.1.3 瓶装燃气销售管理系统优化方法
	4.2 用气故障排除	4.2.1 能识别用户燃气设施故障类型 4.2.2 能排除用户燃气设施一般故障	4.2.1 用户燃气设施故障类型 4.2.2 用户燃气设施一般故障排除方法
5. 培训指导	5.1 培训指导设计	5.1.1 能运用现场工作经验对本职业四级/中级工及以下级别人员的技能培训与相关知识和教学方案提供改进意见 5.1.2 能制备本职业本工种技能培训的实操训练教具	5.1.1 技能培训的实操训练要点 5.1.2 知识培训的教学要点 5.1.3 实操训练教具的制备方法

续表

职业功能	工作内容	技能要求	相关知识要求
5. 培训指导	5.2 培训指导实施	5.2.1 能通过在生产现场的示范、讲解与陪练向本职业四级/中级工及以下级别人员传授技能 5.2.2 能通过在生产现场的讲解，向本职业四级/中级工及以下级别人员传授知识	5.2.1 职业技能现场教学的方法 5.2.2 职业知识现场教学的方法

3.4 二级/技师

职业功能	工作内容	技能要求	相关知识要求
1. 供气服务	1.1 用气咨询与需求	1.1.1 能评估用户用气需求的供气服务方案 1.1.2 能提出商业综合体用户用气方案的优化建议	1.1.1 用户用气需求供气服务方案的评估方法 1.1.2 商业综合体用户用气方案的设施布局原则、技术路线和优化案例
	1.2 用气业务办理	1.2.1 能提出燃气服务业务办理项目的优化方案 1.2.2 能提出用户个性化的用气解决方案	1.2.1 燃气服务业务办理项目的优化方案编制方法 1.2.2 用户市场营销策略
	1.3 投诉处理与回访管理	1.3.1 能处理燃气服务的群体投诉事件 1.3.2 能编制用气服务回访的工作方案 1.3.3 能编制服务质量持续改进的方案	1.3.1 群体投诉事件的一般处置方式 1.3.2 用气服务回访管理制度的设计方法 1.3.3 服务质量持续改进方案的编制方法
2. 销气核算	2.1 用户燃气计量管理	2.1.1 能提出用户燃气计量工作的优化方案，提出燃气供销差问题的解决方法 2.1.2 能提出计量信息系统的优化方案	2.1.1 用户燃气计量工作评估和优化方案的编制方法，供销差问题的产生原因及降低供销差的管理和技术方法 2.1.2 计量信息系统功能优化的基本方法

续表

职业功能	工作内容	技能要求	相关知识要求
2. 销气核算	2.2 用户燃气费用结算	2.2.1 能提出解决用户燃气费用纠纷的优化方案 2.2.2 能指导用户优化用气方式，降本增效	2.2.1 涉及用户燃气费用纠纷的一般知识和应用实例 2.2.2 优化用气实现降本增效的常用路径和技术方案
3. 用气安全指导	3.1 燃气用户用气安全检查	3.1.1 能编制用户安全检查报告，评价安全检查实施效果 3.1.2 能优化用气设施安全检查工作方案，改进安全检查工作 3.1.3 能评估用户隐患整改方案 3.1.4 能对民用燃气安全事故进行现场应急处置	3.1.1 编制安全检查报告的方法，安全检查结果评价方法 3.1.2 用气设施安全检查工作方案的常见问题和改进方法 3.1.3 用户风险评估与控制方法 3.1.4 民用燃气安全事故现场应急处置程序和方法
	3.2 用气安全知识宣传	3.2.1 能组织专项燃气安全宣传活动 3.2.2 能编制《燃气安全使用手册》 3.2.3 能评估《燃气安全使用手册》的使用效果，提出改进方案	3.2.1 专项燃气安全宣传活动组织方法 3.2.2 《燃气安全使用手册》的内容和编制方法 3.2.3 《燃气安全使用手册》评价和优化方法
4. 送气开通服务	4.1 送气营销服务	4.1.1 能编制送气营销服务工作方案 4.1.2 能组织执行送气营销工作 4.1.3 能提出燃气气瓶的可追溯性信息管理的优化方案	4.1.1 送气营销服务工作方案的编制方法 4.1.2 送气营销的现场实施流程 4.1.3 燃气气瓶可追溯性信息管理的优化方案
	4.2 用气故障处理	4.2.1 能编制瓶装气用气突发事件的应急处置方案 4.2.2 能编制瓶装气用气故障类型和处理流程	4.2.1 瓶装气用气突发事件应急处置方案的编制方法 4.2.2 瓶装气用气故障类型和处理流程的编制方法

续表

职业功能	工作内容	技能要求	相关知识要求
5. 培训指导	5.1 培训指导设计	5.1.1 能编写本职业实操训练方案 5.1.2 能设计技能培训的实操场地与制作教具 5.1.3 能编写本职业相关知识培训的教学方案和课件	5.1.1 技能培训的实操训练方案编制方法 5.1.2 实操训练场地与教具的设计制备方法 5.1.3 技能知识培训的教案编制方法
	5.2 培训指导实施	5.2.1 能指导本职业三级/高级工及以下级别人员的技能训练 5.2.2 能传授本职业三级/高级工及以下级别人员相关知识 5.2.3 能对本职业三级/高级工及以下级别人员进行创新技能培训	5.2.1 职业技能训练的方法 5.2.2 职业技能教学知识 5.2.3 职业创新技能培训方法

4. 权重表

4.1 理论知识权重表

项目		技能等级	五级/初级工（%）		四级/中级工（%）		三级/高级工（%）		二级/技师（%）	
			管道燃气客服员	瓶装燃气客服员	管道燃气客服员	瓶装燃气客服员	管道燃气客服员	瓶装燃气客服员	管道燃气客服员	瓶装燃气客服员
基本要求		职业道德	5	5	5	5	5	5	5	5
		基础知识	25	25	20	20	15	15	10	10
相关知识要求		供气服务	20	20	25	25	25	25	25	25
		销气核算	20	—	25	—	20	—	20	—
		用气安全指导	30	20	25	25	30	25	30	25
		送气开通服务	—	30	—	25	—	25	—	25
		培训指导	—	—	—	—	5	5	10	10
合计			100	100	100	100	100	100	100	100

4.2 技能要求权重表

项目		技能等级	五级/初级工(%)		四级/中级工(%)		三级/高级工(%)		二级/技师(%)	
			管道燃气客服员	瓶装气客服员	管道燃气客服员	瓶装气客服员	管道燃气客服员	瓶装气客服员	管道燃气客服员	瓶装气客服员
技能要求	供气服务		30	30	30	30	30	30	30	30
	销气核算		30	—	30	—	30	—	30	—
	用气安全指导		40	30	40	35	35	40	30	35
	送气开通服务		—	40	—	35	—	25	—	25
	培训指导		—	—	—	—	5	5	10	10
合计			100	100	100	100	100	100	100	100

燃气储运工国家职业技能标准

（2021 年版）

1. 职业概况

1.1 职业名称

燃气储运工[①]

1.2 职业编码

6-28-02-01

1.3 职业定义

操作压缩、制冷、储罐、灌装、管网等设备，进行燃气[②]装卸、储存、输配、安全防护以及管网安装、运行、维护等作业的人员。

1.4 职业技能等级

本职业共设五个等级，分别为：五级/初级工、四级/中级工、三级/高级工、二级/技师、一级/高级技师。

1.5 职业环境条件

工艺过程有燃气存在，室内、外，调压场所、烃泵和压缩机等场所存在一定的噪声。

1.6 职业能力特征

身体健康，手指、手臂灵活，动作协调，嗅觉、视力正常，无色盲。具有一定的空间感和形体知觉，具有获取、领会、理解外界信息的能力，具有分析推理、判断和运算能力。

1.7 普通受教育程度

初中毕业（或相当文化程度）。

[①] 本职业分为燃气输配场站运行工、液化石油气库站运行工、液化天然气储运工、压缩天然气场站运行工、燃气管网运行工、燃气用户安装检修工六个工种。
[②] 燃气是指供城市、乡镇、农村用于生活、生产且符合城镇燃气质量标准的气体燃料。

1.8 职业技能鉴定要求

1.8.1 申报条件

具备以下条件之一者，可申报五级/初级工：

（1）累计从事本职业或相关职业①工作1年（含）以上。

（2）本职业学徒期满。

具备以下条件之一者，可申报四级/中级工：

（1）取得本职业或相关职业五级/初级工职业资格证书（技能等级证书）后，累计从事本职业或相关职业工作4年（含）以上。

（2）累计从事本职业或相关职业工作6年（含）以上。

（3）取得技工学校本专业②或相关专业③毕业证书（含尚未取得毕业证书的在校应届毕业生）；或取得经评估论证、以中级技能为培养目标的中等及以上职业学校本专业或相关专业毕业证书（含尚未取得毕业证书的在校应届毕业生）。

具备以下条件之一者，可申报三级/高级工：

（1）取得本职业或相关职业四级/中级工职业资格证书（技能等级证书）后，累计从事本职业或相关职业工作5年（含）以上。

（2）取得本职业或相关职业四级/中级工职业资格证书（技能等级证书），并具有高级技工学校、技师学院毕业证书（含尚未取得毕业证书的在校应届毕业生）；或取得本职业或相关职业四级/中级工职业资格证书（技能等级证书），并具有经评估论证、以高级技能为培养目标的高等职业学校本专业或相关专业毕业证书（含尚未取得毕业证书的在校应届毕业生）。

（3）具有大专及以上本专业或相关专业毕业证书，并取得本职业或相关职业四级/中级工职业资格证书（技能等级证书）后，累计从事本职业或相关职业工作2年（含）以上。

具备以下条件之一者，可申报二级/技师：

（1）取得本职业或相关职业三级/高级工职业资格证书（技能等级证书）后，累计从事本职业或相关职业工作4年（含）以上。

（2）取得本职业或相关职业三级/高级工职业资格证书（技能等级证书）的高级技工学校、技师学院毕业生，累计从事本职业或相关职业工作3年（含）以上；或取得本职业或相关职业预备技师证书的技师学院毕业生，累计从事本职业或相关职业工作2年（含）以上。

具备以下条件者，可申报一级/高级技师：

取得本职业或相关职业二级/技师职业资格证书（技能等级证书）后，累计从事本职业

---

① 相关职业：管道工，化工检修管工，化工仪表维修工，管道检漏工，油气输送工，油气管道维护工，油气电站操作员，电力、热力生产和供应人员，下同。

② 本专业：城市燃气智能输配与应用、城市燃气工程技术、石油天然气储运、油气储运技术、油气储运工程、市政管网智能检测与维护、城市智能燃气工程，下同。

③ 相关专业：给排水工程施工与运行、供热通风与空调施工运行、供热通风与空调工程技术、建筑设备工程技术、建筑环境与设备工程、化工仪表及自动化，下同。

或相关职业工作4年（含）以上。

1.8.2 鉴定方式

分为理论知识考试、技能考核以及综合评审。理论知识考试以笔试、机考等方式为主，主要考核从业人员从事本职业应掌握的基本要求和相关知识要求；技能考核主要采用现场操作、模拟操作等方式进行，主要考核从业人员从事本职业应具备的技能水平；综合评审主要针对二级/技师和一级/高级技师，通常采取审阅申报材料、答辩等方式进行全面评议和审查。

理论知识考试、技能考核和综合评审均实行百分制，成绩皆达60分（含）以上者为合格。

1.8.3 监考人员、考评人员与考生配比

理论知识考试中的监考人员与考生配比不低于1∶15，且每个考场不少于2名监考人员；技能考核中的考评人员与考生配比不低于1∶10[①]，且考评人员为3人（含）以上单数；综合评审委员为3人（含）以上单数。

1.8.4 鉴定时间

理论知识考试时间不少于90 min，技能考核时间不少于60 min，综合评审时间不少于30 min。

1.8.5 鉴定场所设备

理论知识考试在标准教室进行，教室须具有能够覆盖全部考生范围的监控设备。技能考核场所能安排5个（含）以上工位[②]，每个工位须安装一部能够覆盖工位全部范围且能存储考生操作记录的监控设备[③]。技能考核场所具有符合国家标准或其他规定要求的燃气储存、运输、输配作业的设备、工器具以及安全防火设备、通排风设备等。

2. 基本要求

2.1 职业道德

2.1.1 职业道德基本知识

（1）职业道德的涵义。
（2）职业道德的基本原则。
（3）职业道德的基本规范。

---

① 每个技能考核工位应配不少于2名考评员。
② 燃气输配场站运行工、液化天然气储运工、压缩天然气场站运行工、液化石油气库站运行工的技能考核工位总数可以按照工作内容项的工位累计。
③ 借用无实时监控设施的生产场地考核时，可采用防爆摄影器材留存记录。

2.1.2 职业守则

(1) 爱岗敬业,履行职责。
(2) 吃苦耐劳,甘于奉献。
(3) 规范作业,钻研技术。
(4) 谦虚谨慎,团结协作。
(5) 安全生产,行为文明。
(6) 严守质量,践行环保。

2.2 基础知识

2.2.1 燃气基本知识

(1) 燃气的分类、组成和特性。
(2) 燃气的供气质量基本要求和供气特点。
(3) 城镇燃气输配系统的分类与构成。
(4) 城镇燃气用户的分类和用气特性。
(5) 燃气燃烧应用常识。
(6) 燃气场站的类型及特点。

2.2.2 燃气安全生产知识

(1) 燃气事故发生的主要原因和主要特点。
(2) 燃气防火、防爆知识。
(3) 燃气火灾的分类和灭火的方法。
(4) 消防器材的分类、使用和检查要点。
(5) 燃气冻伤、中毒的防范与急救方法。
(6) 燃气生产作业安全防护用品的分类与使用方法。

2.2.3 燃气管道知识

(1) 燃气管道的类型与用途。
(2) 燃气管道的防腐与检测要求。

2.2.4 设备知识

(1) 通用设备与专用设备①的类型与划分。
(2) 特种设备的类型与使用。

2.2.5 识图知识

(1) 工程图纸的类型和要素。

---

① 该处通用设备与专用设备不包括特种设备。

(2) 燃气工程图纸的专用标识与代号。

2.2.6 电气知识

(1) 电源与电气线路的类型与用途。
(2) 常用低压电器识别与检测。
(3) 电气设备防爆原理与方法。
(4) 安全用电注意事项。

2.2.7 计量知识

(1) 常用的燃气计量单位及换算。
(2) 主要的燃气计量器具。

2.2.8 维修工具知识

(1) 常用维修工具名称和结构。
(2) 常用维修工具使用和安全注意事项。

2.2.9 生态与环保知识

(1) 清洁能源知识。
(2) 燃气泄漏和放散控制与生态环境保护。

2.2.10 相关法律、法规知识

(1)《中华人民共和国劳动法》关于从业人员权利与义务的规定。
(2)《中华人民共和国劳动合同法》关于用人单位与从业人员订立劳动合同的规定与要求。
(3)《中华人民共和国安全生产法》关于从业人员安全生产权利与义务的规定。
(4)《中华人民共和国特种设备安全法》相关知识。
(5)《城镇燃气管理条例》相关知识。

3. 工作要求

本标准对五级/初级工、四级/中级工、三级/高级工、二级/技师、一级/高级技师的技能要求和相关知识要求依次递进，高级别涵盖低级别的要求。

燃气输配场站运行工、液化天然气储运工、压缩天然气场站运行工和液化石油气库站运行工的五级/初级工、四级/中级工的职业功能考核项有4个选项，包括1个必选项和3个自主任选项[①]；三级/高级工、二级/技师和一级/高级技师的职业功能考核项有5个选项，包括2个必选项和3个自主任选项。具体要求见权重表。

燃气管网运行工和燃气用户安装检修工的五级/初级工和四级/中级工的职业功能考核项

---

① 技能考核的自主任选项由考生自主选择。

有4个选项，每个选项均为必选项；三级/高级工、二级/技师和一级/高级技师的职业功能考核项有5个选项，每个选项均为必选项。具体要求见权重表。

3.1 五级/初级工

职业功能	工作内容	技能要求	相关知识要求
1. 燃气输配设施①通气投产	1.1 燃气输配设施压力测试	1.1.1 能使用工具将燃气输配设施与压力试验用容器或设备相连接 1.1.2 能使用压力试验介质对燃气输配设施升压和泄压 1.1.3 能填写压力测试作业记录表	1.1.1 燃气输配设施压力测试方法 1.1.2 燃气输配设施中低压测试设备及仪表的使用方法 1.1.3 压力试验介质气瓶的使用方法与注意事项
	1.2 燃气输配设施置换通气	1.2.1 能操作阀门向燃气输配设施通入燃气 1.2.2 能操作阀门进行燃气放散 1.2.3 能填写置换通气作业记录表	1.2.1 常用燃气阀门的操作方法 1.2.2 0.1 MPa 压力以下燃气放散的作业步骤与要求
	1.3 燃气输配管道探测定位	1.3.1 能使用定位探测机具探测地下燃气管道位置 1.3.2 能识别燃气标识及燃气管道、设施的位置	1.3.1 燃气金属管道设施探测机具的使用方法 1.3.2 燃气设施标识的种类与应用
2. 燃气场站②巡回检查	2.1 燃气场站工艺巡检	2.1.1 能执行燃气场站的工艺巡检，识读运行参数 2.1.2 能对比燃气场站的一次表和二次表数据，识别超出误差范围的情况 2.1.3 能填写工艺巡检作业记录表	2.1.1 燃气场站的工艺流程 2.1.2 燃气场站工艺巡检内容与要求 2.1.3 燃气场站主要输配设施运行参数、仪器仪表读数与记录方法

---

① 燃气输配设施包括城镇燃气场站与燃气管网。
② 燃气场站是指燃气输配场站、液化天然气储配站、压缩天然气储配站、液化石油气储配站等。

续表

职业功能	工作内容	技能要求	相关知识要求
2. 燃气场站巡回检查	2.2 燃气场站设备巡检	2.2.1 能执行燃气场站设备及设备基础的巡检 2.2.2 能检查燃气场站设备及附属设施的动静密封点和防腐情况 2.2.3 能在现场检查燃气场站远程控制阀门手动操作功能 2.2.4 能检查水封井和消防井水位控制设备的工作状态 2.2.5 能执行燃气场站周边环境的巡查	2.2.1 燃气场站主要设备类型、功能与设备基础的要求 2.2.2 燃气场站设备及设备基础巡检的内容与要求 2.2.3 燃气场站设备及附属设施动静密封点和防腐情况的检查方法 2.2.4 水封井和消防井水位控制设备的构成与检查方法 2.2.5 燃气场站周边环境风险因素
3. 天然气储配操作	3.1 天然气过滤净化	3.1.1 能执行过滤净化装置的开启通气操作 3.1.2 能记录过滤净化装置的压差变化，并判断压差是否正常 3.1.3 能根据操作程序开启五通阀 3.1.4 能执行过滤净化装置的排污操作	3.1.1 过滤净化装置的通气操作方法 3.1.2 过滤净化装置压差识读方法及判断依据 3.1.3 过滤净化装置五通阀的操作方法及注意事项 3.1.4 标准过滤净化装置的排污操作方法及注意事项
	3.2 天然气压力调节	3.2.1 能操作天然气单路调压装置管路阀门，实现输气 3.2.2 能调节单路主调压器，稳定出口压力 3.2.3 能填写调压装置运行参数记录表	3.2.1 调压装置出口压力设定值和天然气单路调压装置通气操作方法 3.2.2 天然气主调压装置工作压力参数调试操作程序与注意事项 3.2.3 天然气调压装置运行参数记录方法
	3.3 天然气加臭	3.3.1 能完成燃气加臭装置的开机前检查和开停机操作 3.3.2 能识读加臭剂储存运行参数，执行加臭剂储罐的加料作业 3.3.3 能操作检测设备检测燃气加臭剂浓度 3.3.4 能填写加臭作业记录表	3.3.1 燃气加臭装置的现场开停机操作程序与注意事项 3.3.2 加臭剂储罐的加料控制参数类别与指标 3.3.3 加臭剂浓度检测的要求与方法 3.3.4 加臭作业记录表填写方法

续表

职业功能	工作内容	技能要求	相关知识要求
3. 天然气储配操作	3.4 天然气计量	3.4.1 能执行燃气流量计及附属设施启停作业前的检查 3.4.2 能开启计量管路阀门，启动燃气流量计计量 3.4.3 能根据流量计构造要求加注润滑剂 3.4.4 能识别燃气流量计的工况参数，填写作业记录表	3.4.1 燃气流量计及附属设施启停作业前的检查内容 3.4.2 燃气流量计量系统启停操作程序及注意事项 3.4.3 常用燃气流量计的构造、润滑材料类型及加注方法 3.4.4 燃气流量计工况参数记录方法
	3.5 天然气外输	3.5.1 能执行调度指令，开启储存设施和管线阀门，实现天然气外输 3.5.2 能执行调度指令，操作阀门停止供气 3.5.3 能填写外输作业记录表	3.5.1 天然气外输作业工艺流程与阀门开关方法 3.5.2 天然气外输作业步骤与注意事项 3.5.3 供气安全操作程序及运行参数记录方法
4. 液化天然气储配操作	4.1 液化天然气装卸	4.1.1 能执行液化天然气装卸作业前的检查和准备 4.1.2 能执行装卸作业的静电接地连接，对接装卸设施，按工艺顺序开启气相、液相阀门 4.1.3 能识读液位计，确认装卸作业进度 4.1.4 能执行气、液相阀门关闭和装卸操作 4.1.5 能填写装卸作业记录表	4.1.1 液化天然气装卸作业前准备工作内容 4.1.2 液化天然气装卸作业流程 4.1.3 常用液位计的结构、工作原理和识读方法 4.1.4 液化天然气装卸作业完成后的相关操作 4.1.5 液化天然气装卸作业记录表填写方法
	4.2 液化天然气储存	4.2.1 能执行液化天然气储罐罐体及附属设施的预冷操作和绝热保冷检查 4.2.2 能执行储罐区紧急切断阀的操作 4.2.3 能填写储存作业记录表	4.2.1 液化天然气储罐的分类与特点、储罐附件类型及其作用 4.2.2 液化天然气储罐罐体及附属设施的预冷和绝热保冷要求与操作方法 4.2.3 液化天然气储罐区紧急切断阀的操作程序 4.2.4 液化天然气储罐储存作业记录表填写方法

续表

职业功能	工作内容	技能要求	相关知识要求
4. 液化天然气储配操作	4.3 液化天然气气瓶充装	4.3.1 能操作机械搬运、码放液化天然气气瓶 4.3.2 能检查气瓶和附件的外观质量 4.3.3 能开启工艺控制阀门和充装设施充装液化天然气 4.3.4 能检查液化天然气充装重量，做充装后气瓶的泄漏排查 4.3.5 能填写充装作业记录表	4.3.1 液化天然气气瓶的分类、结构和功能 4.3.2 液化天然气气瓶搬运、码放的作业要求，气瓶外观检查的内容与要求 4.3.3 液化天然气气瓶充装的作业步骤与安全要求 4.3.4 液化天然气气瓶充装重量要求，充装后气瓶泄漏排查方法 4.3.5 液化天然气气瓶充装设施的构成与操作注意事项 4.3.6 液化天然气气瓶充装作业记录表填写方法
	4.4 液化天然气气化	4.4.1 能执行气化、计量和增压等设备启动前的现场检查工作 4.4.2 能识读气化工艺控制面板的运行参数 4.4.3 能填写液化天然气气化运行记录表	4.4.1 气化、计量和增压等设备启动前的现场检查内容 4.4.2 气化工艺控制面板的组成和含义 4.4.3 液化天然气气化运行参数记录方法
5. 压缩天然气储配操作	5.1 压缩天然气装卸	5.1.1 能执行压缩天然气移动式、固定式压力容器和装卸设施的开机前检查 5.1.2 能对接压缩天然气移动式、固定压力式容器和装卸设施并完成静电接地 5.1.3 能查看压缩天然气装卸进度并记录 5.1.4 能按工艺顺序关闭阀门，结束作业并完成装卸设施的放散 5.1.5 能填写压缩天然气装卸工艺的记录表	5.1.1 压缩天然气移动式、固定式压力容器和装卸设施的开机前检查事项 5.1.2 压缩天然气移动式和固定式压力容器的装卸系统部件位置、外观特点与检查要求 5.1.3 压缩天然气供应站装卸系统设施及管道构成、连接方法与安全要求 5.1.4 压缩天然气装卸系统管路和阀门关闭的作业步骤以及相关仪表的读数方法 5.1.5 压缩天然气装卸工艺记录表的填写要求和规定

续表

职业功能	工作内容	技能要求	相关知识要求
5. 压缩天然气储配操作	5.2 天然气压缩与储存	5.2.1 能执行天然气压缩与高压储存设施及附属设施开机前检查 5.2.2 能操作工艺管线上的阀门，启动天然气压缩机 5.2.3 能观察运行情况并记录工艺参数 5.2.4 能按工艺顺序关闭阀门，结束作业，完成压缩与储存工艺系统的排污 5.2.5 能填写天然气压缩与储存工艺的记录表	5.2.1 压缩天然气储存步骤、作业环境和作业条件要求 5.2.2 压缩天然气储存设施类型与特点、附件类型及其作用 5.2.3 压缩天然气储存管路系统上相关设施（包括脱水、脱硫、缓冲回收、顺序控制器等装置）的功能及管路系统构成 5.2.4 天然气压缩储存系统管路和压缩天然气阀门关闭的作业步骤以及相关仪表的读数方法 5.2.5 压缩天然气储存设施排污作业步骤与安全要求
	5.3 液化天然气转换压缩天然气操作	5.3.1 能执行液化天然气高压气化、液化天然气低温泵以及相关附属设施的开机前检查 5.3.2 能操作工艺管线上的阀门，启动低温泵 5.3.3 能按工艺顺序关闭阀门，结束作业并完成压缩与储存工艺系统的排污 5.3.4 能填写液化天然气转换压缩天然气工艺的记录表	5.3.1 液化天然气转换压缩天然气的作业步骤、作业环境及条件要求 5.3.2 液化天然气柱塞泵、高压气化器的特点、附件类型及其作用 5.3.3 液化天然气转换压缩天然气工艺管路系统的构成及安全要求 5.3.4 液化天然气转换压缩天然气工艺系统管路、阀门关闭的作业步骤以及相关仪表的读数方法
6. 液化石油气储配操作	6.1 液化石油气装卸	6.1.1 能进行液化石油气装卸作业前的检查和准备，连接防静电接地线 6.1.2 能对接液化石油气槽罐与装卸设施，按工艺顺序开启气、液相阀门 6.1.3 能识别液化石油气装卸进度 6.1.4 能执行气、液相阀门关闭和装卸端口分离 6.1.5 能填写装卸作业记录表	6.1.1 液化石油气槽罐装卸系统的工艺流程与系统构成 6.1.2 液化石油气槽罐装卸系统开机检查规定与要求 6.1.3 液化石油气槽罐装卸管路连接、分离的要求与方法 6.1.4 液化石油气槽罐装卸气、液相阀门的开关顺序 6.1.5 液化石油气槽罐液位计的读数方法

续表

职业功能	工作内容	技能要求	相关知识要求
6. 液化石油气储配操作	6.2 液化石油气储存	6.2.1 能执行液化石油气储罐罐体及附属设施的降温、保温操作 6.2.2 能执行储罐区紧急切断阀的操作 6.2.3 能执行液化石油气储罐排污操作 6.2.4 能填写储存作业记录表	6.2.1 液化石油气储罐类型与特点、储罐附件类型及其作用 6.2.2 液化石油气储罐罐体及附属设施的降温、保温要求与操作方法 6.2.3 液化石油气储罐排污作业步骤与安全要求 6.2.4 液化石油气储存作业记录表填写方法
	6.3 液化石油气气瓶充装	6.3.1 能操作机械搬运、码放液化石油气气瓶 6.3.2 能检查气瓶和附件的外观质量 6.3.3 能开启工艺控制阀门和灌瓶枪充装液化石油气 6.3.4 能检查液化石油气充装重量，排查充装后气瓶是否泄漏	6.3.1 液化石油气气瓶的规格、构成及作用 6.3.2 液化石油气气瓶搬运、码放的作业要求和外观检查的内容与要求 6.3.3 液化石油气气瓶充装的作业步骤与安全要求 6.3.4 液化石油气气瓶充装设备的构成与操作注意事项
	6.4 液化石油气气化与混气	6.4.1 能执行液化石油气气化和混气设施的开机前检查 6.4.2 能按工艺顺序开启阀门，实施液化石油气自然气化 6.4.3 能按工艺顺序关闭阀门和气化设施，并排污、放散 6.4.4 能填写气化与混气作业记录表	6.4.1 液化石油气气化和混气设施开机前检查的规定及要求 6.4.2 液化石油气的气化方式和气化设备的类型 6.4.3 液化石油气排污与放散的作业要求 6.4.4 液化石油气自然气化的作业步骤
	6.5 液化石油气气瓶残液回收	6.5.1 能执行液化石油气气瓶和抽残液设施的检查 6.5.2 能操作正压式残液回收设施回收残液 6.5.3 能按工艺顺序关闭抽残液设施和容器，结束作业	6.5.1 液化石油气气瓶和抽残液设施检查的规定与要求 6.5.2 液化石油气气瓶残液正压回收工艺设施的操作步骤及安全要求 6.5.3 抽残液设施和容器关闭作业操作步骤及安全要求

续表

职业功能	工作内容	技能要求	相关知识要求
7. 人工燃气储配操作①	7.1 人工燃气过滤净化	7.1.1 能执行干法脱硫箱、塔开启和关闭通气操作 7.1.2 能记录过滤净化装置的压差变化，并判断压差是否正常 7.1.3 能执行脱硫箱操作，更换常压氧化铁脱硫剂 7.1.4 能执行过滤净化装置的清洁排污操作 7.1.5 能填写净化作业记录表	7.1.1 干式脱硫净化装置的通气和停气操作方法 7.1.2 过滤净化装置压差识读方法及判断依据 7.1.3 人工燃气脱硫剂种类，常压氧化铁脱硫剂的更换方法及注意事项 7.1.4 过滤净化装置的清洁排污操作方法及注意事项 7.1.5 净化作业记录表填写方法
	7.2 人工燃气压力调节	7.2.1 能操作人工燃气调压装置，实现输气 7.2.2 能调节调压装置的主调压器，稳定出口压力 7.2.3 能执行水封装置操作，调节控制压力 7.2.4 能填写调压装置运行参数记录表	7.2.1 人工燃气调压装置类型和通气操作方法 7.2.2 人工燃气调压装置各工作压力参数调试操作程序与注意事项 7.2.3 水封装置结构和操作方法 7.2.4 人工燃气调压装置运行参数记录方法
	7.3 人工燃气加臭	7.3.1 能完成燃气加臭装置的开机前检查和开停机操作 7.3.2 能识读加臭剂储存运行参数，执行加臭剂储罐的加料作业 7.3.3 能操作检测设备检测燃气加臭剂浓度 7.3.4 能填写加臭作业记录表	7.3.1 燃气加臭装置的现场开停机操作程序与注意事项 7.3.2 加臭剂储罐的加料控制参数类别与指标 7.3.3 加臭剂浓度检测的要求与方法 7.3.4 人工燃气加臭作业记录表填写内容和方法
	7.4 人工燃气计量	7.4.1 能执行燃气流量计及附属设施启停作业前检查 7.4.2 能开启计量管路阀门，启动燃气流量计量 7.4.3 能根据燃气流量计构造要求加注润滑剂 7.4.4 能识别燃气流量计的工况参数，填写流量记录表	7.4.1 燃气流量计及附属设施作业前检查内容 7.4.2 燃气流量计量系统启停操作程序及注意事项 7.4.3 常用燃气流量计的构造与润滑材料类型及加注方法 7.4.4 人工燃气流量计工况参数记录方法

① 本标准人工燃气场站设备不包括制气设备。

续表

职业功能	工作内容	技能要求	相关知识要求
7. 人工燃气储配操作	7.5 人工燃气外输	7.5.1 能执行调度指令，开关储存设施和管线阀门，实现外输供停气 7.5.2 能执行凝水设施操作，排出管路凝水 7.5.3 能执行罗茨鼓风机开停机作业 7.5.4 能填写外输作业记录表	7.5.1 外输作业工艺流程、操作方法、注意事项与阀门开关方法 7.5.2 凝水设施类型、构成和排水作业方法及注意事项 7.5.3 罗茨鼓风机的结构、原理、开停机操作方法和注意事项 7.5.4 供气安全操作程序及运行参数记录方法
8. 燃气场站共有设备运行维护	8.1 燃气场站储罐运行维护	8.1.1 能执行燃气场站常温储气设施的日常维护保养 8.1.2 能执行储罐区动静密封点的检查 8.1.3 能填写罐区设施和动静密封点检查及维护保养记录	8.1.1 常温储罐及附属设施日常维护的项目与要求 8.1.2 储罐区常规动静密封点的类型、构造与检查方法 8.1.3 罐区设施和动静密封点检查及维护保养记录方法
	8.2 燃气场站过滤器运行维护	8.2.1 能检查滤芯式过滤器的工作状况并执行排污作业 8.2.2 能完成过滤器滤芯清洗和更换作业 8.2.3 能填写过滤器维护保养记录	8.2.1 燃气过滤器类型和检查内容 8.2.2 过滤器排污作业步骤和安全要求 8.2.3 燃气过滤器滤芯清洗和更换作业步骤
	8.3 燃气场站调压装置运行维护	8.3.1 能观察调压器进出口压力参数，执行燃气场站调压装置的日常检查 8.3.2 能对燃气直接作用式调压器进行日常保养，更换皮膜 8.3.3 能填写调压装置维护保养记录表	8.3.1 燃气调压器的类型和功能，燃气调压装置的检查项目和要求 8.3.2 直接作用式调压器的构造、保养项目和要求、皮膜更换作业步骤 8.3.3 调压装置维护保养记录表填写内容和方法
	8.4 燃气场站加臭设备运行维护	8.4.1 能执行燃气加臭装置和管道系统的日常保养 8.4.2 能检查呼吸阀工作情况并定期更换密封阀密封材料 8.4.3 能填写燃气加臭装置维护保养记录表	8.4.1 燃气加臭装置保养的项目与要求 8.4.2 燃气加臭装置填料和密封材料的更换方法 8.4.3 燃气加臭装置维护保养记录表填写内容和方法

续表

职业功能	工作内容	技能要求	相关知识要求
8.燃气场站共有设备运行维护	8.5 燃气阀门运行维护	8.5.1 能对常用燃气阀门进行阀体润滑及日常保养工作 8.5.2 能在线拆装燃气安全阀 8.5.3 能填写常用燃气阀门的运行与维护记录表	8.5.1 常用燃气阀门的日常保养项目和作业规程 8.5.2 燃气阀门润滑材料类型和使用方法 8.5.3 燃气安全阀拆装方法和安全要求
9.燃气场站专用设备运行维护	9.1 烃泵运行维护	9.1.1 能拆解、清洁和组装常温叶片烃泵 9.1.2 能保养烃泵和泵进出管线及附属系统 9.1.3 能填写烃泵的运行与维护记录表	9.1.1 常温叶片烃泵结构、功能和维护保养方法 9.1.2 烃泵的工艺系统日常保养要求 9.1.3 烃泵检查和维护保养记录要求及方法
	9.2 燃气压缩机运行维护	9.2.1 能拆解、清洁和组装叶轮式燃气压缩机 9.2.2 能保养叶轮式燃气压缩机和压缩机进出管线及附属系统 9.2.3 能填写燃气压缩机的运行与维护记录表	9.2.1 叶轮式燃气压缩机的结构与作用 9.2.2 叶轮式燃气压缩机的工艺系统日常保养要求 9.2.3 燃气压缩机检查和维护保养记录要求及方法
	9.3 燃气装卸机和装卸柱运行维护	9.3.1 能完成压缩天然气装卸机和装卸柱的日常维护保养 9.3.2 能完成液化天然气装卸机和装卸柱的日常维护保养 9.3.3 能完成液化石油气装卸机和装卸柱的日常维护保养 9.3.4 能填写装卸机和装卸柱的运行与维护记录表	9.3.1 装卸机（柱）类型与构成 9.3.2 拉断阀、安全阀、放散阀、紧急切断阀、普通阀门和静电接地装置的日常维护保养 9.3.3 装卸机（柱）检查和维护保养记录要求及方法

续表

职业功能	工作内容	技能要求	相关知识要求
9. 燃气场站专用设备运行维护	9.4 燃气工艺顺序控制器运行维护	9.4.1 能执行燃气工艺顺序控制器的日常运行与维护 9.4.2 能识读燃气工艺顺序控制器的参数与阀门运行状态 9.4.3 能填写燃气工艺顺序控制器的运行与维护记录表	9.4.1 燃气工艺顺序控制器构成与功能 9.4.2 燃气工艺顺序控制器日常保养项目和要求 9.4.3 燃气工艺顺序控制器正常运行参数范围 9.4.4 燃气工艺顺序控制器检查和维护保养记录要求及方法
	9.5 燃气气化设备运行维护	9.5.1 能执行燃气空温式气化器日常维护 9.5.2 能完成燃气空温式气化器除冰保温操作 9.5.3 能填写燃气空温式气化器的运行与维护记录表	9.5.1 燃气空温式气化器的结构和气化原理 9.5.2 燃气空温式气化器的日常维护项目与要求 9.5.3 燃气空温式气化器的除冰保温程序与要求
	9.6 燃气混气设备运行维护	9.6.1 能执行燃气混气设备混合比调节 9.6.2 能执行燃气混气设备日常维护 9.6.3 能填写燃气混气设备的运行与维护记录表	9.6.1 燃气混气设备操作方法和要求 9.6.2 混合气体组分构成 9.6.3 燃气混气设备的结构、日常维护项目及要求
10. 燃气场站安全设施运行维护	10.1 燃气辅热系统运行维护	10.1.1 能执行燃气场站伴热、加热装置运行检查和日常维护 10.1.2 能执行热水炉、换热器运行检查和日常维护	10.1.1 伴热、加热装置的类型、构成与用途 10.1.2 热水炉、换热器的种类、构成及日常维护要求和方法
	10.2 燃气场站泄漏监控系统运行维护	10.2.1 能识别燃气泄漏分级报警 10.2.2 能执行燃气场站工艺现场的紧急切断操作 10.2.3 能完成紧急切断阀的日常维护 10.2.4 能执行进站阀门和绝缘装置的检查	10.2.1 燃气泄漏报警参数与警报特点 10.2.2 燃气场站泄漏监测和紧急切断装置的类型、构成和分布 10.2.3 紧急切断阀的日常维护要求和方法 10.2.4 进站阀门和绝缘装置检查项目和方法

续表

职业功能	工作内容	技能要求	相关知识要求
10.燃气场站安全设施运行维护	10.3 燃气场站放散设施运行维护	10.3.1 能执行燃气放散前的检查 10.3.2 能执行燃气场站的日常放散 10.3.3 能完成放散设备的日常维护	10.3.1 燃气放散的安全规定 10.3.2 燃气放散的类型和放散设备的结构 10.3.3 放散设备的日常维护要求和方法
11.燃气场站泄漏事件现场处置	11.1 燃气场站燃气泄漏现场处置	11.1.1 能使用可燃气体检测仪检测泄漏现场燃气浓度，并能报告检测浓度值 11.1.2 能执行燃气场站现场处置预案，实施现场疏散和警戒 11.1.3 能操作隔离阀门隔离泄漏的管段	11.1.1 可燃气体检测仪检测燃气浓度的操作方法与注意事项 11.1.2 燃气场站现场处置预案关于现场疏散、警戒和隔离的规定与要求 11.1.3 燃气场站工艺系统中隔离阀门的准确位置和操作方法
	11.2 燃气场站加臭剂泄漏现场处置	11.2.1 能识别泄漏位置，报告加臭剂泄漏情况 11.2.2 能执行燃气场站现场处置预案，关停泄漏机组	11.2.1 燃气场站加臭剂的特性、泄漏的危害与检测方法 11.2.2 燃气场站现场处置预案的措施与要求 11.2.3 加臭机停机操作步骤
12.燃气输配管网巡查、巡检	12.1 燃气输配管网巡查	12.1.1 能依据管道信息巡查燃气输配管网，识别燃气管网设施和警示标识的完好情况 12.1.2 能操作便携式可燃气体检测仪对燃气管网设施查漏 12.1.3 能报告巡查中的异常情况，填写燃气管网设施巡查记录表 12.1.4 能实施燃气管道设施保护范围内其他建设项目施工现场的监督	12.1.1 燃气管网设施巡查项目与方法 12.1.2 管道附近路面、植被、管基、覆土层和其他相邻设施的异常现象的识别 12.1.3 燃气管道信息系统识读方法和燃气标识的表征内容 12.1.4 便携式可燃气体检测仪使用方法及注意事项 12.1.5 燃气管网设施巡查记录表的填写要求

续表

职业功能	工作内容	技能要求	相关知识要求
12. 燃气输配管网巡查、巡检	12.2 燃气输配管网设施巡检	12.2.1 能操作手动绝缘凿孔设备开凿燃气泄漏检测孔 12.2.2 能执行地下阀门和放散、排凝水设施的操作 12.2.3 能执行外露锈蚀管道防腐修补作业 12.2.4 能报告燃气管网设施泄漏位置和泄漏情况 12.2.5 能填写燃气管网设施巡检记录表	12.2.1 手动绝缘凿孔设备的结构和操作方法 12.2.2 地下阀门和放散、排凝水设施的操作步骤和注意事项 12.2.3 外露锈蚀管道防腐修补材料的类型、用途和防腐修补作业方法 12.2.4 燃气管网设施泄漏情况报告的内容和要求
13. 燃气输配管网设施维护	13.1 燃气管网检测	13.1.1 能执行燃气管网检测收发球装置的操作 13.1.2 能操作防腐层电火花检测仪检测地上管网的防腐情况 13.1.3 能填写燃气管网检测记录表	13.1.1 燃气管网检测收发球装置的操作步骤与注意事项 13.1.2 防腐层电火花检测仪的操作步骤与注意事项 13.1.3 燃气管网检测记录表的填写要求
	13.2 钢质燃气管道防腐层修复	13.2.1 能使用工具清理燃气管道防腐层破损部位 13.2.2 能实施燃气管道防腐层补伤和补口热收缩套修复作业 13.2.3 能填写燃气管道防腐层修复记录表	13.2.1 钢质燃气管道防腐层破损部位清理要求与方法 13.2.2 热收缩套防腐层修复作业方法与注意事项
	13.3 燃气管网调压设备维护保养	13.3.1 能执行燃气管网调压设备的启停操作 13.3.2 能执行中压、低压燃气调压设施的皮膜更换 13.3.3 能执行燃气管网中压、低压调压设施的放散操作	13.3.1 燃气管网调压设备的启停操作步骤 13.3.2 中压、低压燃气调压设施皮膜更换的步骤与注意事项 13.3.3 燃气管网中压、低压调压设施放散的操作步骤与注意事项
	13.4 燃气管网地下设施维护保养	13.4.1 能执行燃气阀室（井）的检查与维护 13.4.2 能执行燃气管道补偿器和绝缘设施的保养 13.4.3 能操作工具加注地下阀门的润滑剂 13.4.4 能填写燃气管道地下设施维护保养记录表	13.4.1 燃气阀室（井）检查与维护内容与要求 13.4.2 燃气管道补偿器、绝缘设施保养内容及要求 13.4.3 地下阀门的保养内容及要求 13.4.4 有限空间的作业要求与安全注意事项

续表

职业功能	工作内容	技能要求	相关知识要求
14. 燃气输配管网抢修	14.1 燃气管网抢修前期处置和作业监护	14.1.1 能执行抢修现场警戒设施和标识的布置，并实施现场警戒 14.1.2 能使用防爆风机驱除施工现场可燃气体 14.1.3 能执行现场泄漏检测和扩大范围检测 14.1.4 能使用手提式灭火器消除初起火灾 14.1.5 能收集、报告燃气管道作业现场的信息 14.1.6 能维护燃气管道施工现场警戒设施和警示标识	14.1.1 燃气管网抢修现场警戒设施和标识的布置要求 14.1.2 燃气管网抢修现场警戒要求与注意事项 14.1.3 防爆风机操作方法 14.1.4 燃气管网抢修现场泄漏检测和扩大范围检测的要求 14.1.5 燃气管道作业现场信息收集内容和报告要求 14.1.6 燃气管道施工现场的安全技术要求
	14.2 钢质燃气管道抢修施工作业	14.2.1 能执行燃气抢修钢质管件的安装和盲板截断作业 14.2.2 能使用燃气专用机具安装补漏件 14.2.3 能执行管道带压开孔、带压封堵的作业准备 14.2.4 能使用工具执行临时管线的机械连接和拆卸	14.2.1 燃气抢修钢质管件安装和盲板截断的作业步骤 14.2.2 燃气专用机械式补漏件的类型、结构和操作方法 14.2.3 管道带压开孔、带压封堵的作业准备内容和作业安全要求 14.2.4 临时管线的连接和拆卸方法
	14.3 聚乙烯（PE）燃气管道抢修施工作业	14.3.1 能使用修补工艺修补聚乙烯（PE）燃气管道泄漏点 14.3.2 能完成聚乙烯（PE）燃气管道电熔连接作业前的准备工作 14.3.3 能采用专用工具切断和封堵聚乙烯（PE）燃气管道 14.3.4 能执行聚乙烯（PE）燃气管道带压连接前的准备工作	14.3.1 聚乙烯（PE）燃气管道修补、堵漏的材料与作业方法 14.3.2 聚乙烯（PE）燃气管道电熔连接作业的类型、方法、操作步骤和安全注意事项 14.3.3 聚乙烯（PE）燃气管道的切断和封堵作业方法 14.3.4 聚乙烯（PE）燃气管道带压连接前准备工作的内容
	14.4 应急气源供气与停气	14.4.1 能执行应急气源供气现场的安全监护 14.4.2 能执行应急气源的供气、停气操作	14.4.1 应急气源的类型、供气方法和供气现场的安全监护要求 14.4.2 应急气源供气、停气操作步骤和安全事项

续表

职业功能	工作内容	技能要求	相关知识要求
15. 用户燃气设施通气点火	15.1 用户燃气设施使用条件判别	15.1.1 能辨识家用燃气燃烧器具的安全设施及标识,判别适用性 15.1.2 能检查、记录居民用户燃气设施与周边各类设施的间距,判别合格性 15.1.3 能填写用户燃气设施拆改质量记录表	15.1.1 家用燃气燃烧器具气质适应性、互换性和安全管理规定 15.1.2 居民用户燃气设施与周边各类设施的间距要求 15.1.3 用户燃气设施维修质量管理制度和记录方法
	15.2 用户燃气设施通气点火	15.2.1 能实施居民用户燃气设施通气置换作业 15.2.2 能使用微压计测量燃气燃烧器具用气压力 15.2.3 能调节燃气燃烧器具燃烧火焰类型 15.2.4 能指导用户识读《燃气安全使用手册》的要点	15.2.1 居民用户燃气设施通气置换操作程序和安全注意事项 15.2.2 家用燃气燃烧器具额定压力,户内调压器出口压力调节作业流程 15.2.3 家用燃气燃烧器具燃烧火焰类型 15.2.4 燃气安全宣传方法及《燃气安全使用手册》识读要点
16. 用户燃气设施安全检查与隐患整改	16.1 用户燃气设施安全检查	16.1.1 能辨识多层居民用户燃气设施使用环境的安全状况 16.1.2 能检查多层居民用户燃气设施和燃气燃烧器具使用状况 16.1.3 能使用发泡剂或检漏仪检查燃气设施,发现泄漏点 16.1.4 能收集末端气质检测气体,检测末端加臭剂浓度 16.1.5 能填写入户安全检查记录表并告知用户	16.1.1 居民用户用气场所安全用气条件 16.1.2 居民用户燃气设施安全检查制度和流程 16.1.3 用户燃气设施在线检漏方法 16.1.4 居民用户安全检查服务规范 16.1.5 末端气质检测气体收集方法和加臭剂浓度检测方法
	16.2 用户燃气设施隐患整改	16.2.1 能识别并整改多层居民用户燃气设施安全隐患 16.2.2 能操作工具更换居民用户燃气阀门、管件及表具 16.2.3 能填写居民用户燃气设施隐患整改记录表并告知用户	16.2.1 居民用户燃气设施安全隐患类型和内容 16.2.2 燃气阀门、管件和表具更换步骤 16.2.3 居民用户燃气设施隐患整改记录表填写方法和要点

续表

职业功能	工作内容	技能要求	相关知识要求
17. 用户燃气设施维修	17.1 燃气用户用气方案调整	17.1.1 能收集用户的用气需求 17.1.2 能依据多层居民用户燃气设施竣工图复核现场尺寸 17.1.3 能依据维修方案准备多层居民用户燃气设施管材、管件	17.1.1 用户用气需求信息收集内容和方法 17.1.2 居民用户燃气设施竣工图识读要点和方法 17.1.3 居民用户燃气设施管材、管件知识和备料要点
	17.2 用户燃气设施拆改	17.2.1 能计算多层居民用户燃气设施用料尺寸 17.2.2 能操作套丝机具加工管道螺纹,实施镀锌燃气钢管连接作业 17.2.3 能完成墙壁、地面开槽打孔作业 17.2.4 能执行管道系统严密性试验操作	17.2.1 居民用户燃气设施管道用料尺寸计算方法 17.2.2 套丝机具操作规程和安全注意事项 17.2.3 开槽机和打孔机操作要点 17.2.4 严密性试验方法与要求
	17.3 用户燃气设施连接	17.3.1 能检查多层居民用户燃气设施外观 17.3.2 能使用工具完成居民用户燃气表、报警器、户内调压器接管或接线作业 17.3.3 能安装燃气阀门、连接专用软管与燃气燃烧器具	17.3.1 居民用户燃气设施类型和规格 17.3.2 居民用户燃气表、报警器和户内调压器安装标准 17.3.3 居民用户燃气阀门安装和燃气燃烧器具连接的技术要求 17.3.4 居民用户燃气设施的连接程序和安全注意事项

3.2 四级/中级工

职业功能	工作内容	技能要求	相关知识要求
1. 燃气输配设施通气投产	1.1 燃气输配设施压力测试	1.1.1 能识别燃气输配设施压力测试过程中的压力变化情况 1.1.2 能找到失压情况下的泄漏点	1.1.1 燃气输配设施压力测试作业规程 1.1.2 燃气输配设施压力测试过程中常见的异常情况

续表

职业功能	工作内容	技能要求	相关知识要求
1.燃气输配设施通气投产	1.2 燃气输配设施置换通气	1.2.1 能监测置换过程中的燃气参数变化，识别异常情况 1.2.2 能检测燃气放散过程中的含氧量 1.2.3 能控制通气过程中的燃气压力和流速	1.2.1 燃气输配设施置换通气作业程序和常见问题 1.2.2 放散过程中的含氧量检测方法 1.2.3 燃气放散作业程序与安全防范事项
	1.3 燃气输配管道探测定位	1.3.1 能操作管道探测仪器确定埋地燃气管道的位置 1.3.2 能操作测量仪器测量管道位置，确定管道坐标	1.3.1 管道探测仪器的使用操作方法 1.3.2 测量仪器的使用操作方法
2.燃气场站巡回检查	2.1 燃气场站工艺巡检	2.1.1 能识别燃气场站异常工艺参数，确定异常部位 2.1.2 能排查燃气场站控制系统的报警信号，并进行常规性的处理	2.1.1 燃气场站常见运行异常情况的类型与影响 2.1.2 燃气场站控制系统报警原因和常规性的处理方法
	2.2 燃气场站设备巡检	2.2.1 能识别燃气场站设备故障 2.2.2 能使用绝缘电阻表测试燃气场站的静电、防雷设备，确定参数合格性 2.2.3 能例行检查燃气场站的紧急切断系统，确认可靠性 2.2.4 能检查燃气场站安防设施联动设备的工作状态	2.2.1 燃气场站设备故障类型 2.2.2 燃气场站静电接地、防雷设备的结构、原理和测试周期及方法 2.2.3 燃气场站紧急切断系统的结构、原理和检查方法 2.2.4 燃气场站安防设施联动设备工作原理和检查方法
3.天然气储配操作	3.1 天然气过滤净化	3.1.1 能完成多滤芯式过滤净化装置及附属设施的开启通气作业 3.1.2 能操作工艺管线上的五通阀等阀门，监测过滤净化过程中的运行参数 3.1.3 能识别操作过程中的异常情况，填写异常情况记录表并按程序上报	3.1.1 多滤芯式过滤净化装置的类型、通气作业步骤及要求 3.1.2 过滤净化工艺流程、参数和管线设备构成 3.1.3 天然气过滤净化装置常见异常情况的类型及处理要求

续表

职业功能	工作内容	技能要求	相关知识要求
3. 天然气储配操作	3.2 天然气压力调节	3.2.1 能操作天然气次高压、中压并联调压装置及附属设施的阀门，实现输气 3.2.2 能设定天然气次高压、中压并联调压装置主副路压力参数，完成切换作业 3.2.3 能监控天然气次高压、中压并联调压装置调试过程，识别异常情况	3.2.1 天然气次高压、中压并联调压装置及附属设施输气作业步骤及要求 3.2.2 天然气次高压、中压并联调压装置主副路压力参数的设定操作步骤与注意事项 3.2.3 天然气次高压、中压并联调压装置调试过程中异常情况的类型及处理要求
	3.3 天然气加臭	3.3.1 能完成天然气加臭装置的手动加臭，调整加注量 3.3.2 能监测天然气加臭运行状况，识别异常情况 3.3.3 能识别加臭剂储存量参数，完成加臭剂储罐的加料	3.3.1 天然气加臭装置手动调整加注量的操作步骤与安全注意事项 3.3.2 加臭系统运行常见故障及应对措施 3.3.3 加臭控制系统工艺参数类别和指标
	3.4 天然气计量	3.4.1 能监测流量计运行参数，识别异常情况 3.4.2 能排查计量系统报警信号，进行常规处理 3.4.3 能使用工具设施更换、安装流量计装置	3.4.1 流量计量系统数据读取操作步骤与方法 3.4.2 流量计量系统常见异常情况的类型、系统报警发生的原因与影响 3.4.3 常用流量计的构造和安装注意事项
	3.5 天然气外输	3.5.1 能完成外输作业的操作程序，实现外输送气、停气 3.5.2 能调整供气流量和压力，稳定供气工况 3.5.3 能完成天然气外输系统的排污 3.5.4 能监测运行参数，识别异常情况	3.5.1 天然气外输作业环境、作业要求和安全注意事项 3.5.2 供气流量、压力调节的步骤与方法 3.5.3 天然气外输系统排污作业步骤与注意事项 3.5.4 天然气外输设施运行参数的识别方法与常见故障的类型及处理要求

续表

职业功能	工作内容	技能要求	相关知识要求
4. 液化天然气储配操作	4.1 液化天然气装卸	4.1.1 能操作仪器检测液化天然气密度 4.1.2 能完成装卸管线预冷，启动烃泵，对槽罐进行液化天然气装卸 4.1.3 能启动手动紧急切断系统，停止装卸作业 4.1.4 能监测装卸过程中的运行参数，识别异常情况 4.1.5 能识别储存参数，判断装卸量指标 4.1.6 能关停烃泵，完成装卸管线放散操作	4.1.1 液化天然气装卸常用工艺方法、原理和特点 4.1.2 液化天然气装卸系统工艺流程、管线设备构成和监控装置功能 4.1.3 液化天然气装卸系统紧急切断装置的构成、工作原理和操作方法 4.1.4 液化天然气装卸过程中的常见故障和装卸量指标 4.1.5 烃泵的操作步骤和要领
	4.2 液化天然气储存	4.2.1 能判别液化天然气储罐进出液系统的阀门启闭状态 4.2.2 能操作烃泵进行储罐进出液作业 4.2.3 能操作阀门、烃泵或增压设备完成储罐之间的倒罐作业 4.2.4 能监测储存系统的运行参数，识别异常情况	4.2.1 液化天然气储罐的结构，储罐进出液系统工艺流程与管路、阀门的操作方法 4.2.2 液化天然气储罐及管线系统压力、温度、液位等运行参数及现场监控装置的性能 4.2.3 液化天然气储罐及管线系统常见故障及应对措施
	4.3 液化天然气气瓶充装	4.3.1 能判别液化天然气气瓶充装系统的管路和阀门启闭状态，确认设施状况 4.3.2 能操作加压设施向气瓶充装系统输液 4.3.3 能监测气瓶充装系统的运行参数，识别异常情况，采取现场应对措施 4.3.4 能检查液化天然气气瓶质量安全追溯系统电子标签	4.3.1 液化天然气气瓶充装系统设备、管线的组成及充装工艺流程 4.3.2 液化天然气气瓶充装系统烃泵及管线阀门的操作方法 4.3.3 液化天然气气瓶充装设备、管线常见故障及应对措施 4.3.4 液化天然气气瓶质量安全追溯系统电子标签信息内容和要求
	4.4 液化天然气气化	4.4.1 能操作液化天然气气化工艺阀门，运行计量、气化装置 4.4.2 能监测气化运行参数，识别异常情况 4.4.3 能监测烃泵运行参数，调节工艺系统压力 4.4.4 能完成工艺系统放散作业	4.4.1 液化天然气气化系统的组成及工艺流程 4.4.2 液化天然气气化系统设备的类型与操控要领 4.4.3 液化天然气气化系统常见故障及应对措施 4.4.4 液化天然气安全放散方法

续表

职业功能	工作内容	技能要求	相关知识要求
5. 压缩天然气储配操作	5.1 压缩天然气装卸	5.1.1 能启动压缩天然气装卸设施，完成移动式和固定式压力容器的压缩天然气装卸 5.1.2 能操作紧急切断系统，停止装卸作业 5.1.3 能监测装卸系统的运行参数，识别异常情况 5.1.4 能检查车载气瓶质量安全追溯系统电子标签	5.1.1 压缩天然气装卸常用工艺方法、原理与特点 5.1.2 装卸系统紧急切断装置的构成、工作原理与操作方法 5.1.3 装卸系统工艺流程、参数，以及管线设备构成、监控装置功能 5.1.4 车载气瓶质量安全追溯系统电子标签信息内容
	5.2 天然气压缩与储存	5.2.1 能操作天然气脱水、脱硫等预处理系统，净化天然气 5.2.2 能监测天然气压缩与储存运行参数，识别异常情况 5.2.3 能操作紧急切断系统，停止天然气压缩作业 5.2.4 能完成天然气压缩与储存工艺系统的放散作业	5.2.1 天然气压缩与储存的气质要求 5.2.2 天然气压缩与储存工艺流程、参数，设备构成、管路阀门操控方法和监控装置功能 5.2.3 系统紧急切断装置、放散设施的构成、工作原理与操作方法 5.2.4 天然气脱水、脱硫、压缩与储存设施的操作步骤与要领
	5.3 液化天然气转换压缩天然气操作	5.3.1 能监测液化天然气转换压缩天然气系统的运行参数，识别异常情况 5.3.2 能操作紧急切断系统，停止液化天然气转换压缩天然气高、低压气化作业 5.3.3 能操作工艺阀门切换气化器 5.3.4 能操作压缩机提高气化后的气体压力 5.3.5 能完成液化天然气转换压缩天然气工艺系统的放散作业	5.3.1 液化天然气转换压缩天然气作业的工艺流程、参数，设备构成、管路阀门操控方法和监控装置功能 5.3.2 系统紧急切断装置、放散设施的构成、工作原理与操作方法 5.3.3 液化天然气转换压缩天然气作业时高压气化器的切换步骤 5.3.4 高压气化后的天然气加压操作步骤与要领 5.3.5 液化天然气转换压缩天然气工艺系统的放散作业步骤

续表

职业功能	工作内容	技能要求	相关知识要求
6. 液化石油气储配操作	6.1 液化石油气装卸	6.1.1 能启动压缩机或烃泵，完成液化石油气槽罐装卸 6.1.2 能操作紧急切断系统，停止装卸作业 6.1.3 能监测装卸系统的运行参数，识别异常情况 6.1.4 能识别储存参数，判断装卸量指标 6.1.5 能关停压缩机或烃泵，结束装卸作业	6.1.1 液化石油气槽罐装卸常用工艺方法、原理与特点 6.1.2 液化石油气槽罐装卸系统紧急切断装置的构成、工作原理与手动油泵操作方法 6.1.3 液化石油气槽罐装卸系统的工艺流程、管线设备构成和监控装置功能 6.1.4 液化石油气装卸过程中的常见故障和装卸量指标 6.1.5 压缩机、烃泵的操作步骤与要领
	6.2 液化石油气储存	6.2.1 能判别液化石油气储罐储存工艺系统的阀门启闭状态，启动压缩机或烃泵完成储罐进出液作业 6.2.2 能操作压缩机或烃泵完成储罐之间的倒罐作业 6.2.3 能监测储存系统的运行参数，识别异常情况 6.2.4 能排查工艺系统报警信号，采取现场应对措施	6.2.1 液化石油气储罐的结构，储罐进出液系统工艺流程与管路、阀门操作方法 6.2.2 液化石油气储罐及管线系统压力、温度、液位等运行参数及现场监控装置的性能 6.2.3 液化石油气储罐及管线系统常见故障及应对措施
	6.3 液化石油气气瓶充装	6.3.1 能判别液化石油气气瓶充装系统气液相阀门启闭状态，启动压缩机或烃泵完成液化石油气充装系统输液 6.3.2 能监测气瓶充装系统的运行状态和运行参数，识别异常情况 6.3.3 能排查工艺系统报警信号，采取现场应对措施 6.3.4 能检查液化石油气气瓶质量安全追溯系统电子标签	6.3.1 液化石油气气瓶充装系统设备、管线的组成及充装工艺流程 6.3.2 液化石油气气瓶充装系统压缩机、烃泵及管线阀门的操作方法 6.3.3 液化石油气气瓶充装设备、管线常见故障及应对措施 6.3.4 液化石油气气瓶质量安全追溯系统电子标签信息内容和要求

续表

职业功能	工作内容	技能要求	相关知识要求
6.液化石油气储配操作	6.4 液化石油气气化与混气	6.4.1 能调整液化石油气气化系统和混气系统调压器的出口压力 6.4.2 能操作强制气化设备，进行液化石油气气化 6.4.3 能操作混气设备混合液化石油气和空气或其他气体 6.4.4 能识读混气运行参数，监测混气系统的运行状态，识别异常情况	6.4.1 液化石油气气化系统、混气系统的组成及工艺流程 6.4.2 液化石油气气化系统设备、混气装置的类型与操控要领 6.4.3 液化石油气调压器的类型及调压器出口压力的调节方法 6.4.4 液化石油气气化系统、混气系统常见故障及应对措施
	6.5 液化石油气气瓶残液回收	6.5.1 能完成液化石油气残液罐残液处置、压力调整操作 6.5.2 能操作负压式、引射式残液回收系统等回收残液 6.5.3 能监测残液回收系统的运行状态和运行参数，识别异常情况	6.5.1 残液罐残液处置和压力调整的操作步骤 6.5.2 液化石油气残液回收工艺流程及操控要领 6.5.3 液化石油气残液回收系统常见故障及应对措施
7.人工燃气储配操作	7.1 人工燃气过滤净化	7.1.1 能完成湿式脱硫净化装置及附属设施的通气作业 7.1.2 能操作工艺管线上的阀门，监测过滤净化过程中的运行参数 7.1.3 能完成脱水设施开停机操作	7.1.1 湿式脱硫净化装置的构成和通气作业的步骤及要求 7.1.2 人工燃气过滤净化装置的工艺流程、常见异常情况的类型及处理要求 7.1.3 人工燃气脱水剂种类和脱水设施操作要求及注意事项
	7.2 人工燃气压力调节	7.2.1 能完成人工燃气次高压、中压并联调压装置及附属设施的通气作业 7.2.2 能设定人工燃气次高压、中压并联调压装置主副路压力参数，完成切换作业 7.2.3 能监控人工燃气次高压、中压并联调压装置调试过程，识别异常情况	7.2.1 人工燃气次高压、中压并联调压装置的结构、原理和通气作业步骤及要求 7.2.2 人工燃气次高压、中压并联调压装置主副路压力参数的设定操作步骤与注意事项 7.2.3 人工燃气次高压、中压并联调压装置调试过程中异常情况的类型及处理要求

续表

职业功能	工作内容	技能要求	相关知识要求
7. 人工燃气储配操作	7.3 人工燃气加臭	7.3.1 能完成人工燃气加臭装置的手动加臭，调整加注量 7.3.2 能监测人工燃气加臭运行状况，识别异常情况 7.3.3 能识别加臭剂储罐储存量参数，完成加臭剂储罐的加料	7.3.1 燃气加臭装置手动调整加注量的操作步骤与安全注意事项 7.3.2 燃气加臭控制系统工艺参数类别和指标 7.3.3 加臭系统运行故障及应对措施
	7.4 人工燃气计量	7.4.1 能监测流量计运行参数，识别异常情况 7.4.2 能排查流量计量系统报警信号，进行常规处理 7.4.3 能使用工具设施更换、安装流量计装置	7.4.1 流量计量系统数据读取操作步骤与方法 7.4.2 流量计量系统常见异常情况的类型、系统报警发生的原因与影响 7.4.3 常用流量计的构造和安装注意事项
	7.5 人工燃气外输	7.5.1 能完成离心压缩机开停机作业，实现外输送气、停气 7.5.2 能调整供气流量和压力，稳定供气工况 7.5.3 能完成人工燃气外输设施的排水、排污、清堵作业 7.5.4 能监测人工燃气外输设施运行参数，识别异常情况	7.5.1 离心压缩机操作方法和注意事项，人工燃气外输作业步骤、作业环境、作业要求和安全注意事项 7.5.2 供气流量、压力调节的步骤与方法 7.5.3 人工燃气外输设施排水、排污、清堵作业步骤与注意事项 7.5.4 人工燃气外输设施运行参数的识别方法、常见异常情况的类型及处理要求
8. 燃气场站共有设备运行维护	8.1 燃气场站储罐运行维护	8.1.1 能完成燃气场站低温储气设施的日常维护保养 8.1.2 能完成储罐区动静密封点的检查 8.1.3 能完成低温储罐真空度检测 8.1.4 能观测储罐基础、支柱（座）和外观，识别异常状态 8.1.5 能操作工艺设施和阀门，完成储罐增压、泄压、排污作业	8.1.1 低温储罐及附属设施日常维护的项目与要求 8.1.2 储罐区常规动静密封点的类型、构造与检查方法 8.1.3 低温储罐的结构、真空度检测方法与要求 8.1.4 储罐基础稳固性的检测方法与要求 8.1.5 储罐、附件及工艺管线维护保养方法和安全防范事项

续表

职业功能	工作内容	技能要求	相关知识要求
8. 燃气场站共有设备运行维护	8.2 燃气场站过滤器运行维护	8.2.1 能检查多滤芯过滤器的工况，完成排污作业 8.2.2 能清洗、更换多滤芯过滤器的滤芯	8.2.1 多滤芯过滤器的检查内容和排污作业的步骤 8.2.2 清洗和更换多滤芯过滤器滤芯的操作步骤、方法以及安全注意事项
	8.3 燃气场站调压装置运行维护	8.3.1 能完成燃气场站调压装置中修作业前的检查和准备 8.3.2 能完成调压装置中修作业 8.3.3 能检测燃气场站调压装置性能，检查压力设定值 8.3.4 能测试监控调压器，判别超压切断功能	8.3.1 燃气场站调压装置中修作业内容、项目及维修方法 8.3.2 燃气场站调压装置超压切断阀的性能、切断压力设定值的检查步骤及安全要求 8.3.3 燃气场站放散阀设定压力检查步骤与安全要求 8.3.4 燃气场站调压器出口压力和关闭压力检查步骤与安全要求
	8.4 燃气场站加臭设备运行维护	8.4.1 能完成燃气加臭装置和管道系统的日常保养，识别异常情况 8.4.2 能检查燃气加臭装置的工作状态，清洗或更换单向阀、过滤器 8.4.3 能检查加臭泵运行状态，复核加注量，切换主副工作泵	8.4.1 燃气加臭装置保养的项目与要求 8.4.2 燃气加臭装置管路上单向阀和过滤器的类型、作用与维修要求及方法 8.4.3 燃气加臭装置复核加注量的操作步骤与安全要求
	8.5 燃气阀门运行维护	8.5.1 能完成燃气阀门的中修作业 8.5.2 能完成有限空间内的阀门维修作业 8.5.3 能完成阀门的严密性和强度检验 8.5.4 能完成场站电动阀门现场手动和远程复位	8.5.1 常用燃气阀门中修保养项目、内容与技术要求 8.5.2 有限空间内的阀门维修作业规程与安全防范事项 8.5.3 阀门的严密性和强度检验要求及操作要领 8.5.4 电动阀门现场手动和远程复位操作要领

续表

职业功能	工作内容	技能要求	相关知识要求
9. 燃气场站专用设备运行维护	9.1 烃泵运行维护	9.1.1 能执行烃泵的中修作业 9.1.2 能完成烃泵的安装、调试及更换 9.1.3 能识别烃泵常见故障，更换易损件和受损附件	9.1.1 低温烃泵的结构、功能和维护保养方法 9.1.2 烃泵的中修作业内容、方法与要求 9.1.3 烃泵安装、调试、更换方法及安全要求 9.1.4 烃泵常见故障类型与烃泵易损件和受损附件的更换方法
	9.2 燃气压缩机运行维护	9.2.1 能使用工具设施拆解、清洁和组装活塞式燃气压缩机 9.2.2 能使用工具设施安装、调试、更换活塞式燃气压缩机 9.2.3 能监测活塞式燃气压缩机的工况，调整运行参数 9.2.4 能识别活塞式燃气压缩机常见故障，更换易损件和受损附件	9.2.1 活塞式燃气压缩机的类型、结构、功能以及维护保养方法 9.2.2 活塞式燃气压缩机安装、调试、更换方法及安全要求 9.2.3 活塞式燃气压缩机工艺参数及其调整方法 9.2.4 活塞式燃气压缩机常见故障类型与易损件和受损附件的更换方法
	9.3 燃气装卸机和装卸柱运行维护	9.3.1 能执行燃气装卸机和装卸柱的中修作业 9.3.2 能使用工具设施安装装卸机和装卸柱 9.3.3 能监测装卸机和装卸柱的工况，调整运行参数 9.3.4 能识别装卸机和装卸柱常见故障，更换易损件和受损附件	9.3.1 燃气装卸机和装卸柱的类型、结构、功能，以及中修作业内容、方法与要求 9.3.2 燃气装卸机和装卸柱安装、调试、更换方法及安全要求 9.3.3 燃气装卸机和装卸柱工艺参数及其调整方法 9.3.4 燃气装卸机和装卸柱常见故障类型与易损件和受损附件的更换方法
	9.4 燃气工艺顺序控制器运行维护	9.4.1 能完成燃气工艺顺序控制器的安装、调试和零部件更换 9.4.2 能监测燃气工艺顺序控制器的工况，维护器件功能 9.4.3 能识别燃气工艺顺序控制器常见故障，更换易损件和受损附件	9.4.1 燃气工艺顺序控制器安装、调试、零部件更换方法及安全要求 9.4.2 燃气工艺顺序控制器的工艺参数 9.4.3 燃气工艺顺序控制器常见故障类型与易损件和受损附件的更换方法

续表

职业功能	工作内容	技能要求	相关知识要求
9. 燃气场站专用设备运行维护	9.5 燃气气化设备运行维护	9.5.1 能执行燃气水浴式气化器及附属设施的中修作业 9.5.2 能完成燃气水浴式气化设备的安装、调试和零部件更换 9.5.3 能监测燃气水浴式气化器的工况，调整运行参数 9.5.4 能完成燃气气化系统的排污作业 9.5.5 能识别燃气水浴式气化器常见故障，更换易损件和受损附件	9.5.1 燃气水浴式气化器的类型、结构、功能，以及中修作业内容、方法与要求 9.5.2 燃气水浴式气化器安装、调试、零部件更换方法及安全要求 9.5.3 燃气水浴式气化器工艺参数及其调整方法 9.5.4 燃气气化系统排污作业方法 9.5.5 燃气水浴式气化器常见故障类型与易损件和受损附件的更换方法
	9.6 燃气混气设备运行维护	9.6.1 能执行燃气混气设备的中修作业 9.6.2 能使用工具设施安装、清洁、调试、更换燃气混气设备 9.6.3 能监测燃气混气设备的工况，调整压力、流量参数 9.6.4 能完成燃气混气系统的排污作业 9.6.5 能识别燃气混气设备常见故障，更换易损件和受损附件	9.6.1 燃气混气设备的类型、结构、功能，以及中修作业内容、方法与要求 9.6.2 燃气混气设备安装、清洁、调试、更换方法及安全要求 9.6.3 燃气混气设备工艺参数及其调整方法 9.6.4 燃气混气系统排污作业方法 9.6.5 燃气混气设备常见故障类型与易损件和受损附件的更换方法
10. 燃气场站安全设施运行维护	10.1 燃气辅热系统运行维护	10.1.1 能完成燃料热水炉运行操作 10.1.2 能完成燃料热水炉维护保养 10.1.3 能完成热水供应系统检查与维护 10.1.4 能完成燃料供应系统检查与维护	10.1.1 燃料热水炉的类型、结构、原理与用途 10.1.2 燃料热水炉维护保养项目与方法 10.1.3 热水供应系统检查与维护作业项目和方法 10.1.4 燃料供应系统检查与维护作业项目和方法

续表

职业功能	工作内容	技能要求	相关知识要求
10. 燃气场站安全设施运行维护	10.2 燃气场站泄漏监控系统运行维护	10.2.1 能排查泄漏报警信号，处理异常情况 10.2.2 能检测燃气泄漏报警系统的工况，更换易损件 10.2.3 能监测联锁切断装置的工况，实施维护保养 10.2.4 能识别切断装置的常见故障，实施分类处置	10.2.1 燃气泄漏报警系统的报警分级处理方法和注意事项 10.2.2 燃气场站泄漏报警装置维护保养项目与要求 10.2.3 燃气场站联锁切断装置维护保养项目与要求 10.2.4 燃气泄漏报警系统监控与联锁逻辑原理 10.2.5 紧急切断阀定期维护保养项目与要求
	10.3 燃气场站放散设施运行维护	10.3.1 能操作手动放散装置，完成中压、低压调压站燃气紧急放散 10.3.2 能监测燃气放散过程，识别、处理异常情况 10.3.3 能完成放散设施维护	10.3.1 燃气场站工艺设施超压放散的项目与安全要求 10.3.2 燃气场站紧急事件的分类及安全放散的项目与要求 10.3.3 燃气场站放散设施维护项目和要求
11. 燃气场站泄漏事件现场处置	11.1 燃气场站燃气泄漏事件现场处置	11.1.1 能判断燃气泄漏位置和影响范围，操作阀门隔离泄漏管段 11.1.2 能使用应急抢修工具和配品备件停输封堵、修补低压燃气泄漏点	11.1.1 燃气泄漏风险因素和管控措施 11.1.2 燃气场站燃气泄漏应急抢修工具与配品备件的使用方法 11.1.3 燃气场站燃气泄漏应急抢修的作业规定与要求
	11.2 燃气场站加臭剂泄漏事件现场处置	11.2.1 能识别加臭剂泄漏状况，切换加臭机组 11.2.2 能使用应急抢修工具和配品备件封堵、修补加臭剂泄漏点	11.2.1 燃气场站加臭机结构和工作原理 11.2.2 加臭剂泄漏发生的可能原因和泄漏量的判断方法 11.2.3 燃气场站加臭剂泄漏现场处置方法

续表

职业功能	工作内容	技能要求	相关知识要求
12.燃气输配管网巡查、巡检	12.1 燃气输配管网巡查	12.1.1 能识别管道沿线的高风险区 12.1.2 能识别燃气管道工程施工危及管线安全的因素 12.1.3 能识别其他建设工程施工危及管线安全的因素 12.1.4 能识别燃气管道设施保护范围内危及燃气管道安全的行为 12.1.5 能提出燃气管道设施保护范围内其他建设项目施工现场的保护意见	12.1.1 管道沿线的高风险区识别方法 12.1.2 燃气管道施工及建设工程施工危及管线安全的因素 12.1.3 燃气管道设施保护范围内危及管道安全的行为识别方法 12.1.4 燃气管道设施保护范围内其他建设项目施工现场的保护意见提出流程
	12.2 燃气输配管网设施巡检	12.2.1 能操作巡检车对燃气输配管网设施实施巡检 12.2.2 能操作电动绝缘凿孔设备开凿燃气泄漏检测孔 12.2.3 能操作燃气泄漏检测仪执行管道泄漏点检测作业	12.2.1 操作巡检车对燃气输配管网设施实施巡检的程序 12.2.2 电动绝缘凿孔设备的结构和操作方法 12.2.3 燃气泄漏检测仪的结构及操作程序
13.燃气输配管网设施维护	13.1 燃气管网检测	13.1.1 能监测清管作业参数，识别清管作业异常情况 13.1.2 能操作检测仪表，测试管道阴极保护装置的运行参数	13.1.1 清管作业参数和清管作业常见故障及应对措施 13.1.2 万用表使用方法，便携式参比电极结构、维护和校准方法 13.1.3 管道阴极保护装置运行参数测量方法
	13.2 钢质燃气管道防腐层修复	13.2.1 能操作管道防腐层检测仪识别地下管道腐蚀破损点 13.2.2 能使用自然电位分析法辨识管道腐蚀情况 13.2.3 能用各种防腐材料对钢质燃气管道进行防腐施工	13.2.1 管道防腐层检测仪的结构及操作程序 13.2.2 管道自然电位测试及数据分析方法 13.2.3 石油沥青防腐层、环氧煤沥青防腐层、煤焦油瓷漆防腐层、聚乙烯防腐层等防腐施工相关知识

续表

职业功能	工作内容	技能要求	相关知识要求
13. 燃气输配管网设施维护	13.3 燃气管网调压设备维护保养	13.3.1 能执行燃气管网调压设备的调压、切断操作 13.3.2 能执行高压、中压燃气调压设施的皮膜更换作业 13.3.3 能执行燃气管网高压、中压调压设施的放散作业	13.3.1 燃气管网调压设备的调压和切断操作步骤 13.3.2 高压、中压燃气调压设施皮膜更换的作业步骤与注意事项 13.3.3 燃气管网高压、中压调压设施放散的操作步骤与注意事项
	13.4 燃气管网地下设施维护保养	13.4.1 能使用设备工具处理阀室（井）的非常态状况 13.4.2 能完成燃气阀室（井）阀门、燃气管道补偿器的更换 13.4.3 能完成集水器的维护保养 13.4.4 能完成燃气地下阀门放散和保养作业	13.4.1 使用设备工具处理阀室（井）非常态状况的方法 13.4.2 燃气阀室（井）阀门和燃气管道补偿器的更换作业步骤 13.4.3 集水器的维护保养方法 13.4.4 燃气地下阀门放散和保养作业程序
14. 燃气输配管网抢修	14.1 燃气管网抢修前期处置和作业监护	14.1.1 能启动移动式发电机，提供燃气管网抢修现场电力 14.1.2 能关闭燃气管网阀门，隔断抢修管道 14.1.3 能操作现场放散设施，释放抢修管段燃气 14.1.4 能维护抢修现场的警戒监护安全设施，维持抢修现场秩序	14.1.1 燃气管网抢修发电机操作规程 14.1.2 燃气管网抢修前期的关阀和放散作业程序 14.1.3 燃气管网抢修现场警戒监护设施监控要求
	14.2 钢质燃气管道抢修施工作业	14.2.1 能操作钢质燃气管道专用机具完成停输燃气管道机械堵漏、粘接堵漏、缠绕堵漏 14.2.2 能操作机具完成钢质燃气管道事故管段的更换作业 14.2.3 能执行钢质管道带压开孔、带压封堵及临时旁路管线连接作业 14.2.4 能拆除抢修临时设施，恢复管道运行状态	14.2.1 钢质燃气管道专用机具操作规程，停输燃气管道机械堵漏、粘接堵漏、缠绕堵漏作业程序 14.2.2 钢质燃气管道抢修施工中的更换管道作业程序 14.2.3 钢质管道带压开孔、带压封堵和临时旁路管线连接操作程序 14.2.4 管段处理和恢复、拆除封堵和临时旁路作业规程与安全防范事项

续表

职业功能	工作内容	技能要求	相关知识要求
14. 燃气输配管网抢修	14.3 聚乙烯（PE）燃气管道抢修施工作业	14.3.1 能采用燃气专用机具完成聚乙烯（PE）燃气管道泄漏点鞍形管件焊接 14.3.2 能操作专用机具完成聚乙烯（PE）燃气管道事故管段的更换作业 14.3.3 能使用聚乙烯（PE）管不停输设备执行聚乙烯（PE）燃气管道带压开孔、带压封堵、临时旁路管线连接作业 14.3.4 能拆除抢修临时设施，恢复管道运行状态	14.3.1 采用燃气专用机具完成聚乙烯（PE）燃气管道泄漏点鞍形管件焊接的方法 14.3.2 聚乙烯（PE）燃气管道抢修施工中的更换管道作业程序 14.3.3 聚乙烯（PE）管不停输设备操作程序，带压开孔、带压封堵和临时旁路管线连接操作程序 14.3.4 聚乙烯（PE）燃气管道带气接驳管段处理和恢复、拆除封堵和临时旁路作业规程与安全防范事项
	14.4 应急气源供气与停气	14.4.1 能监控现场应急供气压力以及供气设备的安全，协调临时气源供应及运输事项 14.4.2 能落实居民小区、商业和公共服务用户的应急供气时间和供气总量，执行安全措施	14.4.1 现场应急供气安全监控程序，临时气源供应及运输组织方案 14.4.2 居民小区、商业和公共服务用户的应急供气时间和供气总量估算方法
15. 用户燃气设施通气点火	15.1 用户燃气设施使用条件判别	15.1.1 能检查商业和公共服务用户燃气燃烧器具安全设施及其标识，判别适用性 15.1.2 能检查、记录商业和公共服务用户燃气设施、泄漏报警设施、给排气设施等与周边各类设施的间距，判别合格性	15.1.1 商业和公共服务用户燃气燃烧器具类型和安全管理规定 15.1.2 商业和公共服务用户各类燃气管道设施与周边各类设施的间距规定要求 15.1.3 商业和公共服务用户燃气设施安装质量技术标准的相关要求
	15.2 用户燃气设施通气点火	15.2.1 能辨识商业和公共服务用户燃气设施置换作业环境，完成置换作业 15.2.2 能调节商业和公共服务用户燃气燃烧器具 15.2.3 能指导商业和公共服务用户使用燃气燃烧器具及燃气表	15.2.1 商业和公共服务用户燃气设施的置换作业流程和技术标准 15.2.2 商业和公共服务用户燃气设施静态压力和动态压力范围 15.2.3 商业和公共服务用户燃气燃烧器具调试方法、燃气表的识读和使用方法

续表

职业功能	工作内容	技能要求	相关知识要求
16. 用户燃气设施安全检查与隐患整改	16.1 用户燃气设施安全检查	16.1.1 能辨识商业和公共服务用户燃气设施和燃气燃烧器具的安全用气条件 16.1.2 能检查商业和公共服务用户燃气设施和燃气燃烧器具的使用状况 16.1.3 能使用发泡剂或检漏仪检查商业和公共服务用户燃气设施和燃气燃烧器具，发现泄漏点 16.1.4 能填写商业和公共服务用户入户安全检查记录表，指导商业与公共服务用户操作人员安全用气和节约用气	16.1.1 商业和公共服务用户用气场所安全用气条件 16.1.2 商业和公共服务用户燃气设施和燃气燃烧器具安全检查制度及流程 16.1.3 商业和公共服务用户燃气设施和燃气燃烧器具检漏方法 16.1.4 用户管理合同识读要点 16.1.5 商业和公共服务用户入户安全检查记录表填写方法和指导用户安全用气的要点
	16.2 用户燃气设施隐患整改	16.2.1 能识别商业和公共服务用户燃气设施安全隐患和故障原因 16.2.2 能使用专用堵漏管件和材料进行堵漏作业 16.2.3 能使用工具更换燃气设施（调压器、表具、报警器等）	16.2.1 商业和公共服务用户燃气设施安全隐患分类分级，燃气系统常见漏气原因 16.2.2 使用专用堵漏管件和材料堵漏的操作程序和维修方法 16.2.3 燃气设施（调压器、表具、报警器等）更换方法
17. 用户燃气设施维修	17.1 燃气用户用气方案调整	17.1.1 能依据现场设施实际和复核尺寸制定商业和公共服务用户燃气设施维修方案 17.1.2 能核定维修用管材、管件 17.1.3 能针对商业和公共服务用户燃气设施拆改需求提出用气方案调整建议	17.1.1 商业和公共服务用户燃气设施竣工图识读要点和识读方法 17.1.2 商业和公共服务用户燃气设施维修方案编制内容和方法 17.1.3 商业和公共服务用户用气方案调整方法和要点
	17.2 用户燃气设施拆改	17.2.1 能操作专用工具完成燃气用不锈钢管卡压、环压连接作业 17.2.2 能操作专用工具连接不锈钢波纹管 17.2.3 能使用工具和材料完成钢质管道的现场防腐 17.2.4 能使用器具仪表完成管道吹扫、严密性试验	17.2.1 燃气用不锈钢管、不锈钢波纹管安装要点和安全注意事项 17.2.2 燃气用不锈钢管和不锈钢波纹管专用工具操作步骤 17.2.3 管道防腐操作程序和方法 17.2.4 管道吹扫和严密性试验程序和技术要点

续表

职业功能	工作内容	技能要求	相关知识要求
17.用户燃气设施维修	17.3 用户燃气设施连接	17.3.1 能拆装、连接商业和公共服务用户燃气设施 17.3.2 能连接商业和公共服务用户燃气计量表	17.3.1 商业和公共服务用户燃气设施的结构、拆装规定和方法 17.3.2 商业和公共服务用户燃气设施计量表安装程序和规定

3.3 三级/高级工

职业功能	工作内容	技能要求	相关知识要求
1.燃气输配设施通气投产	1.1 燃气输配设施压力测试	1.1.1 能监测燃气输配设施压力测试过程中的压力变化，判断异常情况 1.1.2 能判定测试过程中的泄漏点，使用专用工器具和物料快速堵漏 1.1.3 能分析压力数据和测试工作记录，提出压力测试的改进意见	1.1.1 燃气输配设施压力测试原理和测试设备、测试仪器的结构与性能 1.1.2 燃气输配设施压力测试异常情况的处理方法
	1.2 燃气输配设施置换通气	1.2.1 能组织燃气输配设施置换通气和区域放散作业，处理突发问题 1.2.2 能分析作业过程记录，提出置换通气作业方法和作业程序的改进意见 1.2.3 能分析燃气放散作业方法和作业程序，提出优化建议	1.2.1 燃气输配设施置换通气过程中突发问题与现场处理方法 1.2.2 燃气放散过程中突发问题与现场处理方法 1.2.3 燃气放散作业方法、程序要求和分析方法
	1.3 燃气输配管道探测定位	1.3.1 能组织管道探测定位作业，处理突发问题 1.3.2 能使用管道探测仪器探测埋地燃气管道，现场分析、处理管道的定位问题 1.3.3 能分析管道探测定位的作业记录，提出探测定位作业的优化意见	1.3.1 管道探测仪器的结构与工作原理 1.3.2 管道测量仪器的结构与工作原理 1.3.3 埋地燃气管道探测定位的疑难问题与现场解决方法

续表

职业功能	工作内容	技能要求	相关知识要求
2. 燃气场站巡回检查	2.1 燃气场站工艺巡检	2.1.1 能分析燃气场站工艺参数和工艺状况，现场处理流量、压力的突发问题 2.1.2 能分析燃气场站工艺巡检和参数记录，提出巡检项目、巡检点、巡检时间、巡检方法的优化意见	2.1.1 燃气场站运行状况影响因素分析与问题判断的方法 2.1.2 生产工艺现场问题与信息数据的搜集、整理方法
	2.2 燃气场站设备巡检	2.2.1 能分析燃气场站设备参数和运行状况，现场处理设备的突发问题和故障 2.2.2 能分析燃气场站设备巡检和参数记录，提出巡检项目、巡检点、巡检时间、巡检方法的优化意见 2.2.3 能分析燃气场站巡检记录和设备运行记录，提出设备升级改造的建议	2.2.1 燃气场站设备综合检查与评价的技术与方法 2.2.2 燃气场站设备运行故障和突发问题处理方法 2.2.3 燃气场站巡检项目、路径、方法优化和设备升级的建议提出方法
3. 天然气储配操作	3.1 天然气过滤净化	3.1.1 能分析过滤净化装置运行参数，现场处理过滤过程中的问题 3.1.2 能判断过滤净化装置故障，现场处理设备和工艺疑难问题	3.1.1 过滤净化装置启停操作过程中发生的问题与现场处理方法 3.1.2 过滤净化装置常见故障及现场处理设备、工艺疑难问题处理措施
	3.2 天然气压力调节	3.2.1 能完成天然气高压、次高压并联调压装置及附属设施的切换供气作业 3.2.2 能设定天然气高压、次高压并联调压装置主副路压力参数，保证稳定供气 3.2.3 能现场处理天然气高压、次高压并联调压装置调节失灵的突发问题	3.2.1 天然气高压、次高压并联调压装置的类型、结构与操作方法 3.2.2 天然气高压、次高压并联调压装置主副路压力参数的设定操作步骤与注意事项 3.2.3 天然气高压、次高压并联调压装置作业过程中的突发问题与处理方法

续表

职业功能	工作内容	技能要求	相关知识要求
3. 天然气储配操作	3.3 天然气加臭	3.3.1 能调节加臭装置的运行参数，稳定加臭量 3.3.2 能分析加臭系统运行记录，改进加臭工艺 3.3.3 能现场处理加臭装置的突发问题	3.3.1 加臭装置运行参数识读与加臭工艺操作步骤和安全注意事项 3.3.2 加臭装置运行常见故障类型与处理方法 3.3.3 加臭装置操作过程中突发问题的处理方法
	3.4 天然气计量	3.4.1 能分析流量计运行记录，提出计量工艺的改进建议 3.4.2 能现场处理计量装置的突发问题	3.4.1 流量计量系统运行常见故障类型与处理方法 3.4.2 流量计量系统操作过程中突发问题的处理方法
	3.5 天然气外输	3.5.1 能现场组织天然气外输作业，处理作业过程中的突发问题 3.5.2 能分析天然气外输工艺设施运行和故障处理记录，提出工艺改进建议	3.5.1 现场作业的组织方法与要点，外输作业过程中突发问题的处理方法 3.5.2 天然气外输工艺流程和工艺改进建议提出要点
4. 液化天然气储配操作	4.1 液化天然气装卸	4.1.1 能组织液化天然气装卸作业，处理作业过程中的突发问题 4.1.2 能分析液化天然气装卸工艺设施运行和故障处理记录，提出工艺改进建议 4.1.3 能判别装卸工艺设备故障，组织故障排除	4.1.1 液化天然气装卸作业过程中突发问题的处理方法 4.1.2 液化天然气装卸系统压力表、液位计、放散阀、液下泵、紧急切断阀等设备的结构与性能 4.1.3 液化天然气装卸系统和烃泵常见故障与现场处理方法
	4.2 液化天然气储存	4.2.1 能排查液化天然气储存区域的报警信号，完成报警装置现场处理 4.2.2 能操控分布式控制、紧急停机、火灾报警和气体检测系统，处理突发问题 4.2.3 能操控设备，处理蒸发气（BOG）、放散气（EAG）	4.2.1 液化天然气储存区域报警问题的排查及处理方法，控制切断方式、类型和原理 4.2.2 液化天然气储罐进出液过程关键控制环节、突发问题及其现场处理方法 4.2.3 分布式控制、紧急停机、火灾报警和气体检测系统关键控制环节、突发问题及其现场处理方法 4.2.4 蒸发气（BOG）、放散气（EAG）的处理方法、操作步骤和安全注意事项

续表

职业功能	工作内容	技能要求	相关知识要求
4.液化天然气储配操作	4.3 液化天然气气瓶充装	4.3.1 能监测液化天然气气瓶充装设备运行状况，现场处理突发问题和设备故障 4.3.2 能分析充装和设备运行记录，提出工艺改进建议	4.3.1 液化天然气气瓶充装设备的结构与工作原理 4.3.2 液化天然气气瓶充装设备运行故障类型与现场处理方法 4.3.3 液化天然气气瓶充装操作过程中的突发问题与现场解决方法
	4.4 液化天然气气化	4.4.1 能判断液化天然气气化装置的故障，处理突发问题 4.4.2 能分析液化天然气气化效率等参数和设备运行记录，提出气化工艺改进建议	4.4.1 液化天然气气化装置的结构、性能与工作原理 4.4.2 液化天然气气化站、瓶组气化站工艺流程，气化系统运行中的突发问题和现场处理方法
5.压缩天然气储配操作	5.1 压缩天然气装卸	5.1.1 能组织压缩天然气装卸作业，处理作业过程中的突发问题 5.1.2 能判别装卸工艺设备故障，组织故障排除 5.1.3 能分析压缩天然气装卸工艺设施运行和故障处理记录，提出工艺改进建议	5.1.1 压缩天然气装卸过程关键控制环节、控制参数、突发问题及其现场应急处理方法 5.1.2 压缩天然气装卸工艺设施运行常见问题及处理方法 5.1.3 压缩天然气装卸工艺改进建议提出要点
	5.2 天然气压缩与储存	5.2.1 能排查压缩天然气储存区域的报警信号，完成报警装置现场处理 5.2.2 能操控分布式控制、紧急停机、火灾报警和气体检测系统，处理突发问题 5.2.3 能操控脱水、脱硫、压缩、储存、放散等设备，判断并现场处理异常情况和设备故障	5.2.1 压缩天然气储存区域报警问题的排查及处理方法 5.2.2 分布式控制、紧急停机、火灾报警和气体检测系统操作方法与使用条件 5.2.3 天然气脱水、脱硫、压缩、储存、放散等设备的操作方法、常见故障及其处理方法

续表

职业功能	工作内容	技能要求	相关知识要求
5.压缩天然气储配操作	5.3 液化天然气转换压缩天然气操作	5.3.1 能判断液化天然气转换压缩天然气系统和设备的故障,处理突发问题 5.3.2 能分析转换效率等参数和设备运行记录,提出转换工艺改进建议 5.3.3 能操作低温泵、高压气化器等设备,判别、处理疑难问题	5.3.1 液化天然气转换压缩天然气作业过程关键控制环节、控制参数、突发问题及其现场处理方法 5.3.2 液化天然气转换压缩天然气转换效率计算方法 5.3.3 低温泵、高压气化器等设备操作方法、常见故障及其处理方法
6.液化石油气储配操作	6.1 液化石油气装卸	6.1.1 能组织液化石油气装卸作业,处理作业过程中的突发问题或紧急情况 6.1.2 能分析液化石油气装卸工艺设施运行和故障处理记录,提出工艺改进建议 6.1.3 能判别装卸工艺设备故障,组织故障排除	6.1.1 液化石油气烃泵与压缩机联合装卸工艺流程与作业方法 6.1.2 液化石油气装卸系统的压力表、液位计、放散阀、手动油泵、紧急切断阀、接管的结构与性能 6.1.3 液化石油气装卸系统和压缩机、烃泵常见故障及其现场处理方法
	6.2 液化石油气储存	6.2.1 能排查液化石油气储存区域的报警信号,完成报警装置现场处理 6.2.2 能操控分布式控制、紧急停机、火灾报警和气体检测系统,处理突发问题 6.2.3 能使用压缩机与烃泵联合作业工艺完成储罐间的倒罐 6.2.4 能分析储罐储存过程中的异常问题,快速判断和现场处理异常情况	6.2.1 液化石油气储罐进出液过程关键控制环节和突发问题及其现场处理方法 6.2.2 液化石油气储罐排污作业要求、排污过程突发问题及其现场处理方法 6.2.3 液化石油气储罐最大允许充装量的计算方法和储存量的确定方法 6.2.4 液化石油气储罐储存异常问题和现场处理方法
	6.3 液化石油气气瓶充装	6.3.1 能监测液化石油气气瓶充装设备运行状况,现场处理突发问题和设备故障 6.3.2 能分析充装和设备运行记录,提出工艺改进建议	6.3.1 液化石油气气瓶充装设备的结构与工作原理 6.3.2 液化石油气气瓶充装设备运行故障类型与现场处理方法 6.3.3 液化石油气气瓶充装操作过程中的突发问题与现场处理方法

续表

职业功能	工作内容	技能要求	相关知识要求
6. 液化石油气储配操作	6.4 液化石油气气化与混气	6.4.1 能分析混气系统和设备的风险因素，判断故障，处理突发问题 6.4.2 能分析液化石油气气化效率等参数和设备运行记录，提出气化工艺改进建议 6.4.3 能分析混气系统运行状况，调整混气参数	6.4.1 液化石油气气化器、混气装置的结构、性能与工作原理 6.4.2 液化石油气气化站、瓶组气化站工艺流程，气化系统运行常见故障类型与处理方法 6.4.3 液化石油气混气工艺流程，混气系统运行故障类型与处理方法
	6.5 液化石油气瓶残液回收	6.5.1 能分析残液回收系统和设备的风险因素，判断故障，处理突发问题 6.5.2 能完成残液回收，处理回收过程中的突发和疑难问题 6.5.3 能分析残液回收系统的运行情况，提出改进建议	6.5.1 液化石油气瓶残液回收装置的结构、性能与工作原理 6.5.2 液化石油气残液罐安全运行要求 6.5.3 液化石油气残液罐、气瓶残液回收装置运行故障类型与处理方法
7. 人工燃气储配操作	7.1 人工燃气过滤净化	7.1.1 能完成脱水剂更换和脱水剂再生操作 7.1.2 能分析过滤净化运行参数，现场处理过滤过程中的问题 7.1.3 能判断过滤器故障，现场处理设备和工艺疑难问题	7.1.1 脱水剂再生装置操作方法和注意事项 7.1.2 过滤净化装置启停操作过程中发生的问题与处理方法 7.1.3 过滤器故障及设备、工艺疑难问题现场处理措施
	7.2 人工燃气压力调节	7.2.1 能完成人工燃气高压、次高压并联调压装置及附属设施的切换供气作业 7.2.2 能设定人工燃气高压、次高压并联调压装置主副路压力参数，保证稳定供气 7.2.3 能现场处理人工燃气高压、次高压并联调压装置调节失灵的突发问题	7.2.1 人工燃气高压、次高压并联调压装置的类型、结构与操作方法 7.2.2 人工燃气高压、次高压并联调压装置主副路压力参数的设定操作步骤和安全注意事项 7.2.3 人工燃气高压、次高压并联调压装置作业过程中的突发问题与处理方法

续表

职业功能	工作内容	技能要求	相关知识要求
7. 人工燃气储配操作	7.3 人工燃气加臭	7.3.1 能调节加臭装置的运行参数，稳定加臭量 7.3.2 能分析加臭系统运行记录，改进加臭工艺 7.3.3 能现场处理加臭装置的突发问题	7.3.1 加臭装置运行参数识读与加臭工艺操作步骤和安全注意事项 7.3.2 加臭装置运行常见故障类型与处理方法 7.3.3 加臭装置操作过程中突发问题的处理方法
	7.4 人工燃气计量	7.4.1 能分析流量计运行记录，提出计量工艺的改进建议 7.4.2 能现场处理计量装置的突发问题	7.4.1 流量计量系统运行常见故障类型与处理方法 7.4.2 流量计量系统操作过程中突发问题的处理方法
	7.5 人工燃气外输	7.5.1 能现场组织人工燃气外输作业，处理作业过程中的突发问题 7.5.2 能分析人工燃气外输工艺设施运行和故障处理记录，提出工艺改进建议	7.5.1 现场作业的组织方法与要点，外输作业过程中突发问题的处理方法 7.5.2 人工燃气外输工艺流程和工艺改进建议提出要点
8. 燃气场站共有设备运行维护	8.1 燃气场站储罐运行维护	8.1.1 能组织储罐及工艺系统的维护保养作业，现场处理维护保养中的突发问题和设施设备的故障 8.1.2 能分析储罐和附属设施运行参数，提出工艺改进建议 8.1.3 能分析储罐基础、支柱（座）和外观检测、检查记录，提出罐区构筑物的完善、修复方案	8.1.1 常温储罐、附件及工艺管线维护保养规程和常见问题类型与现场处理方法 8.1.2 燃气场站储罐运行维护作业记录表的编制方法与改进措施 8.1.3 燃气场站储罐基础、支柱（座）和外观检测、检查记录方法及罐区构筑物的完善、修复方法
	8.2 燃气场站过滤器运行维护	8.2.1 能组织过滤器的维护保养作业，现场处理维护保养中的突发问题和设施设备的故障 8.2.2 能分析过滤系统运行参数，提出工艺改进建议	8.2.1 燃气过滤器的类型、结构、原理和作用，以及维护保养规程和常见问题类型与现场处理方法 8.2.2 燃气过滤系统工艺优化升级的技术动态

续表

职业功能	工作内容	技能要求	相关知识要求
8. 燃气场站共有设备运行维护	8.3 燃气场站调压装置运行维护	8.3.1 能组织完成燃气场站调压装置大修作业 8.3.2 能处理调压装置运行中的突发问题 8.3.3 能组织调压系统的维护保养作业，现场处理维护保养中的突发问题和设施设备的故障 8.3.4 能分析调压系统运行参数，提出工艺改进建议	8.3.1 燃气场站调压装置大修作业内容、项目及维修方法 8.3.2 燃气场站调压装置附属设备大修作业内容及维修方法 8.3.3 燃气场站调压装置运行压力检查操作步骤与安全要求 8.3.4 燃气场站调压系统工艺优化升级的技术动态
	8.4 燃气场站加臭设备运行维护	8.4.1 能组织完成燃气加臭装置大修作业 8.4.2 能处理燃气加臭装置运行中的突发问题 8.4.3 能组织燃气加臭系统的维护保养作业，现场处理维护保养中的突发问题和设施设备的故障	8.4.1 燃气加臭装置大修作业要求及故障维修方法 8.4.2 燃气加臭装置运行突发问题处理方法 8.4.3 燃气加臭装置维护保养规程及可能发生的问题类型与现场处理方法
	8.5 燃气阀门运行维护	8.5.1 能组织阀门大修作业，处理大修作业中的技术问题 8.5.2 能分析阀门系统运行的工况记录和故障记录，提出阀门运行的优化建议 8.5.3 能处理场站运行中阀门的突发故障，保障工艺系统稳定运行	8.5.1 阀门的类型、结构、原理，以及大修作业要求、方法与安全注意事项 8.5.2 阀门运行维护作业记录表的编制方法与改进措施 8.5.3 燃气电动阀门的维修作业现场疑难问题与现场解决方法
9. 燃气场站专用设备运行维护	9.1 烃泵运行维护	9.1.1 能组织完成烃泵大修作业 9.1.2 能处理烃泵装置和加压转换系统运行中的突发问题 9.1.3 能组织烃泵装置和加压转换系统的维护保养作业，现场处理维护保养中的突发问题和设施设备的故障 9.1.4 能分析烃泵装置和加压转换系统运行记录，判别后续影响，提出工艺优化措施	9.1.1 烃泵大修作业要求及疑难故障维修方法 9.1.2 烃泵装置和加压转换系统运行中常见故障的原因分析、判断方法与现场处理要求 9.1.3 烃泵装置和加压转换系统维护保养作业步骤和安全规程 9.1.4 烃泵运行状况影响因素分析、故障系统性分析方法及处理措施

续表

职业功能	工作内容	技能要求	相关知识要求
9. 燃气场站专用设备运行维护	9.2 燃气压缩机运行维护	9.2.1 能组织完成燃气压缩机大修作业 9.2.2 能处理燃气压缩机运行中的突发问题和设备故障 9.2.3 能组织燃气压缩机的维护保养作业，现场处理维护保养中的突发问题和设施设备的故障 9.2.4 能分析燃气压缩机运行记录，判别后续影响，提出工艺优化措施	9.2.1 燃气压缩机大修作业要求及疑难故障维修方法 9.2.2 燃气压缩机运行中常见故障的原因分析、判断方法与现场处理要求 9.2.3 燃气压缩机维护保养作业步骤和安全规程 9.2.4 燃气压缩机运行状况影响因素分析、故障系统性分析方法及处理措施
	9.3 燃气装卸机和装卸柱运行维护	9.3.1 能组织完成燃气装卸机和装卸柱大修作业，处理疑难故障 9.3.2 能处理燃气装卸机和装卸柱运行中的突发问题和设备故障 9.3.3 能组织燃气装卸机和装卸柱的维护保养作业，现场处理维护保养中的突发问题和设施设备的故障 9.3.4 能分析燃气装卸机和装卸柱的运行记录和故障处置记录，判别前序工艺影响，提出处理措施	9.3.1 燃气装卸机和装卸柱大修作业要求及疑难故障维修方法 9.3.2 燃气装卸机和装卸柱运行中的常见故障和突发问题现场处理要求和方法 9.3.3 燃气装卸机和装卸柱维护保养作业步骤和安全规程 9.3.4 燃气装卸机和装卸柱运行状况影响因素分析、故障系统性分析方法及处理措施
	9.4 燃气工艺顺序控制器运行维护	9.4.1 能组织完成燃气工艺顺序控制器大修作业，处理疑难故障 9.4.2 能监测燃气工艺顺序控制器的运行参数，分析上下游系统的运行状况，处理突发问题和设备故障 9.4.3 能分析燃气工艺顺序控制器运行记录和故障处置记录，提出工艺优化措施	9.4.1 燃气工艺顺序控制器大修作业要求及疑难故障维修方法 9.4.2 燃气工艺顺序控制器运行中常见故障和现场处理要求 9.4.3 燃气工艺顺序控制器运行状况影响因素分析、故障系统性分析方法及处理措施

续表

职业功能	工作内容	技能要求	相关知识要求
9. 燃气场站专用设备运行维护	9.5 燃气气化设备运行维护	9.5.1 能组织完成燃气气化设备大修作业 9.5.2 能处理燃气气化系统和设备运行中的突发问题 9.5.3 能组织燃气气化系统的维护保养作业，现场处理维护保养中的突发问题和设施设备的故障 9.5.4 能分析燃气气化系统的气化效率和运行记录，提出工艺优化措施	9.5.1 燃气气化设备大修作业要求及疑难故障维修方法 9.5.2 燃气气化设备运行中常见故障的原因分析、判断方法与现场处理要求 9.5.3 燃气气化设备维护保养作业步骤和安全规程 9.5.4 燃气气化设备运行状况影响因素分析、故障系统性分析方法及处理措施
	9.6 燃气混气设备运行维护	9.6.1 能组织完成燃气混气设备大修作业 9.6.2 能处理燃气混气系统和设备运行中的突发问题 9.6.3 能组织燃气混气系统的维护保养作业，现场处理维护保养中的突发问题和设施设备的故障 9.6.4 能分析燃气混气系统的运行记录和设备故障处置记录，提出工艺优化措施	9.6.1 燃气混气设备大修作业要求及疑难故障维修方法 9.6.2 燃气混气系统和设备运行中的常见故障和突发问题现场处理方法 9.6.3 燃气混气系统的维护保养作业步骤和安全规程 9.6.4 燃气混气设备运行状况影响因素分析、故障系统性分析方法及处理措施
10. 燃气场站安全设施运行维护	10.1 燃气辅热系统运行维护	10.1.1 能组织燃气辅热系统和辅热设备的维护保养作业，现场处理维护保养中的突发问题和设备故障 10.1.2 能完成燃气辅热装置大修作业 10.1.3 能分析辅热系统运行工况和设备状况，提出辅热工艺优化措施	10.1.1 热水炉的结构、原理及安全注意事项 10.1.2 热水炉常见事故辨别方法、设备设施运行状况影响因素和问题判断的方法 10.1.3 辅热系统工艺优化升级方法和优化升级技术动态

续表

职业功能	工作内容	技能要求	相关知识要求
10. 燃气场站安全设施运行维护	10.2 燃气场站泄漏监控系统运行维护	10.2.1 能完成场站绝缘接头的性能检测，提出绝缘接头的完善、更新建议 10.2.2 能组织燃气场站泄漏报警控制系统的维护保养，处理维护保养中的突发问题和设备故障 10.2.3 能组织完成紧急切断联锁装置大修作业 10.2.4 能分析泄漏监控系统运行工况和设备状况，提出工艺和设备的改进措施	10.2.1 场站绝缘接头的结构、原理、检测方法与安全注意事项 10.2.2 燃气报警装置的拆装、维护作业要求及注意事项 10.2.3 紧急切断阀大修作业项目及安全要求 10.2.4 泄漏监控系统优化升级方法和优化升级技术动态
	10.3 燃气放散设施运行维护	10.3.1 能操控手动放散装置完成燃气场站紧急燃气放散 10.3.2 能组织场站的置换放散作业，现场处理作业过程中的突发问题和设备故障	10.3.1 燃气放散设施运行维护作业要求及注意事项 10.3.2 燃气放散设施拆装、维护项目与安全注意事项
11. 燃气场站泄漏事件现场处置	11.1 燃气场站燃气泄漏现场处置	11.1.1 能评估燃气场站燃气泄漏安全风险，提出防控措施 11.1.2 能使用专用工器具和物料完成泄漏点的快速堵漏处理 11.1.3 能组织实施燃气场站燃气泄漏现场应急处置方案，处理过程中的突发问题	11.1.1 燃气场站燃气泄漏现场应急抢修过程存在的风险与控制方法 11.1.2 燃气场站不同燃气泄漏部位的堵漏作业要领 11.1.3 燃气场站燃气泄漏现场应急处置方案、突发问题的类型和现场处理措施
	11.2 燃气场站加臭剂泄漏现场处置	11.2.1 能评估燃气场站加臭剂泄漏风险，提出防控措施 11.2.2 能使用专用工器具和物料完成泄漏点的快速堵漏处理 11.2.3 能组织实施燃气场站加臭剂泄漏现场应急处置方案，处理过程中的突发问题	11.2.1 燃气场站加臭剂泄漏的原因与风险 11.2.2 加臭设备加臭剂泄漏的处理方法 11.2.3 燃气场站加臭剂泄漏现场应急处置方案、突发问题和现场处理措施

续表

职业功能	工作内容	技能要求	相关知识要求
12. 燃气输配管网巡查、巡检	12.1 燃气输配管网巡查	12.1.1 能识别管道高风险区的风险因素，提出风险防控措施 12.1.2 能分析管网巡查过程中异常情况发生原因，提出解决方案 12.1.3 能搜集管网沿线其他建设工程施工监护现场问题，提出燃气管道保护建议 12.1.4 能使用无人巡查设备巡查管网	12.1.1 管道高风险区的风险因素识别与风险防控措施提出方法 12.1.2 管网巡查过程中异常情况发生的原因，解决方案制定方法 12.1.3 管网巡查现场问题与信息数据的搜集整理方法，燃气管道保护建议提出程序 12.1.4 无人巡查设备使用方法
	12.2 燃气输配管网设施巡检	12.2.1 能操作机动车巡检设备检测燃气管网，做出管网状态的综合分析 12.2.2 能运用巡检结果提出管网运行维护的改进建议	12.2.1 管网状态的综合分析方法 12.2.2 运用巡检结果提出管网运行维护改进建议的方法
13. 燃气输配管网设施维护	13.1 燃气管网的检测	13.1.1 能操作声波、红外、激光检测设备等进行检测，确定管网位置和泄漏点 13.1.2 能利用监测数据现场处理复杂问题和紧急情况	13.1.1 声波、红外、激光检测设备等的使用方法，管网位置和泄漏点定位方法 13.1.2 利用监测数据现场处理复杂问题和紧急情况的方法
	13.2 钢质燃气管道防腐层修复	13.2.1 能选择防腐层修复方案，组织钢质燃气管道腐蚀修复 13.2.2 能选择防腐层修复工艺和方法，现场处理防腐层修复作业问题 13.2.3 能分析防腐层修复作业记录，提出完善修复工艺方法的建议	13.2.1 钢质燃气管道防腐层修复方法、常见问题的判断和方法 13.2.2 防腐工艺、防腐方法和防腐层修复作业问题处理方法 13.2.3 防腐层修复作业记录分析方法，完善修复工艺方法建议提出程序
	13.3 燃气管网调压设备维护保养	13.3.1 能执行高压、次高压燃气调压设施的维护保养 13.3.2 能分析判断燃气管网调压设备故障，现场处理疑难问题	13.3.1 高压、次高压燃气调压设施的维护保养方法 13.3.2 燃气管网调压设备故障判断及处理方法

续表

职业功能	工作内容	技能要求	相关知识要求
13.燃气输配管网设施维护	13.4 燃气管网地下设施维护保养	13.4.1 能监测地下管网维护保养作业过程，提出复杂问题和紧急情况的现场处理方法 13.4.2 能组织区域管网放散作业，实施管网地下设施的维护保养作业	13.4.1 地下管网维护保养作业过程监测方法，复杂问题和紧急情况的现场处理方法提出程序 13.4.2 区域管网放散作业组织程序，管网地下设施的维护保养作业方法
14.燃气输配管网抢修	14.1 燃气管网抢修前期处置和作业监护	14.1.1 能组织实施燃气管网抢修前期处置工作，现场处理突发问题 14.1.2 能组织燃气管网抢修区域阀门关闭作业，防止次生事件发生 14.1.3 能提出抢修作业监护方案	14.1.1 燃气管网抢修前期处置工作组织实施方法和现场突发问题处理程序 14.1.2 燃气管网抢修区域阀门关闭作业程序 14.1.3 抢修作业监护方案制定方法
	14.2 钢质燃气管道抢修施工作业	14.2.1 能监控钢质燃气管道堵漏修补作业，防止生产事故 14.2.2 能分析钢质燃气管道堵漏修补作业的历史记录，提出抢修施工作业改进建议 14.2.3 能组织钢质燃气管道不停输抢修施工，保证持续供气	14.2.1 钢质燃气管道堵漏修补作业监控方法 14.2.2 钢质燃气管道堵漏修补作业的历史记录分析方法，钢质燃气管道抢修施工作业改进建议提出方法 14.2.3 钢质燃气管道不停输抢修施工组织方法
	14.3 聚乙烯（PE）燃气管道抢修施工作业	14.3.1 能监控聚乙烯（PE）燃气管道堵漏修补作业，防止生产事故 14.3.2 能分析聚乙烯（PE）燃气管道堵漏修补作业的历史记录，提出抢修施工作业改进建议 14.3.3 能完成聚乙烯（PE）燃气管道不停输抢修施工，保证持续供气	14.3.1 聚乙烯（PE）燃气管道堵漏修补作业监控方法 14.3.2 聚乙烯（PE）燃气管道堵漏修补作业的历史记录分析方法，抢修施工作业改进建议提出方法 14.3.3 聚乙烯（PE）燃气管道不停输抢修施工程序

续表

职业功能	工作内容	技能要求	相关知识要求
14.燃气输配管网抢修	14.4 应急气源供气与停气	14.4.1 能组织应急气源的供气与停气，处理现场突发问题 14.4.2 能采取措施组织城市综合体建筑燃气用户的应急供气，保证安全	14.4.1 应急气源的供气与停气组织方法，现场突发问题处理方法 14.4.2 城市综合体建筑燃气用户的应急供气组织方法
15.用户燃气设施通气点火	15.1 用户燃气设施使用条件判别	15.1.1 能分析工业用户燃气设施使用环境，判别安全用气条件 15.1.2 能检查工业用户燃气设施及泄漏报警、强排风等设施与周边各类设施的间距，判别合格性 15.1.3 能辨识维修、整改后燃气使用环境的风险因素，提出安全防护建议	15.1.1 工业用户燃气设施安全管理规定 15.1.2 工业用户燃气设施及泄漏报警、强排风等设施与周边各类设施的间距规定要求 15.1.3 工业用户燃气使用环境风险因素种类和安全防护要点
	15.2 用户燃气设施通气点火	15.2.1 能组织工业用户燃气置换、通气点火作业，处理作业过程中的突发和疑难问题 15.2.2 能调试或组织调试工业用户燃气设施压力，保证燃气燃烧器具点火正常 15.2.3 能分析点火后工业燃烧器具或燃烧设备的燃烧工况，提出优化措施	15.2.1 工业用户燃气设施的置换和通气点火作业组织方法，突发和疑难问题处理方法 15.2.2 工业用户燃气设施压力调试方法，燃气燃烧器具燃烧状况调试方法 15.2.3 工业燃烧器具或燃烧设备燃烧工况优化方法
16.用户燃气设施安全检查与隐患整改	16.1 用户燃气设施安全检查	16.1.1 能组织工业用户燃气设施的安全检查 16.1.2 能分析工业用户燃气安全检查工作记录，提出安全检查项目、方法、程序的改进意见 16.1.3 能提出工业用户安全用气的宣传方案	16.1.1 工业用户燃气设施安全检查管理制度和组织方法 16.1.2 燃气设施安全检查项目、方法、程序改进方法和内容 16.1.3 工业用户安全用气宣传管理规定与宣传方案主要内容
	16.2 用户燃气设施隐患整改	16.2.1 能组织实施工业用户燃气设施的隐患整改 16.2.2 能分析隐患整改工作记录，提出隐患整改项目、方法、程序的改进意见 16.2.3 能实施工业用户燃气计量、调压设备的整体拆装及备件更换作业	16.2.1 工业用户燃气设施隐患整改管理制度和规定 16.2.2 工业用户燃气设施隐患整改项目、方法和程序改进意见提出要点 16.2.3 工业用户燃气计量、调压设备整体更换作业方案

续表

职业功能	工作内容	技能要求	相关知识要求
17. 用户燃气设施维修	17.1 燃气用户用气方案调整	17.1.1 能根据现场和用户需求，调整工业用户供气方案 17.1.2 能核定工业用户燃气设施拆改工作量和拆改用管材、管件及设备设施	17.1.1 工业用户供气方案调整规定和要点 17.1.2 工业用户燃气设施维修图识读要点和维修工作量计算方法
	17.2 用户燃气设施拆改	17.2.1 能组织工业用户燃气设施拆改作业，处理作业过程中的突发问题和疑难问题 17.2.2 能进行工业用户燃气设施的整体拆改 17.2.3 能分析拆改现场作业的过程和作业环境，提出拆改作业方案改进建议	17.2.1 工业用户燃气设施拆改管理规定和组织方法，突发问题和疑难问题处理措施 17.2.2 工业用户燃气设施整体拆改内容和技术要求 17.2.3 工业用户燃气设施拆改作业方案改进方法和内容
	17.3 用户燃气设施连接	17.3.1 能组织工业用户燃气设施连接作业，处理作业过程中的突发问题和疑难问题 17.3.2 能使用工器具完成工业用户燃气设施的整体连接 17.3.3 能分析、归纳工业用户燃气设施连接现场作业过程中的问题，提出改进建议	17.3.1 工业用户燃气设施连接作业现场处理方法，突发问题应急预案和疑难问题处理措施 17.3.2 工业用户燃气设施整体连接作业步骤和安全事项 17.3.3 作业程序改进方法和内容
18. 培训指导	18.1 培训指导设计	18.1.1 能运用现场工作经验对本职业五级/初级工、四级/中级工的培训内容和教学方案提出改进意见 18.1.2 能制作本职业五级/初级工、四级/中级工技能培训的实操训练教具	18.1.1 技能培训的实操训练要点 18.1.2 知识培训的教学要点 18.1.3 本职业实操训练教具的制作方法
	18.2 培训指导实施	18.2.1 能通过在生产现场的示范、讲解与陪练向本职业五级/初级工、四级/中级工传授技能 18.2.2 能通过在生产现场的讲解向本职业五级/初级工、四级/中级工传授知识	18.2.1 职业技能现场训练方法 18.2.2 职业知识现场教学方法

3.4 二级/技师

职业功能	工作内容	技能要求	相关知识要求
1. 燃气输配设施通气投产	1.1 燃气输配设施压力测试	1.1.1 能现场组织燃气输配设施压力测试作业，分析、判断失压原因，解决复杂的失压问题 1.1.2 能编制燃气输配设施压力测试作业指导书	1.1.1 燃气输配设施压力测试作业的现场组织方法与要点 1.1.2 燃气输配设施压力测试作业指导书的编制方法
	1.2 燃气输配设施置换通气	1.2.1 能现场组织区域性燃气输配设施置换通气作业和燃气放散作业，处理复杂问题和紧急情况 1.2.2 能编制燃气输配设施置换通气和燃气放散的作业指导书	1.2.1 燃气输配设施置换通气作业、燃气放散作业的现场组织方法，现场问题类型及处理方法 1.2.2 燃气输配设施置换通气、燃气放散作业指导书的编制方法
	1.3 燃气输配管道探测定位	1.3.1 能现场组织燃气输配管道探测定位作业，评估、确认作业结果 1.3.2 能编制燃气输配管道探测定位作业指导书	1.3.1 燃气输配管道探测定位的现场组织方法与要点 1.3.2 燃气输配管道探测定位作业指导书的编制方法
2. 燃气场站巡回检查	2.1 燃气场站工艺巡检	2.1.1 能评估燃气场站工艺的运行风险因素和巡检实施效果，提出燃气场站工艺运行风险控制措施 2.1.2 能编制燃气场站工艺运行状况巡检作业指导书	2.1.1 燃气场站工艺巡检工作的检查与评价方法 2.1.2 燃气场站工艺运行状况巡检作业指导书的编制方法
	2.2 燃气场站设备巡检	2.2.1 能评估燃气场站设备的风险因素和巡检实施效果，提出场站设备风险控制措施和设备大修计划 2.2.2 能编制燃气场站设备巡检作业指导书	2.2.1 燃气场站设备巡检工作的检查与评价方法 2.2.2 燃气场站设备巡检作业指导书的编制方法
3. 天然气储配操作	3.1 天然气过滤净化	3.1.1 能评估天然气过滤净化系统净化效果，提出风险控制措施和改进建议 3.1.2 能编制天然气过滤净化作业指导书	3.1.1 天然气过滤净化系统净化效果评估方法或要点，风险控制措施和改进建议的提出要点 3.1.2 天然气过滤净化作业指导书的编制方法

续表

职业功能	工作内容	技能要求	相关知识要求
3. 天然气储配操作	3.2 天然气压力调节	3.2.1 能评估天然气压力调节系统的风险因素和调压效果，提出风险控制措施和改进建议 3.2.2 能组织天然气场站设施系统的压力调节作业，处理复杂问题和紧急情况 3.2.3 能编制天然气压力调节作业指导书	3.2.1 天然气压力调节系统的风险因素和调压效果评估要点，改进建议提出方法 3.2.2 天然气场站设施系统的压力调节作业方法，现场复杂问题和紧急情况处理方法 3.2.3 天然气压力调节作业指导书的编制方法
	3.3 天然气加臭	3.3.1 能评估天然气加臭系统的风险因素和加臭效果，提出风险控制措施和加臭效果改进建议 3.3.2 能组织天然气场站设施系统的加臭作业，处理复杂问题和紧急情况 3.3.3 能编制加臭装置加注作业指导书 3.3.4 能编制加臭剂储罐加料作业指导书	3.3.1 天然气加臭系统的风险因素和加臭效果评估要点，加臭效果改进建议提出要点 3.3.2 场站设施系统的加臭作业方法，现场复杂问题和紧急情况处理方法 3.3.3 加臭装置加注、加臭剂储罐加料作业指导书的编制方法
	3.4 天然气计量	3.4.1 能评估天然气计量系统的风险因素和计量效果，提出风险控制措施和计量效果改进建议 3.4.2 能组织天然气场站设施系统的计量作业，处理复杂问题和紧急情况 3.4.3 能编制现场计量作业指导书 3.4.4 能分析天然气的计量作业、计量系统数据及参数记录，提出改进计量工作的措施	3.4.1 天然气计量系统计量效果的评估要点，风险控制措施的提出方法和计量效果改进建议的提出要点 3.4.2 天然气计量作业的现场组织方法和要点 3.4.3 天然气现场计量作业指导书的编制方法 3.4.4 天然气计量作业现场复杂问题类型及处理方法
	3.5 天然气外输	3.5.1 能组织天然气外输系统的试运行，处理外输系统试运行过程中的突发问题和疑难问题 3.5.2 能评估天然气外输系统的风险因素和外输效果，提出改善外输能力的建议 3.5.3 能编制天然气外输作业指导书	3.5.1 天然气外输系统试运行的组织方法、试运行过程中突发问题类型及处置方法 3.5.2 天然气外输系统的风险因素和外输效果评估方法，外输能力改善建议的提出要点 3.5.3 天然气外输作业指导书的编制方法

续表

职业功能	工作内容	技能要求	相关知识要求
4. 液化天然气储配操作	4.1 液化天然气装卸	4.1.1 能组织液化天然气装卸系统的试运行，处理装卸系统试运行过程中的突发问题和疑难问题 4.1.2 能评估液化天然气装卸系统的风险因素和装卸效果，提出风险控制措施和设备维修计划 4.1.3 能编制液化天然气装卸作业指导书	4.1.1 液化天然气装卸过程中的工艺异常情况及处理方法 4.1.2 液化天然气装卸作业风险分析方法与防控措施 4.1.3 液化天然气装卸作业指导书的编制方法及要求
	4.2 液化天然气储存	4.2.1 能组织液化天然气储存系统的试运行，处理储存系统试运行过程中的突发问题和疑难问题 4.2.2 能评估液化天然气储存系统的风险因素和储存效果，提出风险控制措施和设备维修计划 4.2.3 能编制液化天然气储存作业指导书 4.2.4 能分析液化天然气储存作业运行记录和参数记录，提出改进意见	4.2.1 液化天然气储存过程中的工艺异常状况及处理方法 4.2.2 液化天然气储存作业风险分析方法与防控措施 4.2.3 液化天然气储存作业指导书的编制方法及要求 4.2.4 液化天然气储存作业记录表的编制方法与改进措施
	4.3 液化天然气气瓶充装	4.3.1 能组织液化天然气气瓶充装系统的试运行，处理充装系统试运行过程中的突发问题和疑难问题 4.3.2 能评估液化天然气气瓶充装系统的风险因素和充装效果，提出风险控制措施和设备维修更新计划 4.3.3 能编制液化天然气气瓶充装作业指导书	4.3.1 液化天然气气瓶充装过程中突发问题和疑难问题的处理方法 4.3.2 液化天然气气瓶充装作业风险分析方法与防控措施 4.3.3 液化天然气气瓶充装作业指导书的编制方法及要求
	4.4 液化天然气气化	4.4.1 能全面监测气化运行参数，对运行参数的异常情况做出快速判断和现场处理 4.4.2 能编制液化天然气气化作业指导书 4.4.3 能根据应急预案和现场处置方案组织相关人员对现场突发事件进行快速处置 4.4.4 能对液下泵、气化器和消防设施的运行状况进行监测，分析并组织排除常见故障 4.4.5 能对现用气化系统提出优化建议	4.4.1 液化天然气气化工艺方法、工艺参数选定原则 4.4.2 液化天然气气化作业指导书的编制方法及要求 4.4.3 液化天然气气化作业应急预案和现场处置方案的编制方法及要求 4.4.4 液下泵、气化器和消防设施常见故障处置方案的编制方法及要求 4.4.5 液化天然气气化作业风险分析方法与防控措施

续表

职业功能	工作内容	技能要求	相关知识要求
5. 压缩天然气储配操作	5.1 压缩天然气装卸	5.1.1 能编制压缩天然气装卸作业指导书 5.1.2 能组织压缩天然气现场装卸作业，处理作业过程中的复杂问题 5.1.3 能分析、预判压缩天然气装卸作业风险，采取防控措施	5.1.1 压缩天然气装卸作业指导书的编制方法及要求 5.1.2 压缩天然气装卸作业现场组织方法、现场问题类型及处理方法 5.1.3 压缩天然气装卸作业风险分析方法与防控措施
	5.2 天然气压缩与储存	5.2.1 能编制天然气压缩与储存作业指导书 5.2.2 能组织天然气压缩与储存现场作业，处理作业过程中的复杂问题 5.2.3 能分析、评估天然气压缩与储存作业风险，采取防控措施 5.2.4 能分析天然气压缩与储存作业运行记录和参数记录，提出改进意见	5.2.1 天然气压缩与储存作业指导书的编制方法及要求 5.2.2 天然气压缩与储存作业现场组织方法、现场问题类型及处理方法 5.2.3 天然气压缩与储存作业风险分析方法与防控措施 5.2.4 天然气压缩与储存作业记录表的编制方法和改进措施
	5.3 液化天然气转换压缩天然气操作	5.3.1 能编制液化天然气转换压缩天然气作业指导书 5.3.2 能组织液化天然气转换压缩天然气现场作业，处理作业过程中的复杂问题 5.3.3 能分析、评估液化天然气转换压缩天然气作业风险，采取防控措施 5.3.4 能分析液化天然气转换压缩天然气作业运行记录和参数记录，提出改进意见	5.3.1 液化天然气转换压缩天然气作业指导书的编制方法及要求 5.3.2 液化天然气转换压缩天然气作业现场组织方法、现场问题类型及处理方法 5.3.3 液化天然气转换压缩天然气作业风险分析方法与防控措施 5.3.4 液化天然气转换压缩天然气作业记录表的编制方法和改进措施

续表

职业功能	工作内容	技能要求	相关知识要求
6. 液化石油气储配操作	6.1 液化石油气的装卸	6.1.1 能编制液化石油气槽罐装卸作业指导书 6.1.2 能组织液化石油气槽罐现场装卸作业并处理现场装卸作业过程中的复杂问题 6.1.3 能分析、评估槽罐装卸作业风险，并实施防控	6.1.1 液化石油气槽罐装卸作业指导书的编制方法及要求 6.1.2 液化石油气槽罐装卸作业现场组织方法、现场问题类型及处理方法 6.1.3 液化石油气槽罐装卸作业风险分析方法与防控措施
	6.2 液化石油气储存	6.2.1 能在现场组织液化石油气储罐进出液和排污作业 6.2.2 能编制储罐进出液和排污作业指导书 6.2.3 能解决储罐进出液和排污作业现场的复杂问题 6.2.4 能分析、评估储罐进出液和排污作业风险，并实施防控	6.2.1 液化石油气储罐进出液工艺方法、工艺参数选定原则 6.2.2 液化石油气储罐进出液和排污作业指导书的编制方法及要求 6.2.3 液化石油气储罐进出液和排污作业现场问题类型及处理方法 6.2.4 液化石油气储罐进出液和排污作业风险分析方法与防控措施
	6.3 液化石油气气瓶充装	6.3.1 能编制液化石油气气瓶充装作业指导书 6.3.2 能在现场组织液化石油气气瓶充装作业 6.3.3 能解决液化石油气气瓶充装作业现场的复杂问题 6.3.4 能分析、评估液化石油气气瓶充装作业风险，并实施防控	6.3.1 液化石油气气瓶充装作业指导书的编制方法及要求 6.3.2 液化石油气气瓶充装工艺方法、工艺参数选定原则 6.3.3 液化石油气气瓶充装作业现场问题类型及处理方法 6.3.4 液化石油气气瓶充装作业风险分析方法与防控措施
	6.4 液化石油气气化与混气	6.4.1 能编制液化石油气气化与混气作业指导书 6.4.2 能现场组织液化石油气气化与混气作业 6.4.3 能解决液化石油气气化与混气作业现场的复杂问题 6.4.4 能分析、评估液化石油气气化与混气作业风险，并实施防控	6.4.1 液化石油气气化与混气作业指导书的编制方法及要求 6.4.2 液化石油气气化与混气工艺方法、工艺参数选定原则 6.4.3 液化石油气气化与混气作业现场问题类型及处理方法 6.4.4 液化石油气气化与混气作业风险分析方法与防控措施

续表

职业功能	工作内容	技能要求	相关知识要求
6.液化石油气储配操作	6.5 液化石油气气瓶残液回收	6.5.1 能编制液化石油气气瓶残液回收作业指导书 6.5.2 能现场组织液化石油气气瓶残液回收作业 6.5.3 能解决液化石油气气瓶残液回收作业现场的复杂问题 6.5.4 能分析、评估液化石油气气瓶残液回收作业风险，并实施防控	6.5.1 液化石油气气瓶残液回收作业指导书的编制方法及要求 6.5.2 液化石油气气瓶残液回收工艺方法和工艺参数选定原则 6.5.3 液化石油气气瓶残液回收作业现场问题类型及处理方法 6.5.4 液化石油气气瓶残液回收作业风险分析方法与防控措施
7.人工燃气储配操作	7.1 人工燃气过滤净化	7.1.1 能评估人工燃气过滤净化系统的风险因素和净化效果，提出过滤净化的改进建议 7.1.2 能编制过滤净化作业指导书	7.1.1 人工燃气脱硫、脱水及脱杂质等过滤净化作业的现场组织方法与要点 7.1.2 人工燃气过滤净化作业指导书的编制方法
	7.2 人工燃气压力调节	7.2.1 能评估人工燃气压力调节系统的风险因素和调压效果，提出风险控制措施和压力调节的改进建议 7.2.2 能组织人工燃气场站设施系统的压力调节作业，处理复杂问题和紧急情况 7.2.3 能编制人工燃气压力调节作业指导书	7.2.1 压力调节系统调压效果的评估方法，压力调节改进建议提出要点 7.2.2 人工燃气场站设施系统的压力调节作业方法，现场复杂问题和紧急情况处理方法 7.2.3 人工燃气压力调节作业指导书的编制方法
	7.3 人工燃气加臭	7.3.1 能评估人工燃气加臭系统的风险因素和加臭效果，提出风险控制措施和提升加臭效果的改进建议 7.3.2 能组织人工燃气场站设施系统的加臭作业，处理复杂问题和紧急情况 7.3.3 能编制加臭装置加注、加臭剂储罐加料作业指导书	7.3.1 加臭系统加臭效果的评估方法，加臭系统改进建议提出要点 7.3.2 人工燃气场站设施系统的加臭作业方法，现场复杂问题和紧急情况处理方法 7.3.3 加臭装置加注、加臭剂储罐加料作业指导书的编制方法

续表

职业功能	工作内容	技能要求	相关知识要求
7. 人工燃气储配操作	7.4 人工燃气计量	7.4.1 能评估人工燃气计量系统的风险因素和计量装置运行状态，提出风险控制措施 7.4.2 能编制现场计量作业指导书 7.4.3 能分析人工燃气的计量作业、计量系统数据及参数记录，提出改进计量工作的措施	7.4.1 人工燃气计量系统风险因素和计量装置运行状态的评估方法，风险防控措施提出方法 7.4.2 人工燃气计量装置常规操作的作业指导书的编制方法 7.4.3 人工燃气计量作业现场复杂问题类型及处理方法
	7.5 人工燃气外输	7.5.1 能组织人工燃气外输系统的试运行，处理外输系统试运行过程中的突发问题和疑难问题 7.5.2 能评估人工燃气外输系统的风险因素和外输工作状态，提出风险控制措施和提升外输能力的改进建议 7.5.3 能编制人工燃气外输作业指导书 7.5.4 能分析人工燃气外输作业运行记录和参数记录，提出改进意见	7.5.1 人工燃气外输作业的现场组织方法、现场问题类型及处理方法 7.5.2 人工燃气外输系统工作状态评估方法，风险防控措施和外输能力改进建议的提出要点 7.5.3 人工燃气外输作业指导书的编制方法 7.5.4 人工燃气外输作业记录表的编制方法与改进措施
8. 燃气场站共有设备运行维护	8.1 燃气场站储罐运行维护	8.1.1 能组织燃气场站储罐的试运行，处理储罐试运行过程中的突发问题和疑难问题 8.1.2 能评估燃气场站储罐运行维护的风险因素和维修效果，提出风险控制措施和设备维修计划 8.1.3 能编制燃气场站储罐运行维护作业指导书 8.1.4 能分析燃气场站储罐运行维护作业运行记录和参数记录，提出改进意见	8.1.1 燃气场站储罐运行维护作业的现场组织方法、现场问题类型及处理方法 8.1.2 燃气场站储罐运行维护效果评估方法，设备维修计划的提出要点 8.1.3 燃气场站储罐运行维护作业指导书的编制方法 8.1.4 燃气场站储罐运行维护作业记录表的编制方法与改进措施

续表

职业功能	工作内容	技能要求	相关知识要求
8. 燃气场站共有设备运行维护	8.2 燃气场站过滤器运行维护	8.2.1 能组织燃气场站过滤净化装置的试运行，处理过滤净化装置试运行过程中的突发问题和疑难问题 8.2.2 能评估燃气场站过滤净化装置运行维护效果，提出设备维修计划 8.2.3 能编制燃气场站过滤净化系统运行维护作业指导书 8.2.4 能分析燃气场站过滤器运行维护作业运行记录和参数记录，提出改进意见	8.2.1 燃气场站过滤净化装置运行维护作业的现场组织方法、现场问题类型及处理方法 8.2.2 燃气场站过滤净化装置运行维护效果评估方法，设备维修计划的提出要点 8.2.3 燃气场站过滤净化系统运行维护作业指导书的编制方法 8.2.4 燃气场站过滤器运行维护作业记录表的编制方法与改进措施
	8.3 燃气场站调压装置运行维护	8.3.1 能组织燃气场站调压装置的试运行，处理调压装置试运行过程中的突发问题和疑难问题 8.3.2 能评估燃气场站调压装置运行维护效果，提出设备维修计划 8.3.3 能编制燃气场站调压装置运行维护作业指导书 8.3.4 能分析燃气场站调压装置运行维护作业运行记录和参数记录，提出改进意见	8.3.1 燃气场站调压装置运行维护作业的现场组织方法、现场问题类型及处理方法 8.3.2 燃气场站调压装置运行维护效果评估方法，设备维修计划的提出要点 8.3.3 燃气场站调压装置运行维护作业指导书的编制方法 8.3.4 燃气场站调压装置运行维护作业记录表的编制方法与改进措施
	8.4 燃气场站加臭设备运行维护	8.4.1 能组织燃气场站加臭装置的试运行，处理加臭装置试运行过程中的突发问题和疑难问题 8.4.2 能评估燃气场站加臭装置运行维护的风险因素和维修效果，提出风险控制措施和设备维修计划 8.4.3 能编制燃气场站加臭装置运行维护作业指导书 8.4.4 能分析燃气场站加臭装置运行维护作业运行记录和参数记录，提出改进意见	8.4.1 燃气场站加臭装置运行维护作业的现场组织方法、现场问题类型及处理方法 8.4.2 燃气场站加臭装置运行和维护效果评估方法，设备维修计划的提出要点 8.4.3 燃气场站加臭装置运行维护作业指导书的编制方法 8.4.4 燃气场站加臭装置运行维护作业记录表的编制方法与改进措施

续表

职业功能	工作内容	技能要求	相关知识要求
8. 燃气场站共有设备运行维护	8.5 阀门的维护保养	8.5.1 能组织阀门的试运行，处理阀门试运行过程中的突发问题和疑难问题 8.5.2 能评估阀门运行维护的风险因素和维修效果，提出风险控制措施和设备维修计划 8.5.3 能编制阀门运行维护作业指导书	8.5.1 阀门运行维护作业的现场组织方法、现场问题类型及处理方法 8.5.2 阀门运行维护风险因素和维修效果的评估方法，提出设备维修计划的要点 8.5.3 阀门运行维护作业指导书的编制方法
9. 燃气场站专用设备运行维护	9.1 烃泵运行维护	9.1.1 能分析烃泵运行的系统风险，编制风险分析报告，提出设备维修计划 9.1.2 能编制烃泵运行维护作业指导书	9.1.1 烃泵运行和现场维护保养作业风险评估方法及防控要求，设备维修计划提出要点 9.1.2 烃泵运行维护作业指导书的编制方法
	9.2 燃气压缩机运行维护	9.2.1 能分析燃气压缩机运行的系统风险，编制风险分析报告，提出设备维修计划 9.2.2 能编制燃气压缩机运行维护作业指导书	9.2.1 燃气压缩机现场维护保养作业风险评估方法及防控要求，设备维修计划提出要点 9.2.2 燃气压缩机运行维护作业指导书的编制方法
	9.3 燃气装卸机和装卸柱运行维护	9.3.1 能分析燃气装卸机和装卸柱运行的系统风险，编制风险分析报告，提出设备维修计划 9.3.2 能编制燃气装卸机和装卸柱运行维护作业指导书	9.3.1 燃气装卸机和装卸柱现场维护保养作业风险评估方法及防控要求，设备维修计划提出要点 9.3.2 燃气装卸机和装卸柱运行维护作业指导书的编制方法
	9.4 燃气工艺顺序控制器运行维护	9.4.1 能分析燃气工艺顺序控制器运行的系统风险，编制风险分析报告，提出设备维修计划 9.4.2 能编制燃气工艺顺序控制器运行维护作业指导书	9.4.1 燃气工艺顺序控制器现场维护保养作业风险评估方法及防控要求，设备维修计划提出要点 9.4.2 燃气工艺顺序控制器运行维护作业指导书的编制方法
	9.5 燃气气化设备运行维护	9.5.1 能分析燃气气化设备运行的系统风险，编制风险分析报告，提出设备维修计划 9.5.2 能编制燃气气化设备运行维护作业指导书	9.5.1 燃气气化设备现场维护保养作业风险评估方法及防控要求，设备维修计划提出要点 9.5.2 燃气气化设备运行维护作业指导书的编制方法

续表

职业功能	工作内容	技能要求	相关知识要求
9.燃气场站专用设备运行维护	9.6 燃气混气设备运行维护	9.6.1 能分析燃气混气设备运行的系统风险，编制风险分析报告，提出设备维修计划 9.6.2 能编制燃气混气设备运行维护作业指导书	9.6.1 燃气混气设备现场维护保养作业风险评估方法及防控要求，设备维修计划提出要点 9.6.2 燃气混气设备运行维护作业指导书的编制方法
10.燃气场站安全设施运行维护	10.1 燃气辅热装置运行维护	10.1.1 能组织燃气场站辅热装置的试运行，处理辅热装置试运行过程中的突发问题和疑难问题 10.1.2 能评估燃气场站辅热装置运行维护的风险因素和维修效果，提出风险控制措施和设备维修计划 10.1.3 能编制燃气场站辅热装置运行维护作业指导书 10.1.4 能分析燃气场站辅热装置运行维护作业运行记录和参数记录，提出改进意见	10.1.1 燃气场站辅热装置运行维护作业的现场组织方法、现场问题类型及处理方法 10.1.2 燃气场站辅热装置运行维护作业风险评估方法及防控要求，设备维修计划提出要点 10.1.3 燃气场站辅热装置运行维护作业指导书的编制方法 10.1.4 燃气场站辅热装置运行维护作业记录表的编制方法与改进措施
	10.2 燃气场站泄漏监控系统运行维护	10.2.1 能组织燃气场站泄漏监控系统的试运行，处理泄漏监控系统试运行过程中的突发问题和疑难问题 10.2.2 能评估燃气场站泄漏监控系统运行维护的风险因素和维修效果，提出风险控制措施和设备维修计划 10.2.3 能编制燃气场站泄漏监控系统与场站绝缘接头运行维护作业指导书 10.2.4 能分析燃气场站泄漏监控系统运行维护作业运行记录和参数记录，提出改进意见	10.2.1 燃气场站泄漏监控系统运行维护作业的现场组织方法、现场问题类型及处理方法 10.2.2 燃气场站泄漏监控系统运行维护作业风险评估方法及防控要求，设备维修计划提出要点 10.2.3 燃气场站泄漏监控系统与场站绝缘接头运行维护作业指导书的编制方法 10.2.4 燃气场站泄漏监控系统运行维护作业记录表的编制方法与改进措施

续表

职业功能	工作内容	技能要求	相关知识要求
10. 燃气场站安全设施运行维护	10.3 燃气场站放散设施运行维护	10.3.1 能组织燃气场站放散设施的试运行，处理放散设施试运行过程中的突发问题和疑难问题 10.3.2 能评估燃气场站放散设施运行维护的风险因素和维修效果，提出风险控制措施和设备维修计划 10.3.3 能编制燃气场站放散设施运行维护作业指导书 10.3.4 能分析燃气场站放散设施运行维护作业运行记录和参数记录，提出改进意见	10.3.1 燃气场站放散设施运行维护作业的现场组织方法、现场问题类型及处理方法 10.3.2 燃气场站放散设施运行维护作业风险评估方法及防控要求，设备维修计划提出要点 10.3.3 燃气场站放散设施运行维护作业指导书的编制方法 10.3.4 燃气场站放散设施运行维护作业记录表的编制方法与改进措施
11. 燃气场站泄漏事件现场处置	11.1 燃气场站燃气泄漏现场处置	11.1.1 能根据燃气泄漏现场情况，在应急预案基础上确定更具体的现场应急抢修方案，主持现场抢修作业 11.1.2 能根据现场情况，及时分析出作业过程中的危害因素，采取安全管控措施	11.1.1 燃气场站燃气泄漏事件应急预案对不同部位、不同程度的泄漏事件的应急处置办法 11.1.2 燃气场站燃气泄漏情况下作业环境、作业过程中的各类危害因素和管控措施
	11.2 燃气场站加臭剂泄漏现场处置	11.2.1 能根据加臭剂泄漏现场情况，迅速确定现场处置方案，主持现场应急作业 11.2.2 能根据现场情况，及时分析、判断作业过程的危害因素，采取安全管控措施	11.2.1 燃气场站加臭剂泄漏事件应急预案对不同程度的泄漏事件的应急处置办法 11.2.2 燃气场站加臭剂泄漏现场应急作业过程中的各类危害因素和管控措施
12. 燃气输配管网巡查、巡检	12.1 燃气输配管网巡查	12.1.1 能检查和评价燃气输配管网巡查实施情况，提出巡查工作改进意见，并编写巡查改进工作方案 12.1.2 能编制燃气输配管网巡查作业指导书	12.1.1 燃气输配管网巡查工作的检查与评价方法，巡查改进工作方案编写要点 12.1.2 燃气输配管网巡查作业指导书的编制方法
	12.2 燃气输配管网设施巡检	12.2.1 能检查和评价燃气输配管网巡检实施情况，提出巡检工作改进意见，并编写巡检改进工作方案 12.2.2 能编制燃气输配管网巡检作业指导书	12.2.1 燃气输配管网巡检工作的检查与评价方法，巡检改进工作方案编写要点 12.2.2 燃气输配管网巡检作业指导书的编制方法

续表

职业功能	工作内容	技能要求	相关知识要求
13. 燃气输配管网设施维护	13.1 燃气管网检测	13.1.1 能检查和评价燃气管网检测实施情况，提出燃气管网检测工作改进意见，并编写燃气管网检测改进工作方案 13.1.2 能编制燃气管网检测作业指导书	13.1.1 燃气管网检测工作的检查与评价方法，燃气管网检测改进工作方案编写要点 13.1.2 燃气管网检测作业指导书的编制方法
	13.2 钢质燃气管道防腐层修复	13.2.1 能检查和评价钢质燃气管道防腐层修复实施情况，提出钢质燃气管道防腐层修复工作改进意见，并编写钢质燃气管道防腐层修复改进工作方案 13.2.2 能编制钢质燃气管道防腐层修复作业指导书	13.2.1 钢质燃气管道防腐层修复工作的检查与评价方法，钢质燃气管道防腐层修复改进工作方案编写要点 13.2.2 钢质燃气管道防腐层修复作业指导书的编制方法
	13.3 燃气管网调压设备维护保养	13.3.1 能现场组织燃气管网调压设备维护保养作业，对复杂问题和紧急情况进行现场处理 13.3.2 能编制燃气管网调压设备维护保养作业指导书	13.3.1 燃气管网调压设备维护保养作业的现场组织方法、现场问题类型及处理方法 13.3.2 燃气管网调压设备维护保养作业指导书的编制方法
	13.4 燃气管网地下设施维护保养	13.4.1 能现场组织燃气管网地下设施的维护保养作业，对复杂问题和紧急情况进行现场处理 13.4.2 能编制燃气管网地下设施维护保养作业指导书	13.4.1 燃气管网地下设施维护保养作业的现场组织方法、现场问题类型及处理方法 13.4.2 燃气管网地下设施维护保养作业指导书的编制方法
14. 燃气输配管网抢修	14.1 燃气管网抢修前期处置和作业监护	14.1.1 能处理燃气管网抢修前期处置和作业监护的复杂问题，并能收集现场资料进行事故调查 14.1.2 能编制燃气管网抢修前期处置和作业监护指导书与作业方案	14.1.1 燃气管网事故的分类、调查程序、致因理论、后果分析，抢修前期处置和作业监护复杂问题处理方法 14.1.2 燃气管网抢修前期处置和作业监护指导书与作业方案编制方法

续表

职业功能	工作内容	技能要求	相关知识要求
14. 燃气输配管网抢修	14.2 钢质燃气管道抢修施工作业	14.2.1 能现场组织钢质燃气管道抢修施工作业，并能收集现场资料进行事故调查 14.2.2 能编制钢质燃气管道抢修施工作业指导书	14.2.1 钢质燃气管道抢修施工作业的现场组织方法，钢质燃气管道抢修施工事故的分类、调查程序、致因理论、分析方法、后果模拟分析 14.2.2 钢质燃气管道抢修施工作业指导书的编制方法
	14.3 聚乙烯（PE）燃气管道抢修施工作业	14.3.1 能现场组织聚乙烯（PE）燃气管道抢修施工作业，并能收集现场资料进行事故调查 14.3.2 能编制聚乙烯（PE）燃气管道抢修施工作业指导书	14.3.1 聚乙烯（PE）燃气管道抢修施工作业分类及现场组织方案 14.3.2 聚乙烯（PE）燃气管道抢修施工作业指导书的编制方法
	14.4 应急气源供气与停气	14.4.1 能现场组织应急气源的供气与停气作业 14.4.2 能编制应急气源的供气与停气作业指导书、临时供气与停气方案，能制定安全预案和应急预案	14.4.1 应急气源供气与停气作业的现场组织方法 14.4.2 应急气源的供气与停气作业指导书、临时供气与停气方案、安全预案和应急预案编制方法
15. 用户燃气设施通气点火	15.1 用户燃气设施使用条件判别	15.1.1 能分析商业综合体和燃气综合使用用户燃气设施安全用气条件，编制通气整改方案 15.1.2 能评估商业综合体和燃气综合使用用户燃气设施通气点火风险因素，提出风险控制措施	15.1.1 商业综合体和燃气综合使用用户燃气设施通气整改方案编制要点 15.1.2 商业综合体和燃气综合使用用户燃气设施通气点火风险因素、预判方法和防控措施
	15.2 用户燃气设施通气点火	15.2.1 能组织商业综合体和燃气综合使用用户燃气设施通气点火调试工作，处理复杂问题和紧急情况 15.2.2 能编制商业综合体和燃气综合使用用户燃气设施通气点火调试作业指导书和应急预案	15.2.1 商业综合体和燃气综合使用用户燃气设施通气点火调试工作管理规定和异常情况处理方法 15.2.2 商业综合体和燃气综合使用用户燃气设施通气点火调试作业指导书和应急预案的编制方法和编制原则

续表

职业功能	工作内容	技能要求	相关知识要求
16. 用户燃气设施安全检查与隐患整改	16.1 用户燃气设施安全检查	16.1.1 能编制商业综合体和燃气综合使用用户安全用气宣传方案 16.1.2 能组织商业综合体和燃气综合使用用户燃气设施安全检查，处理突发问题和疑难问题 16.1.3 能分析商业综合体和燃气综合使用用户燃气设施安全检查记录，提出安全检查流程优化方案	16.1.1 商业综合体和燃气综合使用用户安全用气宣传方案编制内容和方法 16.1.2 商业综合体和燃气综合使用用户燃气设施安全检查突发问题和疑难问题处理措施 16.1.3 商业综合体和燃气综合使用用户燃气设施安全检查记录分析方法，安全检查流程优化措施
	16.2 用户燃气设施隐患整改	16.2.1 能编制商业综合体和燃气综合使用用户燃气设施的隐患整改计划和整改方案 16.2.2 能解决商业综合体和燃气综合使用用户燃气设施系统故障 16.2.3 能编制商业综合体和燃气综合使用用户燃气安全事故处置预案	16.2.1 商业综合体和燃气综合使用用户燃气设施隐患整改计划和整改方案的编制方法和编制原则 16.2.2 商业综合体和燃气综合使用用户燃气设施系统故障类型和故障处理方法 16.2.3 商业综合体和燃气综合使用用户燃气安全事故处置预案编制方法和内容
17. 用户燃气设施维修	17.1 燃气用户用气方案调整	17.1.1 能编制商业综合体和燃气综合使用用户用气调整方案 17.1.2 能依据用户用气调整方案计算燃气设施维修工程量	17.1.1 商业综合体和燃气综合使用用户用气调整方案的编制方法和内容 17.1.2 用户燃气设施维修工程量的计算方法
	17.2 用户燃气设施拆改	17.2.1 能组织商业综合体和燃气综合使用用户燃气设施拆改作业，处理拆改过程中的突发问题 17.2.2 能编制商业综合体和燃气综合使用用户燃气设施拆改方案 17.2.3 能评估商业综合体和燃气综合使用用户燃气设施拆改效果，提出改进措施	17.2.1 商业综合体和燃气综合使用用户燃气设施拆改作业过程中突发问题的处理措施 17.2.2 商业综合体和燃气综合使用用户燃气设施拆改方案编制方法和编制要点 17.2.3 商业综合体和燃气综合使用用户燃气设施拆改效果评估方法和改进措施

续表

职业功能	工作内容	技能要求	相关知识要求
17. 用户燃气设施维修	17.3 用户燃气设施连接	17.3.1 能编制商业综合体和燃气综合使用用户燃气设施维修作业指导书 17.3.2 能组织商业综合体和燃气综合使用用户燃气设施维修连接作业，处理突发问题 17.3.3 能评估商业综合体和燃气综合使用用户燃气设施维修质量，提出质量改进措施	17.3.1 商业综合体和燃气综合使用用户燃气设施维修作业指导书编写方法和编写要点 17.3.2 商业综合体和燃气综合使用用户燃气设施维修连接作业过程中突发问题的处理措施 17.3.3 商业综合体和燃气综合使用用户燃气设施维修技术标准和质量评估方法
18. 培训指导	18.1 培训指导设计	18.1.1 能编制本职业三级/高级工及以下级别人员技能培训的实操训练方案 18.1.2 能设计和准备本职业三级/高级工及以下级别人员技能培训的实操训练场地及教具 18.1.3 能编制本职业三级/高级工及以下级别人员相关知识培训的教案和课件	18.1.1 技能培训的实操训练方案编制方法 18.1.2 实操训练场地与教具的设计、制备方法 18.1.3 知识培训的教案、课件编制方法
	18.2 培训指导实施	18.2.1 能指导本职业三级/高级工及以下级别人员的技能训练 18.2.2 能传授本职业三级/高级工及以下级别人员相关知识	18.2.1 职业技能训练方法 18.2.2 职业知识教学方法

3.5 一级/高级技师

职业功能	工作内容	技能要求	相关知识要求
1. 燃气输配设施通气投产	1.1 燃气输配设施压力测试	1.1.1 能协调相关方在燃气输配设施压力测试现场解决泄漏的疑难问题，提出系统性的改进措施 1.1.2 能审核燃气输配设施压力测试作业指导书，做持续改进和完善	1.1.1 国家相关标准对于城镇燃气输配工程及验收的规定与应用实例 1.1.2 燃气输配设施压力测试相关方的责任义务和协调方法

续表

职业功能	工作内容	技能要求	相关知识要求
1.燃气输配设施通气投产	1.2 燃气输配设施置换通气	1.2.1 能现场判断和处理燃气输配设施置换通气过程中系统性的疑难问题 1.2.2 能审核燃气输配设施置换通气和燃气放散作业指导书，做持续改进和完善	1.2.1 国家相关标准对于城镇燃气设施通气、放散的规定和实施难点与要点 1.2.2 燃气输配设施置换通气和燃气放散作业指导书的审核和改进方法
	1.3 燃气输配管道探测定位	1.3.1 能现场判断和处理燃气输配管道探测定位与输配系统监控及数据采集中系统性的疑难问题 1.3.2 能审核燃气输配管道探测定位作业指导书，发现改进点，做持续优化	1.3.1 城镇燃气输配系统监控及数据采集系统的构成与运行原理 1.3.2 燃气输配管道探测定位作业指导书的审核和改进方法
2.燃气场站巡回检查	2.1 燃气场站工艺巡检	2.1.1 能编制燃气场站工艺巡检工作的检查与评价标准 2.1.2 能审核燃气场站工艺巡检作业指导书，做持续优化改进	2.1.1 燃气场站工艺巡检工作检查与评价标准的编制依据与方法 2.1.2 燃气场站工艺巡检作业指导书的审核和改进方法
	2.2 燃气场站设备巡检	2.2.1 能编制燃气场站设备巡检工作的检查与评价标准 2.2.2 能审核燃气场站设备巡检作业指导书，做持续优化改进	2.2.1 燃气场站设备巡检工作检查与评价标准的编制依据与方法 2.2.2 燃气场站设备巡检作业指导书的审核方法
3.天然气储配操作	3.1 天然气过滤净化	3.1.1 能审核天然气场站过滤净化装置运行作业指导书 3.1.2 能审核天然气场站过滤净化装置和附属管路系统的风险分析报告，提出风险因素控制的技术手段和安全技术措施 3.1.3 能分析天然气场站过滤净化系统运行状态，提出过滤净化工艺和设备升级的技术优化方案	3.1.1 天然气场站过滤净化装置运行作业指导书的审核方法 3.1.2 天然气场站过滤净化装置和附属管路系统的风险分析报告审核要点和安全技术措施提出要点 3.1.3 天然气场站过滤净化工艺和设备相应的"四新"技术，过滤净化工艺和设备升级的技术优化方案编制要点

续表

职业功能	工作内容	技能要求	相关知识要求
3. 天然气储配操作	3.2 天然气压力调节	3.2.1 能审核天然气场站调压装置运行作业指导书 3.2.2 能审核天然气场站调压装置和附属管路系统的风险分析报告，提出风险因素控制的技术手段和安全技术措施 3.2.3 能分析天然气场站调压系统运行状态，提出调压工艺和设备升级的技术优化方案	3.2.1 天然气场站调压装置运行作业指导书的审核方法 3.2.2 天然气场站调压装置和附属管路系统的风险分析报告审核要点和安全技术措施提出要点 3.2.3 天然气场站调压工艺与设备相应的"四新"技术，天然气调压工艺和设备升级的技术优化方案编制要点
	3.3 天然气加臭	3.3.1 能审核天然气场站加臭装置运行作业指导书 3.3.2 能审核天然气场站加臭装置和附属管路系统的风险分析报告，提出风险因素控制的技术手段和安全技术措施 3.3.3 能分析天然气加臭系统运行状态，提出加臭工艺和设备升级的技术优化方案	3.3.1 天然气场站加臭装置运行作业指导书的审核方法 3.3.2 天然气场站加臭装置和附属管路系统的风险分析报告审核要点和安全技术措施提出要点 3.3.3 天然气场站加臭工艺与设备相应的"四新"技术，加臭工艺和设备升级的技术优化方案编制要点
	3.4 天然气计量	3.4.1 能审核天然气场站计量装置运行作业指导书 3.4.2 能审核天然气场站计量装置的风险分析报告，提出风险因素控制的技术手段和安全技术措施 3.4.3 能分析天然气计量系统运行状态，提出计量工艺和设备升级的技术优化方案	3.4.1 天然气场站计量装置运行作业指导书的审核方法 3.4.2 天然气场站计量装置的风险分析报告审核要点和安全技术措施提出要点 3.4.3 天然气场站计量工艺与设备相应的"四新"技术，天然气计量工艺和设备升级的技术优化方案编制要点
	3.5 天然气外输	3.5.1 能审核天然气场站外输作业指导书 3.5.2 能审核天然气场站外输装置的风险分析报告，提出风险因素控制的技术手段和安全技术措施 3.5.3 能分析天然气外输系统运行状态，提出外输工艺和设备升级的技术优化方案	3.5.1 天然气场站外输作业指导书的审核方法 3.5.2 天然气场站外输装置的风险分析报告审核要点和安全技术措施提出要点 3.5.3 天然气场站外输工艺与设备相应的"四新"技术，外输工艺和设备升级的技术优化方案编制要点

续表

职业功能	工作内容	技能要求	相关知识要求
4. 液化天然气储配操作	4.1 液化天然气装卸	4.1.1 能审核液化天然气装卸作业指导书和系统试运行方案，提出改进措施 4.1.2 能审核液化天然气装卸工艺的风险分析报告，提出风险因素控制的技术手段和安全技术措施 4.1.3 能分析液化天然气装卸系统运行状态，提出装卸工艺和设备升级的技术优化方案	4.1.1 液化天然气装卸作业指导书和系统试运行方案审核方法和改进措施提出要点 4.1.2 液化天然气装卸工艺的风险分析报告审核要点和安全技术措施提出要点 4.1.3 液化天然气装卸工艺与设备相应的"四新"技术，装卸工艺和设备升级的技术优化方案编制要点
	4.2 液化天然气储存	4.2.1 能审核液化天然气储存作业指导书和系统试运行方案，提出改进措施 4.2.2 能审核液化天然气储存工艺的风险分析报告，提出风险因素控制的技术手段和安全技术措施 4.2.3 能分析液化天然气储存系统运行状态，提出储存工艺和设备升级的技术优化方案	4.2.1 液化天然气储存作业指导书和系统试运行方案审核方法和改进措施提出要点 4.2.2 液化天然气储存工艺的风险分析报告审核要点和安全技术措施提出要点 4.2.3 液化天然气储存工艺与设备相应的"四新"技术，储存工艺和设备升级的技术优化方案编制要点
	4.3 液化天然气气瓶充装	4.3.1 能审核液化天然气气瓶充装作业指导书和系统试运行方案，提出改进措施 4.3.2 能审核液化天然气气瓶充装工艺的风险分析报告，提出风险因素控制的技术手段和安全技术措施 4.3.3 能分析液化天然气气瓶充装系统运行状态，提出充装工艺和设备升级的技术优化方案	4.3.1 液化天然气气瓶充装作业指导书和系统试运行方案的审核方法和改进措施提出要点 4.3.2 液化天然气气瓶充装工艺的风险分析报告审核要点和安全技术措施提出要点 4.3.3 液化天然气气瓶充装工艺与设备相应的"四新"技术，充装工艺和设备升级的技术优化方案编制要点

续表

职业功能	工作内容	技能要求	相关知识要求
4.液化天然气储配操作	4.4 液化天然气气化	4.4.1 能审核液化天然气气化作业指导书和系统试运行方案，提出改进措施 4.4.2 能审核液化天然气气化工艺的风险分析报告，提出风险因素控制的技术手段和安全技术措施 4.4.3 能分析液化天然气气化系统运行状态，提出气化工艺和设备升级的技术优化方案	4.4.1 液化天然气气化作业指导书和系统试运行方案的审核方法和改进措施提出要点 4.4.2 液化天然气气化工艺的风险分析报告审核要点和安全技术措施提出要点 4.4.3 液化天然气气化工艺与设备相应的"四新"技术，气化工艺和设备升级的技术优化方案编制要点
5.压缩天然气储配操作	5.1 压缩天然气装卸	5.1.1 能审核压缩天然气装卸作业指导书，提出改进措施 5.1.2 能审核压缩天然气装卸工艺的风险分析报告，提出风险因素控制的技术手段和安全技术措施 5.1.3 能分析压缩天然气装卸系统运行状态，提出装卸工艺和设备升级的技术优化方案	5.1.1 压缩天然气装卸作业指导书审核方法和改进措施提出要点 5.1.2 压缩天然气装卸工艺的风险分析报告审核要点和安全技术措施提出要点 5.1.3 压缩天然气装卸工艺与设备相应的"四新"技术，装卸工艺和设备升级的技术优化方案编制要点
	5.2 天然气压缩与储存	5.2.1 能审核天然气压缩与储存作业指导书，提出改进措施 5.2.2 能审核天然气压缩与储存工艺的风险分析报告，提出风险因素控制的技术手段和安全技术措施 5.2.3 能分析天然气压缩与储存系统运行状态，提出压缩与储存工艺和设备升级的技术优化方案	5.2.1 天然气压缩与储存作业指导书审核方法和改进措施提出要点 5.2.2 天然气压缩与储存工艺的风险分析报告审核要点和安全技术措施提出要点 5.2.3 天然气压缩与储存工艺和设备相应的"四新"技术，压缩与储存工艺和设备升级的技术优化方案编制要点

续表

职业功能	工作内容	技能要求	相关知识要求
5.压缩天然气储配操作	5.3 液化天然气转换压缩天然气操作	5.3.1 能审核液化天然气转换压缩天然气作业指导书，提出改进措施 5.3.2 能审核液化天然气转换压缩天然气工艺的风险分析报告，提出风险因素控制的技术手段和安全技术措施 5.3.3 能分析液化天然气转换压缩天然气系统运行状态，提出液化天然气转换压缩天然气工艺和设备升级的技术优化方案	5.3.1 液化天然气转换压缩天然气作业指导书审核方法和改进措施提出要点 5.3.2 液化天然气转换压缩天然气工艺的风险分析报告审核要点和安全技术措施提出要点 5.3.3 液化天然气转换压缩天然气工艺与设备相应的"四新"技术，液化天然气转换压缩天然气工艺和设备升级的技术优化方案编制要点
6.液化石油气储配操作	6.1 液化石油气装卸	6.1.1 能审核液化石油气槽罐装卸作业指导书与装卸设备操作程序，提出改进措施 6.1.2 能审核液化石油气槽罐装卸工艺的风险分析报告，提出风险因素控制的技术手段和安全技术措施 6.1.3 能分析液化石油气槽罐装卸系统运行状态，提出液化石油气槽罐装卸工艺和设备升级的技术优化方案	6.1.1 液化石油气槽罐装卸作业指导书与装卸设备操作程序审核方法和改进措施提出要点 6.1.2 液化石油气槽罐装卸工艺的风险分析报告审核要点和安全技术措施提出要点 6.1.3 液化石油气槽罐装卸工艺与设备相应的"四新"技术，液化石油气槽罐装卸工艺和设备升级的技术优化方案编制要点
	6.2 液化石油气储存	6.2.1 能审核液化石油气储存系统的风险分析报告，提出风险防控和技术革新的措施与方案 6.2.2 能审核液化石油气储存系统作业指导书与设备操作程序，提出改进措施	6.2.1 液化石油气储存系统的风险分析报告审核方法，风险防控和技术革新措施与方案编制要点 6.2.2 液化石油气储存系统作业指导书与设备操作程序审核要点和改进措施提出要点
	6.3 液化石油气气瓶充装	6.3.1 能审核液化石油气气瓶充装系统的风险分析报告，提出风险防控和技术革新的措施与方案 6.3.2 能审核液化石油气气瓶充装作业指导书与设备操作程序，提出改进措施	6.3.1 液化石油气气瓶充装系统的风险分析报告审核方法，风险防控和技术革新措施与方案编制要点 6.3.2 液化石油气气瓶充装作业指导书与设备操作程序审核要点和改进措施提出要点

续表

职业功能	工作内容	技能要求	相关知识要求
6. 液化石油气储配操作	6.4 液化石油气气化	6.4.1 能审核液化石油气瓶组供气系统的风险分析报告，提出风险防控和技术革新的措施与方案 6.4.2 能审核液化石油气瓶组供气作业指导书，提出改进措施	6.4.1 液化石油气瓶组供气系统的风险分析报告审核方法，风险防控和技术革新措施与方案编制要点 6.4.2 液化石油气瓶组供气作业指导书审核要点和改进措施提出要点
	6.5 液化石油气气瓶残液回收	6.5.1 能审核残液回收系统的风险分析报告，提出风险防控和技术革新的措施与方案 6.5.2 能审核残液回收系统作业指导书和设备操作程序	6.5.1 残液回收系统的风险分析报告审核方法，风险防控和技术革新措施与方案编制要点 6.5.2 残液回收系统作业指导书和设备操作程序审核要点
7. 人工燃气储配操作	7.1 人工燃气过滤净化	7.1.1 能审核人工燃气场站过滤净化装置运行作业指导书 7.1.2 能审核人工燃气场站过滤净化装置和附属管路系统的风险分析报告，提出风险因素控制的技术手段和安全技术措施 7.1.3 能分析人工燃气场站过滤净化系统运行状态，提出过滤净化工艺和设备升级的技术优化方案	7.1.1 人工燃气场站过滤净化装置运行作业指导书的审核方法 7.1.2 人工燃气场站过滤净化装置和附属管路系统的风险分析报告审核要点和安全技术措施提出要点 7.1.3 人工燃气场站过滤净化工艺和设备相应的"四新"技术，过滤净化工艺和设备升级的技术优化方案编制要点
	7.2 人工燃气压力调节	7.2.1 能审核人工燃气场站调压装置运行作业指导书 7.2.2 能审核人工燃气场站调压装置和附属管路系统的风险分析报告，提出风险因素控制的技术手段和安全技术措施 7.2.3 能分析人工燃气场站调压系统运行状态，提出调压工艺和设备升级的技术优化方案	7.2.1 人工燃气场站调压装置运行作业指导书的审核方法 7.2.2 人工燃气场站调压装置和附属管路系统的风险分析报告审核要点和安全技术措施提出要点 7.2.3 人工燃气场站调压工艺和设备相应的"四新"技术，调压工艺和设备升级的技术优化方案编制要点

续表

职业功能	工作内容	技能要求	相关知识要求
7. 人工燃气储配操作	7.3 人工燃气加臭	7.3.1 能审核人工燃气场站加臭装置运行作业指导书 7.3.2 能审核人工燃气场站加臭装置和附属管路系统的风险分析报告，提出风险因素控制的技术手段和安全技术措施 7.3.3 能分析人工燃气场站加臭系统运行状态，提出加臭工艺和设备升级的技术优化方案	7.3.1 人工燃气场站加臭装置运行作业指导书的审核方法 7.3.2 人工燃气场站加臭装置和附属管路系统的风险分析报告审核要点和安全技术措施提出要点 7.3.3 人工燃气场站加臭工艺和设备相应的"四新"技术，加臭工艺和设备升级的技术优化方案编制要点
	7.4 人工燃气计量	7.4.1 能审核人工燃气场站计量装置常规操作作业指导书 7.4.2 能审核人工燃气场站计量装置的风险分析报告，提出风险因素控制的技术手段和安全技术措施 7.4.3 能分析人工燃气场站计量系统运行状态，提出计量工艺和设备升级的技术优化方案	7.4.1 人工燃气场站计量装置常规操作作业指导书的审核方法 7.4.2 人工燃气场站计量装置的风险分析报告审核要点和安全技术措施提出要点 7.4.3 人工燃气场站计量工艺和设备相应的"四新"技术，计量工艺和设备升级的技术优化方案编制要点
	7.5 人工燃气外输	7.5.1 能审核人工燃气场站外输装置运行作业指导书 7.5.2 能审核人工燃气场站外输装置的风险分析报告，提出风险因素控制的技术手段和安全技术措施 7.5.3 能分析人工燃气场站外输系统运行状态，提出外输工艺和设备升级的技术优化方案	7.5.1 人工燃气场站外输装置运行作业指导书的审核方法 7.5.2 人工燃气场站外输装置的风险分析报告审核要点和安全技术措施提出要点 7.5.3 人工燃气场站外输工艺和设备相应的"四新"技术，外输工艺和设备升级的技术优化方案编制要点
8. 燃气场站共有设备运行维护	8.1 燃气场站储罐运行维护	8.1.1 能审核燃气场站储罐维护计划和作业指导书 8.1.2 能审核燃气场站储罐和附属管路系统的风险分析报告，提出风险因素控制的技术手段和安全技术措施 8.1.3 能分析燃气场站储罐系统运行状态，提出设备升级和维护保养技术优化方案	8.1.1 燃气场站储罐维护计划和作业指导书审核方法 8.1.2 燃气场站储罐和附属管路系统的风险分析报告审核要点，风险控制技术手段和安全技术措施提出要点 8.1.3 燃气场站储罐系统相应的"四新"技术，设备升级和维护保养技术优化方案编制要点

续表

职业功能	工作内容	技能要求	相关知识要求
8. 燃气场站共有设备运行维护	8.2 燃气场站过滤器运行维护	8.2.1 能审核燃气场站过滤器大修计划和作业指导书 8.2.2 能审核燃气场站过滤器维护保养的风险分析报告，提出风险因素控制的技术手段和安全技术措施 8.2.3 能分析过滤系统运行状态和参数，提出过滤器维护保养的技术优化方案	8.2.1 燃气场站过滤器大修计划和作业指导书审核方法 8.2.2 燃气场站过滤器维护保养风险分析报告审核要点和安全技术措施提出要点 8.2.3 燃气场站过滤器维护保养相应的"四新"技术和维护保养技术优化方案编制要点
	8.3 燃气场站调压装置运行维护	8.3.1 能审核燃气场站调压装置大修计划和作业指导书 8.3.2 能审核燃气场站调压装置维护保养的风险分析报告，提出风险因素控制的技术手段和安全技术措施 8.3.3 能分析调压系统运行状态，提出调压装置维护保养的技术优化方案	8.3.1 燃气场站调压装置大修计划和作业指导书审核方法 8.3.2 燃气场站调压装置维护保养风险分析报告审核要点和安全技术措施提出要点 8.3.3 燃气场站调压装置维护保养相应的"四新"技术和维护保养技术优化方案编制要点
	8.4 燃气场站加臭设备运行维护	8.4.1 能审核燃气场站加臭装置大修计划和作业指导书 8.4.2 能审核燃气场站加臭装置维护保养的风险分析报告，提出风险因素控制的技术手段和安全技术措施 8.4.3 能分析加臭系统运行状态，提出加臭设备维护保养的技术优化方案	8.4.1 燃气场站加臭装置大修计划和作业指导书审核方法 8.4.2 燃气场站加臭装置维护保养风险分析报告审核要点和安全技术措施提出要点 8.4.3 燃气场站加臭设备维护保养相应的"四新"技术和维护保养技术优化方案编制要点
	8.5 阀门维护保养	8.5.1 能审核燃气阀门大修计划和作业指导书 8.5.2 能审核阀门维护保养的风险分析报告，提出风险因素控制的技术手段和安全技术措施 8.5.3 能分析阀门运行状态，提出设备升级和维护保养的技术优化方案	8.5.1 阀门大修计划和作业指导书的审核方法 8.5.2 阀门维护保养风险分析报告审核要点和安全技术措施提出要点 8.5.3 阀门维护保养相应的"四新"技术，设备升级和维护保养技术优化方案的编制要点

续表

职业功能	工作内容	技能要求	相关知识要求
9.燃气场站专用设备运行维护	9.1 烃泵运行维护	9.1.1 能审核烃泵大修计划和作业指导书 9.1.2 能审核烃泵运行的风险分析报告，提出风险因素控制的技术手段和安全技术措施 9.1.3 能分析烃泵运行状态，提出设备升级的技术优化方案	9.1.1 烃泵大修计划和作业指导书审核方法 9.1.2 烃泵运行的风险分析报告审核要点和安全技术措施提出要点 9.1.3 烃泵相应的"四新"技术和设备升级的技术优化方案编制要点
	9.2 燃气压缩机运行维护	9.2.1 能审核燃气压缩机大修计划和作业指导书 9.2.2 能审核燃气压缩机的风险分析报告，提出风险因素控制的技术手段和安全技术措施 9.2.3 能分析压缩机运行状态，提出设备升级的技术优化方案	9.2.1 燃气压缩机大修计划和作业指导书审核方法 9.2.2 燃气压缩机风险分析报告审核要点和安全技术措施提出要点 9.2.3 燃气压缩机相应的"四新"技术和设备升级的技术优化方案编制要点
	9.3 燃气装卸机和装卸柱运行维护	9.3.1 能审核燃气装卸机和装卸柱大修计划和作业指导书 9.3.2 能审核燃气装卸机和装卸柱的风险分析报告，提出风险因素控制的技术手段和安全技术措施 9.3.3 能分析装卸机和装卸柱运行状态，提出设备升级的技术优化方案	9.3.1 燃气装卸机和装卸柱大修计划和作业指导书审核方法 9.3.2 燃气装卸机和装卸柱风险分析报告审核要点和安全技术措施提出要点 9.3.3 燃气装卸机和装卸柱相应的"四新"技术和设备升级的技术优化方案编制要点
	9.4 燃气工艺顺序控制器运行维护	9.4.1 能审核燃气工艺顺序控制器大修计划和作业指导书 9.4.2 能审核燃气工艺顺序控制器的风险分析报告，提出风险因素控制的技术手段和安全技术措施 9.4.3 能分析燃气工艺顺序控制器运行状态，提出设备升级的技术优化方案	9.4.1 燃气工艺顺序控制器大修计划和作业指导书审核方法 9.4.2 燃气工艺顺序控制器风险分析报告审核要点和安全技术措施提出要点 9.4.3 燃气工艺顺序控制器相应的"四新"技术和设备升级的技术优化方案编制要点

续表

职业功能	工作内容	技能要求	相关知识要求
9. 燃气场站专用设备运行维护	9.5 燃气气化设备运行维护	9.5.1 能审核燃气气化设备大修计划和作业指导书 9.5.2 能审核燃气气化设备的风险分析报告，提出风险因素控制的技术手段和安全技术措施 9.5.3 能分析燃气气化设备运行状态，提出设备升级的技术优化方案	9.5.1 燃气气化设备大修计划和作业指导书审核方法 9.5.2 燃气气化设备风险分析报告审核要点和安全技术措施提出要点 9.5.3 燃气气化设备相应的"四新"技术和设备升级的技术优化方案编制要点
	9.6 燃气混气设备运行维护	9.6.1 能审核燃气混气设备大修计划和作业指导书 9.6.2 能审核燃气混气设备的风险分析报告，提出风险因素控制的技术手段和安全技术措施 9.6.3 能分析燃气混气设备运行状态，提出设备升级的技术优化方案	9.6.1 燃气混气设备大修计划和作业指导书审核方法 9.6.2 燃气混气设备风险分析报告审核要点和安全技术措施提出要点 9.6.3 燃气混气设备相应的"四新"技术和设备升级的技术优化方案编制要点
10. 燃气场站安全设施运行维护	10.1 燃气辅热装置运行维护	10.1.1 能审核辅热装置大修计划和作业指导书 10.1.2 能审核辅热装置的风险分析报告，提出风险因素控制的技术手段和安全技术措施 10.1.3 能分析辅热装置运行状态，提出设备升级的技术优化方案	10.1.1 辅热装置大修计划和作业指导书审核方法 10.1.2 辅热装置风险分析报告审核要点和安全技术措施提出要点 10.1.3 辅热装置相应的"四新"技术和设备升级的技术优化方案编制要点
	10.2 燃气场站泄漏监控系统运行维护	10.2.1 能审核泄漏监控系统和场站绝缘接头的大修计划和作业指导书 10.2.2 能审核泄漏监控系统和场站绝缘接头的风险分析报告，提出风险因素控制的技术手段和安全技术措施 10.2.3 能分析泄漏监控系统和场站绝缘接头系统运行状态，提出设备升级的技术优化方案	10.2.1 泄漏监控系统和场站绝缘接头的大修计划和作业指导书审核方法 10.2.2 泄漏监控系统和场站绝缘接头风险分析报告审核要点和安全技术措施提出要点 10.2.3 泄漏监控系统和场站绝缘接头相应的"四新"技术和设备升级的技术优化方案编制要点

续表

职业功能	工作内容	技能要求	相关知识要求
10. 燃气场站安全设施运行维护	10.3 燃气场站放散设施运行维护	10.3.1 能审核放散设施大修计划和作业指导书 10.3.2 能审核放散设施的风险分析报告，提出风险因素控制的技术手段和安全技术措施 10.3.3 能分析放散设施运行状态，提出设备升级的技术优化方案	10.3.1 放散设施大修计划和作业指导书的审核方法 10.3.2 放散设施风险分析报告审核要点和安全技术措施提出要点 10.3.3 放散设施相应的"四新"技术和设备升级的技术优化方案编制要点
11. 燃气场站泄漏事件现场处置	11.1 燃气场站燃气泄漏现场处置	11.1.1 能审核燃气场站燃气泄漏事件现场处置预案 11.1.2 能审核燃气场站燃气泄漏事件分析报告，提出降低燃气泄漏事件发生概率的运行管控改进措施	11.1.1 燃气场站燃气泄漏事件处置预案的审核方法 11.1.2 燃气泄漏事件分析报告审核要点和改进措施提出要点
	11.2 燃气场站加臭剂泄漏现场处置	11.2.1 能审核燃气场站加臭剂泄漏事件现场处置预案 11.2.2 能审核燃气场站加臭剂泄漏事件分析报告，提出降低加臭剂泄漏事件发生概率的运行管控改进措施	11.2.1 加臭剂泄漏事件处置预案的审核方法 11.2.2 加臭剂泄漏事件分析报告审核要点和改进措施提出要点
12. 燃气输配管网巡查、巡检	12.1 燃气输配管网巡查	12.1.1 能审核燃气输配管网巡查作业指导书，提出改进措施 12.1.2 能审核燃气输配管网巡查的风险分析报告，提出风险因素控制的技术手段和安全技术措施 12.1.3 能提出巡查设备升级的技术优化方案	12.1.1 燃气输配管网巡查作业指导书的审核方法 12.1.2 燃气输配管网巡查的风险分析报告审核要点和安全技术措施提出要点 12.1.3 巡查设备相应的"四新"技术和设备升级的技术优化方案编制要点
	12.2 燃气输配管网设施巡检	12.2.1 能审核燃气输配管网巡检作业指导书，提出改进措施 12.2.2 能审核燃气输配管网巡检的风险分析报告，提出风险因素控制的技术手段和安全技术措施 12.2.3 能提出巡检设备升级的技术优化方案	12.2.1 燃气输配管网巡检作业指导书的审核方法 12.2.2 燃气输配管网巡检的风险分析报告审核要点和安全技术措施提出要点 12.2.3 巡检设备相应的"四新"技术和巡检设备升级的技术优化方案编制要点

续表

职业功能	工作内容	技能要求	相关知识要求
13. 燃气输配管网设施维护	13.1 燃气管网检测	13.1.1 能审核燃气管网检测作业指导书，提出改进措施 13.1.2 能评估燃气管网检测的风险分析报告，提出风险因素控制的技术手段和安全技术措施 13.1.3 能提出燃气管网检测设备升级的技术优化方案	13.1.1 燃气管网检测作业指导书的审核方法和改进措施提出要点 13.1.2 燃气管网检测的风险分析报告审核方法和安全技术措施提出要点 13.1.3 燃气管网检测设备相应的"四新"技术和设备升级的技术优化方案编制要点
	13.2 钢质燃气管道防腐层修复	13.2.1 能审核钢质燃气管道防腐层修复作业指导书，提出改进措施 13.2.2 能审核钢质燃气管道防腐层修复的风险分析报告，提出风险因素控制的技术手段和安全技术措施 13.2.3 能提出钢质燃气管道防腐层修复设备升级的技术优化方案	13.2.1 钢质燃气管道防腐层修复作业指导书的审核方法和改进措施提出要点 13.2.2 钢质燃气管道防腐层修复的风险分析报告审核方法 13.2.3 钢质燃气管道防腐层修复相应的"四新"技术，防腐层修复设备升级的技术优化方案编制要点
	13.3 燃气管网调压设备维护保养	13.3.1 能审核燃气管网调压设备维护保养作业指导书，提出改进措施 13.3.2 能审核燃气管网调压设备维护保养的风险分析报告，提出风险因素控制的技术手段和安全技术措施 13.3.3 能提出燃气管网调压设备升级的技术优化方案	13.3.1 燃气管网调压设备维护保养作业指导书的审核方法和改进措施提出要点 13.3.2 燃气管网调压设备维护保养的风险分析报告审核要点和安全技术措施提出要点 13.3.3 燃气管网调压设备相应的"四新"技术，管网调压设备升级的技术优化方案编制要点
	13.4 燃气管网地下设施维护保养	13.4.1 能审核燃气管网地下设施维护保养作业指导书，提出改进措施 13.4.2 能审核燃气管网地下设施维护保养的风险分析报告，提出风险因素控制的技术手段和安全技术措施 13.4.3 能提出燃气管网地下设施的维护保养设备升级的技术优化方案	13.4.1 燃气管网地下设施维护保养作业指导书的审核方法和改进措施提出要点 13.4.2 燃气管网地下设施维护保养的风险分析报告审核要点和安全技术措施编制要点 13.4.3 燃气管网地下设施的维护保养设备相应的"四新"技术和设备升级的技术优化方案编制要点

续表

职业功能	工作内容	技能要求	相关知识要求
14. 燃气输配管网抢修	14.1 燃气管网抢修前期处置和作业监护	14.1.1 能编制燃气管网抢修前期处置和作业监护工作检查与评价标准 14.1.2 能审核燃气管网抢修前期处置和作业监护作业指导书，发现改进点，做持续优化，推广设备相应的"四新"技术 14.1.3 能编制燃气管网抢修前期处置和作业监护过程中的事故应急演练方案	14.1.1 燃气管网抢修前期处置和作业监护工作检查与评价标准的编制方法 14.1.2 燃气管网抢修前期处置和作业监护作业指导书的审核方法和改进措施提出要点，设备相应的"四新"技术推广方案 14.1.3 燃气管网抢修前期处置和作业监护过程中的事故应急演练方案编制要点
	14.2 钢质燃气管道抢修施工作业	14.2.1 能审核钢质燃气管道抢修施工作业指导书，提出改进措施 14.2.2 能审核钢质燃气管道抢修施工作业的风险分析报告，提出风险因素控制的技术手段和安全技术措施 14.2.3 能提出钢质燃气管道抢修施工作业设备升级的技术优化方案	14.2.1 钢质燃气管道抢修施工作业指导书的审核方法和改进措施提出要点 14.2.2 钢质燃气管道抢修施工作业的风险分析报告审核要点和安全技术措施提出要点 14.2.3 钢质燃气管道抢修施工作业设备相应的"四新"技术和设备升级的技术优化方案编制要点
	14.3 聚乙烯（PE）燃气管道抢修施工作业	14.3.1 能审核聚乙烯（PE）燃气管道抢修施工作业指导书，提出改进措施 14.3.2 能审核聚乙烯（PE）燃气管道抢修施工作业的风险分析报告，提出风险因素控制的技术手段和安全技术措施 14.3.3 能提出聚乙烯（PE）燃气管道抢修施工作业设备升级的技术优化方案	14.3.1 聚乙烯（PE）燃气管道抢修施工作业指导书的审核方法和改进措施提出要点 14.3.2 聚乙烯（PE）燃气管道抢修施工作业的风险分析报告审核要点和安全技术措施提出要点 14.3.3 聚乙烯（PE）燃气管道抢修施工作业设备相应的"四新"技术和设备升级的技术优化方案编制要点

续表

职业功能	工作内容	技能要求	相关知识要求
14. 燃气输配管网抢修	14.4 应急气源供气与停气	14.4.1 能审核应急气源供气与停气作业指导书，提出改进措施 14.4.2 能审核应急气源供气与停气的风险分析报告，提出风险因素控制的技术手段和安全技术措施 14.4.3 能提出应急气源供气与停气设备升级的技术优化方案	14.4.1 应急气源供气与停气作业指导书的审核方法和改进措施提出要点 14.4.2 应急气源供气与停气的风险分析报告审核要点和安全技术措施提出要点 14.4.3 应急气源供气与停气设备相应的"四新"技术和设备升级的技术优化方案编制要点
15. 用户燃气设施通气点火	15.1 用户燃气设施使用条件判别	15.1.1 能审核用户燃气设施通气条件作业指导书，提出优化改进措施 15.1.2 能审核燃气设施安装场所的风险分析报告，提出风险因素控制的技术手段和安全技术措施	15.1.1 用户燃气设施通气条件作业指导书审核方法和改进措施提出要点 15.1.2 燃气设施安装场所风险分析报告审核要点和安全技术措施提出要点
	15.2 用户燃气设施通气点火	15.2.1 能审核用户燃气设施通气点火作业指导书和作业标准 15.2.2 能编制用户燃气设施通气点火工作检查与评价标准	15.2.1 用户燃气设施通气点火作业指导书和作业标准的审核方法 15.2.2 用户燃气设施通气点火工作检查与评价标准的编制依据与方法
16. 用户燃气设施安全检查与隐患整改	16.1 用户燃气设施安全检查	16.1.1 能审核用户安全用气宣传方案和《燃气安全使用手册》，提出优化改进措施 16.1.2 能编制各类用户燃气设施安全检查工作评价标准	16.1.1 用户安全用气宣传方案和《燃气安全使用手册》审核方法 16.1.2 用户燃气设施安全检查工作评价标准编制依据与方法
	16.2 用户燃气设施隐患整改	16.2.1 能审核用户燃气设施隐患整改方案，提出改进措施 16.2.2 能审核用户燃气安全事故应急预案，提供现场突发事故技术咨询 16.2.3 能编制用户燃气设施隐患整改工作评价标准	16.2.1 用户燃气设施隐患整改方案审核方法和改进措施提出要点 16.2.2 用户燃气安全事故应急预案审核方法和现场突发事故技术咨询要点 16.2.3 用户燃气设施隐患整改工作评价标准编制依据与方法

续表

职业功能	工作内容	技能要求	相关知识要求
17. 用户燃气设施维修	17.1 燃气用户用气方案调整	17.1.1 能审核商业综合体用户用气调整方案和配套图纸，提出优化改进措施 17.1.2 能审核用户燃气供气方案调整改造工程预结算表	17.1.1 用户用气调整方案和配套图纸审核方法及内容，优化改进措施提出要点 17.1.2 用户燃气供气方案调整改造工程预结算方法及审核要点
	17.2 用户燃气设施拆改	17.2.1 能审核用户燃气设施拆改方案和作业指导书，提出优化改进措施 17.2.2 能审核用户燃气设施拆改技术总结，编制用户燃气设施拆改工作评价标准	17.2.1 用户燃气设施拆改方案和作业指导书审核方法，优化改进措施提出要点 17.2.2 用户燃气设施拆改技术总结审核要点，用户燃气设施拆改工作评价标准编制依据与方法
	17.3 用户燃气设施连接	17.3.1 能评估用户燃气设施安装连接效果，处理现场作业中的疑难问题 17.3.2 能审核用户燃气设施连接作业风险分析报告，提出风险控制措施 17.3.3 能审核用户燃气设施连接作业评价标准，做持续改进和完善	17.3.1 用户燃气设施安装连接效果评估要点，现场作业疑难问题处理方法 17.3.2 用户燃气设施连接作业风险分析报告审核要点和风险控制措施提出要点 17.3.3 用户燃气设施连接作业评价标准审核方法和改进措施提出要点
18. 培训指导	18.1 培训指导设计	18.1.1 能设计本职业二级/技师及以下级别人员的技能训练课程 18.1.2 能设计本职业二级/技师及以下级别人员的相关知识培训课程	18.1.1 技能训练课程的设计方法 18.1.2 知识培训课程的设计方法
	18.2 培训指导实施	18.2.1 能传授本职业二级/技师及以下级别人员的技能课程 18.2.2 能传授本职业二级/技师及以下级别人员的专业知识课程 18.2.3 能培养本职业学员的创新技能和推广本职业创新成果	18.2.1 职业技能系统培训方法 18.2.2 职业知识系统教学方法 18.2.3 职业创新技能培养和创新成果推广方法

4. 权重表

4.1 理论知识权重表

项目		五级/初级工 (%)						四级/中级工 (%)						三级/高级工 (%)						二级/技师 (%)						一级/高级技师 (%)					
	技能等级	燃气输配场站运行工	液化天然气储运工	压缩天然气场站运行工	液化石油气库站运行工	燃气管网运行工	燃气用户安装检修工	燃气输配场站运行工	液化天然气储运工	压缩天然气场站运行工	液化石油气库站运行工	燃气管网运行工	燃气用户安装检修工	燃气输配场站运行工	液化天然气储运工	压缩天然气场站运行工	液化石油气库站运行工	燃气管网运行工	燃气用户安装检修工	燃气输配场站运行工	液化天然气储运工	压缩天然气场站运行工	液化石油气库站运行工	燃气管网运行工	燃气用户安装检修工	燃气输配场站运行工	液化天然气储运工	压缩天然气场站运行工	液化石油气库站运行工	燃气管网运行工	燃气用户安装检修工
基本要求	职业道德	5						5						5						5						5					
	基础知识	25						20						15						10						5					
相关知识要求	1. 燃气输配设施通气投产	17○	17○	17○		17●	17●	18○	18○	18○		18●	18●	18○	18○	18○		18●	18●	18○	18○	18○		18●	18●	18○	18○	18○		18●	18●
	2. 燃气场站巡回检查	17○	17○	17○				18○	18○	18○				18○	18○	18○				18○	18○	18○				18○	18○	18○			
	3. 天然气储配操作	19●	19●					18○	18○					18○	18○					18○	18○					18○	18○				
	4. 液化天然气储配操作		19●						18○						18○						18○						18○				
	5. 压缩天然气储配操作			19●						18○						18○						18○						18○			
	6. 液化石油气储配操作				19●						18○						18○						18○						18○		
	7. 人工燃气储配操作	19★						18○						18○						18○						18○					

续表

项目		五级/初级工 (%)						四级/中级工 (%)						三级/高级工 (%)						二级/技师 (%)						一级/高级技师 (%)					
		燃气输配场站运行工	液化天然气储运工	压缩天然气场站运行工	液化石油气库站运行工	燃气输配管网运行工	燃气用户安装检修工	燃气输配场站运行工	液化天然气储运工	压缩天然气场站运行工	液化石油气库站运行工	燃气输配管网运行工	燃气用户安装检修工	燃气输配场站运行工	液化天然气储运工	压缩天然气场站运行工	液化石油气库站运行工	燃气输配管网运行工	燃气用户安装检修工	燃气输配场站运行工	液化天然气储运工	压缩天然气场站运行工	液化石油气库站运行工	燃气输配管网运行工	燃气用户安装检修工	燃气输配场站运行工	液化天然气储运工	压缩天然气场站运行工	液化石油气库站运行工	燃气输配管网运行工	燃气用户安装检修工
相关知识要求	8. 燃气场站共有设备运行维护	17○	17○	17○	17○			21●	21●	21●	21●			18○	18○	18○	18○			18○	18○	18○	18○			18○	18○	18○	18○		
	9. 燃气场站专用设备运行维护	17○	17○	17○	17○			18○	18○	18○	18○			21●	21●	21●	21●			18○	18○	18○	18○			18○	18○	18○	18○		
	10. 燃气场站安全设施运行维护	17○	17○	17○	17○			18○	18○	18○	18○			18○	18○	18○	18○			21●	21●	21●	21●			18○	18○	18○	18○		
	11. 燃气场站泄漏事件现场处置	17○	17○	17○	17○			18○	18○	18○	18○			18○	18○	18○	18○			18○	18○	18○	18○			21●	21●	21●	21●		
	12. 燃气输配管网巡查、巡检					19●						18●						18●						18●						18●	
	13. 燃气输配管网设施维护					17●						21●						18●						18●						18●	
	14. 燃气输配管网抢修					17●						18●						21●						21●						21●	
	15. 用户燃气设施通气点火						17●						18●						18●						18●						18●
	16. 用户燃气设施安全检查与隐患整改						18●						19●						19●						19●						19●
	17. 用户燃气设施维修						18●						20●						20●						20●						20●

续表

技能等级 项目	五级/初级工 (%)						四级/中级工 (%)						三级/高级工 (%)						二级/技师 (%)						一级/高级技师 (%)					
	燃气输配场站运行工	液化天然气储运工	压缩天然气场站运行工	液化石油气库站运行工	燃气管网运行工	燃气用户安装检修工	燃气输配场站运行工	液化天然气储运工	压缩天然气场站运行工	液化石油气库站运行工	燃气管网运行工	燃气用户安装检修工	燃气输配场站运行工	液化天然气储运工	压缩天然气场站运行工	液化石油气库站运行工	燃气管网运行工	燃气用户安装检修工	燃气输配场站运行工	液化天然气储运工	压缩天然气场站运行工	液化石油气库站运行工	燃气管网运行工	燃气用户安装检修工	燃气输配场站运行工	液化天然气储运工	压缩天然气场站运行工	液化石油气库站运行工	燃气管网运行工	燃气用户安装检修工
相关知识要求 18. 培训指导													5●	5●	5●	5●	5●	5●	10●	10●	10●	10●	10●	10●	15●	15●	15●	15●	15●	15●
合计	100	100	100	100	100	100	100	100	100	100	100	100	100	100	100	100	100	100	100	100	100	100	100	100	100	100	100	100	100	100

注:
1. 燃气输配场站运行工、液化天然气储运工、压缩天然气场站运行工和液化石油气库站运行工五级/初级工、四级/中级工考核职业道德、基础知识和相关知识要求配分项目的1项必选项和3项自主任选项;三级/高级工、一级/技师、一级/高级技师考核职业道德、基础知识和相关知识要求配分项目的5项必选项。
2. 燃气管网运行工和燃气用户安装检修工五级/初级工、四级/中级工考核职业道德、基础知识和相关知识要求配分项目的2项必选项和3项自主任选项;三级/高级工、二级/技师、一级/高级技师考核职业道德、基础知识和相关知识要求配分项目的4项必选项。
3. ●为必选项,○为自主任选项。
4. ★表示燃气输配场站运行工中属于人工燃气源场站的人员,职业功能考核必选项为第7项人工燃气储配操作。

4.2 技能要求权重表

项目		五级/初级工 (%)						四级/中级工 (%)						三级/高级工 (%)						二级/技师 (%)						一级/高级技师 (%)					
	技能等级	燃气输配场站运行工	液化天然气储配工	压缩天然气场站运行工	液化石油气库站运行工	燃气管网运行工	燃气用户安装检修工	燃气输配场站运行工	液化天然气储配工	压缩天然气场站运行工	液化石油气库站运行工	燃气管网运行工	燃气用户安装检修工	燃气输配场站运行工	液化天然气储配工	压缩天然气场站运行工	液化石油气库站运行工	燃气管网运行工	燃气用户安装检修工	燃气输配场站运行工	液化天然气储配工	压缩天然气场站运行工	液化石油气库站运行工	燃气管网运行工	燃气用户安装检修工	燃气输配场站运行工	液化天然气储配工	压缩天然气场站运行工	液化石油气库站运行工	燃气管网运行工	燃气用户安装检修工
技能要求	1. 燃气输配设施通气投产	25○	25○	25○	25○	25●	25●	25○	25○	25○	25○	25●	25●	23○	23○	23○	23○	23●	25●	22○	22○	22○	22○	22●	20●	21○	21○	21○	21○	21●	20●
	2. 燃气场站巡回检查	25○	25○	25○	25○	25●		25○	25○	25○	25○	25●		23○	23○	23○	23○	23●		22○	22○	22○	22○	22●		21○	21○	21○	21○	21●	
	3. 天然气储配操作	25●						25○						23○						22○						21○					
	4. 液化天然气储配操作		25●						25○						23○						22○						21○					
	5. 压缩天然气储配操作			25●						25○						23○						22○						21○			
	6. 液化石油气储配操作				25●						25○						23○						22○						21○		
	7. 人工燃气储配操作	25★						25○						23○						22○						21○					
	8. 燃气场站共有设备运行维护	25○	25●	25●	25●			25○	25●	25●	25●			23○	23●	23●	23●			22○	22●	22●	22●			21○	21○	21○	21○		
	9. 燃气场站专用设备运行维护	25○	25○	25○	25○			25○	25○	25○	25○			26●	26●	26●	26●			24●	24●	24●	24●			21○	21○	21○	21○		
	10. 燃气场站安全设施运行维护	25○	25○	25○	25○			25○	25○	25○	25○			23○	23○	23○	23○			24●	24●	24●	24●			21○	21○	21○	21○		

续表

技能等级 项目		五级/初级工 (%)						四级/中级工 (%)						三级/高级工 (%)						二级/技师 (%)						一级/高级技师 (%)					
		燃气输配场站运行工	液化天然气储运工	压缩天然气场站运行工	液化石油气库站运行工	燃气管网运行工	燃气用户安装检修工	燃气输配场站运行工	液化天然气储运工	压缩天然气场站运行工	液化石油气库站运行工	燃气管网运行工	燃气用户安装检修工	燃气输配场站运行工	液化天然气储运工	压缩天然气场站运行工	液化石油气库站运行工	燃气管网运行工	燃气用户安装检修工	燃气输配场站运行工	液化天然气储运工	压缩天然气场站运行工	液化石油气库站运行工	燃气管网运行工	燃气用户安装检修工	燃气输配场站运行工	液化天然气储运工	压缩天然气场站运行工	液化石油气库站运行工	燃气管网运行工	燃气用户安装检修工
技能要求	11. 燃气场站泄漏事件现场处置	25○	25○	25○	25○			25○	25○	25○	25○			23○	23○	23○	23○			22○	22○	22○	22○			22●	22●	22●	22●		
	12. 燃气输配管网巡查、巡检					25●						25●						23●						22●						21●	
	13. 燃气输配管网设施维护					25●						25●						23●						22●						21●	
	14. 燃气输配管网抢修					25●						25●						26●						24●						22●	
	15. 用户燃气设施通气点火						30●						25●						20●						20●						20●
	16. 用户燃气设施安全检查与隐患整改						25●						25●						25●						25●						25●
	17. 用户燃气设施维修						20●						25●						25●						25●						25●
	18. 培训指导													5	5	5	5	5	5	10	10	10	10	10	10	15	15	15	15	15	15
合计		100	100	100	100	100	100	100	100	100	100	100	100	100	100	100	100	100	100	100	100	100	100	100	100	100	100	100	100	100	100

注：
1. 燃气输配场站运行工，液化天然气储运工，压缩天然气场站运行工和液化石油气库站运行工五级/初级工、四级/中级工考核技能要求配分项目的2项必选项和3项自主任选项；一级/高级技师、二级/技师、三级/高级工考核技能要求配分项目的1项必选项和3项自主任选项。
2. 燃气管网运行工和燃气用户安装检修工五级/初级工、四级/中级工考核技能要求配分项目的4项必选项；三级/高级工，二级/技师，一级/高级技师考核技能要求配分项目的5项必选项。
3. ●为必选项，○为自主任选项。
4. ★表示燃气输配场站运行工中属于人工燃气气源站的人员，职业功能考核必选项为第7项人工燃气储配操作。

人力资源社会保障部办公厅关于颁布网约配送员等18个国家职业技能标准的通知

(人社厅发〔2021〕92号)

各省、自治区、直辖市及新疆生产建设兵团人力资源社会保障厅（局），国务院有关部委、直属机构人事劳动保障工作机构，中央军委政治工作部兵员和文职人员局，有关行业、企业人事劳动保障工作机构：

根据《中华人民共和国劳动法》有关规定，我部组织制定了网约配送员等18个国家职业技能标准，现予颁布施行。原相应国家职业技能标准同时废止。

附件：18个国家职业技能标准目录

人力资源社会保障部办公厅
2021年12月2日

附件

18个国家职业技能标准目录

序号	职业编码	职业名称
1	4-02-07-10	网约配送员
2	4-04-05-04	建筑信息模型技术员 L
3	4-05-05-02	鉴定估价师（机动车鉴定评估师）
4	4-05-06-02	信用管理师
5	4-10-01-01	婴幼儿发展引导员
6	4-10-01-03	保育师
7	4-10-02-01	裁缝
8	4-12-02-01	计算机维修工
9	4-12-02-02	办公设备维修工

10	4-14-02-01	公共营养师
11	4-14-02-04	出生缺陷防控咨询师
12	4-14-04-03	公共场所卫生管理员
13	4-99-00-00	无人机驾驶员
14	6-05-01-02	裁剪工
15	6-05-01-03	缝纫工
16	6-18-01-11	铆工
17	6-21-03-00	缝制机械装配调试工
18	6-23-03-15	无人机装调检修工

网约配送员国家职业技能标准

（2021 年版）

1. 职业概况

1.1 职业名称

网约配送员

1.2 职业编码

4—10—08—01[①]

1.3 职业定义

通过互联网平台等，从事接收、验视客户订单并根据订单需求，按照平台智能规划路线，在一定时间内将订单物品递送至指定地点的服务人员。

1.4 职业技能等级

本职业共设五个等级，分别为：五级/初级工、四级/中级工、三级/高级工、二级/技师、一级/高级技师。

1.5 职业环境条件

室内、外。

1.6 职业能力特征

具备一般智力、沟通能力、计算能力、空间感和色觉。

1.7 普通受教育程度

初中毕业（或相当文化程度）。

1.8 培训参考学时

五级/初级工不少于 53 标准学时，四级/中级工不少于 46 标准学时，三级/高级工不少于 49 标准学时，二级/技师不少于 34 标准学时，一级/高级技师不少于 26 标准学时。

[①] 依据《中华人民共和国职业分类大典（2022 年版）》调整。

1.9 职业技能鉴定要求

1.9.1 申报条件

具备以下条件之一者，可申报五级/初级工：
(1) 累计从事本职业或相关职业①工作1年（含）以上。
(2) 本职业或相关职业学徒期满。

具备以下条件之一者，可申报四级/中级工：
(1) 取得本职业或相关职业五级/初级工职业资格证书（技能等级证书）后，累计从事本职业或相关职业工作4年（含）以上。
(2) 累计从事本职业或相关职业工作6年（含）以上。
(3) 取得技工院校本专业或相关专业②毕业证书（含尚未取得毕业证书的在校应届毕业生）；或取得经评估论证、以中级技能为培养目标的中等及以上职业学校本专业或相关专业毕业证书（含尚未取得毕业证书的在校应届毕业生）。

具备以下条件之一者，可申报三级/高级工：
(1) 取得本职业或相关职业四级/中级工职业资格证书（技能等级证书）后，累计从事本职业或相关职业工作5年（含）以上。
(2) 取得本职业或相关职业四级/中级工职业资格证书（技能等级证书），并具有高级技工学校、技师学院毕业证书（含尚未取得毕业证书的在校应届毕业生）；或取得本职业或相关职业四级/中级工职业资格证书（技能等级证书），并具有经评估论证、以高级技能为培养目标的高等职业学校本专业或相关专业毕业证书（含尚未取得毕业证书的在校应届毕业生）。
(3) 具有大专及以上本专业或相关专业毕业证书，并取得本职业或相关职业四级/中级工职业资格证书（技能等级证书）后，累计从事本职业或相关职业工作2年（含）以上。

具备以下条件之一者，可申报二级/技师：
(1) 取得本职业或相关职业三级/高级工职业资格证书（技能等级证书）后，累计从事本职业或相关职业工作4年（含）以上。
(2) 取得本职业或相关职业三级/高级工职业资格证书（技能等级证书）的高级技工学校、技师学院毕业生，累计从事本职业或相关职业工作3年（含）以上；或取得本职业或相关职业预备技师证书的技师学院毕业生，累计从事本职业或相关职业工作2年（含）以上。

具备以下条件者，可申报一级/高级技师：
取得本职业或相关职业二级/技师职业资格证书（技能等级证书）后，累计从事本职业或相关职业工作4年（含）以上。

1.9.2 鉴定方式

分为理论知识考试、技能考核以及综合评审。理论知识考试以笔试、机考等方式为主，

---

① 相关职业：快递员、邮政营业员、邮政投递员、快件处理员、邮政分拣员、邮政转运员、物流服务师等，下同。
② 本专业或相关专业：邮政通信管理专业、快递运营管理专业、物流管理专业等，下同。

主要考核从业人员从事本职业应掌握的基本要求和相关知识要求；技能考核主要采用现场模拟、实际操作等方式进行，主要考核从业人员从事本职业应具备的技能水平；综合评审主要针对技师和高级技师，通常采取审阅申报材料、答辩等方式进行全面评议和审查。

理论知识考试、技能考核和综合评审均实行百分制，成绩皆达 60 分（含）以上者为合格。

1.9.3 监考人员、考评人员与考生配比

理论知识考试中的监考人员与考生配比不少于 1∶15，每个考场不少于 2 名监考人员；技能考核中的考评人员与考生配比为 1∶5，且考评人员为 3 人（含）以上单数；综合评审委员为 3 人（含）以上单数。

1.9.4 鉴定时间

理论知识考试时间：五级/初级工、四级/中级工不少于 90 min，三级/高级工、二级/技师、一级/高级技师不少于 120 min。技能考核时间：五级/初级工、四级/中级工不少于 30 min，三级/高级工不少于 35 min，二级/技师、一级/高级技师不少于 40 min。综合评审时间不少于 30 min。

1.9.5 鉴定场所设备

理论知识考试在标准教室或按考试系统配备的计算机机房内进行；技能考核在配备模拟配送业务操作所需的手持终端、配送车辆等相关设备及业务软件的场所进行。

2. 基本要求

2.1 职业道德

2.1.1 职业道德基本知识

2.1.2 职业守则

（1）遵纪守法，服务社会。
（2）着装整洁，礼貌文明。
（3）团结协作，勤奋务实。
（4）保守秘密，确保安全。

2.2 基础知识

2.2.1 专业基础知识

（1）网约配送服务知识。
（2）安全和应急处理知识。
（3）网约配送信息知识。
（4）网络设施设备知识。

（5）基础道路交通知识。

2.2.2 职业基础知识

（1）职业性质、任务、方式方法及工作程序。
（2）基本素质和行为规范。
（3）权利与义务。

2.2.3 相关法律、法规知识

（1）《中华人民共和国劳动法》相关知识。
（2）《中华人民共和国劳动合同法》相关知识。
（3）《中华人民共和国安全生产法》相关知识。
（4）《中华人民共和国消防法》相关知识。
（5）《中华人民共和国突发事件应对法》相关知识。
（6）《中华人民共和国消费者权益保护法》相关知识。
（7）《中华人民共和国道路交通安全法》相关知识。
（8）《中华人民共和国邮政法》相关知识。
（9）《中华人民共和国食品安全法》相关知识。

3. 工作要求

本标准对五级/初级工、四级/中级工、三级/高级工、二级/技师、一级/高级技师的技能要求和相关知识要求依次递进，高级别涵盖低级别的要求。

3.1 五级/初级工

职业功能	工作内容	技能要求	相关知识要求
1.订单接收与验视	1.1 接单前准备	1.1.1 能配戴和使用手机、充电宝，并保证手机、充电宝的电量及流量充足 1.1.2 能保持配送车辆外观整洁，配送箱内外清洁、无破损 1.1.3 能保持仪容仪表整洁 1.1.4 能根据地图辨认商圈内主要街道及建筑物	1.1.1 配送装备配戴要求 1.1.2 配送装备使用和清洁知识 1.1.3 仪容仪表要求 1.1.4 城市区域、道路划分知识

续表

职业功能	工作内容	技能要求	相关知识要求
1. 订单接收与验视	1.2 订单收取	1.2.1 能在规定时间内接收网络平台①推送的订单 1.2.2 能按照网络平台提供的定位、路径规划，在约定时间内到达订单收取地点并上报网络平台	1.2.1 订单的推送与接收 1.2.2 定位与路径规划知识
	1.3 订单核对	1.3.1 能核对订单号码及物品，确认物品数量 1.3.2 能检查订单外包装情况，确保包装完整	1.3.1 订单信息核对知识 1.3.2 订单外包装检查基本要求
	1.4 接单后处理	1.4.1 能及时补录订单信息 1.4.2 能协调开具收据或发票 1.4.3 能与商户结清预付款 1.4.4 能对确认无误的物品进行接单并即刻上报网络平台	1.4.1 订单的补录 1.4.2 收据或发票的开具 1.4.3 预付款的结算
2. 订单配送	2.1 配送前准备	2.1.1 能及时与消费者取得联系，确认订单内容与地址 2.1.2 能按照类别分类存放物品 2.1.3 能按照接单顺序、物品特性和配送距离编排配送顺序	2.1.1 与消费者的联系与沟通 2.1.2 物品的分类及存放 2.1.3 订单接收与配送顺序的优化
	2.2 配送服务	2.2.1 能在规定时间内将配送物品送达消费者指定地点 2.2.2 能提示消费者验视并签收配送物品 2.2.3 能向消费者提供配送清单、发票等支付凭证 2.2.4 能在配送途中确保物品包装完整	2.2.1 配送服务相关知识 2.2.2 配送物品的验视与签收 2.2.3 配送清单与发票支付的相关要求 2.2.4 包装保护相关知识
	2.3 配送后处理	2.3.1 能在消费者确认物品无误后，在规定时间内上报网络平台 2.3.2 能将超时订单赔付情况上报网络平台	2.3.1 物品的确认 2.3.2 超时赔付相关知识

---

① 网络平台：互联网平台。

续表

职业功能	工作内容	技能要求	相关知识要求
3. 安全与质量管理	3.1 公共安全防护	3.1.1 能按照公共卫生防控要求做好个人卫生管理及安全防护 3.1.2 能确保订单货款安全	3.1.1 公共卫生安全知识 3.1.2 货款安全知识
	3.2 管理安全防护	3.2.1 能通过网络平台完成交通事故处理流程 3.2.2 能通过网络平台完成保险报案流程	3.2.1 交通事故处理流程要求 3.2.2 保险报案流程要求
4. 异常管理	4.1 客诉处理	4.1.1 能记录投诉与索赔信息 4.1.2 能向网络平台移交投诉与索赔信息	4.1.1 投诉与索赔信息的记录 4.1.2 投诉与索赔信息的移交
	4.2 异常订单处理	4.2.1 能及时识别订单异常情况 4.2.2 能将异常订单通过网络平台上报	4.2.1 异常订单的识别 4.2.2 异常订单的上报
	4.3 应急处理	4.3.1 能通过所处环境判断紧急情况 4.3.2 能及时上报配送过程中的突发事件	4.3.1 紧急情况的判断 4.3.2 突发事件的上报
5. 客户服务与开发	5.1 客户服务	5.1.1 能使用文明礼貌用语提供服务 5.1.2 能按平台要求在线完成客户服务	5.1.1 文明礼貌用语知识 5.1.2 在线客户服务知识
	5.2 客户维护	5.2.1 能满足客户在配送服务覆盖范围内的配送需求 5.2.2 能及时反馈客户提出的问题	5.2.1 客户配送需求相关知识 5.2.2 客户问题反馈的相关要求

3.2 四级/中级工

职业功能	工作内容	技能要求	相关知识要求
1. 订单接收与验视	1.1 接单前准备	1.1.1 能对配送车辆进行安全性检查 1.1.2 能操作不同配送模式下的常用配送装备 1.1.3 能根据城市热力图①选择配送区域	1.1.1 配送车辆的安全检查 1.1.2 配送装备的使用和维护要求 1.1.3 不同配送模式的装备要求 1.1.4 城市热力图的识别
	1.2 订单收取	1.2.1 能按照订单收取地点编排接收、配送顺序 1.2.2 能在规定时间内完成临时调度订单的收取	1.2.1 订单接收、配送顺序的编排 1.2.2 临时调度订单的收取
	1.3 订单核对	1.3.1 能识别限运品、禁运品 1.3.2 能对限运品、禁运品做限制配送和不能配送的说明	1.3.1 限运品、禁运品的识别 1.3.2 限运品、禁运品的配送
	1.4 接单后处理	1.4.1 能对疑似限运品、禁运品进行处理 1.4.2 能对调度订单进行交接与核对	1.4.1 疑似限运品、禁运品的处理 1.4.2 调度订单的交接与核对
2. 订单配送	2.1 配送前准备	2.1.1 能核对预付款和到付资费 2.1.2 能针对异常天气采取物品防护措施	2.1.1 预付款和到付资费的核对 2.1.2 物品防护相关知识
	2.2 配送服务	2.2.1 能收取预付款和到付资费 2.2.2 能完成调配订单配送	2.2.1 预付款和到付资费的结算 2.2.2 调配订单的配送
	2.3 配送后处理	2.3.1 能通过网络平台上报无法配送订单的信息 2.3.2 能按网络平台要求移交无法配送的订单 2.3.3 能按网络平台提供的调配清单复核配送信息	2.3.1 无法配送订单的上报 2.3.2 无法配送订单的移交 2.3.3 调配订单的复核

---

① 城市热力图：以特殊高亮的形式显示访客热衷的地理区域的图示。

续表

职业功能	工作内容	技能要求	相关知识要求
3. 安全与质量管理	3.1 公共安全防护	3.1.1 能按照配送员基本安全要求完成配送 3.1.2 能处理交通事故，并运用防御性驾驶技巧	3.1.1 配送员安全知识 3.1.2 交通事故的处理
	3.2 管理安全防护	3.2.1 能发现并上报入网食品安全隐患及问题 3.2.2 能保护客户隐私信息	3.2.1 入网食品的安全隐患 3.2.2 客户隐私信息的保护
4. 异常管理	4.1 客诉处理	4.1.1 能现场处理延误等简单配送服务问题 4.1.2 能向网络平台提交客诉反馈意见	4.1.1 延误等简单配送服务问题的现场处理 4.1.2 客诉反馈意见的提交
	4.2 异常订单处理	4.2.1 能处理配送延误、多次递送、消费者拒收、商品包装破损导致的配送异常 4.2.2 能处理地址错误、商品倾洒、漏送、消费者失联导致的配送异常	配送异常相关知识
	4.3 应急处理	4.3.1 能对可能发生的紧急情况（如商品存放、配送车辆状况等）进行应急准备 4.3.2 能对配送过程中出现的设备故障、客户间的冲突、交通事故、配送员身体状况等情况中的低风险突发事件进行处理	4.3.1 紧急情况的判定 4.3.2 低风险突发事件的处理
5. 客户服务与开发	5.1 客户服务	5.1.1 能在配送过程中与客户进行主动沟通 5.1.2 能满足客户个性化服务需求	5.1.1 与客户主动沟通的相关知识 5.1.2 客户个性化服务需求的相关知识
	5.2 客户维护	5.2.1 能根据客户特点进行拜访 5.2.2 能与客户维持关系	5.2.1 客户特点的分析 5.2.2 客户关系的维护

3.3 三级/高级工

职业功能	工作内容	技能要求	相关知识要求
1. 订单接收与验视	1.1 接单前准备	1.1.1 能对配送车辆问题进行处理 1.1.2 能制订排班计划并进行出勤管控	1.1.1 配送车辆问题的处理 1.1.2 排班计划的制订 1.1.3 出勤管控相关知识
	1.2 订单收取	1.2.1 能设计订单配送路线 1.2.2 能完成特殊物品订单的收取	1.2.1 订单配送路线的设计 1.2.2 特殊物品订单的收取
	1.3 订单核对	1.3.1 能根据特殊物品订单的配送要求进行验视 1.3.2 能根据验视情况提供配送建议	1.3.1 特殊物品订单的验视 1.3.2 配送建议相关知识
	1.4 接单后处理	1.4.1 能对特殊物品订单配送采取防护措施 1.4.2 能接收并调配多次调度订单	1.4.1 特殊物品的防护 1.4.2 多次调度订单的接收与调配
2. 订单配送	2.1 配送前准备	2.1.1 能完成配送区域内的运力检核 2.1.2 能根据订单需求调配人员和车辆	2.1.1 运力检核相关知识 2.1.2 运力调配相关知识
	2.2 配送服务	2.2.1 能根据城市热力图优化配送区域 2.2.2 能对配送订单进行调配	2.2.1 配送区域的优化 2.2.2 配送订单的调配
	2.3 配送后处理	2.3.1 能针对不满意订单进行跟踪 2.3.2 能处理投诉与索赔订单	2.3.1 订单的跟踪 2.3.2 投诉与索赔订单的处理
3. 安全与质量管理	3.1 公共安全防护	3.1.1 能对公共安全事件进行处理 3.1.2 能疏导配送员的心理健康问题	3.1.1 公共安全事件的处理 3.1.2 心理健康问题的疏导
	3.2 管理安全防护	3.2.1 能组织召开网约配送相关安全会议 3.2.2 能组织财产安全及伪钞鉴别培训	3.2.1 会议的筹备与召开 3.2.2 财产安全及伪钞鉴别知识

续表

职业功能	工作内容	技能要求	相关知识要求
4.异常管理	4.1 客诉处理	4.1.1 能现场处理涉及保险、保价、退款、货损等的投诉 4.1.2 能对退款、货损等情况提出赔偿解决方案	4.1.1 投诉处理相关知识 4.1.2 赔偿解决相关知识
	4.2 异常订单处理	4.2.1 能处理手机及配送车辆等设备故障、备用金不足、交通事故、订单量过多等原因导致的订单改派 4.2.2 能处理商户无法提供物品、消费者取消订单等客户原因导致的异常情况 4.2.3 能处理订单超区、价格异常等平台原因导致的异常情况	4.2.1 订单的改派 4.2.2 客户原因导致的异常情况 4.2.3 平台原因导致的异常情况
	4.3 应急处理	4.3.1 能对当场不能确定安全性的物品进行处置 4.3.2 能对配送过程中出现的设备故障、客户间的冲突、交通事故、配送员身体状况等情况中的中风险突发事件进行处理	4.3.1 不能确定安全性物品的处理 4.3.2 中风险突发事件的处理
5.客户服务与开发	5.1 客户服务	5.1.1 能根据订单配送情况的变化进行服务反馈 5.1.2 能监督、核检四级/中级工及以下级别人员的客户服务质量	5.1.1 针对订单配送情况变化进行的服务反馈 5.1.2 客户服务质量的核检
	5.2 客户开发	5.2.1 能向客户推荐配送服务和产品 5.2.2 能收集客户服务需求信息	5.2.1 配送服务和产品的推荐 5.2.2 客户服务需求信息的收集
	5.3 客户维护	5.3.1 能及时完成客户基本信息变更 5.3.2 能根据客户需求提出服务优化建议 5.3.3 能通过网络平台推送的方式联络客户	5.3.1 客户信息的变更 5.3.2 服务优化相关知识

续表

职业功能	工作内容	技能要求	相关知识要求
6. 管理培训	6.1 团队组建	6.1.1 能根据运力缺口制订团队组建人员需求方案 6.1.2 能根据需求方案组织人员招聘 6.1.3 能根据不同的配送形态制订效率管控方案	6.1.1 团队的组建 6.1.2 人员的招聘 6.1.3 效率管控相关知识
	6.2 培训指导	6.2.1 能组织四级/中级工及以下级别人员召开每日例会 6.2.2 能组织新入职人员进行岗前培训	6.2.1 岗前培训的组织 6.2.2 岗前培训相关内容准备

3.4 二级/技师

职业功能	工作内容	技能要求	相关知识要求
1. 安全与质量管理	1.1 数据整理与分析	1.1.1 能整理与分析城市热力图数据 1.1.2 能制作订单配送数据图表 1.1.3 能定期整理并分析评价信息	1.1.1 数据的整理与分析 1.1.2 订单配送数据图表的制作
	1.2 质量管理	1.2.1 能提供复杂配送方案 1.2.2 能根据配送环节的监督、检查、调配信息编制质量评价报告	1.2.1 复杂配送方案相关知识 1.2.2 配送业务的质量评价
2. 异常管理	2.1 客诉处理	2.1.1 能整理并分析客诉事件 2.1.2 能处理多方权责难以界定的复杂投诉问题	2.1.1 客诉事件的整理与分析 2.1.2 多方权责相关的投诉问题的处理
	2.2 异常处理	2.2.1 能处理即时运力不足导致的配送异常 2.2.2 能处理极端天气导致的配送异常 2.2.3 能处理严重交通事故、冲突等紧急事件导致的配送异常	配送异常的处理

续表

职业功能	工作内容	技能要求	相关知识要求
2.异常管理	2.3 应急处理	2.3.1 能对配送过程中出现的设备故障、客户间的冲突、交通事故、配送员身体状况等情况中的高风险突发事件进行处理 2.3.2 能指导三级/高级工及以下级别人员进行突发事件的处理	高风险突发事件的处理
3.客户服务与开发	3.1 客户开发	3.1.1 能根据客户服务需要制订营销方案 3.1.2 能根据营销方案挖掘潜在客户	3.1.1 营销方案的制订 3.1.2 潜在客户的挖掘
	3.2 客户维护	3.2.1 能进行客户满意度调查 3.2.2 能维护客户数据库	3.2.1 客户满意度调查 3.2.2 客户数据库维护
4.管理培训	4.1 团队组建	4.1.1 能建立绩效考核体系 4.1.2 能根据考核体系完善绩效考核办法	4.1.1 绩效考核体系的设计 4.1.2 绩效考核办法的完善
	4.2 服务管理	4.2.1 能依据日常运营情况进行管理 4.2.2 能制订运营效率提升方案	4.2.1 运营情况基本知识 4.2.2 运营效率提升方案的制订
	4.3 培训指导	4.3.1 能编制培训计划 4.3.2 能编写培训教材 4.3.3 能制定标准化职业规范及培训流程 4.3.4 能对三级/高级工及以下级别人员进行操作技能培训	4.3.1 培训计划的编制 4.3.2 培训教材的编写 4.3.3 标准化职业规范及培训流程的制定 4.3.4 操作技能的培训

3.5 一级/高级技师

职业功能	工作内容	技能要求	相关知识要求
1.安全与质量管理	1.1 数据整理与分析	1.1.1 能根据配送业务的特点及需求设计指标体系 1.1.2 能编制数据统计分析报表并撰写数据统计分析报告 1.1.3 能根据相关数据规划区域配送服务	1.1.1 配送业务指标体系的设计 1.1.2 数据统计分析报表的编制 1.1.3 数据统计分析报告的撰写 1.1.4 区域配送服务的规划

续表

职业功能	工作内容	技能要求	相关知识要求
1. 安全与质量管理	1.2 质量管理	1.2.1 能根据数据分析结果针对人员、区域范围、场地设备提出改进方案 1.2.2 能根据质量评价报告优化配送作业流程	1.2.1 配送方案的改进 1.2.2 配送作业流程的优化
2. 异常管理	2.1 客诉处理	2.1.1 能处理舆情风险类投诉问题 2.1.2 能定期制订客诉事件处理整改方案 2.1.3 能配合处理仲裁、诉讼等法律层面的客诉问题	2.1.1 舆情风险类投诉问题的处理 2.1.2 客诉事件处理整改方案的制订 2.1.3 法律层面客诉问题的处理
	2.2 异常处理	2.2.1 能总结和分析异常订单 2.2.2 能按照异常情况的类别分类编制处理解决办法	2.2.1 异常订单的总结和分析 2.2.2 异常情况分类处理解决办法的编制
	2.3 应急处理	2.3.1 能评估公共卫生事件、极端天气、交通事故等突发情况级别，并启动应急处理程序 2.3.2 能对配送过程中的突发事件提出应急预案 2.3.3 能指导二级/技师及以下级别人员进行突发事件处理	2.3.1 应急处理程序的启动 2.3.2 应急预案的制定
3. 客户服务与开发	3.1 客户开发	3.1.1 能根据市场需求变化制订营销方案 3.1.2 能组织营销活动	3.1.1 营销方案的制订 3.1.2 营销活动的组织
	3.2 客户维护	3.2.1 能建立客户信息动态调整机制 3.2.2 能制订客户关系管理方案	3.2.1 客户信息动态调整机制的建立 3.2.2 客户关系管理方案的制订
4. 管理培训	4.1 服务管理	4.1.1 能制订并完善配送业务相关规章制度 4.1.2 能根据相关数据分析业务发展趋势	4.1.1 配送业务相关规章制度的制订 4.1.2 业务发展趋势的分析

续表

职业功能	工作内容	技能要求	相关知识要求
4. 管理培训	4.2 培训指导	4.2.1 能审核并修改培训计划及培训教材 4.2.2 能对二级/技师及以下级别人员进行操作技能培训	培训计划及培训教材的审核、修改

4. 权重表

4.1 理论知识权重表

项目		技能等级	五级/初级工（%）	四级/中级工（%）	三级/高级工（%）	二级/技师（%）	一级/高级技师（%）
基本要求		职业道德	5	5	5	5	5
		基础知识	15	15	15	5	5
相关知识要求		订单接收与验视	15	15	10	—	—
		订单配送	20	20	15	—	—
		安全与质量管理	15	15	15	20	20
		异常管理	20	20	20	30	30
		客户服务与开发	10	10	10	20	20
		管理培训	—	—	10	20	20
		合计	100	100	100	100	100

4.2 技能要求权重表

项目		技能等级	五级/初级工（%）	四级/中级工（%）	三级/高级工（%）	二级/技师（%）	一级/高级技师（%）
技能要求		订单接收与验视	20	20	15	—	—
		订单配送	25	25	15	—	—
		安全与质量管理	20	20	20	25	25
		异常管理	25	25	25	30	30
		客户服务与开发	10	10	15	25	25
		管理培训	—	—	10	20	20
		合计	100	100	100	100	100

建筑信息模型技术员国家职业技能标准

（2021年版）

1. 职业概况

1.1 职业名称

建筑信息模型技术员①

1.2 职业编码

4—08—08—23②

1.3 职业定义

利用计算机软件进行工程实践过程中的模拟建造，以改进其全过程中工程工序的技术人员。

1.4 职业技能等级

本职业共设五个等级，分别为：五级/初级工、四级/中级工、三级/高级工、二级/技师、一级/高级技师。

本职业五级/初级工、四级/中级工、一级/高级技师不分方向，三级/高级工、二级/技师分为建筑工程、机电工程、装饰装修工程、市政工程、公路工程、铁路工程六个方向。

1.5 职业环境条件

室内、外，采光和照明良好。

1.6 职业能力特征

具有一定的逻辑思维和计算能力，具有一定的学习、沟通、分析和解决问题的能力，具有一定的计算机操作能力。

1.7 普通受教育程度

高中毕业（或同等学力）。

---

① 本职业分为建筑工程、机电工程、装饰装修工程、市政工程、公路工程、铁路工程六个方向。
② 依据《中华人民共和国职业分类大典（2022年版）》调整。

1.8 培训参考学时

五级/初级工 80 标准学时，四级/中级工 100 标准学时，三级/高级工 120 标准学时，二级/技师 100 标准学时，一级/高级技师 80 标准学时。

1.9 职业技能鉴定要求

1.9.1 申报条件

具备以下条件之一者，可申报五级/初级工：

(1) 累计从事本职业工作 1 年（含）以上。

(2) 本职业学徒期满。

具备以下条件之一者，可申报四级/中级工：

(1) 取得本职业五级/初级工职业资格证书（技能等级证书）后，累计从事本职业工作 1 年（含）以上。

(2) 累计从事本职业工作 2 年（含）以上。

(3) 取得技工学校本专业或相关专业①毕业证书（含尚未取得毕业证书的在校应届毕业生）；或取得经评估论证、以中级技能为培养目标的中等及以上职业学校本专业或相关专业毕业证书（含尚未取得毕业证书的在校应届毕业生）；或取得大专及以上本专业或相关专业毕业证书（含尚未取得毕业证书的在校应届毕业生）。

具备以下条件之一者，可申报三级/高级工：

(1) 取得本职业四级/中级工职业资格证书（技能等级证书）后，累计从事本职业工作 1 年（含）以上。

(2) 取得本职业四级/中级工职业资格证书（技能等级证书），并具有高级技工学校、技师学院毕业证书（含尚未取得毕业证书的在校应届毕业生）；或取得本职业四级/中级工职业资格证书（技能等级证书），并具有经评估论证、以高级技能为培养目标的高等职业学校本专业或相关专业毕业证书（含尚未取得毕业证书的在校应届毕业生）。

(3) 取得本职业四级/中级工职业资格证书（技能等级证书），并具有大专及以上本专业或相关专业毕业证书（含尚未取得毕业证书的在校应届毕业生）。

具备以下条件者，可申报二级/技师：

取得本职业三级/高级工职业资格证书（技能等级证书）后，累计从事本职业工作 1 年（含）以上。

具备以下条件者，可申报一级/高级技师：

---

① 相关专业：建筑学、建筑施工、土木工程、工业与民用建筑、给排水、工程管理、建筑工程（管理）、建筑经济管理、工程监理、工程造价、建筑工程预决算、公路与城市道路工程、交通土建工程、机场建设、地下工程、城市地下空间工程、工业与民用建筑工程、建筑环境与设备工程、房屋建筑工程、建筑设计（技术）、城镇建设、建筑工程技术、建筑施工技术、水利水电建筑工程、建筑装饰工程技术、室内设计技术、历史建筑保护工程、基础工程技术、建筑设备工程技术、市政工程（技术）、消防工程（技术）、空调工程、（城市）燃气工程、供热工程、公路施工与养护、桥梁施工与养护、铁路施工与养护、城乡规划、风景园林、环境设计、交通工程、岩土工程、公路隧道工程、桥梁与隧道工程、道路与铁道工程、勘查技术与工程、建筑电气与智能化、楼宇智能化工程等。

取得本职业二级/技师职业资格证书（技能等级证书）后，累计从事本职业工作 2 年（含）以上。

1.9.2 鉴定方式

分为理论知识考试、技能考核以及综合评审。理论知识考试以笔试、机考等方式为主，主要考核从业人员从事本职业应掌握的基本要求和相关知识要求；技能考核主要采用现场操作方式进行，主要考核从业人员从事本职业应具备的技能水平；综合评审主要针对高级技师，通常采取审阅申报材料、答辩等方式进行全面评议和审查。

理论知识考试、技能考核和综合评审均实行百分制，成绩皆达 60 分（含）以上者为合格。

1.9.3 监考人员、考评人员与考生配比

理论知识考试中的监考人员与考生配比不低于 1∶15，且每个考场不少于 2 名监考人员；技能考核中的考评人员与考生配比不低于 1∶15，且每个考场考评人员为 3 人（含）以上单数；综合评审委员为 3 人（含）以上单数。

1.9.4 鉴定时间

理论知识考试时间不少于 60 min，技能考核时间不少于 120 min，综合评审时间不少于 30 min。

1.9.5 鉴定场所设备

理论知识考试及技能考核在配备符合相应等级考核需要的设备（计算机等）、工具（建筑信息模型软件等）系统、网络环境等条件的教室、实训场所或线上平台进行。

2. 基本要求

2.1 职业道德

2.1.1 职业道德基本知识

2.1.2 职业守则

(1) 遵纪守法，爱岗敬业。
(2) 诚实守信，认真严谨。
(3) 尊重科学，精益求精。
(4) 团结合作，勇于创新。
(5) 终身学习，奉献社会。

2.2 基础知识

2.2.1 制图基础知识

（1）制图相关的国家标准及行业标准。
（2）正投影、轴测投影、透视投影的相关知识及形体表示方法。
（3）工程图纸的识读方法。

2.2.2 建筑信息模型基础知识

（1）建筑信息模型概念及应用现状。
（2）建筑信息模型的特点、作用及价值。
（3）建筑信息模型应用软硬件及分类。
（4）项目各阶段建筑信息模型应用。
（5）建筑信息模型应用工作组织与流程。

2.2.3 相关法律、法规知识

（1）《中华人民共和国劳动法》相关知识。
（2）《中华人民共和国建筑法》相关知识。
（3）《中华人民共和国招标投标法》相关知识。

3. 工作要求

本标准对五级/初级工、四级/中级工、三级/高级工、二级/技师、一级/高级技师的技能要求和相关知识要求依次递进，高级别涵盖低级别的要求。

本职业五级/初级工、四级/中级工、一级/高级技师不分方向，三级/高级工、二级/技师分为A、B、C、D、E、F六个方向。其中，A为建筑工程，B为机电工程，C为装饰装修工程，D为市政工程，E为公路工程，F为铁路工程。工作内容中标注A、B、C、D、E、F的，根据相应方向进行选考，未标注的为共同考核项。

3.1 五级/初级工

职业功能	工作内容	技能要求	相关知识要求
1. 项目准备	1.1 建模环境设置	1.1.1 能根据实际项目要求，区分出不同类型的建筑信息模型软件 1.1.2 能识别建筑信息模型软件的授权及注册情况	1.1.1 建筑信息模型软件分类知识 1.1.2 建筑信息模型软件授权及注册情况查看方法

续表

职业功能	工作内容	技能要求	相关知识要求
1. 项目准备	1.2 建模准备	1.2.1 能应用已设置好的模型视图及视图样板 1.2.2 能解读实施方案并及时反馈问题 1.2.3 能解读建模规则并及时反馈问题	1.2.1 项目样板要求 1.2.2 实施方案要求 1.2.3 建模规则要求
2. 模型创建与编辑	2.1 模型浏览	2.1.1 能在平面、立面、剖面、三维等视图下查看模型 2.1.2 能对整体或局部模型进行转动、平移、缩放、剖切等操作 2.1.3 能通过不同视点浏览模型 2.1.4 能隐藏、隔离模型构件 2.1.5 能整合、查看链接的相关专业模型	2.1.1 各视图下查看模型方法 2.1.2 模型构件隐藏、隔离方法 2.1.3 链接模型查看方法
	2.2 模型编辑	2.2.1 能查看各类图元属性 2.2.2 能对各类图元进行移动、复制、旋转、镜像、删除等操作 2.2.3 能调整项目信息、单位等参数	2.2.1 图元属性查看方法 2.2.2 图元属性编辑与修改方法
3. 模型注释与出图	3.1 标注	3.1.1 能查看不同类型标注，如长度、角度、高程等 3.1.2 能创建简单的长度、角度、高程标注 3.1.3 能调整标注的字体、大小、颜色等显示样式	3.1.1 相关专业制图尺寸标注知识 3.1.2 标注查看方法 3.1.3 标注创建与编辑方法
	3.2 标记	3.2.1 能查看不同类型标记与注释 3.2.2 能对模型构件添加注释和云线批注等标记	3.2.1 标记查看方法 3.2.2 标记创建与编辑方法

续表

职业功能	工作内容	技能要求	相关知识要求
4. 协同工作平台应用与管理	4.1 资料管理	4.1.1 能通过平台客户端或移动端上传、下载文件 4.1.2 能通过平台客户端或移动端查看文件 4.1.3 能创建新文件夹并分类管理文件	4.1.1 平台资料管理模块使用方法 4.1.2 资料管理知识
	4.2 模型管理	4.2.1 能通过平台客户端或移动端查看模型及构件属性 4.2.2 能通过平台客户端或移动端进行模型的转动、平移、缩放、剖切等操作 4.2.3 能通过平台客户端或移动端测量及标注模型 4.2.4 能通过平台客户端或移动端按报审流程提交模型	4.2.1 平台模型管理模块使用方法 4.2.2 模型测量及标注方法 4.2.3 模型管理知识
	4.3 进度管理	4.3.1 能将进度计划导入平台 4.3.2 能将进度计划与模型关联	4.3.1 平台进度管理模块使用方法 4.3.2 进度管理知识
	4.4 成本管理	4.4.1 能将造价信息导入平台 4.4.2 能将造价信息与模型关联	4.4.1 平台成本管理模块使用方法 4.4.2 成本管理知识
	4.5 质量管理	4.5.1 能使用文字、图片、语音、视频、附件和与之关联的模型构件对质量问题进行描述 4.5.2 能通过移动端将现场发现的质量问题上传至平台	4.5.1 平台质量管理模块使用方法 4.5.2 质量管理知识
	4.6 安全管理	4.6.1 能使用文字、图片、语音、视频、附件和与之关联的模型构件对安全问题进行描述 4.6.2 能通过移动端将现场发现的安全问题上传至平台	4.6.1 平台安全管理模块使用方法 4.6.2 安全管理知识

职业功能	工作内容	技能要求	相关知识要求
5.成果输出	5.1 模型保存	5.1.1 能使用建筑信息模型建模软件保存模型文件 5.1.2 能使用建筑信息模型协同工作平台和建筑信息模型建模软件输出不同格式的模型文件	5.1.1 模型文件保存方法 5.1.2 平台及建筑信息模型建模软件输出不同格式模型文件的方法
	5.2 图纸创建	5.2.1 能查看建筑信息模型建模软件创建的图纸 5.2.2 能对查看的图纸进行保存 5.2.3 能在建筑信息模型建模软件内重新命名创建的图纸并增加备注信息	5.2.1 图纸查看方法 5.2.2 图纸名称及备注信息修改方法
	5.3 效果展现	5.3.1 能直接查看渲染图和漫游动画 5.3.2 能使用建筑信息模型软件打开已完成的渲染或漫游文件查看局部细节	5.3.1 渲染图和漫游动画查看方法 5.3.2 使用建筑信息模型建模软件查看渲染和漫游的方法

3.2 四级/中级工

职业功能	工作内容	技能要求	相关知识要求
1.项目准备	1.1 建模环境设置	1.1.1 能独立安装、卸载建筑信息模型建模软件 1.1.2 能设置建筑信息模型建模软件的授权配置 1.1.3 能选择并使用建筑信息模型建模软件中的样板文件 1.1.4 能使用建筑信息模型建模软件添加项目信息 1.1.5 能使用建筑信息模型建模软件设置项目基本参数 1.1.6 能使用建筑信息模型建模软件设置单位及比例 1.1.7 能使用建筑信息模型建模软件设置基准点	1.1.1 建筑信息模型建模软件安装知识 1.1.2 建筑信息模型建模软件授权配置方法 1.1.3 项目样板使用方法 1.1.4 项目基本参数设置方法

续表

职业功能	工作内容	技能要求	相关知识要求
1. 项目准备	1.2 建模准备	1.2.1 能解读项目建模流程 1.2.2 能按照建模规则确定建模精度和建模协同方式 1.2.3 能解读并整理建模所需图纸	1.2.1 交付成果要求 1.2.2 建模流程要求 1.2.3 建模规则要求 1.2.4 建模图纸识别及整理方法
2. 模型创建与编辑	2.1 创建基准图元	2.1.1 能使用建筑信息模型建模软件创建标高、轴网等空间定位图元 2.1.2 能使用建筑信息模型建模软件创建参照点、参照线、参照平面等参照图元	2.1.1 相关专业制图基本知识 2.1.2 建模规则要求 2.1.3 基准图元创建方法
	2.2 创建模型构件	2.2.1 能使用建筑信息模型建模软件创建建筑物、构筑物各类别模型构件（如墙体、楼板、楼梯、屋顶、门窗、栏杆、扶手、结构柱、梁、基础、承台、桁架、钢筋、预留孔洞、管道、风管、桥架、弯头、变径连接件、阀门、饰面板、吊顶、玻璃幕墙、构造节点、龙骨、家具、地形表面、盖梁、箱梁、道路垫层、路堤、桥墩、隧道、站台、衬砌、标线、护栏、钢轨、扣件等），精度满足初步设计要求 2.2.2 能为模型构件设置长度、高度等几何信息 2.2.3 能为模型构件添加材质、标识等非几何信息	2.2.1 相关专业制图基本知识 2.2.2 建模规则要求 2.2.3 相关专业基础知识 2.2.4 精度满足初步设计要求的相关专业模型构件创建方法
	2.3 模型浏览	2.3.1 能过滤、筛分模型构件并浏览各类别模型 2.3.2 能设置、切换多窗口形式浏览并对比模型 2.3.3 能通过视觉样式、详细程度及视图样板的应用，控制模型的显示样式	2.3.1 通过过滤、筛分查看模型构件的方法 2.3.2 多窗口浏览、对比查看模型的方法

续表

职业功能	工作内容	技能要求	相关知识要求
2.模型创建与编辑	2.4 模型编辑	2.4.1 能对各类图元属性进行选择与定义 2.4.2 能对各类图元属性进行编辑与修改 2.4.3 能对各类图元进行对齐、偏移、修剪、延伸、拆分等操作 2.4.4 能正确调整各类图元的连接关系	2.4.1 图元属性选择与定义要求 2.4.2 图元属性编辑与修改方法
3.模型注释与出图	3.1 标注	3.1.1 能使用建筑信息模型建模软件创建长度、角度、高程等不同类型的标注 3.1.2 能使用建筑信息模型建模软件对图形、样式等不同标注类型样式进行编辑与修改	3.1.1 相关专业制图尺寸标注知识 3.1.2 标注类型及标注样式设定方法 3.1.3 标注创建与编辑方法
	3.2 标记	3.2.1 能使用建筑信息模型建模软件对构件类别进行标记 3.2.2 能使用建筑信息模型建模软件对构件材质进行标记 3.2.3 能使用建筑信息模型建模软件对构件属性进行标记 3.2.4 能使用建筑信息模型建模软件对构件添加文字注释 3.2.5 能使用建筑信息模型建模软件对构件添加详图注释	3.2.1 标记类型及标记样式设定方法 3.2.2 标记创建与编辑方法
	3.3 创建视图	3.3.1 能使用和编辑视图样板 3.3.2 能创建平面视图 3.3.3 能创建立面视图 3.3.4 能创建剖面视图 3.3.5 能创建三维视图	3.3.1 相关专业制图基本知识 3.3.2 视图创建方法
4.成果输出	4.1 模型保存	4.1.1 能使用建筑信息模型建模软件保存或另存模型文件 4.1.2 能使用建筑信息模型建模软件输出不同格式的模型文件	4.1.1 模型文件保存或另存方法 4.1.2 使用建筑信息模型建模软件输出不同格式模型文件的方法

续表

职业功能	工作内容	技能要求	相关知识要求
4. 成果输出	4.2 图纸创建	4.2.1 能在图纸中设置图层、线型、文字样式等内容 4.2.2 能通过提取模型中的构件属性创建构件属性表 4.2.3 能编辑与修改构件属性表 4.2.4 能按照相关专业需求布置视图 4.2.5 能布置构件属性表 4.2.6 能使用建筑信息模型建模软件添加及修改图框 4.2.7 能设置图纸的显示范围、显示内容 4.2.8 能设置图纸的相关属性	4.2.1 相关专业制图基本知识 4.2.2 图纸布局要求 4.2.3 图纸样式要求 4.2.4 图纸创建方法
	4.3 效果展现	4.3.1 能使用建筑信息模型建模软件进行模型渲染和漫游 4.3.2 能使用建筑信息模型建模软件输出渲染图和漫游动画	4.3.1 使用建筑信息模型建模软件创建渲染和漫游的方法 4.3.2 使用建筑信息模型建模软件输出渲染和漫游的方法

3.3 三级/高级工

职业功能	工作内容	技能要求	相关知识要求
1. 项目准备	1.1 建模环境设置	1.1.1 能根据建筑信息模型建模要求选择合适的软硬件 1.1.2 能独立解决建筑信息模型建模软件安装过程中的问题 1.1.3 能提出样板文件设置需求	1.1.1 建筑信息模型建模软硬件选择方法 1.1.2 建筑信息模型建模软件安装出现问题的解决方法 1.1.3 项目样板设置方法
	1.2 建模准备	1.2.1 能针对建模流程提出改进建议 1.2.2 能解读建模规则并提出改进建议 1.2.3 能审核相关专业建模图纸并反馈图纸问题	1.2.1 交付成果要求 1.2.2 建模流程要求 1.2.3 建模规则要求 1.2.4 建模图纸审核方法

续表

职业功能	工作内容		技能要求	相关知识要求
2. 模型创建与编辑	2.1 创建基准图元		2.1.1 能根据专业需求创建符合要求的标高、轴网等空间定位图元 2.1.2 能根据创建自定义构件库要求熟练创建参照点、参照线、参照平面等参照图元	2.1.1 相关专业制图基本知识 2.1.2 建模规则要求 2.1.3 基准图元类型选择与创建方法
	2.2 创建模型构件	A	2.2.1 能使用建筑信息模型建模软件创建建筑专业模型构件（如墙体、门窗、幕墙、建筑柱、建筑楼板、天花板、屋顶、楼梯、坡道、台阶、栏杆、扶手等），精度满足施工图设计及深化设计要求 2.2.2 能使用建筑信息模型建模软件创建结构专业模型构件（如结构柱、结构墙、梁、结构板、基础、承台、桁架、网壳、预制楼梯、预制叠合板、钢筋、预留孔洞等），精度满足施工图设计及深化设计要求	2.2.1 建筑工程制图基本知识 2.2.2 建筑工程建模规则要求 2.2.3 建筑专业知识 2.2.4 结构专业知识 2.2.5 精度满足施工图设计及深化设计要求的土建专业模型构件创建方法
		B	2.2.1 能使用建筑信息模型建模软件创建机电各系统管路模型构件（如管道、风管、电缆桥架、管件、阀门、仪表、喷头等），精度满足施工图设计及深化设计要求 2.2.2 能使用建筑信息模型建模软件创建机电各系统设备模型构件（如风机、消火栓、电气机柜等），精度满足施工图设计及深化设计要求	2.2.1 机电工程制图基本知识 2.2.2 机电工程建模规则要求 2.2.3 给排水专业知识 2.2.4 暖通专业知识 2.2.5 电气专业知识 2.2.6 精度满足施工图设计及深化设计要求的机电专业模型构件创建方法

续表

职业功能	工作内容		技能要求	相关知识要求
2. 模型创建与编辑	2.2 创建模型构件	C	2.2.1 能使用建筑信息模型建模软件创建楼地面和门窗模型构件（如整体面层、块料面层、木地板、楼梯踏步、踢脚板、成品门窗套、成品门窗等），完成楼地面饰面层排版，精度满足施工图设计及深化设计要求 2.2.2 能使用建筑信息模型建模软件创建吊顶模型构件（如纸面石膏板、金属板、木质吊顶、吊顶伸缩缝、阴角凹槽构造节点、检修口、空调风口、喷淋、烟感等），完成吊顶饰面板排版、内部支撑结构定位排布，精度满足施工图设计及深化设计要求 2.2.3 能使用建筑信息模型建模软件创建饰面模型构件（如轻质隔墙饰面板、纸面石膏板、木龙骨木饰面板、玻璃隔墙、活动隔墙、各类饰面砖设备设施安装收口、壁纸、壁布等），完成饰面板排版、支撑结构定位排布，精度满足施工图设计及深化设计要求 2.2.4 能使用建筑信息模型建模软件创建幕墙模型构件（如玻璃幕墙、石材幕墙、金属幕墙、玻璃雨檐、天窗、幕墙设备设施安装收口等），精度满足施工图设计及深化设计要求 2.2.5 能使用建筑信息模型建模软件创建家具及各类装饰模型构件(如固定家具、活动家具、淋浴房、洗脸盆、地漏、橱柜、抽油烟机、装饰线条等），精度满足施工图设计及深化设计要求	2.2.1 装饰装修工程制图基本知识 2.2.2 装饰装修工程建模规则要求 2.2.3 装饰装修专业知识 2.2.4 精度满足施工图设计及深化设计要求的装饰装修专业模型构件创建方法

续表

职业功能	工作内容		技能要求	相关知识要求
2.模型创建与编辑	2.2 创建模型构件	D	2.2.1 能使用建筑信息模型建模软件创建道路专业模型构件（如机动车道、非机动车道、人行道、挡墙、护栏、雨水口、标志、标线、标牌等），精度满足施工图设计及深化设计要求 2.2.2 能使用建筑信息模型建模软件创建桥涵专业模型构件（如桩、承台、立柱、盖梁、箱梁、钢梁、支座、垫石、伸缩缝等），精度满足施工图设计及深化设计要求 2.2.3 能使用建筑信息模型建模软件创建隧道专业模型构件（如组成坡面防护结构、隧道内防排水、洞门结构、明洞结构、支护、衬砌、隧道基底等模型的构件），精度满足施工图设计及深化设计要求 2.2.4 能使用建筑信息模型建模软件创建地下管网专业模型构件（如给水管道、雨水管道、污水管道、消防管道、燃气管道、供热管道、电力管道、通信管道等），精度满足施工图设计及深化设计要求	2.2.1 市政工程制图基本知识 2.2.2 市政工程建模规则要求 2.2.3 道路专业知识 2.2.4 桥涵专业知识 2.2.5 隧道专业知识 2.2.6 管道专业知识 2.2.7 精度满足施工图设计及深化设计要求的市政专业模型构件创建方法

续表

职业功能	工作内容		技能要求	相关知识要求
2. 模型创建与编辑	2.2 创建模型构件	E	2.2.1 能使用建筑信息模型建模软件创建公路路线专业模型构件（如路堤、路堑、边坡、道路垫层、基层、面层、排水沟、边沟等），精度满足施工图设计及深化设计要求 2.2.2 能使用建筑信息模型建模软件创建桥涵专业模型构件（如桩、承台、立柱、盖梁、箱梁、钢梁、支座、垫石、伸缩缝等），精度满足施工图设计及深化设计要求 2.2.3 能使用建筑信息模型建模软件创建隧道专业模型构件（如组成坡面防护结构、隧道内防排水、洞门结构、明洞结构、支护、衬砌、隧道基底等模型的构件），精度满足施工图设计及深化设计要求 2.2.4 能使用建筑信息模型建模软件创建交通安全专业模型构件（如标线、标志、标牌、交通信号灯、护栏、路灯、人行横道等），精度满足施工图设计及深化设计要求	2.2.1 公路工程制图基本知识 2.2.2 公路工程建模规则要求 2.2.3 道路专业知识 2.2.4 桥涵专业知识 2.2.5 隧道专业知识 2.2.6 交通安全专业知识 2.2.7 精度满足施工图设计及深化设计要求的公路专业模型构件创建方法
		F	2.2.1 能使用建筑信息模型建模软件创建铁路站前工程各专业模型构件（如组成线路、桥梁、隧道、路基、站场、轨道等模型的构件），精度满足施工图设计及深化设计要求 2.2.2 能使用建筑信息模型建模软件创建铁路站后工程各专业模型构件（如组成接触网、牵引变电、电力、通信、信号、信息、自然灾害及异物侵限监测、土地利用、景观、综合维修工务设备、给排水、机务、车辆设备等模型的构件），精度满足施工图设计及深化设计要求	2.2.1 铁路工程制图基本知识 2.2.2 铁路工程信息模型表达标准 2.2.3 铁路站前工程各专业知识 2.2.4 铁路站后工程各专业知识 2.2.5 精度满足施工图设计及深化设计要求的铁路专业模型构件创建方法

续表

职业功能	工作内容	技能要求	相关知识要求
2.模型创建与编辑	2.3 创建自定义参数化图元	2.3.1 能根据参数化构件用途选择和定义图元的类型 2.3.2 能创建用于辅助参数定位的参照图元 2.3.3 能运用参数化建模命令创建子构件图元 2.3.4 能对自定义参数化构件添加合适的参数 2.3.5 能删除自定义参数化构件的参数 2.3.6 能将自定义构件的形体尺寸、材质等信息与添加的参数关联 2.3.7 能通过改变参数取值获取所需的图元实例 2.3.8 能保存创建好的自定义参数化图元 2.3.9 能在正确位置创建构件连接件并使其尺寸与构件参数关联 2.3.10 能在项目模型中使用自定义参数化图元	2.3.1 相关专业制图基本知识 2.3.2 建模规则要求 2.3.3 相关专业基础知识 2.3.4 相关专业自定义参数化图元创建方法
3.模型更新与协同	3.1 模型更新	3.1.1 能根据设计变更方案在建筑信息模型建模软件中确定模型变更位置 3.1.2 能在变更位置根据设计变更方案对模型进行修改并形成新版模型	3.1.1 模型变更位置确定方法 3.1.2 模型更新完善方法
	3.2 模型协同	3.2.1 能通过链接方式完成专业模型的创建与修改 3.2.2 能导入和链接建模图纸 3.2.3 能对链接的模型、图纸进行删除、卸载等操作 3.2.4 能对同一专业多个拆分模型进行协同及整合 3.2.5 能对多个不同专业模型进行协同及整合	3.2.1 模型链接方法 3.2.2 模型协同及整合方法

续表

职业功能	工作内容	技能要求	相关知识要求
4. 模型注释与出图	4.1 标注	4.1.1 能定义不同的标注类型 4.1.2 能定义标注类型中的文字和图形的显示样式	4.1.1 相关专业制图尺寸标注知识 4.1.2 相关专业图样规定 4.1.3 标注类型和样式的设定方法 4.1.4 标注创建与编辑方法
	4.2 标记	4.2.1 能定义不同的标记与注释类型 4.2.2 能定义标记与注释类型中的文字和图形的显示样式	4.2.1 相关专业图样规定 4.2.2 标记类型和样式的设定方法 4.2.3 标记创建与编辑方法
	4.3 创建视图	4.3.1 能定义项目使用的视图样板 4.3.2 能设置平面视图的显示样式及相关参数 4.3.3 能设置立面视图的显示样式及相关参数 4.3.4 能设置剖面视图的显示样式及相关参数 4.3.5 能设置三维视图的显示样式及相关参数	4.3.1 相关专业制图基本知识 4.3.2 视图显示样式及相关参数设置方法
5. 成果输出	5.1 模型保存	5.1.1 能根据生成模型文件的软件版本选择合适版本的建筑信息模型建模软件打开模型 5.1.2 能按照建模规则及成果要求使用建筑信息模型建模软件保存模型文件 5.1.3 能按照成果要求使用建筑信息模型建模软件输出不同格式的模型文件	5.1.1 不同软件版本模型打开方法 5.1.2 符合建模规则及成果要求的模型文件保存方法 5.1.3 使用建筑信息模型建模软件按成果要求输出不同格式模型文件的方法
	5.2 图纸创建	5.2.1 能定义满足专业图纸规范的图层、线型、文字样式等内容 5.2.2 能创建相关专业图纸样板	5.2.1 相关专业制图基本知识 5.2.2 图纸布局要求 5.2.3 图纸样式要求

续表

职业功能	工作内容	技能要求	相关知识要求
5. 成果输出	5.3 效果展现	5.3.1 能使用建筑信息模型建模软件对模型进行精细化渲染及漫游 5.3.2 能使用建筑信息模型建模软件输出精细化渲染图及漫游动画	5.3.1 使用建筑信息模型建模软件创建高质量渲染和漫游的方法 5.3.2 使用建筑信息模型建模软件输出高质量渲染图和漫游动画的方法
	5.4 文档输出	5.4.1 能辅助编制碰撞检查报告、实施方案、建模标准等技术文件 5.4.2 能编制建筑信息模型建模汇报资料	5.4.1 工程项目建设专业知识 5.4.2 建筑信息模型建模汇报资料编制要求
6. 培训与指导	6.1 培训	6.1.1 能对四级/中级工及以下级别人员进行建筑信息模型建模培训 6.1.2 能制订建筑信息模型建模培训方案和计划 6.1.3 能编写建筑信息模型建模培训大纲和教材	6.1.1 建筑信息模型建模培训方案和计划的制订方法 6.1.2 建筑信息模型建模培训大纲和教材的编写要求
	6.2 指导	6.2.1 能指导四级/中级工完成建筑信息模型建模软件安装 6.2.2 能指导四级/中级工编制相关技术文件 6.2.3 能指导四级/中级工梳理工作内容及要求 6.2.4 能评估四级/中级工的学习效果	6.2.1 培训质量管理知识 6.2.2 培训效果评估方法

3.4 二级/技师

职业功能	工作内容	技能要求	相关知识要求
1. 项目准备	1.1 建模环境设置	1.1.1 能根据建筑信息模型应用要求选择合适的软硬件 1.1.2 能独立安装建筑信息模型应用软件 1.1.3 能独立解决建筑信息模型应用软件安装过程中的问题	1.1.1 建筑信息模型应用软硬件选择方法 1.1.2 建筑信息模型应用软件安装知识 1.1.3 建筑信息模型应用软件安装出现问题的解决方法

续表

职业功能	工作内容	技能要求	相关知识要求
1. 项目准备	1.2 建模准备	1.2.1 能参与制定建模流程 1.2.2 能参与制定建模规则 1.2.3 能查找并解决建模图纸存在的问题	1.2.1 交付成果要求 1.2.2 建模流程制定方法 1.2.3 建模规则制定方法 1.2.4 建模图纸审核方法
2. 模型创建与编辑	2.1 创建自定义参数化图元	2.1.1 能创建形体复杂的自定义参数化图元 2.1.2 能创建功能复杂的自定义参数化图元 2.1.3 能分辨自定义参数化图元的参数类型、参数变化形式，并解决参数化自定义过程中的各种问题 2.1.4 能规划、组织、创建自定义参数化构件库	2.1.1 相关专业制图基本知识 2.1.2 建模规则要求 2.1.3 相关专业基础知识 2.1.4 相关专业自定义参数化图元创建方法 2.1.5 相关专业自定义参数化图元创建过程中出现问题的解决方法 2.1.6 自定义参数化构件库创建方法
	2.2 模型编辑	2.2.1 能对既有复杂参数化构件进行功能扩展 2.2.2 能对参数化构件中的参数进行编辑与修改 2.2.3 能对参数化构件进行批量或整体添加参数、设置材质、连接、替换等操作	2.2.1 既有参数化构件参数编辑与修改方法 2.2.2 参数化构件编辑方法
3. 模型更新与协同	3.1 模型更新	3.1.1 能使用建筑信息模型应用软件对模型进行冲突性及合规性检查 3.1.2 能根据检查结果对模型进行更新、完善，形成新版模型	3.1.1 模型检查方法 3.1.2 模型更新、完善方法
	3.2 模型协同	3.2.1 能根据项目类型选择合适的模型协同方式 3.2.2 能利用建筑信息模型协同软件对同一专业多个拆分模型进行协同及整合 3.2.3 能利用建筑信息模型协同软件对多个不同专业模型进行协同及整合	3.2.1 模型协同方法 3.2.2 模型整合方法

续表

职业功能	工作内容		技能要求	相关知识要求
4.专业应用	4.1 设计阶段应用	A	4.1.1 能使用建筑信息模型应用软件配合建筑师进行建筑造型、空间分析及效果图制作等可视化方案比选 4.1.2 能使用建筑信息模型应用软件配合建筑师进行风环境模拟、日照模拟、疏散模拟等性能分析 4.1.3 能使用建筑信息模型应用软件配合结构工程师进行结构设计 4.1.4 能使用建筑信息模型应用软件进行建筑、结构专业图模审查，并编写图纸和模型问题报告及专业间碰撞报告 4.1.5 能使用建筑信息模型应用软件核查预留孔洞位置和大小是否与机电管线相符 4.1.6 能使用建筑信息模型应用软件配合结构工程师和造价工程师进行限额设计、工程量统计等成本控制 4.1.7 能使用建筑信息模型应用软件配合结构工程师进行装配式建筑预制构件的深化设计 4.1.8 能基于专业模型进行设计交底	4.1.1 建筑信息模型技术标准 4.1.2 建筑设计专业知识 4.1.3 结构设计专业知识 4.1.4 建筑与结构设计建筑信息模型应用要点

续表

职业功能	工作内容		技能要求	相关知识要求
4. 专业应用	4.1 设计阶段应用	B	4.1.1 能使用建筑信息模型应用软件配合机电各专业设计师进行可视化方案比选，制作渲染图，进行相关能耗、冷热负荷、管道压力、建筑热工等分析和通风等模拟 4.1.2 能使用建筑信息模型应用软件检查机电各专业间碰撞及机电与土建专业碰撞（软碰撞、硬碰撞） 4.1.3 能使用建筑信息模型应用软件核查预留孔洞位置和大小是否与机电管线相符 4.1.4 能使用建筑信息模型应用软件进行管线综合优化，并核查管线走向、管线避让、管线间距、安装空间、运维空间、管线拆分的合理性 4.1.5 能使用建筑信息模型应用软件核查室内净高是否满足建筑使用要求 4.1.6 能基于专业模型进行设计交底	4.1.1 建筑信息模型技术标准 4.1.2 机电设计专业知识 4.1.3 机电设计建筑信息模型应用要点
		C	4.1.1 能使用建筑信息模型应用软件配合设计师深化初步设计成果，解决施工中的技术措施、工艺做法和用料问题 4.1.2 能使用建筑信息模型应用软件配合设计师进行可视化方案比选，完成装饰造型及装修效果图制作 4.1.3 能在初步设计模型基础上，进一步细化并创建关键部位构造节点 4.1.4 能将装饰模型与土建、机电等相关专业模型整合，进行碰撞检查及净空优化，从而形成装饰施工图设计模型 4.1.5 能基于装饰施工图设计模型生成施工图，输出主材统计表、工程量清单，并辅助造价工程师完成工程预算 4.1.6 能基于专业模型进行设计交底	4.1.1 建筑信息模型技术标准 4.1.2 装饰装修设计专业知识 4.1.3 装饰装修设计建筑信息模型应用要点

续表

职业功能	工作内容		技能要求	相关知识要求
4. 专业应用	4.1 设计阶段应用	D	4.1.1 能使用建筑信息模型应用软件展示项目整体或局部设计方案 4.1.2 能使用建筑信息模型应用软件分阶段模拟管线搬迁 4.1.3 能使用建筑信息模型应用软件分阶段模拟施工过程中的道路保通过程，检查方案可行性 4.1.4 能使用建筑信息模型应用软件检查设计存在的碰撞问题 4.1.5 能基于专业模型进行设计交底	4.1.1 建筑信息模型技术标准 4.1.2 市政设计专业知识 4.1.3 市政设计建筑信息模型应用要点
		E	4.1.1 能使用建筑信息模型应用软件对公路地形及周边环境进行地势分析 4.1.2 能使用建筑信息模型应用软件配合相关专业人员进行交通流量、视距、日照等分析和可视化方案比选，并输出相关分析结果 4.1.3 能使用建筑信息模型应用软件配合结构工程师进行结构设计 4.1.4 能使用建筑信息模型应用软件核查路线平纵要素、起始桩号、断链的准确性 4.1.5 能配合设计师运用模型优化并展示方案 4.1.6 能使用建筑信息模型应用软件估算项目工程量 4.1.7 能基于专业模型进行设计交底	4.1.1 建筑信息模型技术标准 4.1.2 公路设计专业知识 4.1.3 公路设计建筑信息模型应用要点

续表

职业功能	工作内容		技能要求	相关知识要求
4. 专业应用	4.1 设计阶段应用	F	4.1.1 能使用建筑信息模型应用软件进行可视化方案比选，制作效果图 4.1.2 能使用建筑信息模型应用软件配合结构工程师进行结构设计 4.1.3 能使用建筑信息模型应用软件进行冲突检查，编写图纸和模型问题报告及专业间碰撞报告 4.1.4 能根据线路设计规范及线路技术参数要求，配合线路专业相关人员选取简单合理的线路方案 4.1.5 能使用建筑信息模型应用软件估算项目工程量 4.1.6 能基于专业模型进行设计交底	4.1.1 铁路工程信息模型表达标准 4.1.2 铁路设计专业知识 4.1.3 铁路工程设计信息模型应用要点
	4.2 施工阶段应用	A	4.2.1 能使用建筑信息模型应用软件进行可视化施工交底 4.2.2 能使用建筑信息模型应用软件进行节点深化设计、二次结构深化设计等土建深化设计 4.2.3 能使用建筑信息模型应用软件辅助计算和统计土方开挖及回填工程量 4.2.4 能使用建筑信息模型应用软件进行施工场地布置 4.2.5 能使用建筑信息模型应用软件辅助统计施工工程量 4.2.6 能使用建筑信息模型应用软件对砌筑墙体进行排砖模拟 4.2.7 能使用建筑信息模型应用软件进行土建施工工序模拟，并配合现场工程师进行工序合理性验证，优化进度计划 4.2.8 能使用建筑信息模型应用软件进行装配式建筑预制构件安装模拟 4.2.9 能使用建筑信息模型应用软件制作施工模拟动画	4.2.1 建筑信息模型技术标准 4.2.2 土建工程施工专业知识 4.2.3 土建工程施工建筑信息模型应用要点

续表

职业功能	工作内容		技能要求	相关知识要求
4.专业应用	4.2 施工阶段应用	B	4.2.1 能使用建筑信息模型应用软件进行可视化施工交底 4.2.2 能使用建筑信息模型应用软件进行机电深化设计，根据施工现场要求完善机电管线及末端模型 4.2.3 能使用建筑信息模型应用软件生成综合平面图、单专业平面图、剖面视图、三维视图等机电深化图纸 4.2.4 能使用建筑信息模型应用软件生成构件加工图纸 4.2.5 能使用建筑信息模型应用软件辅助统计施工工程量 4.2.6 能根据实际施工条件，利用建筑信息模型应用软件进行施工阶段机电管线排布 4.2.7 能使用建筑信息模型应用软件制作施工模拟动画	4.2.1 建筑信息模型技术标准 4.2.2 机电工程施工专业知识 4.2.3 机电工程施工建筑信息模型应用要点
		C	4.2.1 能使用建筑信息模型应用软件进行可视化施工交底 4.2.2 能使用建筑信息模型应用软件和相关的硬件设备进行施工现场测量，获取相关数据，并与设计数据进行比对，为创建深化设计模型提供原始数据 4.2.3 能使用建筑信息模型应用软件创建装饰施工样板，进行饰面排版 4.2.4 能使用建筑信息模型应用软件辅助统计施工工程量 4.2.5 能使用建筑信息模型应用软件进行装配式内装预制件预拼装模拟 4.2.6 能使用建筑信息模型应用软件制作施工模拟动画	4.2.1 建筑信息模型技术标准 4.2.2 装饰装修工程施工专业知识 4.2.3 装饰装修工程施工建筑信息模型应用要点

续表

职业功能	工作内容		技能要求	相关知识要求
4. 专业应用	4.2 施工阶段应用	D	4.2.1 能使用建筑信息模型应用软件进行可视化施工交底 4.2.2 能使用建筑信息模型应用软件辅助计算和统计土方开挖及回填工程量 4.2.3 能使用建筑信息模型应用软件进行施工场地布置 4.2.4 能使用建筑信息模型应用软件辅助统计施工工程量 4.2.5 能使用建筑信息模型应用软件制作施工模拟动画	4.2.1 建筑信息模型技术标准 4.2.2 市政工程施工专业知识 4.2.3 市政工程施工建筑信息模型应用要点
		E	4.2.1 能使用建筑信息模型应用软件进行可视化施工交底 4.2.2 能使用建筑信息模型应用软件进行施工场地布置 4.2.3 能使用建筑信息模型应用软件完成边坡防护、路基填筑等重难点施工方案和施工工艺的可视化模拟 4.2.4 能使用建筑信息模型应用软件完成道路土方量、桥梁工程量计算 4.2.5 能使用建筑信息模型应用软件制作施工模拟动画	4.2.1 建筑信息模型技术标准 4.2.2 公路工程施工专业知识 4.2.3 公路工程施工建筑信息模型应用要点
		F	4.2.1 能使用建筑信息模型应用软件进行可视化施工交底 4.2.2 能使用建筑信息模型应用软件辅助计算和统计土方开挖及回填工程量 4.2.3 能使用建筑信息模型应用软件进行施工场地布置 4.2.4 能结合施工现场实际情况，基于设计阶段模型进行深化设计	4.2.1 铁路工程信息模型表达标准 4.2.2 铁路工程施工专业知识 4.2.3 铁路工程施工信息模型应用要点

续表

职业功能	工作内容		技能要求	相关知识要求
4. 专业应用	4.2 施工阶段应用	F	4.2.5 能使用建筑信息模型应用软件进行施工方案、施工工序、施工工艺三维可视化模拟 4.2.6 能使用建筑信息模型应用软件辅助统计施工工程量 4.2.7 能使用建筑信息模型应用软件制作施工模拟动画	
	4.3 运维阶段应用		4.3.1 能创建竣工模型 4.3.2 能使用建筑信息模型应用软件添加设备采购信息、制造信息、维保信息、空间位置信息等运维信息 4.3.3 能向运维管理平台传输相关运维信息	4.3.1 建筑信息模型技术标准 4.3.2 运维建筑信息模型应用要点
5. 成果输出	5.1 效果展现		5.1.1 能使用建筑信息模型效果表现类软件进行精细化渲染及漫游 5.1.2 能使用建筑信息模型效果表现类软件输出精细化渲染图及漫游动画	5.1.1 使用建筑信息模型效果表现类软件创建高质量渲染和漫游的方法 5.1.2 使用建筑信息模型效果表现类软件输出高质量渲染图和漫游动画的方法
	5.2 文档输出		5.2.1 能编制碰撞检查报告、图纸问题报告、净高分析报告等技术文件 5.2.2 能编制建筑信息模型应用汇报资料	5.2.1 建筑信息模型技术标准 5.2.2 建筑信息模型应用汇报资料编制要求
6. 培训与指导	6.1 培训		6.1.1 能对三级/高级工及以下级别人员进行建筑信息模型应用培训 6.1.2 能制订建筑信息模型应用培训方案和计划 6.1.3 能编写建筑信息模型应用培训大纲和教材 6.1.4 能审核建筑信息模型建模培训方案和计划 6.1.5 能审核建筑信息模型建模培训大纲和教材	6.1.1 建筑信息模型应用培训方案和计划的制订方法 6.1.2 建筑信息模型应用培训大纲和教材的编写要求 6.1.3 建筑信息模型建模培训方案和计划的审核知识 6.1.4 建筑信息模型建模培训大纲和教材的审核知识

续表

职业功能	工作内容	技能要求	相关知识要求
6. 培训与指导	6.2 指导	6.2.1 能指导三级/高级工完成建筑信息模型应用软件安装 6.2.2 能指导三级/高级工编制相关技术文件 6.2.3 能指导三级/高级工梳理工作内容及要求 6.2.4 能评估三级/高级工的学习效果	6.2.1 培训质量管理知识 6.2.2 培训效果评估方法

3.5 一级/高级技师

职业功能	工作内容	技能要求	相关知识要求
1. 专业应用	1.1 设计阶段应用	1.1.1 能规划设计阶段的总体应用目标和范围 1.1.2 能组织人员实施设计阶段专业应用 1.1.3 能审核二级/技师设计阶段专业应用成果 1.1.4 能解决设计阶段应用过程中出现的问题	1.1.1 建筑信息模型技术标准 1.1.2 项目设计建筑信息模型应用要点 1.1.3 设计阶段建筑信息模型应用审核知识
	1.2 施工阶段应用	1.2.1 能规划施工阶段的总体应用目标和范围 1.2.2 能组织人员实施施工阶段专业应用 1.2.3 能审核二级/技师施工阶段专业应用成果 1.2.4 能解决施工阶段应用过程中出现的问题	1.2.1 建筑信息模型技术标准 1.2.2 项目施工建筑信息模型应用要点 1.2.3 施工阶段建筑信息模型应用审核知识
	1.3 运维阶段应用	1.3.1 能规划运维阶段的总体应用目标和范围 1.3.2 能组织人员实施运维阶段专业应用 1.3.3 能审核二级/技师运维阶段专业应用成果 1.3.4 能解决运维阶段应用过程中出现的问题	1.3.1 建筑信息模型技术标准 1.3.2 项目运维建筑信息模型应用要点 1.3.3 运维阶段建筑信息模型应用审核知识

续表

职业功能	工作内容	技能要求	相关知识要求
2.协同工作平台应用与管理	2.1 平台管理	2.1.1 能依据不同阶段、不同参与方的建筑信息模型应用要求选择合理的平台 2.1.2 能制定平台中的进度、成本、质量、安全、物资等管理流程 2.1.3 能建立组织架构，进行人员角色管理，并根据用户角色分配平台权限	2.1.1 项目管理知识 2.1.2 人员角色与权限管理知识
	2.2 平台应用	2.2.1 能在设计、施工、运维阶段组织各参与方通过平台协同工作 2.2.2 能通过平台查看、分析、审核项目的进度、成本、质量、安全等数据，为项目决策提供支持	2.2.1 平台使用方法 2.2.2 项目管理知识
3.实施策划	3.1 需求分析	3.1.1 能根据项目类型确定建筑信息模型应用重难点 3.1.2 能根据建筑信息模型应用要求选择合适的软硬件 3.1.3 能提出项目不同阶段建筑信息模型应用需求 3.1.4 能预测建筑信息模型应用投入产出比及综合效益 3.1.5 能分析建筑信息模型应用成熟度	3.1.1 建筑信息模型技术标准 3.1.2 需求分析方法
	3.2 实施方案策划	3.2.1 能审核建模标准、交付标准等项目标准 3.2.2 能合理制定建模、应用流程 3.2.3 能根据项目需求设计人员组织架构并合理安排人员 3.2.4 能合理制定人员权责分配矩阵 3.2.5 能制定模型质量管理要求 3.2.6 能制订建筑信息模型执行计划	3.2.1 技术文件编制规范 3.2.2 项目管理要点

续表

职业功能	工作内容	技能要求	相关知识要求
4.成果输出	4.1 效果展现	4.1.1 能审核二级/技师提交的专业应用成果 4.1.2 能整合项目的效果展现成果 4.1.3 能根据效果展现成果进行汇报与宣传	4.1.1 效果展现成果审核知识 4.1.2 效果展现成果汇报要求
	4.2 文档输出	4.2.1 能审核二级/技师提交的各项技术文件 4.2.2 能审核二级/技师提交的相关汇报资料 4.2.3 能编制实施方案策划、标准等技术文件 4.2.4 能编制实施成果汇报文件	4.2.1 技术文件审核知识 4.2.2 实施成果汇报文件编制规范
5.培训与指导	5.1 培训	5.1.1 能对二级/技师及以下级别人员进行建筑信息模型管理培训 5.1.2 能制订建筑信息模型管理培训方案和计划 5.1.3 能编写建筑信息模型管理培训大纲和教材 5.1.4 能审核建筑信息模型应用培训方案和计划 5.1.5 能审核建筑信息模型应用培训大纲和教材	5.1.1 建筑信息模型管理培训方案和计划的制订方法 5.1.2 建筑信息模型管理培训大纲和教材的编写要求 5.1.3 建筑信息模型应用培训方案和计划的审核知识 5.1.4 建筑信息模型应用培训大纲和教材的审核知识
	5.2 指导	5.2.1 能指导项目团队实施建筑信息模型执行计划 5.2.2 能指导二级/技师编制相关技术文件 5.2.3 能指导二级/技师梳理工作内容及要求 5.2.4 能评估二级/技师的学习效果	5.2.1 培训质量管理知识 5.2.2 培训效果评估方法

4. 权重表

4.1 理论知识权重表

项目		技能等级	五级/初级工（%）	四级/中级工（%）	三级/高级工（%）	二级/技师（%）	一级/高级技师（%）
基本要求	职业道德		5	5	5	5	5
	基础知识		20	20	20	20	20
相关知识要求	项目准备		5	5	5	5	—
	模型创建与编辑		15	50	35	10	—
	模型更新与协同		—	—	10	10	—
	模型注释与出图		15	10	10	—	—
	专业应用		—	—	—	35	10
	协同工作平台应用与管理		30	—	—	—	20
	实施策划		—	—	—	—	25
	成果输出		10	10	10	10	10
	培训与指导		—	—	5	5	10
合计			100	100	100	100	100

4.2 技能要求权重表

项目		技能等级	五级/初级工（%）	四级/中级工（%）	三级/高级工（%）	二级/技师（%）	一级/高级技师（%）
技能要求	项目准备		5	5	5	5	—
	模型创建与编辑		20	75	50	20	—
	模型更新与协同		—	—	20	10	—
	模型注释与出图		20	10	10	—	—
	专业应用		—	—	—	50	20
	协同工作平台应用与管理		40	—	—	—	35
	实施策划		—	—	—	—	25
	成果输出		15	10	10	10	10
	培训与指导		—	—	5	5	10
合计			100	100	100	100	100

鉴定估价师（机动车鉴定评估师）国家职业技能标准

（2021年版）

1. 职业概况

1.1 职业（工种）名称

鉴定估价师（机动车鉴定评估师）

1.2 职业编码

4—05—04—02[①]

1.3 职业（工种）定义

从事机动车技术状况鉴定和价值评估、机动车质量与技术鉴定等工作的人员。

1.4 职业技能等级

本职业（工种）共设四个等级，分别为：四级/中级工、三级/高级工、二级/技师、一级/高级技师。

1.5 职业环境条件

室内、外，常温。

1.6 职业能力特征

具有一定学习、计算能力，较强的分析、判断和表达能力，色觉正常，具有一定的空间感，手指、手臂灵活，动作协调。

1.7 普通受教育程度

高中毕业（或同等学力）。

1.8 培训参考学时

四级/中级工不少于160标准学时，三级/高级工不少于120标准学时，二级/技师、一级/高级技师不少于100标准学时。

---

① 依据《中华人民共和国职业分类大典（2022年版）》调整。

1.9 职业技能鉴定要求

1.9.1 申报条件

持有 C1（含）以上机动车驾驶证，并具备以下条件之一者，可申报四级/中级工：

（1）取得相关职业①五级/初级工职业资格证书（技能等级证书）后，累计从事本职业工作 3 年（含）或相关职业工作 4 年（含）以上。

（2）累计从事本职业工作 5 年（含）或相关职业工作 6 年（含）以上。

（3）取得技工学校相关专业②毕业证书（含尚未取得毕业证书的在校应届毕业生）；或取得经评估论证、以中级技能为培养目标的中等及以上职业学校相关专业③毕业证书（含尚未取得毕业证书的在校应届毕业生）。

（4）取得大专及以上相关专业④毕业证书（含尚未取得毕业证书的在校应届毕业生）；或取得大专及以上非相关专业毕业证书，累计从事本职业工作 1 年（含）或相关职业工作 2 年（含）以上。

持有 C1（含）以上机动车驾驶证，并具备以下条件之一者，可申报三级/高级工：

（1）取得本职业或相关职业四级/中级工职业资格证书（技能等级证书）后，累计从事本职业工作 4 年（含）或相关职业工作 5 年（含）以上。

（2）取得本职业或相关职业四级/中级工职业资格证书（技能等级证书），并具有高级技工学校、技师学院毕业证书（含尚未取得毕业证书的在校应届毕业生）；或取得本职业或相关职业四级/中级工职业资格证书（技能等级证书），并具有经评估论证、以高级技能为培养目标的高等职业学校相关专业毕业证书（含尚未取得毕业证书的在校应届毕业生）。

（3）具有大专及以上相关专业毕业证书，并取得本职业或相关职业四级/中级工职业资格证书（技能等级证书）后，累计从事本职业工作 1 年（含）或相关职业工作 2 年（含）以上；或具有大专及以上非相关专业毕业证书，并取得本职业或相关职业四级/中级工职业资格证书（技能等级证书）后，累计从事本职业工作 2 年（含）或相关职业工作 3 年（含）以上。

持有 C1（含）以上机动车驾驶证，并具备以下条件之一者，可申报二级/技师：

---

① 相关职业：汽车维修工、机动车检测工、汽车装调工、汽车回收拆解工、农机修理工、工程机械维修工、工程机械装配调试工、摩托车修理工、摩托车装调工、二手车经纪人，下同。

② 相关专业：汽车维修、汽车电器维修、汽车钣金与涂装、汽车装饰与美容、汽车检测、汽车营销、工程机械运用与维修、新能源汽车检测与维修、汽车技术服务与营销、汽车保险理赔与评估、汽车制造与装配、新能源汽车制造与装配、汽车驾驶、起重装卸机械操作与维修、智能网联汽车技术应用、农业机械使用与维护，下同。

③ 相关专业：汽车运用与维修、汽车服务与营销、汽车车身维修、汽车美容与装潢、新能源汽车运用与维修、交通工程机械运用与维修、汽车制造与检测、新能源汽车制造与检测、汽车电子技术应用、工业产品质量检测技术、机电技术应用、计量测试与应用技术，下同。

④ 相关专业：高等职业学校专科汽车技术服务与营销、汽车检测与维修技术、新能源汽车检测与维修技术、工业产品质量检测技术、内燃机制造与应用技术、汽车制造与试验技术、新能源汽车技术、汽车电子技术、智能网联汽车技术、汽车造型与改装技术、智能工程机械运用技术、汽车智能技术、司法鉴定技术专业；高等职业学校本科汽车工程技术、新能源汽车工程技术、智能网联汽车工程技术、汽车服务工程技术专业；普通高等学校本科车辆工程、汽车服务工程、汽车维修工程教育、智能车辆工程、新能源汽车工程、交通运输、农业机械化及其自动化、能源与动力工程专业，下同。

（1）取得本职业或相关职业三级/高级工职业资格证书（技能等级证书）后，累计从事本职业工作 3 年（含）或相关职业工作 4 年（含）以上。

（2）取得本职业或相关职业三级/高级工职业资格证书（技能等级证书）的高级技工学校、技师学院毕业生，累计从事本职业工作 2 年（含）或相关职业工作 3 年（含）以上；或取得相关职业预备技师证书的技师学院毕业生，累计从事本职业工作 1 年（含）或相关职业工作 2 年（含）以上。

（3）取得本职业或相关职业三级/高级工职业资格证书（技能等级证书）的大专及以上相关专业毕业生，累计从事本职业工作 2 年（含）或相关职业工作 3 年（含）以上。

持有 C1（含）以上机动车驾驶证，并具备以下条件之一者，可申报一级/高级技师：

（1）取得本职业或相关职业二级/技师职业资格证书（技能等级证书）后，累计从事本职业工作 4 年（含）以上。

（2）取得本职业三级/高级工职业资格证书后，累计从事本职业工作 8 年（含）以上。

1.9.2 鉴定方式

分为理论知识考试、技能考核以及综合评审。理论知识考试以笔试、机考等方式为主，主要考核从业人员从事本职业应掌握的基本要求和相关知识要求；技能考核主要采用现场操作、模拟操作等方式进行，主要考核从业人员从事本职业应具备的技能水平；综合评审主要针对技师和高级技师，通常采取审阅申报材料、答辩等方式进行全面评议和审查。

理论知识考试、技能考核和综合评审均实行百分制，成绩皆达 60 分（含）以上者为合格。

1.9.3 监考人员、考评人员与考生配比

理论知识考试中的监考人员与考生配比不低于 1∶15，且每个考场不少于 2 名监考人员；技能考核中的考评人员与考生配比为 1∶5，且考评人员为 3 人（含）以上单数；综合评审委员为 3 人（含）以上单数。

1.9.4 鉴定时间

理论知识考试时间不少于 90 min；技能考核时间：四级/中级工、三级/高级工不少于 90 min，二级/技师、一级/高级技师不少于 120 min；综合评审时间不少于 30 min。

1.9.5 鉴定场所设备

理论知识考试在标准教室、计算机教室进行。技能考核应在光线充足、通风条件良好、安全措施完善并具有监控设备的厂房或场地进行，以真实生产设备为主的考场，人均使用面积不低于 8 m^2（不含设备占地）；以模拟仿真设备为主的考场，人均使用面积不低于 4 m^2（不含设备占地）；鉴定设备、工具、量具等须满足不少于 4 人同时进行考核。

2. 基本要求

2.1 职业道德

2.1.1 职业道德基本知识

2.1.2 职业守则

(1) 遵纪守法，廉洁自律。
(2) 诚实守信，规范服务。
(3) 客观独立，公正科学。
(4) 爱岗敬业，保守秘密。
(5) 操作规范，保证安全。
(6) 团队合作，开拓创新。

2.2 基础知识

2.2.1 测量与计量常识

(1) 计量基础知识。
(2) 测量与误差知识。

2.2.2 机动车常用材料

(1) 机动车常用金属与非金属材料的种类、性能及应用。
(2) 机动车用燃料、润滑油（脂）的功用、种类、牌号及识别。
(3) 机动车用工作液的功用、种类、规格、性能及识别。
(4) 机动车轮胎的规格、分类及选用。

2.2.3 机动车的结构与工作原理

(1) 机动车的分类、编号和车辆识别代号（VIN）。
(2) 机动车的总体构造、原理、技术参数和性能指标。
(3) 机动车发动机的结构与工作原理。
(4) 机动车底盘的结构与工作原理。
(5) 机动车车身及其附件的结构与作用。
(6) 机动车电器与电子设备的结构与工作原理。
(7) 新能源车辆动力驱动系统的结构与工作原理。

2.2.4 机动车使用与检测维修基本知识

(1) 机动车的技术状况与使用寿命。
(2) 机动车的使用性能及评价指标。
(3) 机动车安全技术与环保检测的内容与技术要求。

(4) 机动车维修的分类、维修工艺与技术要求。

2.2.5 机动车价值评估基础

(1) 机动车鉴定评估要素。
(2) 机动车鉴定评估流程。
(3) 机动车技术状况鉴定。
(4) 机动车鉴定评估方法。
(5) 机动车鉴定评估报告的撰写。

2.2.6 事故车辆损失鉴定评估基础

(1) 事故车辆损伤分析。
(2) 事故车辆修复技术。
(3) 事故车辆损失鉴定评估方法。
(4) 事故车辆损失鉴定评估报告的撰写。

2.2.7 机动车技术鉴定基础

(1) 机动车技术鉴定的定义和分类。
(2) 机动车技术鉴定方法。
(3) 机动车技术鉴定流程。
(4) 机动车技术鉴定意见书的撰写。

2.2.8 安全生产与环境保护知识

(1) 劳动保护知识。
(2) 消防安全知识。
(3) 安全管理知识。
(4) 环境保护知识。

2.2.9 相关法律、法规与标准知识

(1)《中华人民共和国民法典》相关知识。
(2)《中华人民共和国劳动法》相关知识。
(3)《中华人民共和国安全生产法》相关知识。
(4)《中华人民共和国产品质量法》相关知识。
(5)《中华人民共和国计量法》相关知识。
(6)《中华人民共和国道路交通安全法》相关知识。
(7)《中华人民共和国资产评估法》相关知识。
(8)《中华人民共和国价格法》相关知识。
(9)《中华人民共和国保险法》相关知识。
(10)《特种设备安全监察条例》相关知识。

(11)《机动车维修管理规定》相关知识。

(12)《机动车登记规定》相关知识。

(13)《机动车强制报废标准规定》相关知识。

(14)《二手车流通管理办法》相关知识。

(15)《农业机械运行安全技术条件》(GB 16151)相关知识。

(16)《机动车运行安全技术条件》(GB 7258)相关知识。

(17)《机动车安全技术检验项目和方法》(GB 38900)相关知识。

(18)《二手车鉴定评估技术规范》(GB/T 30323)相关知识。

(19)《场(厂)内机动车辆安全检验技术要求》(GB/T 16178)相关知识。

(20)《道路车辆 车辆识别代号(VIN)》(GB 16735)相关知识。

(21)《事故汽车修复技术规范》(JT/T 795)相关知识。

(22)《中华人民共和国机动车号牌》(GA 36)相关知识。

(23)其他相关法律、法规与标准知识。

3. 工作要求

本标准对四级/中级工、三级/高级工、二级/技师、一级/高级技师的技能要求和相关知识要求依次递进,高级别涵盖低级别的要求。

3.1 四级/中级工

职业功能	工作内容	技能要求	相关知识要求
1. 手续检查	1.1 接受委托	1.1.1 能介绍机动车鉴定评估程序与方法 1.1.2 能签订机动车鉴定评估委托书(合同) 1.1.3 能拟定机动车鉴定评估方案	1.1.1 社交礼仪 1.1.2 机动车鉴定评估程序与方法 1.1.3 委托书(合同)的格式与内容 1.1.4 鉴定评估方案制定方法
	1.2 核查证件、税费	1.2.1 能识别机动车手续真伪及有效性 1.2.2 能确认机动车所有权人及评估委托人身份的合法性 1.2.3 能采集被评估车辆手续信息	1.2.1 机动车手续的种类 1.2.2 机动车手续真伪及有效性鉴别方法 1.2.3 机动车所有权人及评估委托人身份合法性的确定依据 1.2.4 车辆手续信息采集的内容与方法

续表

职业功能	工作内容	技能要求	相关知识要求
2. 技术状况鉴定	2.1 静态检查	2.1.1 能鉴别机动车的合法性 2.1.2 能静态检查发动机的技术状况 2.1.3 能静态检查底盘的技术状况 2.1.4 能静态检查车身及其附件的技术状况 2.1.5 能静态检查常规电器与电子设备的技术状况 2.1.6 能鉴别碰撞事故车	2.1.1 机动车合法性检查的内容与方法 2.1.2 发动机静态检查的内容与方法 2.1.3 底盘静态检查的内容与方法 2.1.4 车身及其附件静态检查的内容与方法 2.1.5 常规电器与电子设备技术状况静态检查的内容与方法 2.1.6 碰撞事故车的鉴别方法
	2.2 动态检查	2.2.1 能路试检查发动机的技术状况 2.2.2 能路试检查底盘的技术状况 2.2.3 能路试检查车身及其附件的技术状况 2.2.4 能路试检查常规电器与电子设备的技术状况 2.2.5 能进行路试后的检查	2.2.1 发动机技术状况路试检查的内容与方法 2.2.2 底盘技术状况路试检查的内容与方法 2.2.3 车身及其附件技术状况路试检查的内容与方法 2.2.4 常规电器与电子设备技术状况路试检查的内容与方法 2.2.5 路试后检查的内容与方法
	2.3 技术状况综合评定	2.3.1 能识读机动车安全、环保技术性能检测报告 2.3.2 能确定机动车的技术状况等级	2.3.1 机动车安全、环保技术性能检测报告的内容与合格评定要求 2.3.2 机动车技术状况评定方法、标准与要求
3. 价值评估	3.1 整车价值评估	3.1.1 能根据评估目的选择评估方法 3.1.2 能评估机动车（含新能源车辆）整车价值 3.1.3 能撰写机动车整车价值鉴定评估报告 3.1.4 能归档机动车整车价值鉴定评估报告	3.1.1 评估方法的分类与选用 3.1.2 现行市价法、重置成本法、收益现值法、清算价格法的评估流程与计算方法 3.1.3 鉴定评估报告的基本要求、主要内容与撰写方法 3.1.4 鉴定评估报告的归档要求与方法

续表

职业功能	工作内容	技能要求	相关知识要求
3. 价值评估	3.2 事故车辆损失评估	3.2.1 能填写事故车辆损伤诊断单 3.2.2 能确定事故车辆损伤等级 3.2.3 能确定更换配件项目、维修项目及价格 3.2.4 能计算维修费用 3.2.5 能评估损坏配件残值 3.2.6 能撰写事故车辆损失鉴定评估报告	3.2.1 事故车辆损伤诊断单的内容与填写方法 3.2.2 事故车辆损伤等级评定方法与技术要求 3.2.3 配件修换原则 3.2.4 配件价格确定方法 3.2.5 维修费用计算方法 3.2.6 损坏配件残值评估方法 3.2.7 事故车辆损失鉴定评估报告撰写方法
4. 认证与营销	4.1 二手车认证	4.1.1 能按二手车认证流程检查车辆 4.1.2 能撰写二手车认证报告	4.1.1 二手车认证流程 4.1.2 二手车认证报告撰写方法
	4.2 二手车营销	4.2.1 能确定二手车收购价格 4.2.2 能确定二手车置换价格 4.2.3 能确定二手车拍卖底价	4.2.1 二手车收购定价方法 4.2.2 二手车置换定价方法 4.2.3 二手车拍卖底价计算方法

3.2 三级/高级工

职业功能	工作内容	技能要求	相关知识要求
1. 技术状况鉴定	1.1 静态检查	1.1.1 能鉴别进口机动车的合法性 1.1.2 能静态检查机动车特殊电器与电子设备的技术状况 1.1.3 能静态检查专项作业车的技术状况 1.1.4 能鉴别泡水车、火烧车	1.1.1 进口机动车合法性鉴别方法 1.1.2 特殊电器与电子设备的功能与使用方法 1.1.3 专项作业车技术状况静态检查的内容与方法 1.1.4 泡水车、火烧车的鉴别方法
	1.2 动态检查	1.2.1 能路试检查机动车主动安全系统的技术状况 1.2.2 能路试检查专项作业车的技术状况	1.2.1 机动车主动安全系统技术状况路试检查的内容与方法 1.2.2 专项作业车技术状况路试检查的内容与方法

续表

职业功能	工作内容	技能要求	相关知识要求
1. 技术状况鉴定	1.3 技术状况综合评定	1.3.1 能确定机动车技术状况 1.3.2 能进行道路运输车辆技术等级合格评定	1.3.1 机动车技术状况评定内容与评定要求 1.3.2 道路运输车辆技术等级评定内容与评定要求
2. 故障判断	2.1 发动机机械故障判断	能判断发动机常见机械故障	发动机常见机械故障现象与判断方法
	2.2 底盘机械故障判断	能判断底盘常见机械故障	底盘常见机械故障现象与判断方法
	2.3 车身及附件机械故障判断	能判断车身及附件常见机械故障	车身及附件常见机械故障现象与判断方法
	2.4 电器与电子设备故障判断	2.4.1 能判断发动机电器与电子设备常见故障 2.4.2 能判断底盘电器与电子设备常见故障 2.4.3 能判断车身电器与电子设备常见故障	2.4.1 发动机电器与电子设备常见故障现象与判断方法 2.4.2 底盘电器与电子设备常见故障现象与判断方法 2.4.3 车身电器与电子设备常见故障现象与判断方法
3. 价值评估	3.1 整车价值评估	能审核整车价值鉴定评估报告	整车价值鉴定评估报告审核要求
	3.2 事故车辆损失评估	3.2.1 能确定新能源车辆更换配件项目、维修项目及其价格 3.2.2 能计算新能源车辆维修费用 3.2.3 能评估事故车辆整车与未损坏配件残值 3.2.4 能评估事故车辆贬值损失 3.2.5 能审核事故车辆损失鉴定评估报告	3.2.1 新能源车辆配件修换原则 3.2.2 事故车辆整车与未损坏配件残值评估方法 3.2.3 事故车辆贬值损失评估方法 3.2.4 事故车辆损失鉴定评估报告审核方法
	3.3 停运损失评估	3.3.1 能评估机动车停运损失 3.3.2 能撰写机动车停运损失鉴定评估报告	3.3.1 机动车停运损失评估方法 3.3.2 机动车停运损失鉴定评估报告撰写方法

续表

职业功能	工作内容	技能要求	相关知识要求
4.认证与营销	4.1 二手车认证	4.1.1 能审核二手车认证报告 4.1.2 能优化和改进二手车认证流程	二手车认证报告审核要求
	4.2 二手车营销	4.2.1 能审核二手车收购、置换、拍卖价格 4.2.2 能进行二手车销售定价 4.2.3 能组织实施二手车认证	4.2.1 二手车收购、置换、拍卖定价方法 4.2.2 二手车销售定价方法
5.质量与技术鉴定	5.1 损伤关联性鉴定	5.1.1 能确定机动车配件损伤与事故关联性 5.1.2 能撰写机动车配件损伤与事故关联性技术鉴定意见书	5.1.1 机动车配件损伤与事故关联性分析方法 5.1.2 机动车配件损伤与事故关联性技术鉴定意见书撰写要求
	5.2 机动车属性鉴定	5.2.1 能确定机动车属性 5.2.2 能撰写机动车属性技术鉴定意见书	5.2.1 机动车属性鉴定方法 5.2.2 机动车属性技术鉴定意见书撰写要求
	5.3 机动车类型鉴定	5.3.1 能确定机动车类型 5.3.2 能撰写机动车类型技术鉴定意见书	5.3.1 机动车类型鉴定方法 5.3.2 机动车类型技术鉴定意见书撰写要求
	5.4 技术性能鉴定	5.4.1 能鉴定机动车安全技术性能 5.4.2 能撰写机动车安全技术性能鉴定意见书	5.4.1 机动车安全技术性能鉴定项目及要求 5.4.2 机动车安全技术性能鉴定意见书撰写要求
	5.5 维修痕迹鉴定	5.5.1 能鉴定机动车拆装、维修痕迹 5.5.2 能撰写机动车拆装、维修痕迹技术鉴定意见书	5.5.1 机动车拆装、维修痕迹鉴定方法 5.5.2 机动车拆装、维修痕迹技术鉴定意见书撰写要求
	5.6 维修时间鉴定	5.6.1 能鉴定机动车合理维修时间 5.6.2 能撰写机动车合理维修时间技术鉴定意见书	5.6.1 机动车合理维修时间鉴定方法 5.6.2 机动车合理维修时间技术鉴定意见书撰写要求
	5.7 配件属性鉴定	5.7.1 能鉴定机动车配件属性 5.7.2 能撰写机动车配件属性技术鉴定意见书	5.7.1 机动车配件属性鉴定方法 5.7.2 机动车配件属性技术鉴定意见书撰写要求

续表

职业功能	工作内容	技能要求	相关知识要求
6. 管理与培训	6.1 仪器设备管理	6.1.1 能进行工具、量具、仪器设备的日常维护和定期维护 6.1.2 能进行工具、量具、仪器设备的期间核查	6.1.1 工具、量具、仪器设备日常维护、定期维护项目、方法与要求 6.1.2 工具、量具、仪器设备期间核查项目、方法与要求
	6.2 技能培训	能对四级/中级工进行专业技能培训与指导	技能培训讲义编写方法

3.3 二级/技师

职业功能	工作内容	技能要求	相关知识要求
1. 技术状况鉴定	1.1 静态检查	1.1.1 能优化和改进静态检查方法与工艺 1.1.2 能编写静态检查工艺规程	静态检查工艺规程编制要求
	1.2 动态检查	1.2.1 能优化和改进动态路试检查方法与工艺 1.2.2 能编写动态路试检查工艺规程	动态路试检查工艺规程编制要求
	1.3 技术状况综合评定	能解决技术状况评定的综合性问题	专家意见书的撰写要求
2. 故障判断	2.1 发动机机械故障判断	能判断发动机常见机械故障原因	发动机常见机械故障原因
	2.2 底盘机械故障判断	能判断底盘常见机械故障原因	底盘常见机械故障原因
	2.3 车身及附件机械故障判断	能判断车身及附件常见机械故障原因	车身及附件常见机械故障原因
	2.4 电器与电子设备故障判断	2.4.1 能判断发动机电器与电子设备常见故障原因 2.4.2 能判断底盘电器与电子设备常见故障原因 2.4.3 能判断车身电器与电子设备常见故障原因	2.4.1 发动机电器与电子设备常见故障原因 2.4.2 底盘电器与电子设备常见故障原因 2.4.3 车身电器与电子设备常见故障原因

续表

职业功能	工作内容	技能要求	相关知识要求
3. 价值评估	3.1 整车价值评估	能审核新能源车辆整车价值鉴定评估报告	新能源车辆整车价值鉴定评估报告审核要求
	3.2 事故车辆损失评估	能审核新能源事故车辆损失鉴定评估报告	新能源事故车辆损失鉴定评估报告审核要求
	3.3 停运损失评估	能审核机动车停运损失鉴定评估报告	机动车停运损失鉴定评估报告审核要求
4. 认证与营销	4.1 二手车认证	4.1.1 能审核二手车销售定价 4.1.2 能制定二手车认证方案	二手车认证方案制定方法
	4.2 二手车营销	4.2.1 能组织实施二手车营销 4.2.2 能制定二手车营销方案	二手车营销方案制定方法
5. 质量与技术鉴定	5.1 损伤关联性鉴定	能审核机动车配件损伤与事故关联性技术鉴定意见书	机动车配件损伤与事故关联性技术鉴定意见审核要求
	5.2 机动车属性鉴定	能审核机动车属性技术鉴定意见书	机动车属性技术鉴定意见书审核要求
	5.3 机动车类型鉴定	能审核机动车类型技术鉴定意见书	机动车类型技术鉴定意见书审核要求
	5.4 嫌疑车辆鉴定	5.4.1 能鉴定嫌疑问题车辆 5.4.2 能撰写嫌疑问题车辆技术鉴定意见书	5.4.1 嫌疑问题车辆鉴定方法 5.4.2 嫌疑问题车辆技术鉴定意见书撰写要求
	5.5 技术性能鉴定	5.5.1 能审核机动车安全技术性能鉴定意见书 5.5.2 能鉴定机动车综合技术性能 5.5.3 能撰写机动车综合性能技术鉴定意见书	5.5.1 机动车安全技术性能鉴定意见书审核要求 5.5.2 机动车综合技术性能鉴定项目及要求 5.5.3 机动车综合性能技术鉴定意见书撰写要求
	5.6 维修痕迹鉴定	能审核机动车拆装、维修痕迹技术鉴定意见书	机动车拆装、维修痕迹技术鉴定意见书审核要求

续表

职业功能	工作内容	技能要求	相关知识要求
5. 质量与技术鉴定	5.7 维修时间鉴定	能审核机动车合理维修时间技术鉴定意见书	机动车合理维修时间技术鉴定意见书审核要求
	5.8 配件属性鉴定	能审核机动车配件属性技术鉴定意见书	机动车配件属性技术鉴定意见书审核要求
	5.9 事故鉴定	5.9.1 能鉴定机动车机械、电气事故成因 5.9.2 能鉴定机动车火灾事故成因 5.9.3 能鉴定车辆行驶速度 5.9.4 能鉴定车辆碰撞痕迹 5.9.5 能分析机动车行车存储数据 5.9.6 能鉴定机动车故障与交通事故的因果关系 5.9.7 能撰写机动车事故相关技术鉴定意见书	5.9.1 机动车机械、电气事故鉴定方法 5.9.2 机动车火灾事故鉴定方法 5.9.3 车辆行驶速度鉴定方法 5.9.4 车辆碰撞痕迹鉴定方法 5.9.5 机动车行车存储数据提取与分析方法 5.9.6 机动车故障与交通事故的因果关系分析方法 5.9.7 机动车事故技术鉴定意见书撰写要求
	5.10 质量（缺陷）鉴定	5.10.1 能鉴定机动车维修质量问题产生的原因 5.10.2 能鉴定机动车制造质量（缺陷）问题产生的原因 5.10.3 能撰写机动车质量（缺陷）技术鉴定意见书	5.10.1 机动车维修质量问题鉴定方法 5.10.2 机动车制造质量（缺陷）问题鉴定方法 5.10.3 机动车质量（缺陷）技术鉴定意见书撰写要求
6. 管理与培训	6.1 仪器设备管理	6.1.1 能进行仪器设备的调试和校准 6.1.2 能编写仪器设备操作规程	6.1.1 仪器设备的调试和校准规程 6.1.2 仪器设备操作规程编制方法
	6.2 技术与质量管理	6.2.1 能评价质量控制效果 6.2.2 能撰写技术总结	6.2.1 质量控制与管理相关知识 6.2.2 技术总结撰写方法
	6.3 技术培训	6.3.1 能制作技能培训教案、讲义与课件 6.3.2 能对三级/高级工及以下级别人员实施专业技能培训与指导	6.3.1 技能培训教案、讲义、课件制作知识 6.3.2 技能培训与指导的基本要求和基本方法

3.4 一级/高级技师

职业功能	工作内容	技能要求	相关知识要求
1. 故障判断	1.1 发动机综合性机械故障判断	能判断发动机综合性机械故障原因	发动机综合性机械故障诊断方法
	1.2 底盘综合性机械故障判断	能判断底盘综合性机械故障原因	底盘综合性机械故障诊断方法
	1.3 车身及附件综合性机械故障判断	能判断车身及附件综合性机械故障原因	车身及附件综合性机械故障诊断方法
	1.4 电器与电子设备综合性故障判断	1.4.1 能判断发动机电器与电子设备综合性故障原因 1.4.2 能判断底盘电器与电子设备综合性故障原因 1.4.3 能判断车身及附件电器与电子设备综合性故障原因	1.4.1 发动机电器与电子设备综合性故障诊断方法 1.4.2 底盘电器与电子设备综合性故障诊断方法 1.4.3 车身及附件电器与电子设备综合性故障诊断方法
2. 价值评估	2.1 整车价值评估	能对整车价值鉴定评估项目提出改进意见	整车价值评估前沿技术
	2.2 事故车辆损失评估	能对事故车辆损失鉴定评估项目提出改进意见	事故车辆损失评估前沿技术
	2.3 停运损失评估	2.3.1 能审核新能源车辆停运损失鉴定评估报告 2.3.2 能对车辆停运损失鉴定评估项目提出改进意见	新能源车辆停运损失鉴定评估报告审核要求
3. 质量与技术鉴定	3.1 嫌疑车辆鉴定	能审核嫌疑问题车辆技术鉴定意见书	嫌疑问题车辆技术鉴定意见书审核要求
	3.2 事故鉴定	能审核机动车事故技术鉴定意见书	机动车事故技术鉴定意见书撰写要求

续表

职业功能	工作内容	技能要求	相关知识要求
3. 质量与技术鉴定	3.3 技术性能鉴定	3.3.1 能审核机动车综合性能技术鉴定意见书 3.3.2 能鉴定机动车主动、被动安全装置及智能技术性能，撰写技术鉴定意见书 3.3.3 能鉴定新能源车辆动力电池热管理系统性能，撰写技术鉴定意见书	3.3.1 机动车综合性能技术鉴定意见书审核要求 3.3.2 机动车主动、被动安全装置及智能技术性能鉴定方法与技术鉴定意见书撰写要求 3.3.3 新能源车辆动力电池热管理系统性能鉴定方法与技术鉴定意见书撰写要求
	3.4 质量（缺陷）鉴定	3.4.1 能审核机动车质量（缺陷）技术鉴定意见书 3.4.2 能归纳总结机动车安全隐患或制造缺陷问题并向有关部门提交意见或建议书	3.4.1 机动车质量（缺陷）技术鉴定意见书审核要求 3.4.2 机动车安全隐患或制造缺陷问题改进意见或建议书撰写要求
	3.5 技术革新	能革新技术鉴定手段，优化技术鉴定方法和工艺流程	技术鉴定前沿技术
4. 管理与培训	4.1 仪器设备管理	4.1.1 能制订工具、量具、仪器设备的维护、期间核查和周期检定计划 4.1.2 能排除仪器设备常见故障	4.1.1 工具、量具、仪器设备维护、期间核查和周期检定计划制订方法 4.1.2 仪器设备常见故障排除方法
	4.2 技术与质量管理	4.2.1 能编制质量控制计划 4.2.2 能编写质量体系中的程序文件和作业指导书 4.2.3 能撰写技术论文	4.2.1 质量控制计划编制方法 4.2.2 程序文件和作业指导书编写方法 4.2.3 技术论文撰写要求
	4.3 技术培训	4.3.1 能制定技能培训方案 4.3.2 能对二级/技师及以下级别人员进行专业技能培训与指导	培训方案制定方法与要求

4. 权重表

4.1 理论知识权重表

项目	技能等级	四级/中级工（%）	三级/高级工（%）	二级/技师（%）	一级/高级技师（%）
基本要求	职业道德	5	5	5	5
	基础知识	25	20	15	10
相关知识要求	手续检查	5	—	—	—
	技术状况鉴定	30	20	10	—
	故障判断	—	10	20	30
	价值评估	20	15	10	5
	认证与营销	15	10	5	—
	质量与技术鉴定	—	15	25	35
	管理与培训	—	5	10	15
合计		100	100	100	100

4.2 技能要求权重表

项目	技能等级	四级/中级工（%）	三级/高级工（%）	二级/技师（%）	一级/高级技师（%）
技能要求	手续检查	10	—	—	—
	技术状况鉴定	45	30	15	—
	故障判断	—	15	20	25
	价值评估	30	25	20	10
	认证与营销	15	10	5	—
	质量与技术鉴定	—	15	30	45
	管理与培训	—	5	10	20
合计		100	100	100	100

信用管理师国家职业技能标准

（2021 年版）

1. 职业概况

1.1 职业名称

信用管理师

1.2 职业编码

4—07—02—04①

1.3 职业定义

在企业中，从事信用交易、信用风险控制和征信技术工作的专业人员。

1.4 职业技能等级

本职业共设四个等级，分别为：四级/中级工、三级/高级工、二级/技师、一级/高级技师。

1.5 职业环境条件

室内、常温。

1.6 职业能力特征

具备观察、分析、判断、表达、沟通、决策等能力。

1.7 普通受教育程度

大学专科毕业（或同等学力）。

1.8 培训参考学时

四级/中级工、三级/高级工、二级/技师、一级/高级技师均不少于 68 标准学时。

1.9 职业技能鉴定要求

1.9.1 申报条件

具备以下条件之一者，可申报四级/中级工：

---

① 依据《中华人民共和国职业分类大典（2022 年版）》调整。

（1）取得本专业①或相关专业②大专毕业证书，累计从事本职业③或相关职业④工作3年（含）以上。

（2）取得相关职业五级/初级工职业资格证书（技能等级证书）后，累计从事本职业或相关职业工作2年（含）以上。

具备以下条件之一者，可申报三级/高级工：

（1）累计从事本职业或相关职业工作5年（含）以上。

（2）取得本职业或相关职业四级/中级工职业资格证书（技能等级证书）后，累计从事本职业或相关职业工作2年（含）以上。

（3）取得本专业或相关专业硕士研究生毕业证书（含尚未取得毕业证书的在校应届毕业生）。

具备以下条件之一者，可申报二级/技师：

（1）取得本职业或相关职业三级/高级工职业资格证书（技能等级证书）后，累计从事本职业或相关职业工作2年（含）以上。

（2）具有硕士研究生及以上本专业或相关专业毕业证书，累计从事本职业或相关职业工作2年（含）以上。

具备以下条件之一者，可申报一级/高级技师：

（1）取得本职业或相关职业二级/技师职业资格证书（技能等级证书）后，累计从事本职业或相关职业工作3年（含）以上。

（2）具有硕士研究生及以上本专业或相关专业毕业证书，并取得本职业或相关职业二级/技师职业资格证书（技能等级证书）后，累计从事本职业或相关职业工作2年（含）以上。

1.9.2　鉴定方式

分为理论知识考试、技能考核以及综合评审。理论知识考试以笔试、机考等方式为主，主要考核从业人员从事本职业应掌握的基本要求和相关知识要求；技能考核主要采用现场操作、模拟操作等方式进行，主要考核从业人员从事本职业应具备的技能水平；综合评审主要针对技师和高级技师，通常采取审阅申报材料、答辩等方式进行全面评议和审查。

理论知识考试、技能考核和综合评审均实行百分制，成绩皆达60分（含）以上者为合格。

1.9.3　监考人员、考评人员与考生配比

理论知识考试中的监考人员与考生配比不低于1∶15，且每个考场不少于2名监考人

---

① 本专业：信用管理专业（专业代码020306T），下同。

② 相关专业：教育部颁布《普通高等学校本科专业目录（2020年版）》所列一级学科中的理论经济学、应用经济学、工商管理学和法学学科大类下的所有专业，以及理学学科大类下的信息与计算科学、数学与应用数学、数据计算与应用、统计学、应用统计学；工学学科大类下的电子与计算机工程、数据科学与大数据技术、计算机科学与技术、智能科学与技术、信息安全、区块链工程。下同。

③ 本职业：信用管理师，下同。

④ 相关职业：被列入《中华人民共和国职业分类大典（2015年版）》中的风险管理师、保险保全员、网络与信息安全管理员、会计专业人员、管理咨询专业人员、精算专业人员、律师、法律顾问，下同。

员；技能考核中的考评人员与考生配比不低于1∶10，且考评人员为3人（含）以上单数；综合评审委员为3人（含）以上单数。

1.9.4 鉴定时间

各等级理论知识考试时间不少于 90 min，技能考核时间不少于 60 min，综合评审时间不少于 30 min。

1.9.5 鉴定场所设备

理论考试和技能考核均在标准教室内进行，应设置计算机机考终端设备。技能考核在信用实验室（含同等条件的教室或计算机机房）进行，应配备运行信用管理专业软件的计算机终端。综合评审在会议室或标准教室进行。

2. 基本要求

2.1 职业道德

2.1.1 职业道德基本知识

2.1.2 职业守则

（1）敬畏法治，遵守法律法规和制度规范，严格执行信用相关法律法规的规定。

（2）维护征信数据库或客户信用档案库的运行安全，严防信息泄露，保护国家经济信息安全、企业商业秘密和个人隐私，并依法按期销毁当事人的不良信用记录。

（3）严格履行客户信用档案保密责任，遵守查阅客户信用档案的规章制度。

（4）客观公正地评估受信方的信用等级或个人信用分，不误导授信方。

（5）严格执行核实客户信用信息的工作程序，确保客户信息的真实性。

（6）不擅自更改客户信用记录，抵制篡改客户信用记录或信用分的行为。

（7）严格执行企业信用政策，对客户一视同仁，慎用客户失信记录，杜绝因个人好恶而歪曲信用政策的不良行为。

（8）在设计赊销或信贷产品时，遵守国家有关利率规定的法规，不得变相增加产品或服务的实际费率。

（9）在授信过程中，不为自己或他人谋取不当利益。

（10）严格执行账款催收和追收政策，勤勉尽职，严禁虚假上报等不良行为。

（11）关注国家社会信用体系建设和政府信用监管情况，为企业做失信惩戒和守信激励规则的动态提示。

（12）积极宣贯信用国家标准、地方标准、行业标准和团体标准，推进企业信用管理工作标准化。

（13）积极为企业建立自律诚信制度提供技术支持。

（14）主动了解前沿技术方法和工具，努力提升信用管理工作质量和效能。

（15）尊重同行，提倡同业互助，维护市场公平竞争。

2.2 基础知识

2.2.1 基础信用理论

(1) 基本术语与概念。
(2) 信用管理基本功能。

2.2.2 企业信用管理基础

(1) 客户信用档案管理。
(2) 企业信用政策。
(3) 授信管理。
(4) 应收账款管理。
(5) 商账管理。
(6) 信用管理外部技术支持。
(7) 新兴信用风险管控技术应用。

2.2.3 外部监管与服务环境

(1) 社会信用体系概况。
(2) 政府市场信用监管方式与作用。
(3) 企业诚信合规管理。
(4) 公共征信服务获取与使用。

2.2.4 主要法律法规知识

(1) 信息公开与公示。
(2) 征信和评级业监管。
(3) 企业全生命周期信用监管。
(4) 信用数据安全与信用主体权益保护。

2.2.5 国家信用标准

(1) 信用标准体系与信用信息征集、分类标准。
(2) 公共信用信息相关通用标准。
(3) 企业信用信息采集、档案规范与调查报告标准。
(4) 企业内部信用管理体系建设相关标准。

3. 工作要求

本标准对四级/中级工、三级/高级工、二级/技师、一级/高级技师的技能要求和相关知识要求依次递进,高级别涵盖低级别的要求。

3.1 四级/中级工

职业功能	工作内容	技能要求	相关知识要求
1. 信用信息采集与查询	1.1 采集企业上下游交易方的信用信息	1.1.1 能从公开合法渠道采集客户信用信息 1.1.2 能从公开合法渠道采集供应商信用信息 1.1.3 能从上级指定渠道采集客户信用信息 1.1.4 能从上级指定渠道采集供应商信用信息 1.1.5 能从上级指定的公开合法渠道采集客户关联方的信用信息 1.1.6 能从上级指定的公开合法渠道采集供应商关联方的信用信息	1.1.1 网上信息检索知识 1.1.2 国标企业信用信息采集处理和提供规范基础知识 1.1.3 法人和其他组织统一社会信用代码编码规则相关知识
	1.2 采集中观行业信息	1.2.1 能判别官方网站和非官方网站 1.2.2 能从官方网站采集行业动态信息 1.2.3 能从公开网站采集行业动态信息 1.2.4 能从官方网站下载政府政策文件或法律法规文本	1.2.1 国民经济行业分类知识 1.2.2 公共信用信息基础数据项规范标准知识 1.2.3 官方网站识别知识
	1.3 采集宏观经济信息	1.3.1 能从网上采集行业相关的宏观经济信息 1.3.2 能从网上定期下载宏观经济指标数据 1.3.3 能从网上定期下载相关的经济指数	1.3.1 经济指标知识 1.3.2 经济指数知识
2. 信用档案管理及录入	2.1 调出客户信用档案	2.1.1 能按制度查阅客户信用档案内容 2.1.2 能将新信息补入客户信用档案 2.1.3 能按要求更新客户信用档案资料 2.1.4 能保存涉及客户信用记录的原始资料 2.1.5 能打印装订纸质客户信用档案	2.1.1 国标企业信用档案信息规范知识 2.1.2 国标企业信用调查报告格式要求

续表

职业功能	工作内容	技能要求	相关知识要求
2. 信用档案管理及录入	2.2 操作信用管理系统	2.2.1 能将数据输入信用管理系统的对应栏目中 2.2.2 能将非结构性数据录入信用管理系统 2.2.3 能制作物理证据的图像并输入信用管理系统 2.2.4 能核对所输入各类型数据的准确性	国标公共信用信息交换方式及接口规范知识
3. 信用交易文件管理	3.1 管理信用交易通知单	3.1.1 能检索信用销售运营系统中的信息 3.1.2 能将合同和授信通知等文件转送至相关方 3.1.3 能将合同和授信通知等文件保存至线上或线下指定位置	国标企业合同信用指标指南知识
	3.2 收发货单	3.2.1 能跟进业务流程，取得发货单文本 3.2.2 能跟进业务流程，取得收货单文本 3.2.3 能转送及保存收发货单文本	发货单与收货单基础知识
	3.3 管理对账单	3.3.1 能跟进对账单的回收工作 3.3.2 能将对账单送入对应的管理流程	3.3.1《中华人民共和国民法典》债权相关知识 3.3.2 信用交易债权确立知识
4. 辅助应收账款管理	4.1 编制应收账款日报、周报和月报	4.1.1 能采集企业的赊销赊购数据 4.1.2 能编制图表分析赊销赊购数据 4.1.3 能列表标识应收账款的各催收时间节点 4.1.4 能列表标识逾期应收账款内勤催收的各时间节点	应收账款统计汇总知识

续表

职业功能	工作内容	技能要求	相关知识要求
4. 辅助应收账款管理	4.2 编制催收逾期应收账用的各类报表	4.2.1 能定期编制业务人员账款追收成效报表 4.2.2 能为外勤追账人员做技术文件准备工作 4.2.3 能列表标识外勤追账的各时间节点 4.2.4 能列表标识外委追账的各时间节点	逾期应收账款管理知识
	4.3 账款催收和追收准备工作	4.3.1 能为内勤电话催收员制备对账单 4.3.2 能为外勤追账人员检索债务人现状信息	4.3.1 内勤催收作业知识 4.3.2 外勤追收作业知识
5. 会议技术服务和文件编制管理	5.1 会议技术服务	5.1.1 能编制会议文件 5.1.2 能按要求发布会议通知 5.1.3 能编写和发布业务会议纪要	商务会议文件与流程基础知识
	5.2 商务文件编制和管理	5.2.1 能为编制部门工作汇报或简报汇集资料 5.2.2 能按指定模板编纂业务相关PPT文件 5.2.3 能草拟业务案例分析文件	5.2.1 国标信用术语 5.2.2 常用信用管理系统知识 5.2.3 主流办公软件知识

3.2 三级/高级工

职业功能	工作内容	技能要求	相关知识要求
1. 客户资信管理	1.1 采集客户信用信息	1.1.1 能从公共渠道采集合法信用信息 1.1.2 能通过合法的商业渠道采购信用信息 1.1.3 能从企业各部门采集客户信用信息 1.1.4 能动态更新客户信用档案中的记录 1.1.5 能控制信息采购成本不超过预算 1.1.6 能比较信用信息采集方案的适用性 1.1.7 能确定客户信用信息的完整性 1.1.8 能制定客户信用信息检索方案 1.1.9 能搜索新近出现的信息源 1.1.10 能对新信息源做合规性认定	1.1.1 公共信用信息目录 1.1.2 数据供应商知识 1.1.3 企业信用档案知识 1.1.4 消费者信用档案知识 1.1.5 征信数据采集单知识 1.1.6 现场采集信用信息方法 1.1.7 个人信息保护相关法律规定 1.1.8 政务信息公开政策 1.1.9 征信报告产品及其服务 1.1.10 界定信用信息类国标
	1.2 核实客户信用记录	1.2.1 能审核客户信用记录的真实性 1.2.2 能委托第三方机构核实客户信用记录 1.2.3 能下现场核实客户信用信息 1.2.4 能通过公共信用信息平台核实客户信用信息	1.2.1 企业分类方法 1.2.2 现地现认原则 1.2.3 公共征信系统对外服务方式
	1.3 辅导客户申请信用	1.3.1 能受理客户的信用申请 1.3.2 能查明客户不提出信用申请的原因 1.3.3 能引导客户提出所需信用申请 1.3.4 能辅导客户填写信用申请表 1.3.5 能回复客户的信用申请 1.3.6 能受理客户投诉	1.3.1 客户信用申请条件 1.3.2 客户信用申请程序 1.3.3 信用申请表知识 1.3.4 区分客户动机知识 1.3.5 说服客户技巧 1.3.6 客服窗口作业知识

续表

职业功能	工作内容	技能要求	相关知识要求
1. 客户资信管理	1.4 处理客户信用信息	1.4.1 能对客户信用信息进行分类和筛选 1.4.2 能从企业财务报表中提取信用信息 1.4.3 能转换信用信息的数据格式 1.4.4 能将客户信用信息数字化 1.4.5 能备份客户信用信息	1.4.1 信息分类知识 1.4.2 企业财务报表知识 1.4.3 信息脱敏知识 1.4.4 文本录入纠错方法 1.4.5 数据质量标准
	1.5 建立客户信用档案	1.5.1 能动态更新客户信用档案中的记录 1.5.2 能依规纠正客户信用档案中的错失信息 1.5.3 能处置无须归档的客户文件资料 1.5.4 能依照模板归整客户信用档案 1.5.5 能对客户信用档案进行日常维护 1.5.6 能对外提供客户信用档案查询服务 1.5.7 能安装查询客户信用档案的检索工具 1.5.8 能用新模板升级客户信用档案 1.5.9 能按指南解读国外的企业征信报告	1.5.1 信用档案国标规范 1.5.2 企业征信报告阅读方法 1.5.3 信息编码和标识国标规范
2. 全程信控	2.1 管理信用交易合同	2.1.1 能审查商业合同中的信用条款 2.1.2 能就财会记账环节提出信控规范	2.1.1 付款结算方式知识 2.1.2 商业合同知识 2.1.3 《中华人民共和国民法典》合同编制知识
	2.2 控制发货	2.2.1 能核实赊购客户身份及提货数量 2.2.2 能监控仓库发货过程中的信控操作 2.2.3 能按程序暂停或取消客户信用额度 2.2.4 能依规注销客户的信用凭证	2.2.1 仓储管理常识 2.2.2 赊销赊购票据和凭证知识 2.2.3 《中华人民共和国票据法》相关条款

续表

职业功能	工作内容	技能要求	相关知识要求
3. 商账追收	3.1 管理应收账款	3.1.1 能检查客户收货的签收凭证 3.1.2 能确认物权转移状况 3.1.3 能设置货物质量确认步骤 3.1.4 能催要客户的验货凭证 3.1.5 能判别货物质量争议的双方责任 3.1.6 能在应收账款到期前提示客户 3.1.7 能跟踪监控客户在途货款 3.1.8 能监控客户的付款状况	3.1.1 产品质量管理知识 3.1.2 留置货物合法性知识 3.1.3 送货运输常识 3.1.4 应收账款管控知识
	3.2 管控逾期应收账款	3.2.1 能清查客户拖延付款的原因 3.2.2 能凭欠款记录调查客户信用状况 3.2.3 能编写逾期应收账款诊断报告 3.2.4 能做内外部对账工作 3.2.5 能通过电话催收逾期应收账款 3.2.6 能通过信函催收逾期应收账款 3.2.7 能编制催账工作日志并存档 3.2.8 能上门催收逾期应收账款 3.2.9 能撰写内勤催账进展报告 3.2.10 能撰写外勤追账进展报告 3.2.11 能核实并申报坏账注销	3.2.1 会计对账知识 3.2.2 商账催收业务流程 3.2.3 电话追账技巧 3.2.4 催款信函撰写方法 3.2.5 现场催收技巧

3.3 二级/技师

职业功能	工作内容	技能要求	相关知识要求
1. 客户资信管理	1.1 处理客户信用信息	1.1.1 能判别信用信息的合法性 1.1.2 能分析客户企业财务报表 1.1.3 能分析客户企业财务比率 1.1.4 能用专业软件识别客户信用风险	1.1.1 信息保护类法律规定 1.1.2 财务比率知识 1.1.3 企业信用等级划分国标知识 1.1.4 个人信用评分作用 1.1.5 信用管理专业软件知识

续表

职业功能	工作内容	技能要求	相关知识要求
1. 客户资信管理	1.2 建立客户信用档案	1.2.1 能设计不同类型的客户信用档案模板 1.2.2 能设计客户信用档案的检索系统 1.2.3 能编制客户信用档案库的建设预算 1.2.4 能对客户实施信用分级分类管理 1.2.5 能建立客户信用档案管理制度 1.2.6 能制定客户信用档案库更新升级方案	1.2.1 信用档案栏目设计知识 1.2.2 征信报告销售模式知识 1.2.3 信用档案模板设计知识 1.2.4 客户风险分级分类方法 1.2.5 修改或删除信用记录的法律法规
	1.3 管控信用信息渠道和成本	1.3.1 能制定信用信息采购政策 1.3.2 能与各类信息渠道建立合作关系 1.3.3 能筛选公共或商业化信用信息源 1.3.4 能在预算内优选信用信息采购方案	1.3.1 数据供应商评价方法 1.3.2 数据存储知识 1.3.3 信息源优劣比较方法 1.3.4 评价信用信息源
2. 全程信控	2.1 转移信用风险	2.1.1 能选择适用的信用保险服务 2.1.2 能选择使用商业保理服务 2.1.3 能选择使用各类信用担保服务 2.1.4 能实施财产抵押担保操作	2.1.1 信用保险服务知识 2.1.2 商业保理服务知识 2.1.3 信用担保服务知识
	2.2 客户风险预警	2.2.1 能列表分析账龄 2.2.2 能与客户沟通赊销合同执行问题 2.2.3 能用 DSO① 和坏账率分析客户信用风险	2.2.1 账龄分析知识 2.2.2 应收账款风险管理知识 2.2.3 财务坏账核销知识
	2.3 控制发货	2.3.1 能依据客户信用额度使用规律做出停止发货判断 2.3.2 能适时或定期调整客户的信用额度 2.3.3 能合理解释降低或取消客户信用额度的理由	2.3.1 客户信用额度动态调整原则 2.3.2 客户失信约束 2.3.3 客户守信激励

---

① DSO（days sales outstanding）：应收账款回收天数。

续表

职业功能	工作内容	技能要求	相关知识要求
3. 授信审批	3.1 处理客户信用申请	3.1.1 能设计客户信用申请表 3.1.2 能审批客户信用申请 3.1.3 能处理客户申诉 3.1.4 能制定企业的信用政策 3.1.5 能解释企业的信用政策	3.1.1 客服表格设计知识 3.1.2 企业信用政策条款
	3.2 分析客户信用价值	3.2.1 能用信用分析模型划分客户信用等级 3.2.2 能用个人信用分判断消费者信用风险 3.2.3 能设定赊销客户群的规模 3.2.4 能编制信用档案中的分析与评价内容 3.2.5 能依据征信报告分析客户信用价值 3.2.6 能评价企业征信报告的质量 3.2.7 能依据征信报告的性价比择优订购 3.2.8 能使用关联图谱分析客户信用风险	3.2.1 企业信用风险分析模型知识 3.2.2 客户群优化知识 3.2.3 应收账款规模管控知识 3.2.4 个人信用报告分析 3.2.5 企业关联分析知识
	3.3 评估客户信用风险	3.3.1 能计算个体授信额度 3.3.2 能评估企业客户的信用等级 3.3.3 能编制企业客户的信用风险指数 3.3.4 能购买外部的企业信用评级服务 3.3.5 能依据行业特点调整企业信用风险分析模型 3.3.6 能编制客户失信记录 3.3.7 能依法规制作企业法人类客户黑名单	3.3.1 授信额度计算方法 3.3.2 赊销和信贷授信技术 3.3.3 信用监管措施 3.3.4 信用评级报告内容和应用知识 3.3.5 企业诚信评价服务知识 3.3.6 企业信用风险等级与指数知识 3.3.7 黑名单系统设计知识 3.3.8 行业状况调查知识
	3.4 实施客户授信	3.4.1 能设定个体企业授信额度的上限 3.4.2 能动态调控个体授信额度 3.4.3 能审定消费者授信额度 3.4.4 能设计客户授信操作流程 3.4.5 能依信用政策对失信客户进行处理	3.4.1 企业授信总体规模知识 3.4.2 个人征信评分服务知识 3.4.3 个人信用分应用知识

续表

职业功能	工作内容	技能要求	相关知识要求
3. 授信审批	3.5 起草赊销合同	3.5.1 能起草赊销赊购合同 3.5.2 能解释赊销合同条款和符号 3.5.3 能设计客户赊购凭证	3.5.1 常用赊销合同条款 3.5.2 信用条件符号表达方式 3.5.3 内外贸付款和结算方式
	3.6 实施营销渠道信控	3.6.1 能采集符合行业特点和企业发展战略的渠道信息 3.6.2 能建立渠道商准入资格审核、信用评价和解约的操作流程 3.6.3 能制定渠道商各环节的节点信控政策 3.6.4 能制定渠道商分级信控政策 3.6.5 能根据渠道商的业绩考核结果调整对渠道商的授信额度	3.6.1 渠道商及其分级管理知识 3.6.2 渠道商全生命周期管理知识 3.6.3 渠道商五流管控知识 3.6.4 渠道商奖惩政策条款
4. 商账追收	4.1 实施内勤催账	4.1.1 能制定个性化的商账催收方案 4.1.2 能安排内勤催账班次和座席人选 4.1.3 能分配内勤催账的工作量 4.1.4 能设计内勤催账操作流程 4.1.5 能制定企业的收账政策	4.1.1 商账催收难度等级判断方法 4.1.2 企业破产保护知识 4.1.3 个人破产保护知识
	4.2 实施外勤追账	4.2.1 能设计外勤追账的方案 4.2.2 能安排外勤追账任务 4.2.3 能与失信客户进行催收谈判	4.2.1 债务催收作业法律规定 4.2.2 催收心理施压方法
	4.3 委托追账	4.3.1 能识别合法的第三方追账机构 4.3.2 能委托第三方追账机构追讨客户欠款 4.3.3 能监督受外委追账机构的业务进度 4.3.4 能委托律师追讨客户欠款 4.3.5 能制定将失信客户付诸法律的标准 4.3.6 能将追账案件及证据移交法务部门	4.3.1 追账机构资质合规性知识 4.3.2 委托追账合同条款知识 4.3.3 追账机构及服务择优方法 4.3.4 商业仲裁知识 4.3.5 商账追收相关法律法规 4.3.6 法律诉讼程序

续表

职业功能	工作内容	技能要求	相关知识要求
5. 制度规范	5.1 应对政府信用监管	5.1.1 能建立与政府监管部门的沟通机制 5.1.2 能解读政府信用监管政策和规章 5.1.3 能制定执行政府信用监管规定的方案 5.1.4 能依据政府信用监管要求改进企业的相关制度 5.1.5 能选择经政府认可的信用修复服务 5.1.6 能在各政务平台上监测企业信用状况 5.1.7 能为企业申请守信激励政策性优惠 5.1.8 能及时将各政府部门的信用监管要求通报给上级主管	5.1.1 政府公关知识 5.1.2 政府市场和金融信用监管知识 5.1.3 信用修复方法
	5.2 建设信用标准化	5.2.1 能用国家标准规范客户信用档案建设 5.2.2 能实行标准化以符合信息共享要求 5.2.3 能应用信用标准改进企业的相关制度 5.2.4 能根据需要编制适合企业的信用标准 5.2.5 能为企业申报信用标准化试点	5.2.1 信用标准化知识 5.2.2 团体标准编制申办方式 5.2.3 企业信用标准化试点示范方法 5.2.4 企业征信报告分类应用知识 5.2.5 企业信用档案编制标准化知识
6. 培训管理和指导	6.1 实施培训工作	6.1.1 能制定信用管理技术短期培训方案 6.1.2 能制定征信技术短期培训方案 6.1.3 能制定个人信息保护合规操作法律培训方案 6.1.4 能实施本专业的短期培训方案	6.1.1 培训与管理基础知识 6.1.2 教学方案编制要求 6.1.3 培训班管理知识

续表

职业功能	工作内容	技能要求	相关知识要求
6. 培训管理和指导	6.2 指导业务操作	6.2.1 能对三级/高级工及以下级别人员的操作技能进行指导 6.2.2 能对三级/高级工及以下级别人员进行技术指导 6.2.3 能对下级信用管理人员的业务水平进行考核	6.2.1 业务操作指导方法 6.2.2 业务考核要求和方法

3.4 一级/高级技师

职业功能	工作内容	技能要求	相关知识要求
1. 客户资信管理	1.1 采集客户信用信息	1.1.1 能制定客户信用档案增值方案 1.1.2 能制定合规的信用信息上报和共享方案 1.1.3 能制定选择国内外数据供应商的策略 1.1.4 能评价信用信息供应商并予以排序 1.1.5 能评价大数据征信机构并予以排序 1.1.6 能与国际数据供应商进行交易	1.1.1 征信数据库知识 1.1.2 大数据征信产品知识 1.1.3 社会信用法律法规 1.1.4 政府监管征信业相关法规 1.1.5 国际征信服务渠道知识
	1.2 核实客户信用信息	1.2.1 能根据预算采用客户信息检索策略 1.2.2 能查询政府公示的黑名单信息 1.2.3 能用专业软件监测核心客户的舆情动态	1.2.1 数据检索工具使用方法 1.2.2 政府黑名单公示方式 1.2.3 舆情监测软件使用方法
	1.3 分析客户信用信息	1.3.1 能借助舆情系统分析客户信用风险 1.3.2 能运用大数据画像技术或服务 1.3.3 能检测客户财务报表中的虚假成分 1.3.4 能评价国内外征信产品和服务的质量	1.3.1 企业信用风险监测知识 1.3.2 企业画像技术方法 1.3.3 企业财务报表分析软件知识

续表

职业功能	工作内容	技能要求	相关知识要求
2. 授信审批	2.1 分析客户信用价值	2.1.1 能估算给予客户授信额度的极值 2.1.2 能对商务谈判提出信控策略建议 2.1.3 能建立客户信用档案的内联服务机制	2.1.1 企业信用价值评估方法 2.1.2 商务谈判策略知识 2.1.3 管理顾问咨询知识
	2.2 评估企业客户信用风险	2.2.1 能依据行业中值调整企业法人类信用风险分析模型 2.2.2 能依据客户现金流异常状况预测其违约风险 2.2.3 能依据市场变化调整模型的自变量权重 2.2.4 能制定综合使用风险转移服务的方案	2.2.1 行业中值分析法 2.2.2 企业信用等级复评规则 2.2.3 预测类信用分析模型建模知识 2.2.4 管理类信用分析模型建模知识 2.2.5 应收账款融资知识
	2.3 评估消费者个人信用风险	2.3.1 能用金融信用分评估消费者信用风险 2.3.2 能用电商信用分评估消费者信用风险 2.3.3 能用居民诚信分评估居民个人信用风险 2.3.4 能用个人信用分设计市场营销方案	2.3.1 居民诚信分知识 2.3.2 个人信用评分建模知识 2.3.3 个人信用评价指标体系知识 2.3.4 个人征信报告知识
	2.4 设置赊销合同条款	2.4.1 能设置赊销合同中的信用条款 2.4.2 能运用赊销折扣政策	赊销折让和优惠方法
3. 国际信控	3.1 开拓国际市场	3.1.1 能寻找国际信用信息源 3.1.2 能为企业销售提供国际市场风险信息	3.1.1 国际征信知识 3.1.2 国际征信市场知识
	3.2 调查国外客户信用状况	3.2.1 能选用国际征信机构的服务 3.2.2 能优选国际征信机构并予以排序 3.2.3 能使用国家信用风险分析咨询服务	3.2.1 国际征信行业组织知识 3.2.2 国家风险报告阅读方法

续表

职业功能	工作内容	技能要求	相关知识要求
3. 国际信控	3.3 追收国际欠款	3.3.1 能优选外国追账机构或律所的追账服务 3.3.2 能搜索外国司法服务信息 3.3.3 能索取外国法庭审理经济纠纷案件的司法程序和成本资料 3.3.4 能参与境外客户的破产清算	3.3.1 国际追账组织及其会员制度 3.3.2 国际追账服务知识 3.3.3 外国司法服务场所 3.3.4 外国企业破产法知识
4. 设施建设	4.1 建设信控系统	4.1.1 能选择信用管理系统软件供应商 4.1.2 能对信控系统架构提出功能增减需求 4.1.3 能提取 ERP① 系统中的信息用于信控 4.1.4 能评估企业信用管理数字化水平 4.1.5 能设计企业各部门信用信息整合方案	4.1.1 企业信用管理软件知识 4.1.2 ERP 系统知识 4.1.3 企业数字化管理知识
	4.2 实施平台化	4.2.1 能提出平台设置信控模块的功能需求 4.2.2 能在平台上建立信控 BBS② 4.2.3 能在平台上建立信用管理上下游生态圈 4.2.4 能对平台信控模块功能进行合规性监测	4.2.1 平台化技术知识 4.2.2 建立网络生态圈方法 4.2.3 国家网信相关政策法规
	4.3 使用外部平台服务	4.3.1 能建立与公共征信系统的信息共享服务 4.3.2 能使用商业化企业管理平台的信息服务 4.3.3 能在外部平台上交流企业信用管理经验	4.3.1 公共征信系统信息共享政策 4.3.2 公共信用信息目录和标识类国标

---

① ERP（enterprise resource planning）：企业资源计划系统。
② BBS（bulletin board system）：电子公告板系统。

续表

职业功能	工作内容	技能要求	相关知识要求
4.设施建设	4.4 监测企业诚信自律状况	4.4.1 能对企业诚信自律状况进行评估 4.4.2 能依国标设计企业诚信体系建设方案 4.4.3 能使用行业组织的诚信评价服务 4.4.4 能监测产品或服务的质量信用状况	4.4.1 企业诚信体系建设国标规范 4.4.2 产品质量管理常识 4.4.3 品牌建设知识
5.重点领域信控	5.1 管理供应商信用风险	5.1.1 能依据国家标准评价合格供应商 5.1.2 能对供应商进行分类和分级 5.1.3 能建立供应商准入资质审核制度 5.1.4 能评价供应商的信用风险并予以排序 5.1.5 能对供应商实施信用风险监测预警	5.1.1 政府采购合格供应商国标规范 5.1.2 合格供应商信用评价知识 5.1.3 商品追溯服务知识 5.1.4 区块链技术信控应用知识
5.重点领域信控	5.2 管理金融信贷业务信用风险	5.2.1 能用信控工具辅助信贷申请审批 5.2.2 能建立信贷客户的动态信用档案 5.2.3 能设计和优化贷后信控操作流程 5.2.4 能划分信贷客户的信用等级 5.2.5 能监测信贷信控的效果 5.2.6 能识别金融产品的信用风险类型 5.2.7 能执行金融监管的规范要求	5.2.1 金融机构信用风险管理知识 5.2.2 征信业务相关金融标准 5.2.3 非银金融信用风险 5.2.4 普惠金融信用风险
5.重点领域信控	5.3 管理电子商务领域信用风险	5.3.1 能执行电商平台的信控规范 5.3.2 能设计电商店铺信控方案 5.3.3 能建立电商店铺的动态信用档案 5.3.4 能将电商声誉评价机制用于信控 5.3.5 能逐级举报失信电商店铺 5.3.6 能宣贯电子商务信用国家标准 5.3.7 能运用信用分优化电商商户群体	5.3.1 常见电商平台信控规则 5.3.2 电商信用国标规范 5.3.3 电商店铺信誉机制知识 5.3.4 在线口碑知识

续表

职业功能	工作内容	技能要求	相关知识要求
6. 培训管理和指导	6.1 实施培训工作	6.1.1 能根据本部门人员状况分析培训需求 6.1.2 能编制本部门人员培训的规划 6.1.3 能编写适应本部门业务的教案和讲义	6.1.1 培训需求分析方法 6.1.2 规划编制要求和方法 6.1.3 年度培训预算编制方法
	6.2 指导业务操作	6.2.1 能对本专业技术培训进行督导 6.2.2 能对技术培训效果进行综合评价 6.2.3 能修订和更新技术培训方案 6.2.4 能制定考核规则和流程	6.2.1 教育培训督导方法 6.2.2 总结培训考核方法 6.2.3 培训效果评价方法

4. 权重表

4.1 理论知识权重表

项目	技能等级	四级/中级工（%）	三级/高级工（%）	二级/技师（%）	一级/高级技师（%）
基本要求	职业道德	5	5	5	5
	基础知识	20	15	10	5
相关知识要求	信用信息采集与查询	20	—	—	—
	信用档案管理及录入	15	—	—	—
	信用交易文件管理	15	—	—	—
	辅助应收账款管理	15	—	—	—
	会议技术服务和文件编制管理	10	—	—	—
	客户资信管理	—	40	20	15
	全程信控	—	15	15	—
	授信审批	—	—	25	15
	商账追收	—	25	15	—
	制度规范	—	—	8	—
	国际信控	—	—	—	12

续表

项目	技能等级	四级/中级工(%)	三级/高级工(%)	二级/技师(%)	一级/高级技师(%)
相关知识要求	设施建设	—	—	—	25
	重点领域信控	—	—	—	20
	培训管理和指导	—	—	2	3
	合计	100	100	100	100

4.2 技能要求权重表

项目	技能等级	四级/中级工(%)	三级/高级工(%)	二级/技师(%)	一级/高级技师(%)
技能要求	信用信息采集与查询	25	—	—	—
	信用档案管理及录入	20	—	—	—
	信用交易文件管理	20	—	—	—
	辅助应收账款管理	20	—	—	—
	会议技术服务和文件编制管理	15	—	—	—
	客户资信管理	—	50	20	20
	全程信控	—	20	15	—
	授信审批	—	—	30	15
	商账追收	—	30	15	—
	制度规范	—	—	15	—
	国际信控	—	—	—	15
	设施建设	—	—	—	25
	重点领域信控	—	—	—	20
	培训管理和指导	—	—	5	5
	合计	100	100	100	100

婴幼儿发展引导员国家职业技能标准

（2021 年版）

1. 职业概况

1.1 职业名称

婴幼儿发展引导员

1.2 职业编码

4-10-01-01

1.3 职业定义

从事0~3岁婴幼儿身心健康发展引导，并对婴幼儿看护人提供辅助咨询服务工作的人员。

1.4 职业技能等级

本职业共设四个等级，分别为：四级/中级工、三级/高级工、二级/技师、一级/高级技师。

1.5 职业环境条件

室内、外，常温。

1.6 职业能力特征

人格健全，身心健康；尊重婴幼儿，支持看护人；细心，有爱心、耐心和责任心；观察敏锐，善于表达。

1.7 普通受教育程度

初中毕业（或相当文化程度）。

1.8 培训参考学时

四级/中级工120标准学时，三级/高级工100标准学时，二级/技师100标准学时，一级/高级技师80标准学时。

1.9 职业技能鉴定要求

1.9.1 申报条件

具备以下条件之一者，可申报四级/中级工：

（1）取得相关职业①五级/初级工职业资格证书（技能等级证书）后，累计从事本职业或相关职业工作3年（含）以上。

（2）累计从事本职业或相关职业工作4年（含）以上。

（3）取得技工学校本专业或相关专业②毕业证书（含尚未取得毕业证书的在校应届毕业生）；或取得经评估论证、以中级技能为培养目标的中等及以上职业学校本专业或相关专业毕业证书（含尚未取得毕业证书的在校应届毕业生）。

具备以下条件之一者，可申报三级/高级工：

（1）取得本职业或相关职业四级/中级工职业资格证书（技能等级证书）后，累计从事本职业或相关职业工作5年（含）以上。

（2）取得本职业或相关职业四级/中级工职业资格证书（技能等级证书），并具有高级技工学校、技师学院毕业证书（含尚未取得毕业证书的在校应届毕业生）；或取得本职业或相关职业四级/中级工职业资格证书（技能等级证书），并具有经评估论证、以高级技能为培养目标的高等职业学校本专业或相关专业毕业证书（含尚未取得毕业证书的在校应届毕业生）。

（3）具有大专及以上本专业或相关专业毕业证书，并取得本职业或相关职业四级/中级工职业资格证书（技能等级证书）后，累计从事本职业或相关职业工作2年（含）以上。

具备以下条件之一者，可申报二级/技师：

（1）取得本职业或相关职业三级/高级工职业资格证书（技能等级证书）后，累计从事本职业或相关职业工作5年（含）以上。

（2）取得本职业或相关职业三级/高级工职业资格证书（技能等级证书）的高级技工学校、技师学院毕业生，累计从事本职业或相关职业工作3年（含）以上；或取得本职业或相关职业预备技师证书的技师学院毕业生及本科院校毕业生，累计从事本职业或相关职业工作2年（含）以上。

具备以下条件之一者，可申报一级/高级技师：

（1）取得本职业或相关职业二级/技师职业资格证书（技能等级证书）后，累计从事本职业或相关职业工作5年（含）以上。

（2）具有研究生教育本专业或相关专业毕业证书，并取得本职业或相关职业二级/技师职业资格证书（技能等级证书）后，累计从事本职业或相关职业工作3年（含）以上。

---

① 相关职业：育婴员、保育师、孤残儿童护理员、生殖健康咨询师、母婴护理员、幼儿教育教师、儿科护士、儿科医师等，下同。

② 本专业或相关专业：中等职业教育的幼儿保育、母婴照护，高等职业教育专科的婴幼儿托育服务与管理、早期教育、学前教育专业及健康管理、护理、儿童康复治疗等，普通高等学校本科的学前教育专业及临床医学、护理学、妇幼保健医学等，研究生教育的学前教育学、儿少卫生与妇幼保健学二级学科及儿科学、护理学、中医儿科学等，技工院校的婴幼儿托育及相关护理、幼儿教育、健康服务与管理、健康与社会照护等，下同。

1.9.2 鉴定方式

分为理论知识考试、技能考核以及综合评审。理论知识考试以笔试、机考等方式为主，主要考核从业人员从事本职业应掌握的基本要求和相关知识要求；技能考核主要采用现场操作、模拟操作及笔试等方式进行，主要考核从业人员从事本职业应具备的技能水平；综合评审主要针对技师和高级技师，通常采取审阅申报材料、答辩等方式进行全面评议和审查。

理论知识考试、技能考核和综合评审实行百分制，成绩皆达 60 分（含）以上者为合格。

1.9.3 监考人员、考评人员与考生配比

理论知识考试中的监考人员与考生配比不低于 1∶15，且每个考场不少于 2 名监考人员。技能考核采用现场操作或模拟操作时，考评人员与考生配比不低于 1∶5，且考评人员为 3 人（含）以上单数；技能考核采用笔试时，考评人员与考生配比不低于 1∶15，且每个考场不少于 2 名考评人员。综合评审委员为 3 人（含）以上单数。

1.9.4 鉴定时间

理论知识考试时间不少于 90 min；技能考核时间：采用现场操作或模拟操作方式考核时不少于 30 min，采用笔试方式考核时不少于 90 min；综合评审时间不少于 30 min。

1.9.5 鉴定场所设备

理论知识考试在标准教室或在计算机机房进行。技能考核采取现场操作或模拟操作时，应在具有婴儿模型、喂养用具、烹饪器具、流动水源、日常保健用品及婴幼儿睡眠、就餐、活动等必需的物品，配备现场全方位监控和即时录像设备，且室内卫生通风条件良好、光线充足、设施安全的场所进行；采取笔试时，应在配备投影仪和音视频播放设备的标准教室进行。

2. 基本要求

2.1 职业道德

2.1.1 职业道德基本知识

2.1.2 职业守则

（1）遵纪守法，诚信服务。
（2）爱岗敬业，恪尽职守。
（3）关爱孩子，尊重差异。
（4）认真观察，积极回应。
（5）好学善思，主动发展。

2.2 基础知识

2.2.1 孕期引导知识

（1）孕产妇身心变化规律及特点。
（2）胎儿发育规律及特点。
（3）孕期营养和运动。

2.2.2 婴幼儿身心发育知识

（1）婴幼儿生理发育规律及特点。
（2）婴幼儿心理发育规律及特点。

2.2.3 婴幼儿发展引导知识

（1）婴幼儿动作发展及其环境营造。
（2）婴幼儿认知发展及其环境营造。
（3）婴幼儿语言发展及其环境营造。
（4）婴幼儿情感与社会性发展及其环境营造。

2.2.4 婴幼儿照护基本知识

（1）婴幼儿营养与喂养。
（2）婴幼儿睡眠与日常生活习惯。
（3）婴幼儿常见病与预防。
（4）婴幼儿回应性照护。
（5）婴幼儿早期学习及机会创设。
（6）婴幼儿发展及养育环境评估。

2.2.5 婴幼儿安全知识

（1）婴幼儿安全的基本理念。
（2）婴幼儿日常居家与出行安全。
（3）婴幼儿伤害预防。
（4）婴幼儿常见伤害紧急处理。

2.2.6 相关法律、法规知识

（1）《中华人民共和国劳动法》相关知识。
（2）《中华人民共和国母婴保健法》相关知识。
（3）《中华人民共和国未成年人保护法》相关知识。
（4）《中华人民共和国食品安全法》相关知识。
（5）《中华人民共和国妇女权益保障法》相关知识。
（6）《中华人民共和国消防法》相关知识。

(7)《中华人民共和国传染病防治法》相关知识。

(8)《托育机构管理规范（试行）》《托育机构设置标准（试行）》相关知识。

(9)《托儿所幼儿园卫生保健管理办法》相关知识。

(10)《托儿所幼儿园保健工作规范》相关知识。

(11)《托育机构保育指导大纲（试行）》相关知识。

(12)《0~6岁儿童健康管理服务规范》相关知识。

(13)《0~6岁儿童健康管理技术规范》相关知识。

(14)《全国家庭教育指导大纲（修订）》相关知识。

3. 工作要求

本标准对四级/中级工、三级/高级工、二级/技师、一级/高级技师的技能要求和相关知识要求依次递进，高级别涵盖低级别的要求。

3.1 四级/中级工

职业功能	工作内容	技能要求	相关知识要求
1. 孕期引导	1.1 生理健康	1.1.1 能指导孕妇建立良好生活规律并做好安全防护 1.1.2 能及时提醒、告知孕妇产检项目 1.1.3 能协助孕妇自测血压、称体重、计算体重指数并做记录 1.1.4 能指导孕妇自主识别胎动并计数	1.1.1 孕期生活规律与安全防护的知识和方法 1.1.2 孕妇产检时间及对应项目 1.1.3 孕妇日常自我监测的知识和方法 1.1.4 胎动识别及计数方法
	1.2 心理健康	1.2.1 能帮助孕、产妇了解孕期及产后常见心理反应 1.2.2 能指导孕、产妇表达内心感受与想法 1.2.3 能指导孕、产妇合理宣泄负面情绪	1.2.1 孕、产妇在不同时期的心理特点 1.2.2 合理情绪疗法的理论知识及应用方法 1.2.3 宣泄负面情绪的方法及注意事项
	1.3 营养运动	1.3.1 能依据膳食指南及膳食宝塔指导孕、产妇膳食 1.3.2 能指导孕妇适当增重 1.3.3 能指导孕妇选择适宜的常见运动方式	1.3.1 孕期、哺乳期膳食指南及膳食宝塔 1.3.2 孕期体重管理知识 1.3.3 孕期运动知识及注意事项

续表

职业功能	工作内容	技能要求	相关知识要求
2. 照护引导	2.1 营养喂养	2.1.1 能介绍母乳喂养的重要性并正确指导 2.1.2 能在相关专业人员确认无法进行母乳喂养或母乳喂养不足的情况下，指导看护人进行配方奶喂养 2.1.3 能指导看护人正确使用喂养工具 2.1.4 能指导看护人进行辅食添加 2.1.5 能指导看护人引导婴幼儿养成良好的饮水习惯 2.1.6 能指导看护人为婴幼儿创造安静、轻松、愉快的进餐环境 2.1.7 能指导看护人协助婴幼儿进餐，学习独立进餐 2.1.8 能指导看护人制订适宜的食谱	2.1.1 母乳喂养的知识和方法 2.1.2 配方奶喂养的知识和方法 2.1.3 婴儿辅食添加知识 2.1.4 婴幼儿饮水常见问题及解决方法 2.1.5 婴幼儿使用餐具的注意事项 2.1.6 婴幼儿进餐环境与气氛的创设 2.1.7 婴幼儿食谱的制订
	2.2 保健护理	2.2.1 能指导看护人为婴幼儿正确盥洗与便后清洁 2.2.2 能指导看护人培养婴幼儿盥洗、排便、穿脱衣服等生活技能 2.2.3 能指导看护人为婴幼儿提供良好的睡眠环境和设施，并加强睡眠过程看护 2.2.4 能指导看护人培养婴幼儿用眼、口腔等良好的生活卫生习惯 2.2.5 能指导看护人识别婴幼儿哭闹、肢体动作等所表达的生理需求，并回应 2.2.6 能指导看护人及时为婴幼儿进行预防接种 2.2.7 能指导看护人识别和护理婴幼儿发热、惊厥、呕吐等常见症状	2.2.1 婴幼儿盥洗的方法、要求及注意事项 2.2.2 婴幼儿"两便"清洁方法和注意事项 2.2.3 婴幼儿用眼习惯、口腔卫生习惯培养的知识 2.2.4 婴幼儿睡眠特点、安全睡眠常识 2.2.5 婴幼儿不同月龄情绪变化及回应措施 2.2.6 婴幼儿预防接种的知识及注意事项 2.2.7 婴幼儿常见症状的护理知识和方法

续表

职业功能	工作内容	技能要求	相关知识要求
2. 照护引导	2.3 安全防护	2.3.1 能指导看护人排查婴幼儿居家安全隐患 2.3.2 能指导看护人排查婴幼儿出行安全隐患 2.3.3 能指导看护人注意婴幼儿饮食安全 2.3.4 能指导看护人注意婴幼儿用药安全 2.3.5 能指导看护人避免对婴幼儿的轻视、歧视和语言暴力等	2.3.1 婴幼儿居家安全知识 2.3.2 婴幼儿出行安全知识 2.3.3 婴幼儿饮食安全知识 2.3.4 婴幼儿用药安全知识 2.3.5 妨碍婴幼儿身心健康发展的行为
3. 发展引导	3.1 动作发展	3.1.1 能指导看护人为婴幼儿创设有利于身体活动的环境 3.1.2 能指导看护人与婴幼儿进行被动操、主被动操等活动 3.1.3 能指导看护人发展婴幼儿抬头、翻身、坐、爬、站立、走、跑、钻、踢、跳等粗大动作 3.1.4 能指导看护人促进婴幼儿抓、捏、握等精细动作发展 3.1.5 能指导看护人与婴幼儿开展适宜的舞蹈与律动活动 3.1.6 能指导看护人与婴幼儿开展涂鸦、绘画和简单手工等活动	3.1.1 创设适宜婴幼儿动作发展环境的策略 3.1.2 婴幼儿先天性反射的相关知识 3.1.3 婴幼儿粗大动作发展的基本规律 3.1.4 婴幼儿精细动作发展的基本规律 3.1.5 婴幼儿艺术教育的方法
	3.2 语言发展	3.2.1 能指导看护人结合实物和动作，引导婴幼儿倾听和理解语言 3.2.2 能指导看护人引导婴幼儿使用声音、动作和词汇等进行简单的互动和交流 3.2.3 能指导看护人培养婴幼儿阅读的兴趣和习惯 3.2.4 能指导看护人吟唱童谣或儿歌等	3.2.1 婴幼儿言语发展的整体特点及影响因素 3.2.2 反应式倾听与及时回应在婴幼儿语言发展中的重要性 3.2.3 亲子共读环境创设、婴幼儿阅读材料选择的策略 3.2.4 婴幼儿语言互动游戏的方法

续表

职业功能	工作内容	技能要求	相关知识要求
3.发展引导	3.3 认知发展	3.3.1 能指导看护人为婴幼儿提供有利于视、听、触等感知觉发展的材料 3.3.2 能指导看护人鼓励婴幼儿认识与辨别物体的明显特征 3.3.3 能指导看护人启发婴幼儿进行简单的分类、配对和排序等游戏活动	3.3.1 婴幼儿感知觉发展的基本规律和特点 3.3.2 婴幼儿注意、记忆发展的基本规律和特点 3.3.3 婴幼儿思维、想象发展的基本规律和特点
	3.4 情绪和社会性发展	3.4.1 能指导看护人保持稳定的情绪，创设温暖、愉快的心理氛围 3.4.2 能指导看护人正确识别并及时回应婴幼儿的情绪反应 3.4.3 能指导看护人帮助婴幼儿理解和辨别悲伤、恐惧、愤怒、愉悦等不同情绪 3.4.4 能指导看护人引导婴幼儿理解并遵守简单的规则	3.4.1 婴幼儿情绪情感发展的基本规律 3.4.2 情绪分化的特点和发展趋势 3.4.3 婴幼儿社会性发展的基本规律 3.4.4 婴幼儿社会性游戏的方法
4.发展测评与咨询	4.1 发展测评	4.1.1 能指导看护人了解婴幼儿身心发展指标 4.1.2 能指导看护人观察、记录婴幼儿发展状况 4.1.3 能使用适宜的沟通技巧了解婴幼儿发展及照护状况	4.1.1 婴幼儿身心发展指标 4.1.2 婴幼儿发展状况观察、记录的要点 4.1.3 倾听技巧和谈话技巧 4.1.4 婴幼儿照护状况的知识
	4.2 环境评估	4.2.1 能指导看护人了解婴幼儿生活用品、玩具、图书、游戏材料等的配备要求 4.2.2 能了解婴幼儿照护环境状况	4.2.1 婴幼儿生活用品、玩具、图书、游戏材料等的配备要求 4.2.2 婴幼儿照护环境的知识
	4.3 资源咨询	4.3.1 能帮助看护人了解社区婴幼儿医疗保健机构 4.3.2 能帮助看护人了解社区婴幼儿保育和教育机构 4.3.3 能帮助看护人了解社区婴幼儿游戏场所	4.3.1 社区婴幼儿医疗保健机构的职能 4.3.2 婴幼儿保育与教育机构的职能 4.3.3 婴幼儿游戏场所的职能

3.2 三级/高级工

职业功能	工作内容	技能要求	相关知识要求
1. 孕期引导	1.1 生理健康	1.1.1 能提醒并讲解重点产检项目及注意事项 1.1.2 能指导孕妇识别常见症状，并给予保健指导 1.1.3 能指导孕妇识别临产征兆，做好分娩物品准备	1.1.1 重点产检筛查项目及注意事项 1.1.2 孕期常见症状的表现及处理方法 1.1.3 临产的表现特点及应对策略 1.1.4 分娩物品准备及注意事项
	1.2 心理健康	1.2.1 能帮助孕、产妇识别一般心理问题 1.2.2 能指导孕妇进行系统的放松练习 1.2.3 能指导孕、夫妇建立和谐的夫妻关系、亲子关系	1.2.1 孕、产妇一般心理问题的表现 1.2.2 孕妇放松练习的操作方法及注意事项 1.2.3 夫妻关系、亲子关系特点及应对策略
	1.3 营养运动	1.3.1 能指导孕、产妇合理摄入营养补充剂 1.3.2 能根据膳食食谱为孕、产妇及家属示范营养餐的制作方法 1.3.3 能指导并教授孕妇学习基本的凯格尔运动、孕期韵律操等孕期运动	1.3.1 孕期常见营养补充剂 1.3.2 营养餐制作方法及注意事项 1.3.3 盆底肌锻炼及孕期韵律操的基础运动方法及注意事项
2. 照护引导	2.1 营养喂养	2.1.1 能指导看护人观察母乳喂养、人工喂养的质量指标 2.1.2 能指导看护人对婴幼儿食物过敏进行预防和照护 2.1.3 能指导看护人制订适宜的膳食计划和食谱 2.1.4 能指导看护人培养婴幼儿良好的饮食习惯	2.1.1 母乳喂养、人工喂养的质量观察指标及建议 2.1.2 乳母膳食安排及喂奶期间注意事项 2.1.3 不同月龄婴幼儿食品选择的相关知识 2.1.4 平衡膳食的原则与要求 2.1.5 婴幼儿饮食习惯的培养方法

续表

职业功能	工作内容	技能要求	相关知识要求
2.照护引导	2.2 保健护理	2.2.1 能指导看护人观察处理婴幼儿盥洗、排便中的问题 2.2.2 能指导看护人观察判断婴幼儿睡眠情况，引导婴幼儿规律作息 2.2.3 能指导看护人观察判断婴幼儿眼、耳、口腔等感觉器官的发育情况 2.2.4 能指导看护人对婴幼儿常见疾病、传染病进行简单护理	2.2.1 婴幼儿卫生习惯培养方法 2.2.2 婴幼儿大小便异常问题的应对方法 2.2.3 婴幼儿睡眠质量观察指标 2.2.4 婴幼儿眼、耳、口腔等感觉器官的发育指标和指导方法 2.2.5 婴幼儿常见疾病、传染病护理的知识和方法
	2.3 安全防护	2.3.1 能指导看护人及时发现并制止婴幼儿可能引发危险后果的行为 2.3.2 能指导看护人引导婴幼儿理解并遵守简单的安全规则 2.3.3 能指导看护人预防与紧急处置婴幼儿烧烫伤、窒息、触电、创伤、鼻出血、动物咬伤等意外伤害	2.3.1 危害婴幼儿安全的常见行为与处理方式 2.3.2 婴幼儿安全教育实施方法 2.3.3 婴幼儿自我保护能力培养要点 2.3.4 婴幼儿意外伤害的处理方法和注意事项
3.发展引导	3.1 动作发展	3.1.1 能指导看护人定期更换游戏材料，创设具有一定挑战性的身体活动环境 3.1.2 能指导看护人丰富婴幼儿的运动活动和经验，增加户外运动的机会 3.1.3 能指导看护人提供多类型材料，促进婴幼儿剪贴、拼搭、叠套、搭建、制作等精细动作发展	3.1.1 自制玩具创设运动环境的方法和技巧 3.1.2 婴幼儿粗大动作发展的类型与训练 3.1.3 婴幼儿精细动作发展的类型与训练
	3.2 语言发展	3.2.1 能指导看护人结合日常生活，用丰富的语言与婴幼儿互动 3.2.2 能指导看护人鼓励婴幼儿多听、多看、多说和多问 3.2.3 能指导看护人为婴幼儿提供适宜的儿歌、故事和图画书	3.2.1 婴幼儿前言语时期的特点 3.2.2 婴幼儿单词句时期的特点 3.2.3 婴幼儿电报句时期的特点 3.2.4 婴幼儿简单句时期的特点 3.2.5 婴幼儿语用发展的特点

续表

职业功能	工作内容	技能要求	相关知识要求
3. 发展引导	3.3 认知发展	3.3.1 能指导看护人引导婴幼儿对周围事物产生和保持好奇心和求知欲 3.3.2 能指导看护人鼓励婴幼儿探索周围环境 3.3.3 能指导看护人引导婴幼儿发现问题并尝试解决问题	3.3.1 婴幼儿认知游戏的方法 3.3.2 婴幼儿注意、记忆的影响因素与培养策略 3.3.3 婴幼儿思维、想象发展的影响因素及培养策略
	3.4 情绪与社会性发展	3.4.1 能指导看护人理解并接纳婴幼儿的情绪，寻找情绪产生的原因 3.4.2 能指导看护人及时肯定和鼓励婴幼儿的情绪表达 3.4.3 能指导看护人帮助婴幼儿调节情绪 3.4.4 能指导看护人为婴幼儿提供社会交往的机会和条件	3.4.1 情绪在婴幼儿心理发展中的作用 3.4.2 婴幼儿情绪反应的识别与回应 3.4.3 婴幼儿的情绪表达特点与支持策略 3.4.4 婴幼儿社会交往的特点及支持策略
4. 发展测评与咨询	4.1 发展测评	4.1.1 能指导看护人对婴幼儿发展状况进行系统性、针对性的观察 4.1.2 能正确使用测评工具检测婴幼儿身心发展指标 4.1.3 能就婴幼儿发展方面的常见问题提供咨询	4.1.1 婴幼儿发展观察记录的设计与实施 4.1.2 婴幼儿身心发展指标检测的方法 4.1.3 就婴幼儿发展方面常见问题提供咨询的方法
	4.2 环境评估	4.2.1 能评估看护人养育婴幼儿的理念 4.2.2 能就婴幼儿养育环境方面的常见问题提供咨询	4.2.1 科学的婴幼儿养育理念 4.2.2 就婴幼儿养育环境方面常见问题提供咨询的方法
	4.3 资源咨询	4.3.1 能评估有关婴幼儿养育的讲座及其他来源的知识与经验 4.3.2 能向看护人推荐适宜的婴幼儿养育讲座及专家等	4.3.1 婴幼儿发展与养育的科学理念 4.3.2 婴幼儿发展与养育相关的讲座、专家资源获取，以及学习与咨询的知识

3.3 二级/技师

职业功能	工作内容	技能要求	相关知识要求
1. 孕期引导	1.1 生理健康	1.1.1 能提醒、告知孕妇在医师指导下合理用药 1.1.2 能示范、教授陪产者做好陪产准备	1.1.1 孕期合理用药特点、基本原则、药物对妊娠危险等级分类的知识 1.1.2 陪产者需具备的素质、陪产知识及支持策略
	1.2 心理健康	1.2.1 能使用心理量表筛查孕、产妇焦虑、抑郁的情绪，并提供建议与支持 1.2.2 能指导孕、产妇及家属建立相对和谐的家庭关系	1.2.1 焦虑、抑郁筛查量表的使用方法 1.2.2 亲属关系特点及应对策略
	1.3 营养运动	1.3.1 能指导孕妇及家属进行膳食食谱制作 1.3.2 能对孕、产妇常见生理不适进行运动指导	1.3.1 食谱的制作知识及方法 1.3.2 食物交换份法及能量计算 1.3.3 孕期常见不适的缓解方法
2. 照护引导	2.1 营养喂养	2.1.1 能根据医嘱指导看护人对婴幼儿发热、腹泻等常见疾病进行膳食喂养 2.1.2 能指导看护人矫正婴幼儿不良的饮食习惯	2.1.1 幼儿食谱的制作方法 2.1.2 婴幼儿饮食健康知识
	2.2 保健护理	2.2.1 能指导看护人针对婴幼儿发育情况制订和落实个性化保健护理方案 2.2.2 能指导看护人及时处理婴幼儿疑似传染病	2.2.1 婴幼儿个性化保健护理方案制订要点 2.2.2 婴幼儿传染病的预防和护理知识
	2.3 安全防护	2.3.1 能指导看护人制订和落实婴幼儿伤害预防与处置预案 2.3.2 能识别与处置婴幼儿呼吸困难、晕厥、过敏反应、中毒等紧急突发症状	2.3.1 婴幼儿伤害预防与处置预案 2.3.2 婴幼儿紧急突发症状的特点及相应的护理要求

续表

职业功能	工作内容	技能要求	相关知识要求
3. 发展引导	3.1 动作发展	3.1.1 能指导看护人合理调节促进婴幼儿各类动作发展的机会和条件的均衡性 3.1.2 能指导看护人改编或创编简单的动作游戏	3.1.1 婴幼儿动作发展的途径及注意事项 3.1.2 改编或创编动作游戏的要求与注意事项
	3.2 语言发展	3.2.1 能指导看护人创设环境增进与婴幼儿的互动交流 3.2.2 能指导看护人改编或创编简单的语言游戏	3.2.1 创设语言环境的方法 3.2.2 改编或创编语言游戏的要求与注意事项
	3.3 认知发展	3.3.1 能指导看护人利用各种场合和机会帮助婴幼儿认识周围环境中的事物和现象 3.3.2 能指导看护人改编或创编简单的认知游戏	3.3.1 创设认知环境的方法 3.3.2 改编或创编认知游戏的要求与注意事项
	3.4 情绪和社会性发展	3.4.1 能指导看护人帮助婴幼儿调节情绪 3.4.2 能指导看护人改编或创编简单的规则游戏	3.4.1 婴幼儿不良情绪的调整方法 3.4.2 改编或创编规则游戏的要求及注意事项
4. 发展测评与咨询	4.1 发展测评	4.1.1 能结合对婴幼儿的观察，解释婴幼儿身心发展测评结果 4.1.2 能就婴幼儿发展方面的个性化问题提供咨询	4.1.1 身心发展测评结果的分析方法 4.1.2 就婴幼儿发展方面的个性化问题提供咨询的方法
	4.2 环境评估	4.2.1 能综合评估看护人的养育情况 4.2.2 能就个性化养育环境状况提供咨询	4.2.1 婴幼儿发展与养育的科学知识 4.2.2 就个性化养育环境状况提供咨询的方法
	4.3 资源咨询	4.3.1 能为看护人推荐适宜的婴幼儿养育社会资源 4.3.2 能评估看护人利用社会资源的效果	4.3.1 婴幼儿养育社会资源的获取 4.3.2 社会资源利用效果评估的方法

3.4 一级/高级技师

职业功能	工作内容	技能要求	相关知识要求
1.孕期引导	1.1 生理健康	1.1.1 能帮助孕妇识别孕期异常症状 1.1.2 能及时提醒、辅助特殊疾病孕妇日常保健	1.1.1 孕期异常症状的表现 1.1.2 孕期高血压、糖尿病、贫血等疾病的基本知识、日常保健方法及注意事项
	1.2 心理健康	1.2.1 能帮助孕、产妇识别严重心理问题 1.2.2 能对危机状态的孕、产妇进行初步干预	1.2.1 孕、产妇严重心理问题的表现 1.2.2 孕、产妇危机干预的知识、方法
	1.3 营养运动	1.3.1 能配合医嘱，指导特殊孕妇进行营养餐制作 1.3.2 能配合医嘱，指导特殊孕妇的运动	1.3.1 妊娠期糖尿病、妊高征等妊娠合并症的营养膳食要点及注意事项 1.3.2 妊娠期糖尿病、胎盘低置等特殊情况的运动指导
2.照护引导	2.1 营养喂养	2.1.1 能指导看护人依据婴幼儿发育指标及时调整喂养策略 2.1.2 能指导看护人对过敏、食物不耐受、早产、低体重等婴幼儿进行喂养	2.1.1 婴幼儿生长发育曲线和科学制订食谱的方法 2.1.2 婴幼儿特殊情况的营养喂养知识
	2.2 保健护理	2.2.1 能评估婴幼儿照护环境异常状况，并提出改进建议 2.2.2 能指导看护人识别与护理婴幼儿发育异常情况	2.2.1 婴幼儿照护环境异常状况及评估要点 2.2.2 婴幼儿发育异常表现及护理要点
	2.3 安全防护	2.3.1 能评估婴幼儿伤害防控异常状况，并提出改进建议 2.3.2 能评估婴幼儿伤害预防与处置预案，并提出改进建议	2.3.1 婴幼儿伤害防控异常状况及评估要点 2.3.2 婴幼儿伤害预防与处置预案
3.发展引导	3.1 动作发展	3.1.1 能指导看护人识别婴幼儿动作发展问题 3.1.2 能协助看护人配合医疗干预计划进行婴幼儿动作发展训练	3.1.1 婴幼儿动作发展常见问题及表现 3.1.2 婴幼儿动作发展医疗干预计划中家庭护理和训练的配合要点

续表

职业功能	工作内容	技能要求	相关知识要求
3. 发展引导	3.2 语言发展	3.2.1 能指导看护人识别婴幼儿语言发展问题 3.2.2 能协助看护人配合医疗干预计划进行婴幼儿语言发展训练	3.2.1 婴幼儿语言发展常见问题及表现 3.2.2 婴幼儿语言发展医疗干预计划中家庭护理和训练的配合要点
	3.3 认知发展	3.3.1 能指导看护人识别婴幼儿认知发展问题 3.3.2 能协助看护人配合医疗干预计划进行婴幼儿认知发展训练	3.3.1 婴幼儿认知发展常见问题及表现 3.3.2 婴幼儿认知发展医疗干预计划中家庭护理和训练的配合要点
	3.4 情绪和社会性发展	3.4.1 能指导看护人识别婴幼儿情绪社会性发展问题 3.4.2 能协助看护人配合医疗干预计划进行婴幼儿情绪和社会性发展训练	3.4.1 婴幼儿情绪社会性发展常见问题及表现 3.4.2 婴幼儿情绪社会性发展医疗干预计划中家庭护理和训练的配合要点
4. 发展测评与咨询	4.1 发展测评	4.1.1 能对婴幼儿发展异常问题进行评估 4.1.2 能对婴幼儿发展异常问题提供咨询	4.1.1 婴幼儿发展异常问题的知识 4.1.2 婴幼儿发展异常问题咨询方法
	4.2 环境评估	4.2.1 能对养育环境异常问题进行评估 4.2.2 能对养育环境异常问题提供咨询	4.2.1 养育环境异常问题的知识 4.2.2 养育环境异常问题咨询方法
	4.3 资源咨询	4.3.1 能根据需要向看护人推荐专业的心理咨询机构 4.3.2 能根据需要向看护人推荐专业的特殊教育服务资源	4.3.1 专业的心理咨询机构的职能及资源获取方法 4.3.2 专业的特殊教育服务资源的职能及资源获取方法
5. 指导与培训	5.1 业务指导	5.1.1 能对本职业二级/技师及以下级别人员提供业务指导 5.1.2 能对本职业二级/技师及以下级别人员进行工作评价	业务指导与评价策略

续表

职业功能	工作内容	技能要求	相关知识要求
5.指导与培训	5.2业务培训	5.2.1 能根据本职业二级/技师及以下级别人员的工作需求制订恰当的培训方案 5.2.2 能根据本职业二级/技师及以下级别人员培训方案实施培训	5.2.1 培训方案的设计要点与注意事项 5.2.2 培训方案组织实施的策略

4. 权重表

4.1 理论知识权重表

项目		技能等级	四级/中级工（%）	三级/高级工（%）	二级/技师（%）	一级/高级技师（%）
基本要求	职业道德		10	10	10	10
	基础知识		15	15	10	10
相关知识要求	孕期引导		10	10	5	5
	照护引导		30	25	25	20
	发展引导		30	30	35	20
	发展测评与咨询		5	10	15	20
	指导与培训		—	—	—	15
合计			100	100	100	100

4.2 技能要求权重表

项目		技能等级	四级/中级工（%）	三级/高级工（%）	二级/技师（%）	一级/高级技师（%）
技能要求	孕期引导		15	15	10	10
	照护引导		40	35	30	25
	发展引导		35	35	40	25
	发展测评与咨询		10	15	20	25
	指导与培训		—	—	—	15
合计			100	100	100	100

保育师国家职业技能标准

（2021 年版）

1. 职业概况

1.1 职业名称

保育师

1.2 职业编码

4—10—01—03

1.3 职业定义

在托育机构及其他保育场所中，从事婴幼儿生活照料、安全看护、营养喂养和早期发展工作的人员。

1.4 职业技能等级

本职业共设五个等级，分别为：五级/初级工、四级/中级工、三级/高级工、二级/技师、一级/高级技师。

1.5 职业环境条件

室内、外，常温。

1.6 职业能力特征

身心健康，人格健全；热爱婴幼儿，认真负责；亲切和蔼，善于沟通；观察力敏锐，身体灵活。

1.7 普通受教育程度

高中毕业（或同等学力）。

1.8 培训参考学时①

五级/初级工不少于 160 标准学时，四级/中级工不少于 120 标准学时，三级/高级工不

---

① 参考学时：完成本职业技能等级"基本要求"和"工作要求"所需的培训学时数。学时数仅作参考，培训单位可据实调整。

少于80标准学时,二级/技师不少于80标准学时,一级/高级技师不少于60标准学时。

1.9 职业技能鉴定要求

1.9.1 申报条件

具备以下条件之一者,可申报五级/初级工:

(1) 累计从事本职业或相关职业①工作1年(含)以上。

(2) 本职业或相关职业学徒期满。

具备以下条件之一者,可申报四级/中级工:

(1) 取得本职业或相关职业五级/初级工职业资格证书(技能等级证书)后,累计从事本职业或相关职业工作4年(含)以上。

(2) 累计从事本职业或相关职业工作6年(含)以上。

(3) 取得技工学校本专业或相关专业②毕业证书(含尚未取得毕业证书的在校应届毕业生);或取得经评估论证、以中级技能为培养目标的中等及以上职业学校本专业或相关专业③毕业证书(含尚未取得毕业证书的在校应届毕业生)。

具备以下条件之一者,可申报三级/高级工:

(1) 取得本职业或相关职业四级/中级工职业资格证书(技能等级证书)后,累计从事本职业或相关职业工作5年(含)以上。

(2) 取得本职业或相关职业四级/中级工职业资格证书(技能等级证书),并具有高级技工学校、技师学院毕业证书(含尚未取得毕业证书的在校应届毕业生);或取得本职业或相关职业四级/中级工职业资格证书(技能等级证书),并具有经评估论证、以高级技能为培养目标的高等职业学校本专业或相关专业毕业证书(含尚未取得毕业证书的在校应届毕业生)。

(3) 具有大专本专业或相关专业毕业证书,并取得本职业或相关职业四级/中级工职业资格证书(技能等级证书)后,累计从事本职业或相关职业工作2年(含)以上。

(4) 具有本科及以上本专业或相关专业④毕业证书,累计从事本职业或相关职业工作2年(含)以上。

具备以下条件之一者,可申报二级/技师:

(1) 取得本职业或相关职业三级/高级工职业资格证书(技能等级证书)后,累计从事

---

① 相关职业:育婴员、婴幼儿发展引导员、母婴保健技术服务人员、母婴护理员、健康管理师、公共营养师、幼儿教育教师、助产士、儿科护士、儿科医师等,下同。

② 技工学校本专业为婴幼儿托育,相关专业包括护理、幼儿教育、健康服务与管理、健康与社会照护、公共营养保健、家政服务等,下同。

③ 职业学校本专业包括中等职业教育的婴幼儿托育,高等职业教育专科的婴幼儿托育服务与管理,高等职业教育本科的婴幼儿发展与健康管理等,下同。
职业学校相关专业包括中等职业教育的幼儿保育、母婴照护、护理、中医护理、营养与保健、现代家政服务与管理等,高等职业教育专科的早期教育、学前教育、护理、食品营养与健康、健康管理、医学营养、预防医学、助产、特殊教育、心理健康教育、现代家政服务与管理、心理咨询等,高等职业教育本科的护理、儿童康复治疗、健康管理、学前教育、现代家政管理等,下同。

④ 普通高等学校本科相关专业包括教育学类、护理学类、心理学类、公共卫生与预防医学类、儿科学、健康服务与管理、公共事业管理、家政学等,下同。

本职业或相关职业工作4年（含）以上。

（2）取得本职业或相关职业三级/高级工职业资格证书（技能等级证书）的高级技工学校、技师学院毕业生，累计从事本职业或相关职业工作3年（含）以上；或取得本职业或相关职业预备技师证书的技师学院毕业生，累计从事本职业或相关职业工作2年（含）以上。

具备以下条件者，可申报一级/高级技师：

取得本职业或相关职业二级/技师职业资格证书（技能等级证书）后，累计从事本职业或相关职业工作4年（含）以上。

1.9.2 鉴定方式

分为理论知识考试、技能考核以及综合评审。理论知识考试以笔试、机考等方式为主，主要考核从业人员从事本职业应掌握的基本要求和相关知识要求；技能考核主要采用模拟操作的方式进行，主要考核从业人员从事本职业应具备的技能水平；综合评审主要针对技师和高级技师，通常采取审阅申报材料、答辩等方式进行全面评议和审查。

理论知识考试、技能考核和综合评审均实行百分制，成绩皆达60分（含）以上者为合格。

1.9.3 监考人员、考评人员与考生配比

理论知识考试中的监考人员与考生配比不低于1∶15，且每个考场不少于2名监考人员；技能考核中的考评人员与考生配比不低于1∶5，且考评人员为3人（含）以上单数；综合评审委员为3人（含）以上单数。

1.9.4 鉴定时间

理论知识考试时间不少于90 min，技能考核时间不少于30 min，综合评审时间不少于30 min。

1.9.5 鉴定场所设备

理论知识考试在标准教室或在计算机机房进行；技能考核场地应具备实操条件，并配备玩具以及现场全方位监控和即时录像设备，室内卫生、通风良好，光线充足，设施设备齐全；综合评审在小型会议室进行，备有实操模型、全方位监控和即时录像设备、音视频播放设备、投影仪等。

2. 基本要求

2.1 职业道德

2.1.1 职业道德基本知识

2.1.2 职业守则

（1）品德高尚，富有爱心。

(2) 敬业奉献，素质优良。
(3) 尊重差异，积极回应。
(4) 安全健康，科学规范。

2.2 基础知识

2.2.1 婴幼儿生理和心理知识

(1) 婴幼儿生理学知识。
(2) 婴幼儿心理学知识。

2.2.2 婴幼儿营养、喂养知识

(1) 婴幼儿营养知识。
(2) 婴幼儿喂养知识。

2.2.3 婴幼儿安全照护知识

(1) 婴幼儿伤害预防知识。
(2) 婴幼儿急救常识。

2.2.4 婴幼儿常见病和传染病知识

(1) 婴幼儿常见病及保健知识。
(2) 婴幼儿传染病及预防知识。

2.2.5 相关环境知识

(1) 婴幼儿生活环境创设知识。
(2) 婴幼儿支持性环境创设知识。
(3) 合作共育基本知识。

2.2.6 相关法律、法规知识

(1)《中华人民共和国母婴保健法》相关知识。
(2)《中华人民共和国未成年人保护法》相关知识。
(3)《中华人民共和国食品安全法》相关知识。
(4)《中华人民共和国劳动法》相关知识。
(5)《托儿所幼儿园卫生保健管理办法》相关知识。
(6)《托育机构设置标准（试行）》相关知识。
(7)《托育机构管理规范（试行）》相关知识。
(8)《托育机构保育指导大纲（试行）》相关知识。

3. 工作要求

本标准对五级/初级工、四级/中级工、三级/高级工、二级/技师、一级/高级技师的技能要求和相关知识要求依次递进，高级别涵盖低级别的要求。

3.1 五级/初级工

职业功能	工作内容	技能要求	相关知识要求
1. 环境创设	1.1 环境准备	1.1.1 能依规布置日常照料和游戏活动空间 1.1.2 能调节室内照明、温度并保持良好通风 1.1.3 能摆放、收纳日常照料和游戏活动所需的材料	1.1.1 室内空间设置知识 1.1.2 室内照明、温度、通风的基本规范 1.1.3 材料的摆放和收纳要求
	1.2 物品管理	1.2.1 能对常见危险品进行保管 1.2.2 能做好物品的使用登记	1.2.1 常见危险品的特性及安全管理流程 1.2.2 物品保管方法与规则
	1.3 清洁消毒	1.3.1 能配制常用的消毒液 1.3.2 能按程序对婴幼儿活动场所及各类设施设备、用品、材料等进行清洁消毒并做好记录	1.3.1 消毒液的配制和使用方法 1.3.2 清洁消毒的基本要求和注意事项
2. 生活照料	2.1 饮食照料	2.1.1 能及时回应婴儿的进食信号并灵活安排 2.1.2 能支持继续母乳喂养 2.1.3 能做好进食前准备、辅助进食和进食后整理 2.1.4 能正确储存和管理婴幼儿食品，并使用配方奶喂养 2.1.5 能引导婴幼儿安全饮水	2.1.1 回应性喂养的原理 2.1.2 母乳喂养知识 2.1.3 进食前后照料知识 2.1.4 食品储存和管理知识 2.1.5 配方奶喂养知识 2.1.6 婴幼儿饮水知识

续表

职业功能	工作内容	技能要求	相关知识要求
2. 生活照料	2.2 睡眠照料	2.2.1 能识别婴幼儿困倦的信号 2.2.2 能为婴幼儿营造安全良好的睡眠环境 2.2.3 能安抚婴幼儿入睡 2.2.4 能做好睡眠巡视和看护	2.2.1 婴幼儿睡眠的特点和规律 2.2.2 准备睡眠床、寝具的程序和要求 2.2.3 常用的睡前准备活动 2.2.4 安抚婴幼儿入睡的方法和注意事项 2.2.5 睡眠巡视和看护的要点
	2.3 生活与卫生管理	2.3.1 能正确地抱婴幼儿，并照料婴幼儿出行 2.3.2 能为婴幼儿选择和更换适宜的衣服、鞋袜等 2.3.3 能为婴幼儿更换尿布，及时提醒幼儿安全如厕 2.3.4 能为婴幼儿做好基本的盥洗照料 2.3.5 能向婴幼儿描述和解释日常照料行为	2.3.1 抱婴幼儿的正确方法 2.3.2 婴幼儿出行的方法及注意事项 2.3.3 穿脱衣服、鞋袜等的注意事项 2.3.4 婴幼儿如厕照料的基本要求 2.3.5 婴幼儿盥洗照料的基本要求
3. 安全与健康管理	3.1 健康管理	3.1.1 能为婴幼儿测量体重、身长（高）等 3.1.2 能开展"三浴"锻炼 3.1.3 能进行晨、午、晚检和全日健康观察	3.1.1 婴幼儿体格发育测量的基本方法 3.1.2 "三浴"锻炼知识 3.1.3 晨、午、晚检和全日健康观察的知识
	3.2 伤害预防	3.2.1 能及时发现一日生活中的潜在风险 3.2.2 能预防磕碰伤、挤压伤、跌倒伤、异物伤、钝器伤、锐器伤等常见伤害 3.2.3 能做好一日生活的过程看护	3.2.1 婴幼儿生活环境的安全要求 3.2.2 常见危险品的安全排查知识 3.2.3 常见伤害类型与预防 3.2.4 一日生活过程安全看护要点
	3.3 应急处置	3.3.1 能对婴幼儿磕碰伤、挤压伤、跌倒伤、异物伤、钝器伤、锐器伤等进行初步处理 3.3.2 能做好基本的应急防护、避险、逃生、自救等 3.3.3 能在发生婴幼儿伤害时及时报告	3.3.1 婴幼儿基本急救知识 3.3.2 应急防护、避险、逃生、自救的基本方法 3.3.3 伤害与应急处置报告的原则与流程

续表

职业功能	工作内容	技能要求	相关知识要求
4. 早期学习支持	4.1 保障充分活动	4.1.1 能保证婴幼儿充足的活动时间 4.1.2 能为婴幼儿提供多种形式的活动机会	4.1.1 充分活动的重要性 4.1.2 提供充分活动机会的基本原则
	4.2 支持示范	4.2.1 能保护婴幼儿对周围事物与环境的好奇心和求知欲 4.2.2 能为婴幼儿提供可信赖的探索环境 4.2.3 能提供适当的语言示范	4.2.1 婴幼儿学习的特点 4.2.2 依恋的基本原理 4.2.3 语言示范的基本知识
5. 合作共育	5.1 沟通交流	5.1.1 能向同事介绍婴幼儿的基本表现 5.1.2 能整理日常保育文档与资料	5.1.1 工作交流的主要内容和基本方法 5.1.2 婴幼儿档案整理知识
	5.2 育儿指导	5.2.1 能向家长描述婴幼儿在本机构的基本情况 5.2.2 能展示家园共育的宣传信息	5.2.1 与家长沟通交流的原则与主要方法 5.2.2 家园共育信息的宣传方法

3.2 四级/中级工

职业功能	工作内容	技能要求	相关知识要求
1. 环境创设	1.1 环境准备	1.1.1 能合理布置婴幼儿一日生活区域 1.1.2 能维护保养日常所需的设备与材料	1.1.1 一日生活区域布置的基本要求 1.1.2 维护保养设备与材料的要求与规范
	1.2 物品管理	1.2.1 能贴好设备、用品标签 1.2.2 能标记特殊用品的使用方法及注意事项	1.2.1 物品标注规范及注意事项 1.2.2 特殊用品的使用方法和标记要点
	1.3 清洁消毒	1.3.1 能按程序做好预防性消毒 1.3.2 能正确处理婴幼儿的呕吐物和排泄物	1.3.1 预防性消毒知识 1.3.2 婴幼儿呕吐物和排泄物的处理方法

续表

职业功能	工作内容	技能要求	相关知识要求
2. 生活照料	2.1 饮食照料	2.1.1 能引导婴幼儿尝试和接受多种食物 2.1.2 能鼓励幼儿参与协助分餐、摆放餐具等活动 2.1.3 能引导幼儿独立自主进餐 2.1.4 能辅助婴幼儿使用水杯喝水	2.1.1 辅食添加知识 2.1.2 回应性喂养的注意事项 2.1.3 幼儿独立进餐的注意事项 2.1.4 婴幼儿饮水常见问题及解决方法
	2.2 睡眠照料	2.2.1 能引导幼儿进行力所能及的晾被、叠被、整理铺床等 2.2.2 能引导幼儿独立就寝	2.2.1 培养幼儿独立就寝的方法 2.2.2 幼儿独立就寝的注意事项
	2.3 生活与卫生管理	2.3.1 能引导幼儿正确盥洗 2.3.2 能引导幼儿进行力所能及的整理和穿脱衣服、鞋袜等 2.3.3 能鼓励幼儿及时表达大小便需求 2.3.4 能在日常照料中与婴幼儿进行适宜的互动	2.3.1 培养幼儿盥洗习惯的方法 2.3.2 培养幼儿穿脱衣服、鞋袜等技能的方法 2.3.3 回应性照料知识
3. 安全与健康管理	3.1 健康管理	3.1.1 能对婴幼儿常见病进行早期识别 3.1.2 能识别疑似传染病例并及时报告 3.1.3 能发现婴幼儿的健康状况和行为异常 3.1.4 能提醒婴幼儿家长按时参加儿保体检及预防接种	3.1.1 婴幼儿常见病和传染病的早期识别 3.1.2 传染病例报告流程及注意事项 3.1.3 婴幼儿健康指标 3.1.4 婴幼儿行为异常的类型及表现 3.1.5 婴幼儿定期体检及预防接种知识
	3.2 伤害预防	3.2.1 能预防烧烫伤、动物伤、窒息、溺水等意外伤害 3.2.2 能对婴幼儿进行安全教育	3.2.1 意外伤害的类型与预防 3.2.2 安全教育知识
	3.3 应急处置	3.3.1 能对婴幼儿烧烫伤、动物伤、窒息、溺水等意外伤害进行初步处理 3.3.2 能在发生婴幼儿伤害时按规定进行记录	3.3.1 婴幼儿意外伤害急救知识 3.3.2 婴幼儿伤害及初步处理的记录方法

续表

职业功能	工作内容	技能要求	相关知识要求
4. 早期学习支持	4.1 促进动作发展	4.1.1 能为婴幼儿提供机会促进大肌肉动作发展 4.1.2 能为婴幼儿提供机会促进精细动作发展	4.1.1 促进婴幼儿大肌肉动作发展的游戏活动 4.1.2 促进婴幼儿精细动作发展的游戏活动
	4.2 促进语言发展	4.2.1 能创设回应性的语言交流环境 4.2.2 能通过童谣、儿歌、故事、绘本等为婴幼儿提供丰富的语言经验	4.2.1 语言环境创设知识 4.2.2 促进婴幼儿语言发展的游戏活动
	4.3 促进认知发展	4.3.1 能为婴幼儿运用各种感官探索周围环境提供机会 4.3.2 能鼓励和支持婴幼儿的主动探索	4.3.1 婴幼儿的学习动机 4.3.2 促进婴幼儿认知发展的游戏活动
	4.4 促进情感和社会性发展	4.4.1 能为婴幼儿自由表达情绪提供机会 4.4.2 能辨识、理解和接纳婴幼儿的基本情绪，并给予及时回应 4.4.3 能简单引导和调节婴幼儿的情绪	4.4.1 辨识婴幼儿情绪的方法 4.4.2 婴幼儿的自我意识 4.4.3 婴幼儿情绪的引导与调节方法
5. 合作共育	5.1 沟通交流	5.1.1 能分析婴幼儿档案，与同事交流婴幼儿的各项表现 5.1.2 能鼓励家长提供婴幼儿在家里的基本情况和重要事件	5.1.1 婴幼儿档案的分析与解读 5.1.2 与家长沟通的技巧与注意事项
	5.2 育儿指导	5.2.1 能根据观察记录，向家长介绍婴幼儿每日情况和重要事件 5.2.2 能组织家园共育活动	5.2.1 家庭育儿指导的内容与形式 5.2.2 家园共育活动的类型和方法

3.3 三级/高级工

职业功能	工作内容	技能要求	相关知识要求
1.环境创设	1.1 区域设置	1.1.1 能设置支持婴幼儿发展的物质环境 1.1.2 能设置与活动内容一致的空间 1.1.3 能设置安全活动路线	1.1.1 早期发展支持的物质环境 1.1.2 活动目标与内容的关系 1.1.3 安全活动路线的基本要求
	1.2 材料配备	1.2.1 能配备一日生活所需的设施设备、用品、材料等 1.2.2 能指导五级/初级工、四级/中级工使用设施设备、用品、材料等	1.2.1 设施设备、用品、材料配备的基本要求与规范 1.2.2 设施设备、用品、材料使用的基本要求与规范
	1.3 物品管理	1.3.1 能制定物品管理制度 1.3.2 能按照物品管理流程进行管理	1.3.1 物品管理制度建设知识 1.3.2 物品管理流程
	1.4 清洁消毒	1.4.1 能制定保育机构清洁消毒制度 1.4.2 能督促、指导清洁消毒制度的落实	1.4.1 清洁消毒制度建设知识 1.4.2 清洁消毒制度落实知识
2.生活照料	2.1 饮食照料	2.1.1 能在进食前后密切观察婴幼儿是否有不良反应 2.1.2 能识别并处理婴幼儿进食中遇到的问题	2.1.1 婴幼儿进食的不良反应 2.1.2 婴幼儿常见的进食问题与处理方法
	2.2 睡眠照料	2.2.1 能观察、记录婴幼儿睡眠情况，引导婴幼儿规律作息 2.2.2 能识别并处理婴幼儿的睡眠问题	2.2.1 婴幼儿睡眠观察的记录内容与方法 2.2.2 婴幼儿睡眠问题的识别与处理方法
	2.3 生活与卫生管理	2.3.1 能处理婴幼儿盥洗、如厕中的问题 2.3.2 能发现婴幼儿大小便异常并正确处理 2.3.3 能引导幼儿自主如厕 2.3.4 能与婴幼儿建立信任和稳定的情感联结	2.3.1 婴幼儿盥洗、如厕中的常见问题及处理方法 2.3.2 婴幼儿大小便异常的表现与处理方法 2.3.3 培养幼儿自主如厕的方法与注意事项 2.3.4 安全依恋关系的建立与发展

续表

职业功能	工作内容	技能要求	相关知识要求
3. 安全与健康管理	3.1 健康管理	3.1.1 能对婴幼儿常见病进行预防和初步护理 3.1.2 能对健康状况和行为异常的婴幼儿进行重点观察 3.1.3 能观察预防接种后婴幼儿的不良反应	3.1.1 婴幼儿常见病护理知识 3.1.2 婴幼儿健康状况和行为异常的观察方法 3.1.3 预防接种不良反应的表现
	3.2 伤害预防	3.2.1 能预防触电、中毒、冻伤等伤害 3.2.2 能参与制定伤害预防方案	3.2.1 触电、中毒、冻伤等伤害预防知识 3.2.2 伤害预防方案的制定
	3.3 应急处置	3.3.1 能对保育机构急救物资进行配置 3.3.2 能参与制定突发事件的应急预案 3.3.3 能对发生严重伤害、等待救援的婴幼儿予以适宜照料	3.3.1 急救物资配置知识 3.3.2 突发事件应急预案的主要内容 3.3.3 触电、中毒、冻伤等伤害的应急处置
4. 早期学习支持	4.1 促进动作发展	4.1.1 能鼓励婴幼儿探索和积累运动经验 4.1.2 能根据婴幼儿体质状况调节活动强度和时间	4.1.1 婴幼儿运动的影响因素 4.1.2 婴幼儿运动的注意事项
	4.2 促进语言发展	4.2.1 能引导婴幼儿倾听、理解、模仿和运用语言 4.2.2 能培养婴幼儿早期阅读兴趣和习惯 4.2.3 能支持婴幼儿与同伴、成人的交流互动	4.2.1 促进婴幼儿早期语言发展的原则和主要策略 4.2.2 培养早期阅读兴趣的策略 4.2.3 婴幼儿交流的支持方法
	4.3 促进认知发展	4.3.1 能鼓励婴幼儿感知各种事物的特征 4.3.2 能鼓励婴幼儿发现和解决生活中遇到的问题	4.3.1 婴幼儿主动探索的支持方法 4.3.2 培养婴幼儿自主学习能力的方法和策略

续表

职业功能	工作内容	技能要求	相关知识要求
4. 早期学习支持	4.4 促进情感和社会性发展	4.4.1 能引导婴幼儿理解和辨别不同情绪 4.4.2 能支持幼儿自我调节情绪 4.4.3 能帮助婴幼儿逐步适应集体生活 4.4.4 能支持婴幼儿开展人际交往	4.4.1 幼儿自我引导与自我调节相关知识 4.4.2 培养幼儿集体意识的方法 4.4.3 婴幼儿人际交往相关知识
5. 培训与指导	5.1 培训	5.1.1 能根据家庭的需求编制科学育儿培训计划 5.1.2 能根据五级/初级工、四级/中级工的工作内容和需求编制培训计划	5.1.1 家庭培训的类型、内容及流程 5.1.2 培训计划的编制与培训方法的选择
	5.2 指导	5.2.1 能为家长提供科学育儿咨询和指导 5.2.2 能对五级/初级工、四级/中级工进行工作指导	5.2.1 家庭育儿指导的方法与技巧 5.2.2 工作经验交流与分享知识

3.4 二级/技师

职业功能	工作内容	技能要求	相关知识要求
1. 环境创设	1.1 区域规划	1.1.1 能创设适合不同活动内容的区域 1.1.2 能为有特殊需要的婴幼儿创设安全区域	1.1.1 区域创设基本要求与规范 1.1.2 特殊区域创设知识
	1.2 材料投放	1.2.1 能投放一日生活所需的设施设备、用品、材料等 1.2.2 能对设施设备、用品、材料的投放进行评估和调整	1.2.1 设施设备、用品、材料投放的基本要求与规范 1.2.2 设施设备、用品、材料投放评估知识
2. 生活照料	2.1 饮食照料	2.1.1 能为婴幼儿进行均衡性、多样化配餐 2.1.2 能辅助婴幼儿专注进食和选择多种食物	2.1.1 婴幼儿配餐知识 2.1.2 培养婴幼儿饮食习惯的方法

续表

职业功能	工作内容	技能要求	相关知识要求
2. 生活照料	2.2 睡眠照料	2.2.1 能理解婴幼儿睡眠的个体差异，采取适宜的照料方式 2.2.2 能培养婴幼儿良好的睡眠习惯	2.2.1 婴幼儿睡眠的影响因素 2.2.2 婴幼儿睡眠习惯的培养方法
	2.3 生活与卫生管理	2.3.1 能培养婴幼儿良好的用眼及口腔卫生习惯 2.3.2 能引导婴幼儿逐步形成规则和安全意识	2.3.1 婴幼儿眼睛保护及口腔卫生知识 2.3.2 培养规则和安全意识的方法
3. 安全与健康管理	3.1 健康管理	3.1.1 能及时处理疑似传染病例，并按规程登记上报 3.1.2 能针对婴幼儿发育水平制定个性化健康指导方案 3.1.3 能制定晨、午、晚检以及传染病预防的工作方案	3.1.1 传染病例处理及上报规程 3.1.2 婴幼儿个性化健康指导的方法 3.1.3 健康观察流程及处理规范
	3.2 伤害预防	3.2.1 能制定和落实预防婴幼儿伤害的管理细则 3.2.2 能开发与组织实施安全教育课程体系	3.2.1 预防婴幼儿伤害管理细则的制定与落实 3.2.2 安全教育课程体系知识
	3.3 应急处置	3.3.1 能在发生婴幼儿伤害时做好家长沟通，并寻求专业支持 3.3.2 能制定突发事件的应急预案	3.3.1 应急处置的流程与注意事项 3.3.2 突发事件应急预案的制定方法
4. 早期学习支持	4.1 促进动作发展	4.1.1 能设计和组织实施促进婴幼儿动作发展的游戏活动 4.1.2 能及时发现婴幼儿动作发展的异常	4.1.1 促进动作发展的游戏活动设计与组织实施方法 4.1.2 婴幼儿动作发展异常的表现
	4.2 促进语言发展	4.2.1 能设计和组织实施促进婴幼儿语言发展的游戏活动 4.2.2 能及时发现婴幼儿语言发展的异常	4.2.1 促进语言发展的游戏活动设计与组织实施方法 4.2.2 婴幼儿语言发展异常的表现

续表

职业功能	工作内容	技能要求	相关知识要求
4. 早期学习支持	4.3 促进认知发展	4.3.1 能设计和组织实施促进婴幼儿认知发展的游戏活动 4.3.2 能及时发现婴幼儿认知发展的异常	4.3.1 促进认知发展的游戏活动设计与组织实施方法 4.3.2 婴幼儿认知发展异常的表现
	4.4 促进情感和社会性发展	4.4.1 能设计和组织实施促进婴幼儿情感和社会性发展的游戏活动 4.4.2 能及时发现具有情感和社会性发展问题的婴幼儿	4.4.1 促进情感和社会性发展的游戏活动设计与组织实施方法 4.4.2 婴幼儿情感和社会性发展的常见问题
5. 培训与指导	5.1 培训	5.1.1 能根据家庭和社区需求开设家长课堂、开展专题培训 5.1.2 能对三级/高级工及以下级别人员进行培训	5.1.1 家长课堂设计知识 5.1.2 培训的方法与策略
	5.2 指导	5.2.1 能对保育机构的日常工作进行指导 5.2.2 能对三级/高级工及以下级别人员进行指导	5.2.1 保育机构日常工作常见问题 5.2.2 保育工作指导的主要内容和方法

3.5 一级/高级技师

职业功能	工作内容	技能要求	相关知识要求
1. 环境创设	1.1 区域规划	1.1.1 能提出区域规划的方案 1.1.2 能对区域规划方案进行评估并提出改进意见	1.1.1 区域规划的主要内容 1.1.2 区域规划方案评估知识
	1.2 材料开发	1.2.1 能自主研发活动所需的部分设施与材料 1.2.2 能利用自然材料整合形成多功能玩/教具	1.2.1 教学设施与材料的研发 1.2.2 多功能玩/教具的制作

续表

职业功能	工作内容	技能要求	相关知识要求
2. 生活照料	2.1 饮食照料	2.1.1 能制订膳食计划和科学食谱 2.1.2 能根据婴幼儿生长发育指标判断其营养状况,并调整营养与喂养策略 2.1.3 能为有特殊饮食需求的婴幼儿提供喂养建议	2.1.1 膳食计划制订方法 2.1.2 婴幼儿营养状况与喂养策略评估知识 2.1.3 婴幼儿特殊饮食知识
	2.2 睡眠照料	2.2.1 能评估婴幼儿睡眠的质量 2.2.2 能在观察评估的基础上改进婴幼儿睡眠的照料策略	2.2.1 婴幼儿睡眠质量评估知识 2.2.2 婴幼儿睡眠照料策略
	2.3 生活与卫生管理	2.3.1 能发现有精神状态不良、烦躁等表现的婴幼儿并加强看护 2.3.2 能识别婴幼儿的偏差行为并适当处理	2.3.1 婴幼儿精神状况不良的表现及处理方法 2.3.2 婴幼儿偏差行为的表现及处理方法
3. 安全与健康管理	3.1 健康管理	3.1.1 能评估健康指导方案,并提出改进意见 3.1.2 能协助家长寻求本机构外的专业支持,解决婴幼儿的健康问题	3.1.1 婴幼儿健康指导方案评估知识 3.1.2 婴幼儿转介知识
	3.2 伤害预防	3.2.1 能评估预防婴幼儿伤害的管理细则并提出改进意见 3.2.2 能指导开展伤害防控工作	3.2.1 伤害预防管理细则评估知识 3.2.2 伤害防控指导知识
	3.3 应急处置	3.3.1 能评估突发事件应急预案并提出改进意见 3.3.2 能指导保育机构开展突发事件应急处理	3.3.1 突发事件应急预案评估知识 3.3.2 突发事件应急处理指导知识
4. 早期学习支持	4.1 促进动作发展	4.1.1 能评估婴幼儿动作发展水平 4.1.2 能对动作发展异常的婴幼儿给予指导或转介 4.1.3 能依据观察评估结果改进婴幼儿动作发展领域的课程体系	4.1.1 婴幼儿动作发展水平评估知识 4.1.2 婴幼儿动作发展异常的干预知识 4.1.3 婴幼儿动作发展领域的课程体系知识

续表

职业功能	工作内容	技能要求	相关知识要求
4. 早期学习支持	4.2 促进语言发展	4.2.1 能评估婴幼儿语言发展水平 4.2.2 能对语言发展异常的婴幼儿给予指导或转介 4.2.3 能依据观察评估结果改进婴幼儿语言发展领域的课程体系	4.2.1 婴幼儿语言发展水平评估知识 4.2.2 婴幼儿语言发展异常的干预知识 4.2.3 婴幼儿语言发展领域的课程体系知识
	4.3 促进认知发展	4.3.1 能评估婴幼儿认知发展水平 4.3.2 能对认知发展异常的婴幼儿给予指导或转介 4.3.3 能依据观察评估结果改进婴幼儿认知发展领域的课程体系	4.3.1 婴幼儿认知发展水平评估知识 4.3.2 婴幼儿认知发展异常的干预知识 4.3.3 婴幼儿认知发展领域的课程体系知识
	4.4 促进情感和社会性发展	4.4.1 能评估婴幼儿情绪和社会性发展水平 4.4.2 能识别婴幼儿情绪和社会性发展问题并给予指导或转介 4.4.3 能依据观察评估结果改进婴幼儿情绪和社会性发展领域的课程体系	4.4.1 婴幼儿情绪和社会性发展水平评估知识 4.4.2 婴幼儿情绪和社会性发展问题的处理方法 4.4.3 婴幼儿情绪和社会性发展领域的课程体系知识
5. 培训与指导	5.1 培训	5.1.1 能制定区域性保育人才年度培训规划 5.1.2 能培训保育师师资	5.1.1 培训规划的基本知识 5.1.2 师资培训知识
	5.2 指导	5.2.1 能根据保育机构发展水平进行业务指导 5.2.2 能对二级/技师及以下级别人员进行指导	5.2.1 保育机构业务知识 5.2.2 保育工作指导的方法和技巧
	5.3 研究	5.3.1 能针对保育机构发展需求进行相关分析与研究 5.3.2 能撰写相关研究报告或论文	5.3.1 调查研究的方法 5.3.2 报告或论文撰写知识

4. 权重表

4.1 理论知识权重表

项目		技能等级	五级/初级工（%）	四级/中级工（%）	三级/高级工（%）	二级/技师（%）	一级/高级技师（%）
基本要求	职业道德		5	5	5	5	5
	基础知识		20	15	10	5	5
相关知识要求	环境创设		10	10	15	15	15
	生活照料		25	20	15	15	10
	安全与健康管理		25	25	25	20	20
	早期学习支持		10	15	20	25	25
	合作共育		5	10	—	—	—
	培训与指导		—	—	10	15	20
合计			100	100	100	100	100

4.2 技能要求权重表

项目		技能等级	五级/初级工（%）	四级/中级工（%）	三级/高级工（%）	二级/技师（%）	一级/高级技师（%）
技能要求	环境创设		10	15	20	20	20
	生活照料		35	30	20	15	10
	安全与健康管理		30	25	20	20	20
	早期学习支持		20	25	30	30	30
	合作共育		5	5	—	—	—
	培训与指导		—	—	10	15	20
合计			100	100	100	100	100

5. 附录

5.1 培训要求

5.1.1 培训教师

培训教师应具备本职业三级/高级工职业资格证书 3 年及以上，或中级及以上本专业或相关专业技术职务任职资格。

5.1.2 培训场地设备

理论知识培训场地应为可容纳 40 名以上学员的标准教室,并配备投影仪和音视频播放设备。技能操作培训场所应满足模拟操作的要求,配备必要的婴幼儿喂养用品,烹饪器具,流动水源,日常保健用品,睡眠、就餐、活动等用品,图书、玩具等,室内卫生、通风条件良好,光线充足,设施设备安全。

5.2 职业禁入

保育师应严格遵守国家相关法律、法规和职业伦理道德规范要求,无犯罪记录或社会不良记录。

裁缝国家职业技能标准

（2021年版）

1. 职业概况

1.1 职业名称

裁缝

1.2 职业编码

4-10-02-01

1.3 职业定义

依顾客个性化要求，进行人体测量、服装款式草图绘制、服装样板制作，裁剪、缝制、拆改服装的人员。

1.4 职业技能等级

本职业共设五个等级，分别为：五级/初级工、四级/中级工、三级/高级工、二级/技师、一级/高级技师。

1.5 职业环境条件

室内、常温。

1.6 职业能力特征

具有判断、分析、模仿、学习和计算能力；具有空间感和形体知觉；手指、手臂灵活，动作协调，无色盲、色弱。

1.7 普通受教育程度

初中毕业（或相当文化程度）。

1.8 培训参考学时

五级/初级工不少于360标准学时，四级/中级工不少于300标准学时，三级/高级工不少于300标准学时，二级/技师不少于200标准学时，一级/高级技师不少于200标准学时。

1.9 职业技能鉴定要求

1.9.1 申报条件

具备以下条件之一者，可申报五级/初级工：
(1) 累计从事本职业或相关职业[①]工作1年（含）以上。
(2) 本职业或相关职业学徒期满。

具备以下条件之一者，可申报四级/中级工：
(1) 取得本职业或相关职业五级/初级工职业资格证书（技能等级证书）后，累计从事本职业或相关职业工作4年（含）以上。
(2) 累计从事本职业或相关职业工作6年（含）以上。
(3) 取得技工学校本专业或相关专业[②]毕业证书（含尚未取得毕业证书的在校应届毕业生）；或取得经评估论证、以中级技能为培养目标的中等及以上职业学校本专业或相关专业毕业证书（含尚未取得毕业证书的在校应届毕业生）。

具备以下条件之一者，可申报三级/高级工：
(1) 取得本职业或相关职业四级/中级工职业资格证书（技能等级证书）后，累计从事本职业或相关职业工作5年（含）以上。
(2) 取得本职业或相关职业四级/中级工职业资格证书（技能等级证书），并具有高级技工学校、技师学院毕业证书（含尚未取得毕业证书的在校应届毕业生）；或取得本职业或相关职业四级/中级工职业资格证书（技能等级证书），并具有经评估论证、以高级技能为培养目标的高等职业学校本专业或相关专业毕业证书（含尚未取得毕业证书的在校应届毕业生）。
(3) 具有大专及以上本专业或相关专业毕业证书，并取得本职业或相关职业四级/中级工职业资格证书（技能等级证书）后，累计从事本职业或相关职业工作2年（含）以上。

具备以下条件之一者，可申报二级/技师：
(1) 取得本职业或相关职业三级/高级工职业资格证书（技能等级证书）后，累计从事本职业或相关职业工作4年（含）以上。
(2) 取得本职业或相关职业三级/高级工职业资格证书（技能等级证书）的高级技工学校、技师学院毕业生，累计从事本职业或相关职业工作3年（含）以上；或取得本职业或相关职业预备技师证书的技师学院毕业生，累计从事本职业或相关职业工作2年（含）以上。

具备以下条件者，可申报一级/高级技师：
取得本职业或相关职业二级/技师职业资格证书（技能等级证书）后，累计从事本职业或相关职业工作4年（含）以上。

---

① 相关职业：服装制版师、缝纫工，下同。
② 本专业或相关专业：服装设计与制作、服装制作与营销、服装设计与工艺、服装设计与工程、服装制作与生产管理、服装与服饰设计、皮革服装制作与工艺、针织技术与针织服装，下同。

1.9.2 鉴定方式

分为理论知识考试、技能考核以及综合评审。理论知识考试采用笔试、机考等方式，主要考核从业人员从事本职业应掌握的基本要求和相关知识要求；技能考核主要采用现场操作、模拟操作等方式进行，主要考核从业人员从事本职业应具备的技能水平；综合评审主要针对二级/技师、一级/高级技师，通常采取审阅申报材料、答辩等方式进行全面评议和审查。

理论知识考试、技能考核和综合评审均实行百分制，成绩皆达60分（含）以上者为合格。

1.9.3 监考人员、考评人员与考生配比

理论知识考试中的监考人员与考生配比不低于1∶15，且每个考场不少于2名监考人员；技能考核中的考评人员与考生配比不低于1∶5，且考评人员为3人（含）以上单数；综合评审委员为3人（含）以上单数。

1.9.4 鉴定时间

理论知识考试时间不少于90 min；技能考核时间：五级/初级工和四级/中级工不少于180 min，三级/高级工不少于240 min，二级/技师、一级/高级技师不少于300 min；综合评审时间不少于30 min。

1.9.5 鉴定场所设备

理论知识考试在标准教室进行；技能考核在具有计算机和相应软件，必要的测量工具、制图工具、裁剪工具（设备）、缝制工具（设备）、熨烫工具（设备）的场所进行。

2. 基本要求

2.1 职业道德

2.1.1 职业道德基本知识

2.1.2 职业守则

(1) 遵纪守法，诚实守信。
(2) 爱岗敬业，勇于创新。
(3) 质量为本，效率为优。
(4) 团结协作，文明生产。

2.2 基础知识

2.2.1 人体和服装制版基础知识

(1) 人体结构比例关系。
(2) 人体测量知识。
(3) 服装制版基础知识。

2.2.2 服装基础知识

（1）服装专业术语。
（2）服装测量知识。
（3）服装面、辅料知识。
（4）国家服装号型规格标准系列。

2.2.3 服装制作基础知识

（1）裁剪的作用和常规操作知识。
（2）缝纫的基本原理和操作知识。
（3）熨烫的基本原理和操作知识。

2.2.4 服装加工设备基础知识

（1）裁剪设备。
（2）缝纫设备。
（3）整烫设备。

2.2.5 相关法律、法规知识

（1）《中华人民共和国劳动法》相关知识。
（2）《中华人民共和国劳动合同法》相关知识。
（3）《中华人民共和国安全生产法》相关知识。
（4）《中华人民共和国产品质量法》相关知识。
（5）《中华人民共和国环境保护法》相关知识。
（6）《中华人民共和国商标法》相关知识。

3. 工作要求

本标准对五级/初级工、四级/中级工、三级/高级工、二级/技师、一级/高级技师的技能要求和相关知识要求依次递进，高级别涵盖低级别的要求。

3.1 五级/初级工

职业功能	工作内容	技能要求	相关知识要求
1.测量和设计	1.1 人体测量	1.1.1 能找到人体测量的标准部位 1.1.2 能采用皮尺等测量工具手工测量人体围度、长度和宽度 1.1.3 能记忆国家号型标准中体型的基本数据及档差数据	1.1.1 人体结构、体型、体态特征知识 1.1.2 人体尺寸手工测量方法 1.1.3 国家号型标准知识 1.1.4 服装规格知识

续表

职业功能	工作内容	技能要求	相关知识要求
1. 测量和设计	1.2 款式设计	1.2.1 能描述常规西裙、衬衫的款式分类和款式细节 1.2.2 能根据面料特点选配适宜的里料和辅料	1.2.1 服装常用面、辅料知识 1.2.2 西裙、衬衫等品类常规款式分类和松量设置
2. 服装制作	2.1 制版	2.1.1 能根据人体测量数据绘制西裙、衬衫的基础样板 2.1.2 能根据面料的收缩性能增加预缩量 2.1.3 能对所制样板进行核对，检查有无错划、漏划 2.1.4 能在样板上标注产品的名称、裁片名称及片数、裁片的纱向线、裁片刀口、省位、钉眼位置等属性	2.1.1 常见纺织面、辅料的热缩率、缩水率、缝缩率知识 2.1.2 服装基础样板绘制方法
2. 服装制作	2.2 裁剪	2.2.1 能识别服装材料的正反面、倒顺毛 2.2.2 能识别服装材料的瑕疵、缺陷、纬斜 2.2.3 能排料、划样、做标记	2.2.1 服装面料裁剪知识 2.2.2 排料方法
2. 服装制作	2.3 缝制	2.3.1 能读懂工艺文件，理解加工产品的工艺要求 2.3.2 能按照工艺和质量要求，使用缝纫设备完成西裙、衬衫的缝制	2.3.1 服装缝制专业术语 2.3.2 西裙、衬衫的缝制要求及质量标准 2.3.3 缝纫设备的基本操作方法
3. 试衣和定型	3.1 服装修正定型	3.1.1 能通过试衣发现需要修正的部位并记录 3.1.2 能根据不同面料控制熨斗温度，对产品进行熨烫定型	3.1.1 服装和体型相关知识 3.1.2 熨烫设备操作方法
3. 试衣和定型	3.2 成品检验	3.2.1 能清除成品上残存的线头、粉印、污渍等，检查有无断针 3.2.2 能按产品质量要求，检验成品规格、外观、缝制、整烫质量	3.2.1 服装成品检查知识 3.2.2 服装产品国家标准和行业标准知识

3.2 四级/中级工

职业功能	工作内容	技能要求	相关知识要求
1. 测量和设计	1.1 人体测量	1.1.1 能根据西裤、连衣裙、马甲等服装款式要求，测量相应人体净体数据 1.1.2 能通过观察判断挺胸、驼背等特殊体形、体态，进行测量和记录 1.1.3 能根据人体数据对体型、体态进行分析和归类	1.1.1 人体常见特殊体形、体态特征和分类 1.1.2 特殊体形、体态测量方法
	1.2 款式设计	1.2.1 能根据客户需求，对西裤、连衣裙、马甲等常规款式细节进行设计 1.2.2 能根据客户体型特点，确定西裤、连衣裙、马甲等服装的款式结构修正方案，并制定规格尺寸	1.2.1 西裤、连衣裙、马甲等产品款式的分类 1.2.2 西裤、连衣裙、马甲等产品的规格
2. 服装制作	2.1 制版	2.1.1 能绘制西裤、连衣裙、马甲等款式服装的结构图 2.1.2 能根据结构图制作西裤、连衣裙、马甲等的样板	2.1.1 服装结构设计知识 2.1.2 服装基础样板制作方法
	2.2 裁剪	2.2.1 能识别原料色差、经纬斜、松紧边 2.2.2 能在排料划样的基础上，使用剪刀对布料进行裁剪	2.2.1 纺织面、辅料常见疵点知识 2.2.2 裁剪工具使用方法
	2.3 缝制	2.3.1 能按产品款式结构选定常规缝制工艺和方法 2.3.2 能根据面料性能选用相关辅料和缝制工具和设备 2.3.3 能缝制西裤、连衣裙、马甲等服装 2.3.4 能对服装缝制设备进行日常保养和维护	2.3.1 西裤、连衣裙、马甲缝制要求和质量标准 2.3.2 面、辅料性能和缝制设备知识 2.3.3 服装缝制设备的日常保养和维护方法

续表

职业功能	工作内容	技能要求	相关知识要求
3. 试衣和定型	3.1 服装修正定型	3.1.1 能按服装款式类型和部位工艺要求使用专用工具、设备对西裤、连衣裙、马甲等产品进行整烫定型 3.1.2 能通过试衣确认需要修正的部位，修正西裤、连衣裙、马甲等产品的样衣	3.1.1 熨烫工艺操作方法 3.1.2 西裤、连衣裙、马甲等样衣修正方法
	3.2 成衣拆改翻新	3.2.1 能按要求拆解西裤、连衣裙、马甲等成衣 3.2.2 能按修改数据要求，改制西裤、连衣裙、马甲等产品的裁片尺寸和形状	3.2.1 常见缝纫线迹工艺知识 3.2.2 西裤、连衣裙、马甲的修改方法

3.3 三级/高级工

职业功能	工作内容	技能要求	相关知识要求
1. 测量和设计	1.1 人体测量	1.1.1 能根据大衣、夹克、旗袍等服装款式要求，测量相应人体数据 1.1.2 能通过观察判断特殊体形和体态，测量并记录	1.1.1 大衣、夹克、旗袍等服装款式的分类 1.1.2 常见特殊体形、体态和服装数据对应关系
	1.2 款式设计	1.2.1 能根据客户需求和体型特征，提供大衣、夹克、旗袍等服装款式设计的调整方案 1.2.2 能根据款式设计方案设置大衣、夹克、旗袍等成品规格尺寸	1.2.1 大衣、夹克、旗袍等服装的常规结构知识 1.2.2 常见服装穿着搭配知识
2. 服装制作	2.1 制版	2.1.1 能根据款式设计方案，使用立体裁剪法设计大衣、夹克、旗袍等款式的结构，制作样板 2.1.2 能根据测量数据对特殊体型的样板进行调整	2.1.1 立体裁剪知识 2.1.2 特体样板调整知识
	2.2 裁剪	2.2.1 能根据款式、原料尺寸规格估算服装原料使用量 2.2.2 能对条格面料、压光面料、倒顺面料、定位图案面料，设置排料方法并裁剪大衣、夹克、旗袍等服装裁片	2.2.1 服装原料使用量估算知识 2.2.2 条格面料、压光面料、倒顺面料、定位图案面料排料方法

续表

职业功能	工作内容	技能要求	相关知识要求
2. 服装制作	2.3 缝制	2.3.1 能通过调整工艺流程提高加工效率，缝制大衣、夹克、旗袍等服装试样 2.3.2 能发现大衣、夹克、旗袍等缝制中的工艺问题、设备问题，并提出改正方案	2.3.1 缝制工艺流程知识 2.3.2 缝制工艺技术知识
3. 试衣和定型	3.1 服装修正定型	3.1.1 能通过试衣，确认大衣、夹克、旗袍等服装的修正数据和制作工艺，并对样片进行修改 3.1.2 能分析大衣、夹克、旗袍等服装成品中的熨烫问题，并修正 3.1.3 能使用熨烫方法，弥补大衣、夹克、旗袍等服装整体造型方面的制作问题	3.1.1 大衣、夹克、旗袍等服装的修改方法 3.1.2 熨烫高级技法
	3.2 成衣拆改翻新	3.2.1 能按客户需求，调整大衣、夹克、旗袍等结构造型设计方案，确定裁片的尺寸和形状 3.2.2 能通过更换裁片、调整结构，对大衣、夹克、旗袍等服装的破损部位进行翻新	3.2.1 服装结构拆改知识 3.2.2 成衣造型和审美知识 3.2.3 大衣、夹克、旗袍等服装功能性知识

3.4 二级/技师

职业功能	工作内容	技能要求	相关知识要求
1. 测量和设计	1.1 款式设计	1.1.1 能按客户需求，提供男西服、中山装、女西服的款式效果图 1.1.2 根据客户体型体态提出款式设计调整方案，绘制平面款式图	1.1.1 服装制图知识 1.1.2 服装平面款式图知识
	1.2 工艺编制	1.2.1 能设计男西服、中山装、女西服的加工工艺 1.2.2 能编制男西服、中山装、女西服工艺设计流程方案	1.2.1 男西服、中山装、女西服的加工工艺知识 1.2.2 工艺流程编制知识 1.2.3 纺织品、服装标识的国家强制性标准

续表

职业功能	工作内容	技能要求	相关知识要求
2. 服装制作	2.1 制版	2.1.1 能绘制男西服、中山装、女西服的基础样板以及配套的辅料样板 2.1.2 能根据特殊体型及尺寸，调整男西服、中山装、女西服样板 2.1.3 能根据服装功能性要求，调整男西服、中山装、女西服样板	2.1.1 男西服、中山装、女西服制版知识 2.1.2 男西服、中山装、女西服的服装功能性知识
	2.2 缝制	2.2.1 能根据设计方案和材料，调整男西服、女西服缝制工艺 2.2.2 能缝制男西服、中山装、女西服	2.2.1 男西服、中山装、女西服规格知识 2.2.2 男西服、女西服缝制工艺知识
3. 试衣和定型	3.1 服装修正定型	3.1.1 能通过试衣，发现男西服、中山装、女西服制作过程中的问题，提出修正意见和方案 3.1.2 能找出男西服、中山装、女西服成品质量问题的原因，并提出改正方案 3.1.3 能对男西服、中山装、女西服进行整烫定型	3.1.1 男西服、中山装、女西服加工和修正方法 3.1.2 男西服、中山装、女西服成品检验方法 3.1.3 男西服、中山装、女西服整烫定型方法
	3.2 成衣拆改翻新	3.2.1 能根据客户需求和成衣成品现状，调整男西服、中山装、女西服的尺寸和造型，并制定改制方案 3.2.2 能对男西服、中山装、女西服破损部位进行裁片更换翻新	3.2.1 男西服、中山装、女西服款式修正方法 3.2.2 男西服、中山装、女西服裁片更换和翻新方法
4. 管理和培训	4.1 技术指导与培训	4.1.1 能对服装款式设计进行指导 4.1.2 能对服装制版进行指导 4.1.3 能对服装缝制工艺进行指导 4.1.4 能对三级/高级工及以下级别人员进行技术培训	4.1.1 技术归纳和培训的方法 4.1.2 课件编制的方法
	4.2 技术创新	4.2.1 能对服装进行缝纫技术分析，提出改进意见 4.2.2 能对不同款式结构设计要素进行总结，提出相应服装结构设计方案	服装缝纫关键技术知识

3.5 一级/高级技师

职业功能	工作内容	技能要求	相关知识要求
1. 测量和设计	1.1 款式设计	1.1.1 能按客户需求，提供设计礼服、创意造型服装或皮革毛皮服装的设计效果图 1.1.2 能绘制礼服、创意造型服装或皮革毛皮服装平面款式图 1.1.3 能根据面料性能和花色，优化设计方案	1.1.1 礼服设计的知识 1.1.2 创意服装或皮革毛皮服装设计知识
	1.2 工艺编制	1.2.1 能编制礼服、创意造型服装或皮革毛皮服装的工艺设计流程文案 1.2.2 能对工艺设计、工艺流程方案进行创新 1.2.3 能根据设计方案，搭配礼服、创意造型服装或皮革毛皮服装的面、辅料	1.2.1 礼服、创意造型服装或皮革毛皮服装工艺知识 1.2.2 新工艺应用知识
2. 服装制作	2.1 制版	2.1.1 能使用平面和立体裁剪等方法制作礼服、创意造型服装或皮革毛皮服装的样板 2.1.2 能对礼服、创意造型服装或皮革毛皮服装样板及制版方法进行改进和创新	2.1.1 礼服、创意造型服装或皮革毛皮服装结构知识 2.1.2 礼服、创意造型服装或皮革毛皮服装样板绘制方法
	2.2 缝制	2.2.1 能缝制礼服、创意造型服装或皮革毛皮服装 2.2.2 能根据款式造型需要，匹配手工艺和装饰工艺，并缝制	2.2.1 礼服、创意造型服装或皮革毛皮服装制作知识 2.2.2 礼服、创意造型服装或皮革毛皮服装手工艺和装饰工艺知识
3. 试衣和定型	3.1 试衣和修正	3.1.1 能通过试衣发现礼服和创意造型服装或皮革毛皮服装设计和制作中的问题，并提出解决方案 3.1.2 能分析礼服和创意造型服装或皮革毛皮服装品质及质量相关问题，并提出改进方案	服装质量控制知识

续表

职业功能	工作内容	技能要求	相关知识要求
3. 试衣和定型	3.2 成衣拆改翻新	3.2.1 能对礼服、创意造型服装或皮革毛皮服装成品进行款式修改制作 3.2.2 能通过款式设计方法，对礼服、创意造型服装成品的破损进行修补翻新	3.2.1 礼服、创意造型服装或皮革毛皮服装款式改造方法 3.2.2 礼服、创意造型服装或皮革毛皮服装结构调整和翻新方法 3.2.3 礼服、创意造型服装或皮革毛皮服装美学知识
4. 管理和培训	4.1 技术指导与培训	4.1.1 能对各类服装款式设计制版、裁剪、缝纫工序进行指导 4.1.2 能对二级/技师及以下级别人员进行技术培训	4.1.1 技术管理基本知识 4.1.2 技术培训技巧
	4.2 技术创新	4.2.1 能对服装款式图和图片等进行技术分析，并提出结构设计优化方案 4.2.2 能对服装工艺进行分析，提出工艺和结构优化方案	4.2.1 服装设计原理知识 4.2.2 服装工艺与结构知识

4. 权重表

4.1 理论知识权重表

项目		技能等级	五级/初级工（%）	四级/中级工（%）	三级/高级工（%）	二级/技师（%）	一级/高级技师（%）
基本要求	职业道德		5	5	5	5	5
	基础知识		25	20	15	5	5
相关知识要求	测量和设计		20	20	20	15	15
	服装制作		35	35	35	35	35
	试衣和定型		15	20	25	25	25
	管理和培训		—	—	—	15	15
合计			100	100	100	100	100

4.2 **技能要求权重表**

项目	技能等级	五级/初级工（%）	四级/中级工（%）	三级/高级工（%）	二级/技师（%）	一级/高级技师（%）
技能要求	测量和设计	25	25	25	15	15
	服装制作	50	50	50	45	45
	试衣和定型	25	25	25	25	25
	管理和培训	—	—	—	15	15
合计		100	100	100	100	100

计算机维修工国家职业技能标准

（2021 年版）

1. 职业概况

1.1 职业名称

计算机维修工

1.2 职业编码

4-12-02-01

1.3 职业定义

使用旋具、万用表、电烙铁等工具、仪表，诊断故障，保养、维修计算机的人员。

1.4 职业技能等级

本职业共设五个等级，分别为：五级/初级工、四级/中级工、三级/高级工、二级/技师、一级/高级技师。

1.5 职业环境条件

室内、常温。

1.6 职业能力特征

具备一定的学习和计算能力，具有良好的语言表述和交流能力，具有获取、理解、分析、判断外界信息的能力，具有一定的空间感和形体知觉、色觉，具有根据视觉信息协调眼、手及身体其他部位，迅速、准确、灵活地作出反应、完成既定操作的能力。

1.7 普通受教育程度

初中毕业（或相当文化程度）。

1.8 培训参考学时

五级/初级工不少于 70 标准学时，四级/中级工不少于 80 标准学时，三级/高级工不少于 85 标准学时，二级/技师不少于 110 标准学时，一级/高级技师不少于 115 标准学时。

1.9 职业技能鉴定要求

1.9.1 申报条件

具备以下条件之一者，可申报五级/初级工：

(1) 累计从事本职业或相关职业①工作1年（含）以上。

(2) 本职业或相关职业学徒期满。

具备以下条件之一者，可申报四级/中级工：

(1) 取得本职业或相关职业五级/初级工职业资格证书（技能等级证书）后，累计从事本职业或相关职业工作2年（含）以上。

(2) 累计从事本职业或相关职业工作4年（含）以上。

(3) 取得技工学校本专业或相关专业②毕业证书（含尚未取得毕业证书的在校应届毕业生）；或取得经评估论证、以中级技能为培养目标的中等及以上职业学校本专业或相关专业毕业证书（含尚未取得毕业证书的在校应届毕业生）。

具备以下条件之一者，可申报三级/高级工：

(1) 取得本职业或相关职业四级/中级工职业资格证书（技能等级证书）后，累计从事本职业或相关职业工作2年（含）以上。

(2) 取得本职业或相关职业四级/中级工职业资格证书（技能等级证书），并具有高级技工学校、技师学院毕业证书（含尚未取得毕业证书的在校应届毕业生）；或取得本职业或相关职业四级/中级工职业资格证书（技能等级证书），并具有经评估论证、以高级技能为培养目标的高等职业学校本专业或相关专业毕业证书（含尚未取得毕业证书的在校应届毕业生）。

(3) 具有大专及以上本专业或相关专业毕业证书，并取得本职业或相关职业四级/中级工职业资格证书（技能等级证书）后，累计从事本职业或相关职业工作1年（含）以上。

(4) 具有大专及以上本专业或相关专业毕业证书，累计从事本职业或相关职业工作5年（含）以上。

具备以下条件之一者，可申报二级/技师：

(1) 取得本职业或相关职业三级/高级工职业资格证书（技能等级证书）后，累计从事本职业或相关职业工作4年（含）以上。

(2) 取得本职业或相关职业三级/高级工职业资格证书（技能等级证书）的高级技工学校、技师学院毕业生，累计从事本职业或相关职业工作3年（含）以上；或取得本职业或相关职业预备技师证书的技师学院毕业生，累计从事本职业或相关职业工作2年（含）以上。

具备以下条件者，可申报一级/高级技师：

取得本职业或相关职业二级/技师职业资格证书（技能等级证书）后，累计从事本职业或相关职业工作4年（含）以上。

---

① 相关职业：办公设备维修工、信息通信网络终端维修员、计算机及外部设备装配调试员等，下同。

② 相关专业：电工电子类、计算机信息类专业，下同。

1.9.2 鉴定方式

分为理论知识考试、技能考核以及综合评审。理论知识考试以笔试、机考等方式为主，技能考核主要采用现场操作、模拟操作等方式进行，综合评审主要针对二级/技师和一级/高级技师，通常采取审阅申报材料、答辩等方式进行全面评议和审查。

理论知识考试、技能考核和综合评审均实行百分制，成绩皆达60分（含）以上者为合格。

1.9.3 监考人员、考评人员与考生配比

理论知识考试中的监考人员与考生配比不低于1∶15，且每个考场不少于2名监考人员；技能考核中的考评人员与考生配比不低于1∶5，且考评人员为3人（含）以上单数；综合评审委员为3人（含）以上单数。

1.9.4 鉴定时间

理论知识考试时间不少于60 min；技能考核时间：五级/初级工不少于60 min，四级/中级工、三级/高级工、二级/技师、一级/高级技师不少于90 min；综合评审时间不少于30 min。

1.9.5 鉴定场所设备

理论知识考试在标准教室或标准联网多媒体计算机教室进行；技能考核在具备鉴定所需计算机整机、计算机配件①、网络环境、软件、工具、仪器仪表等的工作场所或标准联网多媒体计算机教室（模拟现场）进行；综合评审在配备必要设备的场所进行。

2. 基本要求

2.1 职业道德

2.1.1 职业道德基本知识

2.1.2 职业守则

（1）爱岗敬业，遵纪守法。
（2）诚实守信，品行端正。
（3）礼貌热情，尊重客户。
（4）认真严谨，忠于职守。
（5）勤奋好学，谦虚诚恳。
（6）钻研业务，积极进取。

---

① 配件：配件和组件是指计算机主机、附件或特殊功能辅助设备各主要组成部分（件），它们有自己的功能，但不能独立工作，如计算机的CPU、内存条、硬盘、独立显卡等。

2.2 基础知识

2.2.1 电子电气基础知识

(1) 电子电路知识。
(2) 电气系统知识。
(3) 电子元器件①知识。

2.2.2 计算机基础知识

(1) 计算机产品定义及发展简史。
(2) 计算机组成和基本运行原理。
(3) 计算机外围设备认知。
(4) 计算机网络基础知识。

2.2.3 计算机结构件常识

(1) 计算机外观结构件主要类别。
(2) 计算机内部结构件主要类别。

2.2.4 计算机产品常见标识符号和性能参数

(1) 电子电气符号和性能参数。
(2) 计算机产品结构件及包装材料件的标识。
(3) 计算机产品标签铭牌及产品手册包含的产品性能和功能特点。

2.2.5 工具、仪器仪表的基本使用方法

(1) 结构件的拆除、安装工具的分类及使用方法。
(2) 计算机主板和电子线路测量仪器、仪表和拆装工具的分类与用途。
(3) 计算机维修中常用的软硬件测试工具。

2.2.6 安全生产知识

(1) 安全生产操作常识。
(2) 安全用电、防电磁辐射常识。
(3) 防火防爆知识。
(4) 防静电知识。
(5) 相关有毒有害物质预防知识。
(6) 安全保密知识。
(7) 部分国家和地区用电规范。

---

① 元器件与零件是计算机产品的最小部件,一般是不可分割的。每个配件和组件都是由多个零件与元器件组成的。元器件在本标准中指电子类的零件,如电阻、电容、芯片和熔丝等。

2.2.7 相关法律、法规知识

(1)《中华人民共和国民法典》相关知识。
(2)《中华人民共和国劳动法》相关知识。
(3)《中华人民共和国劳动合同法》相关知识。
(4)《中华人民共和国消费者权益保护法》相关知识。
(5)《中华人民共和国产品质量法》相关知识。
(6)《中华人民共和国保守国家秘密法》相关知识。
(7)《中华人民共和国网络安全法》相关知识。
(8)《中华人民共和国密码法》相关知识。
(9)《中华人民共和国知识产权法》相关知识。
(10)《中华人民共和国安全生产法》相关知识。
(11)《中华人民共和国环境保护法》相关知识。
(12)《中华人民共和国广告法》相关知识。
(13)《中华人民共和国数据安全法》相关知识。
(14)《中华人民共和国个人信息保护法》相关知识。
(15)《计算机信息网络国际联网安全保护管理办法》相关知识。

3. 工作要求

本标准对五级/初级工、四级/中级工、三级/高级工、二级/技师、一级/高级技师的技能要求和相关知识要求依次递进,高级别涵盖低级别的要求。

3.1 五级/初级工

职业功能	工作内容	技能要求	相关知识要求
1. 服务的受理与交付	1.1 远程服务请求应对	1.1.1 能使用普通话及计算机专业术语与用户进行语音沟通 1.1.2 能根据产品手册和厂商技术资料指导用户存放、操作和维护个人计算机① 1.1.3 能为用户讲解计算机维修服务政策 1.1.4 能根据用户服务诉求引导用户进行后续服务流程 1.1.5 能根据技术资料指导用户下载、安装、升级个人计算机的驱动程序和专用软件工具	1.1.1 电子信息服务行业服务接待规范用语与沟通技巧 1.1.2 个人计算机常见问题与解答 1.1.3 计算机维修服务相关规定 1.1.4 个人计算机的驱动程序和专用软件工具的下载、安装、升级方法

---

① 个人计算机:主要指适用于个人使用的各种计算机,例如台式机、笔记本电脑、小型笔记本电脑、平板电脑和超极本等。

续表

职业功能	工作内容	技能要求	相关知识要求
1. 服务的受理与交付	1.2 维修服务受理	1.2.1 能按规定准备好接待服务区环境，并确认服务设施设备状态 1.2.2 能引导用户在维修服务单据、计算机维修服务信息系统或移动端 App 填写用户信息、机器信息、服务诉求信息等 1.2.3 能根据用户描述的故障现象对报修的个人计算机进行测试，并在维修服务单据上记录故障现象 1.2.4 能根据相关服务规定告知用户维修服务方案并做好记录 1.2.5 能按要求将待修机摆放在待修区指定位置	1.2.1 接待服务区物品摆放要求 1.2.2 计算机维修服务单据填写规范 1.2.3 计算机维修服务信息系统操作规范 1.2.4 设备信息核对方法 1.2.5 设备状态测试方法 1.2.6 待修机摆放要求
	1.3 维修服务完成与交付	1.3.1 能根据用户取机单或电子信息按流程提取用户待取机 1.3.2 能按流程与用户面对面核对待取机信息，并完成验机 1.3.3 能按规定收取费用，并完成服务信息记录	1.3.1 用户取机交付流程和规范 1.3.2 个人计算机交付验机技术规范 1.3.3 与客户交付常用沟通技巧 1.3.4 服务费用收取标准
	1.4 用户服务评价及应对措施	1.4.1 能按规定和流程获取用户的服务评价 1.4.2 能根据技术资料回答个人计算机用户的常见投诉问题 1.4.3 能按问题升级流程上报用户投诉事件	1.4.1 服务质量信息收集流程和规范 1.4.2 个人计算机用户常见投诉问题的应对办法 1.4.3 个人计算机用户投诉沟通技巧及注意事项 1.4.4 计算机维修服务升级流程

续表

职业功能	工作内容	技能要求	相关知识要求
2. 修理与维护	2.1 计算机的安装与维护	2.1.1 能根据技术资料放置个人计算机主机并安装附件①（如显示器、键盘和鼠标等） 2.1.2 能根据技术资料通过USB数据线、HDMI线、VGA线等线缆将个人计算机主机与常规设备（如打印机、音视频设备等）进行有线连接，并在开机后执行相关设置 2.1.3 能使用设备厂商提供的光盘、储存卡等驱动安装介质，或通过官方网站下载的驱动程序、专用应用程序进行计算机软件程序的安装 2.1.4 能指导用户实现个人计算机的各项功能 2.1.5 能按规定对个人计算机外观、显示器、键盘、鼠标、电源及光驱等进行日常维护保养	2.1.1 个人计算机安装与使用相关知识 2.1.2 个人计算机日常维护相关知识
	2.2 故障定位	2.2.1 能正确穿戴防静电服、防静电手环或采取防静电措施 2.2.2 能准备检测工具与设备，并确认其工作状态正常 2.2.3 能根据计算机维修服务技术资料，通过个人计算机指示灯、屏幕信息提示、报警声音等获取故障原因 2.2.4 能用附件替换法②确认个人计算机附件或主机状态 2.2.5 能根据检测结果填写维修服务单据中的相关内容	2.2.1 防静电工具设备的使用方法与规范 2.2.2 个人计算机常见故障诊断方法 2.2.3 个人计算机附件的拆装方法与规范 2.2.4 计算机检测结果的规范表述

---

① 附件：本身一般不能独立工作，与计算机主机配合使用实现计算机主要功能的器具。用户购买个人计算机后，附件一般也会放在包装箱内一同销售。安装新设备前可阅读装箱单和说明书来核对和安装附件。附件一般包括：电源适配器、电源线、数据线、显示器、键盘和鼠标等。

② 附件替换法：通过用确认好的附件替换维修机上的相同附件，以此来确认故障部位或修复的方法。附件替换法一般不需要拆解再重装，也不需要维修级别的调整和设置计算机主机，操作难度较低，普通用户也可操作。

续表

职业功能	工作内容	技能要求	相关知识要求
2. 修理与维护	2.3 故障修复	2.3.1 能根据维修服务单据信息和用户报价反馈意见完成故障附件（如笔记本电池、电缆、适配器等）的替换 2.3.2 能检查修复个人计算机的操作系统或应用软件版本，并根据用户需求完成升级操作 2.3.3 能完成维修服务单据及计算机维修服务信息系统数据记录，并把修复机放置在指定区域	2.3.1 个人计算机操作系统、应用软件的版本确认与升级规范 2.3.2 个人计算机整机的烤机①流程
	2.4 测试与验机	2.4.1 能对修复的个人计算机进行外观完备性确认 2.4.2 能对修复的个人计算机进行外观清洁 2.4.3 能对修复的个人计算机进行功能测试 2.4.4 能确认纸质及电子维修服务单据信息填写的完整性，并将修复机放入指定位置	2.4.1 个人计算机外观件清洁方法和标准 2.4.2 个人计算机修复后测试方法
3. 物料及文件管理	3.1 工具管理	3.1.1 能检查并确认用户接待区的供电设施、安防设施、防静电设施、网络设施等基础设备设施的工作状态 3.1.2 能使用计算机维修专用工具管理系统对维修服务工具进行申领、归还 3.1.3 能按规范在维修工作间存放维修服务工具	3.1.1 个人计算机用户接待区设备设施日常检查方法和规范 3.1.2 计算机维修专用工具管理系统操作方法 3.1.3 维修工作间工具存放规范

① 烤机：让重新组装后的计算机或新更换硬件的计算机不关机、连续全速运行（让硬件实现全负载工作）一定时间来测试硬件的兼容性与稳定性的一个测试过程，通过烤机测试可以发现计算机或某些特定配件存在的问题。

续表

职业功能	工作内容	技能要求	相关知识要求
3. 物料及文件管理	3.2 备件①管理	3.2.1 能根据计算机主机及附件包装、机身外壳上的文字和图形标识识别物品的名称、型号、版本、性能等信息，并通过产品资料的物品列表查询相应的物品信息、拆装方式 3.2.2 能按规定使用备件管理单据或计算机维修服务信息系统，完成备件的登记、查询、申领、返还等操作 3.2.3 能按规定对替换下来的备件、附件及其包装进行安全存放与环保处置 3.2.4 能参照技术资料，查验主机、附件包装上的版本和有效期标识，判断其可用性及适配性	3.2.1 计算机备件管理规范及计算机维修服务信息系统备件管理操作方法 3.2.2 计算机备件、附件等环保处置规范
	3.3 文件资料管理	3.3.1 能按规定在计算机维修服务站点接待区悬挂或放置保修维修服务规定、服务报价单等宣传资料 3.3.2 能按规定在计算机维修服务站点接待区放置维修服务单据 3.3.3 能使用计算机维修服务信息系统录入维修服务信息并根据规定和权限查看电子单据和信息 3.3.4 能按规定和权限摆放、领用、查阅及返还计算机维修服务资料 3.3.5 能按规定处置和保存用户数据资料	3.3.1 维修服务宣传资料的悬挂及摆放要求、维修服务单据放置要求 3.3.2 用户信息及数据管理规范 3.3.3 计算机维修服务资料摆放、领用、查阅及返还管理规范

---

① 备件：储备在维修服务机构库房里的可正常运行的附件、配件和组件、零件、元器件，以及可在维修服务过程中及时被用于替换相同型号的故障件。

3.2 四级/中级工

职业功能	工作内容	技能要求	相关知识要求
1. 服务的受理与交付	1.1 远程服务请求应对	1.1.1 能根据产品手册和厂商技术资料指导用户正确存放、操作服务器① 1.1.2 能通过电话或互联网在线工具指导用户确认服务器电源、网线等状态，并进行重新连接或更换 1.1.3 能根据技术资料指导用户下载、安装、升级服务器的驱动程序、固件和专用软件工具	1.1.1 服务器存放和操作方法 1.1.2 服务器附件的安装规范 1.1.3 服务器驱动程序、固件和专用软件工作的安装与升级方法
	1.2 维修服务受理	1.2.1 能准备用户现场服务所需的工具、技术资料和服务单据 1.2.2 能在用户使用环境下测试报修的服务器，并在维修单据上记录故障现象 1.2.3 能在用户现场检测服务器，告知用户修理、维护方案和计划 1.2.4 能在用户现场告知用户机器修复前服务器操作的注意事项，以及保障财产与数据安全的有效措施	1.2.1 用户现场服务准备规范 1.2.2 用户现场服务器故障记录方法 1.2.3 用户现场服务器检测方法 1.2.4 服务器修理、维护方案和计划的制订方法
	1.3 维修服务完成与交付	1.3.1 能按流程在用户现场对完成修复的服务器进行验机 1.3.2 能在用户现场调取已修复设备的电子信息并与用户核对 1.3.3 能在用户现场完成维修服务单据填写及计算机维修服务信息系统数据记录，并与用户核对确认	1.3.1 用户现场修复机交付服务规范 1.3.2 用户现场维修服务单据填写规范，计算机维修服务信息系统数据记录方法及规范 1.3.3 用户现场服务器维修服务收费标准
	1.4 用户服务评价及应对措施	1.4.1 能在服务器用户现场获取服务评价 1.4.2 能在服务器维修服务结束后的规定时间内对用户进行远程回访 1.4.3 能根据技术资料回答服务器用户的常见投诉问题	1.4.1 远程回访方法及规范 1.4.2 服务器用户常见投诉问题的应对办法、沟通技巧及注意事项

---

① 服务器：在本标准中主要指的是微型计算机服务器，即 PC 服务器。其内部结构与普通的计算机内部结构相差不大，有中央处理器、硬盘、内存、系统、系统总线等；从外观来看，其通常分为塔式服务器、机架式服务器、刀片式服务器等。

续表

职业功能	工作内容	技能要求	相关知识要求
2. 修理与维护	2.1 计算机的安装与维护	2.1.1 能在客户现场完成服务器的硬件安装 2.1.2 能对 Windows 服务器操作系统软件和驱动程序进行安装与更新	2.1.1 服务器主机和附件的安装方法 2.1.2 Windows 服务器操作系统软件和驱动程序的安装与更新方法
	2.2 故障定位	2.2.1 能使用专用的测试软件对个人计算机进行检测 2.2.2 能使用命令行操作提取个人计算机日志及网络配置参数 2.2.3 能检测个人计算机供电、网络等外部环境引起的故障 2.2.4 能判断个人计算机基本输入输出系统（BIOS）设置错误引起的故障 2.2.5 能判断个人计算机系统或软件问题引起的故障 2.2.6 能根据产品资料拆装个人计算机的外壳及内部各部件 2.2.7 能使用故障诊断卡判断个人计算机硬件故障原因 2.2.8 能用配件替换法①确认服务器故障部件	2.2.1 计算机外壳及零部件拆装方法 2.2.2 计算机内部部件的基本参数和接口兼容性识别 2.2.3 故障诊断卡的使用方法 2.2.4 配件替换法在判断服务器故障原因中的应用技巧
	2.3 故障修复	2.3.1 能修复个人计算机基本输入输出系统（BIOS）设置错误引起的故障 2.3.2 能修复个人计算机系统或软件问题引起的故障 2.3.3 能修复个人计算机供电、网络等外部环境引起的故障 2.3.4 能对个人计算机故障部件进行更换 2.3.5 能对个人计算机内部进行清洁除尘	2.3.1 个人计算机内部部件更换操作规范 2.3.2 个人计算机内部清洁除尘的操作

---

① 配件替换法：指计算机厂商提供维修服务时，为了确保维修效率和可靠性，一般只提供配件与组件的整件更换。配件替换法需要专业维修工拆解部分设备进行更换和调试，故障修复后还需重新组装机器，进行整机的测试和调整。

续表

职业功能	工作内容	技能要求	相关知识要求
2. 修理与维护	2.4 测试与验机	2.4.1 能对修复的服务器进行外观完备性确认 2.4.2 能对修复的服务器进行外观清洁 2.4.3 能确认纸质及电子维修服务单据信息填写的完整性，并将修复机放入指定位置	2.4.1 服务器外观件清洁方法和标准 2.4.2 服务器修复后测试方法
3. 物料及文件管理	3.1 工具管理	3.1.1 能准备前往计算机用户现场所需的防静电设备、清洁工具、拆装工具、专用调校工具、存储介质及附属线材等 3.1.2 能按安全生产规范在计算机用户现场摆放和操作维修工具、用户设备	3.1.1 计算机用户现场服务设备、工具准备规范 3.1.2 计算机用户现场安全生产规范
	3.2 备件管理	3.2.1 能根据规定对计算机备件进行抽检 3.2.2 能根据流程返还计算机故障备件 3.2.3 能根据计算机维修服务信息系统的记录分析及反馈备件故障率	3.2.1 备件的抽检规则 3.2.2 备件的检测方法 3.2.3 故障备件的返还流程 3.2.4 备件故障率分析方法
	3.3 文件资料管理	3.3.1 能准备服务器用户现场所需使用的纸质维修服务技术资料 3.3.2 能在服务器用户现场在线查询维修服务技术资料 3.3.3 能按规定流程保存和交付用户现场维修服务单据，并在计算机维修服务信息系统中完成结单	3.3.1 服务器用户现场纸质维修服务技术资料准备方法 3.3.2 服务器维修服务技术资料在线查询方法 3.3.3 用户现场维修服务技术资料使用规范

3.3 三级/高级工

职业功能	工作内容	技能要求	相关知识要求
1. 服务的受理与交付	1.1 远程服务请求应对	1.1.1 能解决五级/初级工、四级/中级工升级的用户服务请求和疑难问题 1.1.2 能通过电话或互联网在线工具向用户获取故障服务器的产品信息，提供备机①并执行后续维修流程 1.1.3 能根据服务用户的故障描述，辨别故障现象的级别，并根据技术手册远程指导用户采取相应的措施	1.1.1 服务器疑难问题远程处理方法 1.1.2 服务器硬盘数据的备份与安全手册相关知识
	1.2 维修服务受理	1.2.1 能在用户使用环境下根据服务器维修单据上的信息进行验证并执行后续服务流程 1.2.2 能通过远程的方式处理由于网络设备引起的服务器信息传输故障的报修 1.2.3 能对在用户现场进行维修服务的四级/中级工提供远程技术支持	1.2.1 路由器的安装与使用 1.2.2 计算机网络常见故障与解决方法
	1.3 维修服务完成与交付	1.3.1 能按规定在用户中心机房部署、安装服务器 1.3.2 能按用户要求设置网络中服务器的不同访问权限 1.3.3 能安装服务器磁盘阵列、磁带库等存储介质 1.3.4 能安装、调试服务器UPS不间断电源	1.3.1 维修服务受理流程和规范的制定方法 1.3.2 网络中服务器不同用户的权限设置方法 1.3.3 磁盘阵列的安装与操作规范 1.3.4 机房UPS（不间断电源）的安装与操作规范
	1.4 用户服务评价及应对措施	1.4.1 能按计算机维修服务站点的相关规定对升级的用户投诉进行处置 1.4.2 能对投诉问题进行汇总、分析并撰写投诉问题报告	1.4.1 升级投诉事件的处理流程 1.4.2 投诉问题的汇总和分析方法 1.4.3 投诉问题报告撰写方法

---

① 备机：为了维修服务测试使用的备用计算机主机。

续表

职业功能	工作内容	技能要求	相关知识要求
2. 修理与维护	2.1 计算机的安装与维护	2.1.1 能按照网络配置文件对用户Windows服务器配置相关参数，完成批量操作系统的部署和升级 2.1.2 能实现Windows服务器操作系统虚拟化 2.1.3 能对Windows服务器进行日常维护 2.1.4 能对Windows服务器数据进行备份和恢复操作 2.1.5 能按照网络配置文件配置Windows服务器负载均衡集群、高可用集群及网络部署等网络存储方案 2.1.6 能按照网络配置文件完成Windows服务器常见服务和应用的安装与配置	2.1.1 Windows服务器环境批量操作系统部署和升级方法 2.1.2 Windows服务器操作系统虚拟化方法 2.1.3 Windows服务器日常维护方法 2.1.4 Windows服务器数据备份和恢复方法 2.1.5 配置Windows服务器负载均衡集群、高可用集群及网络部署方法 2.1.6 按照网络配置文件进行Windows服务器常见服务和应用的安装与配置方法
	2.2 故障定位	2.2.1 能查验个人计算机部件上外观损坏的器件 2.2.2 能根据电路原理图使用万用表、示波器、逻辑分析仪等工具仪表定位个人计算机部件的故障 2.2.3 能使用配件替换法确定服务器、专用计算机的故障部件 2.2.4 能使用配件替换法确定服务器、专用计算机的故障部件	2.2.1 计算机板卡上的器件外观损坏的判定方法 2.2.2 万用表、示波器、逻辑分析仪等工具仪表的操作方法 2.2.3 电路原理图的认知与分析 2.2.4 专用计算机的故障判断方法
	2.3 故障修复	2.3.1 能排除常见Windows服务器操作系统及驱动程序问题 2.3.2 能在客户现场更换服务器、特种计算机部件排除主机故障 2.3.3 能按照网络配置文件调整排除磁盘阵列（RAID）常见故障 2.3.4 能在客户现场修复典型服务器故障 2.3.5 能按照网络配置文件排除Windows服务器常见服务和应用问题	2.3.1 Windows服务器操作系统及驱动程序问题的排除 2.3.2 服务器、特种计算机现场部件更换 2.3.3 磁盘阵列（RAID）组磁盘常见故障分析处理 2.3.4 典型服务器故障的修复流程及案例分析 2.3.5 按照网络配置文件排除Windows服务器常见服务和应用问题

续表

职业功能	工作内容	技能要求	相关知识要求
2. 修理与维护	2.4 测试与验机	2.4.1 能对修复的服务器进行外观完备性确认 2.4.2 能搭建计算机整机终检环境 2.4.3 能搭建计算机可修复备件终检及烤机环境 2.4.4 能对计算机备件进行终检、烤机和清洁 2.4.5 能组建计算机备件批量检测团队 2.4.6 能对修复的 Windows 服务器主机进行基本功能测试	2.4.1 修复后的服务器外观完备性确认 2.4.2 计算机整机终检环境的搭建方法与案例分析 2.4.3 计算机可修复备件终检、烤机环境的搭建与案例分析 2.4.4 计算机备件终检、烤机、清洁方法及案例分析 2.4.5 计算机备件批量检测团队的组建方法 2.4.6 Windows 服务器修复后的功能测试
3. 物料及文件管理	3.1 工具管理	3.1.1 能按计算机维修服务站点相关规定指导和验收本维修站点接待区、维修车间设备设施的安装与布置 3.1.2 能按计算机维修服务站点相关规定和规范，管理本维修站点的电烙铁、热风枪、示波器、万用表、工具箱等维修设备及工具的采买、折旧、使用和存储	3.1.1 计算机维修服务站点设备设施的安装与布置规范 3.1.2 计算机维修服务站点维修设备及工具的采买、折旧、使用和存储管理规范
	3.2 备件管理	3.2.1 能根据计算机零器件包装及外壳上的文字和图形标识识别零器件的类别、型号、版本、性能等信息，并通过技术资料里的零器件列表查询相应的详细信息 3.2.2 能规划、指导并监管本维修服务站点故障配件及包装材料的存放、返厂和环保处置 3.2.3 能根据规定制订本维修服务站点的备件储存和采购计划并实施 3.2.4 能按规定流程对本维修服务站点的特殊配件需求或质量问题进行升级	3.2.1 计算机零器件标识的识别方法 3.2.2 计算机故障配件及包装材料的存放、返厂和环保处置规范 3.2.3 计算机维修服务站点备件储存和采购计划制订方法与实施规范 3.2.4 计算机特殊配件需求或质量问题确定方法及升级流程

续表

职业功能	工作内容	技能要求	相关知识要求
3.物料及文件管理	3.3 文件资料管理	3.3.1 能按照规范规划本维修服务站点的纸质文件、技术资料及各类单据的摆放、存储位置和方式 3.3.2 能指导五级/初级工、四级/中级工填写纸质和电子维修服务单据,并对服务单据存放的合规性进行监管 3.3.3 能按规定确定本维修服务站点五级/初级工、四级/中级工使用计算机主机、备件技术资料和文件的权限并进行监管 3.3.4 能按规定确定本维修站点五级/初级工、四级/中级工保存、查看、上传和下载维修服务数据及用户数据的权限并进行监管	3.3.1 计算机维修服务站点纸质文件、技术资料等存储规范 3.3.2 计算机纸质和电子维修服务单据填写的常见问题 3.3.3 计算机维修服务站点五级/初级工、四级/中级工技术资料和文件使用权限规定 3.3.4 计算机维修服务站点五级/初级工、四级/中级工使用计算机维修服务信息系统权限的规定
4.维修体系管理	4.1 维修服务网络建设和管理	4.1.1 能根据计算机维修服务站点设立标准,规划或改进本维修服务站点的建设方案 4.1.2 能根据计算机维修服务相关实施规定安排本维修服务站工作人员的岗位,管理维修服务运行流程 4.1.3 能在本维修服务站点部署计算机维修服务信息系统及 App 等维修网络在线工具,指导五级/初级工、四级/中级工完成注册、登录和权限内的正确使用	4.1.1 计算机维修服务站点空间布局及建设标准 4.1.2 计算机维修服务站点日常业务实施流程及操作规范 4.1.3 计算机维修服务站点岗位设置标准和人员安排准则 4.1.4 计算机维修服务信息系统在维修服务站点的部署方法和管理规定
	4.2 培训与指导	4.2.1 能对本维修服务站点四级/中级工及以下级别人员现场维修服务操作进行示范与指导 4.2.2 能根据安保规定对四级/中级工及以下级别人员涉及安全生产的操作行为进行示范和指导 4.2.3 能对四级/中级工及以下级别人员在维修工具、仪器仪表使用技能方面进行指导	4.2.1 计算机维修服务技能操作规范常见问题及指导技巧 4.2.2 计算机维修服务安全生产操作行为常见问题及应对方案

续表

职业功能	工作内容	技能要求	相关知识要求
5.数据分析与研究	5.1 数据收集	5.1.1 能根据规定定期收集本维修服务站点的维修服务单据、零配件和物料的领用与回收单据等 5.1.2 能使用计算机维修服务信息系统或移动 App 审批、查验、核实本维修服务站点的电子维修单据，以及零配件和物料的领用与回收单据等 5.1.3 能根据规定制作本维修服务站点的维修报表	5.1.1 计算机维修服务站点维修服务单据定期收集整理制度及相应规定 5.1.2 使用计算机维修服务信息系统或移动 App 审批、查验、核实本维修服务站点单据的方法 5.1.3 制作计算机维修服务站点维修报表的方法及规定
	5.2 问题分析与研究	5.2.1 能根据问题升级机制的相关规定，使用专业语言上报本维修服务站点维修服务中遇到的非常规问题 5.2.2 能在二级/技师的指导下搭建技术测试和数据收集环境，并对技术测试与数据收集等维修服务方案的实施研究辅助工作	5.2.1 计算机维修服务问题升级报告的撰写规范 5.2.2 搭建计算机维修服务技术测试和数据收集环境的常用方法

3.4 二级/技师

职业功能	工作内容	技能要求	相关知识要求
1.修理与维护	1.1 计算机的安装与维护	1.1.1 能对 Linux 服务器操作系统软件和驱动程序进行安装及更新 1.1.2 能对 Linux 服务器进行日常维护 1.1.3 能对 Linux 服务器操作系统应用常见软硬件进行配置 1.1.4 能实现 Linux 服务器操作系统虚拟化 1.1.5 能按照网络配置文件对用户 Linux 服务器环境进行批量操作系统的部署和升级 1.1.6 能对 Linux 服务器数据进行备份和恢复操作 1.1.7 能按照网络配置文件配置 Linux 服务器负载均衡集群、高可用集群及网络部署等网络存储方案 1.1.8 能按照网络配置文件实现 Linux 服务器常见服务和应用的安装与配置	1.1.1 Linux 服务器操作系统与驱动程序的安装方法 1.1.2 Linux 服务器的日常维护方法 1.1.3 Linux 服务器操作系统应用常见软硬件配置方法 1.1.4 Linux 服务器操作系统虚拟化方法 1.1.5 Linux 服务器环境批量操作系统部署和升级方法 1.1.6 Linux 服务器数据备份和恢复方法 1.1.7 配置 Linux 服务器负载均衡集群、高可用集群及网络部署方法 1.1.8 按照网络配置文件完成 Linux 服务器常见服务和应用的安装与配置方法

续表

职业功能	工作内容	技能要求	相关知识要求
1. 修理与维护	1.2 故障修复	1.2.1 能排除常见 Linux 服务器操作系统及驱动程序问题 1.2.2 能在用户现场使用配件替换法排除专用服务器及特殊功能辅助设备的故障，并完成相应调试 1.2.3 能根据厂商技术资料和故障定位检测结果，使用电烙铁、热风枪、吸锡器、锡炉、BGA 焊接台等工具替换电子线路板等电子电器部件上的电子元器件 1.2.4 能根据批量配件或组件修复流程技术资料，在元器件级维修翻新工厂组织团队批量修复回收的故障服务器配件和组件 1.2.5 能按照网络配置文件排除 Linux 服务器常见服务和应用问题	1.2.1 Linux 服务器操作系统及驱动程序问题的定位和排除 1.2.2 超净台使用方法 1.2.3 机械硬盘拆装方法 1.2.4 硬盘数据恢复方法 1.2.5 用户现场服务器故障排除方案 1.2.6 电路板器件、芯片的更换方法 1.2.7 服务器回收故障部件批量修复、翻新流程及实施规范 1.2.8 按照网络配置文件排除 Linux 服务器常见服务和应用问题
	1.3 测试与验机	1.3.1 能根据技术资料领导团队搭建计算机或其备件的烤机环境并执行测试 1.3.2 能根据配件或组件批量终检（好备件①入库）流程技术资料，在计算机元器件级维修翻新工厂组织团队对修复翻新后的计算机配件和组件进行入库前批量终检 1.3.3 能对修复的 Linux 服务器进行外观完备性确认 1.3.4 能对修复的 Linux 服务器主机进行基本功能测试	1.3.1 计算机或其备件烤机环境搭建及测试的方法 1.3.2 计算机回收故障部件批量终检（好备件入库）流程及实施规范 1.3.3 Linux 服务器外观完备性确认方法 1.3.4 Linux 服务器修复后的功能测试方法
2. 物料及文件管理	2.1 工具管理	2.1.1 能按计算机维修服务相关规定，指导和验收元器件级维修翻新工厂的安防、消防、防静电、存储、转运等设备设施的安装与布置 2.1.2 能按照计算机维修服务站点相关规定和规范，监管维修服务网络各级站点内服务设备设施、维修用仪器仪表、个人维修工具的使用和保管状态	2.1.1 元器件级维修翻新工厂设备设施的安装和布置规范 2.1.2 计算机维修服务网络维修设备设施、工具的分级配备标准及管理规范

① 好备件：经过零器件级维修和翻新后的计算机备件，其功能正常，外观较新。这种备件可用于计算机维修中替换相同型号的故障备件，且装入机器后不会影响机器外观。

续表

职业功能	工作内容	技能要求	相关知识要求
2. 物料及文件管理	2.2 备件管理	2.2.1 能根据规定、计算机产品技术资料及历史数据制定或修订计算机维修服务网络中各级站点的备机、备件的采购和库存标准并监督执行 2.2.2 能按照规定和流程对突发备件短缺或批量质量问题进行升级，并负责按照上级指示在维修服务网络实施应急处置方案	2.2.1 计算机维修服务网络各级站点备机、备件的采购和库存标准，以及操作规范 2.2.2 突发备件短缺或批量质量问题升级流程 2.2.3 计算机维修服务突发事件应急处置方案实施办法
	2.3 文件资料管理	2.3.1 能按规定制定或修订计算机维修服务网络中各级站点的纸质技术资料、维修服务宣传材料及各类单据的摆放、存储和保管的标准并监督执行 2.3.2 能按规定监管计算机维修服务网络中各级服务站点工作人员使用技术资料和文件的合规性 2.3.3 能按规定监管计算机维修服务网络中各级服务站点工作人员保存和查看维修服务及用户数据的合规性 2.3.4 能按规定为计算机维修服务网络中各级服务站点上传或更新计算机各类维修服务电子资料	2.3.1 计算机维修服务网络各级站点备件、备机纸质技术资料、维修服务宣传材料及各类单据的管理办法 2.3.2 计算机维修服务站点三级/高级工技术资料和文件使用权限规定 2.3.3 计算机维修服务站点三级/高级工使用计算机维修服务信息系统权限的规定 2.3.4 在线上传、更新计算机维修服务电子资料的操作流程和规范
3. 维修体系管理	3.1 维修服务网络建设和管理	3.1.1 能根据计算机维修服务网络管理政策，发展和认定各级维修服务站点 3.1.2 能根据市场情况，制订计算机维修服务站点拓展计划 3.1.3 能按规定审批计算机维修服务站点的建设或改造方案 3.1.4 能对整个计算机维修服务网络的计算机维修服务信息系统的账户与权限进行管理，并监管在线维修服务系统的部署和应用	3.1.1 各级计算机维修服务站点认定标准及管理规定 3.1.2 计算机维修服务站点拓展计划的制订方法 3.1.3 各级计算机维修服务站点建设、改造后的验收标准和实施规范 3.1.4 计算机维修服务信息系统的全服务网络体系部署管理方法和实施方案

续表

职业功能	工作内容	技能要求	相关知识要求
3. 维修体系管理	3.2 培训与指导	3.2.1 能对三级/高级工及以下级别人员进行计算机维修技术培训和线上自学的监管与指导 3.2.2 能对三级/高级工及以下级别人员进行政策、法律法规培训 3.2.3 能按培训计划进行投诉、纠纷处理案例培训 3.2.4 能按培训计划进行个人隐私数据、商业机密数据等的保密制度和保密安全流程培训	3.2.1 培训计划的实施流程 3.2.2 计算机维修理论技术培训方法及要点 3.2.3 售后投诉、纠纷处理案例的培训方法及要点 3.2.4 计算机安全保密制度和保密安全流程培训方法及要点
4. 数据分析与研究	4.1 数据收集	4.1.1 能根据规定指导下属员工定期收集计算机维修服务网络的维修服务单据、零配件和物料的领用与回收单据，并进行分类整理 4.1.2 能根据规定使用计算机维修服务信息系统和移动 App 在线审批、查验、核实服务网络的电子维修单据，以及零配件和物料的领用与回收单据 4.1.3 能根据规定制作服务网络的维修数据报表	4.1.1 计算机维修服务网络维修服务各类单据收集制度规定 4.1.2 计算机维修服务信息系统和移动 App 在线管理各类单据的操作方法 4.1.3 计算机维修服务网络维修数据报表制作方法
	4.2 问题分析与研究	4.2.1 能按计算机相关技术文件及一级/高级技师等上级的指令，指导维修站点搭建新产品、新配件、新维修维护方案的测试环境 4.2.2 能对计算机新产品、新工具、新维修维护方案进行测试，并按规定收集测试数据，制作及上报测试报告 4.2.3 能对新的测试脚本、软件工具进行验证	4.2.1 计算机维修维护新流程、新方法验证流程 4.2.2 计算机新工具使用流程 4.2.3 新的测试脚本、软件工具验证流程

3.5 一级/高级技师

职业功能	工作内容	技能要求	相关知识要求
1. 修理与维护	1.1 计算机的维护和保养	1.1.1 能对 Unix 和类 Uinx① 服务器操作系统软件和驱动程序进行安装及更新 1.1.2 能对 Unix 和类 Uinx 服务器操作系统应用常见软硬件进行配置 1.1.3 能对 Unix 和类 Uinx 服务器进行日常维护 1.1.4 能按照网络配置文件对用户 Unix 和类 Uinx 服务器环境进行批量操作系统的部署和升级 1.1.5 能对 Unix 和类 Uinx 服务器数据进行备份和恢复操作 1.1.6 能按照网络配置文件配置 Unix 和类 Uinx 服务器负载均衡集群、高可用集群及网络部署等网络存储方案 1.1.7 能按照网络配置文件实现 Unix 和类 Uinx 服务器常见服务和应用的安装与配置	1.1.1 Unix 和类 Uinx 服务器操作系统与驱动程序的安装方法 1.1.2 Unix 和类 Uinx 服务器操作系统应用常见软硬件配置方法 1.1.3 Unix 和类 Uinx 服务器日常维护方法 1.1.4 Unix 和类 Uinx 服务器环境批量操作系统部署和升级方法 1.1.5 数据备份和恢复方法 1.1.6 配置 Unix 和类 Uinx 服务器负载均衡集群、高可用集群及网络部署方法 1.1.7 Unix 和类 Uinx 服务器常见服务和应用的安装与配置方法
	1.2 故障修复	1.2.1 能排除 Unix 和类 Uinx 服务器操作系统及驱动程序常见问题 1.2.2 能在计算机厂商的技术支持下,处理缺乏技术资料的故障现象,更换故障部件并进行修复 1.2.3 能在计算机厂商的配合下,制定批量故障配件或组件修复、翻新的操作方法和流程,并指导二级/技师在计算机零器件级维修工厂组织团队实施 1.2.4 能按照网络配置文件排除 Unix 和类 Uinx 服务器常见服务和应用问题	1.2.1 Unix 和类 Uinx 服务器操作系统及驱动程序问题的排除方法 1.2.2 计算机疑难故障案例分析与维修技巧 1.2.3 计算机回收故障部件批量维修翻新流程和实施方案的制定方法 1.2.4 按照网络配置文件排除 Unix 和类 Uinx 服务器常见服务和应用问题的方法

---

① 类 Uinx:指继承 Unix 的设计风格并由此演变出来的系统(比如 GNU/Linux、FreeBSD、OpenBSD 等),这些操作系统虽然有的是自由软件,有的是商业软件,但都相当程度地继承了原始 Unix 的特性,有许多相似处,并且都在一定程度上遵守 POSIX 规范,但是它们却并不含有 Unix 的源代码。

续表

职业功能	工作内容	技能要求	相关知识要求
1. 修理与维护	1.3 测试与验机	1.3.1 能对修复的 Unix 和类 Uinx 服务器进行外观完备性确认 1.3.2 能对修复的 Unix 和类 Uinx 服务器主机进行基本功能测试 1.3.3 能制作针对计算机及相关附件辅助设备配件、组件、元器件的烤机方案并指导低级别工程师实施 1.3.4 能制定计算机好备件质量标准和入库前终检方案，并指导二级/技师在计算机元器件级维修翻新工厂组织质量控制团队实施终检	1.3.1 修复后的 Unix 和类 Uinx 服务器完备性确认方法 1.3.2 修复的 Unix 和类 Uinx 服务器主机基本功能测试方法 1.3.3 计算机及相关附件辅助设备配件、组件、元器件的烤机方案制定方法 1.3.4 计算机好备件质量标准和入库前终检方案的制定方法
2. 物料及文件管理	2.1 工具管理	2.1.1 能制定或修订计算机维修服务各级站点及元器件级维修翻新工厂的安防、消防、防静电器具、存储、转运等设备设施的配备、安装与布置标准和相关规范 2.1.2 能根据技术资料，制定计算机维修服务工具的配备、采买、申领、使用、保管、保养、报废的操作流程及实施规范 2.1.3 能参与计算机维修服务工具管理系统的开发和升级	2.1.1 计算机维修服务站点及元器件级维修翻新工厂基础设备设施的配备、安装与布置标准和相关规范的编制方法 2.1.2 计算机维修服务站点及元器件级维修翻新工厂维修服务仪器仪表及工具管理办法的制定方法 2.1.3 计算机维修服务工具管理系统开发业务需求手册的编制方法
	2.2 备件管理	2.2.1 能制定或修订计算机维修服务各级站点及元器件级维修翻新工厂的备机、备件的采买、申领、使用及库存等管理制度 2.2.2 能制定或修订计算机维修服务各级站点及元器件级维修翻新工厂故障备件的回收、环保处置、废弃及存储等管理制度 2.2.3 能参与开发和升级计算机备件管理系统或移动端 App	2.2.1 计算机维修服务各级站点及元器件级维修翻新工厂的备机、备件的采买、申领、使用及库存等管理制度的编制方法 2.2.2 计算机维修服务各级站点及元器件级维修翻新工厂故障备件的回收、环保处置、废弃及存储等管理制度的编制方法 2.2.3 计算机备件管理系统或移动端 App 开发业务需求手册的编制方法

续表

职业功能	工作内容	技能要求	相关知识要求
2. 物料及文件管理	2.3 文件资料管理	2.3.1 能制定和修订计算机维修服务制度文件、保修政策、收费标准、维修技术文件 2.3.2 能制定和修订计算机各类维修服务单据及使用规范 2.3.3 能制定和修订计算机维修服务电子资料、单据、数据的上传、存储、更新、查阅和下载的规范 2.3.4 能参与开发和升级计算机维修服务单据流程、数据资料在线管理系统及相应的移动端 App	2.3.1 计算机维修服务制度文件、保修政策、收费标准、维修技术文件的编制方法 2.3.2 维修服务单据及使用规范的制定方法 2.3.3 计算机维修服务电子资料、单据、数据使用规范的制定方法 2.3.4 计算机维修服务单据流程、数据资料在线管理系统及相应的移动端 App 开发业务需求手册的编制方法
3. 维修体系管理	3.1 维修服务网络建设和管理	3.1.1 能制定和修订计算机维修服务站点的设立和分级认定标准，以及维修服务网络的拓展策略，并指导二级/技师实施 3.1.2 能制定和修订计算机维修服务网络和站点的业绩考核、客户满意度及成本控制等制度与运营指标，并指导二级/技师或维修站点负责人实施	3.1.1 计算机维修服务站点设立和分级认定标准，以及维修服务网络的拓展策略的制定方法 3.1.2 计算机维修服务网络和站点的业绩考核、客户满意度及成本控制等制度与运营指标的制定方法
	3.2 培训与指导	3.2.1 能制订计算机维修人员培训计划 3.2.2 能选定或编写计算机维修技术培训资料 3.2.3 能制定计算机维修技术服务培训场地的设立规范 3.2.4 能参与计算机维修技术在线培训学习系统或专用移动端 App 的开发和推广	3.2.1 计算机维修人才需求分析及培训计划制订规范 3.2.2 计算机维修培训资料选择标准和编写规范 3.2.3 计算机维修技术服务培训场地的需求 3.2.4 计算机维修技术在线培训学习系统及专用移动端 App 开发业务需求手册的编制方法

续表

职业功能	工作内容	技能要求	相关知识要求
4. 数据分析与研究	4.1 数据收集	4.1.1 能设计、制定和修订各类计算机维修服务统计、质量控制、成本与收益等报表 4.1.2 能制定并指导二级/技师及以下级别人员、维修站点负责人建立各类报表的收集机制 4.1.3 能制定人工电话与大数据技术相结合的维修服务数据收集分析制度和实施方案 4.1.4 能针对突发的技术事件制定相应的数据收集策略	4.1.1 计算机产品质量相关数据统计与分析方法 4.1.2 计算机技术、工艺相关维修数据统计与分析方法 4.1.3 计算机维修服务信息系统数据收集与统计方法
	4.2 问题分析与研究	4.2.1 能在计算机厂商的支持下，针对缺乏技术资料的故障现象，使用维修及测试工具检查计算机内各配件和组件的状态；确定故障部件并编制故障定位流程和方法 4.2.2 能在计算机厂商的配合下制定故障配件或组件的批量检测流程，并制定零器件级维修方案 4.2.3 能根据数据分析结果改进计算机维修维护流程、方法并修订改进计划方案 4.2.4 能根据维修数据设计、改善维修操作环境，并指导二级/技师及以下级别人员实施 4.2.5 能根据研究测试结果制定计算机维修服务与用户应对方案 4.2.6 能对计算机维修服务信息系统提交的报表和数据进行分析，并针对发现的服务质量、产品质量问题制定改进措施 4.2.7 能通过分析计算机维修报表和数据，改进成本控制方案和服务价格定价策略	4.2.1 非常见故障的检查方法和故障定位流程编制方法 4.2.2 计算机故障配件批量故障定位及零器件级维修方案的制定方法 4.2.3 常规数据的分析和流程改进的方法 4.2.4 根据研究测试结果制定维修服务与用户应对方案的方法 4.2.5 根据各类维修服务报表分析相关服务质量、产品质量问题的方法 4.2.6 成本控制方案和服务价格定价策略

续表

职业功能	工作内容	技能要求	相关知识要求
4. 数据分析与研究	4.2 问题分析与研究	4.2.8 能通过分析计算机服务报表所发现的用户数据安全保障问题，修订用户数据安全保障策略 4.2.9 能根据计算机维修数据设计、编写检测调试用的脚本和软件工具 4.2.10 能参与计算机维修服务系统的开发 4.2.11 能根据业务运行情况协助开发人员更新或升级计算机维修服务信息系统	4.2.7 修订用户安全数据保障策略的方法 4.2.8 计算机测试脚本的设计与安全 4.2.9 计算机维修服务信息系统架构与流程

4. 权重表

4.1 理论知识权重表

项目		技能等级	五级/初级工（%）	四级/中级工（%）	三级/高级工（%）	二级/技师（%）	一级/高级技师（%）
基本要求	职业道德		5	5	5	5	5
	基础知识		25	20	10	5	5
相关知识要求	服务的受理与交付		30	20	15	—	—
	修理与维护		25	40	45	30	25
	物料及文件管理		15	15	5	10	10
	维修体系管理		—	—	15	20	25
	数据分析与研究		—	—	5	30	30
合计			100	100	100	100	100

4.2 技能要求权重表

项目		技能等级	五级/初级工（%）	四级/中级工（%）	三级/高级工（%）	二级/技师（%）	一级/高级技师（%）
技能要求	服务的受理与交付		40	30	15	—	—
	修理与维护		35	45	55	35	30
	物料及文件管理		25	25	5	10	10

续表

项目		技能等级	五级/初级工(%)	四级/中级工(%)	三级/高级工(%)	二级/技师(%)	一级/高级技师(%)
技能要求		维修体系管理	—	—	15	25	30
		数据分析与研究	—	—	10	30	30
		合计	100	100	100	100	100

办公设备维修工国家职业技能标准

（2021 年版）

1. 职业概况

1.1 职业名称

办公设备维修工

1.2 职业编码

4-12-02-02

1.3 职业定义

使用万用表、数字逻辑表等仪表和工具，保养、修理复印机、打印机、投影机等办公设备的人员。

1.4 职业技能等级

本职业共设五个等级，分别为：五级/初级工、四级/中级工、三级/高级工、二级/技师、一级/高级技师。

1.5 职业环境条件

室内、常温。

1.6 职业能力特征

具有通过语言或文字方式有效交流、表述的能力，具有获取、理解外界信息以及分析、推理和判断的能力，具有根据视觉信息协调和运用手指、手臂、眼睛及身体其他部位迅速、准确、灵活、稳定地作出反应并完成既定操作的能力，具有一定的学习和计算能力，具有一定的空间感和形体知觉，具有辨别颜色的能力。

1.7 普通受教育程度

初中毕业（或相当文化程度）。

1.8 培训参考学时

五级/初级工不少于 70 标准学时，四级/中级工不少于 80 标准学时，三级/高级工不少于 85 标准学时，二级/技师不少于 110 标准学时，一级/高级技师不少于 115 标准学时。

1.9 职业技能鉴定要求

1.9.1 申报条件

具备以下条件之一者，可申报五级/初级工：
（1）累计从事本职业或相关职业①工作1年（含）以上。
（2）本职业或相关职业学徒期满。

具备以下条件之一者，可申报四级/中级工：
（1）取得本职业或相关职业五级/初级工职业资格证书（技能等级证书）后，累计从事本职业或相关职业工作2年（含）以上。
（2）累计从事本职业或相关职业工作4年（含）以上。
（3）取得技工学校相关专业②毕业证书（含尚未取得毕业证书的在校应届毕业生）；或取得经评估论证、以中级技能为培养目标的中等及以上职业学校相关专业毕业证书（含尚未取得毕业证书的在校应届毕业生）。

具备以下条件之一者，可申报三级/高级工：
（1）取得本职业或相关职业四级/中级工职业资格证书（技能等级证书）后，累计从事本职业或相关职业工作2年（含）以上。
（2）取得本职业或相关职业四级/中级工职业资格证书（技能等级证书），并具有高级技工学校、技师学院毕业证书（含尚未取得毕业证书的在校应届毕业生）；或取得本职业或相关职业四级/中级工职业资格证书（技能等级证书），并具有经评估论证、以高级技能为培养目标的高等职业学校相关专业毕业证书（含尚未取得毕业证书的在校应届毕业生）。
（3）具有大专及以上相关专业毕业证书，并取得本职业或相关职业四级/中级工职业资格证书（技能等级证书）后，累计从事本职业或相关职业工作1年（含）以上。
（4）具有大专及以上相关专业毕业证书，累计从事本职业或相关职业工作5年（含）以上。

具备以下条件之一者，可申报二级/技师：
（1）取得本职业或相关职业三级/高级工职业资格证书（技能等级证书）后，累计从事本职业或相关职业工作4年（含）以上。
（2）取得本职业或相关职业三级/高级工职业资格证书（技能等级证书）的高级技工学校、技师学院毕业生，累计从事本职业或相关职业工作3年（含）以上；或取得本职业或相关职业预备技师证书的技师学院毕业生，累计从事本职业或相关职业工作2年（含）以上。

具备以下条件者，可申报一级/高级技师：
取得本职业或相关职业二级/技师职业资格证书（技能等级证书）后，累计从事本职业或相关职业工作4年（含）以上。

---

① 相关职业：计算机维修工、计算机及外部设备装配调试员、信息通信网络终端维修员等，下同。
② 相关专业：电工电子类、机械类、计算机信息类等，下同。

1.9.2 鉴定方式

分为理论知识考试、技能考核和综合评审。理论知识考试以笔试、机考等方式为主，主要考核从业人员从事本职业应掌握的基本要求和相关知识要求；技能考核主要采用现场操作、模拟操作等方式进行，主要考核从业人员从事本职业应具备的技能水平；综合评审主要针对技师和高级技师，通常采取审阅申报材料、答辩等方式进行全面评议和审查。

理论知识考试、技能考核和综合评审均实行百分制，成绩皆达60分（含）以上者为合格。

1.9.3 监考人员、考评人员与考生配比

理论知识考试中的监考人员与考生配比不低于1∶15，且每个考场不少于2名监考人员；技能考核中的考评人员与考生配比不低于1∶5，且考评人员为3人（含）以上单数；综合评审委员为3人（含）以上单数。

1.9.4 鉴定时间

理论知识考试时间不少于60 min，技能考核时间不少于60 min，综合评审时间不少于30 min。

1.9.5 鉴定场所设备

理论知识考试在标准教室或标准联网多媒体计算机教室进行；技能考核在具备必要的计算机、复印机、打印机、投影机等设备，以及网络环境及相关工具、仪表的实际现场或标准联网多媒体计算机教室（模拟现场）进行。

2. 基本要求

2.1 职业道德

2.1.1 职业道德基本知识

2.1.2 职业守则

（1）爱岗敬业，遵纪守法。
（2）诚实守信，品行端正。
（3）礼貌热情，尊重用户。
（4）认真严谨，忠于职守。
（5）勤奋好学，积极进取。

2.2 基础知识

2.2.1 电子电气基础知识

（1）电子电路知识。
（2）电气系统知识。
（3）电子元器件知识。

2.2.2 计算机基础知识

(1) 计算机操作基础知识。
(2) 计算机常用应用软件的安装及使用方法。
(3) 计算机网络基础知识。
(4) 计算机接口类别和基本功能。

2.2.3 办公设备基础知识

(1) 复印机分类和基本原理。
(2) 打印机分类和基本原理。
(3) 投影机分类和基本原理。

2.2.4 办公设备常见标识符号和性能参数

(1) 电子电气符号和性能参数。
(2) 办公设备结构件及包装材料件的标识。
(3) 产品标签铭牌及产品手册包含的产品性能和功能特点。

2.2.5 工具、仪表的基本使用方法

(1) 结构件拆装工具的分类及使用方法。
(2) 电子线路测量仪器、仪表和拆装工具的分类和用途。
(3) 办公设备维修中常用的软硬件测试工具的分类和用途。

2.2.6 安全生产知识

(1) 安全生产操作知识。
(2) 安全用电、防电磁辐射知识。
(3) 防火防爆知识。
(4) 防静电知识。
(5) 相关有毒有害物质预防知识。
(6) 安全保密知识。
(7) 部分国家和地区用电规范。

2.2.7 相关法律、法规知识

(1) 《中华人民共和国民法典》相关知识。
(2) 《中华人民共和国劳动法》相关知识。
(3) 《中华人民共和国劳动合同法》相关知识。
(4) 《中华人民共和国消费者权益保护法》相关知识。
(5) 《中华人民共和国产品质量法》相关知识。
(6) 《中华人民共和国保守国家秘密法》相关知识。
(7) 《中华人民共和国知识产权法》相关知识。

(8)《中华人民共和国安全生产法》相关知识。

(9)《中华人民共和国环境保护法》相关知识。

(10)《中华人民共和国广告法》相关知识。

(11)《中华人民共和国数据安全法》相关知识。

(12)《中华人民共和国个人信息保护法》相关知识。

(13)《计算机信息网络国际联网安全保护管理办法》相关知识。

3. 工作要求

本标准对五级/初级工、四级/中级工、三级/高级工、二级/技师、一级/高级技师的技能要求和相关知识要求依次递进，高级别涵盖低级别的要求。

3.1 五级/初级工

职业功能	工作内容	技能要求	相关知识要求
1. 服务的受理与交付	1.1 远程服务请求应对	1.1.1 能使用普通话及办公设备专业术语与用户进行语音沟通 1.1.2 能根据产品手册和厂商技术资料指导用户存放、操作和维护家用及小型办公设备 1.1.3 能根据相关文件为用户讲解办公设备维修服务政策 1.1.4 能根据用户服务诉求引导用户进入后续相关服务流程 1.1.5 能根据技术资料指导用户下载、安装、升级家用及小型办公设备的驱动程序、固件和专用软件工具	1.1.1 电子信息服务行业服务接待规范用语与沟通技巧 1.1.2 办公设备维修服务相关规定 1.1.3 家用及小型办公设备常见问题与解答方法 1.1.4 家用及小型办公设备的驱动程序、固件和专用软件工具下载、安装、升级方法
	1.2 维修服务受理	1.2.1 能按规定准备好接待区服务环境，确认服务设施设备状态 1.2.2 能引导用户在维修服务单、专用维修服务信息系统或移动端 App 填写用户信息、机器信息、服务诉求信息等 1.2.3 能与用户面对面测试送修机器，并将故障现象记录在维修服务单上 1.2.4 能现场确认用户送修机的耗材余量、附件状态、外观状态等并记录 1.2.5 能根据相关服务规定告知用户维修服务方案并记录 1.2.6 能按要求和规范将待修机器摆放到指定区域	1.2.1 接待场地、设施、单据整理和摆放要求 1.2.2 办公设备维修服务单填写规范 1.2.3 办公设备专用维修服务信息系统和移动端 App 操作规范 1.2.4 设备状态测试方法 1.2.5 设备信息核对方法 1.2.6 待修机器摆放要求

续表

职业功能	工作内容	技能要求	相关知识要求
1. 服务的受理与交付	1.3 维修服务完成与交付	1.3.1 能根据用户取机单据上的信息按流程在指定区域提取用户机器 1.3.2 能按流程与用户面对面核对机器、留存耗材及附件信息，并完成验机 1.3.3 能告知或引导用户按照环保措施处置废旧耗材 1.3.4 能按规定收取维修服务费用，完成服务信息记录	1.3.1 用户取机交付流程和规范 1.3.2 家用及小型办公设备交付验机技术规范 1.3.3 办公设备废旧耗材环保处置行为规范及用户常见问题沟通技巧 1.3.4 办公设备收费标准及用户常见问题沟通技巧
	1.4 用户服务评价及应对措施	1.4.1 能按规定流程征集用户的服务评价 1.4.2 能根据技术资料处理家用及小型办公设备用户的常见投诉问题 1.4.3 能按问题升级流程上报用户投诉事件	1.4.1 服务质量信息收集流程和规范 1.4.2 家用及小型办公设备用户常见投诉问题应对办法 1.4.3 家用及小型办公设备用户投诉沟通技巧及注意事项 1.4.4 办公设备维修服务升级流程
2. 修理与维护	2.1 办公设备的安装	2.1.1 能根据技术资料放置家用及小型办公设备并安装设备储纸仓、出纸组件、便携机电池、电源适配器等附件以及墨水盒、硒鼓、墨粉盒、色带等耗材 2.1.2 能根据技术资料通过 USB 数据线、HDMI 线、VGA 线等线缆将家用及小型办公设备与计算机主机或手机等移动智能设备进行有线连接，并在开机后执行连接设置操作 2.1.3 能针对配有蓝牙、红外及 NFC 等无线连接功能的家用及小型办公设备，在开机后执行连接设置操作，实现办公设备与计算机主机或手机等移动智能设备无线连接 2.1.4 能针对配有网络连接功能的家用及小型办公设备，在开机后执行网络连接设置操作，使办公设备通过网线或 WIFI 接入指定网络 2.1.5 能使用厂商提供的光盘、储存卡等驱动安装介质，或通过官方网站下载并安装驱动程序和专用应用程序	2.1.1 家用及小型办公设备常用安装使用手册基础知识 2.1.2 家用及小型办公设备日常（用户级）维护保养手册基础知识

续表

职业功能	工作内容	技能要求	相关知识要求
2. 修理与维护	2.1 办公设备的安装	2.1.6 能对家用及小型办公设备执行打印头校准、纸路校准、色彩调校、光学系统校准等开机初始化以及打印测试页操作 2.1.7 能在脱机情况下利用本机控制面板或在主机上使用家用及小型办公设备驱动程序，执行用户级维护操作 2.1.8 能通过计算机驱动程序、移动设备的专用App，或通过打印信息页方式查看和监测家用及小型办公设备耗材状态及寿命、整机及主要部件健康状态参数等信息 2.1.9 能根据技术要求更换家用及小型办公设备打印头、墨水盒、色带、硒鼓、墨粉盒、投影灯泡等耗材 2.1.10 能指导用户实现家用及小型办公设备的各项功能 2.1.11 能按说明书或机器上的图形指示排除家用及小型打印机、一体机、扫描仪的卡纸故障	
	2.2 故障定位	2.2.1 能穿戴防静电服、防静电手环或采取防静电措施 2.2.2 能准备检测工具与设备并确认工作状态正常 2.2.3 能根据维修服务技术资料，通过家用及小型办公设备控制面板上指示灯或屏幕的提示、报警等信息获取故障原因 2.2.4 能用附件替换法确认家用及小型办公设备主机和出纸组件、进纸组件、双面打印单元、复印/扫描输纸单元、储纸仓、扫描单元、电源适配器、电池等附件的状态 2.2.5 能将检测和故障定位结果记录至维修服务单	2.2.1 防静电服、防静电手环等防护工具的使用方法 2.2.2 维修手册及相关技术资料的查阅方法 2.2.3 家用及小型办公设备各附件的拆装规范 2.2.4 维修服务单中检测结果、故障描述的填写规范

续表

职业功能	工作内容	技能要求	相关知识要求
2. 修理与维护	2.3 故障修复	2.3.1 能依据保修政策及维修服务价格规定，根据维修服务单故障定位信息制定报价单 2.3.2 能通过电话、电子邮件或互联网社交工具给用户报价，并根据用户反馈执行后续维修流程 2.3.3 能查验已完成硬件修复的家用及小型办公设备的固件版本，并根据技术资料执行固件版本升级 2.3.4 能将故障修复信息记录在维修服务单或专用维修服务管理系统中	2.3.1 报价单制定规范 2.3.2 家用及小型办公设备的驱动及应用程序软件安装和升级方法 2.3.3 修复机信息记录规定
	2.4 测试与验机	2.4.1 能对修复的家用及小型办公设备整机外观及装配的完备性进行确定 2.4.2 能对修复机设备的外观及纸路、电源排风扇、墨盒仓等附件进行清洁 2.4.3 能对修复机进行脱机自检操作，测试与计算机、手机等移动智能设备联机的打印、复印、扫描、显示等各项功能 2.4.4 能执行关机流程，使打印头、墨盒、硒鼓等运动部件进入存储运输模式 2.4.5 能确认纸质及电子维修服务单信息填写的完整性，并将修复机放入指定位置	2.4.1 家用及小型办公设备外观件清洁标准和方法 2.4.2 家用及小型办公设备修复后测试方法 2.4.3 家用及小型办公设备运动件存储运输模式
3. 物料及文件管理	3.1 工具管理	3.1.1 能检查并确认用户接待区的供电设施、安防设施、防静电设施、网络设施等基础设备设施的工作状态 3.1.2 能使用专用工具管理系统申领、归还维修服务工具 3.1.3 能在维修工作间按照规范存放办公设备维修服务工具	3.1.1 家用及小型办公设备用户接待区基础设备设施工作状态的日常检查方法和规范 3.1.2 办公设备维修服务专用工具管理信息系统操作方法 3.1.3 维修工作间工具存放规范

续表

职业功能	工作内容	技能要求	相关知识要求
3. 物料及文件管理	3.2 备件管理	3.2.1 能根据办公设备主机及附件包装、机身外壳上的文字和图形标识识别物品的名称、型号、版本、性能等信息，并通过产品资料的物品列表查询相应的物品信息、拆装方式 3.2.2 能参照技术资料，查验办公设备主机、附件、耗材包装上的版本和有效期标识，判断其可用性及适配性 3.2.3 能按规定使用备件管理单据或备件管理信息系统，完成备件的登记、查询、申领、返还等操作 3.2.4 能按规定对替换下来的主机、附件和废旧耗材及其包装进行安全存放及环保处置	3.2.1 办公设备备件管理规范及备件管理信息系统操作方法 3.2.2 办公设备主机、附件、耗材及其包装环保处置规范
	3.3 文件资料管理	3.3.1 能按规定在办公设备维修服务站点接待区悬挂或放置保修服务规定、服务报价单等宣传资料 3.3.2 能按规定在办公设备维修服务站点接待区放置维修服务单 3.3.3 能使用办公设备专用维修服务管理系统录入维修服务信息并根据规定和权限查看电子单据和信息 3.3.4 能按规定和权限存放、领用、查阅及返还办公设备维修服务资料 3.3.5 能按规定处置和保存用户数据资料	3.3.1 维修服务单及宣传资料悬挂和放置要求 3.3.2 用户信息及数据管理规范 3.3.3 办公设备维修服务资料存放、领用、查阅及返还管理规范

3.2 四级/中级工

职业功能	工作内容	技能要求	相关知识要求
1. 服务的受理与交付	1.1 远程服务请求应对	1.1.1 能根据产品手册和厂商技术资料指导用户存放、使用商用办公设备 1.1.2 能通过电话或互联网在线工具指导商用办公设备用户确认墨水盒、硒鼓、纸张、灯泡等附件、耗材的余量和寿命，并重新安装或更换 1.1.3 能通过电话或互联网在线工具指导商用办公设备用户自行实施打印头清洁、纸路清洁等用户级维护操作 1.1.4 能根据商用办公设备用户的故障描述辨别故障现象的级别，并根据技术手册远程指导用户采取相应的保障财产和数据安全的措施	1.1.1 商用办公设备存放和使用方法 1.1.2 商用办公设备附件、耗材余量和寿命数据信息获取方法 1.1.3 商用办公设备附件、耗材安装、更换方法 1.1.4 商用办公设备用户级维护方法 1.1.5 商用办公设备故障级别的判断方法 1.1.6 商用办公设备维修服务前用户财产和数据安全保障措施及沟通技巧
	1.2 维修服务受理	1.2.1 能准备用户现场服务的工具、技术资料和服务单据 1.2.2 能在用户使用环境下测试报修的商用办公设备，并将故障现象记录在维修服务单上 1.2.3 能在用户现场检测商用办公设备，告知用户修理、维护方案和计划 1.2.4 能在用户现场告知用户商用办公设备修复前，商用办公设备操作的注意事项和应采取的保障财产和数据安全的措施	1.2.1 用户现场服务准备规范 1.2.2 用户现场商用办公设备故障记录方法 1.2.3 用户现场商用办公设备检测方法 1.2.4 商用办公设备修理和维护方案及计划的制订方法 1.2.5 商用办公设备用户现场服务客户沟通技巧
	1.3 维修服务完成与交付	1.3.1 能在用户现场与用户核对商用办公设备主机、耗材、储纸仓、出纸组件、设备支架、各种线缆等部件的状态，并在指定位置安装 1.3.2 能按规定流程在用户现场对完成修复的商用办公设备进行功能验机 1.3.3 能在用户现场调取已修复设备的电子信息或打印设备信息页，并与用户核对 1.3.4 能在用户现场完成服务单据填写及专用维修服务系统数据记录，并与用户核对	1.3.1 用户现场修复机交付服务规范 1.3.2 用户现场商用办公设备的安装方法及操作规范 1.3.3 用户现场维修服务单填写及专用维修服务系统数据记录方法及规范 1.3.4 用户现场商用办公设备服务收费标准

续表

职业功能	工作内容	技能要求	相关知识要求
1. 服务的受理与交付	1.4 用户服务评价及应对措施	1.4.1 能在商用办公设备用户现场征集用户的服务评价 1.4.2 能在商用办公设备维修服务结束后的规定时间内对用户进行远程回访 1.4.3 能根据技术资料回答商用办公设备的常见投诉问题	1.4.1 商用办公设备用户常见投诉问题的应对办法 1.4.2 商用办公设备用户投诉沟通技巧及注意事项
2. 修理与维护	2.1 办公设备的安装	2.1.1 能根据技术资料和用户现场情况按要求安装或放置商用办公设备主机 2.1.2 能根据技术资料将储纸仓组件、出纸组件、支撑组件、拖拽组件、悬挂组件、投影机光源单元等附件以及墨水盒、硒鼓、墨粉盒、色带等耗材安装或连接到商用办公设备 2.1.3 能在用户现场通过 USB 数据线、HDMI 线、VGA 线等线缆将商用办公设备与计算机主机或手机等移动智能设备进行有线连接，并在开机后执行连接设置操作 2.1.4 能在开机后执行网络连接设置操作，使商用办公设备通过网线或 WIFI 接入指定网络 2.1.5 能对商用办公设备执行打印头校准、纸路校准、色彩调校、光学系统校准等开机初始化以及打印测试页等操作 2.1.6 能在脱机情况下利用本机控制面板或在主机上使用商用办公设备驱动程序，执行用户级维护操作 2.1.7 能通过商用办公设备驱动程序、移动设备的专用 App，或通过打印信息页方式查看和监测商用办公设备耗材状态及寿命、整机及主要部件健康状态参数等信息 2.1.8 能根据技术要求更换商用办公设备打印头、墨水盒、色带、硒鼓、墨粉盒、投影灯泡等耗材 2.1.9 能根据用户的需求指导用户使用商用办公设备主机及独立分页器、装订器等各类辅助设备的各项功能 2.1.10 能按说明书或机器上的图形指示排除商用打印机、一体机、扫描仪的卡纸故障	2.1.1 商用办公设备主机初次安装方法 2.1.2 商用办公设备附件及耗材初次安装方法 2.1.3 商用办公设备与计算机主机或手机等移动智能设备连接的设置方法 2.1.4 商用办公设备接入网络的设置方法 2.1.5 商用办公设备初次使用的初始化、设置及校准方法 2.1.6 商用办公设备用户级维护方法 2.1.7 商用办公设备主机、耗材、附件、辅助设备信息参数获取方法 2.1.8 商用打印机、一体机、扫描仪排除卡纸故障方法和注意事项

续表

职业功能	工作内容	技能要求	相关知识要求
2. 修理与维护	2.2 故障定位	2.2.1 能按维修资料或官方拆装图进行配件及组件级拆解和组装家用及小型办公设备 2.2.2 能使用配件替换法排查并确定家用及小型办公设备的故障配件或组件、打印头或墨水盒的支撑及运输单元、废墨/废粉收集单元、输纸系统组件、成像组件、转印组件、激光扫描单元、电动机、主板、高压电路板、电动机和光源驱动板、网卡、主齿轮驱动组件等 2.2.3 能根据维修服务技术资料，通过商用办公设备的指示灯、屏幕信息提示、报警等获取故障信息 2.2.4 能在用户现场，用附件替换法确认商用办公设备主机和特殊功能辅助设备状态，如出纸组件、进纸组件、双面打印单元、复印/扫描输纸单元、储纸仓、扫描单元、电源适配器等	2.2.1 家用及小型办公设备配件及组件级拆解和组装方法 2.2.2 商用办公设备维修手册及相关技术资料的查阅方法 2.2.3 附件替换法在快速判断商用办公设备故障原因中的应用技巧
	2.3 故障修复	2.3.1 能在维修工作间根据家用及小型办公设备故障定位信息申领相应型号的配件或组件，并完成更换和调试工作 2.3.2 能将更换完配件或组件的家用及小型办公设备重新组装并确认故障现象已排除 2.3.3 能根据技术资料在用户现场通过对墨水盒、打印头、硒鼓、墨粉盒、出纸托盘、投影机灯泡等耗材和附件进行相应的调整和校准操作，排除打印或显示效果不佳的故障 2.3.4 能在用户现场通过升级驱动程序或应用软件排除软件问题引起的故障 2.3.5 能协助用户解决因供电、网络等外部使用环境引起的报警和错误 2.3.6 能在用户现场解决由于用户操作不当所引起的警告或错误 2.3.7 能在用户现场远程登录专用维修服务系统并记录故障修复信息	2.3.1 家用及小型办公设备配件更换及调试方法 2.3.2 办公设备用户操作环境及使用方法常见问题的判断及排除方法 2.3.3 在用户现场远程在线登录办公设备专用维修服务系统记录维修服务信息方法

续表

职业功能	工作内容	技能要求	相关知识要求
2. 修理与维护	2.4 测试与验机	2.4.1 能在用户现场对修复的商用办公设备主机及特殊功能辅助设备外观及装配的完备性进行确认 2.4.2 能在用户现场对修复的商用办公设备内部及外部粉尘、残留墨迹及润滑剂和纸屑进行清洁 2.4.3 能在用户现场执行商用办公设备脱机自检及在控制面板上完成功能测试及机器状态查询 2.4.4 能在用户现场查验用户机器的驱动程序及相应应用程序的版本，并完成升级、联机或网络打印测试 2.4.5 能对修复的商用办公设备一体机的打印部分、扫描部分、投影机成像效果进行校准与调整 2.4.6 能在维修工作间根据技术资料准备家用及小型办公设备配件或组件功能测试环境，并使用配件替换法对已修复的配件或组件进行批量测试并进行翻新、标记和包装	2.4.1 商用办公设备主机及特殊功能辅助设备外观及装配的完备性检测方法 2.4.2 商用办公设备清洁方法 2.4.3 商用办公设备终检方法和操作规范 2.4.4 家用及小型办公设备配件或组件功能测试环境搭建方法 2.4.5 家用及小型办公设备配件替换法的操作方法 2.4.6 办公设备好备件翻新、标记和包装
3. 物料及文件管理	3.1 工具管理	3.1.1 能准备前往办公设备用户现场所需要的防静电设备、清洁工具、拆装工具、专用调校工具、存储介质及附属线材等 3.1.2 能按安全生产规范在用户现场操作、摆放维修工具及用户设备	3.1.1 办公设备用户现场服务工具准备规范 3.1.2 办公设备用户现场安全生产规范
	3.2 备件管理	3.2.1 能根据备件包装、配件及组件外壳上的文字和图形标识识别备件的类别、型号、版本、性能等信息，并通过技术资料里的备件列表查询相应的详细信息及拆装机顺序 3.2.2 能对需要返厂处理的故障配件、组件进行标记和处置 3.2.3 能使用专用管理系统申领硅脂、润滑油、酒精等，并按照规范对其放置、保管、回收及环保处置	3.2.1 办公设备备件标识的识别方法 3.2.2 办公设备故障备件回收及处置方法和操作规范 3.2.3 办公设备修理和维护用消耗品领用、保管及环保处置方法及安全须知

续表

职业功能	工作内容	技能要求	相关知识要求
3. 物料及文件管理	3.3 文件资料管理	3.3.1 能准备前往办公设备用户现场所需要使用的纸质维修服务技术资料 3.3.2 能在办公设备用户现场在线查询维修服务技术资料 3.3.3 能按规定流程保存和交付用户现场维修服务单，并在办公设备专用维修服务管理系统完成结单工作	3.3.1 用户现场办公设备纸质维修服务技术资料准备方法 3.3.2 用户现场办公设备维修服务技术资料在线查询方法 3.3.3 用户现场维修服务技术资料使用规范

3.3 三级/高级工

职业功能	工作内容	技能要求	相关知识要求
1. 服务的受理与交付	1.1 远程服务请求应对	1.1.1 能根据产品手册和厂商技术资料指导用户存放、使用生产型办公设备 1.1.2 能通过电话或互联网在线工具指导生产型办公设备用户确认墨水盒、硒鼓、纸张、灯泡等附件、耗材的余量和寿命，并重新安装或更换 1.1.3 能通过电话或互联网在线工具指导生产型办公设备用户自行实施用户级维护操作 1.1.4 能根据生产型办公设备用户的故障描述辨别故障现象的级别，并根据技术手册远程指导用户采取相应的保障财产和数据安全的措施	1.1.1 生产型办公设备存放和使用方法 1.1.2 生产型办公设备附件、耗材余量和寿命数据信息获取方法 1.1.3 生产型办公设备附件、耗材安装、更换方法 1.1.4 生产型办公设备用户级维护方法 1.1.5 生产型办公设备故障级别的判断方法 1.1.6 生产型办公设备维修服务前用户财产和数据安全保障措施及沟通技巧
	1.2 维修服务受理	1.2.1 能在用户使用环境下测试报修的生产型办公设备，并将故障现象记录在维修服务单上 1.2.2 能在用户现场对生产型办公设备初步检测，告知用户修理、维护方案和计划 1.2.3 能在用户现场告知用户生产型办公设备修复前操作的注意事项和应采取的保障财产和数据安全的措施 1.2.4 能在五级/初级工受理用户送修机时提供技术支持 1.2.5 能对在用户现场受理维修服务的四级/中级工提供远程技术支持	1.2.1 用户现场生产型办公设备故障现象记录方法及规范 1.2.2 用户现场生产型办公设备检测方法 1.2.3 生产型办公设备修理和维护方案及计划的制订方法 1.2.4 生产型办公设备用户现场服务客户沟通技巧

续表

职业功能	工作内容	技能要求	相关知识要求
1. 服务的受理与交付	1.3 维修服务完成与交付	1.3.1 能在用户现场确认生产型办公设备耗材、储纸仓、出纸组件、设备支架、各种线缆等附件的状态，并在指定位置安装 1.3.2 能按规定流程在用户现场对完成修复的生产型办公设备进行功能验机 1.3.3 能在用户现场通过已修复生产型办公设备控制面板或主机显示屏调取设备信息或打印设备信息页，并与用户核对	1.3.1 用户现场生产型办公设备的安装方法及操作规范 1.3.2 用户现场生产型办公设备服务收费标准
	1.4 用户服务评价及应对措施	1.4.1 能在生产型办公设备用户现场征集用户的服务评价 1.4.2 能在生产型办公设备维修服务结束后的规定时间内对用户进行远程回访 1.4.3 能根据技术资料回答生产型办公设备的常见投诉问题	1.4.1 生产型办公设备用户常见投诉问题的应对办法 1.4.2 生产型办公设备用户投诉沟通技巧及注意事项
2. 修理与维护	2.1 办公设备的安装	2.1.1 能根据技术资料和用户现场情况安装或放置生产型办公设备主机、专用打印服务器、专用影音服务器和辅助功能主机等系统各硬件单元 2.1.2 能根据技术资料将储纸仓组件、出纸组件、支撑组件、拖拽组件、悬挂组件、投影机光源单元等附件以及墨水盒、硒鼓、墨粉盒、色带等耗材安装或连接到生产型办公设备 2.1.3 能在用户现场通过 USB 数据线、HDMI 线、VGA 线等线缆，将生产型办公设备与专用打印服务器、专用影音服务器、计算机主机或手机等移动智能设备进行有线连接，并在开机后执行连接设置操作 2.1.4 能在开机后执行网络连接设置操作，使生产型办公设备通过网线或 WIFI 接入指定网络 2.1.5 能利用专业软件对生产型办公设备执行打印头校准、纸路校准、色彩调校、光学系统校准等开机初始化以及打印测试页等操作	2.1.1 生产型办公设备主机初次安装方法 2.1.2 生产型办公设备附件及耗材初次安装方法 2.1.3 生产型办公设备与专用打印服务器、专用影音服务器、计算机主机或手机等移动智能设备连接的设置方法 2.1.4 将生产型办公设备接入网络的设置方法 2.1.5 生产型办公设备初次使用的初始化、设置及校准方法 2.1.6 生产型办公设备用户级维护方法 2.1.7 生产型办公设备主机、耗材、附件、辅助设备信息参数获取方法 2.1.8 生产型办公设备耗材更换方法 2.1.9 生产型打印机、一体机、扫描仪排除卡纸方法和注意事项

续表

职业功能	工作内容	技能要求	相关知识要求
2.修理与维护	2.1 办公设备的安装	2.1.6 能在脱机情况下利用本机控制面板或在主机上使用生产型办公设备驱动程序、专业管理软件以及专用工具执行用户级维护操作 2.1.7 能通过计算机驱动程序或移动设备的专用App，或通过打印信息页方式查看和监测生产型办公设备耗材状态及寿命、整机及主要部件健康状态参数等信息 2.1.8 能根据技术要求更换生产型办公设备打印头、墨水盒、色带、硒鼓、墨粉盒、投影灯泡等耗材 2.1.9 能根据用户的需求指导用户使用生产型办公设备主机及独立分页器、装订器等各类辅助设备的各项功能 2.1.10 能按说明书或机器上的图形指示排除生产型打印机、一体机、扫描仪的卡纸故障	
	2.2 办公设备的维护和保养	2.2.1 能根据商用办公设备用户维护保养计划做准备工作 2.2.2 能根据技术资料要求使用毛刷、清洁布、清洁剂等对商用办公设备或搓纸轮、走纸通道、散热风扇等设备部件进行除尘清洁 2.2.3 能进入商用办公设备的维护模式或利用专用软件查看废墨粉收集器、废墨水收集器、转印组件、灯泡等消耗型配件的健康状态和寿命，并根据规定进行更换或清理后重新安装 2.2.4 能在维护模式或利用专用软件并结合观察专用打印校准测试页状态，调整商用办公设备打印位置偏移值、色彩管理参数、纸张位置偏移值等参数 2.2.5 能检查商用办公设备的打印头、运行单元、纸张输送通道、驱动齿轮组、各滚轴等机械运动部件的运行状态，并按规范清洁及涂抹适当的硅脂或润滑剂 2.2.6 能按技术规范通过调整齿轮组解决因皮带老化或齿轮磨损引起的商用办公设备异响和输出不佳的问题	2.2.1 商用办公设备日常维护和保养方法 2.2.2 商用办公设备定期维护和保养方法及规范 2.2.3 商用办公设备因皮带老化或齿轮磨损引起的异响或输出不佳的判断标准和解决方法

续表

职业功能	工作内容	技能要求	相关知识要求
2. 修理与维护	2.3 故障定位	2.3.1 能按维修资料或官方拆装图进行配件及组件级拆解和组装商用办公设备及特殊功能附件 2.3.2 能使用配件替换法排查并确定商用型办公设备的故障配件或组件，如打印头或墨水盒的支撑及运输单元、废墨/废粉收集单元、输纸系统组件、成像组件、转印组件、激光扫描单元、电动机、主板、高压电路板、电动机和光源驱动板、网卡、主齿轮驱动组件等 2.3.3 能根据维修服务技术资料，通过生产型办公设备及特殊功能辅助设备的指示灯、屏幕信息提示、蜂鸣器报警声等获取故障信息 2.3.4 能在用户现场用附件替换法判别是生产型办公设备主机出现故障，还是专用打印服务器、扩展纸仓组件、分页器、滚筒纸输纸支架、裁纸组件、出纸组件、进纸组件、双面打印单元、复印/扫描输纸单元、扫描单元、电源管理单元等特殊功能辅助设备出现故障 2.3.5 能通过目测和相关技术资料，排查和确定激光打印机影像固定单元的加热膜、加热辊轴、压力辊、成像单元的转印皮带、驱动单元的齿轮、驱动电动机、扫描组件驱动皮带、输纸系统的搓纸轮、投影机镜头组驱动单元，喷墨打印机打印头或墨盒支架的驱动皮带和齿轮等机械类备件或组件上的零器件外观状态	2.3.1 商用办公设备配件及组件级拆解和组装方法 2.3.2 商用办公设备特殊功能辅助设备配件、组件级拆解和组装方法 2.3.3 附件替换法在快速判断生产型办公设备故障原因中的应用技巧 2.3.4 办公设备的配件和组件外观检测标准和方法

续表

职业功能	工作内容	技能要求	相关知识要求
2.修理与维护	2.4 故障修复	2.4.1 能根据商用办公设备的故障定位信息申领备件 2.4.2 能在用户现场使用备件替换法排除商用办公设备故障，并执行相应的调整和校准操作，如更换转印单元应执行打印质量校准、更换投影机镜组应进行显示效果校准等 2.4.3 能进入商用办公设备维修模式查看故障记录，并给用户提出指导和建议 2.4.4 能根据故障定位信息使用零器件更换法修复并翻新机械类配件或组件，如更换激光打印机影像固定单元的加热膜、加热辊轴、压力辊、成像单元的转印皮带、驱动单元的齿轮、驱动电动机、打印一体机复印扫描组件驱动皮带、输纸系统的搓纸轮、投影机镜头组驱动单元、喷墨打印机的打印头或墨盒支架驱动皮带和齿轮等 2.4.5 能在用户现场用附件替换法修复生产型办公设备扩展纸仓组件、分页器、滚筒纸输纸支架、裁纸组件、出纸组件、进纸组件、双面打印单元、复印/扫描输纸单元、扫描单元、电源管理单元等特殊功能辅助设备引起的故障	2.4.1 商用办公设备备件替换法操作流程及规范 2.4.2 商用办公设备维修模式的使用方法 2.4.3 零器件更换法修复和翻新办公设备机械类配件或组件的操作方法

续表

职业功能	工作内容	技能要求	相关知识要求
2. 修理与维护	2.5 测试与验机	2.5.1 能在用户现场对修复的生产型办公设备主机及特殊功能辅助设备外观及装配的完备性进行确认 2.5.2 能在用户现场对修复的生产型办公设备及特殊功能辅助设备的内部及外部粉尘、残留墨迹、润滑剂和纸屑等进行清洁 2.5.3 能在用户现场执行生产型办公设备及特殊功能辅助设备脱机自检及在控制面板上完成功能测试及网络设置等机器状态查询 2.5.4 能在用户现场查验生产型办公设备的驱动程序及相应应用程序的版本，并完成升级、联机或网络打印测试 2.5.5 能利用专用功能测试页、色卡、校准工具等厂商指定专业工具对生产型办公设备的打印部分、扫描部分、投影机成像部分进行测试、校准与调校，以验证和修正生产型办公设备的输出效果 2.5.6 能在维修工作间根据技术资料准备商用办公设备备件功能测试环境，并使用备件替换法对已修复的配件或组件进行单个或批量测试、翻新、标记和包装 2.5.7 能根据技术资料，搭建家用及小型办公设备备件烤机测试环境并进行测试	2.5.1 生产型办公设备外观检查及清洁方法 2.5.2 生产型办公设备驱动程序及应用程序的使用方法 2.5.3 生产型办公设备输出效果的验证与修正方法 2.5.4 商用办公设备备件替换法对已修复的配件或组件进行单个或批量测试、翻新、标记和包装方法 2.5.5 家用及小型办公设备备件烤机环境的搭建和烤机方法
3. 物料及文件管理	3.1 工具管理	3.1.1 能按办公设备维修服务站点相关规定指导和验收本维修站点的接待区、维修车间设备设施的安装与布置 3.1.2 能按办公设备维修服务站点相关规定和规范，管理本维修站点的电烙铁、热风枪、示波器、万用表、工具箱等采买、折旧、使用和存储流程	3.1.1 办公设备维修服务站点设备设施的安装和布置规范 3.1.2 办公设备维修服务站点维修用设备及工具采买、折旧、使用和存储管理规范

续表

职业功能	工作内容	技能要求	相关知识要求
3. 物料及文件管理	3.2 备件管理	3.2.1 能根据零器件包装及外壳上的文字和图形标识识别零器件的类别、型号、版本、性能等信息，并通过技术资料里的零器件列表查询相应的详细信息 3.2.2 能按规定规划、指导并监管本办公设备维修服务站点故障配件及包装材料的存放、返厂和环保处置 3.2.3 能根据规定制订本维修服务站点的备件储存和采购计划并实施 3.2.4 能按规定流程对本维修服务站点的特殊配件需求或质量问题确定方法进行升级	3.2.1 办公设备零器件标识的识别方法 3.2.2 办公设备故障配件及包装材料的存放、返厂和环保处置规范 3.2.3 办公设备维修服务站点备件储存和采购计划制订方法与实施规范 3.2.4 办公设备特殊配件需求或质量问题确定方法及升级流程
	3.3 文件资料管理	3.3.1 能按规定规划本维修服务站点的纸质文件、技术资料、维修服务材料及各类单据的摆放和存储的位置和方式 3.3.2 能指导五级/初级工、四级/中级工填写纸质和电子维修服务单并监管存放合规性 3.3.3 能按规定确定本维修服务站点五级/初级工、四级/中级工使用办公设备主机、备件技术资料和文件的权限并监管 3.3.4 能按规定确定本维修服务站点五级/初级工、四级/中级工保存、查看、上传和下载维修服务及用户数据的权限并监管	3.3.1 办公设备维修服务站点纸质文件、技术资料等文件的存储规范 3.3.2 办公设备纸质和电子维修服务单的填写常见问题 3.3.3 办公设备维修服务站点五级/初级工、四级/中级工技术资料和文件使用权限规定 3.3.4 办公设备维修服务站点五级/初级工、四级/中级工使用专用维修服务系统权限的规定

续表

职业功能	工作内容	技能要求	相关知识要求
4. 维修体系管理	4.1 维修服务网络建设和管理	4.1.1 能根据办公设备维修服务站点设立标准，规划或改进本维修服务站点的建设方案 4.1.2 能根据办公设备维修服务相关实施规定，安排本维修服务站点工作人员的岗位，管理维修服务运行流程 4.1.3 能在本维修服务站点部署办公设备专用维修服务系统及 App 等维修网络在线工具，并指导五级/初级工、四级/中级工完成注册、登录和权限内使用	4.1.1 办公设备维修服务站点空间布局及建设标准 4.1.2 办公设备维修服务站点日常业务实施流程及操作规范 4.1.3 办公设备维修服务站点岗位设立标准和人员安排准则 4.1.4 办公设备专用维修服务信息系统在维修服务站部署方法和管理规定
	4.2 培训与指导	4.2.1 能对本维修服务站点五级/初级工、四级/中级工现场维修服务操作进行示范与指导 4.2.2 能根据安保规定对五级/初级工、四级/中级工涉及安全生产的操作行为进行示范和指导	4.2.1 办公设备维修技能服务操作规范常见问题及指导技巧 4.2.2 办公设备维修服务安全生产操作行为的常见问题和应对方案
5. 数据分析与研究	5.1 数据收集	5.1.1 能根据规定定期收集本站点的维修服务单、零配件和耗材的领用与回收单据 5.1.2 能使用办公设备专用维修服务系统和 App 对本站点的电子维修服务单以及零配件和耗材的领用与回收单据等进行审批、查验、核实 5.1.3 能根据规定制作本维修站点的维修报表	5.1.1 办公设备维修服务站点维修服务单定期收集整理制度规定 5.1.2 利用办公设备专用维修系统和 App 审批、查验、核实本站点单据的方法 5.1.3 办公设备维修服务站点维修报表的制作方法
	5.2 问题分析与研究	5.2.1 能根据问题升级机制的相关规定，使用专业语言上报本站点维修服务中遇到的非常规问题 5.2.2 能在办公设备维修工二级/技师指导下搭建技术测试与数据收集环境，并实施技术测试与数据收集等维修服务方案的研究辅助工作	5.2.1 办公设备维修服务问题升级报告的编制规范 5.2.2 搭建办公设备维修服务技术测试和数据收集环境的常用方法

3.4 二级/技师

职业功能	工作内容	技能要求	相关知识要求
1. 修理与维护	1.1 办公设备的安装	1.1.1 能根据技术资料、用户需求描述和用户现场情况制订生产型办公设备的安装方案和施工计划 1.1.2 能对用户使用场所的基础设施建设、强弱电综合布线团队提出明确的生产型办公设备的安装需求，并在施工完成后验收 1.1.3 能指导三级/高级工团队安装生产型办公设备并调校	1.1.1 生产型办公设备初始安装方案和施工计划的制订方法 1.1.2 生产型办公设备安装及使用环境要求 1.1.3 生产型办公设备安装人员安排及流程设计技巧
	1.2 办公设备的维护和保养	1.2.1 能根据生产型办公设备用户维护保养计划做准备工作 1.2.2 能根据技术资料要求使用毛刷、清洁布、清洁剂等对生产型办公设备或辅助设备部件进行除尘清洁 1.2.3 能进入生产型办公设备及其特殊功能辅助设备的维护模式或利用专用软件查看废墨粉收集器、废墨水收集器、转印组件、送纸张器具、灯泡等消耗型配件的健康状态和寿命，并根据规定进行更换或清理后重新安装 1.2.4 能在维护模式或利用专用软件并结合观察专用打印校准测试页状态，调整生产型办公设备及其特殊功能辅助设备打印位置偏移值、色彩管理参数、纸张位置偏移值等参数 1.2.5 能检查生产型办公设备及其特殊功能辅助设备的打印头、运行单元、纸张输送通道、驱动齿轮组、各滚轴等机械运动部件的运行状态，并按规范清洁及涂抹适当的硅脂或润滑剂 1.2.6 能按技术规范通过调整齿轮组解决因皮带老化或齿轮磨损引起的生产型办公设备及其特殊功能辅助设备异响和输出不佳问题	1.2.1 生产型办公设备及其特殊功能辅助设备日常维护和保养方法 1.2.2 生产型办公设备及其特殊功能辅助设备定期维护和保养方法及规范 1.2.3 生产型办公设备及其特殊功能辅助设备因皮带老化或齿轮磨损引起的异响或输出不佳的判断标准和解决方法

续表

职业功能	工作内容	技能要求	相关知识要求
1. 修理与维护	1.3 故障定位	1.3.1 能按维修资料或官方拆装图进行配件及组件级拆解和组装生产型办公设备及特殊功能辅助设备 1.3.2 能使用配件替换法排查并确定生产型办公设备及特殊功能辅助设备的故障配件或组件，如打印头或墨水盒的支撑及运输单元、废墨/废粉收集单元、输纸系统组件、成像组件、转印组件、激光扫描单元、电动机、主板、高压电路板、电动机和光源驱动板、网卡、主齿轮驱动组件等 1.3.3 能根据办公设备厂商技术资料使用万用表、示波器、逻辑分析仪等检查办公设备内的电子线路板等电子电器部件及其元器件的状态，并判断其是否有故障 1.3.4 能根据批量配件或组件初检流程技术资料，在办公设备元器件级维修翻新工厂组织团队批量检测回收的故障办公设备配件或组件	1.3.1 生产型办公设备及特殊功能辅助设备配件及组件级拆解及组装方法 1.3.2 配件替换法在判断生产型办公设备及特殊功能辅助设备故障原因中的应用技巧 1.3.3 办公设备电子电器部件技术手册及电路原理图查阅方法 1.3.4 回收办公设备故障部件批量检测流程及实施规范
	1.4 故障修复	1.4.1 能根据生产型办公设备及特殊功能辅助设备的故障定位信息申领备件和附件 1.4.2 能在用户现场使用配件替换法排除生产型办公设备及特殊功能辅助设备的故障，并完成相应的调整和校准 1.4.3 能根据厂商技术资料和故障定位检测结果，使用电烙铁、热风枪、吸锡器、锡炉、BGA 翻修台工具替换电子线路板等电子电器部件上的电子元器件 1.4.4 能根据批量配件或组件修复流程技术资料，在办公设备元器件级维修翻新工厂组织团队批量修复回收的故障办公设备配件和组件	1.4.1 生产型办公设备及特殊功能辅助设备配件替换法操作流程及规范 1.4.2 生产型办公设备及特殊功能辅助设备维修维护模式的使用方法 1.4.3 零器件更换法修复和翻新办公设备电子电器部件的操作方法 1.4.4 回收办公设备故障部件批量修复及翻新流程与实施规范

续表

职业功能	工作内容	技能要求	相关知识要求
1.修理与维护	1.5 测试与验机	1.5.1 能根据技术资料领导团队搭建商用型办公设备及其备件、生产型办公设备及其备件的烤机环境并进行测试 1.5.2 能根据批量配件、组件终检（好备件入库）流程的技术资料，在元器件级维修翻新工厂组织团队对修复翻新后批量办公设备的配件或组件进行入库前终检	1.5.1 搭建商用型办公设备及其备件、生产型办公设备及备件烤机环境及测试方法 1.5.2 回收办公设备故障部件批量终检（好备件入库）流程及实施规范
2.物料及文件管理	2.1 工具管理	2.1.1 能按办公设备维修服务相关规定指导和验收元器件级维修工厂的安防、消防、防静电器具、存储、转运等设备设施的安装与布置 2.1.2 能按办公设备维修服务站点相关规定和规范，监管维修服务网络各级站点内服务设备设施、维修用仪器仪表、个人维修工具的使用和保管状态	2.1.1 元器件级维修工厂设备设施的安装和布置规范 2.1.2 办公设备维修服务网络维修设备及工具分级配备标准及管理规范
	2.2 备件管理	2.2.1 能根据规定、办公设备产品技术资料、历史数据制定或修订全维修服务网络中各级站点的备机、备件的采购和库存标准并监督执行 2.2.2 能按规定和流程对突发备件短缺或批量质量问题进行升级，并负责按照上级指示在维修服务网络实施应急方案	2.2.1 办公设备维修服务网络各级站点备机及备件采购和库存标准及操作规范 2.2.2 突发备件短缺或批量质量问题升级流程 2.2.3 办公设备维修服务突发事件应急处置方案实施办法

续表

职业功能	工作内容	技能要求	相关知识要求
2. 物料及文件管理	2.3 文件资料管理	2.3.1 能按规定制定或修订全维修服务网络中各级站点的纸质技术资料、维修服务宣传材料及各类单据的摆放、存储和保管的标准并监督执行 2.3.2 能按规定监管维修服务网络内各服务站点工作人员使用技术资料和文件的合规性 2.3.3 能按规定监管维修服务网络内各服务站点工作人员保存和查看维修服务及用户数据的合规性 2.3.4 能按规定给维修服务网络内各服务站点上传或更新办公设备维修服务电子资料	2.3.1 办公设备维修服务网络各级站点纸质技术资料、维修服务宣传材料及各类单据的管理办法 2.3.2 办公设备维修服务站点三级/高级工技术资料和文件使用权限规定 2.3.3 办公设备维修服务站点三级/高级工使用专用维修服务系统权限的规定 2.3.4 在线更新、分发办公设备维修服务电子资料操作流程和规范
3. 维修体系管理	3.1 维修服务网络建设和管理	3.1.1 能根据办公设备维修服务网络管理政策，发展和认定各级维修服务站点 3.1.2 能根据市场情况制订办公设备维修服务站点拓展计划 3.1.3 能按规定审批维修服务站点的建设或改造方案 3.1.4 能对整个维修服务网络的专用维修服务系统账户与权限进行管理，并监管在线维修服务系统的部署和应用	3.1.1 各级办公设备维修服务站点认定标准及管理规定 3.1.2 办公设备维修服务网络拓展计划的制订方法 3.1.3 各级维修服务站点建设和改造后的验收标准和实施规范 3.1.4 办公设备专用维修服务系统的全服务网络体系部署管理方法和实施方案
	3.2 培训与指导	3.2.1 能对五级/初级工、四级/中级工、三级/高级工进行办公设备维修服务技能及政策培训 3.2.2 能按规定部署在线培训资料，并对五级/初级工、四级/中级工、三级/高级工的线上自学进行监管和指导 3.2.3 能指导三级/高级工对办公设备的加热组件、转印皮带、输纸组件带等机械部件开展元器件级维修	3.2.1 办公设备维修服务技能及政策培训方法和技巧 3.2.2 办公设备常用机械部件元器件级维修的指导方法

续表

职业功能	工作内容	技能要求	相关知识要求
4.数据分析与研究	4.1 数据收集	4.1.1 能根据规定指导下属员工定期收集办公设备维修服务网络的维修服务单、零配件和耗材的领用与回收单据，并分类整理 4.1.2 能根据规定使用专用维修服务系统和移动 App 对维修服务网络的电子维修服务单、零配件和耗材的领用与回收单据等进行在线审批、查验、核实 4.1.3 能根据规定获取和制作维修服务网络的维修报表	4.1.1 办公设备维修服务网络维修服务各类单据收集制度规定 4.1.2 办公设备专用维修系统和移动 App 在线管理各类单据的操作方法 4.1.3 办公设备维修服务网络报表制度及获取维修、制作方法
	4.2 问题分析与研究	4.2.1 能按相关技术文件及一级/高级技师等上级的指令，指导维修站点搭建新产品、新配件、新维修维护方案的测试环境 4.2.2 能按新产品、新配件、新维修维护方案的测试方案独自或带领团队完成测试，并按规定收集测试数据，制作及上报测试报告 4.2.3 能针对商用或生产型办公设备用户的特殊输出需求，参考相关技术资料，在一级/高级技师指导下搭建模拟测试环境并执行测试任务。特殊输出需求一般包括：用户自开发应用程序的打印或显示、与用户自己开发的专业硬件配合的打印或显示、复杂网络环境下的打印、特殊效果的打印、特殊介质（如胶片、背胶纸等）的打印、特殊亮度下的显示、不规则物品的复印和扫描等	4.2.1 办公设备新产品、新配件、新维修维护方案的测试环境搭建方法与常见案例 4.2.2 办公设备新产品、新配件、新维修维护方案数据及结果收集与报告制作方法 4.2.3 办公设备专业客户特殊输出需求常见案例分析与模拟测试方案实施技巧

3.5 一级/高级技师

职业功能	工作内容	技能要求	相关知识要求
1. 修理与维护	1.1 办公设备的维护和保养	1.1.1 能根据设备厂商的官方技术资料以及相关服务信息,制定商用和生产型办公设备维护和保养方案 1.1.2 能对在非常规条件下(使用环境欠佳、用途特殊等)使用的商用及生产型办公设备,制定对应的个性化维护和保养方案,并指导三级/高级工或二级/技师实施	1.1.1 商用和生产型办公设备维护保养方案制定方法 1.1.2 商用和生产型办公设备使用案例分析及个性化维护和保养方案制定技巧
	1.2 故障定位	1.2.1 能在办公设备厂商的支持下,针对缺乏技术资料的故障现象使用旋具、万用表、示波器、逻辑分析仪等检查办公设备内各配件和组件状态,确定故障部件并编制故障定位流程和方法 1.2.2 能在办公设备厂商配合下制定批量故障配件或组件初检操作流程,并指导二级/技师在办公设备元器件级维修翻新工厂组织团队实施 1.2.3 能针对用户对商用和生产型办公设备色彩输出表现不满意的服务请求,根据厂商现有技术资料判别是设备硬件问题还是专业系统软件调整问题	1.2.1 办公设备疑难故障案例分析与维修技巧 1.2.2 办公设备回收故障部件批量检测流程及实施方案的制定方法 1.2.3 判别商用和生产型办公设备色彩输出问题方法
	1.3 故障修复	1.3.1 能针对印刷出版行业、文印店、影楼等商用和生产型办公设备使用Fiery专业色彩管理服务器或厂商专用色彩输出管理系统进行调整,以满足用户的输出效果需求 1.3.2 能在办公设备厂商的支持下针对缺乏技术资料的故障现象,更换故障部件并编制修复方法和流程 1.3.3 能在办公设备厂商配合下制定批量故障配件或组件修复和翻新操作方法和流程,并指导二级/技师在办公设备元器件级维修翻新工厂组织团队实施	1.3.1 Fiery专业色彩管理服务器或厂商专用色彩输出管理系统操作方法 1.3.2 生产型办公设备专业用户常见输出需求及应对方案 1.3.3 回收办公设备故障部件批量修复和翻新流程及实施方案的制定方法

续表

职业功能	工作内容	技能要求	相关知识要求
1.修理与维护	1.4 测试与验机	1.4.1 能制定针对办公设备及相关附件辅助设备配件、组件、元器件的烤机方案并指导低级别工程师实施 1.4.2 能制定办公设备好备件质量标准和入库前终检方案，并指导二级/技师在办公设备元器件级维修翻新工厂组织终检及质量控制团队实施 1.4.3 能配合科研、国防、大型金融机构等用户进行自研设备及软件等特殊环境下办公设备应用的功能测试	1.4.1 办公设备及相关附件辅助设备配件、组件、元器件的烤机方案制定方法 1.4.2 办公设备好备件质量标准和入库前终检方案的制定方法 1.4.3 特殊环境下办公设备应用的功能测试特点及实施方案的制定方法
2.物料及文件管理	2.1 工具管理	2.1.1 能制定或修订办公设备维修服务各级站点及元器件级维修翻新工厂的安防、消防、防静电器具、存储、转运等设备设施的配备、安装与布置标准和相关规范 2.1.2 能根据技术资料，制定办公设备维修服务场所及维修服务人员工具的配备、采买、申领、使用、保管、保养、报废的操作流程及实施规范 2.1.3 能参与办公设备维修服务工具管理系统的开发和升级	2.1.1 办公设备维修服务各级站点及元器件级维修翻新工厂基础设备设施的配备、安装与布置标准和相关规范的编制方法 2.1.2 办公设备维修服务各级站点及元器件级维修翻新工厂维修服务仪器仪表及工具管理办法的制定方法 2.1.3 办公设备维修服务工具管理系统开发及升级业务需求手册的编制方法
	2.2 备件管理	2.2.1 能制定或修订办公设备维修服务各级站点及元器件级维修翻新工厂备件的采买、申领、使用及库存等管理制度 2.2.2 能制定或修订办公设备维修服务各级站点及元器件级维修翻新工厂的故障备件回收、环保处置、废弃及存储等管理制度 2.2.3 能参与开发和升级办公设备备件管理系统或移动端 App	2.2.1 办公设备维修服务各级站点及元器件级维修翻新工厂备件的采买、申领、使用及库存等管理制度的制定方法 2.2.2 办公设备维修服务各级站点及元器件级维修翻新工厂的故障备件回收、环保处置、废弃及存储等管理制度的制定方法 2.2.3 办公设备备件管理系统或移动端 App 开发及升级业务需求手册的编制方法

续表

职业功能	工作内容	技能要求	相关知识要求
2. 物料及文件管理	2.3 文件资料管理	2.3.1 能制定和修订办公设备维修服务制度文件、保修政策、收费标准、维修技术文件 2.3.2 能制定和修订办公设备各类维修服务单及使用规范 2.3.3 能制定和修订办公设备维修服务电子资料、单据、数据的上传、存储、更新、查阅和下载规范 2.3.4 能参与开发和升级办公设备维修服务单流程、数据资料在线管理系统及相应的移动端App	2.3.1 办公设备维修服务制度文件、保修政策、收费标准、维修技术文件的制定方法 2.3.2 办公设备维修服务单及使用规范的制定方法 2.3.3 办公设备维修服务电子资料、单据、数据使用规范的制定方法 2.3.4 办公设备维修服务单流程、数据资料在线管理系统及相应的移动端App开发及升级业务需求手册的编制方法
3. 维修体系管理	3.1 维修服务网络建设和管理	3.1.1 能制定和修订办公设备维修服务站点的设立及分级认定标准、维修服务网络的拓展策略并指导二级/技师实施 3.1.2 能制定和修订办公设备维修服务网络和站点的业绩考核、客户满意度及成本控制等制度及运营指标并指导二级/技师或维修站点负责人实施 3.1.3 能参与开发和升级办公设备维修服务网络、站点在线管理系统及移动端App	3.1.1 办公设备维修服务站点设立及分级认定标准、维修服务网络的拓展策略的制定方法 3.1.2 办公设备维修服务网络和站点的业绩考核、客户满意度及成本控制等制度及运营指标的制定方法 3.1.3 办公设备维修服务网络及站点在线管理系统及相应的移动端App开发及升级业务需求手册的编制方法
	3.2 培训与指导	3.2.1 能制定办公设备维修服务政策、操作规范、运作流程的培训资料 3.2.2 能制作办公设备维修技术服务培训资料 3.2.3 能制定办公设备维修技术服务教学与实训场所的设立规范 3.2.4 能建立办公设备维修技术服务线上和线下培训、指导机制并制订计划 3.2.5 能参与办公设备维修技术服务在线培训学习系统或专用App的开发和推广	3.2.1 办公设备维修服务政策、操作规范、运作流程的培训资料的制定方法 3.2.2 办公设备维修技术服务培训资料的制作方法 3.2.3 办公设备维修技术服务教学与实训场所规范的制定方法 3.2.4 线上和线下结合的培训、指导技术发展及应用 3.2.5 办公设备维修服务技术服务在线培训学习系统及相应移动端App开发业务需求手册的编制方法

续表

职业功能	工作内容	技能要求	相关知识要求
4. 数据分析与研究	4.1 数据收集	4.1.1 能设计、制作和修订各类维修服务统计、质量控制、成本与收益等报表 4.1.2 能制定并指导二级/技师、三级/高级工和维修站点负责人建立各类报表的收集机制 4.1.3 能制定人工电话与大数据技术相结合的维修服务数据收集和分析制度和实施方案	4.1.1 技术服务类报表的设计和制作方法 4.1.2 报表收集机制的制定和实施方法 4.1.3 人工电话与大数据技术相结合的数据收集和分析制度、实施方案的制定方法、技巧
	4.2 问题分析与研究	4.2.1 能制定和修订非常规办公设备维修服务问题的升级与应对制度文件 4.2.2 能对升级的办公设备维修服务问题制定测试方案并指导二级/技师、三级/高级工实施 4.2.3 能根据研究测试结果制定维修服务与用户应对方案 4.2.4 能通过办公设备维修服务体系提交的报表与数据进行分析，并针对发现的服务质量、产品质量问题制定改进措施 4.2.5 能通过分析办公设备维修报表与数据发现产品、零配件、耗材等质量问题，并向上级领导或厂商汇报 4.2.6 能通过分析办公设备维修报表与数据发现用户满意度及关切信息与问题，并向上级领导或厂商汇报 4.2.7 能通过分析办公设备维修报表与数据，改进成本控制方案和服务价格定价策略 4.2.8 能通过分析办公设备维修服务报表所发现的用户数据安全保障问题，修订用户数据安全保障策略 4.2.9 能根据相关法律法规的变化制定和修订耗材、电子废弃物等无法再利用的电子产品回收和处置机制和操作流程 4.2.10 能参与开发或升级办公设备专用维修服务管理系统和移动端App中的报表生成及数据分析模块	4.2.1 维修服务问题升级及应对的方法及实施流程制定技巧 4.2.2 升级问题测试方案的制定方法 4.2.3 根据研究测试结果制定维修服务与用户应对方案的方法 4.2.4 根据各类维修服务报表分析相关服务质量、产品质量问题的方法 4.2.5 产品、零配件、耗材等质量问题汇报流程和机制 4.2.6 用户满意度及关切信息问题汇报流程和机制 4.2.7 成本控制和服务定价机制改进的方法 4.2.8 修订用户数据安全保障策略的方法 4.2.9 故障或废旧整机、配件回收、再利用、废弃和环保处置政策和操作流程的制定方法

4. 权重表

4.1 理论知识权重表

项目		技能等级	五级/初级工（%）	四级/中级工（%）	三级/高级工（%）	二级/技师（%）	一级/高级技师（%）
基本要求	职业道德		5	5	5	5	5
	基础知识		25	20	10	5	5
相关知识要求	服务的受理与交付		30	20	5	—	—
	修理与维护		25	40	35	25	25
	物料及文件管理		15	15	35	10	10
	维修体系管理		—	—	5	25	25
	数据分析与研究		—	—	5	30	30
合计			100	100	100	100	100

4.2 技能要求权重表

项目		技能等级	五级/初级工（%）	四级/中级工（%）	三级/高级工（%）	二级/技师（%）	一级/高级技师（%）
技能要求	服务的受理与交付		40	30	5	—	—
	修理与维护		35	45	40	30	30
	物料及文件管理		25	25	40	10	10
	维修体系管理		—	—	10	30	30
	数据分析与研究		—	—	5	30	30
合计			100	100	100	100	100

5. 附录：相关术语解释

5.1 家用及小型办公设备

此类办公设备一般体积相对较小，单人可以移动及摆放，适合在家工作或小型企事业单人或 5 人以下共享办公使用。这类办公设备一般单台购买价格不高，操作难度也不大，一般用户可通过参考说明书自行安装或使用。正常使用的情况下，无须专业服务人员定期或不定期进行保养和维护，在必要时，用户可按照产品说明书或机器控制面板指示自行执行用户级维护操作。这类设备一般只适合低负荷、低速输出的工作需要。市面上的此类产品包括：小型桌面喷墨/激光打印机、小型桌面式一体机、便携式打印机、便携式投影机等。

5.2 商用型办公设备

此类办公设备虽然在运行原理上与同类家用及小型办公设备基本相同，但机体明显更大、更重，通常配有专用的支撑、悬挂、悬吊附件，因此搬运与运输需要2人以上执行。这类办公设备一般单台购买价格相对较高、功能较强大、部件更可靠，一般需要设备制造商授权的专业人士在客户现场提供安装服务。购买此类设备的用户一般为中、大型企事业单位，通过网络共享给全公司或一个较大区域的员工使用。在日常使用中，在正常的情况下，除了用户可按照产品说明书或机器控制面板指示自行执行用户级维护操作外，还需根据厂商产品技术资料由厂商授权的技术人员按一定规则对此类设备进行专业保养和维护。在现代电子信息技术和软件技术的支持下，这类设备一般可以满足高负荷、高质量及高速输出的日常工作需要。市面上的此类产品包括：商用多功能网络喷墨/激光一体机、可悬吊安装的中小会议或教室用投影机等。

5.3 生产型办公设备

此类办公设备虽然在运行原理上与同类家用及小型办公设备基本相同，但其往往不是一个单独主机在独立工作，而是与多个系统控制主机、供电系统设备及特殊功能辅助设备组成协同文印输出系统。用户把这类办公设备作为主要生产工具，并为他们的客户直接或间接提供服务以获取营业收入，例如：专业文印店、印刷出版行业、图书馆、影楼、银行、文化与影视活动举办服务企业、大型教育机构等。用户采购此类设备前，一般需要设备生产厂商派专业人士根据用户需求及生产场所情况制定产品采购及安装方案；客户购买后，还需由设备制造商授权的专业团队在客户现场提供安装调校服务。由于此类设备往往需要配备专业型的软件系统才能满足用户业务需要，因此设备安装时也会有第三方配套软硬件专业工作人员一起协同操作。此外，为保障用户利益不受损失，还应进行严格的专业保养和维护。市面上的此类产品包括：专业高速高质量多功能文印输出设备系统、高速扫描仪、特种形状或实物扫描仪系统、工程用投影机等。

5.4 耗材

耗材是指用户可以通过大众市场购买到、安装在办公设备内并在运行过程中逐渐消耗的材料。例如：激光打印机使用的硒鼓与碳粉盒、喷墨打印机使用的墨水盒与一体式墨盒、针式打印机的色带、投影机灯泡等。

5.5 备机与备件

"备"是指一种库存状态；备机是指为了维修服务测试使用的备用办公设备主机；备件是指储备在维修服务机构库房里的好附件、配件和组件、零件、元器件，并可在维修服务过程中及时被用于替换相同型号的故障件。

5.6 附件和附件替换法

附件是指本身一般不能独立工作、与办公设备主机配合使用实现办公设备主要功能的器具。用户购买办公设备后，附件一般也会放在包装箱内一同销售。安装新设备前可阅读装箱单和说明书来核对和安装附件。附件一般也可在大众市场上买到，一般包括：电源适配器、电源线、数据线、进出纸延伸托盘等。附件替换法是指通过用确认好的附件替换被维修机上的相同附件以此来确认故障部位或修复的方法。附件替换法一般不需要拆解再重装，也不需要维修级别的调整和设置办公设备主机，操作难度较低，普通用户也可以操作。

5.7 配件与组件

配件与组件是指办公设备主机、附件或特殊功能辅助设备各主要组成部分（件），在设备内，它们有自己的功能，但不能独立工作。每个配件与组件都由多个零件与元器件组成。在本标准中，配件包括电子线路和机械两类；组件是既有电子元件也有机械零件的机电一体化部件。例如，设备主控制板供电单元（电源板）、不含电动机的纸路通道等在本标准中被划为配件，激光打印机图像定影单元（加热组件）、投影机镜头组等被划为组件。当前，办公设备产品厂商提供维修服务时，为了确保维修效率和可靠性，一般只提供配件与组件的整件更换，即配件替换法，因此维修服务站点的库存备件基本以配件与组件为主。配件替换法需要专业维修工部分拆解设备进行更换和调试，故障修复后还需重新组装机器，此外还需在重装后进行整机的测试和调整。大多数办公设备品牌厂商都不提供在大众市场销售配件与组件的服务，只在认证维修服务站点按需使用。

5.8 零件与元器件

零件与元器件是办公设备产品的最小部件，一般是不可分割的。零件是机械结构件，例如，齿轮滚轴加热膜、墨盒支架等。元器件在本标准中是指电子类的零件，例如，电阻、电容、芯片、熔断器件等。损坏的零件与元器件是可以更换的，但需要较高的维修技术、严苛的质量管理体系以及高水准的维修环境和设备设施。部分主流办公设备品牌厂商从环保和利润节省的角度会对部分可修复高价值故障零件与元器件进行回收，并采取工厂式流程化的检测、维修、翻新、包装、库存的维修方式，在本标准中称为零器件更换法。

公共营养师国家职业技能标准

（2021 年版）

1. 职业概况

1.1 职业名称

公共营养师

1.2 职业编码

4-14-02-01

1.3 职业定义

从事人群或个人膳食和营养状况的评价与指导，传播营养、平衡膳食与食品安全知识，促进社会公共健康工作开展的人员。

1.4 职业技能等级

本职业共设四个等级，分别为：四级/中级工、三级/高级工、二级/技师、一级/高级技师。

1.5 职业环境条件

室内、外，常温。

1.6 职业能力特征

具备一定的学习理解能力、表达沟通能力、观察分析能力以及协调管理能力。

1.7 普通受教育程度

高中毕业（或同等学力）。

1.8 培训参考学时

四级/中级工 200 标准学时，三级/高级工 150 标准学时，二级/技师 150 标准学时，一级/高级技师 100 标准学时。

1.9 职业技能鉴定要求

1.9.1 申报条件

具备以下条件之一者,可申报四级/中级工:

(1) 取得相关职业①五级/初级工职业资格证书(技能等级证书)后,累计从事本职业或相关职业工作1年(含)以上,经本职业四级/中级工正规培训达到规定学时数,并取得结业证书。

(2) 取得相关职业五级/初级工职业资格证书(技能等级证书)后,累计从事本职业或相关职业工作4年(含)以上。

(3) 累计从事本职业或相关职业工作3年(含)以上,经本职业四级/中级工正规培训达到规定学时数,并取得结业证书。

(4) 累计从事本职业或相关职业工作6年(含)以上。

(5) 取得技工学校本专业或相关专业②毕业证书(含尚未取得毕业证书的在校应届毕业生);或取得经评估论证、以中级技能为培养目标的中等及以上职业学校本专业或相关专业毕业证书(含尚未取得毕业证书的在校应届毕业生)。

具备以下条件之一者,可申报三级/高级工:

(1) 取得本职业或相关职业四级/中级工职业资格证书(技能等级证书)后,累计从事本职业或相关职业工作2年(含)以上,经本职业三级/高级工正规培训达到规定学时数,并取得结业证书。

(2) 取得本职业或相关职业四级/中级工职业资格证书(技能等级证书)后,累计从事本职业或相关职业工作4年(含)以上。

(3) 取得本职业或相关职业四级/中级工职业资格证书(技能等级证书),并具有高级技工学校、技师学院毕业证书(含尚未取得毕业证书的在校应届毕业生);或取得本职业或相关职业四级/中级工职业资格证书(技能等级证书),并具有经评估论证、以高级技能为培养目标的高等职业学校本专业或相关专业毕业证书(含尚未取得毕业证书的在校应届毕业生)。

(4) 具有大专及以上本专业或相关专业毕业证书(含尚未取得毕业证书的在校应届毕业生)。

(5) 具有大专及以上非相关专业毕业证书,累计从事本职业或相关职业工作2年(含)以上。

(6) 具有大专及以上非相关专业毕业证书,经本职业三级/高级工正规培训达到规定学时数,并取得结业证书。

---

① 相关职业:食品工程技术人员、卫生专业技术人员、临床和口腔医师、中医医师、中西医结合医师、公共卫生与健康医师、医疗卫生技术人员、护理人员、乡村医生、其他卫生专业技术人员、餐饮服务人员、医疗辅助服务人员、健康咨询服务人员、公共卫生辅助服务人员、其他健康服务人员、生活照料服务人员、保健服务人员,下同。

② 本专业或相关专业:公共营养保健、食品营养与卫生、食品质量与安全、食品营养与检验教育、烹饪与营养教育、食品营养与健康等食品科学与工程类专业,基础医学、临床医学、护理学、预防医学、卫生事业管理、中医学、食品卫生与营养学、药学类等医药卫生类专业,下同。

具备以下条件之一者，可申报二级/技师：

（1）取得本职业或相关职业三级/高级工职业资格证书（技能等级证书）后，累计从事本职业或相关职业工作3年（含）以上，经本职业二级/技师正规培训达到规定学时数，并取得结业证书。

（2）取得本职业或相关职业三级/高级工职业资格证书（技能等级证书）后，累计从事本职业或相关职业工作4年（含）以上。

（3）取得本职业或相关职业三级/高级工职业资格证书（技能等级证书）的高级技工学校、技师学院、高等职业学校毕业生，累计从事本职业或相关职业工作3年（含）以上；或取得本职业或相关职业三级/高级工职业资格证书（技能等级证书）的本专业或相关专业大专及以上毕业生，累计从事本职业或相关职业工作1年（含）以上；或取得本职业或相关职业三级/高级工职业资格证书（技能等级证书）的非相关专业大专及以上毕业生，累计从事本职业或相关职业工作3年（含）以上。

具备以下条件者，可申报一级/高级技师：

取得本职业或相关职业二级/技师职业资格证书（技能等级证书）后，累计从事本职业或相关职业工作4年（含）以上；或取得本职业或相关职业二级/技师职业资格证书（技能等级证书）后，累计从事本职业或相关职业工作2年（含）以上，经本职业一级/高级技师正规培训达到规定学时数，并取得结业证书。

1.9.2 鉴定方式

分为理论知识考试、技能考核以及综合评审。理论知识考试以笔试、机考等方式为主，主要考核从业人员从事本职业应掌握的基本要求和相关知识要求；技能考核主要采用笔试、机考等方式和实践操作相结合方法，主要考核从业人员从事本职业应具备的技能水平；综合评审主要针对技师和高级技师，通常采取审阅申报材料、答辩等方式进行全面评议和审查。

理论知识考试、技能考核和综合评审均实行百分制，成绩皆达60分（含）以上者为合格。

1.9.3 监考人员、考评人员与考生配比

理论知识考试中的监考人员与考生配比不低于1∶15，且每个考场不少于2名监考人员；技能考核中的考评人员与考生配比根据考核方式确定，且考评人员为3人（含）以上单数；综合评审委员为3人（含）以上单数。

1.9.4 鉴定时间

理论知识考试时间不少于90 min，技能考核时间不少于60 min，综合评审时间不少于15 min。

1.9.5 鉴定场所设备

理论知识考试在标准教室或配备一定数量计算机设备的标准机房进行；技能考核在教室、实践场所或配备一定数量计算机设备的场地进行。

2. 基本要求

2.1 职业道德

2.1.1 职业道德基本知识

2.1.2 职业守则

(1) 遵纪守法,诚实守信,团结协作。
(2) 忠于职守,爱岗敬业,钻研业务。
(3) 认真负责,服务于民,平等待人。
(4) 科学求实,精益求精,开拓创新。

2.2 基础知识

2.2.1 医学基础知识

(1) 人体结构与生理功能。
(2) 食物的消化和吸收。

2.2.2 营养学基础知识

(1) 能量和宏量营养素。
(2) 矿物质。
(3) 维生素。
(4) 水和其他膳食成分。

2.2.3 各类人群营养知识

(1) 孕妇乳母生理特点及营养需要。
(2) 婴幼儿生长发育及营养需要。
(3) 儿童生长发育及营养需要。
(4) 老年人生理特点及营养需要。

2.2.4 食物营养与食品安全

(1) 各类食物营养特点。
(2) 食谱设计与膳食管理。
(3) 各类食品卫生要求。
(4) 食源性疾病及预防。
(5) 餐饮食品卫生管理。

2.2.5 公共营养基础理论和方法

(1) 营养调查与评价。

(2)《中国居民膳食指南》。
(3) 膳食营养素参考摄入量。
(4) 社区营养管理基础。

2.2.6 营养教育和健康促进

(1) 营养咨询和传播概论。
(2) 膳食相关疾病的预防。
(3) 营养干预和健康促进。

2.2.7 相关法律、法规及标准知识

(1) 食物营养相关法律法规。
(2) 餐饮服务操作相关安全管理要求。

3. 工作要求

本标准对四级/中级工、三级/高级工、二级/技师、一级/高级技师的技能要求和相关知识要求依次递进，高级别涵盖低级别的要求。

3.1 四级/中级工

职业功能	工作内容	技能要求	相关知识要求
1. 膳食调查和评价	1.1 食物摄入量调查	1.1.1 能对食物进行称量 1.1.2 能记录每种食物量和用餐人次 1.1.3 能计算每人每日食物摄入量	1.1.1 称重法基本要求和技术要点 1.1.2 称重法记录表填写方法 1.1.3 可食部和废弃率 1.1.4 生熟重量比
	1.2 营养素摄入量计算	1.2.1 能查阅食物成分表 1.2.2 能进行食物营养素含量计算 1.2.3 能计算每人每日膳食能量和营养素摄入量	1.2.1 食物成分表的基本内容和使用方法 1.2.2 膳食能量和营养素含量的计算方法
	1.3 膳食营养分析与评价	1.3.1 能根据《中国居民膳食指南》进行食物分类 1.3.2 能对膳食组成进行分析评价	1.3.1 食物分类和营养成分相关知识 1.3.2 平衡膳食的定义 1.3.3 《中国居民膳食指南》的应用

续表

职业功能	工作内容	技能要求	相关知识要求
2. 人体营养状况测定和评价	2.1 体格测量	2.1.1 能测量身高 2.1.2 能测量体重 2.1.3 能测量腰围 2.1.4 能测量上臂围和皮褶厚度	2.1.1 体格测量的常用指标 2.1.2 体格测量工具的选择与使用方法 2.1.3 体格测量方法和注意事项
	2.2 体格状况分析与评价	2.2.1 能计算标准体重和体重指数（BMI） 2.2.2 能判断成人消瘦、超重和肥胖	体格评价指标的意义和方法
	2.3 常见检测项目指标解读	2.3.1 能根据化验结果判断血红蛋白状况 2.3.2 能根据化验结果判断血脂状况 2.3.3 能根据化验结果判断血糖状况 2.3.4 能解读血压测量数据	2.3.1 血红蛋白与贫血相关知识 2.3.2 血脂相关知识 2.3.3 血糖相关知识 2.3.4 血压测量相关知识及家用仪器的使用方法
3. 膳食设计和评估	3.1 食物选购和评价	3.1.1 能合理选购和储存食物 3.1.2 能解读预包装食品标签主要内容 3.1.3 能解读营养标签 3.1.4 能合理选购预包装食品	3.1.1 食物特点和储存知识 3.1.2 预包装食品标签相关核心知识 3.1.3 食品营养标签相关核心知识
	3.2 食谱设计	3.2.1 能根据《中国居民膳食指南》设计健康成人一日食谱 3.2.2 能应用食物交换份法调整食谱	3.2.1 应用《中国居民膳食指南》进行食谱设计的原则和方法 3.2.2 食物交换份法的概念和内容
	3.3 膳食制作和指导	3.3.1 能选用合理方法烹调食物 3.3.2 能示范减盐、减油和减糖烹调	3.3.1 常见烹调方法对食物营养成分的影响 3.3.2 减盐、减油和减糖的烹调措施和技巧

续表

职业功能	工作内容	技能要求	相关知识要求
4.社区营养管理	4.1 营养与健康信息收集	4.1.1 能填写营养和健康信息表 4.1.2 能组织动员社区居民和人员登记 4.1.3 能使用相关工具录入信息	4.1.1 居民健康档案管理服务规范 4.1.2 访谈技巧 4.1.3 数据录入及管理软件使用方法
	4.2 营养干预	4.2.1 能计算人群营养缺乏病发病率和患病率 4.2.2 能制定或执行群众性身体运动方案 4.2.3 能组织社区健康活动	4.2.1 计量和计数资料概念 4.2.2 营养缺乏病发病率、患病率的概念及计算方法 4.2.3 运动类别和安全注意事项 4.2.4 特殊人群膳食指南

3.2 三级/高级工

职业功能	工作内容	技能要求	相关知识要求
1.膳食调查和评价	1.1 食物摄入量调查	1.1.1 能用 24 小时回顾法进行食物摄入量调查 1.1.2 能用记账法进行人群食物消耗量调查 1.1.3 能将食物分量和重量换算	1.1.1 24 小时回顾法基本要求和技术要点 1.1.2 记账法基本要求和技术要点 1.1.3 常见食物分量和生熟比 1.1.4 食物估量和消耗量记录要点 1.1.5 24 小时回顾法和记账法的优缺点
	1.2 营养素摄入量计算	1.2.1 能应用营养计算管理软件 1.2.2 能应用软件计算食物和营养素摄入量 1.2.3 能用 24 小时回顾法计算食物和营养素摄入量	1.2.1 食物成分数据库相关知识 1.2.2 营养计算管理软件应用技术和相关事项

续表

职业功能	工作内容	技能要求	相关知识要求
1. 膳食调查和评价	1.3 膳食营养分析与评价	1.3.1 能判断膳食能量和营养素是否满足需要 1.3.2 能对优质蛋白质的比例、三大产能营养素的供能比进行分析和评价 1.3.3 能对个人膳食进行评价并提出建议	1.3.1 成人和妇幼人群的膳食营养素参考摄入量（DRIs）应用要点 1.3.2 膳食能量和营养素评价要点
2. 人体营养状况测定和评价	2.1 体格测量	2.1.1 能测量婴幼儿身长或身高、体重、头围 2.1.2 能监测儿童的身高和体重 2.1.3 能绘制婴幼儿和儿童的生长发育曲线 2.1.4 能进行孕妇和乳母体格测量	2.1.1 婴幼儿和儿童体格监测的指标和意义 2.1.2 生长发育曲线的相关知识 2.1.3 孕妇和乳母体格测量指标及意义
	2.2 体格状况分析与评价	2.2.1 能判断婴幼儿和儿童的生长发育状况 2.2.2 能识别婴幼儿和儿童发育迟缓 2.2.3 能判断儿童、孕妇和乳母超重或肥胖	2.2.1 婴幼儿和儿童的生长发育标准 2.2.2 孕妇体格状况评价和孕期适宜增重标准
	2.3 常见检测项目指标解读	2.3.1 能识别蛋白质-能量营养不良 2.3.2 能判断维生素D、钙营养状况 2.3.3 能判断铁、锌营养状况	2.3.1 蛋白质-能量营养不良相关指标 2.3.2 维生素D和钙缺乏体征和评价 2.3.3 缺铁性贫血基本体征和评价 2.3.4 锌缺乏常见体征和评价
3. 膳食设计和评估	3.1 食物选购和评价	3.1.1 能解读食品原料和食品添加剂分类 3.1.2 能制作食品营养标签 3.1.3 能进行食物营养价值分析	3.1.1 食品添加剂的分类和用途 3.1.2 食品营养标识和声称相关知识 3.1.3 营养素密度评价方法

续表

职业功能	工作内容	技能要求	相关知识要求
3. 膳食设计和评估	3.2 食谱设计	3.2.1 能应用计算法编制食谱和评价食谱 3.2.2 能设计辅食和幼儿食谱 3.2.3 能设计团餐食谱	3.2.1 计算法食谱编制的原则和方法 3.2.2 幼儿膳食和烹调设计 3.2.3 团餐食谱设计和标识 3.2.4 配餐软件应用知识
	3.3 膳食制作和指导	3.3.1 能指导母乳喂养 3.3.2 能制作婴幼儿辅食 3.3.3 能制作月子餐	3.3.1 母乳喂养相关知识及技巧 3.3.2 辅食制作的方法 3.3.3 月子餐制作的关键点
4. 营养教育和咨询	4.1 营养教育	4.1.1 能采用讲座的方式开展营养教育 4.1.2 能组织小组活动开展营养教育 4.1.3 能进行营养知识的大众传播	4.1.1 营养教育的常见方法 4.1.2 小组活动的基本技巧 4.1.3 群体传播的要点
	4.2 营养咨询	4.2.1 能开展面对面的营养咨询 4.2.2 能进行随访调查咨询和评估 4.2.3 能对咨询对象进行个体指导和追踪	4.2.1 营养咨询的方法和步骤 4.2.2 咨询关系建立技术 4.2.3 参与性咨询技术 4.2.4 干预性咨询技术
5. 社区营养管理	5.1 营养与健康信息收集	5.1.1 能完成营养和健康档案 5.1.2 能进行数据的初步处理和分析	5.1.1 统计学基本知识 5.1.2 档案管理软件的使用方法
	5.2 营养干预	5.2.1 能参与社区营养干预的实施 5.2.2 能设计和实施身体活动和膳食结合干预方案 5.2.3 能估算运动量和运动强度	5.2.1 社区营养常用干预方法 5.2.2 运动项目和能量消耗

3.3 二级/技师

职业功能	工作内容	技能要求	相关知识要求
1. 膳食调查和评价	1.1 食物摄入量调查	1.1.1 能用食物频率法进行膳食调查 1.1.2 能开展群体膳食营养调查	1.1.1 食物频率法基本要求和技术要点 1.1.2 进行群体膳食营养调查的基本要求和技术要点
	1.2 营养素摄入量计算	1.2.1 能用频率法资料计算食物和营养素摄入量 1.2.2 能计算群体膳食营养素摄入量	1.2.1 定性资料分析相关知识 1.2.2 定量法数据特点和计算相关知识
	1.3 膳食营养分析与评价	1.3.1 能对群体的膳食能量和营养素摄入状况进行分析和评价 1.3.2 能撰写群体评价报告	1.3.1 群体膳食评价方法和用途 1.3.2 统计学相关知识
2. 人体营养状况测定和评价	2.1 体格测量	2.1.1 能应用体成分分析仪 2.1.2 能测量握力 2.1.3 能进行体格测量方法的校正和核准	2.1.1 体成分分析仪的使用方法及指标解读 2.1.2 测量误差控制知识
	2.2 体格状况分析与评价	2.2.1 能评估老年人营养不良风险 2.2.2 能对个体的运动能力进行评估	2.2.1 老年人营养不良相关知识 2.2.2 老年人营养不良风险评估方法 2.2.3 体适能相关知识
	2.3 常见检测项目指标解读	2.3.1 能判断营养相关血液指标是否正常 2.3.2 能判断常见营养相关尿液指标是否正常 2.3.3 能识别和评估老年人衰弱	2.3.1 营养相关血液指标的正常值及意义 2.3.2 常见营养相关尿液指标的正常值及意义 2.3.3 衰弱相关知识和评估方法
3. 膳食设计和评估	3.1 食物选购和评价	3.1.1 能评价和选购特殊类食品 3.1.2 能评价和选购膳食营养素补充剂	3.1.1 三大营养素的质量评价 3.1.2 保健食品、特殊膳食用食品等相关知识 3.1.3 膳食营养素补充剂相关知识

续表

职业功能	工作内容	技能要求	相关知识要求
3. 膳食设计和评估	3.2 食谱设计	3.2.1 能设计老年人一周食谱 3.2.2 能设计低能量、低脂肪、低血糖生成指数等调整膳食的食谱 3.2.3 能编制缓解便秘的一周膳食	3.2.1 老年人食谱设计中应注意的关键点 3.2.2 超重和肥胖干预方法和原则 3.2.3 "三高"人群的膳食指导 3.2.4 不同便秘原因和食疗方案
	3.3 膳食制作和指导	3.3.1 能制作老年餐 3.3.2 能制作高纤维膳食 3.3.3 能设计体重管理方案	3.3.1 高龄老人的饮食原则 3.3.2 膳食纤维、益生菌相关知识 3.3.3 体重管理相关知识
4. 营养教育和咨询	4.1 营养教育	4.1.1 能制作营养健康传播材料 4.1.2 能进行膳食营养科普讲演和健康动员	4.1.1 健康传播材料的制作和使用原则 4.1.2 讲演的基本要领
	4.2 营养咨询	4.2.1 能完成老年群体营养咨询和指导 4.2.2 能开展社区现场咨询和网络咨询	4.2.1 群体咨询方案制定和技巧 4.2.2 社区走访和咨询技巧 4.2.3 网络传播注意事项
5. 社区营养管理	5.1 营养与健康信息收集	5.1.1 能收集营养与健康相关突发和特殊事件的信息并上报 5.1.2 能进行健康相关危险因素初步分析 5.1.3 能建立营养与健康档案数据库	5.1.1 公共卫生突发事件相关知识 5.1.2 疾病-膳食-遗传-环境相关知识 5.1.3 档案管理软件的使用方法
	5.2 营养干预	5.2.1 能对营养干预项目的数据进行初步分析和评价 5.2.2 能组织干预项目的实施 5.2.3 能参与营养干预的过程评价和效果评价	5.2.1 社区健康促进 5.2.2 营养干预方案设计和实施要点

续表

职业功能	工作内容	技能要求	相关知识要求
6.培训与指导	6.1 培训	能培训四级/中级工、三级/高级工	教学法相关知识
	6.2 指导	能指导四级/中级工、三级/高级工进行业务学习	6.2.1 实习指导方法 6.2.2 案例教学法

3.4 一级/高级技师

职业功能	工作内容	技能要求	相关知识要求
1.膳食调查和评价	1.1 食物摄入量调查	1.1.1 能设计四种膳食调查方案 1.1.2 能进行膳食调查质量控制	1.1.1 四种膳食调查方案特点和选择 1.1.2 膳食调查质量控制的原则和方法
	1.2 营养素摄入量计算	能对长期多次营养监测数据进行分析比较	1.2.1 营养监测基本知识 1.2.2 统计分析相关知识
	1.3 膳食营养分析与评价	1.3.1 能对营养监测结果进行评价和建议 1.3.2 能进行营养监测调查总结和报告	1.3.1 膳食结构与健康相关知识 1.3.2 营养监测调查报告内容和格式要求
2.人体营养状况测定和评价	2.1 体格测量	能进行体格测量的质量控制	体格测量质量控制的基本内容和要点
	2.2 体格状况分析与评价	能根据膳食调查、体格测量、实验室检查结果进行综合分析评价	体格状况综合评价内容和方法
	2.3 常见检测项目指标解读	2.3.1 能识别肌肉衰减 2.3.2 能对进食能力进行评估	2.3.1 少肌症相关知识 2.3.2 进食问题评估与处理方法
3.膳食设计和评估	3.1 食物选购和评价	3.1.1 能选购和识别特殊膳食用食品 3.1.2 能制作食品营养标签 3.1.3 能对食物特征和稠度等级进行判断	3.1.1 特殊膳食用食品相关知识 3.1.2 食品营养标签制作相关知识 3.1.3 适用于成人吞咽障碍的食品框架分级

续表

职业功能	工作内容	技能要求	相关知识要求
3. 膳食设计和评估	3.2 食谱设计	3.2.1 能设计营养改善相关食谱 3.2.2 能设计特殊需求人员食谱	3.2.1 药食同源和新资源食品 3.2.2 高嘌呤、高胆固醇食物相关知识
	3.3 膳食制作和指导	3.3.1 能指导高尿酸人群的膳食 3.3.2 能对吞咽障碍者进行指导和制作饮食 3.3.3 能为肌肉衰减者进行指导	3.3.1 高尿酸者膳食干预措施 3.3.2 吞咽障碍者营养干预方案 3.3.3 食物质构相关知识 3.3.4 肌肉衰减者营养干预措施
4. 营养教育和咨询	4.1 营养教育	4.1.1 能参与策划和组织营养传播活动 4.1.2 能设计和审定营养教育方案	4.1.1 健康传播活动的组织和策划技巧 4.1.2 营养教育计划设计方法及效果评价
	4.2 营养咨询	4.2.1 能进行饮食行为评估和矫正 4.2.2 能对营养咨询效果进行评估	4.2.1 饮食行为相关知识 4.2.2 营养咨询效果评估方法
5. 社区营养管理	5.1 营养与健康信息收集	5.1.1 能根据预算确定目标人群和样本量 5.1.2 能制定营养与健康档案管理制度	5.1.1 抽样调查方法 5.1.2 档案管理和设计相关知识
	5.2 营养干预	5.2.1 能制定营养干预方案 5.2.2 能完成干预项目的总结报告和评估	5.2.1 营养干预方案制定要点 5.2.2 营养干预总结报告撰写要点
6. 培训与指导	6.1 培训	6.1.1 能编制公共营养师综合培训计划 6.1.2 能培训二级/技师 6.1.3 能编写培训讲义	6.1.1 综合培训计划的编制方法 6.1.2 培训讲义的编写方法
	6.2 指导	能对二级/技师进行业务指导	6.2.1 示教方法 6.2.2 教学管理的关键环节

4. 权重表

4.1 理论知识权重表

项目		技能等级	四级/中级工（%）	三级/高级工（%）	二级/技师（%）	一级/高级技师（%）
基本要求	职业道德		5	5	5	5
基本要求	基础知识		50	40	35	30
相关知识要求	膳食调查和评价		10	10	10	5
相关知识要求	人体营养状况测定和评价		10	15	15	15
相关知识要求	膳食设计和评估		20	15	10	10
相关知识要求	营养教育和咨询		—	10	10	10
相关知识要求	社区营养管理		5	5	10	15
相关知识要求	培训与指导		—	—	5	10
	合计		100	100	100	100

4.2 技能要求权重表

项目		技能等级	四级/中级工（%）	三级/高级工（%）	二级/技师（%）	一级/高级技师（%）
技能要求	膳食调查和评价		25	15	10	10
技能要求	人体营养状况测定和评价		25	20	20	10
技能要求	膳食设计和评估		40	35	35	30
技能要求	营养教育和咨询		—	20	20	20
技能要求	社区营养管理		10	10	10	20
技能要求	培训与指导		—	—	5	10
	合计		100	100	100	100

出生缺陷防控咨询师国家职业技能标准

（2021 年版）

1. 职业概况

1.1 职业名称

出生缺陷防控咨询师①

1.2 职业编码

4—14—02—04

1.3 职业定义

从事出生缺陷防控宣传、教育、咨询、指导，以及提供出生缺陷发生风险的循证信息、遗传咨询、解决方案建议、防控管理服务及康复咨询的人员。

1.4 职业技能等级

本职业共设五个等级，分别为：五级/初级工、四级/中级工、三级/高级工、二级/技师、一级/高级技师。

其中，一级/高级技师分为医学遗传、儿童发展、母胎医学三个方向。

1.5 职业环境条件

室内、常温、清洁、安静。

1.6 职业能力特征

语言表达和人际交往能力强，具有一定的学习、观察、分析、理解、判断、组织协调及管理的能力。

1.7 普通受教育程度

高中毕业（或同等学力）。

1.8 培训参考学时

五级/初级工、四级/中级工 240 标准学时，三级/高级工 320 标准学时，二级/技师 640

---

① 本职业一级/高级技师分为医学遗传、儿童发展、母胎医学三个方向。

标准学时，一级/高级技师 820 标准学时。

1.9 职业技能鉴定要求

1.9.1 申报条件

具备以下条件之一者，可申报五级/初级工：
（1）累计从事本职业或相关职业①工作 1 年（含）以上。
（2）本职业或相关职业学徒期满。

具备以下条件之一者，可申报四级/中级工：
（1）取得本职业或相关职业五级/初级工职业资格证书（技能等级证书）后，累计从事本职业或相关职业工作 4 年（含）以上。
（2）累计从事本职业或相关职业工作 6 年（含）以上。
（3）取得技工学校本专业或相关专业②毕业证书（含尚未取得毕业证书的在校应届毕业生）；或取得经评估论证、以中级技能为培养目标的中等及以上职业学校本专业或相关专业毕业证书（含尚未取得毕业证书的在校应届毕业生）。

具备以下条件之一者，可申报三级/高级工：
（1）取得本职业或相关职业四级/中级工职业资格证书（技能等级证书）后，累计从事本职业或相关职业工作 5 年（含）以上。
（2）取得本职业或相关职业四级/中级工职业资格证书（技能等级证书），并具有高级技工学校、技师学院毕业证书（含尚未取得毕业证书的在校应届毕业生）；或取得本职业或相关职业四级/中级工职业资格证书（技能等级证书），并具有经评估论证、以高级技能为培养目标的高等职业学校本专业或相关专业毕业证书（含尚未取得毕业证书的在校应届毕业生）。
（3）具有大专及以上本专业或相关专业毕业证书，并取得本职业或相关职业四级/中级工职业资格证书（技能等级证书）后，累计从事本职业或相关职业工作 2 年（含）以上。

具备以下条件之一者，可申报二级/技师：
（1）取得本职业或相关职业三级/高级工职业资格证书（技能等级证书）后，累计从事本职业或相关职业工作 4 年（含）以上。
（2）取得本职业或相关职业三级/高级工职业资格证书（技能等级证书）的高级技工学校、技师学院毕业生，累计从事本职业或相关职业工作 3 年（含）以上；或取得本职业或相关职业预备技师证书的技师学院毕业生，累计从事本职业或相关职业工作 2 年（含）以上。

具备以下条件者，可申报一级/高级技师：
取得本职业或相关职业二级/技师职业资格证书（技能等级证书）后，累计从事本职业或相关职业工作 4 年（含）以上。

---

① 相关职业：临床医师、中医医师、中西医结合医师、医疗卫生技术人员、护理人员、药学技术人员、公共卫生与健康医师、医疗临床辅助服务员、公共营养师、生殖健康咨询师、健康管理师、社会工作专业人员等，下同。

② 相关专业：基础医学、临床医学、公共卫生与预防医学、中医学、中西医结合、药学、中药学、医学技术、护理学、生物科学、心理学等，下同。

1.9.2 鉴定方式

分为理论知识考试、技能考核以及综合评审。理论知识考试以笔试、机考等方式为主，主要考核从业人员从事本职业应掌握的基本要求和相关知识要求；技能考核主要采用现场操作、模拟操作等方式进行，主要考核从业人员从事本职业应具备的技能水平；综合评审主要针对技师和高级技师，通常采取审阅申报材料、答辩等方式进行全面评议和审查。

理论知识考试、技能考核和综合评审均实行百分制，成绩皆达60分（含）以上者为合格。

1.9.3 监考人员、考评人员与考生配比

理论知识考试中的监考人员与考生配比不低于1∶15，且每个考场不少于2名监考人员；技能考核中的考评人员与考生配比不低于1∶5，且考评人员为3人（含）以上单数；综合评审委员为3人（含）以上单数。

1.9.4 鉴定时间

理论知识考试时间不少于90 min，技能考核时间不少于60 min，综合评审时间不少于30 min。

1.9.5 鉴定场所设备

理论知识考试在标准教室进行；技能考核应根据不同等级鉴定的需要，备有实操模型、摄像机、投影仪等，在通风条件良好、光线充足、安全措施完善的场所进行。

2. 基本要求

2.1 职业道德

2.1.1 职业道德基本知识

2.1.2 职业守则

（1）遵守国家法律、法规，执行国家政策。
（2）爱岗敬业，忠于职守。
（3）树立终身学习观念，钻研业务，增强技能，提高自身综合素质。
（4）尊重当地习俗，尊重文化多样性。
（5）与服务对象建立平等友好关系。
（6）尊重服务对象的隐私权，遵守医疗保密制度和其他相关伦理规范、法规。

2.2 基础知识

2.2.1 生命发育基础知识

（1）胎儿发育及分娩的知识。

(2) 新生儿发育的知识。

(3) 儿童发育的知识。

2.2.2 出生缺陷基础知识

(1) 出生缺陷的定义。

(2) 出生缺陷的影响因素。

(3) 出生缺陷的三级预防。

2.2.3 咨询服务基础知识

(1) 预防出生缺陷、优生指导等健康宣教的知识。

(2) 心理学的基本概念、评估原则，以及常见心理问题及咨询干预方法。

(3) 出生缺陷防控咨询服务记录规范、文书档案的安全保管与使用规范。

(4) 人际关系与咨询服务沟通技巧的知识。

(5) 医学信息学与智慧健康的知识。

(6) 社会救助信息的知识。

2.2.4 医学伦理学基础知识

医学伦理学遵循的基本原则。

2.2.5 医学遗传学基础知识

(1) 基本的遗传分子细胞知识。

(2) 遗传方式。

(3) 遗传病诊断基本技术。

2.2.6 相关法律、法规及行业规范知识

(1)《中华人民共和国劳动法》相关知识。

(2)《中华人民共和国母婴保健法》相关知识。

(3)《中华人民共和国人口与计划生育法》相关知识。

(4)《中华人民共和国母婴保健法实施办法》相关知识。

(5)《产前诊断技术管理办法》相关知识。

(6)《新生儿疾病筛查管理办法》相关知识。

(7)《人类辅助生殖技术管理办法》相关知识。

(8) 其他相关法律、法规及行业规范相关知识。

3. 工作要求

本标准对五级/初级工、四级/中级工、三级/高级工、二级/技师、一级/高级技师的技能要求和相关知识要求依次递进，高级别涵盖低级别的要求。

3.1 五级/初级工

职业功能	工作内容	技能要求	相关知识要求
1. 信息采集处理	1.1 信息采集	能采集和记录咨询者的相关信息，并建立档案	咨询者信息表填写、档案整理知识及方法
	1.2 信息处理	1.2.1 能将咨询者信息进行归类和汇总 1.2.2 能将咨询者信息进行归档和查询	1.2.1 信息归类方法 1.2.2 档案信息查询方法
2. 出生缺陷防控宣教	2.1 知识宣传	2.1.1 能介绍环境、营养、生活方式对出生缺陷的影响 2.1.2 能开展出生缺陷防治宣传活动	2.1.1 影响出生缺陷的因素 2.1.2 出生缺陷常见疾病概要
	2.2 科普教育	2.2.1 能介绍出生缺陷三级预防基础知识 2.2.2 能介绍相关惠民政策	2.2.1 出生缺陷三级预防基础知识 2.2.2 我国相关惠民政策内容
3. 出生缺陷防控咨询	3.1 优生咨询	3.1.1 能讲解孕/产前优生健康检查的意义和内容 3.1.2 能介绍孕/产前保健的常识 3.1.3 能介绍儿童健康发育的常识	3.1.1 孕/产前优生健康检查相关知识 3.1.2 孕/产前保健相关知识 3.1.3 儿童体格生长常用指标及测量方法
	3.2 再生育遗传咨询	3.2.1 能介绍常见出生缺陷疾病 3.2.2 能介绍出生缺陷常见病因 3.2.3 能收集不良孕产史 3.2.4 能介绍常见遗传疾病的遗传方式	3.2.1 常见出生缺陷疾病分类 3.2.2 出生缺陷常见病因 3.2.3 常见不良孕产史知识 3.2.4 遗传学基础知识
4. 出生缺陷防控评估	4.1 新生儿听力障碍防控评估	4.1.1 能解释新生儿听力障碍 4.1.2 能描述新生儿听力障碍主要表现 4.1.3 能提供新生儿听力障碍发现途径 4.1.4 能介绍新生儿听力筛查流程	4.1.1 新生儿听力障碍定义 4.1.2 新生儿听力障碍主要表现 4.1.3 新生儿听力筛查方法 4.1.4 新生儿听力筛查流程

续表

职业功能	工作内容	技能要求	相关知识要求
4. 出生缺陷防控评估	4.2 新生儿遗传代谢病防控评估	4.2.1 能解释国家要求新生儿筛查的遗传代谢病 4.2.2 能描述国家要求新生儿筛查的遗传代谢病常见临床表现 4.2.3 能介绍国家要求新生儿筛查的遗传代谢病常用筛查方法 4.2.4 能介绍新生儿遗传代谢病筛查流程	4.2.1 国家要求新生儿筛查的遗传代谢病定义 4.2.2 国家要求新生儿筛查的遗传代谢病常见临床表现 4.2.3 国家要求新生儿筛查的遗传代谢病常用筛查方法 4.2.4 新生儿遗传代谢病筛查流程
	4.3 结构异常防控评估	4.3.1 能介绍儿童行为及技能等方面的发育标准 4.3.2 能介绍常见出生缺陷结构异常类型 4.3.3 能介绍常见结构异常筛查流程	4.3.1 儿童生长发育标准 4.3.2 常见出生缺陷结构异常类型 4.3.3 常见结构异常筛查流程
	4.4 常见染色体病防控评估	4.4.1 能解释国家要求筛查的染色体病 4.4.2 能描述国家要求筛查的染色体病常见临床表现 4.4.3 能介绍国家要求筛查的染色体病筛查方法 4.4.4 能介绍产前筛查流程	4.4.1 国家要求筛查的染色体病定义 4.4.2 国家要求筛查的染色体病常见临床表现 4.4.3 国家要求筛查的染色体病常用筛查方法 4.4.4 常见产前筛查流程

3.2 四级/中级工

职业功能	工作内容	技能要求	相关知识要求
1. 信息采集处理	1.1 信息采集	1.1.1 能根据专科相关出生缺陷疾病特征设计信息调查表 1.1.2 能应用调查表收集信息	1.1.1 调查表制作与合理性评价 1.1.2 信息采集原则和方法
	1.2 信息管理与使用	能使用常用数据管理软件检索、查询和更新信息	1.2.1 信息整理和分类检索知识 1.2.2 数据处理和统计方法

续表

职业功能	工作内容	技能要求	相关知识要求
2. 出生缺陷防控宣教	2.1 常见出生缺陷危害宣教	2.1.1 能宣教儿童听力障碍的危害 2.1.2 能宣教新生儿遗传代谢病的危害 2.1.3 能宣教常见结构异常的危害 2.1.4 能宣教常见染色体病的危害	2.1.1 儿童听力障碍的危害 2.1.2 新生儿遗传代谢病的危害 2.1.3 常见结构异常的危害 2.1.4 常见染色体病的危害
	2.2 孕/产前筛查宣教	能宣教孕/产前筛查目的、意义和原则	孕/产前筛查目的、意义和原则
	2.3 新生儿疾病筛查宣教	能宣教新生儿疾病筛查目的、意义和原则	新生儿疾病筛查目的、意义和原则
3. 出生缺陷防控咨询	3.1 新生儿听力筛查	3.1.1 能介绍新生儿听力障碍防治流程 3.1.2 能提供新生儿听力障碍防治基本信息 3.1.3 能提供新生儿听力障碍干预及康复信息	3.1.1 新生儿听力障碍防治流程 3.1.2 新生儿听力障碍防治基本信息 3.1.3 新生儿听力障碍干预及康复信息
	3.2 新生儿遗传代谢病防控咨询	3.2.1 能介绍遗传代谢病防治流程 3.2.2 能提供遗传代谢病防治基本信息 3.2.3 能提供遗传代谢病干预及康复信息	3.2.1 遗传代谢病防治流程 3.2.2 遗传代谢病防治基本信息 3.2.3 遗传代谢病干预及康复信息
	3.3 结构异常防控咨询	3.3.1 能介绍胎儿/儿童常见结构异常防治流程 3.3.2 能提供胎儿/儿童常见结构异常防治基本信息 3.3.3 能提供胎儿/儿童常见结构异常干预及康复信息	3.3.1 胎儿/儿童常见结构异常防治流程 3.3.2 胎儿/儿童常见结构异常防治基本信息 3.3.3 胎儿/儿童常见结构异常干预及康复信息
	3.4 常见染色体病防控咨询	3.4.1 能介绍常见染色体病防治流程 3.4.2 能提供常见染色体病防治基本信息 3.4.3 能提供常见染色体病干预信息（包括辅助生殖技术胚胎植入前遗传学检测）	3.4.1 常见染色体病防治流程 3.4.2 常见染色体病防治基本信息 3.4.3 常见染色体病干预信息 3.4.4 辅助生殖政策法规

续表

职业功能	工作内容	技能要求	相关知识要求
4. 出生缺陷防控评估	4.1 新生儿听力筛查防控评估	4.1.1 能介绍新生儿听力筛查流程 4.1.2 能指导新生儿听力筛查随访	4.1.1 新生儿听力筛查流程 4.1.2 新生儿听力筛查随访知识
	4.2 新生儿遗传代谢病筛查防控评估	4.2.1 能介绍新生儿遗传代谢病筛查时间要求及原因 4.2.2 能指导常见新生儿遗传代谢病随访	4.2.1 新生儿遗传代谢病筛查时间要求及原因 4.2.2 常见新生儿遗传代谢病随访知识
	4.3 结构异常筛查防控评估	4.3.1 能介绍常见结构异常的危害 4.3.2 能介绍常见结构异常的筛查、干预、康复和随访	4.3.1 常见结构异常的危害 4.3.2 常见结构异常的筛查、干预、康复和随访相关知识
	4.4 常见染色体病产前筛查防控评估	4.4.1 能系统介绍常见染色体病产前筛查的方法和意义 4.4.2 能进行筛查后产后随访	4.4.1 常见染色体病产前筛查的方法和意义 4.4.2 常见染色体病筛查方法的敏感性和特异性 4.4.3 筛查后随访相关知识

3.3 三级/高级工

职业功能	工作内容	技能要求	相关知识要求
1. 信息采集处理	1.1 信息采集	1.1.1 能有针对性地采集咨询者家系和遗传病信息 1.1.2 能采集出生缺陷患儿相关病例信息、生化资料和遗传信息	1.1.1 各专科出生缺陷信息采集和评估知识 1.1.2 常见出生缺陷知识
	1.2 信息分析与使用	1.2.1 能分析和量化群体信息特点 1.2.2 能制定信息采集与数据库管理的质控要求 1.2.3 能进行数据库管理和评估	1.2.1 数据库设计与管理方法 1.2.2 流行病学与统计学知识

续表

职业功能	工作内容	技能要求	相关知识要求
2. 出生缺陷防控宣教	2.1 知识宣教	2.1.1 能指导制定科普教育方案 2.1.2 能进行科普教育方案效果评定	2.1.1 科普教育方案制定原则和方法 2.1.2 科普教育项目管理方法
	2.2 孕/产前筛查与诊断宣教	2.2.1 能组织宣教孕/产前常见和严重影响出生缺陷的因素及防治原则 2.2.2 能介绍孕/产前优生健康检查理论、方法及新进展 2.2.3 能介绍孕/产期保健相关知识 2.2.4 能介绍孕/产前筛查策略、诊断技术选择及新进展	2.2.1 孕/产前常见和严重影响出生缺陷的因素及防治原则 2.2.2 孕/产前优生健康检查理论、方法及新进展 2.2.3 孕/产期保健相关知识 2.2.4 孕/产前筛查策略、产前诊断技术选择及新进展
	2.3 新生儿疾病筛查宣教	2.3.1 能介绍新生儿遗传代谢病筛查目的、流程和解读结果 2.3.2 能介绍新生儿听力筛查目的、流程和解读结果	2.3.1 新生儿遗传代谢病筛查目的、流程和结果解读方法 2.3.2 新生儿听力筛查目的、流程和结果解读方法
	2.4 常见遗传病防控宣教	2.4.1 能介绍常见遗传病病因和干预措施 2.4.2 能介绍常见遗传病防治流程	2.4.1 常见遗传病分类和干预措施 2.4.2 常见遗传病防治流程
	2.5 结构异常防控宣教	能介绍结构异常防治、诊疗原则	结构异常防治、诊疗原则
3. 出生缺陷防控咨询	3.1 新生儿疾病筛查咨询	3.1.1 能介绍新生儿遗传代谢病、听力障碍防治流程 3.1.2 能提供新生儿遗传代谢病、听力障碍防治基本信息 3.1.3 能提供新生儿遗传代谢病、听力障碍康复及干预信息	3.1.1 新生儿遗传代谢病、听力障碍防治流程 3.1.2 新生儿遗传代谢病、听力障碍防治基本信息 3.1.3 新生儿遗传代谢病、听力障碍康复及干预信息
	3.2 结构异常防控咨询	3.2.1 能介绍胎儿/儿童常见结构异常防治流程 3.2.2 能提供胎儿/儿童常见结构异常防治基本信息 3.2.3 能提供胎儿/儿童常见结构异常干预和康复信息	3.2.1 胎儿/儿童常见结构异常防治流程 3.2.2 胎儿/儿童常见结构异常防治基本信息 3.2.3 胎儿/儿童常见结构异常干预和康复信息

续表

职业功能	工作内容	技能要求	相关知识要求
3. 出生缺陷防控咨询	3.3 常见染色体病防控咨询	3.3.1 能介绍常见染色体病防治流程 3.3.2 能提供常见染色体病防治基本信息 3.3.3 能提供常见染色体病干预信息（包括辅助生殖技术胚胎植入前遗传学检测）	3.3.1 常见染色体病防治流程 3.3.2 常见染色体病防治基本信息 3.3.3 常见染色体病干预信息 3.3.4 常见染色体病辅助生殖一般流程
4. 出生缺陷防控评估	4.1 风险评估	4.1.1 能结合家族史进行遗传风险评估和指导 4.1.2 能对染色体核型、拷贝数变异和基因变异检测报告进行临床意义解读 4.1.3 能对常见环境危险因素进行风险评估和指导	4.1.1 家族再发风险评估和指导方法 4.1.2 染色体核型、拷贝数变异和基因变异检测报告临床意义解读原则 4.1.3 常见环境危险因素风险评估和指导
	4.2 随访	4.2.1 能根据出生缺陷疾病筛查随访方案完成随访 4.2.2 能根据出生缺陷疾病诊断随访方案完成随访 4.2.3 能根据出生缺陷救助方案完成效果评估	4.2.1 不同出生缺陷疾病筛查随访方式及方法、内容及时间、记录要求 4.2.2 不同出生缺陷疾病诊断随访方式及方法、内容及时间、记录要求 4.2.3 出生缺陷救助机构、救助政策和评估救助效果

3.4 二级/技师

职业功能	工作内容	技能要求	相关知识要求
1. 出生缺陷防控宣教	1.1 知识宣传	1.1.1 能指导制定群体科普教育方案 1.1.2 能制定科普教育方案效果评定原则 1.1.3 能评估科普教育方案，并提出改进意见	1.1.1 科普教育方案制定原则和方法 1.1.2 科普教育项目管理方法

续表

职业功能	工作内容	技能要求	相关知识要求
1. 出生缺陷防控宣教	1.2 孕/产前筛查与诊断宣教	1.2.1 能指导制定关于孕/产前常见和严重影响出生缺陷的因素及防治原则相关的科普教育方案 1.2.2 能指导制定关于孕/产前优生健康检查理论、方法及新进展的科普教育方案 1.2.3 能指导制定关于孕/产期保健相关知识的科普教育方案 1.2.4 能指导制定关于孕/产前筛查策略、诊断技术选择及新进展的科普教育方案	1.2.1 孕/产前常见和严重影响出生缺陷的因素及防治原则 1.2.2 孕/产前优生健康检查理论、方法及新进展 1.2.3 孕/产期保健相关知识 1.2.4 孕/产前筛查策略、产前诊断技术选择及新进展
	1.3 新生儿疾病筛查宣教	1.3.1 能解读新生儿疾病筛查管理办法,并介绍新生儿疾病筛查技术规范要点 1.3.2 能介绍新生儿遗传代谢病与听力障碍筛查的意义、目的及防治流程 1.3.3 能提供新生儿遗传代谢病与听力筛查方式、防治基本信息 1.3.4 能提供新生儿遗传代谢病与听力障碍诊断方法及渠道、康复及干预信息	1.3.1 新生儿疾病管理办法及技术规范 1.3.2 新生儿遗传代谢病与听力筛查的意义、目的及防治流程 1.3.3 常用的新生儿遗传代谢病与听力筛查的技术手段、防治基本信息 1.3.4 新生儿遗传代谢病与听力障碍诊断方法及渠道、康复及干预信息
	1.4 常见遗传病防控宣教	1.4.1 能介绍各种类型常见遗传病病因和干预措施 1.4.2 能介绍各种常见遗传病防治流程	1.4.1 各种常见遗传病发病机制及干预措施 1.4.2 各种常见遗传病防治流程
	1.5 结构异常防控宣教	1.5.1 能宣教常见结构异常的类型及临床特点 1.5.2 能讲解常见多发结构异常的诊断标准 1.5.3 能讲解疑难结构异常的干预策略及技术 1.5.4 能宣教结构异常患者生活质量评估与康复指导原则及要点 1.5.5 能阐述常见结构异常诊断及干预进展	1.5.1 常见结构异常分型、临床特点及诊断方法 1.5.2 常见结构异常干预措施 1.5.3 结构异常的诊疗进展 1.5.4 结构异常患者生活质量评估与康复指导方法 1.5.5 结构异常的遗传分析与优生指导原则

续表

职业功能	工作内容	技能要求	相关知识要求
2. 出生缺陷防控咨询	2.1 孕/产前筛查与诊断咨询	2.1.1 能完成孕/产前咨询 2.1.2 能综合运用出生缺陷防控知识对存在复杂情况的个体进行孕/产前咨询 2.1.3 能根据环境（包括药物和感染等）、营养、生活方式等方面特征提供参考建议 2.1.4 能介绍各种产前诊断技术的区别、应用策略 2.1.5 能介绍产前筛查与产前诊断领域的新技术、新知识 2.1.6 能介绍辅助生殖技术胚胎植入前遗传学检测基本方法	2.1.1 孕/产前常见和严重影响出生缺陷的因素及防治原则 2.1.2 孕/产前优生健康检查理论、方法及新进展 2.1.3 出生缺陷综合预防策略和人群优生干预指南 2.1.4 产前筛查策略及新进展 2.1.5 产前诊断技术选择应用策略及新进展 2.1.6 辅助生殖技术胚胎植入前遗传学检测主要方法的优缺点和适应症
	2.2 新生儿疾病筛查咨询	2.2.1 能对新生儿遗传代谢病筛查的高风险人群提供有关疾病原因、诊断、预防或预后等方面的信息 2.2.2 能运用新生儿听力筛查诊治知识对高风险人群提供综合咨询	2.2.1 新生儿遗传代谢病筛查的目的、流程、结果解读及随访知识 2.2.2 新生儿听力筛查的目的、流程、结果解读及随访知识 2.2.3 高风险人群指导原则、方法和要点 2.2.4 高风险人群生育干预措施
	2.3 相关专业常见遗传病防控咨询	2.3.1 能进行相关专业常见遗传病综合咨询 2.3.2 能综合运用出生缺陷防治知识对相关专业常见遗传病存在复杂情况的个体进行咨询 2.3.3 能发现和指导相关专业常见遗传病咨询服务中的疑难个案 2.3.4 能为区域人群提供相关专业常见遗传病筛查与诊断流程与方案建议	2.3.1 相关专业常见遗传病相关知识 2.3.2 相关专业常见遗传病咨询要点、技巧及防治流程 2.3.3 相关专业常见遗传病干预措施及随访知识 2.3.4 相关专业常见遗传病诊断技术的区别、应用策略

续表

职业功能	工作内容	技能要求	相关知识要求
3. 出生缺陷防控评估	3.1 风险评估	3.1.1 能识别重要的或可优先改善的出生缺陷危险因素 3.1.2 能评估个体出生缺陷风险程度 3.1.3 能准确评估家系成员的患病风险 3.1.4 能通过风险评估对家系中有生育需求的成员进行咨询（包括辅助生殖技术胚胎植入前遗传学检测咨询）	3.1.1 常见出生缺陷危险因素知识 3.1.2 常用流行病学调查分析及统计知识 3.1.3 遗传病家系成员再发风险 3.1.4 产前诊断相关知识 3.1.5 辅助生殖技术胚胎植入前遗传学检测相关知识
	3.2 常见出生缺陷鉴别	3.2.1 能对常见出生缺陷类型及特点进行分析 3.2.2 能对染色体核型、拷贝数变异和基因变异的临床意义进行评估	3.2.1 常见出生缺陷疾病发病机制、临床表现及鉴别诊断知识 3.2.2 常见出生缺陷疾病处理原则及预后主要内容 3.2.3 特殊遗传病及遗传方式 3.2.4 染色体核型、拷贝数变异和基因变异的临床意义评估原则
4. 出生缺陷防控建议	4.1 信息分析与使用	4.1.1 能介绍各种检测方法的利弊和适用范围 4.1.2 能利用各种网站资源分析数据	4.1.1 各种检测方法的原理 4.1.2 各种网站资源数据的查询
	4.2 新生儿听力筛查	4.2.1 能根据听力筛查结果指导进一步处置 4.2.2 能介绍特殊类型听力障碍干预措施 4.2.3 能介绍人工耳蜗适应症	4.2.1 听力障碍的不同干预方法 4.2.2 人工耳蜗适应症
	4.3 新生儿遗传代谢病防控建议	4.3.1 能解读典型新生儿遗传代谢病筛查联合基因筛查和诊断结果 4.3.2 能分析判断常见分子生物学检测结果 4.3.3 能介绍典型遗传代谢病干预指导方法	4.3.1 典型新生儿遗传代谢病筛查联合基因筛查 4.3.2 常见分子生物学检测方法、综合评估及结果分析方法 4.3.3 典型遗传代谢病干预指导方法

续表

职业功能	工作内容	技能要求	相关知识要求
4. 出生缺陷防控建议	4.4 新生儿结构异常防控建议	4.4.1 能对新生儿结构异常的干预措施提供指导 4.4.2 能介绍部分复杂新生儿结构异常的最新矫治干预方法	4.4.1 常见新生儿结构异常的干预措施 4.4.2 新生儿结构异常的诊疗进展
	4.5 孕期异常防控建议	4.5.1 能识别出生缺陷高危人群，并指导产前诊断 4.5.2 能解读产前筛查/产前诊断报告、胎儿影像学报告 4.5.3 能对异常产前筛查/产前诊断报告、异常胎儿影像学报告下一步处理给出指导建议	4.5.1 产前筛查及产前诊断指征 4.5.2 各种产前筛查方案及其优缺点 4.5.3 各种产前诊断方法及其适应症 4.5.4 胎儿超声产前诊断相关知识及异常处理方法
5. 培训指导与技术管理	5.1 培训指导	5.1.1 能制订培训计划和编写培训方案 5.1.2 能对本职业三级/高级工及以下级别人员进行业务培训 5.1.3 能撰写论文 5.1.4 能讲授相关专业常见出生缺陷领域的新技术、新知识	5.1.1 出生缺陷防控咨询师培训的基本方法 5.1.2 培训方案编写方法 5.1.3 撰写论文基本方法 5.1.4 孕/产前咨询原则及要点
	5.2 技术管理	能发现三级/高级工及以下级别人员在咨询过程中存在的不足并给予指导	出生缺陷防控咨询效果评估方法

3.5 一级/高级技师

3.5.1 一级/高级技师（医学遗传）

职业功能	工作内容	技能要求	相关知识要求
1. 出生缺陷防控咨询	1.1 孕/产前筛查与诊断咨询	1.1.1 能综合分析孕/产前咨询人群的数据和典型案例 1.1.2 能掌握孕/产前优生健康检查技术最新进展 1.1.3 能确定孕/产前干预目标（包括辅助生殖技术胚胎植入前遗传学检测）	1.1.1 孕/产前优生健康检查效果监测数据分析理论和方法 1.1.2 孕/产前干预措施 1.1.3 产前筛查诊断技术的质控要求和方法 1.1.4 出生缺陷二级防治相关知识（包括辅助生殖技术胚胎植入前遗传学检测相关知识）
	1.2 新生儿疾病筛查咨询	1.2.1 能综合分析新生儿疾病筛查咨询人群的数据和典型案例 1.2.2 能掌握新生儿疾病筛查检查技术最新进展 1.2.3 能确定群体新生儿疾病筛查干预目标	1.2.1 新生儿疾病筛查检查效果监测数据分析理论和方法 1.2.2 新生儿疾病筛查阳性群体干预基本知识 1.2.3 新生儿疾病筛查技术的质控要求和方法 1.2.4 新生儿疾病筛查阳性家庭进行产前诊断技术的质控要求
	1.3 常见遗传病防控咨询	1.3.1 能鉴别并解读特殊类型及遗传方式 1.3.2 能综合分析相关专业常见遗传病咨询人群的数据和典型案例 1.3.3 能掌握相关专业常见遗传病检查技术（包括辅助生殖技术胚胎植入前遗传学检测）最新进展 1.3.4 能确定群体相关专业常见遗传病干预目标	1.3.1 相关专业常见遗传病检查效果监测数据分析理论和方法 1.3.2 相关专业常见遗传病群体干预基本知识 1.3.3 相关专业常见遗传病检查技术的质控要求和方法 1.3.4 相关专业常见遗传病产前诊断技术（包括辅助生殖技术胚胎植入前遗传学检测）的质控要求

续表

职业功能	工作内容	技能要求	相关知识要求
2. 出生缺陷防控评估	2.1 风险评估	2.1.1 能对不同类型出生缺陷的风险程度进行评估 2.1.2 能结合我国突发重大公共卫生事件进行出生缺陷风险评估	2.1.1 出生缺陷风险评估方法 2.1.2 常用流行病学调查分析及统计学知识
	2.2 风险管理	2.2.1 能提出区域性出生缺陷风险管理的原则和方法 2.2.2 能制定区域性出生缺陷风险管理的质控原则和方法	2.2.1 出生缺陷风险干预策略 2.2.2 出生缺陷风险评估方法 2.2.3 出生缺陷风险管理的国家政策和法规
3. 出生缺陷防控建议	3.1 染色体病防控建议	3.1.1 能解读各种类型染色体病的筛查和诊断结果 3.1.2 能解释各种类型染色体病的发病机制 3.1.3 能制定染色体病的干预策略 3.1.4 能进行生活质量评估与康复指导	3.1.1 染色体病诊断技术 3.1.2 染色体病的发病机制和影响因素 3.1.3 染色体拷贝数变异数据分析方法和变异致病性评估方法 3.1.4 微阵列芯片和高通量测序报告解读和咨询方法
	3.2 单基因病防控建议	3.2.1 能解读各种类型单基因病的筛查和诊断结果 3.2.2 能解释各种类型单基因病的发病机制 3.2.3 能制定单基因病的干预策略 3.2.4 能进行生活质量评估与康复指导	3.2.1 单基因病的诊断技术 3.2.2 单基因病的发病机制和影响因素 3.2.3 高通量测序数据分析方法和变异致病性评估方法 3.2.4 高通量测序报告解读和咨询方法
	3.3 多基因病防控建议	3.3.1 能解释多基因病的发病机制 3.3.2 能计算家庭成员发病风险和评估再生育风险 3.3.3 能制定多基因病的干预策略 3.3.4 能进行生活质量评估与康复指导	3.3.1 多基因病的相关知识及多基因遗传的特点 3.3.2 多基因遗传的机制 3.3.3 家庭成员发病风险和再生育风险 3.3.4 发病的影响因素

续表

职业功能	工作内容	技能要求	相关知识要求
4.培训指导与技术管理	4.1 培训指导	4.1.1 能编写医学遗传专业出生缺陷防控理论及实践培训讲义及教案 4.1.2 能对医学遗传专业出生缺陷防控进行理论培训和实践指导 4.1.3 能对二级/技师及以下级别人员进行专业指导和能力评估	4.1.1 培训讲义及教案编写原则 4.1.2 实践指导手册及指导教案编写原则 4.1.3 出生缺陷防控咨询师工作现场督导原则和方法
	4.2 技术管理	4.2.1 能开展二级/技师及以下级别人员培训与考核 4.2.2 能开展二级/技师及以下级别人员工作流程的质量管理 4.2.3 能制定医学遗传专业出生缺陷防控的健康管理规划和方案	4.2.1 出生缺陷防控咨询师培训的基本方法 4.2.2 出生缺陷防控咨询效果评估方法 4.2.3 出生缺陷防控咨询师工作相关知识的新进展

3.5.2 一级/高级技师（儿童发展）

职业功能	工作内容	技能要求	相关知识要求
1.出生缺陷防控咨询	1.1 新生儿听力筛查咨询	1.1.1 能咨询新生儿听力筛查联合耳聋基因筛查结果 1.1.2 能咨询各项听力测试结果的一致性 1.1.3 能咨询儿童听力障碍病因 1.1.4 能咨询儿童疑难听力障碍（包括听神经病、合并内耳畸形的听力损失等） 1.1.5 能咨询听力障碍干预后康复效果评估方法 1.1.6 能咨询听力障碍影响干预效果的相关因素	1.1.1 新生儿听力筛查联合耳聋基因筛查方法 1.1.2 儿童听力综合评估及结果分析方法 1.1.3 儿童听力障碍病因 1.1.4 疑难听力障碍儿童的听力分析及疾病分析方法 1.1.5 听力障碍干预后康复效果评估方法
	1.2 遗传代谢病防控咨询	1.2.1 能分析儿童疑难遗传代谢病病因，并制定诊疗方案 1.2.2 能咨询遗传代谢病干预后效果评估方法 1.2.3 能咨询遗传代谢病影响干预效果的相关因素	1.2.1 儿童疑难遗传代谢病病例分析方法 1.2.2 遗传代谢病干预后效果评估方法 1.2.3 遗传代谢病影响干预效果的相关因素 1.2.4 疑难遗传代谢病干预指导方法

续表

职业功能	工作内容	技能要求	相关知识要求
1. 出生缺陷防控咨询	1.3 结构异常防控咨询	1.3.1 能对常见多发的结构异常进行明确诊断 1.3.2 能对结构异常进行胎儿咨询与优生指导	1.3.1 人体组织器官的胚胎发生机制 1.3.2 常见结构异常的诊断方法
2. 出生缺陷防控评估	2.1 风险评估	2.1.1 能进行听力障碍儿童生活质量评估 2.1.2 能对人工耳蜗手术风险进行评估 2.1.3 能分析新生儿遗传代谢病病因 2.1.4 能进行儿童生活质量、心理健康评估	2.1.1 听力障碍影响干预效果的相关因素 2.1.2 新生儿遗传代谢病病因分析方法 2.1.3 儿童生活质量、心理健康评估方法
	2.2 风险管理	2.2.1 能制定人工耳蜗手术风险管理的原则和方法 2.2.2 能对有先证者家庭再生育进行遗传咨询和优生指导	2.2.1 影响人工耳蜗术后效果的因素分析方法 2.2.2 再生育家庭遗传咨询和优生指导方法
3. 出生缺陷防控建议	3.1 新生儿听力筛查	3.1.1 能对疑难听力障碍病例进行指导康复 3.1.2 能根据遗传性耳聋基因诊断结果指导特殊类型听力障碍干预措施选择 3.1.3 能制定个性化助听器调试方案 3.1.4 能根据儿童听力特殊情况指导双模式或双侧人工耳蜗干预策略选择	3.1.1 疑难听力障碍病例康复方法 3.1.2 根据遗传性耳聋基因诊断结果指导特殊类型听力障碍干预措施选择方法 3.1.3 个性化助听器调试方案 3.1.4 听力障碍儿童双模式或双侧人工耳蜗干预策略选择方法
	3.2 遗传代谢病防控建议	3.2.1 能解读新生儿遗传代谢病筛查联合基因筛查和诊断结果 3.2.2 能分析判断各种分子生物学检测结果	3.2.1 新生儿遗传代谢病筛查联合基因筛查方法 3.2.2 分子生物学检测方法、综合评估及结果分析方法 3.2.3 疑难遗传代谢病病例干预指导方法 3.2.4 根据基因诊断结果指导特殊病例的干预措施选择方法

续表

职业功能	工作内容	技能要求	相关知识要求
3. 出生缺陷防控建议	3.3 结构异常防控建议	3.3.1 能制定复杂结构异常的干预策略 3.3.2 能用先进技术矫治常见结构异常 3.3.3 能对结构异常患者进行生活质量评估与康复指导	3.3.1 常见结构异常的干预措施选择方法 3.3.2 结构异常的诊疗知识 3.3.3 结构异常患者的生活质量评估与康复指导方法 3.3.4 结构异常的遗传分析与优生指导方法
4. 培训指导与技术管理	4.1 培训指导	4.1.1 能编写儿童出生缺陷防控理论及实践培训讲义及教案 4.1.2 能对儿童出生缺陷防控进行理论培训和实践指导 4.1.3 能对二级/技师及以下级别人员进行专业指导和能力评估	4.1.1 培训讲义及教案编写原则 4.1.2 实践指导手册及指导教案编写原则 4.1.3 出生缺陷防控咨询师工作现场督导原则和方法
	4.2 技术管理	4.2.1 能开展二级/技师及以下级别人员培训与考核 4.2.2 能开展二级/技师及以下级别人员工作流程的质量管理 4.2.3 能制定儿童出生缺陷防控的健康管理规划和方案	4.2.1 出生缺陷防控咨询师培训的基本方法 4.2.2 出生缺陷防控咨询效果评估方法 4.2.3 出生缺陷防控咨询师工作相关知识的新进展

3.5.3 一级/高级技师（母胎医学）

职业功能	工作内容	技能要求	相关知识要求
1. 出生缺陷防控咨询	1.1 孕前咨询	1.1.1 能解读孕前优生健康检查报告，并对孕前检查目标疾病的干预方法及效果提供咨询 1.1.2 能综合分析孕前咨询人群的数据和典型案例 1.1.3 能分析孕前优生健康检查数据 1.1.4 能综合分析和评价孕前咨询工作的情况和质量，并提出建议 1.1.5 能介绍孕前优生健康检查技术新进展 1.1.6 能介绍辅助生殖技术胚胎植入前遗传学检测基本方法	1.1.1 各种诊断技术的特点 1.1.2 孕前咨询工作现场督导原则和方法 1.1.3 孕前优生健康检查效果监测数据分析理论和方法 1.1.4 孕前群体干预基本知识 1.1.5 孕前优生健康检查技术新进展 1.1.6 辅助生殖技术胚胎植入前遗传学检测主要方法的优缺点和适应症

续表

职业功能	工作内容	技能要求	相关知识要求
1. 出生缺陷防控咨询	1.2 产前咨询	1.2.1 能解读产前筛查/产前诊断报告、胎儿影像学报告，并对疾病风险及干预方法提供咨询 1.2.2 能综合分析产前筛查与产前诊断人群的数据和典型案例 1.2.3 能分析产前筛查方案情况和筛查效能指标数据 1.2.4 能分析产前诊断服务数据 1.2.5 能综合分析和评价产前筛查与产前诊断咨询工作的情况和质量，并提出改进建议 1.2.6 能介绍产前筛查与产前诊断技术领域新进展	1.2.1 各种产前筛查方案的优缺点及各种诊断技术的特点 1.2.2 产前筛查技术的质控要求和方法 1.2.3 产前诊断技术的质控要求和方法 1.2.4 出生缺陷二级防治相关知识
	1.3 高风险人群生育咨询	1.3.1 能解读高风险个体检查报告，并对疾病风险、干预措施及效果评估方法提供咨询 1.3.2 能综合分析高风险典型案例 1.3.3 能介绍高风险人群生育管理相关新进展	1.3.1 高风险个体各种诊断方案的特点及影响因素 1.3.2 高风险人群干预基本知识
2. 出生缺陷防控评估	2.1 风险评估	2.1.1 能分析判断常用细胞/生化/分子遗传学产前筛查与诊断检测数据 2.1.2 能结合检测结果进行出生缺陷风险评估 2.1.3 能对产前超声异常结果进行基本评估	2.1.1 细胞/生化/分子遗传学产前筛查与诊断方法原理 2.1.2 常用高通量测序数据分析和变异致病性评级流程 2.1.3 产前超声异常结果基本评估方法
	2.2 风险管理	2.2.1 能评估和修订区域孕/产前筛查与诊断方案计划 2.2.2 能制定区域孕/产前筛查与诊断评估方案	2.2.1 出生缺陷风险干预策略 2.2.2 出生缺陷风险评估方法 2.2.3 出生缺陷风险管理的国家政策和法规
3. 出生缺陷防控建议	3.1 孕前防控建议	3.1.1 能针对孕前检查结果指导诊断与处理策略 3.1.2 能解读诊断结果，并指导干预策略选择	3.1.1 孕前检查方法及结果分析方法 3.1.2 孕前干预策略及效果评估方法

续表

职业功能	工作内容	技能要求	相关知识要求
3. 出生缺陷防控建议	3.2 产前防控建议	3.2.1 能综合分析各项产前检查结果，并提供诊断及处理策略 3.2.2 能指导干预措施选择	3.2.1 产前检查方法及结果分析方法 3.2.2 产前检查方法综合运用及评估方法 3.2.3 产前干预策略及效果评估方法
	3.3 高风险人群防控建议	3.3.1 能为高风险个体提供个体化诊断策略及生育指导 3.3.2 能为高风险群体制定出生缺陷危险因素综合干预方案	3.3.1 高风险个体生育指导原则、方法和新进展 3.3.2 高风险群体干预基本知识 3.3.3 高风险群体干预目标确定方法
4. 培训指导与技术管理	4.1 培训指导	4.1.1 能编写母胎医学专业出生缺陷防控理论及实践培训讲义及教案 4.1.2 能对母胎医学专业出生缺陷防控进行理论培训和实践指导 4.1.3 能对二级/技师及以下级别人员进行专业指导和能力评估	4.1.1 培训讲义及教案编写原则 4.1.2 实践指导手册及指导教案编写原则 4.1.3 出生缺陷防控咨询师工作现场督导原则和方法
	4.2 技术管理	4.2.1 能开展二级/技师及以下级别人员培训与考核 4.2.2 能开展二级/技师及以下级别人员工作流程的质量管理 4.2.3 能制定母胎医学专业出生缺陷防控的健康管理规划和方案	4.2.1 出生缺陷防控咨询师培训的基本方法 4.2.2 出生缺陷防控咨询效果评估方法 4.2.3 出生缺陷防控咨询师工作相关知识的新进展

4. 权重表

4.1 理论知识权重表

项目	技能等级	五级/初级工（%）	四级/中级工（%）	三级/高级工（%）	二级/技师（%）	一级/高级技师（%）
基本要求	职业道德	5	5	5	5	5
基本要求	基础知识	40	25	20	15	10
相关知识要求	信息采集处理	20	15	10	—	—
相关知识要求	出生缺陷防控宣教	15	15	15	10	—
相关知识要求	出生缺陷防控咨询	10	20	20	20	20
相关知识要求	出生缺陷防控评估	5	10	15	20	20
相关知识要求	出生缺陷防控建议	5	10	15	20	25
相关知识要求	培训指导与技术管理	—	—	—	10	20
合计		100	100	100	100	100

4.2 技能要求权重表

项目	技能等级	五级/初级工（%）	四级/中级工（%）	三级/高级工（%）	二级/技师（%）	一级/高级技师（%）
技能要求	信息采集处理	40	40	20	—	—
技能要求	出生缺陷防控宣教	30	25	15	10	—
技能要求	出生缺陷防控咨询	10	10	10	25	30
技能要求	出生缺陷防控评估	10	15	30	30	35
技能要求	出生缺陷防控建议	10	10	25	30	30
技能要求	培训指导与技术管理	—	—	—	5	5
合计		100	100	100	100	100

公共场所卫生管理员国家职业技能标准

（2021 年版）

1. 职业概况

1.1 职业名称

公共场所卫生管理员

1.2 职业编码

4-14-04-03

1.3 职业定义

从事公共场所卫生管理、人员健康监测、卫生风险分析与控制、卫生知识宣传等公共卫生防控辅助工作的人员。

1.4 职业技能等级

公共场所卫生管理员设三个等级，分别为：四级/中级工、三级/高级工、二级/技师。

1.5 职业环境条件

室内、室外，常温、高温或低温工作环境。

1.6 职业能力特征

身体健康；具备从事公共场所卫生管理的一定知识及能力；有较强的观察和理解、表达和交流，信息的获取、处理和使用，协调、管理及学习的能力。

1.7 普通受教育程度

高中毕业（或同等学力）。

1.8 培训参考学时

四级/中级工 120 标准学时，三级/高级工 100 标准学时，二级/技师 80 标准学时。

1.9 职业技能鉴定要求

1.9.1 申报条件

具备以下条件之一者，可申报四级/中级工：

（1）累计从事本职业或相关职业①工作2年（含）以上。

（2）取得技工学校本专业或相关专业②毕业证书（含尚未取得毕业证书的在校应届毕业生）；或取得经评估论证、以中级技能为培养目标的中等及以上职业学校本专业或相关专业毕业证书（含尚未取得毕业证书的在校应届毕业生）。

具备以下条件之一者，可申报三级/高级工：

（1）取得本职业或相关职业四级/中级工职业资格证书（技能等级证书）后，累计从事本职业或相关职业工作5年（含）以上。

（2）取得本职业或相关职业四级/中级工职业资格证书（技能等级证书），并具有高级技工学校、技师学院毕业证书，累计从事本职业或相关职业工作3年（含）以上；或取得本职业或相关职业四级/中级工职业资格证书（技能等级证书），并具有经评估论证、以高级技能为培养目标的高等职业学校本专业或相关专业毕业证书，累计从事本职业或相关职业工作3年（含）以上。

（3）具有大学专科及以上本专业或相关专业毕业证书，累计从事本职业或相关职业工作2年（含）以上。

具备以下条件之一者，可申报二级/技师：

（1）取得本职业或相关职业三级/高级工职业资格证书（技能等级证书）后，累计从事本职业或相关职业工作4年（含）以上。

（2）取得本职业或相关职业三级/高级工职业资格证书（技能等级证书）的高级技工学校、技师学院毕业生，累计从事本职业或相关职业工作3年（含）以上；或取得本职业或相关职业预备技师证书的技师学院毕业生，累计从事本职业或相关职业工作2年（含）以上。

（3）具有大学专科及以上本专业或相关专业毕业证书，并取得本职业或相关职业三级/高级工职业资格证书（技能等级证书），累计从事本职业或相关职业工作2年（含）以上。

（4）取得本职业或相关职业四级/中级工职业资格证书（技能等级证书）后，累计从事本职业或相关职业工作2年（含）以上，并获得国家级职业技能大赛个人三等奖（含）以上或省级职业院校技能大赛个人一等奖（含）以上。

1.9.2 鉴定方式

分为理论知识考试、技能考核以及综合评审。理论知识考试以笔试、机考等方式为主，主要考核从业人员从事本职业应掌握的基本知识和相关知识要求；技能考核主要采用现场操作、模拟操作等方式进行，主要考核从业人员从事本职业应具备的技能水平；综合评审主要针对技师，通常采取审阅申报材料、答辩等方式进行全面评议和审查。

理论知识考试、技能考核和综合评审均实行百分制，成绩皆达60分（含）以上者为合格。

---

① 相关职业：餐厅服务员、前厅服务员、客房服务员、旅店服务员、公共游览场所服务员、康乐服务员、道路客运服务员、铁路车站客运服务员、航空运输地面服务员、客运船舶驾驶员、船舶业务员、港口客运员、防疫员、消毒员、营业员、收银员、物业管理师、体育场馆管理员、游泳救生员、保洁员、保安员、后勤管理员、保卫管理员等，下同。

② 本专业或相关专业：公共卫生与卫生管理类（预防医学、公共卫生管理、卫生监督、卫生信息管理）、酒店管理、餐饮管理、公共文化服务与管理、社区管理与服务、卫生检验与检疫技术等，下同。

1.9.3 监考人员、考评人员与考生配比

理论知识考试中的监考人员与考生配比不低于1∶15,且每个考场不少于2名监考人员;技能考核中的考评人员与考生配比为1∶5,且考评人员为3人(含)以上单数;综合评审委员为3人(含)以上单数。

1.9.4 鉴定时间

理论知识考试时间不少于90 min,技能考核时间不少于90 min,综合评审时间不少于60 min。

1.9.5 鉴定场所设备

理论知识考试应在标准教室或计算机教室进行;技能考核应在工作现场或模拟现场进行,并配备符合相应等级考核的设备和工具等。

2. 基本要求

2.1 职业道德

2.1.1 职业道德基本知识

2.1.2 职业守则

(1) 珍视生命,关爱健康,将预防和控制疾病、维护人民的健康利益作为自己的职业责任。

(2) 依法维护社会公共卫生秩序,依法维护公众和自身的权益。

(3) 具有科学态度和实事求是的精神。

(4) 严格遵守保密制度。

2.2 基础知识

2.2.1 理论基础知识

(1) 公共场所相关知识。

(2) 卫生管理相关知识。

(3) 室内空气、生活饮用水、食品安全、集中空调通风系统、环境及物品消杀相关知识。

(4) 自然灾害应对及消防安全相关知识。

2.2.2 技术基础知识

(1) 卫生监督要点。

(2) 健康教育知识。

(3) 生活饮用水卫生要求。

（4）集中空调通风系统卫生要求。

（5）健康危害事故处置要求。

2.2.3 其他相关知识

（1）标识标志相关知识。

（2）安全、心理学基本知识。

（3）档案管理相关知识。

2.2.4 相关法律、法规知识

（1）《中华人民共和国劳动法》相关知识。

（2）《中华人民共和国安全生产法》相关知识。

（3）《中华人民共和国传染病防治法》相关知识。

（4）《中华人民共和国食品安全法》相关知识。

（5）《突发公共卫生事件应急条例》相关知识。

（6）《公共场所卫生管理条例实施细则》相关知识。

（7）《生活饮用水卫生监督管理办法》相关知识。

3. 工作要求

本标准对四级/中级工、三级/高级工、二级/技师的技能要求和相关知识要求依次递进，高级别涵盖低级别的要求。

3.1 四级/中级工

职业功能	工作内容	技能要求	相关知识要求
1. 卫生公示管理	1.1 公示基本内容核查	1.1.1 能识别卫生许可证照、营业执照、卫生信誉等级、从业人员健康合格证明、量化分级公示及相关规章制度 1.1.2 能检查卫生许可证照、营业执照、卫生信誉等级、从业人员健康合格证明、量化分级公示及相关规章制度的种类和数量	1.1.1 公共场所的基本概念和定义 1.1.2 公共场所的卫生管理基本要求
	1.2 标识标志核查	1.2.1 能识别禁止吸烟标识 1.2.2 能识别安全标识	1.2.1 禁止吸烟标识的基本规范 1.2.2 安全标识的基本规范
2. 场所卫生检查	2.1 物品配置核查	2.1.1 能核查相关物品的配置情况 2.1.2 能核查物品采购和出入库记录	2.1.1 公共场所物品配置基本要求 2.1.2 物品采购和出入库相关知识

续表

职业功能	工作内容	技能要求	相关知识要求
2. 场所卫生检查	2.2 物品储存核查	2.2.1 能检查公共用品用具存放环境 2.2.2 能检查消毒剂、杀虫剂、灭鼠剂等有毒有害物品存放和管理 2.2.3 能识别不同存放容器的功能和用途	2.2.1 公共用品用具存放要求 2.2.2 有毒有害物品存放和管理要求 2.2.3 存放容器的要求和相关知识
3. 人员卫生核查	3.1 健康合格证明核查	3.1.1 能识别从业人员健康合格证明 3.1.2 能检查从业人员参加卫生知识与法律法规培训及考核情况	3.1.1 健康合格证基本要素 3.1.2 公共场所卫生知识培训及考核基本要求
	3.2 从业人员个人卫生习惯核查	3.2.1 能检查从业人员在工作过程中是否具有勤洗手、勤换衣等卫生习惯 3.2.2 能核查从业人员指甲、饰物佩戴是否符合卫生要求	3.2.1 洗手和换衣基本规范和要求 3.2.2 公共场所从业人员卫生相关要求和规范
4. 卫生抽查	4.1 室内空气及物理因素状况抽查	能识别场所常规指标的异常情况	微小气候（湿度、温度、风速）、采光、照明、噪声等指标的卫生限值
	4.2 公共用品用具卫生状况抽查	能识别公共用品用具换洗消毒效果是否合格	4.2.1 公共用品用具的知识 4.2.2 公共用品用具换洗消毒的知识
	4.3 场所通风换气和空调设施卫生抽查	4.3.1 能识别场所通风换气常规指标的异常情况 4.3.2 能协助、监督通风空调系统的清洗、消毒作业	4.3.1 公共场所新风量的卫生意义 4.3.2 通风空调系统的知识 4.3.3 通风空调系统的清洗、消毒知识
	4.4 生活饮用水卫生抽查	4.4.1 能识别场所生活饮用水的水质异常情况 4.4.2 能检查水质处理器的定期维护情况	4.4.1 生活饮用水卫生知识 4.4.2 水质处理器维护知识

续表

职业功能	工作内容	技能要求	相关知识要求
4. 卫生抽查	4.5 游泳池水、淋浴用水卫生抽查	4.5.1 能识别游泳、沐浴场所池水水质的气味、颜色、浊度等异常情况 4.5.2 能检查游泳、沐浴场所浸脚消毒池池水的定期消毒记录 4.5.3 能识别游泳、沐浴场所池水水质的卫生学检测报告	4.5.1 游泳、沐浴场所池水水质及感官指标要求 4.5.2 游泳、沐浴场所浸脚消毒池池水消毒要求
5. 健康危害事故应急	5.1 应急处置	5.1.1 能发现并上报健康危害事故 5.1.2 能协助开展应急常规处置	5.1.1 健康危害事故的定义和分类 5.1.2 突发健康危害事故上报与常规处置要求
6. 卫生制度管理	6.1 制度执行	6.1.1 能检查卫生制度、操作规范的执行落实情况 6.1.2 能收集、整理和保管检测报告、清洗消毒记录、设备维护维修记录、卫生相关产品验收记录等卫生管理资料并形成档案	6.1.1 记录核查的方法和要点 6.1.2 档案的收集、整理和保管方法与要求

3.2 三级/高级工

职业功能	工作内容	技能要求	相关知识要求
1. 卫生公示管理	1.1 公示内容核查	1.1.1 能对公示内容进行排查 1.1.2 能根据新要求、新工作制定相应制度规程	1.1.1 公共场所相关制度规定和要求 1.1.2 公共场所卫生管理的相关制度规定和要求
	1.2 标识标志核查	1.2.1 能对不同类别标识进行设置 1.2.2 能识别不同类别标识的设置意义	1.2.1 标识设置基本知识 1.2.2 标识设置要求和意义
2. 场所卫生检查	2.1 物品配置核查	2.1.1 能根据经营业务变化配齐物品种类 2.1.2 能根据配置工作变化设计相关记录表格	2.1.1 不同公共场所物品种类要求 2.1.2 表格设计基本知识

续表

职业功能	工作内容	技能要求	相关知识要求
2. 场所卫生检查	2.2 物品储存核查	2.2.1 能判断存放环境是否符合要求 2.2.2 能按照卫生要求核算公共用品用具储备数量	2.2.1 公共场所环境基本要求及相关知识 2.2.2 公共用品用具配备和储备要求
3. 人员卫生核查	3.1 健康合格证明核查	能识别从业人员健康合格证明的有效性	公共场所从业人员的基本卫生要求
	3.2 从业人员个人卫生习惯核查	3.2.1 能协助对从事直接为顾客服务工作的从业人员进行健康管理 3.2.2 能组织从业人员进行定期健康检查	3.2.1 公共场所健康管理基本要求 3.2.2 从业人员健康检查要求
4. 卫生抽查	4.1 室内空气及物理因素状况抽查	能排查可能影响场所空气质量的因素	影响公共场所空气、微小气候（湿度、温度、风速）、采光、照明、噪声等指标的常见原因
	4.2 公共用品用具卫生状况抽查	能排查可能影响公共用品用具换洗消毒质量的因素	公共用品用具换洗消毒的质量要求
	4.3 场所通风换气和空调设施卫生抽查	能排查可能影响场所新风量等通风换气指标的因素	影响场所新风量等通风换气指标的常见隐患及排除方法
	4.4 生活饮用水卫生抽查	4.4.1 能排查可能影响生活饮用水水质的因素 4.4.2 能核查水质处理器滤芯的卫生状况	4.4.1 生活饮用水水质常见异常情况处置 4.4.2 水质处理器滤芯的卫生管理
	4.5 游泳池池水、淋浴用水卫生抽查	能排查游泳、沐浴场所池水水质卫生学检测报告的超标指标	游泳、沐浴场所池水水质的卫生要求
5. 健康危害事故应急	5.1 应急准备	5.1.1 能开展健康危害事故应急演练 5.1.2 能核查应急设施、器材、物资的配置情况，并提出改进建议	5.1.1 健康危害事故应急演练的要求和方法 5.1.2 应急设施、器材、物资的性能和配置要求

续表

职业功能	工作内容	技能要求	相关知识要求
5. 健康危害事故应急	5.2 应急处置	5.2.1 能启动场所的应急预案 5.2.2 能对现场信息进行汇集、储存、上报 5.2.3 能组织开展健康危害事故的现场处置	5.2.1 健康危害事故应急程序 5.2.2 现场处置的基本要求
6. 卫生制度管理	6.1 制度的制定	能根据工作需要制定相应的卫生管理制度与操作规范	制度、规范制定方法和要点
	6.2 档案的运用	能运用计算机技术管理、使用档案	计算机应用技术基础
7. 培训与宣传	7.1 理论培训	7.1.1 能对从业人员进行卫生法律法规培训 7.1.2 能对从业人员进行卫生操作规程及基础理论知识培训与考核	7.1.1 卫生法律法规相关知识 7.1.2 卫生操作规程相关知识 7.1.3 培训与考核的组织方法和授课技巧要点
	7.2 实践指导	能对从业人员卫生操作进行技术指导	相关卫生操作的具体流程和注意事项
	7.3 宣传教育	能组织开展基本卫生知识宣传	公共场所卫生宣传教育基本知识

3.3 二级/技师

职业功能	工作内容	技能要求	相关知识要求
1. 卫生公示管理	1.1 公示内容核查	1.1.1 能对不符合要求的现象提出整改措施 1.1.2 能对场所的公示进行设计指导	1.1.1 公共场所的重点卫生要求 1.1.2 公共场所卫生管理基本卫生知识
	1.2 标识标志核查	能对不符合要求的现象提出整改措施	标识设置规范要求
2. 场所卫生检查	2.1 物品配置核查	2.1.1 能识别相关公共用品用具卫生检测报告 2.1.2 能制订公共用品用具的索证管理计划	公共用品用具相关卫生要求

续表

职业功能	工作内容	技能要求	相关知识要求
2. 场所卫生检查	2.2 物品储存核查	2.2.1 能处置有毒有害物品污染 2.2.2 能制定危险物品管理措施	有毒有害物品污染识别、分类和处置要求
3. 人员卫生核查	3.1 从业人员卫生状况核查	能根据本单位形象及社会影响，更新制定从业人员个人卫生规范	从业人员卫生规范
4. 卫生抽查	4.1 室内空气及物理因素状况抽查	能分析场所空气、微小气候（湿度、温度、风速）、采光、照明、噪声异常的原因，并提出改进计划	公共场所中维持空气、微小气候（湿度、温度、风速）、采光、照明、噪声等指标正常值的必要条件
	4.2 公共用品用具卫生状况抽查	能评估公共用品用具换洗消毒效果是否合格及潜在风险，并提出改进计划	公共用品用具换洗消毒方案的设计原则和知识
	4.3 场所通风换气和空调设施卫生抽查	能评估场所通风换气和空调设施运行、维护、管理措施的有效性，并提出改进计划	公共场所通风换气和空调设施的运行、维护和管理方案的设计原则等相关知识
	4.4 生活饮用水卫生抽查	能评估生活饮用水管理制度的有效性，并提出改进计划	生活饮用水设施的配置、运行、维护和管理方案的设计原则等相关知识
	4.5 游泳池池水、淋浴用水卫生抽查	能评估池水处理设施运行、维护的有效性，并提出改进计划	游泳、沐浴场所用水设施或系统的配置、运行和维护方案设计原则等相关知识
5. 健康危害事故应急	5.1 应急准备	5.1.1 能制定公共场所危害健康事故应急预案 5.1.2 能对应急机制、应急能力进行评估	5.1.1 健康危害事故应急预案制定知识 5.1.2 健康危害事故应急制度和机制建设知识 5.1.3 健康危害事故应急能力评估的内容和方法

续表

职业功能	工作内容	技能要求	相关知识要求
5. 健康危害事故应急	5.2 应急处置	5.2.1 能指导开展应急处置 5.2.2 能应对场所突发健康危害事故的舆情 5.2.3 能对现场情况进行初步评估	5.2.1 应急处置原则 5.2.2 健康危害事故信息发布、信息沟通和新闻采访的基本要求和方法 5.2.3 健康危害事故现场评估要点
6. 卫生制度管理	6.1 制度的规划	能提出卫生制度建立的规划	法律、法规、标准的要求
	6.2 卫生档案管理评估	能评估卫生档案管理的效果	卫生档案管理效果评估要点
7. 培训与宣传	7.1 理论培训	7.1.1 能对场所卫生理论培训需求进行分析，并根据需求制订从业人员卫生知识理论培训年度工作计划 7.1.2 能编写理论培训讲义 7.1.3 能对从业人员理论培训效果进行评估	7.1.1 公共场所卫生理论知识需求分析要点 7.1.2 理论培训计划的制定知识 7.1.3 培训讲义的编写方法和要点 7.1.4 理论培训效果评估方法
	7.2 实践指导	7.2.1 能对场所卫生实践指导需求进行分析，并根据需求制订实践指导年度计划 7.2.2 能编写实践指导手册 7.2.3 能对从业人员的卫生实践操作水平进行评估	7.2.1 公共场所卫生实践指导需求分析要点 7.2.2 实践指导手册的编写方法和要点 7.2.3 卫生实践操作水平的评估方法
	7.3 宣传教育	根据从业人员个体或群体的需求，制订基本卫生知识的宣传教育计划	7.3.1 从业人员个体或群体需求的评价方法 7.3.2 卫生知识宣传教育计划的制订原则和方法

4. 权重表

4.1 理论知识权重表

项目	技能等级	四级/中级工（%）	三级/高级工（%）	二级/技师（%）
基本要求	职业道德	5	5	5
	基础知识	20	15	10
相关知识要求	卫生公示管理	15	10	5
	场所卫生检查	15	10	5
	人员卫生核查	10	10	5
	卫生抽查	20	15	10
	健康危害事故应急	10	15	20
	卫生制度管理	5	10	20
	培训与宣传	—	10	20
合计		100	100	100

4.2 技能要求权重表

项目	技能等级	四级/中级工（%）	三级/高级工（%）	二级/技师（%）
技能要求	卫生公示管理	20	15	10
	场所卫生检查	20	15	10
	人员卫生核查	20	15	10
	卫生抽查	20	15	10
	健康危害事故应急	10	15	20
	卫生制度管理	10	15	20
	培训与宣传	—	10	20
合计		100	100	100

无人机驾驶员国家职业技能标准

（2021 年版）

1. 职业概况

1.1 职业名称

无人机驾驶员

1.2 职业编码

4-02-04-06[①]

1.3 职业定义

通过远程控制设备，操控无人机完成既定飞行任务的人员。

1.4 职业技能等级

本职业共设五个等级，分别为：五级/初级工、四级/中级工、三级/高级工、二级/技师、一级/高级技师。

1.5 职业环境条件

室内、外，常温，部分高温、低温或存在一定危化品。

1.6 职业能力特征

具备一定的学习能力、表达能力和计算能力；有较强的反应能力和较好的分析、判断能力；空间感强；手指、手臂灵活，动作协调性好；辨色力正常，双眼矫正视力5.0以上。

1.7 普通受教育程度

初中毕业（或相当文化程度）。

1.8 培训参考学时

五级/初级工120标准学时，四级/中级工160标准学时，三级/高级工160标准学时，二级/技师100标准学时，一级/高级技师80标准学时。

[①] 依据《中华人民共和国职业分类大典（2022年版）》调整。

1.9 职业技能鉴定要求

1.9.1 申报条件

具备以下条件之一者,可申报五级/初级工:
(1) 累计从事本职业或相关职业①工作1年(含)以上。
(2) 本职业或相关职业学徒期满。
(3) 军队及武警部队相关兵种退役义务兵。

具备以下条件之一者,可申报四级/中级工:
(1) 取得本职业或相关职业五级/初级工职业资格证书(技能等级证书)后,累计从事本职业或相关职业工作3年(含)以上。
(2) 累计从事本职业或相关职业工作5年(含)以上。
(3) 取得技工学校本专业或相关专业②毕业证书(含尚未取得毕业证书的在校应届毕业生);或取得经评估论证、以中级技能为培养目标的中等及以上职业学校本专业或相关专业毕业证书(含尚未取得毕业证书的在校应届毕业生)。
(4) 军队及武警部队退役的下士士官,累计从事本职业或相关职业工作1年(含)以上。

具备以下条件之一者,可申报三级/高级工:
(1) 取得本职业或相关职业四级/中级工职业资格证书(技能等级证书)后,累计从事本职业或相关职业工作4年(含)以上。
(2) 累计从事本职业或相关职业工作10年(含)以上。
(3) 取得本职业或相关职业四级/中级工职业资格证书(技能等级证书),并具有高级技工学校、技师学院毕业证书(含尚未取得毕业证书的在校应届毕业生);或取得本职业或相关职业四级/中级工职业资格证书(技能等级证书),并具有经评估论证、以高级技能为培养目标的高等职业学校本专业或相关专业毕业证书(含尚未取得毕业证书的在校应届毕业生)。
(4) 具有大专及以上本专业或相关专业毕业证书,并取得本职业或相关职业四级/中级工职业资格证书(技能等级证书)后,累计从事本职业或相关职业工作2年(含)以上。
(5) 军队及武警部队退役的中士士官及以上军衔获得人员,或具有公安工作经历5年以上,累计从事本职业或相关职业工作1年(含)以上。

具备以下条件之一者,可申报二级/技师:
(1) 取得本职业或相关职业三级/高级工职业资格证书(技能等级证书)后,累计从事本职业或相关职业工作4年(含)以上。
(2) 取得本职业或相关职业三级/高级工职业资格证书(技能等级证书)的高级技工学

---

① 相关职业:无人机装调检修工、摄影测量员、无人机测绘操控员等航空测量类职业,保安员、应急救援员等安全防范类职业,农作物植保员、林业有害生物防治员等生物防治类职业,自然保护区巡护监测员等巡逻守护类职业,物流服务师等物品配送类职业,民航飞行员、机场运行指挥员等民航通航飞行类职业,下同。

② 相关专业:数字影像技术、航空摄影测量、消防救援、应急管理与减灾技术、影视多媒体技术、无人机应用技术、无人机系统应用技术、无人机测绘、无人机操控与维护、测绘地理信息技术、交通管理、农业机械化与自动化、设施农业与装备、地理信息科学、遥感科学与技术等专业,下同。

校、技师学院毕业生，累计从事本职业或相关职业工作 3 年（含）以上；或取得本职业或相关职业预备技师证书的技师学院毕业生，累计从事本职业或相关职业工作 2 年（含）以上。

（3）具有军队及武警部队少校军衔（含）以上的退役军人，或具有 15 年（含）以上公安工作经历，累计从事本职业或相关职业工作 5 年（含）以上。

具备以下条件者，可申报一级/高级技师：

取得本职业或相关职业二级/技师职业资格证书（技能等级证书）后，累计从事本职业或相关职业工作 4 年（含）以上。

1.9.2　鉴定方式

分为理论知识考试、技能考核以及综合评审。理论知识考试以闭卷笔试、机考等方式为主，主要考核从业人员从事本职业应掌握的基本要求和相关知识要求；技能考核主要采用现场操作方式进行，主要考核从业人员从事本职业应具备的技能水平；综合评审主要针对技师和高级技师，通常采取审阅申报材料、答辩等方式进行全面评议和审查。

理论知识考试、技能考核和综合评审均实行百分制，成绩皆达 60 分（含）以上者为合格。

1.9.3　监考人员、考评人员与考生配比

理论知识考试中的监考人员与考生配比为 1∶15，每个考场不少于 2 名监考人员；技能考核中的考评人员与考生配比为 1∶5，且考评人员为 3 人（含）以上单数；综合评审委员为 3 人（含）以上单数。

1.9.4　鉴定时间

理论知识考试时间不少于 90 min，技能考核时间不少于 30 min，综合评审时间不少于 30 min。

1.9.5　鉴定场所设备

理论知识考试在标准教室进行；技能考核在具有相关部门审批的空域，具有安全保障设施及无人机设备、作业条件或模拟作业条件的场地进行；综合评审在标准教室进行。

2. 基本要求

2.1　职业道德

2.1.1　职业道德基本知识

2.1.2　职业守则

（1）遵纪守法，爱岗敬业，忠于职守。

（2）精益求精，忠诚奉献，严于律己。

（3）吃苦耐劳，刻苦学习，勤奋钻研。

（4）谦虚谨慎，团结协作，主动配合。

（5）爱护设备，严守规范，确保安全。

2.2 基础知识

2.2.1 航空基础知识

(1) 航空气象知识。
(2) 空气动力学知识。
(3) 航空器飞行原理。
(4) 无线电通信原理。

2.2.2 无人机基础知识

(1) 无人机系统知识。
(2) 无人机系统操作规程。
(3) 无人机应用知识。
(4) 通用应急操作知识。
(5) 无人机维保知识。

2.2.3 计算机应用知识

(1) 计算机操作基础知识。
(2) 相关软件使用知识。

2.2.4 安全生产知识

(1) 劳动防护知识。
(2) 设备使用知识。

2.2.5 环境保护知识

废旧电池、燃油残渣、农业残液等废弃物的处理方法。

2.2.6 相关法律、法规知识

(1)《中华人民共和国劳动法》相关知识。
(2)《中华人民共和国民用航空法》相关知识。
(3)《中华人民共和国安全生产法》相关知识。
(4)《中华人民共和国行政许可法》相关知识。
(5)《中华人民共和国飞行基本规则》相关知识。
(6)《轻小无人机运行规定（试行）》相关知识。
(7)《民用无人机驾驶员管理规定》相关知识。
(8) 其他有关法律、法规知识。

3. 工作要求

本标准对五级/初级工、四级/中级工、三级/高级工、二级/技师、一级/高级技师的技能要求和相关知识要求依次递进,高级别涵盖低级别的要求。

本职业分为植保、安防、航拍、巡检、物流五个职业方向,各职业方向均包含五级/初级工、四级/中级工、三级/高级工、二级/技师、一级/高级技师五个等级,其中四级/中级工、三级/高级工的技能要求和相关知识要求按五个职业方向有所不同。

3.1 五级/初级工

职业功能	工作内容	技能要求	相关知识要求
1. 任务准备	1.1 飞行计划报备	1.1.1 能填写飞行计划表 1.1.2 能按流程报备飞行计划	1.1.1 飞行计划表填写方法 1.1.2 飞行计划报备流程
	1.2 安装	1.2.1 能展开无人机 1.2.2 能安装电池或加注燃油	1.2.1 无人机展开方法 1.2.2 安装电池或加注燃油的方法
	1.3 调试	1.3.1 能完成系统通断电 1.3.2 能完成控制设备与无人机链路的建立 1.3.3 能完成无人机磁罗盘校准操作 1.3.4 能完成无人机惯性测量单元校准操作 1.3.5 能填写安装调试记录	1.3.1 系统通断电方法 1.3.2 遥控器对频操作方法 1.3.3 无人机磁罗盘校准操作方法 1.3.4 无人机惯性测量单元校准操作方法 1.3.5 安装调试记录填写方法
2. 任务执行	2.1 飞行前检查	2.1.1 能完成禁飞区、限飞区检查 2.1.2 能进行起降场地安全性检查 2.1.3 能目视检查飞行空域安全 2.1.4 能完成气象参数检测 2.1.5 能通过外观检查机体安装情况 2.1.6 能通过外观检查线路连接情况 2.1.7 能检查无人机系统电量及动力能源充足情况 2.1.8 能完成飞行操控软件安全设置检查 2.1.9 能完成人员防护装备检查 2.1.10 能填写飞行前检查单	2.1.1 禁飞区、限飞区检查方法 2.1.2 起降场地安全性检查方法 2.1.3 目视检查飞行空域安全的方法 2.1.4 风速、风向、气压、温度、湿度、降水等气象参数知识 2.1.5 外观检查机体安装情况的方法 2.1.6 无人机机体线路知识 2.1.7 无人机系统电量及动力能源检查方法 2.1.8 飞行操控软件安全设置检查方法 2.1.9 防护装备检查方法 2.1.10 飞行前检查单填写方法

续表

职业功能	工作内容	技能要求	相关知识要求
2. 任务执行	2.2 飞行操控	2.2.1 能使用控制设备操控无人机正常起飞 2.2.2 能使用控制设备操控无人机正常飞行 2.2.3 能使用控制设备操控无人机正常降落 2.2.4 能填写飞行记录表	2.2.1 无人机控制设备使用方法 2.2.2 操控无人机起飞、飞行、降落的方法 2.2.3 飞行记录表填写方法
3. 维护保养	3.1 维护	3.1.1 能拆卸电池或回收剩余燃油 3.1.2 能清洁无人机系统 3.1.3 能完成电池充/放电操作 3.1.4 能填写维护记录	3.1.1 拆卸电池或回收剩余燃油的方法 3.1.2 无人机系统清洁方法 3.1.3 电池充/放电安全操作知识 3.1.4 维护记录填写方法
	3.2 保养	3.2.1 能完成电池或燃油的储存管理 3.2.2 能完成无人机收纳存储 3.2.3 能填写保养记录	3.2.1 电池或燃油储存管理的方法 3.2.2 电池无害化处理方法 3.2.3 无人机收纳存储方法 3.2.4 保养记录填写方法

3.2 四级/中级工

3.2.1 植保

职业功能	工作内容	技能要求	相关知识要求
1. 任务规划	1.1 设备选型	1.1.1 能根据植保飞行任务选择机型 1.1.2 能根据植保飞行任务选择载荷 1.1.3 能根据植保飞行任务选择辅助设备系统	1.1.1 植保飞行任务方案相关知识 1.1.2 根据植保飞行任务选择机型的方法 1.1.3 根据植保飞行任务选择载荷的方法 1.1.4 根据植保飞行任务选择辅助设备系统的方法

续表

职业功能	工作内容	技能要求	相关知识要求
1. 任务规划	1.2 航线规划	1.2.1 能根据植保飞行任务选择航线类型 1.2.2 能根据飞行环境和气象条件计算飞行参数和作业参数 1.2.3 能根据参数绘制任务航线	1.2.1 根据植保飞行任务选择航线类型的方法 1.2.2 飞行参数和作业参数计算方法 1.2.3 使用航线规划软件绘制任务航线的方法
2. 任务准备	2.1 安装	2.1.1 能安装喷洒系统或播撒系统 2.1.2 能加注喷洒物或播撒物 2.1.3 能架设地面控制系统 2.1.4 能架设植保作业辅助设备	2.1.1 喷洒系统或播撒系统安装方法 2.1.2 喷洒物或播撒物加注方法 2.1.3 地面控制系统架设方法 2.1.4 植保作业辅助设备架设方法
	2.2 调试	2.2.1 能调试喷洒系统或播撒系统 2.2.2 能校准载荷控制系统 2.2.3 能调试数据链路、图像链路 2.2.4 能调试辅助设备	2.2.1 喷洒系统或播撒系统调试方法 2.2.2 载荷控制系统校准方法 2.2.3 数据链路、图像链路调试方法 2.2.4 辅助设备调试方法
3. 任务执行	3.1 飞行前检查	3.1.1 能完成地面控制系统与无人机之间链路检查 3.1.2 能完成任务航线检查 3.1.3 能完成辅助设备系统运行检查 3.1.4 能填写飞行前检查单	3.1.1 地面控制系统与无人机之间链路检查方法 3.1.2 任务航线检查方法 3.1.3 辅助设备系统运行知识
	3.2 飞行操控	3.2.1 能完成定点环绕飞行动作 3.2.2 能完成植保航线飞行动作 3.2.3 能监控无人机飞行状态	3.2.1 定点环绕飞行方法 3.2.2 植保航线飞行方法 3.2.3 无人机飞行状态监控方法

续表

职业功能	工作内容	技能要求	相关知识要求
3. 任务执行	3.3 应急处置	3.3.1 能执行起飞中止操作或降落中止操作 3.3.2 能在无人机飞行过程中更改飞行计划 3.3.3 能在无人机飞行过程中执行规避、返航、紧急降落操作	3.3.1 起飞、降落中止操作方法 3.3.2 无人机飞行过程中更改飞行计划的方法 3.3.3 无人机飞行过程中执行规避、返航、紧急降落操作的方法
	3.4 飞行作业	3.4.1 能监控载荷工作状态 3.4.2 能操控载荷获取数据 3.4.3 能更改载荷参数 3.4.4 能操控无人机喷洒液体或播撒固体颗粒物	3.4.1 监控载荷工作状态的方法 3.4.2 操控载荷获取数据的方法 3.4.3 更改载荷参数的方法 3.4.4 操控无人机喷洒液体或播撒固体颗粒物的方法
4. 维护保养	4.1 维护	4.1.1 能排空药箱 4.1.2 能拆卸植保载荷 4.1.3 能清洁植保载荷 4.1.4 能对机体进行检查及基础维护 4.1.5 能完成系统软件及固件升级 4.1.6 能按照维保手册要求定期对紧固件进行检查维护 4.1.7 能完成动力系统的维护	4.1.1 排空药箱的方法 4.1.2 拆卸植保载荷的方法 4.1.3 清洁植保载荷的方法 4.1.4 机体检查及基础维护方法 4.1.5 系统软件及固件升级方法 4.1.6 紧固件检查维护方法 4.1.7 动力系统维护方法
	4.2 保养	4.2.1 能完成植保载荷收纳存储 4.2.2 能完成植保无人机非作业季长期存储保养 4.2.3 能完成动力系统的保养	4.2.1 植保载荷收纳存储方法 4.2.2 植保无人机非作业季长期存储方法 4.2.3 动力系统保养方法

3.2.2 安防

职业功能	工作内容	技能要求	相关知识要求
1. 任务规划	1.1 设备选型	1.1.1 能根据安防飞行任务选择机型 1.1.2 能根据安防飞行任务选择载荷 1.1.3 能根据安防飞行任务选择辅助设备系统	1.1.1 安防飞行任务方案相关知识 1.1.2 根据安防飞行任务选择机型的方法 1.1.3 根据安防飞行任务选择载荷的方法 1.1.4 根据安防飞行任务选择辅助设备系统的方法
	1.2 航线规划	1.2.1 能根据巡检飞行任务选择航线类型 1.2.2 能根据飞行环境和气象条件计算飞行参数和作业参数 1.2.3 能根据参数绘制任务航线 1.2.4 能使用航线规划软件规划安防任务的安全飞行区、限飞区、禁飞区、紧急备降区及干扰区	1.2.1 根据巡检飞行任务选择航线类型的方法 1.2.2 飞行参数和作业参数计算方法 1.2.3 使用航线规划软件绘制任务航线的方法 1.2.4 使用航线规划软件规划安防任务区域的方法
2. 任务准备	2.1 安装	2.1.1 能安装安防系统 2.1.2 能架设地面控制系统 2.1.3 能架设安防作业辅助设备	2.1.1 安防系统安装方法 2.1.2 地面控制系统架设方法 2.1.3 安防作业辅助设备架设方法
	2.2 调试	2.2.1 能调试安防系统 2.2.2 能调试飞行平台状态 2.2.3 能校准载荷控制系统 2.2.4 能调试数据链路、图像链路 2.2.5 能调试辅助设备	2.2.1 安防系统调试方法 2.2.2 飞行平台状态调试方法 2.2.3 载荷控制系统校准方法 2.2.4 数据链路、图像链路调试方法 2.2.5 辅助设备调试方法
3. 任务执行	3.1 飞行前检查	3.1.1 能完成地面控制系统与无人机之间链路检查 3.1.2 能完成任务航线检查 3.1.3 能完成辅助设备系统运行检查 3.1.4 能填写飞行检查单	3.1.1 地面控制系统与无人机之间链路检查的方法 3.1.2 任务航线检查方法 3.1.3 辅助设备系统运行知识

续表

职业功能	工作内容	技能要求	相关知识要求
3. 任务执行	3.2 飞行操控	3.2.1 能完成定点环绕飞行动作 3.2.2 能使用地面控制系统图传画面完成无人机航点设置 3.2.3 能监控无人机飞行状态	3.2.1 定点环绕飞行方法 3.2.2 无人机航点设置方法 3.2.3 无人机飞行状态监控方法
	3.3 应急处置	3.3.1 能执行起飞中止操作或降落中止操作 3.3.2 能在无人机飞行过程中更改飞行计划 3.3.3 能在无人机飞行过程中执行规避、返航、紧急降落操作	3.3.1 起飞、降落中止操作方法 3.3.2 无人机飞行过程中更改飞行计划的方法 3.3.3 无人机飞行过程中执行规避、返航、紧急降落操作的方法
	3.4 飞行作业	3.4.1 能监控载荷工作状态 3.4.2 能操控载荷获取数据 3.4.3 能更改载荷参数 3.4.4 能操控光学吊舱进行图片及视频拍摄 3.4.5 能进行目标跟踪	3.4.1 监控载荷工作状态的方法 3.4.2 操控载荷获取数据的方法 3.4.3 更改载荷参数的方法 3.4.4 操控光学吊舱进行图片及视频拍摄的方法 3.4.5 目标跟踪方法
	3.5 数据处置	3.5.1 能导出无人机数据 3.5.2 能导出载荷数据 3.5.3 能查看、命名、整理图片 3.5.4 能查看、命名、整理视频	3.5.1 无人机及载荷数据导出方法 3.5.2 查看、命名、整理图片的方法 3.5.3 查看、命名、整理视频的方法
4. 维护保养	4.1 维护	4.1.1 能拆卸安防载荷 4.1.2 能清洁安防载荷 4.1.3 能对机体进行检查及基础维护 4.1.4 能完成系统软件及固件升级 4.1.5 能按照维保手册要求定期对紧固件进行检查维护 4.1.6 能完成动力系统的维护	4.1.1 拆卸安防载荷的方法 4.1.2 清洁安防载荷的方法 4.1.3 机体检查及基础维护方法 4.1.4 系统软件及固件升级方法 4.1.5 紧固件检查维护方法 4.1.6 动力系统维护方法

续表

职业功能	工作内容	技能要求	相关知识要求
4. 维护保养	4.2 保养	4.2.1 能完成安防载荷收纳存储 4.2.2 能完成动力系统的保养	4.2.1 安防载荷收纳存储方法 4.2.2 动力系统保养方法

3.2.3 航拍

职业功能	工作内容	技能要求	相关知识要求
1. 任务规划	1.1 设备选型	1.1.1 能根据航拍飞行任务选择机型 1.1.2 能根据航拍飞行任务选择载荷 1.1.3 能根据航拍飞行任务选择辅助设备系统	1.1.1 航拍飞行任务方案相关知识 1.1.2 根据航拍飞行任务选择机型的方法 1.1.3 根据航拍飞行任务选择载荷的方法 1.1.4 根据航拍飞行任务选择辅助设备系统的方法
	1.2 航线规划	1.2.1 能根据航拍飞行任务选择航线类型 1.2.2 能根据飞行环境和气象条件计算飞行参数和作业参数 1.2.3 能根据参数绘制任务航线	1.2.1 根据航拍飞行任务选择航线类型的方法 1.2.2 飞行参数和作业参数计算方法 1.2.3 使用航线规划软件绘制任务航线的方法
2. 任务准备	2.1 安装	2.1.1 能安装航拍载荷 2.1.2 能架设地面控制系统 2.1.3 能安装航拍无人机辅助设备（SD卡、ND滤镜等）	2.1.1 航拍载荷安装方法 2.1.2 地面控制系统架设方法 2.1.3 航拍无人机辅助设备安装方法
	2.2 调试	2.2.1 能调试飞行平台状态 2.2.2 能调试航拍载荷 2.2.3 能校准载荷控制系统 2.2.4 能调试数据链路、图像链路 2.2.5 能调试辅助设备	2.2.1 飞行平台状态调试方法 2.2.2 航拍载荷调试方法 2.2.3 载荷控制系统校准方法 2.2.4 数据链路、图像链路调试方法 2.2.5 辅助设备调试方法

续表

职业功能	工作内容	技能要求	相关知识要求
3. 任务执行	3.1 飞行前检查	3.1.1 能完成地面控制系统与无人机之间链路检查 3.1.2 能完成任务航线检查 3.1.3 能完成辅助设备系统运行检查 3.1.4 能填写飞行前检查单	3.1.1 地面控制系统与无人机之间链路检查方法 3.1.2 任务航线检查方法 3.1.3 辅助设备系统运行知识
	3.2 飞行操控	3.2.1 能操控无人机直线甩尾飞行 3.2.2 能操控无人机平行跟随飞行 3.2.3 能操控无人机渐远拉升飞行 3.2.4 能完成定点环绕飞行动作 3.2.5 能使用地面控制系统图传画面完成无人机航点设置 3.2.6 能监控无人机飞行状态	3.2.1 无人机直线甩尾飞行操控方法 3.2.2 无人机平行跟随飞行操控方法 3.2.3 无人机渐远拉升飞行操控方法 3.2.4 定点环绕飞行方法 3.2.5 使用地面控制系统图传画面完成无人机航点设置的方法 3.2.6 无人机飞行状态监控方法
	3.3 应急处置	3.3.1 能执行起飞中止操作或降落中止操作 3.3.2 能在无人机飞行过程中更改飞行计划 3.3.3 能在无人机飞行过程中执行规避、返航、紧急降落操作	3.3.1 起飞、降落中止操作方法 3.3.2 无人机飞行过程中更改飞行计划的方法 3.3.3 无人机飞行过程中执行规避、返航、紧急降落操作的方法
	3.4 飞行作业	3.4.1 能监控载荷工作状态 3.4.2 能操控载荷获取数据 3.4.3 能更改载荷参数 3.4.4 能使用航拍无人机拍摄图片 3.4.5 能使用航拍无人机拍摄视频	3.4.1 监控载荷工作状态的方法 3.4.2 操控载荷获取数据的方法 3.4.3 更改载荷参数的方法 3.4.4 使用航拍无人机拍摄图片的方法 3.4.5 使用航拍无人机拍摄视频的方法
	3.5 数据处置	3.5.1 能下载航拍数据 3.5.2 能对航拍数据进行分类管理 3.5.3 能备份航拍数据	3.5.1 航拍数据下载方法 3.5.2 航拍数据分类管理知识 3.5.3 航拍数据备份方法

续表

职业功能	工作内容	技能要求	相关知识要求
4. 维护保养	4.1 维护	4.1.1 能拆卸航拍载荷 4.1.2 能清洁航拍载荷 4.1.3 能对机体进行检查及基础维护 4.1.4 能完成系统软件及固件升级 4.1.5 能按照维保手册要求定期对紧固件进行检查维护 4.1.6 能完成动力系统的维护	4.1.1 拆卸航拍载荷的方法 4.1.2 清洁航拍载荷的方法 4.1.3 机体检查及基础维护方法 4.1.4 系统软件及固件升级方法 4.1.5 紧固件检查维护方法 4.1.6 动力系统维护方法
	4.2 保养	4.2.1 能完成航拍载荷收纳存储 4.2.2 能完成动力系统的保养	4.2.1 航拍载荷收纳存储方法 4.2.2 动力系统保养方法

3.2.4 巡检

职业功能	工作内容	技能要求	相关知识要求
1. 任务规划	1.1 设备选型	1.1.1 能根据巡检飞行任务选择机型 1.1.2 能根据巡检飞行任务选择载荷 1.1.3 能根据巡检飞行任务选择辅助设备系统	1.1.1 巡检飞行任务方案相关知识 1.1.2 根据巡检飞行任务选择机型的方法 1.1.3 根据巡检飞行任务选择载荷的方法 1.1.4 根据巡检飞行任务选择辅助设备系统的方法
	1.2 航线规划	1.2.1 能根据巡检飞行任务选择航线类型 1.2.2 能根据飞行环境和气象条件计算飞行参数和作业参数 1.2.3 能根据参数绘制任务航线	1.2.1 根据巡检飞行任务选择航线类型的方法 1.2.2 飞行参数和作业参数计算方法 1.2.3 使用航线规划软件绘制任务航线的方法
2. 任务准备	2.1 安装	2.1.1 能安装巡检载荷 2.1.2 能架设地面控制系统 2.1.3 能架设巡检作业辅助设备	2.1.1 巡检载荷安装方法 2.1.2 地面控制系统架设方法 2.1.3 巡检作业辅助设备架设方法

续表

职业功能	工作内容	技能要求	相关知识要求
2. 任务准备	2.2 调试	2.2.1 能调试飞行平台状态 2.2.2 能校准载荷控制系统 2.2.3 能调试巡检载荷 2.2.4 能调试数据链路、图像链路 2.2.5 能调试辅助设备	2.2.1 飞行平台状态调试方法 2.2.2 载荷控制系统校准方法 2.2.3 巡检载荷调试方法 2.2.4 数据链路、图像链路调试方法 2.2.5 辅助设备调试方法
3. 任务执行	3.1 飞行前检查	3.1.1 能完成地面控制系统与无人机之间链路检查 3.1.2 能完成任务航线检查 3.1.3 能完成辅助设备系统运行检查 3.1.4 能填写飞行检查单	3.1.1 地面控制系统与无人机之间链路检查的方法 3.1.2 任务航线检查方法 3.1.3 辅助设备系统运行知识
	3.2 飞行操控	3.2.1 能使用地面控制系统图传画面完成无人机航点设置 3.2.2 能监控无人机飞行状态 3.2.3 能使用地面控制系统操控无人机飞行	3.2.1 无人机航点设置方法 3.2.2 无人机飞行状态监控方法 3.2.3 使用地面控制系统操控无人机飞行的方法
	3.3 应急处置	3.3.1 能执行起飞中止操作或降落中止操作 3.3.2 能在无人机飞行过程中更改飞行计划 3.3.3 能在无人机飞行过程中执行规避、返航、紧急降落操作	3.3.1 起飞、降落中止操作方法 3.3.2 无人机飞行过程中更改飞行计划的方法 3.3.3 无人机飞行过程中执行规避、返航、紧急降落操作的方法
	3.4 飞行作业	3.4.1 能监控载荷工作状态 3.4.2 能操控载荷获取数据 3.4.3 能更改载荷参数 3.4.4 能对点状目标进行巡检 3.4.5 能对线状目标进行巡检	3.4.1 监控载荷工作状态的方法 3.4.2 操控载荷获取数据的方法 3.4.3 更改载荷参数的方法 3.4.4 点状目标巡检方法 3.4.5 线状目标巡检方法
	3.5 数据处置	3.5.1 能导出载荷数据 3.5.2 能检查载荷数据	3.5.1 载荷数据导出方法 3.5.2 载荷数据检查方法

续表

职业功能	工作内容	技能要求	相关知识要求
4.维护保养	4.1 维护	4.1.1 能拆卸巡检载荷 4.1.2 能清洁巡检载荷 4.1.3 能对机体进行检查及基础维护 4.1.4 能完成系统软件及固件升级 4.1.5 能按照维保手册要求定期对紧固件进行检查维护 4.1.6 能完成动力系统的维护	4.1.1 拆卸巡检载荷的方法 4.1.2 清洁巡检载荷的方法 4.1.3 机体检查及基础维护方法 4.1.4 系统软件及固件升级方法 4.1.5 紧固件检查维护方法 4.1.6 动力系统维护方法
	4.2 保养	4.2.1 能完成巡检载荷收纳存储 4.2.2 能完成动力系统的保养	4.2.1 巡检载荷收纳存储方法 4.2.2 动力系统保养方法

3.2.5 物流

职业功能	工作内容	技能要求	相关知识要求
1.任务规划	1.1 设备选型	1.1.1 能根据物流飞行任务选择机型 1.1.2 能根据物流飞行任务选择载荷 1.1.3 能根据物流飞行任务选择辅助设备系统	1.1.1 物流飞行任务方案相关知识 1.1.2 根据物流飞行任务选择机型的方法 1.1.3 根据物流飞行任务选择载荷的方法 1.1.4 根据物流飞行任务选择辅助设备系统的方法
	1.2 航线规划	1.2.1 能根据物流飞行任务选择航线类型 1.2.2 能根据飞行环境和气象条件计算飞行参数和作业参数 1.2.3 能使用航线规划软件绘制任务航线	1.2.1 根据物流飞行任务选择航线类型的方法 1.2.2 飞行参数和作业参数计算方法 1.2.3 使用航线规划软件绘制任务航线的方法
2.任务准备	2.1 安装	2.1.1 能安装运输系统 2.1.2 能装载货物 2.1.3 能架设地面控制系统 2.1.4 能架设物流作业辅助设备	2.1.1 运输系统安装方法 2.1.2 货物装载方法 2.1.3 地面控制系统架设方法 2.1.4 物流作业辅助设备架设方法

续表

职业功能	工作内容	技能要求	相关知识要求
2.任务准备	2.2 调试	2.2.1 能调试飞行平台状态 2.2.2 能校准载荷控制系统 2.2.3 能调试载货系统 2.2.4 能调试数据链路、图像链路 2.2.5 能调试辅助设备	2.2.1 飞行平台状态调试方法 2.2.2 载荷控制系统校准方法 2.2.3 载货系统调试方法 2.2.4 数据链路、图像链路调试方法 2.2.5 辅助设备调试方法
3.任务执行	3.1 飞行前检查	3.1.1 能完成地面控制系统与无人机之间链路检查 3.1.2 能完成任务航线检查 3.1.3 能完成辅助设备系统运行检查 3.1.4 能完成无人机重量与配平检查 3.1.5 能完成无人机气动舵面检查 3.1.6 能填写飞行检查单	3.1.1 地面控制系统与无人机之间链路检查的方法 3.1.2 任务航线检查方法 3.1.3 辅助设备系统运行知识 3.1.4 无人机重量与配平检查方法 3.1.5 无人机气动舵面检查方法
	3.2 飞行操控	3.2.1 能完成定点环绕飞行动作 3.2.2 能使用地面控制系统图传画面完成无人机航点设置 3.2.3 能监控无人机飞行状态 3.2.4 能使用地面控制系统操控无人机飞行	3.2.1 定点环绕飞行方法 3.2.2 无人机航点设置方法 3.2.3 无人机飞行状态监控方法 3.2.4 使用地面控制系统操控无人机飞行的方法
	3.3 应急处置	3.3.1 能执行起飞中止操作或降落中止操作 3.3.2 能在无人机飞行过程中更改飞行计划 3.3.3 能在无人机飞行过程中执行规避、返航、紧急降落操作	3.3.1 起飞、降落中止操作方法 3.3.2 无人机飞行过程中更改飞行计划的方法 3.3.3 无人机飞行过程中执行规避、返航、紧急降落操作的方法
	3.4 飞行作业	3.4.1 能监控载荷工作状态 3.4.2 能操控载荷获取数据 3.4.3 能更改载荷参数 3.4.4 能定点悬停投放货物 3.4.5 能吊运货物	3.4.1 监控载荷工作状态的方法 3.4.2 操控载荷获取数据的方法 3.4.3 更改载荷参数的方法 3.4.4 定点悬停投放货物的方法 3.4.5 吊运货物的方法

续表

职业功能	工作内容	技能要求	相关知识要求
4. 维护保养	4.1 维护	4.1.1 能拆卸物流载荷 4.1.2 能清洁物流载荷 4.1.3 能对机体进行检查及基础维护 4.1.4 能完成系统软件及固件升级 4.1.5 能按照维保手册要求定期对紧固件进行检查维护 4.1.6 能完成动力系统的维护	4.1.1 拆卸物流载荷的方法 4.1.2 清洁物流载荷的方法 4.1.3 机体检查及基础维护方法 4.1.4 系统软件及固件升级方法 4.1.5 紧固件检查维护方法 4.1.6 动力系统维护方法
	4.2 保养	4.2.1 能完成物流载荷收纳存储 4.2.2 能完成动力系统的保养	4.2.1 物流载荷收纳存储方法 4.2.2 动力系统保养方法

3.3 三级/高级工

3.3.1 植保

职业功能	工作内容	技能要求	相关知识要求
1. 任务规划	1.1 航线规划	1.1.1 能规划紧急规避、紧急返航航线 1.1.2 能规划紧急降落点位置	1.1.1 规划紧急规避、紧急返航航线的方法 1.1.2 规划紧急降落点位置的方法
	1.2 任务分析	1.2.1 能分析植保飞行任务并收集相关信息 1.2.2 能根据植保飞行任务要求制订任务计划 1.2.3 能根据植保飞行任务计划编制实施方案 1.2.4 能制定航线优化方案	1.2.1 根据植保飞行任务要求制订任务计划的方法 1.2.2 根据植保飞行任务计划编制实施方案的方法
	1.3 风险评估	1.3.1 能评估天气对飞行的影响 1.3.2 能评估环境对飞行的影响 1.3.3 能评估现场生产、生活设施对飞行的影响 1.3.4 能评估其他飞行工具对飞行的影响 1.3.5 能评估植保作业对环境影响的潜在风险	1.3.1 影响飞行的因素 1.3.2 飞行工具对飞行的影响 1.3.3 植保作业对环境影响的潜在风险评估方法

续表

职业功能	工作内容	技能要求	相关知识要求
2.任务执行	2.1 飞行前检查	2.1.1 能根据飞行前检查单下达检查指令 2.1.2 能综合飞行前检查情况进行故障排查处理 2.1.3 能使用专业术语向空管部门进行起飞前报备	2.1.1 下达检查指令的方法 2.1.2 飞行前检查故障的排查处理方法 2.1.3 起飞前报备方法
	2.2 飞行操控	2.2.1 能在紧急情况下操控无人机飞行 2.2.2 能在紧急情况下操控无人机着陆 2.2.3 能使用专业术语下达飞行操控指令 2.2.4 能使用专业术语向空管部门进行降落后报备	2.2.1 紧急情况下操控无人机飞行及着陆的方法 2.2.2 使用专业术语下达飞行操控指令的方法 2.2.3 降落后报备方法
	2.3 应急处置	2.3.1 能通过飞行状态监控反馈识别紧急情况信息 2.3.2 能选择紧急情况对应的应急处理预案 2.3.3 能按照应急处理预案处理紧急情况 2.3.4 能使用专业术语下达紧急操作指令 2.3.5 能处理突发无预案紧急情况 2.3.6 能按照事故处置流程和规范对坠毁的无人机进行处置	2.3.1 紧急情况下信息识别评判的知识 2.3.2 选择应急处理预案的方法 2.3.3 使用专业术语下达紧急操作指令的方法 2.3.4 处理突发无预案紧急情况的方法 2.3.5 对坠毁的无人机进行处置的方法
	2.4 飞行作业	2.4.1 能使用专业术语下达飞行作业指令 2.4.2 能进行变量喷洒或播撒作业 2.4.3 能对植保作业结果进行评价	2.4.1 使用专业术语下达飞行作业指令的方法 2.4.2 变量喷洒或播撒作业方法 2.4.3 植保作业结果评价知识
	2.5 数据处置	2.5.1 能利用影像数据对作业区进行模型重建 2.5.2 能使用作业区模型数据分析研判作业任务	2.5.1 利用影像数据对作业区进行模型重建的方法 2.5.2 使用作业区模型数据分析研判作业任务的方法

续表

职业功能	工作内容	技能要求	相关知识要求
3. 维护保养	3.1 维护	3.1.1 能根据维护方案及标准编制维护作业流程 3.1.2 能根据维护方案及标准编制维护作业手册	3.1.1 编制维护作业流程的方法 3.1.2 编制维护作业手册的方法
	3.2 保养	3.2.1 能根据保养方案及标准编制保养作业流程 3.2.2 能根据保养方案及标准编制保养作业手册	3.2.1 编制保养作业流程的方法 3.2.2 编制保养作业手册的方法
	3.3 检查	3.3.1 能诊断无人机、地面控制系统及辅助设备外观缺陷 3.3.2 能诊断无人机、地面控制系统、通信链路、控制链路故障	3.3.1 诊断无人机、地面控制系统及辅助设备外观缺陷的方法 3.3.2 诊断无人机、地面控制系统、通信链路、控制链路故障的方法
	3.4 维修	3.4.1 能排除无人机、地面控制系统及辅助设备外观缺陷 3.4.2 能排除辅助设备常见故障	3.4.1 排除无人机、地面控制系统及辅助设备外观缺陷的方法 3.4.2 排除辅助设备常见故障的方法

3.3.2 安防

职业功能	工作内容	技能要求	相关知识要求
1. 任务规划	1.1 航线规划	1.1.1 能规划紧急规避、紧急返航航线 1.1.2 能规划紧急降落点位置	1.1.1 规划紧急规避、紧急返航航线的方法 1.1.2 规划紧急降落点位置的方法
	1.2 任务分析	1.2.1 能分析安防飞行任务并收集相关信息 1.2.2 能根据安防飞行任务要求制订任务计划 1.2.3 能根据安防飞行任务计划编制实施方案 1.2.4 能制定航线优化方案	1.2.1 根据安防飞行任务要求制订任务计划的方法 1.2.2 根据安防飞行任务计划编制实施方案的方法

续表

职业功能	工作内容	技能要求	相关知识要求
1. 任务规划	1.3 风险评估	1.3.1 能评估天气对飞行的影响 1.3.2 能评估环境对飞行的影响 1.3.3 能评估现场生产、生活设施对飞行的影响 1.3.4 能评估其他飞行工具对飞行的影响 1.3.5 能评估安防作业对环境影响的潜在风险	1.3.1 影响飞行的因素 1.3.2 飞行工具对飞行的影响 1.3.3 安防作业对环境影响的潜在风险评估方法
2. 任务执行	2.1 飞行前检查	2.1.1 能根据飞行前检查单下达检查指令 2.1.2 能综合飞行前检查情况进行故障排查处理 2.1.3 能使用专业术语向空管部门进行起飞前报备	2.1.1 下达检查指令的方法 2.1.2 飞行前检查故障的排查处理方法 2.1.3 起飞前报备方法
	2.2 飞行操控	2.2.1 能在紧急情况下操控无人机飞行 2.2.2 能在紧急情况下操控无人机着陆 2.2.3 能使用专业术语下达飞行操控指令 2.2.4 能使用专业术语向空管部门进行降落后报备	2.2.1 紧急情况下操控无人机飞行及着陆的方法 2.2.2 使用专业术语下达飞行操控指令的方法 2.2.3 降落后报备方法
	2.3 应急处置	2.3.1 能通过飞行状态监控反馈识别紧急情况信息 2.3.2 能选择紧急情况对应的应急处理预案 2.3.3 能按照应急处理预案处理紧急情况 2.3.4 能使用专业术语下达紧急操作指令 2.3.5 能处理突发无预案紧急情况 2.3.6 能按照事故处置流程和规范对坠毁的无人机进行处置	2.3.1 紧急情况下信息识别评判的知识 2.3.2 选择应急处理预案的方法 2.3.3 使用专业术语下达紧急操作指令的方法 2.3.4 处理突发无预案紧急情况的方法 2.3.5 对坠毁的无人机进行处置的方法

续表

职业功能	工作内容	技能要求	相关知识要求
2. 任务执行	2.4 飞行作业	2.4.1 能使用专业术语下达飞行作业指令 2.4.2 能使用特种安防载荷开展作业 2.4.3 能对安防作业结果进行评价	2.4.1 使用专业术语下达飞行作业指令的方法 2.4.2 使用特种安防载荷开展作业的方法 2.4.3 安防作业结果评价知识
3. 维护保养	3.1 维护	3.1.1 能根据维护方案及标准编制维护作业流程 3.1.2 能根据维护方案及标准编制维护作业手册	3.1.1 编制维护作业流程的方法 3.1.2 编制维护作业手册的方法
	3.2 保养	3.2.1 能根据保养方案及标准编制保养作业流程 3.2.2 能根据保养方案及标准编制保养作业手册	3.2.1 编制保养作业流程的方法 3.2.2 编制保养作业手册的方法
	3.3 检查	3.3.1 能诊断无人机、地面控制系统及辅助设备外观缺陷 3.3.2 能诊断无人机、地面控制系统、通信链路、控制链路故障	3.3.1 诊断无人机、地面控制系统及辅助设备外观缺陷的方法 3.3.2 诊断无人机、地面控制系统、通信链路、控制链路故障的方法
	3.4 维修	3.4.1 能排除无人机、地面控制系统及辅助设备外观缺陷 3.4.2 能排除辅助设备常见故障	3.4.1 排除无人机、地面控制系统及辅助设备外观缺陷的方法 3.4.2 排除辅助设备常见故障的方法

3.3.3 航拍

职业功能	工作内容	技能要求	相关知识要求
1. 任务规划	1.1 航线规划	1.1.1 能规划紧急规避、紧急返航航线 1.1.2 能规划紧急降落点位置	1.1.1 规划紧急规避、紧急返航航线的方法 1.1.2 规划紧急降落点位置的方法

续表

职业功能	工作内容	技能要求	相关知识要求
1. 任务规划	1.2 任务分析	1.2.1 能分析航拍飞行任务并收集相关信息 1.2.2 能根据航拍飞行任务要求制订任务计划 1.2.3 能根据航拍飞行任务计划编制实施方案 1.2.4 能制定航线优化方案	1.2.1 根据航拍飞行任务要求制订任务计划的方法 1.2.2 根据航拍飞行任务计划编制实施方案的方法
	1.3 风险评估	1.3.1 能评估天气对飞行的影响 1.3.2 能评估环境对飞行的影响 1.3.3 能评估现场生产、生活设施对飞行的影响 1.3.4 能评估其他飞行工具对飞行的影响 1.3.5 能评估航拍作业对环境影响的潜在风险	1.3.1 影响飞行的因素 1.3.2 飞行工具对飞行的影响 1.3.3 航拍作业对环境影响的潜在风险评估方法
2. 任务执行	2.1 飞行前检查	2.1.1 能根据飞行前检查单下达检查指令 2.1.2 能综合飞行前检查情况进行故障排查处理 2.1.3 能使用专业术语向空管部门进行起飞前报备	2.1.1 下达检查指令的方法 2.1.2 飞行前检查故障的排查处理方法 2.1.3 起飞前报备方法
	2.2 飞行操控	2.2.1 能在紧急情况下操控无人机飞行 2.2.2 能在紧急情况下操控无人机着陆 2.2.3 能使用专业术语下达飞行操控指令 2.2.4 能使用专业术语向空管部门进行降落后报备	2.2.1 紧急情况下操控无人机飞行及着陆的方法 2.2.2 使用专业术语下达飞行操控指令的方法 2.2.3 降落后报备方法

续表

职业功能	工作内容	技能要求	相关知识要求
2. 任务执行	2.3 应急处置	2.3.1 能通过飞行状态监控反馈识别紧急情况信息 2.3.2 能选择紧急情况对应的应急处理预案 2.3.3 能按照应急处理预案处理紧急情况 2.3.4 能使用专业术语下达紧急操作指令 2.3.5 能处理突发无预案紧急情况 2.3.6 能按照事故处置流程和规范对坠毁的无人机进行处置	2.3.1 紧急情况下信息识别评判的知识 2.3.2 选择应急处理预案的方法 2.3.3 使用专业术语下达紧急操作指令的方法 2.3.4 处理突发无预案紧急情况的方法 2.3.5 对坠毁的无人机进行处置的方法
	2.4 飞行作业	2.4.1 能使用专业术语下达飞行作业指令 2.4.2 能使用航拍无人机进行影视级拍摄 2.4.3 能对航拍作业结果进行评价	2.4.1 使用专业术语下达飞行作业指令的方法 2.4.2 使用航拍无人机进行影视级拍摄的方法 2.4.3 航拍作业结果评价知识
3. 维护保养	3.1 维护	3.1.1 能根据维护方案及标准编制维护作业流程 3.1.2 能根据维护方案及标准编制维护作业手册	3.1.1 编制维护作业流程的方法 3.1.2 编制维护作业手册的方法
	3.2 保养	3.2.1 能根据保养方案及标准编制保养作业流程 3.2.2 能根据保养方案及标准编制保养作业手册	3.2.1 编制保养作业流程的方法 3.2.2 编制保养作业手册的方法
	3.3 检查	3.3.1 能诊断无人机、地面控制系统及辅助设备外观缺陷 3.3.2 能诊断无人机、地面控制系统、通信链路、控制链路故障	3.3.1 诊断无人机、地面控制系统及辅助设备外观缺陷的方法 3.3.2 诊断无人机、地面控制系统、通信链路、控制链路故障的方法
	3.4 维修	3.4.1 能排除无人机、地面控制系统及辅助设备外观缺陷 3.4.2 能排除辅助设备常见故障	3.4.1 排除无人机、地面控制系统及辅助设备外观缺陷的方法 3.4.2 排除辅助设备常见故障的方法

3.3.4 巡检

职业功能	工作内容	技能要求	相关知识要求
1. 任务规划	1.1 航线规划	1.1.1 能规划紧急规避、紧急返航航线 1.1.2 能规划紧急降落点位置	1.1.1 规划紧急规避、紧急返航航线的方法 1.1.2 规划紧急降落点位置的方法
	1.2 任务分析	1.2.1 能分析巡检飞行任务并收集相关信息 1.2.2 能根据巡检飞行任务要求制订任务计划 1.2.3 能根据巡检飞行任务计划编制实施方案 1.2.4 能制定航线优化方案	1.2.1 根据巡检飞行任务要求制订任务计划的方法 1.2.2 根据巡检飞行任务计划编制实施方案的方法
	1.3 风险评估	1.3.1 能评估天气对飞行的影响 1.3.2 能评估环境对飞行的影响 1.3.3 能评估现场生产、生活设施对飞行的影响 1.3.4 能评估其他飞行工具对飞行的影响 1.3.5 能评估巡检作业对环境影响的潜在风险	1.3.1 影响飞行的因素 1.3.2 飞行工具对飞行的影响 1.3.3 巡检作业对环境影响的潜在风险评估方法
2. 任务执行	2.1 飞行前检查	2.1.1 能根据飞行前检查单下达检查指令 2.1.2 能综合飞行前检查情况进行故障排查处理 2.1.3 能使用专业术语向空管部门进行起飞前报备	2.1.1 下达检查指令的方法 2.1.2 飞行前检查故障的排查处理方法 2.1.3 起飞前报备方法
	2.2 飞行操控	2.2.1 能在紧急情况下操控无人机飞行 2.2.2 能在紧急情况下操控无人机着陆 2.2.3 能使用专业术语下达飞行操控指令 2.2.4 能使用专业术语向空管部门进行降落后报备	2.2.1 紧急情况下操控无人机飞行及着陆的方法 2.2.2 使用专业术语下达飞行操控指令的方法 2.2.3 降落后报备方法

续表

职业功能	工作内容	技能要求	相关知识要求
2. 任务执行	2.3 应急处置	2.3.1 能通过飞行状态监控反馈识别紧急情况信息 2.3.2 能选择紧急情况对应的应急处理预案 2.3.3 能按照应急处理预案处理紧急情况 2.3.4 能使用专业术语下达紧急操作指令 2.3.5 能处理突发无预案紧急情况 2.3.6 能按照事故处置流程和规范对坠毁的无人机进行处置	2.3.1 紧急情况下信息识别评判的知识 2.3.2 选择应急处理预案的方法 2.3.3 使用专业术语下达紧急操作指令的方法 2.3.4 处理突发无预案紧急情况的方法 2.3.5 对坠毁的无人机进行处置的方法
	2.4 飞行作业	2.4.1 能使用专业术语下达飞行作业指令 2.4.2 能对面状目标进行巡检 2.4.3 能对巡检作业结果进行评价	2.4.1 使用专业术语下达飞行作业指令的方法 2.4.2 面状目标巡检的方法 2.4.3 巡检作业结果评价知识
	2.5 数据处置	2.5.1 能对任务数据进行整理 2.5.2 能对任务数据进行存储、流转	2.5.1 任务数据整理方法 2.5.2 任务数据存储、流转方法
3. 维护保养	3.1 维护	3.1.1 能根据维护方案及标准编制维护作业流程 3.1.2 能根据维护方案及标准编制维护作业手册	3.1.1 编制维护作业流程的方法 3.1.2 编制维护作业手册的方法
	3.2 保养	3.2.1 能根据保养方案及标准编制保养作业流程 3.2.2 能根据保养方案及标准编制保养作业手册	3.2.1 编制保养作业流程的方法 3.2.2 编制保养作业手册的方法

续表

职业功能	工作内容	技能要求	相关知识要求
3. 维护保养	3.3 检查	3.3.1 能诊断无人机、地面控制系统及辅助设备外观缺陷 3.3.2 能诊断无人机、遥控器、地面控制系统、通信链路、控制链路故障	3.3.1 诊断无人机、地面控制系统及辅助设备外观缺陷的方法 3.3.2 诊断无人机、遥控器、地面控制系统、通信链路、控制链路故障的方法
	3.4 维修	3.4.1 能排除无人机、地面控制系统及辅助设备外观缺陷 3.4.2 能排除辅助设备常见故障	3.4.1 排除无人机、地面控制系统及辅助设备外观缺陷的方法 3.4.2 排除辅助设备常见故障的方法

3.3.5 物流

职业功能	工作内容	技能要求	相关知识要求
1. 任务规划	1.1 航线规划	1.1.1 能规划紧急规避、紧急返航航线 1.1.2 能规划紧急降落点位置	1.1.1 规划紧急规避、紧急返航航线的方法 1.1.2 规划紧急降落点位置的方法
	1.2 任务分析	1.2.1 能分析物流飞行任务并收集相关信息 1.2.2 能根据物流飞行任务要求制订任务计划 1.2.3 能根据物流飞行任务计划编制实施方案 1.2.4 能制定航线优化方案	1.2.1 根据物流飞行任务要求制订任务计划的方法 1.2.2 根据物流飞行任务计划编制实施方案的方法
	1.3 风险评估	1.3.1 能评估天气对飞行的影响 1.3.2 能评估环境对飞行的影响 1.3.3 能评估现场生产、生活设施对飞行的影响 1.3.4 能评估其他飞行工具对飞行的影响 1.3.5 能评估物流作业对环境影响的潜在风险	1.3.1 影响飞行的因素 1.3.2 飞行工具对飞行的影响 1.3.3 物流作业对环境影响的潜在风险评估方法

续表

职业功能	工作内容	技能要求	相关知识要求
2. 任务执行	2.1 飞行前检查	2.1.1 能根据飞行前检查单下达检查指令 2.1.2 能综合飞行前检查情况进行故障排查处理 2.1.3 能使用专业术语向空管部门进行起飞前报备	2.1.1 下达检查指令的方法 2.1.2 飞行前检查故障的排查处理方法 2.1.3 起飞前报备方法
	2.2 飞行操控	2.2.1 能在紧急情况下操控无人机飞行 2.2.2 能在紧急情况下操控无人机着陆 2.2.3 能使用专业术语下达飞行操控指令 2.2.4 能使用专业术语向空管部门进行降落后报备	2.2.1 紧急情况下操控无人机飞行及着陆的方法 2.2.2 使用专业术语下达飞行操控指令的方法 2.2.3 降落后报备方法
	2.3 应急处置	2.3.1 能通过飞行状态监控反馈识别紧急情况信息 2.3.2 能选择紧急情况对应的应急处理预案 2.3.3 能按照应急处理预案处理紧急情况 2.3.4 能使用专业术语下达紧急操作指令 2.3.5 能处理突发无预案紧急情况 2.3.6 能按照事故处置流程和规范对坠毁的无人机进行处置	2.3.1 紧急情况信息识别评判的知识 2.3.2 选择应急处理预案的方法 2.3.3 使用专业术语下达紧急操作指令的方法 2.3.4 处理突发无预案紧急情况的方法 2.3.5 对坠毁的无人机进行处置的方法
	2.4 飞行作业	2.4.1 能使用专业术语下达飞行作业指令 2.4.2 能在无人机机动状态下空投货物 2.4.3 能对物流作业结果进行评价	2.4.1 使用专业术语下达飞行作业指令的方法 2.4.2 无人机机动状态下空投货物的方法 2.4.3 物流作业结果评价知识
3. 维护保养	3.1 维护	3.1.1 能根据维护方案及标准编制维护作业流程 3.1.2 能根据维护方案及标准编制维护作业手册	3.1.1 编制维护作业流程的方法 3.1.2 编制维护作业手册的方法

续表

职业功能	工作内容	技能要求	相关知识要求
3. 维护保养	3.2 保养	3.2.1 能根据保养方案及标准编制保养作业流程 3.2.2 能根据保养方案及标准编制保养作业手册	3.2.1 编制保养作业流程的方法 3.2.2 编制保养作业手册的方法
	3.3 检查	3.3.1 能诊断无人机、地面控制系统及辅助设备外观缺陷 3.3.2 能诊断无人机、地面控制系统、通信链路、控制链路故障	3.3.1 诊断无人机、地面控制系统及辅助设备外观缺陷的方法 3.3.2 诊断无人机、地面控制系统、通信链路、控制链路故障的方法
	3.4 维修	3.4.1 能排除无人机、地面控制系统及辅助设备外观缺陷 3.4.2 能排除辅助设备常见故障	3.4.1 排除无人机、地面控制系统及辅助设备外观缺陷的方法 3.4.2 排除辅助设备常见故障的方法

3.4 二级/技师

职业功能	工作内容	技能要求	相关知识要求
1. 任务规划	1.1 任务分析	1.1.1 能根据任务要求优化实施方案 1.1.2 能制定任务结果评价标准	1.1.1 根据任务要求优化实施方案的方法 1.1.2 制定任务结果评价标准的方法
	1.2 风险评估	1.2.1 能制定任务风险等级标准 1.2.2 能评估任务风险等级 1.2.3 能提出规避飞行风险的措施	1.2.1 任务风险等级标准知识 1.2.2 评估任务风险等级的方法 1.2.3 飞行风险规避知识
	1.3 应急预案	1.3.1 能制定紧急情况下无人机规避、返航、降落的处置预案 1.3.2 能制定无人机失联应急处置预案 1.3.3 能制定坠机应急处置预案 1.3.4 能制定伤害第三方（人员、财产）后的应急处置预案	1.3.1 紧急情况下无人机规避、返航、降落的处置方法 1.3.2 无人机失联应急处置方法 1.3.3 坠机应急处置方法 1.3.4 制定伤害第三方（人员、财产）后的应急处置预案方法

续表

职业功能	工作内容	技能要求	相关知识要求
2. 任务准备	2.1 安装	2.1.1 能制定安装流程 2.1.2 能制定安装标准	2.1.1 制定安装流程的方法 2.1.2 制定安装标准的方法
	2.2 调试	2.2.1 能制定调试流程 2.2.2 能制定调试标准	2.2.1 制定调试流程的方法 2.2.2 制定调试标准的方法
3. 任务执行	3.1 飞行前检查	3.1.1 能检查任务方案与无人机系统匹配性 3.1.2 能编制飞行前全流程检查单	3.1.1 检查任务方案与无人机系统匹配性的方法 3.1.2 编制飞行前全流程检查单的方法
	3.2 飞行操控	3.2.1 能制定飞行操控技术评价标准 3.2.2 能制定飞行操控技术评价流程 3.2.3 能优化飞行操控技术评价标准及流程	3.2.1 飞行操控技术评价标准制定方法 3.2.2 飞行操控技术评价流程制定方法 3.2.3 飞行操控技术评价标准及流程优化方法
	3.3 飞行作业	3.3.1 能制定作业结果质量评价标准 3.3.2 能编制作业报告	3.3.1 作业结果质量评价标准制定方法 3.3.2 作业报告编制方法
4. 维护保养	4.1 维护	4.1.1 能制定无人机全系统维护方案 4.1.2 能制定无人机全系统维护标准	4.1.1 制定无人机全系统维护方案的方法 4.1.2 制定无人机全系统维护标准的方法
	4.2 保养	4.2.1 能制定无人机全系统保养方案 4.2.2 能制定无人机全系统保养标准	4.2.1 制定无人机全系统保养方案的方法 4.2.2 制定无人机全系统保养标准的方法

续表

职业功能	工作内容	技能要求	相关知识要求
4. 维护保养	4.3 检查	4.3.1 能对无人机常见故障进行总结分析 4.3.2 能对载荷系统常见故障进行总结分析 4.3.3 能对地面控制系统、通信链路、控制链路故障进行总结分析 4.3.4 能对辅助设备系统常见故障进行总结分析	4.3.1 无人机常见故障总结分析方法 4.3.2 载荷系统常见故障总结分析方法 4.3.3 地面控制系统、通信链路、控制链路故障总结分析方法 4.3.4 辅助设备系统常见故障总结分析方法
	4.4 维修	4.4.1 能排除动力装置故障 4.4.2 能排除无人机、地面控制系统、通信链路、控制链路故障 4.4.3 能排除载荷常见故障	4.4.1 排除动力装置故障的方法 4.4.2 排除无人机、地面控制系统、通信链路、控制链路故障的方法 4.4.3 排除载荷常见故障的方法
5. 培训指导	5.1 培训	5.1.1 能对三级/高级工及以下级别人员进行培训 5.1.2 能制定培训方案 5.1.3 能编写培训教案	5.1.1 对三级/高级工及以下级别人员进行培训的方法 5.1.2 制定培训方案的方法 5.1.3 编写培训教案的方法
	5.2 指导	5.2.1 能对三级/高级工及以下级别人员进行指导 5.2.2 能制定指导方案	5.2.1 对三级/高级工及以下级别人员进行指导的方法 5.2.2 制定指导方案的方法

3.5 一级/高级技师

职业功能	工作内容	技能要求	相关知识要求
1. 任务执行	1.1 飞行操控	1.1.1 能对新型无人机开展试飞工作 1.1.2 能根据试飞结果提出改进措施	1.1.1 试飞新型无人机的方法 1.1.2 根据试飞结果提出改进措施的方法

续表

职业功能	工作内容	技能要求	相关知识要求
1. 任务执行	1.2 飞行作业	1.2.1 能对新型载荷开展试飞工作 1.2.2 能根据试飞结果提出改进措施	1.2.1 试飞新型载荷的方法 1.2.2 根据试飞结果提出改进措施的方法
2. 维护保养	2.1 检查	2.1.1 能制定无人机全系统检查方案 2.1.2 能制定无人机全系统检查标准	2.1.1 无人机全系统检查知识 2.1.2 制定无人机全系统检查方案和标准的方法
	2.2 维修	2.2.1 能制定无人机全系统维修方案 2.2.2 能制定无人机全系统维修标准	2.2.1 无人机全系统维修知识 2.2.2 制定无人机全系统维修方案和标准的方法
3. 技术管理	3.1 新技术研究	3.1.1 能组织开展无人机新技术、新标准的课题研究 3.1.2 能组织开展无人机新技术、新标准的实践应用 3.1.3 能应用新技术、新标准制定无人机操控训练、操控飞行等专业工作计划和实施方案	3.1.1 组织开展无人机新技术、新标准课题研究的方法 3.1.2 组织开展无人机新技术、新标准实践应用的方法 3.1.3 应用新技术、新标准制定无人机操控训练、操控飞行等专业工作计划和实施方案的方法
	3.2 新设备应用	3.2.1 能对无人机配套新仪器、新设备、新软件进行性能测试 3.2.2 能对无人机配套新仪器、新设备、新软件进行推广应用	3.2.1 无人机配套新仪器、新设备、新软件性能测试方法 3.2.2 推广应用无人机配套新仪器、新设备、新软件的方法
4. 培训指导	4.1 培训	4.1.1 能对二级/技师及以下级别人员进行培训 4.1.2 能创新无人机驾驶员教学法 4.1.3 能编写无人机驾驶员培训教材	4.1.1 对二级/技师及以下级别人员进行培训的方法 4.1.2 教学法创新知识 4.1.3 编写无人机驾驶员培训教材的方法
	4.2 指导	4.2.1 能对二级/技师及以下级别人员进行指导 4.2.2 能编写实操指导类教材	4.2.1 对二级/技师及以下级别人员进行指导的方法 4.2.2 编写实操指导类教材的方法

4. 权重表

4.1 理论知识权重表

项目	技能等级	五级/初级工（%）	四级/中级工（%）	三级/高级工（%）	二级/技师（%）	一级/高级技师（%）
基本要求	职业道德	5	5	5	5	5
	基础知识	5	5	5	5	5
相关知识要求	任务规划	—	15	35	10	—
	任务准备	25	20	—	15	—
	任务执行	40	35	35	20	20
	维护保养	25	20	20	20	15
	技术管理	—	—	—	—	30
	培训指导	—	—	—	25	25
合计		100	100	100	100	100

4.2 技能要求权重表

项目	技能等级	五级/初级工（%）	四级/中级工（%）	三级/高级工（%）	二级/技师（%）	一级/高级技师（%）
技能要求	任务规划	—	20	30	10	—
	任务准备	25	20	—	10	—
	任务执行	40	35	40	20	20
	维护保养	35	25	30	25	20
	技术管理	—	—	—	—	30
	培训指导	—	—	—	35	30
合计		100	100	100	100	100

裁剪工国家职业技能标准

（2021 年版）

1. 职业概况

1.1 职业名称

裁剪工①

1.2 职业编码

6-05-01-02

1.3 职业定义

使用裁剪设备或专用工具，进行纺织品、皮革、复合材料等裁剪工作的人员。

1.4 职业技能等级

本职业共设五个等级，分别为：五级/初级工、四级/中级工、三级/高级工、二级/技师、一级/高级技师。

1.5 职业环境条件

室内，常温。

1.6 职业能力特征

具有一定的分析、推理、判断、表达及计算能力，左右眼矫正视力不低于5.0（1.0），无色盲、色弱，并有较强的空间感和形体知觉，手指、手臂灵活，动作协调。

1.7 普通受教育程度

初中毕业（或相当文化程度）。

1.8 培训参考学时

五级/初级工200标准学时，四级/中级工160标准学时，三级/高级工120标准学时，二级/技师100标准学时，一级/高级技师100标准学时。

---

① 本职业包含但不限于下列工种：服装裁剪工、纺织品裁剪工。

1.9 职业技能鉴定要求

1.9.1 申报条件

具备以下条件之一者，可申报五级/初级工：

(1) 累计从事本职业或相关职业①工作1年（含）以上。

(2) 本职业或相关职业学徒期满。

具备以下条件之一者，可申报四级/中级工：

(1) 取得本职业或相关职业五级/初级工职业资格证书（技能等级证书）后，累计从事本职业或相关职业工作4年（含）以上。

(2) 累计从事本职业或相关职业工作6年（含）以上。

(3) 取得技工学校本专业或相关专业②毕业证书（含尚未取得毕业证书的在校应届毕业生）；或取得经评估论证、以中级技能为培养目标的中等及以上职业学校本专业或相关专业毕业证书（含尚未取得毕业证书的在校应届毕业生）。

具备以下条件之一者，可申报三级/高级工：

(1) 取得本职业或相关职业四级/中级工职业资格证书（技能等级证书）后，累计从事本职业或相关职业工作5年（含）以上。

(2) 取得本职业或相关职业四级/中级工职业资格证书（技能等级证书），并具有高级技工学校、技师学院毕业证书（含尚未取得毕业证书的在校应届毕业生）；或取得本职业或相关职业四级/中级工职业资格证书（技能等级证书），并具有经评估论证、以高级技能为培养目标的高等职业学校本专业或相关专业毕业证书（含尚未取得毕业证书的在校应届毕业生）。

(3) 具有大专及以上本专业或相关专业毕业证书，并取得本职业或相关职业四级/中级工职业资格证书（技能等级证书）后，累计从事本职业或相关职业工作2年（含）以上。

具备以下条件之一者，可申报二级/技师：

(1) 取得本职业或相关职业三级/高级工职业资格证书（技能等级证书）后，累计从事本职业或相关职业工作4年（含）以上。

(2) 取得本职业或相关职业三级/高级工职业资格证书（技能等级证书）的高级技工学校、技师学院毕业生，累计从事本职业或相关职业工作3年（含）以上；或取得本职业或相关职业预备技师证书的技师学院毕业生，累计从事本职业或相关职业工作2年（含）以上。

具备以下条件者，可申报一级/高级技师：

取得本职业或相关职业二级/技师职业资格证书（技能等级证书）后，累计从事本职业或相关职业工作4年（含）以上。

---

① 相关职业：服装制版师、裁缝、缝纫工、缝纫品整型工、皮革及皮革制品加工工，下同。

② 本专业或相关专业：服装设计与制作、服装制作与营销、服装设计与工艺、服装设计与工程、服装制作与生产管理，下同。

1.9.2　鉴定方式

分为理论知识考试、技能考核以及综合评审。理论知识考试以笔试、机考等方式为主，主要考核从业人员从事本职业应掌握的基本要求和相关知识要求；技能考核主要采用现场操作、模拟操作等方式进行，主要考核从业人员从事本职业应具备的技能水平；综合评审主要针对技师和高级技师，通常采取审阅申报材料、答辩等方式进行全面评议和审查。

理论知识考试、技能考核和综合评审均实行百分制，成绩皆达 60 分（含）以上者为合格。

1.9.3　监考人员、考评人员与考生配比

理论知识考试中的监考人员与考生配比不低于 1∶15，且每个考场不少于 2 名监考人员；技能考核中的考评人员与考生配比不低于 1∶5，且考评人员为 3 人（含）以上单数；综合评审委员为 5 人（含）以上单数。

1.9.4　鉴定时间

理论知识考试时间不少于 90 min；技能考核时间：五级/初级工、四级/中级工、三级/高级工不少于 120 min，二级/技师、一级/高级技师不少于 150 min；综合评审时间不少于 15 min。

1.9.5　鉴定场所设备

理论知识考试在标准教室或机房进行，技能考核在具备裁剪操作的现场进行。

2. 基本要求

2.1　职业道德

2.1.1　职业道德基本知识

2.1.2　职业守则

（1）遵纪守法，诚实守信。
（2）爱岗敬业，勇于创新。
（3）质量为本，效率为先。
（4）团结协作，文明生产。

2.2　基础知识

2.2.1　纺织材料学知识

（1）经纬向识别的基础知识。
（2）倒顺毛识别的基础知识。
（3）阴阳条格、定位花、对称花和倒顺花识别的基础知识。

(4) 正反面识别的基础知识。

(5) 面料物理性能的基础知识。

(6) 面料色差、疵点识别的基础知识。

(7) 针织、机织、非织造面料识别的基础知识。

2.2.2 服装服饰、家用纺织品和产业用纺织品的基础知识

(1) 服装服饰、家用纺织品和产业用纺织品的产品结构基础知识。

(2) 服装服饰、家用纺织品和产业用纺织品的工业用样版基础知识。

2.2.3 裁剪和排版基础知识

(1) 裁剪工艺基础知识。

(2) 裁剪符号基础知识。

(3) 排版基础知识。

2.2.4 裁剪操作和设备基础知识

(1) 裁剪操作基础知识。

(2) 裁剪设备控制原理。

(3) 裁剪设备相关计算机软件基础知识。

2.2.5 安全文明生产与环境保护知识

(1) 安全文明生产要求。

(2) 安全操作与劳动保护知识。

(3) 环境保护知识。

(4) 安全用电知识。

2.2.6 质量管理与控制知识

(1) 质量管理基本知识。

(2) 质量控制基本方法。

2.2.7 相关法律、法规知识

(1) 《中华人民共和国劳动法》相关知识。

(2) 《中华人民共和国劳动合同法》相关知识。

(3) 《中华人民共和国安全生产法》相关知识。

(4) 《中华人民共和国产品质量法》相关知识。

(5) 《中华人民共和国环境保护法》相关知识。

(6) 《中华人民共和国商标法》相关知识。

3. 工作要求

本标准对五级/初级工、四级/中级工、三级/高级工、二级/技师、一级/高级技师的技能要求和相关知识要求依次递进，高级别涵盖低级别的要求。

3.1 五级/初级工

职业功能	工作内容	技能要求	相关知识要求
1. 裁剪准备	1.1 材料、工具准备	1.1.1 能根据面料特性进行醒布或预缩 1.1.2 能识别面料、辅料的正反面、纱向、毛向 1.1.3 能识别面料、辅料的缺陷，如疵点、原残等 1.1.4 能按照安全生产的要求摆放裁剪工具	1.1.1 纺织面料的醒布方法 1.1.2 面料的正反面、纱向、毛向与图案方向的知识 1.1.3 疵点、原残的基本种类和形态 1.1.4 安全生产基本知识
	1.2 铺布、划样	1.2.1 能读懂生产通知单和排版图 1.2.2 能按照幅宽、长度、面料特点等要求进行单色面料、辅料铺布 1.2.3 能使用专用工具，按照样版进行划样	1.2.1 生产通知单和排版图的识读知识 1.2.2 面料、辅料铺布方法 1.2.3 划样工具的种类、特性及使用方法
2. 裁剪操作	2.1 裁剪	2.1.1 能用手工剪刀裁剪里料和衬料 2.1.2 能根据产品和部位要求调节压衬机的温度 2.1.3 能根据工艺单将衬片的胶面和裁片的反面相对摆好，送入压衬机压衬	2.1.1 手工剪刀的使用方法 2.1.2 里料和衬料的裁剪方法 2.1.3 压衬机的结构知识 2.1.4 压衬机的使用方法
	2.2 裁后管理	2.2.1 能清理设备及裁剪场地，回收边角料等 2.2.2 能标记坯料、版号、号型等信息 2.2.3 能打号、分包	2.2.1 设备及裁剪场地清理方法 2.2.2 打号、分包、标记坯料等信息的基本方法

续表

职业功能	工作内容	技能要求	相关知识要求
3. 质量管理	3.1 检验	3.1.1 能检查裁片的物料、号型、编号等信息 3.1.2 能用纸样版核对裁片	3.1.1 裁剪裁片检验的程序 3.1.2 裁片核对方法
	3.2 质量控制	3.2.1 能上报不合格品的情况 3.2.2 能修剪、更正里料和辅料裁片	3.2.1 不合格品统计方法 3.2.2 修剪裁片的方法

3.2 四级/中级工

职业功能	工作内容	技能要求	相关知识要求
1. 裁剪准备	1.1 材料、工具准备	1.1.1 能核对面料、里料、衬料数量和规格 1.1.2 能识别面料色差、纬斜、松紧边等品质问题 1.1.3 能对裁剪等相关工具进行检查核对	1.1.1 面料色差、纬斜、松紧边等基本知识 1.1.2 裁剪工具的使用及检查核对方法
	1.2 铺布、划样	1.2.1 能根据工艺单核对物料清单、排版图 1.2.2 能按照幅宽、长度、成品外观等要求进行倒顺毛向面料、倒顺图案面料铺布 1.2.3 能使用排版图进行划样	1.2.1 工艺单、物料清单、排版图的基本知识 1.2.2 倒顺毛向面料、倒顺图案面料的铺布知识 1.2.3 使用排版图划样的基本方法
2. 裁剪操作	2.1 裁剪	2.1.1 能启动和关闭手持式裁剪机 2.1.2 能按规定磨刀 2.1.3 能使用压脚压布,松紧适宜 2.1.4 能使用手持式裁剪机裁剪里料和衬料	2.1.1 手持式裁剪机的基本结构 2.1.2 手持式裁剪机的基本使用方法
	2.2 裁后管理	2.2.1 能根据工艺单、排版图核对裁片标记 2.2.2 能填写生产记录单	2.2.1 裁片标记方法 2.2.2 生产记录单填写方法

续表

职业功能	工作内容	技能要求	相关知识要求
3. 质量管理	3.1 检验	3.1.1 能检验里料和衬料裁片刀口对合情况 3.1.2 能挑出误差超出公差范围的裁片	3.1.1 里料、衬料标识知识 3.1.2 裁片公差知识
	3.2 质量控制	3.2.1 能分辨并挑出里料和辅料不合格的裁片 3.2.2 能对裁片直线部位进行修剪与重新裁剪	3.2.1 里料和辅料的裁片检验知识 3.2.2 裁片修剪方法

3.3 三级/高级工

职业功能	工作内容	技能要求	相关知识要求
1. 裁剪准备	1.1 排版	1.1.1 能按照排版要求对里料、衬料进行排版 1.1.2 能对单色面料进行排版	1.1.1 里料、衬料的排版要求 1.1.2 单色面料排版方法
	1.2 铺布、划样	1.2.1 能根据里料、衬料、面料幅宽、产品号型搭配等计算用料率 1.2.2 能按照幅宽、长度、成品外观等要求进行条格面料、弹性面料铺布 1.2.3 能根据样版核对划样，识别错误并纠正	1.2.1 用料率的计算方法 1.2.2 条格面料、弹性面料的铺布方法
2. 裁剪操作	2.1 裁剪	2.1.1 能使用手持式裁剪机、带式裁剪机裁剪批量单色面料或人造皮革 2.1.2 能操作计算机控制裁剪设备裁剪批量面料	2.1.1 手持式裁剪机、带式裁剪机的操作方法 2.1.2 计算机控制裁剪设备的操作方法
	2.2 裁后管理	2.2.1 能发现并处理手持式裁剪机、带式裁剪机裁剪过程中的常见问题 2.2.2 能发现并处理计算机控制裁剪设备裁剪中的常见问题	2.2.1 手持式裁剪机、带式裁剪机常见问题及处理方法 2.2.2 计算机控制裁剪设备中的常见问题及处理方法

续表

职业功能	工作内容	技能要求	相关知识要求
3. 质量 管理	3.1 检验	3.1.1 能检验面料裁片刀口对合情况 3.1.2 能检验裁片数量和质量情况	3.1.1 面料标识知识 3.1.2 检验面料裁剪质量的方法
	3.2 质量控制	3.2.1 能处理生产过程中出现的常见质量问题，并提出改进措施 3.2.2 能对裁片曲线部位进行修剪与重新裁剪	3.2.1 质量控制基本知识 3.2.2 常见质量问题的解决方法 3.2.3 各类产品曲线部位修剪与重新裁剪方法

3.4 二级/技师

职业功能	工作内容	技能要求	相关知识要求
1. 裁剪 准备	1.1 排版	1.1.1 能按产品批量、型号搭配的数量进行排版 1.1.2 能核验排版方案 1.1.3 能对条格和有方向图案的面料进行排版	1.1.1 裁剪流程设计方法 1.1.2 核验排版方案的知识 1.1.3 条格和有方向图案的面料排版知识
	1.2 样版管理	1.2.1 能编写衬衫、枕套、防护服等常见服装服饰、家用纺织品、产业用纺织品的裁剪工艺指导书 1.2.2 能对衬衫、枕套、防护服等常见服装服饰、家用纺织品、产业用纺织品裁剪工艺指导书进行存档管理	1.2.1 衬衫、枕套、防护服等常见服装服饰、家用纺织品、产业用纺织品的裁剪工艺指导书编写要求 1.2.2 衬衫、枕套、防护服等常见服装服饰、家用纺织品、产业用纺织品裁剪工艺指导书的存档管理方法
2. 裁剪 操作	2.1 裁剪	2.1.1 能裁剪批量有倒顺毛向、弹力的面料或能裁剪皮革 2.1.2 能裁剪有纬斜、色差等问题的面料	2.1.1 有倒顺毛向、弹力的面料特点和裁剪要求 2.1.2 皮革的特点和裁剪要求 2.1.3 有纬斜、色差等问题的面料特点和裁剪要求
	2.2 裁后管理	2.2.1 能检查裁剪机运行情况 2.2.2 能排查裁剪安全隐患	2.2.1 裁剪设备故障排查方法 2.2.2 裁剪安全生产规定

续表

职业功能	工作内容	技能要求	相关知识要求
3. 质量管理	3.1 质量分析	3.1.1 能对裁剪质量进行分析 3.1.2 能分析由裁剪设备故障造成的裁剪质量问题	3.1.1 裁剪质量分析方法 3.1.2 裁剪质量问题的种类
	3.2 质量控制	3.2.1 能处理裁剪过程中出现的计算机操作、设备运行等影响裁片质量的问题，并提出改进措施 3.2.2 能处理裁剪过程中出现的计算机操作、设备运行等问题	3.2.1 裁剪质量管理知识 3.2.2 计算机操作、设备运行等影响裁片质量问题的解决方法
4. 管理与培训	4.1 技术管理	4.1.1 能根据配比要求和现有面料数量匹配裁剪方案 4.1.2 能对裁剪工序进行成本核算和管理 4.1.3 能对影响产量的因素进行检查、分析，并提出改进措施 4.1.4 能撰写工作总结 4.1.5 能执行管理方案并提出优化建议	4.1.1 裁剪工序的成本核算和管理方法 4.1.2 工作总结的撰写方法 4.1.3 生产管理基本知识
	4.2 培训指导	4.2.1 能对三级/高级工及以下级别人员进行裁剪相关知识培训 4.2.2 能编写三级/高级工及以下级别人员裁剪培训计划 4.2.3 能指导三级/高级工及以下级别人员生产过程中的裁剪操作	4.2.1 裁剪培训的基本方法 4.2.2 裁剪培训计划编写的基本方法

3.5 一级/高级技师

职业功能	工作内容	技能要求	相关知识要求
1. 裁剪准备	1.1 排版	1.1.1 能对有倒顺毛向、弹力的面料或皮革、毛皮材料的裁片进行排版 1.1.2 能优化排版方案，提高面料的使用率	1.1.1 有倒顺毛向、弹力的面料或皮革、毛皮材料的排版知识 1.1.2 优化排版方案的相关知识

续表

职业功能	工作内容	技能要求	相关知识要求
1.裁剪准备	1.2 样版管理	1.2.1 能编写西服、婴幼儿背带（袋）、帐篷等复杂服装服饰、家用纺织品、产业用纺织品的裁剪工艺指导书 1.2.2 能对西服、婴幼儿背带（袋）、帐篷等复杂服装服饰、家用纺织品、产业用纺织品的裁剪工艺指导书进行存档管理	1.2.1 西服、婴幼儿背带（袋）、帐篷等复杂服装服饰、家用纺织品、产业用纺织品的裁剪工艺指导书编写要求 1.2.2 西服、婴幼儿背带（袋）、帐篷等复杂服装服饰、家用纺织品、产业用纺织品裁剪工艺指导书的存档管理知识
2.裁剪操作	2.1 裁剪	2.1.1 能裁剪条格和有方向性图案的面料或毛皮材料 2.1.2 能执行各种方法的裁剪操作 2.1.3 能对定制产品版型进行裁剪调整	2.1.1 条格和有方向性图案面料的特点和裁剪要求 2.1.2 毛皮材料的特点和裁剪要求 2.1.3 制版知识
	2.2 裁后管理	2.2.1 能对裁剪车间整体安全问题有预判和应对措施 2.2.2 能分析、判断裁剪设备存在的安全隐患，并提出整改措施	2.2.1 裁剪车间设备的特点 2.2.2 裁剪车间安全问题及处理方法
3.质量管理	3.1 质量分析	3.1.1 能分析、判断裁剪质量问题产生的原因 3.1.2 能分析、判断裁剪方案存在的不足，并提出整改措施	3.1.1 裁剪质量问题产生的原因 3.1.2 全面质量管理知识
	3.2 质量控制	3.2.1 能解决西服、婴幼儿背带（袋）、帐篷等复杂服装服饰、家用纺织品、产业用纺织品的质量问题，并提出改进措施 3.2.2 能提出提高裁剪质量的措施	3.2.1 西服、婴幼儿背带（袋）、帐篷等复杂服装服饰、家用纺织品、产业用纺织品的质量问题知识 3.2.2 提高裁剪质量的方法
4.管理与培训	4.1 技术管理	4.1.1 能制定新产品、新工艺裁剪操作方案 4.1.2 能对裁剪方案进行预判，并对问题提出解决方案 4.1.3 能利用互联网平台进行信息检索、查询本领域的最新裁剪技术	4.1.1 裁剪技术文件的相关知识 4.1.2 裁剪生产安排知识 4.1.3 信息检索、查询本领域的最新裁剪技术的方法

续表

职业功能	工作内容	技能要求	相关知识要求
4.管理与培训	4.2 培训管理	4.2.1 能制定裁剪新技术的操作培训方案，并组织实施 4.2.2 能编审各等级裁剪工培训大纲和教材，评审二级/技师工作总结和技术方案 4.2.3 能参与策划、编制公司级裁剪工技能竞赛规则、竞赛项目	4.2.1 裁剪新技术的操作培训方案编写方法 4.2.2 审核裁剪培训大纲、教材、工作总结和技术方案的方法 4.2.3 策划、编制公司级裁剪工技能竞赛规则、竞赛项目的方法

4. 权重表

4.1 理论知识权重表

项目		技能等级	五级/初级工（%）	四级/中级工（%）	三级/高级工（%）	二级/技师（%）	一级/高级技师（%）
基本要求	职业道德		5	5	5	5	5
	基础知识		30	25	20	15	10
相关知识要求	裁剪准备		20	20	20	20	15
	裁剪操作		35	35	35	15	15
	质量管理		10	15	20	20	25
	管理与培训		—	—	—	25	30
合计			100	100	100	100	100

4.2 技能要求权重表

项目		技能等级	五级/初级工（%）	四级/中级工（%）	三级/高级工（%）	二级/技师（%）	一级/高级技师（%）
技能要求	裁剪准备		35	30	25	30	30
	裁剪操作		40	45	45	25	15
	质量管理		25	25	30	25	20
	管理与培训		—	—	—	20	35
合计			100	100	100	100	100

缝纫工国家职业技能标准

（2021 年版）

1. 职业概况

1.1 职业名称

缝纫工

1.2 职业编码

6-05-01-03

1.3 职业定义

使用缝纫设备或工具，将纺织品、皮革等主、辅料裁片缝纫成半成品或成品的人员。

1.4 职业技能等级

本职业共设五个等级，分别为：五级/初级工、四级/中级工、三级/高级工、二级/技师、一级/高级技师。

1.5 职业环境条件

室内，常温。

1.6 职业能力特征

身体健康，具有一定的分析、推理、判断、表达及计算能力，左右眼矫正视力不低于 5.0（1.0），无色盲、色弱，并有较强的空间感和形体知觉，手指、手臂灵活，动作协调。

1.7 普通受教育程度

初中毕业（或相当文化程度）。

1.8 培训参考学时

五级/初级工 200 标准学时，四级/中级工 160 标准学时，三级/高级工 120 标准学时，二级/技师 100 标准学时，一级/高级技师 100 标准学时。

1.9 职业技能鉴定要求

1.9.1 申报条件

具备以下条件之一者,可申报五级/初级工:
(1) 累计从事本职业或相关职业①工作1年(含)以上。
(2) 本职业或相关职业学徒期满。

具备以下条件之一者,可申报四级/中级工:
(1) 取得本职业或相关职业五级/初级工职业资格证书(技能等级证书)后,累计从事本职业或相关职业工作4年(含)以上。
(2) 累计从事本职业或相关职业工作6年(含)以上。
(3) 取得技工学校本专业或相关专业②毕业证书(含尚未取得毕业证书的在校应届毕业生);或取得经评估论证、以中级技能为培养目标的中等及以上职业学校本专业或相关专业毕业证书(含尚未取得毕业证书的在校应届毕业生)。

具备以下条件之一者,可申报三级/高级工:
(1) 取得本职业或相关职业四级/中级工职业资格证书(技能等级证书)后,累计从事本职业或相关职业工作5年(含)以上。
(2) 取得本职业或相关职业四级/中级工职业资格证书(技能等级证书),并具有高级技工学校、技师学院毕业证书(含尚未取得毕业证书的在校应届毕业生);或取得本职业或相关职业四级/中级工职业资格证书(技能等级证书),并具有经评估论证、以高级技能为培养目标的高等职业学校本专业或相关专业毕业证书(含尚未取得毕业证书的在校应届毕业生)。
(3) 具有大专及以上本专业或相关专业毕业证书,并取得本职业或相关职业四级/中级工职业资格证书(技能等级证书)后,累计从事本职业或相关职业工作2年(含)以上。

具备以下条件之一者,可申报二级/技师:
(1) 取得本职业或相关职业三级/高级工职业资格证书(技能等级证书)后,累计从事本职业或相关职业工作4年(含)以上。
(2) 取得本职业或相关职业三级/高级工职业资格证书(技能等级证书)的高级技工学校、技师学院毕业生,累计从事本职业或相关职业工作3年(含)以上;或取得本职业或相关职业预备技师证书的技师学院毕业生,累计从事本职业或相关职业工作2年(含)以上。

具备以下条件者,可申报一级/高级技师:
取得本职业或相关职业二级/技师职业资格证书(技能等级证书)后,累计从事本职业或相关职业工作4年(含)以上。

---

① 相关职业:服装制版师、裁缝、裁剪工、缝纫品整型工、皮革及皮革制品加工工,下同。
② 本专业或相关专业:服装设计与制作、服装制作与营销、服装设计与工艺、服装设计与工程、服装制作与生产管理,下同。

1.9.2 鉴定方式

分为理论知识考试、技能考核以及综合评审。理论知识考试以笔试、机考等方式为主，主要考核从业人员从事本职业应掌握的基本要求和相关知识要求；技能考核主要采用现场操作、模拟操作等方式进行，主要考核从业人员从事本职业应具备的技能水平；综合评审主要针对技师和高级技师，通常采取审阅申报材料、答辩等方式进行全面评议和审查。

理论知识考试、技能考核和综合评审均实行百分制，成绩皆达60分（含）以上者为合格。

1.9.3 监考人员、考评人员与考生配比

理论知识考试中的监考人员与考生配比不低于1：15，且每个考场不少于2名监考人员；技能考核中的考评人员与考生配比不低于1：5，且考评人员为3人（含）以上单数；综合评审委员为5人（含）以上单数。

1.9.4 鉴定时间

理论知识考试时间不少于90 min；技能考核时间：五级/初级工、四级/中级工、三级/高级工不少于120 min，二级/技师、一级/高级技师不少于150 min；综合评审时间不少于15 min。

1.9.5 鉴定场所设备

理论知识考试在标准教室进行，技能考核在能进行缝纫实际生产的场地或具备实际操作条件的场地进行。

2. 基本要求

2.1 职业道德

2.1.1 职业道德基本知识

2.1.2 职业守则

(1) 遵纪守法，诚实守信。
(2) 爱岗敬业，勇于创新。
(3) 质量为本，效率为先。
(4) 团结协作，文明生产。

2.2 基础知识

2.2.1 纺织材料和皮革知识

(1) 经纬向识别知识。
(2) 倒顺毛识别知识。

(3) 阴阳条格和倒顺花识别知识。
(4) 正反面识别知识。
(5) 衬料基础知识。
(6) 缝纫线基础知识。
(7) 纺织和皮革材料物理性能基础知识。
(8) 针织面料基础知识。

2.2.2 服装、家用纺织品和产业用纺织品产品结构基础知识

(1) 服装、家用纺织品和产业用纺织品的基础样版知识。
(2) 服装、家用纺织品和产业用纺织品的工业样版知识。

2.2.3 缝纫基础知识

(1) 线迹和缝型基础知识。
(2) 线迹密度基础知识。
(3) 缝制符号基础知识。
(4) 产品缝制顺序基础知识。

2.2.4 测量基础知识

(1) 号型基础知识。
(2) 成品和半成品测量基础知识。

2.2.5 电工和常用缝纫及熨烫设备基础知识

(1) 电工基础知识。
(2) 常用缝纫及熨烫设备基础知识。
(3) 计算机控制缝纫及熨烫设备基础知识。

2.2.6 安全文明生产与环境保护知识

(1) 作业场所文明生产要求。
(2) 安全操作与劳动保护知识。
(3) 环境保护知识。

2.2.7 质量管理知识

(1) 质量管理基本知识。
(2) 质量控制基本方法。

2.2.8 相关法律、法规知识

(1)《中华人民共和国劳动法》相关知识。
(2)《中华人民共和国劳动合同法》相关知识。
(3)《中华人民共和国安全生产法》相关知识。

(4)《中华人民共和国产品质量法》相关知识。

(5)《中华人民共和国环境保护法》相关知识。

(6)《中华人民共和国商标法》相关知识。

3. 工作要求

本标准对五级/初级工、四级/中级工、三级/高级工、二级/技师、一级/高级技师的技能要求和相关知识要求依次递进，高级别涵盖低级别的要求。

3.1 五级/初级工

职业功能	工作内容	技能要求	相关知识要求
1. 缝纫准备	1.1 缝前准备	1.1.1 能按生产通知单要求，领取并保管各种面料、辅料 1.1.2 能核对物料清单 1.1.3 能识别裁片正反面及纱向 1.1.4 能识别纱疵、毛粒、条印、折痕、油污、色斑、水渍、破洞、磨损等疵点 1.1.5 能核对裁片编码 1.1.6 能识别工艺指导书的手缝线迹和缝型，以及机缝平缝直线线迹和缝型要求 1.1.7 能完成生产记录	1.1.1 物料清单识读知识 1.1.2 纺织品面料知识 1.1.3 纺织品面料疵点识别知识 1.1.4 工艺指导书中手缝和机缝平缝直线线迹和缝型要求识读知识 1.1.5 生产记录知识
	1.2 设备准备	1.2.1 能对所使用的缝纫、熨烫设备及周围环境进行保洁 1.2.2 能对单针锁式或链式平缝缝纫机、电熨斗、基础熨烫工作台设备进行基础保养 1.2.3 能完成开机、穿线、上梭芯等操作 1.2.4 能根据面料的特性判断并调节机器线迹的松紧	1.2.1 锁式或链式平缝缝纫机的构造知识以及使用和保养方法 1.2.2 电熨斗的构造知识以及使用和保养方法 1.2.3 基础熨烫工作台的构造知识以及使用和保养方法

续表

职业功能	工作内容	技能要求	相关知识要求
2. 缝纫操作	2.1 缝合	2.1.1 能用手缝针缝制短缝针、长短缝针、回针、斜针、纳针、拱针、缲针、三角针等手缝线迹 2.1.2 能完成套结针、拉线襻、锁扣眼、钉纽扣、包扣等手缝操作 2.1.3 能根据工艺指导书的要求留出缝份，将两片以上的裁片上部、中部、下部对齐，做记号，进行缝纫 2.1.4 能在 130~280 g/m^2 的面料上缝纫，50 cm 长的直线平缝线迹偏差控制在±0.2 cm 以内，工时在 45 s 以内，裁片首、尾打倒针固定，无跳线、断线	2.1.1 常用手缝工艺 2.1.2 线迹和缝型知识 2.1.3 直线平缝线迹的基本缝纫工艺
	2.2 熨烫	2.2.1 能启动、调节电熨斗和基础熨烫工作台 2.2.2 能使用电熨斗在基础熨烫工作台上完成缝型的劈缝、倒缝、扣缝和部件定型等基础熨烫	2.2.1 电熨斗使用方法 2.2.2 基础熨烫工作台使用方法 2.2.3 直线线迹熨烫的基本方法
3. 缝纫管理	3.1 缝纫后处理	3.1.1 能拆解缝型，不损伤原料，并按原针迹重新缝纫 3.1.2 能在平缝线迹断线后按原针迹重叠缝，线迹平整，不断线 3.1.3 能修剪线头	3.1.1 直线缝型的拆解方法 3.1.2 直线缝型重新缝纫的方法 3.1.3 修剪线头的方法
	3.2 质量控制	3.2.1 能根据工艺单的要求检验直线缝型线迹密度与顺直程度 3.2.2 能根据工艺指导书的要求检验直线缝型的劈缝、倒缝、扣缝等基础熨烫的熨烫效果	3.2.1 直线缝型的缝纫检验知识 3.2.2 直线缝型的熨烫检验知识

3.2 四级/中级工

职业功能	工作内容	技能要求	相关知识要求
1. 缝纫准备	1.1 缝前准备	1.1.1 能核对曲度较大缝型及相关工序的物料清单 1.1.2 能识别工艺指导书中的曲度较大缝型及相关工序工艺要求 1.1.3 能理解并执行工艺指导书中单明线、双明线、省道和三线包缝线迹和缝型的缝纫工艺要求	1.1.1 产品裁片基础知识 1.1.2 物料清单中曲度较大缝型及相关工序的识读知识 1.1.3 工艺指导书中曲度较大缝型及相关工序的识读知识 1.1.4 工艺指导书中单明线、双明线、省道和三线包缝等相关工序的识读知识
	1.2 设备准备	1.2.1 能清洁和保养缝纫辅助工具 1.2.2 能清洁和保养双针锁式或链式平缝缝纫机和三线包缝缝纫机 1.2.3 能根据缝线的粗细更换缝纫机针 1.2.4 能根据面料厚度调节面线和底线张力	1.2.1 缝纫辅助工具的清洁和保养方法 1.2.2 双针锁式或链式平缝缝纫机和三线包缝缝纫机的清洁和保养方法 1.2.3 缝纫设备装针、穿线方法及缝纫线调节方法
2. 缝纫操作	2.1 缝合	2.1.1 能操作锁式或链式平缝缝纫机和三线包缝缝纫机完成 130~280 g/m² 面料裁片上的曲度较大缝型及相关工序的缝合 2.1.2 能在 130~280 g/m² 的面料上缝纫 0.1~0.5 cm 宽的单明线缝型，绱线不上炕、下炕，50 cm 长的单明线线迹偏差控制在 ±0.15 cm 以内，工时在 30 s 以内 2.1.3 能使用双针锁式或链式平缝缝纫机在 130~280 g/m² 的面料上缝纫双明线缝型，绱线不上炕、下炕，50 cm 长的双明线线迹偏差控制在 ±0.1 cm 以内，工时在 38 s 以内 2.1.4 能缝纫省道	2.1.1 三线包缝线迹的缝纫工艺 2.1.2 曲线、单明线和双明线缝纫基础知识 2.1.3 省道的缝纫方法
	2.2 熨烫	2.2.1 能在翻烫有曲度的缝纫工序前打剪口 2.2.2 能使用电熨斗和熨烫工作台熨烫有曲度的半成品 2.2.3 能制作和使用熨烫小工具	2.2.1 缝纫半成品熨烫知识 2.2.2 熨烫小工具的制作和使用方法

续表

职业功能	工作内容	技能要求	相关知识要求
3. 缝纫管理	3.1 缝纫后处理	3.1.1 能拆缝弧线、单明线、双明线线迹或缝型 3.1.2 能根据工艺单要求的各部位填充材料重量填充材料并固定缝片	3.1.1 弧线的缝纫方法 3.1.2 单明线、双明线、省道和包缝的线迹和缝型的缝纫工艺 3.1.3 有弧度的缝纫工序和半成品的拆缝、熨烫、再缝合知识 3.1.4 填充材料的填充方法
	3.2 质量控制	3.2.1 能核查上下缝片弧度是否圆顺 3.2.2 能根据工艺要求核查弧线缝份的修剪和刀口 3.2.3 能根据工艺指导书查验单明线、双明线、省道和包缝线迹是否符合缝纫工艺要求	3.2.1 单明线、双明线、省道和包缝线迹质量控制知识 3.2.2 弧线线迹熨烫质量控制知识

3.3 三级/高级工

职业功能	工作内容	技能要求	相关知识要求
1. 缝纫准备	1.1 缝前准备	1.1.1 能核验裤子、T恤、连指手套等服装服饰，常温滤袋、民用帐篷等产业用纺织品，或窗帘、被罩、围裙等家用纺织品中基础产品的所有裁片 1.1.2 能写出裤子、T恤、连指手套等服装服饰，常温滤袋、民用帐篷等产业用纺织品，或窗帘、被罩、围裙等家用纺织品中基础产品的缝纫工序 1.1.3 能根据面料的种类和厚度选择恰当针型和针号的缝纫针 1.1.4 能根据产品原材料匹配缝纫线	1.1.1 裤子、T恤、连指手套等服装服饰，常温滤袋、民用帐篷等产业用纺织品，或窗帘、被罩、围裙等家用纺织品中基础产品的裁片知识 1.1.2 人造皮革基础知识 1.1.3 裤子、T恤、连指手套等服装服饰，常温滤袋、民用帐篷等产业用纺织品，或窗帘、被罩、围裙等家用纺织品中基础产品的缝纫顺序知识 1.1.4 缝纫针的针型和针号知识 1.1.5 缝纫线的配备知识

续表

职业功能	工作内容	技能要求	相关知识要求
1.缝纫准备	1.2 设备准备	1.2.1 能清洁三针平缝缝纫机、双针四线包缝缝纫机、双针三线绷缝缝纫机、锁纽孔缝纫机、钉纽扣缝纫机、加固缝缝纫机等缝纫机及融接缝口设备 1.2.2 能保养三针平缝缝纫机、双针四线包缝缝纫机、双针三线绷缝缝纫机、锁纽孔缝纫机、钉纽扣缝纫机、加固缝缝纫机等缝纫机及融接缝口设备	1.2.1 三针平缝缝纫机、双针四线包缝缝纫机、双针三线绷缝缝纫机、锁纽孔缝纫机、钉纽扣缝纫机、加固缝缝纫机等缝纫机及融接缝口设备的保养、使用方法 1.2.2 融接缝口等设备的保养、使用方法
2.缝纫操作	2.1 缝合	2.1.1 能在 130~280 g/m² 的面料上完成手工机缝滚边，不下炕，50 cm 长的滚边缝型偏差控制在 ±0.1 cm 以内，包括熨烫在内的工时在 240 s 以内 2.1.2 能在 130~280 g/m² 的面料上使用拉筒完成机缝滚边，不下炕，50 cm 长的滚边线迹偏差控制在 ±0.1 cm，工时在 30 s 以内 2.1.3 能在 130~280 g/m² 的面料上绱拉链，50 cm 长的绱拉链线迹偏差控制在 ±0.1 cm，工时在 190 s 以内，拉链带平服，左右高低一致 2.1.4 能使用融接缝口设备热封缝型 2.1.5 能使用三针平缝缝纫机、双针四线包缝缝纫机、双针三线绷缝缝纫机、锁纽孔缝纫机、钉纽扣缝纫机、加固缝缝纫机等缝纫机及融接缝口设备进行缝纫 2.1.6 能缝纫人造皮革产品 2.1.7 能运用模板进行缝纫	2.1.1 滚、嵌、镶、宕等工艺缝纫知识 2.1.2 在不同面料上绱拉链的知识 2.1.3 缝纫辅助设备拉筒、压脚等的种类和使用方法 2.1.4 融接缝口设备缝口密封知识 2.1.5 模板缝纫的工作原理
	2.2 熨烫	2.2.1 能根据不同材质和厚度的面料、里料和衬料调节相应的熨烫温度 2.2.2 能完成裤子、T恤、连指手套等服装服饰，常温滤袋、民用帐篷等产业用纺织品，或窗帘、被罩、围裙等家用纺织品中基础产品的成品熨烫	2.2.1 不同材质和厚度面料的熨烫知识 2.2.2 裤子、T恤、连指手套等服装服饰，常温滤袋、民用帐篷等产业用纺织品，或窗帘、被罩、围裙等家用纺织品中基础产品的成品熨烫方法

续表

职业功能	工作内容	技能要求	相关知识要求
3. 缝纫管理	3.1 缝纫后处理	3.1.1 能发现前道工序的问题，并在本工序进行补救 3.1.2 能对裤子、T恤、连指手套等服装服饰，常温滤袋、民用帐篷等产业用纺织品，或窗帘、被罩、围裙等家用纺织品中基础产品缝纫不合格品进行修正	3.1.1 裤子、T恤、连指手套等服装服饰，常温滤袋、民用帐篷等产业用纺织品，或窗帘、被罩、围裙等家用纺织品中基础产品缝纫不合格品知识 3.1.2 裤子、T恤、连指手套等服装服饰，常温滤袋、民用帐篷等产业用纺织品，或窗帘、被罩、围裙等家用纺织品中基础产品缝纫不合格品的修正知识
	3.2 质量控制	3.2.1 能对裤子、T恤、连指手套等服装服饰，常温滤袋、民用帐篷等产业用纺织品，或窗帘、被罩、围裙等家用纺织品中基础产品的各个工序进行质量检验 3.2.2 能对裤子、T恤、连指手套等服装服饰，常温滤袋、民用帐篷等产业用纺织品，或窗帘、被罩、围裙等家用纺织品中基础产品的成品和半成品进行测量和检验 3.2.3 能优化缝纫工艺，提高产品质量	3.2.1 裤子、T恤、连指手套等服装服饰，常温滤袋、民用帐篷等产业用纺织品，或窗帘、被罩、围裙等家用纺织品中基础产品的缝纫检验标准 3.2.2 号型和规格的基础知识 3.2.3 成品和半成品测量和检验的基础知识

3.4 二级/技师

职业功能	工作内容	技能要求	相关知识要求
1. 缝纫准备	1.1 缝前准备	1.1.1 能核验文胸、衬衫、夹克、帽子等服装服饰，救灾帐篷、防护服等产业用纺织品，或家居服、布艺沙发等家用纺织品中复杂产品的所有裁片 1.1.2 能写出文胸、衬衫、夹克、帽子等服装服饰，救灾帐篷、防护服等产业用纺织品，或家居服、布艺沙发等家用纺织品中复杂产品的缝纫工序流程和工艺标准 1.1.3 能读懂面料的检测报告	1.1.1 文胸、衬衫、夹克、帽子等服装服饰，救灾帐篷、防护服等产业用纺织品，或家居服、布艺沙发等家用纺织品中复杂产品的基本裁片知识 1.1.2 文胸、衬衫、夹克、帽子等服装服饰，救灾帐篷、防护服等产业用纺织品，或家居服、布艺沙发等家用纺织品中复杂产品的缝纫工序流程

续表

职业功能	工作内容	技能要求	相关知识要求
1. 缝纫准备	1.2 设备准备	1.2.1 能对三针五线包缝缝纫机、三针五线绷缝缝纫机、暗缝缝纫机、曲折缝缝纫机、疏缝缝纫机、上下复合送料平缝缝纫机、毛皮拼接缝纫机、花样缝缝纫机、绗缝机、绗绣机、带模板缝纫机等缝纫设备和定型熨烫设备进行保养 1.2.2 能对三针五线包缝缝纫机、三针五线绷缝缝纫机、暗缝缝纫机、曲折缝缝纫机、疏缝缝纫机、上下复合送料平缝缝纫机、毛皮拼接缝纫机、花样缝缝纫机、绗缝机、绗绣机、带模板缝纫机等缝纫设备和定型熨烫设备进行日常维修 1.2.3 能创新辅助缝纫工具 1.2.4 能做好生产前各工序衔接和物料、设备等的准备工作	1.2.1 三针五线包缝缝纫机、三针五线绷缝缝纫机、暗缝缝纫机、曲折缝缝纫机、疏缝缝纫机、上下复合送料平缝缝纫机、毛皮拼接缝纫机、花样缝缝纫机、绗缝机、绗绣机、带模板缝纫机等缝纫设备和定型熨烫设备的保养和使用方法 1.2.2 三针五线包缝缝纫机、三针五线绷缝缝纫机、暗缝缝纫机、曲折缝缝纫机、疏缝缝纫机、上下复合送料平缝缝纫机、毛皮拼接缝纫机、花样缝缝纫机、绗缝机、绗绣机、带模板缝纫机等缝纫设备和定型熨烫设备的维修知识
2. 缝纫操作	2.1 缝合	2.1.1 能缝纫对条、对格产品,能将有明显条、格且条格距离在 1 cm 以上的面料,条料对条,格料对横,互差不大于 0.3 cm 2.1.2 能缝纫皮革和毛皮制品,线迹均匀直顺,偏差±0.1 cm 以内 2.1.3 能使用三针五线包缝缝纫机、三针五线绷缝缝纫机、暗缝缝纫机、曲折缝缝纫机、疏缝缝纫机、上下复合送料平缝缝纫机、毛皮拼接缝纫机、花样缝缝纫机、绗缝机、绗绣机、带模板缝纫机等缝纫设备进行缝纫 2.1.4 能完成领子、袖子、口袋等重点部位的缝纫,线迹圆顺,左右对称	2.1.1 缝纫对条、对格产品知识 2.1.2 皮革产品的缝纫方法 2.1.3 毛皮产品的缝纫方法 2.1.4 文胸、衬衫、夹克、帽子等服装服饰,救灾帐篷、防护服等产业用纺织品,或居家服、布艺沙发等家用纺织品中复杂产品的缝纫方法

续表

职业功能	工作内容	技能要求	相关知识要求
2. 缝纫操作	2.2 熨烫	2.2.1 能完成文胸、衬衫、夹克、帽子等服装服饰，救灾帐篷、防护服等产业用纺织品，或居家服、布艺沙发等家用纺织品中复杂产品工序中的归拔熨烫或定型机熨烫 2.2.2 能完成文胸、衬衫、夹克、帽子等服装服饰，救灾帐篷、防护服等产业用纺织品，或居家服、布艺沙发等家用纺织品中复杂产品的成品熨烫	2.2.1 文胸、衬衫、夹克、帽子等服装服饰，救灾帐篷、防护服等产业用纺织品，或居家服、布艺沙发等家用纺织品中复杂产品中重点工序的熨烫方法 2.2.2 文胸、衬衫、夹克、帽子等服装服饰，救灾帐篷、防护服等产业用纺织品，或居家服、布艺沙发等家用纺织品中复杂产品的成品熨烫方法
3. 缝纫管理	3.1 缝纫后处理	3.1.1 能发现文胸、衬衫、夹克、帽子等服装服饰，救灾帐篷、防护服等产业用纺织品，或居家服、布艺沙发等家用纺织品中复杂产品缝纫工序中的问题并解决 3.1.2 能处理文胸、衬衫、夹克、帽子等服装服饰，救灾帐篷、防护服等产业用纺织品，或居家服、布艺沙发等家用纺织品中复杂产品缝纫过程中出现的质量问题，并提出工艺改进方案	3.1.1 文胸、衬衫、夹克、帽子等服装服饰，救灾帐篷、防护服等产业用纺织品，或居家服、布艺沙发等家用纺织品中复杂产品的缝纫常见问题知识 3.1.2 文胸、衬衫、夹克、帽子等服装服饰，救灾帐篷、防护服等产业用纺织品，或居家服、布艺沙发等家用纺织品中复杂产品的缝纫工艺改进方法
	3.2 质量控制	3.2.1 能检验文胸、衬衫、夹克、帽子等服装服饰，救灾帐篷、防护服等产业用纺织品，或居家服、布艺沙发等家用纺织品中复杂产品的缝纫工序 3.2.2 能优化文胸、衬衫、夹克、帽子等服装服饰，救灾帐篷、防护服等产业用纺织品，或居家服、布艺沙发等家用纺织品中复杂产品的不合理缝纫工序	3.2.1 缝纫质量管理基础知识 3.2.2 提高缝纫质量的方法

续表

职业功能	工作内容	技能要求	相关知识要求
4. 技术管理与培训	4.1 技术管理	4.1.1 能实验试制新产品 4.1.2 能绘制生产工艺流程图 4.1.3 能对缝纫工序进行成本核算和定额管理 4.1.4 能撰写工作总结和制定工作计划 4.1.5 能总结或创新操作方法，优化缝纫管理方案 4.1.6 能制作解决基本合缝、绗棉等简单工序的单层模板	4.1.1 绘制生产工艺流程图的方法 4.1.2 缝纫工序的成本核算和定额管理知识 4.1.3 工作总结和工作计划的撰写方法 4.1.4 优化缝纫操作和管理方案的撰写方法 4.1.5 单层模板的设计、制作方法
	4.2 培训指导	4.2.1 能对三级/高级工及以下级别人员进行缝纫相关知识培训 4.2.2 能编写相应的培训计划 4.2.3 能指导三级/高级工及以下级别人员的缝纫操作	4.2.1 缝纫培训的基本方法 4.2.2 缝纫培训计划的编写方法 4.2.3 缝纫操作的指导方法

3.5 一级/高级技师

职业功能	工作内容	技能要求	相关知识要求
1. 缝纫准备	1.1 缝前准备	1.1.1 能对新产品制版提出符合大批量生产的建议 1.1.2 能对产品缝纫工艺流程提出改进意见 1.1.3 能发现并解决新产品缝纫工序中的生产难题 1.1.4 能根据检测报告的结果对不合格面料进行处理	1.1.1 服装服饰、家用纺织品、产业用纺织品工业制版知识 1.1.2 纺织品及皮革的检验标准
	1.2 设备准备	1.2.1 能对大修后的缝纫、熨烫设备进行验收 1.2.2 能指导二级/技师及以下级别人员进行缝纫、熨烫设备的创新改造 1.2.3 能检查缝纫车间的安全状况	1.2.1 缝纫、熨烫设备的验收知识 1.2.2 缝纫车间的安全知识

续表

职业功能	工作内容	技能要求	相关知识要求
2. 缝纫操作	2.1 缝合	2.1.1 能缝纫薄绸类、天鹅绒、羊绒、弹性面料、花边等面料或皮革、毛皮等材料制成的定制服装服饰和家用纺织品,或者特种防护面料制成的产业用纺织品的整件产品 2.1.2 能发现并处置皮革、皮毛等材料缝合抗撕裂强度不足等问题	2.1.1 薄绸类、天鹅绒、羊绒、弹性面料、花边等面料或皮革、毛皮等材料,或者特种防护面料的知识 2.1.2 薄绸类、天鹅绒、羊绒、弹性面料、花边等面料或皮革等材料,或者特种防护面料的缝纫知识
	2.2 熨烫	2.2.1 能完成薄绸类、天鹅绒、羊绒、弹性面料、花边等面料或皮革等材料制成的定制服装服饰和家用纺织品,或者特种防护面料制成的产业用纺织品整件产品的重点部位的归拨熨烫或定型机熨烫 2.2.2 能完成薄绸类、天鹅绒、羊绒、弹性面料、花边等面料或皮革等材料制成的定制服装服饰和家用纺织品,或者特种防护面料制成的产业用纺织品的成品熨烫	2.2.1 薄绸类、天鹅绒、羊绒、弹性面料、花边等面料或皮革等材料制成的定制服装服饰和家用纺织品,或者特种防护面料制成的产业用纺织品的重点部位的整烫知识 2.2.2 薄绸类、天鹅绒、羊绒、弹性面料、花边等面料或皮革等材料制成的定制服装服饰和家用纺织品,或者特种防护面料制成的产业用纺织品成品熨烫方法
3. 缝纫管理	3.1 缝纫后处理	3.1.1 能发现薄绸类、天鹅绒、羊绒、弹性面料、花边等面料或皮革、毛皮等材料制成的定制服装服饰和家用纺织品,或者特种防护面料制成的产业用纺织品的缝纫问题 3.1.2 能修正薄绸类、天鹅绒、羊绒、弹性面料、花边等面料或皮革、毛皮等材料制成的定制服装服饰和家用纺织品,或者特种防护面料制成的产业用纺织品成品的缝纫问题	3.1.1 薄绸类、天鹅绒、羊绒、弹性面料、花边等面料或皮革、毛皮等材料制成的定制服装服饰和家用纺织品,或者特种防护面料制成的产业用纺织品易出现的缝纫问题 3.1.2 薄绸类、天鹅绒、羊绒、弹性面料、花边等面料或皮革、毛皮等材料制成的定制服装服饰和家用纺织品,或者特种防护面料制成的产业用纺织品的缝纫问题修正方法
	3.2 质量控制	3.2.1 能检验缝纫班组的质量和进度,协调生产 3.2.2 能对缝纫车间的生产质量进行控制	3.2.1 缝纫车间管理知识 3.2.2 缝纫全面质量管理知识

续表

职业功能	工作内容	技能要求	相关知识要求
4. 技术管理与培训	4.1 技术管理	4.1.1 能总结、改进、推广缝纫、熨烫设备的操作方法 4.1.2 能利用互联网平台进行信息检索、查询本领域的最新缝纫技术 4.1.3 能使用缝纫技能，结合模板技术，开发制作复合模板，降低上拉链、开兜、做领子等较复杂工序的缝纫操作难度	4.1.1 缝纫新产品、新设备的改进、推广知识 4.1.2 信息检索、查询本领域的最新缝纫技术知识 4.1.3 复合模板的设计、制作知识
	4.2 培训指导	4.2.1 能制定缝纫新技术、新技能操作培训方案，并组织实施 4.2.2 能编审各等级缝纫工培训大纲和教材，评审二级/技师工作总结 4.2.3 能参与策划、编制公司级缝纫工技能竞赛规则	4.2.1 缝纫新技术、新技能操作培训材料的编写 4.2.2 审核缝纫工培训大纲、教材和工作总结的方法 4.2.3 策划、编制公司级缝纫工技能竞赛规则的知识

4. 权重表

4.1 理论知识权重表

项目		技能等级	五级/初级工（%）	四级/中级工（%）	三级/高级工（%）	二级/技师（%）	一级/高级技师（%）
基本要求	职业道德		5	5	5	5	5
	基础知识		30	25	20	10	10
相关知识要求	缝纫准备		25	15	15	15	15
	缝纫操作		30	40	45	25	20
	缝纫管理		10	15	15	25	25
	技术管理与培训		—	—	—	20	25
合计			100	100	100	100	100

4.2 技能要求权重表

项目	技能等级	五级/初级工（%）	四级/中级工（%）	三级/高级工（%）	二级/技师（%）	一级/高级技师（%）
技能要求	缝纫准备	25	25	25	25	25
	缝纫操作	55	50	50	30	25
	缝纫管理	20	25	25	25	25
	技术管理与培训	—	—	—	20	25
合计		100	100	100	100	100

铆工国家职业技能标准

（2021 年版）

1. 职业概况

1.1 职业名称

铆工

1.2 职业编码

6-18-01-11

1.3 职业定义

使用锁铆、压铆设备及工具，铆接加工金属板材、型材零件的人员。

1.4 职业技能等级

本职业共设五个等级，分别为：五级/初级工、四级/中级工、三级/高级工、二级/技师、一级/高级技师。

1.5 职业环境条件

在室内、外常温的情况下作业，作业环境会有一定的潮湿、噪声、弧光辐射、焊接烟尘等。

1.6 职业能力特征

具有一定的学习、理解和表达能力，具有较强的计算能力、空间感、形体知觉及色觉，手指、手臂灵活，动作协调。

1.7 普通受教育程度

初中毕业（或相当文化程度）。

1.8 培训参考学时

五级/初级工 500 标准学时，四级/中级工 400 标准学时，三级/高级工 300 标准学时，二级/技师 300 标准学时，一级/高级技师 200 标准学时。

1.9 职业技能鉴定要求

1.9.1 申报条件

具备以下条件之一者,可申报五级/初级工:

(1) 经本职业或相关职业①五级/初级工正规培训达规定标准学时数,并取得结业证书。

(2) 累计从事本职业或相关职业工作1年(含)以上。

(3) 本职业或相关职业学徒期满。

具备以下条件之一者,可申报四级/中级工:

(1) 取得本职业或相关职业五级/初级工职业资格证书(技能等级证书)后,累计从事本职业或相关职业工作4年(含)以上。

(2) 累计从事本职业或相关职业工作6年(含)以上。

(3) 取得技工学校本专业或相关专业②毕业证书(含尚未取得毕业证书的在校应届毕业生);或取得经评估论证、以中级技能为培养目标的中等及以上职业学校本专业或相关专业毕业证书(含尚未取得毕业证书的在校应届毕业生)。

具备以下条件之一者,可申报三级/高级工:

(1) 取得本职业或相关职业四级/中级工职业资格证书(技能等级证书)后,累计从事本职业或相关职业工作5年(含)以上。

(2) 取得本职业或相关职业四级/中级工职业资格证书(技能等级证书),并具有高级技工学校、技师学院毕业证书(含尚未取得毕业证书的在校应届毕业生);或取得本职业或相关职业四级/中级工职业资格证书(技能等级证书),并具有经评估认证、以高级技能为培养目标的高等职业学校本专业或相关专业毕业证书(含尚未取得毕业证书的在校应届毕业生)。

(3) 具有大专及以上本专业或相关专业毕业证书,并取得本职业或相关职业四级/中级工职业资格证书(技能等级证书)后,累计从事本职业或相关职业工作2年(含)以上。

具备以下条件之一者,可申报二级/技师:

(1) 取得本职业或相关职业三级/高级工职业资格证书(技能等级证书)后,累计从事本职业或相关职业工作4年(含)以上。

(2) 取得本职业或相关职业三级/高级工职业资格证书(技能等级证书)的高级技工学校、技师学院毕业生,累计从事本职业或相关职业工作3年(含)以上;或取得本职业或相关职业预备技师证书的技师学院毕业生,累计从事本职业或相关职业工作2年(含)以上。

具备以下条件者,可申报一级/高级技师:

取得本职业或相关职业二级/技师职业资格证书(技能等级证书)后,累计从事本职业或相关职业工作4年(含)以上。

---

① 相关职业:冷作工、焊工、钳工,下同。
② 本专业或相关专业:机械制造技术、数控技术应用、焊接技术应用等机械设计制造类专业,下同。

1.9.2 鉴定方式

分为理论知识考试、技能考核以及综合评审。理论知识考试以笔试、机考等方式为主,主要考核从业人员从事本职业应掌握的基本要求和相关知识要求;技能考核主要采用现场操作、模拟操作等方式进行,主要考核从业人员从事本职业应具备的技能水平;综合评审主要针对技师和高级技师,通常采取审阅申报材料、答辩等方式进行全面评议和审查。

理论知识考试、技能考核和综合评审均实行百分制,成绩皆达60分(含)以上者为合格。

1.9.3 监考人员、考评人员与考生配比

理论知识考试中的监考人员与考生配比不低于1∶15,且每个考场不少于2名监考人员;技能考核中的考评人员与考生配比不低于1∶5,且考评人员为3人(含)以上单数;综合评审委员为3人(含)以上单数。

1.9.4 鉴定时间

理论知识考试时间不少于90 min;技能考核时间:五级/初级工不少于240 min,四级/中级工、三级/高级工不少于300 min,二级/技师、一级/高级技师不少于240 min;综合评审时间不少于45 min。

1.9.5 鉴定场所设备

理论知识考试在标准教室进行,技能考核在具有必备的设备、工具、夹具、量具、胎具和其他设施以及通风条件、安全措施完善的场地进行。

2. 基本要求

2.1 职业道德

2.1.1 职业道德基本知识

2.1.2 职业守则

(1) 遵纪守法,爱岗敬业。
(2) 遵守规程,执行工艺。
(3) 工作认真,团结协作。
(4) 爱护设备,安全操作。
(5) 着装整洁,文明生产。

2.2 基础知识

2.2.1 理论基础知识

(1) 机械识图知识。

(2) 公差与配合知识。

(3) 常用金属材料及热处理知识。

2.2.2 铆接加工基础知识

(1) 铆接加工方法的分类、特点及应用。

(2) 铆接加工图样、工艺文件相关知识。

(3) 铆接加工常用设备的基本操作与维护保养知识。

(4) 铆接加工常用工具、夹具、量具、胎具等使用与维护保养知识。

(5) 铆接加工缺陷的分类、形成原因及预防措施。

2.2.3 安全文明生产与环境保护知识

(1) 现场文明生产要求。

(2) 安全操作与劳动保护知识。

(3) 环境保护知识。

(4) 安全用电知识。

2.2.4 质量管理知识

(1) 岗位的质量要求。

(2) 岗位的质量保证措施。

(3) 质量追溯和责任。

2.2.5 相关法律、法规知识

(1) 《中华人民共和国劳动法》相关知识。

(2) 《中华人民共和国劳动合同法》相关知识。

(3) 《中华人民共和国特种设备安全法》相关知识。

(4) 《中华人民共和国安全生产法》相关知识。

3. 工作要求

本标准对五级/初级工、四级/中级工、三级/高级工、二级/技师、一级/高级技师的技能要求和相关知识要求依次递进，高级别涵盖低级别的要求。

3.1 五级/初级工

职业功能	工作内容	技能要求	相关知识要求
1.备料	1.1 识图与绘图	能识读简单框架、壳体、常压容器等零件和简单构件的图样	1.1.1 常用零件的规定画法、代号标注与识图知识 1.1.2 简单装配图的识图知识

续表

职业功能	工作内容	技能要求	相关知识要求
1. 备料	1.2 矫正划线与展开放样	1.2.1 能矫正一般原材料的变形 1.2.2 能绘制简单平面构件的图样 1.2.3 能绘制圆管、棱管、正圆锥管、正棱锥管等简单构件的展开图 1.2.4 能计算简单弯曲构件的展开料长度	1.2.1 原材料产生变形的原因及矫正方法 1.2.2 放样划线基本规则与常用符号 1.2.3 圆管、棱管、正圆锥管、正棱锥管等简单构件的展开方法 1.2.4 弯曲构件展开料长度的计算方法
	1.3 切割（锯削、气割、砂轮切割、冲裁）	1.3.1 能使用手锯、手剪等手工工具切割原材料 1.3.2 能使用常规气割设备、砂轮切割机等切割原材料	1.3.1 锯削、剪切、冲裁原理与工艺 1.3.2 气割原理、条件与方法 1.3.3 砂轮切割原理与方法
2. 成形	手工成形	能使用手工工具和胎具进行简单构件的成形	2.1.1 手工弯曲成形工艺 2.1.2 放边与收边工艺
3. 装配	零部件组合	3.1.1 能装配简单平面框架、简单壳体、常压容器等构件 3.1.2 能使用夹具装配定型产品	3.1.1 简单平面框架、简单壳体、常压容器的装配工艺 3.1.2 夹具装配的定位、夹紧原理，装配基准与装配方法
4. 连接	4.1 连接（焊接、铆接、螺纹连接）	4.1.1 能进行一般构件的定位焊 4.1.2 能进行一般要求的构件铆接 4.1.3 能进行常规要求的螺纹连接	4.1.1 焊接原理与分类 4.1.2 铆接原理与分类 4.1.3 铆接连接形式与工艺 4.1.4 螺纹连接形式 4.1.5 螺纹连接工具与工艺
	4.2 连接后矫正	能矫正简单连接构件的变形	简单连接构件变形的原理、种类与矫正方法
5. 质量检验	尺寸、形状、位置等检验	能根据有关质量标准及技术要求对简单构件的尺寸、形状等进行检验	5.1.1 线形尺寸的检测方法 5.1.2 用样板进行检测的方法

3.2 四级/中级工

职业功能	工作内容	技能要求	相关知识要求
1. 备料	1.1 识图与绘图	能识读桁架类，箱壳、箱门类，低、中压容器等一般构件的图样	1.1.1 相关工种（相关构件）的几何作图方法 1.1.2 一般构件图样的识图与绘制方法 1.1.3 装配图样中尺寸、几何公差、焊缝代号（符号）、表面粗糙度的标注及其含义
	1.2 矫正划线与展开放样	1.2.1 能对变形较大或复合变形的原材料进行矫正 1.2.2 能绘制一般构件的图样，合理用料 1.2.3 能绘制方圆接管、斜圆锥管、三通管等简单相贯构件的展开图 1.2.4 能计算多弯曲构件的展开料长度	1.2.1 手工矫正、机械矫正、火焰矫正等矫正方法的原理及应用 1.2.2 构件划线和合理用料方法 1.2.3 相贯线的求作方法 1.2.4 方圆接管、斜圆锥管、三通管等简单相贯构件的展开方法 1.2.5 板厚（展开）处理方法
	1.3 切割（锯削、气割、砂轮切割、冲裁）	能使用气割设备等切割曲线、薄板和 25~40 mm 的厚板	1.3.1 切削原理 1.3.2 剪刀刀刃的几何角度 1.3.3 常用剪床的传动原理 1.3.4 气割工艺参数的选择，气割变形原理和预防变形的方法，机械气割及高速、精密气割知识，碳弧气刨知识
2. 成形	手工成形	能采用通用或专用胎模、靠模进行手工成形	2.1.1 内、外拔销的原理与应用 2.1.2 拱曲的原理与工艺
3. 装配	零部件组合	3.1.1 能装配桁架类，梁柱类，箱壳、箱门类，低、中压容器等一般构件 3.1.2 能根据装配技术要求调试工装夹具和改善工装夹具的性能	桁架类，梁柱类，箱壳、箱门类，低、中压容器等一般构件装配工艺

续表

职业功能	工作内容	技能要求	相关知识要求
4. 连接	4.1 连接（焊接、铆接、螺纹连接）	4.1.1 能进行全位置定位焊 4.1.2 能进行要求较高的构件铆接 4.1.3 能进行各类螺纹连接	4.1.1 焊接设备的构造与工作原理 4.1.2 焊条的分类、型号与选用 4.1.3 一般连接构件焊接变形矫正方法 4.1.4 焊接原理 4.1.5 铆接设备的构造与工作原理 4.1.6 铆钉参数的确定方法 4.1.7 螺纹连接防松措施 4.1.8 螺纹连接力矩控制方法
	4.2 连接后矫正	能矫正一般连接构件的变形	一般连接构件变形的原理、种类与矫正方法
5. 质量检验	尺寸、形状、位置等检验	能根据有关质量标准及技术要求对一般构件的尺寸、形状、位置、接缝外观等进行检验	5.1.1 构件形位检测知识 5.1.2 接缝外观检测知识

3.3 三级/高级工

职业功能	工作内容	技能要求	相关知识要求
1. 备料	1.1 识图与绘图	能识读桁架类，梁类，机架，臂架，箱门类，中、高压容器等复杂构件的图样	1.1.1 复杂构件图样的识图与分析方法 1.1.2 根据装配图样拆绘零件图样的方法
	1.2 矫正划线与展开放样	1.2.1 能矫正不同材质及不同横截面原材料的变形 1.2.2 能绘制复杂构件的图样 1.2.3 能绘制复杂构件和偏、斜交相贯构件的展开图 1.2.4 能绘制一般不可展表面构件的近似展开图 1.2.5 能计算简单空间弯曲构件的展开料长度	1.2.1 不同材质及不同横截面原材料变形的矫正方法 1.2.2 划线时加工余量的确定方法 1.2.3 构件的局部结构工艺性处理方法 1.2.4 偏、斜交相贯构件的相贯线求作及表面的展开方法 1.2.5 不可展表面的近似展开方法

续表

职业功能	工作内容	技能要求	相关知识要求
1. 备料	1.3 切割（锯削、气割、砂轮切割、冲裁）	能使用常规锯床、气割设备、砂轮切割机等切割原材料	1.3.1 剪床剪切能力换算方法 1.3.2 剪切质量分析和剪床调整方法 1.3.3 冲裁质量分析方法 1.3.4 气割质量分析和工艺措施 1.3.5 等离子弧切割原理和工艺 1.3.6 光电跟踪气割原理
2. 成形	手工成形	2.1.1 能根据成形要求和成形设备制作一般胎、夹具 2.1.2 能根据图样要求制作展开样板 2.1.3 能对成形缺陷进行工艺分析，并采取相应预防措施	2.1.1 手工成形质量分析方法及常见缺陷预防方法 2.1.2 压弯件的缺陷分析和预防措施 2.1.3 压延工艺流程的编制方法 2.1.4 空间多角度弯管的夹角、展开料长度等计算及弯管工艺
3. 装配	零部件组合	3.1.1 能装配桁架类，梁类，机架、臂架，箱门类，中、高压容器等复杂构件 3.1.2 能根据装配技术要求制造工装夹具	桁架类，梁类，机架、臂架、箱门类，中、高压容器等复杂构件装配工艺
4. 连接	4.1 连接（焊接、铆接、螺纹连接）	能对铆接、定位焊等的连接缺陷进行分析，并采取相应预防措施	4.1.1 复杂连接构件焊接变形矫正方法 4.1.2 特种材料的定位焊方法 4.1.3 铆接工艺编制方法 4.1.4 铆接件的变形与预防变形的方法 4.1.5 铆接缺陷分析与减少缺陷的方法 4.1.6 焊缝质量与检验方法

续表

职业功能	工作内容	技能要求	相关知识要求
4. 连接	4.2 连接后矫正	4.2.1 能分析构件连接后产生变形的原因 4.2.2 能矫正连接后复杂构件的变形	4.2.1 构件连接后产生变形的原因与分析方法 4.2.2 不同材质构件的矫正方法
5. 质量检验	尺寸、形状、位置等检验	5.1.1 能在基准转换时根据技术要求进行相关检验尺寸转换的计算 5.1.2 能按技术要求对复杂构件进行检验	5.1.1 测量基准转换及尺寸计算方法 5.1.2 接缝致密性、内外部质量等检测知识
6. 培训指导	6.1 指导操作	能指导四级/中级工及以下级别人员进行实际操作	培训教学基本方法
	6.2 理论培训	能讲授四级/中级工及以下级别理论知识	

3.4 二级/技师

职业功能	工作内容	技能要求	相关知识要求
1. 备料	1.1 识图与绘图	能根据一般构件绘制零件加工图	零部件测绘知识
	1.2 矫正划线与展开放样	1.2.1 能绘制一般位置异形构件和复杂相贯构件的展开图 1.2.2 能绘制复杂不可展表面构件的展开图 1.2.3 能计算一般空间弯曲构件的展开料长度	1.2.1 复杂构件的划线放样知识 1.2.2 一般位置异形构件和复杂相贯构件的展开知识 1.2.3 一般位置空间夹角的求作和计算方法
	1.3 切割（锯削、气割、砂轮切割、冲裁）	1.3.1 能编制数控切割程序 1.3.2 能根据一般构件的产品结构特点与技术要求编制切割工艺	1.3.1 数控切割程序的编制方法 1.3.2 一般构件切割工艺编制方法

续表

职业功能	工作内容	技能要求	相关知识要求
2. 成形	手工成形	2.1.1 能进行非常规筒体及其他零件的冷、热卷制 2.1.2 能对成形质量进行分析，并改进制作工艺 2.1.3 能根据成形要求和成形设备设计工装夹具	2.1.1 手工成形时材料应力变化基本知识 2.1.2 压弯件质量分析方法 2.1.3 压延件质量分析方法 2.1.4 弯管质量分析方法
3. 装配	零部件组合	3.1.1 能根据构件技术要求编制装配工艺 3.1.2 能根据装配技术要求设计工装夹具	一般构件工装夹具的装配工艺及设计制造知识
4. 连接	4.1 连接（焊接、铆接、螺纹连接）	4.1.1 能按技术要求编制焊接、铆接等连接工艺 4.1.2 能计算焊接、铆接的强度及加工余量	4.1.1 电弧焊、气焊等焊接工艺的编制方法 4.1.2 焊缝质量分析方法 4.1.3 焊接应力、变形分析方法 4.1.4 铆接接缝尺寸的确定方法 4.1.5 铆接强度校核方法 4.1.6 螺纹连接强度校核方法
4. 连接	4.2 连接后矫正	4.2.1 能根据不同的材料、材质及用途编制矫正工艺 4.2.2 能根据图样上的构件及连接形式分析其应力和变形，并编制相应的连接工艺	热矫正工艺及机械、手工矫正工艺的编制方法
5. 质量检验	尺寸、形状、位置等检验	5.1.1 能按图样技术要求进行产品功能试验和检验 5.1.2 能按技术要求制订检验方案	构件质量检查与控制知识
6. 新技术应用	新技术应用	能学习、应用、推广国内新技术、新工艺、新设备、新材料	国内新技术、新工艺、新设备、新材料的应用知识

续表

职业功能	工作内容	技能要求	相关知识要求
7. 培训指导	7.1 指导操作	能对三级/高级工及以下级别人员进行实际操作指导并编制操作培训讲义	7.1.1 培训讲义编制方法 7.1.2 培训教学基本方法
	7.2 理论培训	能对三级/高级工及以下级别人员进行理论培训并编制理论培训讲义	
8. 管理	8.1 质量管理	8.1.1 能在本职工作中认真贯彻各项质量标准 8.1.2 能应用质量管理知识对操作过程进行质量分析与控制	8.1.1 相关质量标准 8.1.2 质量分析与控制方法
	8.2 生产管理	8.2.1 能组织有关人员协同作业 8.2.2 能协助部门领导进行生产调度与人员管理	生产管理基本知识

3.5 一级/高级技师

职业功能	工作内容	技能要求	相关知识要求
1. 备料	1.1 识图与绘图	能根据复杂产品图样分解绘制零部件图样	计算机辅助制图常识
	1.2 矫正划线与展开放样	1.2.1 能绘制非常规构件的展开图 1.2.2 能制作复杂、高难度的展开样板，并制定材料定额	1.2.1 非常规构件的划线放样知识 1.2.2 非常规构件的展开知识 1.2.3 复杂、高难度展开样板的制作方法 1.2.4 材料定额制定方法
	1.3 切割（锯削、气割、砂轮切割、冲裁）	能根据复杂构件的产品结构特点与技术要求编制切割工艺	复杂构件切割工艺编制方法

续表

职业功能	工作内容	技能要求	相关知识要求
2. 成形	手工成形	2.1.1 能编制非常规筒体等的卷制工艺,并对机械设备进行调整 2.1.2 能根据产品的技术要求编制成形工艺 2.1.3 能设计用于成形的工具、夹具、模具	2.1.1 手工成形时材料应力消除措施与缺陷预防措施 2.1.2 压延力计算方法 2.1.3 弯管质量问题预防措施 2.1.4 特殊管径弯管工艺编制方法
3. 装配	零部件组合	3.1.1 能根据产品技术要求编制部件的装配工艺 3.1.2 能进行现场装配,并对装配进行质量分析和采取相应措施	3.1.1 装配质量的分析方法 3.1.2 装配复杂构件工具、夹具、模具的设计和制造知识
4. 连接	4.1 连接(焊接、铆接、螺纹连接)	4.1.1 能对焊接、铆接、螺纹连接等进行强度校核 4.1.2 能对接缝质量进行分析,并采取相应工艺措施	4.1.1 焊接冶金知识 4.1.2 焊接质量的检验方法 4.1.3 焊缝强度校核方法 4.1.4 复杂构件焊接变形矫正方法
	4.2 连接后矫正	能设计用于矫正的工装夹具	4.2.1 连接构件应力分析方法 4.2.2 火焰矫正热点分布图绘制方法
5. 质量检验	尺寸、形状、位置等检验	能分析质量问题的产生原因,并提出解决问题的具体方案	产品质量问题的产生原因及解决方法
6. 新技术应用	新技术应用	能学习、推广应用国内外新技术、新工艺、新设备、新材料	国内外新技术、新工艺、新设备、新材料的应用知识

续表

职业功能	工作内容	技能要求	相关知识要求
7.培训指导	7.1 指导操作	7.1.1 能编制操作教学计划 7.1.2 能对二级/技师及以下级别人员进行实际操作指导并编制操作培训讲义	7.1.1 培训讲义编制方法 7.1.2 培训教学基本方法 7.1.3 培训管理系统方法
	7.2 理论培训	7.2.1 能编制理论教学计划 7.2.2 能对二级/技师及以下级别人员进行理论培训并编制理论培训讲义	
8.管理	8.1 质量管理	8.1.1 能在本职工作中认真贯彻各项质量标准 8.1.2 能应用质量管理知识对操作过程进行质量分析与控制	8.1.1 相关质量标准 8.1.2 质量分析与控制方法
	8.2 生产管理	8.2.1 能组织有关人员协同作业 8.2.2 能协助部门领导进行生产调度与人员管理	生产管理基本知识

4. 权重表

4.1 理论知识权重表

项目		技能等级	五级/初级工（%）	四级/中级工（%）	三级/高级工（%）	二级/技师（%）	一级/高级技师（%）
基本要求	职业道德		5	5	5	5	5
	基础知识		25	25	20	15	15
相关知识要求	备料		25	25	20	20	15
	成形		20	20	20	15	10
	装配		10	10	10	10	10
	连接		10	10	15	15	10
	质量检验		5	5	5	5	5

续表

项目	技能等级	五级/初级工(%)	四级/中级工(%)	三级/高级工(%)	二级/技师(%)	一级/高级技师(%)
相关知识要求	新技术应用	—	—	—	5	10
	培训指导	—	—	5	5	15
	管理	—	—	—	5	5
合计		100	100	100	100	100

注：高级技师"管理"模块内容按技师标准考核。

4.2 技能要求权重表

项目	技能等级	五级/初级工(%)	四级/中级工(%)	三级/高级工(%)	二级/技师(%)	一级/高级技师(%)
技能要求	备料	40	40	35	30	25
	成形	25	25	20	20	15
	装配	15	15	15	10	10
	连接	15	15	15	10	10
	质量检验	5	5	10	10	10
	新技术应用	—	—	—	5	10
	培训指导	—	—	5	10	15
	管理	—	—	—	5	5
合计		100	100	100	100	100

注：高级技师"管理"模块内容按技师标准考核。

缝制机械装配调试工国家职业技能标准

（2021年版）

1. 职业概况

1.1 职业名称

缝制机械装配调试工

1.2 职业编码

6-21-03-00

1.3 职业定义

使用设备和工具，装配、调试和校正、维护保养和修理缝纫机、刺绣机等缝制机械的人员。

1.4 职业技能等级

本职业共设五个等级，分别为：五级/初级工、四级/中级工、三级/高级工、二级/技师、一级/高级技师。

1.5 职业环境条件

室内、常温。

1.6 职业能力特征

具有一定的分析、判断和计算能力，手臂、手指灵活，具有对高速旋转物体的空间观察能力。

1.7 普通受教育程度

初中毕业（或相当文化程度）。

1.8 培训参考学时

五级/初级工240标准学时，四级/中级工120标准学时，三级/高级工120标准学时，二级/技师120标准学时，一级/高级技师120标准学时。

1.9 职业技能鉴定要求

1.9.1 申报条件

具备以下条件之一者，可申报五级/初级工：
（1）累计从事本职业或相关职业①工作1年（含）以上。
（2）本职业或相关职业学徒期满。

具备以下条件之一者，可申报四级/中级工：
（1）取得本职业或相关职业五级/初级工职业资格证书（技能等级证书）后，累计从事本职业或相关职业工作3年（含）以上。
（2）累计从事本职业或相关职业工作5年（含）以上。
（3）取得技工学校、中等及以上职业学校本专业或相关专业②毕业证书（含尚未取得毕业证书的应届毕业生）。
（4）高级技工学校、技师学院以及经评估认证、以高级技能为培养目标的高等职业学校本专业或相关专业在校生。

具备以下条件之一者，可申报三级/高级工：
（1）取得本职业或相关职业四级/中级工职业资格证书（技能等级证书）后，累计从事本职业或相关职业工作4年（含）以上。
（2）累计从事本职业或相关职业工作10年（含）以上。
（3）取得本职业或相关职业四级/中级工职业资格证书（技能等级证书）后，取得高级技工学校、技师学院以及经评估认证、以高级技能为培养目标的高等职业学校本专业或相关专业毕业证书（含尚未取得毕业证书的在校应届毕业生）。
（4）具有大专及以上本专业或相关专业毕业证书，并取得本职业或相关职业四级/中级工职业资格证书（技能等级证书）后，累计从事本职业或相关职业工作2年（含）以上。

具备以下条件之一者，可申报二级/技师：
（1）取得本职业或相关职业三级/高级工职业资格证书（技能等级证书）后，累计从事本职业或相关职业工作4年（含）以上。
（2）取得本职业或相关职业三级/高级工职业资格证书（技能等级证书）的高级技工学校、技师学院毕业生，累计从事本职业或相关职业工作3年（含）以上；或取得本职业或相关职业预备技师证书的技师学院毕业生，累计从事本职业或相关职业工作2年（含）以上。

具备以下条件者，可申报一级/高级技师：
取得本职业或相关职业二级/技师职业资格证书（技能等级证书）后，累计从事本职业或相关职业工作4年（含）以上。

1.9.2 鉴定方式

分为理论知识考试、技能考核以及综合评审。理论知识考试以笔试、机考等方式为主，

---

① 相关职业：机械设计工程技术人员、机械制造工程技术人员、服装工程技术人员、钳工，下同。
② 本专业或相关专业：机械工程及自动化专业、服装工程专业、钳工专业，下同。

主要考核从业人员从事本职业应掌握的基本要求和相关知识要求;技能考核主要采用现场操作、模拟操作等方式进行,主要考核从业人员从事本职业应具备的技能水平;综合评审主要针对技师和高级技师,通常采取审阅申报材料、答辩等方式进行全面评议和审查。

理论知识考试和技能考核和综合评审均实行百分制,成绩皆达60分(含)以上者为合格。

1.9.3 监考人员、考评人员与考生配比

理论知识考试中的监考人员与考生配比不低于1∶15,且每个考场不少于2名监考人员;技能考核中的考评人员与考生配比不低于1∶5,且考评人员为3人(含)以上单数;综合评审委员为5人(含)以上单数。

1.9.4 鉴定时间

理论知识考试时间不少于90 min,技能考核时间不少于90 min,综合评审时间不少于30 min。

1.9.5 鉴定场所设备

理论知识考试在标准教室进行,技能考核在具备专用设备、工具和检测设备的场所进行。

2. 基本要求

2.1 职业道德

2.1.1 职业道德基本知识

2.1.2 职业守则

(1) 遵纪守法,爱岗敬业。
(2) 刻苦学习,勇于创新。
(3) 遵守操作规程,爱护工具设备。
(4) 团结诚信,质朴节俭。

2.2 基础知识

2.2.1 机械基础知识

(1) 机械制图知识。
(2) 机械常用材料知识。
(3) 机械传动基本原理。
(4) 机械类工艺技术知识。
(5) 计量知识(常用仪表和专用仪器)。
(6) 电子基础知识。
(7) 钳工基础知识。

(8)电工常识。

2.2.2 缝制机械基础知识

(1)缝制机械行业发展的基础知识。

(2)缝制机械的概念、产品种类、基本专业名词术语知识。

(3)缝制机械产品的结构、原理、用途。

(4)缝线、机针、缝料基础知识。

(5)缝制机械产品的技术标准。

(6)缝制机械产品的检测标准、方法。

2.2.3 安全生产知识

(1)缝制机械安全操作规程。

(2)职业卫生防护知识。

2.2.4 相关法律、法规知识

(1)《中华人民共和国劳动法》相关知识。

(2)《中华人民共和国环境保护法》相关知识。

(3)《中华人民共和国安全生产法》相关知识。

(4)《中华人民共和国产品质量法》相关知识。

3. 工作要求

本标准对五级/初级工、四级/中级工、三级/高级工、二级/技师、一级/高级技师的技能要求和相关知识要求依次递进,高级别涵盖低级别的要求。

3.1 五级/初级工

职业功能	工作内容	技能要求	相关知识要求
1. 缝制机械装配①	1.1 装配辅助工作	1.1.1 能确定一种以上常见缝制机械的零部件名称、用途和规格 1.1.2 能识读缝制机械装配图样和工艺流程卡等工艺文件 1.1.3 能根据工艺文件要求准备装配作业的零部件 1.1.4 能根据装配工艺要求准备螺钉旋具、扳手、游标卡尺、百分表等通用工具、量具、检具	1.1.1 常见缝制机械主要零部件名称、用途、规格和功能 1.1.2 识读图样和工艺文件知识 1.1.3 通用工具、量具、检具的种类和用途

---

① 常见缝制机械:平缝机、包缝机、绷缝机、锁眼机、钉扣机、加固(套结)机、刺绣机等,下同。

续表

职业功能	工作内容	技能要求	相关知识要求
1. 缝制机械装配	1.2 部装及总装	1.2.1 能装配缝制机械的夹线器、旋梭等零部件 1.2.2 能装配一种以上常见缝制机械的勾线、剪线等机构	1.2.1 缝制机械夹线器、旋梭、齿轮、弯针等基础零部件的功用、结构和特点 1.2.2 缝纫线的分类 1.2.3 缝纫底面线的选择原则 1.2.4 缝制机械勾线、剪线等机构的结构和特点
2. 缝制机械调试	2.1 调试	2.1.1 能通过控制面板操控一种以上常见缝制机械的电控系统 2.1.2 能调整缝制机械缝纫线的线张力 2.1.3 能按照参数要求调试缝制机械的勾线、挑线等机构	2.1.1 常见缝制机械控制面板的种类、特点和操作方法 2.1.2 影响缝制机械缝纫线线张力的原因 2.1.3 常见缝制机械勾线、挑线等机构的设计参数
	2.2 在线检测	2.2.1 能使用游标卡尺、百分表等量具、检具测量缝制机械零部件的外形尺寸 2.2.2 能使用万用表等测量缝制机械控制系统的电子器件	2.2.1 通用量具、检具的使用方法和注意事项 2.2.2 万用表的使用和维护保养方法 2.2.3 使用万用表等测量缝制机械控制系统电子器件的方法及注意事项
3. 缝制机械维修	3.1 故障判断	3.1.1 能判断常见缝制机械零部件的外观缺陷 3.1.2 能分析判断一种以上常见缝制机械勾线、刺料、剪线等机构产生故障的原因 3.1.3 能按照控制系统故障代码确定缝制机械的故障部位	3.1.1 常见缝制机械零部件外观缺陷的表现形式 3.1.2 常见缝制机械勾线、刺料、剪线等机构故障的表现形式及产生故障的原因 3.1.3 缝制机械控制系统故障代码知识
	3.2 维修	3.2.1 能对缝制机械进行日常维护保养 3.2.2 能更换机针、旋梭等易损件 3.2.3 能排除一种以上常见缝制机械勾线、刺料、剪线等机构的故障	3.2.1 缝制机械日常维护保养相关知识 3.2.2 常见缝制机械易损件的种类及需要更换的标准 3.2.3 缝制机械勾线、刺料、剪线等机构故障的排除方法和更换的注意事项

3.2 四级/中级工

职业功能	工作内容	技能要求	相关知识要求
1. 缝制机械装配	1.1 装配辅助工作	1.1.1 能识别各类常见缝制机械的机构组件 1.1.2 能根据工艺文件提出装配备件要求 1.1.3 能根据工艺要求选配定位块等工装夹具和专用量具、检具	1.1.1 各类常见缝制机械主要机构组件的名称和用途 1.1.2 按照组装批量制订装配备件计划的相关知识 1.1.3 缝制机械常用工装夹具和专用量具、检具知识
	1.2 部装及总装	1.2.1 能装配一种以上常见缝制机械的主传动机构 1.2.2 能装配一种以上常见缝制机械的刺料、送料等机构	1.2.1 各类常见缝制机械主传动机构传动原理 1.2.2 各类常见缝制机械主传动、刺料、送料等机构的装配工艺
2. 缝制机械调试	2.1 调试	2.1.1 能根据运动时序关系调试一种以上常见缝制机械传动机构及其配合间隙 2.1.2 能调试一种以上常见缝制机械的刺料、送料等机构 2.1.3 能调试一种以上常见缝制机械的电控部件	2.1.1 各类常见缝制机械运动时序的关系 2.1.2 各类常见缝制机械传动机构及其配合间隙的调试方法及工艺要求 2.1.3 各类常见缝制机械刺料、送料等机构的调试方法及工艺要求 2.1.4 缝制机械线迹标准与线迹形成的原理 2.1.5 调试电磁铁、传感器、气动元件等电控部件的工艺要求
	2.2 在线检测	2.2.1 能使用专用量具、检具测量缝制机械零部件的形位误差 2.2.2 能使用专用量具、检具检测缝制机械传动机构的定位、间隙等装配质量	2.2.1 机械零部件形位误差知识 2.2.2 缝制机械缝纫线线张力的测试方法 2.2.3 缝制机械噪声试验方法

续表

职业功能	工作内容	技能要求	相关知识要求
3. 缝制机械维修	3.1 故障判断	3.1.1 能根据故障现象判断一种以上常见缝制机械产生传动故障的原因 3.1.2 能分析判断一种以上常见缝制机械控制系统模块产生故障的原因 3.1.3 能根据控制系统的故障代码及设备现象判断控制及驱动部件产生故障的原因	3.1.1 各类常见缝制机械传动系统和送料等主要机构故障的表现形式及产生故障的原因 3.1.2 各类常见缝制机械常见控制系统故障的表现形式及产生故障的原因 3.1.3 各类常见缝制机械常见控制及驱动部件故障的表现形式及产生故障的原因 3.1.4 电磁铁、传感器等常用电子器件故障的表现形式及判断方法
	3.2 维修	3.2.1 能排除一种以上常见缝制机械送料等主要机构的故障 3.2.2 能调整一种以上常见缝制机械的电控系统参数 3.2.3 能更换一种以上常见缝制机械电控系统的电路板	3.2.1 各类常见缝制机械送料等主要机构常见故障的排除方法及更换的注意事项 3.2.2 各类常见缝制机械电磁铁、传感器、电路板等电子器件和电控系统常见故障的排除方法 3.2.3 电控系统参数调整注意事项

3.3 三级/高级工

职业功能	工作内容	技能要求	相关知识要求
1. 缝制机械装配	1.1 装配辅助工作	1.1.1 能调试日常专用装配设备及装配生产线 1.1.2 能根据不同种类产品的装配工艺要求选配各工序物料，编制装配备件计划 1.1.3 能根据不同种类产品的装配工艺进行专用工具、夹具、量具调整和改装	1.1.1 缝制机械类产品的行业专用术语 1.1.2 缝制机械各品类装配物料知识 1.1.3 装配专用工具、夹具、量具及其调整和改装相关知识

续表

职业功能	工作内容	技能要求	相关知识要求
1. 缝制机械装配	1.2 部装及总装	1.2.1 能拆解和再装配缝制机械的机架、刺料、勾线、送料、挑线、传送等机构 1.2.2 能装配缝制机械的控制系统 1.2.3 能根据作业现场情况对装配生产线各工序的同步性进行调整	1.2.1 缝制机械机架、刺料、勾线、送料、挑线、传送等机构拆解和再装配工艺及注意事项 1.2.2 各类常见缝制机械动力传送机构的基本工作原理 1.2.3 缝制机械装配生产线同步调整知识
2. 缝制机械调试	2.1 调试	2.1.1 能调试一种以上常见缝制机械的控制系统 2.1.2 能对一种以上常见缝制机械的刺料、勾线、送料、挑线等机构进行综合调试	2.1.1 计算机数控技术知识 2.1.2 各类常见缝制机械控制系统的相关技术参数 2.1.3 各类常见缝制机械刺料、勾线、送料、挑线等机构的相关技术要求
	2.2 在线检测	2.2.1 能检测缝制机械传动机构的力矩、配合精度等 2.2.2 能综合检测缝制机械的倒顺缝误差、线迹质量、缝厚能力等缝纫性能 2.2.3 能检测一种以上常见缝制机械的控制及驱动系统	2.2.1 缝制机械传动机构力矩和配合精度检测知识 2.2.2 缝制机械层缝、连续缝、缝厚能力、线缝皱缩、缝料层潜移等项目的测试方法 2.2.3 紧固件锁紧力、启动转矩、机构间隙等项目的试验方法 2.2.4 缝制机械控制及驱动系统的检测手段及注意事项
3. 缝制机械维修	3.1 故障判断	3.1.1 能通过手感、目测等感知机械的力矩、噪声、局部温升等运行状况，判断一种以上常见缝制机械的机构及控制系统故障 3.1.2 能根据控制系统各模块工作原理，运用控制器参数排查功能故障	缝制机械控制系统各模块的基本工作原理
	3.2 维修	3.2.1 能使用维修工具更换有故障的电子元器件 3.2.2 能维修或排除一种以上常见缝制机械控制及驱动系统故障	3.2.1 缝制机械常用维修工具的种类和使用方法 3.2.2 排除各类常见缝制机械控制及驱动系统故障的案例分析

续表

职业功能	工作内容	技能要求	相关知识要求
4. 培训与指导	4.1 技能指导	4.1.1 能对四级/中级工及以下级别人员进行零部件装配的技术指导与技能示范 4.1.2 能对四级/中级工及以下级别人员进行调试和维修的技术指导与技能示范	4.1.1 对四级/中级工及以下级别人员进行零部件装配技术指导与技能示范的主要内容 4.1.2 对四级/中级工及以下级别人员进行调试和维修技术指导与技能示范的主要内容
	4.2 技术培训	4.2.1 能对四级/中级工及以下级别人员进行现场装配的技术培训 4.2.2 能对四级/中级工及以下级别人员进行调试维修的技术培训	4.2.1 对四级/中级工及以下级别人员进行现场装配职业技能水平评价的要求 4.2.2 对四级/中级工及以下级别人员进行调试维修职业技能水平评价的要求

3.4 二级/技师

职业功能	工作内容	技能要求	相关知识要求
1. 缝制机械装配	1.1 装配辅助工作	1.1.1 能根据不同种类产品的工艺特点设计、制作专用工装和检具 1.1.2 能根据不同种类产品的工艺要求调配、测试专用装配设备及装配生产线	1.1.1 设计、制作各类缝制机械常见专用工具、夹具、装具、量具的案例分析 1.1.2 不同种类产品缝制机械专用装配设备及装配生产线的特点
	1.2 部装及总装	1.2.1 能在无工艺文件条件下对一种以上常见缝制机械进行总装 1.2.2 能编制一种以上常见缝制机械的装配工艺文件	1.2.1 各类常见缝制机械的基本结构和工作原理 1.2.2 在无工艺文件条件下装配新产品的技术要求 1.2.3 编制装配工艺文件知识
2. 缝制机械调试	2.1 调试	2.1.1 能根据工艺文件调试各类计算机控制的缝制机械 2.1.2 能在无工艺文件条件下对一种以上常见缝制机械进行调试维修	2.1.1 各类数控缝制机械的技术标准、质量要求及调试注意事项 2.1.2 无工艺文件条件下调试维修新产品的技术要求

续表

职业功能	工作内容	技能要求	相关知识要求
2. 缝制机械调试	2.2 在线检测	2.2.1 能综合检测一种以上常见缝制机械的装配质量 2.2.2 能分析判断一种以上常见缝制机械的设计质量和加工质量	2.2.1 各类常见缝制机械装配质量的技术要求 2.2.2 质量管理和质量分析的相关知识 2.2.3 各类常见缝制机械装配安全性的要求
3. 缝制机械维修	3.1 故障判断	3.1.1 能借助产品装配图、说明书等资料分析判断缝制机械产生故障的原因 3.1.2 能分析缝制机械的故障现象，提出防范技术措施和改进建议	3.1.1 缝制机械故障的原因分析 3.1.2 缝制机械故障分析判断的基本方法
	3.2 维修	3.2.1 能根据客户特殊需求改装一种以上缝制机械的局部机构 3.2.2 能识读和调整一种以上缝制机械的缝制加工程序	3.2.1 根据客户特殊需求对各类缝制机械进行改装的基本方法及案例分析 3.2.2 常用缝制机械缝制加工程序编制的基本方法 3.2.3 常用缝制机械数控系统相关功能代码
4. 培训与指导	4.1 技能指导	4.1.1 能对三级/高级工及以下级别人员进行整机总装的技术指导与技能示范 4.1.2 能对三级/高级工进行调试维修的技术指导与技能示范	4.1.1 对三级/高级工及以下级别人员进行整机总装技术指导与技能示范的主要内容 4.1.2 对三级/高级工进行调试维修技术指导与技能示范的主要内容
	4.2 技术培训	4.2.1 能对三级/高级工进行现场技术培训 4.2.2 能对三级/高级工及以下级别人员进行理论知识培训和操作技能考核 4.2.3 能制订企业的培训计划和实施方案	4.2.1 对三级/高级工进行职业技能水平评价的要求 4.2.2 对三级/高级工进行调试维修职业技能水平评价的要求 4.2.3 企业培训计划和实施方案知识

3.5 一级/高级技师

职业功能	工作内容	技能要求	相关知识要求
1.缝制机械装配	1.1 装配辅助工作	1.1.1 能根据不同种类缝制机械的生产需求编制装配作业计划 1.1.2 能根据生产条件动态实时调整装配工艺流程	1.1.1 编制各类缝制机械装配作业计划的相关知识 1.1.2 企业装配工艺流程修改或调整的相关知识
	1.2 部装及总装	1.2.1 能对各类缝制机械的装配工艺进行综合分析和改进 1.2.2 能根据生产条件对各类缝制机械装配生产线进行优化和改进 1.2.3 能对缝制机械的电动机、传感器、气动元件等控制器件的设计提出改进建议	1.2.1 缝制机械装配工艺综合分析和改进知识 1.2.2 根据生产条件对各类缝制机械装配生产线进行优化和改进的案例
2.缝制机械调试	2.1 调试	2.1.1 能在无工艺文件条件下调试各类缝制机械产品 2.1.2 能根据样机编制各类缝制机械的调试工艺文件	2.1.1 在无工艺文件条件下调试各类缝制机械的技巧和注意事项 2.1.2 编制各类缝制机械调试工艺文件的相关知识
	2.2 在线检测	2.2.1 能对缝制机械控制及驱动系统进行电气性能检测 2.2.2 能对缝制机械进行全性能检测 2.2.3 能编制缝制机械的产品测试方案	2.2.1 对控制及驱动系统进行电气性能检测的注意事项 2.2.2 各类缝制机械产品质量标准 2.2.3 编制缝制机械产品测试方案知识
3.缝制机械维修	3.1 故障判断	3.1.1 能分析判断缝制机械的机构及控制系统产生故障的原因 3.1.2 能综合分析缝制机械的故障或缺陷形成机理，提出产品设计、装配、保养、维护及零部件选配等改进方案	3.1.1 各类缝制机械数控及驱动系统、控制及驱动部件故障的表现形式 3.1.2 各类数控缝制机械故障的主要原因 3.1.3 产品设计、装配、保养、维护及零部件选配质量对缝制机械故障的影响

续表

职业功能	工作内容	技能要求	相关知识要求
3. 缝制机械维修	3.2 维修	3.2.1 能根据客户或市场的不同需求制定缝制机械的维修及改进方案 3.2.2 能识读并合理调整一种以上缝制机械数控程序	3.2.1 各类缝制机械维修及改进方案知识及案例 3.2.2 数控编程维护知识
4. 培训与指导	4.1 技能指导	4.1.1 能对二级/技师进行整机总装、调试和维修的技术指导与技能示范 4.1.2 能制定各类新产品和个性化定制产品的装配工艺,并进行现场指导	4.1.1 二级/技师进行整机总装、调试和维修技术指导与技能示范的主要内容 4.1.2 现场示范指导的基本方法
	4.2 技术培训	4.2.1 能对二级/技师进行技术培训和业务指导 4.2.2 能对二级/技师进行理论知识培训和操作技能考核 4.2.3 能编写缝制机械知识培训大纲和企业培训教材	4.2.1 缝制机械装配、调试、维修技能考核和技能竞赛的基本内容 4.2.2 培训大纲和企业培训教材编写的相关知识

4. 权重表

4.1 理论知识权重表

项目		技能等级	五级/初级工（%）	四级/中级工（%）	三级/高级工（%）	二级/技师（%）	一级/高级技师（%）
基本要求	职业道德		5	5	5	5	5
	基础知识		10	10	10	5	5
相关知识要求	缝制机械装配		50	45	40	30	25
	缝制机械调试		20	20	20	25	30
	缝制机械维修		15	20	20	25	25
	培训与指导		—	—	5	10	10
合计			100	100	100	100	100

4.2 技能要求权重表

项目	技能等级	五级/初级工（%）	四级/中级工（%）	三级/高级工（%）	二级/技师（%）	一级/高级技师（%）
技能要求	缝制机械装配	60	55	50	35	35
	缝制机械调试	30	30	25	25	25
	缝制机械维修	10	15	20	30	30
	培训与指导	—	—	5	10	10
	合计	100	100	100	100	100

无人机装调检修工国家职业技能标准

（2021 年版）

1. 职业概况

1.1 职业名称

无人机装调检修工

1.2 职业编码

6-23-03-15

1.3 职业定义

使用设备、工装、工具和调试软件，对无人机进行配件选型、装配、调试、检修与维护的人员。

1.4 职业技能等级

本职业共设五个等级，分别为：五级/初级工、四级/中级工、三级/高级工、二级/技师、一级/高级技师。

1.5 职业环境条件

室内，常温。

1.6 职业能力特征

具有一定的学习、表达和计算能力，具有较强的空间感和形体知觉，听力、色觉正常，双眼裸眼视力或矫正视力达到标准对数视力表4.9以上，手指、手臂灵活，动作协调性强。

1.7 普通受教育程度

初中毕业（或相当文化程度）。

1.8 培训参考学时

五级/初级工不少于160标准学时，四级/中级工不少于140标准学时，三级/高级工不少于120标准学时，二级/技师、一级/高级技师不少于90标准学时。

1.9 职业技能鉴定要求

1.9.1 申报条件

具备以下条件之一者,可申报五级/初级工:
(1) 累计从事本职业或相关职业①工作1年(含)以上。
(2) 本职业或相关职业学徒期满。

具备以下条件之一者,可申报四级/中级工:
(1) 取得本职业或相关职业五级/初级工职业资格证书(技能等级证书)后,累计从事本职业或相关职业工作4年(含)以上。
(2) 累计从事本职业或相关职业工作6年(含)以上。
(3) 取得技工学校本专业或相关专业②毕业证书(含尚未取得毕业证书的在校应届毕业生);或取得经评估论证、以中级技能为培养目标的中等及以上职业学校本专业或相关专业③毕业证书(含尚未取得毕业证书的在校应届毕业生)。

具备以下条件之一者,可申报三级/高级工:
(1) 取得本职业或相关职业四级/中级工职业资格证书(技能等级证书)后,累计从事本职业或相关职业工作5年(含)以上。
(2) 取得本职业或相关职业四级/中级工职业资格证书(技能等级证书),并具有高级技工学校、技师学院毕业证书(含尚未取得毕业证书的在校应届毕业生);或取得本职业或相关职业四级/中级工职业资格证书(技能等级证书),并具有经评估论证、以高级技能为培养目标的高等职业学校本专业或相关专业毕业证书(含尚未取得毕业证书的在校应届毕业生)。
(3) 具有大专及以上本专业或相关专业④毕业证书,并取得本职业或相关职业四级/中级工职业资格证书(技能等级证书)后,累计从事本职业或相关职业工作2年(含)以上。

具备以下条件之一者,可申报二级/技师:
(1) 取得本职业或相关职业三级/高级工职业资格证书(技能等级证书)后,累计从事本职业或相关职业工作4年(含)以上。
(2) 取得本职业或相关职业三级/高级工职业资格证书(技能等级证书)的高级技工学校、技师学院毕业生,累计从事本职业或相关职业工作3年(含)以上;或取得本职业或相关职业预备技师证书的技师学院毕业生,累计从事本职业或相关职业工作2年(含)

---

① 相关职业:无人机驾驶员、无人机测绘操控员、飞机装配工、飞机系统安装调试工、航空发动机装配工、航空螺旋桨装配工、航空电气安装调试工、航空附件装配工、航空仪表装配工、飞机无线电设备安装调试工、飞机雷达安装调试工、民用航空器机械维护员、民用航空器部件修理员、电工、钳工、铆工、电子设备装配调试人员,下同。
② 技工学校本专业或相关专业:无人机应用技术、飞机制造与装配、飞机维修,下同。
③ 中等及以上职业学校本专业或相关专业:无人机操控与维护、飞机设备维修、无人机测绘技术、无人机应用技术、无人机系统应用技术、飞行器数字化制造技术、飞行器数字化装配技术、航空发动机装配调试技术、飞机机载设备装配调试技术、飞行器维修技术、飞机机电设备维修、飞机电子设备维修、飞机部件修理、通用航空器维修、飞机结构修理,下同。
④ 大专及以上本专业或相关专业:无人驾驶航空器系统工程、飞行器设计与工程、飞行器制造工程、飞行器动力工程、飞行器环境与生命保障工程、飞行器质量与可靠性、飞行器适航技术、飞行器控制与信息工程,下同。

以上。

具备以下条件者，可申报一级/高级技师：

取得本职业或相关职业二级/技师职业资格证书（技能等级证书）后，累计从事本职业或相关职业工作 4 年（含）以上。

1.9.2 鉴定方式

分为理论知识考试、技能考核以及综合评审。理论知识考试以笔试、机考等方式为主，主要考核从业人员从事本职业应掌握的基本要求和相关知识要求；技能考核主要采用现场操作、模拟操作等方式进行，主要考核从业人员从事本职业应具备的技能水平；综合评审主要针对技师和高级技师，通常采取审阅申报材料、答辩等方式进行全面评议和审查。

理论知识考试、技能考核和综合评审均实行百分制，成绩皆达 60 分（含）以上者为合格。

1.9.3 监考人员、考评人员与考生配比

理论知识考试中的监考人员与考生配比不低于 1∶15，且每个考场不少于 2 名监考人员；技能考核中的考评人员与考生配比不低于 1∶5，且考评人员为 3 人（含）以上单数；综合评审委员为 3 人（含）以上单数。

1.9.4 鉴定时间

理论知识考试时间不少于 90 min；技能考核时间：五级/初级工不少于 60 min，四级/中级工不少于 90 min，三级/高级工、二级/技师、一级/高级技师不少于 120 min；综合评审时间不少于 20 min。

1.9.5 鉴定场所设备

理论知识考试、综合评审在标准教室或计算机教室进行；技能考核在实训基地或作业现场进行。技能考核场所需配备装调台、调试用计算机、组装用无人机、检修设备、测试设备、选型用零部件，以及配套工具量具、仪器仪表、耗材、安全防护设备等。三级/高级工及以上级别技能考核还需具备隔离空域、带飞行保护及安全防护措施的调试与测试试飞区。

2. 基本要求

2.1 职业道德

2.1.1 职业道德基本知识

2.1.2 职业守则

（1）遵纪守法，爱岗敬业。

（2）探索创新，精益求精。

（3）爱护设备，安全操作。

(4) 遵守规程，执行工艺。
(5) 团结协作，严于律己。
(6) 保护环境，文明生产。

2.2 基础知识

2.2.1 无人机基础知识

(1) 无人机系统基础知识。
(2) 无人机操控基础知识。
(3) 航空气象基础知识。
(4) 飞行原理基础知识。
(5) 通信基础知识。
(6) 导航基础知识。
(7) 无人机测试飞行安全防护基础知识。
(8) 无人机故障检测基础知识。
(9) 无人机故障维修基础知识。

2.2.2 机械装配基础知识

(1) 机械识图知识。
(2) 机械技术基础知识。
(3) 材料基础知识。
(4) 无人机机械结构基础知识。
(5) 无人机机械装配工具量具基础知识。
(6) 无人机机械装配工艺基础知识。
(7) 无人机机械装配安全防护基础知识。

2.2.3 电气安装基础知识

(1) 电子电路基础知识。
(2) 电气识图知识。
(3) 传感器基础知识。
(4) 无人机电气安装工具材料、仪器仪表基础知识。
(5) 无人机电气安装工艺基础知识。
(6) 无人机电气安装安全防护基础知识。

2.2.4 信息技术基础知识

(1) 计算机终端设备、操作系统、网络安全等知识。
(2) 无人机调试软件操作基础知识。
(3) 常用办公软件操作基础知识。

2.2.5 安全生产与环境保护基础知识

(1)劳动保护基础知识。
(2)安全生产基础知识。
(3)环境保护基础知识。

2.2.6 相关法律、法规知识

(1)《中华人民共和国劳动法》相关知识。
(2)《中华人民共和国劳动合同法》相关知识。
(3)《中华人民共和国安全生产法》相关知识。
(4)《中华人民共和国环境保护法》相关知识。
(5)《中华人民共和国产品质量法》相关知识。
(6)《中华人民共和国民用航空法》相关知识。
(7)《通用航空飞行管制条例》相关知识。
(8)《民用航空安全管理规定》相关知识。
(9)《民用无人机驾驶员管理规定》相关知识。
(10)《轻小无人机运行规定(试行)》相关知识。
(11)《民用无人驾驶航空器实名制登记管理规定》相关知识。

3. 工作要求

本标准对五级/初级工、四级/中级工、三级/高级工、二级/技师、一级/高级技师的技能要求和相关知识要求依次递进,高级别涵盖低级别的要求。

3.1 五级/初级工

职业功能	工作内容	技能要求	相关知识要求
1.装配	1.1 装配准备	1.1.1 能根据装配任务要求布置场地工位 1.1.2 能备齐并核对装配工具量具、仪器仪表 1.1.3 能备齐并正确穿戴装配作业安全防护用品	1.1.1 装配场地工位布置及安全要求 1.1.2 装配工具量具、仪器仪表的规格型号与识别清点方法 1.1.3 装配作业安全防护用品准备与穿戴要求
	1.2 零部件装配	1.2.1 能按照装配清单准备零部件 1.2.2 能识读零部件装配图和装配工艺文件 1.2.3 能依据零部件装配图和装配工艺文件拆卸、装配零部件	1.2.1 零部件的规格型号与识别清点方法 1.2.2 装配图的识读方法 1.2.3 零部件的拆卸、装配流程与方法

续表

职业功能	工作内容	技能要求	相关知识要求
1.装配	1.3 装配报告单填写	1.3.1 能填写零部件装配报告单 1.3.2 能上报零部件装配报告单	1.3.1 零部件装配报告单填写方法 1.3.2 零部件装配报告单上报要求
2.测试	2.1 零部件测试	2.1.1 能检查零部件外观完好性 2.1.2 能测试零部件机械功能 2.1.3 能测试零部件电气功能 2.1.4 能检查机械连接可靠性 2.1.5 能检查电路连接可靠性	2.1.1 零部件机械测试流程和方法 2.1.2 零部件电气测试流程和方法
	2.2 测试报告单填写	2.2.1 能填写零部件机械测试报告单 2.2.2 能填写零部件电气测试报告单	2.2.1 零部件机械测试报告单填写方法 2.2.2 零部件电气测试报告单填写方法
3.维保	3.1 日常维保	3.1.1 能对电池进行充电、放电和安全存放 3.1.2 能对一种发动机（活塞发动机、燃气涡轮发动机等）进行日常维保 3.1.3 能对零部件进行清洁、润滑、紧固等 3.1.4 能对一种任务载荷系统（航拍、植保喷洒、航测、遥感等）进行清洁、润滑、紧固、拆装和更换	3.1.1 日常维保作业场地布置及安全要求 3.1.2 电池日常维保方法 3.1.3 活塞发动机和燃气涡轮发动机日常维保方法 3.1.4 整机及零部件日常维保方法 3.1.5 常见任务载荷系统日常维保方法
	3.2 维保报告单填写	3.2.1 能填写电池日常维保报告单 3.2.2 能填写发动机日常维保报告单 3.2.3 能填写零部件日常维保报告单 3.2.4 能填写任务载荷系统日常维保报告单	3.2.1 电池日常维保报告单填写方法 3.2.2 发动机日常维保报告单填写方法 3.2.3 零部件日常维保报告单填写方法 3.2.4 任务载荷系统日常维保报告单填写方法

3.2 四级/中级工

职业功能	工作内容	技能要求	相关知识要求
1.装配	1.1 子系统装配	1.1.1 能识读子系统装配图和装配工艺文件 1.1.2 能装配动力系统 1.1.3 能装配飞行控制与导航系统 1.1.4 能装配通信系统 1.1.5 能装配一种起飞着陆系统（滑跑起飞、弹射起飞、滑跑着陆、伞降回收等）	1.1.1 动力系统装配流程与方法 1.1.2 飞行控制与导航系统装配流程与方法 1.1.3 通信系统装配流程与方法 1.1.4 起飞着陆系统装配流程与方法
	1.2 装配报告单填写	1.2.1 能填写动力系统装配报告单 1.2.2 能填写飞行控制与导航系统装配报告单 1.2.3 能填写通信系统装配报告单 1.2.4 能填写起飞着陆系统装配报告单	1.2.1 动力系统装配报告单填写方法 1.2.2 飞行控制与导航系统装配报告单填写方法 1.2.3 通信系统装配报告单填写方法 1.2.4 起飞着陆系统装配报告单填写方法
2.调试	2.1 动力系统调试	2.1.1 能使用设备和调试软件调试电动机转向和转速 2.1.2 能使用软件校准电子调速器 2.1.3 能使用设备、工具调试固定桨距螺旋桨的静平衡、动平衡、紧固	2.1.1 电动机转向和转速调试方法 2.1.2 电子调速器软件调校方法 2.1.3 固定桨距螺旋桨的静平衡、动平衡、紧固等调试方法
	2.2 飞行控制与导航系统调试	2.2.1 能安装、配置和操作飞行控制与导航系统调试软件 2.2.2 能完成飞行控制与导航系统加速度计、陀螺仪、飞行模式、遥控器校准等基础调试 2.2.3 能完成遥控器选型及遥控器发射机和接收机对频 2.2.4 能设置遥控器通道、舵量、油门曲线等参数	2.2.1 飞行控制与导航系统调试软件的安装、配置方法和固件升级方法 2.2.2 飞行控制与导航系统基础调试方法 2.2.3 遥控器选型及遥控器发射机和接收机对频方法 2.2.4 遥控器参数设置方法

续表

职业功能	工作内容	技能要求	相关知识要求
2. 调试	2.3 通信系统调试	2.3.1 能设置无线图像传输系统通信频道等参数 2.3.2 能设置无线数据传输系统波特率等参数	2.3.1 无线图像传输系统参数设置方法 2.3.2 无线数据传输系统参数设置方法
3. 测试	3.1 子系统测试	3.1.1 能测试动力系统 3.1.2 能测试飞行控制与导航系统 3.1.3 能测试通信系统 3.1.4 能测试起飞着陆系统	3.1.1 动力系统测试流程和方法 3.1.2 飞行控制与导航系统测试流程和方法 3.1.3 通信系统测试流程和方法 3.1.4 起飞着陆系统测试流程和方法
	3.2 测试报告单填写	3.2.1 能填写动力系统测试报告单 3.2.2 能填写飞行控制与导航系统测试报告单 3.2.3 能填写通信系统测试报告单 3.2.4 能填写起飞着陆系统测试报告单	3.2.1 动力系统测试报告单填写方法 3.2.2 飞行控制与导航系统测试报告单填写方法 3.2.3 通信系统测试报告单填写方法 3.2.4 起飞着陆系统测试报告单填写方法
4. 检修	4.1 零部件故障检修	4.1.1 能分析诊断零部件故障 4.1.2 能根据诊断结果更换故障部件	4.1.1 零部件故障的种类与分析诊断方法 4.1.2 故障零部件更换方法
	4.2 检修报告单填写	4.2.1 能填写零部件故障诊断报告单 4.2.2 能填写零部件故障维修报告单	4.2.1 零部件故障诊断报告单填写方法 4.2.2 零部件故障维修报告单填写方法
5. 维保	5.1 检查性维保	5.1.1 能在作业前后对整机及任务载荷系统进行紧固性、稳定性、功能性检查和易损件更换 5.1.2 能对整机及任务载荷系统进行定期检查维保	5.1.1 整机及任务载荷系统作业前后维保方法 5.1.2 整机及任务载荷系统定期检查维保方法

续表

职业功能	工作内容	技能要求	相关知识要求
5. 维保	5.2 维保报告单编制	5.2.1 能编制日常维保报告单 5.2.2 能编制检查性维保报告单	5.2.1 日常维保报告单编制方法 5.2.2 检查性维保报告单编制方法

3.3 三级/高级工

职业功能	工作内容	技能要求	相关知识要求
1. 配置选型	1.1 飞行平台构型选型	1.1.1 能区分多旋翼无人机、固定翼无人机、无人直升机、垂直起降固定翼无人机等常见无人机飞行平台构型的性能差异 1.1.2 能根据应用场景和任务需求选取合适的无人机飞行平台构型	1.1.1 常见无人机飞行平台构型性能及区分方法 1.1.2 常见无人机飞行平台构型的应用场景、选型原则与方法
	1.2 布局结构选型	1.2.1 能区分多旋翼无人机、固定翼无人机、无人直升机、垂直起降固定翼无人机等常见无人机布局结构的性能差异 1.2.2 能根据应用场景和任务需求选取合适的无人机布局结构	1.2.1 常见无人机布局结构性能及区分方法 1.2.2 常见无人机布局结构的应用场景、选型原则与方法
	1.3 材料选型	1.3.1 能区分木、布、合金、复合材料、高强度钢等常见无人机材料的性能差异 1.3.2 能根据应用场景和任务需求选取合适的无人机机架、桨叶等部件材料	1.3.1 常见无人机部件材料性能及区分方法 1.3.2 常见无人机部件材料选型原则与方法

续表

职业功能	工作内容	技能要求	相关知识要求
1. 配置选型	1.4 动力系统选型	1.4.1 能根据动力要求和无人机大小尺寸选取固定桨距螺旋桨 1.4.2 能根据拉力或推力要求选取电动机 1.4.3 能根据动力要求选取电子调速器 1.4.4 能根据动力要求和航时要求选取电动动力电池	1.4.1 固定桨距螺旋桨的参数与选型方法 1.4.2 电动机的种类、参数与选型方法 1.4.3 电子调速器的参数与选型方法 1.4.4 电池的种类、参数与选型方法 1.4.5 固定桨距螺旋桨、电动机、电子调速器、电池间的相互配型原则与方法
	1.5 飞行控制与导航系统选型	1.5.1 能区分多旋翼无人机、固定翼无人机、无人直升机等常见无人机飞行控制与导航系统的功能差异和性能差异 1.5.2 能根据任务需求选取合适的无人机飞行控制与导航系统 1.5.3 能根据任务需求选取地面站、遥控器与接收机 1.5.4 能根据应用场景和任务需求选取定高、避障等智能传感器系统的参数和配型	1.5.1 常见无人机飞行控制与导航系统的种类、功能、性能及区分方法 1.5.2 常见无人机飞行控制与导航系统的选型原则与方法 1.5.3 地面站与飞行控制与导航系统的匹配方法 1.5.4 定高、避障等智能传感器系统的参数、配型原则与方法
	1.6 通信系统选型	1.6.1 能根据任务需求选取无线数据传输系统 1.6.2 能根据任务需求选取无线图像传输系统	1.6.1 通信协议（PWM、PPM、SBUS），以及通道数、控制距离等参数与选型方法 1.6.2 无线数据传输系统的选型方法 1.6.3 无线图像传输系统的选型方法
	1.7 起飞着陆系统选型	1.7.1 能根据应用场景和任务需求选取合适的起飞系统 1.7.2 能根据应用场景和任务需求选取合适的着陆系统	1.7.1 起飞系统的特点和应用场景差异 1.7.2 着陆系统的特点和应用场景差异

续表

职业功能	工作内容	技能要求	相关知识要求
1. 配置选型	1.8 任务载荷系统选型	1.8.1 能根据应用场景和任务需求选取第一人称视角（FPV）系统运动相机、眼镜等的参数和配型 1.8.2 能根据应用场景和任务需求选取航拍系统三轴云台、光学相机等的参数和配型 1.8.3 能根据应用场景和任务需求选取物流系统抓取、投放等机构的参数和配型	1.8.1 第一人称视角（FPV）系统的参数、配型原则与方法 1.8.2 航拍系统的参数、配型原则与方法 1.8.3 物流系统的参数、配型原则与方法
2. 装配	2.1 整机装配	2.1.1 能识读整机装配图和整机装配工艺文件 2.1.2 能根据装配图拆卸、装配整机 2.1.3 能完成整机的重心调整与配平	2.1.1 整机拆卸、装配流程与方法 2.1.2 整机重心调整、配平原则与方法
	2.2 任务载荷系统装配	2.2.1 能装配第一人称视角（FPV）系统的运动相机等 2.2.2 能装配航拍系统的三轴云台、光学相机等 2.2.3 能装配物流系统的舵机、抓取机构、投放机构等 2.2.4 能装配航测遥感系统 2.2.5 能装配植保喷洒系统 2.2.6 能装配喊话、照明等常用任务载荷系统 2.2.7 能装配机载激光雷达系统	2.2.1 第一人称视角（FPV）系统装配流程与方法 2.2.2 航拍系统装配流程与方法 2.2.3 抓取运载系统装配流程与方法 2.2.4 航测遥感系统装配流程与方法 2.2.5 植保喷洒系统装配流程与方法 2.2.6 喊话、照明等常用任务载荷系统装配流程与方法 2.2.7 机载激光雷达系统装配流程与方法
	2.3 装配报告单编制	2.3.1 能编制无人机零部件、子系统装配报告单 2.3.2 能编制无人机整机及任务载荷系统装配报告单	2.3.1 无人机零部件、子系统装配报告单编制方法 2.3.2 无人机整机及任务载荷系统装配报告单编制方法

续表

职业功能	工作内容	技能要求	相关知识要求
3. 调试	3.1 飞行控制与导航系统调试	3.1.1 能操控无人机视距内飞行 3.1.2 能根据无人机视距内飞行姿态调整比例、积分、微分（PID）参数 3.1.3 能应用软件调整定位精度、波特率、解锁条件、电源报警电压等参数	3.1.1 无人机视距内飞行的安全与操控知识 3.1.2 比例、积分、微分（PID）参数的调整原则与方法 3.1.3 定位精度、波特率、解锁条件、电源报警电压等参数的调整方法
	3.2 起飞着陆系统联调	3.2.1 能完成起落架滑跑起飞系统联调 3.2.2 能完成起落架滑跑着陆系统联调	3.2.1 起落架滑跑起飞系统联调方法 3.2.2 起落架滑跑着陆系统联调方法
	3.3 任务载荷系统联调	3.3.1 能完成第一人称视角（FPV）系统运动相机联调、FPV眼镜校准 3.3.2 能完成航拍系统三轴云台、光学相机等联调 3.3.3 能完成物流系统舵机、抓取机构、投放机构等联调 3.3.4 能完成航测、遥感系统联调 3.3.5 能完成植保喷洒系统联调 3.3.6 能完成喊话、照明等常用任务载荷系统联调 3.3.7 能完成机载激光雷达系统联调	3.3.1 第一人称视角（FPV）系统联调方法 3.3.2 航拍系统联调方法 3.3.3 物流系统联调方法 3.3.4 航测、遥感系统联调方法 3.3.5 植保喷洒系统联调方法 3.3.6 喊话、照明等常用任务载荷系统联调方法 3.3.7 机载激光雷达系统联调方法
4. 测试	4.1 性能测试	4.1.1 能操控无人机超视距飞行 4.1.2 能测试升阻比、载重比、振动、噪声等整机布局结构性能 4.1.3 能测试航时、航程、飞行高度、飞行速度等整机飞行性能 4.1.4 能测试抗干扰、抗风、防雨等整机环境适应性能	4.1.1 无人机超视距飞行的安全与操控知识 4.1.2 整机布局结构性能的测试方法 4.1.3 整机飞行性能的测试方法 4.1.4 整机环境适应性能的测试方法

续表

职业功能	工作内容	技能要求	相关知识要求
4. 测试	4.2 功能测试	4.2.1 能操控带任务载荷无人机视距内或超视距作业测试飞行 4.2.2 能测试飞行器平台整机功能 4.2.3 能测试任务载荷系统功能 4.2.4 能测试整机与任务载荷系统联机功能	4.2.1 带任务载荷无人机视距内或超视距作业测试飞行的安全与操控知识 4.2.2 飞行器平台整机功能测试的流程与方法 4.2.3 任务载荷系统功能测试的流程与方法 4.2.4 整机与任务载荷系统联机功能测试的流程与方法
	4.3 测试报告单编制	4.3.1 能编制无人机零部件、子系统测试报告单 4.3.2 能编制整机性能测试、整机及任务载荷系统功能测试报告单	4.3.1 无人机零部件、子系统测试报告单编制方法 4.3.2 整机性能测试、整机及任务载荷系统功能测试报告单编制方法
5. 检修	5.1 整机故障检修	5.1.1 能使用检测工具量具、仪器仪表等检测整机故障 5.1.2 能根据整机故障检测结果完成故障分析与诊断 5.1.3 能根据整机故障分析与诊断结果完成故障零部件维修	5.1.1 整机故障检测方法 5.1.2 整机故障分析与诊断方法 5.1.3 故障零部件维修方法
	5.2 检修报告单编制	5.2.1 能编制零部件、整机故障检测报告单 5.2.2 能编制零部件、整机故障维修报告单	5.2.1 零部件、整机故障检测报告单的编制方法 5.2.2 零部件、整机故障维修报告单的编制方法
6. 改造优化	6.1 系统升级	6.1.1 能完成硬件系统升级 6.1.2 能完成软件系统手动升级	6.1.1 硬件系统升级流程与方法 6.1.2 软件系统升级流程与方法

续表

职业功能	工作内容	技能要求	相关知识要求
6. 改造优化	6.2 布局结构优化	6.2.1 能通过布局结构、硬度、刚度等调整提升无人机稳定性 6.2.2 能进行重心调整与配平优化 6.2.3 能进行飞行控制与导航系统安装位置优化 6.2.4 能进行起落架改造优化	6.2.1 布局结构、硬度、刚度等与稳定性的关系及调整方法 6.2.2 重心位置与飞行稳定性、机动性的关系及调整与配平方法 6.2.3 飞行控制与导航系统安装位置优化方法 6.2.4 前三点式、后三点式、自行车式、多支点式等起落架形式的差异及改造优化方法

3.4 二级/技师

职业功能	工作内容	技能要求	相关知识要求
1. 配置选型	1.1 动力系统选型	1.1.1 能根据动力要求选取油动动力装置（活塞发动机、燃气涡轮发动机） 1.1.2 能根据动力要求选取动力控制装置［自动倾斜器（十字盘）］ 1.1.3 能根据动力要求选取动力传动装置（齿轮、皮带等） 1.1.4 能根据动力要求选取变距螺旋桨	1.1.1 活塞发动机、燃气涡轮发动机的参数与选型方法 1.1.2 自动倾斜器（十字盘）的参数与选型方法 1.1.3 齿轮、皮带等动力传动装置的参数与选型方法 1.1.4 主旋翼、尾旋翼等变距螺旋桨的参数与选型方法
	1.2 起飞着陆系统选型	1.2.1 能根据应用场景和任务需求选取配置垂直起降固定翼无人机起飞着陆系统 1.2.2 能根据应用场景和任务需求选取配置气垫着陆系统 1.2.3 能根据应用场景和任务需求选取配置阻拦网回收系统	1.2.1 垂直起降固定翼无人机起飞着陆系统的组成、工作原理、配型原则与方法 1.2.2 气垫着陆系统的组成、工作原理、配型原则与方法 1.2.3 阻拦网回收系统的组成、工作原理、配型原则与方法

续表

职业功能	工作内容	技能要求	相关知识要求
1. 配置选型	1.3 任务载荷系统选型	1.3.1 能根据应用场景和任务需求选取配置航测遥感系统云台、相机、实时差分定位（RTK）等的参数和配型 1.3.2 能根据应用场景和任务需求选取配置植保喷洒系统药箱、水泵、软管、喷头等的参数和配型 1.3.3 能根据应用场景和任务需求选取配置机载激光雷达系统定位接收机、惯性传感器（IMU）、激光扫描测距装置、成像装置等的参数和配型 1.3.4 能根据应用场景和任务需求选取配置喊话、照明等其他常用任务载荷系统	1.3.1 航测遥感系统的参数、配型原则与方法 1.3.2 植保喷洒系统的参数、配型原则与方法 1.3.3 机载激光雷达系统的参数、配型原则与方法 1.3.4 喊话、照明等其他常用任务荷载系统的参数、配型原则与方法
2. 调试	2.1 动力系统调试	2.1.1 能使用工具调试活塞发动机节风门、供油管路等零部件并启动磨合 2.1.2 能使用软、硬件调试自动倾斜器（十字盘）的行程、水平、螺旋总距、循环螺距等 2.1.3 能使用工具调试齿轮、皮带等动力传动装置 2.1.4 能使用软、硬件调试变距螺旋桨	2.1.1 活塞发动机调试方法 2.1.2 活塞发动机启动磨合方法 2.1.3 自动倾斜器（十字盘）调试方法 2.1.4 齿轮、皮带等动力传动装置调试方法 2.1.5 主旋翼、尾旋翼等变距螺旋桨调试方法
	2.2 飞行控制与导航系统调试	2.2.1 能分析飞行数据 2.2.2 能根据飞行数据调整飞行控制与导航系统参数	2.2.1 飞行数据分析方法 2.2.2 飞行控制与导航系统参数调整方法
	2.3 起飞着陆系统联调	2.3.1 能完成弹射起飞系统联调 2.3.2 能完成伞降回收系统联调 2.3.3 能完成垂直起降固定翼无人机起飞着陆系统联调 2.3.4 能完成气垫着陆系统联调 2.3.5 能完成阻拦网回收系统联调	2.3.1 弹射起飞系统联调方法 2.3.2 伞降回收系统联调方法 2.3.3 垂直起降固定翼无人机起飞着陆系统联调方法 2.3.4 气垫着陆系统联调方法 2.3.5 阻拦网回收系统联调方法

续表

职业功能	工作内容	技能要求	相关知识要求
3.检修	3.1 故障检修	3.1.1 能使用检测工具量具、仪器仪表检测异常振动、异响等故障 3.1.2 能根据检测结果完成异常振动、异响等故障的分析与诊断 3.1.3 能根据分析与诊断结果完成异常振动、异响等故障的维修	3.1.1 异常振动、异响等故障检测方法 3.1.2 异常振动、异响等故障分析与诊断方法 3.1.3 异常振动、异响等故障维修方案的内容与实施方法
	3.2 检修报告单编制	3.2.1 能编制异常振动、异响等故障检测报告单 3.2.2 能编制异常振动、异响等故障维修报告单	3.2.1 异常振动、异响等故障检测报告单编制方法 3.2.2 异常振动、异响等故障维修报告单编制方法
4.改造优化	4.1 布局结构优化	4.1.1 能优化无人机升阻比 4.1.2 能优化无人机载重比 4.1.3 能优化无人机振动 4.1.4 能优化无人机噪声	4.1.1 常见无人机机型升阻比的影响因素及优化方法 4.1.2 常见无人机机型载重比的影响因素及优化方法 4.1.3 常见无人机机型振动的影响因素及减振方法 4.1.4 常见无人机机型噪声的影响因素及降噪方法
	4.2 飞行性能优化	4.2.1 能优化无人机航时 4.2.2 能优化无人机飞行高度 4.2.3 能优化无人机飞行速度 4.2.4 能优化无人机机动飞行等其他飞行性能	4.2.1 航时优化方法 4.2.2 飞行高度优化方法 4.2.3 飞行速度优化方法 4.2.4 机动飞行等其他飞行性能优化方法
5.培训指导	5.1 技术培训	5.1.1 能制订培训计划 5.1.2 能编写培训讲义 5.1.3 能培训理论知识和操作技能	5.1.1 培训计划制订方法 5.1.2 培训讲义编写方法 5.1.3 培训实施方法
	5.2 操作指导	5.2.1 能指导三级/高级工及以下级别人员工作 5.2.2 能编写培训指导规范	5.2.1 专业技能指导方法 5.2.2 培训指导规范编写方法

3.5 一级/高级技师

职业功能	工作内容	技能要求	相关知识要求
1. 配置选型	1.1 动力系统选型	1.1.1 能选取配置太阳能等新能源动力系统 1.1.2 能选取配置合适的混合动力系统	1.1.1 太阳能等新能源动力系统的特点、应用场景与系统组成 1.1.2 电动、油动、太阳能及其他新能源混合动力系统的差异与选型方法
	1.2 起飞着陆系统选型	1.2.1 能根据应用场景和任务需求选取空中发射系统 1.2.2 能根据应用场景和任务需求选取天钩回收系统 1.2.3 能根据应用场景和任务需求选取空中回收系统	1.2.1 空中发射系统的组成、工作原理、配型原则与方法 1.2.2 天钩回收系统的组成、工作原理、配型原则与方法 1.2.3 空中回收系统的组成、工作原理、配型原则与方法
2. 调试	2.1 动力系统调试	2.1.1 能使用工具调试燃气涡轮发动机 2.1.2 能使用工具调试太阳能等新能源动力系统 2.1.3 能使用工具调试混合动力系统	2.1.1 燃气涡轮发动机调试方法 2.1.2 太阳能等新能源动力系统调试方法 2.1.3 混合动力系统调试方法
	2.2 起飞着陆系统联调	2.2.1 能完成空中发射系统联调 2.2.2 能完成天钩回收系统联调 2.2.3 能完成空中回收系统联调	2.2.1 空中发射系统联调方法 2.2.2 天钩回收系统联调方法 2.2.3 空中回收系统联调方法
3. 改造优化	3.1 环境适应性能优化	3.1.1 能优化无人机抗电磁干扰性能 3.1.2 能优化无人机抗风性能 3.1.3 能优化无人机防雨性能 3.1.4 能优化无人机防尘等其他环境适应性能	3.1.1 抗电磁干扰性能优化方法 3.1.2 抗风性能优化方法 3.1.3 防雨性能优化方法 3.1.4 防尘等其他环境适应性能优化方法

续表

职业功能	工作内容	技能要求	相关知识要求
3. 改造优化	3.2 工艺流程与标准规范制定与优化	3.2.1 能制定与优化装配检修工艺流程 3.2.2 能制定与优化装配检修作业规范 3.2.3 能编制与优化装调检修报告单	3.2.1 装配检修工艺流程的制定与优化方法 3.2.2 装配检修作业规范的制定与优化方法 3.2.3 装调检修报告单的编制与优化方法
4. 培训指导与技术管理	4.1 技术培训	4.1.1 能组织开展培训教学工作 4.1.2 能建立培训考评体系	4.1.1 培训组织要求与技巧 4.1.2 培训考评体系的架构及建立方法
	4.2 操作指导	4.2.1 能指导二级/技师及以下级别人员工作 4.2.2 能评估培训效果	4.2.1 专业技能指导方案编制方法 4.2.2 培训效果评估方法
	4.3 技术管理	4.3.1 能组织开展无人机装调检修新技术、新工艺研究 4.3.2 能组织开展无人机装调检修新技术、新工艺实践应用	4.3.1 无人机装调检修新技术、新工艺研究方法 4.3.2 无人机装调检修新技术、新工艺实践应用方法

4. 权重表

4.1 理论知识权重表

项目		技能等级	五级/初级工（%）	四级/中级工（%）	三级/高级工（%）	二级/技师（%）	一级/高级技师（%）
基本要求	职业道德		5	5	5	5	5
	基础知识		40	25	10	10	5
相关知识要求	配置选型		—	—	20	10	10
	装配		15	20	20	—	—
	调试		—	15	20	15	20
	测试		20	10	5	—	—
	检修		—	10	10	15	—
	维保		20	15	—	—	—

续表

项目		技能等级	五级/初级工(%)	四级/中级工(%)	三级/高级工(%)	二级/技师(%)	一级/高级技师(%)
相关知识要求	改造优化		—	—	10	25	35
	培训指导		—	—	—	20	—
	培训指导与技术管理		—	—	—	—	25
合计			100	100	100	100	100

4.2 技能要求权重表

项目		技能等级	五级/初级工(%)	四级/中级工(%)	三级/高级工(%)	二级/技师(%)	一级/高级技师(%)
技能要求	配置选型		—	—	20	15	10
	装配		25	35	20	—	—
	调试		—	30	25	15	20
	测试		40	10	5	—	—
	检修		—	10	20	15	—
	维保		35	15	—	—	—
	改造优化		—	—	10	35	45
	培训指导		—	—	—	20	—
	培训指导与技术管理		—	—	—	—	25
合计			100	100	100	100	100

附录1

职业分类索引

为方便查阅，现将标准汇编的目录按职业分类索引如下，读者可以按照本索引查阅各职业的国家职业技能标准。

社会生产服务和生活服务人员

4-01 批发与零售服务人员

4-01-06-02 互联网营销师 ………………………………………………………（248）

4-02 交通运输、仓储物流和邮政业服务人员

4-02-01-07 城市轨道交通服务员 ………………………………………………（ 2 ）
4-02-04-06 无人机驾驶员 ………………………………………………………（847）

4-04 信息传输、软件和信息技术服务人员

4-04-04-04 信息安全测试员（渗透测试员）…………………………………（265）
4-04-05-03 呼叫中心服务员 ……………………………………………………（278）
4-04-05-05 人工智能训练师 ……………………………………………………（288）
4-04-05-06 区块链应用操作员 …………………………………………………（ 83 ）

4-05 金融服务人员

4-05-04-02 鉴定估价师（机动车鉴定评估师）………………………………（659）

4-07 租赁和商务服务人员

4-07-02-04 信用管理师 …………………………………………………………（675）

4-08 技术辅助服务人员

4-08-03-07 无人机测绘操控员 …………………………………………………（233）
4-08-05-07 电气电子产品环保检测员 …………………………………………（298）
4-08-08-23 建筑信息模型技术员 ………………………………………………（630）

4-10 居民服务人员

4-10-01-01 婴幼儿发展引导员 …………………………………………………（695）
4-10-01-03 保育师 ………………………………………………………………（711）
4-10-02-01 裁缝 …………………………………………………………………（729）

4-10-06-01 殡仪服务员 …… （403）
4-10-06-02 遗体防腐整容师 …… （424）
4-10-06-03 遗体火化师 …… （448）
4-10-06-04 公墓管理员 …… （467）
4-10-08-01 网约配送员 …… （616）

4-11 电力、燃气及水供应服务人员

4-11-02-00 燃气供应服务员 …… （515）

4-12 修理及制作服务人员

4-12-02-01 计算机维修工 …… （741）
4-12-02-02 办公设备维修工 …… （767）

4-13 文化和教育服务人员

4-13-03-02 文物修复师 …… （95）

4-14 健康、体育和休闲服务人员

4-14-02-01 公共营养师 …… （800）
4-14-02-04 出生缺陷防控咨询师 …… （814）
4-14-04-03 公共场所卫生管理员 …… （836）
4-14-04-04 社群健康助理员 …… （494）

生产制造及有关人员

6-05 纺织品、服装和皮革、毛皮制品加工制作人员

6-05-01-02 裁剪工 …… （879）
6-05-01-03 缝纫工 …… （890）

6-18 机械制造基础加工人员

6-18-01-07 多工序数控机床操作调整工 …… （315）
6-18-01-11 铆工 …… （906）

6-21 专用设备制造人员

6-21-03-00 缝制机械装配调试工 …… （920）
6-21-04-01 电子专用设备装调工 …… （336）

6-23 铁路、船舶、航空设备制造人员

6-23-03-15 无人机装调检修工 …… （933）

6-24 电气机械和器材制造人员

6-24-03-02 光纤光缆制造工 ………………………………………………（350）

6-28 电力、热力、气体、水生产和输配人员

6-28-02-01 燃气储运工 ………………………………………………（529）

6-30 运输设备和通用工程机械操作人员及有关人员

6-30-04-03 船闸及升船机运管员 ………………………………………（30）

附录2

职业名称拼音索引

为方便查阅，现将标准汇编的目录按职业名称拼音索引如下，读者可以按照本索引查阅各职业的国家职业技能标准。

[B]

办公设备维修工（4-12-02-02） ………………………………………………（767）
保育师（4-10-01-03） ……………………………………………………………（711）
殡仪服务员（4-10-06-01） ………………………………………………………（403）

[C]

裁缝（4-10-02-01） ………………………………………………………………（729）
裁剪工（6-05-01-02） ……………………………………………………………（879）
城市轨道交通服务员（4-02-01-07） ……………………………………………（ 2 ）
出生缺陷防控咨询师（4-14-02-04） ……………………………………………（814）
船闸及升船机运管员（6-30-04-03） ……………………………………………（ 30 ）

[D]

电气电子产品环保检测员（4-08-05-07） ………………………………………（298）
电子专用设备装调工（6-21-04-01） ……………………………………………（336）
多工序数控机床操作调整工（6-18-01-07） ……………………………………（315）

[F]

缝纫工（6-05-01-03） ……………………………………………………………（890）
缝制机械装配调试工（6-21-03-00） ……………………………………………（920）

[G]

公共场所卫生管理员（4-14-04-03） ……………………………………………（836）
公共营养师（4-14-02-01） ………………………………………………………（800）

公墓管理员（4-10-06-04） ……………………………………………………（467）
光纤光缆制造工（6-24-03-02） ……………………………………………（350）

[H]

呼叫中心服务员（4-04-05-03） ……………………………………………（278）
互联网营销师（4-01-06-02） ………………………………………………（248）

[J]

计算机维修工（4-12-02-01） ………………………………………………（741）
建筑信息模型技术员（4-08-08-23） ………………………………………（630）
鉴定估价师（机动车鉴定评估师）（4-05-04-02） ………………………（659）

[M]

铆工（6-18-01-11） …………………………………………………………（906）

[Q]

区块链应用操作员（4-04-05-06） …………………………………………（83）

[R]

燃气储运工（6-28-02-01） …………………………………………………（529）
燃气供应服务员（4-11-02-00） ……………………………………………（515）
人工智能训练师（4-04-05-05） ……………………………………………（288）

[S]

社群健康助理员（4-14-04-04） ……………………………………………（494）

[W]

网约配送员（4-10-08-01） …………………………………………………（616）
文物修复师（4-13-03-02） …………………………………………………（95）
无人机测绘操控员（4-08-03-07） …………………………………………（233）
无人机驾驶员（4-02-04-06） ………………………………………………（847）
无人机装调检修工（6-23-03-15） …………………………………………（933）

[X]

信息安全测试员（渗透测试员）（4-04-04-04） …………………………………… （265）
信用管理师（4-07-02-04） ………………………………………………………… （675）

[Y]

遗体防腐整容师（4-10-06-02） …………………………………………………… （424）
遗体火化师（4-10-06-03） ………………………………………………………… （448）
婴幼儿发展引导员（4-10-01-01） ………………………………………………… （695）